ইংরাজী শেখার এক

"র‍্যাপিডেক্স", ইংলিশ স্পীকিং কোর্স

By
R.K. Gupta, M.A.

এক টিউটোরিয়ল CD

CD র বিশেষত্ব:

১) সাধারণ বার্তালাপ যেমন: অভিবাদন, সংবেদনা প্রকট করা, শিষ্টাচার, আজ্ঞা, প্রার্থনা এবং অভিনন্দনের মতো সময়ে উপযোগে আসা শব্দ এবং বাক্যাংশের সঠিক উচ্চারণ আর বার্তালাপের সঠিক আদব-কায়দা।

২) বিভিন্ন সময়ে বার্তালাপ (Conversation)-এ ব্যাবহার করা শব্দ এবং বাক্যাংশ বলার সঠিক উচ্চারণ, তার পদ্ধতি এবং আদব-কায়দা শিখে অনর্গল ইংরাজী বলার কলা।

৩) CD-এর পুরো স্ক্রিপ্ট বইয়ের শেষে দেওয়া গোলাপী পৃষ্ঠাতে উপলব্ধ আছে।

V&S PUBLISHERS

Published by:

 **V&S PUBLISHERS**

F-2/16, Ansari road, Daryaganj, New Delhi-110002
☎ 23240026, 23240027 • *Fax:* 011-23240028
Email: info@vspublishers.com • *Website:* www.vspublishers.com

Branch: Hyderabad
5-1-707/1, Brij Bhawan (Beside Central Bank of India Lane)
Bank Street, Koti Hyderabad - 500 095
☎ 040-24737290
E-mail: vspublishershyd@gmail.com

Distributors:

➤ **Pustak Mahal®**
 Bengaluru: ☎ 080-22234025
 Patna: ☎ 0612-3294193

➤ **PM Publications** .
 Showroom: 10-B, Netaji Subhash Marg, Daryaganj, New Delhi-110002
  ☎ 23268292, 23268293, 23279900
 Shop: 6686, Khari Baoli, Delhi-110006
  ☎ 23944314, 23911979

➤ **Unicorn Books**
 Mumbai: ☎ 022-22010941

This Book has been published in arrangement with Pustak Mahal

© **Pustak Mahal, New Delhi**

'RAPIDEX' Trade Mark Resistration No. 318345/Dt. 6.9.76

ISBN 978-93-814489-1-5
Edition: 2012

Printed at: Param Offseters, Okhla, New Delhi-110020

RAPIDEX ENGLISH SPEAKING COURSE
A book published in 13 Indian Regional Languages and
Three International Languages.

র‍্যাপিডেক্স ইংলিশ স্পীকিং কোর্স

আপনার পছন্দসই "র‍্যাপিডেক্স ইংলিশ স্পীকিং কোর্স" যা আপনার হাতে আছে, এর সাতবার সংশোধন এবং পরিবর্ধন করা হয়েছে। এই নবীনতম র‍্যাপিডেক্স ইংলিশ স্পীকিং কোর্সটি তৈরী করার জন্যে যেখানে আমরা হাজার হাজার লোকেদের মধ্যে পরীক্ষা করেছি, তাদের সমস্যাগুলিকে জানতে পেরেছি সেখানেই ইংরাজী ভাষাকে জেনে, অভিজ্ঞ শিক্ষকদের পরামর্শ নিয়ে এটিকে আজ আর আগামীকাল — নতুন যুগ এই দুটির জন্যে সমানভাবে উপযোগী করে তোলার প্রচেষ্টা করেছি। এতে এখন ভাষা এবং পাঠ্যসামগ্রীর দৃষ্টি ভঙ্গী দ্বারা সব কিছু — নবীনতম-নিজের পুরোনো সমস্ত বিশেষত্বের সাথে। আর এই নতুনত্ব, বইটি পড়ার পরে আপনি নিজেই অনুভব করবেন।

এই কোর্সে যদিও ইংরাজী শেখাবার র‍্যাপিডেক্স পদ্ধতিকেই গ্রহণ করা হয়েছে (কারণ এই পদ্ধতি আজও সম্পূর্ণভাবেই সার্থক) কিন্তু সময়ানুসারে, খুব ভাল ভাবে সংশোধন করে।

এই কোর্সের কনভার্সেসন সেকশনে ভাষার দৃষ্টি ভঙ্গীর দ্বারা ইংরাজী ভাষাতে নতুন স্বীকৃত এবং স্বীকার করা শব্দকে গ্রহণ করার প্রচেষ্টা করা হয়েছে, যাতে আজ আর আগামী কালে আপনার যেন কোনোরকম ভাবে পিছিয়ে পড়ার অনুভূতি না হয়। এইভাবে আপনার মধ্যে, কম শব্দের সাহায্যে নিজের পুরো কথা বলার যোগ্যতা ও এসে যাবে।

কথাবার্তাকে আরোও অধিক উপযোগী করার জন্যে নির্বাচন করার সময় এই বিষয়ের ওপর বিশেষ লক্ষ্য রাখতে হয়েছে যে তা যেন বেশীর থেকে বেশী এইরকম ক্ষেত্রকে ছুঁয়ে যায়, যা ব্যক্তিগত আর সামাজিক তো হয়ই, সাথেই কেরিয়ারের সাথেও যুক্ত হয় এই ভাবে এক সাধারণ গৃহিণী হোক অথবা আধুনিক মহিলা, স্কুল কলেজের বিদ্যার্থী হোক অথবা কেরিয়ার অনুসন্ধানকারী যুবক। স্টেনো হোক অথবা অফিসার, মাল বেচা দোকানদার হোক অথবা গ্রাহক, এই কোর্স সবার জন্যেই এক সমান উপযোগী।

মধ্যে মধ্যে কিছু বাক্যকে বোল্ড টইপে দেওয়া হয়েছে, যাতে সেগুলির অভ্যাস করে কমের থেকে কম কাজ চলে যাওয়ার মতো ইংরাজী তো আপনি বলতেই পারেন। যদিও এইরকম করার পরামর্শ আমরা দেব না, আমরা চাইব যে আপনি পুরো বই পড়ে আর অভ্যাস করুন এবং যথেষ্ট ভাল ইংরাজী বলুন আপনাকে এইরকম যোগ্য করে তোলাই এই বইয়েরও উদ্দেশ্য।

এই নতুন সংস্করণে কোর্সের সাথে "An Interactive Self Learning Tutorial CD" উপলব্ধ করা যাবে, যার দ্বারা আপনি সাধারণ বার্তালাপ এবং বিভিন্ন সময়ে ব্যবহার হওয়াশব্দ এবং বাক্যাংশের সঠিক উচ্চারণ এবং আদব-কায়দা শিখে অনর্গল ইংরাজী বলা শিখতে পারেন।

বই পড়ার পরে, দেওয়া নির্দেশ অনুসারে, যদি CD-এর সাথে আপনি অভ্যাস করেন, তাহলে আমাদের বিশ্বাস যে আপনার ইংরাজী বলার দ্বিধাভাব একেবারেই শেষ হয়ে যাবে। এইভাবে এই CD আপনাকে যেখানে ইংরাজীর সঠিক উচ্চারণ শেখাবে, সেখানেই বলতে গেলে আটকে যাওয়া এবং দ্বিধাভাব শেষ করতেও সহায়ক সিদ্ধ হবে।

নিজের অতুলনীয় বিশেষত্বের কারণে এই নবীনতম "র‍্যাপিডেক্স ইংলিশ স্পীকিং কোর্স" ভবিষ্যতে সফল জীবনের জন্যে এক জরুরী কোর্স হয়ে যাবে, যদি এরকম বলা যায় তো তা অতিশয়োক্তি হবে না। কারণ এখন এই কোর্স শুধু আপনাকে ইংরাজী বলা-লেখাই শেখাবে না, এমনকি আপনার সমস্ত ব্যক্তিত্বের বিকাশও করবে। আপনার সফল ভবিষ্যতের জন্যে শুভকামনা রইল-

-প্রকাশক

'র‍্যাপিডেক্স ইংলিশ স্পীকিং কোর্স'-এর বৈশিষ্ট

* 'র‍্যাপিডেক্স পদ্ধতি' অর্থাৎ 'খুব তাড়াতাড়ি নিজে-নিজেই' নিত্য-ব্যবহারের সর্বদা বলার কথাগুলি সারিবদ্ধ কায়দায় পড়বার সময় শেখার ও বোঝার সহজ-সুগম পদ্ধতি।
* পাঠ্যক্রমে, সর্বদা কথাবার্তায় ব্যবহৃত, প্রায় ২৫০০ বাছাই করা শব্দ বাক্যে-প্রয়োগ ক'রে বোঝানো হ'য়েছে, যাতে ধারা-প্রবাহের মতো ইংরাজী বলার মধ্যে বাধকতা নষ্ট হ'য়ে যায়।
* মাত্র ৬০ দিনে ইংরাজীর ব্যবহারিক জ্ঞানদায়ী সরল পাঠ (Lessons) এতে এমনভাবে বুঝিয়ে পরিবেশিত হ'য়েছে যে ইংরাজী বলার সূত্রপাত কোনো শিক্ষকের সাহায্য ব্যাতিরিকে অতি অনায়াসে লব্ধ হ'তে পারে।
* এই পাঠ্যক্রমের অধ্যায়গুলো পড়তে পড়তেই ইংরাজীর তাবৎ দরকারী ব্যাকরণ আপনা থেকেই বুঝতে পারা যায়। তারপর ইংরাজি পড়তে-লিখতে ও বলতে কোনো অসুবিধা কিম্বা ত্রুটি হবার সম্ভাবনা থাকে না।
* ইংরাজী কথোপকথনের সাধারণভাবে প্রযুক্ত হবার যোগ্য কম করে ৫০টি তোফা তোফা প্রসঙ্গে—উদাহরণস্বরূপ ঃ অতিথি এলে, বাস ষ্টপে, রেলের প্লাটফর্মে, ছেলে-মেয়েতে কথাবার্তা, আদান প্রদান এবং ব্যবসা সম্পর্কিত আলাপ আলোচনা, স্বীকৃতি, হুকুম-অনুরোধ, মাফ্ চাওয়া, ঘরে-বাইরে প্রযুক্ত কথাবার্তা, চাকর-মনিবের মধ্যে কথা ইত্যাদি সব।
* বাগ্‌ধারা, চলতি কথা, ছড়া, নীতিবাক্য প্রকৃতি দৈনন্দিন ব্যবহার,—বাক্যে প্রয়োগ-প্রদ্ধতি।
* পরিশিষ্টে ইংরাজী শব্দ তৈরী, যতি-চিহ্ন দেওয়া, শব্দের সংক্ষিপ্ত রূপের অবগতি, সংখ্যা এবং গণনা, গ্রীক্, লাতিন, ফরাসী, জার্ম্মান ইত্যাদি বিদেশী ভাষাও সাধারণ কথাবার্তায় প্রচলিত শব্দের জ্ঞান, অত্যন্ত সরল কায়দায় প্রস্থাপিত করা হয়েছে।
* ইংরাজী ভাষা শিখতে সহায়তাদানকারী রাষ্ট্রীয় তথা অন্তর্রাষ্ট্রীয় স্তরের ভাষা, বৈজ্ঞানিক ও মনস্তাত্বিক গবেষণায় নির্ভরযোগ্যভাবে লিখিত নিজেদের কায়দায় তৈরী সর্বপ্রথম এক অপূর্ব পাঠ্যক্রম। বিদেশী ভাষা শেখার ব্যাপারে অন্তর্রাষ্ট্রীয় গবেষণায় আধারিত নতুন প্রকারের অভুতপূর্ব পাঠ্যক্রম।
* এই পাঠ্যক্রমের সবচেয়ে অনুপম বিশেষত্ব হ'চ্ছে যে—এতে লেখা প্রায় সব শব্দ আর বাক্য সবসময় বলায় ও আটপৌরে ব্যাবহারে প্রচলিত। এটা পড়ে, আপনার মনে হবে যেন আপনি নিজে-নিজেই ইংরাজীতে কথা বলছেন।
* গোটা পাঠ্যক্রম কথোপকথনের শৈলীতে লিখিত হ'য়েছে। প'ড়ে মনে হবে যেন আপনি নানাজাতের লোকের সঙ্গে মুখোমুখি কথা বলছেন।

এই পাঠ্যক্রমের মাধ্যমে ঃ

* সামান্য লেখাপড়া জানা গৃহিনীরা নিজে-নিজেই ইংরাজী লিখতে, পড়তে আর ব'লতে শিখে তাঁদের ছেলেমেয়েদের ইংরাজীতে দক্ষ ক'রতে পারেন। এছাড়া ঘরে কিম্বা বাইরের সইদের কাছে বা সভা-সমিতিতে সসম্মানে জীবন নির্বাহ করতে পারেন।
* বেকার ব্যক্তি তাড়াতাড়ি ইংরাজী বলতে শিখে অল্প সময়ের মধ্যে চাকরী পেতে পারেন।
* ব্যবসায়ী দরকারী চিঠি-পত্র লেখা, সরকারী অফিসারদের সাথে কথা বলা, গ্রাহকদের সঙ্গে ইংরাজীতে কথাবার্তা এবং লেখাপড়া জানা কর্মচারী রেখে আপন ব্যবসায়ে লাভবান হতে পারেন।
* কর্মচারী ভালোভাবে ইংরাজী বলতে শিখে আপন অফিসারকে প্রভাবিত করতে পারেন এবং নিজের অফিসের সহযোগীদের প্রতিও প্রভাব বিস্তার করতে পারেন।
* প্রত্যেকটি যুবক-যুবতী, প্রেমিক-প্রেমিকা ইংরাজীতে কথা ব'লে, একে অন্যকে জমিয়ে রাখতে পারেন।
* প্রতিটি লোক ভালো ইংরাজী ব'লে—আপন দৌত্যে সফলতা লাভ করতে পারেন।
* যে ব্যক্তি জীবনের প্রতিযোগিতায় পিছিয়ে যায়, তাঁর জন্য এই পাঠ্যক্রম এক আশীর্বাদ-স্বরূপ—উজ্জ্বল ভবিষ্যতের সোপান।

সূচীপত্র [CONTENTS]

আসুন, শুরু করা যাক!

বন্ধুগণ! এই কোর্সে আমি আপনাদের আন্তরিক ভাবে স্বাগত জানাই।

এই কোর্স কোনো সাধারণ কোর্স নয়, কারণ এ হল হাজার হাজার লোকেদের মধ্যে করা অনুসন্ধান আর ইংরাজী ভাষাতে বিশেষজ্ঞ শিক্ষকদের বহু বছরের অভিজ্ঞতার ফল। এর সাথেই, আপনাদের মতো পাঠকদের প্রতিক্রিয়া আর পরামর্শ অনুযায়ী এতে অনেক কিছু নতুন বিষয় যুক্ত করা হয়েছে, যা আপনি শুধু পড়ে এবং দেওয়া নির্দেশ অনুযায়ী অভ্যাস করেই অনুভব করতে পারবেন।

৬০ দিনের এই কোর্সটি তৈরী করার সময় আমরা দুটি বিষয়কে আপনাদের সামনে মুখ্যরূপে রেখেছিলাম, একটা তো এই যে আপনি অনর্গল ইংরাজী বলতে পারেন আর দ্বিতীয়তঃ ইংরাজী ভাষার প্রকৃতি, বাক্য-বিন্যাস, স্পেলিং, বিরাম-চিহ্ন ইত্যাদি লেখার সমস্যা গুলি সম্বন্ধে আপনি যেন ধারাবাহিক তথ্যাদি পান। এই ভাবে এই কোর্স আপনাকে ইংরাজী বলা আর লেখা দুটোই শেখাবে।

এই কোর্স দ্বারা আপনি ৬০ দিনের যাত্রা নির্ধারণ করবেন, যার ছয়টি ধাপ হবে। প্রতিদিনের জন্যে একটি ইউনিট আছে। এইভাবে এর ছয়টি ইউনিট হয়। প্রত্যেক ইউনিটের শেষ দিন অর্থাৎ ১০ তম, ২০ তম, ৩০ তম, ইত্যাদি, অভ্যাস দিবস হয়। এই সব দিনে আপনি নতুন অথবা অতিরিক্ত তথ্যাদিও পাবেন। এর মধ্যে exercise, tests আর tables এর সহায়তার দ্বারা আপনি নিজের পরীক্ষাও স্বয়ং নিতে পারবেন যে আপনি কতটা শিখেছেন।

এমনিতে তো এই কোর্সে অন্তর্ভুক্ত সমস্ত বাক্য খুবই জরুরী আর উপযোগী, কিন্তু কিছু এইরকম বাক্য যা রোজকার জীবনে বার-বার প্রয়োগ করা হয় আর এইরকমই কিছু আর অধিক প্রচলিত বাক্যকে বোল্ড টাইপে দেওয়া হয়েছে। সংখ্যায় কম হওয়ার কারণে এই বাক্যকে তাড়াতাড়ি আর সহজে মনে করতে পারা যায়। আপনি এগুলিকে সাধারণ কথাবার্তায় ব্যাবহার করে লোকেদের ওপর নিজের প্রভাব ফেলতে পারেন।

যে কোনো ভাষার জ্ঞানী ব্যক্তির জন্যে সেই ভাষাকে পুরো আত্মবিশ্বাসের সাথে বলতে পারাটা জরুরী নয়। যতক্ষণ পর্যন্ত মনে এই ভয়টা থেকে যাবে যে "লোকেরা কি বলবে" ততক্ষণ পর্যন্ত আপনি কথাবার্তা বলতে আটকে যাবেন। এই ভাবে যদি আপনার উচ্চারণ সঠিক না হয় তখন আপনি "লোকেরা যেন না হাসে" এই ভয়ে কথা বলতে অস্বাস্তিবোধ করবেন অথবা সঠিক সময়ে সঠিক কথা বলতে পারবেন না। কথাবার্তায় হওয়া এই সমস্ত দুশ্চিন্তা থেকে আপনাকে বাঁচানোর জন্যে বই।

এর সাথে যে CD আপনাকে দেওয়া হয়েছে, তার ১৬ পৃষ্ঠার স্ক্রিপ্ট ও বইয়ের শেষে দেওয়া হয়েছে। এর শুরুতে যে নির্দেশ দেওয়া হয়েছে, তা আপনি পড়ুন আর CD তে দেওয়া সামগ্রীর সাথেই সঠিক উচ্চারণের অভ্যাস করুন। অবশ্যই কিছু সময় অভ্যাসের পরে, আপনি নিজের মধ্যে আত্মবিশ্বাস অনুভব করবেন আর ইংরাজী বলা এতটাই স্বাভাবিক লাগবে, যেন আপনি নিজের মাতৃভাষাই বলছেন।

এই কোর্সটি তৈরী করার সময় যেহেতু সম্পূর্ণ ভাবে মনোবৈজ্ঞানিক ভাবনাকে সামনে রাখা হয়েছে, তাই আপনি ৬০ দিন পরে এই ভেবে আশ্চর্য হবেন যে ইংরাজী বলা আর লেখা তো যেন কোন সমস্যাই ছিল না। কিন্তু এটা ৬০ দিন পরের অভিজ্ঞতা। এই পর্যন্ত পৌছোঁনোর জন্যে আপনাকে প্রথমে এই শর্তগুলিকে পূরণ করতে হবে-

১) সবথেকে প্রথমে সংকল্প করতে হবে, তারপর

২) সেই সংকল্পকে সম্পূর্ণ করার জন্যে প্রচেষ্টা করতে হবে আর

৩) সেই প্রচেষ্টাকে ততক্ষণ পর্যন্ত জারি রাখতে হবে, যতক্ষণ পর্যন্ত না আপনি নিজের লক্ষ্য পর্যন্ত সঠিকভাবে পৌছেঁ যাচ্ছেন।

আর আমাদের এটা পুরো বিশ্বাস আছে যে এই তিনটি শর্তকে মেনে নেওয়ার পরিস্থিতির মধ্যে দিয়ে যাওয়ার জন্যে আপনি সম্পূর্ণ ভাবে প্রস্তুত আছেন। শুধু, ভেবে নিন যে আপনি ইংরাজী বলার কলাতে নিপুণ হয়ে গেছেন।

ইংরাজীতে একটি উক্তি আছে - Well Begun is Half Done অর্থাৎ যে কোনো কাজ যদি ঠিক বিধি অনুযায়ী শুরু করা যায়, তাহলে বুঝে নিতে হবে যে অর্ধেক কাজ পুরো গয়ে গেছে।

তাহলে আসুন, চলুন আমাদের সাথে প্রথম অভিযান, এখানে আপনার পরিচয় হবে, ইংরোজীতে অভিবাদন, শিষ্টাচার, ভাববোধক শব্দাবলী, সরল সংক্ষিপ্ত বাক্য, ক্রিয়ার তিনটি কাল (Tense)-এর রূপ, ইংরাজীর কিছু সহায়ক আর বিদ্যার্থক ক্রিয়ার সাথে, ব্যাকরণে মাথা না খাটিয়েই। এর সাথেই এখন আগামী প্রত্যেকদিন কিছু বলার জন্যে হবে, কিছু শেখার জন্যে হবে আর কিছু হবে দৃঢ় করার জন্যে, যা কিনা আপনাকে সাথে-সাথেই বোঝানোও হবে।

আমাদের এই শুভকামনা রইল যে আপনাদের এই যাত্রা শুভ হোক!

প্রকাশক

1 প্রথম দিন
st Day

ইংরেজিতে অভিবাদন করা

তাহলে আমরা প্রথম দিনের কোর্সটা অভিবাদন দিয়েই আরম্ভ করি ! সাক্ষাৎ হলে হিন্দুরা 'নমস্কার, কেমন আছেন,' মুসলমানেরা 'আস্‌সলাম আলেকুম্' ও শিখেরা 'সৎশ্রী অকাল' ইত্যাদি বলে সম্ভাষণ করেন। ইংরেজি ও বাংলায় সম্ভাষণের প্রভেদ এই যে বাংলাতে এগুলোর রূপ দিনে বা রাত্রে কোন সময়েই বদলায় না, আর ইংরেজিতে সকাল, সন্ধ্যা, রাত্রি ইত্যাদি সময়ে সম্ভাষণ করার রূপ বদলে যায়।

সাধারণ কথাবার্তায় সম্ভাষণের রূপ

ভোরবেলা থেকে দুপুর পর্য্যন্ত

1. সুপ্রভাত, দাদামশায় !	Good morning, grand'pa [গুড্ মরনিং, গ্রাণ্ডপা]
2. সুপ্রভাত, বাবা !	Good morning, dad [গুড্ মরনিং, ড্যাড্]
3. সুপ্রভাত !	Good morning, my son [গুড্ মরনিং, মাই সন্]

বেলা একটা থেকে পাঁচটা পর্য্যন্ত

4. নমস্কার, দিদিমা !	Good afternoon, grand'ma [গুড্ আফটারনুন গ্রাণ্ডমা]
5. নমস্কার, মা !	Good afternoon, mummy [গুড্ আফটারনুন, মাম্মি]
6. বেঁচে থাকো গো মেয়ে !	Good afternoon, my daughter [গুড্ আফটারনুন, মাই ডটার]

বিকেলে পাঁচটা থেকে রাত ১১টা পর্য্যন্ত

7. কাকা, নমস্কার !	Good evening, uncle [গুড্ ইভনিং, আংকল্]
8. কাকীমা, নমস্কার !	Good evening, aunty [গুড্ ইভনিং, আন্টি]
9. ভালোই আছি, সোনামণি।	Good evening, my child [গুড্ ইভনিং, মাই চাইল্ড]

রাত্রে বিদায় নেওয়ায় সময়

10. শুভ রাত্রি।	Good night [গুড্ নাইট্]
11. সুখে নিদ্রা যাও।	Sweet dreams, darling [সুইট ড্রিম্‌স, ডারলিং]

দিনে রাত্রে যেকোন সময়ে

12. আজকের মত তাহলে আসি, স্যার।	Good day to you, Sir [গুড্ ডে টু ইউ, স্যার]

যাওয়ার সময়

13. যাই ভাই, বাচ্চারা !	Good bye, children [গুড্ বাই, চিল্‌ড্রেন]
14. যাচ্ছি/বিদায় !	Bye, Bye [বাই, বাই]
15. বিদায়, প্রিয়ে।	Farewell, my love [ফেয়ারয়েল্, মাই লাভ্]
16. আচ্ছা, আবার দেখা হবে।	Hope to See you again/so long [হোপ টু সি ইউ এগেন/সো লং]

স্মরণীয় [To Remember]
ইংরেজি ও বাংলাতে ভাবপ্রকাশের প্রভেদ

A

1. প্রত্যেক দেশের সভ্যতা ও আদর-আপ্যায়ণ করার নিয়ম ভিন্ন ভিন্ন হয়। বাংলাতে সম্মান দেখানোর জন্য নামের পরে 'বাবু', 'মহাশয়' ইত্যাদি বলা বা লেখা হয়। ইংরেজিতে কিন্তু সেরকম কিছু হয় না। যেমন —

কেদারবাবু এসেছেন — Mr. Kedar has come [মিস্টার কেদার হ্যাজ কাম]।

2. বাংলাতে মধ্যমপুরুষের প্রকারভেদ হয় যেমন — তুমি, তুই ও সম্মান দেখানোর জন্য আপনি। কিন্তু ইংরেজিতে সকলের জন্য You [ইউ] ব্যবহার হয়। যেমন —

কি চাই আপনার — What do you want [হোয়াট ডু ইউ ওয়ান্ট] ?

বাংলাতে যেমন 'সে' না বলে 'আপনি' বলা হয়, ইংরেজিতে তেমন হয় না। উদাহরণ স্বরূপ —

উনি রাত্রে হয়ত আসতে পারেন — He may come at night [হি মে কাম্ এ্যাট নাইট্]।

1. Grandfather-এর সংক্ষিপ্ত রূপ Grand'pa প্রচলিত।
2. Father-এর পরিবর্তে Dad বা Daddy এই সংক্ষিপ্ত রূপের প্রয়োগ হয়।
3. Grandmother-এর সংক্ষিপ্ত রূপ Grand'ma।
4. Mother-এর ক্ষেত্রে Mummy শব্দের প্রয়োগ হয়।

B

ইংরেজিতে :

1. কাকা, জ্যাঠা, মামা, মেশোমশায়, পিশেমশায় সকলকেই uncle [আঙ্কল্] বলা হয়।
2. কাকীমা, জ্যেঠীমা, মামীমা, মাসীমা, পিসীমা সকলকেই aunt [আন্ট] বলা হয়।
3. যে কোনো ভদ্রলোককে সম্মান দেখিয়ে sir [স্যার] বলা যেতে পারে।
4. সেইরকম যে কোন মহিলাকে madam [ম্যাদাম] বলে সম্বোধন করা যেতে পারে।
5. খুড়তুতো, মামাতো, জ্যাঠতুতো, পিসতুতো মাসতুতো ভাই বা বোনকে cousin [কাজিন] বলা হয়, cousin-brother [কাজিন-ব্রাদার] বা cousin-sister [কাজিন-সিস্টার] নয়।
6. স্বামী [Husband] কে সংক্ষেপে হাবি [hubby] বলা হয়।

2 দ্বিতীয় দিন
2nd Day

শিষ্টাচারের ইংরেজি রূপ

ইংরেজি ভাষার সঙ্গে ভারতের সম্পর্ক গত ৩০০ বছরের। এজন্য ভারতের প্রত্যেক রাজ্যেই ভাষাটি প্রচলিত রয়েছে। এটি এখন এদেশের এক মুখ্য যোগাযোগের ভাষায় পরিণত হয়েছে। এছাড়া এটি আন্তর্জাতিক যোগাযোগের ভাষাও। প্রত্যেক দেশেরই আচার-ব্যবহারের ধরণ আলাদা হয়। যদি আমরা কোন একটা ভাষা প্রকৃতপক্ষেই ভালভাবে শিখতে চাই, তবে আমাদের উচিৎ সেই দেশের লোকেদের রীতিনীতি, কথা বলার ধরণ ও আদব-কায়দা ভালভাবে জেনে নেওয়া। যদি আপনি সুন্দর ইংরেজি বলতে ও শিখতে চান, তবে ইংরেজদের ধরণ ধারণগুলোও আয়ত্তে আনতে হবে। বাংলা যেমন বাঙালিদের মতন বলা উচিৎ, ইংরেজিও সেইরকম ইংরেজদের মতন বলতে হবে। মনে রাখতে হবে যে ইংরেজি শিখতে হ'লে ইংরেজদের হুবহু নকল করলেই ভালো হয়। আপনাকে এই পরীক্ষায় উত্তীর্ণ হতে হবে।

A

ইংরেজিতে কথায় কথায় আপনি আজ্ঞে করার বালাই নেই। গুরুজনদের তুমি [you, ইউ] বলেই সম্বোধন করে। তার মানে এই নয় যে ইংরেজি ভাষাতে শিষ্টাচারের অভাব। বরং ইংরেজরা অত্যন্ত বিনয়ী জাতি। তাদের কথাবার্তায় পদে পদে তার স্বাক্ষর। ইংরেজি শিখবার প্রাক্কালে এই কথাটা মনে রাখা বিশেষ প্রয়োজন।

নীচের কথাগুলো মনে গেঁথে রাখুন। ইংরেজ জাতির বিনয়শীলতার প্রতীক এই শব্দগুলো। এদের গুরুত্ব অসীম।

1. please [প্লীজ]
2. thanks [থ্যাঙ্ক্স্]
3. Welcome [ওয়েলকাম্]
4. with great pleasure [উইথ্ গ্রেট প্লেজার]
5. allow me [এলাও মি]
6. after you [আফটার ইউ]
7. sorry [সরি]
8. excuse me [এক্স্কিউজ মী]
9. pardon [পারডন্]
10. no mention [নো মেনশন্]
11. It's my pleasure [ইট্স্ মাই প্লেজার]

B

1. যদি আপনার কারও কাছ থেকে একটা কলম নেওয়ার দরকার হয় বা আপনি এক গ্লাস জল চাইলেন, অথবা কাউকে জিজ্ঞেস করলেন কটা বেজেছে, কিংবা কোন প্রশ্নের উত্তরে 'হাঁ' বলেন, তবে please কথাটা বলতে ভুলবেন না যেন। অন্য কোন শব্দ না ব্যবহার করে কেবলমাত্র please বললেও চলবে। আপনার মনের ভাব লোকে সহজেই বুঝতে পারবে। অপর পক্ষে please না বললে অভদ্রতা প্রকাশ করা হবে।

বাংলাতে আমরা সাধারণতঃ বলি —

[a] আপনার কলমটা একটু দিন ত? [b] এক গ্লাস জল খাব।
[c] কটা বাজে? [d] ঠিক আছে, খেয়ে নেব।

কিন্তু যদি আপনি এই বাক্যগুলোর হুবহু অনুবাদ করে বলেন যে —

[a] Give me your pen. [গিভ্ মি ইয়োর পেন্]
[b] Give me a glass of water. [গিভ্ মি এ গ্লাস অফ্ ওয়াটার]
[c] What is the time? [হোয়াট ইজ দি টাইম?]
[d] Yes, I will drink. [ইয়েস, আই উইল্ ড্রিঙ্ক]

তাহলে ইংরেজরা সহজেই জেনে যাবে যে আপনি হয় অভদ্র, বা কোনো বিদেশি যে ইংরেজদের আদব কায়দা জানে না। আপনার সম্বন্ধে ওদের বিরূপ ধারণা হবে না যদি আপনি উপরোক্ত বাক্যগুলোর বদলে বলেন —

[a] your pen, please [ইয়োর পেন, প্লিজ]
[b] A glass of water please [এ গ্লাস অফ্ ওয়াটার প্লিজ]
[c] Time, please [টাইম্ প্লিজ]।

অথবা এও বলতে পারেন —

[a] May I have your pen, please [মে আই হ্যাভ ইয়োর পেন্ প্লিজ]
[b] Give me a glass of water, please [গিভ্ মি এ গ্লাস্ ওয়াটার, প্লিজ]
[c] What is the time, please? [হোয়াট ইজ দি টাইম্, প্লিজ]।

2. [a] যদি কেউ আপনার জন্য নিতান্ত সামান্য একটা কাজও করে দেয়, যেমন কটা বেজেছে বলা বা বাড়ির ঠিকানা জানিয়ে দেওয়া, তবে তাঁকে thank you [থ্যাঙ্ক ইউ] বলতে ভুলবেন না। আপনি thanks [থ্যাঙ্কস্] ও বলতে পারেন। আর যদি কৃতজ্ঞতা প্রকাশ করা এতেও যথেষ্ট বলে মনে না হয় তবে বলতে পারেন —

Many, many thanks [মেনি, মেনি থ্যাঙ্কস্] বা
Thank you very much [থ্যাঙ্ক ইউ ভেরি মাচ্]

[b] 'যদি কেউ আপনাকে কিছু দিতে চান, আর আপনি তা নিতে অনিচ্ছুক হন, তবে বাংলার মত বলবেন না যেন আমার চাই না' I don't want [আই ডোণ্ট ওয়াণ্ট]। বলুন No, thanks [নো, থ্যাঙ্কস্]।

3. আপনি কারও কোন সামান্য কাজ করে দিলেন আর সেই ব্যাক্তি আপনাকে বললেন 'thank you'। এখানেই কিন্তু সব শেষ হ'ল না। আপনি চুপ করে থাকলে আপনাকে হয় দেমাকি বা অসভ্য ভাবা হবে। আপনাকে বলতে হবে —

1. It's[1] all right [ইট্স্ অল রাইট], ঠিক আছে বা
2. No mention [নো মেনশন্] এ আর এমন কি, অথবা
3. It's fine [ইট্স্ ফাইন] সব ঠিক আছে বা
4. My pleasure [মাই প্লেজার] আমার আনন্দ বা
5. You're[2] welcome [ইউ আর ওয়েলকাম] — আমি আর কি কিছু করতে পারি আপনার জন্য?

যদিও তৃতীয়টাও বিনয়প্রকাশের সর্বোত্তম বাক্য, অন্য দুটোও ব্যবহার করা চলতে পারে।

4. যদি আপনি কাউকে কোনো জিনিষ দিতে রাজি হয়ে যান তো বাংলায় বলবেন, আচ্ছা নিন। কিন্তু ইংরেজিতে যদি বাংলার মত বলেন Take it [টেক ইট্] তবে অশিষ্টতা প্রকাশ করা হবে। আপনি বলবেন, With great pleasure [উইথ্ গ্রেট প্লেজার]।

5. আপনি যদি কোন সামান্য রকমেরও সাহায্য করতে চান কাউকে, যেমন কোন মহিলার কাছ থেকে শিশুকে কোলে নেওয়া বা কোন বৃদ্ধকে তাঁর ভারি জিনিষ না বইতে দিতে চান, তবে বলবেন — Allow me... [এ্যালাও মি] — আমি কি... করতে পারি?

6. আপনি কোনো মহিলা বা বৃদ্ধকে রাস্তা ছেড়ে দিয়ে সরে দাঁড়ালেন তবে বাংলায় বলবেন হয়ত আপনি এগিয়ে চলুন প্রথমে। ইংরেজিতে বলবেন না যেন First you [ফার্স্ট ইউ]। বলুন After you [আফটার ইউ]।

7. বাংলাতে আমরা দুঃখ প্রকাশ করি সাধারণতঃ কোন বড় রকমের ভুল হয়ে গেলে যেমন কাউকে সময় দিয়ে অনুপস্থিত থাকা, অসময়ে কারও সাথে দেখা করতে যাওয়া, ইত্যাদি। কিন্তু ইংরেজিতে কথায় কথায় sorry [সরি], excuse me [এক্স্কিউজ মি], pardon [পার্ডন] ইত্যাদি বলার রেওয়াজ।

[a] যদি কারও হাতে অনিচ্ছাকৃতভাবে আপনার হাত লেগে যায় তো সঙ্গে সঙ্গে বলবেন — sorry [সরি]

---

1. It's = it is; 2. You're = you are — এই দুইটি সংক্ষিপ্ত রূপের অজস্র ব্যবহার হয়।

[b] যদি রাস্তায় দুজন ভদ্রলোক দাঁড়িয়ে কথা বলতে থাকেন ও আপনাকে ওঁদের মধ্যে দিয়ে যেতে হয়, তবে বলবেন 'excuse me' [এক্স্‌কিউজ মি] অথবা অনেক ব্যক্তির মাঝ থেকে যদি অল্প সময়ের জন্য আপনাকে অন্যত্র যেতে হয়, তখনও বলবেন excuse me.

[c] যদি আপনি কারও সঙ্গে টেলিফোনে বা মুখোমুখি বসে কথা বলছেন, কিন্তু ঠিকভাবে শুনতে পাচ্ছেন না অপর ব্যক্তি কি বলছেন, তখন যেন বলবেন না যে 'কিছু শোনা যাচ্ছে না, একটু চেঁচিয়ে বলুন' [Speak loudly, I cannot hear you — স্পিক লাউডলি, আই ক্যাননট হিয়ার ইউ]। কেবল বলবেন pardon [পারডন] বা I beg your pardon [আই বেগ ইওর পারডন]। অপর ব্যক্তি এতেই বুঝে যাবেন।

[d] আগে থেকে না বলে হঠাৎ করেও ঘরে ঢুকবেন না। ইংরেজিতে প্রথমে বলবেন আমি কি আসতে পারি ভেতরে? May I Come in sir? [মে আই কাম্ ইন্ স্যার ?]। ঘরের ভিতরে যিনি বসে আছেন তিনি তৎক্ষণাৎ বলবেন Certainly [সারটেন্‌লি] বা With great pleasure [উইথ্ গ্রেট প্লেজার], অথবা of course [অফ্ কোর্স]।

ইংরেজিতে ভদ্রতা প্রকাশের এই সমস্ত ছোট ছোট বাক্যগুলি বা কথাগুলি সব সময়ে মনে রাখবেন।

B

নম্রতাসূচক কয়েকটি বাক্য [Some Polite Phrases সাম্ পোলাইট ফ্রেজেস্]

1. আমি সময় নিয়েও না আসতে পারার জন্য	I'm sorry, I couldn't make it that day আই'ম সরি, আই কুডন্ট মেক্ ইট্ দ্যাট ডে
2. নির্দ্ধারিত সময়ে না আসতে পারার জন্য কি আমি	I'm sorry, I couldn't make it in time আই'ম সরি, আই কুডন্ট মেক্ ইট ইন টাইম
3. দেরি হওয়ার জন্য মাফ চাইছি।	I'm sorry, I got little late আই'ম সরি, আই গট লিট্‌ল লেট
4. আমার তরফ থেকে ক্ষমা চেয়ে নেবেন।	Please, beg my appologies প্লিজ, বেগ মাই অ্যাপলজিস্
5. ভুল হয়ে গেছে। মাফ করবেন।	It was all by mistake. Please excuse me ইট্ ওয়াজ অল বাই মিস্টেক্ প্লিজ এক্স্‌কিউজ মি
6. আমি অত্যন্ত দুঃখিত।	I'm very sorry আই'ম ভেরি সরি
7. কাজে ব্যাঘাত দিলাম, ক্ষমা চাইছি।	Sorry to have disturbed you সরি টু হ্যাভ ডিস্টারবড্ ইউ
8. মাফ্ করবেন।	I beg your pardon আই বেগ ইয়োর পারডন
9. আপনি যদি অনুমতি দেন ত বলি।	Allow me to say... এলাও মি টু সে...
10. আপনি যদি একটু এদিকে নজর দেন।	May I have your attention please মে আই হ্যাভ ইয়োর অ্যাটেনশন্ প্লিজ
11. এ সমস্ত আপনার জন্য।	It's all yours ইট্‌স অল ইয়োরস্
12. আমি কি কিছু বলতে পারি ?	Will you please permit me to speak উইল ইউ প্লিজ পারমিট্ মি টু স্পিক
13. আমি কি আপনার কাজে সাহায্য করতে পারি ?	Let me also help you লেট্ মি অলসো হেল্প্ ইউ
14. একটু সরে বসবেন ?	Will you please move উইল ইউ প্লিজ মুভ

15. একটু আস্তে বলবেন ? Will you please speak slowly উইল ইউ প্লিজ স্পিক স্লোলি ?

স্মরণীয় [To Remember]

A

1. প্রত্যেক দেশের সভ্যতা ও শিষ্টাচার প্রয়োগের রীতিনীতি আলাদা ধরণের। বাংলায় 'মশাই', 'বাবু' ধরণের শব্দ প্রয়োগ করে সম্মান দেখানো হয়, ইংরেজিতে Mr. [মিস্টার] শব্দের প্রয়োগ হয়।

কেদারনাথ মশাই এসেছেন Mr. Kedarnath has come [মিঃ কেদারনাথ হ্যাজ কাম]

2. বাংলায় মধ্যম পুরুষকে সম্মান প্রদর্শনের ক্ষেত্রে তুমির বদলে আপনি শব্দের ব্যবহার হয়। ইংরেজিতে 'তুমি', 'আপনি' দুটি ক্ষেত্রেই You শব্দের প্রয়োগ হয়। যেমন —

আপনি কি চান ? What do you want? [হোয়াট্ ডু ইউ ওয়ান্ট ?]

B

ক্ষমা প্রার্থনা করার জন্য ইংরেজিতে অনেকগুলো শব্দের ব্যবহার হয়। এদের প্রকৃত অর্থ নীচে দেওয়া হ'ল।

1. excuse [v] — ক্ষমা করা। সাধারণ কথাবার্তায় প্রযোজ্য।
2.. forgive [v] — অপরাধের দণ্ড দেওয়ার ইচ্ছা দমন করে অন্তঃস্থল থেকে মার্জনা করা।
3. pardon [v] — অপরাধের দণ্ডভোগ থেকে মুক্তি দেওয়া।
4. mistake [v] — ভুল করে অন্যরকম ভাবা বা বোঝা।
5. apologise [v] — ভুল স্বীকার করা।
6. sorry [adj] — দুঃখিত। I am sorry – আমি অনুতপ্ত।

'I beg your pardon'-এর প্রকৃত অর্থ হচ্ছে বিচারকের কাছে নিজকৃত অপরাধের দণ্ড লাঘব করার জন্য প্রার্থনা করা।

কিন্তু আজকাল এই শব্দটিকে সাধারণ কথাবার্ত্তাতে নম্র ব্যবহারের সূচক বলে গণ্য করা হয়। যেমন টেলিফোনে কারও গলা স্পষ্ট শোনা না গেলে আমরা বলি ঃ I beg your pardon বা pardon ! এর মানে এই যে অন্যে ঠিকভাবে বললেও হয়ত আপনি স্পষ্ট শুনতে পারছেন না। এও বলতে পারেন please repeat [রিপিট] it –

3 তৃতীয় দিন
3rd Day

বিস্ময়বাচক শব্দ ও বাক্য [Exclamation]

ইংরেজি ভাবপূর্ণ ভাষা। এতে ছোট ছোট বাক্যকেও ভাববহুল করে উপস্থাপিত করা হয়। লোক এ ভাষাতে বিস্ময়সূচক [!] ভাবসহ কথাবার্তা বলতে অভ্যস্ত। এ ধরণের বাক্য বলাও যেমন সহজ, তেমনি শুনতেও ভাল লাগে। এগুলো রপ্ত করাও কষ্টসাধ্য নয়। ভালভাবে শিখে নিয়ে উচিৎ স্থানে প্রয়োগ করলে সহজ, স্বাভাবিক ইংরেজি বলতে সুবিধা হবে।

1. বাঃ বেশ !	Marvellous! মারভেলাস !
2. সাবাস !	Well done! ওয়েল ডান !
3. বাঃ, সুন্দর !	Beautiful! বিউটিফুল !
4. আরে [তাই নাকি ?] !	Oh! ওহ্ !
5. হায় !	My God! মাই গড !
6. হায়, ভগবান !	Oh God! ওহ্ গড !
7. সুন্দর হয়েছে তো !	Done wonderfully! ডান্ ওয়াণ্ডারফুলি !
8. নিশ্চয়ই !	Of course! অফ্ কোর্স !
9. ঈশ্বরকে ধন্যবাদ !	Thank God! থ্যাঙ্ক গড !
10. ঈশ্বরের কৃপাতে !/কৃপায় !	By God's grace! বাই গড়'স গ্রেস !
11. ঈশ্বর তোমার মঙ্গল করুন !	May God bless you! মে গড ব্লেস্ ইউ !
12. আপনাকেও !/তোমাকেও !	Same to you! সেম্ টু ইউ !
13. খুবই সুন্দর !	Excellent! এক্সেলেন্ট
14. অত্যন্ত দুঃখের ব্যাপার !	How sad! হাউ স্যাড্ !
15. অত্যন্ত খুশির খবর !	How joyful! হাউ জয়ফুল !
16. অভূতপূর্ব বিজয় !	What a great victory! হোয়াট্ এ গ্রেট ভিকট্রি !
17. হে ভগবান ! [আশ্চর্য ভাবার্থে]	Good heavens! গুড্ হেভেন্স !
18. এই যে !/শুনুন !	Hello! হ্যালো !
19. একটু তাড়াতাড়ি !	Hurry up, please! হারি আপ্, প্লিজ !
20. কি ভীষণ !/কি ভয়ানক !	How terrible! হাউ টেরিবল্ !
21. ছিঃ অত্যন্ত পরিতাপের বিষয় !	How disgraceful! হাউ ডিস্গ্রেস্ফুল !
22. [এটা] প্রলাপমাত্র/অসম্ভব !	How absurd! হাউ এ্যাব্সর্ড !
23. কি আস্পর্ধা !	How dare he! হাউ ডেয়ার হি !
24. কি মিষ্টি !	How sweet! হাউ সুইট !
25. কি সুন্দর !	How lovely! হাউ লাভ্লি !
26. তুমি এ কথা বলার সাহস কি করে পাও !	How dare you say that! হাউ ডেয়ার ইউ সে দ্যাট !
27. ওরে বাবা !	Oh dear! ওহ্ ডিয়ার !
28. তাড়াতাড়ি চল [কর] !	Hurry up/walk fast! হারি আপ/ওয়াক্ ফাস্ট !

29. চুপ করুন ! Quiet please/Please keep quiet! কোয়ায়েট্ প্লিজ/প্লিজ কিপ্ কোয়ায়েট্ !

30. ঠিকই তো !/ঠিকই ! Yes, it is! ইয়েস্, ইট্ ইজ্ !

31. তাই নাকি ! Really! রিয়েলি !

32. সত্যি ! Is it! ইজ ইট্ !

33. ধন্যবাদ ! Thanks! থ্যাঙ্কস !

34. ধন্যবাদ আপনাকে ! Thank you! থ্যাঙ্ক ইউ !

35. ঈশ্বরের অসীম কৃপা ! Thank God! থ্যাঙ্ক গড্ !

36. এই দিন বার বার ফিরে আসুক ! Many happy returns of the day! মেনি হ্যাপি রিটারন্স্ অফ্ দ ডে !

37. আমি জিতে গেছি ! Hurrah! I have won! হুররে, আই হ্যাভ্ ওয়ন্ !

38. আপনার সুস্বাস্থ্য কামনা করে ! For your good health! ফর ইয়োর গুড্ হেল্থ !

39. অভিনন্দন ! Congratulations! কনগ্রাচুলেশন্স্ !

40. কি বাজে বকো ! What nonsense হোয়াট নন্‌সেন্স্ !

41. কি লজ্জার কথা ! What a shame! হোয়াট এ শেম !

42. সর্বনাশ ! How tragic! হাউ ট্র্যাজিক !

43. হঠাৎ যে ! What a surprise! হোয়াট এ সারপ্রাইজ !

44. অদ্ভুত ! Wonderful! ওয়াণ্ডার !

45. ছিঃ ! How disgusting হাউ ডিজ্‌গাস্টিং !

46. সাবধান ! Beware! বিওয়্যার !

47. দুঃখের বিষয় ! What a pity! হোয়াট এ পিটি !

48. কি বুদ্ধি ! What an idea! হোয়াট অ্যান আইডিয়া !

49. আসুন আসুন ! Welcome, Sir! ওয়েলকাম, স্যার !

স্মরণীয় [To Remember]

1. সাধারণ বাক্যের শেষে যেমন দাঁড়ি দেওয়ার নিয়ম, তেমনি বিস্ময়বাচক শব্দের শেষে বিস্ময়সূচক চিহ্ন Sign of exclamation! দেওয়া হয়। যেমন, Thanks!

2. লজ্জা, দুঃখ, আশ্চর্য্য, হর্ষ, ক্রোধ ইত্যাদি জানাবার জন্য ইংরেজিতে what, how প্রভৃতি ব্যবহার করা হয়। যেমন, what a shame! How excellent!

3. বিস্ময়বাচক বাক্য [exclamatory sentence] বলবার সময় সেই রকম ভাবের স্বর ফুটিয়ে তুলতে হবে।

4 চতুর্থ দিন
4th Day

সংক্ষিপ্ত বাক্যের রূপ [Forms of Small Speeches]

মনের ভাব প্রকাশের জন্য ইংরেজিতে অনেক সময় পুরো বাক্যটা না বলে দুই একটি শব্দেই কাজ চলে যায়। উদাহরণতঃ, Yes sir! [ইয়েস স্যার !] No sir! [নো স্যার !] প্রভৃতি। বাক্যের এই সংক্ষিপ্ত রূপের সাথে ইংরেজি ভাষা শিখতে ইচ্ছুক প্রত্যেকেরই ভালভাবে পরিচয় থাকা দরকার। কাজটা একেবারেই সহজ, কারণ ব্যাকরণের মারপ্যাঁচ এগুলোতে থাকে না।

A

1. আমি এই আসছি/সবে এসেছি।	Just coming. জাস্ট্ কামিং
2. বেশ।/খুব ভাল।	Very well. ভেরি ওয়েল।
3. ঠিক আছে।	It's fine/very good. ইটস্ ফাইন/ভেরি গুড।
4. আপনি যা বলেন/আপনার যেমন ইচ্ছে।	As you like. এ্যাজ ইউ লাইক/As you please. এ্যাজ ইউ প্লিজ।
5. আর কিছু [বলার আছে] ?	Anything else? এনিথিং এল্স ?
6. থাক্ থাক্ যথেষ্ট হয়েছে।	That's enough. দ্যাট্স্ এনাফ্।
7. [এই অকিঞ্চনকে] সম্মান দেখানোর জন্য আপনাকে ধন্যবাদ [জানাই]।	Thanks for this honour. থ্যাঙ্কস্ ফর্ দিস্ অনার
8. অচ্ছা।	O.K. ও.কে.
9. [নিশ্চয়ই] কেন হবেনা ?/কেন নয় ?	Why not? হোয়াই নট ?
10. একটুও না।	Not a bit নট এ বিট্
11. আচ্ছা চলি।	Ta-Ta টা-টা
12. কাল দেখা হবে।	See you tomorrow. সি ইউ টুমরো।
13. হাঁ, হাঁ, নিশ্চয়ই।	Yes, by all means. ইয়েস, বাই অল মিন্স্।
14. অনেক হয়েছে।	Too much. টু মাচ্।
15. হাঁ, মশাই !	Yes sir! ইয়েস, স্যার !
16. কখনই নয়।	No, not at all. নো, নট্ অ্যাট্ অল্।
17. তাতে কি হয়েছে/ঠিক আছে।	Never mind. নেভার মাইণ্ড/Doesn't matter. ডাজন্ট ম্যাটার।
18. [বলার] আর কিছুই নেই।	Nothing more. নাথিং মোর।
19. তেমন/বিশেষ কিছু নয়।	Nothing special. নাথিং স্পেশল।
20. আসুন, আসুন !	Welcome! ওয়েলকাম্ !
21. আমার ওপর ভরসা করতে পারেন।	Rest assured. রেস্ট্ অ্যাশিয়োর্ড্।
22. নমস্কার/সলাম/সত্‌শ্রী অকাল/সুপ্রভাত/শুভরাত্রি !	Good morning/after noon/evening/night গুড্ মর্ণিং/আফটার নুন/ইভ্নিং/নাইট
23. বিদায় !/আসুন !	Good bye! গুড্ বাই !
24. আবার আসবেন।	Bye-bye. বাই-বাই।
25. একটুও নয় !	Not the least! নট দ্য লিস্ট !

ওপরের বাক্যাংশগুলো পূর্ণাঙ্গ বাক্য নয়, কিন্তু এগুলো সম্পূর্ণ বাক্যের স্থানেই ব্যবহৃত হয়।

ভাল করে দেখে বলুন, কেন এগুলো সম্পূর্ণ বাক্য নয়। ঠিক ধরেছেন — এই বাক্যাংশগুলোতে ক্রিয়াপদ অনুপস্থিত। অথবা ক্রিয়াপদ থাকলেও কর্তা নেই — যাকে ইংরেজিতে বলা হয় understood, মানে ভেবে নিতে হয় যে ক্রিয়া বা কর্তা আছে।

এই ছোট্ট ছোট্ট বাক্যগুলো কিন্তু কথ্য ভাষাকে জীবন প্রদান করে। কিছু তো নিজে থেকেই বলতে হয়, কিছু বলতে হয় কোনও কথার উত্তরে। ঠিক জায়গায় ও উচিৎ অবসরে ব্যবহার করার অভ্যাস করতে হবে ইংরেজি ভাষা শিখতে ইচ্ছুক সকলকে।

এবার তবে পুরো বাক্যের সাথেই আপনার পরিচয় করানো যাক।

B

আদেশসূচক বাক্য [Sentences denoting Command]

1. থামো।	Stop. স্টপ্।
2. বলো।	Speak. স্পিক।
3. শোনো।	Listen. লিস্‌ন্।
4. এখানে অপেক্ষা করো!	Wait here! ওয়েট্ হিয়ার!
5. এদিকে এসো।	Come here. কাম্ হিয়ার।
6. এদিকে দেখো।	Look here. লুক্ হিয়ার।
7. এই নাও।	Take it. টেক্ ইট।
8. কাছে এসো।	Come near. কাম্ নিয়ার।
9. বাইরে অপেক্ষা করো।	Wait outside. ওয়েট আউট্‌সাইড।
10. ওপরে যাও।	Go up. গো আপ্।
11. নীচে যাও।	Go down. গো ডাউন।
12. নেমে যাও / নামো।	Get down. গেট্ ডাউন।
13. তৈরী হয়ে নাও।	Be ready. বি রেডি / Get ready গেট্ রেডি
14. চুপ করো।	Keep quiet কিপ্ কোয়ায়েট্
15. সাবধান।	Be careful বি কেয়ারফুল / Be cautious বি কশাস্
16. আস্তে আস্তে যাও।	Go slowly. গো স্লোলি / walk slowly. ওয়াক্ স্লোলি
17. এখনই যাও।	Go at once. গো অ্যাট্ ওয়ান্‌স্
18. এখানে থামো।	Stop here. স্টপ্ হিয়ার
19. সোজা চলে যাও।	Go straight. গো স্ট্রেট
20. এখান থেকে চলে যাও।	Go away. গো এ্যাওয়ে / Get out. গেট্ আউট্
21. ভালো করে পরিষ্কার কর।	Clean properly. ক্লিন প্রপারলি
22. যেয়ো না।	Don't go. ডোণ্ট গো
23. ভুলো না।	Don't forget ডোণ্ট ফরগেট্
24. এটাকে ভেঙো না।	Don't break it ডোণ্ট ব্রেক্ ইট্
25. আমায় জ্বালাতন কোরো না।	Don't trouble/tease me. ডোণ্ট ট্রাবল্/টিজ্ মি।
26. আর একবার চেষ্টা করে দেখো।	Try again. ট্রাই এগেন।
27. শুরু করুন।	Go ahead. গো এ্যাহেড্।
28. ন'ড়ো না।	Don't move. ডোণ্ট মোভ্।

উপরোক্ত বাক্যগুলি ছোট ছোট হলেও এগুলো পুরো বাক্য। কেন না এগুলোতে ক্রিয়া যথাস্থানে আছে। কর্তা [subject] অনুপস্থিত, কারণ আদেশসূচক বাক্যে you [ইউ] অর্থাৎ তুমি উহ্য থাকে। এগুলোতে 'you' understood, অর্থাৎ you [তুমি]-এর অর্থ ভেবে নিয়ে নিজে থেকে লাগাতে হয়।

স্মরণীয় [To Remember]

1. B-এতে দেওয়া বাক্যগুলো আদেশসূচক হলেও সামান্য অদলবদল করলে তারা অনুরোধসূচকও হতে পারে। দরকার কেবল বাক্যের প্রথমে একটা করে Please জোড়া। যেমন প্রথম বাক্যতে Please লাগালে Please stop হবে। যার বাংলা অনুবাদ হবে দয়া করে একটু দাঁড়ান। এই বাক্যগুলোতে এখন ক্রিয়া আদেশসূচক না হয়ে অনুরোধসূচক হয়ে যাবে।

2. অফিসে আপনার উচ্চপদে আসীন অধিকারীকে প্রার্থনা পত্র লিখতে হলে সাধারণতঃ please-এর স্থানে kindly ব্যবহার করা হয়। যেমন [i] আমাকে অনুগ্রহ করে এক দিনের ছুটি দিন [Kindly grant me leave for a day] [ii] দয়া করে এই বিষয়ে অনুসন্ধান করুন — [Kindly look into the matter. দুটো ক্ষেত্রেই please-এর চেয়ে kindly অধিক উপযুক্ত।

3. Don't–Do not-এর সংক্ষিপ্ত রূপ।

4. আদেশ ও প্রার্থনাসূচক বাক্য নবম দিনে পড়তে পারেন।

5 পঞ্চম দিন
th Day

বর্তমান কাল [Present Tense]

ইংরেজিতে বর্তমান কালের [present tense প্রেজেন্ট টেন্‌স্] তিনটে রূপ — present indefinite [প্রেজেন্ট ইনডেফিনিট্], present continuous [প্রেজেন্ট কন্‌টিনিওয়াস] ও prescnt perfect [প্রেজেন্ট পারফেক্‌ট্]। যথা 1. রাম পড়ে Ram studies [রাম স্টাডিজ] 2. রাম পড়ছে Ram is studying [রাম ইজ্ স্টাডিয়িং] ও 3. রাম পড়ে নিয়েছে Ram has studied [রাম হ্যাজ স্টাডিড]। প্রথম বাক্যে এটা নিশ্চিত যে রাম কখন পড়ে, দ্বিতীয়তে ক্রিয়া এখনও চালু আছে ও তৃতীয়তে কাজটা হয়ে গেছে কিন্তু কখন হয়েছে তা বলা হয়নি। Present perfect কে আসন্ন অতীত বলা যেতে পারে। 4. Ram has been studying since morning. [রাম হ্যাজ বিন স্টাডিয়িং সিন্‌স্ মর্ণিং] — রাম সকাল থেকে পড়ছে। চতুর্থ বাক্যে ক্রিয়া এক নির্দিষ্ট সময় ধরে চলছে। একে বলা হবে Present perfect continuous.

A

— Does/Do —

রাম : তুমি কি ইংরেজি পড়ো ?	**Ram:** *Do* you read English? ডু ইউ রিড ইংলিশ ?
শ্যাম : হ্যাঁ, পড়ি।	**Shyam:** Yes, I *do*. ইয়েস, আই ডু
রাম : লতা কি তোমাদের বাড়ি আসে ?	**Ram:** *Does* Lata come to your house? ডাজ লতা কাম্ টু ইয়োর হাউস্ ?
শ্যাম : হ্যাঁ, কখনও কখনও আসে।	**Shyam:** Yes, she *comes* sometimes. ইয়েস, শী কাম্‌স্ সাম্‌টাইম্‌স্
রাম : অন্য বন্ধুরাও তোমাদের বাড়ি আসে ?	**Ram:** *Do* other friends come to you? ডু আদার ফ্রেণ্ডস্ কাম্ টু ইউ ?
শ্যাম : নিশ্চয়, অন্যরাও আসে।	**Shyam:** Yes, others also *come*. ইয়েস, আদার্‌স্ অলসো কাম্
রাম : তুমি কি বম্বেতে থাকো ?.	**Ram:** *Do* you stay in Bombay? ডু ইউ স্টে ইন বম্বে ?
শ্যাম : না, আমি কলকাতায় থাকি।	**Shyam:** No, I *stay* in Calcutta. নো, আই স্টে ইন্ ক্যালকাটা।

B

— Is/Are/Am —

বালা : তুমি কি এই বইটাই চাও ?	**Bala:** *Is* this the book you are looking for. ইজ দিস্ দ বুক্ ইউ আর লুকিং ফর ?
মালা : হ্যাঁ, এই বইটাই চাই।	**Mala:** Yes, this *is* it. ইয়েস, দিস্ ইজ ইট।
বালা : কমলাও কি এই বইটাই পড়ছে ?	**Bala:** *Is* Kamala reading the same book? ইজ্ কমলা রিডিং দ সেম বুক্ ?

মালা : না, সেটা অন্য বই। — **Mala:** No, that *is* different one. নো দ্যাট **ইজ** ডিফারেন্ট্ ওয়ান।

বালা : তুমি কি এখন বাজারে যাচ্ছ না? — **Bala:** *Are* you not going to the market?
আর ইউ নট্ গোয়িং টু দ মার্কেট?

মালা : না, আমি এখন যাচ্ছি না। — **Mala:** No, I *am* not. নো, আই **অ্যাম** নট।

বালা : তোমার বাবা কি সরকারী অফিসে কাজ করেন? — **Bala:** *Is* your father in Government service?
ইজ ইয়োর ফাদার ইন্ গভর্নমেন্ট সারভিস্?

মালা : না, আমার বাবা ব্যবসা করেন। — **Mala:** No, he *is* a businessman.
নো, হি **ইজ** এ বিজনেস্ম্যান।

বালা : তোমার ভাই কি কোনো পরীক্ষা দেবার জন্য তৈরী হচ্ছে? — **Bala:** *Is* your brother preparing for some examination?
ইজ ইয়োর ব্রাদার প্রিপেয়ারিং ফর সাম্ এক্জামিনেশান?

মালা : হাঁ, আই এ এস পরীক্ষার জন্য তৈরী হচ্ছে। — **Mala:** Yes, he *is* preparing for the I.A.S. examination.
ইয়েস, হি **ইজ** প্রিপেয়ারিং ফর দ আই এ এস।

C

— Has/Have —

মোহন : তুমি কি রাধাকে কোন চিঠি লিখেছ? — **Mohan:** *Have* you written any letter to Radha?
হ্যাভ ইউ রিটন্ এনি লেটার টু রাধা?

সোহন : হাঁ, আমি রাধাকে চিঠি লিখেছি। — **Sohan:** Yes, I *have* written to her. ইয়েস আই **হ্যাভ** রিটন্ টু হার।

মোহন : রাধা কি তোমার চিঠির উত্তর দিয়েছে? — **Mohan:** *Has* Radha replied to your letter?
হ্যাজ রাধা রিপ্লায়েড টু ইয়োর লেটার?

সোহন : না, দেয় নি। — **Sohan:** No, she *hasn't*. নো শী **হ্যাজ নট**।

মোহন : খেয়েছ? — **Mohan:** *Have* you taken your meals?
হ্যাভ ইউ টেক্‌ন ইয়োর মিলস্?

সোহন : না, সকালের জলখাবারটা যথেষ্ট পরিমাণে হয়ে গিয়েছিল। — **Sohan:** No, I *had* a heavy breakfast in the morning.
নো, আই **হ্যাড** এ হেভি ব্রেকফাস্ট ইন দ্য মর্ণিং।

মোহন : তুমি কি ওদের বাড়ি গিয়েছিলে? — **Mohan:** *Did* you go to his house? **ডিড্** ইউ গো টু হিজ হাউস?

সোহন : না, এখনও যাওয়া হয়নি। — **Sohan:** No, I *have* yet to go. নো, আই **হ্যাভ** ইয়েট্ টু গো।

D

— has been/have been —

শ্যাম : তুমি সকাল থেকে কি করছ? — **Shyam:** What *have* you been doing since morning.
হোয়াট **হ্যাভ** ইউ বিন ডুইং সিন্‌স মর্ণিং?

গোপাল : আমি সকাল থেকে এই বইটা পড়ছি। — **Gopal:** I *have* been reading this book since morning.
আই **হ্যাভ** বিন রিডিং দিস বুক সিন্‌স মর্ণিং।

শ্যাম : কাল থেকেই কি এখানে বৃষ্টি হচ্ছে? — **Shyam:** *Has* it been raining here also since yesterday.
হ্যাজ ইট বিন রেইনিং হিয়র অল্‌সো সিন্‌স ইয়েস্টারডে?

গোপাল : হাঁ, থেমে থেমে হচ্ছে। — **Gopal:** Yes, it *has* been raining, but intermittently.
ইয়েস, ইট **হ্যাজ** বিন রেইনিং, বাট ইন্টারমিটেন্টলি।

শ্যাম : জল কি অনেকক্ষণ ধরে ফুটছে।

Shyam: *Has* the water been boiling for long?
হ্যাজ দ্য ওয়াটার বিন বয়েলিং ফর লং ?

গোপাল : না, এই অল্পক্ষণ ধরে ফুটছে।

Gopal: No, it *has* been boiling only for a little time.
নো, ইট **হ্যাজ** বিন বয়েলিং ফর এ লিটল টাইম।

স্মরণীয় [To Remember]

নিম্নলিখিত বাক্যগুলি ভালভাবে লক্ষ্য করুন।

1. You are writing a letter [ইউ আর রাইটিং এ লেটার] তুমি চিঠি লিখছ।
2. You have written a letter [ইউ হ্যাভ রিট্‌ন এ লেটার] তুমি চিঠি লিখেছ।

এই দুইটি বাক্যই ইতিবাচক affirmative এদের নেতিবাচক [negative] ও প্রশ্নবাচক [interrogative] রূপ নীচে দেওয়া হল :

নেতিবাচক [Negative]	**প্রশ্নবাচক [Interrogative]**
1. You are **not** writing a letter.	1. **Are** you writing a letter?
2. You have **not** written a letter.	2. **Have** you written a letter?

এর থেকে বোঝা গেল যে ইতিবাচক থেকে নেতিবাচক করতে প্রথম বাক্যের সহায়ক ক্রিয়া [auxiliary verb] are, have প্রভৃতির পরে কেবল not লিখতে বা বলতে হয়। প্রশ্নবাচক করতে হলে বাক্য are, have ইত্যাদি সহায়ক ক্রিয়া দিয়ে আরম্ভ করতে হয়। এতে প্রমাণ হ'ল যে present continuous এবং present perfect tense এ ইতিবাচক বাক্যকে সহজেই নেতিবাচক ও প্রশ্নবাচক বাক্যে পরিণত করা যায়।

এবার Present indefinite tense এর উদাহরণ দেওয়া যাক। 1. You write a letter [ইউ রাইট এ লেটার] তুমি চিঠি লেখ। 2. I read English [আই রিড ইংলিস] আমি ইংরেজি পড়ি। এখন এদের নেতিবাচক ও প্রশ্নবাচক রূপ দেখা যাক।

নেতিবাচক [Negative]	**প্রশ্নবাচক [Interrogative]**
1. I **do** not write a letter.	1. **Do** you write a letter?
2. **I** do not read English.	2. **Do** I read English?

এই বাক্যগুলিতে কেবল একটা করে doজোড়া হয়েছে। এই tense এ do বা does জুড়লে নেতিবাচক ও প্রশ্নবাচক বাক্য হয়ে যায়। does ব্যবহৃত হয় কর্তার একবচন, do বহুবচনের সঙ্গে।

6 ষষ্ঠ দিন
6th Day

অতীত কাল [Past Tense]

ইংরেজিতে অতীত কালের ক্রিয়াগুলিও বর্তমানের মত চার ভাগে বিভক্ত। **1. Ram studied** [রাম স্টাডিড], **2. Ram was studying** [রাম ওয়াজ স্টাডিয়িং] **3. Ram had studied** [রাম হ্যাড্ স্টাডিড] ও **4. Ram had been studying since morning** [রাম হ্যাড্ বিন স্টাডিয়িং সিনস্ মর্নিং। এদের অর্থ ক্রমশঃ রাম পড়েছে, রাম পড়ছিল ও রাম পড়েছিল **Ram studied**, রাম পড়েছে, এই বাক্যে এটাই স্পষ্ট হয় যে পড়ার ক্রিয়াটা অতীতে সম্পন্ন হয়েছে কিন্তু কখন হয়েছে তা জানা যায় না। একে বলা হয় **Past indefinite; Ram was studying** রাম পড়ছিল — এই বাক্যে বোঝায় যে ক্রিয়া সমাপ্ত হয়নি, একে বলা হয় **Past continuous; Ram had studied** — রাম পড়েছিল তে বোঝায় ক্রিয়া অতীতে সম্পন্ন হয়ে গিয়েছিল। একে বলা হয় **Past perfect; Ram had been studying since morning** রাম সকাল থেকে পড়ছিল। অর্থাৎ ক্রিয়া এক নির্দিষ্ট সময় ধরে চলছিল। একে বলা হয় **Past perfect continuous**।

E

— Did —

শিক্ষিকা : তুমি কি কাল খুব তাড়াতাড়ি উঠেছিলে ?

Teacher: *Did* you get up early yesterday? **ডিড্** ইউ গেট্ আপ আর্লি ইয়েস্টারডে ?

উমা : হাঁ দিদিমণি, আমি সকাল সকাল উঠেছিলাম।

Uma: Yes madam, I *got* up early. ইয়েস ম্যাডাম, আই **গট** আপ্ আর্লি।

শিক্ষিকা : তুমি পাঁউরুটি আর মাখন খেয়েছিলে ?

Teacher: *Did* you have bread and butter? **ডিড্** ইউ হ্যাভ ব্রেড অ্যাণ্ড বাটার।

উমা : হাঁ দিদিমণি, আমি খেয়েছিলাম।

Uma: Yes madam, I *did*. ইয়েস ম্যাডাম, আই **ডিড্**।

শিক্ষিকা : রজনী কি তোমার কাছে দুপুরে এসেছিল ?

Teacher: *Did* Rajani come to you at noon? **ডিড্** রজনী কাম্ টু ইউ এট নূন ?

উমা : আজ্ঞে না।

Uma: No, she *didn't*. নো, শী **ডিড্‌ন্ট**।

শিক্ষিকা : তুমি কি রচনাটি রাত্রে লিখেছিলে ?

Teacher: *Did* you write this essay at night? **ডিড্** ইউ রাইট দিস্ এসে এট নাইট্ ?

উমা : না, আমি লিখিনি, আমার ভাই লিখেছে।

Uma: No, I *didn't* write, but my brother did. নো, আই **ডিড্‌ন্ট** রাইট, বাট্ মাই ব্রাদার ডিড্।

F

— Was/Were —

শিক্ষক : কাল কি তুমি বাজার গিয়েছিলে ?

Teacher: *Were* you out for shopping yesterday? **ওয়ার** ইউ আউট ফর শপিং ইয়েস্টারডে ?

রমেশ : হাঁ মাস্টারমশায়, গিয়েছিলাম।	**Ramesh:** Yes sir, I *was*. ইয়েস স্যার, আই **ওয়াজ**।
শিক্ষক : তুমি কি পথ চলতে চলতে বই পড়ছিলে না ?	**Teacher:** *Were* you not reading a book while walking? **ওয়্যার** ইউ নট রিডিং এ বুক হোয়াইল ওয়াকিং ?
রমেশ : হাঁ মাস্টার মহাশয়, আমি চলতে চলতে পড়ছিলাম।	**Ramesh:** Yes sir, I *was* reading a book while walking. ইয়েস স্যার, আই **ওয়াজ** রিডিং এ বুক হোয়াইল্ ওয়াকিং।
শিক্ষক : রমাও কি চলতে চলতে পড়ছিল ?	**Teacher:** *Was* Rama also reading wile walking? **ওয়াজ** রমা অলসো রিডিং হোয়াইল ওয়াকিং ?
রমেশ : না, ও কেবল শুনছিল।	**Ramesh:** No, she *was* just listening. নো, শী **ওয়াজ** জাষ্ট লিস্‌নিং।
শিক্ষক : তোমার পিসীমা কি তোমাদের বাড়ীতে গান গাইছিলেন ?	**Teacher:** *Was* your aunt singing at your house? **ওয়াজ** ইয়োর আণ্ট সিংগিং এট ইয়োর হাউস ?
রমেশ : না, আমার বোন গাইছিল।	**Ramesh:** No, it *was* my sister. নো, ইট্ **ওয়াজ** মাই সিস্টার।
রাধা : তোমরা কি ইংরেজি পড়ছিলে ?	**Radha:** *Were* you studying English? **ওয়্যার** ইউ স্টাডিয়িং ইংলিশ ?
সুধা : হাঁ, আমরা ইংরেজি শিখছিলাম ?	**Sudha:** Yes, we *were* learning English. ইয়েস, উই **ওয়্যার** লারনিং ইংলিশ।

G

— Had —

কমল : তুমি কি সিনেমা যাওনি ?	**Kamal:** *Had* you not gone to the cinema? **হ্যাড্** ইউ নট গন টু দ সিনেমা ?
বিমল : না, আমি সিনেমা যাইনি।	**Vimal:** No, I *had* not. নো, আই **হ্যাড** নট।
রমা : ও কি দোকান বন্ধ করে দিয়েছিল ?	**Rama:** *Had* he closed the shop? **হ্যাড** হি ক্লোজড্ দ্য শপ ?
রাধা : হাঁ, বন্ধ করে দিয়েছিল।	**Radha:** Yes, he *had*. ইয়েস, হি **হ্যাড**।
রাম : ও কি তোমার সঙ্গে কাল পর্য্যন্ত দেখা করেনি ?	**Ram:** *Had* he not met you til yesterday? **হ্যাড** হি নট মেট্ ইউ টিল ইয়েস্টারডে ?
শ্যাম : না, ও কাল পর্য্যন্ত দেখা করেনি ?	**Shyam:** No, he *hadn't*. নো, হি **হ্যাডন্ট**।
রমন : কাল তুমি খেলতে যাওনি ?	**Raman:** *Had* you not gone to play yesterday? **হ্যাড** ইউ নট্ গন টু প্লে ইয়েস্টারডে ?
সুধীর : না, কাল আমি খেলতে যাইনি।	**Sudhir:** No, I *had* not gone to play. নো, আই **হ্যাড** নট গন টু প্লে ইয়েস্টারডে।

H

— Had been —

নরেশ : তুমি কি গতকাল দু'ঘন্টা ধরে পড়ছিলে ?	**Naresh:** *Had* you been studying for last two hours? **হ্যাড** য়ু বিন স্টাডিয়িং ফর লাস্ট টু আওয়ারস ?
রমেশ : হ্যাঁ, কারণ আমি পড়া শেষ করে সিনেমায় যাওয়ার কথা ভাবছিলাম।	**Ramesh:** Yes, because I *had been* planning to see a film after finishing my work. ইয়েস, বিকজ্ আই **হ্যাড বিন** প্লানিং টু সি এ ফিল্ম আফটার ফিনিশিং মাই ওয়ার্ক।

নরেশ : কিন্তু, তোমার সঙ্গে রামও পড়ছিল কেন ?

Naresh: But, why Ram also *had been* studying with you? বাট, হোয়াই রাম অলসো **হ্যাড বিন** স্টাডিয়িং উইথ ইউ ?

রমেশ : কারণ, সেও আমার সঙ্গে সিনেমা দেখতে যাওয়ার জিদ করেছিল।

Ramesh: Because, he *had* also been insisting on going with me for the film. বিকজ, হি **হ্যাড** অলসো বিন ইনসিস্টিং অন গোয়িং উইথ মি ফর দ্য ফিল্ম।

নরেশ : কিন্তু তোমার মা তো বলছিলেন যে তুমি বন্ধুদের সঙ্গে ঘুরতে যাওয়ার কথা ঠিক করেছিলে।

Naresh: But, your mother was saying that you *had been* planning to go out with some friends. বাট, ইয়োর মাদার ওয়াজ সেয়িং দ্যাট ইউ **হ্যাড বিন** প্লানিং টু গো আউট উইথ সাম ফ্রেণ্ডস।

রমেশ : হ্যাঁ, আগে আমরা এরকমই কিছু ভেবেছিলাম, কিন্তু পরে তা বদলেছি।

Ramesh: Yes, previously we *had been* planning something of that sort, but later we changed our programme. ইয়েস, প্রিভিয়াসলি ইউ **হ্যাড বিন** প্লানিং সামথিং অফ দ্যাট সর্ট, বাট লেটর উই চেঞ্জড আওয়ার প্রোগ্রাম।

স্মরণীয় [To Remember]

এবার Past Tense এর ইতিবাচক [Affirmative] বাক্যকে নেতিবাচক [Negative] ও প্রশ্নবাচক বাক্যে বদলানো যাক। নিয়ম আগের মতনই। Past Continuous এ was, were এবং Past Perfect এ had এর পর not দিতে হয় নেতিবাচক বাক্য রচনা করতে হলে। প্রশ্নবাচক বাক্যে did, was, were, ও had, এই সহায়ক ক্রিয়াগুলি প্রথমে আসে।

Affir: I ate bread and butter. আই এট ব্রেড অ্যাণ্ড বাটার। আমি পাঁউরুটি মাখন খেলাম।

Neg : I did not eat bread and butter. Int: Did I eat bread and butter?

Affir: You were reading a book. ইউ ওয়্যার রিডিং এ বুক্। তুমি একটি বই পড়ছিলে।

Neg : You were not reading a book? Int: Were you reading a book?

Affir: You read a book. ইউ রেড্ এ বুক। তুমি বই পড়েছিলে।

Neg :You had not read a book. Int: Had you read a book?

7 সপ্তম দিন
th Day

ভবিষ্যৎ কাল [Future Tense]

ইংরেজি ভাষাতে ভবিষ্যৎ কালের ক্রিয়াগুলিও চার ভাগে বিভক্ত। **1. Ram will study** [রাম **উইল্** স্টাডি], **2. Ram will be studying** [রাম **উইল্** বি স্টাডিয়িং, **3. Ram will have studied**[রাম **উইল্** হ্যাভ স্টাডিড], **4. Ram will have been studying since morning** [রাম **উইল্** হ্যাভ বিন স্টাটিয়িং সিন্স মর্নিং]। অর্থাৎ রাম যাবে, রাম যাচ্ছে হবে ও রাম গিয়ে থাকবে। বর্তমান ও অতীতকালের মতনই এই ক্রিয়া গুলিকে **future indefinite, future continuous, future perfect** ও **future perfect continuous** বলা হয়।

I

— Will/Shall —

গোবিন্দ : তুমি খেলবে ?
Govind: *Will* you play? **উইল্** ইউ প্লে !

রাম : না, আমি খেলবোনা।
Ram: No, I *won't*. নো, আই **ওয়ন্ট**।

গোবিন্দ : তুমি কি কাল আসবে ?
Govind: *Will* you come tomorrow? **উইল** ইউ কাম্ টুমরো ?

রাম : হ্যাঁ, আসব।
Ram: Yes, *I'll* come. ইয়েস, **আই'ল** কাম্।

গোবিন্দ : তুমি কি রাত্রে এখানে থাকবে ?
Govind: *Will* you be staying here tonight? **উইল** ইউ বি স্টেয়িং হিয়ার টুনাইট ?

রাম : না, আমি ফিরে যাব।
Ram: No *I'll* go back. নো, **আই'ল** গো ব্যাক্।

গোবিন্দ : তুমি কি শুক্রবার দিন রাজার সঙ্গে দেখা করবে ?
Govind: *Will* you see Raja on Friday? **উইল** ইউ সি রাজা অন ফ্রাইডে ?

রাম : না, আমি বাড়ীতে তোমার জন্য অপেক্ষা করব।
Ram: No, *I'll* wait for you at home. নো, **আই'ল** ওয়েট্ ফর ইউ অ্যাট হোম।

J

— Will be/Shall be —

অমিতাভ : কাল এই সময় কি তুমি গাড়িতে থাকবে ?
Amitabh: *Will* you *be* in the train at this time tomorrow? **ইউল্** ইউ **বি** ইন্ দ ট্রেন অ্যাট্ দিস টাইম টুমরো ?

রাকেশ : না, আমি সে সময় কানপুর পৌঁছে যাব হয়ত।
Rakesh: Yes, *I'll be* about to reach Kanpur at this time. ইয়েস, **আই'ল বি** অ্যাবাউট টু রিচ কানপুর এ্যাট দিস্ টাইম।

অমিতাভ : কাল কি এই সময় আমরা ম্যাচ খেলতে থাকবোনা ?
Amitabh: *Shall* we not *be* playing match at this time? **শ্যাল** ইউ নট্ **বি** প্লেয়িং ম্যাচ এ্যাট দিস্ টাইম ?

রাকেশ : হাঁ, কাল এই সময় আমরা ম্যাচ খেলতে থাকবো।
Rakesh: Yes, ofcourse *we'll be*. ইয়েস, অফ্ কোর্স **উই'ল বি**।

অমিতাভ : আমরা কি বার বার সিমলা আসতে থাকবো ? [বা আসবো ?]
Amitabh: *Shall* we *be* coming to Simla again and again? **শ্যাল** উই **বি** কামিং টু সিমলা এগেন এ্যাণ্ড এগেন ?

রাকেশ : না, আমরা বার বার আসতে থাকবো [অথবা আসবো] না।
Rakesh: No, we *won't be*. নো, উই **ওন্ট** বি।

K

— Will have/Shall have —

মীনাক্ষী : ও কি চলে গেছে তবে ?

রজনী : না, যাইনি হয়তো ।

মীনাক্ষী : তুমি কি আসছে মাস নাগাদ কালকা থেকে চলে আসবে ?

রজনী : হাঁ, এসে যাবো ।

মীনাক্ষী : কাল এই সময় নাগাদ তোমার পরীক্ষা শেষ হয়ে যাবে ।

রজনী : হাঁ, আমার জীবনের একটা গুরুত্বপূর্ণ অধ্যায় শেষ হয়ে যাবে ।

মীনাক্ষী : তুমি কি আগামী বছরে দশম শ্রেণীর পরীক্ষা পাশ করে যাবে ?

রজনী : হাঁ, ততদিনে আমি পাশ করে যাব ।

মীনাক্ষী : মার্চ নাগাদ কি নির্বাচন শেষ হয়ে যাবে ?

রজনী : হাঁ, মার্চ পর্য্যন্ত হয়ে যাবে ।

মীনাক্ষী : তোমার ভাই কি ততদিনে ক্যানাডা থেকে এসে যাবে ?

রজনী : না, তখনও নয় ।

Meenakshi: *Will* she *have* gone? **উইল শী হ্যাভ গন ?**

Rajani: No. she *wouldn't have* gone. **নো, শী উডন্ট হ্যাভ গন ।**

Meenakshi: *Will* you be back from Kalka by the next month? **উইল ইউ বি ব্যাক ফ্রম কালকা বাই নেক্সট মন্থ্ ?**

Rajani: Yes, I *should be* back by then. **ইয়েস, আই সুড বি ব্যাক্ বাই দেন ।**

Meenakshi: You *Will have* taken your test by this time tomorrow. **ইউ উইল হ্যাভ টেকন ইওর টেস্ট বাই দিস্ টাইম টুমরো ।**

Rajani: Yes, an important chapter of my life *would be* over. **ইয়েস, অ্যান ইম্পর্ট্যান্ট চ্যাপটার অফ মাই লাইফ উড বি ওভার ।**

Meenakshi: *Will* you *have* passed tenth class by the next year? **উইল ইউ হ্যাভ পাসড টেনথ ক্লাশ বাই দ নেক্সট্ ইয়ার ?**

Rajani: Yes, I *should have* passed it by that time. **ইয়েস, আই সুড হ্যাভ পাসড্ ইট বাই দ্যাট টাইম ।**

Meenakshi: *Will* the elections be over by March? **উইল দ ইলেকশনস্ বি ওভার বাই মার্চ ?**

Rajani: Yes, the elections *will have* completed by March. **ইয়েস, দ ইলেকশনস্ উইল হ্যাভ কম্প্লিটেড বাই মার্চ ?**

Meenakshi: *Will* your brother *have* returned from Canada? **উইল ইওর ব্রাদার হ্যাভ রিটার্নড্ ফ্রম ক্যানাডা ?**

Rajani: No. he *would* not *have*. **নো, হি উড নট হ্যাভ ।**

L

— Will have been/Shall have been —

প্রভাত : কাল তুমি এ সময় ঘুমিয়ে পড়বে ?

সুধীর : না, বোধহয় এ সময় পড়তে থাকব ।

প্রভাত : আর তোমার ভাই, রাজীব কি করতে থাকবে ?

সুধীর : ও, শিমলা যাওয়ার জন্য তৈরী হতে থাকবে ।

প্রভাত : পুলিশ কি এ সময় পকেটমারকে জিজ্ঞাসাবাদ করতে থাকবে ?

Prabhat: *Will* you *have been* sleeping tomorrow at this time? **উইল ইউ হ্যাভ বিন স্লিপিং টুমরো এ্যাট দিস্ টাইম ?**

Sudhir: No, probably I *shall have been* studying at this time. **নো, প্রোবাবলি আই শ্যাল হ্যাভ বিন স্টাডিয়িং এ্যাট দিস টাইম ।**

Prabhat: And, what *will* your brother, Rajiv *have been* doing? **অ্যাণ্ড, হোয়াট উইল ইওর ব্রাদার রাজীব হ্যাভ বিন ডুইং ?**

Sudhir: He *will have been* preparing to leave for Simla. **হি উইল হ্যাভ বিন প্রিপ্যারিং টু লিভ ফর শিমলা ।**

Prabhat: *Will* the policeman *have been* interrogating the pickpocket at this time? **উইল দ্য পোলিশম্যান হ্যাভ বিন ইনটারোগেটিং দ্য পিক-পকেট এ্যাট দিস টাইম ?**

সুধীর : না, সে তার রাউণ্ডে বেরিয়ে থাকবে।

Sudhir: No, he *will have been* on his round. নো, হি **উইল হ্যাভ বিন** অন হিজ রাউণ্ড।

স্মরণীয় [To Remember]

এই বাক্যগুলি দেখুন — [A] I shall not play. আই শ্যাল নট প্লে। [B] he will not play. হি ইউল্ নট্ প্লে। প্রথম বাক্যটিতে I এর সাথে shall আছে ও দ্বিতীয়টিতে He এর পরে will দেওয়া হয়েছে। সাধারণ নিয়ম এই যে প্রথম ও মধ্যম পুরুষের সাথে, যেমন, he, she, it, they, you, Ram ইত্যাদি, will ব্যবহার করতে হয় ও উত্তম পুরুষ যথা I, we ইত্যাদির সাথে shall কিন্তু যদি I/we র পর will, ও he-she-it-they-you র পর shall থাকে, তখন সেই সমস্ত বাক্যের তাৎপর্য্য হয় কোন কথা বলা বা করার জন্য দৃঢ় প্রতিজ্ঞা করা। যেমন, 1. I will not play. 2. You shall not return এই দুটো বাক্যের দ্বারা এই অর্থ বোঝানোর প্রয়াস করা হয়েছে যে 1. আমি কোনো মতেই খেলবো না 2. তুমি নিশ্চয়ই ফেরত আসবে [বা ফিরবে না]।

নীচের বাক্যগুলিরও অর্থ এই রকম হয় —

1. I will succeed or die in the attempt [আমি] হয় সাফল্য লাভ করব কিংবা প্রাণত্যাগ করব।
2. You shall finish your work before you leave the office অফিস ছাড়ার আগে সব কাজ যেন শেষ করবে।
3. He shall obey, whether he likes it or not ভালো লাগুক বা না লাগুক, এই আদেশ তাকে মানতেই হবে।

দ্রষ্টব্য : কথোপকথনের ভাষায় will এর ব্যবহারই বেশি হয় — যেমন I'll, We'll, He'll, They'll, You'll.

8 অষ্টম দিন
8th Day

কিছু গুরুত্বপূর্ণ সহায়ক ক্রিয়া [Some Important Helping Verbs]
Can, Could, May, Might, Must/Ought [to], Should/Would

তিন কালের [Tenses] প্রভেদ এতদিনে স্পষ্ট হয়ে গেছে নিশ্চয়। লক্ষ্য করে থাকবেন এই প্রভেদ বোঝাতে আমরা সহায়ক ক্রিয়ার [Auxiliary Verbs] সাহায্য নিয়েছিলাম। আজ আমরা আরও কতকগুলি সাহায্যকারী ক্রিয়ার ব্যবহার জানার অভ্যাস করব। প্রথমে এই দুটো Auxiliary Verbs [অগ্‌জিলারী ভার্ব্‌স] — Can[ক্যান্] ও May [মে] নেওয়া যাক। দুটো শব্দেরই অর্থ হচ্ছে 'পারা' [কোন কাজ করতে]। কিন্তু তারা বিভিন্ন স্থানে বিভিন্ন ভাব প্রকাশ করে। নীচের বাক্যগুলি দেখলেই বুঝতে পারবেন তা। Can এর অতীতকালের রূপ Could ও May র অতীতকালের রূপ Might, Shall ও Will এর অতীতের রূপ ক্রমশঃ Should ও Would. এই শব্দগুলির অর্থের বিভিন্নতা নীচের বাক্যগুলি থেকে স্পষ্ট হবে।

— Can —

রজনীবালা : তুমি সেতার বাজাতে পারো ?	**Rajani Bala:** *Can* you play sitar? **ক্যান** ইউ প্লে সিতার ?
শশীবালা : হাঁ, আমি বাঁশিও বাজাতে পারি।	**Shashi Bala:** Yes, I *can* play flute as well. ইয়েস, আই **ক্যান** প্লে ফ্লুট অ্যাজ ওয়েল।
রজনীবালা : তুমি আমার বইগুলো ফেরত দিতে পারো ?	**Rajani Bala:** *Can* you return my books? **ক্যান** ইউ রিটার্ন মাই বুক্‌স্ ?
শশীবালা : না, আমি এখন পারবো না।	**Shashi Bala:** No, I *can't* return them yet. নো, আই **ক্যানট** রিটার্ন দেম্ ইয়েট।
রজনীবালা : তুমি সংস্কৃত পড়তে পারো ?	**Rajani Bala:** *Can* you read Sanskrit? **ক্যান** ইউ রিড সংস্কৃৎ ?
শশীবালা : হাঁ, পারি।	**Shashi Bala:** Yes, I *can* read it. ইয়েস, আই **ক্যান** রিড ইট।

— May —

ছাত্র : আমি কি ভেতরে আসতে পারি স্যার ?	**Student:** *May* I come in Sir? **মে** আই কাম্ ইন্ স্যার ?
শিক্ষক : হ্যাঁ, এসো।	**Teacher:** Yes, you *may*. ইয়েস, ইউ **মে**।
ছাত্র : আমি বাল সভাতে যেতে পারি কি, স্যার ?	**Student:** *May* I attend Bal Sabha, Sir? **মে** আই এ্যাটেণ্ড বাল সভা, স্যার ?
শিক্ষক : নিশ্চয়, সানন্দে।	**Teacher:** Yes, with great pleasure/of course. ইয়েস, উইথ গ্রেট প্লেজার/অফ কোর্স।
ছাত্র : আমি সুরেশের সাথে যেতে পারি কি স্যার ?	**Student:** Sir, *may* I accompany Suresh? স্যার, **মে** আই এ্যাকম্পানি সুরেশ ?
শিক্ষক : না, পারো না। আগে নিজের কাজ শেষ কর।	**Teacher:** No, you better finish your work first. নো, ইউ বেটার ফিনিশ ইয়োর ওয়ার্ক ফার্স্ট।

— Could —

রাজু : তুমি কি কাজটা একলাই করতে পার ? — **Raju:** *Could* you do this work alone? **কুড্** ইউ ডু দিস্ ওয়ার্ক এ্যালোন ?

সুরেশ : না, আমি কাজটা একলা কঁরতে পারি নি। — **Suresh:** No, I *couldn't*. নো, আই **কুড্ন্ট**।

রাজু : ও কি ঠিক সময়ে তোমাকে সাহায করতে পেরেছিল ? — **Raju:** *Could* she help you in time? **কুড্** শি হেল্প্ ইউ ইন্ টাইম ?

সুরেশ : হাঁ, সময়মতই সাহায্য করতে পেরেছিল। — **Suresh:** Yes, she *could*. ইয়েস, শি **কুড্**।

রাজু : রমা কি অঙ্কটা কষতে পেরেছিল ? — **Raju:** *Could* Rama solve this problem? **কুড্** রমা সল্ভ্ দিস্ প্রব্লেম ?

সুরেশ : না, পারে নি। — **Suresh:** No, she *couldn't* . নো, শি **কুড্ন্ট**।

— Might/Must/Ought [to]/Would/Should —

সোহন বোধহয় ওকে সাহায্য করেছিল। — Sohan *might* have helped him. সোহন **মাইট** হ্যাভ্ হেল্প্ড্ হিম্।

ও বোধহয় এখানে এসেছিল। — He *might* have come here. হি **মাইট** হ্যাভ্ কাম্ হিয়ার।

ওর বিয়েতে আমাকে যেতেই হবে। — I *must* attend his marriage. আই **মাস্ট্** এ্যাটেণ্ড হিজ্ ম্যারেজ।

আমাকে দশটার মধ্যে বাড়ী পৌঁছাতেই হবে। — I *must* reach home by 10 o'clock. আই **মাস্ট্** রিচ হোম বাই টেন ও'ক্লক।

ছোটদের ভালবাসতে হয়। — We *ought* to love our youngers. উই **অট** টু লাভ আওয়ার ইয়ঙ্গারস।

প্রতিদিন সকালে আমি দ'মাইল হাঁটব। — I *would* walk two miles every morning. আই **উড** ওয়াক টু মাইল্স্ এভরি মরণিং।

তোমার আরও নিয়মিত ভাবে ক্লাশে যাওয়া উচিৎ। — You *should* attend the class more regularly. ইউ **শুড্** অ্যাটেণ্ড দ্য ক্লাশ মোর রেগুলারলি।

স্মরণীয় [To Remember]

1.[a] Can I walk? — [a] May I walk?
[b] Can you do this job? — [b] May I do this work?
[c] Can you sing a song? — [c] May I sing a song?

ওপরের যে বাক্যগুলিতে can আছে, তাদের ভাবার্থ এই যে কর্তার কাজগুলি করার শক্তি ও সামর্থ্য আছে। যে সব বাক্যগুলি may দিয়ে আরম্ভ হয়েছে, তাদের দ্বারা কাজ গুলি করার ইচ্ছা প্রকাশ করা হচ্ছে বা করার জন্য অনুমতি চাওয়া হচ্ছে। Can I walk এ 'আমি কি চলাফেরা করতে সমর্থ ?' এই ভাব প্রকাশ হচ্ছে। কিন্তু May I walk-এ চলাফেরা করার অনুমতি চাওয়া হচ্ছে।

অবশ্য কখনও কখনও সাধারণ কথাবার্তায় may ও can একই ভাবার্থে ব্যবহৃত হয়, যদিও তা ব্যাকরণসম্মত নয়।

2. আগেই বলা হয়েছে যে can-এর অতীতকাল could, may-র might, shall এর should ও will এর would, must, 'নিশ্চয়ই', এই ভাবার্থে ব্যবহৃত হয়। Ought to ও should থাকলে বুঝতে হবে যে 'সেই কাজটি করা উচিৎ' এই ভাব প্রকাশ করা হচ্ছে।

এই শব্দ ও তাদের অর্থ, বাক্যে কিরকম ভাবে প্রযোজ্য, এগুলোর অভ্যাস করে নেওয়া উচিৎ।

9 নবম দিন
th Day

আদেশ ও অনুরোধসূচক বাক্য [Sentences denoting order and request]

নীচে কতকগুলি আদেশ ও অনুরোধসূচক বাক্য দেওয়া হল। এগুলোকে Imperative mood [ইম্‌পারেটিভ্ মুড] এর বাক্য বলা হয়। এই বাক্যগুলিতে [Tense] দেবার দরকার হয় না। ক্রিয়া মূলরূপেই থাকে। এই বাক্যগুলি সহজেই আয়ত্ত্ব করা যায়।

বিধেয়াত্মক ক্রিয়া [Imperative Mood]

A

1. সামনে দেখো। — Look ahead. লুক্ এ্যাহেড্।
2. এগিয়ে যাও। — Go ahead. গো এ্যাহেড্।
3. আস্তে গাড়ী চালাও। — Drive slowly. ড্রাইভ স্লোলি।
4. ওঁর নাম জিজ্ঞেস কর। — Ask his name. আস্ক্ হিজ্ নেম।
5. নিজের কাজ করো। — Mind your business. মাইণ্ড ইয়োর বিজনেস্।
6. ফিরে যাও। — Go back. গো ব্যাক।
7. ফিরে এসো। — Come back. কাম্ ব্যাক।
8. শুনুন তো। — Just listen. জাস্ট্ লিসন্।
9. তাড়াতাড়ি এসো। — Come soon. কাম্ সূন।
10. আমায় দেখতে দাও। — Let me see. লেট্ মি সি।
11. আমায় কাজ করতে দাও। — Let me work. লেট্ মি ওয়ার্ক।
12. ওকে যেতে দাও। — Let him pass. লেট্ হিম পাস।
13. আমায় যেতে দাও। — Let me go. লেট্ মি গো।
14. তৈরী হও। — Be ready. বী রেডী।
15. ওর দেখাশোনা কোরো। — Take care of him/her. টেক্ কেয়ার অফ হিম/হার।
16. একপাশে দাঁড়াও। — Move aside. মুভ এ্যাসাইড।
17. ভেবেচিন্তে বলো। — Think before you speak. থিঙ্ক বিফোর ইউ স্পিক।
18. নিশ্চয়ই আসবে। — Do come. ডু কাম্।
19. এগোও। — Move ahead. মুভ অ্যাহেড।

B

20. ওর খবর নাও। — Inform about her/him. ইনফর্ম এ্যাবাউট হার/হিম্।
21. পরিহাস করো না। — Don't cut jokes. ডোণ্ট কাট্ জোক্স।
22. বোকার মতন কথা বলো না। — Don't talk nonsense. ডোণ্ট টক নন্‌সেনস্।
23. কিচ্ছু ভাববে না। — Never mind. নেভার্ মাইণ্ড।
24. দেরি করো না। — Don't delay. ডোণ্ট ডিলে।

25. কক্ষনো ভুলো না। — Never forget. নেভার ফরগেট্।

26. চিন্তা করো না। — Don't worry. ডোণ্ট ওয়রি।

27. ওকে ক্ষেপিও না। — Don't tease him. ডোণ্ট টিজ হিম্।

C

28. আর একবার চেষ্টা করুন। — Please do try again. প্লিজ ডু ট্রাই এগেন্।

29. থাক্‌গে। — Leave it. লিভ ইট্।

30. একটু অপেক্ষা করুন। — Please wait. প্লিজ ওয়েট্।

31. এখানে আসুন। — Please come here. প্লিজ কাম্ হিয়ার।

32. আসুন, আসুন। — Please come in. প্লিজ কাম্ ইন।

33. ওঁকে জাগিয়ে দিন। — Please wake him up. প্লিজ ওয়েক হিম্ আপ্।

34. বসুন, বসুন। — Please be seated. প্লিজ বি সিটেড।

35. দয়া করে উত্তর দিন। — Please reply. প্লিজ রিপ্লাই।

36. আমাকে যেতে দিন অনুগ্রহ করে। — Please allow me to go./May I go? প্লিজ এ্যালাও মি টু গো।/মে আই গো ?

37. এইখানে সই করুন [দয়া করে]। — Please sign here. প্লিজ সাইন হিয়ার।

38. আর একটু খানি থাকুন। — Please stay a little longer. প্লিজ স্টে এ লিটল্ লংগার।

39. দয়া করে চুপ করুন। — Please keep quiet. প্লিজ কিপ কোয়ায়ট।

40. আপনি যেরকম বলবেন। [বা আপনার যা ইচ্ছে] — As you like it. অ্যাজ ইউ লাইক্ ইট্।

41. আবার আসবেন যেন। — Do come again. ডু কাম্ এগেন।

D

42. নিজের ঘরদোর পরিষ্কার রাখবে। — Keep your home clean. কিপ ইয়োর হোম ক্লিন।

43. আবোল তাবোল না বলে আসল কথায় এসো। — Come to the point. Don't beat about the bush./Stop rambling and come to the point. কাম্ টু দ পয়েন্ট। ডোণ্ট বিট এ্যাবাউট দ বুশ্।/স্টপ র‍্যাম্বলিং অ্যাণ্ড কাম্ টু দ্য পয়েন্ট।

44. দেরি করো না। — Don't be late. ডোণ্ট বি লেট্।

45. পাগলামো ক'রো না। — Don't be silly. ডোণ্ট বি সিলি।

46. এই এক দাগ [ওষুধ] খাও। — Take this dose [of medicine] টেক দিস্ ডোজ [অফ্ মেডসিন]।

47. আমার পেছন পেছন এসো। — Follow me. ফলো মি।

48. জুতোর ফিতে বেঁধে নাও। — Tie your shoe laces. টাই ইয়োর শু লেসেস।

49. কাজের সময় কাজ, খেলার সময় খেলা উচিৎ। — Work while you work and play while you play. ওয়ার্ক্ হোয়াইল ইউ ওয়ার্ক্ এ্যাণ্ড প্লে হোয়াইল্ ইউ প্লে।

50. ঝোপ বুঝে কোপ্ মার। — Strike the iron when is hot. স্ট্রাইক্ দ আয়রন্ হোয়েন ইজ্ হট্।

51. জায়গা খালি কর। — Vacate the place. ভ্যাকেট দ্য প্লেস।

52. কিছুই বলো না। — Don't say anything. ডোণ্ট সে এনিথিং।

53. দেখেছ শয়াতানটাকে ? — Look at the devil. লুক্ এ্যাট দ্য ডেভিল।

54. দেখো ওকে। — Watch him. ওয়াচ্ হিম।

স্মরণীয় [To Remember]

1. আপনারা দেখলেন যে is, are, am, were, has, have, had, will, would, shall, should, can, could, may, might প্রভৃতি শব্দগুলি বাক্যের আরম্ভে থাকলে তারা জিজ্ঞাসাসূচক বাক্য হয়ে যায় ও subject এর পরে, বাক্যের মধ্যে থাকলে সাধারণ বাক্য হয়। উদাহরণ —

A	**B**
[1] Am I a fool?	I am not a fool.
[2] Were those your books?	Those were your books.
[3] Had you gone there?	You had gone there.
[4] Can I walk for a while?	You can walk.
[5] May I come in?	You may come in.
[6] Might you go now?	I might go now.

2. Do এবং did মূলতঃ সাহায্যকারী ক্রিয়া নয়। নিম্নলিখিত বাক্যগুলি ভালভাবে লক্ষ্য করুন —

1. আমি সকালে তাড়াতাড়ি উঠি।	I get up early in the morning.
2. আমি সকালে তাড়াতাড়ি উঠেছিলাম।	I got up early in the morning.

এদের নেতিবাচক রূপ দেখা যাক এবার —

3. আমি সকালে তাড়াতাড়ি উঠি না।	I do not get up early in the morning.
4. আমি সকালে তাড়াতাড়ি উঠি নি।	I did not get up early in the morning.

স্পষ্টতঃই, ইতিবাচক থেকে নেতিবাচক বাক্য রচনা করতে হলে do ও did প্রয়োগ করতে হ'ল। জিজ্ঞাসাসূচক বাক্য রচনা করতে হলে এই do ও did কেই, বাক্যের আরম্ভে রাখতে হয়। যেমন —

5. আমি কি সকালে তাড়াতাড়ি উঠি ?	Do I get up early in the morning.
6. আমি কি তাড়াতাড়ি উঠেছিলাম ?	Did I get up early in the morning.

10th দশম দিন
10th Day

এটা সকলেই জানেন যে ইংরেজি একটি আন্তর্জাতিক ভাষা। সাহিত্য, দর্শন, বিজ্ঞান, কলাকৌশল, যে কোন বিভাগেই এই ভাষার সমকক্ষ খুব কমই আছে। ভারতবর্ষেও এই ভাষা জানার উপকারিতা সম্বন্ধে সকলেই অবহিত আছেন।

আপনি জীবনের যে ক্ষেত্রেই প্রতিষ্ঠিত থাকুন না কেন, এমনকি আপনি যদি সামান্য গৃহবধূও হন বা কারখানাতে শারীরিক পরিশ্রম করে জীবিকার্জন করেন, তবুও নিজের ব্যক্তিত্ব বিকাশ করতে হলে এই ভাষাতে সাবলীল ভাবে কথা বলতে পারা একান্ত আবশ্যক।

এর জন্য যদি আপনি কোন অন্তরঙ্গ বন্ধু বা আত্মীয়ের সাহায্য পান, যার সাথে আপনি নিঃসঙ্কোচে ইংরেজিতে কথা বলতে পারেন, তবে ভাল হয়। এই ব্যক্তির সাথে আপনি ইংরেজিতে কথা বলে যান, ভুল হলেও ক্ষতি নেই। আপনি ভাষাটা জানেন, তার ব্যাকরণও আপনার জানা, কিন্তু কথা বলতে হয়ত ইতস্ততঃ করেন। এই ত্রুটি দূর করতে হলে একজন অন্তরঙ্গ বন্ধুর দরকার যার সঙ্গে আপনি ইংরেজিতে কথা বলবেন, যাকে আপনি বাংলা থেকে ইংরেজি বা ইংরেজি থেকে বাংলা করে শোনাবেন ও যিনি নিজেও এই সবগুলি করবেন। আপনারা দুজনে পরে একে অন্যের ভুল শুধরে দেবেন। স্বামী ও স্ত্রী পরস্পরকে এই রকম ভাবে সাহায্য করতে পারেন, যেমন পারেন অফিসে বা কারখানাতে সহকর্মীরা। যদি আপনি স্বচ্ছল হ'ন তবে একটা টেপ রেকর্ডার নিতে পারেন, যার সাহায্যে উচ্চারণ শুধরে নিতে সক্ষম হবেন। কথা বলার সময় ভাবভঙ্গী কিরকম হয় তা দেখার ও ভুল হলে শোধরাবার জন্য আপনি প্রমাণ সাইজের আয়নার সামনে দাঁড়িয়ে কথা বলার অভ্যাস করতে পারেন। পৃথিবীর অসংখ্য ব্যক্তি এই উপায় অবলম্বন করে লাভান্বিত হয়েছেন।

আমাদের মতে এই ভাষা সঠিক ভাবে আয়ত্তে আনার প্রধান বাধা হচ্ছে আপনার সংকোচ। এই সংকোচের বিহ্বলতা থেকে মুক্ত হবার সর্বোত্তম উপায় হচ্ছে একজন অন্তরঙ্গ বন্ধুর সাহায্য। আমাদের কোর্স শেখার জন্য এটা অত্যাবশ্যক। তাঁর সাথে প্রতিদিনের পাঠগুলি পড়ুন ও পরে অভ্যাস তালিকাগুলিও সমাধান করুন। দেখবেন, খুব শীগ্গিরই আপনি অভীষ্ট লক্ষ্যের দিকে এগিয়ে চলেছেন।

ইংরেজি ভাষাতে কথা বলতে পারা মানে জীবনে সাফল্যের চাবিকাঠি হাতে পাওয়া। আর ইতস্ততঃ করবেন না, এগিয়ে চলুন।

ইংরেজি ভাষার জ্ঞান অনেকেরই থাকে। তাঁরা ব্যাকরণের নিয়মকানুনও ভালভাবে জানেন। Tense এর রূপের সঙ্গেও তাঁরা পরিচিত। কিন্তু কেন বলুন ত তাঁরা ইংরেজিতে গড়গড় করে কথা বলতে পারেন না ? কারণ আর কিছুই না, বলার অভ্যাস না থাকা।

এজন্য আবশ্যক যে আপনি নতুন নতুন শব্দ শিখে সেগুলো বিনাদ্বিধায় বলার চেষ্টা করবেন। নীচের তালিকাগুলি আপনাকে এ বিষয়ে সাহায্য করবে।

অভ্যাস তালিকা [DRILL TABLES]

তালিকা [TABLE] – 1

1	2	3	
He She	is	ready	
I	am	hungry thirsty	
They You We	are	tired	

তালিকা [TABLE] – 2

1	2	3
He She I	was	rich
		poor
They You We	were	pleased Sorry

[i] তালিকা নম্বর 1 ও 2 প্রত্যেকটা থেকে 20 টা বাক্য বলে কোন সাথীকে তাদের মানে বলুন।

[ii] এই চল্লিশটা বাক্যই হবে Affirmative মানে ইতিবাচক। এদের নেতিবাচক [Negative] করতে হলে কি করবেন বলুন ত? ঠিক ধরেছেন, is, are, am, was, were ইত্যাদি ক্রিয়ার পর not দেবেন। যেমন — She is not ready. ওপরের তালিকা দুটি থেকে এইরকম আটটি বাক্য লিখুন।

[iii] দ্বিতীয় তালিকা থেকে আটটি ইতিবাচক [Affirmative] বাক্যকে প্রশ্নার্থক [Interrogative] বাক্যতে পরিণত করুন।

তালিকা [TABLE] – 3

1	2	3
The boy His friends	did not can may must not ought to should will can not	use this train do as I say go for hunting enter the cave

এই তালিকা থেকে 64 টি বাক্য রচনা করে আপনার বন্ধুকে শোনান। পরে যে কোন দশটি বাক্য লিখে বাংলায় তাদের অর্থ লিখুন।

তালিকা [TABLE] – 4

1	2
[i] Be	day after tomorrow?
[ii] Go	Sanskrit?
[iii] Have you written	Ramesh, sir?
[iv] Did you get up	this problem?
[v] Will you come	at once?
[vi] Can you read	to Radha?
[vii] May I accompany	early yesterday?
[viii] Could Rama solve	your business
[ix] Mind	ready.
[x] Do not	befool me

চতুর্থ তালিকাতে প্রথম ও দ্বিতীয় স্তম্ভতে মিলে দশটি বাক্য রচনা করা যায়। এই বাক্যগুলি আবার আগের দিনের পড়ার মধ্যেই পেয়ে থাকবেন। দুটি স্তম্ভের বাক্যের টুকরোগুলিকে এমন ভাবে মিলিয়ে বাক্য রচনা করুন — যাদের অর্থ বোধগম্য হয়। পরে সেগুলোর অনুবাদ করুন।

প্রথম দিন

I. নিম্নলিখিত বাক্যগুলির ভুল সংশোধন করুন। ভুলগুলো মনে রাখবেন।

1. Good night uncle, how do you do? [সন্ধ্যা ছ'টার সময়]
2. Is he your cousin brother?
3. She is not my cousin sister.
4. Good afternoon, my son. [সকাল ন'টার সময়]
5. Good morning, mother. [বেলা দুটোর সময়]

II. নীচের বাক্যগুলিতে দেখানো হয়েছে বাংলা ও ইংরেজি সম্মানসূচক ক্রিয়ার প্রকারভেদ কি রকম হয়।

1. বাবা এসেছেন।	Father has come.
2. শর্মাবাবু এক্ষুনি গেলেন।	Mr. Sharma has just left.
3. উনি আপনাকে আবার ডেকেছেন।	He has called you again.

ইংরেজিতে 'আপনি' 'আজ্ঞে' ইত্যাদির প্রচলন নেই। 'You', 'sir' ইত্যাদি ব্যবহার হয় তাদের বদলে। সেইরকম ক্রিয়াতেও যাচ্ছেন, করবেন, বললেন, ইত্যাদির প্রয়োগ হয় না। 'Has' 'done' 'said' ইত্যাদি বললেই যথেষ্ট হয়। বাংলার বাক্য যেমন, সুরেন্দ্রনাথ বাবু এই মাত্র বাড়ি গেলেন, প্রথমে ইংরেজির ধাঁচে বলুন 'সুরেন্দ্রনাথবাবু এই মাত্র বাড়ি গেল' ও তারপর অনুবাদ করুন। [প্রথম দিনের Tail-Box ও দেখুন]।

দ্বিতীয় দিন

III. কতকগুলো শিষ্টাচারসূচক বাক্য আবার আমরা শিখে নিই।

[a] আপনি কারও বাড়ি বেড়াতে গেছেন হয়ত, সেখানে তাঁরা আপনার ত্রুটিহীন আদর-আপ্যায়ন করলেন। ধন্যবাদ দেবার জন্য বলবেন — Thanks for your hospitality. [আপনার আতিথ্যেব জন্য ধন্যবাদ]।

[b] **I am** very grateful to you. I **shall be** very grateful to you. এই দুটো বাক্যের প্রভেদ কোথায় দেখুন ও বলুন কোন অবসরে কোন বাক্যটা বলতে হবে।

যদি কোনও ব্যক্তি আপনার অনুরোধ রক্ষা করেন তবে বলবেন I am very grateful to you. [আমি আপনার প্রতি কৃতজ্ঞ]।

আবার, আপনি যদি কোন ব্যক্তিকে কিছু করার জন্য অনুরোধ করেন এবং তাকে আগে থেকেই ধন্যবাদ দিতে চান, তখন বলবেন — I shall be very gratefull to you. [আমি আপনার প্রতি কৃতজ্ঞ থাকব]।

[c] যদি কেউ আপনার উপস্থিতিতেই আপনার প্রশংসা করেন তবে আপনি বিনীতভাবে বলতে পারেন — Oh, I don't deserve this praise. [আমি এই প্রশংসার উপযুক্ত নই]।

তৃতীয় দিন

4. [a] God ও gods; [b] good ও goods; এই দুই জোড়া শব্দের অর্থ ভাল করে বুঝে নিন। God মানে ঈশ্বর, ভগবান, খোদা, পরমাত্মা। আর gods মানে দেবতাগণ — ইন্দ্র, অগ্নি, বরুণ ইত্যাদি। ঈশ্বর এক দেবতা অনেক। Good মানে ভাল [বিশেষণ] ও goods [বিশেষ্য] মানে মালপত্র।

5. নিম্নলিখিত শব্দগুলির অর্থ অভিধান থেকে দেখুন ও ভাল করে মনে রাখুন — marvellous, splendid, disgraceful, absurd, excellent, nonsense.

6. এই শব্দগুলির সঠিক অর্থ বুঝে নিন — nasty, woe, hello, hurrah.

চতুর্থ দিন

7. এই বাক্যগুলি মন দিয়ে দেখুন — [a] Well begun, half done, [b] To err is human. To forgive, divine [c] Thank you, [d] Just coming. a ও b তে is এই ক্রিয়াটি উহ্য। c ও d তে I, এই কর্তাটি উহ্য। এই বাক্যগুলি অসম্পূর্ণ হওয়া সত্ত্বেও সাধারণ কথাবার্তায় এদের প্রয়োগ এইভাবেই হয়। ইংরেজিতে এই বাক্যগুলিকে elliptical sentences বলা হয় ও তারা ব্যাপকভাবে প্রচলিত। এবার দেখা যাক এদের সম্পূর্ণ রূপগুলি। [a] Well begun *is* half done; [b] To err *is* human. To forgive *is* divine; [c] *I* thank you; [d] *I am* just coming. এই ধরণের অন্য বাক্যও আমাদের জেনে নেওয়া দরকার। এতে ইংরেজি ভাষার বৈশিষ্টের সঙ্গে আপনার পরিচয় হয়ে যাবে।

8. Just coming. চতুর্থ দিনের প্রথম বাক্যের অর্থ দেওয়া হয়েছে আমি এক্ষুণি আসছি। কিন্তু এই বাক্যটির অর্থ তো এরকমও হতে পারে — তিনি/উনি এক্ষুণি আসছেন। ধরুন আপনার বাড়ীতে কেউ এসে বললেন যে আপনার দাদার সাথে কাজ আছে। আপনি ভিতরে গিয়ে দাদাকে বললেন সে কথা ও বাইরে এসে আগন্তুককে বললেন যে দাদা এক্ষুণি আসছেন। ইংরেজিতে বলবেন — Just coming যার সম্পূর্ণ রূপ হবে — He is just coming.

পঞ্চম দিন

9. এই বাক্যগুলি দেখুন [i] You speak English. [ii] Do you speak English? প্রথম বাক্যটি ইতিবাচক [Positive] ও দ্বিতীয়টি প্রশ্নবাচক [Interrogative]।

প্রথম বাক্যটির আগে Do এই auxiliary [সাহায্যকারী] ক্রিয়া দিলেই বাক্যটির রূপ প্রশ্নবাচক হয়ে যায়। এইরকম ভাবেই নিম্নলিখিত বাক্যগুলি Do–does এই ক্রিয়া প্রয়োগ করে প্রশ্নবাচক রূপে পরিণত করুন ও তাদের অর্থ বাংলায় লিখুন।

[i] You go to bed, [ii] You play hockey, [iii] She is back from the office at 6 p.m., [iv] Mother takes care of her children, [v] They go for a morning walk, [vi] I always work hard.

10. নীচের [11 এ দেওয়া] বাক্যগুলির বাংলাতে অনুবাদ করুন।

11. বর্তমান কালের অন্য [auxiliary verbs] এইগুলি — Is, am, are, has, have. নিম্নলিখিত বাক্যে এইগুলিই ব্যবহৃত হয়েছে।

[i] The moon *is* shining.	*Is* the moon shining?
[ii] We *are* listening to you.	*Are* we listening to you?
[iii] My father *has* gone out.	*Has* my father gone out?
[iv] I *have* seen.	*Have* I seen?

উপরের এক এক জোড়া বাক্য থেকে বোঝা যায় যে is, are, has, have এই auxiliary verbs-গুলি বাক্যের আরম্ভে রাখলে ও শেষে প্রশ্নার্থক চিহ্ন দিলেই তারা প্রশ্নবাচক হয়ে যায়। বলবার সময় মনে রাখতে হবে যে আপনার বলার ধরণ tone যেন প্রশ্নার্থক হয়!

এবার ওপরের আটটি বাক্য বাংলায় অনুবাদ করুন।

12. নিম্নলিখিত বাক্যগুলিকে প্রশ্নবাচক রূপে পরিবর্তিত করুন ও তাদের বাংলায় অর্থ লিখুন।

[i] Someone *is* knocking at the door; [ii] your friends *are* enjoying themselves; [iii] I *am* reading a comic; [iv] It *is* Friday today; [v] your hands *are* clean; [vi] The train *has* just arrived; [vii] We *have* studied English; [viii] It *has* rained for two hours; [ix] You *have* already finished your dinner.

ষষ্ঠ থেকে নবম দিন

13. ইংরেজিতে 24টি সহায়ক ক্রিয়া [auxiliary verbs] আছে। তারা হচ্ছে —

[i] do, does, did; is, are, am; was, were; has, have, had; will, shall; [ii] would, should; can, could; may, might; must, ought [to]; [iii] need, dare, used [to]

[i] প্রথম 13টি ক্রিয়া যথা — do, does, did, is, am, are, was, were, has, have, had, will আর shall–Tense-এ প্রয়োগ করা হয় — আর এর প্রয়োগবিধি আপনি পাঁচ, ছয় আর সাত দিনে বুঝতে পারবেন। [ii] Would, should, could আর might প্রায় will, shall, can আর may এদের ভবিষ্যৎকালের রূপে প্রয়োগ করা হয়। এই সব অর্থের প্রয়োগবিধি আপনারা আট দিনের অনুশীলনে পড়েছেন।

আপনি লক্ষ্য করেছেন এই সমস্ত ক্রিয়া মুখ্য ক্রিয়াকে সাহায্য করে। যেমন I may go–এই বাক্যটিকে প্রশ্নসূচক বাক্যে পরিবর্তন করতে হ'লে সহায়ক ক্রিয়া আগে আসে। যেমন May I go? আর না-সূচক অর্থে সহায়ক ক্রিয়ার পর আর মুখ্য ক্রিয়ার আগে 'Not' আসে যেমন I may not go.

14. নিম্নলিখিত প্রশ্নসূচক বাক্যগুলিকে অনুবাদ করুন।

[1] Must I tell you again? [2] Must she write first? [3] Can't you find your book? [4] Could they mend it for me? [5] Could you show me the way? [6] She won't be able to get the cinema tickets? [7] Won't you be able to come and see us? [8] Ought he to go to bed early? [9] Ought not the rich to help the poor? [10] Dare I do it? [11] Need I tell you to be careful? [12] May I leave the room? [13] Might I accompany you? [14] Should I ask him first? [15] Would you wait a few minutes? [16] Used he to give you money?

15. এখন আপনারা বুঝতে পারছেন যে Must, ought, need, dare, used এই সমস্ত সাহায্যকারী ক্রিয়া [special verbs] অন্য ক্রিয়ার মত ব্যবহার করা যেতে পারে।

নিম্নলিখিত হ্যাঁ সূচক [Positive] আর "না সূচক" [Negative] বাক্যগুলির অনুবাদের সাথে সাথে বুঝতে চেষ্টা করুন কি ভাবে এই সব ক্রিয়াগুলি ব্যবহার করা হয়।

[1] I need a towel. [2] She needn't go to the bank. [3] You needed rest, didn't you? [4] I used to go to Kutub Minar. [5] You do not worry. [6] I ought to sleep now. [7] You needn't go there. [8] I have to save money. [9] We need not have a discussion on this matter. [10] He won't attend the meeting, will he?

16. নিচে কয়েকটি প্রশ্ন আর তার সংক্ষিপ্ত উত্তর দেওয়া হল। এইগুলির অভ্যাস করিলে আপনি নিজ নিজে এই ধরনের প্রশ্ন-উত্তর করতে পারবেন।

প্রশ্ন Question	সংক্ষিপ্ত উত্তর Short Answer
[1] *Can* you speak correct English?	No, I can't.
[2] *Will* you speak to her?	No, I won't.
[3] *Could* they go there alone?	Yes, they could.
[4] *Shall* I wait for you at the station?	No, you shan't.
[5] *Does* she tell a lie?	No, she doesn't.
[6] *Do* you speak the truth?	Yes, I do.
[7] *May* we go now?	Yes, you may.
[8] *Weren't* you going to the market?	Yes, I was.
[9] *Hadn't* she finished her work?	Yes, she had.
[10] *Must* they work hard?	No, they mustn't.

17. যে কোন প্রশ্নের দুই ভাবে উত্তর দেওয়া যায় [i] সম্পূর্ণ Complete রূপে [ii] আর সংক্ষিপ্তভাবে [Short] যেমন —

Q. Do you read English? [Question]
A. Yes, I read English. [Complete Answer]
A. Yes, I do. [Short Answer]

সাধারণতঃ এই সমস্ত অবস্থা আর পরিবেশের উপর নির্ভর করে। যেমন — আমরা ফোনে বা দোকানে বা রেলস্টেশনে এর ব্যবহার ভালভাবে বুঝতে পারি। এই সব পরিবেশ ছাড়া আমরা সম্পূর্ণভাবে প্রশ্নের জবাব দিয়ে থাকি। ভালভাবে অভ্যাস করিলে এর তারতম্য বোঝা যাবে। নিচে কয়েকটি বাক্যের "পূর্ণ" উত্তর দেওয়া হ'ল এর "সংক্ষিপ্ত" উত্তর দেওয়ার চেষ্টা করুন —

[1] No, I am not going there.
[2] Yes, I have written her.
[3] No, she has not replied to my letter.
[4] Yes Madam, I got up early.
[5] Yes, I ate them.
[6] Yes Sir, I was reading a book while walking.
[7] No, I had not gone to cinema.
[8] No, I shall not play.
[9] No, we shall not be coming again and again.
[10] No, she will not have gone.

18. নিম্নলিখিত বাক্যগুলির ইংরেজি অনুবাদ করুন। উত্তর উল্টোভাবে নীচে দেওয়া হ'ল। দেখুন আপনি কতটা ঠিক করলেন।

[1] তুমি কি জান ? [2] আপনি জানেন কি ? [3] ওনার ঠিকানা জানেন কি ? [4] আপনার তো কোন আঘাত লাগেনি, লেগেছে ? [5] আপনার আর কিছু বলার আছে ? [6] আপনি রেগে গেছেন কি ? [7] আপনি কি বাজার যাচ্ছেন ? [8] টম্যাটোগুলি কি তাজা ? [9] তিনি আপনার বাড়ী দেখেছেন কি ? [10] তার জন্যে কোন চিঠি আছে কি ? [11] সে আপনাকে জানতো ? [12] তুমি ওষুধ খেয়েছিলে ? [13] তুমি কিছু পেয়েছিলে কি ? [14] একটা অনুরোধ করবো ? [15] সব ঠিক আছে তো ? [16] এটা কি সত্যি ? [17] তিনি [স্ত্রী] কি আপনাকে চেনেন ? [18] এখন বাড়ী যেতে পারি ? [19] আপনাদের জন্যে এই পত্রিকাটি আনাবো ? [20] দয়া করে একটা উপকার করবেন ? [21] আপনি কি বেড়াতে যাবেন ? [22] এই বাসটা মাদ্রাস হোটেলে থামবে ? [23] ওনাকে কি ডেকে পাঠাবো ? [24] তাঁর কাছে কি যাব ? [25] আপনি কি একদিনের জন্যে থাকতে পারেন না ? [26] আপনার বইটা কি এক সপ্তার জন্যে দিতে পারেন না ? [27] রমেন মুখার্জ্জির সঙ্গে দেখা করতে পারি ?

[1] Do you know? [2] Do you know? [3] Do you know his address? [4] Have you not got hurt, have you? [5] Have you anything else to say? [6] Are you angry? [7] Are you going to the market? [8] Are the tomatoes fresh? [9] Has he seen your house? [10] Has there been any letter from him? [11] Did he know you? [12] Did you take the medicine? [13] Did you get something? [14] May I make a request? [15] Is everything all right? [16] Is it a fact? [17] Does she know you? [18] May I go home now? [19] May we get this magazine for you? [20] Will you do me a favour? [21] Will you come for a walk? [22] Will this bus stop at Madras Hotel? [23] Shall I call her? [24] Shall I call on her? [25] Can you not stay for a day? [26] Can you not give me your book for a week? [27] Can I see Mr. Ramen Mukherjee?

উপদেশ : এই রকমভাবে আপনি ইংরেজি থেকে বাংলা অনুবাদ করুন আর নিজের বন্ধুদের সঙ্গে বা আপনজনের সঙ্গে কথা বলার চেষ্টা করুন।

11 একাদশ দিন th Day

দ্বিতীয় অভিযান [IInd Expedition]

প্রথম দশদিন আমরা ইংরেজি কথা বলার সাধারণ ও প্রারম্ভিক নিয়মাবলীর সাথে আপনাদের পরিচয় করিয়ে দিয়েছি। এবার আমরা দ্বিতীয় পর্য্যায়ের অভিযানে অগ্রসর হই। পরের পাঁচদিন আমরা আপনাদের ইংরেজি লিপি, যাকে রোমান্ লিপি বলা হয়, অক্ষর লিখবার নিয়ম, রোমান্ লিপিতে বাংলা লেখা, ইংরেজি স্বর ও ব্যঞ্জনবর্ণের উচ্চারণ পদ্ধতি, তথা অনুচ্চারিত বর্ণের [Silent Letters] সহিত পরিচয় করিয়ে দেব।

রোমান্ লিপির বর্ণমালা

ইংরেজি বর্ণমালাতে 26টি অক্ষর থাকে। তারা দুরকমের হয় — বড় — যেমন A ও ছোট যেমন a। বড় ও ছোট হাতের অক্ষরগুলোর আবার দুরকম রূপ আছে — ছাপার জন্য একপ্রকার, ও হাতে লেখার জন্য অন্যপ্রকার। কাজেই ইংরেজি বর্ণ চার প্রকারের হয় —

1. ছাপার বড় অক্ষর [Capital]
2. ছাপার ছোট অক্ষর [Small]
3. লেখার বড় অক্ষর [Capital]
4. লেখার ছোট অক্ষর [Small]

Alphabet বর্ণমালা

ছাপার বড় অক্ষর [Capital Letters]

A	B	C	D	E	F	G	H
এ	বি	সি	ডি	ই	এফ্	জি	এইচ্
I	J	K	L	M	N	O	P
আই	জে	কে	এল্	এম্	এন্	ও	পি
Q	R	S	T	U	V	W	X
কিউ	আর	এস্	টি	ইউ	ভি	ডব্লিউ	এক্স্
			Y	Z			
			ওয়াই	জেড্			

ছাপার ছোট অক্ষর [Small Letters]

a	b	c	d	e	f	g	h
এ	বি	সি	ডি	ই	এফ্	জি	এইচ্
i	j	k	l	m	n	o	p
আই	জে	কে	এল্	এম্	এন্	ও	পি
q	r	s	t	u	v	w	x
কিউ	আর	এস্	টি	ইউ	ভি	ডব্লিউ	এক্স্
			y	z			
			ওয়াই	জেড্			

ওপরের ছোট হাতের অক্ষর লিখবার সময় মনে রাখতে হবে যে —

1. চার লাইনের কাঠামোর ভেতর মধ্যের দুই লাইনে লিখবার অক্ষর 14টি — a, c, e, i, m, n, o, r, s, u, v, w, x, z.
2. ওপরের তিন লাইন নিয়ে লিখবার বর্ণ 6টি — b, d, h, k, l, t.
3. চার লাইন নিয়েই লেখার অক্ষর কেবল একটি — f.
4. নীচের তিনটি লাইনে লেখার অক্ষর 5টি — g, j, p, q ও y.

ইংরেজি হাতের লেখা যদি আপনার ভাল নাও হয়, তবুও নিরাশ হবার দরকার নেই। হাতের লেখা ভালো করার জন্য আন্তরিক চেষ্টা করলে নিশ্চয়ই সফলকাম হবেন। অনেকেই করতে পেরেছেনও। কেবল একটা কথা মনে রাখতে হবে যে রোমান লিপি একটু Stylish. অক্ষরগুলো কম বা বেশি চওড়া হয়, আর কিছু অক্ষর চারলাইনের পাতায় ওপরের দুটো কিংবা মধ্যের দুটো, বা নীচের দুটো কিংবা সব কটি লাইন নিয়েই লেখা হয়। এই কথাগুলো মনে করে লেখার অভ্যাস করুন। আস্তে আস্তে হাত বসে যাবে। আপনি ম্যাট্রিক পাশই হোন বা গ্র্যাজুয়েট, হাতের লেখা শোধরাবার জন্য যে কোন বয়সই উপযুক্ত। দৃঢ়প্রতিজ্ঞ হয়ে আজ একাদশ দিন থেকে চারলাইনের খাতায় রোজ একপাতা করে লিখুন। দেখবেন যে খুব শীগগিরই আপনার হাতের লেখা আগের চেয়ে সুন্দর হয়েছে। আপনার সাফল্যের শুভকামনা করি।

স্মরণীয় [To Remember]

1. ইংরেজি বর্ণমালার বড় অক্ষর [Capital Letters] দিয়ে Proper Noun [ব্যক্তিবাচক বিশেষ্য] বানান আরম্ভ করা হয় যেমন — Delhi কোন শব্দের সংক্ষিপ্ত রূপ লিখবার সময়ও বড় হাতের অক্ষর দিয়ে আরম্ভ করতে হয় যেমন Doctor-এর সংক্ষিপ্ত রূপ Dr., মাসের ও বারের নাম যেমন March, Saturday. 12 দিনে এই সম্বন্ধে আরও জানানো হবে। ইংরেজিতে আমির জন্য বড় হাতে I লেখা হয়, ছোট হাতের i নয়।

2. বাংলা শব্দ যেমন সাধারণতঃ লাইনের নীচে লেখা হয়, ইংরেজিতে সেরকম হয় না। ইংরেজিতে লাইনের ওপরে লেখা হয়।

12 দ্বাদশ দিন th Day

ইংরেজির স্বর ও ব্যঞ্জন বর্ণ

ইংরেজিতে স্বর ও ব্যঞ্জন এই দুই প্রকারের বর্ণ হয়। এই স্বর [**Vowels** ভাওয়েল্স্] ও ব্যঞ্জন [**Consonants** কনসোন্যান্ট্স্] বর্ণের উচ্চারণ পদ্ধতি নীচে দেওয়া হল। ঐ সঙ্গেই বাংলার বর্ণ ও শব্দ দ্বারা ইংরেজি [রোমান] বর্ণমালার সঙ্গেও পরিচয় করানো হচ্ছে।

ইংরেজিতে পাঁচটি স্বর ও একুশটি ব্যঞ্জন বর্ণ হয়।

Vowels: A E I O U   Consonants: B C D F G H J K L M N P Q R S T V W X Y Z

ইংরেজির একটি বিশিষ্টতা এই যে অক্ষরগুলি উচ্চারণ আলাদাভাবে এক রকমের হয়, ও সেই অক্ষরগুলি দিয়ে যখন শব্দ রচনা করা হয়, তখন তাদের উচ্চারণ অন্য রকমের হয়। যেমন G, H, L, M, N, P ইত্যাদি অক্ষর গুলো জি, এইচ, এল্, এম্, এন্, জি এই রকম ভাবে উচ্চারিত হয়। কিন্তু যখন তারা শব্দের অংশ হয় তখন তাদের উচ্চারণ সাধারণতঃ 'গ', 'হ', 'ল', 'ম', 'ন' ও 'প' হয়।

ইংরেজি অক্ষরের উচ্চারণ পদ্ধতি

ইংরেজি বর্ণমালার অক্ষরের বিভিন্ন রকমের উচ্চারণের সাথে নীচে পরিচয় করানো হচ্ছে।

ইংরেজি বর্ণ	উচ্চারণের রূপ
A [এ]	'অ'র মত যেমন **Small** [স্মল] এ
	'এ'র মত যেমন **way** [ওয়ে] তে
	'এ্যা'র মত যেমন **Man** [ম্যান] এ
B [বি]	'ব' এর মত যেমন **Book** [বুক]
C [সি]	'ক' এর মত যেমন **Cat** [ক্যাট] এ
	'স' এর মত যেমন **Cent** [সেন্ট] এ
D [ডি]	'ড' এর মত যেমন **Did** [ডিড্]
E [ই]	'ঈ'র মত যেমন **She** [শী] তে
	'এ'র মত যেমন **Men** [মেন্] এ
F [এফ্]	'ফ' এর মত যেমন **Foot** [ফুট্]
G [জি]	'গ'র মত যেমন **Good** [গুড] এ
	'জ'র মত যেমন **George** [জর্জ] এ
H [এইচ্]	'হ'র মত যেমন **Hen** [হেন্] এ
I [আই]	'ই'র মত যেমন **India** [ইণ্ডিয়া] এ
	'আই' এর মত যেমন **Kind** [কাইণ্ড] এ
J [জে]	'জ' এর মত যেমন **Joke** [জোক] এ
K [কে]	'ক' এর মত যেমন **Kick** [কিক্] এ
L [এল্]	'ল' এর মত যেমন Letter [লেটার] এ
M [এম্]	'ম' এর মত যেমন **Man** [ম্যান] এ
N [এন্]	'ন' এর মত যেমন Nose [নোজ] এ
O [ও]	'ও' এর মত যেমন Open [ওপ্ন্] এ
P [পি]	'প' এর মত যেমন Post [পোস্ট] এ
Q [কিউ]*	'ক' এর মত যেমন Quick [কুইক] এ
R [আর]	'র' এর মত যেমন Remind [রিমাইণ্ড] এ
S [এস্]	'স' এর মত যেমন Small [স্মল] এ
T [টি]	'ট' এর মত যেমন Teacher [টিচার] এ
U [ইউ]	'আ'র মত যেমন Up [আপ্] Cup [কাপ্]
	'উ'র মত যেমন Put [পুট্] Push [পুশ্]
	'ইউ'র মত যেমন Salute [স্যালিউট]
V [ভি]	'ভ' এর মত যেমন Value [ভ্যাল্যু]
W [ডব্লিউ]	'ওয়' এর মত যেমন Walk [ওয়াক] এ
X [একস্]	'একস্' যেমন X-ray [এক্স্-রে]
Y [ওয়াই]	'ইয়'র মত যেমন Young [ইয়ং]
Z [জেড্]	'জ' এর মত যেমন Zoo [জু] তে

* শব্দ রচনা করতে হলে Q এর সাথে U অবশ্যই থাকবে — quick, cheque ইত্যাদি

ইংরেজির কতকগুলি সংযুক্ত অক্ষর — 'ch' এর উচ্চারণ 'চ' এর মত, 'th' এর 'ঠ' ও 'থ' এর মত, ph এর 'ফ' এর মত, 'sh' এর 'শ' এর মত ও 'gh' এর 'ঘ' এর মত হয়।

['gh'-এর- আগে দীর্ঘ স্বর থাকলে সেই শব্দে 'gh' silent [উহ্য] হয়ে যায়। যখন right [রাইট]-এ।

বড় ও ছোট হাতের অক্ষরের ব্যবহার

ইংরেজিতে বাক্য সাধারণতঃ ছোট অক্ষরেই লেখা হয়। কেবল কথক গুলি ক্ষেত্রে বড় হাতের অক্ষর লেখা হয়। সেগুলি নিম্নে দেওয়া হ'ল।

1. প্রত্যেক বাক্যের প্রথম অক্ষর বড় হাতের হয় —	This is a box. When did you come? etc.
2. ব্যক্তিবাচক বিশেষ্য, [proper noun] বাক্যের যে স্থানেই হোক না, বড় অক্ষর দিয়ে খিলতে হয় —	the Ganges, the Taj, Mathura, Ram Nath etc.
3. ইংরাজী কবিতার প্রত্যেক স্তবকের প্রথম শব্দ বড় অক্ষর দিয়ে আরম্ভ হয় —	His coat is pagged, And blown away, He drops his head, And he knows not why.
4. ইংরাজীতে সংক্ষিপ্তকৃত অক্ষর বড় হাতের হয় —	N.B.P.T.O. etc.
5. মাস ও সপ্তাহের দিনের নাম —	January, March, Sunday, Monday, etc.
6. ঈশ্বরের নাম ও সর্বনামগুলি —	God, Lord, He, His
7. উপাধির প্রথম অক্ষরগুলি —	B.A, LL.B., M.Com, etc.

রোমান্ লিপিতে বাংলা বর্ণমালা

স্বরবর্ণ [Vowels]

AU	Ā	I	EE	U	Ū	R	LI	A	AI	O	OU
au	ā	i	ee	u	ū	r	li	a	ai	o	ou
অ	আ	ই	ঈ	উ	ঊ	ঋ	৯	এ	ঐ	ও	ঔ

[৯ (লি) এর ব্যবহার আজকাল হয় না]

ব্যঞ্জনবর্ণ [Consonants]

K	KH	G	GH	N	CH	CHH	J	JH	N
k	kh	g	gh	n	ch	chh	j	jh	n
ক্	খ্	গ্	ঘ্	ঙ্	চ্	ছ্	জ্	ঝ্	ঞ
T	TH	D	DH	N	T	TH	D	DH	N
t	th	d	dh	n	t	th	d	dh	n
ট্	ঠ্	ড্	ঢ্	ণ্	ত্	থ্	দ	ধ	ন
P	PH	B	BH	M	Y	R	L	V	SH
p	ph	b	bh	m	y	r	l	v	sh
প	ফ	ব	ভ*	ম	য়	র	ল	ব+	শ
SH	S	H	N	N	HI		**সংযুক্ত অক্ষর [Compound letters]**		
sh	s	h	n	n	hi		KSH	TR	JN
ষ	স	হ	ং	ঁ	ঃ		ksh	tr	jn
				ক্ষ**	ত্র	জ্ঞ			

\+ অন্তস্থ 'ব' এর উচ্চারণ সংস্কৃত, হিন্দি ইত্যাদিতে ইংরেজি V এর মতন হয়। বাংলায় 'ওয়্' দিয়ে এই শব্দটির উচ্চারণ করা যেতে পারে — যেমন জওয়াহর [Jawahar]

* যদিও বাংলাতে V কে 'ভ' এর অনুরূপ উচ্চারণ করা হয়, এই শব্দটির আসল উচ্চারণ অন্তস্থ 'ব' ও 'হ' এর মাঝামাঝি হলেই ভাল হয়। হিন্দিতে V কে 'ব' এর অনুরূপ ধরা হয়। কিন্তু 'হ' এর সামান্য আভাষ থাকলেই ভাল হয়। 'ভ' কে Bh এর প্রতিরূপ হিসেবেই গণ্য করা উচিত, V এর নয়। 'প্রভাত' – Prabhat. Provat নয়।

এইবার আমরা কতকগুলি বাংলা শব্দ রোমান্ লিপিতে লিখে তাদের উচ্চারণ ও লেখন পদ্ধতির সাথে আপনাদের পরিচয় করিয়ে দিই —

এখন *Akhan*	আবার *Ābar*	স্ত্রী *Stree*	নারী *Nari*
আম *Ām*	কুকুর *Kukur*	পয়সা *Paisa*	কাক *Kāk*
আচার *Āchār*	ঘোড়া *Ghoda*	বুট *Būt*	কবিতা *Kavita*
গাধা *Gādha*	এক *Ak*	জল *Jaul*	অসার *Ausar*
হিন্দী *Hindi*	উর্দু *Urdu*	ইংরাজী *Ingraji*	বাংলা *Bāngla*

নীচে বাংলায় কতকগুলি বাক্য ও তাঁদের ইংরেজি অনুবাদের রোমান লিপির রূপ দেওয়া হ'ল। এগুলো পড়ে ইংরেজিতে অনুবাদ করুন ও সেই বাক্যগুলিকে বানলা লিপিতে লিখুন। এতে বাংলা শব্দাবলী কিরকম ভাবে রোমান্ লিপিতে লিখতে হয়, তার অভ্যাস হয়ে যাবে।

1. তুমি কোথায় যাচ্ছ ?	Where are you going?	4. এই জামাটা ময়লা।	This shirt is dirty.
Tumi kothai jachcho?	হোয়্যার আর ইউ গোয়িং ?	Ai jamata maila.	দিস্ শার্ট ইজ ডার্টি।
2. ওখানে কেউ আছে ?	Is anyone there?	5. আমার চুল কাটো।	Cut my hair.
Okhane Keo achche?	ইজ এনিওয়ান্ দেয়ার ?	Amar chul kato.	কাট্ মাই হেয়ার।
3. তুমি কি জাননা ?	Don't you know?	6. বাংলা একটি সহজ ভাষা।	Bengali is an easy language.
Tumi ki janana?	ডোনট্ ইউ নো ?	Bangla 'ekti sahaj bhasha.	বেঙ্গলি ইজ এ্যান ইজি ল্যাংগুয়েজ।

** 'ক্ষ' — বাংলাতে এই সংযুক্তাক্ষরকে 'ক খ' এর মত উচ্চারিত হয়। কিন্তু সংস্কৃত, হিন্দি ইত্যাদিতে 'ক্ ষ্' এর উচ্চারণ হয় 'K S H বা X এর মত। যেমন 'লক্ষ'। ইংরেজিতে লেখা উচিৎ Laksha. Lakkha লেখা ভুল হবে। 'দক্ষ' হবে Daksha, পক্ষী হবে Pakshi ইত্যাদি।

N.B. বাংলাতে 'আত্মা' কে 'আঁত্তা', 'পদ্ম' কে 'পদ্দ' উচ্চারণ করা হয়। কিন্তু ইংরেজিতে লিখতে হবে 'Atma', 'Padma' etc. 'লক্ষ্মী' হবে 'Lakshmi', 'Lakkhi' নয়।

স্মরণীয় [To Remember]

1. [i] ক্ এর জন্য ইংরেজিতে c, k, ও q স্থানবিশেষে ব্যবহার করা চলে। কখন কখন ck ও লেখা হয় যেমন block. c এর উচ্চারণ 'স' ও হয় যেমন cell সেল্।

[ii] যদিও g তে 'গ' এর উচ্চারণ হয় [good] ও j তে 'জ' এর [jam] কখন কখন g-এর জ-এর মতনও উচ্চারণ হয় যেমন germ, generation.

[iii] v এর উচ্চারণ আগেই বলা হয়েছে। w দ্বারা অন্তস্থ 'ব' এর উচ্চারণ হয়, যেমন well ওয়েল।

[iv] বাংলার 'ফ' এর ইংরেজিতে ph দিয়ে উচ্চারণ করতে হয়, 'f' দিয়ে নয়। f এর সঠিক উচ্চারণ 'ফ' দিয়ে হয়না। একটু অভ্যাস করলেই পার্থক্যটা বোঝা যাবে।

2. কিছু বাংলা স্বর ও বর্ণের উচ্চারণের জন্য ইংরেজির accent mark ও ব্যবহার করা হয়। যেমন — আ ā, ঈ ī, ঊ ū, ণ n, ট t, ড d, ঋ r

3.

খ	ঘ	ছ	ঝ	ঠ	ঢ়	থ	ধ	ফ ও	ভ
kh	gh	chh	jh	th	dh	th	dh	ph	bh

এই শব্দগুলির উচ্চারণ বা লিখবার সময় ওদের পূর্ববর্তী অক্ষরের সাথে 'h' দিতে হয়।

13 ত্রয়োদশ দিন th Day

ইংরেজি উচ্চারণ English Pronounciation

ইংরেজি স্বরবর্ণের উচ্চারণ ভালভাবে জেনে নেওয়া দরকার কেননা একই স্বরের বিভিন্ন প্রকারের উচ্চারণ হয়। যেমন 'A'-এর উচ্চারণ অ, আ, এ, ও, এ্যা এই চাররকম হয়। 'E'-এর উচ্চারণ হয় এ, ই ও ঈ [EE হলে]; 'I'-এর উচ্চারণ হয় ই, আয় ও কখন কখন অ-এর মতও। 'O' দিয়ে অ, ও, উ ও এর উচ্চারণ হয়, এবং 'U', 'উ' ও 'আ'র মতনও উচ্চারণ হয়। এই উচ্চারণগুলো রপ্ত করতে ভালই লাগবে আপনার।

প্রথমেই আমরা স্বরবর্ণের উচ্চারণের সাথে পরিচয় করে নিই।

ইংরেজি স্বরবর্ণের উচ্চারণ

1. A এর উচ্চারণের নিয়ম —

A [a] এর উচ্চারণ প্রায়ই 'এ্যা', 'আ', 'অ', 'এ'-র মত হয়।

A – এ্যা* [্যা]

An [এ্যান] — এক
At [এ্যাট] — প্রতি [কারও কোন বস্তুর]
Lad [ল্যাড] — ছেলে
Man [ম্যান] — মানুষ
Rat [র‍্যাট] — ইঁদুর
Mad [ম্যাড] — পাগল
Stand [স্ট্যাণ্ড] — দাঁড়ানো
Ban [ব্যান] — প্রতিবন্ধ

A – আ [া]

Car [কার] — গাড়ি
War [ওয়ার] — যুদ্ধ
Far [ফার] — দূর
Are [আর] — হয়
Part [পার্ট] — অংশ
Grasp [গ্রাস্প] — অনুধাবন করা, বুঝতে পারা
Wall [ওয়াল] — দেওয়াল

A – অ

Small [স্মল] — ছোট
All [অল] — সব
Call [কল] — ডাকা
For [ফর] — জন্য
Stop [স্টপ] — থামা
Top [টপ] — শিখর

A – এয়া

Ware [ওয়্যার] — বাসনপত্র, কেনাবেচার জিনিষ
Spare [স্পেয়ার] — ছেড়ে দেওয়া, অতিরিক্ত
Care [কেয়ার] — সামলান
Dare [ডেয়ার] — সাহস করা
Share [শেয়ার] — ভাগ

A – এ

যদি 'A' র পরে 'I' বা 'Y' থাকে তবে 'A' র উচ্চারণ 'এ'র মত হয়।

Pay [পে] — বেতন
Way [ওয়ে] — রাস্তা
Stay [স্টে] — থাকা
Gay [গে] — প্রসন্ন
Brain [ব্রেন] — মস্তিষ্ক
Main [মেন] — প্রধান

2. E-এর উচ্চারণের নিয়ম —

'E' [e] দিয়ে 'এ'-র ও 'ই' ও 'ঈ'-র মত উচ্চারণ হয়।

E – e [এ]

Net [নেট্] — জাল
Men [মেন্] — লোকেরা
Sell [সেল্] — বিক্রি করা
Well [ওয়েল্] — মঙ্গল, কুয়ো
Leg [লেগ্] — পা
Then [দেন্] — তখন
Wet [ওয়েট] — ভিজে
When [হোয়েন] — কখন

[উপরের e দিয়ে বানান শব্দগুলো চট করে উচ্চারণ করতে হয়। 'নেট'-কে বাংলায় 'বেশ'-এর মত যেন উচ্চারণ না করা হয়। অত্যন্ত হ্রস্ব এ ও শেষের অক্ষরটি হলন্ত উচ্চারণ করতে হবে।]

E [e] – ঈ

Be [বী] — হওয়া
We [উঈ] — আমরা
He [হী] — উনি, সে
She [শী]—তিনি, সে [স্ত্রীলিঙ্গ]

EE[e]–ঈ আরও দীর্ঘ

See [সী] — দেখা
Bee [বী] — মৌমাছি
Weep [উঈপ] — কাঁদা
Sleep [স্লীপ] — ঘুমোনো

['e' ও 'ee' দিয়ে লিখিত শব্দের উচ্চারণের পার্থক্যটা বুঝে নিন]

Ea – [ea] – ঈ

Clean [ক্লীন]—পরিষ্কার করা
Sea [সী] — সমুদ্র
Meat [মীট্] — মাংস
Heat [হীট] — গরম করা

['ea'-র উচ্চারণ 'e' ও 'ea'-র মাঝামাঝি]

E [e] – যখন এই অক্ষরের উচ্চারণ হয় না।

কোনও শব্দের শেষের অক্ষর E হলে, সেই Eটির উচ্চারণ হয় না। আর সেই E-এর আগের একটি বা একটির অধিক ব্যঞ্জনবর্ণ [Consonants] ছেড়ে যে স্বরবর্ণ [Vowels] থাকে, সেই স্বরের উচ্চারণ দীর্ঘ হয়ে যায়। নীচে পূর্ববর্তী স্বর A, I, O, U-র সাথে অন্তিম বর্ণ E থাকলে সেই শব্দগুলির উচ্চারণ করার নিয়ম দেওয়া হল —

[a] পূর্ববর্তী স্বর A হলে তার উচ্চারণ দীর্ঘ 'এ' হয় ও অন্তিম E-র এর উচ্চারণ হয় না। যেমন —

Shame [শেম] — লজ্জা
Name [নেম] — নাম

Lame [লেম] — খোঁড়া   Same [সেম] — একই

[b] পূর্ববর্তী স্বর I হলে তার উচ্চারণ 'আই' হয়। E-এর উচ্চারণ হবে না। যেমন —

Wife [ওয়াইফ] — স্ত্রী   Nine [নাইন] — নয় [সংখ্যা]

White [হোয়াইট্] — সাদা   Line [লাইন] — রেখা

[c] পূর্ববর্তী স্বর O হলে তার উচ্চারণ দীর্ঘ 'ও' হবে ও E এর উচ্চারণ হবে না। যেমন —

Nose [নোজ] — নাক   Hope [হোপ] — আশা

Smoke [স্মোক] — ধোঁয়া   Joke [জোক] — পরিহাস

[d] পূর্ববর্তী স্বর U হলে তার উচ্চারণ হবে 'উ' বা 'ইউ'র মত, ও E র উচ্চারণ হবে না। যেমন —

Rule [রুল] — নিয়ম   Tune [টিউন] — সুর

June [জুন] — মাসের নাম   Tube [টিউব] — নল

EW [ew] – ইউ

Few [ফিউ] — কিছু   Sew [সিউ] — সেলাই করা

New [নিউ] — নতুন   Dew [ডিউ] — শিশির

3. I এর উচ্চারণের নিয়ম —

I [i] এর উচ্চারণ আই, ই ও কখন কখন আবার 'আ'এর মত হয়।

I — ই [হ্রস্ব উচ্চারণ]

Ill [ইল্] — অসুস্থ   Kill [কিল্] — হত্যা করা

Ink [ইঙ্ক] — কালি   Ship [শিপ] — জাহাজ

I — আই

Kind [কাইণ্ড] — দয়ালু   Mild [মাইলড্] কোমল, হাল্কা

Behind [বিহাইণ্ড] — পেছনে   Mike [মাইক]—মাইক্রোফোন

I — আই

যদি I এর পর GH আসে তো I এর উচ্চারণ 'আই' বা 'আঈ' হয়।

Right [রাইট] — ঠিক   Sight [সাইট] দৃষ্টি

Light [লাইট]—আলো, হাল্কা   Might [মাঈট] — শক্তি

High [হাই] — উঁচু   Bright [ব্রাইট] — উজ্জ্বল

I – আয়

Fire [ফায়র]–আগুন   Admire [অ্যাডমায়ার]–প্রশংসা করা

I – 'আ'

Firm [ফার্ম] — সংস্থা   First [ফার্ষ্ট] — প্রথম

[এই স্থলে 'আ'-এর উচ্চারণ হ্রস্ব হওয়া উচিত, অনেকটা 'অ'-এর মত]

IE – ঈ

Receive [রিসীভ]–নেওয়া   Achieve [অ্যাচিভ]–প্রাপ্ত করা

Sieve [সীভ্] — চালনি

Siege [সীজ্] — ঘিরে ফেলা

4. O এর উচ্চারণ করার নিয়ম —

O [o]-এর উচ্চারণ সাধারণতঃ 'অ', 'ও' 'উ' 'ঊ'-র মত হয়।

O – অ [হ্রস্ব]

Ox [অক্স] — বলদ   Box [বক্স] — বাক্স

On [অন] — ওপরে   Fox [ফক্স] — খেঁকশিয়াল

Got [গট]—পেয়েছে, পেয়েছি   Hot [হট] — দাগ

Pot [পট] — পাত্র   Spot [স্পট] — দাগ

Top [টপ] — শিখর   Drop [ফেলে দেওয়া]

Dot [ডট] — বিন্দু   Soft [সফ্ট]—নরম, মোলায়েম

Not [নট] — না   God [গড] — ঈশ্বর

O – ও দীর্ঘ উচ্চারণ

Open [ওপ্ন] — খোলা   So [সো] — অতএব

Hope [হোপ] — আশা   No [নো] — না

Old [ওলড্] — পুরাতন   Gold [গোলড্] — বিক্রীত

Fold [ফালড্] — গোটানো, ভাঁজ করা   Sold [সোলড্] — বিক্রীত

Most [বেশীর ভাগ]

Home [হোম] — বাড়ি   Post [পোষ্ট] — ডাক

Joke [জোক] — পরিহাস

O – ও [দীর্ঘ উচ্চারণ]

শব্দের শেষ অক্ষর W হলে উচ্চারণ আগের [ii] মতনই হবে, তবে ঠিক অতটা দীর্ঘ হয় না।

Low [লো] — নীচু   Show [শো] — প্রদর্শন

Row [রো] — সারি   Crow [ক্রো] — কাক

Sow [সো] — বীজ বোনা   Bow [বো] — ঝুঁকে দাঁড়ানো

O – উ [হ্রস্ব উচ্চারণ]

Look [লুক্] — দেখা   Book [বুক্] — বই

Took [টুক্] — নিয়েছিল   Good [গুড] — ভাল

O – ঊ [দীর্ঘ উচ্চারণ]

Room [রূম] — ঘর   Moon [মূন] — চাঁদ

Boot [বুট] — বুট   Noon [নুন] — দুপুর

Do [ডু] — করা   Shoe [শূ] — জুতো

O – অ [হ্রস্ব উচ্চারণ]

Son [সন্] — পুত্র   Come [কাম্] — এস

OW – আও

How [হাও] — কেমন করে   Cow [কাও] — গরু

Now [নাও] — এখন

OY – অয়	
Joy [জয়] — আনন্দ	Boy [বয়] — ছেলে
Toy [টয়] — খেলনা	

OU – আওয়া	
Our [আওয়ার] — আমাদের	Sour [সাওয়ার] — টক
Hour [আওয়ার] — ঘণ্টা	

5. U উচ্চারণ করার নিয়ম —

U [u] উচ্চারণ হয় নিম্ন প্রকার মত — 'আ' [খুবই হ্রস্ব], 'উ', 'ইউ', ও 'ইয়ো'।

U – আ [খুবই হ্রস্ব]	
Up [আপ] — ওপরে	Cup [কাপ] — পেয়ালা
Tub [টাব] — বড় গামলা, স্নানাধার	
Hut [হাট্] — কুঁড়েঘর	Fun [ফান্] — কৌতুক
Mud [মাড্] — কাদা	Sun [সান্] — সূর্য
Must [মাস্ট্] — অবশ্য	
Curd [কার্ড] — দই	Dust [ডাস্ট] — ধূলো
Cut [কাট্] — কাটা	Jump [জাম্প] — ঝাঁপানো

U – উ	
Put [পুট্] — রাখা	Pull [পুল্] — টানা
Push [পুশ্] — ধাক্কা দেওয়া	Puss [পুস] — বেড়াল

U – ইউ ; ইয়ো	
Duty [ডিউটি] — কর্তব্য	Cure [কিয়োর] — সুস্থ করা
Durable [ডিউরেবল]-টেকসই	Sure [শিয়োর] — নিশ্চয়ই

6. Y উচ্চারণ করার নিয়ম —

এই ব্যঞ্জনবর্ণটির কখন কখন স্বরের মতনও উচ্চারণ হয়। প্রাচীন ইংরেজিতে Y কে স্বরবর্ণ হিসেবেই গণ্য করা হতো। কিন্তু ধীরে ধীরে I এই বর্ণটির স্থান নিয়ে নিয়েছে। মাত্র অল্প কয়েকটি স্থানে Y কে স্বরবর্ণ হিসেবে ব্যবহার করা হয়। যেমন —

Y – ই	
Polygamy [পলিগ্যামি] — বহুবিবাহ	Policy [পলিসি] — নীতি
Felony [ফেলোনি] — ঘোরতম অপরাধ	

Y – আয়	
Tyre [টায়ার] — টায়ার	Tyrant [টায়রান্ট] — অত্যাচারী
Typhoid [টায়ফয়েড] — আন্ত্রিক জ্বর	

Y – আই	
Dyke [ডাইক] — বাঁধ	Dynasty [রাজ] — বংশ
Type [টাইপ] — প্রকার	Tycoon [টাইকুন] — বড় ব্যবসায়ী

স্মরণীয় [To remember]

1. fan, fall ও fail এই তিনটি শব্দতে 'a' র উচ্চারণ 'এ্যা', 'অ' ও 'এ' র মত হয়। এইরকম অন্য শব্দ খুঁজুন ও সেই শব্দগুলির উচ্চারণ করার নিয়ম অভ্যাস করুন।

2. wet, be, see — এই শব্দগুলিতে 'e' এর উচ্চারণ হয় 'এ' [ওয়েট], ই [বি] ও ঈ [সী] এর মত। shame, line, hope এ e উহ্য থাকে তবে শব্দের প্রথমে স্বরবর্ণগুলির উচ্চারণ দীর্ঘ হয়ে যায়।

3. i এর উচ্চারণ যে [খুবই] হ্রস্ব 'আ' এর মত হয় তা জানেন কি? দেখুন firm [ফার্ম] এর উচ্চারণ। i এর কখনও কখনও 'আয়' এর মতনও উচ্চারণ হয়, যেমন fire [ফায়ার]।

4. oo এর উচ্চারণ উ [দীর্ঘ] ত হয়ই যেমন room [রুম], [হ্রস্ব] উ ও হয়। উদাহরণতঃ book [বুক], look [লুক, ইত্যাদি]।

5. o এর উচ্চারণ 'ও' এবং u এর উচ্চারণ 'ঔ' র মত ত হয়ই, কখন কখন কিন্তু খুবই হ্রস্ব 'আ' এর মতনও হয়। যেমন son [সান] — পুত্র ও sun [সান] — সূর্য।

এই পাঠ থেকে আপনি ইংরেজি স্বরবর্ণের উচ্চারণ ভালভাবে করা শিখলেন। এখন ইংরেজি বই থেকে শব্দের উচ্চারণ করা শিখতে থাকুন।

14 চতুর্দশ দিন
th Day

ইংরেজি ব্যঞ্জনবর্ণের উচ্চারণ

ইংরেজি স্বরবর্ণের মত কিছু ব্যঞ্জনবর্ণের [Consonant] উচ্চারণও বিভিন্ন প্রকারের হয়। যেমন C এর উচ্চারণ স ও ক হয় ; G এর গ ও জ; S এর স, শ ও জ; T এর স, চ, থ ও দ ইত্যাদি। আপনি যদি নিম্নলিখিত বিবরণ অনুযায়ী ইংরেজি ব্যঞ্জনবর্ণের উচ্চারণ শিখে নিতে পারেন তবে আপনার পক্ষে ইংরেজি শব্দের উচ্চারণ করা সহজ হবে।

ইংরেজির ব্যঞ্জনবর্ণগুলি হ'ল

B	C	D	F	G	H	J	K	L	M	N
ব	স	ড	ফ	গ	হ	জ	ক	ল	ম	ন
P	Q	R	S	T	V	W	X	Y	Z	
প	ক	র	স	ট	ভ*	ওয়	ক্স্	য়	জ+	

ইংরেজি ব্যঞ্জনবর্ণের উচ্চারণ মোটের ওপর নীচে দেওয়া বাংলা অক্ষরের মতনই হয়ে থাকে। কিন্তু তা একেবারে সঠিক নয়। যদি আপনি এখন কোন ব্যক্তির মুখে ইংরেজি শোনেন, তবে দেখবেন যে B D G K P T-এর উচ্চারণ ঠিক ব, ড, গ ক, প, ট-এর মত নয়। ক্রমশঃ ব — ভ, ড — ঢ, গ — ঘ, ক — খ, প — ফ ও ট — ঠ-এর মাঝামাঝি হয়। সেই J ও ঠিক জ না হয়ে অনেকটা ড্জ [Job ডজব] এর মতন হয়। কিন্তু পার্থক্যটা এতই সূক্ষ্ম যে সহজে ধরা যায় না। সঠিক উচ্চারণ শিখতে হলে রেডিওতে ইংরেজি খবর পড়া বা কোন ইংরেজি মাতৃভাষা ভাষীর ব্রডকাষ্ট শুনুন।

R কেই নেওয়া যাক। আমরা যদি আর্‌র্ বলতে থাকি ত আমাদের জিভ কাঁপতে থাকে যেমন ধর্ম শব্দটির উচ্চার্‌ণ করার সময় হয়। ইংরেজি R-এর উচ্চারণ অনেকটা এই রকমের হয়। round, read, roll, run এই শব্দগুলো উচ্চারণ করে R এর উচ্চারণের বিষয়ে অবহিত হোন।

ইংরেজি শব্দে যদি R এর আগে স্বর [vowel] ও পরে ব্যঞ্জন [consonant] থাকে তবে R প্রায়ই উহ্য [silent] হয়ে থাকে যেমন — form [ফ-অ-ম], arm [আ-আ-ম], art [আ-আ-ট]।

S এর উচ্চারণ 'স' এর মত হয়, কিন্তু 'স' এর উচ্চারণ শিষ দেওয়ার সময় যেরকম আওয়াজ হয়, সেইরকম করতে হবে। যেমন sweet [সুইট]।

C	F	H	L	M	N	Q	V	W	X	Y	Z
স, ক	ফ	হ	ল	ম	ন	ক	ভ	ওয়	ক্স্	য়	জ

— এই ব্যঞ্জনগুলির উচ্চারণ ঐ অক্ষরগুলির নীচে দেওয়া বাংলা বর্ণের মতনই হয় সাধারণতঃ [কেবল V ও Z ছাড়া]।

[F ও ph এর উচ্চারণ একই প্রকার করা হয় যেমন fall [ফল] ও philosophy [ফিলসফি] ইত্যাদি। বাংলাতে f ও ph এর উচ্চারণ 'ফ'-এর মত করা হলেও তা সঠিক নয়। শিষ দেওয়ার মত করে অথচ 'স'-এর কোনরকম আভাষ না দিয়ে, ইংরাজীতে f ও ph এর উচ্চারণ করতে হয়।]

[* V-এর উচ্চারণ বাংলাতে ভ-এর মত করা প্রচলিত। কিন্তু এই অক্ষরটির উচ্চারণ অন্তস্থ 'ব'-এর মত হওয়া উচিত। কিন্তু বাংলাতে অন্তস্থ 'ব'-এর উচ্চারণও প-বর্গের 'ব' মত হয়। এজন্য V-এর প্রতি শব্দ বাংলাতে পাওয়া যায় না। 'ওয়্' এবং 'হ্বী' এই শব্দাংশগুলি একই সাথে অতিশীঘ্র উচ্চারণ করতে পারলে অনেকটা V-এর আসল উচ্চারণের মত হবে।
কেবলমাত্র সুবিধার জন্য আমরা V-এর প্রতিশব্দ লিখব।]

[+ Z-এর সঠিক উচ্চারণও 'জ' দিয়ে হয় না। জ-এর আগে সামান্য 'স' দিতে হয়। পূর্ব্ববঙ্গের জ-এর উচ্চারণের সাথে Z-এর অনেকটা মিল আছে।]

ইংরেজির একই বর্ণের বিভিন্ন উচ্চারণ

বাংলাতে 'স' দিয়ে যে কোন শব্দই রচনা করা হোক না কেন, তার উচ্চারণের কোন প্রভেদ হয় না। কিন্তু ইংরেজিতে সব সময় তা হয় না। CENT এর উচ্চারণ সেন্ট্, কিন্তু CANT এর উচ্চারণ কান্ট। এই রকম আরও অনেক শব্দ নীচে দেওয়া হল।

'C' এর উচ্চারণ —

1. C এর পর E, I, Y থাকলে উচ্চারণ স এর মত হবে। উদাহরণতঃ

Receive [রিসীভ] — নেওয়া
Rice [রাইস] — চাল
Cinema [সিনেমা] — ছায়াচিত্র
Cyclone [সাইক্লোন] — ঘূর্ণি ঝড়
Niece [নীস] — ভাইঝি, ভাগ্নী
Piece [পীস] — টুকরো
Icy [আইসী] — বরফের মত
Celebrate [সেলিব্রেট] — উৎসব পালন করা
Century [সেনচুরী] — শতাব্দী, শত
Certificate [সার্টিফিকেট] — প্রশংসা পত্র
Circle [সার্কল্] — বৃত্ত
Citizenship [সিটিজেনশিপ] — নাগরিকতা
Source [সোর্স] — উৎস

2. C এর পর A, O, U, K, T ইত্যাদি বর্ণ থাকলে উচ্চারণ ক এর মত হয়।

Cot [কট] — পালঙ্ক, চারপাই
Cap [ক্যাপ] — টুপি
Cow [কাউ] — গরু
Cat [ক্যাট] — বিড়াল
Candidate [ক্যাণ্ডিডেট] — প্রত্যাশী
Cattle [ক্যাট্‌ল] — গরু ইত্যাদি জীবজন্তু
Back [ব্যাক] — পিঠ, পেছনে
Book [বুক] — পুস্তক
Cock [কক্] — মোরগ
Lock [লক] — তালা
Dock [ডক] — বন্দরে যেখানে জাহাজ এসে থামে
Cutting [কাটিং] — কাটা
Curse [কার্স] — শাপ দেওয়া
Custom [কাস্টম্] — রীতি
Cruel [ক্রুয়েল] — নিষ্ঠুর

3. কখন কখন C এর পর IA বা EA থাকে। সেক্ষেত্রে C এর উচ্চারণ শ এর মত হবে। উদাহরণত —

Social [সোশাল] — সামাজিক
Ocean [ওশান্] — মহাসাগর
Musician [মিউজিশিয়ান] — সঙ্গীতজ্ঞ

'G' এর উদাহরণ —

G দুরকম ভাবে উচ্চারিত হয় 'গ'-এর মত ও 'জ'-এর মত।

1. শব্দের শেষে GE থাকলে G-এর উচ্চারণ 'জ'-এর মত হবে। যেমন —

Age [এজ] — বয়স
Page [পেজ] — পাতা
Rage [রেজ] — ক্রোধ

নীচের কতকগুলি শব্দেও g এর উচ্চারণ গ এর মত হবে।

Ginger [জিনজার] — আদা
Imagine [ইমাজিন] — কল্পনা করা
Pigeon [পিজন] — পায়রা
Germ [জার্ম] — বীজাণু

2. অন্য প্রায় সব ক্ষেত্রেই G এর উচ্চারণ গ এর মত হবে।

Big [বিগ্] — বড়
Bag [ব্যাগ] — থলে
Hang [হ্যাঙ্গ] — ঝোলান
Gold [গোল্ড] — সোনা
Hunger [হাংগার] — ক্ষুধা
Give [গিভ্] — দেওয়া

'S' এর উচ্চারণ —

S সাধারণতঃ তিন রকম ভাবে উচ্চারণ করা হয় — 'স', 'শ', ও 'জ' এর মত।

[তবে এই স্থানে 'জীবন' এর 'জ' এর মত করে উচ্চারণ করলে ভুল হবে। সামান্য একটু 'স' এর আভাষ থাকা দরকার।]

1. শব্দের শেষে BE, G, GG, GE, OE, IE, EE, Y ইত্যাদি ও তার পরে S থাকলে উচ্চারণ জ এর মত হয় [ওপরের টীকা দ্রষ্টব্য]

Tribes [ট্রাইব্‌জ] — জাতি
Stories [স্টোরিজ] — গল্পগুলি
Bags [ব্যাগ্‌জ] — থলিগুলি
Rupees [রূপীজ্] — টাকা
Ages [এজেজ্] — যুগ
Toys [টয়েজ] — খেলনাগুলি
Heroes [হিরোজ্] — বীরগণ, নায়কগণ
Eggs [এগ্‌জ] — ডিমগুলি
Rays [রেজ] — কিরণগুলি

2. শব্দের অন্তে F, P, PE, TE ও তারপর S থাকলে উচ্চারণ 'স্' এর মত হয় —

Roofs [রূফ্স্] — ছাদগুলি	Kites [কাইট্স্] — ঘুড়িগুলো	Chips [চিপ্স্] — টুকরোগুলি
Ships [শিপ্স্] — জাহাজগুলি	Hopes [হোপ্স্] — আশা [বহুবচন]	Jokes [জোক্স্] — পরিহারগুলি

3. শব্দে যদি S বা SS থাকে ও তারপর IA বা ION হয়, তবে S এর উচ্চারণ শ এর মত হয়। যথা —

Asia [এশিয়া] — মহাদেশ এর নাম	Aggression [এ্যাগ্রেশন্] — আক্রমণ	Pension [পেনশন্] — পেনশন
Mansion [ম্যানশন্] — প্রাসাদ, অট্টালিকা	Session [সেশন্] — কার্য্যকাল, অধিবেশন	Russia [রাশিয়া] — সোভিয়েত রাশিয়া

T এর উচ্চারণ —

স্থান বিশেষে T এর উচ্চারণ 'শ', 'চ', 'থ', ও 'দ' এর মত হয়।

1. শব্দে T এর পরে IA, IE, IO ইত্যাদি বর্ণ থাকলে T কে 'শ' এর মত করে উচ্চারণ করা হয়। যেমন —

Initial [ইনিশিয়াল] — প্রারম্ভিক	Portion [পোরশন] — ভাগ	Patient [পেশন্ট্] — রোগী
Promotion [প্রোমোশন] — বৃদ্ধি, পদোন্নতি	Illustration [ইলস্ট্রেশন্] — চিত্র	Ratio [রেশিও] — অনুপাত

2. যদি শব্দে S এর পরে tion থাকে বা T এর পর ure থাকে তবে T এর উচ্চারণ 'চ' এর মত হয়। যেমন —

Question [কোয়েশ্চন] — প্রশ্ন	Future [ফিউচার্] — ভবিষ্যৎ	Culture [কালচার্] — সংস্কৃতি
Capture [ক্যাপচার] — বন্দী করা	Nature [নেচার] — প্রকৃতি	Picture [পিকচার] — ছবি

3. যদি শব্দে T-এর পরে H থাকে, সেক্ষেত্রে কখনও কখনও 'খ', কখনও কখনও 'দ' উচ্চারণ করা হয়। যেমন —

Thick [থিক] — মোটা	Thin [থিন] — পাতলা	This [দিস] — এই
That [দ্যাট] — ঐ	Three [থ্রি] — তিন	Thread [থ্রেড] — সুতো
Then [দেন] — তখন	There [দেয়ার] — ওখানে	

4. কখন কখনও TH-'ট' হিসেবে উচ্চারিত হয়। যেমন —

Thames [টেমস্] — টেমস নদী	Thomas [টমাস] — ব্যক্তিনাম

15 পঞ্চদশ দিন th Day

শব্দে অনুচ্চারিত অক্ষর [Silent letters in words]

ইংরেজিতে কতকগুলি অক্ষর অনুচ্চারিত [অর্থাৎ silent] থাকে। বিদেশি ভাষার এই বৈশিষ্ট ভারতীয় শিক্ষার্থীদের পক্ষে অনুধাবন করা কষ্টকর হয়। নীচে এগুলি সুন্দরভাবে দেখানো হয়েছে। এদের অভ্যাস করে নিন। তাতে কিছুদিনের মধ্যেই আপনি এই রকম শব্দের উচ্চারণে সড় গড় হয়ে যাবেন।

1

নিম্নলিখিত শব্দগুলি জোরে জোরে উচ্চারণ করে পড়ুন ও সামনে লেখা উচ্চারণের দিকে দৃষ্টি দিন কোনটি ঠিক তা জেনে নিন।

	1	2		
Bomb	[বম	বম্ব]	+	বোমা
Comb	[কোম	কোম্ব]	+	চিরুনি
Dumb	[ডাম্ব	ডাম্ব]	+	বোবা
Thumb	[থাম্	থাম্ব]	+	বুড়ো আঙ্গুল
Tomb	[টুম্	টুম্ব]	+	সমাধি
Lamb	[ল্যাম	ল্যাম্ব]	+	মেষ শাবক
Dedt	[ডেট্	ডেবট্]	+	ধার
Doubt	[ডাউট	ডাওবট]	+	সন্দেহ

আপনি বোধহয় বুঝতে পেরেছেন যে বম, কোম, ডাউট ইত্যাদি No. 1-এর উচ্চারণগুলিই ঠিক, No. 2-এর গুলি নয়। স্পষ্টতই, এই শব্দগুলিতে b silent বা অনুচ্চারিত হয়।

ইংরেজিতে এইরকম অসংখ্য শব্দ আছে ফলে তাদের spelling -এ প্রায়ই ভুল হয়ে যায়। লেখা হয় debt ডেব্‌ট্, কিন্তু উচ্চারণ করা হয় ডেট্। এই শব্দে b silent আছে বলা হয়।

বাংলায় এরকম উচ্চারণ হয় না। 'বম্ব' লেখা হলে তার উচ্চারণ 'বম্ব'ই হবে। বম কখনই নয়। বাংলাতে যে শব্দ লেখা হয়, ঠিক সেইরকমই তার উচ্চারণ হয়।

এখন প্রশ্ন ওঠে এই যে ইংরেজিতে স্বরবর্ণের উচ্চারণে এত বিবিধতা কেন? লেখা হ'ল কিছু, আর উচ্চারণ হ'ল অন্য কিছু। কেন কোন অক্ষর অনুচ্চারিত থাকে? যদি উচ্চারণ করা নাই হ'ল, তবে রাখা কেন?

এর উত্তর দেওয়া কঠিন ও বিতর্কসাপেক্ষ। ভাষা বিজ্ঞান-এর ছাত্র হিসাবে আমি কেবল এইটুকুই বলতে পারি যে ইংরেজ জাতি অত্যন্ত ঐতিহ্য পরায়ণ। অতীতের সাথে সম্বন্ধ বিচ্ছেদ তারা সহজে করতে পারে না। ইংরেজরা নিজেদের ভাষাতে পুরাতন অনেক ভাষার শব্দকেই স্থান দিয়েছে তাদের উচ্চারণ ও বানান যথাবৎ রেখে। উচ্চারণ সময়ের সাথে হয়ত বদলেছে, কিন্তু বানান বদলায়নি। না ইংরেজরা তা বদলাতে বিশেষ ইচ্ছুক। কেননা তাদের ভয় যে হয়ত পরিণামে শব্দের অর্থ বোধগোম্য হবে না। বাংলার শব্দই দেখুন। ধর্ম্ম, শর্ম্মা, কর্ত্তব্য, বর্দ্ধমান ইত্যাদি শব্দ আজকাল ধর্ম, শর্মা, কর্তব্য, বর্ধমান, এই ভাবে উচ্চারণ করা হয় ও লেখাও সেইরকমভাবেই হয়। কিন্তু ইংরেজ জাতি পুরাতন উচ্চারণের আসক্তি থেকে মুক্ত হতে পারেনি। Know [নো-জানা]। এর

থেকে হয়েছে Knowledge [নলেজ-এতে k, w, d, ও শেষের e এই চারটি অক্ষর silent]। আবার এই শব্দের আগে ac [এ্যাক] জুড়ে দিলে হয়ে যায় acknowledgement [এ্যাক্নলেজমেন্ট]। কিন্তু যদি nolege লেখা হয় [knowledge-এর স্থানে।] তবে ইংরেজের মতে — এই শব্দের না মাথা থাকে না মুণ্ডু। আর এই রকম ভাবে বানান করা হলে তো শব্দের প্রাসাদ তাসের ঘরের মত ভেঙে চূর হয়ে যাবে।

অতএব, একথা স্বীকার করা ভাল যে ইংরেজিতে কিছু অক্ষর silent থাকে। তারপর সেই শব্দের বানান, উচ্চারণ ও অর্থ বোঝার চেষ্টা করা উচিৎ। দেখবেন, কিছুদিনের মধ্যেই আপনি এগুলো রপ্ত করে ফেলেছেন।

2

শব্দের প্রথম অক্ষর কি অনুচ্চারিত থাকে ?

শব্দের প্রথম অক্ষরটিই silentহয় নাকি কখন কখন ? হাঁ, হয়। নীচে দেওয়া শব্দগুলির বানান ও উচ্চারণ ভালভাবে লক্ষ্য করুন।

Gnat [ন্যাট] — কীট বিশেষ, লড়াকু বিমান	*Psychology* [সাইকলজি] — মনোবিজ্ঞান
Honour [অনার] — সম্মান	*Write* [রাইট] — লেখা
Hour [আওয়ার] — ঘন্টা	*Knowledge* [নলেজ] — জ্ঞান
Pneumonia [নিউমোনিয়া] — ফুসফুস ঘটিত অসুখ	

উপরে দেওয়া শব্দে প্রথম অক্ষরগুলি silent থাকে, তাদের উচ্চারণ হয় না। এবার এই শব্দগুলির উচ্চারণ করুন — Wrong, Know, Knitting, Honest, Psalm [রং, নো, নিটিং, অনেস্ট, সাম]।
Knitting-এ K ও দ্বিতীয় T-এর উচ্চারণ হ'ল না, বলা হ'ল niting. সেইরকম psalm-এ P ও L-এর উচ্চারণ হয় না।

3

High-এর উচ্চারণ হল হায়, ও Right-এর, রাইট। এইরকমভাবে নীচে প্রদত্ত শব্দগুলির উচ্চারণ করুন।

Sigh [দীর্ঘশ্বাস ফেলা]	Fight [লড়াই করা]	Might [শক্তি]	Flight [উড়ে যাওয়া]
Thigh [ঊরু]	Light [আলো]	Night [রাত্রি]	Delight [আনন্দ]
Though [যদিও]	Bright [উজ্জ্বল]	Tight [শক্ত]	Knight [বীরপুরুষ]
Through [দ্বারা]	Slight [সামান্য]	Fright [ভয়]	Sight [দৃশ্য]

এই শব্দগুলি আপনাদের পরিচিত। এখন বলুন তো এমন কোন দুটি বর্ণ আছে যা সবকটি শব্দেই silent? ঠিক ধরেছেন — gh.
হাঁ,Knight-এ K অনুচ্চারিত, silent.

এখন নীচের তালিকাগুলি থেকে দেখে বলুন কোন কোন বর্ণ অনুচ্চারিত হচ্ছে। এই স্পেলিংগুলো ভাল করে জেনে নিন ও লেখারও অভ্যাস করুন।

B Silent	**C Silent**	**G Silent**
Comb [কোম] চিরুনি	Scent [সেন্ট] আতর	Sign [সাইন] চিহ্ন
Lomb [ল্যাম] ভেড়া	Science [সাইন্স] বিজ্ঞান	Design [ডিজাইন] নক্সা
Thumb [থাম] বুড়ো আঙ্গুল	Scene [সীন] দৃশ্য	Resign [রিজাইন] পদত্যাগ করা

H Silent

Honour [অনার] সম্মান
Hour [আওয়ার] ঘণ্টা
Thomas [টমাস] টমাস [নাম]

K Silent

Knock [নক] দরজায় টোকা দেওয়া
Knife [নাইফ] ছুরি
Knot [নট] গিঁট

L Silent

Palm [পাম] হাতের চেটো
Calm [কাম] শান্ত
Half [হাফ] অর্ধেক
Calf [কাফ] বাছুর
Walk [ওয়াক] চলা
Folk [ফোক] লোকজন
Talk [টক] কথা বলা
Should [শুড্] করা উচিৎ
Would [উড্] করবে
Could [কুড্] পারা

N Silent

Autumn [অটম] শরৎকাল
Condemn [কনডেম্] নিন্দা করা
Hymn [হিম] স্তোত্র
Column [কলাম্] স্তম্ভ
Damn [ড্যাম] গোল্লায় যাও

T Silent

Hasten [হেস্‌ন্] তাড়াতাড়ি করা
Listen [লিস্‌ন্] শোনা
Often [অফ্‌ন্] প্রায়ই
Soften [সফ্‌ন্] নরম করা

U Silent

Guard [গার্ড] চৌকিদার
Guess [গেস্] অনুমান করা
Guest [গেস্ট্] অতিথি

W Silent

Wrong [রঙ] ভুল
Answer [আন্‌সার] উত্তর
Sword [সোর্ড] তরবারি

এবার নীচে দেওয়া শব্দগুলি উচ্চারণ করে মজা করুন ও বলুন কোন কোন অক্ষর এগুলোতে silent –
Drachm, Heir, Island, Parliament, Reign, Wrapper, Wednesday.

না, এদের উচ্চারণ যথাক্রমে ড্রাক্‌ম্, হেয়ার, ইজল্যাণ্ড, পার্লিয়ামেণ্ট, রিগ্‌ন্, ওয়ার‍্যাপার ও ওয়েডনেসডে নয়। ঠিক উচ্চারণ ড্রাম [এক আউন্সের ১/২৬ ভাগ], এয়র [উত্তরাধিকারী], আইল্যাণ্ড [দ্বীপ], পার্লামেণ্ট [সংসদ], রেন [রাজত্ব করা], র‍্যাপার [আলোয়ান] ও অয়েন্‌স্‌ডে [বুধবার]।

এইরকম আরও অনেক শব্দ খুঁজে বের করে মজা নিন ও তাদের উচ্চারণে সঠিকতা উপলব্ধি করুন।

স্মরণীয় [To Remember]

1. প্রাচীন এ্যাংলো স্যাক্সন যুগে [a] might, thought, [b] cough, enough ইত্যাদি শব্দে gh-এর পূর্ণ উচ্চারণ হত। রোমান প্রভাবের ফলে এই gh গুলির উচ্চারণ হয় লুপ্ত হয়ে যায়, বা কোমল [f] হয়ে যায় [cough, enough]। ঠিক এইরকমই কখনও কখনও knife, gnaw, sword-এর উচ্চারণ 'ক্নাইফ' 'গ্ন' 'সোওয়ার্ড' হত। কালক্রমে এদের উচ্চারণ হয়ে যায় 'নাইফ', 'ন' ও 'সোর্ড'। আজকাল ত February, Important এও R-এর উচ্চারণ প্রায় হয়ই না। বলা হয় ফেব্রুয়ারী, ইম্পটেন্ট বা ইম্পোণ্ট। এর থেকে দেখা যায় যে উচ্চারণে সরলতা আনার দিকে আজকাল ঝোঁক।

2. এবার লক্ষ্য দেওয়া যায় debt-এর প্রতি। এই শব্দে b অনুচ্চারিত কি করে হ'ল ? ইংরেজিতে এই শব্দটি আসে French [dette] থেকে সেই জন্য তার উচ্চারণও হ'ল det. কিন্তু ভাষাবিজ্ঞানীরা দেখলেন যে এই শব্দটির উৎপত্তি Latin [debitum] [ডেবিটুম] থেকে। সেজন্য মূল শব্দের সাথের সামঞ্জস্য রাখার জন্য বানান হল debt, কিন্তু উচ্চারণ সেই আগের মতনই ডেট্ থাকল। ঠিক একই ব্যাপার doubt [Latin dubitum] ও receipt [receptum] এর ক্ষেত্রেও। লেখা হয় doubt ও receipt, কিন্তু উচ্চারণ হয় ডাউট, রিসিট।

এর থেকে স্পষ্ট হয় যে silent বর্ণের ব্যবহার দুভাবে হয়েছে — [i] প্রথমে মূল শব্দের পরিবর্তিত রূপ নিয়ে, পরে সেই মূল শব্দের সাথে সম্বন্ধ দেখাবার জন্য বানান বদলানো হয়েছে কিন্তু উচ্চারণ একই থেকে যায় [ii] কোন কোন শব্দের উচ্চারণ কঠোর [hard] থেকে কোমল [soft] করা হয়েছে উচ্চারণের সুবিধার জন্য।

16 ষষ্ঠদশ দিন 16th Day

প্রশ্নবাচক বাক্যরচনায় What, Who, How এর ব্যবহার

মধ্যে আমরা রোমান লিপির বানান ও উচ্চারণ নিয়ে আলোচনা করলাম। এখন আমরা আবার ফিরে যাই যেখান থেকে উপরোক্ত বিষয়ের দিকে দৃষ্টি ফিরিয়েছিলাম। ষষ্ঠ এবং অষ্টম দিবসে আমরা শিখেছিলাম যে তিনটি কালেই [Present, Past এবং Future] সহায়ক ক্রিয়া বাক্যের প্রথমে আনলে বাক্য প্রশ্নবাচক হয়ে যায়। যেমন — Does he know? Was Gopal reading? Will you play? কেবল এই টুকুই এখানে যোগ করতে চাই যে এই প্রশ্নবাচক শব্দগুলির প্রথমে What, Who, How, Which, When, Where, Why ইত্যাদি থাকলে সেই বাক্যগুলির অর্থ আরও ব্যাপক হয়ে যায়। আলাদা ভাবে ও সমষ্টিভাবে আপনারা ১৬শ থেকে ১৮শ দিবসে এই রকম বাক্যগুলির সাথে পরিচিত হবেন। যাক্, এবার আরম্ভ করা যাক।

What **A**

1. প্রঃ – তুমি কি চাও ? Q. – *What* do you want? **হোয়াট** ডু ইউ ওয়ান্ট ?
   উঃ – আমি এক গ্লাস দুধ চাই। A. – I want a glass of milk. আই ওয়ান্ট এ গ্লাস অফ মিল্ক।
2. প্রঃ – তুমি কি লিখছ ? Q. – *What* do you writing? **হোয়াট** ডু ইউ রাইটিং ?
   উঃ – আমি একটি চিঠি লিখছি। A. – I'm writing a letter. আই এম রাইটিং এ লেটার।
3. প্রঃ – তুমি কি বলতে চাও ? Q. – *What* do you want to say? **হোয়াট** ডু ইউ ওয়াণ্ট টু সে ?
   উঃ – কিছু না। A. – Nothing. নাথিং।
4. প্রঃ – তোমার নাম কি ? Q. – *What's* your name? **হোয়াট'স্** ইয়োর নেম ?
   উঃ – আমার নাম অমিতাভ। A. – My name is Amitabha. মাই নেম ইজ অমিতাভ।
5. প্রঃ – তোমার বাবা কি কাজ করেন ? Q. – *What's* your father? **হোয়াট্‌স** ইয়োর ফাদার ?
   উঃ – আমার বাবা একজন সম্পাদক। A. – He is an editor. হি ইজ অ্যান এডিটর।
6. প্রঃ – তোমার মা কি করেন ? Q. – *What's*[1] your mother? **হোয়াট্‌স** ইয়োর মাদার ?
   উঃ – মা ঘরের কাজ দেখেন। A. – She is a housewife. শি ইজ এ হাউজ ওয়াইফ।
7. প্রঃ – তুমি আজকাল কি করছ ? Q. – *What* are you doing these days? **হোয়াট** আর ইউ ডুয়িং দিজ ডেজ ?
   উঃ – আমি আজকাল পড়ছি। A. – I'm studying these days. আই'ম স্টাডিং দিস্ ডেজ্।
8. প্রঃ – আগ্রাতে তুমি কি দেখেছ ? Q. – *What* have you seen in Agra? **হোয়াট** হ্যাভ ইউ সীন ইন্ আগ্রা ?
   উঃ – আমি তাজমহল দেখেছি। A. – I've* seen the Taj Mahal. আই'ভ সীন দি তাজমহল।
9. প্রঃ – তুমি বাবাকে কি লিখেছ ? Q. – *What* did you write to your father? **হোয়াট** ডিড্ ইউ রাইট টু ইয়োর ফাদার ?
   উঃ – আমি তাঁকে আমার পরীক্ষার ফলের কথা লিখেছি। A – I wrote to him about my results. আই রোট টু হিম এ্যাবাউট মাই রেজাল্ট্স।

---

[1] What is[হোয়াট ইজ] এর সংক্ষিপ্ত রূপ What's [হোয়াট্‌স] দুটো রূপই শুদ্ধ ও তাদের অর্থ একই কি ? প্রথমটি লেখার জন্য ও দ্বিতীয়টি সাধারণ কথাবার্তায় ব্যবহৃত হয়। ইংরেজি কথাবার্তায় এই রকম শব্দের আরও অনেক ব্যবহার দেখা যায়। সেগুলি বলার অভ্যাস করতে হবে।

*I have = I've দুটোই ঠিক। কেবল উচ্চারণে প্রভেদ হয় — আই হ্যাভ ও আইভ্।

10. প্রঃ – সে বম্বেতে কি করছিল ?
উঃ – সে এক প্রাইমারী স্কুলের অধ্যাপিকা ছিল।

Q. – *What* she was doing in Bombay? **হোয়াট** শি ওয়াজ ডুয়িং ইন্ বম্বে ?
A. – She was teaching in a primary school. শি ওয়াজ টিচিং ইন এ প্রাইমারী স্কুল।

11. প্রঃ – দশম শ্রেণী পাশ করে তুমি কি করবে ?
উঃ – আমি আরও পড়াশুনা করব।

Q. – *What* do you intend doing after passing high school? **হোয়াট** ডু ইউ ইনটেণ্ড ডুয়িং আফটার পাশিং হাই স্কুল ?
A. – I'll go ahead for further studies/I'll further study. আই'ল গো অ্যাহেড ফর ফারদার স্টাডিজ/আই'ল ফারদার স্টাডি।

Who

B

12. প্রঃ – আপনি কে ?
উঃ – আমি ভারতবাসী।

Q. – *Who* are you? **হু** আর ইউ ?
A. – I am an Indian. আই এ্যাম এ্যান ইণ্ডিয়ান্।

13. প্রঃ – ওরা কারা ?
উঃ – ওরা আমার আত্মীয়।

Q. – *Who* are they? **হু** আর দে ?
A. – They are my relatives. দে আর মাই রিলেটিভ্স।

14. প্রঃ – কে গান গেয়েছিল ?
উঃ – লতা গেয়েছিল।

Q. – *Who* sang the song? **হু** স্যাঙ দি সঙ ?
A. – Lata sang it. লতা স্যাঙ ইট্।

15. প্রঃ – কে বাজার যাবে ?
উঃ – আমি যাব।

Q. – *Who* will go to the market? **হু** উইল গো টু দি মার্কেট ?
A. – I will go. আই উইল গো।

16. প্রঃ – কে এই কাজটা করতে পারে ?
উঃ – রাধা করতে পারে।

Q. – *Who* can do this work? **হু** ক্যান ডু দিস্ ওয়ার্ক ?
A. – Radha can do it. রাধা ক্যান ডু ইট্।

17. প্রঃ – সে কার সঙ্গে দেখা করতে চায় ?
উঃ – সে তার মায়ের সঙ্গে দেখা করতে চায়।

Q. – *Whom* does she want to meet? **হুম** ডাজ শি ওয়াণ্ট টু মিট ?
A. – She wants her mother. শি ওয়াণ্ট্স্ হার মাদার।

18. প্রঃ – এই বাড়ির মালিক কে ?
উঃ – এটা আমার বাবার বাড়ী।

Q. – *Who* is the owner of this house? **হু** ইজ দা ওনার অফ দিস হাউস্ ?
A. – My father. মাই ফাদার।

How

C

19. প্রঃ – সে স্কুল কেমন করে যায় ?
উঃ – সে বাসে করে স্কুল যায়।

Q. – *How* does he go to school? **হাউ** ডাজ্ হি গো টু স্কুল ?
A. – He goes to school by bus. হি গোজ টু স্কুল বাই বাস্।

20. প্রঃ – আপনার বাবা কেমন আছেন ?
উঃ – তিনি অসুস্থ আছেন।

Q. – *How* is your father? **হাউ** ইজ ইয়োর ফাদার ?
A. – He is not feeling well. হি ইজ নট্ ফিলিং ওয়েল।

21. প্রঃ – তুমি সিমলা কি করে গিয়েছিলে ?
উঃ – আমি রেলগাড়িতে গিয়েছিলাম।

Q. – *How* did you go to Simla? **হাউ** ডিড ইউ গো টু সিমলা ?
A. – I went to Simla by train. আই ওয়েন্ট টু সিমলা বাই ট্রেন।

22. প্রঃ – তুমি কিসে ফেরৎ এলে ?
উঃ – আমি বাসে ফিরেছি।

Q. – *How* did you return? **হাউ** ডিড ইু রিটার্ন ?
A. – I returned by bus. আই রিটানড্ বাই বাস।

23. প্রঃ – কলকাতায় আপনার স্বাস্থ্য কেমন ছিল ?
উঃ – আমি ভালই ছিলাম।

Q. – *How* was your health in Calcutta? **হাউ** ওয়াজ ইয়োর হেল্থ ইন্ ক্যালকাটা।
A. – I was all right there. আই ওয়াজ অল রাইট দেয়ার।

24. প্রঃ – তুমি তোমার শিক্ষকের সুনজরে কেমন করে পড়বে ?
উঃ – আমি ভালভাবে থাকব।

Q. – *How* will you win the favour of your teacher? **হাউ** উইল্ ইউ উইন্ দি ফেভার অফ্ ইয়োর টিচার ?
A. – I will behave well. আই উইল বিহেভ ওয়েল।

25. প্রঃ – আপনার ছেলের বয়স কত ?
উঃ – ওর বয়স বারো বছর।

Q. – *How* old is your son? **হাউ** ওল্ড ইজ ইয়োর সন ?
A. – He's twelve years old. হি ইজ টুয়েল্ভ ইয়ারস ওল্ড।

স্মরণীয় [To Remember]

A	B
What do you say?	I do not know what you say.
What did you say?	I do not remember what you said.
What had you said?	I do not remember what you had said.
What is this?	Ask him what this is.
What was that?	Tell me what that was.

A স্তম্ভের বাক্যগুলি প্রশ্নবাচক ও B স্তম্ভের, সাধারণ। প্রশ্নবাচক বাক্যকে সাধারণ বাক্যে পরিবর্তিত করার জন্য [1] সহায়ক ক্রিয়া do, did ইত্যাদির বদলে সাধারণ ক্রিয়া প্রযুক্ত হয় যেমন — 'What do you say' হয় 'What you say' ও 'What did you say' হয় 'What you said' ইত্যাদির [2] প্রশ্নবাচক বাক্যে is, was ইত্যাদি ক্রিয়া থাকলে তাদের object এর পরে বসাতে হয়। নীচে সাধারণ বাক্যকে প্রশ্নসূচক বাক্যে পরিবর্তন করার নিয়ম দেখানো হ'লো।

B	A
1. I do not know *who* he is.	*Who* is he?
2. Tell me *whom* you want.	*Whom* do you want?
3. Tell me *whose* book that was.	*Whose* book was that?
4. I do not know *how* old you are.	*How* old are you?
5. I can tell you *how* she knew.	*How* did she know?
6. You did not say *whom* you had promised.	*Whom* had you promised?

প্রশ্নসূচক বাক্যকে সাধারণ বাক্যে ও সাধারণ বাক্যকে প্রশ্নসূচক বাক্যে পরিবর্তন করুন ও তার অভ্যাস চেঁচিয়ে পড়ে করুন।

17 সপ্তদশ দিন th Day

প্রশ্নবাচক বাক্য রচনায় Which, When, Where, Why এর ব্যবহার

আগের দিন আমরা What, Who, How প্রভৃতির ব্যবহার শিখেছি। এখন Which, When, Where ও Why এর ব্যবহার শেখানো হচ্ছে। Which সাধারণতঃ নির্জীব বস্তুর জন্য ব্যবহৃত হয়। When কালবোধক শব্দ ও Where স্থানবোধক। Why দিয়ে কারণ জিজ্ঞাসা করা হয়। এই সবকটি শব্দের একটি বিশেষত্ব এই যে এদের সাথে do, did বা অন্য কোনও helping verb এর ব্যবহার অবশ্যই করতে হয়।

Which

D

1. প্রঃ – কোন গানটা তোমার ভাল লেগেছিল — লতার না আশার ?
Q. – *Which* song did you prefer – Lata's or Asha's? **হুইচ্** সঙ ডিড্ ইউ প্রেফার — লতা'জ অর আশা'জ ?
উঃ – তোমার যেটা ভালো লেগেছে সেটা আমার ভাল লেগেছে।
A. – I like what you have liked. আই লাইক হোয়াট ইউ হ্যাভ লাইকড।

2. প্রঃ – তুমি কোন বইটা পড়ছ ?
Q. – *Which* book are you reading? **হুইচ্** বুক আর ইউ রিডিং ?
উঃ – আমি সেই উপন্যাসটা পড়ছি যেটা কাল তোমার কাছ থেকে চেয়ে এনেছি।
A. – It's the novel which I borrowed from you yesterday. ইটজ্ দ্য নভেল হুইচ আই বরোড ফ্রম ইউ ইয়েস্টারডে।

3. প্রঃ – কোনটি তোমার প্রিয় পুস্তক।
Q. – *Which* is your favourite book? **হুইচ্** ইজ ইয়োর ফেভারিট্ বুক ?
উঃ – তুলসী রামায়ণ আমার প্রিয় পুস্তক।
A. – My favourite book is Tulsi Ramayana. মাই ফেভারিট্ বুক ইজ তুলসী রামায়ণ্।

4. প্রঃ – তুমি রবিবারে কোন ছবি দেখবে ?
Q. – *Which* film will you see on Sunday? **হুইচ্** ফিল্ম উইল্ ইউ সি অন সান্‌ডে ?
উঃ – আমি 'ববি' দেখব।
A. – I shall see Bobby. আই শ্যাল সি 'ববি'।

5. প্রঃ – আপনি কোন গাড়িতে সিমলা যাবেন ?
Q. – By *which* train will you go to Simla? বাই **হুইচ্** ট্রেন উইল ইউ গো টু সিমলা ?
উঃ – আমি কালকা মেলে সিমলা যাব।
A. – I shall go to Simla by Kalka Mail. আই শ্যাল গো টু সিমলা বাই কালকা মেল।

When

E

6. প্রঃ – তুমি তোমার পড়া কখন ঝালিয়ে নাও ?
Q. – *When* do you revise your lesson? **হোয়েন** ডু ইউ রিভাইজ ইয়োর লেস্‌নপ ?
উঃ – সকালবেলায়।
A. – In the morning ইন দ্য মরনিং।

7. প্রঃ – তুমি কবে আমাদের এখানে আসছ ?
Q. – *When* are you coming to us? **হোয়েন** আর ইউ কামিং টু আস্ ?
উঃ – সত্যি কথা বলতে কি, সময় পেলেই তবে আসব।
A. – To be frank, I shall only come *when* I get time. টু বি ফ্র্যাঙ্ক আই শ্যাল কাম্ ওনলি হোয়েন আই গেট্ টাইম।

8. প্রঃ – তুমি সঞ্জয়ের সঙ্গে কবে দেখা করেছিলে ?
Q. – *When* did you meet Sanjay? **হোয়েন** ডিড্ ইউ মিট সঞ্জয় ?
উঃ – গত শনিবার সে যখন দিল্লী এসেছিল তখন তার সঙ্গে দেখা করেছিলাম।
A. – I met him last Saturday when he came to Delhi. আই মেট্ হিম্ লাস্ট স্যাটারেডে হোয়েন হি কেম টু দিল্লি।

9. প্রঃ – তোমার কাজ কবে শেষ হবে ? | Q. – *When* will you finish your work? **হোয়েন** উইল ইউ ফিনিশ ইয়োর ওয়ার্ক ?

উঃ – আমি কাজটা ১৫ দিনের মধ্যেই শেষ করব। | A. – I'll finish it within a fortnight. আই'ল ফিনিশ্ ইট্ উইদিন্ ফর্ট্নাইট্

Where | **F**

10. প্রঃ – আপনি কোথায় কাজ করেন ? | Q. – *Where* do you work **হোয়ের** ডু ইউ ওয়ার্ক

উঃ – আমি সরকারি অফিসে কাজ করি। | A. – I work in a government office. আই ওয়ার্ক্ ইন্ এ গর্ভণমেন্ট অফিস।

11. প্রঃ – আপনি কোথা থেকে বই কেনেন ? | Q. – *From where* do you buy the books? **হোয়্যার ফ্রম** ডু ইউ বাই দি বুকস্ ?

উঃ – আমি হিন্দু পুস্তক ভাণ্ডার, চাওড়ি বাজার, দিল্লি থেকে বই কিনি। | A. – From Hind Pustak Bhandar, Chawri Bazar, Delhi. ফ্রম হিন্দ পুস্তক ভাণ্ডার, চাওড়ি বাজার, দিল্লি।

12. প্রঃ – আপনার বাড়ি কোথায় ? | Q. – *Where's** your residence? **হোয়্যার'স** ইয়োর রেসিডেন্স্

উঃ – আমার বাসা রূপনগরে। | A. – At Roop Nagar. এ্যাট রূপনগর

13. প্রঃ – আপনি সুটটা কোথা থেকে কিনেছেন | Q. – *From Where* did you buy your suit? **ফ্রম হোয়্যার** ডিড্ ইউ বাই ইয়োর সুট ?

উঃ – আমি কনাট প্লেস থেকে কিনেছি। | A. – From Connaught Place. ফ্রম কনাট প্লেস।

14. প্রঃ – বাগীশ, এখন তুমি কাথায় যাবে ? | Q. – *Where* will you go now. Vagish? **হোয়্যার** উইল্ ইউ গো নাউ, বাগীশ?

উঃ – আমি বাড়ি যাবো। | A. – I'll go back to my place আই'ল গো ব্যাক্ টু মাই প্লেস।

15. প্রঃ – আমি কোথায় নেমে যেতে পারি ? | Q. – *Where* can I get down? **হোয়্যার** ক্যান আই গেট্ ডাউন ?

উঃ – আপনি লাজপত নগরে নামতে পারেন। | A. – You can get down at Lajpat Nagar ইউ ক্যান গেট্ ডাউন এ্যাট লাজপত নগর।

Why | **G**

16. প্রঃ – আপনি রোজ দুধ খান কেন ? | Q. – *Why* do you drink milk daily? **হোয়াই** ডু ইউ ড্রিংক মিল্ক্ ডেইলি ?

উঃ – আমি আমার স্বাস্থ্য ঠিক রাখার জন্য রোজ দুধ খাই। | A. – To maintain my health. টু মেনটেন মাই হেল্থ্।

17. প্রঃ – মীনাক্ষীর শিক্ষিকা এত কঠোর কেন ? | Q. – *Why* is Meenakshi's teacher so strict. **হোয়াই** ইজ মীনাক্ক্ষিজ টিচার সো স্ট্রিক্ট্ ?

উঃ – এইজন্য যাতে তাঁর ছাত্রীরা জীবনে উন্নতি করতে পারে। | A. – It is because she is interested in the progress of her students. ইট্ ইজ বীকজ শি ইজ ইনটারেস্টেড্ ইন্ দ্য প্রোগ্রেস অফ হার স্টুডেন্টস্।

18. প্রঃ – তুমি ওখানে কেন বসে আছ ? | Q. – *Why* are you sitting there? **হোয়াই** আর ইউ সিটিং দেয়ার ?

উঃ – আমি আমার বন্ধু বাগীশের জন্য অপেক্ষা করছি। | A. – I'm waiting for my friend, Vagish. আই এ্যাম ওয়েটিং ফর মাই ফ্রেনড, বাগীশ।

*Where's – Where is-এর সংক্ষিপ্ত রূপ।

19. প্রঃ – তুমি তোমার মাকে চিঠি লেখনি কেন ?   **Q.** – *Why* didn't you write a letter to your mother? হোয়াই ইউ রাইট্ টু ইয়োর মাদার্ ?

উঃ – সময় পাইনি বলে।   **A.** – Beacuse I didn't have time. বিকজ আই ডিডন্ট হ্যাভ টাইম।

স্মরণীয় [To Remember]

Who আর Which এর অর্থের পার্থক্য জেনে রাখুন Who মানে 'কে' ও Which মানে 'কোনটা'। Who মনুষ্যের জন্য ও Which পশু ও নির্জীব বস্তুর জন্য ব্যবহৃত হয়। নীচের উদাহরণ থেকে এটা স্পষ্ট বুঝে নিন —

Who:	1. ওখানে কে ?	Who's there?
	2. আগরা কে গেছে ?	Who went to Agra?
	3. এখানে কে আসবে ?	Who will come here?
Which:	4. কোন বইটা টেবিলের ওপর আছে ?	Which book is on the table?
	5. আমার পেন্সিল্ কোনটি ?	Which pencil is mine?
	6. কোন পেন্সিলটি আমার ?	Which is my pencil?
	7. কোন কুকুরটা আপনার ?	Which is your dog?

Who ও Which এর অর্থ 'যে' বা 'যা' ও হয়। নিয়ম সেই একই মনুষ্যের জন্য Who ও নির্জীব বস্তুর জন্য Which যেমন —

1. আমি সেই মেয়েটার সাথে দেখা করেছিলাম যে মনিটর। — I met the girl who is the monitor.
2. যে মেয়েটি পিয়ানো বাজাচ্ছে সে আমার বোন। — The girl, who is playing the piano, is my sister.
3. তুমি যে বইটা চাও সেটা বেছে নাও। — Select the book, which you want.
4. আমার যা দরকার সেই সমস্ত জিনিষ আমি নিয়েছি। — I have taken the things, which I needed.

18 অষ্টাদশ দিন
th Day

প্রশ্নবাচক বাক্য রচনা [মিশ্রিত Miscellaneous]

আসুন, আবার আমরা প্রশ্নবাচক রচনাগুলি দেখি। এবার What, Where ইত্যাদি শব্দগুলির সাথে is, are, am, was, were, has, have, had, will, shall, would, should, may, might ইত্যাদি ক্রিয়াগুলিকে নিয়ে বাক্যরচনা করি। Is, are ইত্যাদি সব ক্রিয়াগুলিকে auxiliary [অক্‌জিলরী] বা helping verb বলা হয়। এই ক্রিয়াগুলি দিয়ে আলাদাভাবে ও প্রশ্নবাচক বাক্য রচনা করা যায়, যা আমরা আগেও দেখেছি।

1. কি হয়েছে ?	What happened? হোয়াট হ্যাপন্‌ড় ?
2. আপনি কি আমায় ডেকেছিলেন ?	Had you asked for me? হ্যাড ইউ আস্কড় ফর মি ?
3. আমি যেতে পারি ?	May I go? মে আই গো ?
4. আমিও আসব ?	May I accompany you? মে আই অ্যাকম্পানি ইউ ?
5. তুমি আসবে ?	Are you coming? আর ইউ কামিং ?
6. আমি নিয়ে আসব ?	Shall I bring it? শ্যাল আই ব্রিংগ্ ইট ?
7. আপনার নাম জানতে পারি ?	What's your good name? হোয়াট'স ইয়োর গুড্ নেম ?
8. আপনি কেমন আছেন ?	How are you? হাউ আর ইউ ?
9. বুঝেছো ত ?	Did you understand?/understood? ডিড ইউ আন্ডারস্ট্যাণ্ড ?/আন্ডারস্টুড ?
10. না, বুঝিনি।	No, I didn't. নো, আই ডিড্‌ন্ট্।
11. সাহেব ভেতরে আছেন ?	Is the boss in? ইজ দ্য বস ইন্ ?
12. কে ওখানে ?	Who is it? হু ইজ ইট্ ?
13. কি ব্যাপার ?	What is the matter? হোয়াট ইজ দ্য ম্যাটার ?
14. দিনেশ কোথায় গেছে ?	Where is Dinesh? হোয়্যার ইজ দিনেশ ?
15. কেমন আছো ?	How were you? হাউ ওয়্যার ইউ ?
16. কখন এলে ?	When did you come? হোয়েন ডিড্ ইউ কাম্ ?
17. আরম্ভ করি ?	Do/Shall we begin? ডু/শ্যাল উই বিগিন্ ?
18. একটা কাজ করবে ?	Will you do one thing? উইল্ ইউ ডু ওয়ান থিং ?
19. আজ কি ছুটি ?	Is it holiday today? ইজ ইট্ হলিডে টুডে ?
20. তুমি জান কি ?	Do you know? ডু ইউ নো ?
21. কারণটা কি ?	What's the reason? হোয়াট'স দ্য রিজন্ ?
22. তুমি যাবে না ?	Won't you go? ওন্ট্ ইউ গো ?
23. মামলাটি কী ?	What's the matter? হোয়াট'স দ্য ম্যাটার ?
24. গোলমালটা কী ?	What's the trouble? হোয়াট'স দ্য ট্রাবল্ ?
25. কি নিয়ে ঝগড়া ?	What's the quarrel about? হোয়াট্‌স দ্য কোয়ারল্ এ্যাবাউট ?
26. রেগে গেছেন ?	Are you angry? আর ইউ এ্যাংরি ?
27. বাড়ির সকলে ভালো ত ?	How is the family? হাউ ইজ দ্য ফ্যামিলি ?
28. কি বললেন ?	What did you say? হোয়াট ডিড্ ইউ সে ?
29. বলুন, আমি কি করতে পারি ?	What can I do for you? হোয়াট ক্যান আই ডু ফর ইউ ?

30. কি জন্য এত কষ্ট করে এলেন ? What brings you here? হোয়াট ব্রিংস্ ইউ হিয়ার ?

31. আপনার কি অভিমত ? What's your opinion? হোয়াট'স ইয়োর ওপিনিয়ন ?

32. ওর কি গাড়ি আছে ? Has he got a car? হ্যাজ হি গট্ এ কার ?

33. আমার সাথে আপনার কি কোন কাজ আছে ? Have you any business with me? হ্যাভ ইউ এনি বিজ্‌নেস্ উইথ্ মি ?

34. কে আসছে ? Who's coming? হু'জ কামিং ?

35. কি রান্না হয়েছে ? What's the menu for dinner? হোয়াট'স দি মেনু ফর ডিনার ?

36. তাতে কি এসে যায় ? What difference does that make? হোয়াট ডিফারেন্স ডাজ্ দ্যাট্ মেক ?

37. এটা কার টেলিফোন নাম্বার ? Whose telephone number is this? হুজ টেলিফোন নাম্বার ইজ দিস্ ?

38. আপনি কখন শুতে যান ? When do you go to bed? হোয়েন ডু ইউ গো টু বেড ?

39. আমরা কোথায় দেখা করব ? Where shall we meet? হোয়ার শ্যাল উই মিট ?

40. তুমি ফেরৎ এলে যে ? How have you come back? হাউ হ্যাভ্ ইউ কাম ব্যাক ?

41. তুমি পড়াশুনা ছেড়ে দিলে কেন ? Why you dropped your studies? হোয়াই ইউ ড্রপ্‌ড্ ইয়োর স্টাডিজ ?

42. আপনি কি খুঁজছেন ? What are you looking for? হোয়াট আর ইউ লুকিং ফর ?

43. কেমন আছেন ? How are you? হাউ আর ইউ ?

44. এখন আপনার মা কেমন আছেন ? How is your mother now? হাউ ইজ ইয়োর মাদার নাও ?

45. আপনি ভালো ত ? How do you do? হাউ ডু ইউ ডু ?

46. বাচ্চারা কেমন ? How are the children? হাউ আর দি চিল্‌ড্রেন ?

47. এখানে সবচেয়ে ভালো হোটেল কোনটা ? Which is the best hotel here? হুইচ্ ইজ দি বেস্ট হোটেল্ হিয়ার ?

48. আজ উনি কেমন আছেন ? How is he/she today? হাউ ইজ হি/শি টুডে ?

49. এই ভদ্রলোক কে ? Who is this gentleman? হু ইজ দিস্ জেন্টল্‌ম্যান ?

50. কি ? What's it? হোয়াট'স্ ইট্ ?

51. বাগীশ কোথায় ? Where is Vagish? হোয়ার ইজ বাগীশ ?

52. আপনি আমার কাপড় জামা কোথায় রেখেছেন ? Where have you kept my clothes? হোয়্যার হ্যাভ ইউ কেপ্ট মাই ক্লোদ্‌স্?

53. কি খবর ? What's the news? হোয়াট্‌স্ দি নিউজ ?

54. আপনি কি কাজ করেন ? What's your occupation? হোয়াট্‌স্ ইয়োর অকুপেশন ?

55. আবার কবে দেখা হবে ? When shall we meet again? হোয়েন শ্যাল উই মিট এগেন ?

56. আপনি আমাদের বাড়িতে কবে আসবেন ? When will you come to us? হোয়েন উইল ইউ কাম্ টু আস্ ?

57. তোমার [আপনার] বয়স কত ? How old are you? হাউ ওল্ড আর ইউ ?

58. তুমি [আপনি] ওঁর [ওঁদের] সাথে কবে দেখা করবে [করবেন] ? When will you see him? হোয়েন উইল ইউ সি হিম ?

59. আপনি এখানে কবে থেকে আছেন ? For how long have you been here? ফর হাউ লং হ্যাভ ইউ বিন হিয়ার ?

60. এই কোটটাতে কত খরচ পড়েছে ? How much did this coat cost you? হাউ মাচ ডিড দিস কোট কস্ট্ ইউ ?

61. কতক্ষণ লাগবে ? How long will it take? হাউ লং উইল ইট্ টেক ?

62. আপনি কেন এত কষ্ট করছেন ? Why do you trouble yourself? হোয়াই ডু ইউ ট্রাবল্ ইয়োরসেল্ফ্ ?

63. আপনি আগে যাননি কেন ? Why didn't you go earlier? হোয়াই ডিড্‌নট্ ইউ গো আরলিয়ার ?

64. রাস্তাটা বন্ধ কেন ? Why is the road closed? হোয়াই ইজ দি রোড ক্লোজ্‌ড্ ?

65. আজ কি ছবি ? What movie is on today? হোয়াট মুভি ইজ অন্ টুডে ?

স্মরণীয় [To Remember]

[i] আপনারা নিশ্চয় লক্ষ্য করেছেন যে যদি is, are; was, were; had; will, shall; would, should; can, could; may, might বাক্যের শুরুতেই থাকে তবে তারা প্রশ্নবাচক বাক্য হয়ে যায়, আর বাক্যের মাঝখানে [subject এর পর] থাকে তবে তারা সাধারণ বাক্য হয়ে যায়। উদাহরণতঃ —

A	**B**
1. Am I a fool?	I am not a fool.
2. Were those your books?	Those were your books.
3. Had you gone there?	You had gone there.
4. Can I walk for a while?	I can walk for a while.
5. May I come in?	I may come in.

[ii] Do, did মূলতঃ সহায়ক ক্রিয়া নয়। নিম্নলিখিত সাধারণ বাক্যগুলি লক্ষ্য করুন —

1. আমি সকালে তাড়াতাড়ি উঠি।   I get up early in the morning.
2. আমি সকালে তাড়াতাড়ি উঠেছিলাম।   I got up early in the morning.

এখন এই বাক্যগুলির নেতিবাচক রূপ দেখুন —

3. আমি সকালে তাড়াতাড়ি উঠি না।   I don't get up early in the morning.
4. আমি সকালে তাড়াতাড়ি উঠি নি।   I did not got up early in the morning.

আপনারা লক্ষ্য করেছেন নিশ্চয় বাক্য রচনা করবার জন্য Do কে বাক্যের প্রথমেই আনতে হয়। যেমন —

5. আমি কি সকালে তাড়াতাড়ি উঠি ?   Do I get up early in the morning?
6. আমি কি সকালে তাড়াতাড়ি উঠেছিলাম ?   Did I get up early in the morning?

19 উনবিংশতি দিন
th Day

এতদিনে আপনারা তিন কাল [Tenses] এ ক্রিয়ার রূপ কি হয় তা শিখেছেন। ষষ্ঠদশ ও সপ্তদশ দিনে আপনারা প্রশ্নবাচক বাক্য রচনা করেছেন। বলতে পারেন কি ইতিবাচক [Assertive] বাক্যগুলিকে প্রশ্নবাচক [Interrogative] বাক্যে পরিণত করতে হলে কি হবে? আপনারা প্রত্যেক কালের [Tenses] সহায়ক ক্রিয়াগুলিকে বাক্যের প্রথমে এনে প্রশ্নবাচক বাক্য রচনা করেছেন। [1] এখন দেখুন নেতিবাচক [Negative] বাক্য কেমন করে রচনা করা হয়। বাক্যে **do, did, is, are, was, were, have, had, will, shall, can, could, may, might** ইত্যাদি সহায়ক ক্রিয়ার পরে **not** যোগ করলে তারা নেতিবাচক হয়ে যায়। [2] যদিও **do not, did not, were not, have not, can not, will not, shall not, should not, would not** এই ক্রিয়াগুলি এই ভাবে লেখা হয়, বলার সময় কিন্তু তাদের সংক্ষিপ্ত রূপই উচ্চারণ করা হয়, যেমন **don't, didn't, weren't, haven't, can't, won't, shouldn't, wouldn't.** এটা মনে রাখা অবশ্য উচিৎ যে উপরোক্ত ক্রিয়াগুলি দুরকম ভাবেই বলা যেতে পারে **do not** ও বলা হয়, **don't** ও। এবার এদের ব্যবহার জেনে নেওয়া যাক।

নেতিবাচক বাক্য [Negative Sentences]

1. আমি জানি না।	I do not know. আই ডু নট নো।
2. আমি কোন প্রশ্নই করিনা।	I don't* ask anything. আই ডোণ্ট আস্‌ক্ এনিথিং।
3. উনি এখানে আসেন না।	She does not come here. শি ডাজ নট কাম্ হিয়ার।
4. ও চা তৈরি করা জানে না।	She doesn't know how to make tea. শি ডাজান্‌ট্ নো হাউ টু মেক টি।
5. কাল উনি বাস ফেল করেননি।	He did not miss the bus yesterday. হি ডিড্ নট মিস্ দি বাস ইয়েস্টারডে।
6. আমরা এ খবর শুনিনি।	We haven't heard this news. উই হ্যাভণ্ট হার্ড দিস্ নিউজ।
7. আজ ঠাণ্ডা নেই।	It is not cold today. ইট ইজ নট্ কোল্ড টুডে।
8. ভদ্রমহিলা বিবাহিতা নন।	She isn't married. শি ইজন্‌ট্ ম্যারেড।
9. আজ আমাদের দেরি হয় নি।	We aren't late today. উই আরন্‌ট্ লেট টুডে।
10. উনি দিল্লিতে ছিলেন না।	She wasn't in Delhi. শি ওয়াজ'ন্ট ইন দিল্লি।
11. আমরা বক্তৃতার সময় ছিলাম না।	We didn't attend the lecture. উই ডিডন্ট এ্যাটেণ্ড দ্য লেকচার।
12. ওঁর পুত্রসন্তান হয়নি।	She doesn't have a son. শি ডাজণ্ট হ্যাভ্ এ সন্।
13. আমি চিঠি পাই নি।	I didn't get the letter. আই ডিডণ্ট গে দ্য লেটার।
14. ওদের কাছে গাড়ি ছিল না।	They didn't have a car. দে ডিডণ্ট হ্যাভ এ কার।
15. ভয় করো না, বাবা রাগ করবেন না।	Don't worry. Father won't be angry. ডোন্‌ট্ ওয়রি। ফাদার ওণ্ট বি এ্যাঙ্গরি।
16. কাল বাবা বাড়িতে থাকবেন না।	Father won't be at home tomorrow. ফাদার ওণ্ট বি এ্যাট হোম টুমরো।
17. কাল আমাদের দেরি হবে না।	We shan't [shall not] be late tommorrow. উই শ্যান্‌ট্ [শ্যাল নট্] বি লেট টুমরো।
18. আমি মোটর সাইকল্ চালাতে পারি না।	I can't ride a motor cycle. আই কান্‌ট্ রাইড এ মোটর সাইক্‌ল্।
19. ফুটপাথের ওপর গাড়ি চালানো উচিৎ নয়।	You mustn't [must not] take the car on the footpath. ইউ মাসন্‌ট্ [মাস্‌ট্ নট্] টেক্ দ্য কার অন দ্য ফুটপাথ।

এই পৃষ্ঠার ফুটনোট পরের পৃষ্ঠায় দেখুন।

20. আমি পরশু দিন সময়মত পৌঁছাতে পারিনি।	I couldn't reach in time the day before yesterday. আই কুড্‌ন্ট্ রিচ ইন টাইম দ্য ডে বিফোর ইয়েস্টারডে।
21. আপনার যাওয়ার দরকার নেই।	You needn't go there. ইউ নিডন্ট গো দেয়ার।
22. তুমি না বললে উনি জানতেই পারতেন না।	If you hadn't told her, she couldn't have known. ইফ ইউ হ্যাড্‌ন্ট্ টোলড্ হার, শি কুড্‌ন্ট্ হ্যাভ নোন।
23. আমাদের এখন দোকান বন্ধ করা উচিৎ নয়, তাই না ?	Now, we shouldn't close our shop, should we? নাউ, উই শুডন্ট্ ক্লোজ আওয়ার শপ, শুড্ উই ?

প্রশ্নবাচক-নেতিবাচক বাক্য [Interrogative-cum-Negative Sentences]

1. ইংরেজিতে নিম্নোক্ত ধরণের বাক্যের বহু প্রচলন পাওয়া যায় — 'আজ খুব গরম, তাই না ?', কিংবা 'আজ ঠাণ্ডা নেই, ঠিক না ?" ইংরেজিতে এদের Tail-Question বলা হয়। বাক্যের অন্তে ছোট্ট একটা প্রশ্নার্থক বাক্যাংশ জুড়ে দেওয়া হয় এই ধরণের Tail Question-এ বাক্য ইতিবাচক হলে Tail Question-ও ইতিবাচক হয়। যেমন — It's hot today, isn't it? [নীচের 26 ও 28 নং বাক্যও দেখুন।] বাক্য নেতিবাচক হলে Tail Question-ও নেতিবাচক হয়। যেমন It isn't cold today, is it? [27 ও 29 নং বাক্যও দেখুন]। 2. বাক্যের প্রথমাংশে সহায়ক ক্রিয়ার [auxiliary বা helping verb] সাথে not আলাদাভাবে বা সংযুক্ত ভাবে থাকুক বা না থাকুক, [is not বা isn't] Tail Question-এ কিন্তু isn't ইত্যাদি রূপই সাধারণতঃ ব্যবহৃত হয়। নিম্নলিখিত বাক্যগুলি পড়লেই এটা বোঝা যাবে —

24. আজ খুব গরম পড়েছে, তাই না ?	It's hot today, isn't it? ইট্‌স্ হট টুডে, ইজন্ট্ ইট ?
25. ওরা ইংরেজ, নয় কি ?	They're English, aren't they? দে'র ইংলিশ, আরন্ট্ দে ?
26. তুমি সুখী ছিলে না, ছিলে কি ?	You weren't happy, were you? ইউ ওয়ারন্ট্ হ্যাপি, ওয়্যার ইউ ?
27. কাল তো রবিবার হবে, তাই না কি ?	It will be Sunday tomorrow, won't it be? ইট উইল বি সানডে টুমরো, ওন্ট ইট বি ?
28. আমরা শিগগির তৈরি হয়ে যাব, যাব না ?	We will be ready soon, won't we be? উই উইল বি রেডি সূন, ওন্ট্ উই বি ?
29. কাল তো ২০শে ফেব্রুয়ারি হবে না, হবে কি ?	It is not 20th February tomorrow, is it? ইট ইজ নট্ টোয়েনটিয়েথ ফেব্রুয়ারী টুমরো, ইজ ইট ?
30. কাল আমি তোমার সাথে থাকবো না, থাকবো কি ?	I won't be with you tomorrow, will I be? আই ওন্ট্ বি উইথ ইউ টুমরো, উইল আই বি ?
31. তুমি কালিদাসের শকুন্তলা পড়েছো, পড়োনি কি ?	You have read Kalidasa's Shakuntala, haven't you? ইউ হ্যাভ রেড্ কালিদাসজ্ শকুন্তলা, হ্যাভন্ট্ ইউ ?
32. তুমি তো তোমার কাজ শেষ করে নিয়েছিলে, করোনি কি ?	You had finished your work, hadn't you? ইউ হ্যাভ ফিনিশ্‌ড্ ইয়োর ওয়ার্ক, হ্যাড্‌ন্ট্ ইউ ?
33. তুমি ত আমার জন্য বই খুঁজতে পারোনি, পেরেছিলে কি ?	You couldn't find the book for me, could you? ইউ কুড্‌ন্ট্ ফাইণ্ড দ্য বুক ফর মি, কুড্ ইউ ?

---

*do + not = don't	does + not = doesn't	did + not = didn't
is + not = isn't	are + not = aren't	was + not = wasn't
were + not = weren't	has + not = hasn't	have + not = hasn't
had + not = hadn't	will + not = won't	shall + not = shan't
can + not = can't	must + not = mustn't	could + not = couldn't
need + not = needn't	would + not = wouldn't	should + not = shouldn't

34. মীনাক্ষীর দেরী করে শোওয়া উচিৎ নয়, উচিৎ কি ? — Meenakshi shouldn't go to bed late, should she? মীনাক্‌ষী শুড্‌ন্ট্‌ গো টু বেড্‌ লেট, শুড্‌ শি।

35. অমিতাভকে ১২টা পর্য্যন্ত অপেক্ষা করতে হবে, হবে না ? — Amitabh must wait till 12 o' clock, mustn't he? অমিতাভ মাস্ট ওয়েট টিল্‌ টুয়েলভ্‌ ও' ক্লক, মাস্‌ন্ট্‌ হি ?

36. ও ইংরেজি শেখেনি, শিখেছে কি ? — She hasn't learnt English, has she? শি হ্যাজন্ট্‌ লারন্ট্‌ ইংলিশ হ্যাজ শি ?

37. তুমি ইংরেজি বলতে পারো, পারো না কি ? — You can speak English, can't you? ইউ ক্যান স্পিক ইংলিশ, কান্ট্‌ ইউ ? [কান্টিউ ও বলা যেতে পারে]

38. মহৎ ব্যক্তি সময় নষ্ট করেন না, করেন কি ? — Great men don't waste their time, do they? গ্রেট মেন্‌ ডোন্ট্‌ ওয়েস্ট্‌ দেয়ার টাইম, ডু দে ?

39. তোমার ভাইএর বাড়িতে টেলিভিশন আছে, নেই কি ? — Your brother got a television set, hasn't he? ইয়োর ব্রাদ্রার গট এ টেলিভিশন সেট্‌, হ্যাজন্ট্‌ হি ?

স্মরণীয় [To Remember]

A

A. ইংরেজিতে কোন কোন সংযুক্ত শব্দের সংক্ষিপ্ত রূপ ব্যবহার করা হয়। এগুলি বলার ও লেখার অভ্যাস করে নিন —

does not ডাজ্‌ নট = doesn't ডাজন্ট্‌ — do not ডু নট = don't ডোন্ট

is not ইজ নট = isn't ইজ্‌ন্ট্‌ — can not ক্যান নট = can't কান্ট

উপরোক্ত প্রকারে নীচের শব্দগুলির উচ্চারণ নিজে নিজে অভ্যাস করুন —

Shall not [shan't শ্যান্ট্‌], will not [won't ওন্ট], should not [shouldn't শুড্‌ন্ট্‌], would not [wouldn't উড্‌ন্ট্‌], must not [mustn't মাস্‌ন্ট্‌], was not [wasn't ওয়াজন্ট্‌], were not [weren't ওয়েরন্ট্‌], are not [aren't আররন্ট্‌], I am [I'm আয়ম্‌], I have [I've আয়ভ্‌], have not [haven't হ্যাভ্‌ন্ট্‌], has not [hasn't হ্যাজন্ট্‌], had not [hadn't হ্যাড্‌ন্ট্‌], could not [couldn't কুড্‌ন্ট্‌], I would [I'd আয়ুড]।

B. don't এ n এর পরে কমা কে apostrophe [অ্যাপসট্রফি বলা হয়।]

B

Tail-Question যুক্ত বাক্যে নিম্নলিখিত পরস্পর বিরোধী বাক্যাংশগুলি জোড়ায় জোড়ায় ব্যবহৃত হয় —

She does not – does she?
He is – isn't he?
You were – weren't you?
You will – won't you?
You would – wouldn't you?

You do not – do you?
We are not – aren't we?
They had – hadn't they?
I shan't – shall I?
She could – couldn't she?

I did – Didn't I?
He was – wasn't he?
We can – can't we?
I must – mustn't I?

20 বিংশতি দিন
20th Day

11 থেকে 15 দিন :

একাদশ থেকে পঞ্চদশ দিন

1. ইংরেজিতে স্বরবর্ণের সংখ্যা ৫ – A, E, I, O, U এই অক্ষরগুলির উচ্চারণের প্রতি লক্ষ্য রাখবেন —

[a] a = আ যেমন car-এ দীর্ঘ আ

far	star	card	hard	dark	arm
mark	farm	harm	art	part	start
heart	guard	answer	can't	balm	calm
palm	half	craft	draught	graph	laugh

[b] y বা i = আই যেমন my-এ দীর্ঘ আ

oy	buy	cry	try	spy	style
die	lie	tie	eye	life	wife
iike	strike	high	might	sight	right
height	fight	light	night	tight	mind
bind	find	kind	fine	line	nine
knife	pipe	ripe	five	strive	drive

[c] u বা o = আ যেমন cup-এ অত্যন্ত হ্রস্ব আ

but	cut	rub	bud	dull	sum
fun	gun	up	hut	lunch	luck
rush	sun	vulgar	brother	mother	other
front	worry	some	dozen	monday	son
govern	nothing	young	tongue	southern	colour

[d] i = ই যেমন it-এ অত্যন্ত হ্রস্ব ই

fit	hit	this	fish	wish	him
in	sin	thin	big	bid	kid
lip	slip	trip	ill	fill	will
kill	still	kick	pick	sick	trick
quick	king	link	spring	wing	fist
stick	list	give	live	clip	pin

[e] ea, ee, eu = ইআ যেমন near-এ

clear	tear	near	hear	fear	appear
ear	year	dear	beer	deer	cheer
pear	gear	sheer	queer	rear	compeer

[f] ea = ঈ যেমন seat -এ দীর্ঘ ঈ

teat	beat	heat	meat	neat	heap
mean	sea	tea	lead	read	meal
each	reach	breach	preach	teach	speak

2. প্রশ্ন 1-এ [a] থেকে [f] পর্যন্ত সবশুদ্ধ 168টি শব্দ আছে। এদের মধ্যে 150টির উত্তর ঠিক হলে Very good, 125 ঠিক হ'লে good, আর 100টি ঠিক হ'লে Not bad ধরা যেতে পারে।

3. প্রশ্ন 1-এর 168টি শব্দের মধ্যে কোন কোনটিতে স্বর আবার কোনওটিতে ব্যঞ্জন অনুচ্চারিত [Silent] থেকে যায়। এই শব্দগুলির একটি তালিকা তৈরী করে অনুচ্চারিত অক্ষরগুলি এদের সামনে লিখুন।

4. নিম্নলিখিত শব্দগুলির উচ্চারণ বাংলা অক্ষরে লিখুন —

rough	fall	philosophy	forgive	age	page
from	arm	tribes	hopes	Asia	Simla
Russia	thin	then			

5. নীচের শব্দগুলিতে অনুচ্চারিত অক্ষরগুলি লিখুন — Calm শান্ত, Debt ঋণ, Folk জনতা, Half অর্ধেক, Knoll ছোট পাহাড়, Lodge বাসা, Match দেশলাই, Naughty দুষ্ট, Reign রাজত্ব, Stalk ডাঁটা, Unknown অজানা, Walk চলা।

6. এই শব্দগুলির উচ্চারণ বাংলা অক্ষরে লিখুন — ice, can, come, chocolate, policy, received, receipt, pierce of, off, accept, borne, born, cloths, clothes, morale, moral, island, grat, psychology, known, written, honesty, psalm, knitting, honour, wrong, hour, deny. এবার standard dictionary-র উচ্চারণের সাথে এই উচ্চারণগুলির তুলনা করুন।

7. নীচে পাশাপাশি দেওয়া শব্দগুলির মধ্যে কোন কোনটির বানান শুদ্ধ তা লিখে dictionary-তে দেওয়া বানানের সঙ্গে তুলনা করুন —

hieght	height	speek	speak	call	calle
procede	procede	speach	speech	near	nare
exeede	excede	treat	treet	reech	reach
exprress	express	harras	harass	ocasion	occasion
havy	heavy	tension	tention	attack	atacek
angry	angary	attension	attention	sleep	sleap
new	nue	simpaly	simply	whitch	which
plastek	plastic	nature	nateur	velley	vally
pleese	please	tuche	touch	flower	flover
compeny	company	middle	midal	substract	subtract

8. ইংরেজিতে what, who, how, which, when, where, why ইত্যাদি শব্দগুলিকে প্রশ্নবাচক শব্দ [Interrogative Words] বলা হয়। নিম্নলিখিত বাক্যগুলিতে প্রশ্নবাচক শব্দ ব্যবহৃত হয়েছে। বাক্যগুলি বাংলায় অনুবাদ করুন।

1. *What* do you mean?
2. *What* does your father do?
3. *What's* wrong with you?
4. *What* had he decided?
5. *Who* do you think will be chosen?
6. *Whom* do you think I saw yesterday?
7. *Who* cleans your house?
8. *How* do you know his address?
9. *How* many boys ran in the race?
10. *How* did he work?
11. *Which* is your note book?
12. *Who* answered the question?
13. *When* did you return from Bombay?
14. *When* will you be able to repay the loan?
15. *When* are you going to start learning English?
16. *Where* do you live?
17. *Where* did she spend her summer vacation?
18. *Why* should we take exercise?
19. *Why* did you not get up early?
20. *Why* do people read newspaper?
21. *What's* troubling you?

9. নিম্নলিখিত বাক্যগুলি বাংলায় অনুবাদ করুন ও উল্টো ছাপা বাক্যগুলির সাথে মিলিয়ে নিন।

[1] The shop is closed, isn't it? [2] We are late, aren't we? [3] You did come, didn't you? [4] You won't come tomorrow, will you? [5] We won't go there, shall we? [6] If you hadn't told her, she wouldn't have known. [7] I'm not late today. [8] They played well, but you didn't. [9] They won't reach in time, but we will. [10] My mother won't attend the wedding, but my father will. [11] I must go, but you need not. [12] You must not write in red ink. [13] He is wrong, isn't he? [14] I was with you, wasn't I? [15] You know him well, don't you? [16] We have done the work, haven't we?
[17] You have learnt a lot, haven't you?

[1] দোকানটা বন্ধ, নয় কি ? [2] আমাদের দেরি হয়ে গেছে, হয়নি কি ? [3] তুমি ত এসেছিলে, আসনি কি ? [4] তুমি কাল আসবে না, আসবে কি ? [5] আমরা ওখানে যাব না, যাব কি ? [6] তুমি ওকে না বললে ও জানতেই পারত না। [7] আজ আমার দেরি হয়নি। [8] ওরা ভাল খেলেছে, কিন্তু আমরা খেলিনি। [9] ওরা সময়মত পৌঁছোতে পারবে না, কিন্তু আমরা পারব। [10] আমার মা বিয়েতে যাবেন না, কিন্তু বাবা যাবেন। [11] আমাকে যেতেই হবে, কিন্তু তোমার না গেলেও চলবে। [12] তুমি লাল কালি দিয়ে লিখবে না। [13] ওঁর ভুল হয়েছে, হয়নি কি ? [14] আমি তোমার সঙ্গে ছিলাম, ছিলাম না কি ? [15] তুমি ওকে ভালভাবেই চেন, চেন না কি ? [16] আমরা কাজটা করে নিয়েছি, করিনি কি ? [17] তুমি অনেক কিছুই শিখেছ, শেখনি কি ?

নির্দেশ — এতদিনে আমরা ইংরেজির অনেক নতুন নতুন বাক্য শিখে নিয়েছি। এইগুলি বন্ধুদের সাথে কথা বলার সময় ব্যবহার করার অভ্যাস করুন।

প্রশ্ন [Question]	উত্তর [Answer]
1. What's her dog's name?	It's Puppy.
2. What's your father?	He is a shopkeeper.
3. What do they want now?	They want more money.

4. Whom do you wish to see?	I want to see Mr. B.N. Kohli.
5. Who owns this car?	My cousin owns it.
6. Who has come now?	My father.
7. Who came yesterday?	It was his sister.
8. What do you think?	I think that she will come soon.
9. What did she ask?	She asked if I would help her.
10. What did you say?	I said I would help her.
11. Who is coming today?	My uncle.
12. How do you earn so much money?	I work day and night.
13. What makes a man happy?	He becomes happy by helping others.
14. How can man make many friends?	He makes many friends by being a true friend.
15. How do you remain cheerful?	It's because I love my work.
16. Which book do you want now?	I want the Bhagwad Gita.
17. What happened to him?	He walked into a lamp post and hurt himself.
18. What do you have in your pocket?	There are few coins and a hanky.
19. What does your suit consist of?	It's woollen cloth.
20. What does a book seller deals in?	A book seller deals in various books.
21. When do you plan to visit your auntie?	I am going to see her on Monday.
22. When are you going to finish your work?	I am going to finish it tonight.
23. When will your brother return home?	My brother will return home by tomorrow morning.
24. When will you be able to see me?	In a day or two.
25. When will you have to begin with work?	I'll have begin around 4 o'clock.
26. Where did you sleep last night?	At my uncle's home.
27. Where did you spend your last Sunday?	I was at Agra.
28. Where did she invest the money?	She invested the money in book trade.
29. Why must you work hard?	I should work hard lest I fail.
30. Why didn't you come in time?	I could not come in time because my mother was ill.
31. Why did you lend him your bicycle?	Because he had to go to the market.
32. Why is she unreliable?	Because she does not keep a promise/ does not stick to his word.
33. Why did you vote for Dr. Mishra?	I voted for him because he is very competent.
34. Whose telephone number is this?	It is Mr. Gupta's.
35. Who's it?	It's me.
36. How do you do?	Fine. How are you?
37. What did you ask?	Nothing.
38. Does Rama know how to make tea?	No, she doesn't.
39. Shall we be late tomorrow?	No, I don't think so.
40. Won't it be 20th February tomorrow?	Yes, it will be.

উপরোক্ত বাক্যগুলি বাংলাতে অনুবাদ করুন।

11. নিম্নলিখিত বাক্যগুলি বাংলায় অনুবাদ করুন। পরের পৃষ্ঠায় অনুবাদগুলি দেওয়া আছে, কিন্তু তাদের ক্রম এই বাক্যগুলির ক্রম থেকে ভিন্ন।

[1] I want three hundred rupees on loan. [2] He is known to the Prime Minister. [3] No, not at all. He is a book-worm. [4] No sir, the postman hasn't come yet. [5] Yes he is, but he is good in English. [6] No, it is slow by five minutes. [7] Raju, I don't have any apetite. [8] No, this is no thoroughfare. [9] Yes, it is hailing too. [10] Yes, but it gains ten minutes every day. [11] No, I'm thirsty. [12] I have nothing else to say. [13] No, he had headache. [14] It takes me half an hour. [15] She has gone to her school. [16] I have been working here for the last five years. [17] Mrs. Indira Gandhi was the Prime Minister. [18] No, he is an author.

না, কখনই নয়, ওতো বই-এর পোকা। না মহাশয়, পিয়ন এখনও আসেনি। আমার তিনশ টাকা ধার চাই। প্রধানমন্ত্রীর সাথে ওঁর জানাশুনা আছে। হ্যাঁ, শিলাবৃষ্টিও হচ্ছে। হ্যাঁ ও তত মেধাবী নয়, কিন্তু ইংরেজি ভাল জানে। রাজু, আমার খিদে পায় নি। না, এটা পাঁচ মিনিট পিছনে [স্লো] চলে। না, রাস্তাটা জনসাধারণের জন্য নয়। আমি এখানে গত পাঁচ বছর ধরে কাজ করছি। না, উনি একজন লেখক। ও স্কুলে গেছে। শ্রীমতী ইন্দিরা গান্ধী ভারতের প্রধানমন্ত্রী ছিলেন। হ্যাঁ, কিন্তু এটা রোজ দশ মিনিট এগিয়ে যায় [ফাস্ট হয়ে যায়]। এই কাজটা করতে আমার আধ ঘণ্টা লাগে। আমি আর কিছুই বলতে চাই না। না, আমার তেষ্টা পায় নি। না, ওর মাথা ধরেছিল।

12. প্রশ্ন 1-এর বাক্যগুলির জন্য উপর্যুক্ত প্রশ্নসূচক বাক্য রচনা করুন। আপনাদের সুবিধার জন্য সম্ভাব্য প্রশ্নসূচক বাক্য দেওয়া হ'ল। কিন্তু এ আবশ্যক নয় যে আপনার রচিত ও আমাদের দেওয়া বাক্য হুবহু একই হবে। তবে তাদের ভাবার্থ কিন্তু একই হওয়া দরকার।

[1] What do you want? [2] Who knows him? [3] Is Mahesh not fond of games? [4] Is there any letter for me? [5] Is he weak in Hindi? [6] Does your watch give correct time? [7] Will you have some milk? [8] Can we pass through this way? [9] Is it raining? [10] Is your timepiece working properly? [11] Are you hungry? [12] What do you want to say next, Gopal? [13] Did your father has fever? [14] How much time does it take you to reach school? [15] Where is your sister? [16] Who was the Prime Minister of India then? [17] Is your father a businessman?

— অভ্যাস তালিকা —

তালিকা – 5: What, That, This, It-এর সাথে A, An-এর ব্যবহার। That ও This দিয়ে প্রশ্ন করলে উত্তরে [প্রশংসানুসার] It ব্যবহার করা হয়। যে শব্দের উচ্চারণ Vowel দিয়ে আরম্ভ হয় তার আগে An ও অন্য শব্দের আগে A লিখতে বা বলতে হয়।

তালিকা [TABLE] – 5

1	2	1	2	3
What's	that? this? It?	It is	a	book large bottle small cup
			an	old book empty bottle empty cup

তালিকা – 6: প্রশ্নবাচক বাক্য যাতে What, Why, Where, How ইত্যাদি ব্যবহৃত হয়।

তালিকা [TABLE] – 6

1	2	3	4	5
What		we	criticise	him for?
Why	did	you	support	him in the election?
Where		they	invest	the money?
How		she/he	manage	to keep it a secret?

তালিকা – 7: প্রশ্নবাচক শব্দ যাতে Shall, Should, Will, Would ব্যবহার করা হয়। Should আর Would নম্রতা প্রকট করার জন্য ব্যবহার করা হয়।

তালিকা [TABLE] – 7

1	2	3	4
Shall	I	stop walking	Now?
Should	we	begin to do it	soon?
Will	you	like to see it	at once?
Would	they	try the other way	tomorrow?

উপরোক্ত অভ্যাস তালিকা থেকে বাক্য রচনা করার অভ্যাস করুন।

21 একবিংশতি দিন
st Day

তৃতীয় পদক্ষেপ [IIIrd Expedition]

এইবার আমরা ইংরেজি ব্যাকরণের কিছু বৈশিষ্ট সম্বন্ধে আলোচনা করব। এইগুলির জ্ঞান আপনাদের ইংরেজি ভাষা বুঝতে সহায়ক হবে। 21 থেকে 30 পাঠে এই বিষয়গুলির উপর বিশেষ আলোকপাত করা হয়েছে — pronouns, prepositions, correlatives, active and passive voices, temporals, countable nouns, emphasis and some notable usages. শেষে কতকগুলি বহুলপ্রচারিত idioms ও দেওয়া হয়েছে। প্রত্যেক দিনের পাঠের শেষে এই বিষয়ে কিছু টিপ্পনীও দেওয়া হয়েছে যা এগুলি বুঝতে সাহায্য করবে।

আপনারা প্রত্যেক দিন এক একটি পাঠ শিখুন। দেখবেন কত শীঘ্র আপনি উত্তরোত্তর প্রগতি করছেন। তাহলে আজ pronouns [সর্বনাম] থেকেই আরম্ভ করা যাক।

He, She, It, This, That, You, I, Each, None ইত্যাদি সর্বনামের ব্যবহার
a, an, the – articles [এর সাধারণ ব্যবহার]

1. ইনি রাম।	*This* is Ram. **দিস্** ইজ রাম।
2. উনি সীতা।	*That* is Sita. **দ্যাট** ইজ সীতা।
3. এই বইটা ওর।	This is *his* book. দিস্ ইজ **হিজ** বুক।
4. ওই বইটা ওর।	This is *her* book. দিস্ ইজ **হার** বুক।
5. সে বালক।	*He* is a boy. **হি** ইজ এ বয়।
6. সে বালিকা।	*She* is a girl. **শি** ইজ এ গার্ল।
7. তুমি ছাত্র।	*You* are a student. **ইউ** আর এ স্টুডেন্ট।
8. আমি একজন কেরাণী।	*I* am a clerk. **আই** এ্যাম এ ক্লার্ক।
9. এটি একটি কলম।	This is *a* pen. দিস্ ইজ **এ** পেন।
10. এটি আপেল।	This is *an* apple. দিস্ ইজ **এ্যান** অ্যাপ্‌ল্।
11. ওটি কমলালেবু।	That's *an* orange. দ্যাট্‌স্ **এ্যান** অরেঞ্জ।
12. আমি ভারতবাসী।	I am *an* Indian. আই অ্যাম **এ্যান** ইণ্ডিয়ান।
13. আমার এই বইটাই চাই।	This is *the* book I need. দিস্ ইজ **দ্য** বুক আই নিড।
14. আমি ওই কলমটাই কিনেছি।	*The* same pen I also have bought. **দ্য** সেম পেন আই অলসো হ্যাভ বট্।
15. এটি একটি পেনসিল্। এটা আমার পেনসিল্।	*This* is a pencil. And *it's* mine. **দিস** ইজ এ পেনসিল। অ্যাণ্ড **ইট্‌স্** মাইন।
16. ওটি আমার ছাগল।	*That* is my goat. **দ্যাট্** ইজ মাই গোট্।
17. এইগুলি আমার বই। ওইগুলো তোমার বই।	*These* are my books. *Those* are your books. **দিজ** আর মাই বুক্‌স্। **দোজ** আর ইয়োর বুক্‌স্।
18. এই বইগুলি আমার। ওই বইগুলি তোমার।	*These* books are mine. *Those* books are yours. **দিজ** বুক্‌স্ আর মাইন। **দোজ** বুক্‌স্ আর ইয়োর্‌স্।
19. এইগুলি তোমার খাতা। ওগুলো টেবিলের ওপর আছে।	*These* are your notebooks. *They* are on the table. **দিজ** আর ইয়োর নোটবুক্‌স্। **দে** আর অন দি টেব্‌ল্।
20. এগুলি আমার মার্বেল। এগুলি নানা রঙের।	*Those* are my marbles. *They* are of different colours. **দোজ** আর মাই মার্বেলস্। **দে** আর অফ ডিফারেন্ট কলারস্।

21. ভারত আমাদের দেশ। আমরা এই দেশের অধিবাসী। — India is *our* country. We are *her* inhabitants. ইণ্ডিয়া ইজ **আওয়ার** কান্ট্রি। উই আর **হার** ইনহ্যাবিট্যান্টস্।

22. শ্রীশর্মা তোমার শিক্ষক। — Mr. Sharma is *your* teacher. মিস্টার শর্মা ইজ **ইয়োর** টিচার।

23. কমলা আর বিমলা দুই বোন। ওদের মা শিক্ষিকা। — Kamla and Vimla are sisters. *Their* mother is a teacher. কমলা এ্যাণ্ড বিমলা আর সিস্টারস্। দেয়ার মাদার ইজ এ টিচার।

24. প্রত্যেকটি ছেলে নানা ধরণের খেলা খেলে। — *Each* of these boys plays games. **ঈচ** অফ দিজ বয়েজ প্লে গেমস্।

25. আমাদের মধ্যে কেউই ওখানে যাইনি। — *None* of us went there. **নান্** অফ্ আস্ ওয়েন্ট্ দেয়ার।

26. আমরা ছুটি খুব আনন্দে কাটিয়েছিলাম। — *We* enjoyed ourselves during the holidays. **উই** এনজয়েড আওয়ার সেল্‌ভ্‌স্ ডিউরিং দ্য হলিডেজ।

27. যে সবচেয়ে ভাল, সেই পুরস্কার পাবে। — *Whoever* is the best, will get a prize. **হুএভার** ইজ দ্য বেস্ট্, উইল্ গেট্ এ প্রাইজ।

28. ও আমার চেয়ে বেশী বুদ্ধিমতী। — *She* is wiser than I. **শি** ইজ ওয়াইজার দ্যান আই।

29. আমার হাতের লেখা আমার ভাইএর চেয়ে ভাল। — My handwriting is better than *that* of my brother. মাই হ্যাণ্ডরাইটিং ইজ বেটার দ্যান **দ্যাট** অফ মাই ব্রাদার।

30. ওটা কি ? এটি একটি পেন্‌সিল। — What is *that? That* is a pencil. হোয়াট ইজ **দ্যাট ? দ্যাট** ইজ এ পেন্‌সিল।

31. ওগুলো কি ? ওগুলো বই। — What are *those? Those* are books. হোয়াট আর **দোজ ? দোজ** আর বুক্‌স্।

32. এটি একটি বাক্স। এগুলো এটির চারধার। — *This* is a box. These are *its* corners. **দিস** ইজ এ বক্‌স্। দিজ আর **ইট্‌স্** কর্নারস্।

33. উনি কে ? উনি আমার বন্ধু। — Who is *that?* He is *my* friend. হু ইজ **দ্যাট** ? হি ইজ **মাই** ফ্রেণ্ড।

34. এই খাতাটা কার ? — Whose notebook is *this?* হুজ নোটবুক ইজ **দিজ** ?

35. এটা ওঁর। — It's *her*. ইট্‌স্ **হার**।

36. এই গরুটা আমাদের। — This cow is *ours*. দিস কাউ ইজ **আওয়ারস্**।

37. ওই দোকানগুলি ওঁদের। — Those shops are *theirs*. দোজ শপ্‌স্ আর **দেয়ারস্**।

38. এই ঘড়িটা আমার। — This watch is *mine*. দিস ওয়াচ্ ইজ **মাইন**।

39. এই বাড়িটা আপনার। — This house is *yours*. দিস হাউস ইজ **ইয়োরস্**।

40. আপনার বাড়ি এইটা। — This is *your* house. দিস ইজ **ইয়োর** হাউস।

স্মরণীয় [To Remember]

1. *He [She]* আর *That* এর অর্থ অনেকসময় 'ও' দিয়েও জানানো যেতে পারে। কিন্তু He ও She ব্যক্তিবাচক ও That নিশ্চয়বাচক সর্বনাম। যেমন এটা নয়, ওটা আনো — Bring that not this. He ও She হল যথাক্রমে পুরুষ ও স্ত্রীবোধক সর্বনাম।

2. This, That, এই নিশ্চয়বাচক সর্বনামের বহুবচন যথাক্রমে These এবং Those.

3. প্রথমবার This, That ব্যবহার করার পর পরবর্তী বাক্যে [প্রসঙ্গানুসার] It লেখা ও বলা চলে।

4. প্রথম বাক্যে These [এইগুলি], Those [ওগুলো] থাকলে পরবর্তী বাক্যে They ব্যবহার করা হয়।

5. A, an, the – এদের articles বলা হয়। A, an অনিশ্চয়বাচক ও the নিশ্চয়বাচক article. সাধারণতঃ যে বিশেষ্যের সংখ্যা নিরূপিত করা যেতে পারে [countable] তাদের আগে a, an ব্যবহৃত হয়। যেমন, a book, a cat, an animal, an age, ইত্যাদি। যে শব্দের প্রথম অক্ষর a, e, i, o, u, তাদের আগে an লিখতে হয়। যেমন an animal, an Indian ইত্যাদি। শব্দের প্রথমে ব্যঞ্জনবর্ণ থাকলে a ব্যবহার করা হয়, যেমন a man, a talk, ইত্যাদি।

6. The নিশ্চয়বাচক article এর ব্যবহার কোন ব্যক্তি বা বস্তুবিশেষ কে ইংগিত করার সময় হয়। যেমন — This is *the* book I need — আমি এই বইটাই চাই। পরবর্তী পাঠে এর আরও ব্যবহার দেখানো হবে।

22 দ্বাবিংশতি দিন
nd Day

ইংরেজি বাক্যরচনায় Preposition এর ভূমিকা অত্যন্ত গুরুত্বপূর্ণ। ইংরেজি ভাষার ছাত্রদের সেজন্য Preposition এর ব্যবহার জেনে নেওয়া নিতান্ত আবশ্যক। কোন কোন Preposition এর সম্বন্ধ স্থান, সময় ইত্যাদির সাথে থাকে ও কোন কোনটির কারণ এবং গতির সাথে। Preposition ও সাধারণতঃ বিশেষ্য, সর্বনাম ইত্যাদির সাথে অন্য শব্দের সম্বন্ধ সূচিত করে। যদিও এদের ব্যবহার বিশেষ্যের প্রথমে থাকে। অবশ্য কখনও কখনও পরেও থাকে। Preposition এর ব্যবহার ভালভাবে আয়ত্ত করুন।

স্থানসূচক [Platial] শব্দদ্বারা রচিত বাক্য
[on, at, into, in, of, to, by, with, besides, beside, between, among, over]

1. বইটি বাক্সর ওপরে আছে। — The book is *on* the box. দ্য বুক্ ইজ **অন** দ্য বক্স।
2. বইটি টেবিলের ওপর আছে। — The book is *on* the table. দ্য বুক্ ইজ **অন** দ্য টেবল্।
3. কেরাণী চেয়ারে বসে আছেন। — The clerk is *at* the seat. দ্য ক্লার্ক ইজ **অ্যাট** দ্য সিট।
4. দরজায় সবুজ রঙ লাগানো আছে। — There is green paint *on* the door. দেয়ার ইজ গ্রিন পেন্ট **অন** দ্য ডোর।
5. বাবা দরজায় দাঁড়িয়ে আছেন।। — Father is standing *at* the door. ফাদার ইজ স্ট্যাণ্ডিং **অ্যাট** দ্য ডোর।
6. এটা মেঝেতে রেখো না। — Don't leave it *on* the floor. ডোণ্ট লিভ্ ইট **অন** দ্য ফ্লোর।
7. আমি আপনার সাথে বাড়িতে দেখা করব। — I'll see you *at* home. আই'ল সি ইু **এ্যাট** হোম।
8. কমলা ঘরের মধ্যে আসছে। — Kamala is coming *into* the room. কমলা ইজ কামিং **ইনটু** দ্য রুম।
9. কমলা ও শ্যাম ঘরের মধ্যে আছে। — Kamala and Shyam, both are *in* the room. কমলা এ্যাণ্ড শ্যাম, আর বোথ **ইন** দ্য রুম।
10. গেলাসে একটুখানি জল আছে। — There is little water *in* the glass. দেয়ার ইজ লিটল ওয়াটার **ইন** দ্য গ্লাস।
11. আমি গেলাসে আরও একটু জল ঢালছি। — I pour some more water *into* the glass. আই পোর সাম্ মোর ওয়াটার **ইনটু** দ্য গ্লাস।
12. লোকেরা নদীতে স্নান করে। — People bathe *in* the river. পিপ্‌ল্ বেদ **ইন** দ্য রিভার।
13. শিশুটি নদীতে পড়ে গেল।। — The child fell *into* the river. দ্য চাইল্ড ফেল **ইনটু** দ্য রিভার।
14. আমরা বেন্‌চে বসি, কিন্তু বাবা ইজিচেয়ারে বসেন। — We sit *on* the bench, but father sits *in* the arm-chair. উই সিট **অন** দ্য বেন্‌চ, বাট্ ফাদার সিট্‌স্ **ইন** দ্য আরম-চেয়ার।
15. আপনি টেবিলে কেন বসেন না? — Why don't you sit *at* the table. হোয়াই ডোন্ট্ ইউ সিট্ **এ্যাট** দ্য টেবল্?
16. তুমি বইটা টেবিলের ওপর কেন রাখ নি? — Why didn't you put the book *on* the table? হোয়াই ডিডন্ট ইউ পুট দ্য বুক্ **অন** দ্য টেবল্?
17. কলমটি ড্রয়ারের মধ্যে আছে। — The pen is *in* the drawer. দ্য পেন ইজ **ইন** দ্য ড্রয়ার।
18. তিনি নিজের বাড়ির ভেতরে গেলেন। — He went *into* his house. হি ওয়েন্ট **ইনটু** হিজ হাউস।
19. চিঠিটা ডাকে পাঠানো হয়েছিল। — The letter was sent *by* post. দ্য লেটার ওয়াজ সেন্ট **বাই** পোস্ট।
20. এটাকে বাংলা থেকে ইংরেজিতে অনুবাদ করুন। — Please translate this from Bengali *into* English. প্লিজ ট্রানস্‌লেট দিস্ ফ্রম বেংগলি **ইনটু** ইংলিশ।
21. আমরা কেকটি চার ভাগে ভাগ করলাম। — We cut the cake *into* four pieces. উই কাট্ দ্য কেক **ইনটু** ফোর পিসেস্।

22. উনি দিল্লিতে থাকেন, কিন্তু ওঁর ভাই থাকেন ফরিদাবাদে।	He live *in* Delhi, but his brother live *at* Faridabad. হি লিভ্স্ **ইন** দিল্লি, বাট্ হিজ ব্রাদার লিভ্স্ **এ্যাট** ফরিদাবাদ।
23. আমরা ভারতবর্ষের অন্তর্গত দিল্লিতে থাকি।	We live *at* Delhi, which is *in* India. উই লিভ্ **এ্যাট** দিল্লি, হুইচ ইজ **ইন** ইণ্ডিয়া।
24. হিমাচল প্রদেশ ভারতের উত্তরাঞ্চলে অবস্থিত।	Himachal Pradesh is *in* the northern India. হিমাচল প্রদেশ ইজ **ইন** দ্য নর্দার্ন ইণ্ডিয়া।
25. হিমালয় ভারতের উত্তর দিকে অবস্থিত।	The Himalayas are *on* the north of India. দ্য হিমালয়াজ আর **অন** দ্য নর্থ অফ ইণ্ডিয়া।
26. নেপাল ভারতের উত্তরে।	Nepal is *to* the north of India. নেপাল ইজ **টু** দ্য নর্থ অফ্ ইণ্ডিয়া।
27. পোশাক পরিচ্ছদ দিয়ে ব্যক্তির যাচাই করা উচিৎ নয়।	Don't jundge a person *by* his clothes. ডোণ্ট জাজ্ এ পারসন্ **বাই** হিজ ক্লোদ্স্।
28. আমি বোতলে দুধ ভরলাম।	I filled the bottle *with* milk. আই ফিলড্ দ্য বটল্ **উইথ** মিল্ক।
29. বাঘটি শিকারীর হাতে মরেছে।	The tiger was killed *by* the hunter. দ্য টাইগার ওয়াজ কিলড্ **বাই** দ্য হাণ্টার।
30. বাঘটিকে বন্দুক দিয়ে মারা হয়েছে।	The tiger was killed *with* a gun. দ্য টাইগার ওয়াজ কিলড্ **উইথ্** এ গান্।
31. চিঠিটা উনি কলম দিয়ে লিখেছিলেন।	The letter was written *by* her *with* a pen. দ্য লেটার ওয়াজ রিটন্ **বাই** হার **উইথ্** এ পেন।
32. তিনি তাঁর ভাইএর পাশে দাঁড়ালেন।	He stood *beside* his brother. হি স্টুড্ **বিসাইড** হিজ্ ব্রাদার।
33. হকি ছাড়া আমি ফুটবলও খেলি।	I play foot-ball *besides* hockey. আই প্লে ফুটবল **বিসাইড্স্** হকি।
34. মিষ্টিগুলো সুরেশ ও হরির মধ্যে ভাগ করে দাও।	Divide the sweets *between* Suresh and Hari. ডিভাইড দ্য সুইট্স **বিটউইন সুরেশ** এ্যাণ্ড হরি।
35. সিমলা পাহাড়ে ঘেরা শহর।	Simla is situated *among* the mountains. সিমলা ইজ সিচুয়েটেড **এ্যামঙ্গ** দ্য মাউন্টেইনস্।
36. তিনি বাদামি চুলের লোক।	He is a man *with* brown hair. হি ইজ এ ম্যান **উইথ** ব্রাউন হেয়ার।
37. তিনি আপন সিদ্ধান্তে চলেন।	He is a man *of* principle. হি ইজ এ ম্যান অফ্ প্রিন্সিপল্।
38. যমুনা নদীর উপর একটা পুল আছে।	There is a bridge *over* the Yamuna. দেয়ার ইজ এ ব্রিজ **ওভার** দ্য যমুনা।
39. বলটা দেওয়ালের ওপর দিয়ে ফেল।	Throw the ball *over* the wall. থ্রোদ্য বল **ওভার** দ্য ওয়াল।
40. এরোপ্লেন সমুদ্রের ওপর দিয়ে ফ্রান্সের দিকে উড়ে গেল।	The aeroplane flew *over* the sea to France. দ্য এরোপ্লেন ফ্লু **ওভার** দ্য সি টু ফ্রান্স।
41. পাখিরা পুলের উপর উড়ছে।	Birds are flying *over* the bridge. বার্ডস্ আর ফ্লাইং **ওভার** দ্য ব্রিজ্।
42. নৌকোগুলি পুলের নীচে আছে।	Boats are *under* the Bridge. বোট্স্ আর **আনডার** দ্য ব্রিজ্।
43. অমিতাভ রাম ও বিকাশের মাঝখানে দাঁড়িয়ে আছে।	Amitabha is standing *between* Ram and Vikas. অমিতাভ ইজ স্ট্যাণ্ডিং **বিটউইন** রাম এ্যাণ্ড বিকাস।
44. রাম সীতার আগে আগে আছেন। সীতা তাঁর পেছনে।	Ram is *in front* of Sita. Sita is standing *behind* him. রাম ইজ **ইন ফ্রন্ট** অফ সীতা। সীতা ইজ স্ট্যাণ্ডিং **বিহাইণ্ড** হিম।
45. বাস রাস্তায় চলে। গাড়িগুলি প্রদর্শনের জন্য রাখা আছে। আমরা ডিউটিতে আছি। ওরা ট্যুর করছেন। মালপত্র প্লাটফর্মে রয়েছে।	Buses run *on* the roads. Sarees are *on* display. We are *on* duty. They are *on* tour. The luggage is *on* the platform. বাসেস রান্ **অন** দ্য রোডস্। সারিস আর **অন** ডিসপ্লে। উই আর **অন** ডিউটি। দে আর **অন** ট্যুর। দ্য লাগেজ ইজ **অন** দ্য প্লাটফর্ম।

46. আমরা দ্বিধাগ্রস্ত। পয়সা আমার পকেটে আছে। মাছ সমুদ্রে আছে। ভেতরে কে? — We are *in* confusion. The money is *in* my pocket. Fishes are *in* the sea. Who is *inside*? উই আর **ইন** কনফিউজন। দ্য মানি ইজ **ইন** মাই পকেট। ফিশেস আর **ইন** দি সি। হু ইজ **ইনসাইড**?

47. শিশুটি ছাত থেকে পড়ে গেল। — The child fell *from* the roof. দ্য চাইল্ড ফেল্ **ফ্রম** দ্য রুফ্।

48. ম্যাপটি দেওয়ালে টাঙ্গানো ছিল। — The map was hung *on* the wall. দ্য ম্যাপ ওয়াজ হাঙ্গ **অন** দ্য ওয়াল।

49. খবরের কাগজটা আমাকে দাও। — Give the newspaper *to* me. গিভ দ্য নিউজপেপার **টু** মি।

50. আমার জন্য একটা খবরের কাগজ নিয়ে এসো। — Get a newspaper *for* me. গেট্ এ নিউজপেপার **ফর** মি।

স্মরণীয় [To Remember]

1. At, on, in, with, by, ইত্যাদি prepositions সাধারণতঃ স্থানবাচক [platial] ও কালবাচক [temporal] শব্দের সঙ্গে ব্যবহৃত হয়। ওপরে আপনারা স্থানবাচক অর্থে এদের ব্যবহার দেখেছেন।

2. On ও at এর ব্যবহার ও তাদের অর্থের প্রভেদ জেনে নেওয়া উচিৎ। সেইরকম by ও with এরও। On the table এর অর্থ — টেবিলের উপর, আর at the table এর অর্থ — টেবিলের কাছে [থাকে অনেক সময় 'টেবিলে'ও বলা হয়]। By এর মানে দ্বারা, ও with এর সাথে।

3. Between দুজনের বা দুইটি বস্তুর মধ্যের জন্য ব্যবহার করা হয়। Among দুই এর চেয়ে অধিক ব্যক্তি বা বস্তুর জন্য।

4. Kamala is going *in* her room.

Kamala is going *into* her room.

এই দুইটি বাক্যের মধ্যে নীচেরটাই ঠিক কেননা এ কথা বলা হচ্ছে যে কমলা নিজের ঘরের মধ্যে যাচ্ছে। ঘরের মধ্যে আছে বা কাজকর্ম করছে এই কথা বলা হচ্ছে না। দ্বিতীয় ক্রিয়াটির জন্য in ব্যবহার করা হয়।

কমলা নিজের ঘরে আছে। — Kamala is *in* her room. কমলা ইজ্ **ইন** হার্ রুম্।

কমলা নিজের ঘরে ঘুমুচ্ছে। — Kamala is sleeping *in* her room. কমলা ইজ স্লিপিং **ইন্** হার্ রুম্।

23 ত্রয়োবিংশতি দিন
rd Day

ইংরেজি বাক্যে Correlatives বা পূরক শব্দের ব্যবহার ভাল করে জেনে রাখা উচিৎ। নচেৎ বাক্য অশুদ্ধ হবার সম্ভাবনা থাকে। ও সামান্য ভুলে বাক্যের অর্থ অন্যরকম হয়ে যেতে পারে। No sooner-এর সাথে than-এর ব্যবহার হয়, scarcely-এর সাথে before [বা when], hardly-র সাথে when [before] ইত্যাদি। এই রকম কতকগুলি বাক্যাংশ আছে যার সাথে পূরক শব্দ ব্যবহার করা হয় না। যেমন As soon as we reached the bus stop, the bus left. এই বাক্যে as soon as-এর পূরক শব্দের দরকার হয় নি।

A

বাক্যের এক অংশের সাথে অন্যের পূরক শব্দ [Correlatives]

as soon as — x	as long as — x	unless — x	as far as —
x — until	x — till	x — so that	no sooner — than
hardly — when	not only — but also	either — or	neither — nor
although — yet	lest — but also	either – or	neither — nor
the – the			

1. আমরা যেই স্টেশনে পৌঁছেছি অমনি গাড়ি ছেড়ে দিল। — *As soon as* we reached the station, the train left. **এ্যাজ সুন অ্যাজ** উই রিচড় দ্য স্টেশন, দ্য ট্রেন লেফ্‌ট।
2. উনি ভাষণ দিতে ওঠার সঙ্গে সঙ্গে হল করতালিতে মুখরিত হয়ে উঠল। — *No sooner* did he get up to deliver his speech *than* the hall began to resound with cheers. **নো সুনার** ডিড্ হি গেট্ আপ টু ডেলিভার হিজ স্পিচ, **দ্যান** দ্য হল বিগ্যান টু রিসাউণ্ড উইথ্ চিয়ার্স।
3. আমরা স্কুলে পৌঁচেছি কিনা, অমনি ঘণ্টা বেজে গেল। — We had *scarcely* reached the school *when [before]* the bell rang. উই হ্যাড **স্কেয়ার্সলি** রিচড় দ্য স্কুল **হোয়েন [বিফোর]** দি বেল্ র‍্যাঙ্গ।
4. উনি বাড়ি থেকে বেরিয়েছেন কি না, বৃষ্টি শুরু হয়ে গেল। — He had *hardly* come out of his house *when [before]* it started raining. হি হ্যাড **হার্ডলি** কাম আউট অফ হিজ হাউস **হোয়েন [বিফোর]** ইট্ স্টার্টেড রেনিং।
5. জোরে না দৌড়ালে তুমি গাড়ি ধরতে পারবে না। — *Unless* you run fast, you will not be able to catch the train. **আনলেস্** ইউ রান্ ফাস্ট, ইউ উইল নট বি এবল্ টু ক্যাচ্ দ্য ট্রেন।
6. বৃষ্টি বন্ধ না হওয়া পর্য্যন্ত উনি বাড়ি থেকে বেরোলেন না। — He did not come out of his house *until* it stopped raining. হি ডিড্ নট কাম্ আউট অফ্ হিজ্ হাউস **আনটিল্** ইট্ স্টপ্‌ড্ রেনিং।
7. আমি না আসা পর্য্যন্ত আপনি দয়া করে অপেক্ষা করবেন। — Please wait for me *till* I return. প্লিজ ওয়েট ফর মি **টিল্** আই রিটার্ন।
8. আমি যতক্ষণ এখানে আছি আপনি কোন চিন্তা করবেন না। — *As long as* I am here, you need not worry about anything. **এ্যাজ লং এ্যাজ** আই এ্যাম হিয়ার, ইউ নিড নট ওরি অ্যাবাউট এনিথিং।
9. উনি গরীব হলেও সাধু। — *Although* he is poor, yet he is honest. **অলদো** হি ইজ পুয়োর, হি ইজ অনেস্ট।
10. আমার যতদূর মনে পড়ে উনি কাল এখানে ছিলেন। — *As far as* I remember, he was here yesterday. **এ্যাজ ফার এ্যাজ** আই রিমেম্বার, হি ওয়াজ হিয়ার ইয়েস্টারডে।

11. ভয় হয় পাছে বৃষ্টি না পড়তে আরম্ভ করে। — I fear *lest* it might rain. আই ফিয়ার **লেস্ট** ইট্ মাইট রেন।

12. ছাতটা সারিয়ে নাও, হয়ত জল চোঁয়াতে পারে। — Get the roof repaired, *before* it *should* leak. গেট দ্য রুফ্ রিপেয়ার্ড, **বিফোর** ইট **শুড্** লিক।

13. প্রথম হওয়া তো দূরের কথা, ও তো পরীক্ষায় পাসই হতে পারবে না। — *What to speak of* standing first, he cannot even pass the examination. **হোয়াট টু স্পিক অফ্** স্ট্যাণ্ডিং ফার্ষ্ট, হি ক্যানট ইভন্ পাস দি এক্‌জামিনেশন।

14. ও পরীক্ষায় ফেল করবে, তবুও নকল করবে না। — He would *rather* fail *than* copy. হি উড্ **রাদার** ফেল, **দ্যান** কপি।

15. রাষ্ট্রীয় পতাকা উত্তোলন প্রদেশের মুখ্যমন্ত্রীর মত প্রতিষ্ঠাবান ব্যক্তি করেছিলেন। — *No less* a person *than* the Chief Minister of the state hoisted the national flag. **নো লেস** এ পারসন্ **দ্যান** দ্য চিফ্ মিনিস্টার অফ্ দ্য স্টেট্ হয়েস্টেড্ দ্য ন্যাশনাল ফ্ল্যাগ।

16. তিনি এত অসুস্থ যে বিছানা থেকে উঠতে পারেন না। — He is *so* ill *that* he cannot rise from his bed. হি ইজ **সো** ইল্ **দ্যাট** হি ক্যানট রাইজ ফ্রম হিজ বেড্।

17. সে এত পরিশ্রম করে যে হয়ত পুরস্কার পেতে পারে। — He works hard *so that* he may win a prize. হি ওয়ার্কস্ হার্ড **সো দ্যাট** হি মে উইন এ প্রাইজ।

18. যতই উঁচুতে যাওয়া হয়, ততই ঠাণ্ডা বাড়ে। — *The* higher you go, *the* colder it is. **দ্য** হায়ার ইউ গো, **দ্য** কোল্‌ডার ইট্ ইজ্।

19. তুমি বা তোমার ভাই দোষী। — *Either* you *or* your brother is guilty. **আয়দার** ইউ **অর** ইয়োর ব্রাদার ইজ গিল্‌টি।

20. সে এত দুর্বল যে হাঁটতে পারে না।। — She is *too* weak *to* walk. শি ইজ **টু** উঈক **টু** ওয়াক।

21. সে এত বেশী দুর্বল যে হাঁটতেই পারে না। — She is *so* weak *that* she cannot walk. শি ইজ **সো** উঈক **দ্যাট** শি ক্যান নট ওয়াক।

22. এতটা চা আমার পক্ষে বেশি হবে। — This tea is too much *for* me. দিস টি ইজ টু মাচ্ **ফর** মি।

23. সাবধান, শিশুটি পড়ে না যায়। — Take care, *lest* the baby *should* fall down. টেক কেয়ার, **লেস্ট** দ্য বেবি **শুড** ফল ডাউন।

24. তুমি কাজটা আজ পুরো না হ'লে পয়সা পাবে না। — *Either* you complete this job today *or* you lose your money. **আয়দার** ইউ কমপ্লিট দিস জব টুডে, **অর** ইউ লুজ ইয়োর মনি।

25. আমি কেবল ইংরেজি না, ফরাসীও পড়ি। — I study *not only* English, *but* French *also*. আই স্টাডি **নট ওন্‌লি** ইংলিশ **বাট** ফ্রেন্‌চ্ **অলসো**।

26. এই পার্কে না বালকৃষ্ণ খেলে, না ওর ভাই। — *Neither* Balkrishna *nor* his brother plays in this park. **নায়দার** বালকৃষ্ণ **নর** হিজ ব্রাদার প্লেজ ইন্ দিস্ পার্ক।

27. তাঁরা আমাদের কেবল চা-ই খাওয়াননি, মিষ্টি ও ফলও দিয়েছিলেন। — *Not only* did they serve us tea, *but* they gave us sweets and fruits also. **নট ওনলি** ডিড্ দে সার্ভ আস টি, **বাট** দে গেভ্ আস সুইট্‌স্ এ্যাণ্ড ফ্রুট্‌স্ অলসো।

B

কালসূচক শব্দ [Temporals] দ্বারা রচিত বাক্য

in, within, on, at, before, after, from-to, till, for, how, long, yet, about, by, when, while, untill.

28. এখন ১৯৭৭ সালের জানুয়ারি মাস। উনি মার্চ মাসে আসবেন। — It is January nineteen seventy seven [1977]. He will come *in* March ইট ইজ জানুয়ারি নাইনটিন্ সেভেনটি সেভেন। হি উইল কাম **ইন** মার্চ।

29. গরমের সময় আমি দার্জিলিং যাব। — I'll go to Darjeeling *in* summer. আই'ল গো টু দার্জিলিং **ইন** সামার।

30. ও সকালে তাড়াতাড়ি ওঠে।	She gets up early *in* the morning. শি গেট্‌স্ আপ্ আরলি **ইন** দ্য মরনিং।
31. ওঁর চিঠি আপনি তিন দিনে পাবেন।	You will receive his letter *in** three days. ইউ উইল রিসিভ হিজ লেটার **ইন** থ্রি ডেজ।
32. ওঁর চিঠি আপনি তিন দিনের মধ্যেই পেয়ে যাবেন।	You will receive his letter *within* three days. ইউ উইল রিসিভ হিজ লেটার **উইদ্‌ইন** থ্রি ডেজ।
33. আমরা ২০শে ফেব্রুয়ারি বম্বে রওনা হয়েছিলাম।	We started for Bombay *on* February 20. উই্ স্টার্টেড ফর বম্বে **অন** ফেব্রুয়ারি টোয়েন্টি।
34. আমি সোমবার ওখানে পৌঁছে যাব।	I'll reach there *on* Monday. আই'ল রিচ দেয়ার **অন** মনডে।
35. তুমি সাড়ে তিনটার সময় এলে।	You came *at* half past three. ইউ কেম **এ্যাট** হাফ পাস্ট্ থ্রি।
36. আপনি রাত্রে কলকাতা পৌঁছবেন।	You will reach Calcutta *at* night. ইউ উইল রিচ ক্যালকাটা **এ্যাট** নাইট।
37. আমি সকালে তাড়াতাড়ি উঠি।	I get up early *in* the morning. আই গেট আপ্ আরলি **ইন** দ্য মরনিং।
38. রজনী দুপুরের পর স্কুল যায়।	Rajani goes *to* school *in* the after-noon. রজনী গোজ **টু** স্কুল **ইন** দ্য আফ্‌টারনুন।
39. রমা সকাল নটার সময় আর কমলা দশটায় আসে।	Rama comes *at* 9 A.M. and Kamala *at* 10 A.M. রমা কাম্‌স্ **এ্যাট** নাইন এ এম এ্যাণ্ড কমলা **এ্যাট** টেন এ এম।
40. রমা কমলার চেয়ে আগে আসে। কমলা রমার পরে আসে।	Rama comes *before* Kamala. Kamala comes *after* Rama. রমা কাম্‌স্ **বিফোর** কমলা। কমলা কাম্‌স্ **আফ্‌টার** রমা।
41. দোকান সকাল ৯-৩০ থেকে সন্ধ্যা ৭টা পর্য্যন্ত খোলা থাকে।	The shop remains open *from* 9.30 A.M. to 7 P.M. দ্য শপ রিমেন্‌স্ ওপ্‌ন্ **ফ্রম** নাইন থারটি এ এম টু সেভেন পি এম।
42. সে কাল বিকেল পাঁচটা পর্য্যন্ত এখানে ছিল।	She was here *till* 5.00 P.M. yesterday. শি ওয়াজ হিয়ার **টিল্** ফাইভ পি এম ইয়েস্টারডে।
43. বালকেরা রোজ এক ঘণ্টা খেলা করে।	The boys play everyday *for* one hour. দ্য বয়েজ প্লে এভ্‌রিডে **ফর** ওয়ান আওয়ার।
44. ও কাল থেকে এখানে আছে।	He has been staying here *since* yesterday. হি হ্যাজ বিন স্টেয়িং হিয়ার **সিন্‌স্** ইয়েস্টারডে।
45. উনি এখানে ১৯৭০ থেকে আছেন।	She lives here *since* 1970. শি লিভ্‌স্ হিয়ার **সিন্‌স্** নাইন্‌টিন্ সেভেন্‌টি।
46. তুমি ছ'টা থেকে কাজ করছ।†	You have been working *since* 6 O'clock. ইউ হ্যাভ্ বিন ওয়ার্কিং **সিন্‌স্** সিক্‌স্ ও'ক্লক।
47. আমাদের এখানে চার বছর হয়ে গেল।†	We have been living here *for* four years now. উই হ্যাভ্ বীন লিভিং হিয়ার **ফর** ফোর ইয়ার্‌স্ নাও।
48. আপনি কতদিন থেকে ইংরেজি শিখছেন ?	*How long* have you been learning English? **হাউ লং** হ্যাভ ইউ বিন লারনিং ইংলিশ।
49. আমি ওকে আগেই লিখে দিয়েছি।	I have *already* written to her/him. আই হ্যাভ **অলরেডি** রিট্‌ন্ টু হার/হিম।
50. সে এখনও আসেনি।	She hasn't come *yet.* শি হ্যাজ'ন্ট কাম্ **ইয়েট**।
51. শো এখনই আরম্ভ হবে।	The show is *about* to start. দ্য শো ইজ **এ্যাবাউট** টু স্টার্ট।
52. আমি আগামী শুক্রবার পর্য্যন্ত কাজ শেষ করে নেব।	I shall finish my work *by* next Friday. আই শ্যাল ফিনিশ্ মাই ওয়ার্ক **বাই** নেক্‌স্ট্ ফ্রাইডে।

*in মানে তিন দিন পরে [আগে নয়]। within হলে তিন দিনের মধ্যেই অর্থাৎ তিন দিন শেষ হবার আগেই।

†See tail box on page 82

53. সে কাজটি প্রায় চার ঘন্টার মধ্যে শেষ করবে।	He will finish his work in *about* four hours. হি উইল্ ফিনিশ্ হিজ্ ওয়ার্ক ইন্ **এ্যাবাউট** ফোর আওয়ারস্।
54. আমি সেখানে প্রায় তিনটার সময় পৌঁছোলাম।	I reached there *at about* 3 o'clock. আই রিচ্ড্ দেয়ার **এ্যাট এ্যাবাউট** থ্রি ও'ক্লক।
55. রাধা যখন এল তখন মাধব চলে গেল।	*When* Radha came, Madhav left. **হোয়েন** রাধা কেম, মাধব লেফ্‌ট।
56. সে যখন পড়ছিল, তখন আমি খেলছিলাম।	*When* she was reading, I was playing. **হোয়েন** শি ওয়াজ রিডিং, আই ওয়াজ প্লেয়িং।
57. আমি না আসা পর্য্যন্ত আপনি এখানে অপেক্ষা করুন।	Please wait here *till* I'm back. প্লিজ ওয়েট হিয়ার **টিল্** আই'ম ব্যাক্।
58. ঊষাকালে তিনি শেষ নিঃশ্বাস ত্যাগ করছিলেন।	He was breathing his last *by* dawn.হি ওয়াজ ব্রিদিং হিজ্ লাস্ট **বাই** ডন।
59. আমি তার সঙ্গে আগামী মাসে দেখা করব।	I'll meet him *next* month. আই'ল মিট হিম্ **নেক্‌স্ট্** মন্থ্।

স্মরণীয় [To Remember]

1. *No sooner* did Rajendra reach the school *than* the bell started ringing.
2. Gandhiji was *not only* a patriot, *but also* a reformer.
3. *Neither* Bose *nor* Basu was present.

উপরোক্ত বাক্যগুলিতে শব্দের জোড়া দেখানো হয়েছে। No sooner এর অস্তিত্ব than ওপর নির্ভর করে। এরা 'did Rajendra reach the school' ও 'bell started ringing' এই দুই বাক্যাংশগুলিকে যুক্ত করে। এজন্য এদের correctives বা corrective conjunctions [পরিপূরক সংযোজক] বলা হয়। এদের সঠিক ব্যবহার আগের পাতায় দেওয়া হয়েছে। সেগুলো ভালভাবে রপ্ত করুন যাতে ইংরেজি বলার সময় অপ্রস্তুত না হতে হয়।

*4. মাসের নামের সাথে in, বারের সাথে on; এবং সময় বদলানোর জন্য at ব্যবহার করা হয়। যেমন — *in* February, *on* Tuesday at 6.30 P.M. morning আর evening-এর প্রথমে *in* ও noon এবং night এর পূর্বে at ব্যবহৃত হয়। যেমন — *in* the morning, *in* the evening, *at* night, *at* noon etc.

*5. যদি কোন কাজ আরম্ভ হওয়ার নিশ্চিত তারিখ বা সময় জানানো হয়ে থাকে, তবে সেই বাক্যে *since* প্রয়োগ হয়। যেমন — *since* 1974, *since* last Tuesday, *since* 4 A.M. ইত্যাদি। কিন্তু যে স্থলে সময় সম্বন্ধে কেবল স্থূল হিসাব দেওয়া হয়ে থাকে সেখানে for ব্যবহৃত হয়। যথা — *for* two months, *for* three years ইত্যাদি। *চিহ্নিত বাক্যগুলি দেখুন।

24 চতুর্বিংশতি দিন
th Day

ইংরেজিতে বিশিষ্ট শব্দের সাথে বিশিষ্ট Preposition এর ব্যবহার করা হয়। এবার আমরা ক্রিয়ার সাথে যথোপযুক্ত Preposition ব্যবহার করা অভ্যাস করি। এই Prepositions ব্যবহার করার যুক্তি-যৌক্তিকতা শিখে নিয়ে অভ্যাস করুন বলার ও লেখার।

ক্রিয়াপদ ও অন্যান্য শব্দের সাথে Preposition-এর ব্যবহার
[from, by, with, in, for, of, into, against, on, over, about]

FROM

1. বালকটি বিদ্যালয়ে অনুপস্থিত ছিল। — The boy was *absent from* school. দ্য বয় ওয়াজ **অ্যাবসেন্ট ফ্রম** স্কুল।
2. আপনার ধুম্রপান ত্যাগ করা উচিৎ। — You must *abstain/refrain from* smoking. ইউ মাস্ট্ **এ্যাবস্টেন/রিফ্রেন ফ্রম** স্মোকিং।
3. আমার কাকা আসাম থেকে এসেছেন। — My uncle has come *from* Assam. মাই আঙ্কল হ্যাজ কাম **ফ্রম** আসাম্।
4. সে আমাকে ওখানে যেতে দেয় না। — He *prevents/stops* me *from* going there. হি **প্রিভেন্টস/স্টপস্** মি **ফ্রম** গোয়িং দেয়ার।
5. আপনি এখনও রোগমুক্ত নন। — You've not *recovered from* your illness. ইউ'ভ নট **রিকভারড্ ফ্রম** ইয়োর ইল্‌নেস্।

BY

6. আমার বাবা সঙ্গে ছিলেন। — I was *accompanied by* my father. আই ওয়াজ **এ্যাকম্পানিড্ বাই** মাই ফাদার।
7. খবরটা শুনে ভয় পাবেন না। — Please don't *get disturbed by* the news. প্লিজ ডোণ্ট **গেট ডিস্টার্বড্ বাই** দ্য নিউজ।
8. আমার গল্প শুনে উনি আনন্দিত হলেন। — He was *amused by* my story. হি ওয়াজ **এ্যামিউজড্ বাই** মাই স্টোরি।
9. আমরা ওর ব্যবহারে অতিষ্ঠ হয়ে গিয়েছিলাম। — We were *bored by* his conduct. উই ওয়ার **বোরড্ বাই** হিজ কনডাক্ট।
10. আমি পুরোনো আংটি বদলে নতুন নিয়েছি। — I *replaced* my old ring *by* a new one. আই **রিপ্লেসড্** মাই ওল্ড্ রিঙ **বাই** এ নিউ ওয়ান।

WITH

11. তুমি লোকের সঙ্গে ব্যবহার করতে জাননা। — You do not know how to *deal with* others. ইউ ডু নট নো হাউ টু **ডিল উইথ্** আদার্স।
12. আমাদের ইংরেজি ভাষায় জ্ঞান থাকা উচিৎ। — We should be *acquainted with* the English language. উই শুড্ বি **অ্যাকয়েন্টেড্ উইথ্** দ্য ইংলিশ ল্যাংগুয়েজ।
13. সে চিত্রকলায় নিপুণ ছিল। — He was *gifted with* a talent of painting. হি ওয়াজ **গিফ্‌টেড্ উইথ** এ ট্যালেন্ট অফ পেন্টিং।

14. মনিব আমার প্রতি সদয় ছিলেন। — My boss was *pleased with* me. মাই বস ওয়াজ **প্লিজড্ উইথ** মি।

15. তোমার প্রগতিতে আমি সন্তুষ্ট। — I'm *satisfied with* your progress. আই'ম **স্যাটিসফায়েড উইথ** ইয়োর প্রোগ্রেস।

IN

16. তিনি কাজে নিমগ্ন ছিলেন। — He was *absorbed/busy in* his work. হি ওয়াজ **এ্যাবসর্বড়/বিজি ইন** হিজ ওয়ার্ক।

17. শীলা এক কানে শুনতে পায় না। — Shiela is *deaf in* one ear. শীলা ইজ **ডেফ্ ইন** ওয়ান ইয়ার।

18. নম্র ব্যবহার করবে। — You must be *polite in* your behaviour. ইউ মাস্ট্ বি **পোলাইট ইন** ইয়োর বিহেভিয়ার।

19. সে সঙ্গীতে পারদর্শী। — He is *well versed in* music. হি ইজ **ওয়েল্ ভার্সড্ ইন** ম্যুজিক।

20. ঝগড়াটা তার কাজেরই ফল। — His action has *resulted in* a quarrel. হিজ্ এ্যাক্শন হ্যাজ **রেজাল্টেড ইন** এ কোয়ারেল।

OF

21. সফলতার বিষয়ে তাঁর দৃঢ়বিশ্বাস ছিল। — He was *sure of* success. হি ওয়াজ **সিওর অফ** সাক্সেস্।

22. তিনি নিজের দুর্বলতার বিষয়ে সম্পূর্ণ সচেতন। — He is fully *aware of* his weakness. হি ওয়াজ ফুল্লি **অ্যাওয়র অফ** হিজ উইকনেস্।

23. সে আম ভালবাসে। — He is *fond of* mangoes. হি ইজ **ফণ্ড অফ** ম্যাঙ্গোজ।

24. ওকে দেখলে আমার ওর ভাই-এর কথা মনে পড়ে। — He *reminds* me *of* his brother. হি **রিমাইণ্ডস্ মি অফ** হিজ ব্রাদার।

25. সফলতা সম্বন্ধে তুমি কি নিশ্চিত ? — Are you *sure/confident of* your success? আর ইউ **শিওর/কনফিডেন্ট অফ** ইয়োর সাক্সেস্ ?

FOR

26. সে কি পরীক্ষার জন্য তৈরী হচ্ছে ? — Is she *preparing/studying for* the test? ইজ শি **প্রিপেয়ারিং/স্টাডিয়িং ফর** দ্য টেস্ট ?

27. আমি তার প্রতি অবশ্যই লক্ষ্য রাখি। — I do *care for* him. আই ডু **কেয়ার ফর** হিম।

28. সে তার দুর্ব্যবহারের জন্য আমার কাছে ক্ষমা চাইল। — He *apologised* to me *for* his misbehaviour. হি **এ্যাপলজাইজড্** টু মি **ফর** হিজ মিসবিহেভিয়ার।

29. তাকে পয়সার হিসাব দিতে হবে। — He'll have to *account for* the money. হি উইল হ্যাভ টু **এ্যাকাউন্ট ফর** দ্য মনি।

TO

30. তিনি ধূম্রপানে আসক্ত ছিলেন। — He was *addicted to* smoking. হি ওয়াজ **এ্যাডিক্টেড্ টু** স্মোকিং।

31. তাঁর আচরণ নিয়মবিরুদ্ধ ছিল। — He acted *contrary to* the rules. হি এ্যাক্টেড **কন্ট্রারি টু** দ্য রুলস্।

32. কিছু লোক স্বাস্থ্যের ক্ষতি করেও অর্থ উপার্জন করে। — Some people *prefer* wealth *to* health. সাম্ পিপল্ **প্রেফার** ওয়েল্থ **টু** হেল্থ।

33. তিনি ব্যাপারটি উচ্চতর অধিকারীর সামনে পেশ করলেন। — He *referred* the matter *to* the higher authorities. হি **রিফারড্** দ্য ম্যাটার **টু** দ্য হায়ার অথরিটিজ।

34. তাকে হাসপাতালে ভর্তি করা হ'ল। — He was *admitted to* the hospital. হি ওয়াজ **এ্যাডমিটেড্ টু** দ্য হসপিটাল।

INTO

35. পুলিশ মামলাটির তদন্ত করল। — The police *enquired/looked into* the matter. দ্য পুলিশ **এনকোয়ারড্/লুকড্ ইনটু** দ্য ম্যাটার।

36. আমরা আমাদের বইগুলি থলিতে রাখলাম। — We *put* our books *into* our bags. উই **পুট্** আওয়ার বুক্স্ **ইনটু** আওয়ার ব্যাগস্।

37. সে ঘরের মধ্যে গিয়েছে। — He went *into* the room. হি ওয়েন্ট **ইনটু** দ্য রুম্।

AGAINST

38. আমি সবসময়ই তোমাকে তোমার শত্রুদের সম্বন্ধে সাবধান করি। — I always *warn* you *against* your enemies. আই অলওয়েজ **ওয়ার্ণ** ইউ **এগেনস্ট্** ইয়োর এনিমিজ।

39. ডাক্তার তাকে কঠিন কাজ না করতে সাবধান করে দিয়েছেন। — The doctor has *warned* him *against* working too hard. দ্য ডক্টর হ্যাজ **ওয়ার্ণড্** হিম্ **এগেনস্ট্** ওয়ার্কিং টু হার্ড।

ON

40. তাঁর সমালোচনা বাস্তবভিত্তিক নয়। — His criticism is not *based on* facts. হিজ ক্রিটিসিজম্ ইজ নট **বেসড্ অন** ফ্যাক্ট্স্।

41. ওখানে যাবার জন্য আপনি কেন এত কৃতসংকল্প। — Why are you *bent on* going there? হোয়াই আর ইউ **বেন্ট অন** গোয়িং দেয়ার।

42. আমরা তার উপর নির্ভর করতে পারি না। — We cannot *rely on* him. উই ক্যাননট্ **রিলাই অন** হিম্।

OVER

43. রাস্তায় বরফ পড়েছে। — Ice is *scattered over* the road. আইস ইজ **স্ক্যাটারড্ ওভার** দ্য রোড্।

44. পুলটা নদীর ওপরে। — The bridge is *over* the river. দ্য পুল ইজ **ওভার** দ্য রিভার।

ABOUT

45. মা তার সন্তানের স্বাস্থ্যের জন্য চিন্তিত। — The mother is *worried about* her son's health. দ্য মাদার ইজ **ওয়রিড্ অ্যাবাউট** হার সন্স্ হেলথ্।

46. সে সীতার ব্যাপারে জিজ্ঞেস করছিল। — He was enquiring *about* Sita. হি ওয়াজ এনকোয়ারিং **এ্যাবাউট** সীতা।

47. আমি যাচ্ছিলামই। — I was *about* to go. আই ওয়াজ **এ্যাবাউট** টু গো।

[Phrase Prepositions]

48. তিনি কঠিন পরিশ্রম করে সফল হলেন। — He succeeded *by dint of* hard work. হি সাক্সিডেড্ **বাই ডিণ্ট অফ** হার্ড ওয়ার্ক।

49. দেশের জন্য আমাদের সর্বস্ব ত্যাগ করা উচিৎ। — We should sacrifice everything *for the sake of* our country. উই সুড্ স্যাকরিফাইস্ এভরিথিং **ফর দ্য সেক অফ** আওয়ার কান্ট্রি।

50. আমাদের বন্ধুদের ভালোর জন্য কাজ করা উচিৎ। — We should act *in favour of* our friends. উই সুড্ এ্যাক্ট **ইন ফেভার অফ** আওয়ার ফ্রেণ্ডস্।

51. জীবন ধারণের জন্য আমাদের কাজ করতে হবে। — We must work *in order to* live. উই মাস্ট ওয়ার্ক **ইন অর্ডার টু** লিভ।

52. অসুস্থতা সত্ত্বেও আমি অফিস গিয়েছিলাম। — I attended the office *in spite of* my illness. আই অ্যাটেণ্ডেড দ্য অফিস **ইন স্পাইট্ অফ** মাই ইল্‌নেস্।

53. আমরা সঙ্কটের মধ্যে আছি।

We are *in the midst* of trouble. উই আর **ইন দ্য মিড্‌স্ট** অফ ট্রাব্‌ল্‌।

54. বিদায়ের প্রাক্কালে অফিসরকে পার্টি দেওয়া হয়েছিল।

The officer was given a farewell party *on the eve of* his departure. দ্য অফিসর ওয়াজ গিভ্‌ন্‌ এ ফেয়ারওয়েল্‌ পার্টি **অন দ্য ইভ অফ** হিজ ডিপার্চর্‌।

স্মরণীয় [To Remember]

1. ক্রিয়া ও অন্যান্য পদের সাথে কেবল কতকগুলি বিশিষ্ট Prepositions-ই ব্যবহৃত হয়। এগুলি ভালভাবে অভ্যাস করা দরকার।

Abstain, prevent, recover ইত্যাদির সাথে সাধারণতঃ from ব্যবহার করা হয়। সেইরকম accompany, amuse, replace-এর সাথে *by* deal, please, satisfy-এর সাথে *with*; prepare, care, apologise-এর সাথে *for*; addict prefer, refer-এর সাথে *to* এবং base, rely-র সাথে *on* ব্যবহার করা হয়। ওপরের উদাহরণ দ্বারা এগুলি স্পষ্ট হবে।

2. ইংরেজিতে প্রচলিত Phrase Prepositions যেমন 'by dint of', 'for the sake of', 'in order to', 'in the midst of', 'on the eve of' ইত্যাদি ভাষার শব্দ ভাণ্ডারকে সমৃদ্ধ করেছে। এই ধরণের অন্য Phrase Prepositions সংগ্রহ করে তাদের বাক্যে প্রয়োগ করা শিখুন।

25th Day পঞ্চবিংশতি দিন

আমরা যে কোন বাক্যকে দুরকম ভাবে বলতে বা লিখতে পারি — [i] কর্তা [doer]-র ওপর জোর দিয়ে বা [ii] কর্ম [receiver] এর ওপর। প্রথমটির উদাহরণ 'Hari learns first lesson' [হরি প্রথম পাঠ শিখল ও দ্বিতীয়টার, First lesson is learnt by Hari [প্রথম পাঠ হরি দ্বারা শেখা হ'ল]। প্রথম ধরণের বাক্যকে কর্তৃবাচ্য ও দ্বিতীয়টিকে কর্মবাচ্য বলা হয়। কথা বলার সময় ভাবার্থ অনুসারে এদের ব্যবহার করা হয়। এই বাক্যগুলির ব্যবহার ভাল করে জেনে নিন।

কর্তৃবাচ্য ও কর্মবাচ্য [Active Voice and Passive Voice]

Active Voice	Passive Voice
1. সে গান গায় He sings a song হি সিঙ্গস্ এ সঙ্গ	তার দ্বারা গান গাওয়া হয় A song is sung by him এ সঙ্গ ইজ সাঙ্গ বাই হিম্
2. রাম রাবণকে নিধন করলেন Ram killed Ravana রাম কিল্ড্ রাবণ	রাম দ্বারা রাবণ নিহত হ'ল Ravana was killed by Rama রাবণ ওয়াজ কিল্ড্ বাই রাম
3. ওরা ক্রিকেট খেলবে They will play cricket দে উইল প্লে ক্রিকেট্	ওদের দ্বারা ক্রিকেট খেলা হবে Cricket will be played by them ক্রিকেট্ উইল্ বি প্লেড বাই দেম্
4. তুমি কি চিঠি লিখছ? Are you writing a letter? আর ইউ রাইটিং এ লেটার?	তোমার দ্বারা কি চিঠি লেখা হচ্ছে? Is a letter being written by you? ইজ এ লেটার্ বিইং রিটন্ বাই ইউ?
5. শ্রমিকেরা খাল খুঁড়ছিল Labourers were digging a canal লেবারারস্ ওয়্যার ডিগিং-এ ক্যানাল	শ্রমিকদের দ্বারা খাল খোঁড়া হচ্ছিল A canal was being dug by labourers এ ক্যানাল ওয়াজ বিইং ডাগ্ বাই লেবারারস্
6. তোমরা কাজটা করে নিয়েছ Have you finished this job? হ্যাভ ইউ ফিনিশড্ দিস্ জব?	এই কাজটা কি তোমাদের দ্বারা হয়েছে? Has this job been finished by you? হ্যাজ দিস্ জব বির্ন ফিনিশড্ বাই ইউ?
7. গাড়ি আসার আগে কি তোমরা জিনিষপত্র বেঁধে নেবে? Will you have packed your luggage before train's arrival? উইল ইউ হ্যাভ প্যাক্ড্ ইয়োর লাগেজ বিফোর ট্রেইনস্ এ্যারাইভাল?	গাড়ী আসার আগে কি তোমার দ্বারা জিনিষপত্র বাঁধা হয়ে যাবে? Will your luggage have been packed before the train's arrival? উইল্ ইয়োর লাগেজ হ্যাভ বিন প্যাক্ড্ বিফোর দ্য ট্রেইনস্ এ্যারাইভাল?
8. ওকে সাহায্য করো Help him. হেল্প্ হিম্	[তোমার দ্বারা] ওর সাহায্য হোক Let him *be helped* [by you] লেট্ হিম্ বি হেল্পড় [বাই ইউ]

বাক্যের রূপ বদলানোর জন্য, অর্থাৎ কর্তার স্থলে কর্মকে প্রমুখ স্থান প্রদান করার দুটি প্রক্রিয়া আছে। 1. বাক্যে কর্তাকে কর্ম ও কর্মকে কর্তা করা হয়। যেমন — [i] রাম [কর্তা] রাবণকে [কর্ম] নিহত করলেন। Rama killed Ravana. [ii] কর্মবাচ্যে এই বাক্যটির রূপান্তর হবে-রাবণ রাম দ্বারা নিহত হল। Ravana was killed by Rama. 2. ক্রিয়ার রূপান্তর ঘটে। কর্তৃবাচ্যে মুখ্য ক্রিয়ার কাল [tense] বদলে যায় ও তা past participle এ পরিণত হয়। do, doing ইত্যাদি বদলে done হয়ে যায় ও তাদের সাথে is, was, be, has been, ইত্যাদি সহায়ক ক্রিয়া জুড়ে যায়। এদের উদাহরণ উপরের বাক্যগুলিতে পাওয়া যাবে।

নিম্নলিখিত কর্মবাচ্য বাক্যগুলিতে কিন্তু কর্ম লুপ্ত। অতএব, কর্তা গৌণ হওয়ায় এই বাক্যগুলিকে কর্তৃবাচ্যে বদলানো সম্ভব নয়। ইংরাজীতে এইরূপ বাক্য যথেষ্ট প্রচলিত, এটা মনে রাখা দরকার।

কর্মবাচ্য [Passive Voice]

9. তাজমহল অনেক টাকা খরচ করে তৈরি করা হয়েছিল। — The Taj was *built* at an enormous cost.
দি তাজ ওয়াজ **বিল্ট্** এ্যাট এ্যান এনরমাস কস্ট্

10. ভুট্টা বর্ষাকালে বোনা হয়। — Maize *is sown* in the rainy season.
মেজ **ইজ্ সোন ইন** দ্য রেনি সিজন্।

11. কাজে অবহেলার জন্য তোমাকে শাস্তি দেওয়া হবে। — You *will be punished* for your negligence.
ইউ **উইল্ বি পানিশ্ড্** ফর ইয়োর নেগলিজেন্স্।

12. তাহাকে চুরি করার অপরাধে অভিযুক্ত করা হয়েছিল। — He was accused of theft.
হি **ওয়াজ অ্যাকিউজড অফ্** থেফ্ট্।

13. সবকটি উত্তর পত্রই দেখা হয়ে গিয়ে থাকবে। — All the papers will have been marked.
অল দ্য পেপার্স **উইল্ হ্যাভ বিন মার্কড্।**

14. আপনি কি প্রতারিত হয়েছেন? — *Have* you *been cheated?* **হ্যাভ** ইউ **বিন চিটেড ?**

15. ওঁকে কি জানানো হয়েছে? — *Has* he *been informed?* **হ্যাজ** হি **বিন ইনফর্মড্ ?**

16. চীনা আক্রমণকারীদের সঙ্গে যুদ্ধে তিনি নিহত হন। — He was killed fighting the Chinese aggressors.
হি **ওয়াজ কিল্ড্** ফাইটিং দ্য চাইনিজ এ্যাগ্রেসরস্।

17. গান্ধীজির জন্ম ২রা অক্টোবর ১৮৬৯ সনে হয়েছিল। — Gandhiji *was born* on October 2, 1869.
গান্ধীজি **ওয়াজ বর্ন** অন অক্টোবর, টু এইটিন সিক্সটি নাইন।

18. প্রত্যেক বছর মীরাটে নবচণ্ডীর মেলা হয়। — The Nauchandi fair *is held* every year at Meerut.
দ্য নউচণ্ডী ফেয়ার **ইজ হেল্ড্** এভরি ইয়ার এ্যাট মীরাট

19. দিল্লি থেকে অনেকগুলি দৈনিক সংবাদপত্র প্রকাশিত হয়। — Many dailies *are published* from Delhi.
মেনি ডেইলিজ **আর পাবলিশড্** ফ্রম দিল্লি।

20. আপনার সঙ্গে দেখা হলে উনি খুশি হবেন। — He *will be pleased/happy to* see you.
হি ইল্ বি প্লিজড্/হেপি টু সি ইউ।

21. বন্যার তাণ্ডবরূপ দেখে আমি আশ্চর্যান্বিত হয়েছিলাম। — I *was surprised* to see the fury of the floods.
আই **ওয়াজ সারপ্রাইজড্** টু সি দ্য ফিউরি অফ্ দ্য ফ্লাড্স্।

22. শিবাজিকে ভগবান শিবের অবতার বলা হয়ে থাকে। — *It is said/believed* that Shivaji was an incarnation of Lord Shiva. ইট **ইজ্ সেড/বিলিভ্ড্** দ্যাট শিবাজি ওয়াজ এ্যান ইনকারনেশন অফ লর্ড শিবা।

[a] আজ্ঞাবাচক বা প্রার্থনাসূচক [Imperative mood] কর্তৃবাচ্য বাক্যকে কর্মবাচ্যে রূপান্তরিত করতে হ'লে বাক্যের প্রথমে 'let' ব্যবহার করতে হয়। [b] কখন কখন প্রসঙ্গ অনুসারে কর্তৃবাচ্য [active voice] কে কর্মবাচ্যে [passive voice] রূপান্তরিত করতে হলে request এবং should প্রভৃতির ব্যবহার করতে হয়। এই দুই প্রকার রূপান্তরের অভ্যাস করুন।

23. এই কাজটি কর
Do this work
ডু দিস্ ওয়ার্ক্

এই কাজটা করা হোক
Let this work be done [by you]
লেট্ দিস্ ওয়ার্ক্ বি ডান্ [বাই ইউ]

24. ওকে বসতে বলো
Ask him to sit down
আস্ক হিম্ টু সিট্ ডাউন

ওকে বসতে বলা হোক
Let him be asked to sit down.
লেট্ হিম্ বি আস্কড্ টু সিট্ ডাউন

25. ওকে শাস্তি দাও
Punish him
পানিশ্ হিম্

ওকে শাস্তি দেওয়া হোক
Let him be punished [by you]
লেট্ হিম্ বি পানিশ্ড [বাই ইউ]

26. পদপূর্তির জন্য বিজ্ঞাপন দাও
Advertise the post
এ্যাডভারটাইজ দি পোস্ট

পদপূর্তির জন্য বিজ্ঞাপন দেওয়া হোক
Let the post be advertised.
লেট্ দ্য পোস্ট্ বি এ্যাডভারটাইজ্ড্

27. অনুগ্রহ করে ধূম্রপান করিবেন না
Please do not smoke
প্লীজ ডু নট্ স্মোক

আপনাকে ধূম্রপান না করার জন্য অনুরোধ করা হচ্ছে।
You are requested not to smoke.
ইউ আর রিকোয়েস্‌টেড্ নট্ টু স্মোক।

28. অনুশাসনহীনতাকে প্রশ্রয় দিয়ো না।
Do not encourage indiscipline
ডু নট্ এনকারেজ ইন্‌ডিসিপ্লিন

অনুশাসনহীনতাকে প্রশ্রয় দেওয়া উচিৎ নয়।
Indiscipline should'nt be encouraged.
ইন্‌ডিসিপ্লিন্ শুডন্ট্ বি এন্‌কারেজ্‌ড্

স্মরণীয় [To Remember]

1. [a] Rama killed Ravana.
[b] Ravana was killed by Rama.

প্রথম বাক্যটি কর্তৃবাচ্যের [active voice] ও দ্বিতীয়টি কর্মবাচ্যের [passive voice]. কর্তৃবাচ্যে কর্তা [রাম] প্রধান ও কর্মবাচ্যে কর্ম [রাবন]

2. কর্তৃবাচ্যকে কর্মবাচ্যে পরিণত করার জন্য প্রায়ই by এর ব্যবহার করা হয়। যেমন — Ravana was killed *by* Rama. [ii] Cricket will be played *by them.* ইত্যাদি!

3. কখন কখন কিন্তু কর্মবাচ্যে by ব্যবহার করা হয় না। যেমন — [i] Let your lesson be learnt. [ii] He was charged with theft. ইত্যাদি।

একটা কথা মনে রাখবেন। কর্মবাচ্য সাধারণতঃ তখনই ব্যবহার করা হয় যখন বক্তব্যতে কর্মর প্রাধান্য থাকে। উদাহরণস্বরূপ, যদি কোন ছাত্র কাজে অবহেলা করে তখন বলা হয় you will be punished for your negligence [কাজে অবহেলার জন্য তোমাকে শাস্তি দেওয়া হবে]। কর্তৃবাচ্যে বলা যেত যে The teacher will punish you for your negligence. কিন্তু এই বাক্যের প্রভাব প্রথমটির তুলনায় কম। তাছাড়া শাস্তির ওপর জোর দেওয়া হচ্ছে। শাস্তি কে দেবে তার ওপর নয়।

26 ষষ্ঠবিংশতি দিন
th Day

আমরা একই কথা অনেকভাবে বলতে পারি। আমরা যখন একটা কথা অন্যরকম ভাবে বলি তখন কেবলমাত্র শব্দেরই পরিবর্তন করা হয়, অর্থের নয়। এই প্রক্রিয়াকে বাক্য পরিবর্তন করা [Transformation of sentences] বলা হয়।

আগে আমরা কর্তৃবাচ্য ও কর্মবাচ্যের [Active and Passive Voices] সাথে পরিচিত হয়েছি। বাচ্য পরিবর্তনও বাক্য পরিবর্তনের একটি বিশিষ্ট প্রক্রিয়া।

বাক্য অনেক প্রকার হয় — প্রশ্নবাচক [Interrogative], বিস্ময়বোধক [Exclamatory] , বিধ্যার্থক [Imperative] ইতিবাচক [Negative] ইত্যাদি। এবার দেখা যাক আমরা বাক্যের প্রকারান্তর কেমনভাবে করি অর্থের কোন পরিবর্তন না করেই। এই প্রক্রিয়া ভালভাবে রপ্ত হলে আমরা একই কথা অনেক রকম ভাবে বলবার ক্ষমতা লাভ করব।

বাক্য পরিবর্তন [Transformation of Sentences]

প্রশ্নবাচক [Interrogative]

1. কেউ কি এত অপমান সহ্য করতে পারে ?
Can anybody/anyone bear such an insult?
ক্যান এনিবডি/এনিওয়ান বেয়ার সাচ্ এ্যান ইন্সাল্ট ?
Who can bear such an insult?
হু ক্যান বেয়ার সাচ্ এ্যান ইনসাল্ট ?

2. অর্থের চেয়ে স্বাস্থ্য কি অধিক মূল্যবান নয় ?
Is not health more precious than wealth?
ইজ নট্ হেল্থ্ মোর প্রেশাস দ্যান ওয়েল্থ্ ?

3. তারা কি পার্টিতে আনন্দ উপভোগ করে নি ?
Did they not enjoy at the party?
ডিড্ দে নট এন্জয় এ্যাট দি পার্টি ?

4. আমরা কি এই ভাল দিনগুলি কখনই ভুলতে পারবো ?
Will we ever forget these good days?
উইল উই এভার ফরগেট্ দিজ গুড্ ডেজ ?

নিশ্চয়াত্মক [Assertive]

1. কেউই এত অপমান সহ্য করতে পারে না।
Nobody/No one can bear such an insult.
নোবডি/নো ওয়ান ক্যান্ বেয়ার সাচ্ এ্যান ইন্সাল্ট।

2. স্বাস্থ্য অর্থের চেয়ে বেশী মূল্যবান।
Health is more precious than wealth.
হেল্থ ইজ মোর প্রেশাস দ্যান ওয়েল্থ্।

3. তারা পার্টিতে আনন্দ উপভোগ করেছিল।
They enjoyed at the party.
দে এনজয়েড এ্যাট দি পার্টি।

4. আমরা এই ভাল দিনগুলি কখনই ভুলব না।
We'll never forget these good days.
উই'ল নেভার ফরগেট্ দিজ গুড্ ডেজ।

বিস্ময়বাচক [Exclamatory]

5. কি সুন্দর দৃশ্য ছিল ওটি !
What a beautiful scene/lovely sight it was!
হোয়াট্ এ বিউটিফুল সিন/লাভলি সাইট্ ইট ওয়াজ !

ইতিবাচক [Affirmative]

5. দৃশ্যটি অত্যন্ত সুন্দর ছিল।
It was a very beautiful scene/lovely sight.
ইট ওয়াজ এ ভেরি বিউটিফুল সিন/লাভলি সাইট্।

6. আমি যদি মন্ত্রী হতাম!
If I were a minister!
ইফ্ আই ওয়্যার এ মিনিস্টার!

7. কি ভীষণ ঠাণ্ডা এই রাত্রি!
What a cold night it is?
হোয়াট এ কোলড্ নাইট ইট্ ইজ!

8. আমরা কত কঠিন জীবন যাপন করি!
What a hard life we live/lead!
হোয়াট এ হার্ড লাইফ্ উই লিভ্/লিড্!

6. ইচ্ছে হয় আমি মন্ত্রী হই।
I wish I were a minister.
আই উইশ্ আই ওয়্যার এ মিনিস্টার।

7. রাত্রে ভীষণ ঠাণ্ডা।
It is a bitterly/terribly cold night.
ইট্ ইজ এ বিটারলি/টেরিব্লি কোলড্ নাইট।

8. আমরা অত্যন্ত কঠিন জীবন যাপন করি।
We live/lead a very hard life.
উই লিভ্/লিড্ এ ভেরি হার্ড লাইফ্।

বিধ্যর্থক [Imperative]

9. অনুগ্রহ করে দরজা খুলুন।
Please open the door.
প্লিজ ওপন্ দ্য ডোর।

10. দয়া করে এক কাপ দুধ খান।
Please take a cup of milk.
প্লিজ টেক এ কাপ্ অফ মিল্ক।

11. চুপ করে থাকো।
Please keep quiet.
প্লিজ কিপ কোয়ায়েট্।

12. কাজ বন্ধ কর।
Stop the work.
স্টপ্ দ্য ওয়ার্ক।

প্রশ্নবাচক [Interrogative]

9. অনুগ্রহ করে কি দরজা খুলবেন?
Will you please open the door?
উইল্ ইউ প্লিজ ওপন্ দ্য ডোর?

10. আপনি কি দয়া করে এক কাপ দুধ খাবেন?
Will you please have a cup of milk?
উইল ইউ প্লিজ হ্যাভ এ কাপ্ অফ মিল্ক?

11. তুমি কি চুপ করবে?
Will you please keep quiet?
উইল ইউ প্লিজ কিপ কোয়ায়েট্?

12. তুমি কি কাজটা বন্ধ করবে?
Will you please stop the work?
উইল ইউ প্লিজ স্টপ্ দ্য ওয়ার্ক?

প্রথমাবস্থা [Positive]

দ্বিতীয়াবস্থা [Comparative]

একই কথা তুলনামূলকভাবে দুই বা তিনভাবে প্রকাশ করা যায়। কেবল শব্দের হেরফের হয়, অর্থ অপরিবর্তিতই থেকে যায়।

13. অমিতাভ সঞ্জয়ের মতনই লম্বা।
Amitabh is as tall as Sanjay.
অমিতাভ ইজ এ্যাজ টল এ্যাজ সঞ্জয়।

14. আমাদের দেশে বম্বের মত বড় শহর খুব কমই আছে।
Very few cities in our country are as big as Bombay.
ভেরি ফিউ সিটিজ ইন্ আওয়ার কান্ট্রি আর এ্যাজ বিগ্ এ্যাজ বম্বে।

15. ভীম অপেক্ষা শক্তিশালী ব্যক্তি আর কেউ ছিল না।
No other man was as strong as Bhim.
নো আদার ম্যান ওয়াজ এ্যাজ স্ট্রং এ্যাজ ভীম।

13. সঞ্জয় অমিতাভের চেয়ে লম্বা নয়।
Sanjay is not taller than Amitabh.
সঞ্জয় ইজ নট্ টলার দ্যান অমিতাভ।

14. আমাদের দেশের অন্য অনেক শহরের চেয়ে বম্বে বড়।
Bombay is bigger than most other cities in our country.
বম্বে ইজ বিগার দ্যান মোস্ট আদার সিটিজ ইন আওয়ার কান্ট্রি।

15. ভীম যে কোন ব্যক্তির চেয়ে শক্তিশালী ছিল।
Bhim was stronger than any other man.
ভীম ওয়াজ স্ট্রংগার দ্যান এনি আদার ম্যান।

প্রথমাবস্থা [Positive]

16. ক্লাশে বিকাশের চেয়ে ভাল ছেলে আর নেই।
No other boy in the class is as good as Vikas.
নো আদার বয় ইন্ দ্য ক্লাশ ইজ এ্যার্জ গুড এ্যাজ বিকাশ।

17. খুব কম ভারতীয় যোগীই বিবেকানন্দের অপেক্ষা অধিক লোকপ্রিয় ছিলেন।
Very few Indian saints were as popular/famous as Vivekananda.
ভেরি ফিউ ইন্ডিয়ান সেন্টস ওয়্যার এ্যাজ পপুলার/ফেমাস এ্যাজ বিবেকানন্দ।

18. ভারতরে মত মহান দেশ খুব কমই আছে।
Very few countries are as great as India.
ভেরি ফিউ কান্ট্রিজ আর এ্যাজ গ্রেট এ্যাজ ইনডিয়া।

তৃতীয়াবস্থা [Superlative]

16. বিকাশ ক্লাশের সর্বোত্তম ছেলে।
Vikas is the best boy in the class.
বিকাশ ইজ দ্য বেষ্ট বয় ইন্ দ্য ক্লাশ।

17. বিবেকানন্দ ভারতের সর্বাধিক লোকপ্রিয় যোগীদের মধ্যে একজন ছিলেন।
Vivekananda was one of the most popular/famous saints in India.
বিবেকানন্দ ওয়াজ ওয়ান অফ দ্য মোস্ট পপুলার/ফেমাস সেন্টস ইন্ ইন্ডিয়া।

18. ভারত মহানতম দেশের মধ্যে অন্যতম।
India is one of the greatest countries.
ইন্ডিয়া ইজ ওয়ান অফ্ দ্য গ্রেটেস্ট কান্ট্রিজ।

নেতিবাচক [Negative]

নেতিবাচক বাক্যকে ইতিবাচকে পরিবর্তিত করা যেতে পারে। বিপরীতার্থক শব্দ ব্যবহার করে। দুটি বাক্যের অর্থ কিন্তু অপরিবর্তিত রাখা যায়।

19. কেউই অমর নয়।
No man is immortal.
নো ম্যান ইজ ইম্মরটাল।

20 . আবিদা সোনিয়ার মত অত বুদ্ধিমতী নয়।
Abida is not as intelligent as Sonia.
আবিদা ইজ নট এ্যাজ ইনটেলিজেন্ট এ্যাজ সোনিয়া।

21. কষ্ট বিনা উপলব্ধি সম্ভব নয়।
There is no gain without hard work.
দেয়ার ইজ নো গেন উইদাউট হার্ড ওয়ার্ক।

22. সে কখনই দৈনিক কাজের অবহেলা করে না।
She never neglects her daily/routine work.
শি নেভার নেগ্‌লেক্‌ট্‌স্ হার্ ডেইলি/রুটিন ওয়ার্ক।

23. আমি স্টেশনে পৌঁচেছি কি না, অমনি গাড়ি ছেড়ে দিল।
No sooner had I reached the station *than* the train left.
নো সূনার হ্যাড্ আই রিচ্ড্ দ্য স্টেশন **দ্যান** দ্য ট্রেন লেফট্।

24. আমার ঘরে ঢোকার সঙ্গে সঙ্গে চোরটা পালিয়ে গেল।
No sonner did I enter the room *than* the thief ran away.
নো সূনার ডিড্ আই এনটার দ্য রুম দ্যান থিফ্ র‍্যান এ্যাওয়ে

ইতিবাচক [Affirmative]

19. মানুষ মরণশীল।
Man is mortal.
ম্যান ইজ মরটাল।

20. সোনিয়া আবিদার চেয়ে বেশি বুদ্ধিমতী।
Sonia is more intelligent than Abida.
সোনিয়া ইজ মোর ইনটেলিজেন্ট দ্যান আবিদা।

21. উপলব্ধি পরিশ্রমেরই ফল।
Where there is hard work, there is gain.
হোয়্যার দেয়ার ইজ হার্ড ওয়ার্ক, দেয়ার ইজ গেন।

22. সে দৈনিক কাজ নিয়মিত ভাবে করে।
She always pays attention to her daily/routine work.
শি অলওয়েজ পেজ এ্যাটেন্‌শন্ টু হার ডেইলি/রুটিন ওয়ার্ক।

23. আমি কোনোরকমে স্টেশনে পৌঁছবার সাথে সাথেই গাড়ী ছেড়ে দিল।
Scarcely had I reached the Station *where* the train left.
স্কেয়ার্‌স্‌লি ডিড় আই রিচ্ড্ দ্য স্টেশন **হোয়েন** দ্য ট্রেন লেফ্ট্।

24. আমি ঘরে ঢোকার সাথে সাথেই চোরটা পালিয়ে গেল।
As soon as I entered the room the thief ran away.
এ্যাজ সুন এ্যাজ আই এনটারড্ দ্য রুম দি থিফ র‍্যান এ্যাওয়ে।

বাক্য পরির্তন করার আরও একটি উপায় প্রত্যক্ষ ও পরোক্ষ বাক্য রচনা [Direct and Indirect Speech]। যথাস্থানে এগুলোর সম্বন্ধে আলোচনা করা যাবে।

স্মরণীয় [To Remember]

[a] India is our country. We are *her* citizens.

[b] The moon is in the sky. The children love *her*.

ওপরের দুটি বাক্যে country কান্ট্রি [দেশ] আর moon মুন [চাঁদ] এই দুটি শব্দ ইংরেজিতে স্ত্রীলিংগ বলে ধরা হয়। সেজন্যই *her* বলা হয়েছে।

1. যদিও tree ট্রি [গাছ], spider স্পাইডর [মাকড়সা], ইত্যাদি প্রাণহীন বস্তু বা প্রাণী নয়, তবুও ইংরেজিতে এগুলোকে ক্লীবলিংগ [neuter gender] বলে ধরা হয়। বলা বাহুল্য মাকড়সা ইত্যাদি কীট পতঙ্গেরও পুরুষ ও স্ত্রী হয়, তবুও ইংরেজিতে এদের জন্য সাধারণতঃ It ইট্ সর্বনাম ব্যবহৃত হয়। এইরকম আরও কতকগুলি শব্দ নীচে দেওয়া হ'ল।

ice আইস [বরফ]	sugar সুগার [চিনি]	water ওয়াটার [জল]
flower ফ্লাওয়ার [ফুল]	grass গ্রাস [ঘাস]	bread ব্রেড্ [পাঁউরুটি]

2. এদিকে এমন কতকগুলি শব্দ আছে যারা প্রাণহীন বস্তুর নাম হওয়া সত্ত্বেও তাদের স্ত্রীলিঙ্গ বা পুংলিঙ্গ হিসাবে ধরা হয়। যথা The ship hasn't come yet, *she* is probably late. দ্য শিপ্ হ্যাজন্ট্ কাম্ ইয়েট্, শি ইজ প্রবাব্লি লেট। [জাহাজটা এখনও পৌঁছোয়নি, হয়ত দেরীতে আসবে। এই বাক্যে ship কে feminine gender [স্ত্রীলিঙ্গ] ধরা হয়েছে। এইরকম moon [চাঁদ], country [দেশ] স্ত্রীলিঙ্গ ও sun [সূর্য্য] এবং death [মৃত্যু] পুংলিঙ্গ [masculine gender] শব্দ।

27 সপ্তবিংশতি দিন th Day

ইংরেজি বিশেষ্য শব্দের মধ্যে কতকগুলি সংখ্যাদ্বারা পরিমাপ্য ও কতকগুলি নয়। এই শব্দগুলি ঠিকভাবে চিনে রাখুন। সাধারণতঃ জাতিবাচক বিশেষ্য গণনীয় **[Countable]** ও দ্রব্যবাচক এ জীববাচক বিশেষ অগণনীয় **[Uncountable]** হয়ে থাকে। প্রভেদগুলি মনে রাখা আবশ্যক।

গণনা ও মাত্রাসূচক শব্দ

A

গণনীয় শব্দ [Counting Words]

1. ক্লাশে কিছু সংখ্যক ছাত্র আছে।	There are *some/a few* students in the class. দেয়ার আর **সাম/এ ফিউ** স্টুডেন্ট্স্ ইন দ্য ক্লাশ।
2. হলে কি কোন ছাত্রী আছে?	Is there *any* girl in the hall? ইজ দেয়ার **এনি** গার্ল ইন দ্য হল?
3. মাঠে কোন ছেলে নেই।	There is *no* boy in the playground. দেয়ার ইজ **নো** বয় ইন দ্য প্লেগ্রাউণ্ড।
4. এই মেয়েদের মধ্যে কেউই ওখানে উপস্থিত ছিল না।	Not *one* of the girls was present there. নট **ওয়ান** অফ দ্য গার্লস্ ওয়াজ প্রেজেন্ট দেয়ার।
5. আমাদের মধ্যে কয়েকজন ক্রিকেট খেলে।	*Some* of us play cricket. **সাম** অফ আস প্লে ক্রিকেট্।
6. তোমাদের মধ্যে কেউ কি ফুটবল খেলেছিলে?	Did *any* of you play football? ডিড্ **এনি** অফ ইউ প্লে ফুট্বল?
7. আমাদের মধ্যে কেউই কোন খেলা খেলেনি।	*None* of us played any game. **নান্** অফ আস্ প্লেড এনি গেম।
8. ছেলেদের মধ্যে অনেকেই কাল স্কুলে আসেনি।	*Many* of the boys hadn't come to school yesterday. **মেনি** অফ দ্য বয়েজ হ্যাড্ন্ট কাম্ টু স্কুল ইয়েস্টারডে।
9. আমার কাছে খুব বেশি বই নেই।	I don't have *many* books. আয় ডোণ্ট হ্যাভ **মেনি** বুক্স্।
10. ঝুড়িতে কতকগুলি আম আছে।	There are *a few* mangoes in the basket. দেয়ার আর **এ ফিউ** ম্যাঙ্গোজ ইন দ্য বাস্কেট।
11. খুব কম মেয়েই ওকে পছন্দ করবে।	*Hardly* any girl would like him. **হার্ডলি** এনি গার্ল উড্ লাইক্ হিম।
12. এই বইয়ে সেই বইএর অপেক্ষা কম পৃষ্ঠা আছে।	This book has *fewer* pages than that book. দিস্ বুক হ্যাজ **ফিউয়ার** পেজেস দ্যান দ্যাট বুক্।
13. ঐ বইয়ে এই বইএর অপেক্ষা বেশি পৃষ্ঠা আছে।	That book has *more* pages than this book. দ্যাট বুক হ্যাজ **মোর** পেজেস দ্যান দিস বুক্।
14. ওঁর হাতে অনেক লোকেই কষ্ট পেয়েছেন।	*Many* a man has suffered at his hands. **মেনি** এ ম্যান হ্যাজ সাফার্ড এ্যাট হিজ হ্যানড্স্।
15. দুজনের মধ্যে কেউই আসেনি।	*Neither* man has come. **ন্যাদার** ম্যান হ্যাজ কাম্।
16. সে অল্পই বেতন পায়।	He gets a *small* salary. হি গেট্স্ এ **স্মল** স্যালারি।

B

মাত্রাবাচক শব্দ [Words Expressing Quantity]

17. বোতলে কি একটুও দুধ নেই ?	Isn't there *any* milk in the bottle? ইজন্ট দেয়ার **এনি** মিল্ক ইন দ্য বট্‌ল ?
18. আমাকে একটু জল দিন ত।	Get me *some* water, please./Let me have *some* water. গেট মি **সাম** ওয়াটার প্লিজ।/লেট মি হ্যাভ **সাম** ওয়াটার।
19. বোতলে দুধ নেই [বললেই চলে]।	There is hardly *any* milk in the bottle. দেয়ার ইজ হার্ডলি **এনি** মিল্ক ইন দ্য বট্‌ল।
20. গেলাসে কতটা দুধ আছে ?	How *much* milk is there in the glass? হাউ **মাচ** মিল্ক ইজ দেয়ার ইন দ্য গ্লাস।
21. বেশীর ভাগ দুধ আমি সকালে খাই।	I take *much* of the milk in the morning. আই টেক্ **মাচ** অফ দ্য মিল্ক ইন দ্য মর্নিং।
22. আমার গ্লাসের চেয়ে তোমার গ্লাসে কম দুধ আছে।	Your glass has *less* milk than mine. ইয়োর গ্লাস হ্যাজ **লেস্** মিল্ক দ্যান মাইন।
23. তোমাকে এই দুধটা কি আরও একটু দেব ?	Shall I give you *some more* milk? শ্যাল আই গিভ্ ইউ **সাম মোর** মিল্ক ?
24. নদীতে জল খুবই বেশী ছিল।	There was *too much* water in the river. দেয়ার ওয়াজ **টু মাচ্** ওয়াটার ইন দ্য রিভার।
25. এটা কি ওটার ঠিক অর্ধেক ?	Is it exactly *half* of that? ইজ ইট একজাক্টলি **হাফ্** অফ দ্যাট্ ?

C

অর্থের উপর গুরুত্ব আরোপন [The Emphasis]

26. কাল নিশ্চয় আসবে, ভুলবে না যেন।	*Do* come tomorrow, *don't* forget./You *must* come tomorrow. **ডু** কাম টুমরো, **ডোন্ট্** ফরগেট্।/ইউ **মাস্ট্** কাম টুমরো।
27. কমলা ও তার ভাই, দুজনেই আমাকে দেখতে এসেছিল।	*Both* Kamala and her brother came/dropped in to see me. **বোথ্** কমলা এ্যাণ্ড হার ব্রাদার কেম/ড্রপ্‌ড্ ইন টু সী মি।
28. এই খবর শুনে কি আপনি আনন্দিত ?	Are you glad to know *this* news? আর ইউ গ্ল্যাড্ টু নো **দিস্** নিউজ ?
29. আমি সত্যিই আনন্দিত।	*Indeed/of course* I am happy. **ইন্‌ডিড্/অফ কোর্স** আই অ্যাম হ্যাপি।
30. তুমি মন দিয়ে পড়াশুনা করো না, তাই না ?	You *don't* study hard, *do* you? ইউ **ডোন্ট্** স্টাডি হার্ড, **ডু** ইউ ?
31. নিশ্চয়ই আমি করি।	*Of course,* I do. **অফ্ কোর্স**, আই ডু।
32. চুপ করে থাকুন না।	*Please* keep quiet./*Please* be quiet. **প্লিজ** কিপ্ কোয়ায়েট্।/**প্লিজ** বি কোয়ায়েট্।
33. তোমার বাবাকে চিঠি অবশ্যই লিখে দাও।	*Do* write to your father. **ডু** রাইট টু ওয়োর ফাদার।

34. আমি যা চাই তাই দেবে?	Will you give/let me have *whatever* I want? উইল ইউ গিভ্/লেট মি হ্যাভ্ **হোয়াটএভার** আই ওয়ান্ট।
35. আমি যেখানে যাই, আমার কুকুরটি সঙ্গে থাকে।	*Wherever* I go, my dog follows/remains with me. **হোয়্যারএভার** আই গো, মাই ডগ ফলোজ/রিমেন্স্ উইথ মি।
36. তারা তোমার যে বই চাই সেটাই দিয়ে দেবে।	They'll give you *whichever* book you want. দে'ল গিভ্ ইউ **হুইচ্এভার** বুক্ ইউ ওয়ান্ট।
37. প্রশ্নটি যত কঠিনই হোক না কেন, আমি তার নিষ্পত্তি করব।	I'll solve the question, *however/howsoever* difficult it may be. আই'ল সল্ভ্ দি কোয়েশ্চন **হাউএভার/হাউসোএভার** ডিফিকাল্ট ইট্ মে বি।
39. আমি তাকে কখনই আমার বাড়িতে ঢুকতে দেব না।	I'll *never* let him enter my house. আই'ল **নেভার** লেট হিম্ টু এনটার মাই হাউস।

স্মরণীয় [To Remember]

1. বিশেষণ adjective এর তিনটি degrees হয়। Positive যেমন *poor, comparative,* যেমন *poorer* এবং Superlative, যেমন *poorest.*

Ram is *poorer than* Mahesh. He is *more careful than* his brother.	comparative degree ব্যবহার করার সময় *poorer* ইত্যাদি বিশেষণের সাথে than অবশ্যই ব্যবহৃত হয়।

2. কিন্তু Latin শব্দ থেকে নেওয়া তুলনাত্মক বিশেষণ যেমন inferior, superior, junior, senior, prefer, preferable এর সাথে than নয়, to ব্যবহার করা হয় —

This cloth is *inferior to* that.

My pen is *superior to* yours.

3. Latin এর comparative [তুলনাত্মক] শব্দ যেমন interior, exterior, major, minor এর ব্যবহার কেবলমাত্র positive adjectives এর রূপেই ব্যবহৃত হয়। যেমন —

He lives in the interior of the town.

The exterior of a jackfruit is very rough.

This is only a minor job.

28 অষ্টবিংশতি দিন
th Day

বিবিধ ব্যবহার [Miscellaneous Uses]

A

It ও That-এর বিবিধ প্রয়োগ

1. ও লোকটা কে ?	Who is *that/he/she?* হু ইজ দ্যাট/হি/শি ?
2. ও আমার বন্ধু।	*It's* my friend. **ইট'স্** মাই ফ্রেণ্ড।
3. এটা ঠিক উত্তর ছিল না।	*It* was not the correct answer. **ইট** ওয়াজ নট দ্য কারেক্ট আন্সার।
4. এই বইটা তোমার। এইটা আমার।	This is your book. দিস্ ইজ ইয়োর বুক্।
5. তার ইতিহাস ভাল লাগে। সে বলে, "ইতিহাস রুচিকর"।	She likes history. She says, "*It's* interesting." শি লাইক্স্ হিস্ট্রি। শি সেজ, "**ইট'স্** ইন্টারেসটিং।"
6. ওখানে কে ?	Who is there? হু ইজ দেয়ার ?
7. আমি।	*It's* me. **ইট'স্** মি।
8. আমার সাথেই দেখা করতে চান ?	Is *it* me you want? ইজ **ইট** মি ইউ ওয়ান্ট ?
9. তোমায় যে সাহায্য করেছিল সেকি আমি নই ?	Was *it* not I who helped you? ওয়াজ **ইট** নট আই হু হেল্প্ড্ ইউ ?
10. আপনি কি আমাকেই ডাকছেন ?*	Is *it* me you are calling? ইজ **ইট** মি ইউ আর কলিং ?
11. দিনটি তার জীবনের সর্বাপেক্ষা সুখের ছিল।	*It* was the happiest day of her life. **ইট** ওয়াজ দ্য হ্যাপিয়েস্ট ডে ইন হার লাইফ।
12. এতে কিছু এসে যায় না।	*It doesn't* make any difference. **ইট ডাজনট্** মেক এনি ডিফারেন্স্।
13. আমার তাতে কোন কিছু এসে যায় না।	*It doesn't* matter to me. **ইট ডাজনট্** ম্যাটার টু মি।
14. চারটে বাজছে।	*It's* four O'clock. **ইট'স্** ফোর ও'ক্লক।
15. এবার আমার পালা নয়।	*It's* not my turn. **ইট'স্** নট মাই টার্ন।
16. এখনও দুপুর হয়নি।	*It's* not noon yet. **ইট'স্** নট নুন ইয়েট্।
17. বাইরে এখনও বেশ অন্ধকার।	*It's* too dark outside. **ইট'স্** টু ডার্ক আউটসাইড।
18. জোর বৃষ্টি হচ্ছে।**	*It's* raining heavily. **ইট'স্** রেনিং হেভিলি।
19. খুব ঠাণ্ডা পড়েছে।	*It's* too cold. **ইট'স্** টু কোল্ড।
20. ওদের হাত দিয়ে ধরা সোজা ছিল।***	*It* was easier to catch them by hand. **ইট** ওয়াজ ইজিয়ার টু ক্যাচ দেম বাই হ্যাণ্ড।

B

21. আপনি কি আমাকে একটা কলম বা পেন্সিল দেবেন ?	Will you please give me *either* a pen *or* a pencil?উইল ইউ প্লিজ গিভ মি **আয়দার** এ পেন **অর** এ পেন্সিল ?
22. দুইটি উত্তরই সঠিক।	Both answers are correct. বোথ আনসার্স্ আর কারেক্ট্।
23. সে ছাত্রীও নয়, শিক্ষিকাও নয়।	She is *neither* a student, *nor* a teacher শি ইজ **নায়দার** এ স্টুডেন্ট, **নর** এ টিচার।

24. দুজন কয়েদির কেউই দোষী নয়। None of the two prisoners are guilty. নান অফ দ্য টু প্রিজনারস্ ইজ গিল্‌টি।

25. ক্লাশে অনেক ছাত্র আছে। *There* are many/a number of *students* in the class. **দেয়ার** আর মেনি/এ নাম্বার অফ **স্টুডেন্টস্** ইন দ্য ক্লাশ।

26. টেবিলের উপর দুইটি পুস্তক ছিল। *There* were two books on the table. **দেয়ার** ওয়্যার টু বুক্‌স অন দ্য টেবল।

27. ঝুড়িতে দশটি আম আছে।। *There* are ten mangoes in the basket./The basket contains ten mangoes. **দেয়ার** আর টেন ম্যাঙ্গোজ ইন দ্য বাস্কেট।/দ্য বাস্কেট কন্টেন্‌স্ টেন ম্যাঙ্গোজ।

28. রজনী আর মীনাক্ষী দুজনেরই পরিশ্রম করা উচিৎ। Both Rajani and Meenakshi should work hard. বোথ রজনী অ্যাণ্ড মীনাক্ষী শুড্ ওয়ার্ক হার্ড।

29. না বাগীশ ওখানে ছিল, না রাকেশ। Neither Vagish nor Rakesh was there. নায়দার বাগীশ নর রাকেশ ওয়াজ দেয়ার।

30. আমার শার্ট সাদা। তোমার শার্টও সাদা। My shirt is white. Your shirt is white *too*. মাই শার্ট ইজ হোয়াইট। ইয়োর শার্ট ইজ হোয়াইট **টু**।

31. আমার কোট্ কালো নয়। তোমার কোটও কালো নয়। My coat is not black. Your coat is not black *either*. মাই কোট্ ইজ নট ব্ল্যাক। ইয়োর কোট্ ইজ নট্ ব্ল্যাক **আইদার**।

C

32. এখানকার দৃশ্য মনোরম। The *scenery* here is nice/beautiful/lovely. দ্য **সিনারি** হিয়ার ইজ নাইস/বিউটিফুল/লাভ্‌লি।

33. আমরা অন্ধদের খাবার দিলাম। We *provided* the *blind* with food./We gave food to the *blind*. উই **প্রোভাইডেড্** দ্য **ব্লাইণ্ড** উইথ ফুড।/উই গেভ্ ফুড টু দ্য **ব্লাইণ্ড**।

34. আমি এই বইটার দুই তৃতীয়াংশ শেষ করে ফেলেছি। I have finished with *two-thirds* of this book. আই হ্যাভ ফিনিশ্‌ড্ উইথ **টু-থার্ডস** অফ দিস্ বুক।

35. ম্যাজিস্ট্রেট তার গ্রেপ্তারের আদেশ দিলেন। The magistrate *ordered* for his arrest. দ্য ম্যাজিস্ট্রেট **অর্ডারড্** ফর হিজ অ্যারেস্ট।

36. আমি যখন বম্বে যাব তখন তার সঙ্গে দেখা করব। When I *go* to Bombay, I'll see him. হোয়েন আই **গো** টু বম্বে, আই'ল সি হিম।

37. আমার খাওয়া হয়ে গেছে। I *have had* my food/meals. আই **হ্যাভ হ্যাড** মাই ফুড/মিল্‌স।

38. আমি হাই স্কুলে পড়ি। I'm at the high school. আই'ম এ্যাট দ্য হাই স্কুল।

39. গঙ্গা একটি নদী। *The* Ganges is a river. **দ্য** গ্যাঞ্জেস ইজ এ রিভার।

40. তুমি কি ১০০ টাকার মাসিক ভাতা পেয়েছ? Did you get *a* montly allowance of *a* hundred rupees? ডিড্ ইউ গেট্ **এ** মন্‌থ্‌লি এ্যালাউন্‌স্ অফ্ **এ** হান্‌ড্রেড্ রুপিজ?

41. আমার বয়স পঁয়তাল্লিশ বছর। I am fortyfive. আই এ্যাম ফরটিফাইভ্।

42. আমার মাথা ধরেছে। I have a headache. আই হ্যাভ এ হেড্ এক্।

43. আমি নিশ্চিত যে সে ঠিকই [করেছে]। I am sure he is in *the* right/right. আই এ্যাম শিওর হি-ইজ ইন **দ্য** রাইট/রাইট।

44. আমি দিল্লিতে থাকি। I live in Delhi. আই লিভ্ ইন দিল্লি।

45. আমি ছবি আঁকা ছেড়ে দিয়েছি। I have *given up* painting. আই হ্যাভ **গিভেন আপ্** পেন্টিং।

46. আপনি কি দয়া করে এই গিঁটটা খুলে দেবেন? Will you kindly *untie*/*undo* this knot? উইল ইউ কাইন্‌ড্‌লি **আন্‌টায়**/**আনডু** দিস্ নট?

47. আমরা চেঁচামেচি করা ছাড়া কছিুই করতে পারিনি। We could do nothing but make noise. উই কুড্ ডু নাথিং বাট্ মেক নয়েজ।

48. এই বই এর দশম পৃষ্ঠা খুলুন। Please open page ten of this book. প্লিজ ওপ্‌ন্ পেজ্ টেন অফ্ দিস্ বুক।

49. এখন আর কি করা যায় ? What *can be done* now./What's *to be done* now? হোয়াট **ক্যান বি ডান্** নাউ ?/হোয়াট'স **টু বি ডান্** নাউ ?

50. আমার দুটো হাতই জখম হয়ে গেছে। *Both of my* hands have been injured. **বোথ অফ মাই** হ্যাণ্ডস্ হ্যাভ বিন্ ইনজিয়োর্‌ড্।

স্মরণীয় [To Remember]

It, এই সর্বনাম [Pronoun, প্রোনাউন] টির অনেক রকম ব্যবহার আছে। যেমন — [1] শিশু বা নিম্নস্তরের প্রাণীর জন্য – After dressing the wound of the dog, the doctor patted *it* and sent *it* home. জখমের চিকিৎসার পর ডাক্তার কুকুরটির পিঠ থাবড়িয়ে তাকে তার বাড়ি পাঠিয়ে দিলেন। As soon as the child saw *it's* mother, *it* jumped to her. শিশুটি নিজের মাকে দেখার সাথে লাফিয়ে তার মার কাছে গেল। *[2] কোন *Noun* বা *Pronoun* এর ওপর বিশেষ দৃষ্টি আকর্ষণ এর জন্য It was Gandhiji who started the Civil Disobedience Movement. গান্ধীজীই জন-অসহযোগ আন্দোলনের জন্মদাতা।

**[3] *Verb* এর *3rd person singular* এর সাথে *It is raining outside.* বাইরে বৃষ্টি হচ্ছে।

***[4] *Object* এর রূপে children find it difficult to sit quiet. শিশুদের পক্ষে শান্ত হয়ে থাকা কষ্টকর।

[5] প্রথমে বলা বিষয়ের পুনরুত্থানের জন্য He was in the wrong and he realises *it.* তাঁর ভুল হয়েছিল এবং তিনি তা বুঝতে পেরেছেন। এই বাক্যে It এর ব্যবহার that he was in the wrong এর বদলে করা হয়েছে।

It অনেকরকম ভাবে ব্যবহার করা হয়। ভাল করে তার অভ্যাস করে নিন।

29 উনত্রিংশতি দিন
th Day

গণনাসূচক এবং মাত্রাসূচক বাক্য [Countables and Uncountables]

1. বইগুলো টেবিলের ওপর রাখা আছে। প্রত্যেকটি বই নীল।	*All* the books on this table are blue. **অল** দ্য বুক্স্ অন দ্য টেব্ল্ আর ব্লু।
2. ভিড়ের প্রত্যেকটি ব্যক্তিই ছিল স্তব্ধ।	*Everyone* in the crowd was stunned. **এভরিওয়ান** ইন্ দ্য ক্রাউড ওয়াজ স্টান্‌ড্।
3. ওদের প্রত্যেকের কাছেই নিজের মোটরগাড়ি আছে।	*Each* of them has his own car. **ইচ** অফ দেম্ হ্যাজ হিজ্ ওন কার।
4. আমি পনের পয়সা করে চারটে পেন্সিল কিনলাম।	I bought four pencils at fifteen paise *each*. আই বট ফোর পেনসিল্‌স্ এ্যাট ফিফ্‌টিন পয়সে **ইচ**।
5. সোনিয়া ও রীণা একে অন্যকে ভালবাসে।	Sonia and Rina are fond of *each other*. সোনিয়া এ্যাণ্ড রীনা আর ফন্‌ড্ অফ **ইচ্ আদার**।
6. রাজীব ওর মাকে এক সপ্তাহ অন্তর দেখতে যায়।	Rajiv visits his mother *every other* week. রাজীব ভিজিট্‌স্ হিজ্ মদার **এভরি আদার** উইক।
7. দুটো চাবির যে কোনটাই তালাতে লাগবে।	*Either* of these two keys will fit the lock. **আয়দার** অফ দিজ টু কিজ উইল্ ফিট্ দ্য লক্।
8. আমাকে কিছু খেতে দাও।	Give me *something* to eat. গিভ্ মি **সামথিং** টু ইট্।
9. তোমার পকেটে কিছু থাকলে বের করে নাও।	Take out if you have *anything* in your pocket. টেক্ আউট ইফ্ ইউ হ্যাভ **এনিথিং** ইন ইয়োর পকেট।
10. কিছু ভেবো না। আমার কাছে কিছুই নেই।	Don't worry. I don't have *anything*. ডোণ্ট ওয়রি। আই ডোণ্ট হ্যাভ **এনিথিং**।
11. আমি অনেক কিছুই হারিয়ে ফেলেছি।	I've lost *many a thing*. আই'ভ লস্ট্ **মেনি এ থিং**।
12. কেউ এসেছে কি?	Has *someone* come? হ্যাজ **এনিওয়ান** কাম্।
13. হ্যাঁ, আপনার জন্য কেউ একজন অপেক্ষা করছেন।	Yes, *somebody* is waiting for you. ইয়েস, **সামবডি** ইজ ওয়েটিং ফর ইউ।
14. সমস্ত বাড়িটাতেই কোলাহল হচ্ছিল।	There was commotion/uproar in *every* house. দেয়ার ওয়াজ কমোশন/আপরোর ইন **এভরি** হাউস।
15. আর কেউ এসেছিল?	Has *anybody/anyone* else come? হ্যাজ **এনিবডি/এনিওয়ান** এল্‌স্ কাম্?
16. এখানে কেউ আসেনি।	*Nobody/No one* came here. **নোবডি/নো ওয়ান** কেম্ হিয়ার।
17. এ বাড়ির সবকিছুই তোমার জন্য।	*Everything* in this house is at your disposal./You can use *anything* in this house. **এভরিথিং** ইন দিস্ হাউস ইজ এ্যাট ইয়োর ডিসপোজাল।/ ইউ ক্যান ইউজ **এনিথিং** ইন দিস্ হাউস।
18. প্রত্যেকেই প্রস্তুত।	*Everyone/Everybody* is ready. **এভরিওয়ান/এভরিবডি** ইজ রেডি।
19. আমার বাড়িতে প্রত্যেকেই অসুস্থ।	*Everyone* in my house is ill. **এভরিওয়ান** ইন মাই হাউস ইজ ইল্।
20. তারা সবসময়ই বাগানে ছিল।	They were in the garden *all the time*. দে ওয়্যার ইন দ্য গার্ডেন **অল দ্য টাইম**।
21. আমরা বাগানের চারধারে ঘুরে দেখলাম।	We went *all around* the garden. উই ওয়েন্ট্ **অল অ্যারাউণ্ড** দ্য গার্ডেন।
22. তারা সমগ্র দেশ ভ্রমণ করেছিল।	They travelled *all over* the country. দে ট্র্যাভেলড্ **অল ওভার** দ্য কান্ট্রি।
23. এই সময়টায় আমি সর্বক্ষণ তারই অপেক্ষা করেছিলাম।	*All* this while I waited for her. **অল** দিস্ হোয়াইল আই ওয়েটেড ফর হার।

24. এখানে সারা বছরই বৃষ্টি হয়। It rains *all round* the year here. ইট্ রেনস্ **অল রাউণ্ড** দ্য ইয়ার হিয়ার।

25. দেওয়ালটার পাশে পাশে ঝোপঝাড় হয়েছিল। There were Shrubs *all along* the wall. দেয়ার ওয়ার স্রাব্স্ **অল এ্যালং** দ্য ওয়াল।

B

প্রবাদমূলক বাক্য [Idiomatic Sentences]

26. বদভ্যাস গোড়াতেই নির্মূল করা ভাল। Bad habits should be *nipped in the bud.* ব্যাড হ্যাবিট্স্ শুড্ বি **নিপ্ড্ ইন দ্য বাড্**।

27. মোহন দিন আনে দিন খায়। Mohan's existence is from *hand to mouth.* মোহন'স একজিস্ট্যান্স ইজ **ফ্রম হ্যাণ্ড টু মাউথ্**।

28. ডাকাতরা এখনও পালিয়ে বেড়াচ্ছে। The dacoits are still *at large.* দ্য ড্যাকয়েট্স্ আর স্টিল্ **অ্যাট লার্জ্**।

29. বর্ষা পুরোদমে চলছে আজকাল। The rainy season is *in full swing* these days. দ্য রেনি সিজন ইজ **ইন ফুল সুইং** দিজ ডেজ।

30. হত্যাকারী হাতেনাতে ধরা পড়ে। The murderer was caught *red handed.* দ্য মার্ডারার ওয়াজ কট **রেড হ্যাণ্ডেড্**।

31. আমি ব্যাপারটা আঁচ করেছিলাম। I *got wind* of this matter. আই **গট্ উইণ্ড** অফ দিস্ ম্যাটার।

32. তার পরমায়ু আর কদিন মাত্র। His *days are numbered.* হিজ **ডেজ আর নাম্বারড্**।

33. আকাশকুসুম রচনা করে লাভ কি? *Building casteles in the air* won't help. **বিলডিং ক্যাস্ট্লস্ ইন দি এয়ার** ওয়ন্ট হেলপ্।

34. লরি দুর্ঘটনায় তিনি অল্পের জন্য বেঁচে যান। He had a *narrow escape* in the lorry accident. হি হ্যাড্ এ **ন্যারো এসকেপ্** ইন দ্য লরি এ্যাক্সিডেন্ট।

35. অল্পেই ক্রোধান্বিত হওয়া উচিৎ নয়। We should not *lose our temper* over trifles. উই শুড্ নট্ **লস্ আওয়ার টেম্পার** ওভার ট্রাইফ্লস্।

36. জীবনে তিনি অনেক কান্নাহাসির দোল দোলানো দেখেছেন। He has seen many *ups and downs* in his life. হি হ্যাজ সিন মেনি **আপ্স্ এ্যাণ্ড ডাউন্স্** ইন হিজ লাইফ।

37. আমি একনাগাড়ে বারো ঘণ্টা কাজ করতে পারি। I can work for twelve hours *at a strech.* আই ক্যান ওয়ার্ক টুয়েল্ভ্ আওয়ারস্ **এ্যাট এ স্ট্রেচ্**।

38. চড় চড় করে তার উন্নতি হচ্ছে। He is progressing *by leaps and bounds.* হি ইজ প্রোগ্রেসিং **বাই লিপ্স্ এ্যাণ্ড বাউণ্ডস্**।

39. ডাঃ হরবংশলাল খুরানা জন্মের মত ভারতবর্ষ ত্যাগ করেছেন। Dr. Harbans Lal Khurana has left India *for good.* ডাঃ হরবংশলাল খুরানা হ্যাজ লেফ্ট্ ইণ্ডিয়া **ফর গুড্**।

40. অবশেষে সত্যেরই জয় হয়। Truth triumphs *in the long run.* ট্রুথ্ ট্রামফস্ **ইন দ্য লং রান্**।

41. তিনি নিঃসন্দেহে সত্যবাদী। *Of course* he is a truthful man. **অফ কোরস্** হি ইজ এ ট্রুথফুল্ ম্যান।

42. আমি আপনাকে সর্বাধিক দশ টাকা ধার দিতে পারি। *At the most* I can lend you ten rupees. **অ্যাট দ্য মোস্ট** আই ক্যান লেণ্ড ইউ টেন রূপিজ।

43. তুমি ক্রমেই নিজের অবস্থার উন্নতি করবে। *By and by* you will make up your deficiency. **বাই এ্যাণ্ড বাই** ইউ উইল্ মেক আপ্ ইয়োর ডেফিসিয়েন্সি।

44. তিনি আমার সাথে বার বার দেখা করতে আসেন। He comes to see me *again and again/of and on.* হি কাম্স্ টু সি মি **এগেন এ্যাণ্ড এগেন/অফ এ্যাণ্ড অন্**।

45. পুলিশ নির্বিচারে গুলিবর্ষণ করছিল। The Police was firing *at random.* দ্য পোলিস ওয়াজ ফায়ারিং **এ্যাট র‍্যান্ডম**।

স্মরণীয় [To Remember]

1. প্রত্যেক ভাষাতেই কতকগুলি শব্দ অত্যন্ত প্রচলিত হয়ে যায় এবং অবশেষে তাদের মূল অর্থ ছেড়ে অন্য রূপ ধারণ করে। এদের প্রবাদ [Proverb] বলা যেতে পারে। আমরা যে ভাষা শিখতে চাই সেই ভাষার প্রবাদগুলিও যেন ঠিকভাবে শিখে নিই। তবেই আমাদের সেই ভাষার জ্ঞাতা বলে ধরা হবে।

2. কিন্তু প্রবাদে কোন শব্দ বদল করা ঠিক হবে না। Mohan lives from foot to mouth ভুল হবে। সঠিক রূপ Mohan lives from hand to mouth বলতে হবে। অন্য প্রবাদের ক্ষেত্রেও এই নিয়ম খাটবে।

30 ত্রিংশতি দিন
30th Day

অভ্যাস তালিকা [Drill Table]

নিম্নলিখিত তালিকাগুলি ইংরেজি বাক্যের বলা অভ্যাস করার জন্য দেওয়া হ'ল। এগুলি যতবার সম্ভব বলুন। তাতে আপনার ইংরেজি বলার অভ্যাস বাড়বে ও আপনি না থেমে ইংরেজি বলতে পারবেন।

তালিকা – 8 A তে his, her ইত্যাদি সর্বনাম house এই বিশেষ্যের আগে [সর্বনামিক বিশেষণের রূপে] প্রথমে এসেছে। সচরাচর এদের ব্যবহার এই রকমই হয়ে থাকে। তালিকা 8-B এ-এই সর্বনামগুলি Possessive সর্বনাম] আলাদাভাবে রাখা হয়েছে। এইসব ক্ষেত্রে সর্বনাম প্রায় his, hers, theirs, yours, প্রভৃতি রূপে ব্যবহার করা হয়। এদের ব্যবহার অভ্যাস করে নিন।

[একবিংশ দিবস] **[a] 12 বাক্য**

তালিকা [TABLE] – 8 **[b] 12 বাক্য**

a

1	2	3
This is That isn't	his her their your my our	house.

b

1	2
This house is That house isn't	his hers. theirs. yours. mine. ours.

তালিকা – 9 এ in, under, on, near প্রভৃতি স্থানসূচক শব্দ [Platial Words] বাক্যে প্রযুক্ত হয়েছে।

Mr. Ram's এর অর্থ — মিস্টার রামের। এইরূপের ব্যবহার সাধারণতঃ জীবিত বস্তু বা প্রাণীর জন্যই করা হয়, যদিও প্রাণহীন বস্তুর জন্যও, এই ব্যবহার মধ্যে মধ্যে করা চলে যেমন — a day's work, a month's supply, a year's growth ইত্যাদি কারণ এই যে এদের বহুল প্রচলনের জন্য এদের আর অশুদ্ধ বলে ধরা হয় না।

[দ্বাবিংশতি দিবস

তালিকা [TABLE] – 9 **384 বাক্য**

1	2	3	4	5
It Your plate The bottle The cup	is isn't	in under on near	that this your Mr. Ram's	bag basket table

তালিকা – 10 এ too – to সম্বন্ধিত শব্দ [Linking Words] এর ব্যবহার লেখানো হয়েছে। I am *too* tired *to* do such heavy work এর অর্থ — আমি এত ক্লান্ত যে আমার দ্বারা এত শক্ত কাজ সম্ভব নয়। এই রকম অন্য বাক্যেও এদের ব্যবহার হয়।

[ত্রয়োবিংশতি দিবস]

তালিকা [TABLE] – 10 **27 বাক্য**

1	2	3	4	5
I am The little boy was You will be	too	tired hungry weak	to	do such heavy work. go back so soon. answer their questions.

তালিকা – 11 তে when, as well as, after, before ইত্যাদি শব্দের ব্যবহার দেখানো হয়েছে। এদের সাথে কোন Linking Words লাগে না, সোজা অন্য Clause জুড়ে যায়। যেমন, when we arrived [then এর দরকার হয় না] it began to rain.

[ত্রয়োবিংশতি দিবস]

তালিকা [TABLE] – 11 **64 বাক্য**

1	2	3
When As soon as After Before	we arrived the train left they came he noticed	it began to rain. he started crying. the lights went out. he moved away.

তালিকা – **12** তে since এবং for এর ইতিবাচক [Positive] বাক্য দেওয়া হয়েছে।

[চতুর্বিংশতি দিবস]

তালিকা [TABLE] – 12   64 বাক্য

	1	2	3	4
A	She He I You	has been have been	discussing this matter quarrelling over it playing hockey reading a novel	since morning. for many days. since 2 P.M. for two hours.

তালিকা – **13** তে since আর for এর প্রশ্নবাচক [Interrogative] বাক্য দেওয়া হ'ল।

তালিকা [TABLE] – 13   12 বাক্য

	1	2	3	4	5
B	Has Have	she they	 been	working hard singing songs shouting loudly	since 2 P.M.? for a long time?

তালিকা – **14** তে কর্মবাচ্য [Passive Voice] এর বাক্য দেওয়া হয়েছে। এগুলো বলার অভ্যাস করুন ও এদের অর্থ ভালভাবে বুঝে নিন। সহায়ক ক্রিয়া [is, is being, has been] এর সাথে প্রধান ক্রিয়ার 3rd form লাগে।

[পঞ্চবিংশতি দিবস]

তালিকা [TABLE] – 14   165 বাক্য

1	2	3
The money The jewellery The body of the lion	is is being has been is going to be was was being had been will be will not be will have been should be	collected. kept in a secret place. sent away. buried in my garden. moved from here.

105

[পঞ্চবিংশতি দিবস]

তালিকা [TABLE] – 15 — 48 বাক্য

1	2	3	4
My work It	has to may can won't ought to used to	be	suspended. appreciated by many people. done in that factory. finished in time.

তালিকা – 16 তে বিশেষণের দ্বিতীয় রূপ [Comparative Degree] ব্যবহার করার উদাহরণ দেওয়া হয়েছে। এই বাক্যগুলির সাথে than ব্যবহৃত হয়।

[ষষ্ঠবিংশতি দিবস]

তালিকা [TABLE] – 16 — 60 বাক্য

1	2	3	4	5
He was The were	more	wicked honest cruel willing cheerful foolish	than	any one else. she was. you were. I was. we were.

তালিকা – 17 তে বিশেষণের তৃতীয় রূপ [Superlative Degree] দিয়ে বাক্য রচনা দেখানো হয়েছে। এগুলিতে 'Best of' ইত্যাদির ব্যবহার হয়।

[ষষ্ঠবিংশতি দিবস]

তালিকা [TABLE] – 17 — 48 বাক্য

1	2	3	4	5	6
Your coat This one That one	is	the	thickest worst best finest	of	all. those in the shop. the lot. any I have seen.

তালিকা – 18.A তে গণনাসূচক [Countable] শব্দের প্রশ্নার্থক বাক্য দেখানো হয়েছে ও তালিকা 18 B তে মাত্রাসূচক [Uncountable] শব্দের। Many গণনাসূচক [Countable] শব্দ, much মাত্রাসূচক [Uncountable] শব্দের। Many গণনাসূচক [Countable] শব্দ, much মাত্রাসূচক [Uncountable]. মনে রাখবেন, cup, knife, pen, pencil, book ইত্যাদি গণনাযোগ্য [Countable] বস্তু এবং money, oil, bread, tea, sand যাত্রাসূচক [Uncountable] শব্দ।

[সপ্তবিংশতি দিবস]   [a] 10 বাক্য

তালিকা [TABLE] – 18   [b] 10 বাক্য

A	1	2	3	4
	How many	cups knives pens pencils books	are there	on the table? in the store? in the cup-board?

B	1	2	3	4
	How much	money oil bread tea sand	is there	in the house? in his possession? for use?

তালিকা – 19 এ দু রকমের কর্তার উল্লেখ করা হল — [i] nobody এবং [ii] everybody, প্রথমটি নেতিবাচক [Negative] ও দ্বিতীয়টি ইতিবাচক [Positive]. 'Nobody took anything last time' এর অর্থ — গতবার কেউ কোন জিনিষই নেয়নি। এদিকে 'somebody took something last time' এর মানে — গতবার কেউ কিছু নিয়েছিল।

নেতিবাচক বাক্যে সাধারণতঃ anything ও ইতিবাচক বাক্যে something লেখা হয়।

[অষ্টবিংশতি দিবস]

তালিকা [TABLE] – 19   100 বাক্য

1	2	3	4
No one Nobody None of us None of you	wrote wanted cared for	anything	at that time.
Everybody Somebody Some of you A few of us	noticed took	something	before break-fast. last time.

তালিকা – 20 এর প্রথম স্তম্ভে একাধিক শব্দ দ্বারা রচিত বাক্যাংশ, যা কর্তারূপে বিবেচ্য হয়, দেওয়া হ'ল ও দ্বিতীয় স্তম্ভে ক্রিয়া বাক্য। এই দুই অংশ মিলে সম্পূর্ণ বাক্য রচিত হয়। এই বাক্যগুলিতে what জিজ্ঞাসাবাচক শব্দ না হয়ে নির্দেশবাচক হয়েছে। *'What is written here is untrue'*-র অর্থ — যা কিছু এখানে লেখা আছে তা অসত্য। অর্থাৎ, what-এর মানে কি নয়, 'যা কিছু'।

[উনত্রিংশতি দিবস]

তালিকা [TABLE] – 20 — 15 বাক্য

1	2
What is written here What you say What you propose	will be used as evidence. is untrue. is difficult to understand. is perfectly correct. has been said before. presents a distorted picture.

তালিকা – 21-এ ক্রিয়ার সাথে to [infinitive] এর ব্যবহার দেখানো হয়েছে। We would 'like to listen to the radio'. মানে 'আমরা রেডিও শুনতে চাই'।

ওপরে লেখা বাক্যে 'would', 'like', 'to listen' তিনটি ক্রিয়া রয়েছে — 'Would' সাহায্যকারী ক্রিয়া [Special Verb], 'like' মূখ্য ক্রিয়া আর 'to listen' infinitive সর্বনাম-এর জায়গায় ব্যবহৃত হয়ে থাকে।

[উনত্রিংশতি দিবস]

তালিকা [TABLE] – 21 — 48 বাক্য

1	2	3
We They	ought to had to wanted to would like to hoped to will try to	buy return tickets. build a house. answer all the questions. listen to the radio.

I নীচে প্রশ্নোত্তর এর রূপে কয়েকটি বাক্য দেওয়া হ'ল। প্রশ্ন বা উত্তর নিশ্চয়ই 21 থেকে 29 দিনের পাঠ থেকে নেওয়া হয়েছে। আপনি আপনার বন্ধুকে বলুন আপনাকে প্রশ্ন করতে ও আপনি সেইসব প্রশ্নের উত্তর দিন। তারপরে তাঁকে Answer এর বাক্য বলতে বলুন ও আপনি তার সেই বাক্যের Question প্রস্তুত করুন। এইভাবে দুইরকম ভাবে অভ্যাস করুন।

প্রশ্ন [Question]	উত্তর [Answer]

21 শ দিবস

1. What are you?	I'm a clerk. [8]
2. What's your nationality?	I'm an Indian. [12]
3. Is this the book you need?	Yes, this is it. [13]
4. Who went there?	None of us. [25]

22 শ দিবস

5. Where is the book?	It's on the table. [2]
6. Where is the clerk?	He is at the table/seat. [3]
7. Where is Kamala going?	She's going into the room. [8]
8. Where is Kamala?	She's in the room. [9]
9. What do you play besides hockey?	I play football besides that. [33]
10. What can I do for you?	Please, get me a newspaper. [50]

23 শ দিবস

11. Why does he work hard?	It is in attempt to win a prize. [17] *or* Because he wants to win a prize.
12. Can she walk easily?	No, she is quite weak. [20] *or* No, she is so weak that she cannot walk. [21]
13. Who is guilty?	Either you or your brother. [19]
14. For how long have you been learning English? [48]	For last two years.
15. When shall I receive his letter?	You may get it within three days. [32]

24 শ দিবস

16. Was the boy absent from school?	Yes, he was absent from school. [1]
17. Does he know his weakness?	Yes, he is fully conscious/aware of it. [22]
18. Are you sure of your success? [25]	Yes, I'm dead sure.
19. Are his remarks based on facts?	No, they aren't. [39]
20. Why are you bent upon going there? [40]	I feel I can get a better job there. *or* It's to try for a better job.

25 শ দিবস

21. What's to be done?	Let this work be done. [23]
22. What am I requested to do?	You are requested not to smoke. [27]

26 শ দিবস

23. Shall we ever forget these good days? [4] — No we'll never forget them. *or* No, how can we forget them?
24. Is man immortal? — No, he is not. [19]
25. Is there any gain without taking pain? — No, there is no gain without it. [21]

27 শ দিবস

26. Did any of you play football? [6] — No, none of us did.
27. Isn't there any milk in the bottle? [20] — No, there isn't.
28. Shall I give you some more milk? [24] — No, thank you./I need no more.
29. Will you give whatever I want? [35] — With great pleasure. It is all yours.

28 শ দিবস

30. Who is that? [1] — It's my friend. [2]
31. Is it me you are calling? [10] — Yes, I need you.
32. How many mangoes are there in the basket? — There are ten in all. [26] *or* There are ten mangoes in the basket.

29 শ দিবস

33. Had anybody else come? [18] — No, nobody came here.
34. For how long will you stay there. [29] — It's not yet definite/certain.
35. How much money can you lend me? — At the most I can lend you ten rupees. [46]

II. প্রশ্ন I এর প্রশ্ন ও উত্তর দুই এরই সরল বাংলায় অনুবাদ করুন।

III. [i] Lata *does* come.
[ii] Lata *comes*.
[iii] Lata *did* come.
[iv] Lata *came*.

ওপরের চারটি বাক্যের কোনটি শুদ্ধ? আপনি হয়ত বলবেন দ্বিতীয় ও চতুর্থটি। আসলে চারটি বাক্যই শুদ্ধ।

প্রথম ও তৃতীয় বাক্যে come [আসা] এই ক্রিয়ার ওপর জোর [emphasis] দেওয়া হয়েছে। তাদের অর্থ যথাক্রমে 'লতা নিশ্চয়ই আসে' ও 'লতা নিশ্চয়ই এসেছিল' বা 'লতা আসে তো' এবং 'লতা এসেছিল তো'।

Lata comes এবং Lata came এই দুইটির সাধারণ অর্থ হয়। যথা — 'লতা আসে' এবং 'লতা এসেছিল'।

ইতিবাচক বাক্যে [Positive Sentences] do, does, did এর সম্বন্ধে পূরে যা বলা হয়েছে সেই অনুসারে নিম্নলিখিত বাক্যগুলির বাংলায় অনুবাদ করুন।

[i] My mother does like children.
[ii] Children do like to play.
[iii] The labourers did shout loudly.
[iv] Do come tomorrow.

IV. নিম্নলিখিত বাক্যে বন্ধনীর ভেতর দেওয়া উপযুক্ত শব্দ দিয়ে বাক্যের রিক্তস্থান পূর্ণ করুন।

1. He is...[a, an] American. 2. The train is late by half...[a, an] hour. 3. Is he...[a, an] Russian? 4. Kutab Minar is...[a, an, the] highest tower in India. 5. Sonepat is...[a, an, the] small town in Haryana. 6. These pictures...[is, are] mine. 7. He has gone...[to, out] of Delhi. 8. Are you going...[to, for] sleep? 9. Put on a raincoat lest you...[will, shall, should] get wet. 10. Neither Mahesh nor Ramesh...[play/plays] football. 11. Is she...[knows, knew] to you? 12. They pray every day...[for, till] fifteen minutes. 13. Either Sati or Mati...[is, are] to blame. 14. She is...[too, so] weak to walk. 15. I am...[too, so] weak that I can't walk.

সঠিক উত্তর —

1. [an], 2. [an], 3. [a], 4. [the], 5. [a], 6. [are], 7. [out], 8. [to], 9. [should], 10. [plays], 11. [known], 12. [for], 13. [is], 14. [too], 15. [so].

V. নিম্নে দেওয়া বাকক্যগুলির মধ্যে একটি করে শুদ্ধ। মন দিয়ে পড়ে বলুন কোনগুলি শুদ্ধ।

1. [A] He acts older than his years/age. [B] He looks older than his years/age.
2. [A] My mother is all right now. [B] My mother is alright now.
3. [A] Mother as well as father is happy. [B] Mother as well as father are happy.
4. [A] I couldn't understand but a few words. [B] I could understand but a few words.
5. [A] He was capable to support himself. [B] He was capable of supporting himself.
6. [A] I always see you with one particular person. [B] I always see you with one certain person.

সঠিক উত্তর —

1. B, 2. A, 3. A, 4. B, 5. B, 6. A.

VI. নিম্নলিখিত বাক্যগুলি শুদ্ধ করে লিখুন —

1. This is a ass. 2. That is my book, That's my book. 3. We travelled by ship. It was a fine ship. 4. I am taller than he. 5. He was looking me. 6. We had hardly finished the work then his friend came. 7. Either you are a thief or a robber. 8. I have been studying this subject since ten years. 9. He spent plenty of money at his wedding. 10. I no sooner left the house when it began to rain. 11. Though his arms were weak. but his legs were strong. 12. Neither you nor I are lucky. 13. It is too hot for work. 14. Have you much toys? 15. This is a bread, Bread is a food. 16. She is too weak that she can't walk. 17. He works hard lest he will fail. 18. Somebody spoke to me, I forget whom. 19. He is a man who I know is corrupt. 20. Put everything in their place. 21. None of them were available there. 22. There is misery in the life of all men. 23. Are you senior from him?

শুদ্ধ রূপ নীচে দেওয়া হ'ল, কিন্তু উল্টোভাবে সাজানো হ'লো —

1. This is *an* ass. 2. That is a book. *It* is my book. 3. We travelled by ship. *That* was a fine ship. 4. I am taller than *him*. 5. He was looking *at* me. 6. He had *hardly* finished the work *when* his friend came. 7. You are *either* a thief *or* a robber. 8. I have been studying this subject *for* ten years. 9. He spent plenty of money *on* his wedding. 10. *No sooner* did I left the house *than* it began to rain. 11. Though his arms were weak, *yet* his legs were strong. 12. *Neither* of *us* is lucky. 13. It is *too* hot to work. 14. Do you have *many* toys? 15. This is *bread*. Bread *is food*. 16. She is *too weak to* walk. 17. He works hard *lest* he *should* fail. 18. Somebody spoke to me. I forget *who*. 19. He is *the* man *who* I know to be corrupt. 20. Put everything in *its* place. 21. None of them *was* available there. 22. There is misery in the *lives* of all men. 23. Are you senior *to* him?

31 একত্রিংশতি দিন
st Day

চতুর্থ অভিযান [IVth Expedition]

এইবার আমাদের চতুর্থ অভিযানের শুরু — ব্যাকরণের জটিলতা থেকে এবার আমরা ভাষার সহজ ও স্বাভাবিক জগতে প্রবেশ করছি। এতদিন আমরা শব্দের শুদ্ধ ও অশুদ্ধ রূপ চিনতে ও বলতে শিখেছি ও শুদ্ধ বাক্যরচনা করার জ্ঞান প্রাপ্ত করেছি। গত তিনটি অভিযানের অভিজ্ঞতা দিয়ে এবার আমরা বিষয়ানুসার ছোট ছোট বাক্য লিখতে বলতে শিখব ও নতুন নতুন ধরণের বাক্য রচনা করে মনের ভাব প্রকাশ করব। আমাদের স্থির বিশ্বাস যে এতদিনের অভিজ্ঞতা আপনার মনোবল দৃঢ় করতে সাহায্য করেছে ও আপনি নিঃসঙ্কোচে ইংরেজি বাক্য বলার অভ্যাস করতে পারবেন ও নিজের ভাষাগুলি সমৃদ্ধ করতে থাকবেন। প্রত্যেক দিনের শেষের শব্দ টীকা আপনাকে এতে সাহায্য করবে।

এবার শুরু হচ্ছে আমন্ত্রণসূচক বাক্যরচনা। আপনার যাত্রা শুভ হোক।

1 নিমন্ত্রণ — INVITATION [ইনভিটেশন্]

1. অনুগ্রহ করে ভেতরে আসুন। — Come in please./Please enter. কাম্ ইন প্লিজ।/প্লিজ এন্‌টার।
2. অনুগ্রহ করে কোন ঠাণ্ডা পানীয় নিন। — Please have something cold. প্লিজ হ্যাভ সামথিং কোল্ড।
3. আপনি কি দয়া করে এখানে আসবেন ?/এখানে আসবেন একটু ? — Will you please come over here? উইল ইউ প্লিজ কাম্ ওভার হিয়ার ?
4. আসুন, বেড়ানো যাক একটু। — Come for a walk please./Let's have a strol. কাম্ ফর এ ওয়াক প্লিজ।/লেটস্ হ্যাভ এ স্ট্রোল।
5. আপনি কি আমাদের সঙ্গে সিনেমা দেখতে যাবেন ? — Would you like to come with us to the Cinema?/Will you like to see a film/movie with us? উড্ ইউ লাইক্ টু কাম্ উইথ্ আস্ টু দি সিনেমা ?/উইল ইউ লাইক্ টু সি এ ফিল্ম/মুভি উইথ আস ?
6. আপনি কি আমাদের সাথে সারাদিন থাকবেন ? — Would you spend the whole day with us? উড্ ইউ স্পেন্ড্ দি হোল ডে উইথ আস ?
7. তেমনটা করতে পারলে আমি খুশিই হব। — I'll be glad to do so. আই'ল বি গ্লাড টু ডু সো।
8. এস, বাসে যাওয়া যাক। — Let's go by bus. লেট্'স গো বাই বাস্।
9. আপনি কি আমার সঙ্গে নাচে যোগ দেবেন ? — Would you join me in the dance? উড্ ইউ জয়েন মী ইন্ দি ডান্স্ ?
10. না, আমি নাচিনা। — No, I don't dance. নো, আই ডোণ্ট ডান্স্।
11. আপনি তাশ খেলবেন ? — Would you like to play cards? উড্ ইউ লাইক টু প্লে কার্ড্স্ ?
12. না, আমি খেলতে জানি না। — No, I don't know how to play them. নো, আই ডোণ্ট নো হাউ টু প্লে দেম্।
13. আসছে রোববার আমাদের সঙ্গে দিনভোর থাকুন না, বেশ আনন্দ করা যাবে। — I invite you to spend/enjoy next Sunday with my family. আই ইনভাইট ইউ টু স্পেণ্ড/এনজয় নেকস্‌ট্ সানডে উইথ মাই ফ্যামিলি।

14. এই নিমন্ত্রন পত্রটি রইল। — Here is an invitation card for you. হিয়ার ইজ্ এ্যান্ ইন্‌ভিটেশন্ কার্ড ফর ইউ।

15. রাতে খাবার নিমন্ত্রণের জন্য ধন্যবাদ। আমরা সময়মত আসবার চেষ্টা করব। — Thanks for your invitation to dinner. We'll try to be punctual. থ্যাঙ্কস্ ফর ইয়োর ইন্‌ভিটেশন্ টু ডিনার। উই'ল ট্রাই টু বী পাঙ্কচুয়াল।

16. আপনার নিমন্ত্রণ গ্রহণ করতে না পারার জন্য দুঃখিত। আমাকে স্মরণ করার জন্য ধন্যবাদ। — I regret my inability to accept your invitation for dinner. Thank you for your kind remembrance/invitation. আই রিগ্রেট্ মাই ইনএ্যাবিলিটি টু এ্যাক্সেপ্ট ইয়োর ইন্‌ভিটেশন। থ্যাঙ্ক ইউ ফর ইয়োর কাইণ্ড রিমেম্‌ব্রান্স্/ইনভিটেশন।

17. আপনি কি আমাদের সঙ্গে ফতেহপুর সিক্‌রীর ট্যাক্সি ভ্রমণে যেতে পারবেন? — Could you join us for a taxi-tour to Fatehpur Sikri? কুড্ ইউ জয়েন আস্ ফর এ ট্যাক্সি টুর টু ফতেহপুর সিকরী?

18. আপনার নিমন্ত্রণের জন্য অনেক ধন্যবাদ। ট্যাক্সি টুরের পরিকল্পনা সত্যিই সুন্দর। আমি আমি নিশ্চয়ই আসব। — Many thanks for your kind invitation. Your idea of a taxi-tour is really grand. I'll join you. মেনি থ্যাঙ্কস্ ফর ইয়োর কাইণ্ড ইন্‌ভিটেশন। ইয়োর আইডিয়া অফ এ ট্যাক্সি-টুর ইজ রীয়েলি গ্র্যাণ্ড। আই'ল জয়েন ইউ।

2 সাক্ষাৎ ও বিদায় — MEETING & PARTING [মিটিং এ্যাণ্ড পার্টিং]

1. সুপ্রভাত! সেলাম! নমস্কার! সৎশ্রী আকাল! [প্রাতঃকালে] — Good morning! গুড় মর্নিং!
2. এই যে, কেমন আছ? — Hello friend! How are you? হেলো [হ্যালো] ফ্রেণ্ড, হাউ আর ইউ?
3. ভালই আছি, ধন্যবাদ। তুমি কেমন? — Very well, thank you. And you? ভেরি ওয়েল্, থ্যাঙ্ক ইউ। এ্যাণ্ড ইউ?
4. আমি ভালই আছি। — I'm fine. আই'ম ফাইন।
5. তোমার সঙ্গে দেখা হয়ে খুশি হলাম। — I'm glad to see you. আই'ম গ্ল্যাড টু সি ইউ।
6. আমিও খুশি হয়েছি। আমার সৌভাগ্য। — It's my pleasure. ইট্‌স্ মাই প্লিজার।
7. অনেকদিন পরে দেখা হ'লো। — It's been long time since we met. ইট্'জ বিন এ লঙ টাইম সিন্‌স্ ইউ মেট্।
8. আপনার সম্বন্ধে অনেক কথা শুনেছি। — I've heard a lot about you. আই'ভ হার্ড্ এ লট্ এ্যাবাউট ইউ।
9. দেখো কে?/দেখো তো কে এ'ল? — Look, who is it?/Who is here? লুক, হু ইজ ইট।/হু ইজ হিয়র?
10. আমায় দেখে আশ্চর্য হলেন নাকি? — Are you surprised to see me? আর ইউ সারপ্রাইজ্‌ড টু সি মি?
11. নিশ্চয়ই, আমি ত ভাবছিলাম যে আপনি বাংলাদেশে আছেন। — Certainly, I thought/was under the impression that you were in Bangladesh. সার্টেনলি, আই থট/আণ্ডার দ্য ইম্‌প্রেসন দ্যাট ইউ ওয়্যার ইন বাংলাদেশ।
12. হাঁ, সেখানেই ছিলাম, গত সপ্তাহে ফিরেছি। — I was there, but I returned/came back last week. আই ওয়াজ দেয়ার, বাট আই রিটার্ণ্ড/কেম ব্যাক লাস্ট উইক।
13. আচ্ছা, দেখা হবে। — O.K. see you again./O.K., we'll meet again. ও কে, সি ইউ এগেন। ও কে, উই'ল মিট এগেন।
14. আপনাকে কি এখন যেতেই হবে? — Must you go now? মাস্ট ইউ গো নাও?
15. আপনার যাত্রা মঙ্গলময় হোক! — Have a pleasant/nice journey! হ্যাভ এ প্লিজেন্ট/নাইস্ জার্নি!
16. ঈশ্বর আপনার মঙ্গল করুন। — God bless you. গড় ব্লেস্ ইউ।
17. আপনার বাবাকে আমার নমস্কার জানাবেন। — Please give my regards/compliments to your father. প্লিজ গিভ্ মাই রিগার্ডস/কমপ্লিমেন্টস্ টু ইয়োর ফাদার।

18. ভাগ্য আপনার সহায় হোক। — May luck be with you. মে লাক্ বি উইথ্ ইউ।
19. আচ্ছা বন্ধু, বিদায় [রাত্রে]।/শুভ রাত্রি! — Good night, friend. গুড নাইট্ ফ্রেন্ড্।
20. বিদায় [বিদায় অভিবাদনের উত্তরে]! আসি তবে! — Bye bye./Good bye. বাই বাই।/গুড্ বাই।

3 ধন্যবাদ — GRATITUDE [গ্র্যাটিচুড]

1. অশেষ ধন্যবাদ। — Thanks a lot. থ্যাঙ্কস্ এ লট্।
2. আপনার পরামর্শের জন্য ধন্যবাদ। — Thanks for your advice. থ্যাঙ্কস্ ফর ইয়োর এ্যাডভাইস।
3. নিমন্ত্রণের জন্য ধন্যবাদ। — Thanks for your invitation. থ্যাঙ্কস্ ফর ইয়োর ইনভিটেশন্।
4. আমি আপনার প্রতি অত্যন্ত অনুগৃহীত। — I am very grateful to you. আই এ্যাম ভেরি গ্রেটফুল টু ইউ।
5. [আপনার] উপহারের জন্য ধন্যবাদ। — Thanks for the present. থ্যাঙ্কস্ ফর দি প্রেজেণ্ট।
6. এটি অত্যন্ত মূল্যবান উপহার। — This is a very costly/expensive present. দিস্ ইজ এ ভেরি কস্টলি/ একসপেনসিভ্ প্রেজেণ্ট।
7. আমি অত্যন্ত কৃতজ্ঞ। — I am much/very obliged to you. আই এ্যাম মাচ/ভেরি ওবলাইজড্।
8. আপনি খুবই দয়ালু। — You are very kind. ইউ আর ভেরি কাইণ্ড।
9. না না, এ'তো আমার সৌভাগ্য। — Not at all – my pleasure. নট এ্যাট অল — মাই প্লেজার।
10. এতে দয়ার কি আছে, এতো বরং আমার আনন্দ। — This is not matter of kindness, it will rather please me. দিস্ ইজ নো ম্যাটার অফ্ কাইণ্ডনেস্ ইট্ উইল রাদার প্লিজ মি।

4 অভিনন্দন ও শুভকামনা — CONGRATULATIONS & GOOD WISHES

1. নববর্ষের শুভকামনা গ্রহণ করবেন। — Wish you a happy new year. উইশ ইউ এ হ্যাপি নিউ ইয়ার।
2. আপনার জন্মদিনে অভিনন্দন জানাই।*** — Happy felicitations on your birthday. হ্যাপি ফেলিসিটেসনস্ অন ইয়োর বার্থডে।
3. এদিন বার বার আসুক। — Many happy returns of the day. মেনি হ্যাপি রিটার্নস্ অফ্ দি ডে।
4. আপনার সাফল্যে অভিনন্দন জানাই।*** — Congratulations on your success. কন্‌গ্রাচুলেশন্‌স্ অন ইয়োর সাক্‌সেস্।
5. আপনার বিবাহে অভিনন্দন জানাই। — Congratulations on your wedding. কন্‌গ্রাচুলেশন্‌স্ অন ইয়োর ওয়েডিং।
6. আপনার বেতন বৃদ্ধির জন্য অভিনন্দন। — Congratulation on your increment. কন্‌গ্রাচুলেশন্ অন ইয়োর ইনক্রিমেণ্ট।
7. আপনার ইহলোক ও পরলোক দুইই সুখী হোন। — May you have the best of both the worlds. মে ইউ হ্যাভ দি বেস্ট অফ বোথ্ দি ওয়ার্লড্‌স্।
8. আপনি সদা সৌভাগ্যশালী হোন। — May you always be lucky./May luck be always with you. মে ইউ অলওয়েজ বি লাকি।/মে লাক্ বি অলওয়েজ উইথ্ ইউ।
9. পরীক্ষায় তোমার সফলতা কামনা করি। — Hope you do well in your examination. হোপ ইউ ডু ওয়েল ইন ইয়োর একজামিনেশন্।
10. তোমার জীবনে উন্নতি হোক। — May you flourish. মে ইউ ফ্লারিশ্।
11. সকলের পক্ষ থেকে আমি আপনাকে অভিনন্দন জানাই। — I congratulate you on behalf of all. আই কন্‌গ্রাচুলেট্ ইউ অন বিহাফ অফ্ অল্।
12. তোমার কাজে সাফল্য কামনা করি।/ [তুমি] সফল হও। — Wish you all the best. উইশ ইউ অল দ্য বেস্ট।

স্মরণীয় [To Remember]

* অনুরোধ [request] করার জন্য would ও please একসাথে এই দুইটি শব্দেরই ব্যবহার করা উচিৎ। Would you please lend me half a rupee? উড্ ইউ প্লিজ লেণ্ড মি হাফ এ রূপী ? [আপনি কি অনুগ্রহ করে আমাকে আধ টাকা ধার দেবেন ?] এই বাক্য Will you plesae lend me half a rupee অপেক্ষা অধিক শিষ্টাচার যুক্ত।

** কেবল thanks বলা রুক্ষতার পরিচায়ক। Thank you বলাই অধিক যুক্তিযুক্ত। Thank-এর সাথে for এরও ব্যবহার হয়। I thank you, Sir for your interest in my family আরও ভাল, যদিও দীর্ঘ [মহাশয়, আমার পরিবারের কুশল কামনার জন্য আপনাকে ধন্যবাদ]। কেবলমাত্র I thank you কিন্তু কখনও বলবেন না। এটা রুক্ষ।

*** Congratulations ও Felicitations এর সাথে on ব্যবহৃত হয়, for ও at নয়। Congratulations for/at your success ভুল। আপনার বলা উচিৎ congratulations on your success.

অভিনন্দন জানানোর সময় কেবলমাত্র congratulations বা congrats বলা চলে।

32 দ্বিত্রিংশতি দিন
32nd Day

5 অস্বীকৃতি — REFUSAL [রিফিউজাল]

1. আমি আসতে পারব না। — I won't be able to come. আই ওণ্ট বি এব্‌ল্ টু কাম্।
2. আপনি যা চান তা আমি করতে পারব না। — I won't be able to do as you wish. আই ওণ্ট বি এব্‌ল্ টু ডু এ্যাজ ইউ উইশ।
3. আমি আসতে চাই না। — I don't want to come. আই ডোণ্ট ওয়ান্ট টু কাম্।
4. অসম্মতি জানাবার জন্য আমি দুঃখিত। — I'm sorry to refuse. আই'ম সরি টু রিফিউজ।
5. তারা এই ব্যাপারে সহমত হবে না। — They won't agree to this. দে ওণ্ট এগ্রি টু দিস্।
6. এটা সম্ভব নয়। — It's not possible. ইট'স নট্ পসিব্‌ল্।
7. আমি দুঃখিত যে আমার পক্ষে এই প্রস্তাবে সহমত হওয়া সম্ভব নয়। — I regret, I can't accept this proposal. আই রিগ্রেট, আই কাণ্ট এ্যাক্‌সেপ্ট দিস্ প্রোপোজাল।
8. আপনি আমার সঙ্গে সহমত নন, তাই না? — You don't agree with me, do you? ইউ ডোণ্ট এগ্রি উইথ্ মি, ডু ইউ?
9. আমি কি আপনাকে অমান্য করতে পারি? কিন্তু আমি অসহায়। অনুগ্রহ করে দোষ নেবেন না। — How can I disobey you? But I'm helpless. Please don't mind. হাউ ক্যান আই ডিস্‌ওবে ইউ? বাট্ আই'ম হেল্পলেস্। প্লিজ ডোণ্ট মাইণ্ড।
10. এই ব্যাপারটা করা সম্ভব হবে না। — It can't be arranged. ইট্ কাণ্ট বি এ্যারেন্‌জ্‌ড্।
11. সে এটা পছন্দ করে না। — She doesn't like this./She's averse to this idea/to it. শি ডাজণ্ট লাইক দিস্।/শি ইজ এভার্স টু দিস্ আইডিয়া/টু ইট।

6 বিশ্বাস করা — BELIEVING [বিলিভিং]

1. তুমি এটা বিশ্বাস কর না? — Don't you believe it? ডোণ্ট ইউ বিলিভ ইট?
2. এটা অসম্ভব। — It's impossible. ইট্‌স্ ইম্‌পসিব্‌ল্।
3. এটা নেহাৎই গুজব। — It's only a rumour. ইট্‌স্ ওন্‌লি এ রিউমার।
4. এটা কেবল শোনা কথা। — It's only hearsay/rumour. ইট্‌স্ ওন্‌লি হিয়ারসে/রিউমার।
5. আমরা কি এই ট্যাক্সি ড্রাইভারকে বিশ্বাস করতে পারি? — Should/Can we trust this taxi driver? শুড্/ক্যান উই ট্রাস্ট দিস্ ট্যাক্সি ড্রাইভার।?
6. আপনি তাদের পুরোপুরি বিশ্বাস করতে পারেন। — You can fully trust/rely on them. ইউ ক্যান ফুল্‌লি ট্রাস্ট/রিলাই অন দেম্।
7. তার ওপর আমার সম্পূর্ণ আস্থা আছে। — I have full faith in him. আই হ্যাভ ফুল্ ফেথ ইন্ হিম্।

7 অনুরোধ — REQUEST [রিকোয়েস্ট]

1. একটু দাঁড়াবেন?* — Please wait. প্লিজ ওয়েট।
2. অনুগ্রহ করে ফিরে আসুন। — Please come back. প্লিজ কাম্ ব্যাক্।
3. ছেড়ে দিন।** — Let it be. লেট্ ইট্ বি।
4. একটু এখানে আসুন ত। — Please come here. প্লিজ কাম হিয়ার।
5. দয়া করে উত্তর দিন। — Please reply/answer. প্লিজ রিপ্লাই/আন্সার।
6. অনুগ্রহ করে ওকে জাগান। — Please wake him up. প্লিজ ওয়েক হিম আপ্।

7. আশা করি তুমি চিঠি লিখবে। — Hope to hear from you. হোপ টু হিয়ার ফ্রম ইউ।

8. আমার একটা কাজ করবেন? — Will you do me a favour? উইল ইউ ডু মি এ ফেভার?

9. আমাকে কাজ করতে দাও। — Let me work. লেট মি ওয়ার্ক।

10. আমাকে দেখতে দাও। — Let me see. লেট্ মি সি।

11. ওঁদের বিশ্রাম করতে দাও। — Let them relax. লেট্ দেম্ রিল্যাক্স।

12. আমায় কাগজ পেন্সিল দিন তো। — Please give me a pencil and paper. প্লিজ গিভ্ মি এ পেন্সিল এ্যাণ্ড পেপার।

13. আবার বলুন ত। — Please do come day after tomorrow, don't forget. প্লিজ ডু কাম্ ডে আফ্টার টুমরো, ডোণ্ট ফরগেট্।

14. আবার বলুন ত। — Please repeat./Pardon./I beg your pardon. প্লিজ রিপিট /পার্ডন্ / আই বেগ ইয়োর পার্ডন্।

15. আপনাকে একটু সরে বসতে বলতে পারি? — Could I ask you to move/shift a little? কুড্ আই আস্ক্ ইউ টু মুভ/শিফ্ট্ এ লিট্ল্?

16. আপনি আমার সাথে পরশু দেখা করতে পারেন। — Can you see me day after tomorrow? ক্যান ইউ সি মি ডে আফটার টুমরো?

17. আমাকে চিঠি লিখতে ভুলবেন না তো? — You won't forget to write me, will you? ইউ ওণ্ট ফরগেট টু রাইট মি, উইল ইউ?

18. অপরাধ মার্জনা করবেন। — Please forgive me. প্লিজ ফরগিভ মি।

19. কিছু মনে করবেন না, জানালাটা একটু খুলে দেবেন? — Will you please open the window? উইল ইউ প্লিজ ওপেন দ্য উইণ্ডো?

20. সকলেই যেন অনুগ্রহ করে সময়মত আসেন। — All are requested to reach in time. অল আর রিকোয়েসটেড্ টু রিচ ইন্ টাইম।

স্মরণীয় [To Remember]

* ইংরেজি কথাবার্তায় please একটি গুরুত্বপূর্ণ শব্দ। এর ব্যবহার সৌজন্যতার পরিচায়ক। সেজন্য please বার বার বলুন। কেবল Yes বলা রুক্ষতা ও ধৃষ্টতাপূর্ণ উত্তর হয়। Yes, please অত্যন্ত স্নিগ্ধ ও শিষ্ট উত্তর। কথাবার্তায় please বলতে কক্ষনো ভুলবেন না। 'Give me a glass of water' [আমাকে এক গ্লাস জল দিন] বলবেন না। বলুন 'Please give me a glass of water' [অনুগ্রহ করে আমায় এক গ্লাস জল দিন]।

** [i] Let এর ব্যবহার first এবং third person এই হয়। যেমন — What a fine weather! Let us go to the river bank! [কি সুন্দর আবহাওয়া! চলো নদীর ধারে যাওয়া যাক।] Let them play football. [ওদের ফুটবল খেলতে দাও]। Second person এ let ব্যবহার হয় না। যেমন, What a fine weather! Go to the river bank. [ii] তবে বাক্যে যখন second person এর সঙ্গে যখন অন্য person থাকে, তখন কিন্তু let ব্যবহার করা হয়। যেমন — Let you and me go to see the picture. [চলো তুমি আর আমি ছবি দেখতে যাই]।

33 ত্রয়োত্রিংশতি দিন
rd Day

8 আহার — MEALS [মিল্‌স্]

1. আমার ক্ষিদে পেয়েছে।*	I'm feeling hungry. আই'ম ফিলিং হাংগ্রি।
2. কি খাবেন ?	What will you like to eat? হোয়াট উইল ইউ লাইক্ টু ইট ?
3. আপনার কাছে কত প্রকারের আচার আছে ?**	What pickles do you have? হোয়াট পিক্‌ল্‌স্ ডু ইউ হ্যাভ ?
4. আপনি জলখাবার খেয়েছেন ?	Have you had your breakfast? হ্যাভ ইউ হ্যাড ইয়োর ব্রেকফাস্ট ?
5. এখনও খাইনি, রমা।	Not yet, Rama. নট্ ইয়েট্, রমা।
6. জলখাবার তৈরি করো।	Prepare/make the breakfast. প্রিয়েয়ার/মেক্ দ্য ব্রেকফাস্ট।
7. আসুন, জলখাবার খাওয়া যাক।	Let's have the breakfast together. লেট্'স হ্যাভ দ্য ব্রেকফাস্ট টুগেদার।
8. চেখে দেখ।	Just taste it. জাস্ট টেস্ট ইট্।
9. না আমাকে একটা পার্টিতে যেতে হবে।	No, I have to attend a party. নো, আই হ্যাভ টু অ্যাটেণ্ড এ পার্টি।
10. আপনার কাছে মিষ্টান্ন কি কি আছে ?**	What sweet dishes do you have? হোয়াট সুইট ডিসেস্ ডু ইউ হ্যাভ ?
11. লতা কি ভাত খেয়েছে ?	Has Lata had her meals? হ্যাজ লতা হ্যাড হার মিল্‌স্ ?
12. তাড়াতাড়ি, ভাত বাড়া হয়ে গেছে।	Hurry up, food has been served. হারি আপ্, ফুড হ্যাজ বিন সার্ভড।
13. আপনার কি এক প্যাকেট সিগারেট চাই ?	Do you want a packet of cigarettes? ডু ইউ ওয়াণ্ট এ প্যাকেট অফ্ সিগারেট্‌স্ ?
14. সিগারেটের চেয়ে সিগারই আমি পছন্দ করি।	I prefer cigar to cigarette. আই প্রেফার সিগার টু সিগারেট্।
15. তুমি তো প্রায় কিছুই খেলে না।***	You hardly ate./had anything./You ate very little. ইউ হার্ডলি এট্।/হ্যাড এনিথিং।/ইউ এট ভেরি লিট্‌ল্।
16. আর একটু নিন।	Have a little more./Please have some more. হ্যাভ এ লিট্‌ল্ মোর।/প্লিজ হ্যাভ সাম মোর।
17. আপনিও কি ধুম্রপান করেন ?	Do you also smoke? ডু ইউ অলসো স্মোক ?
18. আপনি চা, কফি না কোকো খাবেন ?	Would you have tea, coffee or cocoa. উড্ ইউ হ্যাভ টি, কফি অর কোকো ?
19. আমাকে এক কাপ কফি দাও।	Bring/get me a cup of coffee. ব্রিঙ্গ/গেট্ মি এ কাপ্ অফ কফি।
20. কফি ঢাল।	Pour the coffee. পাওয়ার দ্য কফি।
21. বেয়ারা, চামচ পরিষ্কার নয়।	Waiter, the spoon is/dirty/not clean. ওয়েটার, দ্য স্পুন ইজ ডার্টি/নট ক্লিন।
22. একটু নুন দেবেন ?	Pass the salt, please. পাস্ দ্য সল্ট, প্লিজ্।
23. আমাকে একটু তাজা মাখন দাও।	Give me some fresh butter, please. গিভ্ মি সাম ফ্রেশ বাটার, প্লিজ।
24. আর একটু দিন।	Get/Bring some more, please. গেট্/ব্রিঙ্গ সাম্ মোর, প্লিজ।
25. নিজেই নিয়ে নিন।	Help yourself please. হেল্‌প্ ইয়োরসেলফ প্লিজ।
26. দয়া করে প্লেটগুলো বদলে দিন।	Change the plates, please. চেঞ্জ দ্য প্লেট্‌স্, প্লিজ।
27. আপনি কি নিরামিষাসী ?	Are you vegetarian? আর ইউ ভেজিটেরিয়ান ?
28. না, আমি মাংসাহারী।	No, I am non-vegetarian. নো, আই এ্যাম নন-ভেজিটেরিয়ান।
29. আজ রাত্রে আমি বাইরেই খাব।	I'll dine out today. আই'ল.ডাইন্ আউট টুডে।
30. আপনি কি দুধ খাবেন ?	Will you have milk? উইল ইউ হ্যাভ মিল্ক ?
31. আমি এক্ষুনি খেতে বসলাম।	I have just sat down to have my meals. আই হ্যাভ জাস্ট স্যাট ডাউন টু হ্যাভ মাই মিল্‌স্।

32. আমি ভাত খেতে অভ্যস্ত নয়।	I am not fond of rice./I don't eat rice. আই এ্যাম নট ফণ্ড অফ রাইস।/ আই ডোণ্ট ইট রাইস্।
33. আপনি কি রুটি মাখন খাবেন ?	Would you have some bread and butter? উড্ ইউ হ্যাভ সাম্ ব্রেড এ্যাণ্ড বাটার ?
34. দুটো রুটি খেয়ে ত আমার ক্ষিদে মিটলো না।	Two breads have not been enough for me. টু ব্রেডস্ হ্যাভ নট বিন এনাফ ফর মি।
35. আলু-মটর এর তরকারি আমার প্রিয় খাদ্য।	Pea-n-potatoe is my favourite dish. পি-এন-পোটাটো ইজ মাই ফেভারিট্ ডিশ্।
36. খাবার সময় হয়ে গেছে, তৈরী হয়ে নাও।	It is dinner time, get ready. ইট্ ইজ ডিনার টাইম, গেট্ রেডি।
37. তরকারিতে নুন কম।	There is less salt in the vegetable/curry. দেয়ার ইজ লেস্ সল্ট ইন দ্য ভেজিটেব্‌ল/কারি।
38. খালি পেটে জল খেয়ো না।***	Don't take water on an empty stomach. ডোণ্ট টেক ওয়াটার অন এ্যান এম্পটি স্টম্যাক।
39. আজ কি রান্না হয়েছে ?	What dishes are cooked today? হোয়াট ডিসেস্ আর কুকড় টুডে ?
40. তোমার মায়ের কাছ থেকে সামান্য নুন নিয়ে এসো।	Bring a pinch of salt from your mother. ব্রিঙ্গ এ পিন্চ্ অফ্ সল্ট ফ্রম ইয়োর মাদার।
41. এখানে আলু ছাড়া আর কিছুই পাওয়া যায় না।	Potatoe is all we get here. পোটাটো ইজ অল উই গেট্ হিয়ার।
42. আমার তৃষ্ণা এখনও মেটেনি।	I'm still thirsty. আই'ম স্টিল্ থার্স্টি।
43. তারা আমাকে মধ্যাহ্ন ভোজনের জন্য নিমন্ত্রণ করেছে।	They have invited me to lunch. দে হ্যাভ ইন্‌ভাইটেড্ মি টু লান্চ্।
44. আজ রাত্রে আমার সাথে ভোজন করুন।	Please have your dinner with me. প্লিজ হ্যাভ ইয়োর ডিনার উইথ্ মি।
45. আপনি সেদ্ধ ডিম নেবেন না ভাজা ?	Will you have boiled eggs or fried ones. উইল ইউ হ্যাভ বয়েল্ড্ এগ্‌স্ অর ফ্রায়েড ওয়ানস্।
46. পার্টিতে তারা সাত প্রস্থ খাবার খাইয়েছিল।	There were seven items/dishes at their party. দেয়ার ওয়্যার সেভেন আইটেম্‌স/ডিসেস্ এ্যাট দেয়ার পার্টি।
47. আমি আলুর রসালো তরকারি ভালবাসি।	I'm fond of mushed potatoes. আই'ম ফণ্ড অফ্ মাশ্‌ড্ পোটাটোজ।
48. আর একটু ঝোল দিন।	May I have a little/some more gravy. মে আই হ্যাভ এ লিট্‌ল্ মোর গ্রেভি।
49. আমার স্ত্রী আলু ভাজা পছন্দ করেন।	My wife relishes broiled potatoes. মাই ওয়াইফ রেলিশেষ ব্রয়েল্ড্ পোটাটোজ।
50. সে একটি পেটুক।	He's a glutton. হি'জ এ গ্লাট্‌ন্।
51. তিনি খাদ্যরসিক।	He is a gourmet. হি ইজ এ গুরমেট্।
52. আমরা বিশুদ্ধ ভারতীয় রান্না করি।	We have an exclusive Indian cuisine. উই হ্যাভ এ্যান এক্‌স্‌ক্লিউসিভ্ ইন্‌ডিয়ান কুইজিন।

স্মরণীয় [To Remember]

*Feel এর সাথে বিশেষণ ব্যবহার করা হয়, বিশেষ্য নয়। উদাহরণতঃ I feel thirsty আই ফিল থার্স্টি [আমার তেষ্টা পেয়েছে] বলা হয়। বাংলায় নকল করে I feel thirst বলা ভুল হবে।

**স্বাদ খাবারের জন্য dish কথাটির ব্যবহার হয়, যদিও dish এর মানে পিরিচ [প্লেট] ও হয়। 'আপনার কাছে কি খাবার আছে?' এর জন্য বলবেন, 'What dishes do you have?'

***ইংরেজিতে সাধারণতঃ খাবার জন্য eat ও পান করার জন্য drink বলা হয় না। দুই এরই জন্য take বলা যেতে পারে যেমন — Do you take tea? [আপনি কি চা খান ?] এবং Do you take fish? [আপনি কি মাছ খান ?] Drink করা মানে সাধারণতঃ মদ্যপান করা।

[বাংলায় আমরা খাওয়া ও পান করার জন্য একই শব্দ খাওয়া ব্যবহার করি। কিন্তু ইংরেজিতে আলাদা শব্দ ব্যবহার হয় যেমন eat-খাওয়া, drink-পান করা ও smoke-সিগারেট, বিড়ি, তামাক, চুরুট ইত্যাদি "খাওয়া" — ধূম্রপান করা।]

34 চতুস্ত্রিংশতি দিন
34th Day

9 সময় — TIME [টাইম]

1. আপনার ঘড়িতে কটা বাজে ?*	What is the time by your watch?/What time do you have please? হোয়াট ইজ দ্য টাইম বাই ইয়োর ওয়াচ ?/হোয়াট টাইম ডু ইউ হ্যাভ প্লিজ ?
2. সাড়ে সাতটা।	It's half past seven. ইট'স হাফ্ পাস্ট সেভেন।
3. তুমি কটার সময় ওঠো ?	When do you wake up? হোয়েন ডু ইউ ওয়েক আপ্ ?
4. আমি রোজ সকাল সাড়ে ছটার সময় উঠি।	I wake up every morning at half past six. আই ওয়েক আপ্ এভ্রি মরনিং এ্যাট হাফ পাস্ট সিক্স।
5. তোমার বোন কটার সময় জলখাবার খায়।	When does your sister have her breakfast? হোয়েন্ ডাজ ইয়োর সিস্টার হ্যাভ হার ব্রেকফাস্ট ?
6. সে আটটা নাগাদ জলখাবার খায়।	She has/takes her breakfast at about 8 O'clock. শি হ্যাজ/টেক্স্ হার ব্রেকফাস্ট এ্যাট এ্যাবাউট এইট ও'ক্লক।
7. শিক্ষিকা কখন স্কুলে আসেন ?	When does the teacher come to the school? হোয়েন ডাজ্ দ্য টিচার কাম্ টু দ্য স্কুল ?
8. তিনি নটার একটু আগেই এসে যান।	She comes to the school a little before nine. শি কামস্ টু দ্য স্কুল এ লিট্‌ল্ বিফোর নাইন।
9. তার স্কুলের পড়া কখন শেষ হয় ?	When do the classes end/get off in her school? হোয়েন ডু দি ক্লাসেস্ এনড্/গেট্ অফ্ ইন হার স্কুল ?
10. সওয়া তিনটার সময় পড়া শেষ হয়।	The classes end/act off at quarter past three. দ্য ক্লাসেস এনড্/গেট্ অফ এ্যাট কোয়ার্টার পাস্ট্ থ্রি।
11. আপনি রাত্রের খাবার কখন খান ?	When do you have your dinner?/What's your dinner time? হোয়েন ডু ইউ হ্যাভ ইয়োর ডনিার ?/হোয়াট'স ইয়োর ডিনার টাইম ?
12. আমরা সন্ধ্যা সাড়ে সাতটার সময় রাতের খাবার খাই।	We have our dinner at half past seven. উই হ্যাভ আওয়ার ডিনার এ্যাট হাফ্ পাস্ট্ সেভেন।
13. আমি পৌনে চারটার সময় বাড়ি পৌঁছাই।	I reach home at quarter to four. আই রিচ হোম এ্যাট কোয়ার্টার টু ফোর।
14. এখন তিনটে বেজে দশ মিনিট।	It's ten past three now. ইট্'স টেন্ পাস্ট্ থ্রি নাউ।
15. আমায় চারটে বাজতে কুড়ি মিনিটে যেতে হবে।	I have to go/leave at twenty to four/three forty. আই হ্যাভ টু গো/লিভ এ্যাট টোয়েন্টি টু ফোর/থ্রি ফোর্টি।
16. শিশুরা সকালে আটটা নাগাদ বাড়ি থেকে বেরোয়।	The children leave home around/about eight a.m. দি চিল্ড্রেন্ লিভ হোম এ্যারাউণ্ড/অ্যাবাউট এইট্ এ এম।
17. আপনার বাবা রাত্রে কটা নাগাদ বাড়ি ফেরেন ?	What time does your father usually come home every night? হোয়াট্ টাইম ডাজ ইয়োর ফাদার ইউজিয়্যালি কাম্ হোম এভরি নাইট ?
18. আপনার দাদা সাধারণতঃ কটা নাগাদ অফিস পৌঁছান ?	When does your brother usually reach his office? হোয়েন ডাজ ইয়োর ব্রাদার ইউজুয়ালি রিচ্ হিজ্ অফিস ?
19. তিনি দশটার একটু আগে পৌঁছে যান।	He reaches three a little before ten. হি রিচ্ হিজ্ অফিস-এ লিট্‌ল্ বিফোর টেন্ ?
20. তিনি কটার সময় অফিস ছাড়েন ?	And what time does he leave his office? এ্যাণ্ড হোয়াট টাইম ডাজ্ হি লিভ হিজ অফিস ?

21. তিনি পাঁচটার সময় অফিস থেকে বেরোন। He leaves his office at/by five O'clock. হি লিভ্স্ হিজ অফিস এ্যাট/বাই ফাইভ ও'ক্লক্।

22. আজ কত তারিখ? What's the date today? হোয়াট'স দ্য ডেট টুডে?

23. আজ ১৫ই ডিসেম্বর, ১৯৭৬। It is the fifteenth of December, nineteen seventy six. ইট ইজ ফিফ্‌টিনথ্ অফ ডিসেম্বর, নাইনটিন সেভেন্‌টি সিক্স্।

24. তোমার জন্মদিন কবে? When is your birthday? হোয়েন ইজ ইয়োর বার্থডে?

25. আমি জানি না, মহাশয়। I don't know, Sir. আই ডোণ্ট নো, স্যার।

26. আমার ঘড়ি রোজ দু মিনিট আগে চলে। My watch gains two minutes daily. মাই ওয়াচ গেন্স্ টু মিনিট্স্ ডেইলি।

27. সময়ের যথোচিত ব্যবহার কর। Make the best use of your time. মেক দ্য বেস্ট ইউজ অফ ইয়োর টাইম।

28. এখন সে সময়ানুবর্তিতার মূল্য বোঝে। Now he values punctuality/time./Now he knows the importance of time. নাও হি ভ্যালুজ/পাঙ্কচুয়ালিটি/টাইম।/নাও হি নোজ দ্য ইম্পর্টেন্স অফ্ টাইম।

29. সে তার সময়ের অপব্যবহার করে। He idles away/wastes his time. হি আইড্‌লস্ এ্যাওয়ে/ওয়েস্টস্ হিজ্ টাইম।

30. তিনি [ঘড়ির] কাঁটায় কাঁটায় আসেন। He is punctual to the minute. হি ইজ পাঙ্কচুয়াল টু দ্য মিনিট্।

31. সময় কি তীব্র গতিতে বয়ে যায়! How time flies! হাউ টাইম ফ্লায়েজ!

32. আমার ঘড়ি ভেঙে গেছে। My watch has broken. মাই ওয়াচ হ্যাজ ব্রোক্‌ন্।

33. ওঠার সময় হয়ে গেছে। It is time to wake up. ইট্ ইজ টাইম টু ওয়েক্ আপ্।

34. তিনি সময়মতই এসেছেন। He is quite in time. হি ইজ কোয়াইট্ ইন্ টাইম।

35. তিনি ঠিক সময়েই এসে গেছেন। He came at the right time. হি কেম্ এ্যাট দ্য রাইট টাইম।

36. আপনার আধ ঘণ্টা দেরি হয়ে গেছে। You are late by half an hour. ইউ আর লেট বাই হাফ এ্যান আওয়ার।

37. আমাদের হাতে অনেক সময় আছে। We have enough time./We've plenty of time. উই হ্যাভ এনাফ্ টাইম।/ইউ'ভ প্লেন্টি অফ্ টাইম।

38. এখন প্রায় মাঝরাত্রি। It is almost mid-night. ইট্ ইজ অলমোস্ট মিড-নাইট।

39. আমরা অনেক আগে এসে গেছি। We are too early. উই আর টু আরলি।

40. আপনি সঠিক সময়ে এসে গেছেন। আমি এক মিনিট পরেই চলে যেতাম। You are just in time. I would have left in another minute. ইউ আর জাস্ট্ ইন টাইম। আই উড্ হ্যাভ লেফ্ট্ ইন এ্যানাদার মিনিট।

41. ভালো দিন আসবে। Better times will come./Good days are ahead. বেটার টাইম্স্ উইল্ কাম্।/গুড্ ডেজ আর এ্যাহেড্।

42. আমি ত এক এক পল বাঁচাবার চেষ্টা করছি। I am trying to save each/every moments. আই অ্যাম ট্রায়িং টু সেভ ইচ্/এভ্রি মোমেন্ট্স্।

43. প্রত্যেক জিনিসেরই উপযুক্ত সময় থাকে। There is a time for everything/Everything has its time. দেয়ার ইজ এ টাইম ফর এভরিথিং/এভরিথিং হ্যাজ ইটস্ টাইম্।

44. আপনার ঘড়িতে কটা বেজেছে? What's the time by your watch? হোয়াট'স দ্য টাইম বাই ইয়োর ওয়াচ্?

45. সময় একবার বয়ে গেলে আর ফেরৎ আসে না। Time once lost can never be regained. টাইম ওয়ান্স্ লস্ট ক্যান নেভার বি রিগেন্‌ড্।

10 অনুমতি

PERMISSION [পারমিশন্]

1. আরম্ভ করি?** Do/Should we begin? ডু/শুড্ উই বিগিন?

2. আমি যাব?** May I go/leave? মে আই গো/লিভ্?

3. আমিও যাব? May I join you?/May I also come along? মে আই জয়েন ইউ!/মে আই অলসো কাম এ্যালং?

4. আচ্ছা, আমি চলি।	Well, allow me to go. ওয়েল, অ্যালাও মি টু গো।
5. আমাকে যেতে দাও।	Let me go. লেট মি গো।
6. আপনি এবার যেতে পারেন।	You may go/leave now. ইউ মে গো/লিভ নাও।
7. এবার আমায় যাবার আজ্ঞা দিন।	Now, please permit me to go. নাও, প্লিজ পারমিট মি টু গো।
8. আমি আপনার টেলিফোনটা ব্যবহার/করতে পারি ?	Can I use your phone? ক্যান আই ইউজ ইয়োর ফোন ?
9. আমি আলোটা নিবিয়ে দিই ?	Can I switch off the light? ক্যান আই সুইচ্ অফ্ দ্য লাইট ?
10. আমি কি আপনার ঘরে আসতে পারি ?	May/can I enter your room? মে/ক্যান আই এন্টার ইয়োর রূম ?
11. আমি ভেতরে আসতে পারি ?	May I come in please? মে আই কাম ইন প্লিজ ?
12. আমি আমার বইগুলো তোমার কাছে রেখে দিই ?	Can I leave my books with you? ক্যান্ আই লিভ মাই বুক্স্ উইথ ইউ ?
13. আমরা তোমার ঘরে সিগারেট খেতে পারি ?	Can we smoke in your room? ক্যান উই স্মোক ইন ইয়োর রূম ?
14. নিশ্চয়ই, স্বচ্ছন্দে।	Of course, with great pleasure. অফ্ কোর্স, উইথ্ গ্রেট প্লেজার।
15. আপনি কি আপনার গাড়িতে আমাকে নেবেন ?	Will you please give me a lift/take me in your car. উইল্ ইউ প্লিজ গিভ মি এ লিফ্ট্/টেক মি ইন্ ইয়োর কার ?
16. কিছুক্ষণের জন্য আপনার সাইকেলটা নিতে পারি ?	May I borrow your bike for a while. মে আই বরো ইয়োর বাইক ফর এ হোয়াইল ?
17. আমি আপনাকে বিরক্ত করতে পারি ?	Can I disturb you? ক্যান্ আই ডিস্টার্ব ইউ ?
18. আমি এই ঘরটায় থাকতে পারি ?	Can I stay in this room? ক্যান্ আই স্টে ইন দিস্ রুম।
19. আমরা এখানে একটু জিরিয়ে নিই ?	May we rest here for a while? মে উই রেস্ট্ হিয়ার ফর এ হোয়াইল ?
20. আমি কি আজ ছবি দেখতে যেতে পারি ?	May I go to see the movie today?

স্মরণীয় [To Remember]

প্রশ্ন দুরকম ভাবে করা যেতে পারে। এক প্রশ্নবাচক সর্বনামের [pronoun] এর সাহায্যে, যেমন What is your name, please? [আপনার নাম জানতে পারি ?] ও দ্বিতীয় একটু বিচিত্রভাবে, যা বাংলায় হয় না। যেমন আপনি কি যাচ্ছেন ? এর ইংরেজি হয়, 'Are you going?' এই বাক্যে 'কি' এর কাজ auxiliary verb are বাক্যের প্রথমে থেকে করল।

** অনুমতি প্রার্থনা করার জন্য ইংরেজিতে may ব্যবহার করা হয়, যদিও তা একমাত্র শব্দ নয়। Shall we set out now? [আমরা চলতে আরম্ভ করি ?] তে shall ব্যবহার করা হয়েছে বাক্যের প্রারম্ভে। তবে কখন কখন may এর ব্যবহার অনুপযুক্ত বলে মনে হয়। ঝড়ের সময় 'May I shut the window?' না বলে 'should I shut the window' বলায় যথোপযুক্ত হবে। বাংলার অবশ্য দুই এরই অর্থ—'আমি কি জানালাটা বন্ধ করে দেব ?' হয়।

35 পঞ্চত্রিংশতি দিন
th Day

11 নির্দেশ/আজ্ঞা [I] — INSTRUCTION/ORDER [I] [ইন্সট্রাক্শন/অর্ডার]

1. নিজের কাজ করো।	Attend to your work. অ্যাটেণ্ড টু ইয়োর ওয়ার্ক।
2. ওঁকে স্টেশন অব্দি ছেড়ে এসো।	See him off at the station. সি হিম্ অফ এ্যাট দ্য স্টেশান।
3. সত্য বলবে, মিথ্যাভাষণ করবে না।	Speak the truth, don't lie. স্পিক দ্য ট্রুথ, ডোণ্ট লাই।
4. এই কোটটা পরে দেখো।	Try this coat on. ট্রাই দিস্ কোট অন।
5. মন দিয়ে কাজ করো।	Work whole-heartedly. ওয়ার্ক হোল হার্টেডলি।
6. মদ্যপান কোরো না।	Keep away from drinking. কিপ্ এ্যাওয়ে ফ্রম ড্রিঙ্কিং।
7. আমাকে এক গ্লাস টাটকা জল এনে দাও।	Fetch me a glass of fresh water. ফেচ্ মি এ গ্লাস অফ ফ্রেশ্ ওয়াটার।
8. নম্রভাবে কথা বল।	Talk politely./Be polite. টক পোলাইট্‌লি।/বি পোলাইট্।
9. ফেরৎ ডাকে উত্তর দিও।	Reply by return post. রিপ্লাই বাই রিটার্ন পোস্ট।
10. হিসাব মিলিয়ে নাও।	Check the accounts. চেক্ দ্য এ্যাকাউণ্টস্।
11. গরম চা আস্তে খাও।	Sip the hot tea slowly. সিপ্ দ্য হট টি স্লোলি।
12. টাঙ্গা স্ট্যাণ্ড থেকে একটা টাঙ্গা ভাড়া করো।	Hire a tonga from the tonga stand. হায়ার এ টঙ্গা ফ্রম দ্য টঙ্গা স্ট্যাণ্ড।
13. এখানে গাড়ি রাখা বারণ।	Parking is not allowed here. পার্কিং ইজ নট এ্যালাওড্ হিয়ার।
14. দুটো কমলালেবুর রস করো।	Squeeze two oranges. স্কুইজ টু অরেঞ্জেস।
15. বাঁ দিক দিয়ে চলো।	Keep to the left. কিপ্ টু দ্য লেফট্।
16. আমাকে সকালে তাড়াতাড়ি উঠিয়ে দিও।	Wake me up early in the morning. ওয়েক মি আপ্ আর্লি ইন দ্য মর্নিং।
17. তোমার চালচলন শোধরাও।	Mend your ways. মেণ্ড ওয়োর ওয়েজ।
18. পর্দা উঠিয়ে দাও।	Draw the curtain. ড্র দ্য কারটেন।
19. তাকে শহরটা দেখিয়ে দাও।	Take him round the city. টেক্ হিম্ রাউণ্ড দ্য সিটি।
20. অতিথিকে ভেতরে নিয়ে এসো।	Usher/Bring the guest in. আশার/ব্রিং দ্য গেস্ট ইন্।
21. সকলের সাথে নম্রভাবে কথা বলো।	Be polite to all./Speak politely with everybody. বি পোলাইট্ টু অল।/স্পিক্ পোলাইটলি উইথ এভরিবডি।
22. ঠিক সময়ে আমাকে এই কথা মনে পড়িয়ে দিও।	Remind me of it at the proper time. রিমাইণ্ড মি অফ্ ইট এ্যাট দ্য প্রপার টাইম।
23. আমার সাথে সাথে চলো।	Keep pace with me. কিপ পেস উইথ্ মি।
24. শিশুটিকে ঘুম পাড়িয়ে দাও।	Put the child to sleep/bed. পুট দ্য চাইল্ড টু স্লিপ্/বেড্।
25. আমাকে কাল এই ব্যাপারটা মনে করিয়ে দিও।	Remind me about it tomorrow. রিমাইণ্ড মি এ্যাবাউট ইট টুমরো।
26. সব ব্যবস্থা করে রেখো।	Keep everything ready. কিপ এভরিথিং রেডি।
27. সাবধানে চলো।	Walk cautiously. ওয়াক কশাসলি।
28. পরে এসো।	Come after wards. কাম্ আফটারওয়ার্ডস্।
29. আমাকে পাঁচটার সময় উঠিয়ে দিও।	Wake me up at 5 O'clock. ওয়েক মি আপ্ এ্যাট ফাইভ ও'ক্লক।
30. যাবে যদি তৈরি হয়ে নাও।	Get ready if you want to come along. গেট্ রেডি ইফ্ ইউ ওয়াণ্ট টু কাম্ এ্যালং।
31. আমি না আসা পর্য্যন্ত এখানে অপেক্ষা করো।	Wait here till I'm back. ওয়েট হিয়ার টিল আই'ম ব্যাক্।

37. এ রকম ভাবে বলা উচিৎ নয়। Don't say like that. ডোণ্ট সে লাইক দ্যাট্।

33. মন দিয়ে কাজ করো। Be careful about your work. বি কেয়ারফুল এ্যাবাউট ইয়োর ওয়ার্ক।

34. নিজের নিজের কাজ করো। Do your own work. ডু ইয়োর ওন ওয়ার্ক।

35. তুমি এখন যেতে পারো, আমার একটু কাজ আছে। You may go now, I have some work to do. ইউ মে গো নাও, আই হ্যাভ সাম্ ওয়ার্ক টু ডু।

36. এটা লিখে নাও। Note this down. নোট দিস্ ডাউন।

37. শিগগির ফেরৎ এসো। Come back soon. কাম্ ব্যাক সুন।

38. আবার এলে আমার সাথে দেখা করো। Come and see me again. কাম্ এ্যাণ্ড সি মি এগেন্।

39. নিজের চরকায় তেল দাও। Please mind your own business. প্লিজ মাইণ্ড ইয়োর ওন বিজ্‌নেস্।

40. একটু ধৈর্য ধর। Have patience. হ্যাভ পেশান্স।

41. বয়োজেষ্ঠদের সম্মান কর। Respect your elders. রেসপেক্ট্ ইয়োর এলডারস্।

42. তুমি ওখানেই থাক। You stay there. ইউ স্টে দেয়ার।

43. ভাল সময়ে আশা করা উচিৎ। Hope for good times. হোপ্ ফর গুড টাইমস্।

44. শিশুটির প্রতি লক্ষ্য রেখ। Take care of the baby. টেক্ কেয়ার অফ দ্য বেবি।

স্মরণীয় [To Remember]

* বাংলায়, বিশেষ করে সংস্কৃতে একই মূল শব্দের সাথে ভিন্ন ভিন্ন উপসর্গ জুড়ে অনেক শব্দ রচনা করা যায় যাদের অর্থও ভিন্ন ভিন্ন হয়। উদাহরণতঃ আহার, বিহার, প্রহার, সংহার, পরিহার ইত্যাদি শব্দ মূল 'হার'-এর আগে বি, প্র, সং, পরি ইত্যাদি উপসর্গ দিয়ে রচনা করা হইয়াছে। ইংরেজিতেও এইরকম হয়, যেমন — Adjudge, misjudge, prejudge, subjudge ইত্যাদি শব্দ judge-এর সাথে Ad, mis, pre, sub ইত্যাদি উপসর্গ [prefix] জুড়ে তৈরি করা হয়েছে। কিন্তু ইংরেজির অন্য একটি বিশেষতা আছে যা বাংলায় নেই। ইংরেজিতে একটি ক্রিয়ার সাথে বিভিন্ন অব্যয় [prepositions] দিয়ে ভিন্ন ভিন্ন অর্থ বোধ করানো যায়। Go [যাওয়া] এই মূল ক্রিয়াকেই ধরা হোক। Go out-এর অর্থ নিভে যাওয়া — 'The light went out during the storm' [ঝড়ের সময় আলো নিভে গেল]। Go off-এর অর্থ বিস্ফোট হওয়া — 'The gun went off by itself' [বন্দুকটা আপনা থেকেই গুলিবর্ষণ করল।] Go through-র অর্থ মন দিয়ে পড়া যেমন — 'He went through the whole book but could not discover anything new in it [তিনি বইটি মনোযোগ সহকারে পড়া সত্ত্বেও কোন নূতন বিষয় খুঁজে পেলেন না]।

36th Day ষষ্ঠত্রিংশতি দিন

12 নির্দেশ/আজ্ঞা [2] — INSTRUCTION/ORDER [II] [ইন্সট্রাক্শন/অর্ডার]

45. তুমি নিজেই যাও। — Go yourself. গো ইয়োরসেল্ফ্।
46. তৈরি হও। — Be ready. বি রেডি।
47. প্রদীপটি জ্বালাও। — Light the lamp. লাইট দ্য ল্যাম্প।
48. লাইটটা জ্বেলে দাও। — Switch on the light. সুইচ্ অন দ্য লাইট।
49. প্রদীপটি নিবিয়ে দাও।* — Put off the lamp. পুট্ অফ্ দ্য ল্যাম্প।
50. লাইট নিবিয়ে দাও। — Switch of the light. সুইচ্ অফ্ দ্য লাইট।
51. পাখাটা চালিয়ে দাও। — Switch on the fan. সুইচ্ অন দ্য ফ্যান।
52. তাকে ডেকে পাঠাও। — Send for him. সেণ্ড ফর হিম্।
53. এদের কাজ করতে দাও। — Let these people do their work. লেট্ দিজ পিপ্ল্ ডু দেয়ার ওয়ার্ক।
54. হাত ধোও। — Wash your hands. ওয়াস ইয়োর হ্যাণ্ডস্।
55. শিগ্গির এসো। — Come soon. কাম্ সুন।
56. গাড়ি থামাও। — Stop the car. স্টপ দ্য কার।
57. ফিরে যাও। — Go back. গো ব্যাক।
58. দেরি করো না। — Don't delay./Don't be late. ডোণ্ট ডিলে।/ডোণ্ট বি লেট।
59. পেনসিল দিয়ে লিখোনা। — Don't write with a pencil. ডোণ্ট রাইট উইথ্ এ পেন্সিল।
60. কলম দিয়ে লেখো। — Write with a pen. রাইট উইথ্ এ পেন্।
61. অন্যের নকল করো না। — Don't copy others. ডোণ্ট কপি আদার্স্।
62. একটা ট্যাক্সি ভাড়া করো। — Hire a taxi. হায়ার এ ট্যাক্সি।
63. কোটের বোতাম লাগাও। — Button up your coat. বটন্ আপ্ ইয়োর কোট।
64. আগুনটা জ্বালিয়ে রাখ। — Keep the fire on. কিপ দ্য ফায়ার অন্।
65. ঘোড়াকে ঘাস দাও। — Feed the horse with grass. ফিড দ্য হর্স উইথ্ গ্রাস।
66. নাক ঝেড়ে এসো। — Go and blow your nose. গো এ্যাণ্ড ব্লো ইয়োর নোজ।
67. আমাকে জানাতে ভুলো না। — Don't fail to inform me. ডোণ্ট ফেল টু ইনফর্ম মি।
68. জুতোর ফিতে শক্ত করে বাঁধো। — Lace your shoes tightly. লেস ইয়োর শুজ টাইটলি।
69. স্বাস্থ্যের অবহেলা করে পড়াশুনা করার দরকার নেই। — Don't study at the cost of your health. ডোণ্ট স্টাডি এ্যাট দ্য কস্ট অফ ইয়োর হেল্থ্।
70. বিস্তারিত চিঠি লেখ। — Write a detailed letter./Write a long letter. রাইট এ ডিটেল্ড্ লেটার।/রাই এ লং লেটার।
71. ভবিষ্যতে এরকম আর করো না। — Don't do so in future. ডোণ্ট ডু সো ইন ফিউচার।
72. তুমি নিজেই এই চিঠিটা ডাকে দাও। — Post this letter yourself. পোস্ট দিস্ লেটার ইয়োরসেল্ফ্।
73. সময়ানুবর্তিত হও। — Be punctual. বি পাঙ্কচুয়াল।
74. কথা এড়িয়ে যেয়ো না। — Don't beat about the bush. ডোণ্ট বিট্ এ্যাবাউট দ্য বুশ্।
75. ফুল তুলো না। — Don't pluck the flowers. ডোণ্ট প্লাক্ দ্য ফ্লাওয়ার্স।
76. বদভ্যাস ত্যাগ করো। — Give up bad habits. গিভ্ আপ্ ব্যাড হ্যাবিট্স্।

77. ভাল করে চিবিয়ে খাও। Chew your food well. চিউ ইয়োর ফুড ওয়েল।

78. দাঁত মাজ। Brush your teeth. ব্রাশ ইয়োর টিথ।

79. বক্‌বক্ করো না। Don't chatter./Don't talk nonsense. ডোণ্ট চ্যাটার।/ডোণ্ট টক্ নন্‌সেন্স।

80. সবকিছু যথাস্থানে রাখ। Arrange/keep everything in order. অ্যারেঞ্জ/কিপ্ এভ্‌রিথিং ইন অর্ডার।

81. কালি দিয়ে লেখ। Write in ink. রাইট ইন ইন্‌ক্।

82. বোকামি করো না। Don't be silly. ডোণ্ট বি সিলি।

83. অতিথিদের মনোরঞ্জন করো। Attend to the guests. অ্যাটেণ্ড টু দ্য গেস্টস্।

84. নিজের কাজ দেখো। Mind your own business. মাইণ্ড ইয়োর বিজ্‌নেস্।

85. দু হাত দিয়ে ধরে থাক। Hold with both hands. হোল্ড উইথ্ বোথ হ্যাণ্ডস্।

86. দেশের জন্য সর্বস্ব অর্পণ করো। Lay down your life for the motherland. লে ডাউন ইয়োর লাইফ ফর দ্য মাদারল্যাণ্ড।

87. কাজে বাধা দিও না। Don't hold up the work. ডোণ্ট হোল্ড আপ্ দ্য ওয়ার্ক।

88. বদভ্যাসের বিরুদ্ধে সতর্ক থেকো। Be careful against bad habits. বি কেয়ারফুল্ এগেনস্ট ব্যাড হ্যাবিট্স্।

89. ঐ গাছটার কাছে যেয়ো না। Don't go near that tree. ডোণ্ট গো নিয়ার দ্য ট্রি।

90. এই মনোহারি গল্পটি নিশ্চয়ই পড়বে। Do read this interesting story. ডু রিড দিস্ ইন্‌টারেস্‌টিং স্টোরি।

স্মরণীয় [To Remember]

* ইংরেজিতে put এর সাধারণ অর্থ রাখা হলেও এই শব্দের সাথে অব্যয় [prepositions] যোগ করলে তার অর্থের অসাধারণ পরিবর্তন হয়। Put down এর অর্থ হয় লেখা please put down all that I say [আমি যা বলছি লেখে রাখ]।

Put forward এর অর্থ পেশ করা — He hesitated to put forward his plan [তিনি তার যোজনা পেশ করতে ইতস্ততঃ করলেন]।

Put off-এর অর্থ স্থগিত করা for want of a quorum the meeting put off [কোরামের অভাবে সভা স্থগিত রাখা হ'ল]।

Put on-এর অর্থ কাপড় পরা — He put on new clothes on the Id festival. [তিনি ইদের দিন নতুন কাপড় পরলেন]।

Put out এর অর্থ — নিভিয়ে দেওয়া — Put out the fire lest it should spread around. [আগুন নিভিয়ে দাও না হ'লে হয়ত চারপাশে ছড়িয়ে পড়বে]।

37 সপ্তত্রিংশতি দিন th Day

13 উৎসাহিত করা — ENCOURAGEMENT [এনকারেজমেণ্ট]

1. নিশ্চিত থাকুন।	Rest assured. রেস্ট এ্যাশিওরড্।
2. চিন্তা ছাড়।	Stop worrying. স্টপ ওয়রিং।
3. পুরুষ মানুষকে শিশুর মত কাঁদা শোভা পায় না।	It is not manly to cry like children. ইট ইজ নট ম্যানলি টু ক্রাই লাইক্ চিলড্রেন।
4. তুমি কিসের জন্য উদ্বিগ্ন ?	What's bothering you. হোয়াট্'স বদারিং ইউ।
5. ভয়ের কোন কারণ নেই।	There is nothing to fear. দেয়ার ইজ নাথিং টু ফিয়ার।
6. আমার জন্য চিন্তা করো না।	Don't worry about me. ডোণ্ট ওয়রি এ্যাবাউট মি।
7. ভয় পেয়ো না।	Don't be scared. ডোণ্ট বি স্কেয়ারড্।
8. ইতস্ততঃ করো না।	Don't hesitate. ডোণ্ট হেজিটেট।
9. চিন্তার কোন কারণ নেই।	There is no need to worry. দেয়ার ইজ নো নিড টু ওয়রি।
10. আমি এর পরোয়া করি না।	I'm not bothered about it. আই'ম নট বদারড্ এ্যাবাউট ইট্।
11. কোনো অসুবিধা হ'লে আমাকে জিজ্ঞেস করতে পার।	You can ask me if there is any difficulty. ইউ ক্যান আস্ক মি ইফ্ দেয়ার ইজ এনি ডিফিকাল্টি।
12. যা দরকার নাও।	Take whatever you need. কেট হোয়াটএভার ইউ নিড্।
13. তুমি অনর্থক উদ্বিগ্ন হচ্ছ।	You are unnecessarily worried./worrying. ইউ আর আন্নেসেসারিলি ওয়ারিড্/ওয়্যারিং।
14. আমি আপনার জন্য গর্বিত।	I'm proud of you. আই'ম প্রাউড অফ ইউ।
15. সঙ্কোচ করবে না।	Don't hesitate. ডোণ্ট হেজিটেট।
16. তাতে কি হয়েছে ?*	It doesn't matter. ডোণ্ট হেজিটেট্।
17. ঘাবড়াবে না।	Don't feel nervous. ডোণ্ট ফিল নারভাস্।
18. চিন্তা করো না।	Don't worry. ডোণ্ট ওয়রি।

14 সান্ত্বনা — CONSOLATION [কন্সোলেশন]

1. বড়ই দুঃখের ব্যাপার।	It's a pity./It's very sad. ইটস্ এ পিটি।/ইট'স্ ভেরি স্যাড।
2. ওকে সান্ত্বনা দাও।	Console him. কনসোল হিম্।
3. পৃথিবীর এটাই নিয়ম।	That's the way things are. দ্যাট্স দ্য ওয়ে থিংস্ আর।
4. ভাগ্যের বিরুদ্ধে কে দাঁড়াবে !	Who can fight against fate! হু ক্যান ফাইট্ এগেইনস্ট ফেট !
5. ঈশ্বরের এই অভিপ্রেত ছিল।	It was God's will. ইট্ ওয়াজ গডস উইল।
6. যে দুঃখের লাঘব নাই, তা সহ্য করাই শ্রেয়স্কর।	What cannot be cured must be endured. হোয়াট ক্যানট বি কিয়োরড় মাস্ট বি এনডিওরড।
7. ঈশ্বরে বিশ্বাস রাখ, দুঃখের দিনের অবসান নিশ্চয়ই হবে।	Have faith in God, misfortune will pass. হ্যাভ ফেইথ্ ইন গড, মিস্ফরচুন উইল্ পাস।
8. ঈশ্বর তোমায় এই নিদারুণ আঘাত সহ্য করার শক্তি দিন।	May God give you stregnth to bear this terrible blow. মে গড গিভ্ ইউ স্ট্রেন্থ্ টু বেয়ার দিস টেরিবল্ ব্লো।

9. আমরা অত্যন্ত দুঃখিত। — We are deeply grieved. উই আর ডিপলি গ্রিভ্‌ড্।

10. আমাদের সহানুভূতি গ্রহণ কর। — We sympathise with you. উই সিম্‌প্যাথাইজ উইথ্ ইউ।

11. আমাদের সমবেদনা প্রকাশ করছি। — We offer our condolences. উই অফার আওয়ার কন্‌ডোলেন্‌সেস্।

12. তাঁর পিতার মৃত্যুতে আমরা গভীরভাবে ব্যথিত। — We are deeply grived at the death of her father. উই আর ডিপ্‌লি গ্রিভ্‌ড এ্যাট দি ডেথ্ অফ্ হার ফাদার।

15 বিরক্তি — ANNOYANCE [এ্যানয়েন্‌স্]

1. এখনও তুমি কেন কাজটা আরম্ভ করনি? — Why have you not begun/started the work yet? হোয়াই হ্যাভ ইউ নট বিগান/স্টার্টেড দ্য ওয়ার্ক ইয়েট্।

2. আপনি কথার বিরোধ কেন করেন? — Why do you contradict me. হোয়াই ডু ইউ কন্ট্রাডিক্ট মি।

3. আপনি আমার দিকে চেয়ে আছেন কেন? — Why do you stare at me? হোয়াই ডু ইউ স্টেয়ার এ্যাট মি?

4. আপনি মিথ্যে রেগে যাচ্ছেন। — You are angry for nothing./You're unnecessarily getting annoyed. ইউ আর এ্যাঙ্গরি ফর নাথিং।/ইউ'র আননেসেস্যারিলি গেটিং এ্যানয়েড।

5. সারা পাড়া তোমায় ছিঃ ছিঃ করবে। — You'll degrade yourself in the eyes of the whole locality. ইউ'ল ডিগ্রেড ইয়োরসেল্‌ফ্ ইন্ দ্য আইজ অফ দ্য হোল লোকালিটি।

6. তুমি বৃথা সময় নষ্ট কর। — You just/simply waste your time. ইউ জাস্ট/সিম্পলি ওয়েস্ট ইয়োর টাইম।

7. কে দায়ী? — Who is to blame? হু ইজ টু ব্লেম?

8. ক্রুদ্ধ হবেন না। — Don't be angry. ডোন্ট বি এ্যাঙ্গরি।

9. আমি কি আপনাকে ব্যথা দিয়েছি? — Have I hurt you? হ্যাভ আই হার্ট ইউ?

10. কি লজ্জা! — What a shame! হোয়াট এ শেম!

11. আমি বিশ্বাস করতেই পারিনি যে তুমি সৎ নও। — I couldn't believe that you are not an honest person. আই কুড্‌ন্ট বিলিভ দ্যাট ইউ আর নট এ্যান অনেস্ট পারসন।

12. আমি কাকে বিশ্বাস করি।? — Whom can I trust? হু ক্যান আই ট্রাস্ট?

13. এটা আমার ভুল ছিল না। — It was not my fault. ইটও ওয়াজ নট মাই ফল্ট্।

14. সত্যিই এটা ভুল করে হয়েছে। — Actually, it was done by mistake. অ্যাক্‌চুয়ালি, ইট ওয়াজ ডান বাই মিস্‌টেক।

15. সে জ্বালাতন করে ছাড়ল। — He is a nuisance. হি ইজ এ ন্যুইসন্‌স।

16. সে গালগল্প করে সময় নষ্ট করে। — He wastes his time in gossiping. হি ওয়েস্‌ট্‌স্ হিজ্ টাইম ইন গসিপিং।

17. সে আমায় ডুবিয়েছে। — He let me down. হি লেট্ মি ডাউন।

18. সে আমার বিরক্তি উৎপাদন করে। — He irritates me. হি ইরিটেট্‌স মি।

19. সে কথা দিয়ে কথা রাখে না। — He doesn't keep his words. হি ডাজন্ট কিপ্ হিজ ওয়ার্ডস্।

20. সে আমাকে ঠকিয়েছে। — He betrayed/cheated me. হি বিট্রেড্/চিটেড মি।

21. আমায় রাগিও না। — Don't let me lose my temper. ডোন্ট্ লেট্ মি লস মাই টেম্পার।

22. সে মূর্খ। — He is a duffer. হি ইজ এ ডাফার।

23. তুমি অনর্থক রেগে যাচ্ছ। — You are unnecessarily getting annoyed. ইউ আর আননেসেস্যারিলি গেটিং অ্যানয়েড্।

16 স্নেহ-প্রশংসা — AFFECTION [এ্যাফেক্‌শন্]

1. তুমি খুব সাহসের কাজ করেছ। — That was very brave of you. দ্যাট ওয়াজ ভেরি ব্রেভ অফ ইউ।

2. সাবাস! — Bravo/Well done/Good show! ব্রেভো/ওয়েল ডান্/গুড শো!

3. বাঃ, বেশ ! That's wonderful. দ্যাট্স্ ওয়ান্ডারফুল।

4. তোমার কাজ প্রশংসাযোগ্য। Your work is praiseworthy. ইয়োর ওয়ার্ক ইজ প্রেজওয়ার্দি।

5. আপনি দয়ালু ! You are so nice/How nice you are! ইউ আর সো নাইস/হাউ নাইস্ ইউ আর !

6. আপনি সত্যই আমার খুব সাহায্য করেছেন। You have been a great help to me. ইউ হ্যাভ বিন এ গ্রেট হেলপ্ টু মি।

স্মরণীয় [To Remember]

*Don't be afraid [ভয় পেয়ো না] যে Don't দুটি শব্দের সমষ্টি — Do + not. লিখবার ও বলবার সময় not-এর O-কে লুপ্ত করে দিয়ে পর স্থলে apostrophe ['] দেওয়া হয়। কিন্তু Won't = Wo + not নয়। Won't = Will + not-এর থেকে প্রমাণিত হয় যে এই শব্দগুলির রচনার কোননির্দ্ধারিত নিয়ম নেই। তবে not-এর স্থলে সব সময় n't লেখা হয়। যেমন — cannot-এর সংক্ষিপ্তরূপ can't. মনে রাখবেন যদিও cannot আসলে can ও not এই দুই শব্দের সংমিশ্রণ, তবুও এদের আলাদাভাবে লেখা হয় না। এই রকম কতকগুলি অন্য শব্দ —

wouldn't = would + not	Couldn't = could + not
Shouldn't = should + not	Needn't = need + not

এদের উচ্চারণ হয় প্রথম শব্দটি পূর্ণ উচ্চারণ করে পরে 'nt' [ন্ট্] বলা যেমন উড্ন্ট্, কুড্ন্ট্, শুড্ন্ট্, নিড্ন্ট্]।

38 অষ্টত্রিংশতি দিন
38th Day

17 নিষেধ — NEGATION [নেগেশন]

1. আমি আপনার বক্তব্য মানতে পারছি না।	I can't accept what you say. আই কাণ্ট এ্যাক্‌সেপ্‌ট্ হোয়াট ইউ সে।
2. আমি এ বিষয়ে কিছুই জানি না।	I know nothing in this connection. আই নো নাথিং ইন দিস্ কনেক্‌শন।
3. এ রকম বদমাশি আর করো না।	Don't do such a mischief again. ডোণ্ট ডু সাচ্ এ মিস্‌চিফ্ এগেন।
4. তা নয়।	It is not so/like that. ইট ইজ নট সো/লাইক দ্যাট।
5. সে ছুটি পায় নি।	He could not manage to take leave. হি কুড্ নট ম্যানেজ টু টেক্ লিভ্।
6. আমার কোন অভিযোগ নেই।	I have no complaint./I don't have any complaint. আই হ্যাভ নো কম্‌প্লেন্‌ট্।/আই ডোন্ট হ্যাড্ এনি কম্‌প্লেনট।
7. এটা হতেই পারে না।	It can't be so. ইট্ কাণ্ট বী সো।
8. না, আমি যেতে পারি নি।	No, I couldn't go. নো, আই কুড্‌নট্ গো।
9. আমি জানি না।	I don't know. আই ডোণ্ট নো।
10. আমি কিছুই চাই না।	I don't want anything. আই ডোণ্ট ওয়াণ্ট এনিথিং।
11. কিছুই না।	Nothing. নাথিং।
12. আমি কি করে এ [কাজ] করতে পারি!	How can I do this! হাউ ক্যান আই ডু দিস্!
13. আমি এ [কাজ] করতে পারব না।	I can't do this. আই কাণ্ট ডু দিস্।
14. এ হ'তে পারে না।	It can't be. ইট কাণ্ট বি।
15. আমি মানি না।	I don't agree/believe. ডোণ্ট অ্যাগ্রি/বিলিভ।
16. এ সত্যি নয়।	This is not true. দিস্ ইজ নট ট্রু।
17. আমি প্রত্যাখান করি।	I refuse/deny. আই রিফিউজ/ডিনাই।
18. তুমি এর অনুমতি দিও না।	You should not allow this. ইউ শুড্ নট এ্যালাউ দিস্।
19. অন্যের ভুল ধরো না।	Don't find faults with others./Don't criticise others. ডোণ্ট ফাইন্‌ড্ ফল্‌ট্‌স্ উইথ্ আদারস্।/ডোণ্ট ক্রিটিসাইজ্ আদারস্।
20. ধনগর্বে গর্বিত হয়ো না।	Don't be proud of your riches/money. ডোণ্ট বি প্রাউড অফ্ ইয়োর রিচেস/মানি।
21. কাউকে প্রতারণা কোরো না।	Don't cheat anybody. ডোন্‌ট্ চিট্ এনিবডি।
22. লম্বা ঘাসের ওপর পা ফেলো না।	Don't tread on the long grass. ডোণ্ট ট্রেড্ অন দ্য লং গ্রাস।
23. জেদি হয়ো না।	Don't be obstinate/stubborn. ডোণ্ট বি অবস্টিনেট্/স্টাবর্ণ।
24. দুঃখিত, এটা আমার সাধ্যাতীত।	Sorry, I can't affort it. সরি, আই কাণ্ট এ্যাফোর্ড দিস্।
25. আমার কাছে খুচরো নেই।	Sorry, I don't have any change. সরি, আই ডোণ্ট হ্যাভ এনি চেঞ্জ।
26. আমি গান গাইতে জানি না।	I don't know how to sing. আই ডোণ্ট নো হাউ টু সিং।
27. রাগ করবেন না।	Don't be angry./Don't lose your temper. ডোণ্ট বি অ্যাংগরি।/ডোণ্ট লস্ ইয়োর টেম্পার।
28. কারও সাথে কর্কশ ভাষায় কথা কয়ো না।	Don't be rude to anybody./Don't speak harshly with anybody. ডোণ্ট বি রুড় টু এনিবডি।/ডোণ্ট স্পিক্ হার্শলি উইথ্ এনিবডি।

18 সহমতি — CONSENT [কনসেন্ট্]

1. যা তোমার ইচ্ছা। — As you like. এ্যাজ ইউ লাইক্।
2. একেবারে ঠিক। — This is quite right. জদস্ ইজ কোয়াইট্ রাইট।
3. আপনার কথাই ঠিক। — You are right. ইউ আর রাইট্।
4. আমার কোন আপত্তি নেই। — I have no objection./I don't have any objection. আই হ্যাভ নো অবজেক্শন্।/আই ডোণ্ট হ্যাভ এনি অবজেক্শন্।
5. কিছু এসে যায় না। — It doesn't matter. ইট্ ডাজন্ট ম্যাটার।
6. তাইই হবে। — It will be so. ইট্ উইল বি সো।
7. আমি রাজি। — I agree. আই এ্যাগ্রি।
8. আমি আপনার সাথে সম্পূর্ণভাবে একমত। — I entirely agree with you. আই এন্টায়ারলি এ্যাগ্রি উইথ্ ইউ।
9. নিশ্চয়ই। সে হাই স্কুল পাশ করার সব আশাই ছেড়ে দিয়েছে। — Of course, he gave up all hopes of passing high school. অফ কোর্স্, হি গেভ্ আপ্ অল হোপ্স্ অফ পাসিং হাই স্কুল।
10. হাঁ, তা সত্যি। — Yes, it's true. ইয়েস্, ইট্স্ ট্রু।
11. এতো আনন্দের কথা। — It is rather a matter of pleasure. ইট্ ইজ রাদার এ ম্যাটার অফ প্লেজার।
12. আপনার উপদেশ অনুযায়ীই আমি চলব। — I'll follow your advice. আই'ল ফলো ইয়োর অ্যাডভাইস।
13. আপনার নিমন্ত্রণ স্বীকার করলাম। — I accept your invitation. আই এ্যাক্সেপ্ট্ ইয়োর ইন্ভিটেশন্।
14. আমি অনুমতি দিলাম। — I give consent to this. আই গিভ্ কন্সেন্ট্ টু দিস্।
15. পিতার আজ্ঞা পালন কর। — Do as your father says. ডু এ্যাজ ইয়োর ফাদার সেজ্।
16. নিজের ইচ্ছা জোর করে তোমার ওপর চালাচ্ছি না। — I am not trying to impose myself on you. আই এ্যাম নট ট্রায়িং টু ইমপোজ মাইসেল্ফ অন ইউ।
17. মনে হয় তুমি আমার সঙ্গে সহমত নও। — You don't seem to agree with me. ইু ডোণ্ট সিম টু এ্যাগ্রি উইথ্ মি।

19 দুঃখ — SADNESS [স্যাডনেস্]

1. ক্ষমতা করবেন/মার্জনা করবেন/মাফ্ চাইছি। — Excuse me/Forgive me/Pardon me. এক্সকিউজ মি/ফরগিভ্ মি/পার্ডন মি।
2. দুঃখিত, আমার জন্য আপনার কষ্ট হ'ল। — I'm very sorry, you have had to suffer because of me. আই'ম্ ভেরি সরি, ইউ হ্যাভ হ্যাড টু সাফার বিকজ অফ্ মি।
3. শুনে আমার অত্যন্ত দুঃখ হ'ল। — I'm very sorry to hear this. আই'ম্ ভেরি সরি টু হিয়ার দিস্।
4. আমার সহানুভুতি গ্রহণ করুন। — My sympathies are with you. মাই সিম্প্যাথিজ আর উইথ্ ইউ।

স্মরণীয় [To Remember]

*Give এর অর্থ দেওয়া। কিন্তু preposition এই শব্দের অর্থ সম্পূর্ণভাবে অন্য করে দেয়। Give up এর অর্থ ত্যাগ করা। Maulana Azad gave up all hopes of recovering from his illness. [মৌলানা আজাদ রোগমুক্ত হবার সমস্ত আশা ত্যাগ করলেন]; Give in = নতি স্বীকার করা। In spite of Akbar's larger resources, Maharana Pratap refused to give in. [আকবরের সম্পদের বিপুলতা সত্ত্বেও মহারাণা প্রতাপ নতি স্বীকার করলেন না]; Give away = বিতরণ করা, The principal gave away the prize [প্রধানাধ্যাপক মহোদয় পুরস্কার বিতরণ করলেন]। অন্যান্য অর্থও দেখুন। Give way = ভেঙে পড়া [অধিক বোঝা সামলাতে না পেরে পুল ভেঙে পড়া]; give out = প্রকাশ করা; give off = ছাড়া; give ear = শোনা; give a piece of one's mind = বেশ করে শুনিয়ে দেওয়া; give onself airs = বড়াই করা; give chase = পেছোনে [কারও] দৌড়ানো; give around = পশ্চাদসরণ করা।

39 উনচত্বারিংশতি দিন
th Day

20 বিবাদ — QUARREL [কোয়ারেল্]

1. কেন মাথা খারাপ করছেন ? — Why are you losing* temper? হোয়াই আর ইউ লুজিঙ্গ টেম্পার ?
2. সাবধান এ কথা আর মুখ থেকে উচ্চারণ করো না। — Beware, don't utter it again. বিওয়্যার, ডোণ্ট আটার ইট্ এগেন।
3. তুমি অত্যন্ত রগচটা। — You are very short-tempered. ইউ আর ভেরি শর্ট-টেম্পারড্।
4. সে আমায় তিক্ত-বিরক্ত করে রেখেছে। — He has got** on my nerves. হি হ্যাজ গট্ অন মাই নার্ভস্।
5. যাই হোক না কেন। — Come what may. কাম্ হোয়াট্ মে।
6. আমি তোমার কি ক্ষতি করেছি ? — What harm/wrong have I done to you? হোয়াট হার্ম/রং হ্যাভ আই ডান্ টু ইউ ?
7. তোমার স্বভাব বদলাতে হবে। — You'll have to mend your ways. ইউ'ল হ্যাভ টু মেণ্ড ইয়োর ওয়েজ।
8. কেন মিথ্যে তার সাথে ঝগড়া করছ ? — Why do you quarrel with him unnecessarily? হোয়াই ডু ইউ কোয়ারেল্ উইথ্ হিম্ আননেসেস্যারিলি।
9. উত্তেজিত হয়ো না। — Don't get excited. ডোণ্ট গেট্ এক্সাইটেড্।
10. যা করেই হোক ব্যাপারটার নিষ্পত্তি করে ফেলো। — Settle the matter somehow. সেট্‌ল্ দি ম্যাটার সামহাও।
11. তুমি কি পাগল হয়েছ ? — Are you in your senses? আর ইউ ইন্ ইয়োর সেন্সেস্ ?
12. আমার সামনে থেকে দূর হও। — Get out of my sight/Get lost! গেট্ আউট অফ মাই সাইট/গেট্ লস্ট !
13. আমাদের ব্যাপারে আপনার মাথা ব্যাথা কিসের ? — How are you concerned with our affairs? হাউ আর ইউ কনসার্নড্ উইথ্ আওয়ার অ্যাফেয়ার্স।
14. কথা বাড়িও না। — Now, put an end to controversy./Don't stretch the matter. নাও, পুট এ্যান এণ্ড টু কন্ট্রোভার্সি।/ডোণ্ট স্ট্রেচ্ দ্য ম্যাটার।
15. নিপাত যাও। — Go to hell. গো টু হেল্।
16. এঁকে মধ্যস্থতা করতে দিন। — Let him mediate between the two parties. লেট্ হিম মেডিয়েট্ বিট্‌উইন দ টু পার্টিজ।
17. কলহর নিষ্পত্তি হয়ে গেছে। — The quarrel is settled./The matter ends here. দি কোয়ারেল্ ইজ সেট্‌ল্‌ড্।/দ্য ম্যাটার এণ্ডস্ হিয়ার।
18. এখন দুজনে মিটমাট করো ফেলো। — Now make up with each other./Now be friends. নাও মেক আপ্ উইথ্ ইচ আদার।/নাও বি ফ্রেণ্ডস্।

21 ক্ষমা প্রার্থনা — APOLOGIES [এ্যাপলজিস]

1. কিছু মনে করবেন না ! — Please don't mind this./Please don't feel bad about this. প্লিজ ডোণ্ট মাইণ্ড দিস্।/প্লিজ ডোণ্ট ফিল্ ব্যাড এ্যাবাউট দিস্।
3. মাফ করবেন, আমি সময়মত আসতে পারিনি। — I'm sorry, I got late. আই'ম সরি, আই গট্ লেট।
4. শুনে আমি দুঃখিত হলাম। — I was sorry/pained to hear this. আই ওয়াজ সরি/পেইণ্ড টু হিয়ার দিস্।
5. কোনো ভুল হয়ে থাকলে ক্ষমা করবেন। — Excuse me if there has been any mistake. এক্স্‌কিউজ মি ইফ্ দেয়ার হ্যাজ বিন্ এনি মিস্টেক।
6. ক্ষমা করবেন। — I beg your pardon. আই বেগ্ ইয়োর পারডন্।

7. আমার ভুল উচ্চারণের জন্য ক্ষমা চাইছি।	Please excuse my incorrect pronunciation. প্লিজ এক্‌স্‌কিউজ মাই ইন্‌কারেক্ট্‌ প্রোনানসিয়েশন্‌।
8. আপনাকে বাধা দেবার জন্য মাফ চাইছি।	I'm sorry for interrupting you. আই'ম সরি ফর ইনটারাপটিং ইউ।
9. মাফ করবেন, আপনাকে টেলিফোন করতে পারিনি।	I'm sorry, I couldn't call you. আই'ম সরি, আই কুড'ন্ট কল ইউ।
10. আমার হয়ে ক্ষমা চেয়ে নেবেন।	Make my apologies. মেক্‌ মাই এ্যাপলজিজ্‌।
11. এতে ক্ষমা করার কি আছে! কিছু ভাববেন না।	Don't apologise. It doesn't matter. ডোণ্ট এ্যাপলজাইজ্‌। ইট ডাজ্‌ন্ট ম্যাটার।
12. নিতান্তই ভুলে হয়ে গেছে।	It was merely done by mistake. ইট্‌ ওয়াজ মেয়ারলি ডান্‌ বাই মিস্‌টেক্‌।
13. আমি অত্যন্ত দুঃখিত।	I am very sorry. আই অ্যাম ভেরি সরি।
14. চিন্তা কোরো না। কোনও ক্ষতি হয় নি।	Don't worry. No harm is done. ডোণ্ট ওয়রি। নো হার্ম ইজ ডান্‌।
15. না জেনে আপনাকে দুঃখ দিয়ে থাকলে মাফ্‌ করবেন।	I am very sorry if I have unwillingly hurt you. আই অ্যাম ভেরি সরি ইফ্‌ আই হ্যাভ আনউইলিংলি হার্ট ইউ।
16. এটা না জেনে হয়ে গেছে।	It was done inadvertently. ইট্‌ ওয়াজ ডান্‌ ইনএ্যাড্‌ভারটেন্‌টলি।
17. এতে আপনার দোষ ছিল না।	It was not your fault. ইট ওয়াজ নট ইয়োর ফল্ট।
18. আপনাকে এতক্ষণ বসিয়ে রাখার জন্য আমি দুঃখিত।	I am awfully sorry to have kept you waiting so long. আই এ্যাম অফুলি সরি টু হ্যাভ কেপ্ট্‌ ইউ ওয়েটিং সো লঙ্গ।
19. ঠিক আছে।	That's all right. দ্যাট্‌স্‌ অল রাইট।

22 ক্রোধ — ANGER [এ্যাঙ্গার]

1. ছিঃ ছিঃ/ধিক্কার তোমাকে!/তোমার লজ্জা হওয়া উচিৎ।	You should be ashamed of yourself./Shame on you. ইউ শুড্‌ বি এ্যাশেমড্‌ অফ ইয়োরসেল্‌ফ্‌।/শেম অন ইউ।
2. তোমার লজ্জা হওয়া উচিৎ।	You should be ashamed of yourself. ইউ শুড্‌ বি এ্যাশেমড্‌ অফ্‌ ইয়োরসেল্‌ফ্‌।
3. তুমি বেশ চালু।	You are too clever/smart. ইউ আর টু ক্লেভার/স্মার্ট।
4. তুমি ভীষণ ধূর্ত লোক।	You are an extremely cunning man. ইউ আর অ্যান এক্সট্রিম্‌লি কানিং ম্যান।
5. ধিক্কার তোমাকে!	Shame on you. শেম অন ইউ!
6. তুমি অত্যন্ত সাংঘাতিক/নীচ লোক।	You are a mean/cunning fellow. ইউ আর এ মিন/কানিং ফেলো।
7. আমি আর তোমার মুখদর্শন করতে চাই না।	I don't want to see your face again. আই ডোণ্ট ওয়াণ্ট টু সি ইয়োর ফেস্‌ এগেন।
8. বক্‌ বক্‌ করো না।	Don't talk nonsense/Stop yapping. ডোণ্ট টক্‌ ননসেন্‌স্‌/স্টপ্‌ ইয়াপিং।
9. এ সমস্ত তোমারই কর্ম।	It's all your doing. ইট্‌'স অল ইয়োর ডুয়িং।
10. এ সব তোমার জন্যই হয়েছে।	It's all because of you. ইটস্‌ অল বিকজ অফ ইউ।
11. ভেবো না তুমি পার পাবে।	You can't get away with this./You can't escape from this. ইউ কাণ্ট গেট্‌ এ্যাওয়ে উইথ্‌ দিস্‌।/ইউ কাণ্ট এস্‌কেপ্‌ ফ্রম দিস্‌।
12. তোমাকে কখনই ক্ষমা করা হ'বে না।	You don't deserve forgiveness./You can never be forgiven for this. ইউ ডোণ্ট ডিজার্ভ ফরগিভ্‌নেস্‌।/ইউ ক্যান নেভার বি ফরগিভ্‌ন্‌ ফর দিস্‌।
13. তুমিই এর জন্য দায়ী।	You're resposnible for this/that. ইউ আর রেস্‌পন্সিব্‌ল ফর দিস/দ্যাট্‌।

স্মরণীয় [To Remember]

* যদিও lose [হারানো] ও loose [আলগা] এর উচ্চারণ একই, তবুও এই দুই শব্দের অর্থ একেবারেই ভিন্ন। আমাদের ভাষার ব্যাকরণ অনুসারে দুইটি শব্দেরই উচ্চারণ এক হওয়ায় lose এর স্থলে অনেক সময় loose লিখে ফেলি [loose-এর মত একই রকম উচ্চারণযুক্ত শব্দ goose [হাঁস], noose [ফাঁসির দড়ি] ইত্যাদি]। এই ভুল যেন না হয়।

** Get [গেট্] [পাওয়া] এই ক্রিয়ার সাথে বিভিন্ন বিভক্তি অব্যয় [preposition]-এর ব্যবহার-এর ফলে বিচিত্র অর্থযুক্ত বাক্যাংশ তৈরি হয়।

Get about মানে চলাফেরা করা, ঘোরাফেরা করা — He gets about with dificulty since illness [অসুখের পর থেকে তাঁর চলাফেরা করতে কষ্ট হয়]।

Get back – ফেরা, When will you get back? [তুমি কখন ফিরবে ?]

Get down – নামা, She climbed the tree but then could not get down again. [সে গাছে চড়ে পড়ল, কিন্তু আর নামতে পারল না]।

Get going – আরম্ভ করা, They wanted to get going on the construction of house. [তারা বাড়ি তুলতে আরম্ভ করতে চেয়েছিল]।

Get in – প্রবেশ করা, Get off – যাত্রা আরম্ভ করা, Get up – জাগা, Get together – একত্র হওয়া, Get through – সফল হওয়া, He got through his examination [সে পরীক্ষায় উত্তীর্ণ হ'ল]।

40 চত্বারিংশ দিন
th Day

নীচে কতকগুলি Test দেওয়া হ'ল।

নিজের যোগ্যতা পরীক্ষা করুন। 20 বাক্যের 20 অঙ্ক। যদি আপনি 16 বা বেশী পান তবে আপনাকে 'অতি উত্তম' [very good] এর পর্য্যায়ে ফেলা যাবে ও 12 বা বেশী হ'লে উত্তর fair ধরা হবে।

31 থেকে 35 দিন

Test No. 1

I. নীচে কতকগুলি বাক্য দেওয়া হ'ল যাতে এমন কতকগুলি ভুল আছে যা আমরা প্রায়ই করে থাকি। আপনি এগুলি সংশোধন করুন। পরে তাদের 31 থেকে 35 দিনে যে বাক্যগুলি লিখেছেন তাদের সাথে তুলনা করে দেখুন কোন নিয়ম অনুসারে এই বাক্যগুলির রচনা করা হয়েছে। **[বিষয় সংখ্যা ও বাক্য সংখ্যাগুলি সাথেই দেওয়া হ'ল]** —

1. Would you like to come with us to cinema? [1 : 5]; 2. Let us go through bus. [1 : 7]; 3. No, I don't know to play them. [1 : 12]; 4. It's mine pleasure. [2 : 6]; 5. Have nice journey. [2 : 15]; 6. Thanks for present. [3 : 5]; 7. Wish you new year. [4 : 1]; 8. Congratulations for your success. [4 : 4]; 9. Please wake up him. [7 : 6]; 10. Let me do Work. [7 : 9]; 11. Please repeat. [7 : 14]; 12. What sweet dishes you have? [8 : 10]; 13. Have little more. [8 : 16]; 14. Are you an vegetarian? [8 : 27]; 15. He is glutton. [8 : 5]; 16. When you have dinner? [9 : 11]; 17. You are late by half hour. [9 : 36]; 18. May we rest here for while? [10 : 16]; 19. Tell the truth and speak no lies. [11 : 3]; 20. Note down this. [11 : 36].

36 থেকে 39 দিন

Test No. 2

II. নীচের বাক্যগুলি আপনারা আগে কিছুদিন কমবেশী পরিবর্তিত রূপে দেখেছেন। এবার এগুলো পড়ে যেখানে ভুল পাবেন তা শুধরিয়ে নিয়ে তার কারণ জেনে নিন। **[বাক্যের সাথে Topic No আর Sentence No দেওয়া আছে]** —

1. Don't write with pencil; please write with pen. [12 : 59-60]; 2. Chew your food good. [12 : 77]; 3. You must guard bad habits. [12 : 88]; 4. You can ask if difficulty. [13 : 11]; 5. It's pity. [14 : 1]; 6. We sympathise with you. [14 : 10]; 7. Whom I should trust? [15 : 12]; 8. He is duffer. [15 : 22]; 9. I can't accept what do you say. [17 : 1]; 10. How I can do this. [17 : 12]; 11. Don't be proud for your reaches. [17 : 20]; 12. Do not walk at the long gras. [17 : 22]; 13. I don't know to sing. [17 : 26]; 14. Don't angry. [17 : 27]; 15. I entirely agree with you. [18 : 8]; 16. Yes, that is truth. [18 : 10]; 17. I'll follow your advices. [18 : 12]; 18. It was merely done with mistake. [21 : 12]; 19. Forgive me to interrupt you sir! [21 : 8]; 20. I am awfully sorry for kept you waiting so long. [21 : 18].

Test No. 3

III. নিম্নলিখিত বাক্যগুলিতে কোন না কোন ভুল আছে। ভুলগুলি বাঁকা অক্ষরযুক্ত [Italics] শব্দে পাওয়া যাবে।

1. Be careful not to *loose* your money. 2. Has the clerk *weighted* the letter? 3. Physics *are* not easy to learn. 4. You have a *poetry* to learn by heart. 5. My *luggages are* at the station. 6. You have five *thousands* rupees.

7. When she entered the room, she saw a note book on the *ground*. 8. Let us see *theater* to night. 9. Which is the *street* to the village? 10. My younger brother is five and a half feet *high*. 11. Are you *interesting* in your work? 12. I have not *left* cricket. 13. Madam, *can* I go home to get my exercise book? 14. She sometimes *puts on* red shoes. 15. She *wear* her clothes in the morning. 16. There *is* a lot of flowers on this tree. 17. How *many* paper do you want? 18. He has given up smoking, *isn't it*? 19. Why he *not sees* a film? 20. *What* elephants eat?

শুদ্ধ উত্তর —

1. lose. 2. weighed. 3. is. 4. poem. 5. luggage is. 6. thousand. 7. floor. 8. play. 9. road. 10. tall. 11. interested. 12. given up. 13. may. 14. wears. 15. put on. 16. are. 17. much. 18. hasn't he? 19. doesn't see. 20. What do.

Test No. 4

IV. নিম্নলিখিত বাক্যে রিক্ত স্থান পূরণ করুন — বন্ধনীর মধ্যে দেওয়া শব্দগুলি দ্বারা —

1. ...[shall, will] you please help me out of this difficulty? 2. She was over-joyed...[to, into] see her lost baby? 3. Thanks...[to, for] your good wishes. 4. We congratulated him...[at, on] his success. 5. ...[get, let] me go home. 6. Are you feeling...[thirst, thirsty]? 7. Do you...[drink, take] milk or tea? 8. What...[is, are] the news? 9. Remind him...[of, on] his promise. 10. Switch...[out, off] the light. 11. Go...[on, in] person to post this important letter. 12. Give...[in, up] smoking; it's harmful. 13. Is there any need...[for, to] worry? 14. Do not find fault...[on, in, with] others. 15. Are you angry...[on, with] me? 16. I know very little...[of, in, on] this connection. 17. Get out...[from, of] my sight. 18. You are...[losing, loosing] temper. 19. We...[may, shall] have some coffee. 20. We must avoid...[smoking, to smoke].

সঠিক পূরক শব্দ —

1. will. 2. to. 3. for. 4. on. 5. let. 6. thirsty. 7. take. 8. is. 9. of. 10. off. 11. in. 12. up. 13. to. 14. with. 15. with. 16. in. 17. of. 18. loosing. 19. shall. 20. smoking.

Test No. 5

V. নিম্নলিখিত বাক্যগুলি বাংলায় অনুবাদ করুন —

1. No, I do not take tea. 2. I shall not be able to attend his birthday party. 3. He does agree with me. 4. They didn't come. 5. The lion killed two deer. 6. yamuna was in flooded. 7. Raise the curtain. 8. Don't they run fast? 9. How can it be so? 10. The tiger in the cage frightened the children. 11. I want your kind help. 12. He did it. 13. Who plays football in the park? 14. He lives only on milk. 15. Isn't he not twelve years old?

Test No. 6

VI. প্রশ্ন V এর নেতিবাচক বাক্যগুলিতে ইতিবাচক ও ইতিবাচক বাক্যগুলিকে নেতিবাচক নিম্নলিখিত উদাহরণ অনুসারে পরিণত করুন।

বাক্য	পরিবর্তিত বাক্য
He did not play cricket.	He played cricket.
She sings very well.	She doesn't sing very well.

Test No. 7

VII. নিম্নলিখিত শব্দগুলির বাংলায় শুদ্ধ উচ্চারণ লিখুন। যেমন would = উড্।

invite, invitation, pleasure, journey, hearty, rumour, success, little, stomach, quarel, minutes, forty, fourteen, receipt, honest.

Test No. 8

VIII. [i] নীচে দেওয়া ক্রিয়াগুলির অর্থ লিখুন —

to fetch, to enjoy, to eat, to burst, to bring, to chew, to cheat, to want, to agree, to obey, to move, to forget, to forgive, to hire, to abstain.

[ii] নীচে দেওয়া শব্দ-জোড়াগুলির মধ্যে পার্থক্য লিখুন —

believe-belief, [to] say-[to] see, [to] check-cheque, [to] speak-speech, [to] agree-agrreement, cool-cold, [to] invite-invitation, [to] pride-proud, [to] except-[to] accept.

[iii] নীচের শব্দগুলির বিপরীতার্থ লিখুন — যেমন [possible – impossible]

Patience, come, accept, clean, improper, without, switch off, back, early, disagree, many, able, empty.

Test No. 9

IX. ইংরেজিতে Go, এই ক্রিয়ার সাথে বিভিন্ন prepositions দিয়ে ভিন্ন ভিন্ন অর্থযুক্ত বাক্যাংশ তৈরি হয়। এগুলি প্রবাদ বাক্যের বৈশিষ্ট অর্জন করে। কিছু উদাহরণ নীচে দেওয়া হ'ল। এগুলি মুখস্থ করে বাক্যে ব্যবহার করুন।

go on = চালু থাকা
go out = মিলিয়ে যাওয়া
go with = মিল খাওয়া
go off = ফেটে যাওয়া
go into = অনুসন্ধান করা
go down = ডুবে যাওয়া
go in for = কোন কাজে লেগে যাওয়া
go about = চলা ফেরা করা, কোন কাজ করতে থাকা
go back on = কথা না রাখা

41 একচত্বারিংশ দিন
st Day

পঞ্চম অভিযান [Vth Expedition]

চতুর্থ অভিযানে আমরা নিমন্ত্রণ, অভিবাদন, স্বীকৃতি, অস্বীকৃতি, আজ্ঞা, অনুমতি কলহ, অসন্তুষ্টি, ক্ষমা, প্রার্থনা ইত্যাদি প্রসঙ্গে ব্যবহৃত ইংরেজি অভিব্যক্তির সাথে পরিচিত হয়েছি। পঞ্চম অভিযানে আমরা শিখব সেই সমস্ত বাক্য যার প্রয়োজন হয় স্বাস্থ্য, আবহাওয়া, চরিত্র বেশভূষা, অধ্যয়ন ও খেলাধুলা আলোচনা প্রসঙ্গে। আমরা আরও শিখব বাড়িতে বা বাড়ির বাইরে কারোর সঙ্গে দেখা হলে বা দোকানে জিনিষপত্র কিনবার সময় যে যে কথা বলা হয়। এই অভিযানে একদিকে যেমন ইংরেজিতে কথা বলার ক্ষমতা বাড়বে তেমনি প্রত্যেক পাঠের শেষে দেওয়া টিপ্পনীর সাহায্যে আপনি ক্রমশঃই নতুন নতুন শব্দ শিখবেন ও আত্মবিশ্বাসের সাথে তাদের ব্যবহার করতেও আরম্ভ করবেন।

তবে এবার নতুন বিষয়ের বাক্যের শৃঙ্খলা একধার থেকে শিখতে আরম্ভ করা যাক।

23 ঘরে — AT HOME [এ্যাট হোম]

1. দেখ, এখানে একটা বিছানা করে দাও ত। — Look, make a bed over here. লুক্, মেক এ বেড্ ওভার হিয়ার।
2. দুধ কেটে গেছে। — The milk has turned sour. দ্য মিল্ক হ্যাজ টার্নড্ সাওয়ার।
3. গরুটা বেঁধে আসি। — Let me tether the cow. লেট্ মি টেদার দ্য কাউ।
4. ঘরটা পরিষ্কার করতে হবে। — The room should be cleaned/dusted. দ্য রুম্ সুড্ বি ক্লিন্ড/ডাস্টেড্।
5. কয়লা জ্বলে ছাই হয়ে গেল। — The coals were burnt to ashes. দ্য কোলস্ ওয়্যার বার্নট্ টু এ্যাশেস্।
6. আপনার সন্তান কতগুলি? — How many children do you have? হাউ মেনি চিল্ড্রেন ডু ইউ হ্যাভ?
7. আমাদের বাড়িতে রোজ আলু রান্না হয়। — Potatoes are a regular feature of our meals. পোটাটোজ্ আর এ রেগুলার ফিচার অফ আওয়ার মিলস্।
8. আজ নতুন কি রান্না হয়েছে? — What new dish is made today? হোয়াট্ নিউ ডিশ্ ইজ মেড্ টুডে?
9. ধোপা কবে শেষ কাপড় নিয়ে গিয়েছিল? — When did the washerman last take the clothes for washing? হোয়েন ডিড্ দ্য ওয়াশারম্যান লাস্ট টেক দ্য ক্লোদস্ ফর ওয়াশিং।
10. এই কোটটাকে আবার ইস্ত্রি করে নিয়ে এসো। — Get* this coat ironed again. গেট দিস্ কোট আয়রনড্ এগেন।
11. ভিজে কাপড় রোদে দাও। — Put wet clothes in the sun. পুট্ ওয়েট ক্লোদস্ ইন দ্য সান।
12. আমি তৈরি হয়ে নিই। — Let me get ready. লেট্ মি গেট্ রেডি।
13. তুমি খুব দেরি করছ। — You are taking too long./You are being very slow. ইউ আর টেকিং টু লং।/ইউ আর বিয়িং ভেরি স্লো।
14. আমরা নির্ধারিত সময়ের আগেই পৌছাব। — We'll reach before time. উই'ল রিচ বিফোর টাইম।
15. তাঁর শ্বাশুড়ি উত্তম স্বভাবের কিন্তু তাঁর পুত্রবধূদের ব্যবহার ভাল নয়।* — Her mother-in-law is good-natured, but not her daughters-in-law. হার মাদার-ইন-ল ইজ গুড-নেচারড্, বাট্ নট্ হার ডটারস্-ইন-ল।
16. আসুন, আপনি স্বাগত। — You are welcome. ইউ আর ওয়েলকাম।

---

* প্রেরণার্থক ক্রিয়াতে মুখ্যক্রিয়ার আগে get ব্যবহার করা হয় ও মুখ্যক্রিয়া third form-এর হয়। ইস্ত্রি করাও = get pressed; [কাজ] করিয়ে নাও = get done; কাজটা তোমার দেখাশোনাতে হোক = get this work done under your supervition.

1. [a] You are welcome. [b] You are welcomed — এই দুইটি বাক্য মনোযোগ সহকারে দেখুন। প্রথমটির অর্থ — আপনি স্বাগত। দ্বিতীয়টির অর্থ — আপনার আদর সৎকার করা হয়েছে [passive voice].

17. তোমার কথা দিয়ে কথা রাখা উচিৎ ছিল। — You should not go back from your words./You should keep your word. ইউ শুড্ নট গো ব্যাক ফ্রম ইয়োর ওয়র্ডস্।/ইউ শুড্ কিপ্ ইয়োর ওয়র্ড।

18. সে অত্যন্ত ধৃষ্টতাপূর্ণ ব্যবহার করেছিল। — He behaved very rudely./He was impudent. হি বিহেভ্ড্ ভেরি রুডলি।/হি ওয়াজ ইমপুডেন্ট।

19. তোমার বাসনপত্র কলাই করে নাও। — Get your utensils tinned. গেট্ ইয়োর ইউটেনসিল্স্ টিন্ড্।

20. আমি আর বেশিক্ষণ অপেক্ষা করতে পারব না। — I can't wait any longer now. আই কাণ্ট ওয়েট এনি লঙ্গার নাও।

21. আমি সকাল থেকে বাইরে ঘুরছি। — I have been out since morning. আই হ্যাভ বিন আউট সিন্স্ মর্নিং।

23. রাত্রে ভাল ঘুম হয়েছিল। — I had a sound sleep last night. আই হ্যাভ এ সাউণ্ড স্লিপ লাস্ট নাইট।

24. ভেতরে কেউ নেই। — There is nobody inside. দেয়ার ইজ নোবডি ইনসাইড।

25. আচ্ছা, এবার শুয়ে পড়। — Now go to sleep/bed. নাও গো টু স্লিপ/বেড্।

26. তুমি বড্ড বেশি সময় নিয়েছ। — You took a long time. ইউ টুক্ এ লং টাইম।

27. আমি এখনই তৈরি হয়ে নিচ্ছি। — I'll be ready in a moment. আই'ল বি রেডি ইন এ মোমেন্ট্।

28. আপনি আমায় উঠিয়ে দেন নি কেন? — Why didn't you wake me up? হোয়াই ডিড্ণ্ট ইউ ওয়েক মি আপ্?

29. আপনাকে জাগানো আমার উচিৎ মনে হয় নি। — I didn't think it proper to wake you up. আই ডিড্ণ্ট থিঙ্ক ইট্ প্রপার টু ওয়েক ইউ আপ্।

30. আমি কিছুক্ষণ বিশ্রাম করব? — I should rest for a while/relax. আই শুড্ রেস্ট ফর এ হোয়াইল/রিল্যাক্স।

31. অনুগ্রহ করে বসুন। — Pull/Take a chair please. পুল্/টেক এ চেয়ার প্লিজ।

32. আপনি এখনও জেগে! — You are still awake! ইউ আর স্টিল এ্যাওয়েক।

33. দরজায় কে ধাক্কা দিচ্ছে? — Who is knocking at the door? হু ইজ নকিং এ্যাট দ্য ডোর?

34. আজ সকালে আমার উঠতে দেরি হয়ে গিয়েছিল। — I woke up late this morning. আই ওক্ আপ্ লেট দিস মরনিং।

35. আপনার সাথে কেউ দেখা করতে এসেছে। — Some one has come/There is someone to see you. সাম্ ওয়ান হ্যাজ কাম/দেয়ার ইজ সাম্ওয়ান টু সি ইউ।

36. ভেতরে আসুন। — Please come in. প্লিজ কাম্ ইন্।

37. বসুন। — Please be seated. প্লিজ বি সিটেড।

38. অনুপম কোথায়? — Where is Anupam? হোয়্যার ইজ অনুপম?

39. জানি না সে কোথায়। — I don't know where he is. আই ডোণ্ট নো হোয়্যার হি ইজ।

40. কি ব্যাপার? — What's it? হোয়াট্স্ ইট?

41. কে? — Who's it? হু'জ ইট?

42. আমি সঞ্জু। — It is Sanju. ইট ইজ সঞ্জু।

43. সঞ্জু কি ভেতরে আছে? — Is Sanju in? ইজ সঞ্জু ইন?

44. অনেক বেলা হয়ে গেছে। — The day is far advanced. দ্য ডে ইজ ফার এ্যাডভান্স্ড্।

45. আজকাল আমার একটু টানাটানি যাচ্ছে। — I'm hard up/tight these days. আই এ্যাম হার্ড আপ্/টাইট্ দিজ্ ডেজ।

46. কোন ভাল বাবুর্চি রাখ। — Engage an expert cook. এনগেজ এ্যান এক্সপার্ট কুক্।

47. আমি খুবই ক্লান্ত। — I am dead/terribly tired. আই এ্যাম ডেড্/টেরিব্লি টায়ার্ড্।

48. বোসো, গল্প করা যাক। — Let's have a chat. লেট্'স হ্যাভ এ চ্যাট।

49. দরজার ছিটকিনী লাগিয়ে দাও। — Bolt the door. বোল্ট দ্য ডোর।

50. এবার যাবার সময় হয়ে গেছে। — It is time to depart now. ইট্ ইজ টাইম টু ডিপার্ট নাও।

51. বাড়ীর জিনিষপত্রগুলো ঠিকভাবে সাজিয়ে রাখো। — Keep the household things in order/in place. কিপ্ দ্য হাউসহোল্ড থিংস্ ইন অর্ডার/ইন প্লেস।

52. আজ রাত্রে এখানেই থেকে যান।	Take rest/relax here to-night. টেক রেস্ট/রিল্যাক্স হিয়ার টু-নাইট।
53. আপনি তো ঢুলছেন।	You are dozing. ইউ আর ডোজিং।
54. আমার বিছানা করে দাও।	Make my bed. মেক মাই বেড্।
55. তোমার নাক দিয়ে জল গড়াচ্ছে।	Your nose is running. ইয়োর নোজ ইজ রানিং।
56. আমরা অনেকক্ষণ পর্য্যন্ত কথা বলছিলাম।	We kept talking/chatting till very late. উই কেপ্ট্ টকিং/চ্যাটিং টিল ভেরি লেট।
57. ডাক্তারকে ফোন করো।	Ring up the doctor. রিং আপ দ্য ডক্টর।
58. আমার মামা আমার সঙ্গে দেখা করতে এসেছেন।	My maternal uncle has come to see me. মাই ম্যাটারনাল্ আন্‌ক্‌ল্ হ্যাজ কাম্ টু সি মি।
59. আপনার সঙ্গে এই ভদ্রলোকের কিছু কাজ আছে।	This gentleman has some work with you. দিস্ জেনল্‌ম্যান হ্যাজ সাম্ ওয়ার্ক উইথ্ ইউ।
60. আমাকে তার বাড়ি যেতে হবে।	I've to go to his house./I have to call on him. আই'ভ টু গো টু হিজ হাউস।/আই হ্যাভ টু কল অন হিম্।
61. সে বাবা মায়ের ওপর নির্ভরশীল নয়।	He is independent of his parents. হি ইজ ইন্‌ডিপেনডেন্ট অফ হিজ পেরেন্টস্।
62. সে আমাকে বললেই আমি থেকে যেতাম।	Had he asked me, I would have stayed. হ্যাড হি আস্কড্ মি, আই উড হ্যাভ স্টেড।
63. আমি প্রতিদিন সকালে শাওয়ারে চান করি।	I take a shower-bath every morning. আই টেক এ শাওয়ার-বাথ এভরি মরনিং।

স্মরণীয় [To Remember]

* ইংরেজিতে শব্দের অন্তে s দিয়ে বহুবচন করা হয়। কিন্তু কোন শব্দে অনেক ভেবে চিন্তে s যোগ করতে হয়। যেমন sons-in-law [সন্স্-ইন-ল], son-in-laws নয়। এই রকমই নিম্নলিখিত শব্দগুলির বহুবচন হয়।

Father-in-law [ফাদার-ইন-ল] শ্বশুর
Brother-in-law [ব্রাদার-ইন-ল] শালা, ভগ্নিপতি
Mother-in-law [মাদার-ইন-ল] শ্বাশুড়ি
Sister-in-law [সিস্টার-ইন-ল] বৌদি, শালী
Governor-General [গভর্নর-জেন্‌রাল] শাসনাধ্যক্ষ
Commander-in-chief [কম্যান্ডার-ইন-চিফ্] প্রধান সেনাপতি

উপরের শব্দসমূহগুলিতে দেখতে হবে যে কোন শব্দটি বেশী গুরুত্বপূর্ণ। সেই শব্দের শেষেই s দিতে হবে। যেমন step-son স্টেপ্-সন [সতীনপো] এর বহুবচন হবে step-sons এবং maid servant মেড সারভান্ট্ [চাকরানী]-র বহুবচন — maid-servants.

42 দ্বিচত্বারিংশ দিন
42nd Day

24 বাইরে — OUT OF HOME [আউট অফ্ হোম]

1. জুতো খুবই আঁট হয়েছে।	This shoe is very tight. দিস্ সু ইজ ভেরি টাইট্।
2. এই রাস্তাটা কোনদিকে যায় ?	Where does this road lead to? হোয়্যার ডাজ দিস্ রোড লিড টু ?
3. এই রাস্তাটা রোহতক যায়।	This road leads to Rohtak. দিস্ রোড লিড্স্ টু রোহতক।
4. আমার সাইকেলটা একটু ধর ত।	Just hold my cycle/bike. জাস্ট হোল্ড্ মাই সাইকল্/বাইক্।
5. আমায় রাত জাগতে হয়।	I have to keep awake/wake up at night. আই হ্যাভ টু কিপ্ এ্যাওয়েক/ওয়েক আপ্ এ্যাট নাইট।
6. সব সময় বাঁ দিক দিয়ে চলবে।	Always keep to the left. অলওয়েজ কিপ টু দ্য লেফ্ট্।
7. সবসময় ফুটপাথ দিয়ে চলবে।	Always walk on the foot-path. অলওয়েজ ওয়াক অন দ্য ফুল-পাথ।
8. পকেটমার হ'তে সাবধান।	Beware of pick-pockets. বিওয়ের অফ্ পিক্-পকেট্স।
9. নাটক দেখতে আমার ভাল লাগে না।	I am not fond of theatre/seeing plays. আই অ্যাম নট্ ফণ্ড অফ থিয়েটার/সিয়িং প্লেজ্।
10. আমি বাড়ি বদলেছি।	I have changed my house./I've shifted from the old place. আই হ্যাভ চেন্জ্ড্ মাই হাউস।/আই হ্যাভ শিফটেড্ ফ্রম দ্য ওল্ড প্লেস্।
11. এখানে ভাড়ার গাড়ি/ট্যাক্সি পাওয়া যায় কি ?	Can one get a taxi/cab here. ক্যান ওয়ান গেট এ ট্যাক্সি/ক্যাব হিয়ার।
12. যেমন করেই হোক সভাতে আমাদের ঠিক সময় পৌঁছোতে হবে।	Come what may we must reach the meeting in time. কাম্ হোয়াট মে উই মাস্ট রিচ দ্য মিটিং ইন টাইম।
13. এই রাস্তাটা সাধারণের জন্য বন্ধ।	This road is closed to the public. দিস্ রোড ইজ ক্লোজ্ড্ টু দি পাব্লিক্।
14. বিনা অনুমতিতে প্রবেশ নিষেধ।	No entry without permission. নো এনট্রি উইদাউট পারমিশন্।

25 ভৃত্যকে — SERVANT [সারভ্যাণ্ট]

1. এখানে এসো, ছোকরা।	Come here, boy. কাম্ হিয়ার, বয়।
2. খাবার আন।	Bring the food. ব্রিং দ্য ফুড।
3. এক গ্লাস জল আনো।	Get me a glass of water. গেট মি এ গ্লাস অফ্ ওয়াটার।
4. ওখানে গিয়ে চিঠিগুলো ডাক বাক্সে ফেলে এসো।	Go and post these letters. গো এ্যাণ্ড পোস্ট দিজ্ লেটারস্।
5. কাপড় কাচ।	Wash the clothes. ওয়াশ দ্য ক্লোদ্স্।
6. তাড়াতাড়ি কর।	Hurry up. হারি আপ্।
7. বাণ্ডিলটা তোল।	Lift/pick up/carry the bundle. লিফ্ট্/পিক্ আপ্/ক্যারি দ্য বাণ্ডল্।
8. আমাকে অর্ধেক [পাঁউ] রুটি দাও।	Give me half a bread. গিভ্ মি হাফ এ ব্রেড।
9. তুমি এখন যাও, আমার কাজ আছে।	You go now, I have to do some work. ইউ গো নাও, আই হ্যাভ টু ডু সাম্ ওয়ার্ক।
10. রাস্তা দেখাও।	Show the way. শো দ্য ওয়ে।
11. ওঁকে/এঁনাকে বাইরের রাস্তা দেখাও।	Show him out. শো হিম্ আউট্।
12. কথার মধ্যে বাধা দিও না।	Don't interrupt. ডোন্ট্ ইন্টাররাপ্ট্।
13. শোনো ত।	Just listen. জাস্ট্ লিস্ন্।
14. চিন্তা করো না।	Don't worry. ডোন্ট্ ওরি।

15. একটু অপেক্ষা কর। Wait a bit. ওয়েট এ বিট্।

16. পাখা চালিয়ে দাও। Switch on the fan. সুইচ্ অন দ্য ফ্যান।

17. গোলমাল করো না। Don't make noise. ডোণ্ট মেক নয়েজ।

18. দেখত, শিশুটি কেন কাঁদছে। Go and see why the child is weeping. গো এ্যাণ্ড সি হোয়াই দ্য চাইল্ড ইজ উইপিং।

19. কিছুটা কাগজ আর পেনসিল দাও ত। Give me a pencil and a piece of paper. গিভ্ মি এ পেন্সিল এ্যাণ্ড এ পিস্ অফ পেপার।

20. আমি না আসা পর্য্যন্ত এখানেই বসে থাক। Wait here till I'm back. ওয়েট হিয়ার টিল্ আই'ম ব্যাক।

21. এখন তুমি যেতে পার। You may go now. ইউ মে গো নাও।

22. আমাকে চারটের সময় তুলে দিও। Wake me up at 4 o'clock. ওয়েক মি আপ্ অ্যাট্ ফোর ও'ক্লক্।

23. আলো [কেরোসিন তেলের] জ্বালো। Light the lamp. লাইট দ্য ল্যাম্প।

24. আলো [বিদ্যুতের] জ্বালাও। Switch on the light. সুইচ অফ দ্য লাইট।

25. আলো [বিদ্যুতের] নিবিয়ে দাও। Switch off the light. সুইচ্ অফ দ্য লাইট।

26. সরে দাঁড়াও। Move aside. মুভ এ্যাসাইড।

27. বুদ্ধি খাটাও। Use your mind/brains. ইউজ ইয়োর মাইণ্ড/ব্রেইনস্।

28. কাল তাড়াতাড়ি আসতে ভুলো না। Don't forget to come early tomorrow. ডোন্ট্ ফরগেট টু কাম্ আরলি টুমরো।

29. এবার একটু বিশ্রাম কর। Go and relax for a while. গো এ্যাণ্ড রিল্যাক্স ফর এ হোয়াইল।

স্মরণীয় [To Remember]

* বিশেষ্যের মত অনেক বিশেষণের অন্তিম অংশ থেকে তার মূল শব্দ বোধগম্য হয়ে থাকে। Articles of daily use are now available in the market [দৈনিক জীবনের প্রয়োজনীয় বস্তু আজকাল বাজারে পাওয়া যাচ্ছে] তে avail ক্রিয়ার শেষে able দিয়ে available এই বিশেষণ বানানো হয়েছে। এই রকমই agreeable [মিশুকে ব্যক্তি], comfortable [আরামদায়ক], dependable [নির্ভরযোগ্য], eatable [খাওয়ার যোগ্য], manageable [ব্যবস্থাপনাযোগ্য], payable [প্রদেয়], saleable [বিক্রয়যোগ্য] ও washable [যা ধোওয়া যায়] মূল শব্দের সাথে able দিয়ে রচিত হয়েছে। অনেক সময় able এর স্থলে ible ব্যবহার করা হয় [স্থানবিশেষে]; যেমন combust [জ্বলা] থেকে combustible [দাহ্য], eligible [উপযুক্ত] [কোন কাজের বা পদের জন্য], illegible [যা পড়া যায় না]।

কোন কোন বিশেষ্য ও ক্রিয়ার শেষে al দিয়েও বিশেষণ করা হয়; যেমন —

brute থেকে brutal [পাশবিক] centre থেকে central [কেন্দ্রীয়]

continue থেকে continual [অনবরত] term থেকে terminal [স্কুল কলেজের পড়ার কালের শেষ]

I [i] Clothes [ক্লোদ্স্] সেলাই করা কাপড়কে বলা হয় cloth [ক্লথ] সেলাইহীন কাপড়কে বলে, আর [ii] Clothe [ক্লোদ্] হল ক্রিয়া — কাপড় পরা।

43 ত্রিচত্বারিংশ দিন
rd Day

26 সাক্ষাতে — ON MEETING [অন মিটিং]

1. আপনি আসায় আমি খুবই আনন্দিত।	It's been nice seeing you. ইট'স্ বিন নাইস্ সিয়িং ইউ।
2. আবার কবে দেখা হবে?	When do I seen you gain./When shall we meet agian. হোয়েন ডু আই সি ইউ এগেন?/হোয়েন শ্যাল উই মিট এগেন?
3. আপনার সঙ্গে সাক্ষাৎ হওয়ায় অত্যন্ত আনন্দিত হলাম।	How glad I'm to see you. হাই গ্ল্যাড আই'ম টু সি ইউ।
4. একটা দরকারি কাজ এসে গিয়েছিল।	There is something important to do. দেয়ার ইজ সামথিং ইম্পট্যান্ট টু ডু।
5. আপনি সেদিন আসেন নি কেন?	Why didn't you not come that day? হোয়াই ডিড্‌ন্ট ইউ নট কাম্ দ্যাট ডে?
6. তোমার ভুল হয়েছে।	You are mistaken./You are at fault. ইউ আর মিস্‌টেকন্।/ইউ আর অ্যাট ফল্ট।
7. অনেকদিন তোমায় দেখি নি।	You were not seen for long./Didn't see you for a long time. ইউ ওয়্যার নট সিন ফর লং।/ডিড্‌ন্ট সি ইউ ফর এ লং টাইম।
8. তিনি আপনাকে স্মরণ করেছেন।	He has asked for you. হি হ্যাজ আসকড্ ফর ইউ।
9. আমার কাজ এখনও শেষ হয় নি।	My work is not yet over. মাই ওয়ার্ক ইজ নট ইয়েট ওভার।
10. আমি আপনার পরামর্শ নিতে এসেছি।	I have come to seek your advice. আই হ্যাভ কাম্ টু সিক ইয়োর অ্যাডভাইস।
11. তোমার সাথে কথা আছে।	I wish to talk to you. আই উইশ টু টক টু ইউ।
12. আপনার জন্য অনেকক্ষণ অপেক্ষা করেছি।	I waited long for you. আই ওয়েটেড লং ফর ইউ।
13. আপনার আধ ঘণ্টা দেরি হয়েছে।	You are late by half an hour.* ইউ আর লেট বাই হাফ এ্যান আওয়ার।
14. আমরা বেশ আগেই এসে গেছি।	We have come too early. উই হ্যাভ কাম্ টু আরলি।
15. কেমন আছেন?	How do you do? হাউ ডু ইউ ডু?
16. ওঁর সাথে আমার পরিচয় করিয়ে দিন।	Introduce me to him. ইন্‌ট্রোডিউস মী টু হিম্।
17. তোমার কুশলবার্তা জানিয়ে তার পাঠাও।	Wire about your welfare. ওয়্যার অ্যাবাউট ইয়োর ওয়েলফেয়ার।
18. প্রত্যেকদিন অবশ্যই ব্যায়াম করবে।	Do excercise daily/every day. ডু এক্‌সারসাইজ ডেলি/এভরি ডে।
19. অনেকদিন তার কোন খবর নেই।	I haven't heard about him for long. আই হ্যাভন্ট হার্ড অ্যাবাউট হিম্ ফর লং।
20. কোন ভাল খবর শোনাও।	Let's have some good news. লেট্‌স্ হ্যাভ সাম্ গুড্ নিউজ।
21. আপনার চিঠি এই মাত্র পেলাম।	Your letter has just been received. ইয়োর লেটার হ্যাজ জাস্ট্ বিন রিসিভড্।
22. পৌঁছেই চিঠি দেবে।	Write immediately on your reaching. রাইট ইমিডিয়েটলি অন ইয়োর রিচিং।
23. ভুলো না যেন।	Don't forget it./Keep it in your mind. ডোণ্ট ফরগেট্ ইট।/কিপ্ ইট ইন ইয়োর মাইণ্ড।
24. সে এলে আমাকে খবর দিও।	Let me know when he comes. লেট্ মি নো হোয়েন হি কাম্‌স্।
25. দেখা হবে আবার।	See you again. সি ইউ এগেন।
26. তাঁকে আমার প্রণাম জানাবে।	Give/convey my regards to him. গিভ্/কনভে মাই রিগার্ডস্ টু হিম্।

27. মাঝে মাঝে চিঠি লিখো যেন।	Do write to me sometimes off and on. ডু রাইট টু মি সামটাইমস্ অফ এ্যাণ্ড অন।
28. আপনার ঠিকানাটা দিন।	Please give me your address. প্লিজ গিভ্ মি ইয়োর এ্যাড্রেস্।
29. সামনের রবিবার আমার সাথে দেখা করো।	Meet me next Sunday. মিট্ মি নেক্স্ট্ সানডে।
30. তুমি ওঁর সাথে দেখা করার সময় নিয়েছ?	Have you arranged an appointment with her/him? হ্যাভ ইউ এ্যারেঞ্জড্ এ্যান এ্যাপয়ন্ট্মেন্ট উইথ্ হার/হিম?
31. সাক্ষাৎকারটি মধুর হয়েছিল।	It was nice meeting him. ইট ওয়াজ নাইস মিটিং হিম।
32. যখন খুশি আসবেন।	You are always welcome. ইউ আর অলওয়েজ ওয়েলকাম।
33. লৌকিকতার দরকার নেই।	There is no need for formalities/Don't be formal. দেয়ার ইজ নো নিড ফর ফর্মালিটিজ/ডোণ্ট বি ফর্মাল।
34. ওঁর সঙ্গে আমার সম্বন্ধ ভাল নয়।	I am not in good terms with him. আই এ্যাম নট ইন গুড টার্মস্ উইথ হিম।

স্মরণীয় [To Remember]

ইংরেজিতে কতকগুলি শব্দ আছে যাদের একমাত্র বহুবচনের রূপই ব্যবহৃত হয়। উদাহরণস্বরূপ : riches make men proud [রিচেস্ মেক মেন্ প্রাউড] [প্রাচুর্য্য মানুষকে অহঙ্কারী করে] তে riches শব্দ rich এর বহুবচন। ঠিক একই রকমভাবে নিম্নলিখিত শব্দগুলিও কেবলমাত্র বহুবচনেই ব্যবহৃত হয়: alms আম্স্ [ভিক্ষা], spectacles স্পেকটাকল্স্ [চশমা], trousers ট্রাউজার্স [প্যাণ্ট], scissors সিজার্স [কাঁচি], shorts শর্টস্ [হাফ্ প্যাণ্ট]।

কোন কোন শব্দের রূপ বহুবচন হলেও সব সময় একবচন হিসেবেই ব্যবহৃত হয়। যেমন : mathematics is difficult ম্যাথম্যাটিক্স্ ইজ ডিফিকাল্ট্ [গণিত কঠিন বিষয়]। অনুরূপ শব্দ নীচে দেওয়া হ'ল, মনে করে রাখুন। —

innings ইনিংস্ [দলের একবার খেলা — যেমন ক্রিকেট], news নিউজ [সংবাদ], means মিন্স্ [উপায়], corps কোর [সৈন্য বাহিনী] ও series সিরিজ [ক্রমিক সংখ্যা]।

---

* আধ ঘণ্টার জন্য half *an* hour বলা হয়, half hour নয়।

44 চতুর্চত্বারিংশ দিন
th Day

27 কেনাকাটা

SHOPPING [শপিং]

1. সে সামান্য একজন দোকানদার।	He is a petty/ordinary shopkeeper. হি ইজ এ পেটি/অর্ডিনারি শপকিপার।
2. ফেরিওয়ালারা চিৎকার করছে।	The hawkers are shouting at the top of their voice. দি হকারস্ আর শাউটিং এ্যাট দ্য টপ অফ্ দেয়ার ভয়েস।
3. চালটা মামুলি স্তরের।	This rice is of an inferior quality. দিস্ রাইস ইজ অফ এ্যান ইনফিরিয়র কোয়ালিটি।
4. জিনিসটা একেবারে জলের দামে বিক্রি হচ্ছে।	This article is selling at throw-away price. দিস্ আরটিকল ইজ সেলিং এ্যাট থ্রো-অ্যাওয়ে প্রাইস্।
5. আজকাল ব্যবসায় মন্দা যাচ্ছে।	There is a depression in trade these days./There is a slump in business these days. দেয়ার ইজ এ ডিপ্রেশন ইন ট্রেড দিজ ডেজ।/দেয়ার ইজ এ স্লাম্প ইন বিজনেস্ দিজ ডেজ।
6. বইটা চটপট বিক্রি হয়ে যাচ্ছে।	This book is selling like hot cakes./This book is a selling sensation. দিস্ বুক ইজ এ সেলিং সেনসেশান্।
7. আমার কাছে পঞ্চাশ পয়সা কম আছে।	I am short by fifty paise. আই এ্যাম শরট্ বাই ফিফটি পয়সে।
8. এই ময়রা বাসি খাবার বিক্রি করে।	This confectioner sells stale/stuff things. দিস কনফেক্শনার সেল্স্ স্টেল/স্টাফ্ থিঙ্গস্।
9. তুমি আমাকে এক টাকা কম দিয়েছ।	You have given me one rupee less. ইউ হ্যাভ গিভেন মি ওয়ান রুপি লেস্।
10. ধুলে কাপড়টা ছোট হয়ে যায়।	This cloth shrinks on washing. দিস ক্লথ শ্রিঙ্কস্ অন ওয়াশিং।
11. যাবার পথে দরজির দোকান হয়ে যেও।	Go to the tailor's shop on the way. গো টু দ্য টেলর্স শপ্ অন্ দ্য ওয়ে।
12. আমটা বেশি পেকে গেছে।	This mango is over-ripe. দিস ম্যাঙ্গো ইজ ওভার-রাইপ্।
13. ধর্মঘটের জন্য সব কাজকর্মই বন্ধ আছে।	Everything is closed because of the strike. এভ্রিথিং ইজ ক্লোজড্ বিকজ অফ দ্য স্ট্রাইক।
14. এই দোকানে সব রকমের কাপড় পাওয়া যায়।	All varities of cloth is available at this shop. অল্ ভ্যারাইটিজ অফ ক্লথ ইজ এ্যাভেলেবল ইন দিস্ শপ।
15. এই জুতোজোড়া খুব আঁট হচ্ছে, অন্য এক জোড়া দেখাও।	This shoe is very tight, show us another pair. দিস্ সু ইজ ভেরি টাইট, শো আস্ এ্যানাদার পেয়ার।
16. আমার বই নিয়ে আসবে। দেখো, ভুলো না যেন।	Don't forget to bring my book. ডোণ্ট ফরগেট্ টু ব্রিং মাই বুক্।
17. এই বইটা খুব চলছে।	This book is very popular. দিস্ বুক ইজ ভেরি পপুলার।
18. দু ডজন কমলালেবুর দাম কত নেবে ?	What will you charge for two dozen oranges? হোয়াট উইল্ ইউ চারজ্ ফর টু ডজন্ অরেনজেস্ ?
19. দাম পড়ছে।	The prices are falling. দি প্রাইসেস আর ফলিং।
20. এই কোটটা আমার আঁট হচ্ছে।	This coat is tight for me. দিস্ কোট ইজ টাইট ফর মি।
21. সে একজন আড়তদার, কিন্তু তার ভাই খুচরো ব্যবসায়ী।	He is a wholesale dealer, but his brother is a retailer. হি ইজ এ হোলসেল ডিলার, বাট্ হিজ ব্রাদার ইজ এ রিটেলার।

22. সে ধারে জিনিস বিক্রি করে না।	He does not sell things on credit. হি ডাজ নট সেল থিংস অন ক্রেডিট্।
23. ষাট টাকায় চেয়ারটা সস্তাই হয়েছে।	This chair is quite cheap for sixty rupees. দিস্ চেয়ার ইজ কোয়াইট্ চিপ ফর সিক্সটি রূপিজ।
24. চুল খুব ছোট করে ছেটো না।	Don't cut the hair too short. ডোণ্ট কাট্ দ্য হেয়ার টু শর্ট্।
25. আজকাল অচল পয়সা বাজারে খুব চলছে।	Base coins are current these days. বেস্ কয়েন্স্ আর কারেন্ট্ দিজ ডেজ।
26. কখনও ধারে কিনো না।	Don't buy on credit. ডোণ্ট বাই অন ক্রেডিট।
27. ষাট টাকায় এই টেবিলটা বেশ আক্রা।	This table is costly for sixty rupees. দিস্ টেব্‌ল্ ইজ কস্টলি ফর সিক্সটি রূপিজ।
28. আমার হিসেব চুকিয়ে দাও।	Clear my accounts. ক্লিয়ার মাই অ্যাকাউন্টস্।
29. বাজার থেকে দু টাকার ময়দা নিয়ে এসো।	Bring flour for two rupees from the bazar/market. ব্রিং ফ্লোর ফর টু রুপিজ ফ্রম দ্য বাজার/মার্কেট।
30. আমার পাতলুন ঢিলা।	My trousers are loose. মাই ট্রাউজারস্ আর লুজ।
31. আমার ঘড়িটা পরিষ্কার করা ও তাতে তেল দেওয়া দরকার।	My watch needs* cleaning and oiling. মাই ওয়াচ নিড্স্ ক্লিনিং এ্যাণ্ড অয়েলিং।
32. তোমার জুতোর পেরেক কি পায়ে ফোটে ?	Does your shoe pinch you? ডাজ ইয়োর সু পিনচ্ ইউ ?
33. এই কাপড় একটা কোটের জন্য যথেষ্ট হবে।	This cloth is enough for a coat. দিস্ ক্লথ ইজ এনাফ্ ফর এ কোট।
34. আমার মাপ নিন।	Take my measurements. টেক মাই মেজারমেন্টস্।
35. ডাক্তারবাবুর ভাল পশার।	The doctor has a large practice. দ্য ডক্টর হ্যাজ এ লার্জ প্র্যাক্টিস্।
36. এই টুপিটার ঠিকঠাক্ দাম নাও।	Charge a reasonable price for this cap. চারজ এ রিজনেব্‌ল প্রাইস ফর দিস্ ক্যাপ।
37. আমাকে সুচোলো মুখওয়ালা জুতো দেখাও।	Show me a shoe with a pointed toe. শো মি এ সু উইথ্ এ পয়েণ্টেড্ টো।
38. আমাকে কয়েকটা ভাল বই দাও।	Give me some good books. গিভ্ মি সাম্ গুড্ বুক্স্।
39. জিনিসটা ঠিক তো ?	Is the stuff good? ইজ দি স্টাফ্ গুড্।
40. রংটা পাকা তো ?	Is the colour fast? ইজ দ্য কলার ফাস্ট্ ?
41. বাজার এখান থেকে কতদূর ?	How far is the market from here? হাউ ফার ইজ দি মার্কেট ফ্রম হিয়ার ?
42. বেশ দূর।	It's quite far. ইট্স্ কোয়াইট্ ফার।
43. একই দোকান থেকে যদি সব জিনিষ কিনতে চাও, তবে একটা সুপার বাজারে যাও।	If you wish to buy everything from one place, go to the Super Bazaar. ইফ্ ইউ উইশ্ টু বাই এভরিথিং ফ্রম ওয়ান প্লেস, গো টু দ্য সুপার বাজার।
44. এই দোকানদার ভেজাল মাল বিক্রী করে।	This shopkeeper sells adulterated stuff/things. দিস্ শপকিপার সেল্‌স্ এ্যাডল্টারেটেড্ স্টাফ্/থিংস্।
45. আপনারা চেক নেন ?	Do you accept cheques? ডু ইউ এ্যাক্‌সেপ্ট চেক্স ?
46. এই দোকানদার লুকিয়ে আমদানীকৃত জিনিষ বিক্রী করে।	This shopkeeper sells imported goods illegally. দিস্ শপকিপার সেল্‌স্ ইমপোর্টেড গুড্স্ ইল্লিগালি।
47. এটা মরচেধরা।	It's rusted. ইট্'জ রাসটেড্।
48. এটা ময়লা।	It's soiled/dirty. ইট্স্ সয়েল্ড/ডার্টি।
49. এটা ছেঁড়া।	It's torn. এট্স্ টর্ন।
50. এটা একেবারে নতুন।	It's brand new. ইট্স্ ব্র্যাণ্ড নিউ।

* ইদানীং need-এর এই প্রয়োগ শুদ্ধ বলে গণ্য করা হয়। প্রচলিত প্রয়োগানুসারে My watch needs for cleaning and oiling হওয়া উচিৎ।

স্মরণীয় [To Remember]

যে সব শব্দের শেষে ant থাকে সেগুলি কখনও বিশেষ্য ও কখনও বিশেষণ হয়ে থাকে। যেমন — abundant [প্রচুর মাত্রাতে উপলব্ধ], distant [দূরের], ignorant [অজ্ঞান], important [গুরুত্বপূর্ণ]। কিন্তু applicant [প্রার্থী], servant [ভৃত্য] এগুলো বিশেষ্য যদিও এদের শেষে ant আছে।

ent দিয়ে শব্দের শেষ, সেগুলিও [ant দিয়ে শেষ হওয়া শব্দের মতন] কখনও বিশেষণ ও কখনও বিশেষ্য হয়। যেমন — ascent [চড়াই], comment [মন্তব্য] দুইটি বিশেষ্য, আর dependent [নির্ভর], excellent [অতি উত্তম], intelligent [বুদ্ধিমান], violent [হিংস্র] ইত্যাদি বিশেষণ।

বিশেষণ শব্দ সাধারণতঃ ful দিয়ে শেষ হয়। যেমন — This is a beautiful garden ইহা একটি সুন্দর বাগান]-এ beauty-তে ful জোড়া হয়েছে আর y-কে i -এ বদলিয়ে দেওয়া হয়েছে যা সাধারণতঃ সব সময়ই হয়ে থাকে। অন্য উদাহরণ —

awe থেকে awful [ভয়ানক]   bash থেকে bashful [লাজুক]

colour থেকে colourful [রঙিন]   delight থেকে delightful [আনন্দদায়ক]

power থেকে powerful [বলবান]   truth থেকে truthful [সত্যবাদী] ইত্যাদি।

45 পঞ্চচত্বারিংশ দিন
th Day

28 অধ্যয়ন — STUDY [স্টাডি]

1. আমরা যেমন পরিশ্রম করবো তেমনি তার ফল পাবো।	As we labour, so shall we be rewarded./Our reward will depend on our labour. এ্যাজ উই লেবর, সো শ্যাল উই বি রিওয়ার্ডেড।/ আওয়ার রিওয়ার্ড উইল ডিপেণ্ড অন আওয়ার লেবর।
2. ইংরেজির কোন কোন বই তুমি পড়েছ?	Which books in English have you read? হুইচ্ বুকস্ ইন ইংলিশ হ্যাভ ইউ রেড্?
3. আমি এত পরিশ্রান্ত যে ক্লাশ করতে পারব না।	I am too tired to attend the class. আই এ্যাম টূ টায়ারড্ টু এ্যাটেণ্ড দ্য ক্লাস।
4. ওর পরীক্ষা কবে থেকে আরম্ভ হবে?	When does her examination begin? হোয়েন ডাজ হার এগ্জামিনেশন্ বিগিন?
5. আমি এ বছর বি এ পাশ করব।	I'll pass my B.A. this year./I'll be a graduate this year. আই'ল পাস্ মাই বি এ দিস্ ইয়ার।/আই'ল বি এ গ্র্যাজুয়েট্ দিস্ ইয়ার।
6. আমি আজ কিছুই পড়তে পারিনি।	I couldn't study anything today. আই কুড্‌ন্ট্ স্টাডি এনিথিং টুডে।
7. সে বি এ পরীক্ষা পাশ করতে পারে নি।	He failed in the B.A. examination. হি ফেল্ড্ ইন দ্য বি এ এগ্জামিনেশন।
8. প্রশ্ন অত্যন্ত সহজ।	The question is very easy. দ্য কোয়েশ্চন ইজ ভেরি ইজি।
9. না আশা, না তার বোন নিয়মিত স্কুলে আসে।	Neither Asha nor her sister comes to school regularly. নায়দার আশা নর হার সিস্টার কাম্স্ টু স্কুল রেগুলারলি।
10. আমি নিশ্চয়ই পাশ করে যাব।	I'll definitely/certainly pass/get trhough. আই'ল ডেফিনিটলি/ সার্টেন্‌লি পাস/গেট থ্রু।
11. কাল রাত্রে আমি একটা মজার বই পড়েছি।	I read a very interesting book last night. আই রেড্ এ ভেরি ইনটারেস্টিং বুক লাস্ট নাইট।
12. সে হিন্দিতে দুর্বল।	He is weak in Hindi. হি ইজ উইক্ ইন হিন্দি।
13. আজকাল ক্লাশ তাড়াতাড়ি শুরু হয়ে যায়।	Classes starts early now-a-days/these days. ক্লাসেস্ স্টার্টস্ আর্লি নাও-এ-ডেজ/দিজ ডেজ্।
14. আমরা আমাদের পড়া শেষ করেছি।	We have completed/finished our studies. উই হ্যাভ কমপ্লিটেড্/ ফিনিশড্ আওয়ার স্টাডিজ।
15. হয় তাঁর কাছে ক্ষমা চাও না হ'লে জরিমানা দাও।	Either you beg his pardon, or pay the fine. আয়দার ইউ বেগ্ হিজ পারডন্ অর পে দ্য ফাইন।
16. সে কিছুই জানে না।	He doesn't know anything./He's good for nothing. হি ডাজন্ট্ নো এনিথিং।/হি'জ গুড্ ফর নাথিং।
17. সে বুধবার থেকে অনুপস্থিত।	She has been absent since Wednesday. শি হ্যাজ বিন এ্যাবসেন্ট সিন্স্ ওয়েডনস্‌ডে।
18. আমার কাজ শেষ করার সময় ছিল না।	I hadn't time to finish my work. আই হ্যাড্‌ন্ট্ টাইম টু ফিনিশ মাই ওয়ার্ক।
19. এর অর্থ কি?	What does it mean? হোয়াট ডাজ ইট্ মিন?
20. সে মন দিয়ে পড়াশুনা করে।	She takes keen interest in her studies. শি টেক্স্ কিন্ ইন্টারেস্ট ইন হার স্টাডিজ।

21. ছাত্রেরা পরীক্ষার ফল কাল জানতে পারবে। The students will know the result tomorrow. দ্য স্টুডেন্টস্ উইল নো দি রেজাল্ট্ টুমরো।

22. তুমি পরীক্ষায় উত্তীর্ণ হয়েছ। You have passed the examination. ইউ হ্যাভ পাসড্ দ্য এগজামিনেশন।

23. আমাকে পড়তে দিচ্ছ না কেন? Why don't you let me read/study? হোয়াই ডোণ্ট ইউ লেট্ মি রিড্/স্টাডি?

24. তুমি পাস করলে তোমার বাবা মা খুশি হবেন। If you pass, your parents would be happy. ইফ ইউ পাস, ইয়োর পেরেন্টস্ উড বি হ্যাপী।

25. আমি ইংরেজি বলতে পারি। I know how to speak English. আই নো হাউ টু স্পিক ইংলিশ।

26. তুমি কোন কলেজে পড়? In which college are you? ইন হুইচ কলেজ আর ইউ?

27. তোমার পড়াশুনা কেমন চলছে? How are you getting on with your studies? হাউ আর ইউ গেটিং অন উইথ্ ইয়োর স্টাডিজ?

28. আমি দু'বছর এই কলেজে আছি। I have been in this college for two years. আই হ্যাভ বিন ইন দিস্ কলেজ ফর টু ইয়ারস্।

29. আমি ১৯৮০ সাল থেকে এই কলেজে আছি। I have been in this college since 1980. আই হ্যাভ বিন ইন দিস্ কলেজ সিন্‌স্ নাইনটিন এইট্টি।

30. তোমার স্কুলটা ভাল। Your school is good. ইয়োর স্কুল ইজ গুড।

31. সে ইংরেজিতে পাকা। He is good in English. হি ইজ গুড ইন ইঙ্গলিশ।

32. সে এ'বছর পরীক্ষায় বসছে না। He is dropping out of examination this year. হি ইজ ড্রপিং আউট অফ এগজামিনেশন দিস্ ইয়ার।

33. সে খেলাধূলায় খুব ভাল। He is a good sportsman. হি ইজ এ গুড স্পোর্টসম্যান।

34. তোমার হাতের লেখা ভাল নয়। Your handwriting is not good. ইয়োর হ্যাণ্ডরাইটিং ইজ নট গুড।

35. বইটা আপাততঃ তোমার কাছেই থাক। Keep the book with you for the present. কিপ দি বুক্ উইথ্ ইউ ফর দ্য প্রেজেণ্ট।

36. সে প্রায়ই স্কুল থেকে পালিয়ে যায়। He often runs away from the school. হি অফন্ রানস্ এ্যাওয়ে ফ্রম দ্য স্কুল।

37. কি দেখছ? What are you looking at?/Why don't you pay attention? হোয়াট আর ইউ লুকিং এ্যাট?/হোয়াই ডোণ্ট ইউ পে এ্যাটেনশন্?

38. তোমার প্রধান শিক্ষকের ওপর কোনই জোর নেই? Don't you have any influence on the headmaster? ডোণ্ট ইউ হ্যাভ এনি ইনফ্লুয়েন্স অন দ্য হেডমাস্টার?

39. আমাদের স্কুলের কাল থেকে ছুটী আরম্ভ হবে। Our school will remain closed for vacation from tomorrow. আওয়ার স্কুল উইল রিমেন ক্লোজড্ ফর ভেকেশন ফ্রম টুমরো।

40. ছেলেরা, সময় হয়ে গেছে, উত্তরপত্র দিয়ে দাও। Boys, time is over, hand over your paper. বয়েজ, টাইম ইজ ওভার, হ্যাণ্ড ওভার ইয়োর পেপার্স।

41. নতুন টাইম টেবিল ১লা মে থেকে শুরু হবে। The new time-table will come into force from 1st May. দ্য নিউ টাইম-টেবল্ উইল কাম ইনটু ফোর্স ফ্রম ফার্স্ট মে।

42. কেন বক্ বক্ করছ, চুপ করো। Why do you chatter/speak nonsense? Hold your tongue./Keep shut. হোয়াই ডু ইউ চ্যাটার/স্পিক্ ননসেন্স? হোল্ড ইয়োর টাঙ্গ।/কিপ্ শাট্।

43. আমার কাছে অতিরিক্ত পেনসিল নেই। I don't have spare pencil. আই ডোণ্ট হ্যাভ স্পোয়ার পেন্‌সিল।

44. আমাদের মধ্যে কথাবার্তা বন্ধ। We are not on speaking terms. উই আর নট্ অন স্পিকিং টার্মস্।

45. আমাদের যাতায়াত নেই। We don't go to each other's house./We don't visit each others. উই ডোণ্ট গো টু ইচ আদার'স হাউস।/উই ডোণ্ট ভিজিট ইচ আদারস।

46. এই ছাত্রটি দশম শ্রেণীতে পড়ার উপযুক্ত হবে না। This boy will not be able to get on in the tenth class. দিস্ বয় উইল নট বি এবল্ টু গেট অন ইন দ্য টেন্থ ক্লাস।

47. বক বক করো না। | Don't speak nonsense. ডোন্ট স্পিক্ ননসেন্স।

48. ক্লাশে উপস্থিতি ডাকা হয়ে গেছে ? | Has the roll been called? হ্যাজ দ্য রোল বিন কলড্ ?

49. আমি অঙ্ককেই ভয় করি। | Mathematics is my bugbear. ম্যাথমেটিক্স্ ইজ মাই বাগবিয়ার।

50. সব প্রয়াসই বিফল হ'ল। | All the efforts failed. অল দ্য এফোর্টস্ ফেল্ড্।

51. বাগীশ ক্লাশের সবচেয়ে বুদ্ধিমান ছাত্র। | Vagish is the best boy in the class. বাগীশ ইজ দি বেস্ট বয় ইন দ্য ক্লাস।

52. সে আমার চেয়ে এক বছর পেছনে। | He is junior to me by one year. হি ইজ জুনিয়র টু মি বাই ওয়ান ইয়ার।

53. ভাল ছেলে ক্লাশের মুখ উজ্জ্বল করে। | A good boy brings credit to his class. এ গুড্ বয় ব্রিঙ্গস্ ক্রেডিট্ টু হিজ ক্লাস।

54. অঙ্কে সে আমার থেকে ভাল। | He is ahead of me in Mathematics. হি ইজ এ্যাহেড অফ মি ইন ম্যাথমেটিক্স্।

55. এই প্রশ্নপত্র কে তৈরী করেছেন ? | Who has set this paper? হু হ্যাজ সেট দিস্ পেপার ?

56. স্কুলে যাবার সময় হয়ে গেছে। | It is time for school. ইট ইজ টাইম ফর স্কুল।

57. ছেলেটা স্কুলে আসেনি। | The boy did not come to school. দ্য বয় ডিড্ নট কাম্ম টু স্কুল।

58. বালকটি কবিতা আবৃত্তি করল। | The boy recited a poem. দ্য বয় রেসাইটেড্ এ পোয়েম।

59. তোমার কাছে একটা অতিরিক্ত খাতা হবে ? | Have you a spare exercise book/note book? হ্যাভ ইউ এ স্পেয়ার একসারসাইজ বুক্/নোট্ বুক্ ?

60. প্রধানশিক্ষক মশাই আমার জরিমানা মকুব করে দিয়েছেন। | The headmaster exempted my fine. দ্য হেডমাস্টার এক্সেম্পটেড মাই ফাইন।

61. সে ইংরেজিতে বিশেষ যোগ্যতা প্রাপ্ত করেছে। | He got distinction in English. হি গট্ ডিসটিংশন ইন ইঙ্গলিশ।

62. তুমি কলা না বিজ্ঞান নিয়েছ ? | Have you offered arts or science? হ্যাভ ইউ অফারড্ আর্টস অর সাইনস্ ?

63. আমি পদার্থবিদ্যা, রসায়নশাস্ত্র ও জীববিজ্ঞান নিয়েছি। | I have offered physics, chemistry and biology. আই হ্যাভ অফারড্ ফীজিক্স্, কেমিস্ট্রি এ্যাণ্ড বায়োলজি।

স্মরণীয় [To Remember]

'This loan is repayable within twenty years' [এই ঋণ কুড়ি বছরে শোধ করা যাবে], 'He recalled his school days' [সে তার স্কুলজীবনের দিনগুলি স্মরণ করছিল], 'When would you return?' [তুমি কবে ফিরবে ?], এই তিনটি বাক্যে —

repayable = re + payable
recall = re + call
return = re + turn

're' এই উপসর্গটি শব্দের প্রথমেই আছে। re-এর অর্থ ফেরৎ। ফলে —

re + payable = ফেরৎ + দেয় অর্থাৎ যা পরিশোধ করতে হবে।
re + call = ফেরৎ + ডাকা মানে স্মরণ করা।
re + turn = ফেরৎ + আসা মানে প্রত্যাবর্তন করা।

're' কে prefix [উপসর্গ] বলে। re দিয়ে তৈরি অন্য শব্দ —

remark – টিপ্পনি করা
remove – সরিয়ে দেওয়া
rejoin – আবার সম্মিলিত হওয়া
replace – একের বদলে অন্যকে রাখা
remind – মনে করিয়ে দেওয়া
reform – শোধরানো

46th Day ষষ্ঠচত্বারিংশ দিন

29 স্বাস্থ্য-I — HEALTH-I [হেল্‌থ-I]

1. কাল রাত্রে আমার জ্বর হয়েছিল।	I had fever last night. আই হ্যাড ফিভার লাস্ট নাইট্।
2. জ্বর ছাড়ার পর তিনবার কুইনাইন নিও।	Take quinine three times after the fever is down. টেক কুইনিন থ্রি টাইম্‌স্ আফটার দ্য ফিভার ইজ ডাউন।
3. আমার স্বাস্থ্যের জন্য চিন্তা হচ্ছে।	I am worried about my health. আই এ্যাম ওয়রিড এ্যাবাউট মাই হেল্‌থ্।
4. তিনি চক্ষুরোগ বিশেষজ্ঞ।	He is an eye specialist. হি ইজ অ্যান আই স্পেশালিস্ট।
5. তার স্বাস্থ্য ভাল যাচ্ছে না।	He is run down in health. হি ইজ রান ডাউন ইন হেল্‌থ।
6. আমার পায়ের বুড়ো আঙ্গুলে চোট লেগেছে।	I've hurt my big toe. আই'ভ হার্ট মাই বিগ টো।
7. তাঁর সব কটা দাঁতই মজবুত আছে।	All his teeth are intact. অল হিজ টিথ আর ইন্‌ট্যাক্ট।
8. তার একচোখ কানা।	He is blind in one eye. হি ইজ ব্লাইণ্ড ইন ওয়ান আই।
9. সে একপায়ে খোঁড়া।	He is lame in one leg/foot. হি ইজ লেম ইন ওয়ান লেগ/ফুট।
10. আমি প্রায়ই কোষ্ঠবদ্ধতায় ভুগি।	I often have constipation. আই অ্‌ফেন হ্যাভ কন্‌স্‌টিপেশন্।
11. আমার হজমশক্তি বিগড়েছে।/পেট খারাপ হয়েছে।	My digestion is bad./My stomach is upset. মাই ডাইজেশন ইজ ব্যাড।/মাই স্টমাক ইজ আপসেট্।
12. আমার মাথা হালকা করে টিপে দাও ত। এতে বেশ আরাম পাই।	Press my head gently. It's comforting. প্রেস মাই হেড্ জেন্‌টলি। ইট'স কমফর্টিং।
13. তাঁর চোখ উঠেছে ও চোখ দিয়ে জল গড়াচ্ছে।	His eyes are sore and watering. হিজ আইজ আর সোর এ্যাণ্ড ওয়াটারিং।
14. তার সারা শরীরে ফোড়া হয়েছে।	His body is covered with boils. হিজ বডি ইজ কভারড্ উইথ বয়েল্‌স্।
15. আজকাল শহরে কলেরার প্রকোপ বেড়েছে।	These days/Now-a-days cholera has spread in the city. দিজ্ ডেজ/নাও-এ-ডেজ কলেরা হ্যাজ স্প্রেড ইন দ্য সিটি।
16. ব্যায়াম অসুস্থতায় মহৌষধি।	Exercise is a panacea for all physical ailments. এক্‌সারসাইজ ইজ এ প্যানাসিয়া ফর অল ফিজিকাল এলমেন্‌ট্‌স্।
17. তিনি হৃদরোগে পীড়িত।	He has heart trouble. হি হ্যাজ হার্ট ট্রাব্‌ল্।
18. ওষুধ তেতো; কিন্তু রোগীকে সুস্থ করে তোলে।	Medicine is bitter, but it cures the patient.
19. আজকাল খুব জ্বর হচ্ছে আর ডাক্তাররাও খুব পয়সা করছেন।	Now-a-days fever is raging violently and doctors are minting money. নাও-এ-ডেজ ফিভার ইজ রেজিং ভায়োলেন্টলি এ্যাণ্ড ডক্টরস্ আর মিনটিং মনি।
20. তুমি থার্মোমিটার দেখতে জানো ?	Can you read thermometer? ক্যান ইউ রিড থারমোমিটার ?
21. শহরে জ্বর ও বসন্তের প্রকোপ খুব বেড়ে গেছে।	Small-pox and fever are raging havoc in the city. স্মল-পক্স এ্যাণ্ড ফিভার আর রেজিং হ্যাভক্ উইথ্ ফিভার।
22. আপনার ভায়ের কবে থেকে জ্বর হয়েছে ?	How long has your brother been down with fever? হাউ লং হ্যাজ ইয়োর ব্রাদার বিন ডাউন উইথ্ ফিভার।
23. ম্যালেরিয়ায় কুইনাইন অব্যর্থ।	Quinine is a sure remedy of malaria. কুইনিন ইজ এ শিওর রেমেডি অফ ম্যালেরিয়া।

24. আমার জ্বর-জ্বর ভাব হয়েছে। I am feeling feverish. আই এ্যাম ফিলিং ফিভারিশ্।
25. ডাক্তার দেখাও। Consult a/some doctor. কনসাল্ট্ এ/সাম্ ডক্টর।
26. এ জ্বর তার বহুদিনের। He has chronic fever. হি হ্যাজ ক্রনিক ফিভার।
27. তার জ্বর ছেড়ে গেছে। His fever is down. হিজ ফিভার ইজ ডাউন।
28. মহিলাটির অসুখ সেরে গিয়েছিল। The lady recovered from her illness. দি লেডি রিকভারড্ ফ্রম হার ইল্‌নেস।
29. রোগীর অবস্থা এখন আর বিপজ্জনক নয়। Now the patient is out of danger. নাও দি পেশেণ্ট ইজ আউট অফ ডেন্‌জার।
30. তার আঘাত গুরুতর। He is badly hurt. হি ইজ ব্যাডলি হার্ট।
31. আপনার নিয়মিত ব্যায়াম করা উচিৎ। You should exercise regularly. ইউ শুড এক্সারসাইজ রেগুলারলি।
32. বেশী খাটুনিতে তাঁর স্বাস্থ্যহানি হয়েছে। Overwork has ruined his health. ওভারওয়ার্ক হ্যাজ রুইনড্ হিজ হেল্‌থ।
33. সে বদহজমে ভুগছে। He has indigestion. হি হ্যাজ ইনডাইজেশন্।
34. মশা অতিষ্ঠ করে তুলেছে। Mosquitoes are a menace. মসকিটোজ্ আর এ মিনেস্।
35. আমার জ্বর ছেড়ে গেছে। I have recovered from fever. আই হ্যাভ রিকভারড্ ফ্রম ফিভার।
36. তিনি অসুস্থ। He is not feeling well. হি ইজ নট ফিলিং ওয়েল।
37. শিশুটি স্বাস্থ্যবান। He is a healthy child. হি ইজ এ হেলদি চাইল্ড।
38. আমি অন্ত্রের অসুখে ভুগছি। I am suffering from some intestinal disorder. আই এ্যাম সাফারিং ফ্রম সাম্ ইনটেসটিনাল ডিস্অর্ডার।
39. রোগের থেকে নিরাময় ভাল। Prevention is better than cure. প্রিভেনশন্ ইজ বেটার দ্যান কিয়োর।
40. দুপুরে খাওয়ার পর বিশ্রাম নিন, রাত্রে খাওয়ার পর মাইলখানেক বেড়িয়ে আসুন। After lunch sleep a while, after dinner walk a mile. আফ্‌টার লান্চ্ স্লিপ এ হোয়াইল, আফ্‌টার ডিনার ওয়াক্ এ মাইল।
41. সে এখন ঋতুমতী। She is in her period. শি ইজ ইন হার পিরিয়ড।
42. তিনি ওজন কমাতে ব্যস্ত। She is trying to reduce her weight. শি ইজ ট্রাইং টু রিডিউস হার ওয়েট।
43. ওয়াহিদা ভীষণ দুর্বল। Waheeda is very weak. ওয়াহিদা ইজ ভেরি উইক।
44. রাণীর স্বাস্থ্য নিতান্তই দুর্বল। Rani has a weak constitution. রাণী হ্যাজ এ উইক্ কনস্টিটিউশন্।
45. সন্তুষ্টির চেয়ে ভাল ওষুধ নেই। Happiness is the best tonic/thing for health. হ্যাপিনেস্ ইজ দি বেষ্ট টনিক/থিং ফর হেলথ।

স্মরণীয় [To Remember]

Action [ক্রিয়া], collection [সমূহ], protection [রক্ষা] প্রভৃতি শব্দ বিশেষ্য। এদের শেষে tion আছে ও এই শব্দগুলি সেই সব ক্রিয়া থেকে উদ্ভূত যাদের শেষে t আছে। অবশ্য এমনও অনেক ক্রিয়া আছে, যাদের শেষে t থাকে না, যেমন —

attend থেকে attention [মনযোগ দেওয়া, দৃষ্টি]
destroy থেকে destruction [ধ্বংস]
convence থেকে convention [সভা]
receive থেকে reception [স্বাগত সমারোহ]
describe থেকে description [বর্ণন]

Timely action by the engine driver prevented a major railway accident [ইন্‌জিন চালকের সময়োচিত সাবধানতা অবলম্বন করায় একটি বড় রকমের রেল দুর্ঘটনা এড়ানো সম্ভব হয়েছিল] বলা ঠিক কেন না act ক্রিয়া থেকে action বিশেষ্য হয়েছে। His total investment amounts to rupees one lakh [তিনি সবশুদ্ধ এক লাখ টাকা লগ্নী করেছেন] এই বাক্যে invest [এই শব্দের শেষে t আছে] এই শব্দের শেষে ment যোগ ক'রে investment করা হয়েছে, tion যোগ ক'রে নয়। অর্থাৎ t দিয়ে যার শেষ এমন অনেক ক্রিয়ার সাথে ment যোগ করেও বিশেষ্য করা হয়। যেমন — depart থেকে department [বিভাগ], assort থেকে assortment [বাছা]।

47 সপ্তচত্বারিংশ দিন th Day

30 স্বাস্থ্য-II — HEALTH-II [হেল্‌থ-II]

46. আমার গা গুলোচ্ছে।	I feel like vomiting./I am feeling nausea. আই ফিল লাইক ভমিটিং।/ আই অ্যাম ফিলিং ন্যসিয়া।
47. চার ঘণ্টা অন্তর এক দাগ ওষুধ খাবে।	Take a dose of the medicine every four hours. টেক এ ডোজ অফ মেডিসিন এভ্‌রি ফোর আওয়ার্স।
48. খোলা হাওয়া স্বাস্থ্যলাভের উপযোগী।	Fresh air is rejuventing. ফ্রেশ্‌ এয়ার ইজ রিজুভেনেটিং।
49. আমার শরীর আজ ভাল ঠেকছে না।	I am not feeling well today. আই এ্যাম নট ফিলিং ওয়েল্‌ টুডে।
50. হাঁটতে হাঁটতে তার পা ফুলে গেছে।	His feet are swollen because of walking. হিজ ফীট আর সোওয়লেন বিকজ্‌ অফ ওয়াকিং।
51. আমার স্বাস্থ্য খারাপ হয়ে গেছে।	My health is down. মাই হেল্‌থ ইজ ডাউন।
52. জোলাপ নাও।	Take a purgative. টেক এ পারগেটিভ্‌।
53. কোনো ভাল ডাক্তারকে দেখাও।	Consult some experienced doctor. কন্‌সাল্‌ট্‌ সাম্‌ এক্সপেরিয়েন্স্‌ড্‌ ডক্‌টর।
54. অসুখে অসুখে অতিষ্ঠ হয়ে উঠেছে।	He is fed up with his illness. হি ইজ ফেড আপ্‌ উইথ্‌ হিজ ইলনেস্‌।
55. হাতুড়ে ডাক্তার থেকে সাবধান।	Avoid quacks. এ্যাভয়েড কোয়াক্স।
56. ডাক্তার তার রোগ ধরতে পারলেন না।	The doctor could not diagnose his disease. দ্য ডক্টর কুড্‌ নট ডায়াগ্‌নোজ হিজ ডিজিজ।
57. মৃত্যুহার বাড়ছে।	The death rate is increasing. দ্য ডেথ্‌ রেট ইজ ইনক্রিজিং।
58. ডাক্তারের পরামর্শ নাও।	Consult a doctor. কন্‌সাল্ট এ ডক্‌টর।
59. তোমার নাক ঝরছে।	Your nose is running. ইয়োর নোজ ইজ রানিং।
60. আমার হাতের হাড় ভেঙ্গে গেছে।	My arm-bone has got fractured. মাই আর্ম-বোন হ্যাজ গট্‌ ফ্র্যাকচার্ড।
61. কাল তার শরীর ভাল ছিল না।	He was not well yesterday. হি ওয়াজ নট্‌ ওয়েল ইয়েস্‌টারডে।
62. আমি অত্যন্ত পরিশ্রান্ত।	I am dead/extremely tired. আই এ্যাম ডেড্‌/এক্সট্রিমলি টায়ারড্‌।
63. আজ সে কেমন আছে?	How is he today? হাও ইজ হি টুডে?
64. ভলিবল খেলার সময় তার হাত মুচকে গিয়েছিল।	His hand was doslocated while playing volleyball. হিজ হ্যাণ্ড ওয়াজ ডিস্‌লোকেটেড হোয়াইল প্লেয়িঙ্গ ভলিবল।
65. কালকের চেয়ে আজ সে ভাল আছে।	Today he is better than yesterday./He is feeling better today. টুডে হি ইজ বেটার দ্যান ইয়েস্‌টারডে।/হি ইজ ফিলিং বেটার টুডে।
66. আমি হাওয়া বদলাতে শিমলা গিয়েছিলাম।	I went to Simla for a change of climate. আই ওয়েন্ট টু শিমলা ফর এ চেন্‌জ্‌ অফ্‌ ক্লাইমেট।
67. তোমার কাজকর্ম কেমন চলছে আজকাল?	How are you getting on in your business?/How is your business getting on? হাউ আর ইউ গেটিং অন ইন্‌ ইয়োর বিজনেস্‌?/হাউ ইজ ইয়োর বিজনেস গেটিং অন?
68. এই ঔষধটিতে তোমার জ্বর ছেড়ে যাবে।	This medicine will bring your fever down. দিস্‌ মেডিসিন উইল ব্রিং ইয়োর ফিভার ডাউন।
69. তার মাথা ধরেছে।	He has a headache. হি হ্যাজ এ হেডএক্‌।

70. কাল জ্বর ছেড়ে যাবে।	The fever will be down tomorrow. দ্য ফিভার উইল বি ডাউন টুমরো।
71. তোমার গলা কেন বসে গেছে ?	Why are you hoarse? হোয়াই আর ইউ হোর্স ?
72. আমি তাকে দেখতে যাবো।	I'll go to enquire about his health. আই'ল গো টু এনকোয়্যার অ্যাবাউট হিজ হেল্থ।
73. কঠিন পরিশ্রম করায় আমার স্বাস্থ্য ভেঙে গেছে।	My health has fallen/gone down on account of hard work. মাই হেল্থ হ্যাজ ফলেন/গন ডাউন অন এ্যাকাউন্ট অফ হার্ড ওয়ার্ক।
74. আমার ওজন কমকরে দু'কিলো বেড়ে গেছে।	I have gained/put on weight at least by two kilos. আই হ্যাভ গেনড্/পুট অন ওয়েট এ্যাট লিস্ট বাই টু কিলোজ।
75. তোমার কি হয়েছে ?	What is the trouble/problem with you?/What ails you? হোয়াট ইজ দ্য ট্রাব্ল/প্রবলেম্ উইথ ইউ ?/হোয়াট এল্স ইউ ?
76. রোগী শীতে কাঁপছে।	The patient is shivering with cold? দি পেশন্ট্ ইজ শিভারিং উইথ্ কোল্ড।
77. ম্যালেরিয়ায় অনেক লোক মারা গেছে।	Many people died of malaria./Malaria took a heavy toll. মেনি পিপল্ ডায়েড অফ ম্যালেরিয়া। /ম্যালেরিয়া টুক্ এ হেভি টোল্।
79. এই ঔষধটি যাদুর মত কাজ করে।	This medicine works miracles. দিস্ মেডিসিন ওয়ার্কস্ মির্যাক্লস্।

31 আবহাওয়া — WEATHER [ওয়েদার]

1. কাল রাতভোর ঝিরঝির বৃষ্টি হচ্ছিল।	It kept drizzling through out the night. ইট্ কেপ্ট্ ড্রিজলিং থ্রু আউট দ্য নাইট।
2. আকাশ মেঘে ঢেকে আছে।	The sky is overcast. দ্য স্কাই ইজ ওভারকাস্ট।
3. আজ খুব গরম।	It is very/terribly hot today. ইট্ ইজ ভেরি/টেরিব্লি হট টুডে।
4. গরমে মাথা ঘুরছে।	The heat has made me griddy. দ্য হিট্ হ্যাজ মেড মি গ্রিডি।
5. মুষলধার বৃষ্টিতে ছাতা কোন কাজেই লাগে না।	Even umbrella is useless in heavy rain. ইভ্ন আমব্রেলা ইজ ইউজলেস্ ইন হেভী রেন।
6. ঠাণ্ডা দিন দিন বেড়েই চলেছে।	It is getting colder day by day. ইট ইজ গেটিং কোল্ডার ডে বাই ডে।
7. আজকাল শিমলাতে ভীষণ ঠাণ্ডা পড়েছে।	It is biting cold in Simla these days. ইট্ ইজ বাইটিং কোল্ড ইন শিমলা দিজ্ ডেজ।
8. এত জোর হাওয়ায় বাতি জ্বলবে না, ঘরের মধ্যেই থাকতে দাও।	The lamp will go off/blow off because of strong wind. দ্য ল্যাম্প উইল গো অফ/ব্লো অফ বিকজ অফ স্ট্রং উইণ্ড।
9. আজকাল লু চলছে।	Hot winds are blowing these days. হট্ উইণ্ডস্ আর ব্লোয়িং দিজ ডেজ।
10. আপনার ঘাম হচ্ছে। আবহাওয়া ভ্যাপসা।	You are perspiring. The weather is sticky. ইউ আর পারস্পায়ারিং। দ্য ওয়েদার ইজ স্টিকি।
11. আমি [ঠাণ্ডায়] কাঁপছি।	I am shivering. আই এ্যাম শিভারিং।
12. আমি ভিজিনি।	I did not get drenched. আই ডিড্ নট গেট ড্রেঞ্চড।
13. বাতাস ধূলোতে ভরা।	It's terribly dusty. ইট্স্ টেরিব্লি ডাস্টি।
14. আশা করি আবহাওয়া মনোরম থাকবে।	I hope the weather will remain pleasant. আই হোপ দি ওয়েদার উইল রিমেইন প্লেজাণ্ট।
15. হাওয়ায় শীতের আমেজ পাওয়া যাচ্ছে।	There is a nip in the air. দেয়ার ইজ এ নিপ্ ইন দ্য এয়ার।
16. বাইরে ঝড় বয়ে যাচ্ছে; আবহাওয়া অত্যন্ত প্রতিকুল।	A tempest is raging outside; the weather has turned bad. এ টেমপেস্ট ইজ রেজিং আউটসাইড; ওয়েদার হ্যাজ টারনড্ ব্যাড।

17. মুষলধারে বৃষ্টি হচ্ছে। It is heavily raining/cats and dogs. ইট্ ইজ হেভিলি রেনিং/ক্যাট্স্ এ্যাণ্ড ডগ্স্।

18. আজ সকালে শিলাবৃষ্টি হয়েছিল। There was a hail-storm this morning. দেয়ার ওয়াজ এ হেল-স্টর্ম দিস্ মর্নিং।

19. আবহাওয়া বড় ভ্যাপসা। It's very humid. ইট্'স ভেরি হিউমিড্।

20. খুব গরম পড়েছে, অথচ বাতাসও বইছে না। It's sultry weather. ইট্স্ সাল্ট্রি ওয়েদার।

21. হাওয়া প্রায় নিশ্চল। The wind is almost still. দ্য উইণ্ড ইজ অলমোস্ট স্টিল্।

22. খুব সুন্দর বাতাস বইছে। Cool wind is blowing. কুল উইণ্ড ইজ ব্লোয়িং।

23. বৃষ্টির জন্য যেতে পারিনি। The rain prevented me from going. দি রেন প্রিভেন্টেড্ মি ফ্রম গোয়িং।

স্মরণীয় [To Remember]

'Many a patriot would gladly lay down his life for the sake of his country [অসংখ্য দেশভক্ত নরনারী দেশের জন্য হাসতে হাসতে প্রাণ বিসর্জন করতে পারেন], 'The Camel walks very clumsily' [উটের চলন বিকট ধরণের]। এই দুইটি বাক্যে gladly ও Clumsy থেকে Clumsily, মূল শব্দে ly যোগ করে তৈরী করা হয়েছে। এদের ক্রিয়া বিশেষণ বলে। মনে রাখবেন কোন বিশেষণে ly যোগ করা হয় তবে তারা ক্রিয়া-বিশেষণে পরিণত হয়। উদাহরণতঃ

able থেকে ably [সক্ষমভাবে]
aimless থেকে aimlessly [উদ্দেশ্যবিহীনভাবে]
humble থেকে humbly [বিনম্রভাবে]
bad থেকে badly [খারাপভাবে]
intelligent থেকে intelligently [বুদ্ধিমত্তার সঙ্গে]
calm থেকে calmly [শান্তভাবে]
kind থেকে kindly [কৃপাপূর্বক/অনুগ্রহ করে]
glad থেকে gladly [আনন্দের সহিত/সঙ্গে]
clever থেকে cleverly [চালাকির সাথে]
need থেকে needly [আবশ্যকতানুসার]
efficient থেকে efficiently [যোগ্যতার সঙ্গে]
right থেকে rightly [ঠিক ভাবে]
wrong থেকে wrongly [ভুল করে]

48 অষ্টচত্বারিংশ দিন
th Day

32 জীব-জন্তু — ANIMALS [এ্যানিমল্স্]

1. প্রঃ কোন পশু আমাদের দুধ দেয় ?
উঃ গরু, মোষ আর ছাগল আমাদের দুধ দেয়।
Q. Which animals give us milk? হুইচ্ এ্যানিমল্স্ গিভ আস মিল্ক্?
A. The cow, buffalo and goat give us milk. দ্য কাউ, বাফেলো অ্যাণ্ড গোট গিভ আস্ মিল্ক্।

2. প্রঃ কোন পশু ঘেউ ঘেউ করে ?
উঃ কুকুর ঘেউ ঘেউ করে।
Q. Which animal barks? হুইচ্ এ্যানিমল্ বার্ক্স্ ?
A. The dog barks. দ্য ডগ বার্ক্স্।

3. প্রঃ কোন পশুর গলা লম্বা হয় ?
উঃ জিরাফের গলা লম্বা হয়।
Q. Which animal has a long neck? হুইচ্ এ্যানিমল্ হ্যাজ এ লং নেক্।
A. The giraffe has a long neck. দ্য জিরাফ হ্যাজ এ লং নেক্।

4. প্রঃ কোন পশু থেকে পশম পাওয়া যায় ?
উঃ ভেড়া আমাদের পশম দেয়।
Q. Which animal gives us wool? হুইচ্ এ্যানিমল্ গিভ্স্ আস্ উল ?
A. The sheep gives us wool. দ্য শীপ গিভ্স্ আস্ উল।

5. প্রঃ কোন পশুর লেজ ঝোপের মত ?
উঃ কাঠবিড়ালীর লেজ ঝোপের মত।
Q. Which animal has a bushy tail? হুইচ্ এ্যানিমল্ হ্যাজ এ বুশি টেল ?
A. The squirrel has a bushy tail. দ্য স্কুইরেল্ হ্যাজ এ বুশী টেল।

6. প্রঃ কোন জন্তু অর্দ্ধেক ঘোড়া ও অর্দ্ধেক গাধা ?
উঃ খচ্চর অর্দ্ধেক ঘোড়া অর্দ্ধেক গাধা।
Q. Which animal is cross between horse and donkey? হুইচ্ এ্যানিমল্ ইজ ক্রস্ বিটুইন হর্স এ্যাণ্ড ডাংকি ?
A. It's mule. ইট্স্ মিউল।

7. প্রঃ খচ্চর কোন কাজ করে ?
উঃ খচ্চর মালবাহী পশু।
Q. What do mules do? হোয়াট ডু মিউলস্ ডু ?
A. The mule is used for carrying loads. দ্য মিউল ইজ ইউজ্ড্ ফর ক্যারিয়িং লোড্স্।

8. প্রঃ কোন পশুর শুঁড় আছে ?
উঃ হাতীর শুঁড় আছে।
Q. Which animal has a trunk? হুইচ্ এ্যানিমল্ হ্যাজ এ ট্রাঙ্ক ?
A. The elephant* has a trunk. দি এলিফ্যান্ট্ হ্যাজ এ ট্রাঙ্ক।

9. প্রঃ কোন পশুর পিঠে কুঁজ হয় ?
উঃ উঠের পিটে কুঁজ থাকে।
Q. Which animal has a hump on its back? হুইচ্ এ্যানিমল্ হ্যাজ এ হাম্প্ অন ইট্স্ ব্যাক ?
A. The camel has a hump on its back. দ্য ক্যামেল হ্যাজ এ হাম্প্ অন ইট্স্ ব্যাক ?

10. প্রঃ কোন পশুর শিং থাকে ?
উঃ গরুর সিং থাকে।
Q. Which animal has horns? হুইচ্ এ্যানিমল্ হ্যাজ হর্নস্ ?
A. The cow has horns. দ্য কাউ হ্যাজ হর্নস্।

11. প্রঃ কোন পশু গাড়ি টানে ?
উঃ ঘোড়া/খচ্চর গাড়ি টানে।
Q. Which animal pulls wagons. হুইচ্ এ্যানিমল্ পুল্স্ ওয়াগনস্ ?
A. The cart-horse/mule pulls wagons. দ্য কার্ট-হর্স/মিউল পুল্স্ ওয়াগনস্।

12. প্রঃ কোন পতঙ্গ চাকে থাকে ?
উঃ মৌমাছি চাকে বাস করে।
Q. Which insect lives in hives? হুইচ্ ইনসেক্ট লিভ্স্ ইন হাইভ্স্ ?
A. Bees live in hives. বিজ লিভ্ ইন্ হাইভ্স্।

13. প্রঃ কোন পাখি রাতে ডাকে ?
উঃ পেঁচা রাত্রে ডাকে।
Q. Which bird hoots at night? হুইচ্ বার্ড হুট্স্ এ্যাট নাইট্ ?
A. The owl hoots at night. দ্য আউল হুট্স্ এ্যাট নাইট।

---

* ইংরেজি যে শব্দ কোন স্বরবর্ণ [vowels] দিয়ে আরম্ভ হয়, তার আগে the থাকলে উচ্চারণ হবে দি, যেমন দি এলিফ্যান্ট। অন্য সব শব্দের আগে the থাকলে তার উচ্চারণ দ'। কিন্তু মনে রাখতে হবে যে এই দ'-এর উচ্চারণ বাংলা দশ এই শব্দের দ-এর উচ্চারণের মত হবে না। খুবই হ্রস্ব দ বলতে হবে এই সব ক্ষেত্রে।

14. প্রঃ কোন পশুর সাথে মানুষের মিল দেখা যায় ? — Q. Which animal resembles human beings? হুইচ্ এ্যানিমল্ রিজেম্বল্স্ হিউম্যান বিয়িংস্ ?

উঃ বনমানুষের সাথে মানুষের মিল দেখা যায়। — A. The ape resembles human beings. দ্য এপ্ রিজেম্বল্স্ হিউম্যান বিয়িংস্।

15. প্রঃ কোন পোকা জাল বোনে ? — Q. Which insect weaves webs? হুইচ্ ইনসেক্ট ওয়েভ্স্ ওয়েবস্ ?

উঃ মাকড়সা জাল বোনে। — A. The spider weaves webs. দ্য স্পাইডার ওয়েভ্স্ ওয়েবস্।

16. প্রঃ কোন পশু শিকারী ? — Q. Which are the beasts of prey? হুইচ্ আর দ্য বিস্টস্ অফ প্রে ?

উঃ সিংহ, বাঘ, চিতা ইত্যাদি শিকারী পশু। — A. The lion, wolf, leopard etc. are beasts of prey. দ্য লায়ন, উলফ্, লেপার্ড এট্সেটেরা আর বিস্ট্স্ অফ প্রে।

33 খেলাধুলা — GAMES [গেম্স্]

1. রমা খেলছে। — Rama is playing. রমা ইজ প্লেয়িং।
2. আশা করি আপনি গুরুতররূপ আঘাত পাননি। — Hope, you are not badly hurt. হোপ, ইউ আর নট ব্যাডলি হার্ট।
3. আমি হাঁটার চেয়ে গাড়ি চড়া পছন্দ করি। — I prefer* riding to walking. আই প্রেফার রাইডিং টু ওয়াকিং।
4. আমি ঘুড়ি ওড়াচ্ছি। — I am flying a kite. আই এ্যাম ফ্লাইং এ কাইট্।
5. আজ আমরা দাবা খেলব। — We'll play chess today. উই'ল প্লে চেস্ টুডে।
6. কে জিতল ? — Who won? হু ওয়ন ?
7. তুমি কোন খেলা খেল ? — What games do you play? হোয়াট্ গেমস্ ডু ইউ প্লে ?
8. এসো তাস খেলা যাক। — Come, let's play cards. কাম, লেটস প্লে কার্ডস্।
9. তুমি তাস ফেঁটে দাও, আমি কাটব। — You shuffle the cards and I'll cut. ইউ শাফল্ দি কার্ডস্ এ্যাণ্ড আই'ল কাট্।
10. আমাদের দল জিতেছে। — Our team has won. আওয়ার টিম হ্যাজ ওয়ন।
11. তুমি লাঠি চালাতে জানো ? — Can you wield a lathi? ক্যান ইউ উইল্ড এ লাঠি ?
12. চলো, খেলতে যাই। — Come, let's play. কাম, লেট্স্ প্লে।
13. খেলা আরম্ভ হয়ে গেছে। — The game has started. দ্য গেম হ্যাজ স্টার্টেড।
14. খেলাধুলা করা পড়ার মতনই দরকারি। — Games are as important as studies. গেম্স্ আর অ্যাজ ইম্পর্টেন্ট অ্যাজ স্টাডিজ্।
15. লাফানোর সময় আমার পেশীতে টান পড়েছে। — I sprained my ankle while jumping. আই স্প্রেণ্ড মাই অ্যাঙ্কল্ হোয়াইল জাম্পিং।
16. হাই জাম্প-এ তিনি রেকর্ড প্রতিষ্ঠা করেছেন। — He has set a record in high jump. হি হ্যাজ সেট্ এ রেকর্ড ইন হাই জাম্প।
17. সে দ্রুত দৌড়ায়। — He is a fast sprinter/racer. হি ইজ এ ফাস্ট্ স্প্রিন্টার/রেসার।
18. তোমাদের স্কুলে জিমন্যাসটিক শেখানো হয় ? — Do they teach you exercise/gymnastics in your school? ডু দে টিচ্ ইউ এক্সারসাইজ/জিমন্যাস্টিক্স্ ইন ইয়োর স্কুল ?
19. আমাদের স্কুলের খেলার মাঠ বিশাল। — Our school has a big play-ground. আওয়ার স্কুল হ্যাজ এ বিগ প্লে-গ্রাউণ্ড।
20. তোমাদের বেস্‌বল টিমের ক্যাপ্টেন কে ? — Who is the captain of your baseball team? হু ইজ দি ক্যাপ্টেন অফ ইয়োর বেস্‌বল টিম ?
21. তোমার ব্যাট দিয়ে কি আমি ব্যাডমিন্টন্ খেলতে পারি ? — Can I play badminton with your racket? ক্যান আই প্লে ব্যাডমিনটন্ উইথ ইয়োর র‍্যাকেট ?

---

*Prefer ক্রিয়ার পরে যা বলা হয়, তাতে দ্বিতীয়টির চেয়ে প্রথমটিকে শ্রেয়স্কর ধরা হয়।

22. তোমাদের টিমও কি রাষ্ট্রীয় ফুটবল প্রতিযোগিতায় খেলছে ? Is your team also playing/taking part in the national football tournament? ইজ ইয়োর টিম অলসো প্লেয়িং/টেকিং পার্ট ইন দি ন্যাশনাল ফুটবল টুর্নামেন্ট ?

23. আমি নৌকা বাইতে ভালবাসি। I like rowing. আই লাইক্ রোয়িং।

24. সে টিমে নিয়মিতভাবে খেলে। She plays regularly for the team. শি প্লেজ রেগুলারলি ফর দ্য টিম।

25. আমরা সপ্তাহে একদিন ড্রিল্ করি। We do drill once a week. উই ডু ড্রিল্ ওয়ান্স্ এ উইক।

স্মরণীয় [To Remember]

'ly'-এর মজা দেখুন। বিশেষণকে এ ক্রিয়া-বিশেষণেও বদলায়ই, বিশেষ্যকেও বিশেষণে পরিবর্তিত করে। যেমন, His brotherly behaviour endeared him to all his colleagues [ভায়ের মত ব্যবহার করে তিনি সকল সহকর্মীর প্রিয় হয়েছিলেন] বাক্যে brother এই বিশেষ্যে 'ly' যোগ করে brotherly বিশেষণ হয়ে গেছে। এই ভাবে —

father থেকে fatherly [পিতৃবৎ]
mother থেকে motherly [মাতার মতন]
sister থেকে sisterly [বোনের মত]
body থেকে bodily [শারীরিক]
man থেকে manly [পুরুষের মত]
woman থেকে womanly [স্ত্রীচিত]
king থেকে kingly [রাজোচিত]
scholar থেকে scholarly [বিদ্বানের মত]

It was a windy day [সেদিন খুব হাওয়া দিচ্ছিল]। A fish has a scaly boady [মাছের গায়ে আঁশ থাকে] এই দুটি বাক্যে wind থেকে windy [হাওয়াদার], scale থেকে scaly [আঁশযুক্ত], wind এবং scale এই দুইটি বিশেষ্যের সাথে y যোগ করে বিশেষণ করা হয়েছে। এইরকম আরও কতকগুলি বিশেষণ —

breeze থেকে breezy [হাওয়াদার]
craft থেকে crafty [চালাক]
greed থেকে greedy [লোভি]
rain থেকে rainy [বৃষ্টিযুক্ত]
hand থেকে handy [উপযোগী]
dust থেকে dusty [ধূলোয় ভরা]
room থেকে roomy [খোলামেলা]
sun থেকে sunny [রৌদ্রভরা]

49 উনপঞ্চাশৎ দিন
th Day

34 ব্যক্তি এবং বয়স — PERSON & AGE [পারসন্ এ্যাণ্ড এজ]

1. আপনার নাম [জানতে পারি] কি ?	You name, please?/What is your good name? ইয়োর নেম, প্লিজ ?/ হোয়াট্ ইজ ইয়োর গুড নেম ?
2. আপনার পরিচয় ?	Who are you? হু আর ইউ ?
3. আপনার বয়স কত ?	What is your age? হোয়াট ইজ ইয়োর এজ ?
4. ঠিক কুড়ি বছর হ'য়েছে।	I have just completed twenty. আই হ্যাভ জাস্ট কমপ্লিটেড টোয়েন্‌টি।
5. আপনি কি আমার চাইতে বয়েসে বড় ?	Are you older than me? আর ইউ ওল্ডার দ্যান মি ?
6. আপনি আমার চেয়ে ছোট।	You are younger than/to me. ইউ আর ইয়ঙ্গার দ্যান/টু মি।
7. আমি অবিবাহিত।	I am a bachelor. আই এ্যাম এ ব্যাচেলর।
8. মহিলা বিবাহিতা।	She is married. শি ইজ ম্যারেড।
9. তার চারটি মেয়ে।	She has only four daughters. শি হ্যাজ ওনলি ফোর ডটারস্।
10. তোমার বাবা কি করেন ?	What is your father?/What does your father do? হোয়াট ইজ ইয়োর ফাদার ?/হোয়াট ডাজ ইয়োর ফাদার ডু ?
11. তিনি সরকারী চাকরী থেকে অবসর নিয়েছেন।	He has retired from Government service. হি হ্যাজ রিটায়ার্ড ফ্রম গভর্নমেণ্ট সারভিস্।
12. তাকে বয়স্ক বলে মনে হয়।	He looks aged. হি লুক্‌স্ এজেড্।
13. তার চুল পেকে গেছে।	He has grey hair*. হি হ্যাজ গ্রে হেয়ার।
14. সে কি চুলে কলপ লাগায় ?	Does she dye her hair? ডাজ শি ডাই হার হেয়ার ?
15. আপনাদের কি যৌথ পরিবার ?	Do you have a joint family? ডু ইউ হ্যাভ এ জয়েণ্ট ফ্যামিলি ?
16. হাঁ, আমাদের যৌথ পরিবার।	Yes, ours is a joint family. ইয়েস, আওয়ার্স্ ইজ এ জয়েণ্ট ফ্যামিলি।
17. আপনারা কজন ভাই ?	How many brothers are you? হাও মেনি ব্রাদারস্ আর ইউ ?
18. আপনার কজন বোন ?	How many sister do you have? হাও মেনি সিস্‌টারস্ ডু ইউ হ্যাভ ?
19. আমাদের বড়দাদা আলাদা থাকেন।	Our eldest brother lives seperately. আওয়ার এলডেস্ট ব্রাদার লিভ্‌স্ সেপারেট্‌লি।
20. ও ত শিশু।	He is just a kid. হি ইজ জাস্ট্ এ কিড্।
21. বয়সের চেয়ে আপনাকে ছোট দেখায়।	You look younger than your age./You look young for your age. ইউ লুক ইয়ঙ্গার দ্যান ইয়োর এজ।/ইউ লুক ইয়ং ফর ইয়োর এজ।
22. আমার ভাই-এর বয়স ষোল।	My brother is sixteen years old. মাই ব্রাদার ইজ সিক্‌স্‌টিন ইয়ার্স্ ওলড্।

35 চরিত্র — CHARACTER [ক্যারেক্‌টার]

1. রেগে যাওয়া দুর্বলতার লক্ষণ।	To get angry is to show weakness. টু গেট অ্যাংগ্রি ইজ টু শো উইকনেস্।
2. অলস [লোক] অৰ্দ্ধমৃতের সমান।	An idle man is as good as half-dead. এ্যান আয়ড্‌ল্ ম্যান ইজ এ্যাজ গুড এ্যাজ হাফ্-ডেড্।

---

*hair সব সময় একবচনেই ব্যবহৃত হয়।

3. ধার নেবে না দেবেও না।	Neither borrow nor lend. নায়দার বরো নর লেনড়্।
4. তোমার আসল কথা বলে দেওয়া উচিৎ।	You must come out with the truth. ইউ মাস্ট কাম্ আউট উইথ্ দ্য ট্রুথ্।
5. নিঃস্বার্থ সেবা করার আনন্দ অপরিসীম।	There is great joy in selfless* service. দেয়ার ইজ গ্রেট জয় ইন সেল্ফলেস্ সার্ভিস।
6. তিনি পাপের প্রায়শ্চিত্ত করেছেন।	He has atoned for his sin. হি হ্যাজ এ্যাটোন্ড্ ফর হিজ সিন্।
7. প্রতারণা করো না, প্রতারিত হয়ো না।	Neither deceive nor be deceived. নাইদার ডিসিভ নর বি ডিসিভ্ড্।
8. সৎ ব্যক্তিরাই সুখী।	The virtuous alone are happy. দ্য ভারচুয়াস্ এ্যালোন্ আর হ্যাপি।
9. অলস মস্তিস্ক শয়তানের কারখানা।	An idle mind is the devil's workshop. এ্যান আয়ড্ল্ মাইন্ড্ ইজ দ্য ডেভিল্স্ ওয়ার্কশম।
10. সেবাই জীবনের ধর্ম।	Life is for other's service. লাইফ ইজ ফর আদার'স সার্ভিস।
11. অন্যের কাছে কিছুই চাইবে না।	Don't ask anything from anybody. ডোণ্ট আস্ক্ এনিথিং ফ্রম এনিবডি।
12. এটা করতে আমার বিবেকে বাধে।	My conscience does not permit it. মাই কনশান্স্ ডাজ নট পার্মিট ইট্।
13. অত্যাধিক আরাম ক্ষতিকর।	To rest is to rust. টু রেস্ট ইজ টু রাস্ট।
14. উপার্জন না করে খাওয়া চুরি করার সমান।	He who eats without earning is committing a theft. হি হু ইট্স্ উইদাওট আর্নিং ইজ কমিটিং এ থেফ্ট্।
15. সে সবসময় কথা বলতে থাকে।	She is always keeps on talking. শি ইজ অলওয়েজ কিপ্স অন টকিং।
16. সে তার বোনকে খুব হিংসা করে।	She is very jealous of her sister. শি ইজ ভেরি জেলাস অফ হার সিস্টার।
17. তোমার সততার উপর আমরা পরিপূর্ণভাবে বিশ্বাসী।	We are sure of your honesty. উই আর শিওর অফ ইয়োর অনেস্টি।
18. সে এমন দেখায় যেন সবকিছু জানে।	He pretends to know everything. হি প্রিটেন্ড্স টু নো এভরিথিঙ্গ।

36 বেশভূষা — DRESS [ড্রেস্]

1. এই কাপড়টা বারো টাকা মিটার।	This cloth is twelve rupees a/per metre. দিস্ ক্লথ ইজ টুয়েল্ভ্ রুপিজ এ/পার মিটার।
2. বরসাতি পরতে ভুল করো না যেন।	Please don't forget to wear a raincoat. প্লিজ ডোণ্ড ফরগেট টু ওয়্যার এ রেন কোট।
3. কাপড়টা খুবই গরম।	This cloth is extremely/very warm. দিস্ ক্লথ ইজ এক্সট্রিমলি/ভেরি ওয়র্ম।
4. ভারতীয় মহিলারা প্রায় সকলেই শাড়ি পরেন।	Indian women usually/mostly wear sarees. ইণ্ডিয়ান উইমেন ইউজুয়লি/মোস্ট্লি ওয়্যার শাড়িজ।
5. ভিজে কাপড় প'র না।	Don't wear/put on wet clothes. ডোণ্ট ওয়্যার/পুট অন ওয়েট ক্লোদ্স্।
6. পুরোনো কোট পর, নতুন বই কেন।	Wear old coat, buy a new book. ওয়্যার ওল্ড্ কোট, বাই এ নিউ বুক।
7. আমি কাপড় পালটিয়ে আসছি।	I shall come after changing my clothes. আই শ্যাল কাম্ আফ্টার চেঞ্জিং মাই ক্লোদ্স্।
8. আজকাল নব্য যুবক যুবতীরা হাল ফ্যাশনের কাপড় পরে।	Now-a-days the young wear clothes of latest fashion. নাও-এ-ডেজ দ্য ইয়ং ওয়্যার ক্লোদজ্ অফ লেটেস্ট ফ্যাশন।
9. তিনি একটি রেশমি শাড়ি পরেছিলেন।	She was wearing/clad a silken sari. শি ওয়াজ ওয়্যারিং/ক্ল্যাড্ এ সিল্কন্ শাড়ি।
10. আমার কাপড় ধোপার বাড়ি দিয়েছি।	My clothes have gone to the laundry. মাই ক্লোদস্ হ্যাভ গন টু দ্য লনড্রি।

11. সে নীল রঙের উর্দি পরেছিল। He was wearing a blue uniform. হি ওয়াজ ওয়্যারিং এ ব্লু ইউনিফর্ম।

12. এই কোটটা জলে ভেজে না। It is a water-proof coat. ইট ইজ এ ওয়াটার-প্রুফ্ কোট।

13. এই পরিধেয়গুলি আপনার জন্য। These dresses are for you. দিজ ড্রেসেজ্ আর ফর ইউ।

14. পরিধান ব্যক্তিত্বের পরিচায়ক। A man is judged by his clothes/by the clothes he wears. এ ম্যান ইজ জাজড্ বাই হিজ ক্লোদস্/বাই দ্য ক্লোদস্ হি ওয়্যারস্।

15. এই কাপড়টা একটু আঁট হচ্ছে। This dress is a little tight for me. দিস্ ড্রেস্ ইজ এ লিট্ল টাইট্ ফর মি।

16. কোটটা কোমরে ঢিলে। This coat is loose at the waist. দিস্ কোট ইজ লুজ এ্যাট দ্য ওয়েস্ট্।

17. আপনার কাছে শার্টের কাপড় আছে? Do you have shirtings. ডু ইউ হ্যাভ শারটিংস্?

18. আজ্ঞে হাঁ, ভাল সুটের কাপড়ও আছে। Yes, we have good suitings also. ইয়েস, উই হ্যাভ গুড সুটিংস্ অলসো।

19. আমার সুটটা তোমার থেকে আলাদা। My suit is different from yours. মাই সুট ইজ ডিফারেন্ট ফ্রম ইয়োরস্।

20. ওর শার্ট আমারটার মত নয়। His shirt is not like mine/similar to mine. হিজ শার্ট ইজ নট লাইক মাইন/সিমিলার টু মাইন।

স্মরণীয় [To Remember]

কোনও শব্দের শেষে less থাকলে সেই শব্দ বিশেষণ হয় যেমন — He is a *shameless* person [সে নির্লজ্জ]; *Needless* to say, you are a thorough gentlemen [বলা বাহুল্য, আপনি অতীব ভদ্র]; A *cloudless* sky in the month of 'Sawan' can really worry the poor Indian farmer [শ্রাবণ মাসে মেঘবিহীন আকাশ গরীব ভারতীয় চাষীকে ভাবনায় ফেলে দেয়]; Astronauts remain *weightless* while they are in space circling the earth on the moon. [নভোচারীরা শূন্যে পৃথিবী বা চন্দ্রের চারদিকে পাক খাবার সময় ভারহীন অবস্থায় থাকে]।

সাধারণতঃ যে সব শব্দের শেষে ful যোগ করা যায়, তাদের সঙ্গে lessও যোগ করা যেতে পারে ও নতুন বিশেষণ তৈরী করা যায়। উদাহরণতঃ colour থেকে colourless [বর্ণবিহীন]; base থেকে baseless [ভিত্তিহীন]; arm থেকে armless [বাহুবিহীন]; care থেকে careless [অসাবধান]; faith থেকে faithless [বিশ্বাসঘাতক]; friend থেকে friendless [মিত্রহীন]; land থেকে landless [ভূমিহীন]; mercy থেকে merciless [নির্দয়]; name থেকে nameless [নামহীন]; rest থেকে restless [অস্থির]; ইত্যাদি। এই নিয়মের একটি অপবাদ unless। কিন্তু এই শব্দটি বিশেষ্য থেকে less যোগ করে উৎপন্ন হয়নি, যেমন হয়েছে base থেকে baseless। এটি অব্যয় — unless মানে যতক্ষণ না।

50 পঞ্চাশৎ দিন th Day

41 থেকে 45 দিন

Test No. 1 — পূর্ণাঙ্ক [মোট নম্বর] 20

16 বা তার বেশী ঠিক হলে very good; 12 বা তার বেশী ঠিক হলে fair হবে

I. নিম্নলিখিত বাক্যগুলির সাথে মেলে এরকম বাক্য আপনারা গত কয়েকদিন শিখেছেন। এই বাক্যগুলিতে কোন না কোন অশুদ্ধি আছে। তাদের শুদ্ধ করে আপনারা ভাষা জ্ঞানের পরীক্ষা নিন ও ব্র্যাকেটে দেওয়া বাক্য নির্দেশিকা থেকে আপনার শুদ্ধ করা বাক্য বইয়ে দেওয়া বাক্যের সাথে যাচাই করে নিন।

1. How many *childrens* you have? 2. Why did you not wake me *on?* 3. He is independent *from* his parent. 4. Sonia is taller of *a* two girls. 5. Wait *the* bit. 6. I saw the women *whom* the boss said was away. 7. This rice is *on* inferior quality. 8. I am short *for* fifty paise. 9. This chair is quit cheap *at* sixty rupees. 10. Do not buy *at* credit. 11. Does your shoe *pinches* you? 12. Show me a shoe with *an* narrow toe. 13. As we labour, so shall we *reward.* 14. I am *so* tired to attend the class. 15. The question is *so* easy. 16. He is *week* in Hindi. 17. She has been absent *for* Wednesday. 18. *Should* you pass, your parents will be happy. 19. I have been in this college *since* two years. 20. He is junior *than* me by one year.

Test No. 1. – শুদ্ধ শব্দ : 1. Children, 2. up, 3. of. 4. the, 5. a, 6. who, 7. of, 8. of, 9. for, 10. on, 11. pinch, 12. a, 13. rewarded, 14. too, 15. very, 16. weak, 17. since, 18. If, 19. for, 20. to.

46 থেকে 49 দিন

Test No. 2 — পূর্ণাঙ্ক [মোট নম্বর] 20

16 বা তার বেশী ঠিক হলে very good; 12 বা তার বেশী ঠিক হলে fair হবে

II. নিম্নলিখিত বাক্যগুলিতে সাধারণ অশুদ্ধিগুলি শুদ্ধ করুন ও আপনার ভাষাজ্ঞানের পরীক্ষা নিন। পরে বাক্য নির্দেশিকা দেখে মিলিয়ে নিন।

1. He is *a* eye specialist. 2. All his *tooth* are intact. 3. He is blind *from* one eye. 4. Nothing *for* worry. 5. Can you *see* thermometer? 6. He is *bad* hurt. 7. Prevention is better *to* cure. 8. Happiness is best *a* tonic. 9. I am not feeling *good.* 10. How are you getting *of* in your business? 11. My health has gone *for* on account of hard work. 12. The patient is shivering *from* cold. 13. Many people died *from* malaria. 14. It's is getting *cold* day by day. 15. Sheep *gives* us wool. 16. I prefer riding to *walk.* 17. Who *did win* the match? 18. Is *your* family a joint family? 19. My brother is sixteen *year* old. 20. We are quite sure *for* your honesty.

Test No. 2 – শুদ্ধ শব্দ : 1. an, 2. teeth, 3. of, 4. to, 5. read, 6. badly, 7. than, 8. the, 9. well, 10. on, 11. down, 12. with, 13. of, 14. colder, 15. give, 16. walking, 17. won, 18. yours, 19. years, 20. of.

Test No. 3 পূর্ণাঙ্ক [মোট নম্বর] 20

16 বা ততোধিক very good; 12 বা ততোধিক fair

III. নিম্নলিখিত বাক্যে শূন্যস্থান পূর্ণ করুন ব্র্যাকেটে দেওয়া দুটির মধ্যে একটি শব্দ দিয়ে। কোন নিয়মে আপনি শব্দের চয়ণ করেছেন, তাও বুঝে নিন।

1. I...*[have passed/pass]* the B.A. examination in 1976. 2. How...*[many/much]* letters did she write to me? 3. They have not spoken to each other...*[for/since]* two weeks. 4. She has been looking for a job...*[for/since]* July 1975. 5. I...*[had/have]* already bought ticket, so I went in. 6. He was found guilty...*[for/of]* murder. 7. They are leaving...*[for/to]* America soon. 8. She was married...*[with/to]* a rich man. 9. This shirt is superior...*[than/to]* that. 10. Write the letter...*[with/in]* ink. 11. She cannot avoid...*[to make/making]* mistakes. 12. The train...*[left/had left]* before I arrived. 13. She...*[finished/had finished]* her journey yesterday. 14. You talk as if you...*[know/knew]* everything. 15. Her sister is taller than...*[her/she]*. 16. It will remain a secret between you and...*[I/me]*. 17. A girl friend of...*[his/him]* told us this news. 18. Vagish and...*[myself/I]* were present there. 19. Amitabh played a very good...*[game/play]*. 20. I played well yesterday...*[isn't it/didn't I]*?

Test No. 3 – বাক্যপূর্তির জন্য শুদ্ধ শব্দ নিম্নরূপ :

1. passed. 2. many. 3. for. 4. since. 5. had. 6. of. 7. for. 8. to. 9. to. 10. in. 11. making. 12. had left. 13. finished. 14. know. 15. she. 16. me. 17. his. 18. I. 19. game. 20. didn't I?

Test No. 4

IV. ব্র্যাকেটে দেওয়া যে কোন একটি শব্দ দিয়ে রিক্তস্থান পূর্ণ করুন।

1. How...[much, more, many] children you have? 2. Custard is my favourite...[food, dish]. 3. Where does this road...[lead, go] to? 4. Is he a...[dependible, dependable] friend? 5. He is an...[important, importent] minister. 6. When does your examination...[start, begin, commence]? 7. ...[If, Should] you pass, your parents...[will, shall] be happy. 8. The boy is so weak in mathematics that he will not be able to get...[up, on, in] with the class. 9. Good boys bring credit...[to, for] their school. 10. A little girl...[recalled, recounted, recited] a beautiful poem. 11. The squirrel has a...[wooly, hairy, bushy] tail. 12. The sun is bright because the sky is...[cloudy, cloudless]. 13. As he is a...[shameful, shameless] person, he pays for a good deed with a bad one. 14. She had...[wore, worn] a simple sari. 15. Children need...[protection, defence] from traffic hazards. 16. ...[Quitely, Quietly] he went out of the convention hall. 17. Hamid and Majid help...[each other/on another]. 18. Small children cannot help...[each other/one another]. 19. Minakshi has not come...[too, either]. 20. They went for a...[ride, walk] on their bicycles.

শুদ্ধ শব্দগুলি এই প্রকার — 1. many. 2. food. 3. lead. 4. dependable. 5. Important. 6. commence. 7. should-would. 8. on. 9. to. 10. recited. 11. bushy. 12. cloudless. 13. shameless. 14. worn. 15. protection. 16. quietly. 17. each other. 18. one another. 19. either. 20. ride.

Test No. 5

V. নিম্নলিখিত বাক্যগুলি বাংলায় অনুবাদ করুন।

1. Do you have books? 2. Did the dhobi take the last wash? 3. Did you wake me up? 4. Is Anupam there? 5. Shall we meet again? 6. Didn't you come that day? 7. Do you say this? 8. Will your college reopen? 9. Do you allow me to read? 10. Are you looking at him?

[ii] নিম্নলিখিত দুইটি বাক্য ভাল করে দেখে বলুন when যোগ করাতে দুইটি বাক্য লেখার প্রক্রিয়ায় কোন বদল হয়েছে কিনা —

1. Have you finished? 2. When have you finished?

[উত্তর — প্রথম বাক্যে Have প্রথমে ছিল ও বড় হাতে H দিয়ে লেখা হয়েছিল, দ্বিতীয় বাক্যে have ছোট হাতে h দিয়ে লেখা হয়েছে]।

[iii] প্রশ্ন V [i] এর বাক্যগুলির প্রারম্ভে উপযুক্ত স্থলে what, why, how, when, where যোগ করে নতুন বাক্য গড়ুন ও সেই বাক্যগুলির অর্থ লিখুন।

Test No. 6

VI. ইংরেজিতে অনুবাদ করুন।

1. মুখ বন্ধ কর। 2. বক বক থামাও। 3. তাড়াতাড়ি ঘুমাও, তাড়াতাড়ি ওঠো। 4. তার জ্বর ছেড়ে গেছে। 5. কোন ডাক্তারের পরামর্শ নাও। 6. তার মাথা ধরেছে। 7. আমি কাঁপছি। 8. আমি জিতেছি? 9. এসো, খেলা যাক। 10. আমি অবিবাহিত। 11. আমরা নির্দ্ধারিত সময়ের আগেই পৌঁছোব। 12. কেউ দেখা করতে এসেছে। 13. আমি খুব ক্লান্ত। 14. আমি বাড়ি বদলেছি। 15. তিনি আপনাকে স্মরণ করেছেন। 16. কখনও কখনও নিশ্চয়ই চিঠি লিখবে। 17. রং পাকা তো? 18. আপনারা চেক নেন ত? 19. সে অঙ্কে কাঁচা। 20. আমি ইংরেজিতে পাকা।

Test No. 7

VII. [i] নীচে কতকগুলি শব্দ দেওয়া হল। তাদের প্রথমে একটি অক্ষয় দিয়ে নতুন শব্দ গড়ুন, যেমন old থেকে gold.

now, he, ox, our, an, how, hen, ear, all, refer.

[ii] নিম্নলিখিত বিশেষণগুলির তুলনাত্মক রূপ লিখুন — যেমন old থেকে old, older, oldest.

good, young, beautiful, bad, fine, careful, hard, difficult, shameless.

[iii] নিম্নলিখিত শব্দগুলির বাংলায় উচ্চারণ ও তাদের অর্থ লিখুন —

your, psalm, of, off, man, men, in, inn, to, too, the answer, the station, cloth, clothe, Mrs., bath, bathe, dare, dear, car, idea, idiom, white, who.

Test No. 8

VIII. [i] নিম্নলিখিত শব্দগুলির [plural] বলুন —

knife, journey, city, woman, ox, tooth, mouse, sheep, deer, foot, child, brother, church, fly, day, brother-in-law, myself.

[ii] ক্রিয়াগুলির present, past ও past participle রূপ লিখুন — যেমন go-এর go, went, gone.

to light, to lose, to mean, to pay, to write, to throw, to win, to beat, to begin, to lie, to lay, to know, to hurt, to put, to cut, to hold, to forget, to shut, to take.

[iii] নীচে বহুলপ্রচলিত কতকগুলি শব্দের সংক্ষিপ্ত রূপ [short form] দেওয়া হ'ল। আপনি শব্দগুলি জানেন। সম্পূর্ণ শব্দগুলি লিখুন।

Jan.	Mar.	Aug.	Oct.	Dec.	Mon.	Wed.	Fri.
Feb.	Apr.	Sept.	Nov.	Sun.	Tues.	Thurs.	Sat.
No.	Nos.	P.	P.P.	Co.	P.T.O.	K.M.	Dr.

51 একপঞ্চাশৎ দিন
51st Day

ষষ্ঠ অভিযান [6th Expedition]

এতদিনে আপনারা পঞ্চম অভিযান শেষ করে ফেলেছেন। কিন্তু এখনও আমাদের কতকগুলি সৌজন্যসূচক শব্দ ও বাক্য জানা বাকি আছে যেগুলি প্রত্যেক সভ্য ব্যক্তিই বার্তালাপের সময় ব্যবহার করেন। তাছাড়া আজকের দিনের সঙ্ঘর্ষময় জীবনে আপনাকে ব্যবসাবাণিজ্য, আইনকানুন, লেনদেন, সব কিছুই ইংরেজিতে চালাতে হবে। কাজেই আসুন, আমরা এগুলি শিখে নিই।

এই অভিযানে আমরা প্রবাদ, কিছু কিছু ধাঁধা, লোকোক্তি প্রভৃতিও শিখে নেব। শুভকার্য্যে আমরা উৎসাহের সাথে প্রবৃত্ত হই তাহলে।

37 সভ্যতা-শিষ্টাচার — ETIQUETTE [এটিকেট্]

1. এই যথেষ্ট।	That will do./This/It is enough. দ্যাট উইল ডু।/দিস্/ইট্ জি এনাফ্।
2. আপনি কেন ব্যস্ত হচ্ছেন ?	Please don't bother. প্লিজ ডোণ্ট বদার।
3. কোনই অসুবিধা নেই।	No trouble at all. নো ট্রাবল্ এ্যাট্ অল।
4. আমার জন্য চিন্তিত হবেন না।	Don't worry about me. ডোণ্ট ওয়রি এ্যাবাউট মি।
5. আপনি নিতান্ত দয়ালু।	So kind/nice of you. সো কাইণ্ড/নাইস অফ ইউ।
6. আপনার অসীম অনুগ্রহ হবে।	It would be very kind of you. ইট্ উড্ বি ভেরি কাইণ্ড অফ ইউ।
7. বলুন, আপনার জন্য কি করতে পারি।	How can I help you. হাউ ক্যান আই হেল্প্ ইউ।
8. কোনো বিশেষ কাজে এসেছেন কি ?	Why did you trouble yourself. হোয়াই ডিড্ ইউ ট্রাবল্ ইয়োরসেল্ফ্ ?
9. এতেই হবে।	This is sufficient দিস্ ইজ সাফিসিয়েণ্ট।
10. ব্যস্ত হবেন না।	Don't bother. ডোণ্ট বদার।
11. আরও একটু বসুন না।	Please stay a little more. প্লিজ স্টে এ লিট্ল্ মোর।
12. মাফ করবেন।	Please excuse me. প্লিজ এক্সকিউজ মি।
13. আমি দুঃখিত।	I'm sorry. আই'ম সরি।
14. ভদ্রতা করো না।	Don't be formal. ডোণ্ট্ বি ফরমাল্।
15. আমি একটা অনুরোধ করতে পারি ?	May I say something? মে আই সে সাম্থিং ?
16. খারাপ ভাববেন না।/উল্টো ভাববেন না।	Don't mind. ডোণ্ট মাইণ্ড।
17. অধম সেবার জন্য উপস্থিত।	I am at your service/disposal. আই এ্যাম এ্যাট ইয়োর সার্ভিস/ডিসপোজাল।
18. আমরা আপনার সুখ স্বাচ্ছন্দের প্রতি ঠিকভাবে দৃষ্টি দিতে পারিনি।	We couldn't entertain you properly. উই কুডণ্ট এন্টারটেন ইউ পরপারলি।
19. আমি এখানে বসতে পারি ?	May I sit here? মে আই সিট হিয়ার ?
20. সাহায্যের জন্য আপনাকে ধন্যবাদ।	Thanks for your help. থ্যাঙ্কস্ ফর ইয়োর হেল্প্।
21. আমরা আপনার প্রতি ঋণী।	We are grateful to you. উই আর গ্রেটফুল টু ইউ।

22. না না অনুগ্রহের প্রশ্ন কেন, এ তো আমার সৌভাগ্য। — No question of kindness*, it would rather please me. নো কোয়েশ্‌চেন অফ কাইণ্ডনেস্, ইট উড রাদার প্লিজ মি।

23. আপনার সদুপদেশের জন্য ধন্যবাদ। — Thank you for your sensible/good advice. থ্যাঙ্ক ইউ ফর ইয়োর সেনসিব্‌ল/গুড এ্যাডভাইস্।

24. আমার স্নেহ ও শুভেচ্ছা রইল — ইতি একান্ত, উমেশ। — With love and best wishes – yours sincerely, Umesh. উইথ্ লাভ্ এ্যাণ্ড বেস্ট্ হুইশেস্ — ইয়োরস্ সিন্‌সিয়ার্লি, উমেশ।

25. কষ্টের জন্য ক্ষমা চাইছি। — Kindly excuse me for the trouble. কাইণ্ডলি এক্স্‌কিউজ মি ফর দ্য ট্রাব্‌ল্।

26. দিদিদের প্রণাম ও ছেলেমেয়েদের ভালবাসা জানিয়ে। — Regards to sisters and love to the children. রিগার্ডস্ টু সিস্‌টার্স্ এ্যাণ্ড লাভ টু দ্য চিলড্রেন।

27. এই কাজটা করে দিলে আমি অত্যন্ত কৃতজ্ঞ থাকব। — I would be highly obliged, if you would get this work done. আই উড্ বি হাইলি অবলাইজড্, ইফ ইউ উড্ গেট দিস্ ওয়ার্ক ডান।

38 সাবধান সংকেত — SIGNALS [সিগন্যাল্স্]

1. আস্তে গাড়ি চালাও।	Drive slowly. ড্রাইভ স্লোলি।
2. বাঁ ধার দিয়ে চলুন।	Keep to the left. কিপ টু দি লেফ্‌ট্।
3. বিপজ্জনক মোড়।	Dangerous turn ahead. ডেনজারাস্ টার্ন এ্যাহেড্।
4. এখানে গাড়ী দাঁড় করাবেন না।	No parking here. নো পার্কিং হিয়ার।
5. এইখানে রাস্তা পার করুন।	Cross from here. ক্রস্ ফ্রম হিয়ার।
6. কুকুর আনা নিষেধ।	Dogs not permitted. ডগ্স্ নট পারমিটেড্।
7. প্রবেশ নিষেধ।	No entrance.** নো এন্‌ট্রান্স্।
8. প্রস্থান।	Exit. একজিট্।
9. প্রবেশ।	Entrance. এন্‌ট্রান্স্।
10. ঘাসের ওপর দিয়ে চলবেন না।	Keep off the grass. কিপ্ অফ্ দ্য গ্রাস্।
11. অনুমতি বিনা প্রবেশ নিষেধ।	No entry without permission. নো এন্‌ট্রি উইদাওট পারমিশন্।
12. ধূমপান নিষেধ।	No smoking. নো স্মোকিং।
13. শেকল টানুন।	Pull the chain. পুল্ দ্য চেন।
14. বাড়ি ভাড়া দেওয়া হবে।	To let. টু লেট্।
15. সামনে স্কুল।	School ahead. স্কুল এ্যাহেড।
16. রাস্তা বন্ধ।	Road closed. রোড ক্লোজড্।
17. আগে রাস্তা শেষ।	Dead end ahead. ডেড্ এণ্ড এ্যাহেড।
18. শৌচাগার।	W.C.[1] ডব্‌ল্যু সি।
19. বিশ্রামালয়।	Waiting room. ওয়েটিং রুম্।
20. লাইনে দাঁড়ান।	Please stand in a queue. প্লিজ স্ট্যাণ্ড ইন এ কিউ।
21. একমাত্র মহিলাদের জন্য।	For ladies only. ফর লেডিজ ওনলি।
22. ভারি যান চলাচল নিষিদ্ধ।	Heavy vehicles are not allowed. হেভি ভেহিক্‌লস্ আর নট্ এ্যালাউড্।

---

1. W.C. হচ্ছে Water Closet-এর সংক্ষিপ্ত রূপ। আজকাল অবশ্য অনেক স্থলেই কেবলমাত্র Gentlemen's জেন্‌ট্‌লমেন্স্ বা Ladies লেডিজ অথবা Men মেন্ ও Women উইমেন্ দিয়েই শৌচাগার বোঝানো হয়। Toilet [টয়লেট] বা Lavatory ল্যাভেটরিও বলা হয়। কিন্তু W.C., Gentlemens, Ladies এই শব্দগুলি দিয়েই শৌচাগারের উল্লেখ করা শোভনীয় বলে ধরা হয়।

স্মরণীয় [To Remember]

* অনেক সময় বিশেষণ বা ক্রিয়া চেনা খুব সোজা হয়ে যায়। যেমন — কোন শব্দের শেষে ness থাকলে সেই শব্দ বিশেষ্য হয়ে থাকে। উদাহরণ ঃ — 'Long illness has made him weak' [দীর্ঘদিনের অসুস্থতা তাঁকে দুর্বল করে ফেলেছে]। এই বাক্যে illness এই শব্দটি বিশেষ্য। বিশেষণে ness যোগ করলে বিশেষ্য হয়, যেমন —

ill থেকে illness
good থেকে goodness
sad থেকে sadness
thick থেকে thickness
hard থেকে hardness
great থেকে greatness ইত্যাদি।

**Assistance শব্দটি ভাববাচক বিশেষ্য ও একটি assist এই ক্রিয়া থেকে তৈরী হয়েছে। স্পষ্টতঃ assist-এর সাথে ance যোগ করে assistance হয়েছে। এইরকম আরও কয়েকটি শব্দ নীচে দেওয়া হল —

allow থেকে allowance [ভাতা]
ally থেকে alliance [সম্মিলিত ভাবে] [ance-এ যোগ করার জন্য y-এর জায়গায় i ব্যবহার করা হয়েছে।]
Clear থেকে clearance [অনুমতি জানানো]
pursue থেকে pursuance [ফলে, অনুসারে] [এখানে pursue-এর শেষের e-টি লোপ হয়েছে।]

52 দ্বিপঞ্চাশৎ দিন
52nd Day

39 অফিস — OFFICE [অফিস]

1. এই চেকটা পাঞ্জাব ন্যাশনাল ব্যাঙ্ক-এর। — This is a Punjab National Bank cheque. দিস্ ইজ এ পাঞ্জাব ন্যাশনাল ব্যাঙ্ক চেক্।
2. এই কেরানীটি অফিসারদের প্রিয়পাত্র। — This clerk is a favourite of the officers. দিস্ ক্লার্ক ইজ এ ফেভারিট্ অফ দ্য অফিসারস্।
3. তুমি কতদিন ছুটিতে থাকবে ? — For how many days you would have to take leave? ফর হাউ মেনি ডেজ্ ইউ উড্ হ্যাভ টু টেক্ লিভ ?
4. আজকাল কাজের খুব চাপ পড়েছে। — There is heavy pressure of work these days. দেয়ার ইজ হেভি প্রেসার অফ ওয়ার্ক দিজ্ ডেজ।
5. আমি ট্রাঙ্ক কল করতে চাই। — I want to make a trunk call. আই ওয়াণ্ট টু মেক এ ট্রাঙ্ক কল।
6. বিজ্ঞপ্তি নোটিস বোর্ডে টাঙ্গিয়ে দাও। — Put up the notice on the notice-board. পুট্ আপ্ দ্য নোটিস অন দ্য নোটিস বোর্ড।
7. সাহেব ভেতরে আছেন ? — Is the boss in? ইজ দ্য বস ইন ?
8. এইখানে সই করুন। — Please sign here. প্লিজ সাইন হিয়ার।
9. আমার আবেদন স্বীকৃত হয়েছে। — My application has been accepted. মাই এ্যাপ্লিকেশন হ্যাজ বিন এ্যাক্সেপ্টেড।
10. সে ছুটি পায়নি। — He didn't/couldn't get leave. হি ডিডণ্ট/কুডণ্ট গেট লিভ্।
11. তাকে সাবধান করে দেওয়া হয়েছে। — He has been warned. হি হ্যাজ বিন ওয়ার্নড্।
12. ব্যাপারটি বিবেচনা করে দেখব। — I'll think over this matter. আই'ল থিঙ্ক্ ওভার দিস্ ম্যাটার।
13. এ বিষয়ে তোমাব সাথে পরে কথা বলব। — I shall talk to you about this later/some other time. আই শ্যাল টক্ টু ইউ এ্যাবাউট দিস্ল্যাটার/সাম আদার টাইম।
14. এই বিষয়ে কোন কথাই হয়নি। — This point was not touched. দিস্ পয়েণ্ট ওয়াজ নট টাচ্‌ড্।
15. কথাটা আমি নিশ্চয়ই মনে রাখব। — I'll surely keep this in mind. আই'ল শিওরলি কিপ দিস্ ইন মাইণ্ড।
16. আপনি যা বলছেন আমি সব বুঝতে পারছি। — I follow all that you say./I am following whatever you are saying. আই ফলো অল দ্যাট ইউ সে।/আই অ্যাম ফলোয়িং হোয়াটএভার ইউ আর সেয়িং।
17. এই অফিসে বড় বাবুই সর্বেসর্বা। — The head clerk is all in all in this office. দ্য হেড ক্লার্ক ইজ অল ইন অল ইন দিস্ অফিস।
18. সে এক সাধারণ কেরাণী মাত্র। — He is an ordinary clerk. হি ইজ এ্যান অর্ডিনারি ক্লার্ক।
19. ধূম্রপানের অনুমতি নেই। — No smoking.* নো স্মোকিং।
20. কটা বাজে বলতে পারেন ? — What is the time please? হোয়াট ইজ দ্য টাইম প্লিজ ?
21. আমার ঘড়ি বন্ধ। — My watch has stopped. মাই ওয়াচ হ্যাজ স্টপ্‌ড্।
22. দেরি হয়ে গেছে কি ? — Is it late? ইজ ইট লেট্ ?

---

* সংক্ষিপ্ত ভাবে কখনও কখনও Smoking not allowed লেখা হলেও তা পূর্ণ বাক্য নয়, বাক্যাংশ মাত্র।

23. আপনার এক ঘন্টা দেরি হয়েছে।	You are late by an hour. ইউ আর লেট বাই এ্যান আওয়ার।
24. পাঁচটা বেজেছে কি ?	Is it five o'clock? ইজ ইট ফাইভ ও'ক্লক্ ?
25. আজ তারিখ কত ?	What's the date today? হোয়াট'স দ্য ডেট টুডে ?
26. আজ ঠিক শীতের দিন মনে হচ্ছে।	It is just like a winter day. ইট ইজ জাস্ট লাইক এ উইন্টার ডে।
27. আমার কোন ফোন আছে ?	Is there any phone call for me? ইস দেঁয়ার এনি ফোন কল ফর মি ?
28. ডাইরেক্টরের সাথে আমার তিনটের সময় দেখা করার কথা আছে।	I have an appointment with the director at 3 o'clock. আই হ্যাভ এ্যান অপয়েন্টমেন্ট উইথ্ দ্য ডাইরেক্টর এ্যাট থ্রি ও'ক্লক।
29. আপনি কি সেই অফিসে কাজ করেন ?	Are you working in that office? আর ইউ ওয়ার্কিং ইন দ্যাট অফিস ?
30. আপনার পক্ষে পদত্যাগ করাই শ্রেয়স্কর।	It is better you resign. ইট ইজ বেটার ইউ রিজাইন।
31. আপনি কোন পদে রয়েছেন ?	What post do you hold? হোয়াট পোস্ট ডু ইউ হোল্ড ?
32. তার সফলতার জন্য সে অত্যন্ত গর্বিত।	Success has gone to his head. সাক্সেস্ হ্যাজ গন্ টু হিজ হেড।
33. আমি আজ খুবই ব্যস্ত।	I'm very busy today. আই'ম ভেরি বিজি টুডে।

40 বিভিন্ন বস্তু — THINGS [থিংস]

1. এটি অত্যন্ত সুন্দর চিত্র।	This is a very fine/nice/beautiful picture. দিস্ ইজ এ ভেরি ফাইন/নাইস/বিউটিফুল পিক্চার।
2. দয়া করে খুচরো দিন।	Please give change. প্লিজ গিভ্ চেঞ্জ।
3. তুমি আমায় তোমার ফটো দেখাও নি।	You have not shown me your photograph. ইউ হ্যাভ নট শোন মি ইয়োর ফোটোগ্রাফ্।
4. জিনিসপত্র আমার হোটেলে পৌঁছে দিও।	Please deliver the goods at my hotel. প্লিজ ডেলিভার দ্য গুড্স্ এ্যাট মাই হোটেল।
5. আমাকে চশমা বদলাতে হবে।	I have to get my spectacles changed. আই হ্যাভ টু গেট্ মাই স্পেক্টাক্ল্স্ চেনজ্ড্।
6. আমার আর একটা কম্বল চাই।	I need another blanket. আই নিড এ্যানাদার ব্ল্যান্কেট্।
7. আমার ঘড়ি সারাতে দেওয়া হয়েছে।	My watch has been sent for repairs. মাই ওয়াচ হ্যাজ বিন সেন্ট ফর রিপেয়ারস্।
8. আমি ভাত ও তরকারি নেব।	I want rice pulse and curry. আই ওয়ান্ট রাইস, পাল্স্ এ্যাণ্ড কারি।
9. আমার এক ডজন চুরুট ও দু ডজন সিগারেট চাই।*	I want one dozen cigars and two dozen cigarettes. আই ওয়ান্ট ওয়ান ডজন সিগারস্ এ্যাণ্ড টু ডজন সিগারেট্স্।
10. আয়নাটা আমার হাতে ভেঙ্গে গেছে।	The mirror was broken by me. দ্য মিরর ওয়াজ ব্রোকন বাই মি।
11. ঠাণ্ডা পানীয় কিছু নিন।	Please have something cold. প্লিজ হ্যাভ সামথিং কোল্ড।
12. আমি তোমার বই দেখি নি।	I have not seen your book. আই হ্যাভ নট্ সিন ইয়োর বুক।
13. এই বাক্সটা খুব ভারি।	This box is very heavy. দিস্ বক্স ইজ ভেরি হেভি।
14. এই জিনিসগুলো নিয়ে এসো।	Bring/Get all these things. ব্রিং/গেট্ অল দীজ থিংস্।
15. এই জিনিসগুলো বেঁধে দাও।	Pack these things/articles. প্যাক্ দীজ থিংস্/আর্টিকল্স্।
16. তোমার হোলড্ অল ওঠাও।	Please carry your hold-all. প্লিজ ক্যারি ইয়োর হোল্ড-অল।
17. তিনি তার জিনিসপত্র নিয়ে বাড়ি ছেড়ে দিয়েছেন।	He left his house with bag and baggage. হি লেফ্ট্ হিজ হাউস উইথ্ ব্যাগ এ্যাণ্ড ব্যাগেজ।
18. কম জিনিসপত্র নিয়ে ভ্রমণ করবে।	You should travel light. ইউ শুড্ ট্র্যাভেল লাইট।
19. সুন্দর বস্তুর প্রতি তাঁর দুর্বলতা আছে।	He is fond of beautiful things. হি ইজ ফণ্ড অফ বিউটিফুল থিংস।
20. এই কাপড়টা টেকসই মনে হচ্ছে।	This cloth appears durable. দিস্ ক্লথ অ্যাপিয়ারস্ ডিউরেবল্।

21. বাসনপত্রগুলো তাকে তুলে রাখ। Put the utensils back on the shelf. পুট দি ইউটেন্‌সিল্‌স্‌ ব্যাক অন্‌ দ্য শেল্‌ফ্‌।

22. তোমার ঘরে সবুজ রঙ লাগাও। Get your room painted green. গেট্‌ ইয়োর রুম্‌ পেন্টেড গ্রিন।

23. তোমার বাড়ি চুন কাম করা হয়েছে? Have you got your house white-washed? হ্যাভ ইউ গট ইয়োর হাউস হোয়াইট ওয়াশ্‌ড্‌?

24. বাড়ির আসবাবপত্র মেরামত করতে হবে। I have to get my furniture repaired. আই হ্যাভ টু গেট্‌ মাই ফার্নিচার রিপেয়ারড্‌।

স্মরণীয় [To Remember]

* 1. [a] 'এই আমটি মিষ্টি'। [b] এই ঝুড়িতে পঞ্চাশটি আম আছে। এই দুই বাক্যে প্রথমটিতে আম একবচন ও দ্বিতীয়টিতে বহুবচন যদিও শব্দের কোন রূপান্তর ঘটেনি [যেমন আমগুলি হয়নি]। ইংরেজিতেও এইরকম অনেক শব্দ আছে যাদের বহুবচনে কোন পরিবর্তন হয় না। উদাহরণতঃ The hunter ran after the deer দি হান্টার র‍্যান আফ্‌টার দ্য ডিয়ার [শিকারী হরিণের পশ্চাদ্ধাবন করল] ও Deer are fine looking animals দি ডিয়ার আর ফাইন্‌ লুকিং এ্যানিমল্‌স্‌ [হরিণরা দেখতে খুব সুন্দর হয়] এই দুই বাক্যেই singular ও plural number-এ Deer-ই হয়। এই ধরণের অন্য শব্দ।

Sheep [শিপ] ভেড়া Chinese [চাইনীজ] চীনা hair [হেয়ার] চুল
a sheep একটা ভেড়া, many sheep অনেকগুলি ভেড়া। a hair একটা চুল, many hair অনেকগুলো চুল ইত্যাদি।

2. Dozen [ডজন] ডজন, score [স্কোর] এককুড়ি, gross [গ্রস] 144টি, hundred [হান্ড্রেড] শত, thousand [থাউজেণ্ড] হাজার ইত্যাদি শব্দগুলি যখন বিশেষণ হিসাবে ব্যবহৃত হয় তখন তারা একবচনেই থেকে যায়। যেমন two dozen eggs, five hundred rupees, three thousand soldiers ইত্যাদি। কিন্তু ক্রিয়া বিশেষণ হিসাবে ব্যবহৃত হলে তখন অবশ্য বহুবচন হয়ে যায় এগুলি যেমন dozens of eggs, hundreds of rupees ইত্যাদি।

53 ত্রিপঞ্চাশৎ দিন
53rd Day

41 আইন — LAW [ল]

1. তিনি খুনের অভিযোগে অভিযুক্ত ছিলেন।	He was accused of murder. হি ওয়াজ এ্যাকিউজড্ অফ মার্ডার।
2. সে দুদিন হাজতে ছিল।	He was in the lock-up for two days. হি ওয়াজ ইন দ্য লক্-আপ্ ফর টু ডেজ।
3. তিনি ঘটনাটির বিষয়ে পুলিশকে সূচিত করেছিলেন।	He reported this incident to the police. হি রিপোর্টেড্ দ্য ইনসিডেন্ট টু দ্য পুলিশ।
4. অপরাধী নিরপরাধ ঘোষিত হয়েছিল।	The accused was acquitted. দ্য এ্যাকিউজড ওয়াজ এ্যাকুইটেড্।
5. সে ফেরার হয়ে গেল।	He absconded. হি এ্যাবস্কণ্ডেড্।
6. সে জামানতে খালাস পেয়েছে।	He was released on bail. হি ওয়াজ রিলিজড্ অন বেল।
7. শহরে শান্তি শৃঙ্খলা বিঘ্নিত হয়েছে।	Lawlessness prevails in the city. ললেসনেস্ প্রিভেল্স্ ইন দ্য সিটি।
8. তুমি বেআইনি কাজ করেছ।	Your act is illegal. ইয়োর এ্যাক্ট ইজ ইল্লিগাল্।
9. এর ন্যায় বিচার চাই।	Justice demanded it. জাস্টিস ডিমানডেড্ ইট্।
10. তুমি আমার সাক্ষী।	You are my witness. ইউ আর মাই উইট্নেস্।
11. এটা আইন বিরুদ্ধ।।	This is against the law. দিস্ ইজ এগেন্স্ট দি ল।
12. সে নিরপরাধ।	He is innocent. হি ইজ ইনোসেন্ট।
13. তুমিই বিচার কর।	It's for you to judge. ইট্স্ ফর ইউ টু জাজ্।
14. সব কাগজপত্রই জাল।	These are all forged documents.* দিজ আর অল ফোরজড্ ডকুমেণ্টস্।
15. সে আমার বিরুদ্ধে মামলা দায়ের করেছে।	He filed a suit against me. হি ফাইল্ড এ সুট এগেন্স্ট মি।
16. উকিলেরা সাক্ষীর জবানবন্দী করলেন।	The layers cross-examined the witness. দ্য লয়্যারস্ ক্রস-এগজামিন্ড্ দ্য উইটনেস্।
17. আজকাল মামলা মোকদ্দমা বেড়ে গেছে।	Now-a-days litigation is on the increase. নাও-এ-ডেজ লিটিগেশন্ ইজ অন দ্য ইন্‌ক্রিজ্।
18. পুলিশ মামলাটির অনুসন্ধান করছে।	The police is investigating the matter. দ্য পোলিস ইজ ইন্‌ভেস্‌টিগেটিঙ্গ দ্য ম্যাটার।
19. আমি তার বিরুদ্ধে ফৌজদারি মামলা দায়ের করেছি।	I have filed a criminal case against him. আই হ্যাভ ফাইল্ড এ ক্রিমিন্যাল কেস্ এগেনস্ট হিম।
20. ম্যাজিস্ট্রেট অভিযুক্তর বিরুদ্ধে অভিযোগ দায়ের করলেন।	The magistrate convicted the accused. দ্য ম্যাজিস্‌ট্রেট কনভিক্‌টেড দ্য অ্যাকিউজড্।
21. অবশেষে বাদী ও প্রতিবাদীর মধ্যে আপোস হল।	At last the plaintiff and the defendant reached a compromise. এ্যাট লাস্ট্ দি প্লেনটিফ এ্যাণ্ড দি ডিফেন্‌ডান্ট রিচ্‌ড্ এ কম্‌প্রোমাইজ।
22. তার মৃত্যুদণ্ড হ'ল।	He got death sentence. হি গট্ ডেথ্ সেন্‌টেন্স্।
23. জুরিরা অভিযুক্তের পক্ষে রায় দিলেন।	The jury gave its verdict in favour of the accused. দ্য জুরি গেভ্ ইট্স্ ভারডিক্ট ইন ফেভার অফ দ্য এ্যাকিউজ্‌ড্।
24. খুনির ফাঁসি হয়েছে।	The murderer has been hanged. দি মার্ডারার হ্যাজ বিন হ্যাঙ্গড্।
25. আইন না জানা কোন ওজর নয়।	Ignorance of law is no excuse. ইগনোরান্স্ অফ ল ইজ নো এক্সকিউজ।

26. বিচারপতি/জাজ চোরকে দণ্ড দিলেন। The judge punished the thief. দ্য জাজ্ পানিশ্ড্ দ্য থিফ্।

27. মামলার রায় কি হল? What was the judgement* in the case. হোয়াট ওয়াজ দ্য জাজমেন্ট ইন দ্য কেস?

28. সে চাক্ষুষ সাক্ষী। He is an eye-witness. হি ইজ এ্যান আই-উইট্‌নেস্।

29. তিনি একজন ন্যায়প্রিয় নাগরিক। He is a law-abiding citizen. হি ইজ এ ল' এ্যাবাইডিঙ্গ সিটিজেন্।

30. বিলম্বে প্রাপ্ত ন্যায় না পাওয়ারই সামিল। Justice delayed is justice denied. জাস্‌টিস্ ডিলেড ইজ জাস্‌টিস্ ডিনায়েড।

31. প্রতিপক্ষের উকিল মামলাটি ভালভাবে পরিচালনা করেছিলেন। The defence councel argued the case well. দি ডিফেন্স্ কাউন্‌সেল আরগুড দি কেস ওয়েল।

42 রেডিও/ডাকঘর — RADIO/POST OFFICE [রেডিও/পোস্ট অফিস]

1. আমি রেডিও নিয়েছি। I have installed a radio set in my house. আই হ্যাভ ইনস্টল্ড্ এ রেডিও সেট ইন মাই হাউস।

2. তোমার রেডিও চলছে। Your radio is on. ইয়োর রেডিও ইজ অন।

3. আমার রেডিও বন্ধ আছে। My radio is off. মাই রেডিও ইজ অফ্।

4. খবর সব কয়টি স্টেশন থেকে একসাথে প্রচারিত করা হয়। News bulletin is broadcast simultaneously from all radio stations. নিউজ বুলেটিন ইজ ব্রডকাস্‌ট সাইমল্‌টেনাস্‌লি ফ্রম অল রেডিও স্টেশন্স্।

5. আমার রেডিও শুনতে ভাল লাগে। I am very fond of listening to the radio. আই এ্যাম ভেরি ফনড্ অফ্ লিসনিং টু দি রেডিও।

6. এবার বিবিধ ভারতী শোন। Now switch on/tune Vivid Bharati. নাও সুইচ অন/টিউন বিবিধ ভারতী।

7. পোস্টম্যান চিঠি ছাঁটছে। The postman is sorting out the letters. দ্য পোস্টম্যান ইজ সর্টিং আউট দ্য লেটারস্।

8. ডাকবাক্স এর পর বিকেল সাড়ে চারটায় খোলা হবে। The next clearance is due at 4.30 p.m. দি নেক্স্‌ট্ ক্লিয়ার‍্যান্স্ ইজ ডিউ এ্যাট ফোর-থার্টি পি এম।

9. ডাক দিনে দুবার বিলি করা হয়। The mail is delivered twice a day. দি মেল ইজ ডেলিভার্ড টোয়াইস্ এ ডে।

10. আমি মনি অর্ডার করে পঞ্চাশ টাকা পাঠালাম। I sent Rs. 50 by money order. আই সেন্ট রুপিজ ফিফটি বাই মনি অর্ডার।

11. রেজিস্টার্ড চিঠিতে কম টিকিট লাগানো হয়েছে। The registered packet needs more stamps. দ্য রেজিস্টার্ড প্যাকেট নিড্স্ মোর স্টাম্পস্।

12. মনি অর্ডারের প্রাপ্তি সংবাদ জানাবেন। Please acknowledge the money order. প্লিজ এক্‌নলেজ দ্য মনি অর্ডার।

13. তুমি তোমার রেডিও লাইসেন্স্ এর নবীকরণ ডাকঘরে করে নিতে পারবে। You can renew your radio licence at the post office. ইউ ক্যান রিনিউ ইয়োর রেডিও লাইসেন্স এ্যাট দ্য পোস্ট অফিস।

14. দৈনন্দিন জীবনে রেডিওর অবদান অনস্বীকার্য। The radio plays a very important role in our daily life. দ্য রেডিও প্লেজ এ ভেরি ইমপর্টেন্ট রোল ইন আওয়ার ডেলি লাইফ।

15. আমার রেডিওর আওয়াজ ভাল। My radio gets a very clear reception. মাই রেডিও গেট্‌স্ এ ক্রিয়ার রিসেপ্‌শন্।

16. তুমি কি পার্সেলটা ওজন করেছ? Have you weighed the parcel? হ্যাড ইউ ওয়েড দ্য পারসেল্?

স্মরণীয় [To Remember]

*Here's a good government after decades. [কয়েক দশক পর আজ একটি ভাল সরকার প্রতিষ্ঠিত হয়েছে] এই বাক্যে govern ক্রিয়ার সাথে ment যোগ করে government হয়েছে। এই রকম অন্য কয়েকটি বিশেষ্য —

agree থেকে agreement [সহমতি]
amend থেকে amendment [পরিবর্তন]
employ থেকে employment [চাকরী]
excite থেকে excitement [উত্তেজনা]
amaze থেকে amazement [আশ্চর্য]
settle থেকে settlement [নিষ্পত্তি]
argue থেকে argument [তর্ক] [argue এর e লোপ হয়েছে]

He is a civil servant এই বাক্যে servant বিশেষ্য। শব্দের শেষে ant দিয়ে তৈরী অন্য বিশেষ্য — accountant [হিসাব রক্ষক], applicant [প্রার্থী], consonant [ব্যঞ্জন বর্ণ], defendant [রক্ষক, প্রতিবাদী], merchant [বণিক] কিন্তু শব্দের শেষে ant থাকলেই বিশেষ্য হয় না — যেমন important [গুরুত্বপূর্ণ], বিশেষণ, অন্তে ant দিয়ে বিশেষ্য দুরকম ভাবে হয় — যেমন account, apply, defend এই ক্রিয়াগুলিতে ant দিয়ে accountant, applicant [apply-এর y এর বদলে i করে] ও defendant. কিন্তু merchant স্বতন্ত্র শব্দ কোন শব্দের শেষে ant দিয়ে এই শব্দটির গঠন করা হয়নি।

54 চতুপঞ্চাশৎ দিন
th Day

43 ভ্রমণ — TRAVEL [ট্র্যাভেল]

1. তাড়াতাড়ি কর।	Hurry up please. হারি আপ্ প্লিজ।
2. আমরা রাস্তা ভুল করলাম।	We have lost our way. উই হ্যাভ লস্ট আওয়ার ওয়ে।
3. লম্বা যাত্রা।	It's a long journey. ইটস্ এ লং জারনি।
4. আমাকে আগরা যেতে হবে।	I have to go to Agra. আই হ্যাভ টু গো টু আগরা।
5. তুমি এত তাড়াতাড়ি কেন ফিরে এলে?	Why did you come back soon? হোয়াই ডিড্ ইউ কাম্ ব্যাক সুন?
6 তুমি কোথায় উঠেছ?	Where are you staying? হোয়্যার আর ইউ স্টেয়িং?
7. তুমি কি টিকিট কিনেছ?	Have you bought the ticket? হ্যাভ ইউ বট দ্য টিকেট?
8. তুমি ট্রেনে যাবে না হেঁটে যাবে?	Will you go by train or by foot? উইল ইউ গো বাই ট্রেন অর বাই ফুট্?
9. আমি সাড়ে দশটার ট্রেনে কলকাতা যাব।	I'll go to Calcutta by the 10.30 train. আই'ল গো টু ক্যালকাটা বাই দ্য টেন থারটি ট্রেন।
10. আমরা একসাথে যাব।	We'll go together. উই'ল গো টুগেদার।
11. বদ্রীনাথের মন্দির এ বছর জুন মাসে খুলবে।	The Badrinath temple will reopen* in June this year. দি বদ্রীনাথ টেম্প্‌ল উইল রিওপ্‌ন্ ইন্ জুন দিস্ ইয়ার।
12. পাঞ্জাব মেল কটার সময় ছাড়ে?	When does the Punjab Mail leave? হোয়েন ডাজ দ্য পান্‌জাব মেল লিভ?
13. আমরা ঠিক সময়েই পৌঁছোব।	We'll reach in time. উই'ল রিচ ইন টাইম।
14. কোন প্লাটফর্মে গাড়ী আসবে?	On which platform will the train arrive? অন হুইচ্ প্ল্যাটফর্ম উইল দ্য ট্রেন এ্যারাইভ?
15. এখান থেকে রেল স্টেশন কতদূর?	How far is the railway station from here? হাউ ফার ইজ দ্য রেলওয়ে স্টেশন ফ্রম হিয়ার?
16. তাড়াতাড়ি কর, নাহলে গাড়ি ছেড়ে দেবে।	Hurry up otherwise you will miss the train. হারি আপ আদারওয়াইজ্ ইউ উইল মিস্ দ্য ট্রেন।
17. গাড়িটা দৃষ্টির বাইরে চলে গেছে।	The train is out of sight now. দ্য ট্রেন ইজ আউট অফ সাইট নাও।
18. আমি আমার ভাইকে পৌঁছোতে স্টেশন যাচ্ছি।	I am going to the station to see off my brother. আই এ্যাম গোয়িং টু দ্য স্টেশন টু সি অফ্ মাই ব্রাদার।
19. মাত্র দশ মিনিটের রাস্তা।	It is only ten minutes walk. ইট ইজ ওন্‌লি টেন মিনিটস্ ওয়াক।
20. আমি তাদের আনতে স্টেশন যাচ্ছি।	I am going to the station to receive them. আই এ্যাম গোয়িং টু দ্য স্টেশন্ টু রিসিভ দেম।
21. এই রাস্তা সর্বসাধারণের জন্য নয়।	It's no thoroughfare. ইট'স নো থরোফেয়ার।
22. আমরা বনে শিকার করতে গিয়েছিলাম।	We went to the forest for hunting. উই ওয়েন্ট টু দি ফরেস্ট ফর হান্‌টিং।
23. মেরামতের জন্য রাস্তা বন্ধ।	The road is closed for repairing. দ্য রোড ইজ ক্লোজ্‌ড্ ফর রিপেয়ারিং।
24. তারা গাড়ি ধরতে পারেনি।	They couldn't catch the train. দে কুডন্ট ক্যাচ দ্য ট্রেন।
25. সামনের চাকায় হাওয়া কম ছিল।	The front wheel had less air. দ্য ফ্রন্ট্ হুইল হ্যাড লেস্ এয়ার।
26. গাড়ির টায়ার ফেটে গিয়েছিল।	The tyre of the car burst. দ্য টায়ার অফ দ্য কার বার্স্ট্।

27. আমি সাইকেল চড়তে ভালবাসি।	I'm fond of cycling. আই'ম ফন্ড্ অফ সাইক্লিং।
28. আমি সাহারানপুরে গাড়ি বদলালাম।	I changed the train at Saharanpur. আই চেন্জ্ড্ দ্য ট্রেন এ্যাট সাহারানপুর।
29. টিকিট ঘর রাতদিন খোলা থাকে।	The booking office remains open round the clock. দ্য বুকিং অফিস রিমেনস্ ওপ্ন্ রাউণ্ড দ্য ক্লক্।
30. গাড়িটা কি সোজা কলকাতা যায় ?	Is this a direct train to Calcutta? ইজ দিস্ এ ডাইরেক্ট ট্রেন টু ক্যালকাটা ?
31. আমি তোমার সাথে স্টেশনে যাব।	I'll accompany you to the station. আই'ল এ্যাকম্পানি ইউ টু দ্য স্টেশন্।
32. আমি এক সপ্তাহ পর কাশ্মীরে যাব।	I'll be in Kashmir next week. আই'ল বি ইন কাশ্মীর নেক্সট্ উইক।
33. রেল লাইন পার করা নিষেধ।	Crossing the railway tracks is prohibited. ক্রসিং দি রেলওয়ে ট্র্যাকস্ ইজ প্রহিবিটেড্।
34. পরের স্টেশনটাই দিল্লি।	The next station is Delhi. দ্য নেক্স্ট্ স্টেশন ইজ দিল্লি।
35. গাড়ি ছাড়তে এখনও আধ ঘন্টা বাকী আছে।	There is still half an hour for the train to start. দেয়ার ইজ স্টিল হাফ্ এ্যান আওয়ার ফর দ্য ট্রেন টু স্টার্ট।
36. তাড়াতাড়ি কর, গাড়িটা এখানে অল্পক্ষণই দাঁড়ায়।	Hurry up, the train stops here for only a short while. হারি আপ, দি ট্রেন স্টপ্স্ হিয়ার ফর অনলি এ শর্ট হোয়াইল।
37. গাড়িটার আসার সময় সাড়ে এগারোটা।	The train is due at half past eleven. দি ট্রেন ইজ ডিউ এ্যাট হাফ পাস্ট্ ইলেভ্ন্।
38. রাস্তায় আমাদের গাড়ি পাংচার হয়ে গেল।	Our car got punctured on the way আওয়ার কার গট পান্কচারড্ অন দি ওয়ে।
39. সে সোমবার বম্বেতে এসে নামবে।	He will land in Bombay on Monday. হি উইল ল্যান্ড্ ইন বম্বে অন মন্ডে।
40. কুলিরা জাহাজ থেকে মাল নামাচ্ছে।	The porters are unloading the cargo. দ্য পোর্টারস্ আর আন্লোডিং দ্য কারগো।
41. আমি একটা ঘোড়া ভাড়া করলাম।	I hired a horse. আই হায়ারড্ এ হর্স।
42. এখানে ট্যাক্সি পাওয়া যায় ?	Is a taxi/cab available here? ইজ এ ট্যাক্সি/ক্যাব এ্যাভেলেব্ল্ হিয়ার ?
43. ট্রেন প্লাটফর্মে আগেই এসে গেছে।	The train has already arrived at the platform. দ্য ট্রেন হ্যাজ অলরেডি এ্যারাইভ্ড্ এ্যাট দি প্লাটফর্ম।
44. এই কামরাটা সৈনিকদের জন্য সুরক্ষিত, আমরা শায়িকাতে যাব।	This bogey is reserved for soldiers, we are travelling by sleeper coach. দিস্ বোগি ইজ রিজার্ভড্ ফর সোলজারস্, উই আর ট্রাভলিং বাই স্লিপার কোচ।
45. এ বছরের গরমের ছুটি কোথায় কাটাবে ?	Where will you spend your summer vacation this year? হোয়্যার উইল ইউ স্পেনড্ ইয়োর সামার ভেকেশন দিস্ ইয়ার ?
46. আমি কোন শৈলাবাসে যাব, খুব সম্ভব শ্রীনগরে।	I'll go to some hill station, probably to Srinagar. আই'ল গো টু সাম্ হিল স্টেশন, প্রবাবলি টু শ্রীনগর।

স্মরণীয় [To Remember]

*Our school will reopen tomorrow [আমাদের স্কুল কাল খুলবে], Curzon Road in New Delhi has been renamed Kasturba Gandhi Marg [নতুন দিল্লির কার্জন রোডের নাম বদলে কস্তুরবা গান্ধী মার্গ রাখা হয়েছে]। এই দুটি বাক্যে reopen = re + open, renamed = re + named, re এই উপসর্গ-এর অর্থ পুনঃ। এই রকম আরও কতকগুলি শব্দ —

rebound – লাফিয়ে ফেরৎ আসা	reenter – আবার ভেতরে প্রবেশ করা	replant – গাছের চারা ইত্যাদি আবার পোতা
reclaim – পুনরুদ্ধার করা	refill – আবার ভরা	reprint – পুনর্মুদ্রণ করা
recoil – পেছন থেকে ধাক্কা মারা	refund – ফেরৎ দেওয়া	retake – ফের দখল করা
recount – পুনর্গণনা করা, বিবরণ দেওয়া	reload – আবার [মাল] তোলা	retrace – একই রাস্তায় ফেরত যাওয়া
recross – আবার পার করা	remake – পুনর্নির্মাণ করা	rejoin – আবার মিলিত হওয়া

55 পঞ্চপঞ্চাশৎ দিন th Day

44 মনোরঞ্জন — RECREATION [রিক্রিয়েশন্]

1. আমরা গান শুনছিলাম।	We were listening to music. উই ওয়্যার লিস্নিং টু ম্যুজিক।
2. সে সিনেমাহলে তোমার জন্য অপেক্ষা করবে।	She will wait for you at the cinema hall. শি উইল ওয়েট ফর ইউ এ্যাট দ্য সিনেমা হল।
3. সে পিয়ানো বাজাতে পারে, ভায়োলিন [বেহালা] নয়।	She can play piono but not violin. শি ক্যান প্লে পিয়ানো বাট্ নট ভায়োলিন।
4. প্রত্যেক রবিবার আমি সিনেমা যেতাম।	I used to go to see a film every Sunday. আই ইউজ্‌ড্ টু গো টু সি এ ফিল্ম এভরি সানডে।
5. ডাকটিকিট সংগ্রহ করা আমার সখ।	Stamp collecting/philately is my hobby. স্ট্যাম্প্ কালেকটিং/ফিলাটেলি ইজ মাই হবি।
6. আমি অমিতাভকে আমার কতকগুলি টিকিট দেখালাম।	I showed some of my stamps to Amitabh. আই শোড সাম অফ মাই স্ট্যাম্প্‌স্ টু অমিতাভ।
7. আমি তার মধুর গান শুনছিলাম।	I was listening to her sweet song. আই ওয়াজ লিস্‌নিং টু হার সুইট সং।
8. কাহিনীটি ছিল অত্যন্ত আকর্ষক।	It was a very interesting story. ইট ওয়াজ এ ভেরি ইন্টারেসটিং স্টোরি।
9. আজকের নাটক কি দেখবার মত?	Is today's play worth seeing? ইজ টুডেজ প্লে ওয়ার্থ সিয়িং ?।
10. 'কর্ম' ছবিটি শীঘ্রই দেখানো হবে।	The film "Karm" will be released shortly. দি ফিলম্ "কর্ম" উইল বি রিলিজড্ শর্টলি।

45 যা করা উচিৎ নয় — DON'TS [ডোন্টস্]

1. কাজ করতে পিছপা হয়ো না।	Don't shirk work. ডোণ্ট শার্ক ওয়ার্ক।
2. তাড়াতাড়ি করো না।	Don't be in a hurry. ডোণ্ট বি ইন এ হারি।
3. অন্যের সম্বন্ধে কুকথা বলো না।	Don't speak ill of others. ডোণ্ট স্পিক ইল্ অফ আদারস্।
4. অন্যের উপহাস করবে না।	Don't laugh at others. ডোণ্ট লাফ্ এ্যাট আদারস্।
5. লোকের সাথে ঝগড়া করো না।	Don't quarrel with others. ডোণ্ট কোয়ারেল্ উইথ্ আদারস্।
6. অন্যের প্রতি নির্ভরশীল হয়ো না।	Don't depend upon others. ডোণ্ট ডিপেণ্ড্ আপন আদারস্।
7. খালি পায়ে বাইরে যেয়ো না।	Don't go out bare-footed. ডোণ্ট গো আউট বেয়ার-ফুটেড।
8. সময় নষ্ট করো না।	Don't waste your time. ডোণ্ট ওয়েস্ট ইয়োর টাইম।
9. অন্যের বস্তু চুরি করো না।	Don't steal others' things. ডোণ্ট স্টিল আদারস' থিংস।
10. নিজের ভারসাম্য হারিও না।	Don't lose your temper. ডোণ্ট লুজ ইয়োর টেম্পার।
11. অলস বসে থেকো না।	Don't sit idle. ডোণ্ট সিট্ আয়ডল্।
12. কাজ করতে করতে ঢুলো না।	Don't doze while working. ডোণ্ট ডোজ হোয়াইল ওয়ার্কিং।
13. ফুল ছিঁড়ো না।	Don't pluck flowers. ডোণ্ট প্লাক্ ফ্লাওয়ারস্।
14. মেঝেতে থুথু ফেলো না।	Don't spit on the floor. ডোণ্ট স্পিট্ অন দ্য ফ্লোর।
15. অন্যের কাজে ব্যাঘাত করো না।	Don't disturb others. ডোণ্ট ডিসটার্ব আদারস্।
16. বইয়ের পাতা মুড়ো না।	Don't turn the corners of the pages. ডোণ্ট টার্ন দ্য কর্নার্স অফ দ্য পেজেস।
17. বইয়ে কিছু লিখো না।	Don't write anything on your books. ডোণ্ট রাইট এনিথিং অন ইয়োর বুক্স্।

46 করণীয় DO'S [ডু'জ]

1. যতদূর সম্ভব পরিষ্কার করে লেখো।	Write as neatly as you can. রাইট এ্যাজ নিট্‌লি এ্যাজ ইউ ক্যান।
2. বই পড়বার সময় হাত পরিষ্কার রাখবে।	Handle a book with clean hands. হ্যাণ্ডল এ বুক উইথ ক্লিন হ্যাণ্ডস্।
3. বাঁ ধার দিয়ে চলো।	Keep to the left. কিপ টু দ্য লেফ্‌ট্।
4. সর্বদা ডান হাত দিয়ে করমর্দন [শেকহ্যাণ্ড] করবে।	Always shake hands with your right hand. অলওয়েজ শেক হ্যাণ্ডস্ উইথ্ ইয়োর রাইট হ্যাণ্ড।
5. পরিশ্রম করার অভ্যাস করো।	Be hard working./Cultivate the habit of hard work. বি হার্ড ওয়ার্কিং।/কালটিভেট দ্য হ্যাবিট অফ্ হার্ড ওয়ার্ক।
6. মূর্খের সঙ্গ পরিহার কর।	Always keep the idiots off. অলওয়েজ কিপ দ্য ইডিয়টস্ অফ্।
7. বড়দের সম্মান করে কথা বলবে।	Talk respectfully with elders. টক্ রেসপেক্টফুলি উইথ্ এলডার্স।
8. মতভেদ দূর কর।	Sink your differences. সিঙ্ক ইয়োর ডিফারেনসেস্।
9. সকালে তাড়াতাড়ি ওঠার অভ্যেস কর।	Wake up early in the morning. ওয়েক আপ্ আরলি ইন দ্য মরনিং।
10. সকাল সন্ধ্যায় বেড়াতে যাবে।	Go out for a walk in the morning and evening. গো আউট ফর এ ওয়াক ইন দ্য মরনিং এ্যাণ্ড ইভনিং।
11. দু'বেলা খাওয়ার পরে দাঁত মাজবে।	Brush your teeth after both the meals. ব্রাশ ইয়োর টিথ আফটার বোথ দ্য মিল্‌স্।
12. সোজা হয়ে দাঁড়াও, বেঁকবে না।	Stand upright, don't bend. স্ট্যাণ্ড আপরাইট, ডোণ্ট বেণ্ড।
13. ঝগড়া মিটিয়ে ফেল।	Patch up your disputes. প্যাচ আপ ইয়োর ডিসপুটস্।
14. অভ্যাস বদলাও।	Mend your ways. মেণ্ড ইয়োর ওয়েজ।
15. জ্যেষ্ঠের আজ্ঞা পালন কর।	Obey your elders. ওবে ইয়োর এলডার্স।
16. ছোটদের স্নেহ কর।	Love the youngers. লাভ্ দ্য ইয়ঙ্গারস্।
17. সমবয়সীদের যথাযোগ্য সম্মান দেখাও।	Give due regard to your equals. গিভ্ ডিউ রিগার্ড টু ইয়োর ইকোয়াল্‌স্।
18. সময়ানুবর্তিতা পালন কর ও কাজে মন দাও।	Be punctual and attentive. বি পাঙ্কচুয়াল এ্যাণ্ড এ্যাটেনটিভ্।
19. ভাল করে চিবিয়ে খাবে।	Chew your food properly. চিউ ইয়োর ফুড প্রপারলি।
20. শক্ত করে ধর।	Hold fast. হোল্ড ফাস্ট।

স্মরণীয় [To Remember]

'I dislike slang [আমি অশালীন ভাষা পছন্দ করি না]', 'Do you give discount on your sales? [আপনি কি দামে ছুট দেন?], 'He is a dishonest person [সে অসাধু], এই বাক্যগুলিতে, dislike=dis+like, discount =dis+count, dishonest=dis+honest, 'dis'-এর অর্থ opposite উল্টো, dis+like অপছন্দ করা dis এই উপসর্গ দিয়ে তৈরী অন্য কতকগুলি শব্দ —

disable অযোগ্য করা	displace স্থানান্তর করা
disagree অমত হওয়া	disarm শস্ত্রহীন করা
displease অপ্রসন্ন হওয়া	disgrace অপমান করা
discharge পদচ্যুত করা, বের করা	dishonour অসম্মান করা
displease বিরক্ত করা	

56th Day ষষ্ঠপঞ্চাশৎ দিন

47 লেন-দেন — DEALINGS [ডিলিংস্]

1. হিসাব সাফ রাখো।	Have the accounts clear. হ্যাভ দ্য এ্যাকাউন্টস্ ক্লিয়ার।
2. আনাজের দর কেমন চলছে?	How is the grain market? হাও ইজ দ্য গ্রেইন মার্কেট?
3. পয়সা গুনে নিন।	Please count the money. প্লিজ কাউন্ট্ দ্য মনি।
4. আমি তার ফাঁদে পা দিলাম।	I got duped by him. আই গট ডাপড় বাই হিম্।
5. এটা অচল পয়সা।	This is a base coin. দিস্ ইজ এ বেস কয়েন।
6 তিনি তাঁর সমস্ত পুঁজি ব্যবসায়ে নিয়োগ করলেন।	He invested all his money in trade/business. হি ইনভেস্টেড্ অল হিজ মনি ইন ট্রেড/বিজনেস্।
7. মজুরি ঠিক করে নাও।	Settle the wages. সেট্‌ল্ দ্য ওয়েজেস্।
8. আপনার ব্যবসা কেমন চলছে।	How is your business going? হাও ইজ ইয়োর বিজনেস্ গোয়িং?
9. এই ছেলেদের প্রত্যেককে দুটাকা করে দাও।	Give these boys two rupees each. গিভ্ দিজ বয়েজ টু রুপিজ্ ইচ্।
10. তোমার মজুরি পেয়েছ?	Did you get your wages? ডিড্ ইউ গেট ইয়োর ওয়েজেস্?
11. এবার তোমার আমার হিসাব সাফ।	Now I am square with you. নাও আই এ্যাম স্কোয়্যার উইথ্ ইউ।
12. অগ্রিম বায়না দিতে হবে।	Advance payment will have to be made. এ্যাডভান্স্ পেমেণ্ট উইল হ্যাভ টু বি মেড।
13. আপনি আমাকে কত টাকা দিতে পারেন।	How much money can you spare for me? হাউ মাচ্ মনি ক্যান ইউ স্পেয়ার ফর মি?
14. আয়ের চেয়ে বেশি ব্যয় করো না।	Don't spend more than you earn. ডোণ্ট স্পেন্ড় মোর দ্যান ইউ আর্ন।
15. সে তোমার বেতন দিয়েছে?	Has he paid your salary? হ্যাজ হি পেড ইয়োর স্যালারি?
16. ব্যস্, এবার বিল দাও।	That's all, please make the bill. দ্যাট্স্ অল, প্লিজ মেক দ্য বিল।
17. আজকাল আমার খুব টানাটানি চলছে।	I am hard up/tight these days. আই এ্যাম হার্ড আপ/টাইট দিজ ডেজ।
18. ধার দিয়ো না, কেননা তাতে ধন ও মিত্রতা দুই এরই নাশ হয়।	Don't lend, for a loan often loses both itself and a friend. ডোণ্ট লেন্ড়, ফর এ লোন অফ্‌ন্ লুজেস বোথ ইট্সেল্‌ফ্ এ্যাণ্ড এ ফ্রেণ্ড।
19. আমার কাছে নগদ টাকা নেই।	I don't have any cash. আই ডোণ্ট হ্যাভ এনি ক্যাশ।
20. আমরা আমাদের সমস্ত টাকা ব্যাঙ্কে জমা করে দেব।	We'll deposit all our money in the bank. উই'ল ডিপোজিট অল আওয়ার মনি ইন দ্য ব্যাঙ্ক।
21. পয়সার অভাব হচ্ছে।/পয়সার টানাটানি চলছে।	There is a shortage of funds/cash. দেয়ার ইজ এ শর্টেজ অফ ফাণ্ডস/ক্যাশ।
22. নগদ টাকা কত আছে?	How much is the cash in hand? হাউ মাচ ইজ দ্য ক্যাশ ইন হ্যাণ্ড?
23. আমার টাকার দরকার নেই।	I'm not after money. আই'ম নট আফ্‌টার মনি।
24. আমার সমস্ত ধন ব্যবসায়ে নিয়োগ করব।	I'll invest all my money/everything in business. আই'ল ইনভেস্ট অল মাই মনি/এভরিথিং ইন বিজনেস্।
25. সব টাকা খরচ হয়ে গেছে।	All the money has been spent. অল দ্য মনি হ্যাজ বিন্ স্পেন্ট্।
26. আমাকে একশো টাকা ধার দেবেন?	Can you lend me hundred rupees? ক্যান ইউ লেণ্ড মি হান্ড্রেড রুপিজ?
27. আমাকে অনেকগুলো বিল এর পয়সা মেটাতে হবে।	I have to pay several bills. আই হ্যাভ টু পে সেভ্‌রাল্ বিলস্।

48 ব্যবসা

BUSINESS [বিজ্‌নেস্‌]

1. ওর সাথে আপনার লেন দেন আছে নাকি ?	Do you have any dealings with him? ডু ইউ হ্যাভ এনি ডিলিংস্‌ উইথ হিম।
2. আপনি চাকরি করেন না ব্যবসা করেন ?	Are you in service or business? আর ইউ ইন সার্ভিস অর বিজনেস্‌ ?
3. আজকাল ব্যবসাপত্র ভালই চলছে।	Business is flourishing these days. বিজ্‌নেস্‌ ইজ ফ্লারিশিং দিজ ডেজ।
4. স্টেশনথেকে পার্সেলটা ছাড়িয়ে নিয়ে এসো।	Get the parcel delivered from the station. গেট দ্য পার্‌সেল ডেলিভার্‌ড্‌ ফ্রম দ্য স্টেশন।
5. আসুন, সওদা করা যাক একটা।	Let us have a deal. লেট আস্‌ হ্যাভ এ ডিল।
6. আমার পারিশ্রমিক দেওয়ার ব্যবস্থা করুন।	Please arrange for the payment of my wages. প্লিজ এ্যারেনজ ফর দ্য পেমেন্ট অফ মাই ওয়েজেস্‌।
7. ধনে ধনবৃদ্ধি হয়।	Money begets money. মনি বিগেট্‌স্‌ মনি।
8. দয়া করে পাঁচ টাকা আগাম দিন।	Kindly give me five rupees in advance. কাইণ্ডলি গিভ মি ফাইভ রুপিজ ইন এ্যাডভান্স।
9. তুমি কি কোন ব্যবসায়ে লিপ্ত ?	Are you in business? আর ইউ নি বিজ্‌নেস্‌ ?
10. আমি ঋণগ্রস্ত।	I am under debt. আই এ্যাম আণ্ডার ডেট।
11. আপনার কত পাওনা হয়েছে ?	How much is your bill? হাউ মাচ্‌ ইজ ইয়োর বিল ?
12. এটার দাম কত ?	How much does it cost? হাউ মাচ্‌ ডাজ্‌ ইট কস্ট্‌ ?
13. চেক্‌টা ভাঙাতে হবে।	This cheque is to be encahsed. দিস্‌ চেক ইজ টু বি এনক্যাশড্‌।
14. চিঠিগুলো ডাক বাক্সে ফেলে দিও।	Post these letters. পোস্ট দীজ লেটার্স।
15. আজকাল ব্যবসার অবস্থা কঠিন।	Business is bad these days. বিজনেস্‌ ইজ ব্যাড দীজ ডেজ্‌।
16. আপনার পেশা কি ?	What is your profession? হোয়াট ইজ ইয়োর প্রফেশন ?
17. এই প্রতিষ্ঠানে কতজন অংশীদার আছেন ?	How many share-holders are there in this company? হাউ মেনি শেয়ার-হোল্ডারস্‌ আর দেয়ার ইন দিস্‌ কোম্পানি ?
18. সে আমদানী-রপ্তানির ব্যবসা করে।	He is in the import-export trade. হি ইজ ইন দ্য ইমপোর্ট-এক্স্‌পোর্ট ট্রেড।
19. আমরা দালাল।	We are brokers. উই আর ব্রোকার্স।
20. তোমার মালের চালান [ইনভয়েস] পাঠিয়েছ কি ?	Have you sent an invoice for the goods? হ্যাভ ইউ সেণ্ট এ্যান ইনভয়েস ফর দ্য গুড্‌স্‌ ?
21. তার কাজকর্ম কেমন চলছে ?	How is he getting on with his work? হাউ ইজ হি গেটিং অন উইথ্‌ হিজ ওয়ার্ক ?

স্মরণীয় [To Remember]

*During his lecturership all students were satisfied [তাঁর শিক্ষকতাকালে সব ছাত্রই সন্তুষ্ট ছিল]। এখানে lecture এই জাতিবাচক বিশেষ্যের সাথে ship যোগ করে নতুন বিশেষ্য [ভাববাচক] lecturership করা হয়েছে। ship এই প্রত্যয় [suffix] যে শব্দের শেষে থাকে তারা সাধারণত ভাববাচক বিশেষ্য হয়ে থাকে। যেমন scholarship [পাণ্ডিত্য, ছাত্রবৃত্তি], membership [সদস্যতা], kinship [সম্বন্ধ], hardship [কষ্ট], friendship [বন্ধুত্ব] ইত্যাদি।

যে সব শব্দের শেষে hood প্রত্যয় [suffix] থাকে সে সব শব্দও ভাববাচক বিশেষ্য হয়। যেমন The enviable brotherhood of the Pandavas is well known [পাণ্ডবদের গভীর ভ্রাতৃপ্রেম ঈর্ষণীয় ছিল তা সকলেরই জানা আছে] এইরকম অন্য কতকগুলি শব্দ —

father থেকে fatherhood [পিতৃত্ব]	boy থেকে boyhood [বাল্যকাল]
mother থেকে motherhood [মাতৃত্ব]	girl থেকে girlhood [বালিকা বয়স]
man থেকে manhood [পুরুষত্ব]	child থেকে childhood [শিশুকাল]

57 সপ্তপঞ্চাশৎ দিন th Day

49 ধাঁধা	RIDDLES [রিডল্স্]
ধাঁধা – আমার দাঁত আছে, কিন্তু আমি কামড়াই না, বলো ত আমি কে ?	**Riddle:** I have teeth, but I don't bite. Tell me what am I? আই হ্যাভ টিথ, বাট্ আই ডোণ্ট বাইট। টেল মি হোয়াট এ্যাম আই ?
উত্তর – তুমি চিরুণী !	**Ans.** : You are a comb! ইউ আর এ কম্ব !
ধাঁধা – তুমি আমাকে পড়তে পারো। আমার অনেক পাতা আছে। আমি কাগজ দিয়ে তৈরী। বলো ত আমি কি ?	**Riddle:** You can read me. I have many pages. I am made of paper. Tell me what am I? ইউ ক্যান রিড মি। আই হ্যাভ মেনি পেজেস। আই এ্যাম মেড অফ পেপার। টেল মি হোয়াট এ্যাম আই ?
উত্তর – তুমি একটা বই !	**Ans.** : You are a book! ইউ আর এ বুক !
ধাঁধা – তুমি আমায় চায়ের সাথে খেতে ভালবাস। আমি ময়দা চিনি ও ফল দিয়ে তৈরি। বলো ত আমি কে ?	**Riddle:** You like me with tea. I am made of flour, sugar and fruit. Tell me what am I? ইউ লাইক মি উইথ্ টি। আই এ্যাম মেড অফ ফ্লাওয়ার, সুগার এ্যাণ্ড ফ্রুট। টেল মি হোয়াট এ্যাম আই ?
উত্তর – তুমি কেক্ !	**Ans.** : You are a cake! ইউ আর এ কেক্ !
ধাঁধা – আমি ঘাস পছন্দ করি। আমি খামারে থাকি। আমি দুধ দিই। বলো ত আমি কে ?	**Riddle:** I like grass. I live on a farm. I give milk. Tell me, what am I? আই লাইক্ গ্রাস্। আই লিভ্ অন এ ফার্ম। আই গিভ্ মিলক্। টেল মি, হোয়াট এ্যাম আই ?
উত্তর – তুমি গরু !	**Ans.** : You are a cow! ইউ আর এ কাউ !
ধাঁধা – আমি একটি পোষা জন্তু। আমি দৌড়োতে পারি। আমি ঘেউ ঘেউ করতে পারি। বলো ত আমি কে ?	**Riddle:** I am a pet. I can run. I can bark. Tell me, what am I? আই এ্যাম্ এ পেট্। আই ক্যান রান্। আই ক্যান বার্ক। টেল মি, হোয়াট এ্যাম আই ?
উত্তর – তুমি একটি কুকুর !	**Ans.** : You are a dog! ইউ আর এ ডগ !
ধাঁধা – আমি সাদা রঙ্গের। আমি তরল পদার্থ। লোকে আমায় পান করে। বলো ত আমি কি ?	**Riddle:** I am white. I am liquid. People drink me. Tell me, what am I? আই এ্যাম হোয়াইট। আই এ্যাম লিকুইড। পিপ্‌ল ড্রিঙ্ক মি। টেল মি, হোয়াট এ্যাম আই ?
উত্তর – তুমি দুধ !	**Ans.** : You are milk! ইউ আর মিল্ক !
ধাঁধা – আমি ক্লান্ত ব্যক্তির প্রিয়। আমাকে সাধারণতঃ ভালভাবে বোনা হয়। আমি প্রায় ছ' ফিট লম্বা। বলো ত আমি কি ?	**Riddle:** Tired people like me. I am usually well knit. I am about six feet long. Tell me, what am I? টায়ার্ড পিপ্‌ল লাইক্ মি। আই এ্যাম ইউজুয়ালি ওয়েল নিট। আই এ্যাম এ্যাবাউট সিক্স ফুট লং। টেল মি, হোয়াট এ্যাম আই ?
উত্তর – তুমি একটি খাটিয়া !	**Ans.** : You are a cot! ইউ আর এ কট !

50 নীতিবাক্য	SAYINGS [সেয়িংস]
1. সত্যকথা সকলেরই অপ্রিয় লাগে।	Truth is bitter. ট্রুথ্ ইজ বিটার।
2. পরিশ্রমই সর্বোত্তম মূলধন।	Hard work is the greatest wealth./Hard work always pays. হার্ড ওয়ার্ক ইজ দ্য গ্রেটেস্ট ওয়েল্থ।/হার্ড ওয়ার্ক অলওয়েজ পেজ।
3. আলস্য সকল দুঃখের মূল।	Idleness is the root cause of all ills. আয়ডল্‌নেস্ ইজ দ্য রুট কজ্ অফ অল ইল্‌স।

4. বিভেদে পরিবার উৎসন্নে যায়।	A divided house cannot stand. এ ডিভাইডেড হাউস্ ক্যাননট স্ট্যান্ড্।
5. সত্যের জয় অনিবার্য্য।	Truth always triumphs/wins. ট্রুথ অলওয়েজ ট্রাইয়াম্ফস/উইনস্।
6. অতি নৈকট্য প্রীতির সম্বন্ধে ঘুন ধরায়।	Familiarity breeds contempt. ফ্যামিলিয়ারিটি ব্রিডস্ কনটেম্পট।
7. সম্পদে অনেকেই বন্ধু হয়, কিন্তু বিপদে সেই বন্ধুত্বের পরীক্ষা হয়।	Prosperity gains friends, but adversity tries them. প্রসপারিটি গেন্‌স্ ফ্রেণ্ডস্, বাট এ্যাডভারসিটি ট্রায়েজ দেম।
8. সততাই সর্বোত্তম নীতি।	Honesty is the best policy. অনেস্টি ইজ দ্য বেস্ট পলিসি।
9. সম্মুখ প্রশংসা চাটুকারিতারই নামান্তর।	Extolling/praising you at your face is flattery. একস্টোলিং/প্রেইজিং ইউ এ্যাট ইয়োর ফেস ইজ ফ্ল্যাটারি।
10. জ্ঞান তর্ক বাড়ায়।	Learning breeds controversy. লারনিং ব্রিড্স্ কনট্রোভার্সি।
11. হাতের পাঁচটা আঙ্গুল সমান হয় না।	All are not alike. অল আর নট এ্যালাইক।
12. জগতে কিছুই অবিনশ্বর নয়।	Nothing is stable in this world. নাথিং ইজ স্টেব্‌ল্ ইন দিস্ ওয়ার্ল্ড।
13. অভিজ্ঞতা শিক্ষার সমতুল্য।	Experience teaches the unskilled. এক্সপিরিয়েনস্ টিচেস দ্য আনস্কিল্‌ড্।
14. মনুষ্য উদরের দাস।	Man is slave to his stomach. ম্যান ইজ স্লেভ টু হিজ স্টম্যাক।
15. অচল পয়সা সর্বদা ফেরৎ আসে।	A base coin never runs. এ বেস কয়েন নেভার রানস্।
16. প্রেমে ও যুদ্ধে ন্যায় অন্যায়ের বাছবিচার হয় না।	All is fair in love and war. অল ইজ ফেয়ার ইন লাভ এ্যাণ্ড ওয়ার।
17. ধৈর্য্যে ফললাভ হয়।	Perseverance prevails. পারসিভিয়ারানস্ প্রিভেলস্।
18. শিষ্টতায় অর্থব্যয় করতে হয় না।	Courtesy costs nothing. কার্টসি কস্ট্‌স নাথিং।
19. মৃত্যু, সকল ঋণ শোধ করে।	Death pays, all debts. ডেথ্ পেজ, অল ডেট্‌স।
20. আপন কণ্ঠস্বর সকলরেই মিষ্টি লাগে।	Every ass loves his bray. এভরি এ্যাস লাভ্‌স্ হিজ ব্রে।
21. কারও সর্বনাশ করতে হলে তার নামে দুর্নাম রটাও।	Give a dog a bad name and hang him. গিভ এ ডগ এ ব্যাড নেম এ্যাণ্ড হ্যাঙ্গ হিম।
22. যে সুন্দর তার কাজও সুন্দর।	Handsome is, that handsome does. হ্যাণ্ডসাম্ ইজ, দ্যাট হ্যাণ্ডসাম্ ডাজ।

স্মরণীয় [To Remember]

এখানে দেওয়া কিছু বাক্যে ক্রিয়ার শেষে ive বা ous যোগ করে বিশেষণ গঠন করা হয়েছে। মনোযোগ দিয়ে দেখলে আপনিও ক্রিয়া থেকে বিশেষণ গঠনে সাফল্য অর্জন করবেন।

This soap comes in several attractive shades. Attract + ive = Attractive.

Your suit is quite expensive. Expense + ive = Expensive.

Even at seventy he leads an active life. Act + ive = Active.

এই বাক্যগুলিতে attract থেকে attractive, expense থেকে expensive, act থেকে active এই বিশেষণগুলি গঠিত হয়েছে। শব্দের শেষে 'ive' যোগ করে। এই রকমের আরও কয়েকটি উদাহরণ defend থেকে defensive [রক্ষাত্মক], destroy থেকে destructive [ধ্বংসাত্মক], elect থেকে elective [নির্বাচনীয়], impress থেকে impressive [প্রভাবী]।

'It is dangerous to drive fast [গাড়ী জোরে চালানো বিপজ্জনক], 'The Nilgiris is a mountanous district' [নীলগিরি একটি পাহাড়ী জেলা], 'The cobra is a piosonous snake' [গোখরো সাপ বিষধর হয়], 'Ramayana is a famous epic' [রামায়ণ বিখ্যাত মহাকাব্য], তে danger থেকে dangerous বিশেষণ হয়েছে মূল শব্দে 'ous' যোগ করে। এই রকম আরও কয়েকটি বিশেষণ —

enourmous [বিশালকায়] prosperous [সমৃদ্ধ]
previous [পূর্বেকার] rebellious [বিদ্রোহী]

58 অষ্টপঞ্চাশৎ দিন
th Day

51 বিবাহ-সমারোহে — ATTENDING A WEDDING [এ্যাটেনডিং এ ওয়েডিং]

1. বরপক্ষ কোথা থেকে এসেছে? — Where has the wedding party come from? হোয়্যার হ্যাজ দ্য ওয়েডিং পার্টি কাম্ ফ্রম?
2. বরযাত্রীরা কোথায় যাবে? — Where'll the wedding party be going? হোয়্যার'ল দ্য ওয়েডিং পার্টি বি গোয়িং?
3. আপনাদের মধ্যে কি পণপ্রথা আছে? — Do you have the dowry system? ডু ইউ হ্যাভ দ্য ডাউরি সিস্টেম?
4. বিয়ের লগ্ন কখন? — When is the wedding going to be performed/take place? হোয়েন ইজ দি ওয়েডিং গোয়িং টু বি পারফর্মড্/টেক প্লেস?
5. আমি বর ও কনেকে দেখতে চাই। — I want to/would like to see the bride and the groom. আই ওয়ান্ট টু/উড্ লাইক টু সি দ্য ব্রাইড এ্যাণ্ড দ্য গ্রুম।
6. বিয়ে/বিয়ের ভোজ খুবই ভাল হয়েছিল। — The wedding/party was very good. দ্য ওয়েডিং/পার্টি ওয়াজ ভেরি গুড।
7. এই সামান্য উপহারটি গ্রহণ করুন। — Please accept this small/little gift. প্লিজ এ্যাকসেপ্ট্ দিস্ স্মল/লিট্‌ল গিফট্।

52 সিনেমাতে — IN THE CINEMA [ইন্ দ্য সিনেমা]

1. এই সিনেমায় কোন ছবি চলছে? — Which film/movie is running at the cinema hall? হুইচ ফিল্ম/মুভি ইজ রানিংএ্যাট দ্য সিনেমা হল্?
2. ছবিটা কি ভাল? — Is this a good movie? ইজ দিস্ এ গুড মুভি?
3. এই ছবিতে কে কে অভিনয় করেছে? — Who all are acting in this movie?/What is the cast in this movie? হু অল্ আর এ্যাকটিং ইন দিস্ মুভি?/হোয়াট ইজ দ্য কাস্ট ইন দিস্ মুভি?
4. আমাকে একটা ব্যালকনীর টিকিট দিন। — Please give me a ticket for the balcony. প্লিজ গিভ্ মি এ টিকেট্ ফর দ্য ব্যালকনি।
5. ছবিটা কখন আরম্ভ হবে? — At what time/when will the film/movie start? এ্যাট হোয়াট টাইম/হোয়েন উইল্ দ্য ফিল্ম/মুভি স্টার্ট?

53 খেলার মাঠে — ON THE PLAY GROUND [অন দ্য প্লে গ্রাউণ্ড]

1. আমি আজ একটা ফুটবল/হকি/ক্রিকেট ম্যাচ দেখতে চাই। — I want to see a football/hockey/cricket match today. আই ওয়ান্ট টু সি এ ফুট্‌বল/হকি/ক্রিকেট ম্যাচ টুডে।
2. কোন কোন দল ম্যাচ খেলবে। — What teams are playing the match? হোয়াট টিম্‌স্ আর প্লেয়িং দ্য ম্যাচ?
3. ম্যাচ কখন আরম্ভ হবে? — When will the match start? হোয়েন উইল দ্য ম্যাচ স্টার্ট।
4. ওই খেলোয়াড়টির নাম কি? — Who is that player? হু ইজ দ্যাট্ প্লেয়ার?
5. গতকাল খেলায় কে জিতেছিল? — Who won the match yesterday? হু ওয়ন্ দ্য ম্যাচ ইয়েস্টার্ডে?
6. তোমার কোন কোন খেলা ভাল লাগে? — What games do you like? হোয়াট গেম্‌স্ ডু ইু লাইক?

54 পর্যটন অফিসে — IN THE TOURIST OFFICE [ইন দ্য টুরিস্ট্ অফিস]

1. এই শহরে দেখবার মত জায়গা কি কি আছে? — Which are the worth seeing places in this city? হুইচ আর দ্য ওয়র্থ সিয়িং প্লেসেস্ ইন দিস্ সিটি?

2. আমি অজন্তা ও ইলোরার গুহা দেখতে চাই। — I would like to see/visit the Ajanta and Ellora caves. আই উড লাইক টু সি/ভিজিট দি অজন্তা এ্যাণ্ড ইলোরা কেভ্‌স।

3. মথুরা যাওয়ার সবচেয়ে ভাল উপায় কি — রেল না বাস? — What's the best transport to Mathura – train or bus? হোয়াট'স দ্য বেস্ট্ ট্রান্সপোর্ট টু মথুরা — ট্রেন ওর বাস?

4. আগ্রায় কোথায় থাকব? — Where should I stay in Agra? হোয়্যার শুড্ আই স্টে ইন আগরা?

5. আমার দিল্লি খুব ভাল লেগেছে। — I liked Delhi a lot. আই লাইট্‌ড্ দিল্লি এ লট।

6. আমার একটা টুরিস্ট্ গাইড চাই। কোথায় পাব। — I want a Tourist Guide. Where can I get it? আই ওয়াণ্ট্ এ টুরিস্ট্ গাইড। হোয়্যার ক্যান আই গেট্ ইট্?

55 হোটেলে — IN THE HOTEL [ইন দ্য হোটেল]

1. এই হোটেলে ঘর পাওয়া যাবে? — Is there any room available in this hotel? ইজ দেয়ার এনি রুম এ্যাভেলেবল্ ইন দিস্ হোটেল?

2. সিঙ্গল/ডবল বেড রুমের কত ভাড়া? — What do you charge for a single/double bed room? হোয়াট ডু ইউ চার্জ ফর এ সিঙ্গল/ডাবল্ বেড রুম?

3. আমার মালপত্র ছ নম্বর কামরায় পৌঁছে দিন। — Take my baggage/luggage to Room No. 6, please. টেক্ মাই ব্যাগেজ/লাগেজ টু রুম নাম্বার সিক্স, প্লিজ।

4. দয়া করে আমায় কামরাতেই ব্রেকফাস্ট/লান্চ্/ডিনার পাঠিয়ে দেবেন। — Please send my breakfast/lunch/dinner to my room. প্লিজ সেণ্ড মাই ব্রেকফাস্ট/লান্চ্/ডিনার টু মাই রুম।

5. আমি ঘণ্টাখানেকের জন্য বাইরে যাচ্ছি। — I am going out for an hour [or so]. আই এ্যাম গোয়িং আউট ফর এ্যান আওয়ার [অর সো]।

6. আমার জন্য কোন ফোন/চিঠি ছিল কি? — Was there a call for me?/Is there any letter for me? ওয়াজ দেয়ার এনি কল ফর মি?/ইজ দেয়ার এনি লেটার ফর মি?

7. আমার সঙ্গে কেউ দেখা করতে এলে তাঁকে আমার কামরায় পাঠিয়ে দেবেন। — Please send my visitors to my room. প্লিজ সেণ্ড মাই ভিজিটার্স টু মাই রুম।

8. আমার জন্য একটু গরম/ঠাণ্ডা জল পাঠিয়ে দিন। — Get me some hot/cold water. গেট মি সাম্ হট/কোল্ড ওয়াটার।

9. ধোপা এখনও এসে পৌঁছোয়নি। — The laundry man hasn't come yet. দ্য লনড্রি ম্যান হ্যাজনট্ কাম্ ইয়েট।

56 ভৃত্যের সঙ্গে — WITH THE SERVANT [উইথ্ দ্য সারভ্যাণ্ট]

1. বাজার থেকে কিছু সব্জি নিয়ে এসো। — Get some vegetables from the market. গেট্ সাম্ ভেজিটেব্‌লস্ ফ্রম দ্য মার্কেট।

2. এই জিনিসগুলো সমবায় সমিতির ভাণ্ডার থেকে কিনো। — Buy these stuffs/things from the co-operative stores. বাই দিজ্ স্টাফ/থিংস্ ফ্রম দ্য কো-অপারেটিভ স্টোরস্।

3. আমাকে পাঁচটার সময় জাগিয়ে দিও। — Wake me up at five o'clock. ওয়েক মি আপ্ এ্যাট ফাইভ ও'ক্লক।

4. চিঠিটা ডাকে দিয়ে এসো? — Go and post this letter. গো এ্যাণ্ড পোস্ট দিস্ লেটার।

5. লনড্রি থেকে কাপড় আনা হয়েছে? — Have the clothes back from the laundry? হ্যাভ দি ক্লোদ্‌স্ ব্যাক্ ফ্রম দ্য লনড্রি?

6. এক কাপ চা বানাও তো। — Make me a cup of tea. মেক্ মি এ কাপ্ অফ টি।

7. রান্না হয়ে গেছে? — Is the food/lunch/dinner ready? ইজ দ্য ফুড/লান্চ্/ডিনার রেডি?

56 ডাক্তারের সঙ্গে — WITH THE DOCTOR [উইথ দ্য ডক্টর]

1. আমার জ্বর হয়েছে। কাশিও আছে। — I have some temperature/fever and also have some cough. আই হ্যাভ সাম্ টেম্পারেচার/ফিভার এ্যাণ্ড অলসো হ্যাভ সাম্ কাফ্।

2. ওষুধটা দিনে কতবার নিতে হবে? — How many times a day should I take this medicine? হাউ মেনি টাইম্‌স্ এ ডে শুড্ আই টেক দিস মেডিসিন?

3. [অসুখের সময়] কি খেতে পাব? — What all can I eat? হোয়াট অল ক্যান আই ইট?

4. প্রত্যেক মাসে তোমার ওজন লিখে রাখবে। — You should keep a monthly record of your weight. ইউ শুড কিপ এ মনথ্‌লি রেকর্ড অফ ইয়োর ওয়েট।

5. তোমার রক্তচাপ স্বাভাবিক। — Your blood-pressure is normal. ইয়োর ব্লাড-প্রেসার ইজ নরমাল্।

6. কম চিনি ও নুন খাবে। — Cut down on sugar and salt. কাট্ ডাউন অন সুগার এ্যাণ্ড সল্ট।

7. যথেষ্ট কাঁচা শাক সব্জী খাবে। — You should eat lots of green vegetables. ইউ শুড ইট লট্‌স অফ গ্রিন ভেজিটেবল্‌স্।

8. আমার ছেলের আঘাত লেগেছে। — My son has got hurt. মাই সন্ হ্যাজ গট্ হার্ট।

9. পাশের কামরায় ঘায়ের ড্রেসিং করে নিন। — Get/Have the dressing done in the next room, please. গেট্/হ্যাভ দ্য ড্রেসিং ডান্ ইন দ্য নেক্সট রুম, প্লিজ।

10. ডিসপেনসারি/কম্পাউণ্ডারের কাছ থেকে তিন দিনের ওষুধ নাও। — Get the medicine for three days from the dispensary/compounder. গেট্ দ্য মেড্‌সিন্ ফর থ্রি ডেজ ফ্রম দ্য ডিস্‌পেনসারি/কম্পাউণ্ডার।

58 হাসপাতালে — IN THE HOSPITAL [ইন দ্য হস্‌পিট্যাল]

1. আমি দাঁতের ডাক্তারের সঙ্গে দেখা করতে চাই। — I want to see a dentist. আই ওয়াণ্ট টু সি এ ডেনটিস্ট।

2. এমার্জেন্সি ওয়ার্ড কোথায়? — Where's the emergency ward? হোয়্যার ইজ দ্য এমার্জেন্সি ওয়ার্ড?

3. আমার ভাইকে হাসপাতালে ভর্তি করতে চাই। — I want to admit my brother in the hospital. আই ওয়াণ্ট টু এ্যাডমিট মাই ব্রাদর ইন দ্য হস্‌পিট্যাল।

4. অপারেশন থিয়েটার কোনদিকে? — Which side is the operation theatre? হুইচ সাইড্ ইজ দ্য অপারেশন থিয়েটার?

5. ঔষধগুলো কোথায় পাব? — Where will I get the medicine[s]? হোয়্যার উইল্ আই গেট্ দ্য মেড্‌সিন[স]?

6. রোগীদের সঙ্গে কোন সময়ে দেখা করতে পারা যায়? — What are the visiting hours at the hospital?/When can one see the pateints? হোয়াট আর দ্য ভিজিটিং আওয়ারস্ এ্যাট দ্য হস্‌পিটাল?/হোয়েন ক্যান ওয়ান সি দ্য পেশেন্‌ট্‌স্?

7. কোন কোন দিন/কখন হৃদরোগ/চক্ষুরোগ বিশেষজ্ঞ আসেন? — On which days/when does the heart/eye specialist come? অন হুইচ ডেজ/হোয়েন ডাজ দ্য হার্ট/আই স্পেশালিস্ট কাম?

8. এক্‌স্ রে করতে কোথায় যেতে হবে? — Where should/does one go for X-ray?/Where is the X-ray department? হোয়্যার/শুড্/ডাজ ওয়ান গো ফর এক্‌স-রে?/হোয়্যার ইজ দ্য এক্‌স-রে ডিপার্টমেন্ট?

9. এটি দাতব্য চিকিৎসালয়। — This is a free dispensary./Medical care is free here./We don't charge the patients anything. দিস্ ইজ এ ফ্রি ডিস্‌পেনসারি।/মেডিক্যাল কেয়ার ইজ ফ্রি হিয়ার।/উই ডোণ্ট চার্জ দ্য পেশেণ্টস্ এনিথিং।

59 বিবিধ প্রসঙ্গ — GENERAL TOPICS [জেন্‌রল টপিক্স]

1. তার কাজে আমি নিরাশ হয়েছিলাম। — His work was disappointing. হিজ ওয়ার্ক ওয়াজ ডিসএ্যাপয়েনটিং।

2. তার হাত থেকে ছাড়া পেলে আমি সুখী হব। — I'll be glad to get rid of him. আই'ল বি গ্ল্যাড টু গেট্ রিড্ অফ হিম।

3. তোমার কোট আমার মত নয়।	Your coat is not like mine. ইয়োর কোট ইজ নট লাইক মাইন।
4. তুমি ভুল শোধরাতে পারো না।	You cannot correct the mistakes. ইউ ক্যানট কারেক্ট্ দ্য মিস্টেক্স্।
5. সেই ম্যাচ জিতেছিল।	He's the one who won the match. হি ইজ দ্য ওয়ান হু ওয়ন্ দ্য ম্যাচ।
6. দুইটি মেয়ের মধ্যে কে বেশি লম্বা ?	Who is taller of the two girls? হু ইজ টলার অফ দ্য টু গার্লস্ ?
7. প্রায় সকলেই এই ব্যাপারে একই মত পোষণ করে।	Most of the poeple would agree with it. মোস্ট অফ দ্য পিপ্‌ল উড এগ্রি উইথ্ ইট্।
8. আমি তাকে জিজ্ঞেস করলাম সে বাজার যাচ্ছে কিনা।	I asked her whether she was going to the market or not. আই আস্‌ক্ড্ হার হোয়েদার শি ওয়াজ গোয়িং টু দ্য মার্কেট্ অর নট্।
9. সে এলে তুমি তার সঙ্গে কথা বলবে ?	Will you speak to her if she comes? উইল ইউ স্পিক্ টু হার ইফ্ শি কামস্ ?
10. হতভাগ্য ব্যক্তিটিকে গুলি করে মারা হয়েছিল।	The unfortunate/poor man was shot dead. দ্য আনফরচুনেট্/পুওর ম্যান ওয়াজ শট ডেড্।
11. তাকে কি তার মায়ের মত দেখতে ?	Does he resembled his mother? ডাজ হি রিজেম্‌বল্ হিজ মাদার ?
12. রূপা মূল্যবান ধাতু।	Silver is a precious metal. সিল্‌ভার ইজ এ প্রেশাস্ মেট্‌ল।
13. আমি আটশ বিয়াল্লিশ টাকা পেলাম।	I got/received eight hundred and forty two rupees. আই গট্/রিসিভড এইট হানড্রেড এ্যাণ্ড ফরটি টু রুপিজ।
14. রবিবার তিনি চার্চে যান।	She goes to the church on Sunday. শি গোজ টু দ্য চার্চ অন সানডে।
15. আমি সকালে বেড়াতে যাই।	I go for a walk in the morning. আই গো ফর এ ওয়াক্ ইন দ্য মর্নিং।
16. বইটা আমি তিন টাকায় কিনেছি।	I bought this book for three rupees. আই বট্ দিস্ বুক ফর থ্রি রুপিজ।
17. তারা ইংরেজি ছাড়াও জার্মান শিখবে।	They will study German besides English. দে উইল স্টাডি জার্মান বিসাইড্স্ ইংলিশ।
18. আমি যাবার জন্য দৃঢ় সঙ্কল্প।	I'm determined to go. আই'ম ডিটারমিণ্ড টু গো।
19. আমি স্থির করেছি যে সেই যাবে।	I've made up mind to send him. আই'ভ মেড আপ মাইণ্ড টু সেণ্ড হিম।
20. আমরা ছবিটা দেওয়ালে টাঙ্গিয়েছি।	We hung the picture on the wall. উই হাঙ্গ দ্য পিক্চার অন দ্য ওয়াল।
21. হত্যাকারী ধরা পড়েছিল ও তার ফাঁসি হয়েছিল।	The murderer was caught and hanged. দ্য মার্ডারার ওয়াজ কট এ্যাণ্ড হ্যাংগড্।
22. আপনার কলমটা একটু দেবেন ?	Will you please lend me your pen? উইল ইউ প্লিজ লেণ্ড মি ইয়োর পেন ?
23. আমি আপনার কাছ থেকে একটা কলম ধার করতে চাই।	I want to borrow a pen from you. আই ওয়াণ্ট টু বরো এ পেন ফ্রম ইউ।
24. সভা সকাল সকাল আরম্ভ হবে।	The meeting will start early. দ্য মিটিং উইল স্টার্ট আর্‌লি।
25. আমি সভায় যোগ দেব।	I'll attend the meeting. আই'ল এ্যাটেণ্ড দ্য মিটিং।
26. আমি কাল রাত্রে তাড়াতাড়ি শুয়ে পড়েছিলাম কিন্তু ঘুমুতে পারিনি।	I went to bed early last night but couldn't sleep. আই ওয়েন্ট টু বেড আর্লি লাস্ট নাইট বাট কুডন্ট স্লিপ্।
27. তুমি কখন শুতে যাও ?	When do you go to bed? হোয়েন ডু ইউ গো টু বেড ?
28. সে কি তার অর্থ ব্যাঙ্কে জমা রাখে ?	Does she keeep her money in the bank? ডাজ শি কিপ্ হার মনি ইন দ্য ব্যাঙ্ক ?
29. এখানে গ্রীষ্মকালে খুব গরম পড়ে।	It is very hot here in the summer. ইট ইজ ভেরি হট হিয়ার ইন দ্য সামার।
30. এখানে এত গরম যে হকি খেলা যায় না।	It is too hot here to play hockey. ইট ইজ টু হট্ হিয়ার টু প্লে হকি।
31. মাদ্রাজ কলকাতা থেকেও দূরে।	Madras is farther than Calcutta. মাদ্রাজ ইজ ফারদার দ্যান ক্যালকাটা।
32. আমরা আরও খবর পাব।	We'll get/colletct/gather more informations. উই'ল গেট্/কালেক্ট/গ্যাদার মোর ইনফর্মেশনস্।
33. তুমি আমার পরে বাড়ি এসেছ।	You came home later than I. ইউ কেম হোম লেটার দ্যান আই।

34.	দিল্লি ও বম্বে বড় শহর, দ্বিতীয়টি সমুদ্রের তীরে অবস্থিত।	Delhi and Bombay are big cities, the latter is situated at the sea. দিল্লি এ্যাণ্ড বম্বে আর বিগ সিটিজ, দ্য ল্যাটার ইজ সিচুয়েটেড এ্যাট্ দ্য সি।
35.	এই মুদির দোকানের প্রচুর গ্রাহক।	This grocer has good business. দিস্ গ্রোসার হ্যাজ গুড্ বিজনেস্।
36.	এই উকিলের অনেক মক্কেল।	This lawyer has good practice. দিস্ লইয়্যার হ্যাজ গুড প্র্যাক্টিস্।
37.	মা আমায় নীতিগর্ভ উপদেশ দিলেন।	Mother gave me some good peace of advice. মাদার গেভ মি সাম্ গুড পিস্ অফ এ্যাডভাইস।
38.	আমি তোমায় একটু উপদেশ দিই।	Let me give you a piece of advice. লেট মি গিভ ইউ এ পিস অফ অ্যাডভাইস।
39.	চম্পার চুল লম্বা।	Champa has long hair. চম্পা হ্যাজ লং হেয়ার।
40.	আমার কাছে যথেষ্ট ফল নেই।	I don't have enough fruits. আই ডোণ্ট হ্যাভ এনাফ ফ্রুট্স্।
41.	তুমি কি দু ডজন কলা কিনতে চাও ?	Do you want to buy two dozen bananas? ডু ইউ ওয়াণ্ট টু বাই টু ডজন ব্যানানাজ ?
42.	ডজন ডজন কলা রাখা আছে।	Dozens of bananas are there. ডজনস অফ ব্যানানাজ আর দেয়ার।
43.	এখানে একটা ভেড়া আছে ও সেখানে একটি হরিণ।	Here is a sheep and there is a deer. হিয়ার ইজ এ শিপ্ এ্যাণ্ড দেয়ার ইজ এ ডিয়ার।
44.	মেষপালকের কুড়িটি ভেড়া ও দুইটি হরিণ আছে।	The shepherd has twenty sheeps and two deers. দ্য শেফার্ড হ্যাজ টোয়েনটি শিপ্স্ এ্যাণ্ড টু ডিয়ারস্।
45.	সে কম মজুরী পায়।	Her wages are low. হার ওয়েজেস আর লো।
46.	সীতা ও রীতা এখানে আসছে।	Sita and Rita are coming here. সীতা এ্যাণ্ড রীতা আর কামিং হিয়ার।
47.	ছাত্রদের সংখ্যা কমে যাচ্ছে।	The number of students is decreasing. দ্য নাম্বার অফ স্টুডেন্ট্স্ ইজ ডিক্রিজিং।
48.	আজ অনেক ছাত্রই অনুপস্থিত।	Many students are absent today. মেনি স্টুডেন্টস আর এ্যাবসেন্ট টুডে।
49.	কাল রাত্রে আমরা মাছ দিয়ে ভাত খাব।	We will have fish at dinner tomorrow. উই উইল হ্যাভ ফিশ্ এ্যাট ডিনার টুমরো।
50.	আমি এই বইটা দেড় ঘণ্টায় পড়ে ফেলেছি।	I read this book in one and a half hour./This book took me one hour and a half. আই রেড দিস্ বুক্ ইন ওয়ান এ্যাণ্ড এ হাফ আওয়ার।/ দিস্ বুক্ টুক্ মি ওয়ান আওয়ার এ্যাণ্ড এ হাফ্।

স্মরণীয় [To Remember]

* সম্বন্ধ কারক genetive বা possessive case দেখানোর ইংরেজিতে একটি সরল উপায় আছে যাকে apostrophe ['] এ্যাপস্ট্রফি ও s বলা হয়। উদাহরণতঃ The boy broke up the bird's nest [দ্য বয় ব্রোক আপ দ্য বার্ডস নেস্ট]। ছেলেটি পাখির বাসা ভেঙে দিল। যে শব্দের বহুবচনে শেষে s থাকে সেই শব্দে কেবলমাত্র Apostrophe যোগ করতে হয়। যেমন The boy broke up the bird's nest ছেলেটি পাখিদের বাসা ভেঙে দিল। নির্জীব পদার্থের নামের শেষে কিন্তু apostrophe ও s যোগ হয় না। অব্যয় দিয়ে possessive case দেখানো হয়। যেমন The doors of the gate way are made of iron ফাটকের দরজা লোহা দিয়ে তৈরি। কিন্তু এই নিয়মের ব্যতিক্রমও আছে, যেমন a week's leave, a month's pay, a stone's throw, a day's journey, to their heart's content, in my mind's eyes, a hair's breadth, sun's rays বাক্যে প্রয়োগ করে এই বাক্যাংশগুলির ব্যবহার আয়ত্তে আনতে হবে।

59 উনষষ্ঠী দিন
th Day

60 প্রবাদ — **IDIOMS [ইডিয়মস্]**

1. দুনিয়ায় সকলে নিজের স্বার্থই দেখে। — In this world everybody wants to grind his own axe. ইন দিস্ ওয়ার্লড্ এভরিবডি ওয়ান্ট্স টু গ্রাইণ্ড হিজ ওন এ্যাক্স্।
2. অভ্যাসেই মানুষ দক্ষতা অর্জন করে। — Practice makes a man perfect. প্র্যাক্টিস্ মেক্স এ ম্যান পারফেক্ট্।
3. গতস্য শোচনা নাস্তি, ভবিষ্যতে সাবধান থেক। — Let bygones be bygones; take care in future. লেট্ বাইগন্স্ বি বাইগন্স্, টেক কেয়ার ইন ফিউচার।
4. তাদের মধ্যে কথা-কাটাকাটি হ'ল। — They exchanged hot words. দে এক্স্চেন্জড্ হট ওয়ার্ডস্।
5. মনে হচ্ছে তার মাথার ঠিক নেই। — It appears, he is off his wits. ইট অ্যাপিয়র্স, হি ইজ্ অফ হিজ উইটস্।
6. চিৎকারে আকাশ বাতাস মুখরিত হয়ে উঠল। — The shouts rent the sky. দ্য শাউট্স্ রেন্ট দ্য স্কাই।
7. আমি তার প্রশংসায় পঞ্চমুখ হলাম। — I praised him to the skies. আই প্রেজ্ড্ হিম টু দ্য স্কাইজ।
8. আজ কাল আপনি দুধে ভাতে আছেন। — Now-a-days your bread is buttered. নাও-এ-ডেজ ইয়োর ব্রেড ইস বাটার্ড্।
9. তিনি পরিহাসপ্রিয়। — He is a jolly fellow. হি ইজ এ জলি ফেলো।
10. নিজের জিনিসপত্র বেঁধে ছেঁদে নাও। — Pack up your bag and baggage. প্যাক আপ্ ইয়োর ব্যাগ এ্যাণ্ড ব্যাগেজ।
11. তোমায় আমায় আকাশ পাতাল প্রভেদ। — We are poles apart. উই আর পোলস্ এ্যাপার্ট।
12. তুমি ছেলেটাকে বড্ড লাই দিয়েছ। — You have given a long rope to this boy. ইউ হ্যাভ্ গিভ্ন্ এ লঙ্গ রোপ টু দিস্ বয়।
13. আজ-কাল রেডিওর খুব কাটতি। — Now-a-days radios are selling like hot cakes. নাও-এ-ডেজ রেডিওজ আর সেলিং লাইক হট কেক্স্।
14. দস্যু রত্নাকর নতুন জীবন আরম্ভ করে ঋষি হলেন। — Dacoit Ratnakar turned over a new leaf and became a saint. ডেকায়ট রত্নাকর টার্নড্ ওভার এ নিউ লিফ এ্যাণ্ড বিকেম এ সেন্ট।
15. সময়ের সদ্ব্যবহার কর, সফলতা তোমারই। — Take time by the forelock and success is yours. টেক টাইম বাই দ্য ফোরলক এ্যাণ্ড সাক্সেস ইজ ইয়োরস্।
16. সুবিধাবাদীরা উদয়মান সূর্য্যের উপাসনা করতে কখনই ইতস্ততঃ করে না। — Opportunists never hesitate to worship the rising sun. অপরচুনিসট্স্ নেভার হেজিটেট টু ওয়ারশিপ দ্য রাইজিং সান।
17. আজ-কাল সে সুখেই আছে। — He is making merry/thriving these days. হি ইজ মেকিং মেরি/ থ্রাইভিং দিজ্ ডেজ।
18. মোহন চল্লিশ বছর অনুত্তীর্ণ। — Mohan is on the right side of forty. মোহন ইজ অন দ্য রাইট সাইড অফ ফরটি।
19. চোর হাতেনাতে ধরা পড়ল। — The thief was caught red-handed. দ্য থিফ্ ওয়াজ কট রেড-হ্যাণ্ডেড্।
20. শিশুটির রক্ষণাবেক্ষণের ভার তার কাকার ওপর। — The child is under his uncle's care. দ্য চাইল্ড ইজ আনডার হিজ আঙ্কল্স্ কেয়ার।
21. স্টেশনটি আমার গ্রামের খুবই কাছে। — The station is within a stone's throw from my village. দ্য স্টেশন ইজ উইদিন এ স্টোনস থ্রো ফ্রম মাই ভিলেজ।

22. বালকটি প্রধান শিক্ষকের সুনজরে পড়েছে। — The boy is in the good books of the principal. দ্য বয় ইজ ইন দ্য গুড বুক্স অফ দ্য প্রিন্সিপাল।

23. সে আমার চোখের মনি। — He is an apple of my eye. হি ইজ এ্যান অ্যাপ্‌ল অফ মাই আই।

24. ভাল লোকেরা শীঘ্রই ঈশ্বরের প্রিয় হয়ে যায়। — Whom the God loves die young. হুম্ দ্য গড লাভস্ ডাই ইয়ং।

25. নেপোয় মারে দই। — One beats the bush, another take the bird. ওয়ান বিট্‌স্ দ্য বুশ্, এ্যানাদার টেক্ দ্য বার্ড।

26. বার্দ্ধক্যে অর্থলোভ বাড়ে। — The older the goose, the harder to pluck. দ্য ওল্ডার দ্য গুজ, দ্য হার্ডার টু প্লাক্।

61 লোকোক্তি — PROVERBS [প্রভার্বস্]

1. যেখানে যেমন। — While in Rome do as Romans do. হোয়াইল ইন রোম, ডু এ্যাজ রোমান্স ডু।
2. যেমন কর্ম, তেমনি ফল। — As you sow so shall you reap. এ্যাজ ইউ সো, সো শ্যাল ইউ রিপ্।
3. যে যার নিজের স্থানেই শোভা পায়। বন্যেরা বনে সুন্দর, শিশু মাতৃক্রোড়ে। — A thing is valued where it belongs. এ থিং ইজ ভ্যালুড হোয়্যার ইট বিলংস্।
4. যে নিজে ভাল, তাকে দুনিয়ার সকলকেই ভাল লাগে। [আপ ভালা তো জগ ভালা] — To the good the world appears to be good. টু দ্য গুড দ্য ওয়ার্ল্ড এ্যাপিয়ার্স টু বি গুড।
5. মূর্খই বেশী সোচ্চার। — An emtpty vessel makes much noise. এ্যান এম্পটি ভেসল্ মেকস্ মাচ নয়েজ।
6. স্বাস্থ্যই সম্পদ। — Health is wealth. হেল্‌থ্ ইজ ওয়েল্‌থ্।
7. কষ্টেই কেষ্ট পাওয়া যায়। — No pain, no gain. নো পেন, নো গেন।
8. সময় একবার বয়ে গেলে আর ফেরৎ আসে না। — Time once lost cannot be regained. টাইম ওয়ান্‌স্ লস্ট্ ক্যাননট বি রিগেণ্ড।
9. সমাজই মানুষ গড়ে। — Society moulds man. সোসাইটি মোল্ডস্ ম্যান।
10. একতাই শক্তি। — Union is strength. ইউনিয়ন ইজ স্ট্রেংথ্।
11. মুর্খই মুর্খের কদর করে। — Fools praise fools. ফুল্‌স্ প্রেজ ফুলস্।
12. যত মত তত পথ। — Many heads, many minds. মেনি হেড্‌স্, মেনি মাইণ্ডস্।
13. যত গর্জে তত বর্ষে না। — Barking dogs seldom bite. বার্কিং ডগ্‌স্ সেলডম্ বাইট্।
14. আকাশকুসুম রচনায় কোনই লাভ নেই। — It is no use building castles in the air. ইট ইজ নো ইউজ বিল্‌ডিং ক্যাস্‌ল্‌স্ ইন দ্য এয়ার।
15. সস্তার তিন অবস্থা। — Penny wise pound foolish. পেনি ওয়াইজ পাউণ্ড ফুলিশ।
16. ধার দেওয়া শত্রুতা অর্জন করারই নামান্তর। — Give a loan, enemy own. গিভ এ লোন, এনিমি ওন।
17. সেয়ানে সেয়ানে কোলাকুলি। — Birds of a feather flock together. বার্ডস্ অফ এ ফেদার ফ্লক টুগেদার।
18. ইচ্ছা থাকলে উপায়ের অভাব হয় না। — Where there is a will, there is a way. হোয়্যার দেয়ার ইজ এ উইল দেয়ার ইজ এ ওয়ে।
19. নাচতে না জানলেই উঠোন বাঁকা। — A bad carpenter quarrels with his tools. এ ব্যাড কার্পেণ্টার কোয়ারেল্‌স উইথ্ হিজ টুল্‌স্।
20. মৌনং সম্মতি লক্ষণম। — Silence is half consent. সাইলেন্স ইজ হাফ কনসেণ্ট।
21. মনুষ্য ক্ষুধার ক্রীতদাস। — A man is slave to his stomach. এ ম্যান ইজ স্লেভ টু হিজ স্টম্যাক।
22. বনগাঁয়ে শেয়াল রাজা। — A dog is a lion in his lane. এ ডগ ইজ এ লায়ন ইন হিজ লেন।

23. হঠকারিতায় ক্ষতি অবশ্যম্ভাবী।	The more haste, the worse speed. দ্য মোর হেস্ট দ্য ওয়ার্স স্পিড।
24. ঘরপোড়া গরু সিঁদুরে মেঘ দেখলে ভয় পায়।	A burnt child dreads the fire./Once bitten twice shy. এ বার্নট্ চাইল্ড ড্রেড্স্ দ্য ফায়ার।/ওয়ানস্ বিটেন টোয়াইস্ শাই।
25. মুখমিষ্টি, অতি শয়তান।/মুখে হাসি, বগলে ছুরি।	A honey tongue, a heart of gall. এ হনি টাং, এ হার্ট অফ গল।
26. অল্পবিদ্যা ভয়ঙ্করী।	Little knowledge is a dangerous thing. লিট্ল্ নলেজ ইজ এ ডেন্জারাস থিং।
27. সব ভাল যার শেষ ভাল।	All's well that ends well. অল্'স ওয়েল দ্যাট এন্ড্স্ ওয়েল।
28. ব্যক্তির সম্মান তার পোষাকে।	Style makes the man. স্টাইল্ মেক্স দ্য ম্যান।
29. কাঁটা দিয়ে কাঁটা তোলা।	One nail drives another. ওয়ান নেল ড্রাইভ্স এ্যানাদার।
30. অতি বিশ্বাসীর খেসারৎ অনেক।	Quick believers need broad shoulders. কুয়িক বিলিভার্স নিড ব্রোড সোলডার্স।
31. মুক্তা থাকে অতল জলে।	Truth lies at the bottom of a well. ট্রুথ লায়েজ এ্যাট দ্য বটম্ অফ এ ওয়েল।
32. সব জিনিসেরই সময় আছে।	There is a time for everything. দেয়ার ইজ এ টাইম ফর এভরিথিং।
33. এক মিথ্যা ঢাকতে অন্য মিথ্যার আশ্রয় নিতে হয়।	One lie leads to another. ওয়ান লাই লিড্স্ টু এ্যানাদার।
34. জগতে সকলেই সমান হয় না।	It takes all sorts to make a world. ইট টেক্স্ অল সর্টস টু মেক এ ওয়ার্লড।
35. এক হাতে তালি বাজে না।	It takes two to make a quarrel. ইট টেক্স্ টু টু মেক এ কোয়ারেল।
36. বন্ধুত্বের পরীক্ষা বিপদে।	A friend in need is a friend indeed. এ ফ্রেণ্ড ইন নিড ইজ এ ফ্রেণ্ড ইনডিড্।

স্মরণীয় [To Remember]

যদি এমন শব্দের সম্বন্ধ কারকের রূপ দিতে হয় যা অন্তিম কয়টি অক্ষর দিয়ে আরম্ভ হয়ে s এতেই শেষ হয়, তবে কেবলমাত্র apostropheই যথেষ্ট হয়। যেমন — Moses' laws are found in the Bible [মজেস্ লজ আর ফাউণ্ড ইন দ্য বাইবল] বাইবেল গ্রন্থে মোজেসের নিয়মাবলী লিপিবদ্ধ আছে। কিন্তু যে সব শব্দের অন্তিম অক্ষর কয়টি s দিয়ে শেষ হয়, কিন্তু আরম্ভ হয় না, সেই সব ক্ষেত্রে apostrophe ও s দুইই ব্যবহার করতে হয় — Poru's army was large [পোরাস্স আর্মি ওয়াজ লার্জ] পোরাসের সৈন্যবাহিনী বিশাল ছিল।

অনেক ক্ষেত্রেই সেই বিশেষ্য বাক্যে লুপ্ত হয় যার আগের বিশেষ্য সম্বন্ধ কারক। যেমন — I stopped at my uncle's last night [আই স্টপড় এ্যাট মাই আঙ্কলস লাস্ট নাইট] আমি কাল রাত্রে আমার কাকার [বাড়ি] থেকে গিয়েছিলাম। এই বাক্যে uncle's এর অর্থ uncle's house কিন্তু house লোপ পেয়েছে।

60 ষষ্ঠিতম দিন th Day

51 থেকে 55 দিন

Test No. 1

16-র বেশী very good 12-র বেশী good

I. নিম্নলিখিত বাক্যগুলিতে বাঁকা [Italics] অক্ষরগুলিতে কোন না কোন ভুল আছে। এই বাক্যগুলি আপনারা আগেই পড়েছেন। এবার ভুল গুলি শুদ্ধ করে নিজের পরীক্ষা নিজেই নিন। শুদ্ধ শব্দ নীচে দেওয়া আছে। শুদ্ধ উত্তরের সাথে আপনার উত্তর মিলিয়ে নিন।

1. Please do not trouble *myself*. 2. Please stay *for* little more. 3. Put up the notice *at* the notice board. 4. He is very proud *for* his promotion. 5. He was accused *for* murder 6. He has been released *at* bail. 7. He was sentenced *for* death. 8. My radio *is* stopped. 9. Now switch on *to* Vividh Bharati. 10. Have you *weighted* the parcel? 11. You can *new* your radio licence from the post office. 12. We have *loosed* our way. 13. Why did you *came* back soon? 14. The road is *close* repair. 15. The train is due *on* half past eleven. 16. We were listening *at* music. 17. It was a very *interested* story. 18. Do not depend *on* others. 19. Do not spit *at* the floor. 20. Go for *an* walk in morning and evening.

Test No. 1 শুদ্ধ শব্দাবলী : 1. me 2.a 3.on 4.of 5.of 6.on 7.to 8.has 9.to 10.weighed 11.renew 12.lost 13.come 14.closed 15.at 16.to 17.interesting 18.upon 19.on 20.a.

56 থেকে 59 দিন

Test No. 2

16-র বেশী very good 12-র বেশী fair

II. এই বাক্যগুলিও আপনারা আগে পড়েছেন। নীচে একটু বদলে ও সামান্য ভুল সহ সেগুলি দেওয়া হল। প্রথমে শুদ্ধ করে সঙ্কেতের সাহায্যে সেগুলি শুদ্ধ বাক্যের সঙ্গে তুলনা করুন। শুদ্ধ শব্দ নীচে দেওয়া হয়েছে।

1. Have the account *clear.*? 2. Did you *get* your wages? 3. Shortage is *on* money. 4. How is he getting *at* with his work? 5. The honesty is *a* best policy. 6. The man is *the* slave to his stomach. 7. Your coat is cleaner *to* mine. 8. You will speak to her if she *come*. 9. Will you please *borrow* me a pen? 10. You come to home *behind* me. 11. Number of the students *are* decreasing. 12. I *read* this book in *a* hour and a half. 13. Sita and Rita *is* coming here. 14. *The* mother gave me some good *advices*. 15. The unfortunate was *shoot* dead. 16. They will study German *beside* English. 17. The murderer was caught and *hung*. 18. A dog is a *wolf* in his lane. 19. All's well that *end's* well. 20. A *crow in hand is worth than two in the bush*.

Test No. 2 শুদ্ধ শব্দাবলী : 1. cleared 2. get 3. of 4. on 5. the 6. a 7. than 8. comes 9. lend 10. after 11. is 12. an 13. are 14. advice 15. shot 16. besides 17. hanged 18. lion 19. ends 20. bird.

Test No. 3

12-র উপর very good; 8-এর উপর fair

III. অনেকেই ইংরেজি বলার সময় ব্যাকরণে ভুল [Grammatic mistakes] করেন। সেই ভুলগুলি শুধরে নেওয়া নিতান্ত আবশ্যক। নীচে কিছু অশুদ্ধ বাক্য দেওয়া হ'ল। তাতে ব্যাকরণ ভুল থাকলে ঠিক করে নিন।

1. He *speak* English very well. 2. This film will be *played* shortly. 3. Your elder brother is a five and half feet *high*. 4. *The player plays very good.* 5. Many *homes* have been built up. 6. She is *coward girl.* 7. We had a nice *play* of football. 8. I have *no* any mistakes in my dictation. 9. Strong *air* blew my clothes away. 10. I hurt a *finger* of my right foot. 11. She doesn't look *as* her brother. 12. I have a *plenty work* to do. 13. She spent *the rest day* at home. 14. His father was *miser.* 15. *After* they went home for dinner.

Test No. 3 নীচে দেওয়া বাক্যাংশগুলি উপরে দেওয়া বাক্যগুলিতে যে সব শব্দ বাঁকা অক্ষরে লেখা, তাদের স্থানে রাখলেই বাক্যগুলি শুদ্ধ হয়ে যাবে —

1. speaks 2. released 3. tall. 4. well 5. houses. 6. a coward. 7. game. 8. not any. 9. wind. 10. toe. 11. like. 12. plenty of work. 13. the rest of the day. 14. a miser. 15. afterwards.

Test No. 4

IV. [i] নীচের খালি স্থান a, an, বা the দিয়ে পূরণ করুন —

1. …wheat grown in this area is of a good qaulity. 2. Is… lead heavier than iron…? 3. I like to have/eat… apple daily. 4. This is… cheque drawn on the Overseas Bank. 5. This is… very fine picture. 6. …murderer has been hanged. 7. She is… honest lady. 8. All… letters have been stamped. 9. She'll wait for you at… cinema hall. 10. Make… habit of working hard.

[ii] ব্র্যাকেটে দেওয়া শব্দগুলির উপযুক্ত রূপ দিয়ে খালি স্থান পূরণ করুন —

1. What is the cause of your … *[sad].* 2. His… turned grey though he is still young *[hair].* 3. This… not enough *[be].* 4. Ram… not get leave *[do].* 5. Your watch… stopped *[have].* 6. There are more than a dozen… in the zoo. *[deer].* Has he… your salary *[pay].* 8. Let… strike a bargain. *[we].* 9. You can avoid… mistake. *[make]* 10. Yesterday I… the letter in one hour and a half. *[write].*

Test No. 5

V. [i] *for, into, of, in, by, with, to, from, besides, after* যথাযথ স্থানে রেখে বাক্য পূর্ণ করুন —

1. What was the Judgement… the case? 2. Billoo is fond… cycling. 3. The road is closed… repairs. 4. Do not quarrel… others. 5. I fell… his trap. 6. I am not… money. 7. Right… his childhood he has been very kind to others. 8. They'll study German… English. 9. Your coat is not similar… mine. 10. The letter is sent… post.

[ii] নিম্নলিখিত প্রশ্নগুলির উত্তর লিখুন। কিন্তু মনে রাখবেন verb এর যে রূপে প্রশ্নে আছে ঠিক সেই উত্তরেও থাকে যেন।

উদাহরণ — প্র :— When are you going home?

উঃ — I am going home at six o'clock.

1. At what time are you leaving the house this morning? 2. What will you be doing during holidays? 3. When will you sit for the examination? 4. Who will pay for the tickets tonight? 5. Are they leaving tomorrow? 6. When will you pay back the money? 7. Where will she spend her holidays? 8. Will they work tomorrow? 9. Will you please lend me some money? 10. For how long will he be at Simla?

191

Test No. 6

VI. নিম্নলিখিত বাক্যগুলি পূর্ণ করুন —

উদাহরণ — *Barking dogs.......*[অপূর্ণ বাক্য]

Barking dogs seldom bite [পূর্ণ বাক্য]

1. Practice makes a man... 2. ...is a friend indeed. 3. While in Rome... 4. ...is strength. 5. As you sow... 6. ...no gains. 7. Penny wise... 8. ...dreads the fire. 9. All's well... 10. ...is wealth. 11. A little knowledge is a... 12. Where there is a will... 13. Barking dogs seldom... 14. Time and tide wait... 15. ...vessel makes much noise.

Test No. 7

VII. নীচে এক জোড়া বাক্য দেওয়া হ'ল। ঠিক বাক্য কোন কোনটি ?

1. [a] There were not three. [b] There were but three. 2. [a] His opinion was contrary to ours. [b] His opinion was contrary of ours. 3. [a] He acted in a couple school plays. [b] He has acted in a couple of school plays. 4. [a] He refused to except my excuse. [b] He refused to accept my excuse. 5. [a] I failed in English. [b] I was failed in English. 6. [a] Get into the room. [b] Get in the room. 7. [a] He is always into some mischief. [b] He is always upto some mischief. 8. [a] I made it a habit of reading. [b] I made a habit of reading. 9. [a] It will likely rain before night. [b] It is likely to rain before night. 10. [a] She needn't earn her living. [b] She needs not earn her living.

Correct sentences: 1. [b] 2. [a] 3. [b] 4. [b] 5. [a] 6. [a] 7. [b] 8. [b] 9. [b] 10. [a]

Test No. 8

V. [a] নীচের শব্দদ্বয়গুলির অর্থ ও তাদের মধ্যে পার্থক্য কি বলুন —

always, usually; never, rarely; addition, edition; all ready, already; anxious, eager; both, each; breath, breathe; cease, sieze; couple, pair; fair, fare; habit, custom; its, it's; legible, readable; whose, who's.

[b] নীচে এক এক জোড়া বাক্য দেওয়া হ'ল যা প্রায় একই রকমের কেবল দুই একটি শব্দ এধার ওধার করা হয়েছে। তাতে অর্থের কি পার্থক্য হয়েছে বলুন।

1. [i] I don't try to speak loudly.
   [ii] I try not to speak loudly.
2. [i] The young men carry a white and a blue flag.
   [ii] The young men carry a white and blue flag.
3. [i] I alone can do it.
   [ii] I can do it alone.
4. [i] The mother loves Amitabh better than me.
   [ii] The mother loves Amitabh better than I.
5. [i] He forgot to do the exercise.
   [ii] He forgot how to do the exercise.
6. [i] She was tired with riding.
   [ii] She was tired of riding.

CONVERSATION
বাংলা-ইংরেজি কথোপকথন

প্রিয় পাঠক, এ পর্যন্ত আপনি ষাট দিনে ছয়টি অভিযান সম্পূর্ণ করেছেন। এখন আপনাকে কথাবার্তা বলার আদর্শ রীতির অভ্যাস করতে হবে। এজন্য আপনাকে বাড়িতে, পরিবারের মধ্যে এবং বন্ধুবান্ধব ও পরিচিত লোকজনের সঙ্গে মেলামেশার সময় ইংরেজিতে কথাবার্তা বলার অভ্যাস করতে হবে। এভাবে ইংরেজিতে কথাবার্তা বলার অভ্যাস চলতে থাকলে আপনি ক্রমে ক্রমে খুবই আত্মবিশ্বাসের সঙ্গে বাড়ির বাইরে, হাসপাতালে রোগীর সঙ্গে, বাজারে দোকানদারের সঙ্গে, রাস্তায় অপরিচিত লোকের সঙ্গে, বিদ্যালয়ে অধ্যাপকের সঙ্গে এবং এইরূপ সমাজের অন্যান্য ক্ষেত্রের লোকজনের সঙ্গে ইংরেজিতে কথাবার্তা বলতে পারবেন। যেমন ধরুন, আপনাকে যদি ট্রাংক কল বুক করতে হয় বা, হোটেলের ম্যানেজারের সাথে কথা বলতে হয়, বা ফোনে কারুর সঙ্গে কথা বলতে হয় তাহলে এই ধরণের কথাবার্তা বলার জন্য প্রয়োজনীয় শব্দাবলী শিখতে হবে এবং তা কথাবার্তা বলার অভ্যাস দ্বারাই সম্ভব। তাছাড়া আপনি একজন সামাজিকজীব। সভা-সমিতিতে আপনাকে যাতায়াত ও মেলামেশা করতে হয়। যদি আপনি আধুনিক প্রসঙ্গে কথাবার্তা বলতে সক্ষম না হন তবে আপনি পশ্চাৎপদী বলে গণ্য হবেন। আমাদের বিশ্বাস আপনি পশ্চাৎপদী বলে গণ্য হওয়া মোটেই পছন্দ করবেন না। এটা চিন্তা করেই আপনার সুবিধার জন্য উপরের উল্লিখিত সকল প্রকার পরিস্থিতির উপর কিছু কিছু কথাবার্তার নমুনা দেওয়া হয়েছে। আপনি তা শুনুন, বলুন এবং আপনার রুচি ও আবশ্যকতা অনুযায়ী আপনার কথাবার্তায় তার প্রয়োগ করুন।

আমরা আনন্দিত যে আপনি কথাবার্তা বলার আদর্শ রীতিনীতি শিখতে ইচ্ছুক। আপনি একজন ভালরকমের লেখা-পড়া জানা লোক এবং লোকের সঙ্গে মেলামেশা ও কথাবার্তা বলার ধরণ-ধারণ আপনার জানা আছে, তাই আমাদের এই কাজ অনেক সহজ সাধ্য ও আনন্দ-দায়ক। এই সম্পর্কেও আমরা আপনার সামনে কথাবার্তা বলার সঙ্গে সম্পর্কিত কিছু আবশ্যকীয় বিষয়ের অবতারণা করতে চাই। আপনার কাছে এটা খুবই রুচিসম্মত ও প্রয়োজনীয় বলে গন্য হবে।

আপনি জানেন যে ইংরেজি ভাষা পৃথিবীর একটি অন্যতম সমৃদ্ধিশালী ভাষা। সকল প্রকার ছোট-খাট বিষয়ের সম্পর্কেও এই ভাষায় প্রামানিক সাহিত্য পাওয়া। ভাষাবিশেষজ্ঞরা কথোপকথন [Converstaion] বিষয়ে অনেক মহত্বপূর্ণ গবেষণা করেছেন। আপনিও অবশ্যই সংক্ষেপে তা জানতে চাইবেন। তাহলে আসুন, আদর্শ কথোপকথনের রীতিনীতি থেকে শুরু করা যাক।

THE WAYS TO BE A GOOD CONVERSATIONALIST
আদর্শ কথোপকথনকারী হওয়ায় উপায়

1. Be courteous. বি কর্টিয়াস।	বিনয়ী হো'ন।
2. Think before you speak. থিংক্ বিফোর ইউ স্পিক।	ভেবেচিন্তে কথা বলুন।
3. Be flexible. বি ফ্লেক্সিবল।	উদারনীতি পালন করুন।
4. Be cheerful and good humoured. বি চিয়ারফুল এণ্ড গুড হিউমারড।	প্রসন্ন ও হাস্য-পরিহাস প্রিয় হোন।
5. Show interest in others. শো ইন্টারেস্ট ইন আদার্স।	অপর ব্যক্তির প্রতি আগ্রহ দেখান।

Act upon these certain points, and you will find that you know the secrets of good converstaion. এই কয়েকটি কথাকে কাজে পরিণত করুন এবং তাহলেই দেখবেন যে উত্তম কথোপকথনের গূঢ় তাৎপর্য আপনার জানা হয়ে গেছে।

উত্তম কথোপকথনের অভ্যাস করার সময় আমাদের কথাবার্তা বলার কিছু ভুলক্রটি সম্পর্কে সাবধান থাকতে হবে। এ বিষয়ে বিশেষজ্ঞদের এই নির্দেশগুলি স্মরণ রাখবেন :

1. Don't argue unnecessarily.
ডোণ্ট আর্গু আননেসেসারিলি। — কুতর্ক করবেন না।

2. Don't be insincere.
ডোণ্ট বি ইনসিন্সিয়র। — [কথাবার্তায়] নিষ্ঠাহীন হবেন না।

3. Don't be dogmatic.
ডোণ্ট বি ডগমেটিক। — মতান্ধ হবেন না।

4. Don't be egoist.
ডোণ্ট বি ইগোইষ্ট। — অহংকারী হবেন না।

5. Don't be a mumbler.
ডোণ্ট বি এ মাম্‌লর। — বিড় বিড় করে কথা বলবেন না।

এইগুলি হ'ল কথাবার্তা বলার সময় যা সাধারণতঃ স্মরণ রাখা দরকার। কথাবার্তা বলার সময় লোকেরা প্রায়ই যে সমস্ত ভুলত্রুটি করে থাকে এবার সেগুলির সম্পর্কেও সজাগ থাকুন।

1. Avoid too much slang. Use it only when it lends vigour to your talk. এভয়েড টু মাচ স্ল্যাংগ। ইউজ ইট ওনলি হোয়েন ইট লেণ্ডস্ ভিগর টু ইয়োর টক্। — অত্যধিক গ্রাম্য ভাষার ব্যবহার করবেন না। যখন এর ব্যবহারের ফলে কথাবার্তায় বলিষ্ঠতা আসে একমাত্র তখনই ব্যবহার করুন।

2. Eliminate superfluous words from your speech.
এলিমিনেট সুপারফ্লুয়াস ওয়ার্ডস্ ফ্রম ইয়োর স্পিচ্। — আপনার কথাবার্তা থেকে প্রয়োজনাতিরিক্ত শব্দের ব্যবহার পরিহার করুন।

3. Avoid exaggeration. এভয়েড এক্সাজরেশন। — রং চড়িয়ে কথাবার্তা বলার অভ্যাস পরিত্যাগ করুন।

4. Stop telling personal experiences awkwardly.
ষ্টপ টেলিং পার্সন্যাল এক্সপিরিয়েন্সেস্ অকওয়ার্ডলি। — অসংলগ্নভাবে ব্যক্তিগত অভিজ্ঞতার কথা বলা বন্ধ করুন।

Concentrate on these points, and you will find that your conversation is more effective and impressive.
কনসেন্‌ট্রেট অন দিজ পয়েণ্টস্, এ্যাণ্ড ইউ উইল ফাইণ্ড দ্যাট ইয়োর কন্‌ভারসেশন ইজ মোর এফেকটিভ্ এ্যাণ্ড ইমপ্রেসিভ।

কথাবার্তার মধ্য দিয়ে অন্যের উপর আপনার ব্যক্তিত্বের প্রভাব যাতে ভালভাবে বিস্তার লাভ করে সেজন্য এ সম্পর্কে বিশেষজ্ঞদের অভিমত আপনার অবগতির জন্য এখানে দেওয়া হচ্ছে।

1. Be a good listener. বি এ গুড লিস্‌নর।	ভাল শ্রোতা হোন।
2. Be friendly but not over familiar. বি ফ্রেণ্ডলি বাট নট ওভার ফ্যামিলিয়র।	মিত্রতাপূর্ণ ব্যবহার করুন কিন্তু সম্পূর্ণ আবরণহীনভাবে নয়।
3. Keep in check your voice and your facial expression. কিপ্‌ ইন চেক্‌ ইয়োর ভয়েস্‌ এ্যাণ্ড ইয়োর ফ্যাসিয়ল এক্সপ্রেশন।	আপনার গলার আওয়াজ এবং মুখভঙ্গিমা আয়ত্বে রাখুন।
4. Avoid any irregularities in your behaviour. এভয়েড এনি ইরেগুলারিটিস্‌ ইন ইয়োর বিহেভিয়ার।	আপনার ব্যবহারে কোনরূপ দোষত্রুটি থাকলে তা পরিহার করুন।
5. Always try to improve your speaking skill. অলওয়েজ ট্রাই টু ইম্প্রুভ ইয়োর স্পিকিং স্কিল।	সর্বদা আপনার কথোপকথনের দক্ষতাকে উন্নত করার চেষ্টা করুন।

যখন আপনার বাড়িতে ছোট বা বড়, স্ত্রী বা পুরুষ অতিথি আসেন তখন আপনার পরিবারের বয়স্ক ব্যক্তি বা অল্প বয়স্ক ব্যক্তিদের সাথে তাদের পরিচয় কিভাবে করাবেন? ইংরেজি ভাষায় খুবই আনুষ্ঠানিকতার সঙ্গে পরিচয়ের কাজ করা হয়। ইংরেজি ভাষায় কথোপকথনে ইচ্ছুক প্রত্যেক ব্যক্তির এই আনুষ্ঠানিকতা উপলব্ধি করা অত্যাবশ্যক। নীচে কয়েকটি সাধারণ কথাবার্তার নমুনা দেওয়া হল।

আপনার বাড়িতে যখনই কোন অতিথি আসেন তখন সঙ্গে সঙ্গে পরিবারের অন্য সদস্যদের সঙ্গে তার পরিচয় করিয়ে দেবেন।

1. যখন কোন বিবাহিতা মহিলার সঙ্গে কোন পুরুষের পরিচয় করাতে হয় তখন বলবেন —

   'Mrs. Kapila, this is Shrikant Vatsya.''
   'মিসেস কপিলা, দিস্‌ ইজ শ্রীকান্ত বৎস্য।'

2. যদি পরিচয় করানোকে কিছুটা কম আনুষ্ঠানিকতা পূর্ণ করতে হয় তাহলে বলুন —

   'Mrs. Kapila, Shrikant Vatsya.' 'মিসেস কপিলা, শ্রীকান্ত বৎস্য।'
   অথবা
   'Mother, this is Menaka Vimal.' 'মাদার, দিস্‌ ইজ মেনকা বিমল।'
   অথবা [সংক্ষেপে]
   'Mother, Menaka Vimal.' 'মাদার, মেনকা বিমল।'

3. যদি অধিক বয়স্ত ব্যক্তির সঙ্গে আঠার বৎসরের কম বয়সী কোন ছেলের বা মেয়ের পরিচয় করাতে হয় তাহলে কম বয়সী ব্যক্তির নাম প্রথম বলতে হবে। যেমন —

   'This is Sonia Arora, Mr. and Mrs. Prem Nath.'
   'দিস্‌ ইজ সোনিয়া আরোরা, মিঃ এ্যাণ্ড মিসেস প্রেমনাথ।'
   অথবা
   'This is Vikas Verma, Mr. and Mrs. Satish Chandra Monga.'
   'দিস ইজ বিকাশ বর্মা, মিঃ এ্যাণ্ড মিসেস সতীশচন্দ্র মোংগা।'

4. যখন কোন পরস্পর অপরিচিত বা কম পরিচিত ব্যক্তিদের মধ্যে আনুষ্ঠানিকতাহীন পরিচয় করাতে চান তখন এরূপ বলতে পারেন।

   [a] Manoj Kumar, have you met Mrs. Raj Kumari?
   মনোজ কুমার, হ্যাভ ইউ মেট মিসেস রাজকুমারী?

   [b] Rash Bihari, do you know Mrs. Prem Lata Sharma?
   রাসবিহারী, ডু ইউ নো মিসেস প্রেমলতা শর্মা?

   [c] Minakshi, I would like you to meet Anil Kumar.
   মীনাক্ষী, আই উড লাইক ইউ টু মিট অনিল কুমার।

এভাবে কথোপকথনের অভ্যাস করুন !

[1] মা ও ছেলে Mother and son [মাদার এ্যাণ্ড সন]

মা : তুমি আজ এত সকালে উঠলে কেন ?
Mother: Why have you got up so early today? হোয়াই হ্যাভ ইউ গট্ আপ সো আর্লি ?

ছেলে : মা, আজ আমার পরীক্ষা আরম্ভ।
Son : I've to take an exam., today. আই হ্যাভ টু টেক্ এ্যান এক্সাম্ টুডে।

মা : তুমি কখন যাবে ?
Mother: When will you go? হোয়েন উইল ইউ গো ?

ছেলে : ন'টায়, তুমি আজ কি রান্না করেছ ?
Son : At Nine, what's there for breakfast today? এ্যাট নাইন, হোয়াট'স্ দেয়ার ফর ব্রেক্‌ফাস্ট টুডে ?

মা : আমি কিছুই রান্না করিনি। তুমি কি খাবে ?
Mother: I'll[1] cook now, tell me what you'd like? আই'ল কুক নাও, টেল মি হোয়াট ইউ'ড লাইক ?

ছেলে : তুমি যা তাড়াতাড়ি তৈরি করতে পারবে।
Son : Anything which can be prepared fast. এনিথিং হুইচ ক্যান বি প্রিপেয়ারড্ ফাস্ট।

মা : পরটা খাবে কি ?
Mother: Will Parathas do? উইল প্যারাথাস ডু ?

ছেলে : না, ওতে কোষ্ঠবদ্ধতা হয়।
Son : No, they cause constipation. নো, দে কজ্ কনস্টিপেশন।

মা : দইও রয়েছে।
Mother: The curd is also ready. দ্য কার্ড ইজ অলসো রেডি।

ছেলে : না মা, কোনও তরকারি বানাও।
Son : No, mother! Make some green vegetable. নো মাদার ! মেক্ সাম গ্রিন ভেজটেবল।

মা : কি তরকারি তুমিই বল।
Mother: Now you suggest? নাও ইউ সাজেস্ট ?

ছেলে : পালংশাক্ আর আলুর তরকারি।
Son : Spinach with Potatoes. স্পিনেচ উইথ্ পোটাটোজ।

মা : ঠিক আছে। আর কিছু ?
Mother: Fine. Anything else? ফাইন। এনিথিং এল্‌স্ ?

ছেলে : কোন মিষ্টি জিনিসও কি পেতে পারি ?
Son : Could I have some sweet dish too? কুড আই হ্যাভ সাম্ সুইট্ ডিশ টু-উ ?

মা : তুমি কি গাজরের হালুয়া খাবে ?
Mother: Would you like carrot halwa? উড ইউ লাইক ক্যারোট হালোয়া?

ছেলে : না, এটা করতে অনেক দেরি হবে, আমার মনে হয় পায়েস আরও তাড়াতাড়ি হবে।
Son : No, it will take too long. Kheer will do. নো, ইট উইল টেক্ টু-উ লং। খির উইল ডু।

মা : কিন্তু দুধ খুব কম রয়েছে।
Mother: But there is hardly any milk. বাট্ দেয়ার ইজ হার্ডলি এনি মিল্ক।

ছেলে : ঠিক আছে, তবে আমি দৈ-চিনি দিয়ে খাব।
Son : Well leave it. I'll have sugar and curd. ওয়েল, লিভ ইট্, আই'ল হ্যাভ সুগার অ্যাণ্ড কার্ড।

মা : দেখ ! দেরি হয়ে যাচ্ছে, আগে স্নান করে নাও।
Mother: It's getting late, you first take a bath. ইট'স্ গেটিং লেট, ইউ ফার্স্ট টেক্ ইয়োর বাথ্।

ছেলে : কিন্তু প্রথমে আমার জুতো পালিশ করতে হবে।
Son : But first I have to polish the shoes. বাট ফার্স্ট আই হ্যাভ টু পলিশ দ্য সুজ।

মা : তুমি গতকাল করোনি ?
Mother: Didn't you do that yesterday? ডিডন্'ট ইউ ডু দ্যাট ইয়েসটারডে?

ছেলে : আমি করেছিলাম, কিন্তু আজ আমায় বিশ্ববিদ্যালয়ে যেতে হবে।
Son : Yes, I did. Today I've[3] to go to the university campus. ইয়েস, আই ডিড্। টুডে আই'ভ টু গো টু দ্য ইউনিভার্সিটি ক্যাম্পাস।

---

1. I'll = I + will
2. You'd = You + would
3. I've = I + have

মা : পালিশ করতে শুধুশুধু সময় নষ্ট করবে। — **Mother:** You'll just waste time in polishing. ইউ'ল জাস্ট ওয়েস্ট টাইম ইন পলিশিং।

ছেলে : না মা ! আজ আমাকে অনেক বন্ধুর সঙ্গে দেখা করতে হবে। — **Son** : No, I'll be meeting many friends today. নো, আই'ল বি মিটিং মেনি ফ্রেণ্ডস্ টুডে।

মা. : ঠিক আছে ! তাড়াতাড়ি কর। আমি রান্নাঘরে যাচ্ছি। — **Mother:** O.K., hurry up. I'm going to the kitchen. ও কে, হারি আপ। আই'ম গোয়িং টু দ্য কিচেন।

ছেলে : মা, অমার স্নান হয়ে গেছে। খাবার দিয়ে দাও। — **Son** : I've had my bath, mother. Lay the table. আই'ভ হ্যাড মাই বাথ, মাদার। লে দ্য টেবল।

মা : আমি ইতিমধ্যেই বেড়ে দিয়েছি। — **Mother:** Table is already laid. টেবল্ ইজ অলরেডি লেড্।

ছেলে : আমার ভাল মা ! আসি মা, আশীর্বাদ কর। — **Son** : My good mother! Bless me. I'm going. মাই গুড মাদার ! ব্লেস্ মি। আই'ম গোয়িং।

মা : ভগবান তোমার সহায় হোন। — **Mother:** May God be with you! মে গড্ বি উইথ ইউ !

[2] একটি মেয়ের সঙ্গে কথোপকথন TALKING TO A GIRL [টকিং টু এ গার্ল]

প্রঃ তোমার নাম কি ? — **Q.:** What's your name? হোয়াট্'স ইয়োর নেম ?

উঃ আমার নাম রানি। — **A.:** I'm Rani. আই'ম রানি।

প্রঃ তোমার বয়স কত ? — **Q.:** How old are you? হাউ ওল্ড আর ইউ ?

উঃ আমার বয়স ১৪। — **A.:** I'm fourteen years old. আই'ম ফরটিন ইয়ারস্ ওল্ড।

প্রঃ তুমি কোন ক্লাসে বড় ? — **Q.:** In which class do you study? ইন হুইচ ক্লাস ডু ইউ স্টাডি ?

উঃ আমি নবম শ্রেণীতে পড়ি। — **A.:** I study in ninth class. আই স্টাডি ইন নাইনথ্ ক্লাস।

প্রঃ তুমি বিজ্ঞান না কলা বিভাগের ছাত্রী ? — **Q.:** Are you a science or an arts student? আর ইউ এ সায়েন্স অর এ্যান আর্টস্ স্টুডেন্ট ?

উঃ আমি কলা বিভাগের ছাত্রী। — **A.:** I am an arts student. আই এ্যাম এ্যান আর্টস্ স্টুডেন্ট।

প্রঃ তোমার বাবা কি করেন ? — **Q.:** What's your father? হোয়াট্'স ইয়োর ফাদার ?

উঃ তিনি একটি প্রাইভেট ফার্মে চাকরি করেন। — **A.:** He works in a private concern. হি ওয়ার্কস্ ইন এ প্রাইভেট কনসার্ন।

প্রঃ তোমার মা কি করেন ? — **Q.:** What's your mother? হোয়াট্'স ইয়োর মাদার ?

উঃ তিনি ঘরের কাজ দেখাশুনা করেন। — **A.:** She is a housewife. শি ইজ এ হাউসওয়াইফ।

প্রঃ তোমরা ক'ভাই ? — **Q.:** How many brothers do you have? হাউ মেনি ব্রাদারস্ ডু ইউ হ্যাভ।

উঃ আমার তিন ভাই। তারা সকলে আমার চেয়ে বড়। — **A.:** I have three brothers. They are all elder to me. আই হ্যাভ থ্রি ব্রাদারস্। দে আর অল এল্ডার টু মি।

প্রঃ তোমরা ক বোন ? — **Q.:** How many sisters are you? হাউ মেনি সিস্টারস্ আর ইউ ?

উঃ আমরা দুই বোন। — **A.:** We are two sisters. উই আর টু সিস্টারস্।

প্রঃ তুমি কখন, কোথায় খেল ? — **Q.:** When and where do you play? হোয়েন এ্যাণ্ড হোয়্যার ডু ইউ প্লে ?

উঃ আমি সন্ধ্যেবেলায় খেলার মাঠে খেলি। — **A.:** I play in the playground[1] in the evening. আই প্লে ইন দ্য প্লেগ্রাউণ্ড ইন দ্য ইভিনিং।

প্রঃ তোমার কোনও প্রিয় বান্ধবী আছে ? — **Q.:** Do you have any best friend? ডু ইউ হ্যাভ এনি বেস্ট ফ্রেণ্ড ?

উঃ হ্যাঁ, বাণী আমার প্রিয় বান্ধবী ! — **A.:** Yes, Vani is my best friend. ইয়েস, বাণী ইজ মাই বেস্ট ফ্রেণ্ড।

প্রঃ তুমি কি তোমার পরিবারকে ভালবাস ? — **Q.:** Are you fond of/do you love your family? আর ইউ ফণ্ড অফ/ ডু ইউ লাভ ইয়োর ফ্যামিলি ?

---

1. I'm = I + am
2. Playground = play + ground

উঃ হ্যাঁ, ভালবাসি, আর নিজের সমাজকেও ভালবাসি। A.: Yes I do. And I love my society also. ইয়েস আই ডু। আই লাভ মাই সোসাইটি অলসো।

প্রঃ সবচেয়ে বেশি কাকে ভালবাস ? Q.: Whom do you love the msot? হুম ডু ইউ লাভ দ্য মোস্ট ?

উঃ আমি সবচেয়ে বেশি ভালবাসি আমার মাতৃভূমিকে। A.: I love my motherland[1], the most. আই লাভ মাই মাদারল্যাণ্ড, দ্য মোস্ট।

— তবে তো তুমি এক আদর্শ ভারতীয়। — That makes you an ideal Indian. দ্যাট মেক্‌স্ ইউ এ্যান আইডিয়াল ইণ্ডিয়ান।

[3] একটি ছেলের সঙ্গে কথোপকথন [TALKING TO A BOY] [টকিং টু এ বয়]

জনৈক অতিথি একটি ছেলের সঙ্গে তাঁর বাড়িতে কথা বলছেন। **A guest in the house talks with a boy in the family.**

অতিথি : বিট্টু, তোমার আসল নাম কি ? **Guest**: What's your real name, Bittoo? হোয়াট্‌স্ ইয়োর রিয়েল নেম, বিট্টু ?

বিট্টু : সঞ্জয় মেহতা। **Bittoo**: Sanjay Mehta. সঞ্জয় মেহতা।

অতিথি : সঞ্জয়, তুমি কি কর ? **Guest**: What do you do, Sanjay? হোয়াট ডু ইউ ডু, সঞ্জয় ?

বিট্টু : কাকা, আমি পড়ি। **Bittoo**: I study, uncle. আই স্টাডি, আঙ্কল।

অতিথি : তুমি কোন ক্লাসে পড় ? **Guest**: In which class? ইন হুইচ ক্লাস ?

বিট্টু : সপ্তম শ্রেণীতে। **Bittoo**: Seventh. সেভেনথ্।

অতিথি : তুমি কোন স্কুলে পড় ? **Guest**: In which school do you study? ইন হুইচ স্কুল ডু ইউ স্টাডি ?

বিট্টু : দিল্লি পাবলিক স্কুলে। **Bittoo**: Delhi Public School. দিল্লি পাবলিক্ স্কুল।

অতিথি : এই স্কুলে তুমি কবে থেকে পড়ছ ? **Guest**: For how long have you been there? ফর হাউ লং হ্যাভ ইউ বিন দেয়ার ?

বিট্টু : গত দু বছর ধরে। **Bittoo**: For the last two years. ফর দ্য লাস্ট টু ইয়ার্স।

অতিথি : তোমার বাড়ী থেকে স্কুল কতদূর ? **Guest**: How far is your school from your house? হাউ ফার ইজ ইয়োর স্কুল ফ্রম ইয়োর হাউস ?

বিট্টু : আন্দাজ আড়াই মাইল। **Bittoo**: Nearly two and half miles. নিয়ারলি টু এ্যাণ্ড হাফ মাইলস্।

অতিথি : তোমার স্কুল কখন বসে ? **Guest**: When does your school open? হোয়েন ডাজ ইয়োর স্কুল ওপেন ?

বিট্টু : সকাল ১০ টায়। **Bittoo**: At ten in the morning. এ্যাট টেন ইন দ্য মরনিং।

অতিথি : তুমি ঘর থেকে কখন রওয়ানা হও ? **Guest**: When do you start from the home? হোয়েন ডু ইউ স্টার্ট ফ্রম দ্য হোম ?

বিট্টু : আমি হেঁটে তো যাই না। **Bittoo**: I don't[2] go on foot. আই ডোণ্ট গো অন ফুট।

অতিথি : তবে কি তুমি বাসে যাও ? **Guest**: Do you go by bus? ডু ইউ গো বাই বাস ?

বিট্টু : হ্যাঁ, কাকা। **Bittoo**: Yes, uncle. ইয়েস, আঙ্কল।

---

1. Motherland = mother + land. এমনি দুটো শব্দ দিয়ে তৈরী বাক্যগুলিকে compound words বলা হয়। এই বাক্যগুলিকে চেনবার এবং প্রয়োগ করার অভ্যাস করুন।

2. Don't = do + not.

অতিথি : তোমার স্কুলে ছাত্র কত ?	**Guest :** How many students are there in your school? হাউ মেনি স্টুডেন্টস্ আর দেয়ার্ ইন ইয়োর স্কুল ?
বিট্টু : অনুমান ন'শ।	**Bittoo:** Around nine hundred.. অ্যারাউণ্ড নাইন হানড্রেড।
অতিথি : তোমাদের প্রিন্সিপাল কে ?	**Guest :** Who is your principal? হু ইজ ইয়োর প্রিন্সিপল্ ?
বিট্টু : শ্রী কে এল সাক্সেনা।	**Bittoo:** Mr. K.L. Saxena. মিস্টার কে এল সাক্সেনা।
অতিথি : তোমার কোন বিষয় বেশী ভাল লাগে ?	**Guest :** Which is your favourite subject? হুইচ ইজ ইয়োর ফেভারিট সাবজেক্ট ?
বিট্টু : আমার সবথেকে ইতিহাস ভাল লাগে।	**Bittoo:** I like history most. আই লাইক হিস্ট্রি মোস্ট।
অতিথি : তোমার কোন খেলা সবচেয়ে প্রিয় ?	**Guest :** What is your favourite game? হোয়াট ইজ ইয়োর ফেভারিট গেম ?
বিট্টু : কাকা, হকি।	**Bittoo:** Hockey, uncle.
অতিথি : তোমার কিসের সখ আছে ?	**Guest :** What is your hobby? হোয়াট ইজ ইয়োর হবি ?
বিট্টু : আমি ডাক টিকিট সংগ্রহ করি।	**Bittoo:** Stamp collecting/philatelу. স্টাম্প কালেকটিং/ফিলাটেলি।
অতিথি : দীর্ঘজীবী হও !	**Guest :** May you live long. মে ইউ লিভ লং।

[4] অতিথি A GUEST [এ গেস্ট]

অতিথির আগমন উপলক্ষ্যে	**On the arrival of the guest**
গৃহকর্তা : ও ! আপনি এসে গেছেন ! এক্‌লা কেন ? বৌদি কোথায় ?	**Host :** Oh! Here you are! Why all alone? Where is bhabhi? ওহ্ ! হিয়ার ইউ আর ! হোয়াই অল অ্যালোন ? হোয়ার ইজ ভাভি ?
অতিথি : আসার সময় ও মত বদলে ফেলল। আগামী বার অবশ্যই আসবে।	**Guest:** At the last moment she changed her mind. Next time she will certainly come. এ্যাট্ দ্য লাস্ট মেমেন্ট শি চেঞ্জড্ হার মাইণ্ড। নেক্সট্ টাইম শি উইল সার্টেনলি কাম।
গৃহকর্তা : আচ্ছা, বসুন। চা না কফি, কি নেবেন ?	**Host :** Please have a seat. Would you take tea or coffee? প্লিজ হ্যাভ এ স্টি। উড ইউ টেক্ টি অর কফি ?
অতিথি : চা চলবে।	**Guest:** Tea will do. টি উইল ডু।
গৃহকর্তা : আসতে কোনও অসুবিধে হয়নি তো ? গাড়িতে কি ভিড় ছিল ?	**Host :** How was the journey? Was the train crowded[1]? হাউ ওয়াজ দ্য জার্নি ? ওয়াজ দ্য ট্রেন ক্রাউডেড ?
অতিথি : ছিল। কিন্তু আমি তো সিট রিজার্ভ করে রেখেছিলাম। আরামেই কেটেছে।	**Guest:** Yes, it was. But I had my seat reserved. It was quite comfortable. ইয়েস্, ইট ওয়াজ। বাট আই হ্যাড মাই সিট রিজার্ভড্। ইট ওয়াজ কম্‌ফর্টেবল।
গৃহকর্তা : আপনি ঠিক করেছেন, নইলে আপনাকে বেশ কষ্ট সইতে হত।	**Host :** You did well. Otherwise it would have been inconvenient. ইউ ডিড্ ওয়েল। আদারওয়াইজ ইট উড হ্যাভ বিন ইনকন-ভেনিয়েন্ট।

---

1. Crowded = crowd + ed অর্থাৎ crowd ক্রিয়ার past participle, কিন্তু এখানে বিশেষণরূপে প্রয়োগ করা হয়েছে – Was the train crowded? ক্রিয়ার অর্থে এইভাবে প্রয়োগ হবে – People crowd the main bazars of Delhi in the evening. [লোকেরা বিকালবেলা দিল্লীর প্রধান বাজারগুলিতে ভিড় করে] — এইভাবে reserved, tired ইত্যাদি শব্দের প্রয়োগ করুন।

অতিথি : এজন্যই তো আমি সিট রিজার্ভ করিয়ে রেখেছিলাম। আচ্ছা আমি এখন স্নান করে নিই, কেমন। ভীষণ ক্লান্ত বোধ করছি।

Guest: That is why I got my seat reserved. Well, I think, I should go for a bath right now. I'm very tired. দ্যাট ইজ হোয়াই আই গট মাই সিট রিজার্ভড। ওয়েল, আই থিঙ্ক, আই শুড্ গো ফর এ বাথ রাইট নাও। আই'ম ভেরি টায়ার্ড।

গৃহকর্তা : অবশ্যই। ট্রেনে সারা দিনের সফর তো ক্লান্ত করবেই। আপনি গরম জলে স্নান করে নিন, শীগগিরই তাজা হয়ে উঠবেন।

Host : Of course. The whole day's journey by train is quite tiring. Take a hot bath. It will refresh you immediately. অফ কোর্স। দ্য হোল ডেজ জার্নি বাই ট্রেন ইজ কোয়াইট টায়ারিং। টেক্ এ হট বাথ। ইট উইল রিফ্রেশ ইউ ইমিডিয়েটলি।

পরের দিন সকাল — NEXT MORNING

গৃহকর্তা : আপনি প্রাতঃরাশ কি পছন্দ করেন?

Host : What would you like to have for breakfast? হোয়াট উড ইউ লাইক টু হ্যাভ ফর ব্রেকফাস্ট?

অতিথি : আমি চা খাই। সাধারণতঃ দু'কাপ খাই।

Guest: I take tea. Preferably two cups. আই টেক টি। প্রিফারেব্লি টু কাপস্।

গৃহকর্তা : আর চায়ের সঙ্গে কিছু খাবার... ?

Host : Anything to eat besides? এনিথিং টু ইট, বিসাইডস্?

অতিথি : না, না আর কিছু নয়।

Guest: No, nothing. নো নাথিং।

গৃহকর্তা : নিজের ঘর বলেই মনে করুন। এখানে লৌকিকতার বালাই নেই।

Host : Please feel at home. No need to be formal. প্লিজ ফিল এ্যাট হোম। নো নিড টু বি ফরমাল।

অতিথি : আমি বাড়ির মতই আছি। আমি কি আপনাকে বলিনি — যে এক কাপের জায়গায় দু কাপ চা খাই?

Guest: I am perfectly at home. Didn't I tell you myself that I take two cups of tea instead of one? আই এ্যাম পারফেক্টলি এ্যাট হোম। ডিড্‌ন'ট আই টেল ইউ মাইসেলফ দ্যাট আই টেক টু কাপস্ অফ টি ইন্‌সটেড অফ ওয়ান।

গৃহকর্তা : আচ্ছা, আপনার এখন কি কাজ আছে?

Host : Fine, what is your programme now? ফাইন, হোয়াট ইজ ইয়োর প্রোগ্রাম নাও?

অতিথি : এখন বিশ্রাম করব। দুপুরের খাওয়ার পর কাজে বেরোব।

Guest: Now I'll relax for a while. After the lunch I'll go out on my business. নাও আই'ল রিল্যাক্স ফর এ হোয়াইল। আফটার দ্য লাঞ্চ আই'ল গো আউট অন মাই বিজনেস্।

গৃহকর্তা : আচ্ছা, আপনি আরাম করুন। আমি দুপুরের খাবার ব্যবস্থা করছি।

Host : Well, take rest and I'll arrange for the lunch. ওয়েল, টেক্ রেস্ট এ্যাণ্ড আই'ল এ্যারেঞ্জ ফর দ্য লাঞ্চ।

মধ্যাহ্ন ভোজনের সময় — AT LUNCH

গৃহকর্তা : আসুন, খাবার তৈরী।

Host : Come, let's have our meals. কাম্, লেট'স হ্যাভ আওয়ার মিল্‌স্।

অতিথি : ধন্যবাদ। আপনি আমার জন্য অনেক কষ্ট করেছেন। কত রকম রান্না করেছেন!

Guest: Thank you. You have taken so much trouble for me. What a number of dishes you have prepared. থ্যাংক ইউ। ইউ হ্যাভ টেকেন সো মাচ ট্রাবল্ ফর মি। হোয়াট এ নাম্বার অফ ডিসেস্ ইউ হ্যাভ প্রিপেয়ারড্।

গৃহকর্তা : এ কিছুই নয়। এটা একটা আনন্দ, আমাদের কাছে।

Host : Not at all. Rather it's a pleasure for us. নট এ্যাট অল। র‍্যাদার ইট'স্ এ প্লেজার ফর আস্।

অতিথি : আমার জন্য আপনি এত কিছু করেছেন, আমি সত্যিই কৃতজ্ঞ।

Guest: You have done a lot for me. I am really grateful to you. ইউ হ্যাভ ডান এ লট ফর মি। আই এ্যাম রিয়েলি গ্রেটফুল টু ইউ।

গৃহকর্তা : এ কিছু নয়, আপনি সন্ধেবেলায় কখন ফিরছেন ?

Host : No mention, please, Well, when can we expect you back in the evening? নো মেনশন, প্লিজ, ওয়েল, হোয়েন ক্যান উই এক্সপেক্ট ইউ ব্যাক ইন দি ইভিনিং ?

অতিথি : সাতটা নাগাদ, রাত্রের খাবার যেন সাধারণ হয় — ডাল ভাতের মতন।

Guest: Around Seven o'clock. And please keep the dinner simple, just rice and dal. এ্যারাউণ্ড সেভেন ও'ক্লক, এ্যাণ্ড প্লিজ কিপ দ্য ডিনার সিম্পল, জাস্ট রাইস এ্যাণ্ড ডাল।

গৃহকর্তা : আপনার যা পছন্দ।

Host : As you wish. এ্যাজ ইউ উইশ।

রাত্রে — AT NIGHT

গৃহকর্তা : আচ্ছা, সারাদিন কিভাবে কাটালেন ? আপনার কাজ হ'ল ?

Host : How was the day? Is your work done? হাউ ওয়াজ দ্য ডে ? ইজ ইয়োর ওয়ার্ক ডান ?

অতিথি : এখনও পূরো হয়নি। কিছু লোকের সঙ্গে দেখা হয়নি। আশা করছি কাল দেখা হবে।

Guest: Not yet. I couldn't meet few persons. I hope to see them tomorrow. নট ইয়েট্। আই কুডন্ট মিট্ ফিউ পারসন্স্। আই হোপ টু সি দেম টুমরো।

গৃহকর্তা : আপনাকে ক্লান্ত মনে হচ্ছে। ওই ঘরে আপনার বিছানা হয়েছে। তাড়াতাড়ি শুয়ে পড়ুন। শুভ রাত্রি।

Host : You look tired. Your bed is ready in that room. Have a sound sleep. Good night. ইউ লুক্ টায়ার্ড। ইয়োর বেড ইজ রেডি ইন দ্যাট রুম। হ্যাভ এ সাউণ্ড স্লিপ। গুড্ নাইট।

অতিথি : ঠিকই বলেছেন। ধন্যবাদ। শুভ রাত্রি।

Guest: You are right. Thank you. Good night. ইউ আর রাইট। থ্যাংক্ ইউ। গুড নাইট।

[5] যাবার জন্য প্রস্তুতি GETTING READY TO GO [গেটিং রেডি টু গো]

স্ত্রী : তুমি কি আজ উঠবেনা ?

Wife : Don't you want to get up today? ডোণ্ট ইউ ওয়াণ্ট টু গেট আপ ডুডে ?

স্বামী : আঃ ! আর একটু ঘুমোতে দাও।

Husband: Oh, let me sleep a while. ও, লেট মি স্লিপ্ এ হোয়াইল।

স্ত্রী : তুমি কি আজ অফিসে যাবেনা ?

Wife : Aren't you going to office today? আর্ণ্ট ইউ গোইং টু অফিস টুডে ?

স্বামী : নিশ্চয়ই যাব, ক'টা বাজে ?

Husband: Of course I am, What is the time? অফ কোর্স আই এ্যাম। হোয়াট্ ইজ দ্য টাইম ?

স্ত্রী : উঠে পড়। সাড়ে সাতটা।

Wife : Get up. It's half past seven. গেট আপ্। ইট্স্ হাফ পাসট্ সেভেন।

স্বামী : ইস্ ! সাড়ে সাতটা ?

Husband: Gosh! Half past seven! গাস্ ! হাফ পাস্ট্ সেভেন !

স্ত্রী : তাড়াতাড়ি কর, নাইলে বাস ফেল করবে।

Wife : Hurry up, otherwise you'll miss the bus. হারি আপ, আদারওয়াইজ ইউ'ল মিস্ দ্য বাস।

স্বামী : ঠিক আছে, বাথরুমে কে ?

Husband: Right, who is in the bathroom? রাইট্। হু ইজ ইন দ্য বাথরুম ?

স্ত্রী : বাবু।

Wife : It's Babu. ইট্স্ বাবু।

স্বামী : বাবু, তাড়াতাড়ি কর, আমার দেরি হয়ে যাচ্ছে।

Husband: Hurry up, Babu! I'm getting late. হারি আপ, বাবু ! আই'ম গেটিং লেট।

স্ত্রী : যতক্ষণ বাবু স্নান করছে, ততক্ষণ তুমি দাঁতটা মেজে নাও।

Wife : By the time Babu has his bath you can brush your teeth. বাই দ্য টাইম বাবু হ্যাজ হিজ বাথ ইউ ক্যান ব্রাশ ইয়োর টিথ্।

স্বামী : সেই ভাল, টুথ পেস্ট কোথায় ?

Husband: Oh, yes. Where's the tooth paste? ওহ্, ইয়েস। হোয়্যার'জ দ্য টুথ পেস্ট ?

স্ত্রী : বেসিনের উপরে।	**Wife** : On the wash basin. অন দ্য ওয়াশ বেসিন।
বাবু : [বাথরুম থেকে বেরুতে বেরুতে] যাও, বাবা।	**Babu** : [Coming out of the bathroom] Get in, Baba. [কামিং আউট অফ দ্য বাথরুম] গেট ইন, বাবা।
বাবা : বাবু, আমার জুতোটা তাড়াতাড়ি পালিশ করে দাও তো।	**Father** : Babu shine[1] my shoes, quickly. বাবু, সাইন মাই সুজ, কুইকলি।
বাবু : বাবা, জুতোর একটা ফিতে ছেঁড়া।	**Husband:** Baba! One lace is torn. বাবা ! ওয়ান লেস্ ইজ টর্ন।
বাবা : দৌড়ে গিয়ে পাশের দোকান থেকে নিয়ে এস।	**Father** : Go quickly and get a lace from the nearby shop. গো কুইকলি এ্যাণ্ড গেট এ লেস ফ্রম দ্য নিয়ারবাই শপ্।
স্ত্রী : বাবু তাড়াতাড়ি যাও, নইলে তোমার বাবার দেরি হয়ে যাবে। [পতিকে] তুমি নিজেও যেমন ভুলোমন।	**Wife** : Hurry up Babu, lest your Baba should be late. [To her husband] You are quite careless about yourself. হারি আপ্ বাবু, লেস্ট ইওয়ার বাবা শুড বি লেট। [টু হার হাসব্যাণ্ড] ইউ আর কোয়াইট্ কেয়ারলেস্ অ্যাবাউট ইয়োরসেল্ফ।
স্বামী : বোকো না তো। শোন, তুমি আমার বুশ-শার্টটা ইস্ত্রি করে দেবে ?	**Husband:** Don't bother me. See! My shirt is to be ironed. ডোণ্ট বদার মি। সি ! মাই শার্ট ইজ টু বি আয়রন্ড।
স্ত্রী : কিন্তু আমি রান্নায় ব্যস্ত। কিন্তু আমি রান্নাঘর ছাড়লে তোমার দেরি হয়ে যাবে।	**Wife** : But I'm busy in the kitchen. If I leave cooking you'll be late. বাট আই'ম বিজি ইন দ্য কিচেন, ইফ্ আই লিভ্ কিচেন ইউ উইল বি লেট্।
স্বামী : "হ্যাঁ, হ্যাঁ আমি জানি। কিন্তু আমি তার কি করব ?	**Husband:** I know it, but can't help it. আই নো ইট, বাট কান্ট হেল্প ইট।
স্ত্রী : একেবারে ঠিক সময়ে ছুটোছুটি করার চেয়ে সময় মত নিজের কাজ করে নিলে তো পার।	**Wife** : If you do things at right time, you won't have to rush at elevnth hour. ইফ ইউ ডু থিংস এ্যান্ট রাইট্ টাইম, ইউ ওন্ট হ্যাভ টু রাশ এ্যাট ইলেভেন্থ আওয়ার।
স্বামী : তুমি ঠিক বলছ। আমার টিফিন বক্স কোথায় ?	**Husband:** You are right. Where's my tiffin box? ইউ আর রাইট্। হোয়ার'স মাই টি'ফিন বক্স।
স্ত্রী : আচ্ছা চলো, সকালের খাবার খেয়ে নাও। আমি তোমার টিফিন বক্স তৈরি করে দিচ্ছি।	**Wife** : Come now. You better take your brecakfast. I'll pack your tiffin box. কাম নাউ। ইউ টেক্ ইয়োর ব্রেকফাস্ট। আই'ল প্যাক্ ইয়োর টিফিন বক্স।
স্বামী : আশ্চর্য, এখনও কয়েক মিনিট হাতে রয়েছে। বুশশার্ট ইস্ত্রি করে নিচ্ছি।	**Husband:** Wonderful. There are still a few minuits left. Let me iron my shirt. ওয়াণ্ডারফুল। দেয়ার আর স্টিল এ ফিউ মিনিটস্ লেফ্ট্। লেট মি আয়রন মাই শার্ট।
স্ত্রী : ওটা রেখে দাও। এই অন্যটা আমি তৈরি করে রেখেছি।	**Wife** : Leave it, wear the other one. I have kept it ready. লিভ ইট, ওয়্যার দ্য আদার ওয়ান। আই হ্যাভ কেপ্ট ইট রেডি।

[6] একজন রোগীর বিষয়ে ABOUT A PATIENT [এ্যাবাউট এ পেশেণ্ট্]

শীলা : তোমার বাবা এখন কেমন আছেন ?	**Sheela :** How is your father now? হাউ ইজ ইয়োর ফাদার নাও ?
পদ্মা : আগের চেয়ে ভাল।	**Padma:** Better than before. বেটার দ্যান বিফোর।
শীলা : তাঁকে কে চিকিৎসা করছেন ?	**Sheela :** Who is treating him? হু ইজ ট্রিটিং হিম্ ?
পদ্মা : ডাঃ মান্না।	**Padma:** Dr. Manna. ডঃ মান্না।
শীলা : তিনি কি বলছেন ?	**Sheela :** What does he say? হোয়াট ডাজ হি সে ?

1. জুতোর কালি দিয়ে জুতোকে উজ্জ্বল করার ইংরেজি ক্রিয়াবাচক শব্দ হল shine. সাধারণতঃ লোকে ভুল করে polish বলে। আপনারা এই ভুল করবেন না।

পদ্মা : তিনি বললেন যে তাঁর যকৃৎ ঠিক মতন কাজ করছে না। | Padma: He says that the liver[1] is not functioning properly. হি সেজ দ্যাট দ্য লিভার ইজ নট ফাংক্শানিং প্রোপারলি।

শীলা : তাঁকে হাসপাতালে কেন নিয়ে যাচ্ছ না? | Sheela : Why don't you take him to the hospital? হোয়াই ডোণ্ট ইউ টেক্ হিম টু দ্য হসপিট্যাল?

পদ্মা : তিনি হাসপাতালের নাম শুনলেই ঘাবড়ে যান। | Padma: He gets nervous at the mention of the hospital. হি গেট্স নারভাস্ এ্যাট দি মেনশন্ অফ দ্য হসপিট্যাল।

শীলা : কতদিন যাবৎ তিনি অসুস্থ আছেন? | Sheela : For how long has he been ill? ফর হাউ লং হ্যাজ হি বিন্ ইল্?

পদ্মা : গত ২ মাস যাবৎ। | Padma: For the last two months. ফর দ্য লাস্ট টু মান্থস্।

শীলা : তাঁর মুখটা খুব ফ্যাকাশে হয়ে গেছে। আমার মনে হয় কোন বিশেষজ্ঞের সঙ্গে মরামর্শ করা উচিৎ। | Sheela : His face has become/gone very pale[2]. I think you should consult a specialist. হিজ ফেস হ্যাজ বিকাম/গন ভেরি পেল। আই থিঙ্ক ইউ শুড্ কনসাল্ট এ স্পেশালিস্ট্।

পদ্মা : বাবার কেবল ডাঃ মান্নাকেই বিশ্বাস। কখনও কখনও ওষুধের চেয়েও বিশ্বাসটা ফলোৎপাদক হয়। | Padma: Father has faith in Dr. Manna only. Sometimes faith can work miracles. ফাদার হ্যাজ ফেথ্ ইন ডঃ মান্না অনলি। সামটাইমস্ ফেথ্ ক্যান ওয়ার্ক মিরাকল্স্।

শীলা : তাঁর ডাঃ মান্নার চিকিৎসায় উন্নতি হয়েছে কি? | Sheela : Has he shown any improvement? হ্যাজ হি শোন এনি ইমপ্রুভমেণ্ট?

পদ্মা : হ্যাঁ, তবে সম্পূর্ণ সুস্থ হতে সময় লাগবে। | Padma: Yes, but he will take time to recover fully. ইয়েস, বাট্ হি উইল টেক টাইম টু রিকভার ফুললি।

শীলা : উনি ভাল হয়ে যাওয়ার পরও পর্যাপ্ত বিশ্রাম নিতে দাও। | Sheela : Let him take enough rest after recovering. লেট হিম টেক এনাফ্ রেস্ট আফটার রিকভারিং।

পদ্মা : অবশ্যই। কেন নয়? | Padma: Of course. Why not? অফ্ কোর্স। হোয়াই নট্?

শীলা : অনেকে সুস্থ হবার সঙ্গেই চিকিৎসাশাস্ত্রের উপদেশ বিরুদ্ধ কাজ করা শুরু করেন, এবং তার ফলে পুনরায় অসুস্থ হয়ে পড়েন। | Sheela : Patients after recovering, start doing things against medical advice and have a relapse. পেশেণ্টস আফটার রিকভারিং, স্টার্ট ডুয়িং থিংস্ এগেন্স্ট মেডিক্যাল এ্যাডভাইস এ্যাণ্ড হ্যাভ এ রিল্যাপ্স।

পদ্মা : আপনার উপদেশের জন্য ধন্যবাদ। | Padma: Thanks for your suggestions. থ্যাঙ্কস্ ফর ইয়োর সাজেশান্স্।

শীলা : ডাক্তারবাবুর কোন বিধিনিষেধ আছে কি? | Sheela : Any restrictions imposed by the doctor? এনি রেস্ট্রিক্শন্স ইম্পোজড্ বাই দ্য ডক্টর?

পদ্মা : হ্যাঁ, তিনি কেবল তরল পদার্থ খেতে বলেছেন। | Padma: Yes, he has recommended only liquid diet. ইয়েস, হি হ্যাজ রেকমেণ্ডেড অনলি লিকুইড্ ডাইয়েট।

শীলা : বেশ। আমি কি কিছু করতে পারি? | Sheela : Well, any service for me? ওয়েল, এনি সার্ভিস ফর মি?

পদ্মা : ধন্যবাদ! মাঝে মাঝে এস। | Padma: No, thanks. Do come off an on. নো, থ্যাঙ্কস্। ডু কাম অফ এ্যাণ্ড অন।

[7] চলতে চলতে ON THE WAY [অন দ্য ওয়ে]

সমীর : কি হে, দিলীপ, কেমন আছ? | Samir: Hello! How are you, Dilip? হ্যালো! আউ আর ইউ, দিলীপ?

দিলীপ : ভাল। তুমি কেমন আছ, সমীর? | Dilip : I'm fine. How are you, Samir? আই'ম ফাইন। হাউ আর ইউ, সমীর?

সমীর : তুমি কোথায় যাচ্ছ? | Samir: Where are you going? হোয়্যার আর ইউ গোয়িং?

দিলীপ : আমার দোকানে। | Dilip : My shop. মাই শপ্।

---

1. Liver = যকৃৎ — মানুষের ও পশুর শরীরের একটি প্রধান অঙ্গ। এই শব্দের সঙ্গে 'lever' = 'ভারি বস্তু উঠাবার জন্য ব্যবহৃত বাঁশ বা লাঠি' অর্থে প্রযুক্ত শব্দকে এক বলে ভুল করা হয়। এই ভুল যেন না হয়।

2. Pale = ফ্যাকাশে। শরীরের এই হলদেমত রঙকে ইংরেজিতে pale বলা হয় yellow নয়। এইরূপ মস্তকের [শরীরের অন্য অংশেরও] সাদা চুলকে grey hair বলা হয়। White শব্দের অর্থ সাদা হলেও white hair বলা হয় না।

সমীর : ব্যবসাপত্র কেমন চলছে ?	**Samir:** How is your business? হাউ ইজ ইয়োর বিজ্‌নেস্ ?
দিলীপ : ভাল নয়, আজকাল কোনরকমে চলছে।	**Dilip** : Not good. It's very dull these days. নট গুড। ইট্‌স্ ভেরি ডাল্ দিজ্ ডেজ।
সমীর : কেন ? কি হল ?	**Samir:** Why? What's the matter? হোয়াই ? হোয়াট্‌স্ দ্য ম্যাটার ?
দিলীপ : আজকাল "মন্দা" চলছে; তাই ব্যবসা ভাল চলছে না।	**Dilip** : Depression has affected everybody. ডিপ্রেশান হ্যাজ এ্যাফেক্‌টেড এভরিবডি।
সমীর : ওহ্, এই ব্যাপার !	**Samir:** Oh! that's the trouble! ওহ্ ! দ্যাট্‌স্ দ্য ট্রাবল !
দিলীপ : ব্যবসায় সংকট এসেছে।	**Dilip** : There is a crisis in business. দেয়ার ইজ এ ক্রাইসিস্ ইন বিজ্‌নেস।
সমীর : মন ছোটো করো না। ভগবান তারই সহায়তা করেন যে নিজে চেষ্টা করে।	**Samir:** Don't lose heart. God helps those who help themselves. ডোণ্ট লুজ হার্ট। গড হেল্পস্ দোজ হু হেল্প দেমসেলভ্‌স্।
দিলীপ : মানি। কিন্তু আমি এত অসহায় যে দু বেলার খাবার যোগাড় করাটাও মুশকিল হয়ে দাঁড়িয়েছে।	**Dilip** : Yes, but I am so helpless that I find it difficult to make both ends meet. ইয়েস, বাট আই এ্যাম সো হেল্পলেস দ্যাট আই ফাইণ্ড ইট ডিফিকাল্ট টু মেক বোথ এণ্ডস্।
সমীর : তোমার জন্য আমার সহানুভূতি রয়েছে। আচ্ছা আজকাল তোমার ভাই কোথায় ?	**Samir:** I have sympathy with you. Well, where is your brother these days? আই হ্যাভ সিমপ্যাথি উইথ ইউ। ওয়েল, হোয়্যার ইজ ইয়োর ব্রাদার দিজ্ ডেজ্ ?
দিলীপ : সে মাদ্রাজে।	**Dilip** : He is in Madras. হি ইজ ইন ম্যাড্রাস।
সমীর : সে সেখানে কি করে ?	**Samir:** What is he doing there? হোয়াট ইজ হি ডুয়িং দেয়ার ?
দিলীপ : মুদ্রণ কলা শিখছে।	**Dilip** : He is getting training in printing technology. হি ইজ গেটিং ট্রেনিং ইন প্রিন্টিং টেকনোলজি।
সমীর : সে নিজের লেখাপড়া শেষ করে নিয়েছে ?	**Samir:** Has he finished his studies? হ্যাজ হি ফিনিশড্ হিজ স্টাডিজ ?
দিলীপ : হ্যাঁ। ডিগ্রি নেবার পর সে মাদ্রাজ চলে গেছে — এই ট্রেনিং নেবার জন্য।	**Dilip** : Yes. After graduation he left for Madras for getting this training. ইয়েস। আফটার গ্র্যাজুয়েশন হি লেফ্‌ট ফর ম্যাড্রাস ফর গেটিং দিস্ ট্রেনিং।
সমীর : বাঃ ! তার ট্রেনিং শেষ হবার পর সে কি করবে বলে স্থির করেছে ?	**Samir:** That's nice. What does he propose to do after he completes his training? দ্যাট'স্ নাইস। হোয়াট ডাজ হি প্রোপজ টু ডু আফটার হি কমপ্লিট্‌স্ হিজ ট্রেনিং ?
দিলীপ : সে একটা ছোট ছাপাখানা খোলার জন্য ভাবছে।	**Dilip** : He is thinking of setting up a small printing press. হি ইজ থিঙ্কিং অফ সেটিং আপ এ স্মল প্রিন্টিং প্রেস।
সমীর : ভাল কথা। আমি শুনেছি একটা 'ট্রেডল্'-এরও বেশ দাম।	**Samir:** A good idea. But I am told even a treadle costs quite some money. এ গুড আইডিয়া। বাট আই এ্যাম টোল্ড ইভেন্ এ ট্রেড্‌ল্ কস্টস্ কোয়াইট সাম মানি।
দিলীপ : ঠিক তাই। কিন্তু আজকাল সেইসব উৎসাহী যুবকদের যারা ছোট ছোট ব্যবসা শুরু করতে চায় তাদের ব্যাংকগুলি ভাল আর্থিক সাহায্য করে।	**Dilip** : That is true. But now-a-days banks give good financial aid to youngmen of initiative who want to set up small enterprises. দ্যাট ইজ ট্রু। বাট নাও-এ-ডেজ ব্যাংকস গিভ গুড ফাইনেনসিয়াল এড টু ইয়ংমেন অফ ইনিশিয়্যাটিভ হু ওয়াণ্ট টু সেট আপ স্মল এন্টারপ্রাইসেস।
সমীর : তাহলে তোমার ভাইও তাদের কাছ থেকে সাহায্য পেতে পারে।	**Samir:** Then your brother can also get help from them. দেন ইয়োর ব্রাদার ক্যান অলসো গেট হেল্প ফ্রম দেম।
দিলীপ : সেও তাই আশা করে। তোমার কি রকম চলছে ?	**Dilip** : That is what he hopes. Well, how are things with you? দ্যাট ইজ হোয়াট হি হোপ্‌স্। ওয়েল, হাউ আর থিংস্ উইথ ইউ ?
সমীর : মন্দ নয়। গত মাসে আমার পদোন্নতি হয়েছে।	**Samir:** Not bad. I got a promotion last month. নট ব্যাড। আই গট এ প্রোমোশন্ লাস্ট মান্থ।

সাহায্য করে।

ফাইনেনসিয়াল এড টু ইয়ংমেন অফ ইনিশিয়্যাটিভ হু ওয়ান্ট টু সেট আপ স্মল এন্টারপ্রাইসেস।

সমীর : তাহলে তোমার ভাইও তাদের কাছ থেকে সাহায্য পেতে পারে।

Samir: Then your brother can also get help from them. দেন ইয়োর ব্রাদার ক্যান অলসো গেট হেল্প ফ্রম দেম্।

দিলীপ : সেও তাই আশা করে। তোমার কি রকম চলছে?

Dilip : That is what he hopes. Well, how are things with you? দ্যাট ইজ হোয়াট হি হোপ্‌স্। ওয়েল, হাউ আর থিংস্ উইথ ইউ?

সমীর : মন্দ নয়। গত মাসে আমার পদোন্নতি হয়েছে।

Samir: Not bad. I got a promotion last month. নট ব্যাড। আই গট এ প্রোমোশন্ লাস্ট মান্থ।

সমীর : হ্যাঁ ভাল কথা, আমরা ভাবছি একটা 'মিক্সার' কিনব। বল, কোনটা কেনা যায়?

Samir: That reminds me, we are thinkiing of buying a mixer. Can you recommend a good make? দ্যাট রিমাইণ্ডস্ মি, উই আর থিঙ্কিং অফ বাঙ্গিং এ মিক্সার। ক্যান ইউ রিকমেণ্ড এ গুড মেক্।

দিলীপ : বলছি! যদি তুমি সন্ধ্যে বেলায় আমার দোকানে আসতে পার, তাহলে আমি তোমায় ভাল জিনিস দেখাতে পারি। বৌদিকেও সঙ্গে আনবে।

Dilip : Certainly. In fact I'll show you some really good makes if you come down to my shop in the evening. And bring Bhabhiji along with you. সার্টেনলি, ইন ফ্যাক্ট আই'ল্ শো ইউ সাম রিয়্যালি গুড মেক্স ইফ ইউ কাম ডাউন টু মাই শপ ইন দ্য ইভিনিং। অ্যাণ্ড ব্রিং ভাবিজী এ্যালোং উইথ ইউ।

সমীর : ঠিক আছে, আমরা নিশ্চয়ই আসব।

Samir: Very good, we'll certainly come down. ভেরী গুড, উই'ল সার্টেনলি কাম ডাউন।

দিলীপ : তাহলে এবার আমাকে যেতে হয়। গুড্ বাই।

Dilip : Good-bye, them, I'll push off now. গুড্ বাই, দেন, আই'ল পুশ অফ নাউ।

সমীর : গুড বাই।

Samir: Good-bye. গুড বাই।

[8] একটি উপহার কিনছেন BUYING A PRESENT [বাইং এ প্রেজেন্ট]

বিক্রেতা : হ্যাঁ, বলুন আপনি কি চান?

Shopkeeper: Yes, Can I help you? ইয়েস, ক্যান আই হেল্প ইউ?

ক্রেতা : উপহার দেওয়ার জন্য আমার একটা সুন্দর ঘড়ি চাই।

Customer : I want a good watch for gift. আই ওয়ান্ট এ গুড ওয়াচ্ ফর গিফট্।

বিক্রেতা : ছেলেদের না মেয়েদের?

Shopkeeper: Ladies' or Gent's? লেডিস্ অর জেন্টস্?

ক্রেতা : মেয়েদের।

Customer : A Lady's watch, please. এ লেডি'স্ ওয়াচ প্লিজ।

বিক্রেতা : দয়া করে এই দিকে এসে এইগুলো দেখুন। এই শো-কেশে সবরকমের মেয়েদের ঘড়ি রয়েছে।

Shopkeeper: Please have a look at this show-case. You can see all kinds of ladies' watch. প্লিজ হ্যাভ এ লুক এ্যাট দিস শো-কেশ। ইউ ক্যান সি অল কাইণ্ডস অফ লেডিস্ ওয়াচ।

ক্রেতা : ধন্যবাদ! [শো-কেশ দেখতে দেখতে] আমাকে ঐ চতুর্থটা দেখান তো?

Customer : Thank you. [Looking into the show-case] Please show me the fourth one. থ্যাঙ্ক ইউ। [লুকিং ইনটু দ্য সো-কেশ] প্লিজ শো মি দ্য ফোর্থ ওয়ান।

বিক্রেতা : নিশ্চয়ই। এই দেখুন।

Shopkeeper: Of course. Here it is. অফ কোর্স্। হেয়ার ইট ইজ।

ক্রেতা : বেশ সুন্দর। দাম কত?

Customer : How nice! What's the price? হাউ নাইস! হোয়াটস্ দ্য প্রাইস?

বিক্রেতা : দু'শ আশি টাকা।

Shopkeeper: Two hundred and eighty rupees. টু হানড্রেড্ অ্যাণ্ড এইটটি রুপিজ।

ক্রেতা : দু'শ আশি? অনেক দাম।

Customer : Two hundred and eighty! That's too much. টু হানড্রেড্ এ্যাণ্ড এইটটি! দ্যাট'স টু-উ মাচ।

বিক্রেতা : এটা আসল সুইস ঘড়ি। দামটা মোটেই বেশী নয়।

Shopkeeper: Not at all. It's a genuine swiss watch. নট এ্যাট অল। ইট'স এ জেনুইন সুইস ওয়াচ।

ক্রেতা : কিন্তু আমি একটু সস্তা দামের চাই। সস্তা দামের ঘড়ি নেই ?

Customer : But I want a cheaper one. Don't you have one? বাট আই ওয়ান্ট এ চিপার ওয়ান। ডোন'ট্ ইউ হ্যাভ ওয়ান ?

বিক্রেতা : নিশ্চয়ই। এদিকে দেখুন। এই পাঁচের সারিরগুলোও।

Shopkeeper: Why not? Look this side, the fifth row also. হোয়াই নট ? লুক্ দিস সাইড, দ্য ফিফ্থ রো অলসো।

ক্রেতা : এগুলোও বেশ সুন্দর। কোথাকার তৈরী ?

Customer : They are also nice. What make are all these? দে আর অলসো নাইস। হোয়াট্ মেক্ আর অল দিজ্।

বিক্রেতা : এগুলো জাপানে তৈরী।

Shopkeeper: These are Japanese. দিজ আর জাপানিজ।

ক্রেতা : ওই তৃতীয়টার দাম কত ?

Customer : How much is the third one for? হাউ মাচ ইজ দ্য থার্ড ওয়ান ফর ?

বিক্রেতা : এই সারির সব ঘড়ির দাম সমান, দুশো টাকা করে।

Shopkeeper: All these, in this row, have the same price – two hundred rupees each. অল দিজ, ইন দিস রো হ্যাভ দ্য সেম প্রাইস্ — টু হান্ড্রেড ইচ্।

ক্রেতা : কিন্তু জাপানী ঘড়ি তো সাধারণতঃ বাজে কোয়ালিটির হয়।

Customer : But aren't Japanese watches gnerally/usually notorious[1] for poor quality? বাট আরণ্ট জাপানীজ ওয়াচেস জেনারলি/ইউজুয়ালি নটোরিয়াস ফর পুওর কোয়ালিটি ?

বিক্রেতা : এ ব্যাপারে ভাববেন না। এগুলো চোরাই মাল নয়। আমরা আসল ঘড়িই বেচি।

Shopkeeper: Don't worry. These are not smuggled goods.[2] We sell genuine watches. ডোণ্ট ওয়রি। দিস আর নট স্মাগলড্ গুডস্। উই সেল জেনুইন ওয়াচেস।

ক্রেতা : ঠিক আছে। এইটা প্যাক করে দিন।

Customer : All right, pack this one. অল রাইট, প্যাক দিস ওয়ান।

[9] জন্মদিন উপলক্ষে A BIRTHDAY PARTY এ বার্থডে পার্টি

মিনু : বাবা, তুমি কোথায় যাচ্ছ ?

Meenu : Where are you going, Papa? হোয়ার আর ইউ গোইং, পাপা ?

শ্যামাকান্তবাবু : আমি নীনার জন্মদিনে নিমন্ত্রণে যাচ্ছি। তুমি যাবে না ?

Mr. Shyamakant: I'm going to Neena's birthday party. Aren't you coming? আই'ম্ গোইং টু নীনা'স্ বার্থডে পার্টি। আরণ'ট ইউ কামিং ?

মিনু : ও-হো ! আমি একেবারে ভুলে গিয়েছিলাম। একটু দাঁড়াও বাবা। আমার তৈরী হতে বেশী দেরি হবেনা।

Meenu : Oh! It had slipped from my mind altogether. Wait a bit, Papa. I won't take long to get ready. ইট হ্যাড স্লিপড্ ফ্রম মাই মাইণ্ড অলটোগেদার। ওয়েট এ বিট, পাপা, আই ওন'ট টেক্ লং টু গেট্ রেডি।

শ্যামাকান্তবাবু : আমাদের রীতিমত দেরি হয়ে গেছে। তাড়াতাড়ি কর মিনু।

Mr. Shyamakant: We are already late, Meenu. Hurry up. উই আর অলরেডি লেট, মিনু, হারি আপ।

মিনু : বাবা আমার হয়ে গেছে, চল যাওয়া যাক।

Meenu : I'm ready, Papa, let's go. আই'ম্ রেডি, পাপা, লেট'স্ গো।

শ্যামাকান্তবাবু : বাঃ ! লক্ষ্মী মেয়ে।

Mr. Shyamakant: My sweet Meenu! মাই সুইট মিনু !

---

1. Notorious = কুখ্যাত। Famous = বিখ্যাত। এরকমই Jealous = ঈর্ষালু, Envious = স্পর্ধা ইত্যাদি।
2. Goods = বিক্রয়যোগ্য বস্তু। সকল বচনেই এর রূপ এক থাকে।

মিনু	: বাবা, নীনা কোথায় থাকে ?	**Meenu**	: Where is Neena's place, papa? হোয়ার ইজ নীনা'স প্লেস, পাপা ?
শ্যামাকান্তবাবু	: সে ঠাকুর গলিতে থাকে।	**Mr. Shyamakant**	: She lives in Tagore Lane. শি লিভস্ ইন টেগোর লেন
মিনু	: পৌঁছোতে কতক্ষণ লাগবে, বাবা ?	**Meenu**	: How long will it take to reach there, papa? হাউ লং উইল ইট টেক্ টু রিচ্ দেয়ার, পাপা ?
শ্যামাকান্তবাবু	: দশ মিনিটের রাস্তা। এখান থেকে তৃতীয় গলিটা। এর আগে একবার তুমি গিয়েছিলে না ?	**Mr. Shyamakant**	: Oh, not more than ten minutes. It's the third lane from here. Hadn't you gone there last time? নট মোর দ্যান টেন মিনিট্স্। হ্যাডন্ট ইউ গন দেয়ার লাস্ট টাইম।
মিনু	: আমি মনে করতে পারছি না। কবে।	**Meenu**	: I don't remember it. When was it? আই ডোন'ট রিমেম্বার। হোয়েন ওয়াজ ইট ?
শ্যামাকান্তবাবু	: কয়েক মাস আগে, অশোকের বিয়ের সময়।	**Mr. Shyamakant**	: At Ashok's marriage, a few months back. এ্যাট অশোক'স্ ম্যারেজ, এ ফিউ মানথস্ ব্যাক।
মিনু	: হ্যাঁ, এইবার মনে পড়েছে। সেবার আমি নেচেছিলাম আর অশোককাকু আমাকে একটা পুতুল দিয়েছিল।	**Meenu**	: Oh, now I remember. I danced on that occasion and Ashok uncle had presented me a doll. ওহ, নাউ আই রিমেম্বার। আই ড্যান্সড অন দ্যাট অকেশান এ্যাণ্ড অশোক আঙ্কল প্রেজেন্টেড মি এ ডল।
শ্যামাকান্তবাবু	: তুমি ভীষণ কথা বল। এবার চুপ কর। আমরা এসে গেছি।	**Mr. Shyamakant**	: You are a chatterbox. Now keep quiet. We have reached the place.ইউ আর এ চ্যাটারবক্স ! নাও কিপ্ কোয়ায়ট। উই হ্যাভ রিচ্ড দ্য প্লেস।
অশোক	: কি-রে মিনু ! নমস্কার কাকা। আপনারা আসাতে খুব আনন্দ পেয়েছি। কিন্তু কাকীমা কোথায় ?	**Ashok**	: Hallo, Meenu! Good evening, uncle. So nice of you to come. But where's auntie? হ্যালো, মিনু ! গুড ইভনিং আঙ্কল। সো নাইস অফ ইউ টু কাম। বাট্ হোয়ারস্ আনটি ?
শ্যামাকান্তবাবু	: আর বোলনা, তার শরীর ভাল নয়। নীনাকে তার আশীর্বাদ দিতে বলেছে। নীনা কোথায় ?	**Mr. Shyamakant**	: Sorry, Ashok. She is unwell. She told me to convey her blessings to Neena. Where's Neena? সরি, অশোক, শি ইজ আনওয়েল। শি টোল্ড মি টু কনভে হার ব্লেসিংস টু নীনা। হোয়ার'স্ নীনা ?
অশোক	: ঐ সে আসছে।	**Ashok**	: There she comes. দেয়ার শি কামস্।
শ্যামাকান্তবাবু	: শুভ জন্মদিন নীনা ! এই তোমার জন্মদিনের উপহার।	**Mr. Shyamakant**	: Happy birthday, Neena! May you live long. Here's a birthday present. হ্যাপি বার্থডে, নীনা ! মে ইউ লিভ লং। হেয়ার'স্ এ বার্থডে প্রেজেন্ট।
নীনা	: ঘড়ি ! কি সুন্দর ! ঠিক এই জিনিষই আমি চাইছিলাম, ধন্যবাদ, কাকা।	**Neena**	: Oh, a wrist watch! How pretty! It's what I wanted. Thank you, uncle. ও, এ রিষ্ট ওয়াচ ! হাউ প্রেট্টি ! ইট'স্ হোয়াট আই ওয়ানটেড। থ্যাঙ্ক ইউ আঙ্কল্।
মিনু	: দেখো বাবা, রঙিন বাল্বগুলো তারার মত ঝকমক করছে !	**Meenu**	: See, papa, those coloured bulbs are twinkling like stars. সি, পাপা, দোজ কলরড্ বাল্বস আর টুইংক্লিং লাইক স্টারস্।

1. It's=It+is অর্থাৎ ইহা [হয়]। যেমন Man থেকে Man's worth [মানুষের মূল্য] হয় এভাবে It থেকে It's price হবে এই মনে করে Its-এর জায়গায় It's লেখা হয়। কিন্তু তা ভুল। ইহার মূল্য=Its [It's নহে] price. কাজেই It's এবং Its-এর পার্থক্য ভাল করে বুঝতে হবে।

শ্যামাকান্তবাবু	: হ্যাঁ !	Mr. Shyamakant:	Yes. ইয়েস।
মিনু	: অশোক কাকা, নীনা কোথায় গেল ?	Meenu	: Ashok uncle, where has Neena gone? অশোক আঙ্কল্ হোয়ার হ্যাজ নীনা গন ?
অশোক	: তোমার দেওয়া উপহার ঐ ঘরে রাখতে গেছে।	Ashok	: In that room, to keep your gift there. ইন দ্যাট রুম, টু কিপ্ ইওর গিফ্‌ট দেয়ার।
মিনু	: অন্য উপহারগুলো আমায় দেখাবে না ?	Meenu	: Won't you show me the other presents? ওন'ট্ ইউ সো মি দ্য আদার প্রেজেণ্টস্ ?
অশোক	: নিশ্চয়ই ! এসো আমার সঙ্গে।	Ashok	: Why not! Come along. হোয়াই নট ! কাম এ্যালং।
মিনু	: বাবা, এসো, আমরা উপহারগুলো দেখি।	Meenu	: Come, papa, we'll see the presents. কাম, পাপা, উইল সি দ্য প্রেজেণ্টস।
শ্যামাকান্তবাবু	: কি চঞ্চল মেয়ে !	Mr. Shyamakant:	What a naughty girl! হোয়াট এ নটি গার্ল !
অশোক	: হ্যাঁ, কাকা আসুন না।	Ashok	: Uncle, please do come! আঙ্কল, প্লিজ ডু কাম।
মিনু	: এটা কি ?	Meenu	: What's this? হোয়াট'স দিস ?
অশোক	: এটা খেলনা রকেট।	Ashok	: It's a toy rocket. ইট'স এ টয় রকেট।
মিনু	: বেশ দামী উপহার মনে হচ্ছে।	Meenu	: It appears to be quite expensive. ইট্ অ্যাপিয়ার্স টু বি কোয়াইট এক্সপেনসিভ।
অশোক	: অবশ্যই ! কিন্তু তোমার দেওয়া উপহারের চেয়ে অবশ্যই ভাল নয়।	Ashok	: No doubt. But inferior to that of yours. নো ডাউট। বাট ইনফিরিয়র টু দ্যাট অফ্ ইয়োরস।
শ্যামাকান্তবাবু	: না, না। কে দিয়েছে উপহারটা ?	Mr. Shyamakant:	No, no. Who presented it? নো, নো। হু প্রেজেন্টেড ইট।
অশোক	: আমাদের পুরোনো আয়া।	Ashok	: Our old Aya. আওয়ার ওল্ড আয়া।
শ্যামাকান্তবাবু	: নীনাকে সে খুব ভালবাসে।	Mr. Shyamakant:	She's very fond of Neena. শি ইজ ভেরি ফণ্ড অফ নীনা।
অশোক	: হ্যাঁ।	Ashok	: Yes. হ্যাঁ।
মিনু	: ওই খাঁচাটার তোতাপাখিটা কি জীবন্ত ?	Meenu	: Is there a live parrot in that cage? ইজ দেয়ার এ লাইভ প্যারট ইন দ্যাট কেজ ?
অশোক	: জীবন্ত নয়, খেলনা।	Ashok	: Not a live one, but a toy. নট এ লাইভ ওয়ান, বাট এ টয়।
মিনু	: আশ্চর্য তো ! একেবারে জীবন্ত মনে হচ্ছে।	Meenu	: Amazing! It looks like a real one. অ্যামেজিং ! ইট লুকস লাইক এ রিয়েল ওয়ান।
অশোক	: এটি গানও গায় — "হ্যাপি বার্থ ডে টু ইউ।"	Ashok	: It sings too – "Happy birthday to you." ইট সিঙ্গস টু — হ্যাপি বার্থডে টু ইউ।
মিনু	: এসো বাবা, আমরা জন্মদিনের গান গাইব।	Meenu	: Come, papa, we will sing the birthday song. কাম, পাপা, উই উইল সিং দ্য বার্থডে সং।
অশোক	: হ্যাঁ কাকাবাবু। আসুন আমরাও যোগ দিই।	Ashok	: Yes, uncle. Let's also join in. ইয়েস, আঙ্কল। আস জয়েন ইন।
শ্যামাকান্তবাবু	: নীনা, তুমি প্রথমে মোমবাতিগুলো নিভিয়ে দাও, আর কেক কেটে সবাইকে দাও।	Mr. Shyamakant:	Neena, first blow off the candles, cut the cake and distribute the pieces among all present নীনা, ফার্স্ট ব্লো অফ দ্য ক্যাণ্ডেলস, কাট দ্য কেক এণ্ড ডিস্ট্রিবিউট দ্য পিসেস এ্যামঙ্গ অল প্রেজেন্ট হেয়ার।

1. Live [উচ্চারণ, লাইভ] = জীবন্ত। Live [উচ্চারণ, লিভ] = থাকা [ক্রিয়াপদ]

অশোক : কাকাবাবু, কিছু খেয়ে নিন। — **Ashok** : Uncle, have something to eat, please. আঙ্কল, হ্যাভ সামথিং টু ইট, প্লিজ।

শ্যামাকান্তবাবু : আচ্ছা অশোক, চলি তবে আমরা। — **Mr. Shyamkant**: O.K., Ashok, we'll make a move now. ও.কে., অশোক, উই'ল মেক এ মুভ নাউ।

অশোক : ধন্যবাদ, কাকাবাবু। আপনি এসেছেন এজন্য অনেক ধন্যবাদ। — **Ashok** : Thank you, uncle. Thank you for coming. থ্যাঙ্ক ইউ আঙ্কল, থ্যাঙ্ক ইউ ফর কামিং।

[10] প্রভু ও ভৃত্য MASTER & SERVANT মাস্টার এ্যাণ্ড সারভেণ্ট

প্রভু : রামু ! এদিকে এসো। — **Master**: Ramu! Come here. রামু ! কাম হিয়ার।

রামু : হ্যাঁ, বাবু ? — **Ramu** : Yes, Sir! ইয়েস, স্যার !

প্রভু : আমি ষ্টেশনে যাব। — **Master**: I've to go to the Station. আই'ভ টু গো.টু দ্য ষ্টেশন।

রামু : আমাকে কি করতে হবে বাবু ? — **Ramu** : Anything I can do, sir? এনিথিং আই ক্যান ডু স্যার ?

প্রভু : একটা ট্যাক্সি ডেকে আন। — **Master**: Get a taxi/cab. গেট এ ট্যাক্সি/ক্যাব।

রামু : ট্যাক্সি স্ট্যাণ্ডটা কোথায়, বাবু ? — **Ramu** : Where is the taxi-stand, sir? হোয়্যার ইজ দ্য ট্যাক্সি ষ্ট্যাণ্ড, স্যার।

প্রভু : নভেল্টি সিনেমার কাছে। — **Master**: Near the Novelty Cinema. নিয়ার দ্য নভেল্টি সিনেমা।

রামু : আচ্ছা, এখনই যাচ্ছি বাবু। — **Ramu** : O.K. I'll get it, sir. ও.কে. আই'ল গেট ইট স্যার।

প্রভু : ঠিক আছে। তাড়াতাড়ি নিয়ে এস। — **Master**: All right, but come soon. অল রাইট, বাট কাম সুন।

রামু : বাবু, ট্যাক্সি এসে গেছে। — **Ramu** : Here is the taxi, sir. হেয়ার ইজ দ্য ট্যাক্সি, স্যার।

প্রভু : আমার জিনিসপত্র ট্যাক্সিতে রাখ। — **Master**: Put my luggage in the taxi. পুট মাই লাগেজ ইন দ্য ট্যাক্সি।

রামু : আর কিছু করতে হবে, বাবু ? — **Ramu** : Anything else, sir? এনিথিং এলস, স্যার ?

প্রভু : না, আর কিছু নয়। আমার অনুপস্থিতিতে সাবধানে থাকবে। — **Master**: No, that's all. Be careful in my absence. নো, দ্যাটস্ অল। বি কেয়ারফুল ইন মাই অ্যাবসেন্স।

রামু : মাফ করবেন, বাবু ! আপনি ফিরবেন কবে ? — **Ramu** : Excuse me, sir, but when will you be back? এক্সকিউজ মি, স্যার, বাট হোয়েন উইল ইউ বি ব্যাক ?

প্রভু : পনের দিন পর। তোমার কিছু চাই ? — **Master**: After fifteen days. Do you need anything? আফটার ফিফটিন ডেজ। ডু ইউ নিড এনিথিং ?

রামু : হ্যাঁ, বাবু...। আমার... — **Ramu** : Well, sir. I... I... ওয়েল, স্যার। আই... আই...

প্রভু : হ্যাঁ, খুলে বলো। সংকোচ কোরোনা। — **Master**: You can tell me frankly. No need to hesitate. টেল মি ফ্র্যাঙ্কলি। নো নিড টু হেজিটেট।

রামু : ধন্যবাদ ! আমি কি আপনার সঙ্গে যেতে পারি ? — **Ramu** : Thank you. May I accompany you? থ্যাঙ্ক ইউ। মে আই অ্যাকম্প্যানি ইউ ?

প্রভু : আমার সঙ্গে ! কেন ? — **Master**: Accompany me! Why? অ্যাকম্প্যানি মি ! হোয়াই ?

রামু : আমার মা, বাবা ওখানেই থাকেন। তাদের সঙ্গে দেখা করতাম। — **Ramu** : My parents are there. I'll meet them. মাই প্যারেন্টস আর দেয়ার। আই'ল মিট দেম।

প্রভু : আচ্ছা, আমি জানতাম না তো। — **Master**: Really! I did not know that. রিয়েলি ! আই ডিড নট নো দ্যাট।

রামু : একসঙ্গে দু কাজ হয়ে যেত তাহলে। — **Ramu** : Yes sir, thus I'll kill two birds with one stone. ইয়েস স্যার, দাস্ আই'ল কিল টু বার্ডস উইথ ওয়ান স্টোন।

প্রভু : কিভাবে ? — **Master**: How? হাউ ?

রামু : এক তো আপনার কাজেও আসব, সঙ্গে মা বাবার সঙ্গেও দেখা হবে। — **Ramu** : I'll do your work and also see/meet my family. আই'ল ডু ইয়োর ওয়ার্ক এ্যাণ্ড অলসো সি/মিট মাই ফ্যামিলি।

প্রভু : কিন্তু তুমি চলে এলে বাড়ি কে দেখবে ? | **Master:** And who will look after the home when you are gone? অ্যাণ্ড হু উইল লুক আফটার দ্য হোম হোয়েন ইউ আর গন ?

রামু : আমার স্ত্রী দেখবে, বাবু। | **Ramu :** My wife, sir. মাই ওয়াইফ, স্যার।

প্রভু : তেমন হলে তুমি আমার সঙ্গে আসতে পার। যাও তাড়াতাড়ি তৈরী হয়ে নাও। | **Master:** Then you can come along. Get ready fast. দেন ইউ ক্যান কাম অ্যালং। গেট রেডি ফাস্ট।

রামু : ধন্যবাদ, বাবু। | **Ramu :** Thank you sir, very kind of you. থ্যাঙ্ক ইউ স্যার, ভেরি কাইণ্ড অফ ইউ।

[11] রাস্তাতে ON THE ROAD অন দ্য রোড

রাম : এই যে শ্যাম, কি খবর ? | **Ram :** Hello, Shyam. হ্যালো, শ্যাম।

শ্যাম : আরে, রাম যে। | **Shyam:** Hello, Ram. হ্যালো, রাম।

রাম : কি খবর তোমার ? | **Ram :** How are you? হাউ আর ইউ ?

শ্যাম : ভালই আছি, ধন্যবাদ। | **Shyam:** I'm fine, thank you. আই'ম ফাইন, থ্যাঙ্ক ইউ।

রাম : শুনেছিলাম, তুমি নাকি কলকাতার বাইরে গিয়েছিলে ? | **Ram :** I had heard that you were out of Calcutta. আই হ্যাড হার্ড দ্যাট ইউ ওয়্যার আউট অফ ক্যালকাটা।

শ্যাম : হ্যাঁ, আমার বোন অসুস্থ ছিল। | **Shyam:** Yes, my sister was ill. ইয়েস, মাই সিস্টার ওয়াজ ইল।

রাম : কোথায় থাকে সে ? | **Ram :** Where does she live? হোয়্যার ডাজ শি লিভ ?

শ্যাম : শ্রী রামপুরে। | **Shyam:** At Srirampore. অ্যাট শ্রীরামপুর।

রাম : ফিরলে কবে ? | **Ram :** When did you come back? হোয়েন ডিড ইউ কাম ব্যাক ?

শ্যাম : পরশু। | **Shyam:** Day before yesterday. ডে বিফোর ইয়েস্টারডে।

রাম : আজকাল আছ কোথায় ? | **Ram :** Where are you staying now a days? হোয়্যার আর ইউ স্টেয়িং নাউ এ ডেজ ?

শ্যাম : বালিগঞ্জে। | **Shyam:** At Ballygunge. এ্যাট বালিগঞ্জ।

রাম : হাতিবাগান ছেড়ে দিয়েছো ? | **Ram :** Have you left Hatibagan? হ্যাভ ইউ লেফট্ হাতিবাগান ?

শ্যাম : হ্যাঁ। ও জায়গাটায় ভীষণ ভীড়ভাট্টা। | **Shyam:** Yes. That area is too congested. ইয়েস। দ্যাট এরিয়া ইজ টু কনজেস্টেড।

রাম : তুমি ঠিকই করেছো। এই বইটা কার ? | **Ram :** You did well. Whose book is this? ইউ ডিড ওয়েল। হুজ বুক ইজ দিস ?

শ্যাম : আমার পড়ার বই। | **Shyam:** My text book. মাই টেক্সট-বুক।

রাম : তুমি কি এখনও পড়ছ ? | **Ram :** Are you still studying? আর ইউ স্টিল স্টাডিয়িং ?

শ্যাম : হ্যাঁ, অবশ্যই। | **Shyam:** Yes, of course. ইয়েস, অফ কোর্স।

রাম : কোন ক্লাসে ? | **Ram :** In which class? ইন হুইচ ক্লাস ?

শ্যাম : বি.কম্., সেকেণ্ড ইয়ার। | **Shyam:** B.Com. IInd year. বি.কম্. সেকেণ্ড ইয়ার।

রাম : বাঃ। আজকাল তোমার বাবা কোথায় আছেন ? | **Ram :** That's very good. Where is your father now a days? দ্যাটস্ ভেরি গুড। হোয়্যার ইজ ইয়োর ফাদার নাউ এ ডেজ ?

শ্যাম : উনি দিল্লীতে বদলি হয়ে গেছেন। | **Shyam:** He has been transferred to Delhi. হি হ্যাজ বিন ট্রান্সফারড় টু ডেল্হি।

রাম : তুমি কি আমার বাড়িতে আসবে না ? | **Ram :** Won't you come to my place? ওন্ট ইউ কাম টু মাই প্লেস ?

শ্যাম : না রাম। এখানে অল্পক্ষণের জন্য এসেছিলাম। তাড়াতাড়ি বাড়ি যেতে চাই। | **Shyam:** Sorry Ram. I came here for a short while and want to get home fast. স্যরি রাম। আই কেম হিয়ার ফর এ সর্ট হোয়াইল এ্যাণ্ড ওয়ান্ট টু গেট হোম ফাস্ট।

রাম	: চলো, ওই রেস্তোরাঁয় এক কাপ চা খাওয়া যাক।	**Ram**	: Come, let's/we'll have a cup of tea in that restaurant. কাম, লেট'স/উই'ল হ্যাভ এ কাপ অফ টি ইন দ্যাট রেস্টুরেণ্ট।
শ্যাম	: দুঃখিত রাম। আসছে বার হবে।	**Shyam**	: Sorry Ram. I'll have it next time. স্যরি রাম। আই'ল হ্যাভ ইট নেক্সট টাইম।
রাম	: ঠিক আছে। আসছে বার কোনও ওজর চলবেনা কিন্তু। চলি।	**Ram**	: Very well then, no excuse next time. Bye-bye. ভেরি ওয়েল দেন, নো এক্সকিউজ নেক্সট টাইম। বাই-বাই।
শ্যাম	: আচ্ছা, বিদায়। আবার দেখা হবে।	**Shyam**	: Bye-bye./See you./So long. বাই-বাই।/সি ইউ।/সো লং।

[12] বাস স্টপে AT THE BUS STOP এ্যাট দ্য বাস ষ্টপ

মিঃ দাস	: দয়া করে বলবেন, দিল্লী গেট যাওয়ার জন্য বাস কোত্থেকে পাব?	**Mr. Das**	: Excuse me. Do you know from where can I get a bus for Delhi Gate? এক্সকিউজ মি। ডু ইউ নো ফ্রম হোয়্যার ক্যান আই গেট আ বাস টু ডেল্হি গেট?
পার্শ্বস্থ ব্যক্তি	: এখান থেকে সব বাসই যায়।	**Bystander**	: All the busses go that side. অল দ্য বাসেস গো দ্যাট সাইড।
মিঃ দাস	: লাইনে কোথায় দাঁড়াব — এদিকে না ওদিকে?	**Mr. Das**	: Where do I stand in the queue – these end or that? হোয়্যার ডু আই স্ট্যাণ্ড ইন দ্য কিউ — দিস এণ্ড অর দ্যাট?
পার্শ্বস্থ ব্যক্তি	: আমার পেছনে।	**Bystander**	: Just behind me. জাস্ট বিহাইণ্ড মি।
মিঃ দাস	: ধন্যবাদ। দিল্লী গেট পৌঁছোতে কতটা সময় লাগবে?	**Mr. Das**	: Thank you. How long does it take to reach Delhi Gate? থ্যাঙ্ক যু। হাউ লং ডাজ ইট টেক্ টু রিচ ডেল্হি গেট?
পার্শ্বস্থ ব্যক্তি	: খুব বেশী হলে দশ মিনিট।	**Bystander**	: Hardly ten minutes. হার্ডলি টেন মিনিটস্।
মিঃ দাস	: পরের বাসটা কখন আসবে?	**Mr. Das**	: When will the next bus come? হোয়েন উইল দ্য নেক্সট বাস কাম?
পার্শ্বস্থ ব্যক্তি	: বলা মুশকিল। পাঁচ মিনিটেও আসতে পারে, আবার পঁচিশ মিনিটেও আসতে পারে।	**Bystander**	: It is difficult to say. It may take five minutes or even twenty-five minutes. ইট ইজ ডিফিকাল্ট টু সে। ইট মে টেক ফাইভ মিনিটস্, অর ইভেন টুয়েন্টি-ফাইভ মিনিটস্।
মিঃ দাস	: কিন্তু আমার তো ধারণা ছিল BEST-এর মত DTC ও সমান বিশ্বস্ত।	**Mr. Das**	: But I had the impression that DTC is also as reliable as BEST. বাট আই হ্যাড দ্য ইমপ্রেশন দ্যাট ডি টি সি ইজ অলসো এ্যাজ রিলায়েবল এ্যাজ বেস্ট।
পার্শ্বস্থ ব্যক্তি	: আপনি কি বম্বে থেকে এসেছেন?	**Bystander**	: Have you come from Bombay? হ্যাভ্ ইউ কাম ফ্রম বম্বে?
মিঃ দাস	: হ্যাঁ।	**Mr. Das**	: That's right. দ্যাটস্ রাইট।
পার্শ্বস্থ ব্যক্তি	: আমার সন্দেহ নেই যে BEST দ্রুত সেবার জন্য বিখ্যাত কিন্তু DTCও আজকাল অনেক বদলে গেছে।	**Bystander**	: No doubt BEST is known for it's quick service. But DTC has also improved a lot. নো ডাউট বেস্ট ইজ নোন ফরইট'স কুইক সার্ভিস। বাট ডি টি সি হ্যাজ অলসো ইমপ্রুভড এ লট।
মিঃ দাস	: আচ্ছা, কবে থেকে?	**Mr. Das**	: Is it? Since when? ইজ ইট? সিন্স হোয়েন?
পার্শ্বস্থ ব্যক্তি	: অনেকবার জন প্রতিবাদ হওয়ার পরেই। নইলে আগে তো ডি টি সি ছিল ভীষণ রকমের অনিয়মিত।	**Bystander**	: After many public protests. Before that it was unreliable/undispensable. আফটার মেনি পাবলিক প্রোটেস্টস। বিফোর দ্যাট ইট ওয়াজ আনরিলায়েবল/আনডিস্পেন্সেবল।
মিঃ দাস	: মানে	**Mr. Das**	: What do you mean? হোয়াট ডু ইউ মিন?
পার্শ্বস্থ ব্যক্তি	: প্রায়ই বাস দেরিতে আসত,	**Bystander**	: The buses were usually late. Sometimes missed the

কখনও ট্রিপ মিস হয়ে যেত আর প্রায়ই বাসে এত ভিড় হত যে দাঁড়াতই না।

trips and at times were overcrowded and didn't/wouldn't stop. দ্য বাসেস ওয়্যার ইউজুয়ালি লেট। সামটাইমস্ মিসড দ্য ট্রিপস অ্যাণ্ড এ্যাট টাইমস্ ওয়্যার ওভার-ক্রাউডেড অ্যাণ্ড ডিডন্ট/উডন্ট স্টপ।

মিঃ দাস : তবে তো খুব অসুবিধেই হত।

Mr. Das : That must have been very troublesome. দ্যাটস্ মাস্ট হ্যাভ বিন ভেরি ট্রাবলসাম।

পার্শ্বস্থ ব্যক্তি : হ্যাঁ। তবে এখন অনেক উন্নতি হয়েছে। ওই দেখুন আপনার বাস এসে গেছে। তাড়াতাড়ি উঠে পড়ুন। নমস্কার।

Bystander: Of course. But now things have improved. Look, there is your bus. Get into it quickly. Bue-bye. অফ কোর্স। বাট নাও থিংস হ্যাভ ইম্‌প্রুভড। লুক, দেয়ার ইজ ইয়োর বাস। গেট ইনটু ইট কুইকলি। বাই-বাই।

মিঃ দাস : ধন্যবাদ। নমস্কার।

Mr. Das : Thank you. Bye-bye.

[13] সময় TIME টাইম

অফিসার : ক'টা বেজেছে, কর্মকার ?

Officer: What's the time, Mr. Karmakar? হোয়াট'স দ্য টাইম্ ইজ ইট, মিঃ কর্মকার ?

ক্লার্ক : আজ্ঞে, সাড়ে দশটা।

Clerk : Ten-thirty, Sir. টেন থার্টি স্যার

অফিসার : অফিসের সময় ক'টা ?

Officer: And what's the office time? এ্যাণ্ড হোয়াট'স দ্য অফিস টাইম্ ?

ক্লার্ক : আজ্ঞে, দশটা।

Clerk : Ten O'clock, Sir. টেন ও'ক্লক, স্যার।

অফিসার : আপনার এত দেরি হোল কেন ?

Officer: Then why are you so late? দেন হোয়াই আর ইউ সো লেট ?

ক্লার্ক : অন্যায় হয়ে গেছে।

Clerk : Sorry, Sir. সরি, স্যার।

অফিসার : আপনি রোজই দেরিতে আসেন তাই না ?

Officer: You come late everyday, don't you? ইউ কাম লেট এভ্‌রিডে, ডোন'ট ইউ ?

ক্লার্ক : আজ্ঞে, আজ বাসের জন্য দেরি হয়ে গেল।

Clerk : Yes, Sir, The bus came late today. ইয়েস, স্যার, দ্য বাস কেম্ লেট টুডে।

অফিসার : আর গতকাল আপনার ঘড়ি খারাপ ছিল।

Officer: And yesterday your watch was out of order. এ্যাণ্ড ইয়েস্টারডে ইওর ওয়াচ ওয়াজ আউট অফ অর্ডার।

ক্লার্ক : কাল থেকে ঠিক সময়ে আসব, স্যার।

Clerk : I'll be punctual from tomorrow, Sir. আই'ল বি পাংচুয়ল ফ্রম টুমরো, স্যার।

অফিসার : আপনি সব সময় একই কথা বলেন।

Officer: That's what you always say. দ্যাট'স হোয়াট ইউ অলওয়েজ সে।

ক্লার্ক : আমাকে এবার বিশ্বাস করতে পারেন স্যার।

Clerk : I sincerely assure you this time, sir. আই সিন্সিয়রলি অ্যাশিওর ইউ দিস টাইম, স্যার।

অফিসার : আপনি ঘুম থেকে কখন ওঠেন ?

Officer: When do you wake up in the morning. হোয়েন ডু ইউ ওয়েক্ আপ ইন দ্য মর্নিং ?

ক্লার্ক : আটটা নাগাদ।

Clerk : Around Eight. অ্যারাউণ্ড এইট।

অফিসার : এটা কি যথেষ্ট দেরি করে ওঠা নয় ?

Officer: Isn't that rather late? ইজন্ট ইট র‍্যাদর লেট।

ক্লার্ক : হ্যাঁ স্যার ! রোজই তাড়াতাড়ি ওঠার জন্য প্রতিজ্ঞা করি, কিন্তু উঠতে পারিনা।

Clerk : So it is, sir. Everyday I determine to get up early, but can't do so. সো ইট ইজ, স্যার। এভরিডে আই ডিটারমাইন টু গেট আপ আরলি, বাট কান্ট ডু সোঁ।

অফিসার : আপনি সময়ের গুরুত্ব জানেন না। চলে যাওয়া সময় ফিরে আসেনা।

Officer: You don't know the value of time. Lost time never regained. ইউ ডোন্ট নো দ্য ভ্যালু অফ টাইম। লস্ট টাইম নেভার রিগেইণ্ড।

ক্লার্ক : আমি সেটা বুঝতে পারি স্যার। — **Clerk** : **I do realize understand that sir. আই ডু রিয়েলাইজ/ আণ্ডারস্ট্যাণ্ড দ্যাট স্যার।**

অফিসার : যদি আপনি বুঝতে পারতেন তাহলে অফিসে দেরি করে আসতেন না। রাত্রে আপনি কটার সময় শুতে যান? — **Officer**: Had you realized it, you would not have come late to office. Well, when do you go to bed at night? হ্যাড ইউ রিয়েলাইজড ইট, ইউ উড নট হ্যাভ কাম লেট টু অফিস। ওয়েল, হোয়েন ডু ইউ গো টু বেড অ্যাট নাইট?

ক্লার্ক : সাড়ে এগারটা নাগাদ। — **Clerk** : Around eleven-thirty. অ্যারাউণ্ড ইলেভেন-থার্টি।

অফিসার : এটা ঠিক নয়। তাড়াতাড়ি ওঠার জন্য আপনাকে তাড়াতাড়ি শুতে হবে। — **Officer**: That's not right. You should sleep early to get up early. দ্যাট'স নট রাইট। ইউ শুড স্লিপ আরলি টু গেট আপ আরলি।

ক্লার্ক : তাই করব। — **Clerk** : I'll do so in future. আই'ল ডু সো ইন ফিউচার।

অফিসার : অফিসের জন্য তাড়াতাড়ি বেড়িয়ে পড়ার চেষ্টা করুন। — **Officer**: Try to start early for office. ট্রাই টু স্টার্ট আরলি ফর অফিস।

ক্লার্ক : আচ্ছা স্যার। ধন্যবাদ। — **Clerk** : Very well, sir. Thank you. ভেরি ওয়েল, স্যার। থ্যাঙ্ক ইউ।

[14] শ্রেণী-শিক্ষকের সহিত WITH THE CLASS-TEACHER উইথ দ্য ক্লাস-টিচার

অভিভাবক : আমি বিশ্বরঞ্জন। আপনি আমার ছেলেকে জানিয়েছিলেন যে আমি যেন এসে আপনার সঙ্গে দেখা করি — **Guardian** : I'm Vishva Ranjan. You had asked my son to ask me to see you. আই'ম বিশ্ব রঞ্জন। ইউ হ্যাড আস্কড মাই সান টু আস্ক মি টু সি ইউ।

শ্রেণী-শিক্ষক: আপনার ছেলে...? — **Class-teacher**: You son...? ইয়োর সান...?

অভিভাবক : বিনোদ। — **Guardian** : Vinod. বিনোদ।

শ্রেণী-শিক্ষক: হ্যাঁ, আমার মনে আছে। আমিই ওকে বলেছিলাম। — **Class-teacher**: Yes, I remember. I had asked him to do so. ইয়েস, আই রিমেম্বার। আই হ্যাড আস্কড হিম টু ডু সো।

অভিভাবক : আমি এসেছি। — **Guardian** : I'm here. আই'ম হিয়ার।

শ্রেণী-শিক্ষক: ধন্যবাদ। আমি আপনাকে জানাতে চাই যে, ও ক্লাসের পড়াশুনোর সঙ্গে মানিয়ে চলতে পারছেনা। — **Class-teacher**: Thanks. I want to tell you that he's not been able to cope with studies. থ্যাঙ্কস। আই ওয়ান্ট টু টেল ইউ দ্যাট হি'জ নট বিন এবল টু কোপ উইথ স্টাডিজ।

অভিভাবক : কোন কোন বিষয়ে? — **Guardian** : In which subjects? ইন হুইচ সাবজেক্টস?

শ্রেণী-শিক্ষক: বিশেষ করে ইংরেজীতে। — **Class-teacher**: Particularly in English. পারটিকুলারলি ইন ইংলিশ।

অভিভাবক : আশ্চর্যের ব্যাপার। কিন্তু গত অর্ধবার্ষিক পরীক্ষাতে তো ও ভাল নম্বরই পেয়েছিল। পায়নি কি? — **Guardian** : Very strange! But he did well in the half yearly examination, didn't he? ভেরি স্ট্রেঞ্জ! বাট হি ডিড ওয়েল ইন দ্য হাফ-ইয়ার্লি এক্সামিনেশন। ডিডন্ট হি?

শ্রেণী-শিক্ষক: নিঃসন্দেহে। কিন্তু আমি বিস্তৃত খোঁজখবর করেই এইকথা আপনাকে বলছি। — **Class-teacher**: No doubt. But I'm telling you after inquiring about it. নো ডাউট। বাট আই'ম টেলিং ইউ আফটার ইনকোয়ারিং এ্যাবাউট ইট।

অভিভাবক : আপনি খোঁজ করে কি পেয়েছেন? — **Guardian** : What are your findings? হোয়াট আর ইয়োর ফাইণ্ডিংস?

শ্রেণী-শিক্ষক: আসলে, ও নকল করায় সফল হয়ে গিয়েছিল। ও স্বীকার করেছে যে ও ঘর থেকে লিখে নিয়ে এসেছিল। — **Class-teacher**: In fact, he had copied. Now he admits that he had brought notes along. ইন ফ্যাক্ট হি হ্যাড কপিড্। নাও হি অ্যাডমিটস্ দ্যাট হি হ্যাড ব্রট নোটস্ অ্যালং।

অভিভাবক : খুবই লজ্জার কথা! স্কুলে ওর ব্যবহার কেমন? — **Guardian** : It's a shame/what a shame! How is his general conduct? ইটস্ আ শেম/হোয়াট এ শেম! হাউ ইজ হিজ জেনারেল কনডাক্ট?

শ্রেণী-শিক্ষক	: ওর ব্যবহার খুবই ভাল। সে জন্য চিন্তা করবেন না।	**Class-teacher**	: He is very well-behaved. No need to worry about that. হি ইজ ভেরি ওয়েল বিহেভড্। নো নিড টু ওয়রি অ্যাবাউট দ্যাট।
অভিভাবক	: তো, ওর ইংরেজি ভাল করার জন্য আপনি কি উপদেশ দ্যান ?	**Guardian**	: Then what do you suggest for improving his English? দেন হোয়াট ডু ইউ সাজেস্ট ফর ইমপ্রুভিং হিজ ইংলিশ ?
শ্রেণী-শিক্ষক	: 'ইংরেজি কথোপকথন কোর্স'টা ওর জন্য বেশ উপযোগী। আপনি ওকে বলুন যে বইটা যেন ও খুঁটিয়ে পড়ে।	**Class-teacher**	: An 'Enghlish Conversation Course' should be useful for him to learn it well. অ্যান 'ইংলিশ কনভারসেশন কোর্স' সুড বি ইউজফুল ফর হিম টু লার্ন ইট ওয়েল।
অভিভাবক	: এটা কোথায় পাওয়া যাবে ?	**Guardian**	: From where can one get it? ফ্রম হোয়্যার ক্যান ওয়ান গেট ইট ?
শ্রেণী-শিক্ষক	: দিল্লীর একমাত্র স্ট্যাণ্ডার্ড বইয়ের দোকান — 'হিন্দ পুস্তক ভাণ্ডারে'।	**Class-teacher**	: From the only shop for standard books in Delhi – 'Hind Pustak Bhandar.' ফ্রম দ্য অনলি শপ ফর স্টাণ্ডার্ড বুকস ইন দিল্লী — 'হিন্দ পুস্তক ভাণ্ডার'।
অভিভাবক	: আপনার উপদেশের জন্য অনেক ধন্যবাদ।	**Guardian**	: Thanks for your kind guidance. থ্যাঙ্কস ফর ইয়োর কাইণ্ড গাইডেন্স।

[15] ভাবী পাত্রের বিষয়ে খোঁজখবর ENQUIRY ABOUT A WOULD BE BRIDE-GROOM এনকোয়ারি এ্যাবাউট এ উড বি ব্রাইডগ্রুম

মিঃ লাল	: আরে; পাল মশাই কি মনে করে ?	**Mr. Lal**	: How nice of you to drop in, Mr. Paul! হাউ নাইস অফ ইউ টু ড্রপ ইন, মিস্টার পাল।
মিঃ পাল	: হ্যাঁ লাল মশাই, আমি একটা দরকারে এসেছি। বলুন কেমন আছেন ?	**Mr. Paul**	: How are you, Mr. Lal? I've come on purpose. হাউ আর ইউ মিঃ লাল ? আই'ভ কাম অন পারপাজ।
মিঃ লাল	: আপনার দয়ায় ভালই আছি।	**Mr. Lal**	: I'm fine, thank you. আই'ম ফাইন, থ্যাঙ্ক য়ু।
মিঃ পাল	: আপনি যদি কিছু মনে না করেন, আপনাকে একটু কষ্ট দেব।	**Mr. Paul**	: I have come to bother you, if you don't mind. আই হ্যাভ কাম টু বদার ইউ, ইফ ইউ ডোন্ট মাইণ্ড।
মিঃ লাল	: এমন কথা বলবেন না। আপনাকে সাহায্য করতে পারলে আমি খুশীই হব।	**Mr. Lal**	: Please don't say so. I'll be happy to be of use. প্লিজ ডোন্ট সে সো। আই'ল বি হ্যাপি টু বি অফ ইউজ।
মিঃ পাল	: আমি তা জানি, তাই সোজা আপনার কাছেই চলে এলাম।	**Mr. Paul**	: I know, and that is why I have come straight to you. আই নো, অ্যাণ্ড দ্যাট ইজ হোয়াই আই হ্যাভ কাম স্ট্রেইট টু ইউ।
মিঃ লাল	: আপনি এখানে এসেছেন সেজন্য অনেক অনেক ধন্যবাদ। আচ্ছা, কথাবার্তা শুরু করার আগে চা হয়ে যাক, কেমন ?	**Mr. Lal**	: Thanks for your kind visit. Have a cup of tea before we come to the point. থ্যাঙ্কস ফর ইয়োর কাইণ্ড ভিজিট। হ্যাভ এ কাপ অফ টি বিফোর উই কাম টু দ্য পয়েন্ট।
মিঃ পাল	: হ্যাঁ, সে তো ভালই হয়।	**Mr. Paul**	: That will be fine. দ্যাট উইল বি ফাইন।
মিঃ লাল	: আচ্ছা, আরাম করে বসুন তো। বলুন এবার আপনার জন্য কি করতে পারি ?	**Mr. Lal**	: Feel/be at home, and let me know what can I do for you? ফিল/বি এ্যাট হোম, এ্যাণ্ড লেট মি নো হোয়াট ক্যান আই ডু ফর ইউ ?
মিঃ পাল	: আপনি আপনার প্রতিবেশি মিঃ শর্মার বড় ছেলে কৌশলকে তো চেনেন।	**Mr. Paul**	: I think, you know Mr. Kaushal, the eldest son of your neighbour, Mr. Sharma. আই থিঙ্ক, ইউ নো মিঃ কৌশল, দ্য এলডেস্ট সন অফ ইয়োর নেবার, মিঃ শর্মা।

মিঃ লাল : হ্যাঁ চিনবনা কেন ? ওঁদের পরিবারের সকলকেই আমি চিনি।	**Mr. Lal** : Why not! I know the family well. হোয়াই নট ! আই নো দ্য ফ্যামিলি ওয়েল।
মিঃ পাল : বোধহয়, শর্মা মশাই রিটায়ার্ড সরকারী চাকুরে।	**Mr. Paul:** Perhaps/probably Mr. Sharma is a retired government servant. পারহ্যাপস/প্রোবাবলি মিঃ শর্মা ইজ এ রিটায়ার্ড গভার্নমেন্ট সারভেন্ট।
মিঃ লাল : হ্যাঁ, আজকাল পেনশনভোগী।	**Mr. Lal** : Yes, he is a pensioner now. ইয়েস, হি ইজ এ পেনশনার নাউ।
মিঃ পাল : ওঁর ছেলে কৌশলের সম্বন্ধে আপনার কি ধারণা ? ওর সঙ্গেই আমার মেয়ের সম্বন্ধ পাকা করার কথাবার্তা চলছে।	**Mr. Paul:** What do you think about his son Kaushal? I'm planning to get my daughter engaged to him. হোয়াট ডু ইউ থিঙ্ক অ্যাবাউট হিজ সান কৌশল ? আই'ম প্ল্যানিং টু গেট মাই ডটার এনগেজড টু হিম।
মিঃ লাল : জেনে খুবই খুশী হলাম। আপনি চিন্তা করবেন না। ওঁরা খুবই ভাল লোক।	**Mr. Lal** : Glad to know that. Don't worry about the family. They are very good people. গ্ল্যাড টু নো দ্যাট। ডোণ্ট ওয়রি অ্যাবাউট দ্য ফ্যামিলি। দে আর ভেরি গুড পিপল।
মিঃ পাল : কোন জাতের ওঁরা ?	**Mr. Paul:** What is their caste? হোয়াট ইজ দেয়ার কাস্ট ?
মিঃ লাল : ওঁরা গৌড় ব্রাহ্মণ।	**Mr. Lal** : They are Gaur Brahmins. দে আর গৌড় ব্রাহ্মিনস্।
মিঃ পাল : কৌশলের বয়স কত ?	**Mr. Paul:** How old is Mr. Kaushal? হাউ ওল্ড ইজ মিঃ কৌশল ?
মিঃ লাল : প্রায় ২৬ বছর বয়স ওর।	**Mr. Lal** : He is about 26. হি ইজ অ্যাবাউট টুয়েন্টি সিক্স।
মিঃ পাল : কোথায় জন্ম হয়েছে ওর ?	**Mr. Paul:** Where was he born? হোয়্যার ওয়াজ হি বর্ন ?
মিঃ লাল : হরিয়ানার গুরগাঁও-এ।	**Mr. Lal** : At Gurgaon in Haryana. এ্যাট গুরগাঁও ইন হরিয়ানা।
মিঃ পাল : পড়াশোনা কি করেছে ?	**Mr. Paul:** What are his academic qualifications? হোয়াট আর হিজ অ্যাকাডেমিক কোয়ালিফিকেশন ?
মিঃ লাল : বি.ই.–অর্থাৎ ব্যাচেলর অফ ইঞ্জিনিয়ারিং পাশ করেছে।	**Mr. Lal** : B.E., I mean Bachelor of Engineering. বি.ই., আই মিন ব্যাচেলর অফ ইঞ্জিনিয়ারিং।
মিঃ পাল : পড়াশুনো কোথায় করেছে ?	**Mr. Paul:** From where? ফ্রম হোয়্যার ?
মিঃ লাল : দিল্লীর 'কলেজ অফ ইঞ্জিনিয়ারিং'-এ।	**Mr. Lal** : From the College of Engineering, Delhi. ফ্রম দ্য কলেজ অফ ইঞ্জিনিয়ারিং, দিল্লী।
মিঃ পাল : সে কি কোথাও চাকরি করছে ?	**Mr. Paul:** Is he working somewhere? ইজ হি ওয়ার্কিং সামহোয়্যার ?
মিঃ লাল : আজকাল সে ক্ষেত্রী নগর-এর 'ক্ষেত্রী কপার প্রজেক্ট'-এ মেকানিক্যাল ইঞ্জিনিয়ার।	**Mr. Lal** : At present he is a mechanical engineer in 'Khetri Copper Project' at Khetri Nagar. অ্যাট প্রেজেন্ট হি ইজ এ মেকানিক্যাল ইঞ্জিনিয়র ইন 'ক্ষেত্রী কপার প্রজেক্ট' এ্যাট ক্ষেত্রী নগর।
মিঃ পাল : এটা কি প্রাইভেট কনসার্ন ?	**Mr. Paul:** Is it a private concern? ইজ ইট এ প্রাইভেট কনসার্ন ?
মিঃ লাল : না না এটা একটা সরকারী/সরকারী অধিকৃত সংস্থা।	**Mr. Lal** : No, it is a Government enterprise/undertaking. নো, ইট ইজ এ গভার্নমেন্ট এন্টারপ্রাইজ/আণ্ডারটেকিং।
মিঃ পাল : আজকাল মাইনে কত ওর ?	**Mr. Paul:** What is his salary? হোয়াট ইজ হিজ স্যালারি ?
মিঃ লাল : মাসে প্রায় বারোশ টাকা।	**Mr. Lal** : About twelve hundred rupees per month. অ্যাবাউট টুয়েলভ হাণ্ড্রেড রুপিজ পার মান্থ।
মিঃ পাল : ক'জন ভাইবোন ওরা ?	**Mr. Paul:** How many brothers and sisters are they? হাউ মেনি ব্রাদারস অ্যাণ্ড সিস্টার্স আর দে ?
মিঃ লাল : সব মিলিয়ে তিন ভাই আর এক বোন।	**Mr. Lal** : They are three brothers and one sister in all. দে আর থ্রি ব্রাদারস অ্যাণ্ড ওয়ান সিস্টার ইন অল।

মিঃ পাল : ওর ছোট ভাই [মেজ ভাই] কি করে ?
Mr. Paul: What does his younger brother do? হোয়াট ডাজ হিজ ইয়ংগার ব্রাদার ডু ?

মিঃ লাল : ওর নিজের মোটর পার্টসের ব্যবসা আছে।
Mr. Lal : He has his own business of motor parts. হি হ্যাজ হিজ ওন বিজনেস অফ মোটর পার্টস।

মিঃ পাল : সবচেয়ে ছোটজন কি করে ?
Mr. Paul: And what does the youngest one do? অ্যাণ্ড হোয়াট ডাজ দ্য ইয়ঙ্গেস্ট ওয়ান ডু ?

মিঃ লাল : সে এখনও বেকার।
Mr. Lal : He is jobless at present. হি ইজ জবলেস এ্যাট প্রেজেন্ট।

মিঃ পাল : কোনও চাকরির চেষ্টা করছেনা ?
Mr. Paul: Is he looking out for a job? ইজ হি লুকিং আউট ফর এ জব ?

মিঃ লাল : হ্যাঁ খোঁজ তো করছে।
Mr. Lal : Yes, he is. ইয়েস, হি ইজ।

মিঃ পাল : কোনও বিষয় সম্পত্তি... ?
Mr. Paul: Do they have any property etc.? ডু দে হ্যাভ এনি প্রোপার্টি এট্‌সেটরা ?

মিঃ লাল : হ্যাঁ। গুরগাঁওয়ে এক বহুতল বাড়ি ছাড়াও কাছের এক গ্রামে তিরিশ বিঘা কৃষি জমি আছে।
Mr. Lal : Yes. A multi-storied building in Gurgaon and about thirty bighas agricultural land in a village nearby. ইয়েস। এ মাল্টি-স্টোরিড বিল্ডিং ইন গুরগাঁও অ্যাণ্ড অ্যাবাউট থার্টি বিঘাস এগ্রিকালচারাল ল্যাণ্ড ইন এ ভিলেজ নিয়ারবাই।

মিঃ পাল : আপনি ওদের বোনের সম্বন্ধে কিছু বলেননি।
Mr. Paul: You haven't told me anything about their sister. ইউ হ্যাভণ্ট টোল্ড মি এনিথিং এ্যাবাউট দেয়ার সিস্টার।

মিঃ লাল : হ্যাঁ এক ধনী পরিবারে ওর বিয়ে হয়েছে, কিন্তু অন্য জাতে।
Mr. Lal : She is married into a well-to-do family but outside their community. শি ইজ ম্যারেড ইনটু এ ওয়েল-টু-ডু ফ্যামিলি বাট আউটসাইড দেয়ার কমিউনিটি।

মিঃ পাল : আমি সে নিয়ে ভাবি না। আমিও অন্তর্জাতীয় বিয়েতে বিশ্বাস করি।
Mr. Paul: I'm not bothered about that. I also believe in inter caste marriage. আই'ম নট বদারড্ অ্যাবাউট দ্যাট। আই অলসো বিলিভ ইন ইন্টার কাস্ট ম্যারেজ।

মিঃ লাল : আর কিছু জিজ্ঞেস করতে চান ?
Mr. Lal : Anything else you wish to ask? এনিথিং এলস্ ইউ উইশ টু আস্ক ?

মিঃ পাল : না। সব খবরাখবর দেবার জন্য আপনাকে অনেক ধন্যবাদ।
Mr. Paul: No, thanks for your kind informations. নো, থ্যাঙ্কস ফর ইয়োর কাইণ্ড ইনফরমেশন্‌স।

[16] জেনারেল ষ্টোরে AT A GENERAL STORE এ্যাট এ জেনারেল ষ্টোর

খরিদ্দার : দু'টো রেক্সোনা দিন তো। দাম ক'ত ?
Customer : I want two cakes of Rexona, please. How much?

দোকানদার : দু'টাকা আশি পয়সা। আর কিছু ?
Shopkeeper: Two rupees and eighty paise only. Anything else? টু রুপিজ এ্যাণ্ড এইট্টি পয়সে অনলি। এনিথিং এলস ?

খরিদ্দার : দু'টাকা আশি পয়সা ! কেন ? আজকাল কি কন্ট্রোল দরে বেচেন না ?
Customer : Two rupees and eighty paise. Why? Don't you sell at the controlled rates? টু রুপিজ এ্যাণ্ড এইট্টি পয়সে ! হোয়াই ? ডোণ্ট ইউ সেল এ্যাট দ্য কন্ট্রোলড রেটস ?

দোকানদার : মাফ করবেন ! কিছু জিনিসপত্র বাদে বাকি কিছুতেই কন্ট্রোল দরে আমাদের কোনও লাভ হয়না। আমাদের কিছু করার নেই।
Shopkeeper: Sorry madame. Except in a few commodities, there is hardly any profit on controlled rates. We too are helpless. স্যরি ম্যাডাম। এক্সেপ্ট ইন এ ফিউ কমোডিটিস, দেয়ার ইজ হার্ডলি এনি প্রফিট অন কন্ট্রোলড রেটস। উই টু আর হেল্পলেস।

খরিদ্দার	: না, এটা বেশি দাম নেওয়ার জন্য একটা অজুহাত।	**Customer**	: No, this is a lame excuse for overcharging. নো, দিজ ইজ এ লেম এক্সকিউজ ফর ওভারচার্জিং।
দোকানদার	: মোটেই না। একটা সাবানে আপনার কাছ থেকে মাত্র পাঁচ পয়সা নিচ্ছি।	**Shopkeeper**	: Certainly not. I'm making only five paise, on one piece. সার্টেনলি নট। আই'ম মেকিং অনলি ফাইভ পয়সে, অন ওয়ান পিস।
খরিদ্দার	: না, আমি এক পয়সাও বেশি দেবনা। আপনি আমার থেকে কন্ট্রোল দর নিন, নইলে আমি সরকারী কর্তৃপক্ষের কাছে অভিযোগ জানাব।	**Customer**	: No. I won't pay even one paise extra. You better charge me the controlled price, else I'll have to report the matter to the authorities. নো, আই ওন্ট পে ইভন ওয়ান পয়সে এক্সট্রা। ইউ বেটার চার্জ মি দ্য কন্ট্রোলড প্রাইস, এলস আই'ল হ্যাভ টু রিপোর্ট দ্য ম্যাটার টু দ্য অথরিটিস।
দোকানদার	: শুধুশুধুই আমার ওপর চাপ দিচ্ছেন। কিন্তু আমি আপনাকে অসন্তুষ্ট করতে চাইনা। আপনি আমাকে কন্ট্রোল দরই দিন।	**Shopkeeper**	: This is improper pressure. But, I don't want to displease you. You can pay me at controlled rate. দিস ইজ ইমপ্রোপার প্রেসার॥ বাট, আই ডোন্ট ওয়ান্ট টু ডিসপ্লিজ ইউ। ইউ ক্যান পে মি এ্যাট কনট্রোলড রেট।
খরিদ্দার	: আমার ডালডা আর চিনিও চাই।	**Customer**	: I also want Dalda and sugar. আই অলসো ওয়ান্ট ডালডা এ্যাণ্ড সুগার।
দোকানদার	: চিনি নেই। ডালডার জন্য আপনাকে ওই লাইনে দাঁড়াতে হবে।	**Shopkeeper**	: Sugar is not available. For Dalda you'll have to stand in queue at that counter. সুগার ইজ নট অ্যাভেইলএবল। ফর ডালডা ইউ'ল হ্যাভ টু স্ট্যাণ্ড ইন কিউ এ্যাট দ্যাট কাউন্টার।
খরিদ্দার	: অন্যভাবে দিতে পারবেন না।	**Customer**	: Couldn't you somehow help me out of turn. কুডণ্ট ইউ সামহাউ হেলপ্ মি আউট অফ টার্ন।
দোকানদার	: না, আমার মনে হয় তাতে লাইনে দাঁড়ানো লোকেদের প্রতি অন্যায় করা হবে।	**Shopkeeper**	: Sorry, I don't think that would be un fair to the people in the queue. স্যরি, আই ডোন্ট থিংক দ্যাট উড বি আন ফেয়ার টু দ্য পিপল ইন দ্য কিউ।
খরিদ্দার	: আরে, ছাড়ুন তো। এই কাউন্টারের নীচ দিয়ে দিন।	**Customer**	: Oh, come on. You can give me under this counter, if you like. ওহ্, কাম অন। ইউ ক্যান গিভ মি আণ্ডার দিস কাউন্টার, ইফ ইউ লাইক।
দোকানদার	: দয়া করে আমাকে বাধ্য করবেন না। আর কিছু চাই?	**Shopkeeper**	: Please don't compel me. anything more? প্লিজ ডোণ্ট কমপেল মি। এনিথিং মোর?
খরিদ্দার	: আচ্ছা, আমাকে এক প্যাকেট ভাল চা আর ক্যাডবেরির একটা টিন দিন।	**Customer**	: Well, give me one packet of good tea and a tin of Cadbury's too. ওয়েল, গিভ মি ওয়ান প্যাকেট অফ গুড টি অ্যাণ্ড এ টিন অফ ক্যাডবেরিজ টু।
দোকানদার	: এই নিন ক্যাডবেরিজ। চা কোনটা নেবেন?	**Shopkeeper**	: Here is Cadbury's. And which brand of tea? হেয়ার ইজ ক্যাডবেরিজ। এ্যাণ্ড হুইচ ব্রাণ্ড অফ টি?
খরিদ্দার	: তাজমহল।	**Customer**	: Taj Mahal. তাজমহল।
দোকানদার	: আর কিছু চাই, আপনার?	**Shopkeeper**	: Anything else, madame? এনিথিং এলস্, ম্যাডাম?
খরিদ্দার	: ব্যস, আর কিছু চাইনা। বিলটা দিন। আপনি তো বললেন না, চিনি কবে পাওয়া যাবে।	**Customer**	: That's all. Give me the bill. And when can I have the sugar. দ্যাটস অল্। গিভ্ মি দ্য বিল। অ্যাণ্ড হোয়েন ক্যান আই হ্যাভ দ্য সুগার?

দোকানদার	: মঙ্গলবার আমাদের দোকান বন্ধ। সেদিন আমরা নতুন মাল আনতে যাব। তার পরে আসুন।	**Shopkeeper**	: Tuesday is our off day. On that day we'll go for fresh stock. Come any day after that. টিউজডে ইজ আওয়ার অফ ডে। অন্ দ্যাট ডে উই'ল গো ফর ফ্রেশ স্টক্। কাম এনি ডে আফটার দ্যাট।
খরিদ্দার	: অনেক ধন্যবাদ, আপনাকে।	**Customer**	: Thank you very much. থ্যাঙ্ক ইউ ভেরি মাচ্।

[17] কেনা কাটা SHOPPING শপিং

ক্রেতা	: কিছু শাড়ি দেখাবেন ?	**Customer**	: Will you please show me a few sarees? উইল ইউ প্লিজ শো মি এ ফিউ শাড়িজ ?
বিক্রেতা	: অবশ্যই দেখাব। কি ধরণের শাড়ি দেখাব বলুন ?	**Salesman**	: Of course. Which variety should I show? অফ কোর্স। হুইচ ভ্যারাইটি শুড আই শো ?
ক্রেতা	: ঔরঙ্গাবাদী সিল্ক দেখান।	**Customer**	: Silken, Aurangabadi. সিল্কেন, ঔরঙ্গাবাদী।
বিক্রেতা	: দয়া করে এদিকের কাউন্টারে আসুন। আমি আপনাদের পছন্দমত শাড়ি দেখাচ্ছি।	**Salesman**	: Come to this counter, please. I'll show you your choice. কাম টু দিস কাউন্টার, প্লিজ। আই'ল শো ইউ ইয়োর চয়েস।
ক্রেতা	: ঠিক আছে।	**Customer**	: O.K. ও কে।
বিক্রেতা	: আমাদের কাছে সবরকমের শাড়িই আছে — কমদামী, মাঝারি ধরণের, দামী। আপনি যেটা খুশী নিতে পারেন।	**Salesman**	: We have a wide variety – cheap, medium quality and superior ones. You can have your pick. উই হ্যাভ এ ওয়াইড ভ্যারাইটি — চিপ, মিডিয়াম কোয়ালিটি অ্যাণ্ড সুপিরিয়র ওয়ানস্। ইউ ক্যান হ্যাভ ইয়োর পিক্।
ক্রেতা	: শো-কেসে যেমন রয়েছে — ওই ধরণের শাড়ি দেখান তো।	**Customer**	: Show me more like that one displayed in the show-case. শো মি মোর লাইক দ্যাট ওয়ান ডিসপ্লেড ইন দ্য শো-কেশ।
বিক্রেতা	: এক মিনিট। আমি আপনার জন্য নিয়ে আসছি।	**Salesman**	: Wait a minute. I'll bring that for you. ওয়েট এ মিনিট। আই'ল ব্রিং দ্যাট ফর ইউ।
ক্রেতা	: ওখানেই থাক ওটা। ওই ধরণেরই শাড়ি অন্য রং-এ দেখান তো।	**Customer**	: Leave it there. Show me the same variety in different shades. লিভ ইট দেয়ার। শো মি দ্য সেম ভ্যারাইটি ইন ডিফারেন্ট শেডস্।
বিক্রেতা	: মাফ করবেন ! ওই ধরণের ওই একটাই রয়ে গেছে।	**Salesman**	: Sorry madame. We have only this one at present. স্যরি ম্যাডাম। উই হ্যাভ অনলি দিজ ওয়ান এ্যাট প্রেজেন্ট।
ক্রেতা	: কিন্তু আপনি তো এখনই বললেন আপনাদের কাছে অনেক স্টক্ রয়েছে।	**Customer**	: Just now you told me that you have a large stock. জাস্ট নাউ ইউ টোল্ড মি দ্যাট ইউ হ্যাভ এ্ লার্জ স্টক্।
বিক্রেতা	: হ্যাঁ। কিন্তু এই ধরণের শাড়ি লোকের এত পছন্দ যে খুব তাড়াতাড়ি শেষ হয়ে যায়।	**Salesman**	: Yes. But this variety is so popular that it sales very fast. ইয়েস। বাট দিজ ভ্যারাইটি ইজ সো পপুলার দ্যাট ইট সেলস্ ভেরি ফাস্ট।
ক্রেতা	: ঠিক আছে। অন্য ধরণের শাড়িও দেখান।	**Customer**	: O.K., then you can show me some other sarees. ও কে, দেন ইউ ক্যান শো মি সাম আদার শাড়িজ।
বিক্রেতা	: ধন্যবাদ। ...এটা দেখুন তো, কাঞ্জিভরমের পিওর সিল্ক।	**Salesman**	: Thank you... see this pure silkens of Kanjivaram. থ্যাঙ্ক ইউ...সি দিস পিওর সিল্কেনস অফ কাঞ্জিভরম।
ক্রেতা	: আচ্ছা। এর দাম কত ?	**Customer**	: I see. What's the price. আই সি। হোয়াট্স দ্য প্রাইস।
বিক্রেতা	: দামের কথা ভাববেন না। দেখুন কি	**Salesman**	: Don't worry about that. See how attractive it is?

সুন্দর সাড়িটা। পুরোটার সঙ্গে একটা ব্লাউজ পিসের কাপড়ও রয়েছে। দাম এমন কিছু নয়, মাত্র পঁচানব্বই টাকা।

Full length with a blouse piece also. Nominal price – only ninty five rupees. ডোন্ট ওরি এ্যাবাউট দ্যাট। সি হাউ অ্যাট্রাকটিভ ইট ইজ ? ফুল লেন্থ উইথ এ ব্লাউজ পিস অলসো। নমিনাল প্রাইস — অনলি নাইনটি ফাইভ রুপিজ।

ক্রেতা : আপনি তো চমৎকার সেলস্‌ম্যান। খরিদ্দার পটাতে আপনি খুব ভালই জানেন।

Customer: You are a good salesman. You know how to lure a customer. ইউ আর এ গুড সেলসম্যান। ইউ নো হাউ টু ল্যুর এ কাস্টমার।

বিক্রেতা : খরিদ্দার খুশী তো আমরাও খুশী।

Salesman : Customers satisfaction is our satisfaction. কাস্টমারস্ স্যাটিসফেক্সন ইজ আওয়ার স্যাটিসফেক্সন।

ক্রেতা : আচ্ছা, এই সবজেটা প্যাক করে দিন।

Customer: Well, pack this green one. ওয়েল, প্যাক্ দিস গ্রিণ ওয়ান।

বিক্রেতা : ধন্যবাদ। আর কিছু দেখাব ?

Salesman : Thanks, anything else? থ্যাঙ্কস, এনিথিং এলস্ ?

ক্রেতা : না; আর কিছু নয়, ব্যস।

Customer: No, that will do. নো, দ্যাট উইল ডু।

[18] বইয়ের দোকানে AT BOOK SELLER'S SHOP এ্যাট বুক সেলারস্ শপ্

ক্রেতা : এটাই 'হিন্দ পুস্তক ভাণ্ডার' ?

Customer : Is this 'Hind Pustak Bhandar'? ইস দিস 'হিন্দ পুস্তক ভাণ্ডার' ?

দোকানদার : হ্যাঁ, এটাই, বলুন আপনাকে কিভাবে সাহায্য করতে পারি ?

Shopkeeper: Yes gentleman. You are right, can I help you? ইয়েস জেন্টলম্যান। ইউ আর রাইট, ক্যান আই হেল্প ইউ ?

ক্রেতা : আমি একটা বই নিতে এসেছি।

Customer : I've come to buy a book. আই'ভ কাম টু বাই এ বুক্।

দোকানদার : বইয়ের নামটা বলুন। আমাদের এখানে বিভিন্ন বিষয়ের স্ট্যাণ্ডার্ড বই পাবেন।

Shopkeeper: Which book? We have standard books on every subject. হুইচ বুক ? উই হ্যাভ স্ট্যাণ্ডার্ড বুকস্ অন এভরি সাবজেক্ট।

ক্রেতা : আপনাদের কাছে কি 'র‍্যাপিডেক্স ইংলিশ স্পিকিং কোর্স' আছে ?

Customer : Do you have 'Rapidex English Speaking Course'? ডু ইউ হ্যাভ 'র‍্যাপিডেক্স ইংলিশ স্পিকিং কোর্স' ?

দোকানদার : হ্যাঁ আছে। এটা তো আমাদের একটা নামকরা বই, সবচেয়ে জনপ্রিয় বইও বটে।

Shopkeeper: Yes, It's one of our popular books and also the best seller. ইয়েস, ইট'স ওয়ান অফ আওয়ার পপুলার বুক্স এ্যাণ্ড অলসো দ্য বেস্ট সেলার।

ক্রেতা : আমি তো এ সম্বন্ধে কিছু জানিনা। আমার ছেলের ক্লাস-শিক্ষক ইংরেজী ভাল করার জন্য এই বইটার কথা বলেছেন। এটা কি এতই ভাল ?

Customer : I don't know anything about it. My son's class-teacher has recommended this to help him improve his English. Is it that good? আই ডোন্ট নো এনিথিং এ্যাবাউট ইট। মাই সনস্ ক্লাস-টিচার হ্যাজ রিকমেণ্ডেড দিস টু হেল্প হিম ইমপ্রুভ হিজ ইংলিশ। ইজ ইট দ্যাট গুড ?

দোকানদার : অবশ্যই ! প্রত্যেক শিক্ষকই এই বইটির মান সম্বন্ধে জানেন।

Shopkeeper: Yes. Of course. Every teacher knows about the qualities of this book. ইয়েস। অফ্ কোর্স। এভরি টিচার নোজ এ্যাবাউট দ্য কোয়ালিটিজ অফ দিস বুক।

ক্রেতা : আমার ছেলে ইংলিশ মিডিয়াম স্কুলে পড়ে।

Customer : My son studies in an English medium school. মাই সন স্টাডিজ ইন এ্যান ইংলিশ মিডিয়াম স্কুল।

দোকানদার : ঠিক আছে। বইটা বাংলা মিডিয়াম স্কুলের ছাত্রদেরও উপযোগী।

Shopkeeper: Doesn't matter. It's equally useful for the students of Bengali medium school also. ডাজন্ট ম্যাটার। ইট ইজ ইউজফুল ফর দ্য স্টুডেন্টস অফ বেঙ্গলি মিডিয়াম স্কুল অলসো।

ক্রেতা : সেটা কিভাবে সম্ভব ?

দোকানদার : বইয়ের লেখকেরা প্রত্যেক ছাত্রের উপযোগিতার কথা মনে রেখে, যথেষ্ট পরিশ্রম করেছেন।

ক্রেতা : খুবই ভাল। আমাকে একটা দিন।

দোকানদার : আর কোনও বই চাই ?

ক্রেতা : আমার ছেলের জন্য একটা ভাল ডিক্‌শনারি চাই, আপনার কাছে কি আছে ?

দোকানদার : নিশ্চয়ই 'অক্সফোর্ড ডিক্‌শনারি' বড় ছোট সকলের জন্যই সমান উপযোগী।

ক্রেতা : আমার ভাইপোর জন্মদিনে উপহার দেবার জন্য কিছু ভাল বই চাই।

দোকানদার : সেরকম বই আমাদের কাছে রয়েছে শিবরাম চক্রবর্তীর বইয়ের সেট। ছোটদের জনপ্রিয় লেখক উনি।

ক্রেতা : আমার তা জানা আছে। এ সেট তো ছাড়া যায় না।

দোকানদার : আপনি নিজের জন্য কোনও বই নেবেন না।

ক্রেতা : আমি এ বিষয়ে ভাবিনি। আচ্ছা আমাকে সরল বাংলাভাষায় লেখা কোনও উপন্যাস থাকে তো দেখান।

দোকানদার : আমাদের কাছে সবরকমের বইই রয়েছে। আচ্ছা শরৎচন্দ্রের লেখা আপনার নিশ্চয়ই ভাল লাগে।

ক্রেতা : হ্যাঁ। তবে ওর লেখা তো আমি সবই পড়েছি।

দোকানদার : তবে আমি আপনাকে বিভূতিভূষণের লেখা পড়তে বলব। 'পথের পাঁচালি' তো খুবই ভাল বই।

ক্রেতা : হ্যাঁ, শুনেছি। খুবই ভাল বই। তবে দামটাও তো বেশিই হবে।

দোকানদার : আপনি যদি পুরো সেট নেন, যাতে 'আরণ্যক', 'দেবযান', 'ইছামতি' সব

Customer : How is that possible? হাউ ইজ দ্যাট পসিবল ?

Shopkeeper: The authors have taken great pain to make it useful for every student. দ্য অথর্স হ্যাভ টেকন্ গ্রেট পেইন টু মেক্ ইট ইউসফুল ফর এভরি স্টুডেন্ট।

Customer : That's good! Give me one copy please. দ্যাটস্ গুড ! গিভ মি ওয়ান কপি প্লিজ।

Shopkeeper: Any other book? এনি আদার বুক ?

Customer : A good dictionary for my son, if you have one. এ গুড ডিকশনারি ফর মাই সন, ইফ ইউ হ্যাভ ওয়ান।

Shopkeeper: Certainly. 'Oxford Dictionary' is equally good for children and grown ups. সার্টেনলি। 'অক্সফোর্ড ডিকশনারি' ইজ ইকোয়ালি গুড ফর চিলড্রেন অ্যাণ্ড গ্রোন আপস্।

Customer : I want some other good books to present my nephew on his birthday. আই ওয়ান্ট সাম আদার গুড বুক্স টু প্রেজেন্ট মাই নেফিউ অন হিজ বার্থডে।

Shopkeeper: For that, here's a set of books written by Sibram Chakraborty, a very popular writer among children. ফর দ্যাট, হেয়ার'স এ সেট অফ বুক্স রিটেন বাই শিবরাম চক্রবর্তী, এ ভেরি পপুলার রাইটার অ্যামং চিলড্রেন।

Customer : I know him very well. I can't leave this set. আই নো হিম ভেরি ওয়েল। আই কান্ট লিভ দিস সেট।

Shopkeeper: Do you want some book for yourself? ডু ইউ ওয়ান্ট সাম বুক ফর ইয়োরসেল্ফ ?

Customer : I hadn't thought of it. Anyway show me a novel if you have in simple Bengali language. আই হ্যাডন্ট থট অফ ইট। এনিওয়ে শো মি এ নভেল ইফ ইউ হ্যাভ ইন সিম্পল বেঙ্গলি ল্যাঙ্গুয়েজ।

Shopkeeper: We have a wide range of books. Do you like Sarat Chandra? উই হ্যাভ এ ওয়াইড রেঞ্জ অফ বুক্স্। ডু ইউ লাইক শরৎচন্দ্র ?

Customer : Of course. But I've already read his works. অফ কোর্স। বাট আই হ্যাভ অলরেডি রেড হিজ ওয়ার্কস।

Shopkeeper: Then, I'll recommend you Bibhutibhusan. 'Pather Panchali' is a nice book. দেন, আই'ল রিকমেণ্ড ইউ বিভূতিভূষণ। 'পথের পাঁচালি' ইজ এ নাইস্ বুক।

Customer : Yes, I've heard about it. It's quite interesting. But, I think it's costly. ইয়েস, আই'ভ হার্ড অ্যাবাউট ইট। ইট'স কোয়াইট ইন্টারেস্টিং। বাট, আই থিঙ্ক ইট'স কস্টলি।

Shopkeeper: If you take the whole set, including 'Aranyak', 'Devjaan', 'Ichamati' – we give discount to

	রয়েছে — তাহলে সংগ্রাহকদের জন্য আমরা বিশেষ ছাড় দিই।		encourage the collectors. ইফ ইউ টেক্ দ্য হোল সেট, ইনক্লুডিং 'আরণ্যক', 'দেবযান', 'ইছামতি' — উই গিভ ডিসকাউন্ট টু এনকারেজ দ্য কালেকটরস্।
ক্রেতা	: খুবই ভাল। পুরো সেটটাই বেঁধে দিন।	Customer	: Then, it's fine. Pack the whole set. দেন, ইট'স ফাইন। প্যাক্ দ্য হোল সেট্।
দোকানদার	: আর কিছু?	Shopkeeper	: Anything else? এনিথিং এলস্?
ক্রেতা	: ওই আলমারিতে কি রয়েছে?	Customer	: What are those volumes in that almirah? হোয়াট আর দোস ভলিউমস ইন দ্যাট আলমিরা?
দোকানদার	: ওতে মহাত্মা গান্ধী, পণ্ডিত জওহরলাল নেহরু, লাল বাহাদুর শাস্ত্রী, সর্দার প্যাটেল, শ্রীমতী ইন্দিরা গান্ধী... এইসব জাতীয় নেতাদের জীবনী, আত্মজীবনী রয়েছে।	Shopkeeper	: Autobiographies and biographies of our national leaders, namely, Mahatma Gandhi, Pandit Jawahar Lal Nehru, Lal Bahadur Shastri, Sardar Patel, Mrs. Indira Gandhi etc. অটোবায়োগ্রাফিস এ্যাণ্ড বায়োগ্রাফিস অফ আওয়ার ন্যাশনাল লিডার্স, নেমলি, মহাত্মা গান্ধী, পণ্ডিত জওহরলাল নেহরু, লাল বাহাদুর শাস্ত্রী, সর্দার প্যাটেল, মিসেস ইন্দিরা গান্ধী এট্সেট্রা।
ক্রেতা	: আর ওই তাকের ওপরে কি রয়েছে?	Customer	: And those on the top of the self there? এ্যাণ্ড দোস অন দ্য টপ্ অফ দ্য শেল্ফ দেয়ার?
দোকানদার	: ওই বইটার নাম 'আণ্ডারওয়াটার'। এটা সমুদ্রতলের রহস্য উদ্ঘাটন করার সব রোমাঞ্চক গল্পের সংগ্রহ।	Shopkeeper	: That's 'Underwater'. It's about mysteries of the deep oceans. Very thrilling. দ্যাটস 'আণ্ডারওয়াটার'। ইটস্ এ্যাবাউট মিস্ট্রিজ অফ দ্য ডিপ্ ওশেনস্। ভেরি থ্রিলিং।
ক্রেতা	: আমি ওটাও নেব। ধন্যবাদ ভাই।	Customer	: I'll have/take this one also. Thank you. আই'ল হ্যাভ/টেক দিজ ওয়ান অলসো। থ্যাঙ্ক ইউ।

[19] ট্রাঙ্ক কল বুক করা BOOKING A TRUNK CALL বুকিং এ ট্রাঙ্ক কল

সাবস্ক্রাইবার	: হ্যালো, এক্সচেঞ্জ।	Subscriber	: Hallo, Exchange. হ্যালো, এক্সচেঞ্জ।
অপারেটর	: এক্সচেঞ্জ বলছি।	Operator	: Yes, Exchange speaking. ইয়েস, এক্সচেঞ্জ স্পিকিং।
সাবস্ক্রাইবার	: একটা সাধারণ ট্রাঙ্ককল বুক করুন।	Subscriber	: Madam, book an ordinary trunk call, Please. ম্যাডাম, বুক এন অর্ডিনারী ট্রাঙ্ক কল, প্লিজ।
অপারেটর	: কোন শহরের?	Operator	: For which city, Sir? ফর হুইচ সিটি স্যার?
সাবস্ক্রাইবার	: কলকাতা।	Subscriber	: For Calcutta, Please. ফর ক্যালকাটা, প্লিজ।
অপারেটর	: নম্বর বলুন।	Operator	: The Calcutta number please. দ্য ক্যালকাটা নাম্বার প্লিজ।
সাবস্ক্রাইবার	: ৪৬৭৮৫	Subscriber	: 46785. ৪৬৭৮৫।
অপারেটর	: আপনি কি পি-পি করতে চান?	Operator	: Is it a P.P. call? ইজ ইট এ পি পি কল?
সাবস্ক্রাইবার	: হ্যাঁ, ঠিক বলেছেন এটা মণিকার জন্য।	Subscriber	: Yes, please, it is a P.P. call for Monica. ইয়েস, প্লিজ, ইট ইজ এ পি পি কল ফর মণিকা।
অপারেটর	: বানান্ বলুন।	Operator	: Spell out, please. স্পেল আউট, প্লিজ।
সাবস্ক্রাইবার	: 'এম' ফর মাদ্রাজ, 'ও' ফর অরেঞ্জ, 'এন' ফর নদীয়া, 'আই' ফর ইণ্ডিয়া, 'কে' ফর কালকা, 'এ' ফর আগ্রা।	Subscriber	: M for Madras, O for Orange, N for Nadia, I for India, K for Kalka, A for Agra. এম ফর মাদ্রাজ, ও ফর অরেঞ্জ, এন ফর নদীয়া, আই ফর ইণ্ডিয়া, কে ফর কালকা, এ ফর আগ্রা।
অপারেটর	: আচ্ছা, লোকাল নাম্বার বলুন।	Operator	: O.K. local number, please. ও কে, লোকাল নাম্বার, প্লিজ।

সাবস্ক্রাইবার : ৩৭৩৬২৯	**Subscriber**: ৩৭৩৬২৯
অপারেটর : আপনার টিকিট নম্বর 'ডি' ফর 'ডেল্হি' ৭৩৪।	**Operator** : Your ticket number, D for Delhi 734. ইয়োর টিকট্ নাম্বার, ডি ফর ডেল্হি ৭৩৪।
সাবস্ক্রাইবার : কতটা সময় লাগবে ?	**Subscriber**: How long will it take? হাউ লং উইল ইট টেক ?
অপারেটর : অর্ডিনারি কলে তো কিছু সময় লাগবেই।	**Operator** : Ordinary call takes a few hours. অর্ডিনারি কল টেক্স এ ফিউ আওয়ারস্।
সাবস্ক্রাইবার : ধন্যবাদ, ম্যাডাম।	**Subscriber**: Thank you madame. থ্যাঙ্ক ইউ ম্যাডাম।
[দু ঘন্টা পরে]	**[After two hours আফটার টু আওয়ার্স]**
সাবস্ক্রাইবার : হ্যালো ! ডিলে এন্‌কোয়্যারি ?	**Subscriber**: Hallo, delay enquiry? হ্যালো, ডিলে এন্‌কোয়্যারি ?
অপারেটর : হ্যাঁ ! ডিলে এন্‌কোয়্যারি।	**Operator** : Yes. Delay enquiry. ইয়েস। ডিলে এন্‌কোয়্যারি।
সাবস্ক্রাইবার : দু ঘন্টা আগে আমি কলকাতায় ৪৬৭৮৫ নাম্বারে একটা পি পি কল বুক করিয়েছিলাম।	**Subscriber**: Two hours back I booked a P.P. call to Calcutta number 46785. টু আওয়ার্স ব্যাক আই বুকড্ এ পি পি কল টু ক্যালকাটা নাম্বার ৪৬৭৮৫।
অপারেটর : আপনার টিকিট নাম্বার বলুন।	**Operator** : What's your ticket number? হোয়াট্‌স ইয়োর টিকট্ নাম্বার ?
সাবস্ক্রাইবার : ডি ফর ডেল্হি ৭৩৪।	**Subscriber**: D for Delhi 734. ডি ফর ডেল্হি ৭৩৪।
অপারেটর : মাফ করবেন, লাইন ব্যস্ত রয়েছে — একটু দেরি হবে।	**Operator** : Sorry, sir. The lines are busy. It will take time. স্যরি, স্যার। দ্য লাইনস্ আর বিজি। ইট উইল টেক্ টাইম।
সাবস্ক্রাইবার : আমার অর্ডিনারি কল — মনে হয় বেশ সময়ই নেবে।	**Subscriber**: My call was ordinary. I think it will take time. মাই কল ওয়াজ অর্ডিনারি। আই থিঙ্ক ইট উইল টেক্ টাইম।
অপারেটর : অবশ্যই।	**Operator** : Certainly. সার্টেনলি।
সাবস্ক্রাইবার : কিন্তু আমি খুব তাড়াতাড়ি চাই। কি করতে হবে আমাকে ?	**Subscriber**: But I want it soon. What should I do? বাট আই ওয়ান্ট ইট সুন। হোয়াট শুড্ আই ডু ?
অপারেটর : আপনি যদি চান, তো এটাকে আর্জেন্ট কলে পরিবর্তিত করা যেতে পারে।	**Operator** : If you like, you can convert it into an urgent call. ইফ ইউ লাইক, ইউ ক্যান কনভার্ট ইট ইনটু এ্যান আর্জেন্ট কল।
সাবস্ক্রাইবার : তবে তাই করুন।	**Subscriber**: Right. Please, do that. রাইট। প্লিজ, ডু দ্যাট।
অপারেটর : আচ্ছা। লাইন ঠিক হয়ে গেলে আপনাকেই আগে দেওয়া হবে।	**Operator** : O.K. Now you'll get priority the moment lines are clear. ও কে। নাউ ইউ'ল গেট প্রায়রিটি দ্য মোমেন্ট লাইনস্ আর ক্লিয়ার।
[দশ মিনিট পরে]	**[After ten minutes আফটার টেন মিনিটস]**
অপারেটর : হ্যালো, ৩৭৩৬২৯ ?	**Operator** : Hallo, 373629? হ্যালো, ৩৭৩৬২৯ ?
সাবস্ক্রাইবার : হ্যাঁ !	**Subscriber**: Yes. ইয়েস।
অপারেটর : আপনার কলকাতার পি পি কল, কথা বলুন।	**Operator** : Here is your P.P. call to Calcutta. Please speak to your party. হেয়ার ইজ ইয়োর পি পি টু ক্যালকাটা। প্লিজ স্পিক টু ইয়োর পার্টি।
সাবস্ক্রাইবার : ধন্যবাদ, ম্যাডাম।	**Subscriber**: Thanks, madame. থ্যাঙ্কস্, ম্যাডাম।
[তিন মিনিট পরে]	**[After three minutes আফটার থ্রি মিনিটস]**

অপারেটর : তিন মিনিট হয়ে গেছে।	**Operator** : Three minutes are over. থ্রি মিনিটস আর ওভার।
সাবস্ক্রাইবার : কাটবেন না। এক্সটেণ্ড করুন, প্লিজ।	**Subscriber**: Don't disconnect. Extend please. ডোণ্ট ডিস্‌কানেক্‌ট। এক্সটেণ্ড প্লিজ।

[20] প্ল্যাটফর্মে ON THE PLATFORM অন দ্য প্ল্যাটফর্ম

প্রথম যাত্রী : আপনার নাম ?	**1st Passenger** : What's your name, please? হোয়াট্‌স ইয়োর নেম, প্লিজ ?
দ্বিতীয় যাত্রী : রাজ মেহতা। আপনার ?	**2nd Passenger**: I'm Raj Mehta. Your's? আই'ম রাজ মেহতা। ইয়োরস্ ?
প্রথম যাত্রী : কুল ভূষণ। আপনি কোথায় যাচ্ছেন মিস্টার মেহতা ?	**1st Passenger** : Kulbhushan. Where are you going Mr. Mehta? কুলভূষণ। হোয়্যার আর ইউ গোয়িং মিস্টার মেহতা ?
মিঃ মেহতা : আমি বম্বে যাচ্ছি, আপনি ?	**Mr. Mehta** : I'm going to Bombay, where are you? আই'ম গোয়িং টু বম্বে। হোয়্যার আর ইউ ?
মিঃ ভূষণ : আমিও বম্বে যাচ্ছি।	**Mr. Bhushan**: I'm also going to Bombay. আই'ম অলসো গোয়িং টু বম্বে।
মিঃ মেহতা : জেনে খুশী হলাম। বম্বের দূরত্ব কত এখান থেকে ?	**Mr. Mehta** : Very glad to know, how far is Bombay? ভেরি গ্লাড টু নো, হাউ ফার ইজ বম্বে ?
মিঃ ভূষণ : প্রায় ন'শো কিলোমিটার।	**Mr. Bhushan**: Around nine hundred kilometres. অ্যারাউণ্ড নাইন হানড্রেড কিলোমিটারস্।
মিঃ মেহতা : ট্রেনটা পৌঁছোতে কতটা সময় নেবে ?	**Mr. Mehta** : How long does the train take to reach there?হাউ লং ডাজ দ্য ট্রেন টেক টু রিচ দেয়ার ?
মিঃ ভূষণ : প্রায় ২২ ঘন্টা।	**Mr. Bhushan**: About 22 hours. অ্যাবাউট টুয়েন্টি টু আওয়ারস্।
মিঃ মেহতা : আপনার বেডিং কোথায় ?	**Mr. Mehta** : Where is your bedding? হোয়্যার ইজ ইয়োর বেডিং ?
মিঃ ভূষণ : আমার তো কোনও দরকার নেই, আমি ওখানেই থাকি।	**Mr. Bhushan**: I don't need it. I leave there. আই ডোন্ট নিড ইট। আই লিভ দেয়ার।
মিঃ মেহতা : ও, বুঝেছি।	**Mr. Mehta** : Oh! I see. ওহ্! আই সি।
মিঃ ভূষণ : আপনি ওখানে কোথায় উঠবেন ?	**Mr. Bhushan**: Where will you stay there? হোয়্যার উইল ইউ স্টে দেয়ার ?
মিঃ মেহতা : হোটেলে উঠব।	**Mr. Mehta** : In a hotel. ইন এ হোটেল।
মিঃ ভূষণ : আমার মনে হয়, আপনি প্রথমবার যাচ্ছেন ওখানে।	**Mr. Bhushan**: I think, you are going there for the first time. আই থিঙ্ক, ইউ আর গোয়িং দেয়ার ফর দ্য ফার্স্ট টাইম।
মিঃ মেহতা : হ্যাঁ, আপনি ঠিকই ধরেছেন।	**Mr. Mehta** : Yes, you are right. ইয়েস, ইউ আর রাইট।
মিঃ ভূষণ : কোনও ব্যবসার কাজে... ?	**Mr. Bhushan**: In connection with some business...? ইন কানেকশন উইথ সাম বিজনেস... ?
মিঃ মেহতা : না। বেড়াতে যাচ্ছি। আপনি কি ওখানের কিছু দর্শনীয় স্থান সম্বন্ধে জানাতে পারেন ?	**Mr. Mehta** : No, It's a pleasure trip. Could you suggest me some worth seeing places/good tourist spots. নো, ইট'স এ প্লিজার ট্রিপ। কুড ইউ সাজেস্ট মি সাম ওয়র্থ সিয়িং প্লেসেস/গুড ট্যুরিস্ট স্পটস্।
মিঃ ভূষণ : কেন নয় ? আপনাকে সঙ্গ দিতে পারলে আমি খুশীই হব।	**Mr. Bhushan**: Why not? I shall be glad to accompany you. হোয়াই নট ? আই শ্যাল বি গ্ল্যাড টু অ্যাকম্পানি ইউ।
মিঃ মেহতা : ওহ্! ধন্যবাদ। আপনাকে অনেক ধন্যবাদ। কিন্তু আমি আপনাকে মোটেই	**Mr. Mehta** : Oh! Thanks. I'll be grateful for that. But I don't want to bother you.ওহ্! থ্যাঙ্কস্। আই'ল বি গ্রেটফুল

রিসেপস্যানিষ্ট : খাওয়া থাকা নব্বই টাকা।
Receptionist: Ninety rupees for boarding and lodging. নাইনটি রূপিজ ফর বোর্ডিং এণ্ড লজিং।

আগন্তুক : অত্যন্তঃ বেশী।
Stranger : That's too much. দ্যাট'স টুউ মাচ।

রিসেপস্যানিষ্ট : না স্যার, সুবিধেগুলো ভেবে দেখলে এ এমন কিছু বেশী নয়।
Receptionist: No, Sir. Considering the facilities it's not much. নো, স্যার। কনসিডারিং দ্য ফেসিলিটিজ ইট'স নট মাচ।

আগন্তুক : ঘরটা দেখতে পারি কি ?
Stranger : May I see the room? মে আই সি দ্য রুম।

রিসেপস্যানিষ্ট : নিশ্চয়ই। আমরা দ্রুত সার্ভিস দিই। আপনি সকাল-দুপুর আর রাত্রের খাবার কখন চান ?
Receptionist: Yes Sir. We have efficient and prompt service. When do you like to have breakfast, lunch and dinner? ইয়েস স্যার, উই হ্যাভ এফিসিয়েন্ট্ এ্যাণ্ড প্রম্পট সার্ভিস। হোয়েন ডু ইউ লাইক টু হ্যাভ ব্রেকফাস্ট, লাঞ্চ এ্যাণ্ড ডিনার ?

আগন্তুক : প্রাতরাশ ৮টার সময়, মধ্যহ্নভোজ বেলা ১২টায় আর ১০টার সময় রাত্রের খাবার।
Stranger : Breakfast at 8.00 A.M., lunch at 12 noon and dinner at 10 P.M. ব্রেক-ফাস্ট এ্যাট এইট এ এম, লাঞ্চ এ্যাট টুয়েলভ নুন এণ্ড ডিনার এ্যাট টেন পি এম।

রিসেপস্যানিষ্ট : আপনি কি বিশেষ কোন নির্দেশ দিতে চান ?
Receptionist: Anything special, Sir? এনিথিং স্পেশাল, স্যার ?

আগন্তুক : না, ধন্যবাদ।
Stranger : No, thanks. নো, থ্যাঙ্কস।

রিসেপস্যানিষ্ট : আমাদের সন্ধ্যে বেলায় বিশেষ যাদু প্রদর্শনীর ব্যবস্থা আছে। আমার মনে হয় আপনার ভাল লাগবে।
Receptionist: We have special magic shows for our patrons in the evening. I hope you'll like to see that. উই হ্যাভ স্পেশাল ম্যাজিক শোজ ফর আওয়ার পেট্রনস ইন দ্য ইভনিং। আই হোপ ইউ'ল লাইক টু সি দ্যাট।

আগন্তুক : আচ্ছা, ধন্যবাদ। কখন আরম্ভ হবে ?
Stranger : Oh! Thanks. When does it start? ওহ ! থ্যাঙ্কস। হোয়েন ডাজ ইট স্টার্ট ?

রিসেপস্যানিষ্ট : সন্ধ্যে সাড়ে সাতটায়।
Receptionist: At 7.30 in the evening. এ্যাট সেভেন থারটি ইন দ্য ইভনিং।

আগন্তুক : আপনার খবরের জন্যে ধন্যবাদ। আমি সময়ে আসার চেষ্টা করব।
Stranger : Thank you for telling me. I'll try to come in time থ্যাঙ্ক ইউ ফর টেলিং মি। আই'ল ট্রাই টু কাম ইন টাইম।

রিসেপস্যানিষ্ট : আমরা আশা করি, আপনি এখানে থেকে আনন্দ পাবেন।
Receptionist: We hope you'll enjoy your stay here. উই হোপ ইউ'ল এনজয় ইওর স্টে হিয়ার।

[23] প্রতিদিনের অসুবিধা DAY-TO-DAY DIFFICULTIES ডে-টু-ডে ডিফিকালটিজ

প্রথম ব্যক্তি : আরে, কেমন আছেন ?
1st Person : Hello, how are you? হ্যালো, হাউ আর ইউ ?

দ্বিতীয় ব্যক্তি : খুব একটা ভাল নয় হে। জিনিস-পত্রের দাম বাড়ছেই। প্রত্যেকটা জিনিসের দাম বাড়ছে।
2nd Person: Not so good. Prices are going up. Everything is getting costly. নট সো গুড। প্রাইসেস আর গোয়িং আপ। এভরিথিং ইজ গেটিং কস্টলি।

প্রথম ব্যক্তি : হ্যাঁ, খাদ্যতেলের দামও তো কমছেনা।
1st Person : Yes, prices of edible oils haven't come down. ইয়েস, প্রাইসেস অফ এডিবল অয়েলস হ্যাভন্ট কাম ডাউন।

দ্বিতীয় ব্যক্তি : সরকারের চেষ্টা সত্ত্বেও তেমন কোনও ফল তো মিলছেনা।
2nd Person: Despite Government's strictness, there is no positive result. ডেসপাইট গভার্নমেন্টস স্ট্রিকটনেস, দেয়ার ইজ নো পজিটিভ রেজাল্ট।

প্রথম ব্যক্তি : আমার মনে হয় এটা কিছুদিনের জন্য। কিছুদিন পরেই এটা স্বাভাবিক হয়ে যাবে।
1st Person : I think this is for the time being. It will be normal again within some days. আই থিঙ্ক দিস ইজ ফর দ্য টাইম বিয়িং। ইট উইল বি নর্মাল এগেইন উইদিন সাম ডেজ।

দ্বিতীয় ব্যক্তি : না মশাই, একবার দাম বাড়লে তা আর কমেনা। একে বলে মুদ্রাস্ফীতি।

2nd Person: No sir, prices once risen, don't come down. This is what is called inflation. নো স্যার, প্রাইসেজ ওয়ানস রাইজেন, ডোন্ট কাম ডাউন। দিস ইজ হোয়াট ইজ কলড্ ইনফ্লেশান।

প্রথম ব্যক্তি : হ্যাঁ, সেটা তো ঠিকই।

1st Person : Well, yes, that's right. ওয়েল, ইয়েস, দ্যাট'স রাইট।

দ্বিতীয় ব্যক্তি : আসলে, ভারতের প্রধান সমস্যা হচ্ছে বেকারী।

2nd Person: Actually, the main problem in India is unemployment. অ্যাকচুয়ালি, দ্য মেইন প্রবলেম ইন ইণ্ডিয়া ইজ আন-এমপ্লয়মেন্ট।

প্রথম ব্যক্তি : আপনি কি জানেন, আমাদের দেশে কতজন লোক বেকার?

1st Person : Do you know, how many people are unemployed in our country? ডু ইউ নো, হাউ মেনি পিপল আর আন-এমপ্লয়েড ইন আওয়ার কান্ট্রি?

দ্বিতীয় ব্যক্তি : না, আমি জানিনা।

2nd Person: No, I don't. নো, আই ডোন্ট।

প্রথম ব্যক্তি : আমাদের দেশে প্রায় ৩ কোটি লোক বেকার।

1st Person : There are about three crore unemployed people in our country. দেয়ার আর এ্যাবাউট থ্রি ক্রোড় আনএমপ্লয়েড পিপল ইন আওয়ার কান্ট্রি।

দ্বিতীয় ব্যক্তি : ওহ্! বেকারির কি ভীষণ অবস্থা।

2nd Person: Oh! What a great problem of unemployment! ওহ্! হোয়াট এ গ্রেট প্রবলেম অফ আনএময়মেন্ট!

প্রথম ব্যক্তি : অবশ্যই।

1st Person : Of course. অফ্ কোর্স।

দ্বিতীয় ব্যক্তি : এর মানে, আমাদের দেশের দুই প্রধান সমস্যা হল — বেকারি আর মুদ্রাস্ফীতি।

2nd Person: It means, there are two main problems in our country – unemployment and inflation. ইট মিনস, দেয়ার আর টু মেইন প্রবলেমস ইন আওয়ার কান্ট্রি — আন-এমপ্লয়মেন্ট অ্যাণ্ড ইনফ্লেশন।

প্রথম ব্যক্তি : হ্যাঁ, কিন্তু আমাদের এই চ্যালেঞ্জের মোকাবিলা করতে হবে।

1st Person : Yes, but we have to face this challenge. ইয়েস, বাট উই হ্যাভ টু ফেস দিস চ্যালেঞ্জ।

[24] অর্থ সম্বন্ধীয় কথাবার্তা MONEY MATTERS মানি ম্যাটারস্

মিসেস পুরি : মিসেস সুদ তো আজকাল খুব ঠাট্-বাটে আছেন।

Mrs. Puri : Mrs. Sood lives very luxuriously these days. মিসেস সুদ লিভস ভেরি লাক্সারিয়াসলি দিজ ডেজ।

মিসেস সৈনি : সত্যি! আগে তো ওদের দুবেলা খাওয়ার যোগাড় হতনা। এত টাকাপয়সা এল কোত্থেকে?

Mrs. Saini: Is it? formerly they were unable to make both ends meet. From where has the money come? ইজ ইট? ফর্মারলি দে ওয়্যার আনএবল টু মেক বোথ এনড্স্ মিট। ফ্রম হোয়্যার হ্যাজ দ্য মানি কাম?

মিসেস পুরি : ওর স্বামী লটারিতে টাকা পেয়েছে।

Mrs. Puri : Her husband has won a lottery. হার হাজব্যাণ্ড হ্যাজ ওন এ লটারি।

মিসেস সৈনি : এতো খুবই ভাল খবর।

Mrs. Saini: This is indeed a good news. দিস ইজ ইনডিড এ গুড নিউজ।

মিসেস পুরি : ওরা তো খুব শীগ্রিই একটা গাড়ি কিনছে, আর কোনও ধনী এলাকায় একটা ডি ডি এ ফ্ল্যাট কেনার কথাও ভাবছে।

Mrs. Puri : Now they are going to buy a car very shortly and are planning to have a D.D.A. flat in posh area shortly. নাউ দে আর গোয়িং টু বাই এ কার ভেরি সর্টলি এ্যাণ্ড আর প্ল্যানিং টু হ্যাভ এ ডি ডি এ ফ্ল্যাট ইন পস এরিয়া সর্টলি।

মিসেস সৈনি : মিঃ সুদ তাঁর ভাই সম্বন্ধে কিছু জানেন না কি?

Mrs. Saini: Does Mr. Sood know anything about his brother or not. ডাজ মিস্টার সুদ নো এনিথিং এ্যাবাউট হিজ ব্রাদার অর নট।

মিসেস পুরি : কেন ? তাঁর আবার কি হল ?	**Mrs. Puri** : Why? What happended to him? হোয়াই ? হোয়াট হ্যাপেনড টু হিম ?
মিসেস সৈনি : উনি তো একেবারে নিঃস্ব হয়ে গেছেন।	**Mrs. Saini**: He is completely ruined. হি ইজ কমপ্লিটলি রুইনড্।
মিসেস পুরি : কি বলছ ? ওর ব্যবসা তো খুবই ভাল চলছিল।	**Mrs. Puri** : But how do you say so? He has a flourishing business. বাট হাউ ডু ইউ সে সো ? হি হ্যাজ এ ফ্লরিশিং বিজনেস।
মিসেস সৈনি : হ্যাঁ, কিন্তু দুর্ভাগ্যক্রমে গত সপ্তাহে ওঁর দোকানে আগুন লেগে সব পুড়ে ছাই হয়ে গেছে।	**Mrs. Saini**: Yes, but unfortunately his shop caught fire last week. Everything was burnt to ashes. ইয়েস, বাট আন-ফরচুনেটলি হিজ শপ কট ফায়ার লাস্ট উইক। এভরিথিং ওয়াজ বার্নট টু এ্যাশেজ।
মিসেস পুরি : দোকানটা কি বীমা করা ছিলনা ?	**Mrs. Puri** : Wasn't that insured? ওয়াজন্ট দ্যাট ইনসিওরড ?
মিসেস সৈনি : হ্যাঁ, ছিল।	**Mrs. Saini**: Yes, it was. ইয়েস, ইট ওয়াজ।
মিসেস পুরি : তবে তো তেমন ভাবনার কিছু নেই।	**Mrs. Puri** : Then there's no need to worry. দেন দেয়ার'স নো নিড টু ওরি।
মিসেস সৈনি : কিন্তু কাগজপত্র খুঁজে পাচ্ছে না। মনে হয় সেগুলোও আগুনে পুড়ে গেছে।	**Mrs. Saini**: But the documents are not available. It seems they all got burnt in fire. বাট দ্য ডকুমেন্টস আর নট অ্যাভেইলেবল। ইট সিম্স দে অল গট বার্নট ইন ফায়ার।
মিসেস পুরি : খুবই খারাপ খবর।	**Mrs. Puri** : Very sad news. ভেরি স্যাড নিউজ।
মিসেস সৈনি : উপরন্তু উনিও অনেকটা পুড়ে গেছেন, খুবই অল্পের জন্য বেঁচে গেছেন ভদ্রলোক।	**Mrs. Saini**: Moreover he got badly injured and had a narrow escape. মোরওভার হি গট ব্যাডলি ইনজিওরড অ্যাণ্ড হ্যাড এ ন্যারো এস্কেপ।
মিসেস পুরি : কি দুঃখের কথা !	**Mrs. Puri** : What a pity! হোয়াট এ পিটি !
মিসেস সৈনি : মিস্টার সুদ চাইলে তো ওঁর সাহায্য করতে পারেন।	**Mrs. Saini**: Mr. Sood can help him, if he wants. মিস্টার সুদ ক্যান হেল্প হিম, ইফ হি ওয়ান্টস।
মিসেস পুরি : কিন্তু ওঁর স্ত্রী ওঁকে তা করতে দেবেন না।	**Mrs. Puri** : But his wife won't allow him to do it. বাট হিজ ওয়াইফ ওন্ট অ্যালাও হিম টু ডু ইট।
মিসেস সৈনি : কেন ?	**Mrs. Saini**: Why so? হোয়াই সো ?
মিসেস পুরি : অর্থ ওনার মাথা খারাপ করে দিয়েছে	**Mrs. Puri** : Money has turned her mind. মানি হ্যাজ টার্নড হার মাইণ্ড।
মিসেস সৈনি : অর্থই অনর্থের মূল।	**Mrs. Saini**: Money is the cause of all evils. মানি ইজ দ্য কজ অফ অল এভিলস্।
মিসেস পুরি : হায় রে দুনিয়া !	**Mrs. Puri** : What a world! হোয়াট এ ওয়ার্ল্ড !

[25] শিক্ষার স্তর STANDARD OF EDUCATION স্ট্যাণ্ডার্ড অফ এডুকেশন

মিসেস সাহনি : আজকাল শিক্ষার স্তর তো নেমেই যাচ্ছে।	**Mrs. Sahni** : The standard of education has been going down now a days. দ্য স্ট্যাণ্ডার্ড অফ এডুকেশন হ্যাজ বিন গোয়িং ডাউন নাউ এ ডেজ।
মিসেস সায়গল : হ্যাঁ। এখনকার এক গ্র্যাজুয়েটও আগেকার ম্যাট্রিকুলেটের তুলনায় আসেনা।	**Mrs. Sehgal**: Yes, even a graduate of today is no comparison to a a former matriculate. ইয়েস, ইভন এ গ্র্যাজুয়েট অফ টুডে ইজ নো কমপ্যারিসন টু এ ফর্মার ম্যাট্রিকুলেট।
মিসেস সাহনি : এ সবই শিক্ষকদের ওপর নির্ভর-	**Mrs. Sahni** : It all depends on the teachers. In the past they used

	শীল। আগে প্রতিটি ছাত্রের প্রতি শিক্ষকেরা ব্যক্তিগতভাবে যত্ন নিতেন।		to pay individual attention to the students. ইট অল ডিপেণ্ডস অন দ্য টিচার্স। ইন দ্য পাস্ট দে ইউজড টু পে ইনডিভিজুয়াল অ্যাটেনশন টু দ্য স্টুডেন্টস।
মিসেস সায়গল	: আসলে তারা ছিলেন সমর্পিতপ্রাণ; ছাত্রদের ভালমন্দের প্রতি সদা যত্নবান।	Mrs. Sehgal:	In fact, they were devoted/conscientious and took interest in students welfare. ইন ফ্যাক্ট, দে ওয়্যার ডিভোটেড/কন্সেনশিয়স অ্যাণ্ড টুক্ ইন্টারেস্ট ইন স্টুডেন্টস ওয়েলফেয়ার।
মিসেস সাহনি	: ছাত্ররাও তো ছিল নিজেদের পড়াশোনার প্রতি যত্নবান আর শিক্ষকদের অনুগত।	Mrs. Sahni :	Students were also obedient to their teachers and faithful to their studies. স্টুডেন্টস ওয়্যার অলসো ওবিডিয়েন্ট টু দেয়ার টিচার্স অ্যাণ্ড ফেইথফুল টু দেয়ার স্টাডিজ।
মিসেস সায়গল	: আজকাল তো ওরা পড়াশোনার সম্বন্ধে কিছু জানুক না জানুক, সিনেমার ব্যাপারে একেবারে দিগ্গজ, একেকজন।	Mrs. Sehgal:	And now a days they hardly know anything about their studies but know a lot about cine-world. এ্যাণ্ড নাউ এ ডেজ দে হার্ডলি নো এনিথিং অ্যাবাউট দেয়ার স্টাডিজ বাট নো এ লট অ্যাবাউট সিনে-ওয়ার্ল্ড।
মিসেস সাহনি	: সত্যিই, ওদের পড়াশুনোর অবস্থা তো খুবই খারাপ।	Mrs. Sahni :	Really, they are no good in their studies. রিয়েলি, দে আর নো গুড ইন দেয়ার স্টাডিজ।
মিসেস সায়গল	: কারণ, ওরা পড়াশুনোয় একেবারে মনই বসায় না।	Mrs. Sehgal:	Because they don't take interest in their studies. বিকজ দে ডোন্ট টেক্ ইন্টারেস্ট ইন দেয়ার স্টাডির্জ।
মিসেস সাহনি	: শিক্ষকরাও তো তেমনিই। তাঁরাও আজকাল পয়সাকড়িকেই বেশী গুরুত্ব দেন।	Mrs. Sahni :	Even the teachers. They only want to make money. ইভন দ্য টিচার্স। দে অনলি ওয়ান্ট টু মেক্ মানি।
মিসেস সায়গল	: আজকাল সবাই যখন পয়সার পেছনে দৌড়োচ্ছে, শিক্ষকরাই আর পিছিয়ে থাকেন কেন ?	Mrs. Sehgal:	When everyone is mad after making money, why shouldn't the teachers do so. হোয়েন এভরিওয়ান ইজ ম্যাড আফটার মেকিং মানি, হোয়াই শুডন্ট দ্য টিচার্স ডু সো।
মিসেস সাহনি	: এটা অত্যন্ত পরিতাপের বিষয় যে নিঃস্বার্থ শিক্ষকদের সে দিন আর নেই।	Mrs. Sahni :	It's a pity that there are no selfless teachers now. ইট'স এ পিটি দ্যাট দেয়ার আর নো সেল্ফলেস টিচার্স নাউ।
মিসেস সায়গল	: আমার মনে হয় এর একটাই উপায় আছে। যদি শিক্ষকদের মাইনে বাড়িয়ে দেওয়া যায়, তবে অনেক মেধাবী ছাত্রই এ পেশায় আকর্ষিত হবে।	Mrs. Sehgal:	I think that's the only way out, is to pay them a good salary so that the talented persons could be tempted to enter this field. আই থিংক দ্যাট'স দ্য অনলি ওয়ে আউট, ইজ টু পে দেম এ গুড স্যালারি সো দ্যাট দ্য ট্যালেন্টেড পার্সনস কুড বি টেম্পটেড টু এনটার দিস ফিল্ড।
মিসেস সাহনি	: আমারও তাই মনে হয়।	Mrs. Sahni :	I also feel that. আই অলসো ফিল দ্যাট।
মিসেস সায়গল	: আমাদের শিক্ষাব্যবস্থায় বৈপ্লবিক পরিবর্তন আসা দরকার।	Mrs. Sehgal:	Radical changes are needed in our educational system. র‍্যাডিক্যাল চেঞ্জেস আর নিডেড ইন আওয়ার এডুকেশনাল সিস্টেম।
মিসেস সাহনি	: আমার তো মনে হয় সরকারের এ বিষয়ে পুরো দায়িত্ব নেওয়া উচিৎ।	Mrs. Sahni :	I think that government should undertake responsibility immediately. আই থিঙ্ক দ্যাট গভার্নমেন্ট শুড আণ্ডারটেক রেসপনসিবিলিটি ইমিজিয়েটলি।

মিসেস সায়গল : এই উদ্দেশ্যে শিক্ষাবিদদেরও যথাসম্ভব যোগদান করা উচিৎ।	**Mrs. Sehgal:** Educationists too should contribute to this cause. এডুকেশনিস্টস টু শুড কনট্রিবিউট টু দিস কজ।

[26] অপরাধ CRIMES ক্রাইমস

অশোক : সততাই শ্রেষ্ঠ পন্থা।	**Ashok:** Honesty is the best policy. অনেস্টি ইজ দ্য বেস্ট পলিসি।
প্রাণ : কিন্তু আমি অসৎপথে বিশ্বাস রাখি।	**Pran** : But I believe in dishonesty. বাট আই বিলিভ ইন ডিজঅনেস্টি।
অশোক : তুমি এরকম বলছ কারণ তুমি কাজ করতে চাওনা।	**Ashok:** You say so because you don't want to work. ইউ সে সো বিকজ্ ইউ ডোন্ট ওয়ান্ট টু ওয়ার্ক।
প্রাণ : তা নয়, বাস্তব যে পরিশ্রম করে সে অত্যন্ত কায়ক্লেশে দিনাতিপাত করে।	**Pran** : It's not that. In fact a hard-working person can hardly make his both ends meet. ইট'স নট দ্যাট। ইন ফ্যাক্ট এ হার্ড-ওয়ার্কিং পার্সন ক্যান হার্ডলি মেক হিজ বোথ এণ্ডস মিট।
অশোক : কিন্তু তুমি একটা কথা ভুলে যাচ্ছ। পরিশ্রমী ব্যক্তিকে এ জন্য বেশী পরিশ্রম করতে হয়, কারণ দেশের অনেক লোকই আলস্যে দিন কাটায়।	**Ashok:** But you forget one thing. A man has to work hard only because many others in the country idle away their time. বাট ইউ ফরগেট ওয়ান থিং। এ ম্যান হ্যাজ টু ওয়ার্ক হার্ড ওনলি বিকজ মেনি আদার্স ইন দ্য কান্ট্রি আয়ডল অ্যাওয়ে দেয়ার টাইম।
প্রাণ : হ্যাঁ, কারোরই অলস বসে থাকা উচিৎ নয়। পকেট কাটতে পারে, কালোবাজারি বা চোরাকারবার করতে পারে, যদি সে চায়।	**Pran** : Yes, none should seat idle. One can pick the pockets, do black marketing or smuggling, if one likes. ইয়েস, নান শুড সিট আয়ডল। ওয়ান ক্যান পিক্ দ্য পকেটস, ডু ব্ল্যাক মার্কেটিং অর স্মাগলিং, ইফ ওয়ান লাইকস্।
অশোক : কিন্তু সে তো আরও খারাপ ব্যাপার।	**Ashok:** But this is even worse than that. বাট দিস ইজ ইভন ওয়র্স দ্যান দ্যাট।
প্রাণ : খারাপ কেন ? পয়সা উপার্জন করে জীবনে উন্নতি করা মোটেই খারাপ নয়।	**Pran** : How is it bad? It is not bad to earn money and improve one's living. হাও ইজ ইট ব্যাড ? ইট ইজ নট ব্যাড টু আর্ন মানি অ্যাণ্ড ইমপ্রোভ ওয়ান'স লিভিং।
অশোক : যে অন্যকে ঠকিয়ে নিজের উন্নতি চায়, সে তো বিশ্বাসঘাতক।	**Ashok:** One who improves his living at other's cost, is a traitor. ওয়ান হু ইমপ্রুভস হিজ লিভিং এ্যাট আদারস কস্ট, ইজ এ ট্রেটর।
প্রাণ : এতো ব্যবসা, এতে দেশকে ঠকানোর প্রশ্ন আসছে কোত্থেকে ?	**Pran** : This is business, It's not cheating the country. দিস ইজ বিজনেস, ইট'স নট চিটিং দ্য কান্ট্রি।
অশোক : এতে করে দেশের অর্থব্যবস্থা দুর্বল হয়ে পড়ে।	**Ashok:** It weakens the country's economy. ইট উইকেনস্ দ্য কান্ট্রিজ ইকনমি।
প্রাণ : কি করে ?	**Pran** : How so? হাউ সো ?
অশোক : উৎপাদক জিনিসের উৎপাদন করে। ক্রেতা তার ব্যবহার করে। কালোবাজারি এই দুয়ের মাঝখানে বাধার সৃষ্টি করে দুজনেরই ক্ষতি করে।	**Ashok:** Manufacturers produce goods. Consumers use them. The black-marketeers create obstruction between the two and harm them ম্যানুফ্যাকচারারস প্রডিউস গুডস। কনজিউমার্স ইউজ দেম। দ্য ব্ল্যাক-মার্কেটিয়ারস ক্রিয়েট অবস্ট্রাকশন বিটুইন দ্য টু এ্যাণ্ড হার্ম দেম।
প্রাণ : কিন্তু চোরাকারবারে কার কি ক্ষতি হবে ?	**Pran** : But is there any harm in smuggling? বাট ইজ দেয়ার এনি হার্ম ইন স্মাগলিং ?
অশোক : চোরাকারবার তো কালোবাজারির চেয়েও খারাপ।	**Ashok:** Smuggling is worse than black-marketing. স্মাগলিং ইজ ওয়র্স দ্যান ব্ল্যাক-মার্কেটিং।
প্রাণ : তা কি করে ?	**Pran** : How so? হাউ সো ?

অশোক : এটা দুভাবে ক্ষতি করে। প্রথমতঃ অবৈধ ভাবে বিদেশী জিনিস কেনার ফলে দেশের অর্থসম্পদ বাইরে চলে যায়, দ্বিতীয়তঃ দেশবাসীও বিদেশী জিনিসের প্রতি আসক্ত হয়ে পড়ে।	**Ashok:** It harms both ways. First, by the illicit purchase of foreign goods, we let the country's wealth to go out illegally. Secondly, it gives our people the habit of using foreign goods. ইট হার্মস বোথ ওয়েজ। ফার্স্ট, বাই দ্য ইলিসিট পার্চেজ অফ ফরেইন গুডস্, উই লেট দ্য কান্ট্রিজ ওয়েলথ টু গো আউট ইল্লিগালি। সেকণ্ডলি, ইট গিভস আওয়ার পিপল দ্য হ্যাবিট অফ ইউজিং ফরেন গুডস।
প্রাণ : তুমি বাড়িয়ে বলছ, সব।	**Pran** : Oh, you are exaggerating. ওহ, ইউ আর এগজাজারেটিং।
অশোক : না, আমি মোটেই বাড়িয়ে বলছিনা। এইসব কারণে দেশের এত ক্ষতি হচ্ছিল যে সরকারকে জরুরী অবস্থার ঘোষণা পর্যন্ত করতে হয়েছিল।	**Ashok:** No, I'm not. In fact, the country had been suffering badly on account of this and the government had to resort to emergency laws. নো, আই'ম নট। ইন ফ্যাক্ট, দ্য কান্ট্রি হ্যাড বিন সাফারিং ব্যাডলি অন অ্যাকাউন্ট অফ দিস অ্যাণ্ড দ্য গভার্নমেন্ট হ্যাড টু রেসর্ট টু ইমারজেন্সি লজ্।
প্রাণ : জরুরী অবস্থা জারী করে কি হয়েছে?	**Pran** : What has been the impact of emergency? হোয়াট হ্যাজ বিন দ্য ইম্প্যাক্ট অফ ইমারজেন্সি?
অশোক : এতে অনেক পার্থক্য দেখা গেছে। প্রথমতঃ বড় চোরাকারবারীদের গ্রেফতার করা হয়েছে। দ্বিতীয়তঃ এখন রপ্তানির পরিমাণ আমদানির চেয়ে বেড়ে গেছে।	**Ashok:** It has already made a lot of difference. Big smugglers have been arrested. Now exports are gaining prominence over import. ইট হ্যাজ অলরেডি মেড এ লট অফ ডিফারেন্স। বিগ স্মাগলারস্ হ্যাভ বিন অ্যারেস্টেড। নাউ এক্সপোর্টস আর গেইনিং প্রমিনেন্স ওভার ইমপোর্ট।
প্রাণ : তা কি করে সম্ভব হয়েছে?	**Pran** : How has that happened? হাউ হ্যাজ দ্যাট হ্যাপেনড়?
অশোক : দেশে উৎপাদনের পরিমান বেড়েছে। বিদেশে দেশের জিনিসপত্রের চাহিদা বাড়ছে। দেশের দারিদ্র্যও দূর হতে চলেছে।	**Ashok:** The production in the country has increased. Our products are being liked abroad. Conditions are being created for the removal of poverty. দ্য প্রোডাকশন ইন দ্য কান্ট্রি হ্যাজ ইনক্রিজড। আওয়ার প্রোডাকটস্ আর বিয়িং লাইকড্ অ্যাব্রড। কনডিশনস্ আর বিয়িং ক্রিয়েটেড ফর দ্য রিমোভাল অফ পভার্টি।
প্রাণ : কিন্তু এতে দেশের দারিদ্র্য কিভাবে দূর হবে?	**Pran** : But how will this remove poverty from our country? বাট হাউ উইল দিস রিমোভ পভার্টি ফ্রম আওয়ার কান্ট্রি?
অশোক : দেশে উৎপাদিত জিনিসপত্রের চাহিদা বাড়লে অনেক লোকের উপার্জনের পথও তো খুলবে।	**Ashok:** When there is an increased demand for the indigenous goods, more people will get employment. হোয়েন দেয়ার ইজ অ্যান ইনক্রিজড ডিমাণ্ড ফর দ্য ইনডিজেনাস গুডস, মোর পিপল উইল গেট এমপ্লয়মেন্ট।
প্রাণ : হ্যাঁ, বেকারি তো কমবে, কিন্তু দারিদ্র্য দূর হবে কিভাবে?	**Pran** : Of course, it will reduce unemployment, but how will it remove poverty? অফ কোর্স, ইট উইল রিডিউস আন-এমপ্লয়মেন্ট, বাট হাউ উইল ইট রিমোভ পভার্টি?
অশোক : ব্যবসায়ী আর শিল্পপতিদের আয় বাড়লে কর্মচারিদের বেতনও তো বেড়ে যাবে।	**Ashok:** When the traders and industrialists will have more profits, the employees will also get better wages. হোয়েন দ্য ট্রেডার্স অ্যাণ্ড ইণ্ডাসট্রিয়ালিস্টস উইল হ্যাভ মোর প্রফিটস, দ্য এমপ্লয়িজ উইল অলসো গেট বেটার ওয়েজেস।
প্রাণ : হ্যাঁ, এখন আমি ব্যাপারটা বুঝতে পেরেছি।	**Pran** : Yes, now I understand. ইয়েস, নাউ আই আণ্ডারস্ট্যাণ্ড।

[27] একটি দুর্ঘটনা AN ACCIDENT এ্যান এ্যাকসিডেন্ট

মা : বাবা, আজ এত দেরিতে এলে ?	**Mother:** Why are you so late today dear? হোয়াই আর ইউ সো লেট টুডে ডিয়ার ?
ছেলে : মা, একটা দুর্ঘটনা ঘটেছে।	**Son** : There was an accident, mother. দেয়ার ওয়াজ এ্যান এক্সিডেন্ট, মাদার।
মা : কোথায় ?	**Mother:** Where? হোয়ার ?
ছেলে : কৃষ্ণা মার্কেটের কাছে।	**Son** : Near Krishna Market. নিয়ার কৃষ্ণা মার্কেট।
মা : হাঃ ভগবান, কেউ মারা গেছে ?	**Mother:** My God! Was anybody killed? মাই গড ! ওয়াজ এনিবডি কিল্‌ড ?
ছেলে : না মা, ভগবানের দয়ায় কিছুই হয়নি।	**Son** : No, mother. By God's grace all are fine. নো, মাদার। বাই গডস্ গ্রেস অল আর ফাইন।
মা : ঠাকুরকে ধন্যবাদ ! কিন্তু কি করে হ'ল ?	**Mother:** Thank God! But how did it heppen? থ্যাঙ্ক গড ! বাট হাউ ডিড ইট হ্যাপেন ?
ছেলে : একটা গাড়ি — সাইকেল-এ ধাক্কা মেরে দুটো ছেলেকে চাপা দেয়।	**Son** : A car hit a bicycle and ran over two boys. এ কার হিট এ বাইসাইকেল এণ্ড র‍্যান ওভার টু বয়েজ।
মা : ওরা একই সাইকেলে যাচ্ছিল ?	**Mother:** Were they riding on one bicycle? ওয়ার দে রাইডিং অন ওয়ান বাইসাইকেল ?
ছেলে : হ্যাঁ, ওরা চালাচ্ছিল।	**Son** : Yes, they were. ইয়েস দে ওয়ার।
মা : এজন্যই দু'জনের সাইকেল চাপা আমি পছন্দ করি না।	**Mother:** That's why I never like double-riding. দ্যাটস্ হোয়াই, আই নেভার লাইক্ ডবল-রাইডিং।
ছেলে : গাড়িটা খুব জোরে চলছিল। ড্রাইভার সামলাতে পারেনি।	**Son** : The car was at full speed. The driver couldn't control it. দি কার ওয়াজ এ্যাট ফুল স্পিড। দি ড্রাইভার কুড নট্ কন্ট্রোল ইট।
মা : বেচারা ! ছেলেগুলোর কি হ'ল ?	**Mother:** Poor boys! What happened to them? পুয়োর বয়েজ, হোয়াট হ্যাপেণ্ড টু দেম ?
ছেলে : একটা ছেলের হাত ভেঙ্গে গেছে, অন্যটার মাথা কেটে গেছে।	**Son** : One boy had his arm fractured and the other got a deep cut on his head. ওয়ান বয় হ্যাড হিজ আরম ফ্র্যাকচাড এণ্ড দি আদার গট এ ডিপ কাট অন হিজ হেড।
মা : তারা এখন কোথায় ?	**Mother:** Where are they now? হোয়ার আর দে নাউ ?
ছেলে : আরউইন হাসপাতালে।	**Son** : In Irwin hospital. ইন আরউইন হস্‌পিটাল।
মা : হাসপাতালে কে নিয়ে গেল ?	**Mother:** Who took them there? হু টুক দেম দেয়ার ?
ছেলে : পুরসভার সদস্যা শ্রীমতী অর্চনা কুমারী।	**Son** : Mrs. Archana Kumari, a member of the Municipal Corporation. মিসেস অর্চ্চনা কুমারী, এ মেম্বার অফ দ্য মিউনিসিপল কর্পোরেশন।
মা : খুবই ভাল। ভগবান ওঁর মঙ্গল করুন। ছেলেগুলোর মা-বাবাকে খবর দেওয়া হয়েছে।	**Mother:** She must be a very nice person. May God bless her. Has anybody informed the parents of the boys? শি মাস্ট বি এ নাইস পার্সন, মে গড ব্লেস হার। হ্যাজ এনিবডি ইনফরমড্ দ্য পেরেনটস অফ দ্য বয়েজ ?
ছেলে : হ্যাঁ, মা। আমি ওদের বাড়িতে গিয়ে খবর দিয়েছিলাম।	**Son** : Yes, mother. I myself went to their places and informed their parents. ইয়েস, মাদার। আই মাইসেলফ ওয়েন্ট টু দেয়ার প্লেসেস এণ্ড ইনফরমড্ দেয়ার পেরেনটস্।

মা : তুমি খুবই ভাল কাজ করেছ দীর্ঘজীবী হও। **Mother:** My child. You did a good thing. May you live long. মাই চাইল্ড। ইউ ডিড এ গুড থিং। মে ইউ লিভ লং।

[28] রেলস্টেশনে AT THE RAILWAY STATION এ্যাট দ্য রেলওয়ে স্টেশন

যাত্রী : [অনুসন্ধান কার্যালয়ের সামনে] মাদ্রাজ যাওয়ার গাড়ি কখন আসবে ? **Passenger** : *[At the window of enquiry office]* What's the arrival time of Madras bound train? [এ্যাট দ্য উইণ্ডো অফ এনকোয়্যারি অফিস] হোয়াট'স দ্য অ্যারাইভাল টাইম অফ ম্যাড্রাস বাউণ্ড ট্রেন ?

ক্লার্ক : সওয়া দু'টোয়। **Enquiry Clerk:** At quarter past two. এ্যাট কোয়ার্টার পাস্ট টু।

যাত্রী : কোন প্লাটফর্ম থেকে ছাড়বে ? কটার সময় ? **Passenger** : Which platform and its departure time? হুইচ প্লাটফর্ম এ্যাণ্ড ইটস্ ডিপারচার টাইম ?

ক্লার্ক : ২ নম্বর প্লাটফর্ম, পৌনে তিনটেয় ছাড়বে। **Enquiry Clerk:** From platform no. 2 and it leaves at quarter to three. ফ্রম প্লাটফর্ম নম্বর টু অ্যাণ্ড ইট লিভস এ্যাট কোয়ার্টার টু থ্রি।

যাত্রী : টিকিট কোথায় পাওয়া যাবে ? **Passenger** : From where can I get a ticket?/Where is the ticket counter? ফ্রম হোয়্যার ক্যান আই গেট এ টিকেট ? হোয়্যার ইজ দ্য টিকেট কাউন্টার ?

ক্লার্ক : তিন নম্বর কাউন্টারে। **Enquiry Clerk:** At window no. 3. এ্যাট উইনডো নম্বর থ্রি।

যাত্রী : মাদুরাইয়ের ভাড়া কত ? **Passenger** : What's the fare to Madurai? হোয়াটস্ দ্য ফেয়ার টু মাদুরাই ?

ক্লার্ক : পঞ্চাশ টাকা নব্বই পয়সা। **Enquiry Clerk:** Fifty rupees and ninty paise. ফিফটি রূপিজ অ্যাণ্ড নাইনটি পয়সে।

[যাত্রী টিকিট কিনে কুলির সঙ্গে কথা বলছে] **[The passenger buys a ticket and talks to the coolie. দ্য প্যাসেঞ্জার বাইজ এ টিকেট এ্যাণ্ড টক্‌স টু দ্য কুলি]**

যাত্রী : কুলি, ২ নম্বর প্লাটফর্মে আমার মালপত্র নিয়ে চলো। **Passenger** : Coolie, please carry my luggage to platform no. 2. কুলি, প্লিজ ক্যারি মাই লাগেজ টু প্ল্যাটফর্ম নম্বর টু।

কুলি : বাবু, এর জন্য আমি এক টাকা নেব। **Porter** : Sir, I'll charge one rupee for this luggage. স্যার, আই'ল চার্জ ওয়ান রুপি ফর দিস লাগেজ।

[দু'নম্বর প্লাটফর্মে দাঁড়ান এক গাড়ির কামরায়] **[In a compartment of train at platform no. 2] ইন এ কমপার্টমেন্ট অফ ট্রেন এ্যাট প্লাটফর্ম নম্বর টু]**

যাত্রী এ : আপনি কি একটু সরবেন ? **Passenger A** : Will you please move a bit? উইল ইউ প্লিজ মুভ এ বিট্ ?

যাত্রী বি : অবশ্যই, যেটুকু জায়গা পাচ্ছেন তার সদ ব্যবহার করুন। **Passenger B** : Of course, make the best of whatever little room is available. অফ কোর্স, মেক দ্য বেস্ট অফ হোয়াটেভার লিটিল রুম ইজ অ্যাভেইলেবল।

যাত্রী এ : ধন্যবাদ। **Passenger A** : Thank you. থ্যাঙ্ক ইউ।

[29] ব্যাঙ্কে AT THE BANK এ্যাট দ্য ব্যাঙ্ক

গ্রাহক : আমি ম্যানেজারের সঙ্গে দেখা করতে চাই।	**Client** : I want to see the manager. আই ওয়ান্ট টু সি দ্য ম্যানেজার।
ম্যানেজার : বলুন [করমর্দন করে] আপনার জন্য কি করতে পারি ?	**Manager**: Yes please. [shaking hands] What can I do for you? ইয়েস প্লিজ। [শেকিং হ্যাণ্ডস] হোয়াট ক্যান আই ডু ফর ইউ ?
গ্রাহক : আমি একটা এ্যাকাউন্ট খুলতে চাই।	**Client** : I want to open an account. আই ওয়ান্ট টু ওপন অ্যান অ্যাকাউন্ট।
ম্যানেজার : খুবই ভাল কথা। বসুন আপনি।	**Manager**: With great pleasure. Have a seat please. উইথ গ্রেট প্লিজার। হ্যাভ এ সিট প্লিজ।
গ্রাহক : ধন্যবাদ ! সেভিংস অ্যাকাউন্ট খুলতে গেলে আমাকে কত জমা করতে হবে ?	**Client** : Thank you! How much do I have to deposit to open a savings account? থ্যাঙ্ক ইউ ! হাউ মাচ ডু আই হ্যাভ টু ডিপোজিট টু ওপন এ সেভিংস এ্যাকাউন্ট ?
ম্যানেজার : আপনি মাত্র পাঁচ টাকা জমা রেখেও সেভিংস অ্যাকাউন্ট খুলতে পারেন।	**Manager**: You can open it with a minimum initial deposit of five rupees. ইউ ক্যান ওপন ইট উইথ এ মিনিমাম ইনিশিয়াল ডিপোজিট অফ ফাইভ রূপিজ।
গ্রাহক : কতবার টাকা তোলা যাবে।	**Client** : How many times can we withdraw money. হাউ মেনি টাইমস ক্যান উই উইথড্র মানি।
ম্যানেজার : আপনি মাসে পাঁচবারের বেশী টাকা তুলতে পারবেন না।	**Manager**: You can't withdraw for more than five times a month. ইউ কান্ট উইথড্র ফর মোর দ্যান ফাইভ টাইমস্ এ মানথ।
গ্রাহক : এক একবারে কত টাকা পর্যন্ত তোলা যাবে ?	**Client** : How much amount can be withdrawn at a time? হাউ মাচ অ্যামাউন্ট ক্যান বি উইথড্রন এ্যাট এ টাইম ?
ম্যানেজার : সাধারণতঃ এক হাজার টাকার বেশী নয়।	**Manager**: Usually/ordinarily not more than one thousand rupees. ইউজুয়্যালি/অর্ডিনারিলি নট মোর দ্যান ওয়ান থাউজ্যাণ্ড রূপিজ।
গ্রাহক : ঠিক আছে। আমি সেভিংস অ্যাকাউন্টই খুলতে চাই। আমি কি আমার স্ত্রীর সঙ্গে জয়েন্ট অ্যাকাউন্ট খুলতে পারি ?	**Client** : Well, I want to open a savings bank account. Can I open it in the joint names of my wife and myself? ওয়েল, আই ওয়ান্ট টু ওপেন এ সেভিংস ব্যাঙ্ক অ্যাকাউন্ট। ক্যান আই ওপেন ইট ইন দ্য জয়েন্ট নেমস অফ মাই ওয়াইফ এ্যাণ্ড মাইসেলফ্ ?
ম্যানেজার : হ্যাঁ, অবশ্যই পারেন।	**Manager**: Oh yes, certainly/of course, why not? ওহ ইয়েস, সার্টেনলি/অফ কোর্স, হোয়াই নট ?
গ্রাহক : আমি চেক্-বুকও চাই।	**Client** : I also want a cheque-book. আই অলসো ওয়ান্ট এ চেক্-বুক।
ম্যানেজার : আপনি চেক-বুক অবশ্যই নিতে পারেন। হ্যাঁ সেক্ষেত্রে আপনার অ্যাকাউন্টে কমপক্ষে একশ টাকা সবসময় রাখতেই হবে।	**Manager**: We can give you a cheque-book. But you must maintain a balance of at least one hundred rupees. উই ক্যান গিভ ইউ এ চেক্ বুক। বাট ইউ মাস্ট মেইনটেইন এ ব্যালান্স অফ এ্যাট লিস্ট ওয়ান হান্ড্রে রূপিজ।
গ্রাহক : ঠিক আছে।	**Client** : That's right. দ্যাটস রাইট।
ম্যানেজার : এই নিন ফর্ম। এটা ভর্তি করে দিন। আমরা আপনার নামে একটা অ্যাকাউন্ট খুলে আপনাকে পাশ বই আর চেক বই দিয়ে দেব।	**Manager**: Here are the forms. Please fill these up and we'll open an account for you and issue you a pass book as well as a cheque book. হেয়ার আর দ্য ফর্মস। প্লিজ ফিল দিজ আপ এ্যাণ্ড উই'ল ওপন অ্যান অ্যাকাউন্ট ফর ইউ অ্যাণ্ড ইস্যু ইউ এ পাশ বুক অ্যাজ ওয়েল অ্যাজ এ চেক্ বুক।
গ্রাহক : ধন্যবাদ।	**Client** : Thanks. থ্যাঙ্কস্।

[30] ডাক্তারখানায় AT THE DOCTOR'S CLINIC এ্যাট দি ডক্টরস্ ক্লিনিক

রোগী : নমস্কার ডাক্তারবাবু।

Patient: Good morning, Doctor. গুড মর্ণিং, ডক্টর।

ডাক্তার : নমস্কার। কি হ'ল?।

Doctor : Good morning! What's wrong. গুড মর্ণিং ! হোয়াট'স রং ?

রোগী : গতকাল রাত্রে ঠাণ্ডা লাগে আর তারপর থেকে বাঁদিকের বুকে অসহ্য যন্ত্রনা।

Patient: I caught cold last night and since then I have been having severe pain at the left side of my chest. আই কট কোল্ড লাস্ট নাইট এণ্ড সিন্স দেন আই হ্যাভ বিন হ্যাভিং সিভিয়ার পেইন এট দ্য লেফট সাইড অফ মাই চেষ্ট।

ডাক্তার : আপনি শুয়ে পড়ুন। আমি দেখছি।

Doctor : Let me see you. Please lie down. লেট মি সি ইউ। প্লিজ লাই ডাউন।

[ডাক্তার স্টেথোস্কোপ দিয়ে পরীক্ষা করছেন]

[The doctor examines the patient with a stethoscope দ্য ডক্টর একজামিনস দ্য পেশেন্ট উইথ এ স্টেথোস্কোপ]

রোগী : জোরে নিঃশ্বাস নিন।

Patient: Take deep breaths. টেক ডিপ ব্রেথস।

[পেট টিপে]

[Presses the belly. প্রেসেস দ্য বেলি]

ডাক্তার : ব্যথা লাগছে ?

Doctor : Does it pain? ডাজ ইট পেইন ?

রোগী : না ডাক্তারবাবু আমার কয়েকবার পাতলা পায়খানা হয়েছে।

Patient: No, Doctor, but I have rather loose motions. নো, ডক্টর, বাট আই হ্যাভ র‍্যাদার লুজ মোশনস্।

ডাক্তার : আপনার বুকের এক্স-রে করতে হবে। আপততঃ ব্যথার জন্য ট্যাবলেট আর হজমের জন্য মিক্সচার দিচ্ছি। কাল যেন আসতে ভুলবেন না।

Doctor : We have to X-ray your chest. For the time being I am prescribing tablets for pain and mixture for digestion. Don't forget to come tomorrow. উই হ্যাভ টু এক্স-রে ইয়োর চেস্ট। ফর দ্য টাইম বিয়িং আই অ্যাম প্রেসক্রাইবিং ট্যাবলেটস ফর পেইন এ্যাণ্ড মিক্সচার ফর ডাইজেশান। ডোন্ট ফরগেট টু কাম টুমরো।

[পরের দিন, ডাক্তার এক্স-রে প্লেট মনোযোগসহকারে দেখছেন]

[On the following day, the doctor studies the X-ray carefully অন দ্য ফলোয়িং ডে, দ্য ডক্টর স্টাডিজ দ্য এক্স-রে কেয়ারফুলি]

ডাক্তার : আপনার বুকের বাঁদিকে নিমোনিয়া হয়েছে। আপনাকে ইঞ্জেকশান নিতে হবে। যদি ইঞ্জেকশন আপনার পক্ষে উপযুক্ত না হয়, সেক্ষেত্রে ক্যাপসুল দেব।

Doctor : You have Pneumonia in the left side of your chest. I'll give you injections. And if they don't suit you, I'll prescribe, capsules. ইউ হ্যাভ নিউমোনিয়া ইন দ্য লেফট সাইড অফ ইয়োর চেস্ট। আই'ল গিভ ইউ ইঞ্জেকশানস। অ্যাণ্ড ইফ দে ডোণ্ট স্যুট ইউ, আই'ল প্রেসক্রাইব, ক্যাপসুলস।

রোগী : হায় ! আমার বুকের বাঁদিকে নিমোনিয়া হয়েছে।

Patient: Oh, I have Pneumonia in the left side of my chest! ওহ, আই হ্যাভ নিউমোনিয়া ইন দ্য লেফট সাইড অফ মাই চেস্ট !

ডাক্তার : এ রোগ সহজেই সেরে যায়। আপনি একটুও ভাববেননা। চিকিৎসা করতে থাকুন নিয়মিতভাবে, তাড়াতাড়ি ঠিক হয়ে যাবেন।

Doctor : It's perfectly curable. There is no need to worry. You take treatment regularly and you will be cured. ইটস্ পারফেক্টেলি কিওরেবল। দেয়ার ইজ নো নিড টু ওয়রি। ইউ টেক ট্রিটমেন্ট রেগুলারলি এ্যাণ্ড ইউ উইল বি কিওরড।

রোগী : আমি আপনার নির্দেশ পুরোপুরি পালন করব। অনেক ধন্যবাদ আপনাকে।

Patient: I'll follow your instructions fully. Thank you very much. আই'ল ফলো ইয়োর ইনস্‌ট্রাকশনস ফুল্‌লি। থ্যাঙ্ক ইউ ভেরি মাচ।

[এক সপ্তাহ পরে]

[After a week আফটার এ উইক]

রোগী : নমস্কার, ডাক্তারবাবু।

ডাক্তার : নমস্কার। বলুন কেমন আছেন এখন ?

রোগী : খুব ভাল নেই ডাক্তারবাবু। আমার এখনও বুকের বাঁদিকটায় ব্যথা হয়।

ডাক্তার : এমন তো হওয়া উচিৎ নয়। আপনার খাওয়ায় কোন গণ্ডগোল হচ্ছে না তো ?

রোগী : আপনি তো খাওয়া সম্বন্ধে কোন বিশেষ নির্দেশ দেন নি।

ডাক্তার : আচ্ছা — আপনি খুব ঠাণ্ডা আর খুব গরম খাবেন না। দেখবেন নিশ্চয়ই ঠিক হয়ে যাবেন।

রোগী : ধন্যবাদ, ডাক্তারবাবু।

Patient: Good morning, Doctor. গুড মর্ণিং, ডক্টর।

Doctor : Good morning! How are you now?

Patient: Not quite well, doctor. I still have pain on the left side of my chest, every now and then. নট কোয়ায়ট ওয়েল, ডক্টর। আই স্টিল হ্যাভ পেইন অন দ্য লেফট সাইড অফ মাই চেস্ট, এভরি নাউ এণ্ড দেন।

Doctor : It shouldn't be so. Have you taken precautions about the diet. ইট শুডন্ট বি সো। হ্যাভ ইউ টেক্‌ন প্রিকশনস এ্যাবাউট দ্য ডায়েট।

Patient: But you didn't give any instructions about diet. বাট ইউ ডিড্‌ন্ট গিভ এনি ইন্সট্রাক্‌শনস এ্যাবাউট ডায়েট।

Doctor : Listen! Avoid cold and very hot items and you will be all right by doing so. লিশন্! এ্যাভয়েড কোল্ড এ্যাণ্ড ভেরি হট্ আইটেমস এ্যাণ্ড ইউ উইল বি অল রাইট বাই ডুইং সো।

Patient: Thank you, doctor! থ্যাঙ্ক ইউ, ডক্টর।

APPENDIX
পরিশিষ্ট

ইংরেজিতে শব্দ-নির্মান
WORD-BUILDING IN ENGLISH

1. ক্রিয়ার আগে ance অথবা ence প্রত্যয় লাগালে ভাববাচক বিশেষ্য হয়।

Admit [v] [অ্যাডমিট] প্রবেশ করা	[-ance] Admittance [n] [এ্যাডমিটেন্স] প্রবেশ।
Utter [v] [আটার] কথা বলা	[-ance] Utterance [n] [আটার‍্যান্স] উচ্চারণ।
Grieve [v] [গ্রীভ] শোক করা	[-ance] Grievance [n] [গ্রীভ্যান্স] কষ্ট।
Guide [v] [গাইড] অপরকে রাস্তা দেখান	[-ance] Guidance [n] [গাইড্যান্স] সঠিক রাস্তায় নিয়ে যাওয়া।
Interfere [v] [ইন্টারফিয়ার] নাক গলান	[-ence] Interference [n] [ইন্টারফিয়ারেন্স] বাধা প্রদান।
Differ [v] [ডিফার] পার্থক্য	[-ence] Difference [n] [ডিফারেন্স] মতভেদ।
Prefer [v] [প্রেফার] অগ্রাধিকার দেওয়া	[-ence] Preference [n] [প্রেফারেন্স] অগ্রাধিকার।
Occur [v] [অকার] ঘটিত হওয়া	[-ence] Occurrence [n] [অকারেন্স] ঘটনা।

এইভাবে এই শব্দগুলোর আগে -ance অথবা -ence লাগান — defend, refer, indulge, reside-এ [-ence] এবং contrive, endure, insure, observe-এ [-ance] প্রত্যয় লাগে।

৫ অনেক সময় ভাববাচক বিশেষ্য বানানোর জন্য -must প্রত্যয় [suffix] লাগানো হয়। যেমন improve থেকে improvement ইত্যাদি।

এখন নীচে দেওয়া ক্রিয়া শব্দগুলোর সঙ্গে -ment লাগিয়ে নূতন শব্দ বানান এবং তাদের অর্থ অভিধানে দেখুন।

Achieve [এ্যাচিভ] পাওয়া	Announce [এ্যানাউন্স] ঘোষণা করা
Amuse [এ্যামিউজ] আনন্দ করা	State [ষ্টেট] বলা
Postpone [পোষ্টপন] স্থগিত করা	Settle [সেট্‌ল] ফয়সালা করা
Move [মুভ] নাড়ানো	Measure [মেজার] মাপা
Advertise [এ্যাডভারটাইজ] বিজ্ঞাপন দেওয়া	Excite [এক্সাইট] উত্তেজিত হওয়া

N.B.: উত্তর দেওয়া শব্দগুলোতে -ment লাগানো যায়। achieve + ment = achievement.

অপবাদ [exception] – 1. নীচে দেওয়া শব্দের সঙ্গে -ment লাগানোর পর ক্রিয়া শব্দের শেষে e লুপ্ত হয়।
Argue [আর্গু] তর্ক করা Argue + ment = Argument

3. শেষে Y থাকা শব্দের ক্রিয়ার আগে suffix [প্রত্যয়] লাগালে yটা i হয়ে যায়। নীচে দেওয়া দুই তালিকা থেকে তাদের সম্যক অভ্যাস করুন।

Ally [v] [এ্যালাই] সাহায্য করা	[-ance] Alliance [n] [এ্যালায়েন্স] সহযোগিতা
Carry [v] [ক্যারি] বহণ করা	[-age] Carriage [n] [ক্যারিয়েজ] কার তোলা গাড়ী
Marry [v] [ম্যারি] বিয়ে করা	[-age] Marriage [n] [ম্যারেজ] বিয়ে, বিবাহ
Envy [v] [এনভি] ঈর্ষা করা	[-ous] Envious [n] [এনভিয়াস] ঈর্ষাপরায়ণ
Apply [v] [এপ্লাই] আবেদন করা	[-cation] Application [n] [এ্যাপ্লিকেশন] আবেদন পত্র
Qualify [v] [কোয়ালিফাই] যোগ্য হওয়া	[-cation] Qualification [n] [কোয়ালিফিকেশন] যোগ্যতা
Try [v] [ট্রাই] চেষ্টা করা	[-al] Trial [n] [ট্রায়েল] বিচার
Deny [v] [ডিনাই] অস্বীকার করা	[-al] Denial [n] [ডিনায়েল] অস্বীকার

but কিন্তু

betray [v] [বিট্রে] বিশ্বাস ভঙ্গ

betrayal [n] [বিট্রেয়্যাল] ধোঁকা

4. অনেক সময় ভাব বাচক সংজ্ঞা -al প্রত্যয় [suffix] লাগিয়ে বানালে হয় যেমন refuse + al = refusal অস্বীকৃতি। শব্দের শেষে e থাকলে লুপ্ত হয়ে যায় [যেমন refusal-এ refuse-এর e লোপ হয়।]

নীচে দেওয়া শব্দগুলোতে -al প্রত্যয় লাগান এবং নতুন শব্দগুলো অভিধানে খুঁজে বার করুন।

Approve [অনুমোদন করা], arrive [আসা, পৌঁছানো], dispose [বেচা], propose [প্রস্তাব করা], betray [বিশ্বাস ভঙ্গ করা]।

5. কোন কোন সময় -ul প্রত্যয় [suffix] লাগিয়ে বানানো হয়।
যেমন centre + al = central [centre-এর শেষ অক্ষর e লুপ্ত হয়]।
এখন নীচে দেওয়া শব্দগুলোর বিশেষণ -al প্রত্যয় লাগিয়ে শব্দ বানান এবং অভিধানে তাদের অর্থ বের করুন।
Continue [জারী রাখা], fate [ভাগ্য], nature [প্রকৃতি], universe [পৃথিবী], practice [অভ্যাস]

6. Y-এর শেষে থাকা বিশেষণ-শব্দের আগে প্রত্যয় [suffix] লাগানোর পর y-র জায়গায় i হয়।

Adj. বিশেষণ	Adv. ক্রিয়া বিশেষণ	Noun সংজ্ঞা [বিশেষ্য]
Busy [বিজি] ব্যস্ত	busily ব্যস্ততা পূর্বক	business ব্যস্ততা
Easy [ইজি] সোজা, সহজ	easily সহজভাবে	easiness সরলতা, স্বাভাবিক
Heavy [হেভ্বী] ভারী	heavily ভারসহ	heaviness ভারযুক্ত
Happy [হ্যাপি] প্রসন্ন	happily প্রসন্নতাসহ	happiness প্রসন্নতা, সুখ
Lucky [লাকি] ভাগ্যবান	luckily ভাগ্যবশতঃ	lickiness ভাগ্যবশতঃ
Ready [রেডি] তৈরী	readily একদম	readiness প্রস্তুতি
Steady [ষ্টেডি] স্থির	steadily স্থিরভাবে	steadiness স্থিরতা

দেখতে দেখতে আপনি এখন বিশেষণ থেকে ক্রিয়া বিশেষণ তথা বিশেষ্য বানাতে শিখলেন। এমন ভাবে এখন আপনি বিশেষণ থেকে বিশেষ্য বানানোর অভ্যাস করতে পারেন।

7. নীচে দেওয়া উপসর্গগুলো থেকে শব্দ বানানোর অভ্যাস করুন। অর্থও মনের মধ্যে রাখুন। আবার লিখুন।

	dependent	independent
-in [= না]	dependence	independence
	definite	indefinite
	justice	injustice
	practicable	impracticable
	possible	impossible
-im [= না]	proper	improper
	patience	impatience
	moral	immoral
	mortal	immortal
	reversible	irreversible
-irr [= না]	responsible	irresponsible
	removable	irremovable
-il [= না]	legible	illegible
-mis [= খারাপ]	deed	misdeed
	conduct	misconduct
	management	mismanagement

বিরাম চিহ্ন
[PUNCTUATION AND CAPITAL LETTERS]

একবার কোন শহরের মেয়র একটি স্কুল পরিদর্শন করতে গিয়েছিলেন। তিনি এমন একটি ক্লাশে প্রবেশ করেন যেখানে punctuation ও capital letters পড়ানো হচ্ছিল। তিনি তাতে অত্যন্ত অসন্তুষ্ট হয়ে বলেন যে কেবল মূর্খ লোকেই এইরকম নিরর্থক বিষয় পড়ায়। শিক্ষক শান্তভাবে black-board-এ লিখলেন — Mayor says, "The teacher is a fool" অর্থাৎ মেয়র বললেন যে শিক্ষক মূর্খ। মেয়র মহোদয় তো বেজায় খুশি। তখন শিক্ষক বললেন যে তিনি কেবল উপরোক্ত Punctuation ও capital letters বদলিয়ে দেখাতে চান কি ফল হয়। তিনি লিখলেন "The Mayor", says the teacher, "is a fool", অর্থাৎ শিক্ষক বললেন যে মেয়র মূর্খ। একই বাক্যের এই রকম ভিন্ন অর্থ দেখে মেয়র মহোদয় ত হতভম্ব। তিনি স্বীকার করলেন যে punctuation ও capital letters-এর কি গুরুত্ব। আমাদেরও তাই করাই উচিৎ। প্রমুখ বিরাম চিহ্ন নীচে দেওয়া হ'ল।

Full Stop – প্রত্যেক assertive ও imperative বাক্যের শেষে তথা initials এর পরে লাগে, যেমন —

[i] Alexander invaded India.
[ii] Sit down.
[iii] Shri S.N. Mishra is a proment M.P. from Bihar.

Question Mark – প্রত্যেক interrogative বাক্যের শেষে, যেমন — Have you seen the Taj?

Exclamation Mark – প্রত্যেক exclamatory বাক্যের পর, যেমন —
What a marvel the newspaper is!

Semicolon – ইহা full stop এর অর্ধেক আগেই প্রকাশ করে যেমন —
Her mind was stil untouched by any doubt as to what she ought to do; and she felt at rest in the assurance that Nala still loved her better than his own soul.

Colon – ইহা semicolon এর চেয়ে বেশি সময় বোঝায়, এবং গননা করার প্রারম্ভে প্রয়োগ করা হয়।
These are the important rivers of India: the Indus, the Ganges, the Brahmaputra, the Godavari, the Krishna and the Cauvery.

Question Marks or inverted commas – বক্তার বলার জন্যে, যেমন — Ram says, "Dev bowls well."

Apostrophe – Possession অথবা missing letter/letters জন্যে, যেমন —
Mohan doesn't sit in his father's chair.

Comma – ইহার বিভিন্ন উপযোগীতা আছে।

[i] Yes, I know him.
[ii] Monday, 15th January. January 20, 1939.
[iii] Ravana, the king of Sri Lanka, kidnapped Sita, the wife of Rama.
[iv] Mohan, get me a glass of water. [সম্বোধিত ব্যক্তির নাম আলাদা করার জন্যে।]
[v] In the south the Godavari, the Krishna and the Cauvery are the longest rivers. [and দ্বারা গোড়া হয়নি এমন সমান শব্দকে আলাদা করার জন্য]
[vi] Light and fresh air are plentiful in villages, but they are shut out from the house. [Conjunction দ্বারা জুড়ে coordinate clauses কে আলাদা করা হয়েছে] —
[vii] The teacher said, "Ice floats on water".
"Help me to get the Golden fleece", said Jason to Medra. [Direct speech কে আলাদা করবার জন্যে]।

[viii] When he doesn't have any work in the off season, he idles away his time. [বাক্যের প্রারম্ভে যে adverb clause আসে তাকে আলাদা করার জন্য।]

[ix] Damayanti, that was the name of the Princess, entered the pavilion with a garland in her hand. [বাক্যের মধ্যে যদি parenthetical বন্ধনীর ভেতরে রাখার যোগ্য শব্দকে আলাদা রাখতে হয়, সেক্ষেত্রে।]

[x] The time being favourable, Buddha quietly slipped away from the palace [nominative absolute-কে আলাদা দেখাবার জন্য।]

[xi] The evil spirit, who had only been seen by Nala, disappeared from sight [adjective clause-কে main clause থেকে আলাদা করার জন্য।]

[xii] Believing the words of the box, the goat jumped into the well. [participle যুক্ত বা adjective রূপে ব্যবহৃত phases আলাদা করার জন্য।]

Capitals – ইংরেজিতে capital বা বড় অক্ষরের ব্যবহার নিম্নলিখিত স্থলে হয়।

[i] বাক্যের প্রারম্ভে, যেমন — India has produced great men and women.

[ii] Proper noun দেখাতে হলে — It takes two hours to reach Meerut by train.

[iii] Title অর্থাৎ উপাধিসূচক শব্দের প্রারম্ভে — Alexander, the Great, invaded India.

[iv] Initials অর্থাৎ নামের আদ্যাক্ষর এর জন্য, যেমন — This article is from the pen of M.K. Gandhi.

[v] ঈশ্বর ও তাঁর সম্বন্ধিত সর্বনামের জন্য — My God and King to Thee I bow my head.

[vi] I মানে আমার জন্য, যেমন — It was over nine years ago when I visited Hardwar.

[vii] কবিতায় প্রত্যেক Line-এর শুরুতে, যেমন — Now is the time to study hard; Work will bring its own reward; Then work, work!

[viii] Quotation marks-এর অন্তর্ভুক্ত বাক্য আরম্ভ করার সময়, যেমন — I said to you, "I want your help".

শব্দের সংক্ষিপ্ত রূপ

ABBREVIATIONS

abbr.	abbreviated abbreviation
adj.	Adjective, adjourned, adjustment
Advt.	Advertisement
A.M.	ante meridian before noon
amt.	amount
ans.	Answer
Apr.	April
Aug.	August
B.A.	Bachelor of Arts
B.B.C.	British Broadcasting Corporation
B.C.	Before Christ
B. Com.	Bachelor of Commerce
B. Sc.	Bachelor of Science
B.P.	Blood Pressure
B.O.A.C.	British Overseas Airways Corporation
Capt.	Captain
Cf.	confer, compare
Chap.	Chapter
Chq.	Cheque
C.I.D.	Criminal Investigation Department
cm.	centimetre[s]
Co.	Company
c/o.	care of
cp.	compare

D.	dollar	H.	Hydrogen
Dec.	December	h., hr.	hour
deg.	degree[s]	Hon.	Honourable
dft.	draft	H.Q.	Headquarters
dict.	dictionary		
dis.	discount, discoverer	I.A.	Indian Army
D. Litt.	Doctor of Literature	ib.	ibid., ididem, in the same place
D.L.O.	Dead Letter Office	id.	idem, the same
do	ditto [the same as aforesaid]	i.e.	id. est, that is
D. Phil.	Doctor of Philosopy	I.G.	Inspector General
dpt.	department	inst.	instant, the present month
Dr.	debtor, doctor	int.	interest, interior, interpreter
D.C.	direct current, deputy commissioner	intro'., introd.	Introduction
		inv.	invoice
		ital.	italic
E.	East, English		
E and O.E.	errors and omissions excepted	J.	Judge, Justice
Ed.	editor	Jan.	January
Eng.	England	Junc.	junction
Engr.	engineer		
esp.	especially	kc.	kilocycle
Esq./Esqr.	esquire,	kg.	kilogram
Est.	established	km.	Kilometre
E.T.	English Translation	k.w.	kilo watts
etc.	et cetera, and the other,	Lat.	Latin
ex.	example	lat.	latitude
		lab.	laboratory
F. [Fahr]	Fahrenheit	lang.	language
f.	following	lb.	libra, pound
fam.	family	Lt.	Lieutenant
Feb.	February	Lt.-Gen.	Lieutenant-General
fem.	feminine	Ltd.	Limited
ff.	folios [pl], following [pl]	Ltd. Gov.	Lieutenant Governor
Fig.	figure		
f.o.r.	free on rail	mag.	magazine
ft.	foot, feet, fort	Maj.	Major
		Mar.	March
g.	gram	marg.	margin, marginal
gaz.	gazette, gazetteer	mas., masc.	masculine
Gen.	General	M.B.	Medicine Baccalaureus, Bachelor of Medicine
gen	gender		
G.P.O.	General Post Office	M.D.	Medicinae Doctor, Doctor of Medicine
Gr.	Greek		

med.	medical, medicine, mediaeval	plu. plur.	plural
Messrs.	Messieurs [Fr.] Sirs; used as plural of Mr.	P.M.	post meridiem, after noon
		P.O.	Post Office
min.	minimum, minute	P.T.	Physical training
misc.	miscellaneous	P.T.O.	please turn over
ml.	millilitre	P.W.D.	Public Works Department
M.L.A.	Member of Legislative Assembly		
M.L.C.	Member of Legislative Council	Q.	query, question,
mm.	millimetre[s]	Q	queue
M.O.	Medical Officer	qr.	quarter
morn.	morning	qt.	quantity
M.P.	Member of Parliament		
m.p.h.	miles per hour	Rd.	road
Mr.	Master, Mister	Re.	Rupee
Mrs.	Mistress	recd.	received
M.S.	Manuscript[s], Master of Surgery	recpt.	receipt
mth.	month	ref.	reference
		Rep.	representative, report, reporter
N.	North, Northern	retd.	retired, returned
n.	name, noun	Regt.	Regiment
N.B., n.b.	nota bene, note well, or take notice	Rs.	Rupees
		R.S.V.P.	repondez s'ill cous plait [Fr.] reply, if you please
n.d.	no date, not dated		
neg.	negative		
No., no.	[Numero] in number	S.	South, seconds
Nos., nos.	Numbers [pl]	Sa., Sat.	Saturday
Nov.	November	s.c.	small capital
		s.d.	sine die, without a day [fixed]
O	Oxygen	SEATO	South-East Asia Treaty Organisation
ob.	obituary, died		
obj.	object, objective	Sec., Secy.	Secretary
Oct.	October	sec.	second
off.	official	Sep., Sept.	September
O.K.	Ore Korrect, All correct	sig.	signature
o.p.	out of print	sing.	singular
opp.	opposite	Sq. sq.	square
ord.	order, ordinary, ordinance	St.	Street
Oz.	ounce[s]	st.	stone
		Sub., subj.	subject
p.	page, pp. pages [pl]		
P.C.	post-card		
per cent.,	per centum, by the hundred	T.B.	tuberculosis
Ph. D.	Doctor of Philosophy	tech.	technical, technology

tel.	telegraph	W.	West
T.O.	turn over	Wed.	Wednesday
tr.	translator, transpose	w.e.f.	with effect from
TV	television	w.f.	wrong fount
		WHO	World Health Organisation
U.S.A.	United States of America	wt.	weight
U.S.S.R.	Union of Soviet Socialist Republics	X.	numeral for ten
U.	uranium, universal	S., Xt.	Christ
U.D.C.	Upper Division Clerk	Xm., Xmas.	Christmas
U.K.	United Kingdom		
U.P.	United Provinces, Uttar Pradesh	y., yr.	year
		Y.M.C.A.	Young Men's Christian Association
Vs.	versus, against		
vb.	verb	Y.W.C.A.	Young Women's Christian Association
vid.	vide, see		
viz.	videlicet, namely		
V.I.P.	Very Important Person	Zn.	Zinc
V.P.	Vice President		
vt.	verb transitive	&	et, and

গ্রীক, ল্যাটিন, ফ্রেনচ্‌, জার্মান ইত্যাদি ভাষার শব্দ বা বাক্যাংশ যা ইংরেজিতে প্রায়ই ব্যবহৃত হয়

ab antiquo [L.] from olden time প্রাচীন কাল থেকে
ab initio [L.] from the beginning আরম্ভ থেকে
ab intra [L.] from within ভেতর থেকে
ab origine [L.] from the beginning আদিকাল থেকে
ab avo [L.] from the beginning আরম্ভ থেকে
a dato [L.] from date তারিখ থেকে
ad hoc [L.] for this [special purpose] only কেবল এই বিশেষ কাজের জন্য।
ad infinitum [L.] upto infinity শেষ পর্য্যন্ত [অন্ত পর্য্যন্ত]
ad interim [L.] for the meantime মধ্যাবধি পর্য্যন্ত
affaire d' honneur [Fr.] an affair of honour সম্মানসূচক ঘটনা
a la lettere [Fr.] to the letter অক্ষরে অক্ষরে
antiquarium [L.] Collection of antiquities প্রাচীন পদার্থের সংগ্রহালয়
apologia [Gr.] apologetic writing ক্ষমা প্রার্থীর পত্র
a' prima vista [It.] at first sight আপাত দৃষ্টিতে

auf widersehen [Gr.] good-bye till we meet again. আবার দেখা না হওয়া পর্য্যন্ত বিদায়

bona fides [L.] good faith সৎ বিশ্বাস, genuine আসল

Centum [L.] a hundred এক শত
Confer [L.] Compare তুলনা করা

de facto [L.] in fact বস্তুতঃ
de jure [L.] in law আইনতঃ
double entete [Fr.] double meaning দ্ব্যর্থক

e' dition de luxe [L.] a splendid edition of a book বইয়ের শোভন সংস্করণ
en regle [Fr.] according to rule নিয়মানুসারে
en ville [Fr.] in town শহরেই আছেন [ঘরে নয়]
ex officio [L.] by virtue of his office পদাধিকার বলে

flair [Fr.] scent গন্ধ

gens [Fr.] people জনগণ

hoc tempore [L.] at this time এই সময়ে

ibidem [L.] in teh same place একই স্থান থেকে
idem [L.] the same একই [বস্তু ইত্যাদি]
id est [L.] that is [অর্থাৎ abbreviation; i.e.]
in statu quo [L.] in the former state যথাস্থিতিপূর্বক
in toto [L.] entirely সম্পূর্ণরূপে

jure divino [L.] by divine law ঐশ্বরিক বিধানে
jure humano [L.] by human law মানবীয় বিধান অনুসারে

la grande nation [Fr.] the great nation মহান রাষ্ট্র

materia medica [L.] a collection of all the substances which are used in preparation of medicines ঔষধ প্রস্তুত করার সামগ্রীর সংগ্রহ [বা বই]
matinee [Fr.] morning performance সকালের শো [সিনেমা থিয়েটার ইত্যাদির]
meo voto [L.] according to my will আমার ইচ্ছানুসারে
Monsieur [Fr.] sis [pl. messieurs] মহাশয়
Nota Bene, nota bene [L.] [abbr. N.B. or n.b.] take notice মন দিয়ে দেখুন, এদিকে দৃষ্টি দিন।

Octroi [Fr.] duties paid at the gate of city চুঙ্গি কর [শহরের প্রান্তে দেয় কর]

par example [Fr.] for example উদাহরণতঃ
partim [L.] in part আংশিকভাবে
passim [L.] every where যে কোন স্থানে
per annum [L.] per year প্রতি বর্ষে
per centum [L.] by the hundred প্রত্যেক শয়ে [একশ'য়]

personnel [Fr.] persons employed in any service or business কোন ব্যবসায়িক প্রতিষ্ঠান বা সৈন্য বিভাগে বা অন্য কার্য্যালয়ে নিযুক্ত ব্যক্তিসমূহ
post mortem [L.] after death মৃত্যু উপরান্ত
primo [L.] in the first place প্রথমেই
proforma [L.] according to the form রীতি অনুসারে

quod erat faciendum [L.] [abbr. Q.E.F.] which was to be done যা করণীয় ছিল

sans ceremonie [Fr.] without ceremony উৎসব ব্যতিরেকে
sine die [L.] a meeting adjourned for an indefinite period অনিশ্চিত কাল পর্য্যন্ত স্থগিত
status quo [L.] the state in which a thing is existing পূর্ববস্থা
sub judice [L.] under consideration বিচারাধীন

tete – a tete [Fr.] head to head, private talk অন্তরঙ্গ বার্তালাপ

und so weiter [Ger.] [abbr. U.S.W.] and so forth ইত্যাদি ক্রমে
ut supra [L.] as above উপরোক্তভাবে

via [L.] by way of [এই] রাস্তা দিয়ে
vice versa [L.] the terms being exchanged অদলবদল
viva voce [L.] by oral testimony মৌখিক পরীক্ষা

welt geist [Ger.] world spirit সংসার চিন্তা

xanthippe [Ger.] shrewish wife খাণ্ডারনি [স্ত্রী]
Yaboo [Pers.] an Afghan pony আফগানী টাট্টু

সংখ্যা

NUMERALS

বাংলা উচ্চারণ সংখ্যা	ইংরেজি সংখ্যা	শব্দ	উচ্চারণ	রোমান সংখ্যা	বাংলা উচ্চারণ সংখ্যা	ইংরেজি সংখ্যা	শব্দ	উচ্চারণ	রোমান সংখ্যা
১ এক	1	One	ওয়ান	I	৫১ একান্ন	51	Fifty one	ফিফ্‌টি ওয়ান	LI
২ দুই	2	Two	টু	II	৫২ বাহান্ন	52	Fifty two	ফিফ্‌টি টু	LII
৩ তিন	3	Three	থ্রি	III	৫৩ তিপ্পান্ন	53	Fifty three	ফিফ্‌টি থ্রি	LIII
৪ চার	4	Four	ফোর	IV	৫৪ চুয়ান্ন	54	Fifty four	ফিফ্‌টি ফোর	LIV
৫ পাঁচ	5	Five	ফাইভ	V	৫৫ পঞ্চান্ন	55	Fifty five	ফিফ্‌টি ফাইভ	LV
৬ ছয়	6	Six	সিকস্‌	VI	৫৬ ছাপ্পান্ন	56	Fifty six	ফিফ্‌টি সিকস্‌	LVI
৭ সাত	7	Seven	সেভ্‌ন	VII	৫৭ সাতান্ন	57	Fifty seven	ফিফ্‌টি সেভ্‌ন	LVII
৮ আট	8	Eight	এইট	VIII	৫৮ আটান্ন	58	Fifty eight	ফিফ্‌টি এইট	LVIII
৯ নয়	9	Nine	নাইন	IX	৫৯ উনষাট	59	Fifty nine	ফিফ্‌টি নাইন	LIX
১০ দশ	10	Ten	টেন	X	৬০ ষাট	60	Sixty	সিকস্‌টি	LX
১১ এগার	11	Eleven	ইলেভ্‌ন	XI	৬১ একষট্টি	61	Sixty one	সিকস্‌টি ওয়ান	LXI
১২ বারো	12	Twelve	টুয়েল্‌ভ	XII	৬২ বাষট্টি	62	Sixty two	সিকস্‌টি টু	LXII
১৩ তেরো	13	Thirteen	থারটিন্‌	XIII	৬৩ তেষট্টি	63	Sixty three	সিকস্‌টি থ্রি	LXIII
১৪ চৌদ্দ	14	Fourteen	ফোরটিন	XIV	৬৪ চৌষট্টি	64	Sixty four	সিকস্‌টি ফোর	LXIV
১৫ পনের	15	Fifteen	ফিফটিন	XV	৬৫ পঁয়ষট্টি	65	Sixty five	সিকস্‌টি ফাইভ	LXV
১৬ ষোল	16	Sixteen	সিকস্‌টিন	XVI	৬৬ ছেষট্টি	66	Sixty six	সিকস্‌টি সিকস্‌	LXVI
১৭ সতের	17	Seventeen	সেভ্‌নটিন	XVII	৬৭ সাতষট্টি	67	Sixty seven	সিকস্‌টি সেভ্‌ন	LXVII
১৮ আঠার	18	Eighteen	এইটিন্‌	XVIII	৬৮ আটষট্টি	68	Sixty eight	সিকস্‌টি এইট	LXVIII
১৯ উনিশ	19	Nineteen	নাইনটিন্‌	XIX	৬৯ উনসত্তর	69	Sixty nine	সিককটি নাইন	LXIX
২০ কুড়ি	20	Twenty	টোয়েনটি	XX	৭০ সত্তর	70	Seventy	সেভেনটি	LXX
২১ একুশ	21	Twenty one	টোয়েন্‌টি ওয়ান	XXI	৭১ একাত্তর	71	Seventy one	সেভেনটি ওয়ান	LXXI
২২ বাইশ	22	Twenty two	টোয়েন্‌টি টু	XXII	৭২ বাহাত্তর	72	Seventy two	সেভেনটি টু	LXXII
২৩ তেইশ	23	Twenty three	টোয়েনটি থ্রি	XXIII	৭৩ তিয়াত্তর	73	Seventy three	সেভেনটি থ্রি	LXXIII
২৪ চব্বিশ	24	Twenty four	টোয়েন্‌টি ফোর	XXIV	৭৪ চুয়াত্তর	74	Seventy four	সেভেনটি ফোর	LXXIV
২৫ পঁচিশ	25	Twenty five	টোয়েন্‌টি ফাইভ	XXV	৭৫ পঁচাত্তর	75	Seventy five	সেভেনটি ফাইভ	LXXV
২৬ ছাব্বিশ	26	Twenty six	টোয়েন্‌টি সিকস্‌	XXVI	৭৬ ছিয়াত্তর	76	Seventy six	সেভেনটি সিকস্‌	LXXVI
২৭ সাতাশ	27	Twenty seven	টোয়েন্‌টি সেভ্‌ন	XXVII	৭৭ সাতাত্তর	77	Seventy seven	সেভেনটি সেভ্‌ন	LXXVII
২৮ আঠাশ	28	Twenty eight	টোয়েন্‌টি এইট	XXVIII	৭৮ আটাত্তর	78	Seventy eight	সেভেনটি এইট	LXXVIII
২৯ উনত্রিশ	29	Twenty nine	টোয়েন্‌টি নাইন	XXIX	৭৯ উনআশি	79	Seventy nine	সেভেনটি নাইন	LXXIX
৩০ ত্রিশ	30	Thirty	থার্টি	XXX	৮০ আশি	80	Eighty	এইট্‌টি	LXXX
৩১ একত্রিশ	31	Thirty one	থার্টি ওয়ান	XXXI	৮১ একাশি	81	Eighty one	এইট্‌টি ওয়ান	LXXXI
৩২ বত্রিশ	32	Thirty two	থার্টি টু	XXXII	৮২ বিরাশি	82	Eighty two	এইট্‌টি টু	LXXXII
৩৩ তেত্রিশ	33	Thirty three	থার্টি থ্রি	XXXIII	৮৩ তিরাশি	83	Eighty three	এইট্‌টি থ্রি	LXXXIII
৩৪ চৌত্রিশ	34	Thirty four	থার্টি ফোর	XXXIV	৮৪ চুরাশি	84	Eighty four	এইট্‌টি ফোর	LXXXIV
৩৫ পঁয়ত্রিশ	35	Thirty five	থার্টি ফাইভ	XXXV	৮৫ পঁচাশি	85	Eighty five	এইট্‌টি ফাইভ	LXXXV
৩৬ ছত্রিশ	36	Thirty six	থার্টি সিকস্‌	XXXVI	৮৬ ছিয়াশি	86	Eighty six	এইট্‌টি সিকস্‌	LXXXVI
৩৭ সাঁইত্রিশ	37	Thirty seven	থার্টি সেভ্‌ন	XXXVII	৮৭ সাতাশি	87	Eighty seven	এইট্‌টি সেভ্‌ন	LXXXVII
৩৮ আটত্রিশ	38	Thirty eight	থার্টি এইট	XXXVIII	৮৮ অষ্টাশি	88	Eighty eight	এইট্‌টি এইট	LXXXVIII
৩৯ উনচল্লিশ	39	Thirty nine	থার্টি নাইন	XXXIX	৮৯ উননব্বই	89	Eighty nine	এইট্‌টি নাইন	LXXXIX
৪০ চল্লিশ	40	Forty	ফর্টি	XL	৯০ নব্বই	90	Ninety	নাইনটি	XC
৪১ একচল্লিশ	41	Forty one	ফর্টি ওয়ান	XLI	৯১ একানব্বই	91	Ninety one	নাইনটি ওয়ান	XCI
৪২ বেয়াল্লিশ	42	Forty two	ফর্টি টু	XLII	৯২ বিরানব্বই	92	Ninety two	নাইনটি টু	XCII
৪৩ তেতাল্লিশ	43	Forty three	ফর্টি থ্রি	XLIII	৯৩ তিরানব্বই	93	Ninety three	নাইনটি থ্রি	XCIII
৪৪ চুয়াল্লিশ	44	Forty four	ফর্টি ফোর	XLIV	৯৪ চুরানব্বই	94	Ninety four	নাইনটি ফোর	XCIV
৪৫ পঁয়তাল্লিশ	45	Forty five	ফর্টি ফাইভ	XLV	৯৫ পঁচানব্বই	95	Ninety five	নাইনটি ফাইভ	XCV
৪৬ ছেচল্লিশ	46	Forty six	ফর্টি সিকস্‌	XLVI	৯৬ ছিয়ানব্বই	96	Ninety six	নাইনটি সিকস্‌	XCVI
৪৭ সাতচল্লিশ	47	Forty seven	ফর্টি সেভ্‌ন	XLVII	৯৭ সাতানব্বই	97	Ninety seven	নাইনটি সেভ্‌ন	XCVII
৪৮ আটচল্লিশ	48	Forty eight	ফর্টি এইট	XLVIII	৯৮ আটানব্বই	98	Ninety eight	নাইনটি এইট	XCVIII
৪৯ উনপঞ্চাশ	49	Forty nine	ফর্টি নাইন	XLIX	৯৯ নিরানব্বই	99	Ninety nine	নাইমটি নাইন	XCIX
৫০ পঞ্চাশ	50	Fifty	ফিফ্‌টি	L	১০০ একশ	100	Hundred	হানড্রেড	C

বাংলা উচ্চারণ সংখ্যা		ইংরেজি সংখ্যা শব্দ		উচ্চারণ	রোমান সংখ্যা
২০০	দুই শত [দু'শ]	200	Two Hundred	টু হানড্রেড	CC
৩০০	তিন শত [তিন'শ]	300	Three Hundred	থ্রি হানড্রেড	CCC
৪০০	চার শত [চার'শ]	400	Four Hundred	ফোর হানড্রেড	CD
৫০০	পাঁচ শত [পাঁচ'শ]	500	Five Hundred	ফাইভ হানড্রেড	D
৬০০	ছয় শত [ছ'শ]	600	Six Hundred	সিক্স হানড্রেড	DC
৭০০	সাত শত [সাত'শ]	700	Seven Hundred	সেভ্ন হানড্রেড	DCC
৮০০	আট শত [আট'শ]	800	Eight Hundred	এইট হানড্রেড	DCCC
৯০০	নয় শত [ন'শ]	900	Nine Hundred	নাইন হানড্রেড	CM
১০০০	এক হাজার	1000	Thousand	থাউজ্যাণ্ড	M
১০,০০০	দশ হাজার	10,000	Ten Thousand	টেন থাউজ্যাণ্ড	I
১,০০,০০০	এক লাখ	1,00,000	Hundred Thousand	হানড্রেড থাউজ্যাণ্ড	X
১০,০০,০০০	দশ লাখ	10,00,000	Million	মিলিয়ন	M
১,০০,০০,০০০	এক কোটি	1,00,00,000	Ten Million	টেন মিলিয়ন	—
১০,০০,০০,০০০	দশ কোটি	10,00,00,000	Hundred Million	হানড্রেড মিলিয়ন	—
১,০০,০০,০০০০০	একশ কোটি	1,00,00,00000	Thousand Million	থাউজ্যাণ্ড মিলিয়ন	—
১০,০০,০০,০০০০০	এক হাজার কোটি	10.00,00,00000	Billion	বিলিয়ন	—

ক্রমবাচক গণনা

প্রথম — First [ফার্স্ট]
দ্বিতীয় — Second [সেকণ্ড]
তৃতীয় — Third [থার্ড]
চতুর্থ — Fourth [ফোর্থ]
পঞ্চম — Fifth [ফিফ্থ]
ষষ্ঠ — Sixth [সিক্সথ]
সপ্তম — Seventh [সেভেন্থ]
অষ্টম — Eighth [এইট্থ]
নবম — Ninth [নাইন্থ]
দশম — Tenth [টেন্থ]

কতগুণ বেশী

একগুণ — Single [সিংগল্]
দ্বিগুণ — Double [ডাবল্]
ত্রিগুণ — Three fold [থ্রি ফোল্ড়]
চতুর্গুণ — Four fold [ফোর ফোল্ড়]
পাঁচ গুণ — Five fold [ফাইভ ফোল্ড়]
ছয় গুণ — Sixth [সিক্স ফোল্ড়]
সাত গুণ — Seven fold [সেভেন ফোল্ড়]
আট গুণ — Eight [এইট ফোল্ড়]
নয় গুণ — Nine fold [নাইন ফোল্ড়]
দশ গুণ — Ten fold [টেন ফোল্ড়]

ভগ্নাংশ সূচক

1/2 অর্দ্ধেক — Half [হাফ]
3/4 তিন চতুর্থাংশ — Three fourth [থ্রি ফোর্থ]
2/3 দুই তৃতীয়াংশ — Two third [টু থার্ড]
1/4 এক চতুর্থাংশ — One fourth [ওয়ান ফোর্থ]
1/5 এক পঞ্চমাংশ — One fifth [ওয়ান ফিফ্থ]
1/6 এক ষষ্ঠাংশ — One sixth [ওয়ান সিক্সথ]
1/7 এক সপ্তমাংশ — One seventh [ওয়ান সেভেন্থ]
1/8 এক অষ্টমাংশ — One eighth [ওয়ান এইট্থ]
1/9 এক নবমাংশ — One ninth [ওয়ান নাইন্থ]
1/10 এক দশমাংশ — One tenth [ওয়ান টেন্থ]

ইংরেজি শব্দের উচ্চারণ Pronunciation [প্রনানসিএশন]

1. কিছু ইংরেজি শব্দে ie [ই]র প্রয়োগ হয় [যেমন chief]। কিন্তু e-র পর অধিকাংশ ক্ষেত্রেই ei হয় [যেমন deceive]। নীচে দেওয়া শব্দগুলিতে ie-র অভ্যাস করুন :—

ie	ie = [ই]
piece [n] [পিস] টুকরা	thief [n] [থিফ] চোর
brief [n] [ব্রিফ] সংক্ষিপ্ত	relief [n] [রিলিফ] মুক্তি, সাহায্য
grief [n] [গ্রিফ] শোক	field [n] [ফিল্ড] খেলার মাঠ
yield [v] [ইল্ড] অধীন হওয়া	achieve [v] [এ্যাচিভ] লাভ করা, সফলতা পাওয়া

কিন্তু e-এর পর ie, ei-এ পরিবর্তিত হয়ে যায়।

	ei = ই
receipt [n] [রিসিট] রসিদ	perceive [v] [পারসিভ] দেখা
receive [v] [রিসিভ] প্রাপ্তি, পাওয়া	conceive [v] [কসিভ] অনুধাবন করা
ceiling [n] [সিলিং] ছাতের ভেতরের অংশ	deceive [v] [ডিসিভ] ধোঁকা দেওয়া
seize [v] [সিজ] জব্দ/বাজেয়াপ্ত করা	seizure [n] [সিজর] ধরা, বন্দী করা

2. [a] অনেক শব্দে eiএর উচ্চারণ এ হয় [যেমন weight[ওয়েট-ওজন], এ ধরণের শব্দের অভ্যাস করুন :—

neighbour [n] [নেবর] প্রতিবেশী — eighth [ad] [এটথ] অষ্টম
reign [n] [রেন] রাজত্ব — foreign [n] [ফরেন] বিদেশ
leisure [n] [লেজর] অবকাশ — veil [n] [ভেল] ঘোমটা

[b] কিন্তু নিম্নলিখিত শব্দগুলিতে ei-এর উচ্চারণ 'এয়' হয় —

heir [n] [এয়র] উত্তরাধিকারী — their [pron] [দেয়র] তাদের

[c] কিছু শব্দে ei-এর উচ্চারণ 'আই'-ও হয়।

either [আইদর] কোন একজন [দুজনের মধ্যে] — neither [নাইদার] কেউই নয় [দুজনের মধ্যে]
height [হাইট] উচ্চতা

এগুলো আর এধরণেরই কিছু শব্দের স্পেলিং তথা উচ্চারণ অভ্যাস করুন। যাতে ei-এর স্থানে ie-র ভুল না হয়।

3. কিছু ক্রিয়ার সঙ্গে ing যোগ করলে ক্রিয়াটির অন্তিম ব্যঞ্জনবর্ণে দ্বিত্ব [double] হয়। যেমন wet [ভেজা], wetting [ভেজান]।

admit [এ্যাডমিট] — admitting	get [গেট] — getting
sit [সিট] — sitting	set [সেট] — setting
put [পুট্] — putting	cut [কাট] — cutting
spit [স্পিট] — spitting	regret [রিগ্রেট] — regretting
stop [স্টপ] — stopping	drop [ড্রপ] — dropping
win [উইন] — winning	spin [স্পিন] — spinning
rub [রাব] — rubbing	rob [রব্] — robbing

[কিন্তু আপনি কি জানেন, এই শব্দগুলিতে ing লাগানোয় দ্বিত্ব কেন হয়? কারণ শব্দের শেষে single ব্যঞ্জনবর্ণ রয়েছে এগুলিতে। অর্থাৎ শেষ ব্যঞ্জনবর্ণের আগে স্বরবর্ণ রয়েছে — যেমন wet, sit, stop ইত্যাদি।]

4. নীচে দুই কলমে কিছু ক্রিয়া দেওয়া হয়েছে যেগুলোর শেষে 'y' আছে। এগুলিকে মনোযোগ দিয়ে দেখুন আর বোঝার চেষ্টা করুন দুটির মধ্যে পারস্পরিক পার্থক্য কি ?

A	B
try [ট্রাই] চেষ্টা করা	enjoy [এন্জয়] উপভোগ করা
dry [ড্রাই] শুকানো	destroy [ডেষ্ট্রয়] ধ্বংস করা
apply [এ্যাপ্লাই] আবেদন পত্র দেওয়া	annoy [এ্যানয়] বিরক্ত করা
reply [রিপ্লাই] উত্তর দেওয়া	betray [বিট্রে] ধোঁকা দেওয়া
deny [ডিনাই] অস্বীকার করা	delay [ডিলে] দেরি করা
carry [ক্যারি] নেওয়া, বহন করা	play [প্লে] খেলা
worry [ওয়রি] চিন্তা	stay [স্টে] থেকে যাওয়া

A কলমে y-এর আগে ব্যঞ্জনবর্ণ [consonant] r রয়েছে, অপরপক্ষে B কলম y-এর আগে স্বরবর্ণ vowel o রয়েছে।

5. Y যুক্ত যে সমস্ত ক্রিয়াপদে y-এর আগে স্বরবর্ণ [vowel] থাকে সেক্ষেত্রে অতীতকালে ed সংযুক্ত হয়, কিন্তু y-এর আগে ব্যঞ্জনবর্ণ থাকলে সেক্ষেত্রে ied যোগ করা হয়।

annoy – annoyed বিরক্তিকৃত	apply – applied আবেদনকৃত
betray – betrayed ঠকানো হয়েছে	deny – denied অস্বীকৃত
delay – delayed বিলম্বিত হয়েছে	dry – dried শুষ্কীকৃত
destroy – destroyed নিবষ্ট হয়েছে	carry – carried বাহিত
enjoy – enjoyed উপভোগ করা হয়েছে	try – tried চেষ্টাকৃত
employ – employed নিযুক্ত করা হয়েছে	marry – married বিবাহিত
play – played খেলেছে	reply – replied জবাব দেওয়া হয়েছে
stay – stayed থেকে গেছে	worry – worried চিন্তাগ্রস্ত

ব্যতিক্রম [exception] — কিন্তু pay, say-র অতীতকালের রূপ হল paid, said – payed, sayed নয়।

6. নীচে কিছু ক্রিয়াপদ দেওয়া হল। এগুলিতে er বা or প্রত্যয় যুক্ত হয়ে কর্তৃত্ববাচক শব্দ তৈরী হয়। যেমন make [তৈরী করা] থেকে maker [যে তৈরী করে]। create [উৎপন্ন করা] থেকে creator [উৎপাদক]।

speak [স্পিক] বলা	speaker [স্পিকার] বক্তা
lecture [লেক্চার] ভাষণ	lecturer [লেক্চারার] ভাষণকর্তা
rule [রুল] রাজত্ব করা	ruler [রুলার] শাসক
vote [ভোট] ভোট	voter [ভোটার] ভোটদাতা
bake [বেক] বিস্কুট বানানো	baker [বেকার] বিস্কুট প্রস্তুতকর্তা
dye [ডাই] রং করা	dyer [ডায়ার] রং করে যে
manage [ম্যানেজ] ব্যবস্থা করা	manager [ম্যানেজার] ব্যবস্থাপক

Or – dictate	dictator
arbitrate	arbitrator
collect	collector
invent	inventor
act	actor
instruct	instructor
direct	director
elect	elector

7. দুই প্রকার বানান [spelling]-এর পার্থক্য অনুধাবন করুন।

I	II
dependant	dependent আশ্রিত
fulfil	fulfill পূর্ণ করা [ক্রিয়া]
fulfilment	fulfillment পূর্তি
goodbye	goodby বিদায়
harbour	harbor জাহাজঘাটা, বন্দর
homoeopathy	homeopathy হোমিওপাথি চিকিৎসাশাস্ত্র
honour	honor সম্মান
humour	humor পরিহাস, হাস্যরস

আপনি ভাবছেন প্রথম কলম [I]-এর বানানই ঠিক আর II -এর গুলো ভুল। কিন্তু এমনটা নয়। I-এর রূপগুলি ব্রিটেনে প্রচলিত, II-এর রূপগুলি প্রচলিত আমেরিকায়। ভারতে অবশ্য ব্রিটিশ রূপই সাধারণতঃ প্রচলিত।

8. এই বানানগুলোর পার্থক্যও দেখুন। A থেকে B-এর রূপগুলি ঠিক মনে হচ্ছে তো? কিন্তু কেন?

airplane	aeroplane [বিমান]
afterward	afterwards [পরে]
analyze	analyse [বিশ্লেষণ]
armor	armour [অস্ত্র]
behavior	behaviour [ব্যবহার, আচরণ]
center	centre [কেন্দ্র]
connexion	connection [যোগ]
check	cheque [চেক্]
collectible	collectabale [সংগ্রহযোগ্য]
color	colour [রং]
neighbor	neighbour [প্রতিবেশী]

উত্তর — ঠিকই ধরেছেন। A-র রূপগুলি আমেরিকায় প্রচলিত। কিন্তু B-র রূপগুলি অর্থাৎ ব্রিটিশ রূপগুলিই ভারতে অধিক প্রচলিত।

9. ব্রিটিশ আর মার্কিন বানান —

British	American অর্থ	Br. & Am.
1. paralyse	paralyze পক্ষাঘাত	paralysis [n] = পক্ষাঘাত
2. practise	practice অভ্যাস করা	practice [n] = [অভ্যাস]
3. programme [n]	program [n] কার্যসূচী	—
4. quarrelled	quarreled ঝগড়া করা হয়েছে	quarrel [n] = ঝগড়া
5. rumour [n]	rumor [n] রটনা	—
6. [to] mould	[to] mold ছাঁচে ফেলা	—
7. levelled	leveled	—
8. modelled	modeled	—

স্মরণীয় [To Remember]

1. নীচে কিছু শব্দ দেওয়া হল। মনোযোগ দিয়ে দেখুন এবং বলুন blamable-এর কলমে কি সাদৃশ্য রয়েছে।

1. [to] blame [= দোষ দেওয়া]	blamable	[not-blamable]
2. [to] loose [= ঢিলে করা]	loosable	[not-eable]
3. [to] lose [= হারানো]	losable	[” ”]
4. [to] love [= ভালবাসা]	lovable	[” ”]
5. [to] cure [= সুস্থ করা]	curable	[” ”]
6. [to] decline [= অস্বীকার করা]	declinable	[” ”]
7. [to] deplore [= আফসোস করা]	deplorable	[” ”]
8. [to] desire [= ইচ্ছা করা]	desirable	[” ”]
9. [to] mistake [= ভুল করা]	mistakable	[” ”]
10. [to] note [= লেখা অথবা মনে রাখা]	notable	[” ”]

হ্যাঁ ঠিক ধরেছেন। এই ক্রিয়াপদগুলি শেষের e, able-এর আগে থেকে লুপ্ত হয়ে যায়। এমন আরও পাঁচটি শব্দ দেখুন।

2. নীচে দেওয়া g, e প্রভৃতি অন্তিম ব্যঞ্জনবর্ণযুক্ত শব্দে able জোড়ার পর e লুপ্ত হয়না। যেমন, change + able = changeable, প্রভৃতি। এর অভ্যাস করুন।

1. bridge [v] [= সেতু বাঁধা]	bridgeable	[bridgable নয়]
2. change [to] [= পরিবর্তন]	changeable	[changable নয়]
3. knoledge [= জানা]	knowledgeable	[knowledgable নয়]
4. manage [v] [= ব্যবস্থা করা]	manageable	[managable নয়]
5. marriage [= বিবাহ]	marriageable	[marriagable নয়]
6. notice [= মনোযোগ]	noticable	[noticable নয়]
7. service [= কাজ]	serviceable	[servicable নয়]
8. sacrifice [= আত্মত্যাগ]	sacrificeable	[sacrificable নয়]
9. trace [= খোঁজা]	traceable	[tracable নয়]
10. peace [= শান্তি]	peaceable	[peacable নয়]
11. time [= সময়]	timeable	[timable নয়]
	কিন্তু	
12. practice [= অনুশীলন]	practicable	[practiceable নয়]

3. reduce [= কম করা] থেকে reduciable হয়, reducable বা reduceable নয়। এধরণের আরও কিছু শব্দের প্রতি মনোযোগ দিন।

1. negligence [= অবহেলা]	negligible	[negligiable নয়]
2. admission [v] [= প্রবেশ]	admissible	[admissable নয়]
3. permission [= অনুমতি]	permissible	[permitiable নয়]
4. perfect [= পূর্ণ]	perfectible	[perfectable নয়]
5. avert [v] [= এড়ানো]	avertible	[avertable নয়]
6. division [= বিভাজন]	divisible	[dividable নয়]

reducible-এর অর্থ — কম করার যোগ্য। negligible-এর অর্থ অবহেলা [বা উপেক্ষা] করার যোগ্য। এ ধরণের আরও শব্দের অর্থও স্মরণ করুন।

4. এই শব্দগুলির দুটো রূপই বিকল্প হিসেবে শুদ্ধ —

1. [to] bribe [= ঘুষ]	bribeable	or	bribable [ঘুষ দেওয়ার যোগ্য]
2. [to] handle [= ধরা]	handleable	or	handlable [ধরার যোগ্য]

3. [to] hire [= ভাড়া নেওয়া]	hireable	or	hirable [ভাড়ার যোগ্য]
4. [to] like [= চাওয়া]	likeable	or	likable [চাওয়ার যোগ্য]
5. [to] live [= থাকা]	liveable	or	livable [থাকার যোগ্য]
6. [to] name [= নাম দেওয়া]	nameable or namable	or	namable [নাম দেওয়ার যোগ্য]
7. [to] raise [= ওঠানো]	raiseable	or	raisable [ওঠানোর যোগ্য]
8. [to] rate [= দর]	rateable	or	ratable [দরের যোগ্য]
9. [to] sale [= বিক্রি করা]	saleable	or	salable [বিক্রির যোগ্য]
10. [to] shake [= ঝাঁকানো]	shakeable	or	shakable [ঝাঁকানোর যোগ্য]
11. [to] taste [= স্বাদগ্রহণ করা]	tasteable	or	tastable [স্বাদগ্রহণ করার যোগ্য]

5. মনোযোগ দিন।

1. giveable [= দেওয়ার যোগ্য]	কিন্তু	givable নয়
2. forgivable [= ক্ষমার যোগ্য]	কিন্তু	forgiveable নয়
3. implacable [= যাকে মানানো যায়না]	কিন্তু	unplaceable [যাকে নির্দিষ্ট স্থানে রাখা যায়না] নয়
4. incomplete [= অসম্পূর্ণ]	কিন্তু	uncompleted নয়
5. indigestion [= বদহজম]	কিন্তু	undigested [হজম হয়নি] নয়
6. irreparable [= যা পুরো করা যায়না]	কিন্তু	unrepairable [যার সারাই সম্ভব নয়] নয়

6. recognize [v] [চেনা] recognizable [recognizeable নয়]

But কিন্তু — able যোগ করার ফলে কিছু শব্দের সামান্য পরিবর্তন হয়ে যায়।

revoke [v] [= ভঙ্গ করা]	revocable	[revokable নয়]
unforget [v] [= ভুলে না যাওয়া]	unforgettable	[unforgetable নয়]

7. y দিয়ে শেষ হয়েছে এমন শব্দে ous প্রত্যয় যুক্ত হবার পর y স্থানে e বা i হয়ে যায়। যে সমস্ত শব্দের শেষে e রয়েছে, ous যুক্ত হবার পূর্বে উক্ত e-র লোপ হয়ে যায়।

beauty [বিউটি] সৌন্দর্য — থেকে — beauteous [বিউটিয়াস] সুন্দর, plenty [প্লেন্টি] প্রাচুর্য — থেকে — plenteous [প্লেন্টিয়াস] প্রচুর, কিন্তু mystery [মিস্ট্রি] রহস্য — থেকে — mysterious [মিস্ট্রিয়স] রহস্যপূর্ণ, industry [ইণ্ডাস্ট্রি] উদ্যোগ — থেকে — industrious [ইণ্ডাস্ট্রিয়স] উদ্যোগী, fame [ফেম] প্রসিদ্ধি — থেকে — famous [ফেমাস] প্রসিদ্ধ, continue [কন্টিন্যু] জারি, নিরন্তর — থেকে — continuous [কন্টিনিউয়স] নিরন্তরতা।

এই শব্দগুলি মনে রাখুন এবং অভিধান থেকে আর কিছু এধরণের নতুন শব্দের সন্ধান করুন।

8. এই সংক্ষিপ্তরূপ শব্দগুলির সঙ্গে আপনি পরিচিত হয়েছেন। এগুলির অর্থ আপনি জানেন। কিন্তু এগুলোর পূর্ণরূপগুলি কি কি? যদি না জানেন, তবে জেনে রাখুন —

1. A.M. = মধ্যাহ্নের পূর্বে	[ante meridiem]
2. i.e. = [that is] অর্থাৎ	[id est]
3. lb = [pound] পাউণ্ড	[libra]
4. n.b., n.b. = [note well] দ্রষ্টব্য	[nota bene]
5. no. = [in number] সংখ্যা, নম্বর	[numero]
6. O.K. = [all correct] সব ঠিক আছে	[ore korrect]
7. P.M. = [after noon] মধ্যাহ্নোত্তর	[post meridiem]
8. etc. = [and the others] ইত্যাদি	[et cetera]
9. R.S.V.P. = [reply, if you please] ইচ্ছে করলে, উত্তর দিন	[repondez s'll vous plait]

9. এগুলোও abbreviations [সংক্ষিপ্ত রূপ] তবে এগুলির শেষে সংক্ষিপ্ততাসূচক চিহ্ন হিসেবে ডট্ [.] ব্যবহৃত হয়না।

1. do = [ditto] the same as aforesaid উপরোক্ত ভাবে, আগে যেভাবে বলা হয়েছে
2. c/o = care of প্রযত্নে
3. ma'am = madame [ফরাসী] [মাদাম] শ্রীমতী
4. O = Oxygen অম্লজান, অক্সিজেন গ্যাস
5. Q = queue [কিউ] পংক্তি, লাইন
6. U = Universe বিশ্ব

বিশেষ : চলচ্চিত্রে প্রমাণপত্র হিসেবে যে A বা U ব্যবহৃত হয় — তার পূর্ণরূপ হল A = Adults only; U = Universal.

DIRECT & INDIRECT SPEECH

"I don't know how to swim," said the monkey.

এই বাক্যটি বাঁদর আর কুমীর-এর সেই বিখ্যাত গল্পটি থেকে। গল্পে বাঁদর যেভাবে বলেছে সেভাবেই লিখে তাকে উদ্ধৃতি চিহ্নের ভেতরে রেখে, বাইরে লেখা হয়েছে এই কথাটি বাঁদর বলেছিল। এই ধরণের বাক্যকথন হল, direct speech-এর নিদর্শন। এর সরল পরিচয় হল, একে ইংরেজিতে বলা হয় inverted commas বা quotation marks, বাংলায় যা উদ্ধৃতিচিহ্ন নামে পরিচিত।

উপরে যা বলা হয়েছে তাকে এভাবেও লেখা যায় —

The monkey said that he didn't know how to swim.

এইধরণের বাক্যব্যবহারকে বলা হয় indirect speech।

1. Harbhajan said to me, "I'm going to help you".
2. Harbhajan said to you, "I'm going to help you."
3. Harbhanan said to Sajan, "I'm going to help you."

Direct speech-এর এই তিনটি বাক্যকে যখন indirect speech-এ লেখা হবে, তখন এভাবে —

1. Harbhajan told me that he was going to help me.
2. Harbhajan told you that he was going to help you.
3. Harbhajan told Sajan that he [Harbhajan] was going to help him [Sajan].

Indirect speech তৈরীর সময়,

1. Quotation marks-এর বাইরে subject-এর যে person সেই person quotation marks-এর ভেতরে subject-এর ক্ষেত্রেও প্রযুক্ত হয়। উপরের Harbhajan third person বলে indirect speech-এ I কে he বানানো হয়েছে।

2. Quotation marks-এর বাইরের object-এর যে person, quotation marks-এর ভেতরের object-এর ক্ষেত্রেও সেই একই person হয়। এজন্য উপরোক্ত বাক্যে বাইরের object me first person বলে ভেতরের object you [second person]-কে me-তে পরিবর্তিত করা হয়েছে। দ্বিতীয় বাক্যে you কে you-এ আর তৃতীয় বাক্যে you-কে he-তে এভাবেই বদলে দেওয়া হয়েছে।

3. যদি quotation marks-এর বাইরের ক্রিয়াপদ past tense-এ হয়, সেক্ষেত্রে ভেতরের ক্রিয়াকেও past tense-এ বদলে দেওয়া হয়। বাইরের said-কে পরিবর্তিত করা হয় told-এ। উপরের present continuous-এর am going to help-কে এভাবেই was going to help এ পরিবর্তিত করা হয়েছে।

উপরিল্লিখিত বাক্যগুলি থেকে এটা স্পষ্ট হয় যে বক্তব্য যদি past tense-এ থাকে সেক্ষেত্রে indirect speech বানানোর সময় নিম্নলিখিত বিষয়গুলিতে নজর দেওয়া হয় —

[1] Quotation marks-এর বাইরের subject-এর যে person [পুরুষ], সেই person, quotation marks-এর ভেতরের subject-এরও করে দেওয়া হয়। যেমন ওপরের I-এর ক্ষেত্রে he। অবশ্য এর ব্যতিক্রমও আছে। সেজন্য পরে দেওয়া [i] দেখুন।

[2] বাইরের object-এর যে person হয়, সেই একই person ভেতরের object-এর ক্ষেত্রেও করে দেওয়া হয়। যেমন [1]-এর you-কে me, [2]-এর you-কে you আর [3]-এর you-কে him। ব্যতিক্রমের জন্য দেখুন পরে দেওয়া [ii]

[3] ভেতরের ক্রিয়াপদ বা ক্রিয়াপদগুলির present tense বা future tense-কে corresponding past tesne-এ বদলে দেওয়া হয়। যেমন উপরের am going to help-কে was going to help-এ বদলে দেওয়া হয়েছে।

[4] বাইরের said to-কে told-এ বদলে দেওয়া হয়।

5. বাইরের said-কে said-ই রাখা হয়।

1. Mahesh says, "I met the teacher on the way".
2. Ram says, "Bhatt writes well".
3. Ali says, "The train will arrive soon."
4. The teacher will say, "There is no school tomorrow."
5. My father will say to me, "You upset my plan."
6. The government will say, "Exploitation in any form whatsoever shall be punishable."

এই বাক্যগুলিকে indirect speech-এ এভাবে লেখা হবে —

1. Mahesh says that he met the teacher on the way.
2. Ram says that Bhatt writes well.
3. Ali says that the train will arrive soon
4. The teacher will say that there is no school tomorrow.
5. My father will tell me that I upset his plan.
6. The government will say that exploitation in any form whatsoever shall be punishable.

এই বাক্যগুলি থেকে স্পষ্ট যে যদি বাইরের ক্রিয়া [reporting verb]-এর present tense বা future tense হয়, সেক্ষেত্রে indirect speech বানানোর সময় নিম্নলিখিত বিষয়গুলিতে নজর দিতে হবে —

[i] যে person বাইরের subject-এর হবে সেই person ভেতরের subject-এরও হবে। যেমন 1 -এ I-কে he।

[ii] যদি ভেতরের subject you হয় সেক্ষেত্রে ভেতরের subject-কে বাইরের subject-এর অনুরূপ করে পরিবর্তিত করতে হবে। যে person বাইরের object-এর রয়েছে ভেতরের object-এরও সেই একই person হবে। একমাত্র যদি ভেতরের subject you হয় সেক্ষেত্রে ব্যতিক্রম হিসেবে বাইরের object অনুসারে বদলাতে হবে। যেমন 5-এ you-কে I-তে।

[iii] ভেতরের ক্রিয়ার tense বদলায় না।

My teacher said, "The earth is round".-এর indirect speeach হল My teacher said that the earth is round. শাশ্বত সত্য প্রভৃতির ক্ষেত্রে tense বদলানো হয়না। হ্যাঁ, person-এর নিয়ম অবশ্য প্রযোজ্য হয়।

255

কয়েকটি নির্বাচিত ক্রিয়ার তিন রূপ
[3 FORMS OF SOME SELECTED VERBS]

ইংরেজিতে ক্রিয়ার তিনটি forms হয়। তাদের রূপ কাল [tense] অনুসারে বদলায়। নীচে কতকগুলি ক্রিয়ার তিনটে রূপই দেখানো হ'ল আপনার সুবিধা ও অনুশীলনের জন্য।

1. ইংরেজিতে অনেকগুলি ক্রিয়ার II ও III forms একই হয়, যেমন II & III forms দুটোতেই allowed। এই রকমের ক্রিয়াগুলি I গ্রুপে দেখান হয়েছে।—

I ফর্ম Present tense, Pronounciation & Meaning	II ফর্ম Past Tense	III ফর্ম Past Participle
1. allow [এলাও] অনুমতি দেওয়া	allowed	allowed
2. appear [এ্যাপিয়র] প্রকট হওয়া	appeared	appeared
3. build [বিল্ড্] তৈরী করা	built	built
4. borrow [বরো] ধার নেওয়া	borrowed	borrowed
5. boil [বয়েল] ফোটান	boiled	boiled
6. burn [বার্ন] জ্বালানো	burnt	burnt
7. catch [ক্যাচ] ধরা	caught	caught
8. copy [কপি] নকল করা	copied	copied
9. carry [ক্যারি] বহন করা	carried	carried
10. clean [ক্লিন] পরিষ্কার করা	cleaned	cleaned
11. climb [ক্লাইম্ব] চড়া	climbed	climbed
12. close [ক্লোজ] বন্ধ করা	ciosed	closed
13. cook [কুক্] রান্না করা	cooked	cooked
14. care [কেয়র] সাবধান থাকা	cared	cared
15. cross [ক্রস] অতিক্রম করা	crossed	crossed
16. complete [কমপ্লিট] সম্পূর্ণ করা	completed	completed
17. dig [ডিগ] খোঁড়া	dug	dug
18. deceive [ডিসিভ] প্রতারণা করা	deceived	deceived
19. decorate [ডেকোরেট] সাজানো	decorated	decorated
20. die [ডাই] মরে যাওয়া	died	died
21. divide [ডিভাইড] ভাগ করা	divided	divided
22. earn [আর্ন] উপার্জন করা	earned	earned
23. enter [এণ্টার] ভিতরে আসা	entered	entered
24. fight [ফাইট] যুদ্ধ করা	fought	fought
25. find [ফাইণ্ড] দেখা পাওয়া	found	found
26. feed [ফিড] খাওয়ানো	fed	fed
27. finish [ফিনিশ] শেষ করা	finished	finished
28. fear [ফিয়ার] ভয় করা	feared	feared
29. hang [হ্যাঙ্গ] ঝোলানো	hung	hung
30. hang [হ্যাঙ্গ] ফাঁসি দেওয়া	hanged	hanged

31. hold [হোল্ড] ধরা	held	held
32. hire [হায়র] ভাড়া করা	hired	hired
33. hunt [হান্ট্] শিকার করা	hunted	hunted
34. iron [আয়রণ] ইস্ত্রি করা	ironed	ironed
35. invite [ইনভাইট] নিমন্ত্রণ করা	invited	invited
36. jump [জাম্প] ঝাঁপানো	jumped	jumped
37. knock [নক্] দরজা ধাক্কা দেওয়া	knocked	knocked
38. kick [কিক্] লাথি মারা	kicked	kicked
39. lend [লেন্ড] ধার দেওয়া	lent	lent
40. lose [লুজ] হারানো	lost	lost
41. light [লাইট] জ্বালানো, আলোকিত করা	lighted	lighted
42. learn [লার্ন] শেখা	learnt	learnt
43. marry [ম্যারি] বিবাহ করা	married	married
44. move [মুভ] সরানো, চালানো	moved	moved
45. open [ওপ্ন] খোলা	opened	opened
46. obey [ওবে] আজ্ঞা পালন করা	obeyed	obeyed
47. order [অর্ডার] আদেশ করা	ordered	ordered
48. pick [পিক্] কুড়ানো	picked	picked
49. pray [প্রে] প্রার্থনা করা	prayed	prayed
50. pull [পুল] টানা	pulled	pulled
51. punish [পানিশ] শাস্তি দেওয়া	punished	punished
52. prepare [প্রিপেয়র] তৈরী করা	prepared	prepared
53. plough [প্লাউ] লাঙ্গল চষা	ploughed	ploughed
54. please [প্লিজ] প্রসন্ন করা	pleased	pleased
55. push [পুশ্] ঠেলা	pushed	pushed
56. quarrel [কোয়ার‍্ল্] ঝগড়া করা	quarrelled	quarrelled
57. rain [রেন] বৃষ্টি হওয়া	rained	rained
58. reach [রিচ] পৌঁছানো	reached	reached
59. refuse [রিফিউজ] অস্বীকার করা	refused	refused
60. ruin [রুইন] ধ্বংস করা	ruined	ruined
61. shine [সাইন] চক্চক্ করা	shone	shone
62. sell [সেল] বিক্রি করা	sold	sold
63. shoot [শুট্] গুলি চালনা	shot	shot
64. sleep [স্লিপ] ঘুমোনো	slept	slept
65. sweep [সুইপ] ঝাঁট দেওয়া	swept	swept
66. smell [স্মেল্] গন্ধ সোঁকা	smelt	smelt
67. spend [স্পেন্ড্] খরচ করা	spent	spent
68. thank [থ্যাঙ্ক] ধন্যবাদ দেওয়া	thanked	thanked
69. tie [টাই] বাঁধা	tied	tied
70. test [টেস্ট] পরীক্ষা করা	tested	tested
71. wait [ওয়েট] অপেক্ষা করা	waited	waited
72. work [ওয়ার্ক] কাজ করা	worked	worked

73. wish [উইশ্] ইচ্ছা প্রকাশ করা	wished	wished
74. win [উইন্] জয়লাভ করা	won	won
75. wind [ওয়াইণ্ড] [ঘড়িতে] চাবি দেওয়া	wound	wound
76. weep [উইপ্] কাঁদা	wept	wept
77. weigh [ওয়ে] ওজন করা	weighed	weighed
78. wring [রিঙ্গ] [ভিজে কাপড়] নিঙরানো	wrung	wrung
79. yield [ইল্ড] হার মানা	yielded	yielded
80. yoke [ইয়োক] [বলদ] জোতা	yoked	yoked

2. অনেকগুলি ক্রিয়াপদে II এবং III form আলাদা আলাদা হয় ও সাথে III form-এ ধাতুর সাথে 'en' বা 'n' যোগ হয়ে থাকে; যেমন — 'arise' থেকে arise ও arisen. এই রকম ভাবে beaten, broken, bitten ইত্যাদি রূপ III form-এ হয়।

81. arise [এরাইজ] ওঠা	arose	arisen
82. beat [বিট] প্রহার করা	beat	beaten
83. break [ব্রেক্] ভাঙা	broke	broken
84. bite [বাইট] কামড়ানো	bit	bitten
85. bear [বেয়ার] জন্ম দেওয়া	bore	bore
86. bear [বিয়র] সহ্য করা	bore	bore
87. be [is, am, are] [বি] হওয়া	was, were	been
88. choose [চুজ] পছন্দ করা	chose	chosen
89. drive [ড্রাইভ] [গাড়ি] চালানো	drove	drove
90. draw [ড্র] টানা	drew	drawn
91. forget [ফরগেট] ভুলে যাওয়া	forgot	forgotten
92. fall [ফল] পড়ে যাওয়া	fell	fallen
93. freeze [ফ্রিজ] জমে যাওয়া	froze	frozen
94. fly [ফ্লাই] ওড়া	flew	flown
95. give [গিভ] দেওয়া	gave	given
96. grow [গ্রো] বড় হওয়া	grew	grown
97. hide [হাইড] লুকোনো	hid	hidden
98. know [নো] জানা	knew	known
99. lie [লাই] শোওয়া	lay	laid
100. ride [রাইড] ঘোড়ায় চড়া	rode	ridden
101. rise [রাইজ] ওঠা	rose	risen
102. see [সি] দেখা	saw	seen
103. shake [শেক] নাড়ানো	shook	shaken
104. steal [স্টিল] চুরি করা	stole	stolen
105. speak [স্পিক] বলা	spoke	spoken
106. swear [সোয়্যার] প্রতিজ্ঞা করা	swore	sworn
107. tear [টিঅর] ছেঁড়া	tore	torn
108. take [টেক] নেওয়া	took	taken
109. throw [থ্রো] ছোঁড়া	threw	thrown
110. wake [ওয়েক] জাগা	woke	woken
111. wear [ওয়্যার] জামাকাপড় পরা	wore	worn

112. weave [উইভ] কাপড় বোনা	wove	woven
113. write [রাইট] লেখা	wrote	written

3. কতকগুলি ক্রিয়ার II ও III form একই রকম হয় না; তবে II from-এর a III from-এ u-এ পরিণত হয়। যেমন — drank ও rang III form-এ যথাক্রমে drunk ও rung হয়।

114. begin [বিগিন] আরম্ভ করা	began	begun
115. drink [ড্রিংক] পান করা	drank	drunk
116. ring [রিংগ] ঘন্টা বাজানো	rang	rung
117.. run [রান্] দৌড়োনো	ran	run
118. sink [সিঙ্ক] ডুবে যাওয়া	sank	sunk
119. sing [সিঙ্গ] গান গাওয়া	sang	sung
120. spring [স্প্রিঙ্গ] লাফানো	sprang	sprung
121. swim [সুইম্] সাঁতার কাটা	swam	swum
122. shrink [শ্রিঙ্ক] কুঁকড়ে যাওয়া	shrank	shrunk

ইংরেজিতে কতকগুলি ক্রিয়ার তিনটে form-এই একই রূপ থাকে। এই তিনটি বাক্যের অর্থ দেখুন —

[i] You bet now. তুমি এখন বাজি রাখো।

[ii] You bet yesterday. তুমি কাল বাজি রেখেছিলে।

[iii] You have bet. তুমি বাজি রেখেছ।

এই সমস্ত ক্রিয়াগুলির রূপ স্মরণ করুন যাতে করে ভুল ব্যবহার করে আপনি হাঁসির পাত্র না হ'ন।

123. bet [বেট্] বাজি রাখা	bet	bet
124. bid [বিড়] [নিলামে] ডাক দেওয়া	bid	bid
125. burst [বার্স্ট্] ফেটে যাওয়া	burst	burst
126. cut [কাট্] কেটে যাওয়া	cut	cut
127. cast [কাস্ট্] ছুঁড়ে ফেলা	cast	cast
128. cost [কস্ট্] দাম লাগা	cost	cost
129. hit [হিট্] চোট লাগা	hit	hit
130. hurt [হার্ট] আহত করা	hurt	hurt
131. knit [নিট্] বোনা	knit	knit
132. put [পুট্] রাখা	put	put
133. rid [রিড়] নিষ্কৃতি পাওয়া	rid	rid
134. read [রিড] পড়া	read*	read*
135. spit [স্পিট্] থুথু ফেলা	spit	spit

* তিনটি ফর্মেই read-এর একই বানান হয়, সেজন্যই এই ক্রিয়াকে এই বর্গে রাখা হয়েছে। কিন্তু উচ্চারণে প্রভেদ আছে। যথা — রিড, রেড, রেড।

25টি প্রয়োজনীয় সমষ্টিগত শব্দ
[25 IMPORTANT COLLECTIVE PHRASES]

1. চাবির গোছা	A *bunch* [বাঞ্চ] of keys
2. এক গুচ্ছ আঙ্গুর	A *bunch* [বাঞ্চ] of grapes
3. ফুলের তোড়া	A *bouquet* [বোকে] of flowers
4. এক আঁটি কাঠ	A *bundle* [বাণ্ডল] of wood
5. লোকজনের ভিড়	A *crowd* [ক্রাউড] of people
6. পর্ব্বত শ্রেণী বা পর্ব্বতমালা	A *chain* [চেন] of mountains
7. ভেড়ার পাল	A *flock* [ফ্লক] of sheep
8. এক ঝাঁক পাখি	A *flight* [ফ্লাইট] of birds
9. দ্বীপপুঞ্জ	A *group* [গ্রুপ] of islands
10. তারার নীহারিকা	A *galaxy* [গ্যালাক্সি] of stars
11. বৃক্ষকুঞ্জ	A *grove* [গ্রোভ] of trees
12. মজুরের দল	A *gang* [গ্যাং] of labourers
13. হরিণের পাল	A *herd* [হার্ড] of deer
14. শুয়োরের পাল	A *herd* [হার্ড] of swine
15. মৌমাছির ঝাঁক	A *hive* [হাইভ] of bees
16. পশুর দল	A *herd* [হার্ড] of cattle
17. ধ্বংস স্তূপ	A *heap* [হীপ] of ruins
18. পাথর ও বালির ঢিপি	A *heap* [হীপ] of stones and sand
19. শিকারি কুকুরের দল	A *pack* [প্যাক] of hounds
20. এক জোড়া জুতা	A *pair* [পেয়ার] of shoes
21. এক রেজিমেন্ট সৈন্য, একদল সৈনিক	A *regiment* [রেজিমেন্ট] of soldiers
22. পাহাড়ের শ্রেণী	A *range* [রেঞ্জ] of hills
23. এক ঝাঁক মাছি	A *swarm* [সোয়ার্ম] of flies
24. ঘটনাবলী	A *series* [সিরিজ] of events
25. ঘোড়ার পাল	A *troupe* [ট্রুপ] of horses

পশুর বাচ্চার নাম
[YOUNG ONES OF SOME ANIMALS]

পশু	পশুর বাচ্চা	পশু	পশুর বাচ্চা
ass [এ্যাস] গাধা	foal [ফোল]	cat [ক্যাট] বিড়াল	kitten [কিটেন]
cow [কাউ] গাভী	calf [কাফ]	frog [ফ্রগ] ব্যাঙ	tadpole [ট্যাড্পোল]
dog [ডগ] কুকুর	puppy [পাপি]	horse [হর্স] ঘোড়া	colt [কোল্ট্]
hen [হেন] মুর্গি	chicken [চিকেন]	lion [লায়ন] সিংহ	cub [কাব]

goat [গোট] ছাগল	kid [কিড]	tiger [টাইগার] বাঘ	cub [কাব]
sheep [শিপ] ভেড়া	lamb [ল্যাম্ব]	wolf [উলফ] নেকড়ে বাঘ	cub [কাব]
bear [বিয়ার] ভালুক	cub [কাব]		

75টি আলঙ্কারিক উপমা
[75 IDIOMATIC COMPARISONS]

প্রচলিত ইংরেজি ভাষায় [Standard English] কিছু উপমাবাচক শব্দ ব্যবহার করা হয়। নিজস্ব ইংরেজি জ্ঞান সমৃদ্ধ করার জন্য এই সকল বাক্যাংশ ব্যবহার করা প্রয়োজন।

1. As bitter as gall [এ্যাজ্ বিটার এ্যাজ গল] পিত্তের মত তিক্ত।
2. As black as coal [এ্যাজ্ ব্ল্যাক এ্যাজ কোল] কয়লার মত কালো।
3. As blind as a mule [এ্যাজ্ ব্লাইণ্ড এ্যাজ এ মিউল] খচ্চরের মতন অন্ধ।
4. As blithe as a bee [এ্যাজ্ ব্লিদ এ্যাজ এ বি] মৌমাছির মত প্রসন্ন।
5. As brave as a lion [এ্যাজ্ ব্রেভ এ্যাজ এ লায়ন] সিংহের মত সাহসী।
6. As bright as day [এ্যাজ্ ব্রাইট এ্যাজ ডে] দিনের মত পরিষ্কার।
7. As bright as silver [এ্যাজ্ ব্রাইট এ্যাজ সিলভার] রূপার মত উজ্জ্বল।
8. As brisk as a butterfly [এ্যাজ্ ব্রিস্ক এ্যাজ এ বাটারফ্লাই] প্রজাপতির মত চঞ্চল।
9. As busy as a bee [এ্যাজ্ বিজি এ্যাজ এ বি] মৌমাছির মত তৎপর।
10. As changeable as the moon/weather [এ্যাজ্ চেঞ্জেবল্ এ্যাজ দ্য মুন/ওয়েদার] চাঁদের/আবহাওয়ার মত পরিবর্তনশীল।
11. As cheerful as a lark [এ্যাজ্ চিয়ারফুল এ্যাজ এ লার্ক] চাতকের মত প্রসন্ন।
12. As clear as day [এ্যাজ্ ক্লিয়ার এ্যাজ ডে] দিনের মত স্বচ্ছ।
13. As cold as ice [এ্যাজ্ কোল্ড এ্যাজ আইস] বরফের মত ঠাণ্ডা।
14. As cunning as a fox [এ্যাজ্ কানিং এ্যাজ এ ফক্স] খেঁকশেয়ালের মত চতুর।
15. As dark as midnight [এ্যাজ্ ডার্ক এ্যাজ মিডনাইট] মধ্যরাত্রের মত অন্ধকার।
16. As deep as well [এ্যাজ্ ডিপ এ্যাজ ওয়েল] কুপের মত গভীর।
17. As dry as dust [এ্যাজ্ ড্রাই এ্যাজ ডাষ্ট] ধূলার মত শুষ্ক।
18. As drunk as a lord [এ্যাজ্ ড্রাঙ্ক এ্যাজ এ লর্ড] লাটসাহেবের [নবাবের] মত মদমত্ত [উদ্ধত]।
19. As dumb as a statue [এ্যাজ্ ডাম্ব এ্যাজ এ স্ট্যাচু] মূর্ত্তির ন্যায় নির্ব্বাক।
20. As easy as A.B.C. [এ্যাজ্ ইজি এ্যাজ এ বি সি] এ বি সি-র মত সহজ।
21. As fair as a rose [এ্যাজ্ ফেয়ার এ্যাজ এ রোজ] গোলাপের মত সুন্দর।
22. As fast as a hare [এ্যাজ্ ফাস্ট এ্যাজ এ হেয়ার] খরগোসের মত তীব্রগতি।
23. As fat as a pig [এ্যাজ্ ফ্যাট এ্যাজ এ পিগ] শুয়োরের মত মোটা।
24. As fierce as a tiger [এ্যাজ্ ফিয়ারস্ এ্যাজ এ টাইগার] বাঘের ন্যায় হিংস্র।
25. As firm as a rock [এ্যাজ্ ফার্‌ম এ্যাজ এ রক্] পাথরের ন্যায় কঠিন।
26. As fit as a fiddle [এ্যাজ্ ফিট এ্যাজ এ ফিড্‌ল] বেহালার মত স্বচ্ছন্দ।
27. As free as air [এ্যাজ্ ফ্রি এ্যাজ এয়ার] বাতাসের মত মুক্ত।
28. As fresh as a rose [এ্যাজ্ ফ্রেস্ এ্যাজ এ রোজ] গোলাপের মত স্নিগ্ধ।
29. As gay as a lark [এ্যাজ্ গ্রে এ্যাজ এ লার্ক] চাতক পাখীর মত খুশি।
30. As gentle as a lamb [এ্যাজ্ জেণ্টেল্ এ্যাজ এ ল্যাম্ব] ভেড়ার মত নম্র।
31. As good as gold [এ্যাজ্ গুড্ এ্যাজ গোল্ড] সোনার মত খাঁটি।
32. As graceful as a swan [এ্যাজ্ গ্রেসফুল এ্যাজ এ সোয়ান] রাজহাঁসের মত সুন্দর।
33. As grave as a Judge [এ্যাজ্ গ্রেভ এ্যাজ এ জজ] বিচারকের ন্যায় গম্ভীর।

34. As greedy as a wolf [এ্যাজ্ গ্রিডি এ্যাজ এ উল্‌ফ] নেকড়ের মত লোভী।
35. As green as grass [এ্যাজ্ গ্রিন এ্যাজ গ্রাস] ঘাসের মত সবুজ।
36. As happy as a king [এ্যাজ্ হ্যাপি এ্যাজ এ কিং] রাজার ন্যায় সুখী।
37. As hard as flint [এ্যাজ্ হার্ড এ্যাজ ফ্লিন্ট] পাথরের টুকরার মত শক্ত।
38. As hard as stone [এ্যাজ্ হার্ড এ্যাজ স্টোন] পাথরের মত শক্ত।
39. As hoarse as a crow [এ্যাজ্ হোর্স এ্যাজ এ ক্রো] কাকের মত কর্কশ।
40. As hot as fire [এ্যাজ্ হট এ্যাজ ফায়ার] আগুনের মত তপ্ত।
41. As hungry as a hawk [এ্যাজ্ হাংরি এ্যাজ এ হক] বাজপাখির মত ক্ষুধার্ত।
42. As innocent as a dove [এ্যাজ্ ইন্নোসেন্ট এ্যাজ এ ডোভ] ঘুঘুপাখির মত নির্দোষ।
43. As light as feather [এ্যাজ্ লাইট এ্যাজ ফেদার] পালকের মত হাল্কা।
44. As loud as thunder [এ্যাজ্ লাউড এ্যাজ থাণ্ডার] বজ্রপাতের ন্যায় [তীব্র] শব্দ।
45. As merry as a cricket [এ্যাজ্ মেরি এ্যাজ এ ক্রিকেট] ঝিঁঝি পোকার মত চঞ্চল।
46. As mute as a fish [এ্যাজ্ মিউট এ্যাজ এ ফিস] মাছের মত বোবা।
47. As nimble as a bee [এ্যাজ্ নিম্বল এ্যাজ এ বি] মৌমাছির মত দক্ষ।
48. As obstinate as a mule [এ্যাজ্ অবষ্টিনেট এ্যাজ এ মিউল] খচ্চরের মত জেদি। [অবাধ্য]
49. As old as the hills [এ্যাজ্ ওল্ড এ্যাজ দ্য হিল্‌স] পাহাড়ের মত প্রাচীন।
50. As playful as a kitten [এ্যাজ্ প্লেফুল এ্যাজ এ কিটেন] বিড়াল ছানার মত ক্রীড়ামোদি।
51. As pale as death [এ্যাজ্ পেল এ্যাজ ডেথ] মৃত্যুর ন্যায় রক্তহীন।
52. As poor as a church mouse [এ্যাজ্ পুওর এ্যাজ এ চার্চ মাউস] গির্জার ইঁদুরের মত দরিদ্র।
53. As proud as a peacock [এ্যাজ্ প্রাউড এ্যাজ এ পিকক] ময়ূরের ন্যায় গর্বিত।
54. As quick as a thought [এ্যাজ্ কুইক এ্যাজ এ থট] চিন্তাধারার মত তীব্র।
55. As quiet as lamb [এ্যাজ্ কোয়ায়েট এ্যাজ এ ল্যাম্ব] মেষশাবকের মত নির্ব্বাক।
56. As rapid as lightning [এ্যাজ্ র‍্যাপিড এ্যাজ লাইটনিং] বিদ্যুত প্রভার মত তীব্র।
57. As red as blood [এ্যাজ্ রেড এ্যাজ ব্লাড] রক্তের মত লাল।
58. As round as ball [এ্যাজ্ রাউণ্ড এ্যাজ বল] বলের মত গোল।
59. As sharp as razor [এ্যাজ্ সার্প এ্যাজ রেজর] খুরের মত ধারাল।
60. As silent as grave [এ্যাজ্ সাইলেন্ট এ্যাজ গ্রেভ] কবরের ন্যায় নীরব।
61. As silly as a sheep [এ্যাজ্ সিলি এ্যাজ এ শিপ] মেষের ন্যায় নির্ব্বোধ/বোকা।
62. As soft as wax [এ্যাজ্ সফ্‌ট্ এ্যাজ ওয়াক্স] মোমের মত নরম।
63. As sour as vinegar [এ্যাজ্ সাওয়ার এ্যাজ ভিনিগার] ভিনিগারের ন্যায় কটু।
64. As sure as death [এ্যাজ্ সিওর এ্যাজ ডেথ] মৃত্যুর ন্যায় নিশ্চিত।
65. As sweet as honey [এ্যাজ্ সুইট এ্যাজ হনি] মধুর মত মিষ্টি।
66. As swift as an arrow [এ্যাজ্ সুইফ্‌ট্ এ্যাজ এ্যান এ্যারো] তীরের ন্যায় তীব্র।
67. As tame as a chicken [এ্যাজ্ টেম এ্যাজ এ চিকেন] মুর্গির বাচ্চার মত পোষা।
68. As timid as a hare [এ্যাজ্ টিমিড্ এ্যাজ এ হেয়ার] খরগোসের ন্যায় ভীতু।
69. As tricky as a monkey [এ্যাজ্ ট্রিকি এ্যাজ এ মংকি] বাঁদেরের মত ধূর্ত্ত।
70. As vain as a peacock [এ্যাজ্ ভেইন এ্যাজ এ পিকক] ময়ূরের ন্যায় অহংকারী।
71. As warm as wool [এ্যাজ্ ওয়ারম এ্যাজ উল] পশমের মত গরম।
72. As weak as a kitten [এ্যাজ্ উইক এ্যাজ এ কিটেন] বেড়ালছানার মত দুর্বল।
73. As white as snow [এ্যাজ্ হোয়াইট এ্যাজ স্নো] তুষারের ন্যায় শুভ্র।
74. As wise as a serpent [এ্যাজ্ ওয়াইজ এ্যাজ এ সারপেন্ট] সাপের মত বুদ্ধিসম্পন্ন।
75. As yellow as saffron [এ্যাজ্ ইয়োলো এ্যাজ স্যাফরন] গাঁদাফুলের মত হলদে।

40 প্রকার জন্তুর ডাক

[40 IMPORTANT WORDS DENOTING THE CRIES OF ANIMALS]

বাংলা ভাষায় বিভিন্ন জন্তুর ডাকের জন্য বিভিন্ন শব্দ আছে হেঁ, গুন্‌গুন্ করা, কিচির মিচির করা যথাক্রমে গাধা, মৌমাছি এবং চড়াই পাখির শব্দকে নির্দ্দেশ করে। সেইরকম ইংরেজিতেও পশু ও পক্ষীর ভিন্ন ভিন্ন ডাক আছে।

1. Asses bray [এ্যাসেস ব্রে] গাধা তীব্রনাদে চিৎকার করে।
2. Bears growl [বিয়ারস গ্রোল] ভালুক ঘোঁৎ ঘোঁৎ করে।
3. Bees hum [বিজ হাম] মৌমাছি গুন্‌গুন্ করে।
4 Birds sing [বার্ডস সিঙ্গ] পাখিরা গান গায়।
5. Camels grunt [ক্যামেলস গ্রান্ট] উট মেঁৎ মেঁৎ করে।
6. Cats mew [ক্যাটস মিউ] বিড়াল মিউ মিউ করে।
7. Cattle low [ক্যাট্‌ল লো] পালিত পশু হাম্বা হাম্বা করে।
8. Cocks crow [কক্‌স ক্রো] মুর্গা ককর কোঁ করে।
9. Crows caw [ক্রোজ ক] কাক কা কা করে।
10. Dogs bark [ডগ্‌স বার্ক] কুকুর ঘেউ ঘেউ করে।
11. Doves coo [ডাভ্‌স কূ] ঘুঘু পাখি ঘু ঘু করে।
12. Ducks quack [ডাকস কুয়াক] হাঁস প্যাঁক্ প্যাঁক্ করে।
13. Elephants trumpet [এলিফ্যান্ট ট্রাম্পেট] হাতি [বৃংহন] আওয়াজ করে।
14. Flies buzz [ফ্লাইজ বাজ] মাঝি ভন ভন করে।
15. Frogs croak [ফ্রগস ক্রোক] ব্যাং গ্যাংগর গ্যাং করে।
16. Geese cackle [গিজ ক্যাক্‌ল] হাঁস প্যাঁক প্যাঁক করে।
17. Hawks scream [হক্‌স স্ক্রিম] বাজপাখি ডাকে।
18. Hens cackle [হেনস ক্যাকল] মুর্গি কঁক কঁক করে।
19. Horses neigh [হরসেস্ নে] ঘোড়া হ্রেষাধ্বনি করে।
20. Jackals howl [জ্যাকলস হাউল] শৃগাল হুক্কা হুয়া করে।
21. Kittens mew [কিটেনস মিউ] বিড়ালছানা মিউ মিউ করে।
22. Lambs bleat [ল্যাম্বস ব্লিট] ভেড়া ব্যাঁ ব্যাঁ করে।
23. Lions roar [লায়নস রোর] সিংহ গর্জন করে।
24. Mice squeak [মাইস স্কুইক] ইঁদুর চিঁ চিঁ করে।
25. Monkeys chatter [মাঙ্কিস চ্যাটার] বাঁদর কিঁচির মিচির করে।
26. Nightingles sing [নাইটিংগল্‌স সিঙ্গ] বুলবুল গান করে।
27. Owls hoot [আউলস্ হুট্] পেঁচা হুম হুম করে।
28. Oxen low [অক্সেন লো] ষাঁড় হাম্বা হাম্বা করে।
29. Parrots talk [প্যারট্‌স টক] টিয়াপাখী কথা বলে।
30. Pigeons coo [পীজিওনস কূ] পায়রা গুঞ্জন করে।
31. Pigs grunt [পীগ্‌স গ্রান্ট] শুকরছানা ঘোঁৎ ঘোঁৎ করে।
32. Pupies yelp [পাপিজ ইয়েল্‌প] কুকুরছানা ভৌ ভৌ করে।
33. Sheep bleat [শিপস্ ব্লিট]. ভেড়া ম্যাঁ ম্যাঁ করে।
34. Snakes hiss [স্নেক্‌স হিস্] সাপ হিস্ হিস্ করে।
35. Sparrows chirp [স্প্যারোজ চার্প] চড়াই পাখি কিচ্‌মিচ্ করে।

36. Swallows twitter [সোয়ালোজ টুইটার] সোয়ালো কিচির মিচির করে।
37. Swans cry [সোয়ান্স ক্রাই] রাজহাঁস ডাকে।
38. Tigers roar [টাইগারস রোর] বাঘ গর্জন করে।
39. Vultures scream [ভালচারস স্ক্রিম] শকুন কাঁদে।
40. Wolves yell [উল্ভ্স ইয়েল] নেকড়ে বাঘ তীব্র চিৎকার করে।

যে সব শব্দ অনেক শোনা গেলেও সঠিক অর্থ জানা নেই
[WORDS MOSTLY HEARD BUT NOT GENERALLY UNDERSTOOD]

আপনি শহরে বাস করেন, বর্তমান জগতে যদি আধুনিক হ'তে চান তবে আপনার ভাষাজ্ঞানও আধুনিকতম [যাকে ইংরেজিতে বলে আপ-টু-ডেট] হ'তে হবে। আমি বা আপনি এমন অনেক শব্দ প্রয়োগ করি বা শুনি, আশ্চর্য্যের কথা এই নিজেই সে সব কথার সম্যক্ অর্থ জানিনা। আপনি এই শব্দ শিখুন তাহলে অনেকেই আপনার ভাষাজ্ঞানের তারিফ করতে শুরু করবে।

1. Anthropology [এনথ্রোপলজি] মানুষের স্বভাব, ইতিহাস এবং ঐতিহ্যের বিজ্ঞান। [নৃতত্ত্ব]
2. Archaeology [আর্কিয়োলজি] প্রত্নতত্ত্ব, প্রাচীন বস্তুর জ্ঞান বা পুরাতত্ত্ব।
3. Astrology [এস্ট্রলজি] জ্যোতিষ তত্ত্ব।
4. Entomology [এন্টমলজি] কীট পতঙ্গ জাতির জ্ঞান, কীটতত্ত্ব।
5. Etymology [ইটিমলজি] শব্দের উৎপত্তির জ্ঞান, ভাষাবিদ্যা।
6. Geology [ভূগর্ভ শাস্ত্র — পৃথিবীর আভ্যন্তরীণ অবস্থার তত্ত্ব, ভূতত্ত্ব।
7. Philology [ফিললজি] ভাষার বিকাশ বিজ্ঞান বা তত্ত্ব, ভাষাবিজ্ঞান।
8. Psychology [সাইকলজি] মনোবিজ্ঞান — মানুষের মনের জ্ঞান।
9. Radiology [রেডিওলজি] এক্স-রে বিদ্যা।
10. Sociology [সোশিওলজি] সমাজ বিজ্ঞান অর্থাৎ সামাজিক উন্নতি ও রীতিনীতি জ্ঞান, সমাজবিদ্যা।

উপরিলিখিত শব্দগুলি শুনতে কঠিন লাগতে পারে কিন্তু একবার জানা হ'লে অপরের উপর আপনি প্রভাব বিস্তার করতে পারবেন।

ব্যক্তিত্ব প্রকাশের 10টি শব্দ [Ten words showing personality]

1. Blase [ব্লাজ] মানুষের বা সাংসারিক বিষয়ে উদাসীন ব্যক্তি।
2. Dogmatic [ডগম্যাটিক] একগুঁয়ে [কথা ও কাজে সমভাবে দৃঢ় ব্যক্তি]।
3. Diffident [ডিফিডেন্ট] আত্মবিশ্বাসহীন ব্যক্তি।
4. Extrovert [এক্সট্রোভার্ট] নিজের বাহিরের বস্তু বা ব্যক্তি সম্বন্ধে যিনি সচেতন, বহির্মুখী।
5. Gregarious [গ্রিগেরিয়াস] সঙ্গপ্রিয়।
6. Inhibited [ইনহিবিটেড্] দ্বিধাগ্রস্ত — যিনি কিছু বলতে ভয় পান।
7. Introvert [ইনট্রোভার্ট] যে ব্যক্তি আত্মমগ্ন, কারও সঙ্গে মিশতে ইচ্ছা করেন না, অন্তর্মুখী।
8. Quixotic [কুইক্সোটিক] অব্যবহারিক, কল্পনার জগতে অবস্থানরত ব্যক্তি।
9. Sadistic [স্যাডিষ্টিক] যে ব্যক্তি অন্যের উপর অত্যাচার করে আনন্দ পায়।
10. Truculent [ট্রুকুলেন্ট] হিংস্র ও বদমেজাজি ব্যক্তি।

জীবন, কলা বা দর্শন শাস্ত্রের মতবাদ [Theories about life, art and philosophy]

নিম্নে কতকগুলি মতবাদের [ism]. নমুনা দেওয়া হ'ল। আপনি কিছু জানেন বা কিছু কিছু জানেন না। এগুলি জেনে আপনার জ্ঞানভাণ্ডার বৃদ্ধি করুন।

1. Altruism [আলট্রুইজম] উদারপন্থী অর্থাৎ প্রয়োজন বোধে চলিত প্রথার পরিবর্তনে বিশ্বাস।
2. Atheism [এথিজম] নাস্তিকবাদ অর্থাৎ ঈশ্বরের অস্তিত্বে অবিশ্বাস।
3. Chauvinism [শুভিনিজম] আত্মশ্লাঘা বা আত্মগরিমা [নিজেকে বা নিজের দেশকেই সর্বশ্রেষ্ঠ মনে করা]।
4. Conservatism [কনসারভেটিজম] সংরক্ষণবাদ অর্থাৎ যাহা পুরাতন প্রথা তাহাই শ্রেষ্ঠ এবং পরিবর্তন বিমুখতা।
5. Liberalism [লিবারালিজম] অর্থাৎ প্রয়োজন বোধে চলিত প্রথার পরিবর্তনে বিশ্বাস।
6. Radicalism [র‍্যাডিক্যালিজম] আমূল পরিবর্তনবাদ অর্থাৎ যা পুরাতন রীতিনীতি তা উচ্ছেদ করে নতুন পদ্ধতির প্রচলন।
7. Realism [রিয়ালিজম] বাস্তববাদ অর্থাৎ শিক্ষা, সাহিত্য, কলা, প্রথা প্রতিটি ক্ষেত্রে প্রকৃত জীবনকে ভিত্তি করার প্রয়াস।
8. Romanticism [রোমানটিসিজম] রোমান্টিকতা; কলা, সাহিত্য, জীবনধারায় কল্পনা তথা ভাবনাকে প্রাধান্য দেওয়া।
9. Skepticism [স্কেপটিসিজম] সংশয়বাদ অর্থাৎ ধ্যান, ধারণা আদর্শ কোন বিষয়েই আস্থার অভাব।
10. Totalitarianism [টোটালিটারিয়ানিজম] ভিন্ন কোন রাজনৈতিক মতবাদ বা রীতিনীতির অস্বীকার বা অবহেলা, সর্বসত্ত্ববাদ।

10 প্রকার অসাধারণ মানসিক অবস্থা [Ten abnormal conditions of life]

1. Alexia [এলেক্সিয়া] পড়াশুনা করতে অসমর্থতা।
2. Amnesia [এমনেসিয়া] স্মৃতিভ্রংশ অর্থাৎ স্মরণ শক্তির ক্ষীণতা।
3. Aphasia [এফেসিয়া] বাকরোধ অর্থাৎ কথা বলার শক্তিনাশ।
4. Demensia [ডেমেনসিয়া] মনোবিজ্ঞানে মানসিক বিকার।
5. Dipsomania [ডিপসোম্যানিয়া] সুরাপানে অদম্য স্পৃহা।
6. Hypochondria [হাইপোকনড্রিয়া] স্বাস্থ্য সম্বন্ধে ভয় বা দুশ্চিন্তা।
7. Insomnia [ইনসমনিয়া] নিদ্রাহীনতা [ঘুম না আসা]।
8. Kleptomania [ক্লেপটোমানিয়া] চৌর্য্যস্পৃহা।
9. Megalomania [মেগালোমানিয়া] আত্মগরিমায় বিশ্বাস।
10. Melancholia [মেলানকোলিয়া] নিরাশাগ্রস্ততা [সদা নিরাশা ও দুঃখ নিয়ে থাকা]।

চিকিৎসকের পেশায় 10টি শব্দ [Ten words about doctors' profession]

1. Dermatologist [ডারমাটোলজিষ্ট] চর্মবিজ্ঞানী।
2. Gynaecologist [গাইনকলজিষ্ট] স্ত্রীরোগ বিশেষজ্ঞ।
3. Internist [ইনটারনিষ্ট] দেহের আভ্যন্তরীণ অঙ্গ বিশেষজ্ঞ।
4. Obstetrician [অবষ্টেট্রিসিয়ান] ধাত্রীবিদ্যা বিশেষজ্ঞ।
5. Opthalmologist [অপথালমলজিষ্ট] চক্ষুরোগ বিশেষজ্ঞ।
6. Orthodontist [অর্থোডেনটিস্ট] দন্তরোগ বিশেষজ্ঞ।
7. Pathologist [প্যাথোলজিষ্ট] রোগনির্ণয় বিদ্যায় নিপুণ ব্যক্তি।
8. Pediatrician [পেডিয়াট্রিসিয়ান] শিশুরোগের চিকিৎসক।
9. Podiatrist [পোডিয়াট্রিষ্ট] পদরোগ চিকিৎসক।
10. Psychiatrist [সাইকিয়াট্রিষ্ট] মনোরোগ চিকিৎসা বিশেষজ্ঞ।

75টি বাক্য সমন্বয়ের এক-শব্দ বিকল্প
[75 ONE WORD SUBSTITUTES]

সেক্সপিয়র বলেছেন যে সংক্ষিপ্ততা অর্থাৎ অল্প কথায় বহু বিষয়ের প্রকাশ বুদ্ধির প্রকৃত পরিচয় এবং ভাষাজ্ঞানে এর বিশেষ সার্থকতা আছে। যেখানে অল্প কথায় ভাব প্রকাশ করা যায়, সেখানে বেশী কথায় প্রকাশের প্রয়াসে কেবল শক্তি ও সময় নষ্ট হয়। ইংরেজিতে এমন অনেক শব্দ আছে যা একটি শব্দ দ্বারা সম্পূর্ণ বাক্য বা বাক্যাংশে প্রকাশ করা যায়। এ সকল শব্দ জানা থাকলে সংক্ষেপে দেখা যায় যাহা টেলিগ্রাম [তারবার্তা] পাঠানোর সময় বা অন্য কাজে লাগে এবং কথাবার্তা বলার সময় শব্দমাহাত্ম্য বৃদ্ধি ও শব্দের উৎকর্ষ বৃদ্ধি হয়।

1. **Abdicate** [এ্যাব্‌ডিকেট] **রাজত্ব ত্যাগ, সিংহাসন ত্যাগ** — To give up a throne voluntarily — স্বেচ্ছায় রাজ্যশাসন ভার ত্যাগ করা।
2. **Autobiography** [অটোবায়োগ্রাফি] **আত্মজীবনী** — Life story of a man written by himself — নিজের লেখা [স্বরচিত] জীবন কাহিনী।
3. **Aggressor** [এগ্রেসার] **আক্রমণকারী** — A person who attacks first — যে ব্যক্তি বা রাজ্য প্রথমে আক্রমণ করে।
4. **Amateur** [এমেচর] **সৌখীন** — A person who pursues some art or sport as a hobby and not for money — যে সখের জন্য কলা চর্চা বা খেলা করে।
5. **Arbitrator** [আর্বিট্রেটর] **মীমাংসক** — One appointed by two parties to settle a dispute between them — যে মধ্যস্থ হইয়া দুই পক্ষের বিবাদ মীমাংসা করে।
6. **Adolescence** [এডোলেসেন্স] **কৈশোর** — Stage between boyhood and youth — বাল্যকাল থেকে যৌবনের পূর্বাবস্থা পর্যন্ত।
7. **Bibliophile** [বিব্লিওফিল] **পুস্তকপ্রেমী** — A great lover of books — যে বই পড়তে খুব ভালবাসে।
8. **Botany** [বটানি] **উদ্ভিদবিদ্যা** — The science of vegetable life — বৃক্ষলতা সমূহের বিজ্ঞান শাস্ত্র।
9. **Bilingual** [বাইলিঙ্গুয়াল] **দোভাষী** — People who speak two languages — যাহারা দুই ভাষায় কথা বলে।
10. **Catalogue** [ক্যাটালগ] **সূচীপত্র** — A list of books — পুস্তক বা পত্রের সূচী বা বিবরণ।
11. **Centenary** [সেন্টিনারী] **শতবর্ষপূর্তি সমারোহ** — Celebration of a hundred years of life — একশত বর্ষ পূর্ণ হওয়া উপলক্ষে উৎসব।
12. **Collegue** [কলিগ] **সহকর্মী** — A co-worker or a fellow worker in the same institution — একই প্রতিষ্ঠানে সহযোগীরূপে যে কাজ করে।
13. **Contemporaries** [কন্টেম্পোরারিজ] **সমসাময়িক** — Persons living in the same age — একই সময়ে জীবিত ব্যক্তি।
14. **Credulous** [ক্রেডুলাস] **সহজ বিশ্বাসী** — A person who readily believes in whatever is told to him — সকলের কাছে শুনেই যে সব কথা বিশ্বাস করে।
15. **Callous** [ক্যালাস] **অনুভূতিশূন্য** — A man devoid of kindly feeling and sympathy.
16. **Cosmopolitan** [কসমপলিটান] **সর্ব্বদেশীয়, বিশ্বাসরিক** — A person who is broad-minded and international in outlook — যে ব্যক্তির বিচারধারা এবং ভাবনায় উদার এবং অন্তঃরাষ্ট্রীয় অনুভূতি।
17. **Celibacy** [সেলিবেসী] **ব্রহ্মচর্য্য** — To abstain from sex — যৌনসংসগহীন জীবন।
18. **Deteriorate** [ডিটেরিওরেট] **অবস্থার অবনতি হওয়া** — To go from bad to worse — খারাপ অবস্থার আরও অবনতি হওয়া।
19. **Democracy** [ডেমোক্রেসি] **গণতন্ত্র** — Government of the people — জনসাধারণের শাসনতন্ত্র।
20. **Monarchy** [মনারকি] **রাজতন্ত্র** — Government by a single authority — এক রাজার শাসনতন্ত্র।
21. **Drawn** [ড্রন] **সমতা** — A game or a battle in which neither party wins — সমান সমান।
22. **Egotist** [ইগোটিষ্ট] **অহংসর্বস্ব** — A person who always thinks of himself — যে সর্বদা নিজের কথাই ভাবে এবং নিজেকে বড় মনে করে।

23. **Epidemic** [এপিডেমিক] **মহামারী** — A disease which spreads over vast area — যে ভয়ানক রোগ বিস্তীর্ণ এলাকায় বহু লোককে আক্রমণ করে।
24. **Extempore** [এক্সটেম্পোর] **অলিখিত ভাষণ** — A speech made without previous preparation — বিনা প্রস্তুতিতে ভাষণ দেওয়া।
25. **Etiquette** [এটিকোয়েট] **শিষ্টাচার** — Established manners or rules of conduct — আচার ব্যবহারের ভদ্র আদব কায়দা।
26. **Epicure** [এপিকিওর] **আভিজাত্য** — A person fond of refined enjoyment — শিষ্ট রুচি সম্পন্ন ব্যক্তি।
27. **Exonerate** [এক্সোনারেট] **অভিযোগমুক্ত করা** — To free a person of all blames in a matter — কোন ব্যক্তিকে অভিযুক্ত দোষ হতে অব্যাহতি দেওয়া।
28. **Eradicate** [ইরাডিকেট] **নির্মূল করা** — To root out an evil or a bad practice — কোন অন্যায় বা খারাপ প্রথার উচ্ছেদ করা।
29. **Fastidious** [ফাস্টিডিয়াস্] **পিটপিটে** — A person difficult to please — যাকে খুশি করা কঠিন।
30. **Fatalist** [ফেটালিষ্ট] **অদৃষ্টবাদী** — A person who believes in fate — যে ব্যক্তি ভাগ্যের ওপর নির্ভর করে।
31. **Honorary** [অনরারী] **অবৈতনিক** — A post which carries no salary — যে কর্মপদের জন্য বেতন দেওয়া হয় না।
32. **Illegal** [ইল্লিগাল] **আইন-বিরুদ্ধ** — That which is against the law — বেআইনী।
33. **Illiterate** [ইল্লিটারেট] **নিরক্ষর** — A person who cannot read or write — যে ব্যক্তি লিখতে ও পড়তে জানে না।
34. **Hostility** [হোস্টাইলিটি] **শত্রুতা** — state of antagonism — বিরুদ্ধভাব।
35. **Incorigible** [ইন্‌করিজিবল্] **অসংশোধনীয়** — That which is past correction — যাকে সংশোধন করা যায় না।
36. **Irritable** [ইরিটেবল্] **অল্পেই ক্রোধী** — A man who is easily irritated — যে ব্যক্তি সহজেই রাগ করে।
37. **Irrevelant** [ইরিভেলেন্ট] **অবান্তর** — Not to the point — যা বিষয় বহির্ভূত।
38. **Invisible** [ইনভিজিবল্] **অদৃশ্য** — That which cannot be seen — যাহা চোখে দেখা যায় না।
39. **Inaudible** [ইনঅডিবল্] **শ্রবণাতীত** — That which cannot be heard — যা কানে শোনা যায় না।
40. **Incredible** [ইনক্রেডিবল্] **অবিশ্বাস্য** — That which cannot be believed — যা বিশ্বাসের অযোগ্য।
41. **Irreadable** [ইর্‌রিডেবল] **অপাঠ্য** — That which cannot be read — যে লেখা পড়া যায় না।
42. **Impracticable** [ইমপ্রাকটিকেবল] **অব্যবহারিক** — That which cannot be practised — যা কার্য্যত করা অসম্ভব।
43. **Invincible** [ইনভিনসিবল্] **দুর্ভেদ্য** — That which cannot be conquered — যা জয় করা যায় না।
44. **Indispensable** [ইনডিসপেনসেবল্] **অপরিহার্য্য** — That which cannot be done without — যা না হলে চলে না।
45. **Inevitable** [ইনএভিটেবল] **অবশ্যম্ভাবী** — That which cannot be avoided — যা নিশ্চিত ঘটবে।
46. **Irrevocable** [ইরিভোকেবল্] **অপরিবর্তনীয়** — That which cannot be changed — শেষ সিদ্ধান্ত, যার পরিবর্তন করা যাবে না।
47. **Illicit** [ইল্লিসিট] **অবৈধ** — A trade which is prohibited by law — যে ব্যবসা আইন বিরুদ্ধ।
48. **Insoluble** [ইন্সোলুবল] **সমাধানহীন** — A problem which cannot be solved — যে সমস্যার সমাধান করা যায়না।
49. **Inflammable** [ইনফ্রেমেবল] **দাহ্য** — Liable to catch fire easily — যে জিনিস সহজেই জ্বলে ওঠে।
50. **Infanticide** [ইনফ্যান্টিসাইড] **শিশুহত্যা** — The murder or murderer of infants — শিশুকে বধ করা বা শিশুদের যে বধ করে।
51. **Matricide** [ম্যাট্রিসাইড] **মাতৃহত্যা** — The murder of one's own mother — নিজের মাতাকে হত্যা করা।
52. **Patricide** [প্যাট্রিসাইড] **পিতৃহত্যা** — The murder of one's own father — নিজের পিতাকে হত্যা করা।
53. **Kidnap** [কিডন্যাপ] **অপহরণ** — To carry away a person forcibly — কোন ব্যক্তিকে জোর করে তুলিয়া নিয়ে যাওয়া।
54. **Medieval** [মিডিইভ্যাল] **মধ্যযুগীয়** — Belonging to the middle ages — যে সমস্ত ঘটনা মধ্যযুগে ঘটেছে।
55. **Matinee** [ম্যাটিনি] **মধ্যাহ্নোত্তর** — A cinema show which is held in the afternoon — দুপুরের পর ছায়া চিত্র প্রদর্শন।
56. **Notorious** [নটোরিয়াস্] **কুখ্যাত** — A person with evil reputation — যে ব্যক্তির দুর্নাম আছে।

57. **Manuscript** [মেনাসক্রিপ্ট] **পাণ্ডুলিপি** — Handwritten pages of a book — পুস্তকের হাতে লেখা পাতা।

58: **Namesake** [নেমসেক] **সমনাম** — Person having the same name — যে ব্যক্তির অপরের নামের সঙ্গে মিল আছে।

59. **Novice** [নভিস] **অজ্ঞ** — One who is new to same trade/profession — যে ব্যক্তি কোন কাজে বা ব্যবসায় নূতন।

60. **Omnipotent** [ওমনিপটেন্ট] **সর্বশক্তিমান** — One who is all powerful — যে সকল প্রকার ক্ষমতার অধিকারী।

61. **Omniscient** [ওমনিসিয়েন্ট] **সর্বজ্ঞ** — One who knows everything — যার কোন বিষয় অজানা নয়।

62. **Optimist** [অপটিমিষ্ট] **আশাবাদী** — One who looks to the bright side of a thing — যে সকল জিনিস সম্বন্ধে আশা করে।

63. **Panacea** [প্যানেসিয়া] **সর্বরোগহর** — A remedy for all diseases — যা সর্বরোগের বা অবস্থার ওষুধ।

64. **Polyandry** [পলিয়ান্ড্রি] **বহুস্বামীত্ব** — Practice of having more than one husband at a time — একসঙ্গে অনেক পতি থাকা।

65. **Polygamy** [পলিগ্যামি] **বহুপত্নীত্ব** — Practice of having more than one wife at a time — এক সঙ্গে একাধিক পত্নীকে বিবাহ করা।

66. **Postmortem** [পোষ্টমরটেম] **ময়না তদন্ত** — Medical examination of a body after death — মৃতব্যক্তির অস্ত্রোপচার করে বিচার।

67. **Pessimist** [পেসিমিষ্ট] **নিরাশাবাদী** — One who looks to the dark side of things — যে সব বিষয়ে আশাহীন।

68. **Postscript** [পোষ্টস্ক্রিপ্ট] **পুনশ্চ** — Anything written in the letter after it has been signed — পত্র লেখা এবং করার পর অতিরিক্ত কিছু লেখা।

69. **Red-tapism** [রেড-টেপিজম] **লালফিতাশাহী** — Too much official formality — অফিসের কাগজপত্র ফাইল ফিতা দিয়ে আটকে রাখা।

70. **Synonyms** [সিনোনিমস্] **সমার্থক** — Words which have the same meaning — যেসব কথার একই অর্থ হয়।

71. **Smuggler** [স্মাগ্লার] **চোরাকারবারী** — Importer or Exporter of goods without paying customs duty — শুল্ক না দিয়ে আমদানি-রপ্তানি ব্যবসা যে করে।

72. **Vegetarian** [ভেজিটেরিয়ান] **নিরামিশাষী** — One who does not eat meat — যে কেবল শাকশব্জি খায়।

73. **Venial** [ভেনিয়াল] **ক্ষমাযোগ্য** — A pardonable fault — যে দোষ ক্ষমা করা যায়।

74. **Veteran** [ভেটারেন] **অভিজ্ঞ** — A person possessing long experience of service or of any occupation — যে কোনও কাজে দীর্ঘকাল দক্ষতা অর্জন করেছে।

75. **Zoology** [জুলজি] **প্রাণীবিজ্ঞান** — The science dealing with the life of animals — পশুপক্ষী জীবনের বিজ্ঞান।

কোন কোন জন্তুর নামের ভাবার্থে প্রয়োগ
[IDIOMATIC USE OF ANIMAL NAME]

ইংরেজিতে জন্তুজানোয়ার নিয়ে বেশ কিছু বাগধারা প্রচলিত আছে। নীচে নির্বাচিত কিছু এধরণের শব্দের প্রয়োগ দেখান হল। এগুলোর ব্যবহার করে ইংরেজি ভাষাজ্ঞানকে আরও সমৃদ্ধ করতে পারবেন।

উচ্চারণসহ শব্দসমন্বয় **Phrase with Pronounciation**	ভাবার্থ **Idiomatic Meaning**	শব্দার্থ **Literal Meaning**
1. A bear [এ বিয়ার]	এক অভদ্র ব্যক্তি	একটি ভালুক
2. A cat [এ ক্যাট]	অভদ্র স্ত্রীলোক	একটি বিড়াল
3. A drone [এ ড্রোন]	যে ব্যক্তি জ্বালাতন করে	একটি পুরুষ মৌমাছি
4. A dotterel [এ ডটারেল]	এক মূঢ় ব্যক্তি	একটি তিতির
5. A dog [এ ডগ]	এক ঘৃন্য ব্যক্তি	একটি কুকুর
6. A fox [এ ফক্স]	ধূর্ত ব্যক্তি	একটি খেঁকশিয়াল
7. A goose [এ গুজ]	অর্বাচীন ব্যক্তি	একটি হাঁস
8. A gull [এ গল্]	বোকা লোক	একটি সামুদ্রিক পাখি
9. A lamb [এ ল্যাম্ব]	নিরীহ ব্যক্তি	একটি ভেড়া
10. A monkey [এ মঙ্কি]	প্রতারক ব্যক্তি	একটি বাঁদর
11. A parrot [এ প্যারট]	যে পরের শেখান কথা বলে	একটি টিয়াপাখি
12. A pig [এ পিগ]	লোভী, পেটুক	একটি শুয়োর
13. A scorpion [এ স্করপিয়ন]	ক্ষতিকারক লোক	একটি বিছা
14. A viper [এ ভাইপার]	ধূর্ত লোক	একটি বিদেশী সাপ
15. A vixen [এ ভিক্সেন]	অসতী মহিলা	একটি স্ত্রী-শৃগাল

পশুনামে কতকগুলি আলঙ্কারিক উক্তি ইংরেজিতে প্রচলিত আছে। এগুলি বুঝে নিন আর মনস্থ করুন।

1. crocodile tears [ক্রোকোডাইল টিয়ারস্]	লোক দেখান মিথ্যা চোখের জল
2. Dirt cheap [ডার্ট চিপ]	খুব সস্তা জিনিস
3. Horse-laugh [হর্স-লাফ্]	অট্টহাসি
4. henpecked [হেনপেক্‌ড]	স্ত্রীর বশ [স্ত্রৈন]
5. Pig-headed [পিগহেডেড]	মহামূর্খ
6. Chicken-hearted [চিকেন-হার্টেড]	ক্ষুদ মন, অন্তঃকরণ

বিপরীত অর্থবোধক শব্দ
[ANTONYMS OR WORDS OF OPPOSITE MEANING]

শব্দাবলীর বিপরীত অর্থবোধ ভাষা ব্যবহারে বিশেষ প্রয়োজন। এর সাহায্যে আপনার ভাষাজ্ঞান উন্নত হবে। কোনও কোনও শব্দে উপসর্গ [Preffix] দিলে বিপরীত অর্থ হয়। নিম্নে এইরূপ কিছু শব্দ দেওয়া হল।

শব্দ, উচ্চারণ এবং অর্থ **Words, Pronounciation & Meaning**	বিপরীত শব্দ, উচ্চারণ এবং অর্থ **Opposite Word, Pronounciation & Meaning**
ability [এবিলিটি] যোগ্যতা	inability [ইনএবিলিটি] অযোগ্যতা
happy [হ্যাপি] সুখী	unhappy [আনহ্যাপি] অসুখী

import [ইম্পোর্ট] আমদানি — export [এক্সপোর্ট] রপ্তানি
interior [ইন্‌টিরিয়র] ভিতরে — exterior [এক্সটিরিয়ার] বাইরে
maximum [ম্যাক্সিমাম] সর্বোচ্চ — minimum [মিনিমাম্] নিম্নতম
include [ইনক্লুড] হিসাবের মধ্যে ধরা — exclude [এক্সক্লুড] হিসাবের বাইরে রাখা
junior [জুনিয়র] ছোট — senior [সিনিয়র] বড়
majority [মেজরিটি] বহুমত — minority [মাইনরিটি] অল্পমত
optimist [অপটিমিষ্ট] আশাবাদী — pessimist [পেসিমিষ্ট] নিরাশাবাদী
superior [সুপিরিয়র] শ্রেষ্ঠতর — inferior [ইনফিরিয়র] হীন

অনেক শব্দের বিপরীত শব্দ প্রয়োগ করতে ভিন্ন শব্দ ব্যবহার করতে হয়। সে শব্দগুলি পৃথক এবং অর্থও বিপরীত। নিম্নে এইসব শব্দ দেওয়া হ'ল।

above [এবাভ্] উপর — below [বিলো] নীচে
accept [এ্যাক্‌সেপ্ট] গ্রহণ করা — reject [রিজেক্ট] প্রত্যাখ্যান করা
acquire [একোয়ার] পাওয়া — lose [লুজ] হারান
ancient [এনসিয়েন্ট] প্রাচীন — modern [মডার্ন] আধুনিক
alive [এলাইভ] জীবিত — dead [ডেড্] মৃত
agree [এগ্রি] একমত হওয়া — differ [ডিফার] ভিন্নমত করা
admire [এ্যাডমায়ার] প্রশংসা করা — despise [ডেসপাইজ] ঘৃণা করা
barren [ব্যারেন] অনুর্বর — fertile [ফারটাইল] উর্ব্বর
big [বিগ] বড় — small [স্পল] ছোট
blunt [ব্লান্ট] ভোঁতা — sharp [সার্প] ধারাল
bold [বোল্ড] সাহসী — timid [টিমিড] ভীতু
bright [ব্রাইট] উজ্জ্বল — dim [ডিম] স্তিমিত
broad [ব্রড] চওড়া — narrow [ন্যারো] সরু
civilized [সিভিলাইজড্] সভ্য — savage [স্যাভেজ] অসভ্য
care [কেয়ার] যত্ন — neglect [নেগলেক্ট] অবহেলা/অযত্ন
clean [ক্লিন] পরিষ্কার — dirty [ডার্টি] নোংরা
confess [কন্‌ফেস] স্বীকার করা — deny [ডিনাই] অস্বীকার করা
cool [কুল] ঠাণ্ডা, শীতল — warm [ওয়ারম] উষ্ণ, গরম
cruel [ক্রুয়েল] নৃশংস — merciful/kind [মার্সিফুল/কাইণ্ড] দয়াসম্পন্ন/দয়ালু
domestic [ডোমেষ্টিক] গৃহপালিত — wild [ওয়াইল্ড] বন্য
difficult [ডিফিকাল্ট] কঠিন — easy [ইজি] সহজ
danger [ডেঞ্জার] বিপদ — safety [সেফটি] নিরাপত্তা
dark [ডার্ক] অন্ধকার — bright [ব্রাইট] উজ্জ্বল
death [ডেথ্] মৃত্যু — birth [বার্থ] জন্ম
debit [ডেবিট] খরচ — credit [ক্রেডিট্] জমা
early [আর্লি] শীঘ্র — late [লেট] বিলম্ব, দেরী
earn [আর্ন] উপার্জন করা — spend [স্পেণ্ড] ব্যয় করা
empty [এম্পটি] খালি, শূন্য — full [ফুল] ভর্তি, পরিপূর্ণ
enjoy [এনজয়] উপভোগ করা — suffer [সাফার] ক্ষতিগ্রস্ত হওয়া
freedom [ফ্রিডম্] স্বাধীনতা — slavery [স্লেভারি] দাসত্ব

fierce [ফিয়ারস্] হিংস্র	Gentle [জেন্টল] সদয়, নম্র
false [ফল্‌স্] মিথ্যা	true [ট্রু] সত্য
fat [ফ্যাট] মোটা	thin [থিন] পাত্‌লা
fine [ফাইন] সুক্ষ্ম	coarse [কোর্স] মোটা
foolish [ফুলিশ] বোকা	wise [ওয়াইজ] বুদ্ধিমান
fresh [ফ্রেস্] তাজা, টাট্‌কা	stale [স্টেল] বাসি
fear [ফিয়ার] ভয়	courage [কারেজ] সাহস
guilty [গিলটি] দোষী	innocent [ইন্নোসেন্ট] নির্দোষ
gain [গেন] লাভ	loss [লস্] লোকসান
good [গুড্] ভাল	bad [ব্যাড্] মন্দ
guide [গাইড্] ঠিক পথে চালান	misguide [মিসগাইড] ভুল পথে চালান
handsome [হ্যাণ্ডসম] সুন্দর	ugly [আগ্‌লি] কুৎসিত
high [হাই] উঁচু	low [লো] নীচু
hard [হার্ড] কঠিন, শক্ত	soft [সফ্‌ট] নরম
humble [হাম্বল] নম্র	proud [প্রাউড্] গর্বিত
honour [অনার] সম্মান	dishonour [ডিজঅনার] অসম্মান
joy [জয়] আনন্দ	sorrow [সরো] দুঃখ
knowledge [নলেজ] জ্ঞান	ignorance [ইগ্‌নোরেন্স] অজ্ঞান
kind [কাইণ্ড] দয়ালু	cruel [ক্রুয়েল] নির্দয়
lie [লাই] মিথ্যা	truth [ট্রুথ্] সত্য
little [লিট্‌ল] অল্প	much [মাচ্] অনেক/অধিক
masculine [ম্যাসকুলিন] পুংলিঙ্গ [পুরুষ]	feminine [ফেমিনিন] স্ত্রীলিঙ্গ [স্ত্রী]
make [মেক] তৈরী করা	mar/break [মার/ব্রেক] নষ্ট করা/ভাঙ্গা
natural [ন্যাচারাল] প্রাকৃতিক [স্বাভাবিক]	artificial [আরটিফিসিয়াল] কৃত্রিম
noise [নয়েজ] গোলমাল	silence [সাইলেন্স] নীরবতা
oral [ওরাল] মৌখিক	written [রিটন] লিখিত
pride/arrogance [প্রাইড/অ্যারোগ্যান্স] গর্ব্ব/উদ্ধতভাব	humility [হিউমিলিটি] নম্রতা
permanent [পারমানেণ্ট] চিরস্থায়ী	temporary [টেম্পোরারি] সাময়িক [অস্থায়ী]
presence [প্রেজেন্স] উপস্থিতি	absence [এ্যাবসেন্স] অনুপস্থিতি
profit [প্রফিট] লাভ	loss [লস্] লোকসান
prose [প্রোজ] গদ্য	poetry [পোয়েট্রি] পদ্য
quick [কুইক্] তাড়াতাড়ি	slow [স্লো] ধীরে
receive [রিসিভ] গ্রহণ করা	give [গিভ্] দান করা
reject [রিজেক্ট] প্রত্যাখ্যান করা	accept [এ্যাকসেপ্ট] স্বীকার করা
ripe [রাইপ] পাকা	raw [র] কাঁচা
rough [রাফ] খস্‌খসে	smooth [স্মুথ] মসৃন
remember [রিমেম্‌বার] মনে করা	forget [ফরগেট] ভুলে যাওয়া
rich [রিচ্] ধনী	poor [পুওর] দরিদ্র
superior [সুপিরিয়র] উঁচুস্তরের	inferior [ইনফিরিয়র] নিম্নস্তরের
sharp [সার্প] তীক্ষ্ণ [বুদ্ধি]	dull [ডাল্] অল্প বুদ্ধিসম্পন্ন/ভোঁতা বুদ্ধি
thick [থিক্] পুরু	thin [থিন্] পাত্‌লা
tragedy [ট্র্যাজেডি] বিয়োগান্ত	comedy [কমেডি] মিলনান্ত
universal [ইউনিভার্সাল] সার্বজনীন	particular [পারটিকুলার] বিশেষতঃ

victory [ভিক্ট্রি] জয় — defeat [ডিফিট] পরাজয়
wild [ওয়াইল্ড] জঙ্গলি, বন্য — tame/domestic [টেম/ডোমেস্টিক] পালিত, পোষা/গৃহপালিত
weak [উইক] দুর্বল — strong [স্ট্রং] শক্তিসম্পন্ন
wisdom [উইস্‌ডম] বুদ্ধি — folly [ফলি] দুর্বুদ্ধি
youth [ইউথ] যুবক — aged [এজেড্] বয়স্ক

রাষ্ট্র ও রাষ্ট্রগত অধিবাসীর সঠিক শব্দ
[WORDS DENOTING NATIONALITY]

বাংলায় যেমন চীন, বর্মা, আমেরিকা আর রুশ প্রভৃতি দেশের অধিবাসীদের যথাক্রমে চীনা, বর্মী, মার্কিনী, রুশি বলা হয় তেমন ইংরেজিতে যথাক্রমে এদের চাইনিজ, বার্মিজ, আমেরিকান, রাশিয়ান বলা হয়। যাঁরা ইংরেজি শিখছেন তাঁদের ক্ষেত্রে ইংরেজিতে বিভিন্ন দেশকে কি বলা হয় জানাটা জরুরী।

দেশ Countries	নিবাসী Inhabitants	দেশ Countries	নিবাসী Inhabitants
America আমেরিকা	American আমেরিকান	Iraq ইরাক	Iraqi ইরাকি
Argentina আর্জেন্টিনা	Argentinian আর্জেন্টিনিয়ান	Israel ইজরায়েল	Israeli ইজরায়েলি
Belgium বেলজিয়াম	Belgian বেলজিয়ান	Italy ইটালি	Italian ইটালিয়ান
Bhutan ভুটান	Bhutanese ভুটানিজ	Kuwait কুয়েত	Kuwaiti কুয়েতি
Burma বর্মা	Burmese বার্মিজ	Malaya মালয়	Malayan মালয়ান
Canada কানাডা	Canadian কানাডিয়ান	Morocco মরক্কো	Moroccan মরক্কান
Ceylon সিলোন	Ceylonese সিলোনিজ	Nepal নেপাল	Nepalese নেপালিজ
China চায়না	Chinese চাইনিজ	Pakistan পাকিস্তান	Pakistani পাকিস্তানি
Egypt ইজিপ্ট	Egyptian ইজিপ্সিয়ান	Poland পোল্যাণ্ড	Pole পোল
England ইংল্যাণ্ড	English ইংলিশ	Russia রাশিয়া	Russian রাশিয়ান
France ফ্রান্স	French ফ্রেঞ্চ	Sweden সুইডেন	Swede সুইড
Greece গ্রীস্	Greek গ্রীক্	Turkey টার্কি	Turk টার্ক
India ইণ্ডিয়া	Indian ইণ্ডিয়ান	Yugoslavia য়ুগোস্লাভিয়া	Yugoslav য়ুগোস্লাভ

কিছু বিশেষ প্রয়োজনীয় বাক্যাংশ
[SOME IMPORTANT PHRASES]

কতকগুলি বিশেষ উক্তি আছে সেখানে একটি শব্দ দুবার প্রয়োগ করতে হয়। এভাবে এগুলো বাগধারার রূপ পায়। এই শব্দব্যবহারে কোনও রকমের হেরফের হওয়া উচিৎ নয়। এতে করে ভাষাজ্ঞান আরও তীক্ষ্ণ হবে।

1. **Again and again** [এগেইন এণ্ড এগেইন] — **বার বার**
   We should not commit mistakes again and again — আমাদের বার বার ভুল করা উচিৎ নয়।
2. **Now and again** [নাউ এণ্ড এগেইন] — **কখন সখন]**
   Now and again, a genius is born — বিরাট প্রতিভা কখন সখন আবির্ভূত হয়।
3. **All in all** [অল্ ইন অল্] — **সর্বেসর্বা, সর্বময়**
   Mahatma Gandhi was all in all in India — মহাত্মা গান্ধী ভারতে সর্বময় নেতা ছিলেন।

4. **All and sundry** [অল্ এণ্ড সান্ড্রি] — **ব্যক্তি ও সমষ্টি [সর্বসাধারণ]**
All and sundry come to the meeting — ব্যক্তি ও সমষ্টিভাবে সবরকম লোকই সভায় আসে।

5. **Back and belly** [ব্যাক্ এণ্ড বেলি] — **খাদ্য ও বস্ত্র**
The days are gone when the problems of a labourer were only back and belly — মজুরদের সমস্যা কেবল খাদ্য ও বস্ত্রের ছিল সে দিন চলে গেছে।

6. **Bag and baggage** [ব্যাগ এণ্ড ব্যাগেজ] — **যথাসর্বস্ব**
The British left India in 1947 bag and baggage — বৃটিশ ১৯৪৭ সালে সব গুটিয়ে ভারত ত্যাগ করেছিল।

7. **Before and behind** [বিফোর এণ্ড বিহাইণ্ড] — **এগিয়ে গিয়ে**
During the Second World War our soldiers fought before and behind. — দ্বিতীয় বিশ্বযুদ্ধে আমাদের সৈন্যরা এগিয়ে গিয়ে লড়াই করেছিল।

8. **Betwixt and between** [বিটুইক্স এণ্ড বিটউইন] — **আধাআধি**
Whatever they earn, they will share betwixt and between — তারা যে উপার্জন করবে উভয়তঃ আধা আধি ভাগ করে নেবে।

9. **Bread and butter** [ব্রেড এণ্ড বাটার] — **রুটি ও মাখন অর্থাৎ জীবিকা**
One should be satisfied if one gets bread and butter these days. — বর্তমান সময়ে জীবিকা নির্বাহ করতে পারলেই যথেষ্ট অর্থাৎ সন্তুষ্ট থাকা উচিৎ।

10. **Fetch and carry** [ফেচ্ এণ্ড ক্যারি] — **অল্পেই সন্তুষ্ট**
I am content to fetch and carry, for uneasy lies the head that wears a crown — আমি ছোটখাট কাজ করেই সন্তুষ্ট কারণ উচ্চাসনে বসে কাজ করার মত অশান্তি আর নেই।

11. **Goods and chattel** [গুড্স এণ্ড চ্যাটেল] — **অস্থাবর সম্পত্তি**
We bought goods and chattel when we migrated to Inida — আমরা ভারতে আসার পর যাবতীয় জিনিসপত্রই [অস্থাবর সম্পত্তি] কিনে নিয়েছি।

12. **Chock-a-block** [চক্-এ-ব্লক] — **আঁকাবাঁকা**
The streets of Indian cities are notorious for chock-a-block houses — ভারতের শহরগুলিতে বাড়িঘরের আশপাশ দিয়ে আঁকাবাঁকা পথ থাকার ব্যাপারে দুর্নাম আছে।

13. **Pick and choose** [পিক এণ্ড চুজ] — **ভেবেচিন্তে বেছে নেওয়া**
We must pick and choose our career before it is too late — সময় থাকতে ভেবে চিন্তে আমাদের ভবিষ্যৎ পথ বেছে নিতে হবে।

14. **Every now and then** [এভ্রি নাও এণ্ড দেন] — **মাঝে মাঝে**
She comes to see me every now and then — সে [মহিলা] মাঝে মাঝেই আমার সঙ্গে দেখা করতে আসে।

15. **See eye to eye** [সি আই টু আই] — **একমত হওয়া**
He didn't see eye to eye with me on many issues. — বিভিন্ন বিষয়ে সে আমার সঙ্গে সহমত ছিলনা।

16. **Face to face** [ফেস্ টু ফেস্] — **সামনা সামনি**
We should have a face to face talk, so we can understand each other's point of view — আমরা সামনা সামনি কথা বললে একে অপরের মতামত বুঝে নিতে পারব।

17. **Fair and square** [ফেয়ার এণ্ড স্কোয়ার] — **সঠিক এবং ন্যায়**
Let all our actions be fair and square — আমাদের সব কাজই সঠিক এবং ন্যায়সঙ্গত হওয়া দরকার।

18. **Fee-faw-fun** [ফী-ফ-ফান] — **শাসন, ভয় দেখান**
India is not to be cowed down by Pakistan's fee-faw-fun — ভারত পাকিস্তানের ধমকানিতে নত হবে না।

19. **Flux and reflux** [ফ্লাক্স এণ্ড রিফ্লাক্স] — **বাকবিতণ্ডা বা বিতর্ক**
There was great flux and reflux in the drawing room — ড্রয়িং রুমে [বসবার ঘরে] খুব বাদবিতর্ক হচ্ছিল।

20. **Give and take** [গিভ এণ্ড টেক] — **আদান-প্রদান**
Life is a matter of give and take — জীবনে দেওয়া-নেওয়া করেই চলতে হয়।

21. **Goody goody** [গুডি গুডি] — **ভাল সেজে থাকা, ভান করা**

The world is full of goody-goody people but hardly a good man — এ জগতে ভাল মানুষের সংখ্যা খুব কম — বেশির ভাগই ভাল মানুষ সেজে থাকে।

22. **Hand-in-hand** [হ্যাণ্ড-ইন-হ্যাণ্ড] — **সদ্ভাবের সঙ্গে, হাতে হাত দিয়ে**

They walked hand-in-hand — তারা হাতে হাত মিলিয়ে চলত।

23. **Haves and have-nots** [হ্যাভ্‌স এণ্ড হ্যাভ-নট্‌স] — **অবস্থাপন্ন এবং গরীব**

There has always been a conflict between the haves and the have-nots — ধনী ও নির্ধনের মধ্যে দ্বন্দ্ব চিরকালই চলে আসছে।

24. **Hodge-podge** [হজ্‌-পজ্‌] — **গোঁজামিল, বিড়ম্বনা**

While trying his hand at cooking for the first time, he made a hodge-podge of everything — প্রথমবার রান্না করেত গিয়ে সে সব গোঁজামিল পাকিয়ে ফেলেছিল।

25. **Humpty-dumpty** [হাম্পটি-ডাম্পটি] — **নড়বড়ে**

Colonialism is a humpty-dumpty sitting on a high wall — সাম্রাজ্যবাদ এখন নড়বড়ে অবস্থায়।

26. **Ins and outs** [ইন্‌স এণ্ড আউট্‌স] — **পুঙ্খানুপুঙ্খরূপে বা রীতিমত জানা**

He knows the ins and outs of this profession — সে এই ব্যবসা পুঙ্খানুপুঙ্খরূপে জানে।

27. **Law and order** [ল এণ্ড অর্ডার] — **অনুশাসন ব্যবস্থা, আইনশৃঙ্খলা**

There can be no democracy without law and order — দেশে আইনশৃঙ্খলা বজায় না থাকলে প্রজাতন্ত্রের অস্তিত্ব থাকে না।

28. **Off and on** [অফ্‌ এণ্ড অন্‌] — **যখন তখন, প্রায়**

He comes to your shop off and on — সে তোমার দোকানে যখন তখন [বা প্রায়] আসে।

29. **Rain or shine** [রেইন অর শাইন] — **ভাল কিম্বা মন্দ, রৌদ্র বা বর্ষা**

Rain or shine, we must attend to our duties — সুদিন থাক বা দুর্দ্দিনই থাক, আমাদের কাজ করতেই হবে।

30. **Really and truely** [রিয়ালি এণ্ড ট্রুলি] — **অবধারিত, নিশ্চিত**

Really and truely, I will meet my friend at the bus stop — আমি নিশ্চয়ই বাস্‌ ষ্টপে আমার বন্ধুর সাথে দেখা করব।

31. **Tit for tat** [টিট ফর ট্যাট্‌] — **আঘাত ও প্রত্যাঘাত**

Tit for tat cannot end a dispute — আঘাতের প্রত্যাঘাত দিলে কোন ঝগড়ার মীমাংসা হয় না।

32. **Tittle-tattle** [টিট্‌ল-ট্যাট্‌ল] — **ফুস্‌ফুস করা, আড্ডা দেওয়া**

Tittle-tattle does not help anybody, we only waste time — অনর্থক আড্ডাবাজি করে লাভ হয় না, শুধু সময় নষ্ট হয়।

33. **Ups and downs** [আপ্‌স এণ্ড ডাউন্‌স] — **উত্থান ও পতন**

Great men rise through ups and downs of life — জীবনে উত্থান-পতনের মধ্য দিয়েই মানুষ বড় হয় বা মহান্‌ হয়।

কতকগুলি শব্দের ভ্রান্তিকর বা ভুল প্রয়োগ
[WORDS WHICH COMMONLY CONFUSE]

সব ভাষাতেই শব্দ ব্যবহার যথার্থভাবে প্রয়োগ করা দরকার এজন্য রীতিমত অভ্যাস এবং যত্ন নেওয়া প্রয়োজন। কোন শব্দ ব্যবহার করার আগে তার প্রকৃত অর্থ জানা চাই। কিছু শব্দ আছে যাহা পৃথক হ'লেও দুটি শব্দ প্রায় এক রকম অর্থবাচক হয়। এইরকম শব্দের ভুল আর প্রকৃত অর্থ কি সঠিক জেনে রাখা দরকার এবং তদনুসারে প্রয়োগ করা দরকার।

1. **admit** [এড্‌মিট] — সত্যকথা স্বীকার করা
confess [কনফেস্] — অন্যায় বা দোষ স্বীকার করা
[a] I am ready to *admit* that you are abler than I am — আমি স্বীকার করি আপনি আমার চেয়ে যোগ্যতর ব্যক্তি।
[b] He *confessed* his guilt before the Judge — সে বিচারকের সামনে অপরাধ স্বীকার করেছে।

2. **among** [এমঙ্গ] — বহু লোক বা জিনিসের মধ্যে অবস্থান বা থাকা
between [বিট্‌উইন] — দুই ব্যক্তি বা বস্তুর মাঝে অবস্থান
[a] The property was divided *among* four children — সম্পত্তি চার সন্তানের মধ্যে ভাগ করে দেওয়া হয়েছে।
[b] The property was divided *between* two children — সম্পত্তি দুই সন্তানের মধ্যে ভাগ করে দেওয়া হয়েছে।

3. **amount** [এমাউন্ট] — অনেক পরিমাণ, যার গণনা সম্ভব হয় না
number [নাম্বার] — সংখ্যা, যার সংখ্যা আছে, গোনা যায়
[a] A large *amount* of rice was delivered to the store house — গুদামে অনেক চাল দেওয়া হয়েছে।
[b] A large *number* of bags of rice was delivered — অনেক বস্তা চাল দেওয়া হয়েছে।

4. **anxious** [এ্যাংশাস্] — উদ্বিগ্ন, চিন্তিত
eager [ইগার] — আগ্রহী
[a] We were *anxious* about our first aeroplane flight — আমরা প্রথম বিমান যাত্রার সময় উদ্বিগ্ন ছিলাম।
[b] We were *eager* to fly again — আমরা পুনরায় বিমান যাত্রার জন্যে আগ্রহী ছিলাম।

5. **apt** [এপ্‌ট] — স্বভাবতঃ, সাধারণতঃ
liable [লায়েবল্] — দায়ী
[a] He is *apt* to get into mischief — সে প্রবৃত্তিগত-ভাবে অপরাধী।
[b] If you drive rashly, you are *liable* to a heavy fine — জোরে গাড়ি চালালে তুমি জরিমানার জন্যও দায়ী হবে।

6. **artisan** [আর্টিসান্] — কারিগর
artist [আর্টিষ্ট] — শিল্পী বা কলাবিদ
[a] A carpenter is a good *artisan* — কাঠের মিস্ত্রি ভাল কারিগর হয়।
[b] Kalidas was a supreme *artist* — কালিদাস একজন শ্রেষ্ঠ শিল্পী ছিলেন।

7. **as** [এজ্] — যেমন, যোজক শব্দ বা অবস্থাবাচক শব্দ
like [লাইক] — সেইরূপ, তেমনি [পূর্ব বিভক্তি হিসেবে প্রযুক্ত হয়]
[a] Do *as* I do, not *as* I say — আমি যেমন করে কাজ করছি তেমনিভাবে কর — যা বলছি সেভাবে নয়।
[b] Try not to behave *like* a child — ছেলেমানুষী ক'রো না।

8. **audience** [অডিয়েন্স] — শ্রোতা বা শ্রোতৃ বর্গ
spectators [স্পেক্‌টেটরস্] — দর্শক
[a] The speaker bored the *audience* — বক্তা শ্রোতৃগণকে বিরক্ত করে দিয়েছিলেন।
[b] The slow hockey game bored the *spectators'* — মন্থর গতিতে হকি খেলা দেখে দর্শকরা বিরক্ত হ'য়ে গিয়েছিল।

9. **better** [বেটার] — অপেক্ষাকৃত ভাল, আগের চেয়ে ভাল
well [ওয়েল্] — বেশ ভাল, সুস্থ
[a] She was *better* today than she was a week ago — সেই মেয়েটি এক সপ্তাহ আগে যেমন ছিল তার চেয়ে আজ ভাল আছে।
[b] In a month or two she will be *well* — এক বা দু মাসের মধ্যে সে ভাল হয়ে যাবে।

10. **both** [বোথ] — উভয়, দু'জনই

each [ইচ্] — প্রত্যেকটি

[a] *Both* the sisters are beautiful — দুটি বোনই সুন্দরি।

[b] *Each* girl has a new book — প্রত্যেক মেয়ের কাছেই নূতন বই আছে।

11. **bring** [ব্রিংগ] — নিয়ে আসা

take [টেক] — গ্রহণ করা

[a] *Bring* a loaf of bread from the bazar — বাজার থেকে একটা পাউরুটি নিয়ে এস।

[b] *Take* your breakfast with you when you go to the school — তুমি স্কুলে যাবার সময় প্রাতঃরাশ [ব্রেকফাস্ট] নিয়ে যেও।

12. **can** [ক্যান্] — সমর্থ হওয়া

may [মে] — অনুমতি বা সম্ভাবনা অর্থে প্রয়োগ হয়

[a] She is so weak that *cannot* walk — সে এত দুর্ব্বল যে হাঁটতে পারে না।

[b] *May* I come in — ভেতরে আসতে পারি কি ?

13. **climate** [ক্লাইমেট] — জলহাওয়া, আবহাওয়া [বিশেষ সময়ের]

weather [ওয়েদার] — আবহাওয়া [দৈনন্দিন]

[a] I like the *climate* of Simla better than that of Dehra Dun — দেরাদুন থেকে সিমলার জলহাওয়া আমার ভাল লাগে।

[b] The *weather* was stormy — ঝড়ো আবহাওয়া ছিল।

14. **couple** [কাপল্] — স্বামী স্ত্রী, যুগল

pair [পেয়ার] — জোড়া [দুটি]

[a] Two *couples* remained on the dance floor — দুই যুগল নৃত্য প্রাঙ্গণে ছিল।

[b] I have a new *pair* of shoes — আমার একজোড়া নূতন জুতা আছে।

15. **despise** [ডেসপাইজ] — ঘৃণা করা

detest [ডিটেষ্ট] — অপছন্দ করা, ভাল না লাগা

[a] Some persons *despise* the poor — কেউ কেউ গরীবকে ঘৃণা করে।

[b] I *detest* hot weather — গরমকাল আমার ভাল লাগে না।

16. **each other** [ইচ্ আদার] — পরস্পর [দুজনে]

one other [ওয়ান্ আদার] — দুজনের বেশি ব্যক্তির মধ্যে সম্বন্ধ

[a] Kabita and Sabita have known *each other* for ten years — কবিতা এবং সবিতা পরস্পর দুজনকে দশ বছর ধরে জানে।

[b] These four girls have known *one other* for ten years — এই চারটি মেয়ে একজন অন্যকে দশ বছর ধরে জানে।

17. **former** [ফরমার] — প্রথমটি [দুটির মধ্যে]

latter [ল্যাটার] — পরেরটা অর্থাৎ দুটির মধ্যে পরেরটি

[a] The *former* half of the picture was dull — ছবির প্রথমার্ধ বড় নীরস ছিল।

[b] The *latter* half of the film was interesting — ছবির পরের ভাগ [শেষের ভাগ] চিত্তাকর্ষক ছিল।

18. **habit** [হ্যাবিট্] — ব্যক্তিগত বা সমষ্টিগত স্বভাব, অভ্যাস

custom [কাস্টম] — সামাজিক প্রথা

[a] He has the *habit* of gambling — তার জুয়ো খেলার অভ্যাস আছে।

[b] It is a *custom* with the Hindus to creamate the dead body — হিন্দুদের মৃতদেহ দাহ করার প্রথা আছে।

19. **if** [ইফ্] — সর্তসূচক অব্যয় — যদি

whether [হোয়েদার] — এটিও অব্যয় — কোন কার্য্য-সম্বন্ধে নিশ্চয় করা [কিনা]-র অর্থে

[a] She'll get through the examination *if* she works hard — যদি সে কঠোর পরিশ্রম করে তবে পরীক্ষায় পাশ করবে।

[b] She asked me *whether* intended to go to the cinema — আমি সিনেমা দেখতে যাব কি তিনি আমাকে জিজ্ঞাসা করেছিলেন।

20. **if it was** [ইফ্ ইট্ ওয়াজ্] — যদি এরকম ছিল

if it were [ইফ্ ইট্ ওয়্যার] — যদি এরকম হ'ত

[a] *If* my shirt was there in the morning, it is there now — আমার সার্ট যদি সকালে সেখানে ছিল তবে এখনও সেখানে আছে।

[b] *If* it were summer now, we would all go to Simla — এ সময় যদি গরমকাল হ'ত তবে আমরা সবাই সিমলায় যেতাম।

21. **in** [ইন্] — ভেতরে [এতে গতির আভাস নেই]

into [ইনটু] — অন্যত্র অর্থ বোঝালে অর্থাৎ একস্থান থেকে অন্য স্থানে [ভেতরে] যাওয়া অর্থে

[a] The papers are *in* my drawer — কাগজপত্র আমার দেরাজে আছে।

[b] You put the papers *into* my drawer — তুমি কাগজপত্রগুলো আমার দেরাজের মধ্যে রেখে দাও।

22. **learn** [লার্ন] — শেখা, শিক্ষা করা, জানা
teach [টিচ্] — শেখান, পড়ান

[a] I have *learn* much from this book — আমি এই পুস্তক থেকে অনেক শিক্ষা পেয়েছি।

[b] You *taught* me English — তুমি আমাকে ইংরেজি ভাষা শিখিয়েছিলে।

23. **leave** [লিভ্] — ছেড়ে দেওয়া, ফেলে দেওয়া [ক্রিয়াপদ]
let [লেট্] — অনুমতিবাচক [ক্রিয়াপদের সম্বন্ধ]

[a] *leave* this room at once — এ ঘর এক্ষুণি ছেড়ে চলে যাও।

[b] *Let* me go — আমাকে যেতে দাও।

24. **legible** [লেজিবল] — পড়ার যোগ্য
readable [রিডেবল] — পড়া উচিৎ অর্থে

[a] Your handwriting is not *legible* — তোমার হাতের লেখা পড়ার যোগ্য নয় বা পড়া যায় না।

[b] This book being on technical subject is not *readable* — বইটি টেকনিকাল বলে পড়ার যোগ্য নয়।

25. **many** [মেনি] — অনেক, বহু [যা গোনা যায়]
much [মাচ্] — পরিমানে বা ওজনে অনেক

[a] There are *many* students in the class — ক্লাসে অনেক ছেলে আছে।

[b] We have got *much* milk — আমাদের কাছে অনেক দুধ আছে।

26. **may** [মে] — সম্ভাবনা অর্থে, বর্তমান কালে [present tense] প্রযুক্ত
might [মাইট] — সম্ভাবনা অর্থে, অতীত কালে [past tense] প্রযুক্ত

[a] He *may* come today — সে আজ আসতে পারে।

[b] He *might* have come if you had written a letter — তুমি চিঠি লিখে থাকলে সে অবশ্যই আসত।

27. **patron** [পেট্রন] — পৃষ্ঠপোষক
customer [কাস্টমার] — ক্রেতা

[a] The artist thanked his *patrons*, who eagerly waited for his art items — চিত্রকার তাহার পৃষ্ঠপোষকদের ধন্যবাদ জানালেন যাহারা তাঁর চিত্রের জন্য অপেক্ষা করেছিল।

[b] The shopkeeper attended his *customers* — দোকানদার তার গ্রাহকদের জিনিষপত্র দিয়েছিল।

28. **people** [পিপল] — লোক, জনতা, সমষ্টি
persons [পারসনস্] — লোক [ব্যক্তি অর্থে] আলাদাভাবে বহু মানুষ

[a] The *people* of India were poor — ভারতের অধিবাসী দরিদ্র ছিল।

[b] Only thirteen *persons* remained in the cinema hall after the interval — বিরতির পরবর্তী সময়ে মাত্র তেরজন সিনেমা হলে ছিল।

29. **recruitment** [রিক্রুটমেন্ট] — চাকরি *[noun]*
employment [এমপ্লয়মেন্ট] — চাকরি *[noun]*

[a] The *recruitment* of soldiers is going on — সেনাদলে ভর্তি চলছে।

[b] Suman is in search of *employment* — সুমন চাকরির সন্ধানে রয়েছে।

30. **rob** [রব] — বলপ্রয়োগ দ্বারা ছিনিয়ে নেওয়া, লুট করা
steal [ষ্টিল] — চুরি করা

[a] Robbers usually *rob* wayfarers at night — ডাকাতরা সাধারণতঃ রাত্রেই পথচারীকে লুট করে।

[b] Bad boys *steal* books from their class fellows — খারাপ ছেলেরা তাহাদের সহপাঠির বই চুরি করে।

31. **shall** [স্যাল] — ভবিষ্যৎ কালের সহায়ক ক্রিয়ানিহিত ভাব প্রকাশ
will [উইল] — বিশেষভাবে ইচ্ছা বা অভিপ্রায় প্রকাশ করা

[a] you *shall* not reach in time — তুমি নিশ্চয়ই সময়মত পৌঁছতে পারবে না।

[b] I *will* reach in time — আমি অবশ্য সময় মত পৌঁছাব [অর্থাৎ পৌঁছাবার ইচ্ছা আছে]।

32. **state** [ষ্টেট] — গুরুত্বপূর্ণ কথা বলা বা ঘোষণা করা
say [সে] — বলা [যে কোন অবস্থাতেই হোক] কথা বলা

[a] The Indian ambassador *stated* the terms for a ceasefire agreement — ভারতীয় রাজদূত যুদ্ধ-বিরতির সন্ধির ঘোষণা করেন।

[b] You *say* that you won't complete the job — তুমি বলছ যে কাজটা তুমি শেষ করবে না।

33. **stay** [ষ্টে] — অপেক্ষা করা [সাময়িক ভাবে
stop [ষ্টপ] — থেমে যাওয়া, যাত্রা শেষ করা

[a] We *stayed* at the hotel for two days only — আমরা হোটেলে মাত্র দুদিন ছিলাম।

[b] We *stopped* our journey and returned home — আমরা যাত্রা শেষ করে বাড়ি ফিরে এলাম।

34. **tender** [টেণ্ডার] — আনুষ্ঠানিক ভাবে কোন কাজ করা
give [গিভ] — দান করা বা স্বেচ্ছায় দেওয়া

[a] On the orders of his boss, he *tendered* an apology for his misbehaviour — নিজের উচ্চাধিকারীর আদেশে সে নিজের দুর্ব্যবহারের জন্য ক্ষমা প্রার্থনা করেছিল।

[b] He *gave* testimony readily before the jury — সে জুরীর [বিচার সহায়ক] সামনে স্বেচ্ছায় সাক্ষ্য প্রমাণ দিয়েছিল।

35. **testimony** [টেষ্টিমনি] — কেবল মৌখিক রূপে বক্তব্য দেওয়া বা প্রমাণ
evidence [এভিডেন্স] — মৌখিক কিম্বা লিখিত সাক্ষ্য বা প্রমাণ

[a] He gave *testimony* readily to the jury — সে স্বেচ্ছায় জুরীর সামনে প্রমাণ পেশ করেছিল।

[b] The defendant presented written *evidence* to prove he was not present at the time — অভিজ্ঞযুক্ত ব্যক্তি লিখিত প্রমাণ দাখিল করেছে সে ঘটনার সময় সেখানে উপস্থিত ছিল না।

36. **win** [উইন] — জেতা, জয় করা
beat [বিট] — পরাজিত করা, হারিয়ে দেওয়া

[a] Hurrah! We *won* the match — বাঃ, আমরা জিতেছি।

[b] I *beat* you while playing cards — আমি তোমাকে তাসের খেলায় হারিয়ে দিই।

ইংরেজি ভাষায় এমন অনেক শব্দ বা কথা আছে যেগুলির উচ্চারণে একটির সঙ্গে অপরটির মিল আছে কিন্তু অর্থ বিভিন্ন। ভাল লেখাপড়া জানা ব্যক্তিও এরকম ভুল করে থাকেন। আমার বা আপনার ভাষাজ্ঞান যতই ভাল হোক, কোন ব্যক্তি যদি আমাদের সামনে সেরকম দুচারটা ভুল বলে থাকে তবে তার ভাষাজ্ঞানের প্রভাব অন্যের কাছে ভাল লাগবে না। এই সব শব্দের অর্থের তফাৎ বুঝে নিয়ে মনে রাখুন —

37. **accept** [এ্যাকসেপ্ট] — গ্রহণ বা স্বীকার করা [ক্রিয়াপদ] *[verb]*
except [একসেপ্ট] — ছেড়ে দেওয়া, বাদ দিয়ে

[a] He *accepted* my advice in the matter — সে এ বিষয়ে আমার উপদেশ স্বীকার করেছে বা মেনে নিয়েছে।

[b] All the staff *except* the junior workers has been called — নিম্নস্তর কর্মচারী ছাড়া সকল কর্মচারীকে ডাকা হয়েছে।

38. **access** [এ্যাক্সেস] — প্রবেশ *[noun]*
excess [একসেস] — আধিক্য, বেশি *[noun]*

[a] He was a poor man and had no *access* to the higher anthorities — সে গরীব সে জন্য বড় কর্তৃপক্ষের কাছে পৌঁছতে পারেনি।

[b] *Excess* of money is responsible for many evils — অর্থের প্রাচুর্য্য অর্থাৎ বেশী টাকা থাকলে মানুষের অনেক দোষ এসে যায়।

39. **adapt** [এ্যাডাপ্ট] — অনুকুলভাবে গ্রহণ করা, স্বেচ্ছায় সামিল হওয়া
adopt [এডপ্ট] — বৃত্তি, কর্মপথ গ্রহণ করা, দত্তক নেওয়া
adept [এডেপ্ট] — কুশলী, পারদর্শী *[adjective]*

[a] One must learn to *adapt* one self to circumstances — যে কোন ব্যক্তির যে কোন পরিস্থিতির সঙ্গে মানিয়ে নিয়ে চলা দরকার।

[b] He *adopted* a child from orphanage — সে অনাথাশ্রম থেকে একটি শিশুকে দত্তক নিয়েছে।

[c] He is an *adept* carpenter — সে একজন কুশলী বা পারদর্শী ছুতোর মিস্ত্রী।

40. **addition** [এ্যাডিশন] — যোগ করার কাজ, নূতন কিছু যোগ
edition [এডিশন] — সংস্করণ, সংখ্যা

[a] Some alteration and *additions* have been done in the book — এই বইয়ে কিছু কিছু পরিবর্তন এবং পরিবর্ধন [যুক্ত] হয়েছে।

[b] The third and latest *edition* of the Bhagavad Gita has been published — ভগবৎ গীতার তৃতীয় এবং শেষ সংস্করণ প্রকাশিত হয়েছে।

41. **adverse** [এ্যাডভার্স] — বিরূপ, প্রতিকুল *[adjective]*

averse [এভার্স] — অনিচ্ছুক, অরাজি, বিমুখ

[a] True friends never leave in *adverse* conditions. — আসল বন্ধু কখনও বিপদে ছেড়ে যায়না।

[b] In modern times, students are generally *averse* to hard work — আজকাল অধিকতর ছাত্ররা কঠোর পরিশ্রম করতে বিমুখ।

42. **affect** [এ্যাফেক্ট] — প্রভাবিত করা। প্রতিক্রিয়া হওয়া *[verb]*

effect [এফেক্ট] — ফল *[noun]*, প্রভাব

effect [এফেক্ট] — কার্যকরী করা *[verb]*

[a] Your manners must *affect* your future–তোমার আচার ব্যবহার তোমার ভবিষ্যৎ প্রভাবিত করবে।

[b] His speech didn't produce any *effect* on the audience — তাহার বক্তৃতা শ্রোতাদের উপর কোন প্রভাব বিস্তার করতে পারেনি।

[c] The old rule is still in *effect* — পুরোনো নিয়ম এখনও চালু রয়েছে।

43. **all ready** [অল রেডি] — সব কিছু প্রস্তুত থাকা, সকলেই প্রস্তুত থাকা

already [অল্‌রেডি] — পূর্বেই, আগেই

[a] We were *all ready* to quit when the class teacher arrived — ক্লাসে শিক্ষক যে সময় এলেন আমরা সকলে বেরিয়ে যাওয়ার জন্য প্রস্তুত ছিলাম।

[b] We had *already* begun writing when the class teacher arrived — ক্লাসে শিক্ষক আসার আগেই আমরা লিখতে শুরু করেছিলাম।

44. **all ways** [অল ওয়েজ] — সর্বতোভাবে, যে কোন ভাবে

always [অলওয়েজ] — সবসময়, যে কোন সময়

[a] The scheme was in *all ways* acceptable to the masses — যোজনা সর্বতোভাবে জনগনের সমর্থিত ছিল।

[b] *Always* remember what you want to do — কি করতে চাও সব সময় মনে রাখবে।

5. **altar** [অল্টার] — বেদী, ধর্মস্থানে উচ্চ আসন *[noun]*

alter [অল্টার] — পরিবর্তন বা বদল করা *[verb]*

[a] He knelt down before the *altar* and took a vow not to touch wine all his life — সে বেদীর সামনে নতজানু হ'য়ে প্রতিজ্ঞা করেছিল সে জীবনে কখনও আর মদ স্পর্শ করবেনা।

[b] I can not *alter* my plans now — আমি এখন আর আমার পরিকল্পনা বদলাতে পারিনা।

46. **all together** [অল টুগেদার] — সকলে মিলে একজোটে

altogether [অল্‌টুগেদার] — সম্পূর্ণ নূতনভাবে, একেবারে

[a] The boys and girls sang *all together* — ছেলে ও মেয়েরা সকলেই একযোগে গান গেয়েছিল।

[b] This was *altogether* strange for a person of my type — আমার মত লোকের কাছে এটা একেবারেই নূতন জিনিস।

47. **amend** [এ্যামেণ্ড] — পরিবর্তন করা, সংশোধন করা

emend [ইমেণ্ড] — লেখা সম্পাদনা করা

[a] you must *amend* your ways — তোমার নিজের কার্যকলাপ শোধরানো উচিৎ।

[b] Before publication the first part of the book had to be *emend* — বইটির প্রথম ভাগ প্রকাশের আগে তার সম্পাদনা করতে হয়েছে।

48. **alternate** [অলটারনেট] — একদিন অন্তর

alternative [অলটারনেটিভ] — বিকল্প

[a] The doctor comes to see me every *alternate* day — ডাক্তার আমাকে একদিন অন্তর দেখতে আসেন।

[b] There was no other *alternative*, so I agreed to the terms — কোন উপায় ছিল না বলে আমি সেইসব শর্তে রাজি হয়েছিলাম।

49. **Bazaar** [বাজার] — বাজার, যেখানে জিনিসপত্র কেনাবেচা হয়

bizarre [বিজার] — বিচিত্র, অস্বাভাবিক

[a] she went to the *bazaar* for shopping — কেনা-কাটার জন্য তিনি [মহিলা] বাজারে গিয়েছিলেন।

[b] She dresses in a *bizarre* manner — সে [মেয়ে] অদ্ভুত পোশাক আশাক করে।

50. **berth** [বর্থ] — বসবার বা শোবার জায়গা *[noun]*

birth [বার্থ] — জন্ম *[noun]*

[a] She got a *berth* reserved for herself in the Kalka Mail — কালকা মেলে মেয়েটি আপনার স্থান সংরক্ষণ বা রিজার্ভ করেছিল।

[b] What's your date of *birth* — তোমার জন্মদিন কবে ?

51. **beside** [বিসাইড্] — নিকটে, পাশে

besides [বিসাইডস্] — অতিরিক্ত, বাতীত

[a] His house is *beside* the post-office — ডাকঘরের পাশেই তার বাড়ি।

[b] Agents get a commission *besides* their salary — এজেন্ট বা প্রতিনিধি নিজের বেতন ছাড়া কমিশনও পায়।

52. **boar** [বোর] — জংলি শুয়োর *[noun]*
bore [বোর] — ছিদ্র করা *[verb]*
[a] The hunter shot a wild *boar* — শিকারি একটি জংলি শুয়োর শিকার করেছে।
[b] They *bore* a hole in the soil to bring out oil — তারা তেল নিষ্কাশনের জন্য মাটিতে ছিদ্র করল।

53. **born** [বর্ন] — জন্ম হওয়া বা উৎপন্ন হওয়া *[verb]*
borne [বোর্ন] — বহন করা *[verb]*
[a] I don't know when I was *born* — কখন আমার জন্ম হয়েছিল তা জানি না।
[b] We have *borne* our burdens with patience — আমরা ধৈর্য ধরে আমাদের বোঝা বহন করেছি।

54. **breath** [ব্রেথ্] — নিঃশ্বাস *[noun]*
breathe [ব্রিদ] — নিঃশ্বাস লওয়া *[verb]*
breadth [ব্রেডথ্] — চওড়া *[noun]*
[a] Before you dive, take a deep *breath* — ডুব দেওয়ার আগে দীর্ঘশ্বাস নিও।
[b] It is difficult to *breathe* in a store-room — গুদামঘরে নিঃশ্বাস নেওয়া কঠিন।
[c] In a square, the *breadth* should be equal to the length — চতুঃষ্কোণে লম্বা এবং চওড়া সমান হয়।

55. **canvas** [ক্যানভাস] — ক্যানভাস [মোটা কাপড়] *[noun]*
canvass [ক্যানভাস] — ভোটের প্রচার করা *[verb]*
[a] *Canvas* bags are very strong — ক্যানভাসের ব্যাগ বেশ মজবুত হয়।
[b] Students were *canvassing* for the congress candidate — ছাত্ররা কংগ্রেস প্রার্থীর হয়ে ভোটের প্রচার করছিল।

56. **cease** [সিজ্] — বন্ধ করা, থেমে যাওয়া *[verb]*
seize [সিজ্] — ধরা, আটক করা *[verb]*
[a] Please *cease* making noise — দয়া করে গণ্ডগোল বন্ধ করুন।
[b] The policeman *seized* the stolen articles — পুলিস চোরাই মাল ধরেছিল [বা আটকে ছিল]।

57. **cent** [সেন্ট] — আমেরিকান মুদ্রা *[noun]*
scent [সেন্ট] — সুগন্ধ
[a] A *cent* is a small coin of America — সেন্ট আমেরিকার এক ছোট মুদ্রা।
[b] The *scent* of flowers is very pleasing — ফুলের সুগন্ধ বড়ই মনোরম।

58. **childish** [চাইল্ডিশ] — ছেলেমানুষি [বয়স্ক লোকের পক্ষে]
childlike [চাইল্ডলাইক] — শিশুরমত, শিশুসুলভ
[a] You have *childish* habits and are not yet mature — তোমার এখনও ছেলেমানুষি স্বভাব আছে এবং পরিপক্ক হ'তে পারনি।
[b] We like his *childlike* behaviour — তাহার শিশুসুলভ ব্যবহার আমাদের ভাল লাগে।

59. **choose** [চুজ] — পছন্দ করা *[verb]*
chose [চোজ] — পছন্দ করেছিল [অতীত কাল]
[a] *Choose* what you want — তুমি যা চাও পছন্দ করে নাও।
[b] I finally *chose* singing for a career — আমি শেষে সঙ্গীতকে আমার পেশা হিসেবে বেছে নিয়েছিলাম।

60. **cite** [সাইট] — উল্লেখ করা, দৃষ্টান্ত দেওয়া *[verb]*
sight [সাইট] — দৃশ্য, দৃষ্টিশক্তি, দেখার শক্তি *[noun]*
site [সাইট] — স্থান, অবস্থান *[noun]*
[a] he was fond of *citing* from the Ramayana — সে রামায়ণ থেকে উল্লেখ করতে ভালবাসত।
[b] Kutub Minar is a *sight* worthseeing — কুতুব মিনারের দৃশ্য দেখবার মত।
[c] His father is seeking a *site* for his new shop — তার বাবা তাঁর নূতন দোকানের জন্য জায়গা খুঁজছেন।

61. **comic** [কমিক] — কৌতুক, হাস্যোদ্দীপক *[adjective]*
comical [কমিক্যাল] — হাস্যকর [ব্যাঙ্গার্থে] *[adjective]*
[a] A clown is a *comic* figure — জোকার এক হাস্যোদ্রককারী চরিত্র।
[b] The peculiar dress she wore gave her a *comical* appearance — মেয়েটির অদ্ভুত পোষাক হাস্যকর দেখাচ্ছিল।

62. **complement** [কমপ্লিমেন্ট] — পরিপূরক *[noun]*
compliments [কমপ্লিমেন্ট] — প্রণাম, সম্মান, শ্রদ্ধা *[noun]*
compliment [কমপ্লিমেন্ট] — প্রশংসা করা *[noun]*

[a] This book is *complement* to that one — এই বইটি সেই বইটির পরিপূরক।

[b] Please pay my *compliment* to your father — তোমার পিতাকে আমার নমস্কার জানিয়ে দিও।

[c] Her husband paid her a *compliment* — তার স্বামী তার প্রশংসা করেছিল।

63. **conscience** [কনসাইন্স] — বিবেক, অন্তরাত্মা *[noun]*
cautious [কশাস] — সাবধানী *[adjective]*
concious [কনশাস] — সচেতন *[adjective]*

[a] One should have a clear *conscience* — মানুষের বিবেক স্পষ্ট হওয়া উচিৎ।

[b] One should be extremely *cautious* when driving — গাড়ি চালানোর সময় যথেষ্ট সাবধান হওয়া উচিৎ।

[c] He was *concious* that he was being followed — সে সচেতন ছিল যে তাকে অনুসরণ করা হচ্ছে।

64. **consistently** [কন্‌সিস্‌টেন্টলি] — তদনুসারে *[adverb]*
constantly [কনস্টান্টলি] — নিরবচ্ছিন্নভাবে, নিরন্তর *[adverb]*

[a] If you want to give advice to others, act *consistently* with that advice — তুমি যদি অন্যকে উপদেশ দিতে চাও তবে তোমার নিজেরই তদনুসারে কাজ করা উচিৎ।

[b] Doctor *constantly* warns against smoking — ডাক্তার নিরন্তর ধূম্রপানের বিপক্ষে সাবধান করেন।

65. **continual** [কন্টিনিউয়াল] — বারবার, পুনঃপুনঃ *[adjective]*
continuous [কন্টিনিউয়াস্‌] — অবিরাম *[adjective]*

[a] The teacher gave the class *continual* warning — শিক্ষক বারবার ক্লাসকে সাবধান করে দেন।

[b] We had *continuous* rain yesterday for many hours — কাল আমাদের এলাকায় অবিরাম বৃষ্টি হয়েছিল।

66. **contract** [কনট্র্যাক্ট] — চুক্তি
contract [কনট্র্যাক্ট] — কুঁকড়ে যাওয়া, ছোট হয়ে যাওয়া

[a] He had signed a *contract* for going abroad — সে বিদেশ যাওয়ার জন্য এক চুক্তিতে সই করেছিল।

[b] some metals *contract* on cooling — ঠাণ্ডা হলে কোনও কোনও ধাতুর আকার ছোট হয়ে যায়।

67. **course** [কোর্স] — পাঠ্যক্রম *[noun]*
coarse [কোর্স] — মোটা, সস্তা ধরণের, খারাপ *[adjective]*

[a] What is the *course* of your studies? — তোমার পাঠ্যক্রম কি ?

[b] This cloth is very *coarse* — এই কাপড়টা ভীষণ মোটা।

68. **credible** [ক্রেডিবল] — বিশ্বাসযোগ্য *[adjective]*
creditable [ক্রেডিটেবল] — প্রশংসনীয় *[adjective]*
credulous [ক্রেডুলস্‌] — সহজ বিশ্বাসী *[adjective]*

[a] The story does not appear *credible* — গল্পটি বিশ্বাসযোগ্য বলে মনে হয় না।

[b] His success in the examination is *creditable* — তার পরীক্ষায় সাফল্য প্রশংসনীয়।

[c] Sheela is very *credulous*. She believes what she is told — শীলা সহজবিশ্বাসী। সে যা শোনে তাই বিশ্বাস করে।

69. **decease** [ডিসিজ] — মৃত্যু *[noun]*
disease [ডিজিজ] — রোগ *[noun]*

[a] The *deceased* person has been taken from the hospital — মৃত ব্যক্তিকে হাসপাতাল থেকে নিয়ে যাওয়া হয়েছিল।

[b] Cholera is a deadly *disease* — কলেরা ভয়ানক রোগ।

70. **deference** [ডেফারেন্স] — সম্মান *[noun]*
difference [ডিফারেন্স] — পার্থক্য *[noun]*

[a] In *deference* to his father's memory, we did not play yesterday — তার পিতার মৃত্যুর স্মৃতিতে [সম্মানে] আমরা কাল খেলিনি।

[b] There is *difference* of opinion on this subject — এ বিষয় নিয়ে মতভেদ [বা পার্থক্য] আছে।

71. **desert** [ডেজার্ট] — মরুভূমি *[noun]*
desert [ডেজার্ট] — ত্যাগ করা *[verb]*
dessert [ডেজার্ট] — খাওয়ার পর ফল, মিষ্টি ইত্যাদি

[a] Rajasthan is mostly a *desert* — রাজস্থান অধিকাংশতঃ মরুভূমি এলাকা।

[b] An ideal husband must not *desert* his wife — আদর্শ স্বামী স্ত্রীকে ত্যাগ করে না।

[c] The party was served with apples and fruit cream as *dessert* — পার্টিতে খাওয়ার পর আপেল ও ফ্রুট ক্রিম দেওয়া হয়েছিল।

68. **credible** [ক্রেডিবল] — বিশ্বাসযোগ্য *[adjective]*
creditable [ক্রেডিটেবল] — প্রশংসা যোগ্য *[adjective]*
credulous [ক্রেডুলস] — এক কথায় বিশ্বাস করা *[adjective]*

[a] The story does not appear *credible* – গল্পটি বিশ্বাস যোগ্য নয়।

[b] His success in the examination is *creditable* – সে পরীক্ষার সাফল্যে প্রশংসার যোগ্য।

[c] Shiela is very *credulous*. She believes in what she is told – শীলা এক কথায় সব বিশ্বাস করে।

69. **decease** [ডিসীজ] — মৃত্যু *[noun]*
disease [ডিসীজ] — রোগ, অসুখ *[noun]*

[a] The *deceased* person has been taken from the hospital – মৃত ব্যক্তিকে হাসপাতাল থেকে নিয়ে গেছে।

[b] That man died of an incurable *disease* – সেই ব্যক্তি এক অসাধ্য রোগে মারা গেছে।

70. **deference** [ডেফারেন্স] — সম্মান *[noun]*
difference [ডিফারেন্স] — পার্থক্য *[noun]*

[a] In *deference* to his father's memory, we did not play yesterday – তার পিতার সম্মানে আমরা কাল খেলিনি।

[b] There is *difference* of opinion on this subject – এই বিষয়ে মত পার্থক্য আছে।

71. **desert** [ডেসার্ট] — মরুভূমি *[noun]*
desert [ডিসার্ট] — ছেড়ে দেওয়া *[noun]*
dessert [ডেজার্ট] — ভোজনের পর ফল মিষ্টান্ন *[noun]*

[a] Rajasthan is a *desert*—রাজস্থানে মরুভূমি আছে।

[b] An ideal husband must not *desert* his wife – আদর্শ স্বামী পত্নীকে ছেড়ে দেওয়া উচিৎ নয়।

[c] The party was served with apples and fruit-cream as *dessert* – আপেল ও ফ্রুট ক্রীম দিয়ে পার্টির খাবার দেওয়া হয়েছিল।

72. **disinterested** [ডিস্ইনটেরেস্টিড] — স্বার্থহীন *[adjective]*
uninterested [অনইনটোরেস্টেড] — অনিচ্ছা *[adjective]*

[a] The judge must always be a *disinterested* party in a trial – বিচারকের সব সময়েই স্বার্থহীন বিচার করা উচিৎ।

[b] I was *uninterested* games, so I returned home early – খেলতে অনিচ্ছা থাকায় আমি বাড়ী ফিরে আসি।

73. **dual** [ডুঅল] — ডোকলা অর্থাৎ দুমুখো কথা বলা *[adjective]*
duel [ডুএল] — দন্ধ যুদ্ধ *[noun]*

[a] Some persons have *dual* personality. They say something and do otherwise – কিছু লোক দুমুখো হয়, তারা বলে এক করে আর।

[b] They fought a *duel* and one person was severely injured – তারা দন্ধ যুদ্ধ করেছিল এবং এক জন সাংঘাতিক যখম হয়েছিল।

74. **eligible** [এলিজিবল] — যা বাছাই করা যায় *[adjective]*
illegible [ইলেজিবল] — পাঠ যোগ্য নয় *[adjective]*

[a] Only a graduate is *eligible* for this post – কেবল বি.এ. পাস ব্যক্তিকেই এই পদে বাছাই করা যায়।

[b] Your hand-writing is *illegible* – তোমার হাতের লেখা পাঠের অযোগ্য।

75. **expand** [এক্সপাণ্ড] — বড় করা, বাড়ান *[verb]*
expend [এক্সপেণ্ড] — খরচ করা *[verb]*

[a] As the work increases, we shall have to expand our office space – আমাদের কাজ বাড়লেই অফিস বাড়ান হবে।

[b] We shouldn't *expend* beyond our limit – সাধ্যের বাইরে খরচ করা উচিৎ নয়।

76. **fair** [ফেয়ার] — মেলা *[noun]*
fair [ফেয়ার] — সঠিক, উচিৎ, ভাল *[adjective]*
fair [ফেয়ার] — পরিষ্কার *[adjective]*

[a] Many people attend the National Book *fair* – অনেক লোক বই মেলায় গিয়েছিল।

[b] We must always play a *fair* game – আমাদের সব সময়েই ভাল [উচিৎ] মত খেলা দরকার।

[c] She is *fair*-complexioned and *fair*-haired – সে ফর্সা রং এর ও সুন্দর চুলের অধিকারী।

77. **fare** [ফেয়র] — গাড়ী ভাড়া *[noun]*
fare [ফেয়র] — অগ্রগতী *[verb]*

[a] What is the rail *fare* from Delhi to Agra – দিল্লী হইতে আগ্রার রেল ভাড়া কত ?

[b] How did you *fare* in your examinations – তোমার পরীক্ষার অগ্রগতী কেমন হল ?

78. **farther** [ফার্‌দর] — দুর *[adverb]*
further [ফর্‌দর] — আরও দুর *[adverb]*

[a] Bombay is *farther* from Delhi than Banaras – বম্বে দিল্লীর চেয়েও বেনারস অপেক্ষা দুরে।

[b] Proceed *further,* please – অনুগ্রহ করে আরও দুরে চলুন।

79. **feel good** [ফীল গুড] — ভাল লাগা, পছন্দ করা *[verb]*
feel well [ফীল ওয়েল] — সুস্থ্য বোধ করা *[verb]*

[a] She *feels* very *good* amidst her friends – সে তার বান্ধবীর সঙ্গ পছন্দ করে।

[b] She is feeling *well* now – সে এখন সুস্থ্য বোধ করছে।

80. **fewer** [ফেয়র] — কয়েকটি যা গোনা যায়। *[ajdective]*
less [লেস] — পরিমাণ যা গোনা যায় না। *[adjective]*

[a] The doctor attended *fewer* patients than last week – ডাক্তার গত সপ্তাহের চেয়ে কম রুগী দেখেছে।

[b] I have *less* money in my pocket than you have – তোমার চেয়ে আমার পকেটে কম টাকা আছে।

81. **floor** [ফ্লোর] — ঘরের মেঝে *[noun]*
flour [ফ্লোঅর] — আটা *[noun]*

[a] She is sitting on the *floor* – সে ঘরের মেঝেতে বসে আছে।

[b] We make chapaties [bread] of *flour* – আমরা আটার রুটি বানাই।

82. **formally** [ফর্মলী] — গতানুগতিক *[adverb]*
formerly [ফর্মলী] — ভুতপুর্ব, পূর্বে *[adverb]*

[a] The letter was written formally by me – গতানুগতিক ভাবে চিঠিটি লেখা হয়েছিল।

[b] He was *formerly* a minister – সে পূর্বে মন্ত্রী ছিল।

83. **forth** [ফোর্ত] — পুর্বের, আগের *[adverb]*
fourth [ফোর্ত] — চতুর্থ [সংখ্যায়] *[adjective]*

[a] They went forth like in ancient warriors – তারা আগের যোদ্ধার মত গিয়েছিল।

[b] The *fourth* of every month is our pay day – প্রত্যেক মাসের চতুর্থ তারিখ আমাদের মাইনের দিন।

84. **hair** [হেয়র] — চুল, কেশ *[noun]*
heir [এঅর] — উত্তরাধিকারী *[noun]*
hare [হেঅর] — খরগোস *[noun]*

[a] The colour of Shiela's *hair* is golden – শীলার চুলের রং সোনালী।

[b] The eldest prince is the *heir* to the throne – জ্যেষ্ঠ রাজকুমার সিংহাসনের উত্তরাধিকারী।

[c] The *hare* runs very fast – খরগোস খুব দ্রুত দৌড়ায়।

85. **hanged** [হ্যাংড] — ফাঁসী দেওয়া *[verb]*
hung [হংগ] — ঝোলান *[verb]*

[a] The prisoner was *hanged* at dawn – সূর্য্যোদয়ের সময় বন্দী কে ফাঁসী দেওয়া হয়েছিল।

[b] The picture was *hung* on the wall – ছবিটি দেওয়ালে ঝোলান হয়েছিল।

86. **holy** [হোলী] — পবিত্র *[adjective]*
wholly [হোলী] — সম্পূর্ণ ভাবে *[adverb]*

[a] Diwali is our *holy* festival – দেওয়ালী আমাদের পবিত্র উৎসব।

[b] I *wholly* agree with your decision – তোমার সিদ্ধান্তে আমি সম্পূর্ণ একমত।

87. **however** [হাউএভার] — এর পরেও
how ever [হাউ এবর] — যাই হোক

[a] I don't recommend this book however, you can read it – এই বইটা পড়ার জন্যে তোমাকে পরামর্শ দিই নি, যাই হোক তুমি পড়তে পার।

[b] I am certain that, *how ever* you decide

to work, you will succed – আমি নিশ্চিত যে, তুমি যে কাজই ঠিক করবে তাতেই সফল হবে।

88. **its** [ইট্‌স] — ইহার *[pronoun]*
It's [ইট্‌স] — ইহা, একটি
[a] The shed lost *its* roof – সেডের ছাত ভেঙ্গে গেছে।
[b] It's an old house – ইহা একটি পুরাতন বাড়ী।

89. **last** [লাস্ট] — শেষ *[adjective]*
latest [লেটেস্ট] — আধুনিকতম *[adjective]*
[a] *Last* date of admission is near. So we should hurry up – প্রবেশ পত্রের শেষ দিন নিকটেই, অতএব আমাদের তাড়াতাড়ি করা উচিৎ।
[b] The *latest* edition of the book is underprint – পুস্তকের আধুনিকতম সংস্করণ ছাপা হচ্ছে।

90. **least** [লীস্ট] — কমপক্ষে, কম *[adjective]*
less [লেস] — একের চেয়ে অপরটি কম। *[adjective]*
[a] He walked the *least* distance of all – সে সবচেয়ে কম দুরত্বে গিয়েছে।
[b] Tea is *less* desirable for me than milk – চা আমার দুধের চেয়ে কম পছন্দ।

91. **lightening** [লাইটনিং] — হাল্কা করা।
lightning [লাইটনিং] — বিদ্যুৎ চমকানো *[noun]*
lighting [লাইটিং] — আলোক ব্যবস্থা *[noun]*
[a] He is *lightening* my burden – সে আমার বোঝা হাল্কা করছে।
[b] Last night there was flash of *lightning* in the sky – গতকাল রাত্রে আকাশে বিদ্যুৎ চমকেছিল।
[c] There was good lighting arrangement at the marriage – বিয়ে বাড়ীতে আলোক সজ্জার ভাল ব্যবস্থা হয়েছিল।

92. **loan** [লোন] —(টাকা)দেনা, টাকা ধার করা *[noun]*
lend [লেণ্ড] — ধার দেওয়া *[verb]*
[a] The bank granted him a *loan* of five thousand rupees – ব্যাঙ্ক তাকে পাঁচ হাজার টাকা ধার দিয়েছিল।
[b] *Lend* me some money – আমাকে কিছু টাকা ধার দাও।

93. **moral** [মরাল] — সৎ চরিত্র, ভাল স্বভাব *[noun]*
morale [মরাল্‌] — মনোবল *[noun]*
[a] He is man of good *moral* – সে একজন সৎ চরিত্রের লোক।
[b] The *morale* of the troops on the fronts is very high – সৈন্যদলের অগ্রভাগের মনোবল খুবই শক্ত।

94. **most** [মোস্ট] — অত্যধিক, সবচেয়ে, সর্বাধিক *[adjective]*
almost [অলমোস্ট] — প্রায়ই] *[adjective]*
[a] Mohan Das Gandhi was the *most* honest boy in the class – মোহন দাস গান্ধী ক্লাসের সবচেয়ে ভাল [সৎ] ছেলে ছিল।
[b] It's *almost* time to go for a walk – এখন প্রায় বেড়াতে যাবার সময় হয়েছে।

95. **notable** [নোটেবল] — উল্লেখনীয়, উল্লেখ যোগ্য *[adjective]*
notorious [নোটীরিয়স্‌] — সাংঘাতিক, কুখ্যাত *[adjective]*
[a] August 15, 1947 is a *notable* day in the history of India – ভারতে ১৫ই আগষ্ট ইতিহাসে উল্লেখ যোগ্য দিন।
[b] He is a *notorious* gambler – সে একটি কুখ্যাত জুয়াড়ী।

96. **once** [ওয়ান্স] — একদা, একবার *[adverb]*
one's [ওয়ান্‌স্‌] — একজনের, কোন একজনের, প্রত্যেকের *[pronoun]*
[a] I have been there *once* – আমি সেখানে একবার গিয়াছিলাম।
[b] One should obey *one's* conscience – নিজের বিবেক অনুযায়ী চলা উচিৎ।

97. **ordinance** [অর্ডিনেন্স] — বিশেষ আদেশ জারী করা *[noun]*
ordnance [অডনেন্স] — যুদ্ধ সামগ্রী *[noun]*
[a] The President has issued an *ordinance today* – রাষ্ট্রপতি এক আদেশ জারী করেছে।
[b] He is employed in the *ordnance* department – সে যুদ্ধ সামগ্রী বিভাগের কর্ম্মি।

98. **passed** [পাস্ট] — অতীত, চলে যাওয়া *[verb]* pass এর IInd ও IIIrd কাল
past [পাস্ট] — গত, বিগত *[adjective]*
[a] The month *passed* away very soon – মাসটি খুব তাড়াতাড়ি চলে গেল।

[b] The *past* month was very enjoyable – বিগত মাসটি খুবই আনন্দ দায়ক ছিল।

99. **peace** [পীস] — শান্তি *[noun]*

piece [পীস] — টুকরা *[noun]*

[a] A treaty of *peace* was signed between two countries – দু দেশের মধ্যে শান্তি চুক্তি সই হয়েছিল।

[b] The teacher asked for a *piece* of chalk – শিক্ষক এক টুকরো চক চেয়েছিল।

100. **persecute** [পর্সেকিউট] — অত্যাচার *[verb]*

prosecute [প্রসেকিউট] — অভিযুক্ত করা *[verb]*

[a] The jews were *persecuted* in Nazi Germany – জার্মানির নাজী দ্বারা জুরা অত্যাচারিত হয়েছিল।

[b] Trespassers will be *prosecuted* – বিনা অনুমতিতে প্রবেশ করলে অভিযুক্ত করা হবে।

101. **personal** [পার্সনাল] — ব্যক্তিগত *[adjective]*

personnel [পর্সোনাল] — কর্ম্মচারি বর্গ *[noun]*

[a] It is my *personal* matter. Please don't interfere – ইহা আমার ব্যক্তিগত ব্যাপার, দয়া করে নাক গলাবেন না।

[b] The officer maintained the morale of the *personnel* in his division – অফিসার নিজের বিভাগের কর্ম্মচারিদের মনোবল ঠিক রেখেছিল।

102. **physic** [ফিজিক] — ওষুধ *[noun]*

physique [ফিজীক] — শরীর, স্বাস্থ্য *[noun]*

[a] No *physic* can cure the patient, if he is careless – কোন ঔষুধই সারাতে পারেনা যদি সে যত্ন হীন হয়।

[b] He has a fine *physique* – সে সুন্দর স্বাস্থ্যের অধিকারী।

103. **Pore** [পোর] — লোমকূপ *[noun]*

pour [পোর] — ঢালা *[verb]*

[a] Sweat comes out from the *pores* of the skin – লোমকূপ থেকে ঘাম আসে।

[b] *pour* some water in my glass – আমার গ্লাসে একটু জল ঢাল।

104. **portable** [পোর্টেবল] — বহন যোগ্য *[adjective]*

potable [পোটেবল] — পানের যোগ্য নয় *[adjective]*

[a] She has brought a *portable* television form Germany – সে জার্মানি থেকে বহনযোগ্য টেলিভিসন কিনেছে।

[b] Pond water is not *potable* – পুকুরের জল পানের যোগ্য নয়।

105. **prescribe** [প্রিসকাইব] — ওষুধের নির্দেশ

proscribe [প্রোসকাইব] — আইনের বাইরে করে দেওয়া।

[a] The doctor *prescribed* a very costly medicine – ডাক্তার খুব দামি ওষুধের নির্দেশ দিয়েছে।

[b] The man has been *proscribed* by law – তাকে আইনের বাইরে করে দেওয়া হয়েছে।

106. **president** [প্রেসিডেন্ট] — রাষ্ট্রপতি *[noun]*

precedent [প্রিসিডেন্ট] — পূর্বঘটনা বা উদাহরণ *[noun]*

[a] The *President* of India has gone to England for two weeks – ভারতের রাষ্ট্রপতি দু সপ্তাহের জন্যে ইংল্যাণ্ড গিয়েছেন।

[b] She has set a good *precedent* for others to follow – সে অপরদের জন্যে একটি ভাল উদাহরণ রেখেছে।

107. **price** [প্রাইস] — দাম *[noun]*

prize [প্রাইজ] — পুরস্কার *[noun]*

[a] The *price* of paper has gone up – কাগজের দাম বেড়ে গেছে।

[b] Anil got the first *prize* in the race – দৌড় প্রতিযোগিতায় অনিল প্রথম পুরস্কার পেয়েছে।

108. **principal** [প্রিন্সিপাল] — প্রধানাচার্য্য *[noun]*

principle [প্রিন্সিপল] — দৃড়চেতা *[noun]*

[a] Who is the *principal* of your college – তোমাদের কলেজের প্রধানাচার্য্য কে?

[b] My uncle was a man of *principles* – আমার কাকা একজন দৃড়চেতা লোক ছিলেন।

109. **propose** [প্রোপোজ] — উত্থাপন করা *[verb]*

purpose [পর্পজ] — সম্পর্কে, বিষয়ে, উদ্দেশ্যে *[noun]*

[a] Let them *propose* the subject for their debate – ওদের বিতর্কের, বিষয় উত্থাপন করতে দাও।

[b] I had come with a *purpose* to see you – আমি একটি বিশেষ উদ্দেশ্যে তোমাকে দেখতে এসেছি।

110. **rain** [রেন] — বর্ষা, বৃষ্টি হওয়া *[verb]*
reign [রেন] — শাসন করা *[verb]*
rein [রেন] — লাগাম *[noun]*
[a] It's *raining* – এখন বৃষ্টি হচ্ছে।
[b] The queen *reigned* over England – রানী ইংলণ্ডকে শাসন করেছিল।
[c] When the *reins* were pulled tightly, the horse stopped – যখন জোরে লাগ্যাম টেনে ধরা হল তখন ঘোড়াটি থেমে গেল।

111. **recollect** [রিকলেক্ট] — কোন ভুলে যাওয়া জিনিষকে মনে পড়া *[verb]*
remember [রিমেম্বর] — স্মরণ করা *[verb]*
[a] I often *recollect my childhood and feel amused* – আমি প্রায়ই আমার ছোট বেলার কথা মনে করি ও আনন্দিত হই।
[b] I *remember* my lesson every day – আমি প্রতি দিন আমার পড়া স্মরণ করি।

112. **repectable** [রিস্পেক্টেবল] — সম্মানীয় *[adjective]*
respectful [রিস্পেক্টফুল] — সম্মান পূর্ণ *[adjective]*
respective [রিস্পেক্টিব] — নিজেদের, নিজস্ব *[adjective]*
[a] Our boss is a *respectable* gentleman – আমাদের প্রভু একজন সম্মানীয় ব্যক্তি।
[b] You should be *respectful* to your parents – তোমাদের মাতা পিতার প্রতি সম্মান দেখান উচিৎ।
[c] After the lecture was over– the students returned to their *respective* classes – বকতৃিতা শেষ হওয়ার পর ছাত্রেরা নিজেদের ক্লাশে ফিরে গিয়েছিল।

113. **root** [রুট] — শেকড়, মূল *[noun]*
route [রুট] — পথ নির্দেশ *[noun]*
[a] Love of money is the *root* of all evils – অর্থই অনর্থের মূল।
[b] What is the railway *route* between Delhi and Bombay – দিল্লী ও বম্বের রেলের পথ নির্দেশ কি ?

114. **rout** [রাউট] — পরাজয়, হার *[noun]*
riot [রাইট] — ঝগড়া *[noun]*
[a] The morale of the enemy was very low, because of its *rout* – পরাজয়ের কারণ শত্রুর মনোবল ছিল না।
[b] There is a great disturbance in the town because of the Hindu-Muslim *riot* – শহরে হিন্দু-মুশলিম ঝগড়ার কারণে খুবই অশান্তি।

115. **shoot** [শুট] — কুঁড়ি *[noun]*
shoot [শুট] — শিকার করা *[verb]*
[a] A *shoot* has sprung up from the plant – গাছে একটি কুঁড়ি এসেছে।
[b] That man has gone to *shoot* duck – সে হাঁস শিকার করতে গেছে।

116. **sole** [সোল] — পা অথবা জুতার নীচের তলা *[noun]*
soul [সোল] — আত্মা *[noun]*
[a] Get the *sole* of the shoe changed – জুতার তলা বদলাও।
[b] A good *soul* goes to heaven – ভাল আত্মাই স্বর্গে যায়।

117. **stationary** [স্টেশনরী] — স্থির, যা নড়েনা *[adjective]*
stationery [স্টেশনরী] — কাগজ পত্র ইত্যাদি *[noun]*
[a] The sun is *stationary* – সূর্য্য স্থির।
[b] He deals in *stationery* – সে কাগজ পত্রের ব্যবসা করে।

118. **table** [টেবল] — টেবিল [মেজ] *[noun]*
table [টেবল] — তালিকা *[noun]*
[a] There is a book on the *table* – টেবিলের ওপর বইটি আছে।
[b] There is a *table* in chapter six of this book – বইয়ের ষষ্ঠ্য অধ্যায়ে একটি তালিকা আছে।

119. **tasteful** [টেস্টফুল] — সুরুচি পূর্ণ *[adjective]*
tasty [টেস্টী] — সুস্বাদু, মুখোরোচক *[adjective]*
[a] The house of our madam was decorated in a *tasteful* manner – ভদ্রমহিলার বাড়ী খুবই সুরুচি পূর্ণভাবে সাজান হয়েছিল।
[b] Our madam served us very *tasty* meals – আমাদের মহাশয়া খুবই মুখোরোচক খাদ্য পরিবেশন করেছিলেন।

শব্দ ব্যবহারে সাধারণ ভুল ভ্রান্তি
[COMMON ERRORS IN THE USE OF WORDS]

ইংরেজি ভাষায় কথা বলার সময় এমন কতকগুলি ভুল ভ্রান্তি হয় যা আমি, আপনি, এমন কি সকলেই করে থাকে। আপনি সামান্য কর্মচারী হোন বা বড় পদাধিকারী হোন, স্ত্রী বা পুরুষ, ছাত্র বা ব্যবসায়ী, দোকানদার বা কারিগর, পরস্পরে কথা বলার সময় এসব ভুল হয়ে থাকে। আপনার বোঝার সুবিধের জন্য পাশাপাশি দুই কলমে শুদ্ধ ও অশুদ্ধ বাক্য দেওয়া হ'ল — এগুলি ভাল করে বুঝে নিন।

অশুদ্ধ [Incorrect]	শুদ্ধ [Correct]
1. My *hairs* are black.	My *hair* is black.
2. I need a *blotting*.	I need a *blotting paper*.
3. He works better than *me*.	He works better than *I*.
4. I *availed* of the opportunity.	I *availed myself* of the opportunity.
5. The two brothers are quarrelling with *one another*	The two brothers are quarrelling with *each other*.
6. He is guilty. Isn't *it*?	He is guilty. Isn't *he*?
7. I beg *you leave*.	I beg *leave of you*.
8. He is *more cleverer* than his brother.	He is *cleverer* than his brother.
9. *The Gold* is a precious metal.	*Gold* is a precious metal.
10. She has *got* headache.	She has *got a* headache.
11. *Stop to* write.	*Stop* writing.
12. It *is raining* for four hours.	It *has been raining* for four hours.
13. I live *in* Lajpat Nagar *at* New Delhi.	I live *at* Lajpat Nagar *in* New Delhi.
14. Work hard *lest* you *may not* fail.	Work hard *lest* you *should* fail.
15. The boy is *neither* fool *or* lazy.	The boy is *neither* fool *nor* lazy.

উপরে লেখা ১৫টি বাক্য প্রথম সারিতে বা কলমে অশুদ্ধ দেওয়া হয়েছে এবং দ্বিতীয় কলমে শুদ্ধ বাক্য দেওয়া হয়েছে। এই সব বাক্যে বিভিন্ন প্রকার অশুদ্ধি আছে যে সম্বন্ধে ভাষা শিক্ষার্থীর সম্যক্ জ্ঞান থাকা প্রয়োজন। ইংরেজি খুব মহত্বপূর্ণ ভাষা, সুতরাং এই ভাষায় শব্দ প্রয়োগের ক্ষেত্রও অত্যন্ত ব্যাপক।

বাংলাও এক বিশিষ্ট এবং সমৃদ্ধ ভাষা। এতেও এরূপ ব্যাপক প্রয়োগ আছে যে যারা বাংলা ভাষা শিখছে তাদের পক্ষে সহজে সব কিছু জানা সম্ভবপর নয়। কিন্তু যাদের মাতৃভাষা বাংলা, তাদের পক্ষে ভিন্ন ভিন্ন শব্দের প্রয়োগ শেখা বিশেষ কঠিন নয় যেমন ইংরেজির ক্ষেত্রে কঠিনতর মনে হয়।

উপরে লেখা সকল বাক্য মন দিয়ে পড়লে ভুল ভ্রান্তি হওয়া দুর হবে এবং যে বাক্য কঠিন মনে হয় তা সহজ বোধ্য হবে এবং ভুল ভ্রান্তির সঙ্গে পরিচিত হবার সুযোগ হবে।

উপরে লেখা বাক্য কঠিন মনে হয় তাহার কারণ এই যে প্রথম সারিতে লেখা অশুদ্ধ বাক্যগুলি পড়লে প্রথমতঃ মনে হবে ঠিকই আছে কিন্তু দ্বিতীয় সারিতে শুদ্ধ বাক্য পড়লে মনে হবে এটাই যে ঠিক তার স্থিরতা কি, কিন্তু কিছুক্ষণ চিন্তা করে দেখলে নিজের ভুল ধারণা দূর হবে।

সুতরাং আপনি শঙ্কিত না হয়ে শুদ্ধ বাক্যগুলি যথার্থ রূপে মনে করে রাখুন। "সর্বতোভাবে শুদ্ধ ভাষা শেখা দুনিয়ায় সবচেয়ে কঠিন কাজ, যেমন হিমালয়ে ওঠা সুকঠিন। কিন্তু আপনি যদি ধীরে ধীরে এই পর্বতে উঠতে আরম্ভ করেন তবে উচ্চতা ক্রমশঃই আপনার আয়ত্ত্বে এসে যেতে থাকবে।".

আপনি যদি এই পরিশ্রমসাধ্য কাজ করতে প্রস্তুত থাকেন তবে ধাপে ধাপে এগিয়ে যেতে পারবেন।

বিশেষ্য বাচক শব্দ প্রয়োগে ভুল ভ্রান্তি
[ERRORS IN THE USE OF NOUN WORDS]

[1] [a] প্রথমেই মনে রাখা দরকার scenery, issue, hair, furniture, machinery, fruit, [b] poor, rich, bread, work শব্দগুলি একবচন [singular number] হ'য়ে থাকে।

অশুদ্ধ [Incorrect]	শুদ্ধ [Correct]
1. The *sceneries* of Simla *are* very charming.	The *scenery* of Simla *is* very charming.
2. Sarla has no *issues.*	Sarla has no *issue.*
3. She has gone to buy *fruits.*	She has gone to buy *fruit.*
4. Her *hairs* are all jet black.	Her *hair* is all jet black.
5. Mother feeds the *poors.*	Mother feeds the *poor.*
6. I told *these news* to my father?	I told *this news* to my father.
7. The fleet *were* destroyed by the enemy.	The fleet *was* destroyed by the enemy.
8. These building are built of *bricks* and *stones*	These buildings are built of *brick* and *stone.*
9. *I have no more breads* to give to the beggars.	I have no more *bread* to give to the beggars.
10. I shall go to the town *on feet.*	I shall go to the town *on foot.*
11. All her *furnitures have* been sold.	All her *furniture has* been sold.
12. The *machineries* are not working properly.	The *machinery* is not working properly.
13. I have *many work* to do.	I have *much work* to do.

[2] Advice, mischief, abuse, alphabet — এ সব শব্দ singular এই প্রয়োগ করা হয়, advices এরকম বহুবচনে প্রয়োগ করা হয় না। কিন্তু এই সব কথা pieces of advice, এইভাবে বলে।

14. The teacher gave us many *advices.*	The teacher gave us many *pieces of advice.*
15. My younger brother did many *mischiefs.*	My younger brother did acts of *mischief.*
16. Kamala flung at me many *abuses.*	Kamala flung at me many *words of abuse.*
17. I have learnt the *alphabets.*	I have learnt the letters of the *alphabet.*

[3] Rupee, dozen, mile, year, foot — এই সব শব্দ সংখ্যাবাচক [numerals] শব্দের সঙ্গে যে প্রয়োগ করা হলে একবচন [singular] রূপে প্রয়োগ হয়, যেমন — five rupee note – five rupees note হবে না।

18. I have a five *rupees* note.	I have a five *rupee* note.
19. We bought two *dozens* pencils.	We bought two *dozen* pencils.
20. He ran in a two *miles* race.	He ran in a two *mile* race.
21. Abida is a ten *years* old girl.	Abida is a ten *year* old girl.
22. It's a three *feet-rule.*	It's a three *foot-rule.*

[4] Vegetables [শাকসব্জি], spectacles [চশমা], trousers [পায়জামা, প্যান্ট], Himalayas [হিমালয়], people [লোকজন], orders [আদেশ], repairs [মেরামত], প্রভৃতি শব্দ বহুবচনেই [plural] ব্যবহৃত হয়, একবচনে [singular] নয়।

23. I had gone to buy *vegetable.*	I had gone to buy *vegetables.*
24. The road is closed for *repair.*	The road is closed for *repairs.*
25. The judge passed *order* for his release.	The judge passed *orders* for his release.
26. Very few *peoples* are hard-working	Very few *people* are hard-working.

27. His *spectacle is* very expensive.	His *spectacles are* very expensive.
28. The *scissor is* blunt.	The *scissors are* blunt.
29. Your *trouser is* not loose.	Your *trousers are* not loose.
30. The *Himalaya is* the highest *mountain*.	The *Himalayas are* the highest *mountains*.

[5] Fish [মাছ], deer [হরিণ], sheep [ভেড়া], cattle [পশু] প্রভৃতি শব্দ একবচনেই ব্যবহার করা হয়।

31. The fisherman catches many *fishes* in the pond.	The fisherman catches many *fish* in the pond.
32. I saw many *sheeps* and *deers* in the jungle.	I saw many *sheep* and *deer* in the jungle.
33. The *cattles are* returning to the village.	The *cattle is* returning to the village.

[6] Gentry [ভদ্রলোক] শব্দ বহুবচন বোঝায়, একবচন নয়।

| 34. The *gentry* of the town *has* been invited. | The *gentry* of the town *have* been invited. |

কথাবার্তায় অনেকে অশুদ্ধ শব্দ ব্যবহার করে, যা শুনে সভ্য সমাজ বক্তাকে হাসির পাত্র বলে মনে করে। এ রকম অশুদ্ধ শব্দ প্রয়োগ করা থেকে বিরত থাকা উচিৎ।

35. This is not my *copy*.	*This is not my copy-book.*
36. Bring some *blotting* from the office.	Bring some *blotting paper* from the office.
37. She lives in the *boarding*.	She lives in the *boarding house*.
38. Please put your *sign* here.	Please put your *signature* here.

অর্ধসম্পূর্ণ শব্দকেও যেমন পরিহার করা উচিৎ, তেমনি অতিরিক্ত শব্দের ব্যবহারও এড়াতে হবে।

| 39. Your servant is a *coward boy*. | Your servant is a *coward*. |
| 40. She is my *cousin sister*. | She is my *cousin*. |

সর্বনাম পদ বাচক শব্দ প্রয়োগে ভুল ভ্রান্তি
[ERRORS IN THE USE OF PRONOUNS]

অশুদ্ধ [Incorrect]	শুদ্ধ [Correct]
41. It is *me*.	It is *I*.
42. *I, you* and *he* will go to Calcutta tomorrow.	*You, he* and *I* will go to Calcutta tomorrow.
43. You are wiser than *me*.	You are wiswer than *I*.
44. Let her and *I* do this work.	Let her and *me* do this work.
45. *One* should do *his* duty.	*One* should do *one's* duty.
46. Every *one* must do *their* best.	Every *one* must do *his* best.
47. Every *man* and boy is busy with *their* work.	Every *man* and boy is busy with *his* work.
48. These three sisters love *each other*.	These *three* sisters love *one another*.
49. These *two* sisters love *one another*.	These two sisters love *each other*.

50. *Neither* Kanta *nor* Sabita *are* in the class. — *Neither* Kanta *nor* Sabita *is* in the class.
51. *Neither* you *nor* I *are* lucky. — *Neither* of *us* is lucky.
52. She has studied *neither* of these ten books. — She has studied *none* of these ten books.
53. *Who* is this *for*. — *For whom* is this?
54. *Who* are you expecting now? — *Whom* are you expecting now?
55. Say *whom* you think will get the prize. — Say *who* you think will get the prize.
56. *Who* do you think we met? — *Whom* do you think we met?
57. I am *enjoying* now. — I am *enjoying myself* now.
58. Jasbir *hid* behind the wall. — Jasbir *hid herself* behind the wall.
59. They *resigned* to the will of God. — They *resigned themselves* to the will of God.
60. We *applied* heart and sould to the task before us. — We *applied our heart and sould to the task before us.*
61. *Whice is* cleverer, Rajiv or Rakesh? — *Who is* cleverer, Rajiv or Rakesh?
62. Please, bring *mine* pen. — Please, bring *my* pen.
63. This pen is *my*. — This pen is *mine*.
64. I do not like *any* of these two books. — I do not like *either* of these two books.
65. I like *not any* of these books. — I like *neither* of these two books.

[1] যখন 'আমি', 'তুমি' আর 'সে' ইংরেজিতে একসঙ্গে ব্যবহার করা হয় তখন এইরকম ক্রম প্রয়োগ করা হয়। — you [তুমি], he [সে], and I [আমি]।

[2] Let শব্দের সঙ্গে 'him', 'her' আর'me' [pronoun] ব্যবহার করা হয়, He, She, I নয়।

[3] Everyone, everyman শব্দের পরিবর্তে his কিম্বা her প্রয়োগ করা হয়, their নয়। কিন্তু one [pronoun]-এর পর one's ব্যবহার হয়, his, her বা their নয়।

[4] দু'জন বোঝালে each other ব্যবহার করতে হয় এবং তিন বা তিনের বেশি ব্যক্তি হ'লে one another প্রয়োগ হয়।

[5] Neither-nor-এর সঙ্গে একবচন [singular] ক্রিয়াপদ [is প্রভৃতি] ব্যবহার হয় এবং তা মাত্র দুই ব্যক্তির মধ্যে একটি বা অপরটি বুঝায়।

[6] অনেক বস্তুর মধ্যে 'কোনটাই নয়' এই অর্থে 'none' প্রয়োগ হয়, neither হয় না।

[7] Enjoy, hid, resign, apply, avail, absent এইসব ক্রিয়াপদের পর himself, herself, themselves, yourself, myself, ourselves ইত্যাদি প্রয়োগ হয়।

[8] My এবং mine দুটোরই অর্থ 'আমার', your-এর তোমার ও তোমাদের, our এবং ours অর্থে যথাক্রমে 'আমাদের' প্রয়োগ হয়। কিন্তু ব্যবহার করার সময় [a] my, your, our তখনই আসে যখন এর পর কোন বিশেষ্য [noun] পদ আসে, যেমন — my pen, your father, our mother. [b] আবার এই সর্বনাম পদগুলির পর যদি কোন বিশেষ্যপদ না থাকে তবে mine, yours, ours যুক্ত হয়।

বিশেষণ শব্দ প্রয়োগে ভুল ভ্রান্তি
[ERRORS IN THE USE OF ADJECTIVE]

অশুদ্ধ [Incorrect] — **শুদ্ধ [Correct]**

66. You are *more stronger* than I. — You are *stronger* than I.
67. She is growing *weak* and *weak* everyday. — She is growing *weaker* and *weaker* everyday.
68. Mohan is *elder* than Salim. — Mohan is *older* than Salim.
69. Delhi is *older* than other.cities in India. — Delhi is the *oldest* city in India.
70. Bombay is *further* from Delhi than Amritsar. — Bombay is *farther* from Delhi than Amritsar.

71. Have you *any* ink?	Do you have *some* ink?
72. Have she *much* books?	Does she have *many* books?
73. Lila was her *oldest* daughter.	Lila was her *eldest* daughter.
74. Lila was the *eldest* of the two sisters.	Lila was the *elder* of the two sisters.
75. He is the *youngest* and *most* intelligent of my two sons.	He is the *younger* and *more* intelligent of my two sons.
76. I visited many *worthseeing places*.	I visited many *places worthseeing*.
77. I told you the *last* news.	I told you the *latest* news.
78. you are junior *than* I.	You are junior *to* me.
79. I have *less* worries than Mohan.	I have *fewer* worries than Mohan.
80. No *less* than fifty persons died of cholera.	No *fewer* than fifty persons died of cholera.
81. This is *worst* of the two.	This is *worse* of the two.
82. After lunch we had no *farther* talk.	After lunch we had no *further* talk.
83. He wasted *his all* wealth.	He wasted *all his* wealth.
84. I prefer cycling *more than* walking.	I prefer cycling *to* walking.
85. I am *more stronger* than he.	I am *stronger* than he.
86. He is *the weakest* boy of the two.	He is the *weaker* boy of the two.
87. I have got *few* books.	I have got a *few* books.

[1] Elder এবং older দুইটি শব্দের অর্থ হচ্ছে একজন আর একজনের চেয়ে বড় কিন্তু elder শব্দ কেবল আপন পরিবারের মধ্যেই ব্যবহার করা যায় — যেমন elder brother, elder sister. কিন্তু ব্যক্তি বা বস্তু যদি ভিন্ন ভিন্ন হয় তবে older শব্দ প্রয়োগ হবে। যথা — Mohan is older than Salim.

[2] Eldest এবং oldest দুটো শব্দেরই অর্থ সবচেয়ে বড় এবং elder-এর মত eldest কেবলমাত্র আত্মীয় সম্পর্ক থাকলেই প্রয়োগ করা হয়।

[3] Further [ভিন্ন] এবং farther [দূর] এই শব্দ দুটির অর্থ বুঝে ব্যবহার করা উচিৎ।

[4] Many সংখ্যাবাচক বিশেষণ এবং much পরিমাণবাচক বিশেষণ — যথা many books [অনেকগুলি পুস্তক] এবং much water [অনেক জল]।

[5] বিশেষণের তিন রকম অবস্থা [three degrees] হয় — যেমন অল্প, অল্পতর, অল্পতম কিম্বা এক, দুই বা ততোধিক — এটা জেনে প্রয়োগ করা উচিৎ।

[6] Many শব্দের মত few সংখ্যাবাচক শব্দ এবং much শব্দের মত less তেমনি পরিমাণবাচক — এই অর্থ সম্যক বুঝে প্রয়োগ করা উচিৎ।

ক্রিয়া শব্দ প্রয়োগে ভুল ভ্রান্তি
[ERRORS IN THE USE OF VERBS]

অশুদ্ধ [Incorrect]	**শুদ্ধ [Correct]**
88. Her father told me that honesty *was* the best policy.	Her father told me that honesty *is* the best policy.
89. The cashier-cum-accountant *have* come.	The cashier-cum-accountant *has* come.
90. The cashier and the accountant *has* come.	The cashier and the accountant *have* come.
91. *Can* I come in, sir?	*May* I come in, sir?
92. I am so weak that I *may not* walk.	I am so weak that I *cannot* walk.
93. Tell me *why are you* abusing him.	Tell me why *you are* abusing him.

94. Pushpa *as well as* her other sisters *are* beautiful.	Pushpa *as well as* her other sisters *is* beautiful.
95. I *am* ill for two weeks.	I *have been* ill for two weeks.
96. The ship was *drowned*.	The ship *sank*.
97. He *has stole* a pen.	He *has stolen* a pen.
98. Dhulip *sung* well.	Dhulip *sang* well.
99. Mohamed has often *beat* me at tennis.	Mohamed has often *beaten* me at tennis.
100. I *laid* in bed till eight in the morning.	I *lay* in bed till eight in the morning.
101. I *will* be drowned and nobody *shall* save me.	I *shall* be drowned and nobody *will* save me.
102. You *will* leave this place at once.	You *shall* leave this place at once.
103. We *shall* not accept defeat.	We *will* not accept defeat.
104. I should learn to ride if I *buy* a cycle.	I should learn to ride if I *bought* a cycle.
105. I *never have*, and I *never will* do it.	I *have* never *done*, and I *will* never do it.
106. Neither he *came* nor he *wrote*.	Neither *did* he *come* nor *did* he *write*.
107. Seldom I go the hills.	Seldom *do* I go to the hills.
108. This food is hard to *be digested*.	This food is hard *to digest*.
109. He ordered to *withdraw the army*.	He ordered his *army to withdraw*.
110. Each and every father *love their* children.	Each and every father *loves his* children.

[1] can এবং may দুটি শব্দই শক্তি বা ক্ষমতা অর্থে ব্যবহার করা হয় কিন্তু can কেবল শক্তি অর্থেই হয় এবং may আজ্ঞা নেওয়ার অর্থে হয়। উদাহরণ — 91, 92 বাক্যে [sentence] দেখুন।

[2] As well as-এর আগে কর্তা যদি একবচন [singular] হয় তবে ক্রিয়াপদও একবচন [singular] হবে। 94 সংখ্যক বাক্য দেখুন।

[3] যে সব বাক্য why প্রভৃতি শব্দের সঙ্গে indirect form-এ থাকে, সেক্ষেত্রে 'why are you'-এর জায়গায় 'why you are' হয়।

[4] Drown এবং sink দুই শব্দের অর্থই ডুবে যাওয়া কিন্তু তফাৎ এই যে প্রাণবন্ত শব্দের সঙ্গে drown ব্যবহৃত হয় এবং জড় বা প্রাণহীন বস্তুর সপঙ্গ sink প্রয়োগ হয়। 96 ও 101 সংখ্যক sentence দেখুন।

[5] সাধারণতঃ ভবিষ্যৎ বলতে গেলে I, we এদের সঙ্গে shall এবং he, she, they এবং you-র সঙ্গে will প্রয়োগ করতে হয় [বাক্য 101 দেখুন] কিন্তু 'দৃঢ় নিশ্চয়' বা শাসন বা কঠোর আদেশ সূচক প্রয়োগ হ'লে ঠিক বিপরীত ব্যবহার হয় — যেমন — I, we-র সঙ্গে will প্রয়োগ হবে এবং he, she, they, you-র সঙ্গে shall দিতে হবে। দেখুন 102-103 সংখ্যক বাক্য।

[6] shall-এর past tense-এর রূপ should। যে বাক্যে should-এর প্রয়োগ এই অর্থে হয়, সেই বাক্যে দ্বিতীয় ক্রিয়াপদও past tense হয়ে যায়। দেখুন বাক্য 104।

[7] Neither, seldom নেতিবাচক [negative] শব্দ। বাক্যে এগুলির প্রয়োগ [অন্যান্য negative বাক্যের মতই] do, did-এর প্রয়োগ হয়। দেখুন বাক্য 106-107।

[8] একটু ভেবে দেখুন যে 110 সংখ্যক বাক্যে his children কেন এসেছে। their children কেন নয়। কারণ his-এর সম্বন্ধ father-এর সঙ্গে children-এর সঙ্গে নয়।

ক্রিয়া-বিশেষণ শব্দ প্রয়োগে ভুল ভ্রান্তি
[ERRORS IN THE USE OF ADVERBS]

111. I play basket-ball *good*.	I play basket-ball *well*.
112. I am *very much* sorry.	I am *very* sorry.
113. It is *much* cold today.	It is *cold* cold today.

114. The horse is *too* tired.	The horse is *very* tired.
115. This girl is *very* poor *to* pay her dues.	This girl is *too* poor *to* pay her dues.
116. She is *too* weak *for* walk.	She is *too* weak *to* walk.
117. I am *too* pleased.	I am *much* pleased.
118. We *slowly walked*.	We *walked* slowly.
119. We should *only* fear god.	We should fear *God only*.
120. This house is *enough large* for them.	This house is *large enough* for them.
121. He doesn't know *to* swim.	He doesn't know *how to* swim.
122. I don't know *to* do it.	I don't know *how to* do it.
123. Don't run *fastly*.	Don't run *fast*.
124. She is not *clever* to do it.	She is not *clever enough* to do it.
125. He explained *clearly* his *case*.	He explained his *case clearly*.
126. You have done it very *quick*.	You have done it very *quickly*.
127. It's *too* hot.	It's *very* hot.
128. It's *very* hot to play tennis.	It's *very* hot to play tennis.
129. Poona is *known* for its figs.	Poona is *well-known* for its figs.
130. I went *directly* to school.	I went *direct* to school.
131. I feel *comparatively better* today.	I *fell* better today.
132. He runs *fastly*.	He runs *fast*.
133. The child walks *slow*.	The child walks *slowly*.
134. I am *very* delighted to see you.	I am *much* delighted to see you.
135. He is now *too strong to* walk.	He is now *strong enough* to walk.

[1] Well [adverb] এর স্থানে good [adjective] এর প্রয়োগ ভাল নয় [see No. 111 বাক্য]।

[2] Too এবং very দুই শব্দের অর্থই বহু বা অনেক। তবে [a] too-এর relative [সম্পর্কিত] [see No. 116 বাক্য]। [b] বহুর অর্থে সাধারণতঃ very বা much প্রযুক্ত হয় [দেখুন বাক্য 117; 127]।

[3] কেউ কেউ 'comparatively better' বলে কিন্তু যখন 'better' শব্দ ব্যবহারে 'ভাল' বুঝায় তাহ'লে 'comparatively' শব্দের প্রয়োজন নেই। [see No. 123, 130 বাক্য]।

[4] He is now too strong to walk — এই বাক্য ভুল কারণ এর অর্থ এই প্রকাশ হয় সে এতই শক্তিমান যে চলা ফেরা করতে পারে না। এর অর্থ যা হয় প্রয়োজনে তার বিপরীত, হয়ে যায় — সুতরাং 'too strong'-এর স্থানে 'strong enough' প্রয়োগ করতে হবে।

[5] Slowly, clearly প্রভৃতি সব adverbই প্রায় ক্রিয়ার পর প্রযুক্ত হয়। দেখুন বাক্য 118, 125.

যোজক শব্দ প্রয়োগে ভুল ভ্রান্তি
[ERRORS IN THE USE OF CONJUNCTION]

অশুদ্ধ [Incorrect]	শুদ্ধ [Correct]
136. *Though* he works hard *but* he is weak.	*Though* he works hard *yet* he is weak.
137. The teacher asked *that why* I was late.	The teacher asked *why* I was late.
138. Wait here *till* I *do not* come.	Wait here *till* I come.
139. *No sooner* we reached the station, the train started.	*No sooner did* we reach the station than train started.
140. *Not only* he *abused* me *but also* beat me.	*Not only did* he *abuse* me *but* beat me.

141. We had *hardly* gone out *before* it began rain.	We had *hardly* gone out *when* it began to rain.
142. Run fast *lest* you *should not* be late.	Run fast *lest* you *should* be late.
143. *As* Satish is fat *so* he walks slowly.	*As* satish is fat, he walks slowly.
144. I doubt *that* she will pass this year.	I doubt *whether* she will pass this year.
145. *When* I reached there *then* it was raining.	*When* I reached there, it was raining.
146. *Although* he is poor, *but* he is honest.	*Although* he is poor, *yet* he is honest.
147. Wait here *until* I *do not* come.	Wait here *till* I come.
148. *Unless* you *do not* try, you will never succeed.	*Unless* you try, you will never succeed.
149. There is no *such* country *which* you mention.	There is no such country *as* you mention.
150. He had *scarcely* reached the station *than* the train started.	He had *scarcely* reached the station *when* the train started.

[1] কোন কোন যোজক শব্দ এক সঙ্গেই প্রয়োগ করা হয়। যেমন though – yet; no sooner – than; not only – but also; hardly – when; lest – should; although – yet, such – as এবং scarcely – when প্রভৃতি [যদিও though-এর সঙ্গে yet প্রয়োগ হবে, but হবে না]।

[2] No sooner, not only নঞর্থক [negative] শব্দ, অতএব do বা did-এর প্রয়োগ এদের পরেই হয় [যথা 139, 140 বাক্য]।

[3] Lest শব্দের অর্থ 'নতুবা', অতএব lest-এর সঙ্গে should আসবে, should not নয়, [see বাক্য 142]।

[4] As-এর সঙ্গে সম্পর্কিত [relative] শব্দরূপে so হবে না। [see বাক্য 143]।

[5] ইংরেজি when-এর পর then যুক্ত হয় না। [see বাক্য 145]।

সম্বন্ধ-সূচক শব্দ প্রয়োগে ভুল ভ্রান্তি
[ERRORS IN THE USE OF PREPOSITIONS]

অশুদ্ধ [Incorrect]	শুদ্ধ [Correct]

[i] কোন সম্বন্ধ-সূচক শব্দ দরকার নাই —

151. My mother loves *with* me.	My mother loves me.
152. He reached *at* the station.	He reached the staion.
153. He ordered *for* my dismissal.	He ordered my dismissal.
154. Rajiv married *with* your cousin.	Rajiv married your cousin.
155. Amitabha entered *into* the room.	Amitabha entered the room.

[ii] By-এর প্রয়োগ —

156. What is the time *in* your watch?	What is the time *by* your watch.
157. They went to Banaras *in* train.	They went to Banaras *by* train.
158. She was killed *with* a robber.	She was killed *by* a robber.

[iii] With-এর প্রয়োগ —

159. He is angry *upon* me.	He is angry *with* me?
160. Are you angry *on* her?	Are you angry *with* her?
161. My principal is pleased *from* me.	My principal is pleased *with* me.
162. Wash your face *in* water.	Wash your face *with* water.

163. The dacoit was killed *by* a sword.   The dacoit was killed *with* a sword.
164. Compare Akbar *to* Rana Pratap.   Compare Akbar *with* Rana Pratap.
165. She covered her face *by* her shawl.   She covered her face *with* her shawl.

[iv] At-এর প্রয়োগ —

166. Open your book *on* page ten.   Open your book *at* page ten.
167. Ram lives *in* Sonepat.   Ram lives *at* Sonepat.
168. Why did you laugh *on* the beggar?   Why do you laugh *at* the beggar?
169. Who is knocking *on* the door?   Who is knocking *at* the door?
170. The train arrived *on* the platform.   The train arrived *at* the platform.

[v] On-এর প্রয়োগ —

171. We go to school *by* foot.   We go to school *on* foot.
172. We congratulate you *for* your success.   We congratulate you *on* your success.
173. The rioters set the house *to* fire.   The rioters set the house *on* fire.
174. The house was built *over* the ground.   The house was built *on* the ground.
175. Father spent money *at* her wedding.   Father spent money *on* her wedding.

[vi] To-এর প্রয়োগ —

176. Vimal was married *with* Shyam.   Vimal was married *to* Shyam.
177. You are kind *on* me.   You are kind *to* me.
178. We should pray God every day.   We should pray *to* God every day.
179. I won't listen what you say.   I won't listen *to* what you say.
180. I object *at* your statement.   I object *to* your statement.

[vii] In-এর প্রয়োগ —

181. Swatantra Kumari lives *at* Bombay.   Swatantra Kumari lives *in* Bombay.
182. He was walking *into* the garden.   He was walking *in* the garden.
183. Please, write *with* ink.   Please, write *in* ink.
184. I have no faith *upon* your story.   I have no faith *in* your story.
185. The rain will cease *after* a little while.   The rain will cease *in* a little while.

[viii] Into-র প্রয়োগ —

186. Divide the cake *in* five parts.   Divide the cake *into* five parts.
187. Please look *in* the matter.   Please look *into* the matter.
188. She jumped *in* the river.   She jumped *into* the river.
189. I fear that she will fall *in* the hands of robbers.   I fear that she will fall *into* the hands of robbers.
190. Translate this passage *in* Hindi.   Translate this passage *into* Hindi.

[ix] Of-এর প্রয়োগ —

191. She died *from* plague.   She died *of* plague.
192. We are proud *on* our country.   We are proud *of* our country.
193. The child is afraid *from* you.   The child is afraid *of* you.
194. Hamid is not jealous *to* Abdul.   Hamid is not jealous *of* Abdul.

| 195. We should take care *for* our books. | We should take care *of* our books. |
| 196. He died *from* hunger. | He died *of* hunger. |

[x] From-এর প্রয়োগ —

197. My shirt is different *to* your.	My shirt is different *from* yours.
198. His mother prevented him *of* going to cinema.	His mother prevented him *from* going to cinema.
199. I commenced work *since* 14th July.	I commenced work *from* 14th July.
200. He hindered me *to* do this.	He hindered me *from* doing this.

[xi] For-এর প্রয়োগ —

201. He will not be there *before* four months.	He will not be there *for* four months.
202. The employer blames her *of* carelessness.	The employer blames her *for* carelessness.
203. Three scholarships are competed.	Three scholarships are competed *for*.
204. Free meals should be provided *to* the poor children.	Free meals should be provided *for* the poor children.
205. Who cares *of* you?	Who cares *for* you?

[xii] Between, among, since, up, against প্রভৃতি শব্দের প্রয়োগ —

206. Distribute the fruit *among* Kamla and Vimla.	Distribute the fruit *between* Kamla and Vimla.
207. Divide this money *between* these girls.	Divide this money *among* these girls.
208. Rakesh has been absent from college *from* Monday last.	Rakesh has been absent from college *since* Monday last.
209. He tore *away* the bills.	He tore *up* the bills.
210. The English fought *with* the Russians.	The English fought *against* the Russians.

সম্বন্ধ সূচক পদ [prepositions]-এর ক্রিয়ার সঙ্গে প্রয়োগ সম্বন্ধে এই পর্যন্ত বলা চলে যে ইংরেজিতে এভাবেই প্রয়োগ হয়। এতে তর্কবিতর্কর খুব একটা অবকাশ নেই। ইংরেজি শুদ্ধ ভাবে শিখতে যারা ইচ্ছুক তাদের এই বিষয়টি মনে রাখা উচিৎ।

বাংলার কারক [বিভক্তি] [সম্বন্ধ] প্রয়োগ ইংরেজির সঙ্গে ঠিক মিল হয় না। যেমন — এটা আমার বই — এতে 'র' যুক্ত করে সম্বন্ধ প্রকাশ করা হয়েছে কিন্তু ইংরেজিতে ভিন্ন শব্দ প্রয়োগ করতে হয়, যেমন — This is *my* book. অথচ যেখানে 'দ্বারা' বোঝায় সেখানে 'দ্বারা' শব্দ প্রয়োগ করতে হবে যেমন — এই কাজ আমার দ্বারা হতে পারে না — This work cannot be done *by* me. এখানে ইংরেজি এবং বাংলায় প্রয়োগ একরূপ। বাংলায় এই ধরনের প্রয়োগ করতে হলে কারক ও বিভক্তির জ্ঞান সঞ্চয় করা প্রয়োজন।

A, an, the প্রভৃতি শব্দ প্রয়োগে অশুদ্ধি
[THE ERRORS IN THE USE OF ARTCLES]

| অশুদ্ধ [Incorrect] | শুদ্ধ [Correct] |

[i] the-র প্রয়োগ —

211. *The* Delhi is the capital of India.	Delhi is the capital of India.
212. She met me in *the* Faiz Bazar.	She met me in Faiz Bazar.
213. He has failed in *the* English.	He has failed in English.
214. She was suffering from *the* typhoid.	She was suffering from typhoid.
215. *The* union is strength.	Union is strength.

[ii] ইংরেজিতে শব্দগুলির আগে the প্রয়োগ হয়।

216. This is *a* best player I have ever met.	This is *the* best player I have ever met.
217. Ganga flows into Bay of Bengal.	*The* Ganga flows into *the* Bay of Bengal.
218. Rose is sweetest of all flowers.	*The* rose is *the* sweetest of all *the* flowers.
219. Rich are happy but poor are unhappy.	*The* rich are happy but *the* poor are unhappy.
220. Ramayana and Mahabharata are epics of India.	*The* Ramayana and *the* Mahabharata are epics of India.

1. ব্যক্তি বা স্থানবাচক বিশেষ্য শব্দ [যেমন Delhi, Faiz Bazar, English Language], দ্রব্যবাচক বিশেষ্য [যেমন Gold, silver প্রভৃতি] এবং ভাববাচক বিশেষ্য [যেমন union, honesty] প্রভৃতি এবং রোগের নাম ইত্যাদির সঙ্গে ইংরেজি the প্রয়োগ করা হয় না।

2. নদী, পর্বত, সমুদ্র এধরণের কতকগুলি বিশেষ্যপদ যেগুলির দ্বারা বিরাটত্ব বোঝায় যেমন [The Ganga, The Himalayas প্রভৃতির আগের, পুস্তকের নাম যেমন — The Ramayana, The Mahabharata প্রভৃতি] এবং বিশেষ্য শব্দের ন্যায় প্রযুক্ত [যেমন the rich, the poor] প্রভৃতি শব্দের পূর্বে the ব্যবহার করা হয়। আবার বিশেষভাবে কোন ব্যক্তি বা বস্তু উল্লেখ করতে হলেও the যুক্ত করতে হয়। যেমন — The rose, the flower, the epics.

[iii] নিম্নলিখিত অবস্থায় a প্রয়োগ হয় না।

221. *A* man is mortal.	Man is mortal.
222. Your sister is in *a* trouble.	Your sister is in trouble.
223. He made *a* rapid progress.	He made rapid progress.
224. There is *a* vast scope for improvement.	There is vast scope for improvement.
225. I read *a* fine poetry.	I read fine poetry.

3. 221 নং বাক্যে [sentence-এ a man অর্থাৎ একটিমাত্র মানুষের কথা বলা হয়নি, সমস্ত মানবজাতির কথাই নির্দ্দেশ করা হয়েছে। সেজন্য a যুক্ত হবে না। 222 নং বাক্যে a trouble দ্বারা সংখ্যা বোঝায় না, সেজন্য a হবে না।

[iv] সাধারণতঃ জাতি বা বিশেষভাবে নির্দিষ্ট কোন কিছু বোঝালে a যোগ করতে হয় যেমন —

226. Don't make noise.	Don't make *a* noise.
227. The English is brave nation.	The English is *a* brave nation.
228. I got headache.	I got *a* headache.
229. Your words are not worth penny.	Your words are not worth *a* penny.
230. He is an European.	He is *a* European.

[v] যে শব্দ vowel অর্থাৎ স্বরবর্ণ দিয়ে আরম্ভ হয় অথবা উচ্চারণ স্বরবর্ণের সেসব ক্ষেত্রে *an*-এর প্রয়োগ হয়।

231. She was not *a* Indian.	She was not *an* Indian.
232. Please buy *a* umbrella from the bazaar.	Please buy *an* umbrella from the bazaar.
233. I shall finish my work in *a* hour.	I shall finish my work in *an* hour.
234. He was *a* M.L.A.	He was *an* M.L.A.
235. She is *a* M.A.	She is *an* M.A.

4. A এবং an article একই সংখ্যা বোঝায়, শুধু তফাৎ এই যে — যে শব্দের প্রথমে ব্যঞ্জনবর্ণ থাকে তখন a ব্যবহার করা হয় এবং যে সব শব্দের প্রথমে স্বরবর্ণ [vowel] থাকে সেখানে an যুক্ত করা হয়। যেমন —
   a: a book, a nation, a noise ইত্যাদি।
   an: an Indian, an umbrella, an honest ইত্যাদি।

5. An প্রয়োগে কিছু বিশেষত্ব আছে কারণ যখন প্রথম বর্ণ উচ্চারণ করা হয় না [silent থাকে] সেখানে an যুক্ত হয় না, যেমন — an hour, an honour, an honest প্রভৃতি।

6. An প্রয়োগের আরও কিছু ব্যতিক্রমও আছে। কোন কোন শব্দের সংক্ষিপ্তভাবে প্রকাশ করতে শব্দের কেবল প্রথম অক্ষরগুলি উল্লেখ করা হয়। যেমন — M.A. [Master of Arts] M.L.A. [Member Legislative Assembly] বোঝায়। এম অক্ষরের প্রথমে ব্যঞ্জনবর্ণ থাকলেও উচ্চারণ করার সময় স্বরবর্ণ বলতে হয়, যেমন — M.A. বলতে আমরা এম্ এ বলি। সুতরাং এসব স্থলে an হবে, যেমন — an M.A., and M.L.A. – Sentence [বাক্য] 234 এবং 235 দ্রষ্টব্য।

7. 230 নং বাক্যে কিন্তু a European শুদ্ধ, an European নয় যদিও শব্দের প্রথমে স্বরবর্ণ [Vowel] আছে e কিন্তু উচ্চারণের সময় ব্যঞ্জনবর্ণ প্রথমে আসে, যেমন — European য়ুরোপীয়ান বলতে হয় এবং য় ব্যঞ্জনবর্ণ।

ইংরেজিভাষা সম্বন্ধে একটি কথা বলা দরকার। পরস্পরে কথা বলার সময় ইতিপূর্বে ভুল ভ্রান্তি যা উল্লেখ করা হয়েছে সেগুলি এড়িয়ে চলবেন এবং যেগুলি ভুল তা স্মরণ রাখবেন। ভাষার ভুলভ্রান্তি সম্বন্ধে ধারনা বদ্ধমূল হতে গেলে আপনি নিজেই বুঝতে পারবেন কোনটি শুদ্ধ এবং কোনটি অশুদ্ধ। এতে আপনি অভ্যস্ত হলে নিজেই অনুভব করবেন যে শুদ্ধ ইংরেজি কথা বলতে পারা কেবল ব্যবসা এবং কাজ কর্মেই লাভজনক নয়, আপনার নিজের কাছেও আনন্দজনক।

আমাদের শুভেচ্ছা রইল।

ইংরেজি ভাষায় শব্দ সৃষ্টি
[WORD BUILDING IN ENGLISH]

ইংরেজি ভাষায় শব্দ দু প্রকার হয়ে থাকে —

[a] সাধারণ [simple] এবং ব্যুৎপন্ন [derived বা derivative]। সাধারণ শব্দকে আদিম বা [primitive] বলা হয় কিম্বা আদি শব্দও বলা যেতে পারে এবং এসব শব্দ পৃথক করা যায় না, যেমন — man, god, good, fear ইত্যাদি।

[b] ব্যুৎপন্ন শব্দ [derived বা derivative] চার প্রকার। যথা —

[i] সাধারণ শব্দকে সামান্য পরিবর্তন করে। এগুলিকে প্রারম্ভিক [Primer] ব্যুৎপন্ন শব্দ বলা হয়, যেমন — hot থেকে heat, tale থেকে tell, full থেকে fill ইত্যাদি।

[ii] সাধারণ শব্দের সঙ্গে উপসর্গ যোগ করে শব্দ তৈরী করা যায়, যেমন — আদিশব্দ wise এবং তার সঙ্গে un উপসর্গ যোগ করে unwise, side শব্দের প্রথমে out যোগ করলে outside বা in যোগ করলে inside পদের সৃষ্টি হয় এবং অর্থও তফাৎ হয়।

[iii] সাধারণ শব্দের সঙ্গে প্রত্যয় যোগ করলেও নূতন শব্দ সৃষ্টি করা যায়। যেমন — man শব্দের পরে hood প্রত্যয় যোগ করলে manhood হয়, good শব্দের সঙ্গে ness যোগ করলে goodness শব্দ হয় এবং fear শব্দের পরে less যোগ করলে fearless শব্দ সৃষ্টি হয়, ইত্যাদি। [ii] এবং [iii] এ যে শব্দ তৈরী হ'ল তাকে বলে secondary derivative words.

[iv] এক শব্দের সঙ্গে ভিন্ন শব্দ যোগ করেও নূতন শব্দ তৈরী করা হয়, তাকে সংযুক্ত শব্দ বা compound word বলে, যেমন — foot-এর সঙ্গে path যোগ করলে নূতন শব্দ foot-path হয়, mid-day হয়, same-time শব্দ প্রভৃতি শব্দ সৃষ্টি হয়।

1. Primary derivative শব্দ নানা প্রকারে তৈরী হয়।

[i] ক্রিয়াপদ থেকে বিশেষ্যপদের সৃষ্টি।

ক্রিয়া	উচ্চারণ	অর্থ	বিশেষ্য	উচ্চারণ	অর্থ
believe	বিলিভ	বিশ্বাস করা	belief	বিলিফ	বিশ্বাস
float	ফ্লোট	ভাসা	fleet	ফ্লিট	জাহাজসমুদয়
drive	ড্রাইভ	চালান	drove	ড্রোভ	কর্ম ক্ষমতা
strike	স্ট্রাইক্	আঘাত করা	stroke	স্ট্রোক	প্রহার, বেদনা
weave	উইভ্	বোনা	web	ওয়েব্	বুনাই কাজ

wake	ওয়েক	জাগা	watch	ওয়াচ্	নিরীক্ষণ, দেখা
speak	স্পিক	বলা	speech	স্পিচ্	ভাষণ, বক্তৃতা
burn	বার্ন	জ্বলা	band	ব্যাণ্ড	মশাল, জ্বলন্ত কাষ্ঠ
break	ব্রেক	ভাঙ্গা	breech	ব্রীচ্	বন্দুকের পশ্চাৎভাগ
feed	ফিড	খাওয়া	food	ফুড	খাদ্য

[ii] বিশেষণ থেকে বিশেষ্যের সৃষ্টি।

grave	গ্রেভ	গম্ভীর	grief	গ্রিফ্	দুঃখ
proud	প্রাউড	অহঙ্কারী	pride	প্রাইড্	গর্ব
hot	হট	গরম	heat	হিট্	উত্তাপ

[iii] বিশেষ্য থেকে বিশেষণের সৃষ্টি।

বিশেষ্য	**উচ্চারণ**	**অর্থ**	**বিশেষণ**	**উচ্চারণ**	**অর্থ**
wisdom	উইসডম	বুদ্ধি	wise	ওয়াইজ	বুদ্ধিমান
milk	মিল্ক	দুধ	milch	মিল্চ	দুধেল

[iv] বিশেষ্য পদ থেকে ক্রিয়াপদের সৃষ্টি।

বিশেষ্য	**উচ্চারণ**	**অর্থ**	**ক্রিয়া**	**উচ্চারণ**	**অর্থ**
blood	ব্লাড্	রক্ত	bleed	ব্লিড্	রক্তপাত হওয়া
gold	গোল্ড	সোনা	gild	গিল্ড	স্বর্ণাভ করা
tale	টেল	গল্প	tell	টেল	বলা
food	ফুড্	খাদ্য	feed	ফিড্	খাওয়ান
wreath	রেথ্	মালা	wreathe	রিদ	মালা পরান
sooth	সূথ্	সত্যতা	soothe	সূদ	তুষ্ট করা
cloth	ক্লথ্	কাপড়	clothe	ক্লোদ	কাপড় পরান
bath	বাথ্	স্নান	bathe	বেদ	স্নান করা
breath	ব্রেথ	নিঃশ্বাস	breathe	ব্রিদ	নিঃশ্বাস নেওয়া

[v] বিশেষণ শব্দ থেকে ক্রিয়াপদের সৃষ্টি।

বিশেষণ	**উচ্চারণ**	**অর্থ**	**ক্রিয়া**	**উচ্চারণ**	**অর্থ**
full	ফুল	পূর্ণ	fill	ফিল	পূর্ণ করা
grave	গ্রেভ	গম্ভীর	grieve	গ্রিভ	দুঃখ করা
fain	ফেইন	ইচ্ছুক	fawn	ফন	তোষামোদ
hale	হেল	সুস্থ	heal	হীল	সুস্থ করা
half	হাফ্	অর্দ্ধেক	halve	হ্যাভ	দুই ভাগ করা
frosty	ফ্রস্টি	বরফাবৃত	frost	ফ্রস্ট	বরফ পড়া
beautiful	বিউটিফুল	সুন্দর	beautify	বিউটিফাই	সুন্দর করা
striking	স্ট্রাইকিং	আকর্ষণীয়	strike	স্ট্রাইক	আকর্ষণ করা
flattering	ফ্ল্যাটারিং	তোষামোদ	flatter	ফ্ল্যাটার	তোষামোদ করা
killing	কিলিং	খুনি	kill	কিল্	খুন করা
permissible	পারমিসিবল	অনুমতিযোগ্য	permit	পারমিট্	অনুমতি দেওয়া
penal	পেনাল	দণ্ডনীয়	penalise	পেনালাইজ	দণ্ড দেওয়া

2. ইংরেজিতে এ্যাংলোস্যাক্সন, ল্যাটিন, ফ্রেঞ্চ এবং গ্রীক্ ভাষার শব্দের বহুল প্রচলন আছে। এই জন্য সেই শব্দগুলির সঙ্গে ভিন্ন ভিন্ন উপসর্গ [prefix] প্রয়োগ হয়। এই শব্দগুলির সঙ্গে পরিচিত হওয়া দরকার।

প্রধানতঃ এ্যাংলোস্যাক্সন বা ইংলিশ শব্দ [English Prefixes]

A- [এ, অ-] = স্থান নির্দ্দেশ করে, যেমন *a*shore [তীরে], *A*way [দূরে]
Al- [অল্-] = সর্বতোভাবে বুঝায়, যেমন *Al*mighty [সর্ব্বশক্তিমান], *Al*most [প্রায় সমস্ত], *Al*together [মোটমাট]
By- [বায়-] = উপ [পুনরায়], যেমন *by*-election [উপনির্ব্বাচন], *by*-law [সহকারী আইন], *by*name [ডাকনাম]
For- [ফর-] = কারণ — কিন্তু যুক্ত অর্থ ভিন্ন, যেমন *for*get [ভুলে যাওয়া], *for*give [ক্ষমা করা]
Fore- [ফোর-] = আগে, *fore*see [কিছু ঘটিবার আগেই দেখা], *fore*tell [কোন বিষয়ের ভবিষ্যৎ বলা], *fore*runner [অগ্রগামী]
Gain- [গেন-] = প্রাপ্ত হওয়ার ভাব, লাভ, *gain*say [অস্বীকার করা]
Mis- [মিস্-] = খারাপ, *mis*take [ভুল], *mis*deed [কুকার্য]
Out- [আউট-] = বাইরে, *out*caste [জাতিচ্যুত], *out*side [বহির্ভাগে]
Over- [ওভার-] = বেশি, *over*flow [উপছে ওঠা], *over*coat [বড় কোট]
Un- [আন্-] = বিপরীত অর্থে, *un*wise [নির্বুদ্ধি], *un*ripe [পাকা নয়], *un*able [না পারা]
Wel- [ওয়েল-] = ভালভাব, *wel*come [আবাহন বা স্বাগত করা], *wel*fare [মঙ্গল]

কিছু প্রধান ল্যাটিন এবং ফ্রেঞ্চ উপসর্গ [Latin and French Prefixes]

ab, Abs- [এব্-, এব্স-] = কিছু না করা, সঠিক নয় *ab*normal, *ab*stain
Ante- [এ্যান্টি-] = পূর্বতন *ante*cedent, *ante*date
Bene- [বেনি-] = ভাল অর্থে, *bene*fit, *bene*volent
Circum-, Circu- [সার্কম-, সার্কু-] = চারিদিক অর্থে, ঘিরে, *circum*ference, *circu*it
Contra-, Counter- [কন্ট্রা, কাউন্টার-] = বিরুদ্ধতা অর্থে *contra*dict, *counter*act
De- [ডি-] = সমান অর্থে *de*scend, *de*fame
Dis- [ডিস্-] = গণ্ডগোল, বিরুদ্ধতা অর্থে *dis*order, *dis*grace
Extra- [একসট্রা] = অতিরিক্ত *extra*-ordinary, *extra*-qualification
Inter-, Intro-, Enter- [ইন্টার-, ইন্ট্রো-, এন্টার-] = মধ্যে, *inter*rupt, *intro*duce, *enter*prise
Male-, Mal- [মেল-, ম্যাল-] = পুরুষ, খারাপ অর্থে *male* factor, *mal*treatment
Mis- [মিস্-] = মন্দ অর্থে, *mis*fortune, *mis* use
Pre- [প্রি-] = প্রথমে *pre*dict, *pre*announcement, *pre*condition
Sine- [সাইন-] = অভাব, *sine*cure [নিরুপদ্রব]
Sub- [সাব-] = নীচস্থ *sub*heading, *sub*inspector, *sub*branch
Super-, Sur- [সুপার-, সার-] = বাইরে, অদ্ভুত, *super*natural, *sur*charge
Vice- [ভাইস্-] = পরিবর্তে, সহকারী *vice*roy [সম্রাটের স্থানে প্রতিনিধি], *vice*-chancellor, *vice* -principal

প্রয়োজনীয় উপসর্গ [Greek Prefixes]

A-, an- [এ-, এ্যান্-] = কিছুর অভাব, *a*pathy [আগ্রহের অভাব], *an*archy [শৃঙ্খলার অভাব]
Amphi- [এম্ফি-] = উভয়তঃ *amphi*bious [উভচর]
Ana- [এনা-] = পুনরায়, *ana*lysis [বিশ্লেষণ]
Anti-, Ant- [এ্যান্টি, এ্যাণ্ট-] = বিরুদ্ধভাব, *anti*pathy' *ant*agonist
Hetro- [হেট্রো-] = পৃথক, *hetro*-sexual
Hyper- [হাইপার-] = অতি, বেশী, *hyper*bole [অতিশয়োক্তিপূর্ণ ভাষণ]
Para-, Par- [প্যারা-, পার-] = সমান, অনুরূপ, *para*phrase, *par*auel
Tele- [টেলি-] = দূর, *tele*phone, *tele*graph

3. উপসর্গের মত ইংরেজি ভাষায়, এ্যাংলো-স্যাকসন, ল্যাটিন ও ফ্রেঞ্চ এবং গ্রীক প্রত্যয় [Suffixes] প্রয়োগ করা হয়। এগুলিও জেনে রাখা দরকার।

প্রধান এ্যাংলো-স্যাকসন প্রত্যয় [Anglo-Saxon or English suffixes]

-Craft [-ক্র্যাফ্‌ট] = কলা, hand-*craft*, wood-*craft*
-Dom [-ডম্] = চরিত্র, অবস্থা free*dom*, king*dom*
-Hood [-হুড্] = অবস্থা, boy*hood*, child*hood*, man*hood*
-ness [-নেস্] = গুণ, good*ness*, harsh*ness*, kind*ness*
-red [-রেড্] = রকম, kind*red*, hat*red*
-ship [-সিপ্] = ভাববাচক অবস্থা, friend*ship*, partner*ship*, hard*ship*
-th [-থ] = বস্তুর স্থিতি, heal*th*, weal*th*, streng*th*, bread*th*
-ock [-অক্] = জাতি, bull*ock*
-kin [-কিন] = বস্তু, lamb*kin*, nap*kin*
-ing [-ইংগ] = কিছু করা হলে, kill*ing*, read*ing*
-ling [-লিং] = ক্ষুদ্র অর্থে, duck*ling*, prince*ling*, lord*ling*
-y [-ই] = ছোট অর্থে, bab*y*, Johnn*y*, Tonn*y*
-el, -le [-এল, -লে] = ছোট অর্থে, satche*el*, satche*le* [দুইটিই বানান ঠিক]
-en [-এন] = ছোট অর্থে, chick*en*, kitt*en*

প্রধান ল্যাটিন এবং ফ্রেঞ্চ প্রত্যয় [Latin and French Suffixes]

-acy [-এসি] = চরিত্র, অবস্থা, cele*bacy*, suprem*acy*, diplom*cy*
-age [-এজ] = অলঙ্কারভূষণ, Baron*age*, bond*age*
-cide [-সাইড] = হত্যা, Matri*cide*, Patri*cide*, negi*cide* [রাজহত্যা]
-mony [-মনি] = স্থিতি, সূচক Matri*mony*, acri*mony*
-ry [-রি] = অবস্থা, ক্রিয়াফল Slave*ry*, Poet*ry*
-ty [-টি] = ভাব, অবস্থা, authori*ty*
-y [-ই] = ভাব, অবস্থা, unit*y*, stud*y*, master*y*
-aster [-আস্টার] = হেয়, তুচ্ছভাব, Poet*aster*, [নগণ্য, তুচ্ছ করি]
-cule [-কিউল] = ক্ষুদ্র animal*cule*
-il [-ইল] = বিশেষণ, অবস্থা, civi*l*
-uel [-ইউল] = ক্ষুদ্র অর্থে, সামাজিক, glob*ule*, [ক্ষুদ্র গোলক]
-et [-এট] = ক্ষুদ্র অর্থে, bull*et*, [ছোট গুলি], coron*et* [ছোট মুকুট]
-ette [-এট্] = বস্তু বা গুণ cigarr*ette*, etiqu*ette*

প্রধান গ্রীক প্রত্যয় [Greek Suffixes

-archy [-আর্কি] = শাসন mon*archy*
-cracy [-ক্রেসি] = রূপ, বিশেষ অবস্থা, auto*cracy*, demo*cracy*
-crat [-ক্রাট] = শাসক auto*crat*, demo*crat*
-ist [-ইষ্ট] = মতাবলম্বী, commun*ist*, fatal*ist*, art*ist*, dent*ist*

4. সংযুক্ত শব্দ Compound Words কয়েক প্রকারের হয় — [a] সংযুক্ত বিশেষ্য, [b] সংযুক্ত বিশেষণ এবং [c] সংযুক্ত ক্রিয়াপদ।

Hetero-	বি, কু, খারাপ অর্থে	*hetero*dox, *hetero*geneous,
Homo-	মানুষ, মনুষ্য	*homo*geneous, *homo*sexual
Homoeo-	সমান, যেমন	*homoeo*pathy
Hyper-	অতিরিক্ত, অধিক	*hyper*sensitivity, *hyper*tension
In-	না, ভেতরে	*in*convenience, *in*clude, *in*ward
Inter-, Intro-	ভেতরে	*inter*national, *inter*continent, *intro*duce
Mal-, Male-	কু, খারাপ	*mal*treatment, *mal*content, *male*factor, *male*diction.
Mid-	মাঝখানে, ভেতর	*mid*night, *mid*wife
Mis-	খারাপ, ভালোনা	*mis*fortune, *mid*wife
Non-	না, নকারাত্মক	*non*sense, *non*payment
Off-	আলাদা	*off*shoot, *off*shore
On-	উপর	*on*looker
Out	বাইরে	*out*side, *out*come, *out*cast
Over-	উপর	*over*coat, *over*done, *over*look
Para-	বাইরে	*para*phrase, *para*-psychology
Post-	পরে, পেছনে	*post*dated, *post*script
Pre-	আগে, পূর্ব্বে	*pre*arrange, *pre*caution, *pre*dict
Re-	আবার, পুনঃ	*re*set, *re*sound, *re*tract, *re*arrange
Sub-	উপ-	*sub*-heading, *sub*-editor, *sub*branch
Super, sur-	বেশী, অতি	*super*natural, *super*power, *super*man surpass, surcharge, surplus
Tele-	দূর	*tele*phone, *tele*vision, *tele*graph
Trans-	পরে, পার	*trans*form, *trans*port
Un-	বিপরীত অথবা বিরোধী অর্থে	*un*wise, *un*ripe, *un*able
Vice-	উপ	*Vice*-chancellor, *vice*-principal
Wel-	সু, ভালো	*wel*come, *wel*done, *wel*fare
With-	পেছনে	*with*stand, *with*draw.

উপসর্গের মতো ইংরাজীতে এ্যাংলো সেক্সন, ল্যাটিন ফ্রেঞ্চ, এবং গ্রীক ভাষায় প্রত্যয় [suffixes] ব্যবহার করে। এদেরকেও আপনি জেনে নিন।

প্রধান ইংরাজী, ফ্রেঞ্চ, ল্যাটিন এবং গ্রীক প্রত্যয় [Suffixes]

প্রত্যয়	অর্থ এবং ব্যাখ্যা	উদাহরণ
-able, -ible	এর যোগ্য [সংস্কৃতে অনীয় প্রত্যয়ের সমকক্ষ, আদর + অনীয় = আদরনীয়]	respect*able*, port*able*, service*able*, resist*ible*, revers*ible*
-acy	এর প্রয়োগ দুটো প্রত্যয় ভাববাচক সংজ্ঞা বানাতে	supremacy
-age	এর প্রয়োগ এমনভাবে করা হয়	bond*age*
-archy	তন্ত্র, শাসন	hier*archy*, mon*archy*
-ary	এই প্রত্যয় থেকে বিশেষণ এবং সংজ্ঞাবাচক শব্দ তৈরী হয়	arbitr*ary*, diction*ary*, exempl*ary*

-cide	হত্যা	geno*cide*, homi*cide*
-cracy	তন্ত্র [এই প্রত্যয়টা গ্রীক্ ভাষার ধাতুতে লাগানো হয়]	demo*cracy*, pluto*cracy*
-craft	কলা, কৌশল	wood*craft*, book*craft*
-crat	কোন তন্ত্রের সমর্থক	demo*crat*, pluto*crat*, bureau*crat*
-cule	ছোট সম্বন্ধীয়	mole*cule*, animal*cule*
-dom	শ্রেণী, অবস্থা	free*dom*, king*dome*
-ed	বিশেষ্যকে বিশেষণ বানানো প্রত্যয়	tail*ed*, feather*ed*
-ee	কর্মবাচ্য [passive voice] বিশেষ্য বানাতে প্রয়োগ করা হয়	trust*ee*, employ*ee*, pay*ee*
-en	[i] ছোট অবস্থার অর্থ প্রকাশ করা	chick*en*
	[ii] স্ত্রী লিঙ্গের অর্থ প্রকাশ করা	vix*en*
	[iii] বহুবচনের অর্থ প্রকাশ করা	ox*en*
	[iv] বিশেষ্য শব্দকে বিশেষণ বানানো	gold*en*, wood*en*
	[v] বিশেষণ শব্দকে ক্রিয়া বানানো	deep*en*, moist*en*
-er, -or	[i] ক্রিয়া থেকে বিশেষ্য বানানো	preach*er*, teach*er*, great*er*, bigg*er*, sail*or*
	[ii] তুলনামূলক বিশেষণ বানানো	
-ess	স্ত্রী বোধক সংজ্ঞাতে	prince*ss*, govern*ess*
-et	কর্ত্তাকারক বানাতে প্রয়োগ করা হয়	proph*et*, po*et*
-ette	লঘুত্ব সূচক, পুরোনো ইংরাজী শব্দে	cigar*ette*
-fold	গুন, সংখ্যাবাচক শব্দ লাগানো	mani*fold*, four*fold*, ten*fold*
-ful	যুক্ত, পূর্ণ	delight*ful*, cheer*ful*, grace*ful*
-hood	অবস্থা	child*hood*, boy*hood*
-ian	ব্যক্তিবাচক সংজ্ঞা থেকে বিশেষণ বানাতে প্রয়োগ করা হয়	Christ*ian*, Arab*ian*, Ind*ian*
-il	বিশেষণ বানাতে	civ*il*, utens*il*
-ing	[i] থাকা continuous tense এর ক্রিয়াতে	kill*ing*, read*ing*
	[ii] ক্রিয়াসূচক সংজ্ঞা বানাতে প্রয়োগ করা হয়	[mass] kill*ing*
-ion	এই প্রত্যয়টা ভাববাচক সংজ্ঞা বানাতে প্রয়োগ করা হয়	relig*ion*, tens*ion*, opin*ion*
-ise	সংজ্ঞা বানাতে প্রয়োগ করা হয়	franch*ise*, exerc*ise*
-ish	বিশেষ্য শব্দথেকে বিশেষণ বানাতে প্রয়োগ করা হয়	blu*ish*, child*ish*, boy*ish*
-ism	[i] বিশেষ আবরণ এবং দশা সূচক	ego*ism*, hero*ism*
	[ii] বাদ	Commun*ism*, Capital*ism*, Naz*ism*
-ist	[i] কর্ত্তা এবং করনের শব্দে	novel*ist*, art*ist*
	[ii] বাদী-, চিন্তাধারা অনুযায়ী	Commun*ist*, impression*ist*
-ite	'সম্বোধিত' অর্থে, হীনতাবোধক	Israel*ite*
-ive	প্রবৃত্তি প্রকাশ করা	act*ive*, pass*ive*
-kin	হালকার অর্থে	lamb*kin*
-ling	হালকার অর্থে	duck*ling*
-less	রহিত অথবা ছাড়া	guilt*less*, home*less*
-let	হালকার অর্থে	leaf*let*
-ly	বিশেষতা বোধক	home*ly*, man*ly*, wicked*ly*
-ment	ক্রিয়া শব্দ থেকে বিশেষ্য বানাতে	establish*ment*, nourish*ment*
-most	চরম স্থিতি সূচক	top*most*, super*most*, inner*most*

-ness	বিশেষণ থেকে ভাববাচক বিশেষ্য বানাতে	good*ness*, kind*ness*, sweet*ness*
-ock	হাল্‌কার অর্থে	bull*ock*, hill*ock*
-ous	বহু, যুক্ত, সহিত	religi*ous*, glori*ous*
-red	অবস্থা	hat*red*
-right	একেবারে, সম্পূর্ণ অর্থ বোঝাবে	out*right*
-ry	কোন কার্য্য অথবা ক্রিয়ার পরিনামের বোধ	poet*ry*, slave*ry*
-se	বিশেষণ থেকে সকর্মক ক্রিয়া বানানো	[clean থেকে] clean*se*
-ship	ভাববাচক বিশেষ্য বানাতে	friend*ship*, hard*ship*
-some	বিশেষ্য এবং ক্রিয়া শব্দ থেকে বিশেষণ বানাতে	whole*some*, hand*some*, trouble*some*
-th	[i] বিশেষণ শব্দের স্বাভাবিক অবস্থার জ্ঞান	streng*th*, bread*th*
	[ii] সংখ্যার সঙ্গে 'বাং' এর অর্থে	ten*th*, four*th*
-tor	ক্রিয়া থেকে কর্ত্তাবাচক বিশেষ্য বানানো	conduc*tor*, crea*tor*, trai*tor*
-ty	ভাববাচক বিশেষ্য বানানো	digni*ty*, priori*ty*, seniori*ty*
-ule	হাল্‌কার অর্থে	glob*ule*, gran*ule*, pust*ule*
-ward	দিকে	way*ward*, home*ward*
-way	অবস্থা, স্থিতি	straight*way*
-y	[i] ভাববাচক বিশেষ্য বানাতে	famil*y*, memor*y*
	[ii] যুক্ত, সহিত, বিশেষণ বানাতে	might*y*, dirt*y*
	[iii] বিশেষ্যের অর্থে	arm*y*, deput*y*, treat*y*

4. সংযুক্ত শব্দ [Compound Words] – সংযুক্ত শব্দ কয়েক প্রকারের — [a] সংযুক্ত বিশেষ্য শব্দ [b] সংযুক্ত বিশেষণ শব্দ এবং [c] সংযুক্ত ক্রিয়া শব্দ।

[a] সংযুক্ত বিশেষ্য শব্দ [Compound Nouns]

[i] বিশেষ্যের পূর্বে বিশেষ্য লাগালে বিশেষ্য শব্দ হয়, উদাহরণ স্বরূপে —

দুটো শব্দ	সংযুক্ত শব্দ	অর্থ
foot + path	foot-path	পায়ে চলার পথ
mother + land	mother-land	জন্মভূমি
fountain + pen	fountain-pen	ঝরনা কলম
sun + beam	sun-beam	সূর্যের কিরণ
sun + shade	sun-shade	কার্ণিশ

[ii] বিশেষ্যের আগে বিশেষ্য ছেড়ে অন্য শব্দ লাগালে সংযুক্ত শব্দ তৈরী হয়, যেমন —

দুটো শব্দ	সংযুক্ত শব্দ	অর্থ
he + goat	he-goat	ছাগল
she + wolf	she-wolf	মাদী নেকড়ে
blotting + paper	blotting-paper	কালী চোষা কাগজ
looking + glass	looking-glass	আয়না
spend + thrift	spend-thrift	কৃপন
mid + day	mid-day	দুপোর বেলা, মধ্যাহ্ন
gentle + man	gentle-man	ভদ্রলোক

[b] সংযুক্ত বিশেষণ শব্দ [Adjectives]

দুটো শব্দ	সংযুক্ত শব্দ	অর্থ
child + like	child-like	শিশু সুলভ
life + long	life-long	জীবনভোর
home + made	home-made	ঘরে তৈরী জিনিষ
out + spread	out-spread	বাইরে ছড়ানো
out + come	out-come	ফলাফল
bare + foot	bare-foot	খালী পা

[c] সংযুক্ত ক্রিয়া শব্দ [Compound Verbs]

দুটো শব্দ	সংযুক্ত শব্দ	অর্থ
back + bite	back-bite	মুগলি করা
full + fill	ful-fil	সম্পূর্ণ করা
put + on	put-on*	জামা পরা
switch + off	switch-off*	বিজলীবাতি নিভানো
switch + on	switch-on*	বিজলীবাতি জ্বালানো

---

* সংযুক্ত শব্দ বানানোর পরেও এই দুটো শব্দ পৃথক থেকে যায়।

KEY TO WORK POWER
শব্দভাণ্ডারের চাবি

TWO-WORDS VERBS

[A]

Act for – কারোর পরিবর্তে কাজ করা

The senior clerk was asked to *act for* head clerk when he went on leave.

Act upon – 1. প্রভাব বিস্তার করা

Heat *acts upon* bodies and causes them to expand.

2. নির্ভর করে কাজ করা

Acting upon a witness' evidence the police caught the thief.

Agree with – উপযুক্ত, সহ্য হওয়া

Oil does not *agree with* my stomach.

Answer for – দায়ী থাকা

Every man must *answer for* his actions to God.

Ask after – কারোর সম্বন্ধে খোঁজ খবর করা

He was *asking after* you when I met him this morning.

Ask for – চেয়ে নেওয়া

You can *ask for* anything you need.

Attend on – অতিথি সৎকার করা

Acting as a good hostess she *attended on* her guests well.

[B]

Back out – প্রতিশ্রুতির খেলাপ করা

He had promised me two hundred rupees but later he *backed out* from his words.

Back up – সহমত, একমত হওয়া

Let us all *back up* his demands.

Be off – প্রস্থান করা, চলে যাওয়া

I'll *be off* to the railway station now.

Be on – চালু থাকা, ঘটা

The concert will *be on* till nine p.m.

Be over – সমাপ্ত হওয়া

After the picture will *be over* we will go home.

Be up – 1. সমাপ্ত হওয়া [সময়]

Time is going to *be up*, hand over your answer copies.

2. বিছানা ছেড়ে ওঠা

He will *be up* at five in the morning.

Bear down – জোর করে উপড়ে ফেলা বা দাবিয়ে দেওয়া

The dictator *bore down* all opposition./The president *bore down* all dissent.

Bear on – সম্বন্ধিত হওয়া

Does this book *bear on* the same subject as that?

Beat out – প্রমাণ করা, সাবিত করা

If the evidence *bears out* the charge, Mahesh will be convicted for armed robbery.

Bear with – বরদাস্ত করা, সহ্য করা

It is very difficult to *bear with* Rani's bad temper.

Beat back – পিছনে হঠে যাওয়া।

The flames *beat back* the firemen.

Beat off – আক্রমণের মোকাবিলা করা

In the battle of Waterloos the British *beat off* Napolean.

Believe in – বিশ্বাস করা

. I do not *believe in* astrology.

Bid fair – ভাল সম্ভাবনার সৃষ্টি করা

His coaching has been so good that he *bids fair* to win to race.

Bind over – আইনের বন্ধনে বাঁধা

The man was *bound over* by the court not to indulge in any criminal activity for at least six months.

Blow down – ঝড়ে ভেঙে পড়া

The storm last night *blew down* many big trees.

Blow out – ফুঁ দিয়ে নেভানো

On her birthday she *blew out* fifteen candles on her cake.

Blow over – ক্ষতি ব্যাতিরেকেই শেষ হওয়া

We hope that this crisis will *blow over* and be forgotten.

Blow up – 1. উড়িয়ে দেওয়া

The retreating army *blew up* all the bridges.

2. হঠাৎ রেগে যাওয়া

I did not understand why he *blew up* at my answer.

Border upon – কাছাকাছি হওয়া

His ranting *bordered upon* madness.

Break away – বাঁধন থেকে নিজেকে মুক্ত করে পালানো

The horseman tried to hold the horse by the bridle, but the horse *broke away*.

Break down – 1. [যন্ত্রপাতি] খারাপ হয়ে থেমে যাওয়া

Our car *broke down* at its departure.

2. ভেঙে পড়া, কাঁদা

She *broke down* at her departure.

3. বিশ্লেষণ করা, আলাদা আলাদা করে দেখা

If you *break down* the figures you will find out your mistake.

Break in – 1. শেখানো [ঘোড়াকে]

How much time will you need to *break in* this horse?

2. জোর করে খোলা [দরজা প্রভৃতি]

We had to *break in* the room when there was no response from her.

Break into – [লুকিয়ে অথবা] জোর করে ভেতরে ঢোকা

The thieves *break into* the bank and stole the money from its lockers.

Break loose – 1. খুলে যাওয়া, বাঁধন টুটে যাওয়া

During the storm the boat *broke loose* from its anchor and was washed away by strong current.

2. পালানো

The buffalo *broke loose* the rope and ran away.

Break off – হঠাৎ থেমে যাওয়া, শেষ করা

She was saying something, but *break off* as she saw him.

Break out – হঠাৎ আরম্ভ হওয়া

No one could tell the police how the fire *broke out*.

Break up – 1. ঝগড়া থামানো

He intervened to *break up* the quarrel.

2. ছত্রভঙ্গ হওয়া, করা

The police restored to a lathi-charge to *break up* the crowd.

Break with – বন্ধুত্ব ভেঙ্গে যাওয়া/দেওয়া

Vijay and Arun were close friends, but they seem to have *broken off* now.

Bring about – আনা, কার্যান্বিত করা

The new government *brought about* many reforms.

Bring forward – প্রস্তাব রাখা

The proposal he *brought forward* did not seem practical.

Bring in – বিক্রিলব্ধ মোট অর্থ

How much does your monthly sale *bring in?*

Bring off – অসাধ্য সাধন করা

The touring Indian cricket team in England *brought off* a spectacular victory.

Bring on – উৎপন্ন করা

Dirt often *brings on* diseases.

Bring out – বের করে আনা

War *brings out* the worst in people.

Bring to – আনা [চেতন অবস্থায়]

The unconscious man was *brought to* consciousness by a passer-by through artificial respiration.

Bring under – অধিকারে আনা, দমন করা

The king *brought under* the rebels and established peace in his kingdom.

Bring up – [শিশুর] লালন পালন করা

Anil was *brought up* by his uncle.

Brush off – অশিষ্টভাবে বিদায় করা

As he became irritating she had to *brush him off*.

Buckle to – কাজে লেগে যাওয়া

With his examinations round the corner Ramesh has to *buckle to* at once.

Build up – বাড়ানো, গড়ে তোলা

You need a good tonic to *build up* your strength after your recent illness.

Burn down – পুড়ে নষ্ট হওয়া/করা

The house was completely *burnt down* in the great fire in the city.

[C]

Call at – 1. [বাড়িতে] দেখা করা

I *called at* my friend's place to enquire about his health.

2. থামা

This ship does not *call at* Cochin.

Call for – 1. নেওয়ার জন্য আসা

The washerman *called for* the wash.

2. আবশ্যক হওয়া

Good painting *calls for* a great skill.

Call off – রদ করা

I had to *call off* the party because of my wife's illness.

Call on – দেখা করতে যাওয়া

The visiting Australian Prime Minister *called on* the President.

Care for – 1. পছন্দ করা

Would you *care for* a cup of tea?

2. দেখা শোনা করা, ভরণ পোষণ করা

Mother Teresa *cares for* many an orphan.

Carry on – চালু রাখা, কাজ চালিয়ে যাওয়া

Despite the accident they *carried on* with the show.

Carry out – পুরো করা, আদেশ পালন করা

My secretary *carries out* her duties very efficiently.

Carry through – কাজ পুরো করা

It required lot of effort for the engineers to *carry through* the building construction.

Catch on – বুঝতে পারা

When he explained his plan I *caught on* to his motive.

Catch up – কোনও বিষয় বা ব্যক্তির সমকক্ষ হওয়া

He ran so fast that it was difficult to *catch up* with him.

Cave in – ধ্বসে পড়া

On account of a major earthquake recently the outer wall of our house *caved in*.

Change hands – [সম্পত্তি/জমিজমা] হাতবদল হওয়া

This house has *changed hands* twice during the last ten years.

Check out – [হোটেল] ছাড়া

He was caught before he could *check out* without paying the bill.

Check up – খোঁজ করা, অনুসন্ধান করা

Please *check up* if he is at home or not.

Clear off – পালিয়ে যাওয়া

I went to see who had thrown the stone, but the boys had *cleared off*.

Clear out – চলে যাওয়া

His impudence infuriated me so much that I asked him to *clear out* of my house.

Close down – চিরকালের জন্য বন্ধ করা

On account of a slump in the market he had to *close down* his shop.

Close up – কিছু সময়ের জন্য বন্ধ করা

He *closed up* the shop for the day and went home.

Come about – ঘটা

You have grown so thin! How did this *come about?*

Come along – এগোন

How is your book *coming along?*

Come by – হস্তগত করা, পাওয়া

Initially he was not doing very well, but now he has *come by* a fantastic contract.

Come into – উত্তরাধিকার সূত্রে পাওয়া

He will *come into* the estate on his father's death.

Come of – ফলস্বরূপ হওয়া

Nothing *came of* his proposal.

Come off – হওয়া

When does the concert *come off?*

Come out – জাহির হওয়া, বেরিয়ে পড়া

It *comes out* that she was aware of the startling facts all the time.

Come round – 1. ধীরে ধীরে আরোগ্য লাভ করা

My friend was seriously ill for some days, but is now *coming round*.

2. মেনে নেওয়া

He was strongly opposed to the idea of going to Badkal lake for picnic, but after lot of persuasion he *came round* to others' wishes.

Come through – সফল হওয়া

As I've studied hard for the examination I am quite confident that I'll *come through*.

Come to – 1. জ্ঞান ফিরে পাওয়া

He *came to* after a long period of unconsciousness.

2. [বিল] হওয়া

How much does the bill *come to?*

Come upon – দেখতে পাওয়া [হঠাৎ]

While wandering through the jungle I *came upon* a strange bird.

Cook up – মন থেকে বানানো

As he fared beating he *cooked up* a story to explain his absence.

Correspond to – সমতুল্য

The bird's wing *corresponds to* the man's arm.

Cry out – চিৎকার করা

She *cried out* for help when she saw a car speeding towards her child.

Count in – অন্তর্ভুক্ত করা

If you are planning to make a trip to Simla you can *count me in*.

Count on – ভরসা করা

You can always *count on* my help.

Count out – বাদ দেওয়া

If you are planning any mischief, please *count me out*.

Cover for – অন্যের কাজের দায়িত্ব নেওয়া

Go and take your coffee break, I'll *cover for* you until you return.

Cross out – কেটে দেওয়া, বাদ দেওয়া

She *crossed out* invitees' list.

Cut down – মাত্রা কম করা

If you want to reduce your must *cut down* on starchy and oily food.

Cut in – কথার মাঝখানে বাধা দিয়ে বলা

Don't *cut in* while I am speaking to someone.

Cut off – আটকে দেওয়া

Our army *cut off* the enemy's escape route.

Cut out – কেটে বাদ দিয়ে দেওয়া

You can safely *cut out* the last paragraph of this article.

Cut short – সময়ের আগেই শেষ করা

The meeting was *cut short* as the Chief Speaker suddenly fell ill.

Cut up – 1. দুঃখিত হওয়া

He was greatly *cut up* by his failure in the examination.

2. কড়া বা বিরূপ সমালোচনা করা

The reviewers mercilessly *cut up* his autobiographical novel.

[D]

Dash off – 1. দ্রুত চলে যাওয়া

The horse *dashed off* down the street.

2. তাড়াতাড়ি করে লেখা

He *dashed off* three letters in half in hour.

Dawn on – বুঝতে পারা

It only later *dawned on* me that he was all this while pulling my leg.

Deal out – দেওয়া [বন্টন করা]

Justice Ram Nath Bajaj of Delhi High Court is famous for *dealing out* equal justice to all.

Deal with – 1. কারোর সঙ্গে

I've had bad experiemce with him. I won't *deal with* him any further.

2. সম্বন্ধিত হওয়া

This book *deals with* foreign policy matters.

Deliver from – বাঁচানো

Oh God, *deliver* us *from* evil!

Die away – কমা, স্তব্ধ হওয়া, শেষ হওয়া

After a while the sounds *died away*.

Die down – কমা, শেষ হওয়া

After a while the noise *died down*.

Die off – নষ্ট হয়ে যাওয়া

As the civilisation advanced, many backward tribes *died off*.

Die out – অবসান হওয়া, শেষ হওয়া

As the night advanced the fire *died out*.

Dip into – বইয়ের মাঝে মধ্যে থেকে পড়া

I have not read this book; I have only *dipped into* it./I had to *dip into* my savings to buy a motor cycle.

Dish out – সহজেই নিন্দা বা প্রশংসা করা, দেওয়া

The flattery he *dishes out* would turn anyone's head./Everybody, please *dish out* Rs. 10 each for this trip.

Dispense with – কারোর সাহায্য ব্যতিরেকেই কাজ চালানো

You can easily *dispense with* his services.

Dispose of – বেচে দেওয়া

The rich man *disposed of* all his property and became a sadhu.

Do for – কোনও বস্তুর পরিবর্তে কাজে আসা

This plot of land is fairly large and will *do for* a playground.

Do over – পুনরায় করা

You will have to *do over* this sum, as you have made a mistake.

Do up – ঘর গুছিয়ে রাখা

If you *do up* this place it will look beautiful.

Do without – কোনও জিনিষ ব্যতিরেকেই কাজ চালানো

We will have to *do without* many facilities at this village.

Draw back – পিছু হঠে যাওয়া

I cannot *draw back* from my promise.

Draw in – ভেতরে ঢুকিয়ে নেওয়া

The cat *drew in* its paws and curled up on the floor.

Draw near – কাছে আসা

As winter *draws near*, people start wearing woollen clothes.

Draw on – কাছাকাছি আসা

As the time of the concert *drew on* the audience got anxious.

Draw out – কারোকে মন্তব্য করতে প্ররোচিত করা

He was reluctant to comment on Anils behaviour, but in the end I managed to *draw* him *out*.

Draw toward – কারোর প্রতি আকৃষ্ট হওয়া

Kumar finds Asha very charming and feels *drawn towards* her.

Draw up – তৈরী করা, বানানো

Let us *draw up* a list of all the people we want to invite.

Drive at – উদ্দেশ্য করা

I listened to his rambling talk and could not make out what he was *driving at*.

Drop in – [পূর্ব পরিকল্পনা ছাড়াই] দেখা করা

I *dropped in* on Prakash on my way to market.

Drop out – ছেড়ে দেওয়া

Arun *dropped out* of the medical course as he found it very laborious.

Dwell on – কোনও বিষয়ের ওপর অনেকক্ষণ ধরে বলা

In his speech he *dwelt on* the importance of prompt action.

[E]

Eat into – মরচে ধরে নষ্ট হয়ে যাওয়া

Rust *eats into* iron.

Egg on – প্ররোচিত করা [সাধারণতঃ কোনও খারাপ কাজের জন্য]

He is a well-behaved boy, but he was *egged on* b Kumar to fight with Ashok.

Enlarge on – কোনও বিষয়ে দীর্ঘ ভাষণ

The lawyer *enlarged upon* this part of the evidence and treated it as of great importance.

Explain away – ওজর তৈরী করা, সাফাই গাওয়া

Although he was at fault yet he tried to *explain away* his mistake.

[F]

Fall back – পেছনে হঠে যাওয়া

When our army charged, the enemy *fell back*.

Fall behind – পিছিয়ে পড়া

On account of a prolonged illness, she *fell behind* in her studies.

Fall flat – প্রশংসিত বা আকর্ষক না হওয়া

Although she is an accomplished dancer her performance last week *fell flat*.

Fall for – আকৃষ্ট হওয়া

Usha *fell for* the pretty sari displayed in a window shop.

Fall in – সারিবদ্ধ হওয়া

The captain ordered the soldiers to *fall in*.

Fall off – কম পড়া

On account of the heavy snowfall, attendance at evening class has *fallen off* considerably.

Fall on – হামলা করা

The angry mob *fell on* the running thief.

Fall out – ঝগড়া করা

Anil and Sunil were good friends, but now they seem to have *fallen out*.

Fall through – কোনও কাজ অসমাপ্ত থেকে যাওয়া

We had been planning to go to Nainital this summer but for want of money the programme *fell through*.

Fall under – এক্তিয়ারে আসা

This entire district *falls under* my jurisdiction.

Feel for – সহানুভূতিশীল

I deeply *feel for* you in your suffering.

Feel like – ইচ্ছা হওয়া

I *feel like* taking a long walk.

Figure on – অপেক্ষা করা

I had *figured on* your attending the meeting.

Figure out – বুঝতে পারা, অর্থ করা, সমাধান করা

His lecture was long and boring and I couldn't *figure out* what he was driving at.

Figure up – হিসাব বা অনুমান করা

Have you *figured up* the cost of this entire project?

Fill in – কারোর স্থান নেওয়া

As the Principal was on leave, the Vice-Principal *filled in* for him.

Fill out – ফর্ম ভর্তি করা

For the marketing management examination the candidates had to *fill out* several forms.

Fit out – গোছগাছ করা

Today, she is very busy *fitting out* her house for the big party.

Fix up – সারানো

We decided to *fix up* the old house ourselves.

Flare up – হঠাৎ রেগে ওঠা

It is immature to *flare up* on trifles.

Fly at – হঠাৎ রাগ দেখানো

I asked him to lend me five rupees and all once he *flew at* me.

Fly off – তাড়াতাড়ি করে যাওয়া

He was slightly late so he *flew off* to the railway station in the hope of catching the train.

Fly open – জোর করে খোলা

Suddenly the door *flew open* and he ran out.

Follow suit – অনুকরণ করা

She asked the speaker a probing question and gradually everyone *followed the suit*.

Fool around – হাসিঠাট্টা করা

Stop *fooling around* and get to work.

Fool away – বৃথা নষ্ট করা

Don't *fool away* your time like this.

Front for – অপ্রত্যক্ষভাবে কারোর প্রতিনিধিত্ব করা

The Chairman is the real boss in this company but the General Manager *fronts for* him.

[G]

Get about – ঘোরাফেরা করা

For last two month he was bed ridden on account of typhoid. Now, he is *getting about* again.

Get across – বোঝানো

At last I was able to *get across* my point.

Get ahead – অগ্রসর হওয়া, এগোন

Unless you work hard how will you *get ahead* of others in studeis?

Get along – 1. মিলেমিশে থাকা, বন্ধুত্ব রাখা

She is highly sociable and can *get along* with everybody.

2. উন্নতি করা

How is Mr. Rao *getting along* in his new job?

Get around – এড়ানো

He tried to *get around* the policeman's inquiries.

Get at – চেষ্টা করে পাওয়া

Our enquiry's object is to *get at* the truth.

Get away – পালিয়ে যাওয়া

Despite vigilance of the policeman the thief *got away*.

Get back – ফিরে আসা

He has just *got back* from his tour after two months.

Get by – চেষ্টা করে করা

You will have to somehow *get by* with this work.

Get down – অবতরণ করা, শুরু করা

Let us *get down* at the next stop.

The exams are approaching fast. Let's *get down* to studies.

Get off – গাড়ি থেকে নামা

We have to *get off* the bus at the last stop.

Get on – 1. গাড়িতে চড়া

I saw him *get on* to the bus at the last stop.

2. অগ্রগতি করা, উন্নতি করা

Ashok is quite industrious and sure to *get on* in the world.

Get over – কোনও অসুখ থেকে মুক্তি পাওয়া

Have you *got over* your cold?

Get around – কাউকে খোশামোদ করে রাজী করানো

I'm sure he'll somehow *get around* the money lender for a loan.

Get through – পুরো করা

When will you *get through* with your work?

Get to – পৌঁছান

Balrampur is a remote village in Madhya Pradesh and very difficult to *get to*.

Get up – [বিছানা বা চেয়ার থেকে] ওঠা, উঠে দাঁড়ানো

He *got up* from his seat to receive me.

Give away – 1. প্রদান করা, বিতরণ করা

The chief guest *gave away* the prizes.

2. রহস্য উন্মোচন করা

He *gave away* Ram's name as he had drawn teacher's cartoon.

Give in – হার না মানা

He knew he was losing the match, but he refused to *give in*.

Give off – ছড়ানো

Some gases *give off* a pungent smell.

Give out – জাহির করা

He *gave out* that he had got nominated on the Welfare Board.

Give up – হার মানা

When he realised that he would not be able to win the race, he *gave up*.

Give way – ভেঙে পড়া

Ashok kept on kicking the door vigorously and finally it *gave way*.

Gloss over – দোষ লুকোনো

In Ram Chandra's biography the writer has *glossed over* many of his shortcomings.

Go around – পর্য্যাপ্ত হওয়া

I am afraid we do not have enough chairs to *go around*.

Go back – ভুলে যাওয়া

He promised to lend me his history notes but now he has *gone back* on his word.

Go down – বিশ্বাস করা

Yours story is highly unconvincing and will not *go down* with the authorities.

Go for – হামলা করা

The boys *went for* the poor dog with stone.

Go off – গুলিবর্ষণ করা

The Gun *went off* with a loud bang.

Go on – 1. হওয়া

What's *going on* here?

2. জারি রাখা

Jaya *went on* reading and did not pay attention to her friends.

Go out – নিভে যাওয়া

The lights *went out* as Sanjeev entered the room.

Go over – স্মরণ করা

I *went over* the events of the day as I lay in bed at night. *Go over* this chapter again and again until you have learnt it thoroughly.

Go through – কষ্ট করা, সহ্য করা

You will never know what she *went through* to give her children good education.

Go upon – কোনও কিছুর ওপর বিশ্বাস স্থাপন করে এগোন

Is this the principle you always *go upon?*

Go with – মানানো

A blue cardigan will not *go with* a green sari.

Go without – কোনও জিনিস ছাড়াই কাজ চালানো

How long can you *go without* food?

Go wrong – খারাপ হওয়া

What has *gone wrong* with your car?

Grow upon – অভ্যাস হওয়া

The habit of taking drugs is *growing upon* college boys.

[H]

Hand down – আদালতে দণ্ড ঘোষণা করা

The judge *handed down* his verdict in the case.

Hand in – দিয়ে দেওয়া

Time is up, please *hand in* the answer books.

Hand out – বিতরণ করা

The examiner *handed out* the question papers to the candidates.

Hand over – সঁপে দেওয়া

The retiring sales engineer *handed over* the charge to the new engineer.

Hang about – এদিক সেদিক ঘোরা ফেরা করা

A suspicious-looking man was seen *hanging about* the house last night.

Hang around – বিনা কাজে ঘোরাফেরা করা

I have often seen him *hanging around* her house?

Hang back – পেছনে থাকা

I asked him to receive the chief guest, but he *hung back*.

Hang on – ঝুলে থাকা

Hang on to the rope lest you should fall down.

Hang up – টেলিফোন নীচে রেখে দেওয়া

I rang him up but as soon as he heard my voice he *hung up*.

Hang upon – মনোযোগ দিয়ে শোনা

The audience *hung upon* every word of the distinguished speaker.

Happen on – হঠাৎ দেখতে পাওয়া

During my Himalayan trek I *happened on* a tiger in a forest.

Have on – পরে থাকা [পরিধান]

What sari did she *have on* when you saw her?

Hear of – শোনা [কোনও খবর]

Have you *heard of* the bus accident at Okhla in which ten persons got killed.

Hit on – ঘটনাচক্রে খোঁজ পাওয়া

To begin with I tried quite a bit and finally by sheer luck I *hit on* on the right solution.

Hold forth – লম্বা ভাষণ দেওয়া

He *held forth* on his favourite topic for one full hour.

Hold good – চালু থাকা

The promise I made you last week still *holds good.*

Hold off – কোনও সিদ্ধান্ত গ্রহণে দেরি করা

Everybody in the office is wondering why Mr. Rao is *holding off* his decision?

Hold on – শক্ত করে ধরে থাকা

Hold on to the rope, lest you should fall down.

Hold out – প্রতিরোধ জারি রাখা

Despite massive strength of the enemies our soldiers *held out* to the last.

Hold over – দেরি করা

In view of the fresh evidence available the judge has decided to *hold over* the case till the next month.

Hold still – স্থির থাকা

How can I take your photograph if you do not *hold still?*

Hold together – একসঙ্গে থাকা, আস্ত থাকা

This chair is so rickety that it will not *hold together* if you sit on it.

Hold true – সত্য হওয়া

Newton's Law of Gravitation ill always *hold true* on earth.

Hold up – 1. দেরি করা, আটকে দেওয়া

Your late arrival has *held up* the work.

2. ডাকাতি করা

Two armed robbers *held up* the bank.

Hunt for – খোঁজা

What were you *hunting for* in the newspaper?

Hunt up – চেষ্টা করে খোঁজা

I am *hunting up* material for my new book on politicking in India.

[I]

Inquire after – কুশল সংবাদ নেওয়া

Since last week Ashok had not been feeling well so I went to his place to *inquire after* him.

Introduce into – নতুন জিনিস আমদানি করা, অনুপ্রবেশ করানো

He *introduced into* the debate a fresh approach.

Issue from – বেরিয়ে আসা [উৎস থেকে]

Water *issued from* a small crack in the stream.

[J]

Join in – সম্মিলিত হওয়া, ভাগ নেওয়া

At first he kept aloof from our games, but later *joined in.*

Join with – ভাগ করে নেওয়া

I'll *join with* you in the expenses of the trip.

Join up – [সেনা বিভাগে] ভর্তি হওয়া

When the war was declared the government appealed to all young men to *join up.*

Jump at – উৎসুকভাবে স্বীকার করা

When I suggested that we could go for picnic tomorrow he *jumped at* the proposal.

Jump to – তাড়াতাড়ি করে সিদ্ধান্ত নেওয়া

Don't be hasty in judging himself and *jumping to* the conclusion that he is hostile to you.

[K]

Keep at – জারি রাখা

If he only *keeps at* his work, he will soon finish with it.

Keep back – লুকোনো

I won't *keep back* anything from you.

Keep away – দূরে থাকা

We should advise our children to *keep away* from bad company.

Keep house – ঘর সামলানো

He wants his wife only to *keep house* and not work in an office.

Keep off – দূরে রাখা

The curtains will *keep off* the mosquitoes.

Keep on – জারি রাখা

It was a long journey and he was tired, but he *kept on* going.

Keep out – এড়ানো

The woollen cloths are warm enough to *keep out* the cold.

Keep to – 1. জারি রাখা, করতে থাকা

Unless you *keep to* the job you are doing, you will never be able to finish with it.

2. কথা রাখা

You must learn to *keep to* your word.

Keep together – একসঙ্গে থাকা

I asked my children to *keep together* in the crowd.

Keep up – গতি বজায় রাখা

India must *keep up* with the development and progress in the world of science.

Knock down – নীচে ফেলে দেওয়া

The boxer struck his opponent a heavy blow and *knocked* him *down*.

Knock off – কাজ বন্ধ রাখা

He did not take long to *knock off* the work.

Knock out – চূড়ান্তভাবে হারানো

A heavy blow on the nose by his opponent *knocked out* the boxer.

Knuckle under – হার মেনে নেওয়া

We thought it would be a tough bout, but it was not long before one of the boxers was *knuckling under*.

[L]

Lay about – আগা পাস্তালা পেটানো

As the watchman spotted a man stealing watches from a shop he *laid about* him with his cane.

Lay down – পদত্যাগ করা

After ten long years he *laid down* the Chairmanship of the company.

Lay off – কিছু সময়ের জন্য কর্মচ্যুত করা

If the sales continue to fall like this we may have to *lay off* one or two people.

Lay on – জোরে জোরে মারা

Taking up a stick he caught the mischievous boy and *laid on* vigorously.

Lay open – [আসল তথ্য] ফাঁস করা

I shall not rest till I've *laid open* the whole conspiracy.

Lay out – সাজানো

The garden was *laid out* by an expert.

Lay up – ভবিষ্যতের জন্য সঞ্চয় করা

The squirrel was busy *laying up* nuts.

Leave alone – ছেড়ে যাওয়া

How can you *leave* me *alone* in my hard times?

Leave out – না নেওয়া, অন্তর্ভুক্ত না করা

It will be unfair to *leave* him *out* of the picnic programme.

Let down – নিরাশ করা, ধোঁকা দেওয়া

I was counting on your help, but you *let me down*.

Let off – ছেড়ে দেওয়া

You must prepare hard. Interviewers won't *let you off* so easily.

Let on – না বলা

Don't *let on* to Dev that we are going to a movie tonight.

Let out – ভাড়া দেওয়া

As I am hard up nowadays I had to *let out* a portion of my house.

Let up – কথা

If the rain *lets up* we will go to the market.

Light on – ঘটনাক্রমে জানা

While wandering in the jungle the boys suddenly *lighted on* a secret cave.

Live on – [কোনও বস্তুর ওপর] নির্ভর করে বাঁচা

Squirrels *live on* nuts.

Look after – সামলানো, দেখাশোনা করা

Will you please *look after* the house in my absence?

Look for – খোঁজা

I *looked for* my lost watch everywhere in the house, but couldn't find it.

Look in – অল্প সময়ের জন্য যাওয়া

Do *look in* after dinner if you are free.

Look into – অনুসন্ধান করা

Have the police *looked into* the matter relating to theft at your house.

Look out – সাবধান থাকা

Look out there is a car coming.

Look over – মূল্যায়ণ করা

The examiner was *looking over* the students answer papers.

Look up – 1. অর্থ খোঁজা

Suresh *looked up* the word in the dictionary as he did not know its meaning.

2. বাড়া

Prices of cooking oil are *looking up*.

[M]

Make after – পেছনে ছোটা

The policemen *made after* the thief very fast.

Make believe – বিশ্বাস করানোর চেষ্টা করা

Arun *made believe* that he was sick to take a leave from school.

Make clear – স্পষ্ট করা

The teacher *made clear* to me my mistake.

Make faces – মুখ বাঁকানো

Stop *making faces* at me.

Make for – কোনও দিকে যাওয়া

The thief entered the house and *made for* the safe.

Make good – চাকরিতে উন্নতি হওয়া

He being a hard worker is sure to *make good* in that new job.

Make merry – আনন্দ করা

As we have now an unexpected holiday, so let us *make merry*.

Make out – কষ্ট করে বুঝতে পারা

Can you *make out* his handwriting?

Make over – 1. সমর্পণ করা

He has *made over* all his property to his son.

2. মেরামত করা

She is an efficient housewife and *makes over* all her old clothes.

Make room – আঁটানো

I cannot *make room* for anything more in this trunk.

Make sense – অর্থবোধক হওয়া

How can you be so foolish in dealing with your clients? It doesn't *make sense* to me.

Make towards – কোনও দিকে যাওয়া

The swimmer *made towards* the right bank of the river.

Make up – তৈরী করা, গড়া

Don't *make up* such silly excuses for your absence yesterday.

Make way – রাস্তা দেওয়া

The crowd hurriedly *made way* for the leader as he arrived.

Mix up – গোলমাল করে ফেলা

As they were introduced to me in a hurry I *mixed up* their names and called him by the wrong name.

[O]

Occur to – ধারণায় আসা

As I always considered him an honest person it never *occured to* me that he was lying.

Offend against – অশোভনীয় হওয়া

There was nothing in his speech to *offend against* good taste.

[P]

Pack off – তাড়াতাড়ি হাঁকিয়ে দেওয়া

As he was getting on my nevers I *packed* him *off*.

Palm off – ঠকানো

He tried to *palm off* a forged hundred-rupee note on me.

Part with – দিয়ে দেওয়া

Nobody likes to *part with* one's property.

Pass away – মারা যাওয়া

Kumar's father *passed away* yesterday.

Pass for – ধরে নেওয়া

Our villagers being largely illiterate he *passes for* a learned man in our village.

Pass out – মানসিক ভারসাম্য হারিয়ে ফেলা

She could not bear the sight of accident and *passed out*.

Pass over – খেয়াল না করা

I *passed over* many candidates before I could choose this one.

Pay attention – মনোযোগ দেওয়া

The teacher asked the student to *pay attention* to him.

Pay off – হিসাব মিটিয়ে ছুটি দিয়ে দেওয়া

He was not happy with his servant so he *paid him off*.

Pick on – গায়ে পড়ে ঝগড়া করা

The quarrelsome boy always *picked on* fights with small children.

Pick out – পছন্দ করা, নির্বাচন করা

Anil spent a long time *picking out* a nice gift for Anita.

Pick up – মোটামুটিভাবে বুঝে নেওয়া

The children don't take long to *pick up* what they see around.

Play down – গুরুত্ব কম করা

Some newspapers *played down* the significance of distrubances in Poland.

Play off – পরস্পরে বিরোধ বাধানো

The crooked man *played off* the two friends against each other for his own benefit.

Play on – 1. বাজানো

Can you *play on* a violin?

2. বিবেচনা করে শব্দ প্রয়োগ করা

His skill to *play on* words makes him a very forceful speaker.

Play with – [বিপজ্জনকভাবে] খেলা করা

It is dangerous to *play with* fire.

Prevail over – প্রভাবিত করা

None of these considerations *prevailed over* his prejudices.

Prevail with – মানানো

He is a difficult person. So, I found difficult to *prevail with* him.

Proceed against – কারোর বিরুদ্ধে ব্যবস্থাগ্রহণ করা

I have decided to *proceed against* him in a court of law.

Provide against – খারাপ সময়ের জন্য আগাম ব্যবস্থা করে রাখা

A wise man takes care to *provide against* emergencies.

Pull in – আসা

The coolies started running towards the train as it *pulled in*.

Pull out – চলে যাওয়া

At the guard's signal the train *pulled out* of the station.

Pull through – বেঁচে যাওয়া

Although he was seriously ill and doctors had given up hope he *pulled through*.

Pull together – মিলেমিশে কাজ করা,একমত হওয়া

The partners of Adarsh Enterprise have been fighting together. If they manage to *pull together* they'll succeed.

Pull up – থেমে যাওয়া

The taxi *pulled up* at the entrance of the hotel.

Push off – যাওয়া

I'm getting quite late so I must *push off* now.

Push on – কষ্টসাধ্যভাবে আগে বাড়া

He was exhausted and ill, but he *pushed on*.

Put across – বোঝানো

He *put across* his arguments very eloquently and convincingly.

Put away – সরিয়ে রাখা

The workmen *put away* their tools and left the factory.

Put down – দমন করা

The army easily *put down* the revolt.

Put forward – বিচারের জন্য প্রস্তাব রাখা

He *put forward* his suggestions for our consideration.

Put off – স্থগিত করা

The match had to be *put off* because of bad weather.

Put on – 1. কাপড়/পোশাক পরা

She *put on* her best dress for the party.

2. দেখানো

Don't *put on* as if you don't know anything.

Put out – 1. নেভানো

He *put out* the light and went to sleep.

2. কষ্ট দেওয়া

You should take care not to *put out* people by your irresponsible behaviour.

3. প্রকাশ করা

The party *put out* a pamphlet to explain its economic policy.

Put right – সারানো

Ask the carpenter to *put right* this broken table.

Put together – জোড়া লাগানো, একত্র করা

The child took the watch apart, but couldn't *put it together* again.

316

Put up – থাকা, বাস করা

Where should I *put up* in Bombay?

[R]

Rail against – অভিযোগ করা, বিরোধ করা

It is useless *railing against* your master's orders.

Rail at – অভিযোগ করা

He has always *railed at* his parents for not under-standing him.

Rake up – পুরোনো ঝগড়া নতুন করে শুরু করা

Please do not *rake up* old quarrels at this critical juncture.

Rank with – সমান হওয়া

There is scarcely any poet who can *rank with* Kalidas.

Reason with – তর্ক করা, বোঝানোর চেষ্টা করা

I had to *reason* hard *with* him for my proposal's acceptance.

Reckon on – ভরসা রাখা

I was *reckoning on* her presence at the function.

Reflect on – খারাপ প্রভাব পড়া

Your misconduct will *reflect on* your character.

Relate to – সম্বন্ধিত হওয়া

Please get me the file that *relates to* this matter.

Resort to – সহায়তা দেওয়া, নিরুপায়

As the crowd became unruly the police had to *resort to* lathi-charge.

Rest on – নির্ভর করা

His whole theory *rests on* a wrong assumption.

Ride out – ঝড় থেকে বেরিয়ে আসা

Fortunately our ship *rode out* the storm.

Root out – সমূলে নষ্ট করা

The government is determined to *root out* corruption.

Rout out – জোর করে বের করে আনা

I *routed him* out of bed early in the morning.

Rule out – না মানা

The police has *ruled out* the possibility of sabotage in this train accident.

Run across – আকস্মিকভাবে দেখা হওয়া/করা

I was quite surprised to *run across* him in the market.

Run after – পেছনে ছোটা

Running after money does not speak well of you.

Run against – ভোটের লড়াইয়ে বিরোধিতা করা

She *run against* her husband in the municipal elections.

Run down – তুচ্ছ করা

Certain malicious reviewers will *run down* even the best book ever written.

Run errands – খবর পৌঁছোনো

Ramesh is of obliging nature and *runs errands* for all the neighbours.

Run for – নির্বাচনে প্রার্থী হওয়া

he *ran for* Presidentship in the college elections.

Run into – 1. ঘটনাচক্রে দেখা হওয়া

I *ran into* an old friend yesterday at the cinema hall.

2. অবিবেচনার ফলভোগ করা

If you spend your money so recklessly you will soon *run into* debt.

Run out – শেষ হওয়া

We were afraid that we might *run out* of our food supply at the excursion.

Run over – গাড়ি চাপা পড়া

The unlucky dog was *run over* by a car.

Run short of – শেষ হওয়া, কমপড়া

If we *run short of* food we will get more from some restaurant.

Run through – [বই] তাড়াতাড়ি করে দেখে নেওয়া

I had to *run through* the book in an hour.

[S]

Search out – খুঁজে বের করা

Our aim in this inquiry is to *search out* the truth.

See about – ব্যবস্থা করা

I am badly tied up with other things so you will have to *see about* the catering arrangements at the party.

See off – বিদায় দেওয়া

I went to the airport to *see off* my friend who left for U.S.A. last night.

See through – 1. অসুবিধে সত্ত্বেও কাজ শেষ করা

He *saw through* the entire job by himself.

2. আসল সত্য জেনে ফেলা

He was trying to be clever, but I *saw through* his trick.

See to – দায়িত্ব নেওয়া

Will you please *see to* the catering arrangements for the function?

Seek out – চেষ্টা করে খুঁজে বের করা

Ramesh and Vikas have gone to the nearby wood to *seek out* the place of rabbits.

Sell out – মালিকানা বিক্রি করা

He *sold out* his business as he could not make a profit.

Send away – কাউকে চলে যেতে বলা

He was becoming a nuisance, so I had to *send* him *away*.

Send for – ডেকে পাঠানো

She has fallen unconscious. Please *send for* a doctor immediately.

Send word – খবর পাঠানো

He *sent word* to me that he would come in a week's time.

Serve out – পুরো সময়ের জন্য কাজ করা

The apprentice has *served out* his period of apprenticeship so he is due for an increment.

Serve up – [খাবার] বেড়ে দেওয়া

She *served up* a tasty meal.

Set about – কাজ শুরু করা

As your examination is near you should *set about* your work without delay.

Set apart – সুরক্ষিত রাখা

One day in the week is *set apart* as the rest day.

Set aside – রদবদল করা

The Supreme Court *set aside* the verdict of the High Court in Bihari Lal case.

Set down – লিপিবদ্ধ করা

The Magistrate *set down* in writing the witness' statement.

Set forth – প্রস্তুত করা

He *set forth* his views with clarity and force.

Set in – আরম্ভ হওয়া

Just as I was about to go out, the rain *set in*.

Set off – বেরিয়ে পড়া

As we have to go a long distance we will *set off* early in the morning.

Set up – ব্যবস্থা করা

The state government has *set up* a new auditorium at Mehta Chowk to encourage performing arts.

Set upon – হামলা করা

As the poor old beggar approached the corner house two dogs *set upon* him.

Set out – বেরিয়ে পড়া

He *set out* on his travels.

Set to – কাজ শুরু করা

You have a lot to do so you should *set to* work at once.

Settle down – স্থায়ীভাবে বসবাস করা

After retirement now I have *settled down* in Delhi.

Settle on – অনিশ্চয়তার পর কোনও সিদ্ধান্তে পৌঁছোন

Finally, she *settled on* a blue sari.

Show off – দেখানো, জাঁক দেখানো

She went to the party as she was quite keen to *show off* her new dress.

Show up – 1. এসে পৌঁছোন

I have been waiting for him for more than an hour, but he has not yet *shown up*.

2. ফাঁস করে দেওয়া

If he provokes me further, I will have to *show* him *up*.

Shut in – ভেতরে বন্ধ করে রাখা

As night came the shepherd *shut* his flock of sheep *in*.

Shut off – [কোনও যন্ত্র] বন্ধ করে দেওয়া

There appeared to be some trouble with his car so he *shut off* its engine.

Shut up – জোর করে চুপ করানো

As the boy was chattering a lot the teacher asked him to *shut up*.

Side with – পক্ষ নেওয়া

No matter what happens I will always *side with* you.

Sit out – শেষ হওয়া পর্যন্ত বসে থাকা

I *sat out* his long lecture.

Sit up – উঠে বসা

The poor old man was too weak to *sit up*.

Sleep off – ঘুমিয়ে ক্লান্তি দূর করা

I was exhausted after the day's work so I decided to *sleep off* my fatigue.

Slow down – ধীরে ধীরে গতি কমিয়ে আনা

The train *slowed down* as it approached the station.

Smart under – অপমান সহ্য করা

The clerk was *smarting under* the officer's rebuke.

Snap at – খুশী মনে নেওয়া

He *snapped at* the offer I made to him.

speak up – জোরে বলা

As the audience could not hear the speaker it requested him to *speak up*.

Spell out – বিস্তৃতভাবে বলা

He *spelt out* his treking plan in detail and asked me to accompany him.

Stamp out – দমন করা

The government tried its best to *stamp out* the rebellion.

Stand against – প্রতিকার করা

Parashuram was so powerful that no king could *stand against* him.

Stand by – অপেক্ষা করা

Plesae *stand by* for an important announcement.

Stand for – 1. প্রতিনিধিত্ব করা

The stars in the American flag *stands for* fifty states.

2. নির্বাচনে প্রতিদ্বন্দ্বিতা করা

My uncle *stood for* chairmanship of the Municipality.

3. বরদাস্ত করা

I will not *stand for* such a rude behaviour.

Stand out – দৃষ্টি আকর্ষণ করা

She *stood out* in the crowd because of her beauty.

Stand up – সহ্য করা

How can you *stand up* to such tremendous pressure of work?

Start for – রওয়ানা হওয়া

When did he *start for* Bombay?

Stay up – জেগে থাকা

I had to finish with some work last night so I *stayed up* till one o'clock.

Step down – পদত্যাগ করা

Next month our company's president will *step down* in favour of his son.

Step up – গতি বাড়ানো

I *stepped up* the speed of my car.

Stick around – বসে থাকা

After dinner we requested our guest to *stick around* for the movie on the TV.

Stick at – দ্বিধা করা

He will *stick at* nothing to fulfil his ends.

Stick by – সঙ্গ দেওয়া

Stick by your friends in their difficulty.

Stick out – বের করা

I went to the doctor with a stomach complaint and he asked me to *stick out* my tongue.

Stick to – একই বিষয়ে স্থির থাকা

Despite interrogation he *stuck to* his story till the end.

Stir up – প্ররোচিত করা; উত্তেজিত করা

He tried to *stire up* trouble between the management and the workers.

Stop short – হঠাৎ থেমে যাওয়া

He was talking about Naresh, but suddenly *stopped short* as he saw him coming.

Strike down – অবৈধ ঘোষণা করা

The court *struck down* the government's ordinance as unconstitutional.

Strike off – তালিকা থেকে বাদ দেওয়া

At the last moment something came into her mind and she *struck off* his name from the list of invitees.

Strike up – গান শুরু করা

At the end of the programme the band *struck up* the national anthem.

Srike work – হরতাল করা

The factory workers *struck work* to demand higher wages.

Subscribe to – কোনও বিষয়ে একমত হওয়া

Do you *subscribe to* the philosophy of Karma?

Subsist on – জীবন নির্বাহ করা

The sadhu *subsisted on* nuts and roots for many weeks.

Succeed to – কারোর উত্তরাধিকারী হওয়া

The prince will *succeed to* the throne on the king's death.

Sue for – বিচার প্রার্থনা করা

As he developed after-operation complication he *sued* the Verma Nursing Home *for* damages to the extent of ten thousand rupees.

[T]

Take after – সদৃশ্য হওয়া

She has *taken after* her mother.

Take apart – কলকব্জা খোলা

Can you *take apart* a watch?

Take down – লেখা

Take down carefully whatever I say.

Take for – ধরে নেওয়া

I *took* him *for* a doctor.

Take in – ধোঁকা খাওয়া

He tried to play a trick on me, but I couldn't be *taken in*.

Take off – 1. পোষাক খোলা, জামাকাপড় খোলা

He *took off* his coat. [clothes]

2. ওড়া

We watched the plane *take off*.

Take on – চাকরিতে রাখা

They are *taking on* many new workers at that factory.

Take over – 1. দায়িত্ব সামলানো

After the Chairman retired the Managing Director *took over* as the new Chairman.

2. অধিকার করা

They defeated the enemy and *took over* the fort.

Take place – ঘটিত হওয়া

Where did the meeting *take place?*

Take to – আকৃষ্ট হওয়া

I *took to* Anil right from the very beginning.

Take turns – পর্যায়ক্রমে [কোনও কাজ] করা

During the trip Jeevan and I *took turns* at car driving.

Take up – পাঠ্যবিষয় নির্বাচন করা

After completing school he *took up* mechanical engineering.

Talk back – মুখের ওপর জবাব দেওয়া

It is very rude to *talk back* to your elders.

Talk over – আলাপ আলোচনা করা

The committe is *talking over* our report.

Talk shop – নিজেদের কাজকর্ম নিয়ে কথা বলা

The two lawyers always *talk shop*.

Taste of – স্বাদ যেন

This coffee is no good – it *tastes of* kerosene.

Tear down – ভেঙে ফেলা

They brought bulldozers to *tear down* the building.

Tell against – বিরুদ্ধাচরণ করা

The new evidence relating to this case *tells against* the accused.

Tell off – ভৎর্সনা করা

The headmaster *told off* the rowdy student.

Tell on – একের কথা অন্যকে লাগানো

It is unfair to *tell on* others.

Tell upon – প্রভাবিত করা

You must not work so hard. It will *tell upon* your health.

Think of – [কোনও বিষয়ে] মতপ্রদান করা

What did you *think of* the movie?

Think out – ভেবেচিন্তে পরিকল্পনা করা

They will have to *think out* some good idea to produce this kind of advertisement.

Think up – ভেবেচিন্তে উপায় বের করা

You will have to *think up* a good excuse for the delay.

Throw out – বের করে দেওয়া

He was making a nuisance of himself, so he was *thrown out* of the lecture hall.

Throw up – [চাকরি] ছেড়ে দেওয়া

Why have you *thrown up* your job?

Tide over – সামলে নেওয়া

Will this amount enable you to *tide over* your financial difficulties?

Touch at – অল্প সময়ের জন্য থামা

The Rajdhani Express between Delhi and Bombay *touches at* Baroda.

Touch on – সংক্ষেপে উল্লেখ করা

Your lecture was illuminating but did not *touch on* the problem of casteism in the country.

Touch up – অল্পসল্প ত্রুটি ঠিক করা

The photographer *touched up* my photograph.

Trade in – বদলা বদলি করা

I *traded in* my old car for a new one.

Trade on – লাভ ওঠানো

I *traded on* his good nature to help me out of my financial difficulties.

Trifle with – ঠাট্টা করা

It is cruel to *trifle with* anybody's feelings.

Trump up – মনগড়া গল্প তৈরী করা

The story you have *trumped up* is not at all convincing.

Try on – পরে দেখা [জামাকাপড়]

The tailor asked me to *try on* the coat.

Try out – পরীক্ষামূলকভাবে ব্যবহার করে দেখা

You should *try out* that TV set before you finally buy it.

Turn about – মুখ ফেরানো

The moment she saw him coming she *turned about*.

Turn against – বিরুদ্ধাচরণ করা

We have been such good friends and I had no idea that he would *turn against* me.

Turn around – পূরো ঘোরানো

Being a novice he could not *turn around* the car in the narrow lane.

Turn aside – পথচ্যুত হওয়া

Never *turn aside* from the path of truth.

Turn away – ফেরৎ দেওয়া

He has *turned away* three applicants for the new post of purchase-officer.

Turn back – পিছু হঠা

Please *turn back* from the edge of the water.

Turn down – 1. অস্বীকার করা

I'm counting a lot on this so please do not *turn down* my request.

2. কম করা

Please *turn down* the volume of the radio.

Turn in – প্রস্তুত করা

He *turned in* his answer paper and came out of the examination hall.

Turn on – চালানো/জ্বালানো

Please *turn on* the light.

Turn out – 1. উৎপন্ন করা

How many cars does this factory *turn out* everyday?

2. সিদ্ধ হওয়া

To begin with he looked like any other carpenter, but later he *turned out* to be a very talented one.

Turn tail – পালিয়ে যাওয়া

The enemy had to *turn tail* as it could not hold against the massive attack of our army.

Turn up – 1. হঠাৎ এসে পৌঁছোন

Everybody was surprised to see him *turn up* at the meeting.

2. জাহির হওয়া

Some interesting facts have *turned up* during the inquiry.

[U]

Used to – অভ্যস্ত হওয়া

I am quite *used to* driving in crowded places.

Use up – ব্যবহার করা

Have you *used up* all the paper I had given you?

[W]

Wade into – আক্রমণ করা

Ram could not tolerate Shyam's insulting remark. He *waded into* him and knocked him down.

Wade through – অনেক কাজ করা

Today I have to *wade through* a lot of correspondence.

Wait for – অপেক্ষা করা

I'll *wait for* you at my office till you come.

Wait on – সেবা করা, বেড়ে দেওয়া

She *waited on* us efficiently.

Wash out – ধুয়ে পরিষ্কার করা

Can this stain be *washed out*.

Watch over – পাহারা দেওয়া

The dog faithfully *watched over* his master's sleeping child.

Wear off – ঝাপসা হয়ে যাওয়া

This colour will *wear off* soon.

Wear out – ফেলে দেওয়ার অবস্থা করা

Constant use will *wear out* any machine.

While away – সময় নষ্ট করা

Get to work. Don't *while away* your time in trifles.

Wind up – 1. গুটিয়ে নেওয়া, বন্ধ করা

Recurring losses complelled him to *wind up* his business.

2. ঘড়িতে চাবি দেওয়া

I *wound up*my watch when I went to bed.

Wink at – অগ্রাহ্য করা

I can *wink at* that problem?

Work away – কাজ করতে থাকা

He is hard working man. He can *work away* at his job for hours at a stretch.

Work into – চেষ্টা করে ভেতরে ঢোকা

The miner's drill *worked into* the hard rock.

Work open – কোনও প্রকারে খোলা

I had lost my suitcase's key, but somehow I managed to *work* it *open.*

Work out – সমাধান খুঁজে বের করা

Could you *work out* that problem?

Work up – উত্তেজিত করা

Why are you so *worked up?*

[Y]

Yield to – স্বীকার করা, মেনে নেওয়া

It took me long to persuade him to *yield to* my request.

IDIOMS & PHRASES

[A]

Abounding in – [দ্বারা] পরিপূর্ণ

Sea *abounds in* all kinds of animals.

Above all – মুখ্যতঃ, বিশেষ করে

Above all, don't mention this to Hari.

Abreast with – খোঁজখবর রাখা

He keeps himself *abreast with* the latest developments in the world of science.

Absent-minded person – ভুলোমনের লোক

Our professor is a very *absent-minded person.*

Accessary to – সহায়ক

This man was *accessary to* the crime.

Affect ignorance – কিছুই জানেনা এমন ভাব দেখানো

You cannot *affect ignorance* of the law and escape punishment.

Aghast at – হতভম্ব হওয়া

As she entered the hospital she looked *aghast at* the bed of the wounded.

Agreeable to – পছন্দ/অনুরূপ হওয়া

He being every fussy, the plan was not *agreeable to* his wishes.

Alive to – খোঁজ খবর

He is not at all *alive to* the current economic problems.

All at once – হঠাৎ

All at once the sky became dark and it began to rain.

All moonshine – মন গড়া, সম্পূর্ণ মিথ্যা

What you are saying is *all moonshine.*

All of a sudden – হঠাৎ

All of a sudden the walls of the room started shaking.

All the same – তবুও

Although your agreements appear convincing *all the same* it will not happen.

Animal spirits – স্বতঃস্ফূর্ত প্রবৃত্তি

Young children are by nature full of *animal spirits.*

Apple of discord – ঝগড়ার কারণ

Ever since their father's death this property has been an *apple of discord* between the two brothers.

Apple of one's eye – অত্যন্ত প্রিয়

His lovely little daughter is the *apple of his eye.*

Ask for something – জেনেশুনে লোকসান / ক্ষতি সাধন করা

Now you are complaining about the cut in your salary. You had *asked for it* by regularly coming late.

At all – একদম নয়

He told me that he did not have any money *at all.*

At daggers drawn – শত্রুতাপন্ন

Once upon a time they were friends, but now they are *at daggers drawn* over the issue of money.

At large – বন্ধনমুক্ত থাকা, ধরা না পড়া

A convict who had escaped from prison last month is still *at large.*

At once – অবিলম্বে

The boss was furious over secretary's mistake and asked him to come to his romm *at once*.

At the eleventh hour – একেবারে শেষ মুহূর্তে

The mob was getting out of control, but *at the eleventh hour* the police arrived and averted a riot.

At times – কখনও কখনও

At times she feels a little better, but then again relapses into her old condition.

Aware of – সচেতন থাকা

I was not *aware of* his intentions.

[B]

Back out of – কথার খেলাপ করা

He *backed out of* the promise he had given me.

Backstairs influence – অবৈধ প্রভাব

He managed to get the job through *backstairs influence*.

Bad blood – শত্রুতা

There is *bad blood* between the two neighbours.

Be a party to something – পক্ষে হওয়া, একমত হওয়া

I disagree with your proposals so I won't be a *party to* this agreement.

Be all ears – মনোযোগ দিয়ে শোনা

The children were *all ears* as I began to tell the story of Alibaba.

Be beside oneself – আনন্দ বা শোকের ভাবনায় আপ্লুত হওয়া

She was *beside herself* with grief when she heard about her son's death.

Be horn with a silver spoon in one's mouth – ধনীগৃহে জন্মগ্রহণ করা

Pandit Nehru was *born with a silver spoon in his mouth*.

Be bound to – নিশ্চিত ভাবে

We are *bound to* be late if you don't hurry.

Be bound for – গন্তব্যস্থান

This ship is *bound for* London.

Be ill at ease – কষ্ট পাওয়া

The whole night mosquitoes kept on biting him and he was quite *ill at ease*.

Be in the way – রাস্তা জুড়ে থাকা

Is this chair *in your way*?

Be no more – মরে যাওয়া

Since her husband is *no more* she feels quite lost.

Be off – চলে/বেরিয়ে যাওয়া

I was tired of his chattering and asked him to *be off*.

Be out of the question – অসম্ভব হওয়া

Without oxygen life is *out of question*.

Be under age – নাবালক হওয়া

You cannot vote as you are *under age*.

Be up something – কোনও পরিকল্পনায় ব্যস্ত থাকা

These boys have suspicious movements. I am sure they are *upto something*.

Be well-off – ধনবান

They own a house and a car, so they certainly are *well-off*.

Be worth its weight in gold – অত্যন্ত মূল্যবান

In the desert a bottle of water is *worth its weight in gold*.

Bear down upon – যুদ্ধজাহাজের আক্রমণ

Our warship *bore down upon* the enemy convoy.

Beast of burden – ভারবাহী পশু

Mules are used as *beasts of burden* by the Indian Army.

Beast of prey – শিকারী পশু

A tiger is a *beast of prey*.

Beat about the bush – অবান্তর কথাবার্তা বলা

Come to the point. Don't *beat about the bush*.

Beck and call – আজ্ঞাবাহী

You cannot expect me to be at your *beck and call* everytime.

Bed of roses – সুখশয্যা

Life is no *bed of roses*.

Beggar description – অবর্ণনীয়

Her beauty *beggared description*.

Behind the scenes – আড়ালে

The leaders had been discussing *behind the scenes* for long, and finally they arrived at an agreement.

Bent on – প্রবৃত্ত, উদ্যত

I am sure the two boys are *bent on* some mischief.

Better half – স্ত্রী

His *better half* takes good care of him.

Bide his time – সুযোগের অপেক্ষায় থাকা

The hunter *bided his time* till the tiger approached the pond for a drink.

Big deal – হামবড়াই

You think you can beat me! A *big deal!*

Bird's eye view – বিহঙ্গাবলোকন

We had a *bird's eye view* of the city from the plane.

Birds of a feather – সমমনোভাবাপন্ন লোক

Birds of a feather tend to flock together.

Black sheep – বংশের কলংক

Ramesh is the *black sheep* of the family.

Blind alley – কানা গলি

They had to turn back as they had entered a *blind alley*.

Blind to – অগ্রাহ্য করা

He is *blind to* his son's actions.

Blow one's own trumpet – নিজের ঢাক নিজে বাজানো

Blowing one's own trumpet speaks of ill breeding.

Blow one's top – ক্রোধোন্মত্ত হওয়া

Ram has not been caring for his studies at all. Naturally, his father had to *blow his top*.

Blue stocking – সাহিত্যকার, বিদূষী স্ত্রী

She has made a name for herself in society as a *blue stocking*.

Body and soul – মন প্রাণ দিয়ে

He gave himself *body and soul* to the pursuit of learning.

Boil down – শেষ পর্যন্ত দাঁড়ানো

It all *boils down* to a clear case of murder.

Bolt upright – সোজা হওয়া

As he was suddenly awakened by a passing procession's noise he got up and sat *bolt upright*.

Bosom friend – ঘনিষ্ঠ বন্ধু, হরিহর আত্মা

Arun and Anil are *bosom friends*

Brazen-faced fellow - অভদ্র লোক

I cannot stand that *brazen-faced fellow*.

Break cover - অন্তরাল থেকে বেরিয়ে আসা

The enemy resumed heavy firing as the soldiers *broke cover*.

Break in – জোর করে ঢোকা

The thief quietly *broke in* when every one was asleep.

Break the ice – নিস্তব্ধতা ভঙ্গ করা

They sat in awakward silence till I *broke the ice*.

Break the news – কোনও খবর দেওয়া

Ram had drowned and somebody had to *break the sad news* to his family somehow.

Breathe one's last – মরে যাওয়া

The nation plunged into grief as the beloved leader Pandit Nehru *breathed his last*.

Bring to light – আলোকপাত করা

The C.I.D. *brought to light* a hideous conspiracy to assassinate the police chief.

Bring to the hammer – নীলাম করা

As he went bankrupt, all his goods were *brought to the hammer*.

Broad daylight – প্রকাশ্য দিবালোকে

Yesterday the bank near our house was robbed in *broad daylight*.

Brown study – চিন্তামগ্ন থাকা

Shyam is in the habit of getting into *brown study*.

Build castles in the air – আকাশকুসুম রচনা করা

Be content with what you have. There is no point in *building castles in the air*.

Burning question – জ্বলন্ত প্রশ্ন

In the world today, issue of Poland is a *burning question*.

Burn the candle at both ends – সাধ্যের অতীত খরচ করা

If you *burn the candle at both ends* like this, you will soon land up in the hospital.

Bury the hatchet – শত্রুতার অবসান ঘটানো

The two warring nations reached a truce and at last *buried the hatchet*.

By and By – ধীরে ধীরে

By and by people began to come into the lecture hall.

By heart – কণ্ঠস্থ

I know many passages from Shakespeare *by heart*.

By himself -- একলা

I have often seen him walking all *by himself* in the woods.

By the way – কথাপ্রসঙ্গে

By the way, are you married?

[C]

Call a spade a spade – সোজাসুজি বলা

I'am not rude but at the same time I don't hesitate to *call a spade a spade*.

Call to order – সভা শুরু করা

The Chairman *called the* meeting *to order*.

Capital crime – মৃত্যুদণ্ডযোগ্য অপরাধ

Murder is a *capital crime*.

Capital idea – উৎকৃষ্ট কল্পনা

Going on a picnic this Sunday is a *capital idea*.

Capital punishment – মৃত্যুদণ্ড

The murderer was awarded *capital punishment*.

Carry one's point – বিরোধের অবসান ঘটান

In the beginning Mohan was slightly vague in his speech but gradually he succeeded in *carrying his point*.

Carry the day – বিখ্যাত হওয়া

The opener scored a century and *carried the day*.

Cast about for – অপেক্ষায় থাকা

He will *cast about for* an opportunity to take revenge on you.

Catch one's eye – দৃষ্টি আকর্ষণ করা

I could not *catch his eye*, else I would have greeted him.

Chicken-hearted fellow – ভীতু

A *chicken-hearted man* like you will never make a soldier.

Clear off – চলে যাওয়া

Don't bother me? *Clear off.*

Close-fisted man – কৃপণ

Although having lot of money, he is a *close fisted man*.

Close shave – অল্পের জন্য বেঁচে যাওয়া

My car was just about to dash against the lamp post. It was quite a *close shave*.

Cock and bull story – মনগড়া গল্প

Who would believe such a *cock and bull story*?

Cold-blooded murder – ঘৃণিত হত্যা

Karan had committed a *cold-blooded murder* so, the judge didn't show any mercy in awarding death sentence.

Cold feet – ভয় পাওয়া

At the sight of his opponent he got *cold feet*.

Cold reception – উৎসাহহীন অভ্যর্থনা

I wonder why she gave him such a *cold reception*.

Cold shoulder – অপছন্দ হওয়া

He tried to talk to her, but she gave him the *cold shoulder*.

Come of age – সাবালক হওয়া

Now that you have *come of age*, you should take your own decisions.

Come off it – খারাপ অভ্যাস ত্যাগ করা

Come off it, don't start with that boasting again.

Come to an end – শেষ হওয়া

It was such a boring film that I thought it would never *come to an end*.

Come to light – প্রকাশ হওয়া

The conspiracy *came to light* at the right time and plotters were arrested.

Come up to – মাত্রানুরূপ হওয়া

The profit from this deal with M/s Renuka Enterprise has not *come up to* my expectations.

Come up with – পেশ করা [অভিনব কিছু]

I must say you have *come up with* an excellent idea.

Commanding view – উপর থেকে দেখা দৃশ্য

Come we can go up and get a *commanding view* of the barhour from the hill top.

Confirmed bachelor – চিরকুমার

Is he going to marry late or is he a *confirmed bachelor*?

Corresponding to – সামঞ্জস্যপূর্ণ

While digging in the field other day I found an old coin *corresponding to* the one shown in this picture.

Cover a lot of ground – বিস্তৃত করা

In his very first lecture the professor *covered a lot of ground*.

Creature comforts – শারীরিক সুখের সামগ্রী

He being rich he would equip his mansion with all *creature comforts*.

Crocodile tears – কুম্ভীরাশ্রু

He shed *crocodile tears* at the loss incurred by his friend.

Crux of a problem – সমস্যার মূল

The *crux of the problem* is how we are going to raise the funds we require for this project.

Cry over split milk – বৃথা অনুশোচনা

In the beginning only, I had told you that was a bad bargain. It is no use *crying over split milk* now.

Curtain lecture– স্বামীকে পত্নীর শলাপরামর্শ

The hen-pecked husband had to endure a *curtain lecture* every night.

Cut a sorry figure – অযোগ্য সিদ্ধ হওয়া

When asked to make a speech he *cut a sorry figure.*

Cut out for – যোগ হওয়া

Vikas is not *cut out for* army.

Cut to the quick – আঘাত দিয়ে কথা বলা

Your reproaches *cut him to the quick.*

[D]

Dance attendance on one– পেছনে পেছনে ঘোরা

He *danced attendance on her* all the time, but she ignored him.

Day in, day out – রোজ রোজ

He worked, *day in, day out* to pass his C.A. Examination.

Dead against – সম্পূর্ণ বিরোধী

Her mother is *dead against* her acting in the films.

Dead letter– 1. ভুল ঠিকানার কারণে পড়ে থাকা চিঠি

As there was no address on the letter it was went to the *dead letter* office.

2. প্রয়োগ করা হয়নি এমন আইন

Several enactments still on the statute book are now a *dead letter*.

Dead loss – অপুরণীয় ক্ষতি

He invested quite a lot of money in paper business but it proved to be a *dead loss.*

Dead of night – অর্ধরাত্রে

The thief entered the house at *dead of night.*

Dead silence – পূর্ণ নিস্তব্ধতা

There was *dead silence* in the deserted house.

Dead tired – অত্যন্ত ক্লান্ত

Having walked four miles I felt *dead tired* and immediately fell asleep.

Dish something out – পরিচ্ছন্ন আলোচনা করা

He is a glib talker and very good at *dishing out* flattery.

Do a city – শহরের আকর্ষনীয় স্থানগুলি দেখা

While I *do the city* you can relax in the hotel and watch the television.

Do away with – নষ্ট করে ফেলা

The murderer seems to have *done away with* the body.

Done to death – মেরে ফেলা

The poor man was *done to death* by repeated lathi blows on the head.

Do well – উন্নতি করা

He is *doing quite well* in his new business.

Dog-eared book – বইয়ের উল্লেখযোগ্য পৃষ্ঠার কোনা মুড়ে রাখা

This *dog-eared book* suggests that you have read it carefully and marked the important pages.

Down and out – হতোৎসাহ হওয়া

He was without money and without food. In short, just *down and out.*

Draw out a person – কৌশলে তথ্য বের করে নেওয়া

For a long time he was reluctant to say anything, but in the end I managed to *draw him out.*

Draw a line – মর্য্যাদা ঠিক করা

I can at the most give you one thousand rupees. And then I must *draw a line.*

Drop a line – ছোট চিঠি লেখা

As soon as I get to Bombay, I'll *drop* you a *line.*

Drop a subject – কোনও বিষয়ে বিবাদ সমাপ্ত করা

We don't seem to agree, so let us *drop the subject.*

Drop in on – দেখা করতে যাওয়া

Do *drop in on* me whenever you have the time.

Drop out of – ত্যাগ করা

He had to *drop out of* the race when his car broke down.

Dutch courage – মদ্যপানজনিত বীরতা

He showed a lot of *Dutch courage,* but got frightened as the drink wore off.

[E]

Ease someone out – ভদ্রতাপূর্বক পদচ্যুত করা

After the two companies merged a number of their officers had to be *eased out.*

Easy come, easy go – সহজলভ্য অর্থ সহজেই খরচ হয়ে যায়

He inherited great wealth but spent it all foolighly. It was a case of *easy come, easy go.*

Eat humble pie – বিনম্র হয়ে যাওয়া

He used to boast about his intelligence. Now with such bad examination results he has to *eat the humble pie.*

Eat one's words – কথা ফেরৎ নেওয়া

He was vehemently insisting on his point, but finally had to *eat his words,* when the truth came out.

Eat out – হোটেলে খাওয়া

When you *eat out,* what restaurant do you generally go to?

Elbow room – কাজের স্বাতন্ত্র্য

He is a go-getter and needs just *elbow room* to succeed.

Err on the safe side – মধ্যপন্থা

To *err on the safe side,* I gave him fifty-five when he asked seventy pieces.

Escape notice – দৃষ্টি আকৃষ্ট না হওয়া

I read this copy very carefully, but don't know how this mistake *escaped my notice.*

Escape one's lips – বলে ফেলা

Never let that abusive word *escape your lips* again.

Every now and then – প্রায়ই

We are very good friends and visit each other, *every now and then.*

[F]

Fast living – সুখভোগী জীবন

Rich men's children generally like *fast living.*

Feather one's nest – অবৈধ উপায়ে উপার্জন করা

The corrupt people are always busy *feathering their nests.*

Fed up with – বিরক্তি এসে যাওয়া

I am *fed up with* this daily drudgery.

Feel up to – সমর্থ থাকা

Do you *feel up to* writing letters after a hard working day?

Fellow feeling – সৌহার্দ্য

One should have *fellow feelings* for all.

Few and far between – অত্যন্ত কম

His visits to our place are now *few and far between.*

Fight shy of – এড়ানো

I *fight shy of* air travel as it makes me sick.

Fill one in – জানানো

As Ramesh could not attend the meeting he asked me to *fill him in.*

Fish out of water – অপ্রিয় পরিস্থিতির সম্মুখীন হওয়া

I felt like a *fish out of water* in the company of those scientists.

Flowery style – লালিত্যময় ভাষাশৈলী

Flowery style is not suited to every kind of writing.

Fly in the face of – জেনেশুনে বিপরীত আচরণ করা

Why should you recklessly *fly in the face of* danger?

Fly off at a tangent – মাঝখান থেকে কোনও অবান্তর প্রসঙ্গের অবতারনা করা

Stick-to the point. Don't *fly off at a tangent.*

For good – চিরকালের জন্য

He proposes to leave India *for good.*

For long – অনেকদিন ধরে

I cannot go on with this boring work *for long.*

Force one's hand – কোনও গোপন বিষয় জানাতে বাধ্য করা

I *force his hand* to learn the real motive behind his plan.

Forty winks – তন্দ্রা

After lunch I must have my *forty winks.*

Fill in for – কারোর জায়গা নেওয়া

Our manager has not been keeping well. So, I have *filled in for* him.

For the time being – কিছু সময়ের জন্য

For the time being I am staying at a hotel, but I

propose to rent a flat shortly.

Free-lance – স্বাধীনভাবে কার্য্যরত সাংবাদিক

He is a *free-lance* and contributes to several papers and magazines.

French leave – বিনা অনুমতিতে ছুটি

The boss is angry with him for taking *french leave*.

Fresh lease of life – পুনর্জীবিত করা

The heart patient was almost dying. But now through the relentless efforts of doctor he has got a *fresh lease of life*.

Fringe benefits – মাইনে ছাড়াও অন্যান্য সুযোগ সুবিধা

His salary is small, but he gets good *fringe benefits*.

Face up to – কোনও অপ্রিয় তথ্য স্বীকার করা

You have to *face up to* the fact that you are not capable of handling this job.

Fair play – ন্যায়সঙ্গত ব্যবহার

I know him well and can count on his sense of *fair play*.

Fair sex – নারী জাতি

She was the only representative of the *fair sex* at the meeting.

Fair weather friend – বিপদে সঙ্গ দেয় না যে বন্ধু

Most of the people you are associating with these days are just *fair weather friends*.

Fall a prey to – শিকার হওয়া

The innocent man *fell a prey* to the designs of the cheat.

Fall back upon – কোনও বিষয়ের সহায়তা নেওয়া

If I don't do well as a businessman I'll have to *fall back upon* my old profession of journalism.

Fall behind in – পিছিয়ে পড়া

He fell ill and had to miss his college for a month. As a result he *fell behind in* his studies.

Fall foul of – শত্রুতা পাকানো

If this new clerk continues with his criticism like this he will soon *fall foul* of the manager.

Fall in with – একমত হওয়া

He found my plan very profitable and so readily *fell in with* it.

Fall out of use – অপ্রচলিত হওয়া

As a language grows new words are added and many old ones *fall out of use*.

Fall out with – ঝগড়া করা

It is indeed sad to see that you have *fallen out with* your best friend.

Fall to one's lot – ভাগ্যে থাকা

I *fell to my lot* to become a writer.

Fall to work – কাজ শুরু করা

He *fell to work* with enthusiasm and completed the job in an hour.

Family likeness – পারিবারিক সখ্যতা

There is a *family likeness* between the two cousins.

Family tree – বংশতালিকা

Our *family tree* is rooted in eighteenth century.

Fan the flame – কোনও অন্যায় বিষয়ে উৎসাহ দেওয়া

Although outwardly he professed loyalty, in secret he was *fanning the flame* of sedition.

Fancy price – দামী [অতিরিক্ত রকমের]

He has recently bought an imported TV set at a *fancy price*.

[G]

Gain ground – ধীরে ধীরে উন্নতি করা

India lost the first two matches, but began to *gain ground* gradually.

Game is not worth the candle – চেষ্টার আধিক্য থেকে লাভের মাত্রা কম হওয়া

If you have to send your article to a dozen editors to get it published I must say that the *games is not worth the candle*.

Get ahead of – এগিয়ে যাওয়া

Ram has *got ahead of* Shyam in mathematics.

Get all dolled up – সেজেগুজে তৈরী হওয়া

She gets all *dolled up* when she gets ready to go to parties.

Get along with – বন্ধুত্বপূর্ণ থাকা

He has the knack for *getting along with* all sorts of people.

Get away with – [কুকর্ম করে] পার পাওয়া

You can't cheat me like that and *get away with* it.

Get by heart – মুখস্থ করা

Have you got the whole poem *by heart?*

Get down to – গুরুত্ব দিয়ে কাজ শুরু করা

Now as we have had an hour's rest let us *get down to* business.

Get even with – বদলা নেওয়া

The other day Arun made a fool of Anil. And now Anil wants to *get even with* him.

Get hold of – বুঝতে পারা

I was quite far from the stage and couldn't *get hold of* what the speaker was saying.

Get into a soup – ঝামেলায় জড়ানো

You will *get into a soup* if you neglect your studies like this.

Get into the swing of things – নতুন পরিস্থিতিতে মানিয়ে নেওয়া

Many of the Indian students don't take long to *get into the swing of things* in the U.S.A.

Get on one's nerves – বিরক্ত করা

She talks so much that she *gets on my nerves.*

Get on with – কাজ চালু রাখা, সঙ্গ দেওয়া

Get on with your work.

Naresh and I *get on with* each other quite well.

Get out of – বেরিয়ে যাওয়া

Sita is a very affectionate mother and does not let her children *get out of* her sight.

Get out of line – নিয়ম ভাঙ্গা

The headmaster warned unruly Gopal that he would be expelled if he *got out of line* in future.

Get rid of – মুক্তি পাওয়া

Don't ask what all I had to do to *get rid of* a bore like Vinay.

Get the better of – বিজয়ী হওয়া

He easily *got the better of* her in the argument.

Get the sack – বরখাস্ত করা

He is thoroughly incompetent and I know that one day he will *get the sack.*

Get the upper hand – প্রাধান্য পাওয়া

It was a keenly fought match, but in the end I *got the upper hand.*

Get through with – কাজ সম্পূর্ণ করা

When will you *get through with* your homework?

Get wind of – রহস্য ফাঁস করা

There was a well-guarded conspiracy, but somehow the government *got wind of it.*

Get word – খবর পাওয়া

I *got word* that my brother had suddenly become ill.

Gift of the gab – ভাষণ

He has a *gift of the gab* and can hold his audience spellbound.

Give a break – সুযোগ দেওয়া

Considering the fact that it was his first offence the judge *gave him a break* and let him off only with a warning.

Give a piece of mind – ভর্ৎসনা করা

He is so negligent in his work that I had to *give* him *a piece of my mind.*

Give a ring – ফোন করা

I'll *give you a ring* as soon as I get there.

Give a wide berth – এড়ানো, দূরে রাখা

He is not to be trusted. You should always *give* him *a wide berth.*

Give chapter and verse – প্রমান করা, প্রমাণিত হওয়া

I can give you *chapter and verse* for every statement I am making.

Give currency to – প্রচলিত হওয়া

Many new words in English have *got currency* of late.

Give into – মেনে নেওয়া, একমত হওয়া

He *gave into* her wishes.

Give quarter– সহানুভূতি দেখানো

The conqueror *gave no quarter* to the defeated.

Give the go by – ভুলে যাওয়া, বিস্মৃত হওয়া

There are many old religious practices to which we have now *given the go by.*

Give the slip – বোকা বানিয়ে যাওয়া

As the thief saw the policeman he *gave him the slip* by getting into a nearby lane.

Given to – আসক্ত হওয়া

I was sorry to see that he was *given to* heavy drinking.

Go a long way – অনেকটাই উপযুক্ত হওয়া

This amount will *go a long way* in defraying your trip's expenses.

Go hand-in-hand – একসঙ্গে চলা

Going hand-in-hand with this expansion programme of the company is a massive plan of modernisation.

Go in for – বেছে নেওয়া

What sports do you *go in for?*

Go-off the deep end – তাড়াতাড়িতে কিছু করা

Think with a cool mind. There is no need to *go off the deep end* and act foolishly.

Go through channels – উপযুক্ত পথে, সঠিক পথে

You will have to *go through the channels* if you want your representation for promotion to be considered.

Go through fire and water – যে কোনও বিপদের ঝুঁকি নেওয়া

A patriot is ready to *go through fire and water* to serve his motherland.

Go through with – কাজ শেষ করা

Do you have the determination enough to *go through with* this job?

Go to law – আইনের শরণাপন্ন হওয়া

In the western countries people *go to law* on very petty issues.

Go to rack and ruin – শেষ হয়ে যাওয়া

The government must do something to save this sick sugar mill from *going to rack and ruin.*

Go to town – মনোযোগ দিয়ে কোনও কাজ করা

The interior decorater *went to town* on my flat and made it like a palace.

Go without saying – স্পষ্ট হওয়া

It *goes without saying* that honesty pays in the long run.

Going concern – ভালভাবে চলছে এমন ব্যবসায়

He has expanded his business and it is now a *going concern.*

Golden mean – মধ্যপন্থা

We shall not go to the extremes, rather find a *golden mean* between the two.

Golden opportunity – অত্যন্ত অনুকূল পরিস্থিতি, অমূল্য সুযোগ

It was a *golden opportunity* for me to show my mettle.

Good deal – অনেক, ভাল, লাভজনক

This sofa set has cost me a *good deal* of money.

Good hand – 1. কুশল, অভিজ্ঞ

She is quite a *good hand* at knitting.

2. সুন্দর হাতের লেখা

You have a *good hand.*

Good humour – আনন্দে থাকা, খুশী হওয়া

He has got a promotion today so he is in *good humour.*

Good offices – সহযোগিতায়

This dispute between the two countries can be resolved only through the *good offices* of Irrigation Ministers.

Green room – সাজঘর

After the play was over I went to the *green room* to see the hero.

Grow grey – একই কাজে জীবন ব্যয় করা

Prasad began working at the age of twenty, and has *grown grey* in the same office.

Grow out of – বয়স বাড়ার সঙ্গে সঙ্গে অভ্যাস কাটিয়ে ওঠা

As child he used to stutter, but now has *grown out of* it.

[H]

Hall mark – কুশলতার নিদর্শন

He is generally a good painter, but Batik painting is one of his *hall marks.*

Hammer and tongs – প্রবলভাবে

The opposition went for the government's policies *hammer and tongs.*

Hang by a thread – আশঙ্কাজনক অবস্থায় থাকা

Naresh has been badly injured in the train accident and he is still *hanging by a thread.*

Hang fire – বিলম্বিত হওয়া

This matter had been *hanging fire* for more than a month.

Hard boiled – ব্যবসায়িক মনোবৃত্তির পরাকাষ্ঠা

He is a *hard-boiled* businessman.

Hard of hearing – নিমকালা, কানে কম শোনা

You will have to speak a little louder, as Mr. Rao is *hard of hearing.*

Hard up – অর্থসমস্যায় থাকা

Ever since he has left his job he has been quite *hard up.*

Haul over the coals – ভর্ৎসনা করা

The boss *hauled him over the coals* for his insubordination.

Have a brush with – সামান্য নরম হওয়া

Our union's president *had a brush with* the general secretary in a meeting last week.

Have a finger in the pie – কোনও জিনিষে অধিকার থাকা

Why should you be so interested in what he is being paid? *have a finger?*

Have a mind – মেজাজে থাকা, রাজী হওয়া

He can be very funny if he *has a mind.*

Have a thing at one's finger tips – পুরোপুরি ভাবে জানা

He has the Maratha history *at his finger tips.*

Have an easy time of it – স্বস্তিতে থাকা

As long as Mr. Rao was there as the manager the staff had *an easy time of it,* but now things have changed.

Have another guess coming – ভুল করা

If you think I'll be with you in this mischief you *have another guess coming.*

Have been to – কোনও স্থানে ঘুরে আসা

Have you *been* to Bombay of late.

Have clean hands – নিরপরাধ

You can't suspect him of taking bribery. I am sure his *hands are clean.*

Have in hand – হাতে কোনও কাজ নেওয়া

What job do you *have in hand* at present?

Have it out with – ঝগড়া করা

I am sure he has cheated me, and I am going to *have it out with* him.

Have an eye on a thing – কোনও জিনিষে নজর দেওয়া

Be contnet with what you have. Don't *have an eye on* others' things.

Have one's hands full – কোনও কাজে ব্যস্ত হওয়া

Please do not ask me to do anything more, my *hands are already* full.

Have one's heart set on – অত্যন্ত উৎসুক হওয়া

Ever since he had heard of accounts of the U.S.A. from his brother he has *his heart set on* going abroad.

Have one's way – নিজস্ব ধরণ

Little children must *have their way* in everything.

Have the right ring – যথার্থ মনে হওয়া

The stateman's speech about the problem *had the right ring* about it.

Have too many irons in the fire – একসঙ্গে অনেক কাজ করা

Beware of your health breaking down under the strain of overwork; I think you have *too many irons in the fire.*

Help oneself to – নিজে থেকে নেওয়া

Please *help yourself* to whatever you would like to have.

Hen-pecked husband – স্ত্রৈণ

Prakash is known among his friends as an *hen-pecked husband.*

Herculean task – প্রায় অসম্ভব কাজ

Preparing such a big report in such a short time was indeed a *herculean task.*

Hide one's light under a bushel – গুণের কদর না করা, গুণ লুকিয়ে রাখা

To keep such a learned man in his present obscure position is like *hiding his light under a bushel.*

High and low – সর্বত্র

I searched for my pen *high and low.*

High-flown style – পাণ্ডিত্যপূর্ণ শৈলী

He has a *high-flown style* which does not cater to masses.

High Living – আরামের জীবন

Many diseases are brought on by *high living.*

High noon – দুপুরবেলা

At *high noon* during summer in Delhi people generally keep indoors.

High time – উপযুক্ত সময়

It is *high time* to get up.

Hit it off – মিলে মিশে যাওয়া

She and her husband do not seem to *hit it off.*

Hit the nail on the head – ঠিক বলা

The reviewer *hit the nail on the head* when he wrote that the main shortcoming of the book was the author's ignorance of the subject.

Hold on to – শক্ত করে ধরে রাখা

He *held on to* the rope for fear of falling.

Hold one's own – নিজের কুশলতা বজায় রাখা

Will you be able to *hold your own* in front of a great player like him?

Hold one's tongue – চুপ করা

She talked so much that I had to ask her to *hold her tongue.*

Hold out against – প্রতিরোধ জারি রাখা

Although our force was small we *held out against* a large number of enemies.

Husband one's resources – দুঃসময়ের জন্য সঞ্চয় করা

We were careful to *husband one's resources* for our journey across the desert.

Hush money – ঘুষ

A lot of *hush money* passed between the minister and his favourite business house.

[I]

Idle compliment – দেখানো প্রশংসা

Although he praised my work yet I knew it was an *idle compliment.*

In a bad way – সংকটজনক অবস্থা [স্বাস্থ্যের]

Rajiv had an accident yesterday and now he is *in a bad way*.

In a body – সকলে মিলে

The boys went *in a body* to the headmaster to request him to declare a holiday on account of their winning a cricket match.

In a fair way – ভাল সম্ভাবনা থাকা

The doctor think that Ramesh is *in a fair way* to recovery.

In a fix – দ্বিধাগ্রস্ত হওয়া

I could not decide whether to leave or stay I was *in a fix*.

In a mess – বিপদে পড়া

Do your work properly, else you'll get *into a mess.*

In a person's good books – কারোর প্রিয়পাত্র হওয়া

Ram is a bright boy and naturally in his *teacher's good books.*

In a temper – রেগে যাওয়া

The boss seems to be *in a temper* today.

In a word – সংক্ষেপে

In an instant the panther leapt onto its prey.

In all – সব মিলিয়ে

In all there were thirty students in the class.

In a bad taste – অপ্রিয়

you should not have criticised him so viciously. It was *in a bad taste.*

In course of time – সময়ে

In course of time the little boy grew into a fine young man.

In keeping with – অনুকূল

I knew he would help you. This is *in keeping with* his character.

In one's element – অনুকূল পরিস্থিতিতে হওয়া

Everyone at the party laughed at his jokes and I could see that he was *in his element.*

In one's line – পেশানুরূপ

He writes quite well. After all this is *in his line.*

In one's teens – কৈশোরাবস্থা

Some girls get married while still *in their teens.*

In the air – গুজব রটা

It's *in the air* that he is going to become a minister.

In the chair – সভাপতি পদে

Who was *in the chair* at the meeting?

In the doldrums – উন্নতি রুদ্ধ হওয়া

On account of trade recession his business is *in the doldrums* for more than a year.

In the same boat – একই অবস্থার অধীন

Don't get worked up about financial problems. We are *in the same boat.*

In time – সময়ে

Did you reach office *in time?*

In the long run – শেষ পর্য্যন্ত

You will find that he proves to be your best friend *in the long run.*

In the van – সর্বাগ্রে

Kalidas will always be *in the van* of Sanskrit poets.

In vain – ব্যর্থভাবে

The doctor's all efforts went *in vain* and the patient could not be saved.

Ins and outs – পুরো/সম্পূর্ণ বিবরণ

Only Prakash knows the *ins and outs* of this affair.

Iron hand – কঠোর হাতে

The despots usually rule their kingdom with an *iron hand.*

Iron will – কঠোর ইচ্ছাশক্তি

Sardar Patel is known as a man of an *iron will.*

[J]

Jack of all trades – সবজান্তা

Anand is a *jack of all trades* and master of none.

Jail bird – জেলঘুঘু, অভিজ্ঞ কয়েদী

He being a notorious *jail bird* the judge did not show any mercy to him.

Join in with – অংশগ্রহণ করা

We requested him to *join in with* us, but he preferred to act independently.

Jaundiced eye – সংস্কারযুক্ত দৃষ্টি

Don't look at the proposal with a *jaundiced eye*.

Jump to a conclusion – না ভেবেচিন্তে সিদ্ধান্ত করা

Don't *jump to the conclusion* that Ravi does not care for you only because he could not help you this time.

Just the thing – একদম ঠিক, যথার্থ

You are being critical but in my opinion Arun's appointment to this post is *just the thing*.

[K]

Keep a thing to oneself – রহস্যভেদ না করা

I knew he did not mean what he was saying, so I *kept the whole thing to myself*.

Keep an eye on – নজর রাখা

Please *keep an eye on* my suit case while I buy my ticket.

Keep body and soul together – সঙ্গে থাকা

His income is just enought to keep his *body and soul together*.

Keep good time – ঠিক সময় দেওয়া

My watch always *keep good time*.

Keep in mind – মনে রাখা

Please *keep in mind* that you promised to phone her this evening.

Keep in the dark – আলোকপাত না করা

Why did you *keep* me *in dark* about your illness.

Keep in touch with – সম্পর্ক বজায় রাখা

He promised to *keep in touch with* us while he was abroad.

Keep late hours – অনেক রাত পর্যন্ত জেগে থাকা

If you *keep late hours*, you will ruin your health.

Keep on with – [একই] কাজে মগ্ন থাকা

I asked him to check these proofs and he has *kept on with* it for the last four hours.

Keep one's head – অসময়ে ধৈর্য্য বজায় রাখা

When I saw a thief enter the room I *kept my head* and bolted the door from outside.

Keep out of the way – এড়ানো

Keep selfish people like Govind *out of the way*.

Keep pace with – তাল রাখা

Jeewan is really fast in Mathematics. I cannot *keep pace with* him.

Keep someone at arm's length – কাছে ঘেঁষতে না দেওয়া

He is a cheat so I take care to *keep him at arm's length*.

Keep to the house – ঘরেই থাকা

He has not been keeping well of late so *he keeps to the house*.

Keep track of – হিসেব রাখা

We are going to *keep track of* all our expenses while we are in the U.S.A.

Keep up with – সমানতালে এগোন

Ram walks so fast that it is difficult to *keep up with* him.

Kick a habit – অভ্যাস ত্যাগ করা

He used to be quite a heavy smoker. I wonder how he has *kicked this habit*.

Kick something around – কোনও বিষয়ে [বিক্ষিপ্তভাবে] আলাপ আলোচনা করা

They will first *kick around* with many proposals and then finally settle on one.

Kill two birds with one stone – একই সঙ্গে দুটো কাজ করা

While in New Delhi I'll call on a friend and also do some shopping. Thus, I'll *kill two birds with one stone*.

Knock off – কাজ শেষ করা

You have been working since morning – now *knock it off*.

Know by sight – মুখ দেখে চেনা

Although I haven't been introduced to our new neighbour, yet I *know him by sight*.

Knowing look – সারগর্ভ দৃষ্টি

He gave me a *knowing look,* when I said I was busy in the evening.

[L]

Laid up with – অসুস্থ হয়ে বিছানা নেওয়া

He was out in the rain yesterday and now is *laid up with* cold and fever.

Lame excuse – মিথ্যে ওজর

Whenever Virendra is late for office he gives some *lame excuse.*

Land on one's feet – বিপদ থেকে মুক্তি পাওয়া

It was dangerous dive in the air, but he finally *landed on his feet.*

Laugh in one's sleeve – মনে মনে হাসা

He was wearing a funny dress at the party. And everyone was *laughing in his sleeve.*

Laughing stock – উপহাসের পাত্র বানানো

He talked nonsense and made himself the *laughing stock* at the party.

Lay bare – রহস্যোম্মোচন করা

I can't rest until I've *laid bare* this conspiracy.

Lay down the law – হুকুম চালানো

In his house his wife *lays down the law.*

Lay hands on – বলপ্রয়োগ করে আটক করা

The bandit *laid hands on* the poor travellers.

Lay one's hand on – দরকারের জিনিষ পেয়ে যাওয়া

I hope I'm lucky to *lay my hand on* the histroy book, I'm looking for.

Lay oneself open to – নিজেকে বিপদে ফেলা

Fault finders *lay themselves open to* attack if they make a slip anywhere.

Lay up for a rainy day – অসময়ের জন্য সঞ্চয় করে রাখা

Don't spend your money so labishly. You should *lay up something for a rainy day.*

Lay waste – ধ্বংস করা

During the World War II many cities in Europe were *laid waste* by continuous bombardment.

Lead a charmed life – বিপন্মুক্ত জীবনযাপন করা

I wonder how he has come out unscathed from this dangerous mission. He seems to be *leading a charmed life.*

Lead a person a dance – অনাবশ্যক কষ্ট দেওয়া

Why don't you pay him his dues instead of *leading him a dance?*

Lead by the nose – শাসনাধীনে রাখা

He is quite a henpecked husband and is *lead by nose* by his wife.

Leading question – যে প্রশ্নের উত্তর অন্তর্নিহিত রয়েছে

The lawyer asked the witness many a *leading question.*

Leave in the lurch – বিপদে সঙ্গ পরিত্যাগ করা

He stood by me as long as all was well, but *left me in the lurch* the moment he sensed danger.

Leave much to be desired – সন্তোষজনক না হওয়া

The arrangements they made for the function left *much to be desired.*

Leave the beaten track – বাঁধাধরা রাস্তা থেকে সরে গিয়ে

This author has *left the beaten track* and suggested a fresh look on the age-old problem of casteism.

Leave to oneself – একলা থাকা

At times I prefer to be *left to meself.*

Left-handed compliment – বিরূপ প্রশংসা

It is no *left-handed compliment.* You really acted very well.

Legal tender – সরকারী স্বীকৃতি প্রাপ্ত

Thousand rupee notes are not *legal tender* any more.

Lend a hand – সাহায্য করা

Let us all *lend* him *a hand* in carrying these books to the basement.

Lend one's ear – মনোযোগ দিয়ে শোনা

Friends, *lend me your ears.*

Let bygones be by gones – গতস্য শোচনা নাস্তি

We are now friends, so *let bygones be bygones.*

Let fly – ছুঁড়ে মারা

The boy *let fly* a stone in the direction of the dog.

Let go of – ছেড়ে দেওয়া

Don't *let go of* the rope until I tell you.

Let loose – খুলে দেওয়া, লেলিয়ে দেওয়া

The dogs were *let loose* on the running thief.

Let the cat out of the bag – গোপন কথা ফাঁস করে দেওয়া

Ramesh let the *cat out of the bag* when he said Renu was just pretending to be ill because she did not want to go to school.

Let the grass grow under your feet – কোনও কাজে বিলম্ব করা

Do this work quickly; don't *let the grass grow under your feet.*

Lie in one's power – সামর্থে থাকা

I will do whatever *lies in my power* to get you the job.

Lie in wait for – অপেক্ষায় থাকা

The tiger hid and *lay in wait for* its prey.

Light-fingered gentry – পকেটমার

As he reached his trousers' pocket for his wallet he realised that he had fallen a victim to the *light fingered gentry.*

Light reading – হালকা পাঠ্য বিষয়

I think I'll do some *light reading* during train journey to pass time.

Light sleeper – ঘুমপাতলা লোক

I am *light sleeper* and even a slight sound can wake me up.

Lion's share – মুখ্য অংশ

The *lion's share* of his profit was appropriated by his financier.

Little by little – ধীরে ধীরে

His health is improving, but *little by little.*

Live from hand to mouth – দিন আনে দিন খায় অবস্থা, কষ্টে দিন কাটানো

Majority of Indian population *lives from hand to mouth.*

Live it up – আরাম ঐশ্বর্যের জীবন কাটানো

The rich man's son went to America and *lived it up.*

Live up to – আশানুসারে হওয়া

Kuldip had great expectations of his son but he did not *live up to* them.

Long and short – সংক্ষেপে

The *long and short* of what I have to say to you is that you are inefficient.

Long winded – দীর্ঘ [ভাষণ]

The audience visibly appeared bored with his *long winded speech.*

Look a gift horse in the mouth – উপহারের সমালোচনা করা

You should not say that the book Mohan has gifted you is rubbish. It is improper to *look a gift horse in the mouth.*

Look back on – স্মরণ করা

It is usually pleasant to *look back on* the childhood memories.

Look daggers at someone – কারোর দিকে রোষকষায়িত হয়ে তাকানো

What have I done? Why are you *looking daggers* at me?

Look down upon – ঘৃণা করা

We should not *look down upon* him just because he is poor.

Look every inch – উপযুক্ত মনে হওয়া

He *looks every inch* a king.

Look forward to – উৎসুকভাবে প্রতীক্ষা করা

We are all *looking forward to* your visit to Bombay.

Look out for – খোঁজে থাকা

I am on the *look out for* a good second hand car.

Look up to – শ্রদ্ধা করা

When Gandhiji was alive everybody used to *look up to* him.

Lord it over – শাসন করা

Try to be independent. Don't let others *lord over* you.

Lose ground – পিছিয়ে পড়া

To begin with he was ahead of others in the race; but later he *lost ground.*

Lose one's cool – ধৈর্য্যচ্যুত হওয়া

One should not *lose one's cool* even in the most difficult situation.

Lose one's head – ভারসাম্য হারানো

You are of course in a fix but still you must not *lose your head.*

Lose one's touch – [পূর্বের] কুশলতাচ্যুত হওয়া

I'm afraid I will not be able to play well anymore; I seem to have *lost my touch.*

Lose one's way – পথ ভুলে যাওয়া

We had gone for hunting, but while returning *lost our way* in the woods.

[M]

Maiden name – বিবাহিতার বিবাহপূর্ব নাম

What is the *maiden name* of Mrs. Kapur?

Maiden speech – প্রথম ভাষণ

The new M.P. of our area promised to bring electricity in our town in his *maiden speech*.

Make a clean breast of something – সবকিছু বলে দেওয়া

The accused made a *clean breast of everything*.

Make a hash – গোলমাল পাকানো

Don't meddle in my cooking. You will *make a hash* of everything.

Make a mountain of a molehill – বাড়িয়ে চড়িয়ে দেখানো

This job will not take you more than a few minutes. So don't *make a mountain of a molehill*.

Make a living – জীবিকানির্বাহ করা

In India it is difficult to *make a living* as an artist.

Make a point – কোনও বিষয়ে সিদ্ধান্ত নেওয়া

I *make it a point* of buying a new book every month.

Make a virtue of necessity – লোকদেখানো কর্তব্যপালন করা

Knowing that the landlord was about to drive him out he vacated the house himself. Thus *making a virtue of necessity*.

Make an example of – উদাহরণ দেওয়া

I must *make an example of* behaving in the same rude manner as he does with others.

Make amends for – ক্ষতিপূর্তি করা

By his good deed today he had *made amends for* past misbehaviour.

Make away with – গোপনে সরে পড়া

The thief *made away with* a thousand rupees.

Make believe – বিশ্বাস করানো

The little girl *made believe* that she was a princess.

Make bold to – সাহসিকতাপূর্ণ কাজ করা

We *made bold to* call directly on the Minister to present our memorandum of demands.

Make both ends meet – জীবিকা নির্বাহ করা

In a poor country like India a lot of people find it difficult to *make both ends meet*.

Make common cause with – কোনও কাজে কারোকে সাহায্য করা

I will *make common cause with* you in your efforts to eradicate the evil of casteism from the country.

Make fun of – কারোকে উপহাসের পাত্র করা

Anita had made a very funny hairdo for the party and everybody *made fun of* it.

Make hay while the sun shines – পরিস্থিতির লাভ ওঠানো

When business was good he worked hard and made money; he believes in *making hay while the sun shines*.

Make it up with – মিটিয়ে নেওয়া

I had quarrelled with Ram yesterday, but now I have *made it up with* him.

Make light of – বিশেষ গুরুত্ব না দেওয়া

Although Naresh had committed a serious mistake in the ledger yet he tried to *make light of* it.

Make much of – অত্যন্ত গুরুত্ব দেওয়া

Every mother *makes much of* her children.

Make neither head nor tail – কিছুই না বুঝতে পারা

He was so confused that I could *make neither head nor tail* of what he said.

Make no bones about – সোজাসুজি বলে দেওয়া

She *made no bones about* her distaste for mathematics.

Make off with – অগোচরে পালিয়ে যাওয়া

The thief *made off with* a thousand rupees.

Make one fire – সাহসিক কাজ করা

I am amazed at your capacity for hard work and I wonder what *makes you fire*.

Make his mark – যোগ্যের সম্মান প্রাপ্তি

It did not take him long to *make his mark* at the college.

Make their mouth water – মুখে জল আনা

As I was hungry the sight of cakes *made my mouth water*.

Make his way – প্রতিকূল পরিস্থিতিতে ধীরে ধীরে এগোন

I *made my way* through the great crowd.

Make oneself at home – নিজের ঘরের মতই নিঃসংকোচে

Please *make yourself at home;* there is no need to be formal.

Make oneself scarce – চলে যাওয়া

Don't trouble me. *Make yourself scarce*.

Make short of – তাড়াতাড়ি শেষ করে দেওয়া

Our lawyer was quite smart and *made short of* the defence counsel's arguments.

Make the best of – প্রতিকূল পরিস্থিতিতে থেকেও সুবিধা করে নেওয়া

If we cannot find a larger apartment we will continue living here and *make the best of* what we have.

Make the best of a bad bargain – যথাসম্ভব লাভ ওঠানো

As the cloth was little damaged, I got it very cheap; thus *making the best of a bad bargain*.

Make up for – ক্ষতিপূরণ করা

You will have to *make up for* the loss you have caused.

Make up one's mind – ভেবেচিন্তে কাজের লক্ষ্য স্থির করা

Have you *made up your mind* about my proposal to go to Simla this summer?

Make up to – খোশামোদ করা

Ramkrishan has been *making up to* the manager in the hope of a promotion.

Man in a thousand – হাজারে এক

I like Ramesh very much; in my opinion he is a *man in a thousand*.

Man in the street – সাধারণ লোক

The critics praised him as a great author, but the *man in the street* did not think much of him.

Man of letters – সাহিত্যকার

He started writing at a very young age and is now an acknowledged *man of letters*.

Man of parts – বিভিন্ন গুণে গুণী ব্যক্তি

He is a singer, a dancer and a musicin; in short a *man of parts*.

Man of straw – অন্তঃসারশূন্য লোক

Gulzar is a *man of straw*. You cannot possibly rely on him.

Meet one half way – সমঝোতা করা

I cannot accept, but I am prepared to *meet you half way*.

Middle age – মধ্য বয়স

Although he is *middle aged* yet he looks quite young.

Milk of human kindness – দয়াভাব

She is full of the *milk of human kindness*.

Mind one's own business – নিজের চরকায় তেল দেওয়া

Mind your own business; don't interfere in my personal affairs.

Miss the boat – সুযোগ হাতছাড়া করা

It was a golden opportunity for him to make a profit, but choosy as he is, he *missed the boat*.

Moot point – বিবাদের বিষয়

Whether school children should be given sex education or not is a *moot point*.

Move heaven and earth – কোনও কাজে অত্যধিক পরিশ্রম করা

He will move *heaven and earth* to find out about the murderer.

[N]

Naked eye – খালি চোখে দেখা

You can not look straight at the sun at noon with *naked eye*.

Narrow escape – অল্পের জন্য বেঁচে যাওয়া

No sooner did we run out of the burning house than it collapsed. It was indeed a *narrow escape*.

Never mind – ঠিক আছে, কিছু মনে করার দরকার নেই

Never mind, if you cannot arrange for the books I had asked for.

Next to nothing – প্রায় কিছুই নেই

The children have eaten the entire loaf of bread and there is *next to nothing* left.

Nine days wonder – অল্পদিনের আকর্ষণ

Many a scientific inventions have proved just *nine day's wonders.*

Nip in the bud – অঙ্কুরে বিনাশ করা

The government *nipped* the revolt *in the bud.*

No love lost between – শত্রুতা

Although Mr. Sharma and Mr. Verma do not quarrel openly there is *no love lost between* them.

No matter – যাই হোকনা কেন

No matter where the thief tries to hide, the police will find him out.

Not fit to hold a candle – নিম্নস্তরের

Most of the English dramatists are *not even fit to hold a candle* to Shakespeare.

Not on your life – মোটেই নয়

I asked Ashok if he was interested in joing politics and he retorted: *"not on your life".*

Not worth his salt – অকাজের লোক

I had employed him as he had brought good certificates, but I soon found out that he was really *not worth his salt.*

Now and then – কখনও কখনও

I don't often fall ill, but *now and then* I do catch cold.

Null and void – ব্যর্থ

This offer is open for six months, after which it will become *null and void.*

[O]

Of a piece – সদৃশ, অনুরূপ

Ram and Shyam are *of a piece* in their general conduct.

Of late – আজকাল

Of late many girls have started dressing like boys.

Off and on – কখনও কখনও, অনিয়মিতভাবে

He drops in *off and on* for a chat with me.

Off one's head – বুদ্ধিভ্রষ্ট হওয়া

How can you say I won't help you? Are you *off your head?*

Oily tongue – তোষামোদের ভাষা

I have seen many people falling prey to his *oily tongue.*

On edge – অধীর আগ্রহে থাকা

Expecting his examination result any moment he was *on an edge* throughout.

One one's guard – সতর্ক থাকা

He tried to trick me, but I was *on my guard.*

On one's last legs – শেষ হওয়ার মুখে

This hotel project is *on its last legs* now.

On purpose – জেনেশুনে

I suspect he made that mistake *on purpose.*

On the alert – সতর্ক

The commander asked the guards to be *on the alert.*

On the double – সেই মুহূর্তে, নিমেষে

Double up to your quarters soldiers.

On the eve of – প্রাক মুহূর্তে

On the eve of his marriage he fell ill.

On the look out – সতর্ক থাকা

The police inspector asked all constables to be *on the look out* for the thief.

On the spot – সঙ্গে সঙ্গে, তৎক্ষণাৎ

During police firing one man died *on the spot.*

On the wane – প্রভাব কমা

The British Empire's influence is now *on the wane.*

On the whole – সাধারণতঃ

I have slight doubts about certain things, but *on the whole,* I agree with you.

On time – সময়ে

Did you reach office *on time* today?

Once and for all – শেষবারের মত

I am warning *you once and for all* to mend your ways.

Once in a while – কখনও কখনও

Earlier I used to see a film every Sunday, but now I go only *once in a while.*

Once upon a time – একদা

Once upon a time there was a king, who was very powerful.

One and all – সকলে

The soldiers *one and all* were drunk.

Open fire – গুলিবর্ষণ করা

As the enemy approached, we *opened fire.*

Open-handed man – উদারব্যয়ী, দাতাকর্ণ

He is an *open-handed man* and will certainly help you with money.

Open-hearted man – উদার হৃদয়, দিলখোলা মানুষ

He is an *open-hearted person* and liked by all.

Open-mind – খোলা মন নিয়ে আলোচনা

I have an *open mind* on this question.

Open one's mind – গোপন কথা বলে দেওয়া অনির্ণীত প্রশ্ন

Whether the government will accept opposition's this proposal or not is an *open question*.

Open secret – সকলেই জানে এমন গোপন তথ্য

It is an *open secret* that this film star is bald and wears a wig.

Order of the day – প্রচলিত রুচি/ফ্যাশন

Nowadays jeans are the *order of the day* among youth.

Out and out – পুরোপুরি

He is *out and out* a docile character.

Out at elbows – গরীব, অর্থহীন

He has suffered heavy losses in business and is now *out at elbows*.

Out of breath – ক্লান্ত হয়ে পড়া

He ran very fast and was *out of breath,* when he reached here.

Out of date – পুরোনো

Double-breasted coats are now *out of date*.

Out of doors – ঘরের বাইরে

One must spend some time *out of doors* everyday.

Out of favour – অসন্তুষ্ট হওয়া

Mr. Sharma, once a great favourite of our boss, now seems to be *out of favour* with him.

Out of hand – অবিলম্বে

If you do this job *out of hand* you will be free in the evening.

Out of one's mind – পাগল হয়ে যাওয়া

You are shouting and screaming as if you are *out of your mind.*

Out of order – খারাপ যন্ত্র

I had to take a taxi because my car was *out of order*.

Out of pocket – পয়সাকড়ি না থাকা

I'm sorry I cannot lend you any money as I am *out of pocket* myself.

Out of sight, out of mind – সামনে না থাকলে ভুলে যাওয়া

Even when I was in Bombay I remembered you always. It was not a question of *out of sight, out of mind.*

Out of sorts – অসুস্থ

I feel *out of sorts* today.

Out of step – অসম্বদ্ধ, অপ্রাসঙ্গিক

Your remark is quite *out of step* in what we are discussing.

Out of temper – রেগে থাকা

Be on your guard, the boss seems to be *out of temper* today.

Over and over – বার বার

He is such a dull boy that I have to explain to him the same thing *over and over*.

Over head and ears – মনেপ্রাণে

He is *over head and ears* in love with her.

Over night – রাতে

It's quite late, why don't you stay here *over night.*

Over and above – এছাড়া

Over and above this consideration, there is another I wish to mention.

Over one's head – বুঝতে না পারা

The speech of Chairman was so pedantic that it went *over the heads of* the audience.

[P]

Part and parcel – অঙ্গ

Every person is *part and parcel* of the society.

Passing strange – অত্যন্ত আশ্চর্য্যজনক ঘটনা

Rakesh has turned out to be spy for the enemy! It's *passing strange*.

Pay one back in his own coin – যেমন কর্ম তেমনি ফল

Don't play tricks on his, otherwise he will *pay you back in your own coin.*

Pick a lock – তালাভাঙ্গা

The burgler *picked the lock* and broke into the house.

Pick a quarrel with – গায়ে পড়ে ঝগড়া করা

The soldier was furious over his insulting remark

and was determined to *pick a quarrel* with the sailor.

Pick holes – ত্রুটি বার করা

Scientists tried to *pick holes* in his theory.

Pick pocket – পকেট মারা

A young boy was arrested by the police for *picking a man's pocket.*

Pick up the tale – অন্যের খরচাপাতি দেওয়া

When he went abroad to attend an international conference, his company *picked up the tale.*

Pin something on – কাউকে দায়ী করা

Despite his best efforts the public prosecutor could not *pin the robbery on* the accused.

Pink of condition – উত্তম স্বাস্থ্য

If you want to make a name as an athlete you must be in the *pink of condition.*

Piping hot – অত্যধিক গরম [তরল]

I always prefer to have my tea *piping hot.*

Play a trick on – কারোর সঙ্গে চালাকি করা

The boys tried to *play a trick on* the professor, but he was too clever for them.

Play fast and loose with – কাজে গাফিলতি করা

You promised to stitch my shirt by today. But you haven't. How can you *play fast and loose with* your promises like this.

Play second fiddle – নিম্নস্তর স্থান নেওয়া

He always *plays second fiddle.*

Play something by the ear – আন্দাজে কাজ করা

As I did not know much of subject, I decided to *play it by the ear* rather than show my ignorance by asking a lot of questions.

Play the game – নিয়মানুসারে করা

Whatever you do, always *play the game.*

Play truant – পালিয়ে যাওয়া

Playing truant is a bad practice among school children which should be checked at a proper stage.

Play up to – খোশামোদ করা

Ravi *plays up to* every girl he meets.

Plume oneself on – জাহির করা

Vikas always *plumes himself on* his record in mathematics.

Pocket an insult – মুখবুজে অপমান সহ্য

A debtor, unable to pay, has to often *pocket insults* from his creditor.

Poet laureate – রাজকবি

Wordsworth was the *poet laureate* for England during the early nineteenth century.

Point blank – তৎক্ষণাৎ

When I asked him to loan me 200 rupees, he refused *point blank.*

Poison the mind – কারোর বিরুদ্ধে লাগানো

Ramesh tried to *poison my mind* against Umesh.

Pros and cons – সমস্যার উভয়দিক, ভালমন্দ

Don't pester me about your appointment. I shall take a decision only after weighing the *pros and cons* of the matter.

Provide against a rainy day – অসময়ের জন্য সঞ্চয় করা

Wise men save to *provide against a rainy day.*

Pull one's punhces – ঠাণ্ডা মাথায় আলোচনা করা

When I complained to the neighbour about his vicious dog, I did not *pull any punches.*

Pull one's weight – পুরো দায়িত্ব পালন করা

If you do not *pull your weight* you will be sacked.

Pull oneself together – নিজের ওপর দখল আনা

You can't go on weeping like this over bad results. *Pull yourself together.*

Pull well with – মিলেমিশে কাজ করা

I resigned my job because I could not *pull well with* my ill-tempered boss.

Put a spoke in one's wheel – উন্নতির পথে বাধা দেওয়া

Babu Ram was getting on well in business till Lala Ram opened a rival establishment and thus *put a spoke in his wheel.*

Put down in black and white – লিখিতভাবে রাখা

I am not lying. The evidence is here in *black and white.*

Put it to one – রায়/সিদ্ধান্ত চাওয়া

I *put it to you,* is it wise to squander money like this.

Put on trial – মামলা করা

Although Ram hadn't stolen any money he was *put on trial.*

340

Put on out on his guard – সাবধান করে দেওয়া

As the robber saw the watchman he *put his accomplice on his guard.*

Put one out of countenance – লজ্জা দেওয়া

My friendly response to his hostile atitude *put him out of countenance.*

Put one's foot down – মানা করে দেওয়া

I did not mind my son spending some money on clothes, but when he asked for a hundred rupees for a new tie, I had to *put my foot down.*

Put one's foot in it – বড় ভুল করা

He *put his foot in it* when he addressed the chief guest by the wrong name.

Put one's hand to a thing – কোনও কাজ হাতে নেওয়া

Once you *put your hand to this* job you won't find it very difficult.

Put one's shoulder to the wheel – স্বয়ং প্রয়াস করা

It was a very tough job to be handled by one person, but he *put his shoulder to the wheel.*

Put something by for a rainy day – সঞ্চয় করে রাখা

Don't be in a hurry to spend all your money, *put something by for a rainy day.*

Put the cart before the horse – কোনও কাজ বিপরীত-ভাবে শুরু করা

How can you prepare the plan before you have got the loan sanctioned. It's like *putting the cart before the horse.*

Put the screw – জোর করে বন্ধ করা

Unless you *put the screw* on your extravagant expenditure you'll be in debt soon.

Put things ship shape – গুছিয়ে রাখা

Clean the room and *put everything ship shape.*

Put to bed – শুইয়ে দেওয়া

She *put* her children *to bed.*

Put to flight – বিতাড়িত করা

During 1971 war the Indian Army put up a tremendous show and *put the enemy to flight.*

Put to sea – [সমুদ্রে] যাত্রা আরম্ভ করা

That ship will be *put to sea* tomorrow.

Put to shame – লজ্জিত করা

I had been unfair to him, but he *put me to shame*

by his generous behaviour.

Put to the sword – হত্যা করা

Nadir Shah *put* many innocent Indian *to sword.*

Put up to – প্ররোচিত করা

Who *put* you *up to* this mischief?

Put up with – সহ্য করা

How do you *put up with* that kind of noise whole day?

[Q]

Quarrel with one's bread and butter – মালিকের/অফিসারের সঙ্গে ঝগড়া করা

Giving it back to your superiors is just like *quarreling with your bread and butter.*

Queer fish – অস্থির ব্যক্তি

You never know how he might behave. He's a *queer fish.*

Quick of understanding – তীক্ষ্ণ বুদ্ধি

I didn't think much of him, but he was *quick of understanding* and easily grasped the subject.

Quite a few – কিছু

Quite a few students were absent in our class today.

[R]

Rack one's brains – অধিক চিন্তা করা

I *racked my brains* over this algebra problem for two hours, but could not find a solution.

Racy style – বিশিষ্ট শৈলী

He writes in a *racy style.*

Read between the lines – অন্তর্নিহিত অর্থ উদ্ধার করা

His speech was very simple, but if you *read between the lines* you can find it was full of biting criticism.

Read upon – তথ্যসংগ্রহ করা

I am *reading upon* Canada as I shall be shortly visiting it.

Ready money – নগদ অর্থ

Do you have *ready money* to make the payment?

Ready pen – তাড়াতাড়ি লেখার ক্ষমতা

A journalist has to have a *ready pen.*

341

Real estate – অচল/স্থাবর সম্পত্তি

The most safe investment these days is the one in the *real estate*.

Red letter day – স্বর্ণখচিত দিন

August 1947 is a *red letter day* in Indian history.

Red tape – লালফিতের ফাঁস, সরকারি কাজে বিলম্ব

The *red tape* of government thwarts many a promising project.

Rest on one's laurels – যশপ্রাপ্তির চেষ্টায় তৎপর হওয়া

It's a great achievement to have secured a first position in University, but you must not *rest on your laurels*.

Rest on one's oars – সামান্য খ্যাতির পর চেষ্টাহীন হওয়া

Don't *rest on your oars* until you've reached the top.

Ride a hobby – নিজের প্রিয় বিষয় নিয়েই কথা বলা

I tried to converse with him on various subjects, but he kept *riding his hobby*.

Right hand man – প্রধান সহায়ক, ডানহাত

Ram Prashad is minister's *right hand man* so you can't displease him.

Right here – এখানেই

See me *right here* at this shop after half an hour.

Right now – এখনই

Let us do it *right now*.

Rise like a phoenix from its ashes – ধ্বংসের মধ্য দিয়েই

Many times the tyrant stamped out revolt in his kingdom, but it kept on *rising like a phoenix from its ashes*.

Rise to the occasion – কোনও উপলক্ষে তৎপর হওয়া

During the Chinese aggression many people *rose to the occasion* and raised crores of rupees for war efforts.

Roaring business – সফল ব্যবসায়

Till yesterday he was a small time shopkeeper. But ever since he has started with book trade he has been doing *roaring business*.

Rough guess – মোটামুটি আন্দাজ

At a *rough guess* I would say there were about fifty people at Shyam's party.

Round dozen – পুরো এক ডজন

This man has a *round dozen* of children.

Rule of thumb – যোগ্যতা নয় অভিজ্ঞতার নিরিখে কাজ করা

He is an efficient mechanic although he does the job only by *rule of thumb*.

Rule the roost – অধিকার জমানো

I don't like Ashok. He always tries to *rule the roost*.

Ruling passion – জীবনের স্থায়ী আকাঙ্খা

Love of money has been the *ruling passion of* his life.

Run away with – 1. প্রবাহিত করা

If you let your feelings *run away with* your judgement, you won't make a good judge.

2. একই ধারণায় স্থির থাকা

Don't *run away with* the notion that I do not want to succeed.

Run in the blood – পারিবারিক ধারায় থাকা

Acting *runs in* Kapoor family's *blood*.

Run of good luck – ভাগ্য অনুকূল থাকা

In the beginning he had a *run of good luck* and made a big profit, but has been suffering losses now.

Run on a bank – ব্যাঙ্ক থেকে তাড়াতাড়ি টাকা তুলে নেওয়ার আগ্রহ

There was *run on the bank* as the rumour spread that it was being closed down.

Run out of – শেষ হওয়া

We *ran out of* petrol on our way to Agra.

Run riot – অবাধে/নির্বাধে ছড়ানো

The poet's imagination has *run riot* in this poem.

[S]

Scot free – বেঁচে যাওয়া

As the police could not collect enough evidence against the robber he went *scot free*.

Search me – আমি জানি না

"Why did she get so angry suddenly?" *search me*.

Seasoned food – মশলাদার খাবার

Seasoned food is tasty, but not good for digestion.

See how the land lies – চারপাশের পরিস্থিতির খোঁজখবর করা

We'll attack the enemy at night after seeing *how the land lies*.

See how the wind blows – পরিস্থিতি আন্দাজ করা

We might launch the product in the market next month after *seeing how the wind blows*.

See the light – প্রকাশিত হওয়া

He says he has written a book. But if he has, it is yet to *see the light*.

See through coloured spectacles – পরিপূর্ণভাবে না দেখা

If you couldn't do well in the hockey tournament you should not loose heart. Don't *see through coloured spectacles*.

Send one about his business – কাউকে অবহেলাভরে চলে যেতে বলা

As the slaesman started getting on my nerves I *sent him about his business*.

Serve one right – উপযুক্ত শাস্তি পাওয়া

He was trying to push Sanjay but fell himself. It *served him right*.

Set a scheme on foot – কোনও যোজনা শুরু করা

After we had worked out all the details we *set the scheme on foot*.

Set at defiance – পরোয়া না করা

He *set* the law of land *at defiance* and landed up in jail.

Set at liberty – মুক্ত করে দেওয়া

As the police could not prove the case against the prisoner he was *set at liberty*.

Set eyes on – দেখতে পাওয়া

While wandering in the woods yesterday I happened to *set my eyes on* a strange sight.

Set one on his legs again – কাউকে দাঁড়াতে [প্রতিষ্ঠিত হতে] সাহায্য করা

After he sustained serious losses in his business I gave him a loan to *set him on his legs again*.

Set one's face against – প্রবল বিরোধ করা

They tried their best to draw him in the conspiracy, but he *set his face against it*.

Set one's heart on – অত্যন্ত উৎসুক হওয়া

My son has *set his heart* on going abroad for higher studies.

Set one's house in order – কাজকর্ম ব্যবস্থিত করা

Ever since Lal Singh's son has taken over the business he has *set the house in order*.

Set one's teeth – অসুবিধে সহ্য করার জন্য তৈরী হওয়া

I know I had to suffer hardship, but I had *set my teeth* and determined not to give up.

Set one's teeth on edge – ঘৃণার উদ্রেক করা

His disgusting behaviour *set my teeth on edges*.

Set sail – সমুদ্রযাত্রা আরম্ভ করা

Let us go on board, the ship is about to *set sail*.

Set store in – অত্যন্ত গুরুত্ব দেওয়া

You don't seem to *set store in* his advice.

Settle an account – ঝগড়া করা

I have to *settle an account* with Ram.

Sharp practice – সন্দেহজনক কাজকারবার

It is said that he has made good money through *sharp practice*.

Shooting star – উল্কা

Have you ever seen a *shooting star*.

Short cut – সংক্ষিপ্ত রাস্তা/পথ

This lane is a *short cut* to my house.

Show a bold front – কড়া মনোভাব দেখানো

You only have to show a *bold front* and he will yield to your demdand.

Show fight – প্রতিরোধী মনোভাব দেখানো

A bully is a coward, and he will back out if you *show fight*.

Shut one's mouth – কাউকে চুপ করানো

You can easily *shut his mouth* if you remind him of his foolish behaviour in the last party.

Sick bed – রোগশয্যা

How did you get into *sick bed*? Till yesterday you were alright.

Sick leave – অসুস্থতার কারণে ছুটি

I am on *sick leave* for the last one week.

Side issue – গৌণ প্রসঙ্গ

We'll take up the *side issues* after we are through with the main problem.

Side line – অপ্রধান

We are mainly dealers in ready-made garments, but sale of hosiery items is our *side line*.

Sight Seeing – আকর্ষণীয় স্থল পরিদর্শন

During our halt in Madras we went *sight seeing.*

Single blessedness – অবিবাহিত অবস্থা

Why should I marry? I don't want to give up the state of *single blessedness.*

Sink money – ব্যবসায় বরাবরের জন্য টাকা খাটানো

He has *sunk* in a lot of *money* in a business of precious stones and nothing has come out of it.

Sink or swim – করো অথবা মরো

Whatever be the situation I will never leave you. We shall *sink or swim* together.

Sit up with – বসে থাকা

As her husband was ill she *sat up with* him throughout the night.

Skin of one's teeth – অল্পের জন্য বেঁচে যাওয়া

When the ship sank everybody drowned except Vimal who managed to escape with the *skin of his teeth.*

Sleeping partner – ব্যবসায়ে নিষ্ক্রিয় অংশীদার

I told him that I could invest some money in a joint venture with him, but as I was busy with my own affairs I could only be a *sleeping partner.*

Slip of the pen – লেখায় সামান্য ত্রুটি

It was just a *slip of the pen* when I wrote 'boot' instead of 'foot'.

Slip of the tougue – বলায় সামান্য ত্রুটি

I didn't mean to hurt you. It was just a *slip of the tongue.*

Slip through one's fingers – হাত থেকে বেরিয়ে যাওয়া

Had you been a little careful this golden opportunity would not have *slipped through your fingers.*

Small arms – ছোট আগ্নেয়াস্ত্র

Illegal distribution of *small arms* has given a fillip to crime in our area.

Small fry – তুচ্ছ/নগণ্য

I have a factory of my own, but as compared to a big industrial like you I am only a *small fry.*

Small hours – সকালের প্রথম প্রহর

As I had to catch a flight I got up in the *small hours* of the morning.

Small talk – গল্পসল্প

We passed a pleasant hour in *small talk.*

Snake in the grass – গোপন শত্রু

Don't ever trust Mohan. He is a *snake in the grass.*

So far – এখন পর্যন্ত

So far I have completed only five chapters of this book.

Sound a person – কোনও বিষয়ে স্থিরীকৃত হওয়া

I learn you have been *sounded for* the general manager's post.

Sound beating – বেধড়ক পেটানো

The teacher caught on to Gopal's mischief and gave him a *sound beating.*

Sour grapes – আঙ্গুর ফল টক

The fox tried her best to reach the grapes but couldn't. Finally she said that *grapes were sour.*

Sow one's wild oats – যৌবনের নিরুদ্দেশ জীবনযাপন

After *sowing his wild oats* he has now got a job and finally settled down.

Spare time – অবসর সময়

In my *spare time* I prefer to read.

Speak extempore – বিনা প্রস্তুতিতে হঠাৎই ভাষণ দেওয়া

Although he *spoke extempore* it was a fine speech.

Speak for itself – নিজে থেকেই বলা

I am not exaggerating by praising him. His work *speaks for itself.*

Speak for one – কারও পক্ষে বলা

As he was too shy to put forward his case I had to *speak for him.*

Speak of one in high terms – অত্যন্ত প্রশংসা করা

You *speak of him in high terms.* But does he deserve so much praise?

Speak one's mind – স্পষ্ট করে বলা

Since you have asked for my candid opinion, I shall *speak my mind.*

Speak volumes – ভালভাবে প্রমাণ করা

It *speaks volumes* for her love for him that she left her home to marry him.

Speak well for – উত্তমতা প্রকাশ পাওয়া

The neatness of his writing *speeks well for* him.

Spin a yarn – গল্প ফাঁদা

Are you telling the truth or just *spinning a yarn?*

Split hairs – অনেক চেষ্টা করে পার্থক্য বের করা

You should not *split hairs,* but take a broad view of the matter.

Spur of the moments – সেই মুহূর্তেই

On the *spur of the moment* we decided to go to Simla for vacation.

Stand in another man's shoes – কারো স্থানে

In his absence I have to *stand in his shoes.*

Stand in good stead – অনেক কাজে আসা

His regular habit of saving *stood him in good stead* in difficult times.

Stand on ceremony with – শিষ্টাচার পালন করা

Please be at ease, you don't have to *stand on ceremony with* me.

Stand one's ground – নিজের বক্তব্যে অটল থাকা

He put forth many objections to my proposal but I *stood my ground.*

Stand a chance – সম্ভাবনা থাকা

Although the rival cricket team was quite good it did not *stand a chance* of beating us.

Stand out against – হার না মানা

We tried out best to take him along for the expedition, but he *stood against* all our efforts.

Stand to reason – বোধবুদ্ধির অনুকুল হওয়া

It *stands to reason* that he would side with you.

Stand up for – সোচ্চারে দাবী করা

If you yourself don't *stand up for* your rights, no one else will do it for you.

Standing joke – সর্বসময়ের জন্য হাসির খোরাক

His so-called skill at horse riding has become a *standing joke* after his fall from the horse the other day.

Standing orders – সর্বদা পালনীয় আদেশ

Our *standing orders* are to answer all letters the same day.

Stare one in the face – কোনও সংকট উপস্থিত হওয়া

During his trek across the desert he ran out of water supply and death *stared him in the face.*

Steer clear of – দূরে থাকা

Why do you get involved with bad characters? You should *steer clear of* them.

Stick at nothing – কোনও কিছু করতেই দ্বিধা না করা

He is so ambitious that he will *stick at nothing* to get ahead of others.

Stick up for – পক্ষ নেওয়া

If anybody criticises you in the meeting I'll *stick up for* you.

Stone deaf – পূর্ণতঃ কালা/শ্রবণশক্তিহীন

My grandmother was already hard of hearing but, of late, she has become *stone deaf.*

Stone's throw – অল্পদূরত্বে

The railway station is just at a *stone's throw* from our house.

Strain every nerve – অত্যধিক চেষ্টা করা

Although he *strained every nerve* to get audience's attention nobody listened to him.

Strait-laced person – সংকুচিত মনোবৃত্তিসম্পন্ন

His ideas are too liberal for a *strait-laced person* like his father.

Strike a bargain – সওদা ঠিক করা

The fruit seller was asking for eight rupees for one kilogram of grapes. But, I managed to *strike a bargain* and got them for six only.

Strike while the iron is hot – সুযোগের সদ্ব্যবহার করা

Now that prices are rising let us sell our stocks. We should *strike while the iron is hot.*

Strong language – রাগান্বিত ভাষা

Don't use such *strong language* in the company of ladies.

Sum and substance – সব মিলিয়ে অর্থ যা দাঁড়ায়

The *sum and substance* of my argument is that it is now too late to do anything.

Swallow the bait – টোপ গেলা

Election time promises are made to catch votes and many illiterate and ignorant men *swallow the bait.*

Swan song – শেষ বক্তব্য/গান

Mr. Pranob Ghoshal, a leading communist leader,

issued a statement to the press during his serious illness, which proved to be his *swan song.*

Sworn enemies – চিরশত্রু

Nothing can bring these too *sworn enemies* together.

[T]

Take a fancy – অত্যন্ত পছন্দ করা

Although there is nothing outstanding about this bed sheet, yet I have *taken a fancy* to it.

Take a leap in the dark – পরিণামের কথা না ভেবেই ঝুঁকি নেওয়া

You took a *leap in the dark* by going into partnership with a dishonest person like Kuldip.

Take advantage of – লাভ ওঠানো

I *took advantage of* the sale at "Babulal and Company" and bought some cheap shirts.

Take by storm – হঠাৎ প্রভাবিত করা

Runa Laila, me.odious singer, *took* the audience *by storm.*

Take into account – বিবেচনা করা

In judging his performance in the examination you should also *took into account* the fact he was ill for a month.

Take it easy – বেশি চিন্তা না করা

The test is still quite far. So, *take it easy.*

Take it ill – খারাপ মনে করা

I hope you will not *take it ill* if I tell you the truth.

Take one at his word – কারোর বক্তব্যে বিশ্বাস করা

Taking him on his word I put in Rs. 10,000 in sugar business.

Take one's time – তাড়াহুড়ো না করা

I am in no hurry to go out. You *take your time.*

Take oneself off – চলে যাওয়া

Munnu, don't trouble me. *Take yourself off.*

Take sides – পক্ষ নেওয়া

I would not like to *take sides* in this quarrel.

Take someone by surprise – আশ্চর্যান্বিত করা

I didn't know he could sing so well. He *took me by surpirse* that day.

Take someone for – ভুল করা

He resembles you so much that I *took him for* your brother.

Take stock – পরিস্থিতি বিচার করা

It is time for us to *take stock* of the situation before we take any further steps.

Take the air – মুক্ত বাতাসে ঘোরাফেরা

To improve your health you should *take the air* every morning.

Take the bull by the horns – সংকটের মোকাবিলা করা

Finally he decided to take the *bull by the horns* and ask his boss for a promotion.

Take the law into one's hands – আইন নিজের হাতে নেওয়া

Even if he is guilty you can't *take law in your hands* and beat him like this.

Take time off – ছুটি নেওয়া

Since I was not feeling well I *took* two *days off* last week.

Take to heart – হৃদয় দিয়ে অনুভব করা

She has *taken* her father's death *to heart.*

Tell to one's face – মুখের ওপর বিরোধ করা

Do you have the courage to *tell him to his face* that he is a fool?

Take to one's heels – পালিয়ে যাওয়া

As the thief heard policeman's whistle he *took to his heels.*

Take to pieces – কলকব্জা খুলে ছড়িয়ে ফেলা

Only yesterday I bought Raja this toy train and today he has *taken it to pieces.*

Take to task – ভর্ৎসনা করা

Mother *took Naresh to task* for his idleness.

Take aback – আশ্চর্য্যচকিত হওয়া

I was *taken aback* at a strange sight in the jungle.

Taken up with – ব্যস্ত থাকা

My time is *taken up with* a lot of house hold jobs.

Take upon oneself – দায়িত্ব নেওয়া

I *took upon myself* to look after Gopal's ailing father.

Tell time – সময় বলা

My son could *tell time* when he was only four years old.

Tell two things/persons apart – আলাদা করে বলা/চেনা

The two brothers look so much alike that no one can *tell them apart*.

Through and through – পূর্ণরূপে, পুরোপুরি

I was caught in the rain yesterday and by the time I reached home I was wet *through and through*.

Through thick and thin – প্রতিকূল পরিস্থিতিতে

The two friends stayed together *through thick and thin*.

Throw away money – জলের মত অর্থব্যয় করা

If you *throw away money* like this you will soon be on the streets.

Throw cold water upon – হতোৎসাহিত করা

I was eager to set up a business in precious stones, but he *threw cold water upon* my enthusiasm by pointing out its minus points.

Throw dust in one's eyes – চোখে ধুলো দেওয়া, ঠকানো

He outlined a grand plan and asked for a loan for it, but I knew he was trying to *throw dust in my eyes*.

Throw oneself on – মিনতি করা

He knew I could help him out of the tight corner so he *threw himself on* my mercy.

Throw people together – লোক জড়ো করা

The purpose of my party is to *throw persons of* like interests *together*.

Time after time – বারংবার

He applied for a professor's job *time after time* but could not succeed.

Time hangs heavy – সময় কাটতে না চাওয়া

Time hangs heavy on my hands on a holiday.

To a man – সকলে

They rose *to a man* and left the room agitatedly.

To and fro – এদিক ওদিক

Preoccupied with his emotional problems he walked *to and fro* about the room in a pensive mood.

Turn away from – নিবৃত্ত করা

I tried to *turn* them *away from* their evil purpose, but was unsuccessful.

Turn over a new leaf – নতুনভাবে জীবন শুরু করা

He gave up his bad habits and *turned over a new leaf*.

Turn the tables – ছবি পাল্টে ফেলা, কারোর চেয়ে ভাল করা

He was ahead of me in the terminal examination, but I *turned the tables* on him in the annual examination.

Turn up one's nose at – নীচু চোখে দেখা

He is so poor that he hardly gets anything to eat, and yet he *turns up his nose* at the idea of working for a living.

[U]

Under a cloud – সন্দেহের ঘোরে থাকা

After his misbehaviour on the field in India Boycott is *under a cloud*.

Up in arms – লড়াইয়ের জন্য তৈরী

In Afghanistan many Pathans are *up in arms* against Russians.

Up-to-date – হাল ফ্যাশনের

He is very careful to keep up with *up-to-date* fashions.

Ups and downs of life – জীবনের উত্থান পতন

I have had my share of *ups and downs of life*.

[W]

Wash one's hand of – দায়িত্বপালন শেষ করা

I don't think anything is going to come off your programme of going for a trek so I *wash my hands of* it.

Waste one's breath – অনর্থক চেষ্টা করা

Don't argue with Harish any longer. You are only *wasting your breath*.

Watch out for – নজর রাখা

One thief went inside while the other waited outside near the gate to *watch out for* the police.

What not – ইত্যাদি

She went to the market on a shopping spree and bought shirts, socks, ties and *what not*.

What's what – কোন পরিস্থিতিতে কি প্রয়োজন

He is an intelligent person and knows *what's what*.

Wheels within wheels – জটিল কাজকে আরও জটিল করে তোলা

To begin with I thought I could tackle this job, but then I found that there were *wheels within wheels*

Wide awake – পুরোপুরি জেগে থাকা

I thought Manmohan was asleep. But as I talked of the plan for a film he got up *wide awake.*

Wide of the mark – লক্ষ্যভ্রষ্ট হওয়া

His argument sounds impressive, but is *wide of the mark.*

With might and main – পুরো শক্তি প্রয়োগ ক'রে

They pushed the huge rock with *might and main* and cleared the way.

With bated breath – অত্যন্ত উৎসুক হয়ে

They all waited with *bated breath* for the election results.

Within an ace – প্রায় নিকটবর্ত্তি

He was *within an ace* of being killed by the tiger.

Wolf in sheep's clothing – বন্ধুত্বের মুখোশে শত্রু

Beware of Suresh. He is a *wolf in sheep's clothing.*

World of good – খুব ভালো প্রভাব পড়া

This ayurvedic medicine has done me a *world of good* to my stomach problem.

Worn out – খোঁজ খবর জেনে নেওয়া

The spy pretended to be his friend and tried to *worn his secret out* of him.

Worship the rising sun – উদীয়মান সূর্যকে প্রণাম করা

The newly appointed manager has taken over and the staff has been *worshipping the rising sun.*

বর্গীকৃত শব্দাবলী [CLASSIFIED VOCABULARY]

শব্দ কোশ [DICTIONARY]

বর্ণানুক্রমিক শব্দতালিকা
[CLASSIFIED VOCABULARY]

শরীরের অঙ্গ প্রত্যঙ্গ
[Parts of body]

অন্ননালী — Gullet [গুলেট]
বক্ষ [পুরুষের] — Chest [চেস্ট]
আক্কেল দাঁত — Dens serotinous [ডেন্স সেরোটিনাস্]
বক্ষ [বুক] [স্ত্রী লোকের] — Breast [ব্রেষ্ট]
অনামিকা [আংটি পরার আঙ্গুল] — Ring finger [রিং ফিংগার]
পাকস্থলী, জঠর [পেট] — Stomach [স্টম্যাক্]
[পায়ের] আঙ্গুল — Toe [টো]
চোয়াল [মুখের] — Jaw [জ]
[হাতের] আঙ্গুল — Finger [ফিংগার]
জংঘা — Thigh [থাই]
আঙ্গুল [হাতের বৃদ্ধাঙ্গুষ্ঠ] [বুড়ো আঙ্গুল] — Thumb [থাম্ব্]
জিভ — Tongue [টঙ্গ্]
চোখ — Eye [আই]
জোড় — Joint [জয়েন্ট]
আঁত [অন্ত্র] — Intestine [ইনটেষ্টাইন]
চিবুক [থুত্নী] — Chin [চিন]
কোমলাস্থি — Cartilage [কার্টিলেজ্]
তর্জনী — Index Finger [ইনডেক্স ফিংগার]
ওষ্ঠ — Lip [লিপ]
পদতল, তলা [পায়ের] — Sole [সোল]
কাঁধ — Shoulder [সোল্ডার]
তালু — Palate [প্যালেট]
কপোল — Temple [টেম্পল]
দাঁত — Tooth [টুথ্]
কোমর — Waist [ওয়েষ্ট]
দাড়ি — Beard [বিয়ারড্]
কর্ণপটহ — Eardrum [ইয়ারড্রাম]
[চিবান] দাঁত — Niolar teeth [নিয়োলার টিথ্]
কব্জি — Wrist [রিষ্ট]
ধমনী — Artery [আরটারী]
কান — Ear [ইয়ার]
নখ — Nail [নেল]
কনিষ্ঠাঙ্গুলি — Little finger [লিট্ল ফিংগার]
নাসারন্ধ্র — Nostril [নষ্ট্রিল]
কনুই — Elbow [এল্‌বো]
নাড়ি — Pulse [পাল্‌স্]
গ্রীবা — Neck [নেক্]
নাভি — Navel [ন্যাভেল]
গর্ভ — Womb [উম্ব]
নিতম্ব — Rump [রাম্প]
গর্ভাশয় — Uterus [ইউট্যারাস্]
পলক [চোখের পাতা] — Eyelid [আইলিড্]
গোঁফ [বেড়ালের] — Whiskers [হুইস্‌কারস্]
পাঁজর — Rib [রিব্]
গলা — Throat [থ্রোট]
প্লীহা — Spleen [স্পলীন]
গাল — Cheeks [চিক্‌স]
পিত্ত — Bile [বাইল]
অঙ্ক, কোল — Lap [ল্যাপ্]
পিঠ — Back [ব্যাক]
গোড়ালি — Heel [হিল্]
পেট [বাহিরের] — Belly [বেলি]
খে [চুলের] — Lock [লক]
পেট [ভিতরের] — Stomach [ষ্টম্যাক]
কেশ [চুল] — Hair [হেয়ার]
পেশী — Muscle [মাস্‌ল]
অক্ষিগোলক, চোখের মণি — Eyeball [আইবল]
পা — Foot [ফুট্]
চর্ম — Skin [স্কিন]
ফুস্‌ফুস্ — Lung [লাংগ্]
মুখ — Face [ফেস]
বগল — Armpit [আর্মপিট]
পশুর তুণ্ড [নাক] — Snout [স্নাউট]
বাহু — Arm [আর্ম]
ভগ [স্ত্রী-যোনি] — Vagina [ভেজাইনা]
ভগাঙ্কুর, ভগনাস — Glans Clitoridis [গ্লান্স ক্লিটোরাইডিস্]
ভ্রূণ — Embroy [এমব্রায়ো]
ভ্রু [ভুরু] — Eyebrow [আইব্রো]
মস্তিষ্ক — Brain [ব্রেইন]

মাথার খুলি — Skull [স্কাল]
মলদ্বার — Anus [এনাস্]
মাধ্যমিকা — Middle Finger [মিড্ল ফিংগার]
মূত্রগ্রন্থী — Kidney [কিড্নী]
মাড়ি — Gum [গাম্]
মুষ্ঠি — Fist [ফিষ্ট]
গোঁফ — Moustache [মোস্টেচ]
মুখ — Mouth [মাউথ]
মূত্রাশয় — Urinary bladder [ইউরিনারি ব্লাডার]
মেরুদণ্ড — Backbone [ব্যাকবোন]
রোমকূপ [লোমকূপ] — Pore [পোর]
ললাট — Forehead [ফোরহেড]
লালা — Saliva [সেলাইভা]
লিঙ্গ — Penis [পেনিস]
রক্ত — Blood [ব্লাড]
শ্বাসনলী — Trachea [ট্রাচিয়া]
শিরা — Vein [ভেন]
স্কন্ধ — Trunk, [ট্রাঙ্ক]
স্তনবৃন্ত, স্তনের বোঁটা — Nipple [নিপ্পল্]
হাঁটু — Knee [নী]
হাড় — Bone [বোন]
হাতের চেটো — Palm [পাম]
কাঁধের হাড় — Collar bone [কলার বোন]
হৃদয় — Heart [হার্ট]
হৃদয়বরণ — Pericardium [পেরিকারডিয়াম]
হাত — Hand [হ্যাণ্ড]

রোগ এবং শারীরিক অবস্থা [AILMENTS AND BODY CONDITIONS]

টিউমার, আব — Tumour [টিউমার]
অজীর্ণ — Indigestion [ইনডাইজেসন]
অন্ধ — Blind [ব্লাইণ্ড]
ক্ষীণদৃষ্টি, অল্পদৃষ্টি — Short-sight [সর্ট-সাইট]
অম্লপিত্ত [অম্বল] — Acidity [এ্যাসিডিটি]
অতিসার [পেট খারাপ] — Diorrhoea [ডাইয়েরিয়া]
একশিরা, অন্ত্রবৃদ্ধি — Hernia [হারনিয়া]
অশ্রু [চোখের জল] — Tears [টিয়ারস্]

উপদংশ — Syphilis [সিফিলিস্]
কাউর [চর্মরোগ] — Eczema [একজিমা]
দৈর্ঘ্য, উচ্চতা — Stature [ষ্টেচর]
কফ — Phelgum [ফেল্গম]
উদ্গার করা [বমি করা] — Vomit [ভমিট্]
কামলা [রোগ] — Jaundice [জণ্ডিস]
কালাজ্বর — Typhus [টাইফাস]
কাস, কাসি — Bronchitis [ব্রঙ্কাইটিস]
কানা [একচোখ বন্ধ] — One eyed [ওয়ান আইড্]
কুঁজো [লোক] — Hunchbacked [হাঞ্চব্যাকড্]
অর্শ — Piles [পাইল্‌স]
আমাশয় — Dysentery [ডিসেনট্রি]
কুষ্ঠ — Leprosy [লেপ্রসি]
কোষ্ঠবদ্ধতা — Constipation [কনস্টিপেশন]
কৃমি — Worm [ওয়ার্ম]
চুলকানি — Iches [ইচেস্]
খোস — Scabies [স্ক্যাবিজ] ,
গর্ভপাত — Abortion [এ্যাবরশন]
গলদাহ [গলায় খুস্‌খুসি] — Sore throat [সোর থ্রোট]
গলাভঙ্গা — Horseness [হোর্সনেস]
টনসিল — Tonsil [টনসিল]
গ্রন্থি [দেহের] — Gland [গ্ল্যাণ্ড]
আঘাত, ঘা — Wound [উণ্ড]
গা গোলান, [মাথা ঝিম্ ঝিম্ করা] — Giddiness [গিডিনেস]
স্থুলত্ব — Obesity [অবিসিটি]
চোট [আঘাত] — Hurt [হার্ট]
কর্কট রোগ, ক্যান্সার — Cancer [ক্যান্সার]
জলোদর [উদরি] — Dropsy [ড্রপ্সি]
কম্পজ্বর — Ague [এগু]
জ্বর — Fever [ফিভার]
ঠাণ্ডা — Chill [চিল]
উদ্গার — Belching [বেল্‌চিং]
থুতু — Spittle [স্পিটল্]
ব্যথা — Pain [পেন]
মাথাব্যথা — Headache [হেডেক]

পেটেব্যথা — Stomachache [ষ্টমাকেক]
দাস্ত [মল] — Stool [ষ্টুল]
দাদ — Wring worm [রিং ওয়র্ম]
দুর্বল [রোগ] — Lean [লীন]
দুঃসাধ্য উন্মাদ — Psychosis [সাইকোসিস্]
ঘাম [ঘর্ম] — Sweat [সোয়েট]
তৃষ্ণা — Thirst [থার্ষ্ট]
ইন্দ্রলুপ্ত, টাক — Bald [বল্ড]
দূরদৃষ্টি — Longsight [লংসাইট]
নালিঘা — Sinus [সাইনস]
নিদ্রারোগ — Narcolepsy [নার্কোলেপসি]
নিদ্রা [ঘুম] — Sleep [স্লিপ]
অনিদ্রা — Imsomnia [ইনসমনিয়া]
পাথুরি — Stone [স্টোন]
পাগল — Mad [ম্যাড]
পাগলামি, উন্মত্ততা — Lunacy [লিউনাসি]
পিত্ত — Bile [বাইল]
পূঁজ — Pus [পাস্]
প্রদর — Leucorrhoea [লিউকরিয়া]
প্লেগ — Plague [প্লেগ]
ব্রণ — Pimple [পিম্পল]
ফোঁড়া — Boil [বয়েল]
বদহজম — Indigestion [ইনডাইজেসন]
বহুমূত্র — Diabetes [ডায়বিটিস]
ব্রণ — Soar [সোর]
বৃদ্ধ — Old [ওল্ড]
বামন — Dwarf [ডুয়ার্ফ]
ভগন্দর — Fistula [ফিস্টুলা]
ক্ষুধা — Hunger [হাঙ্গার]
মন্দাগ্নি [অগ্নিমান্দ্য] — Lack of appetite [ল্যাক অফ এপিটাইট]
ভয়াবহ — Gripping [গ্রিপিং]
প্লেগ, মহামারী — Plague [প্লেগ]
মূত্র — Urine [ইউরিন]
মৃগী — Epilepsy [এপিলেপ্সি]
ব্রণরোগ — Acne [এক্‌নি]
ছানি — Cataract [ক্যাটারাক্ট]
টাইফয়েড [আন্ত্রিক জ্বর] — Typhoid [টাইফয়েড়]
যকৃতের শোথ — Hepatitis [হেপটাইটিস্]
সতীচ্ছদ — Hymen Vaginale [হাইমেন ভ্যাজিনেল]
রোদ্দুর লাগা, লু লাগা — Sunstroke [সানষ্ট্রোক]
বিষ্ঠা — Stool [ষ্টুল]
রক্তহীনতা — Anaemia [এনিমিয়া]
যক্ষ্মা — Tuberculosis [টিউবারকিউলসিস্]
রোগ — Disease [ডিজিজ]
ল্যাংড়া, খোঁড়া — Lame [লেম]
ডেঙ্গুজ্বর — Dengue [ডেঙ্গু]
লম্বা — Tall [টল]
সর্দিজ্বর — Influenza [ইনফ্লুয়েঞ্জা]
গুটিবসন্ত — Small pox [স্মল পক্স]
শ্বেতকুষ্ঠ — Leucoderma [লিউকডার্মা]
শ্বাস — Breath [ব্রেথ]
রক্তপাত — Bleeding [ব্লিডিং]
বোবা — Dumb [ডাম্ব]
হাঁচি — Sneezing [স্নিজিং]
হাই — Yawning [য়নিং]
স্বাস্থ্য — Health [হেলথ্]
হাঁপানি — Asthma [এ্যাজ্‌মা]
শ্বাসকৃচ্ছতা, ব্রন্‌কাইটিস — Bronchitis [ব্রনকাইটিস]
শিরার টান, পেশীর টান — Sprain [স্প্রেন]
স্ফীত হওয়া — Swelling [সোয়েলিং]
কণ্ঠস্বর — Voice [ভয়েস]
হিক্কা, হিচকি — Hiccup [হিক্কাপ]
কলেরা — Cholera [কলেরা]
হৃদয় — Heart [হার্ট]
হৃদয়ের শোথ — Paricarditis [পেরিকার্ডাইটিস্]
ক্ষয় — Cousumption [কন্‌জাম্পসন]
অরুচি — Anorexia [এনোরেক্সিয়া]

বেশভূষা [DRESSES]

আস্তর — Lining [লাইনিং]
আস্তিন — Sleeve [শ্লীভ]
অন্তর্বাস [জামা] — Tunic [টিউনিক]
টুপি — Hat [হ্যাট]
পশম, উল — Wool [উল]
বস্ত্র — Cloth [ক্লথ]
বস্ত্র, কাপড়চোপড় — Clothes [ক্লোদস্]
কমরবন্ধ — Belt [বেল্ট]
জামা — Shirt [সার্ট]
জামার কাপড় — Shirting [সার্টিং]
বক্ষবন্ধনী, কাঁচুলি [স্ত্রীলোকের] — Bodice [বডিস্]

কম্বল — Blanket [ব্ল্যাঙ্কেট্]
ক্রেপ [কাপড়] — Crepe [ক্রেপ]
কামদানী ব্রকেড — Diaper brocade [ডায়েপার ব্রকেড]
কিনারা — Border [বর্ডার]
গামছা — Napkin [ন্যাপকিন]
ক্যানভাস — Canvas [ক্যানভাস্]
কোট — Coat [কোট]
স্যুট, কোট-প্যান্ট — Suit [সুট্]
গদি — Cushion [কুশন]
গ্যালিস — Braces [ব্রেশেস]
গলবন্ধ — Mufler [মাফ্লার]
ঘাঘরা — Skirt [স্কার্ট]
ঘোমটা — Veil [ভেইল]
চাদর — Sheet [সিট্]
চিকন — Lappet [লাপ্পেট]
ছিট — [Piece of cloth] Chintz [চিণ্টজ]
মোজা — Socks [সক্স]
অন্তর্বাস — Underwear [আণ্ডারউয়ার]
গভীর বা ঘন রং — Deep colour [ডিপ কলার]
হাল্কা রং — Light colour [লাইট কলার]
ছিটকাপড় — Drill [ড্রিল]
পকেট — Pocket [পকেট]
ঝালর — Trimming [ট্রিমিং]
টুপি — Cap [ক্যাপ]
উওরায়, দুপাট্টা — Scarf [স্কার্ফ]
লেস — Laces [লেসেস]
সুতা — Thread [থ্রেড]
তুলা — Cotton [কটন]
তোয়ালে — Towel [টাওয়েল]
দস্তানা — Gloves [গ্লাভ্স]
লেস, পাট্টা — Lace [লেস্]
প্যাণ্ট — Pantaloon [পেণ্টলুন]
পাগড়ি — Turban [টারবান]
পায়জামা — Pyjama [পায়জামা]
জ্যাকেট, ফতুয়া — Jacket [জ্যাকেট]
ফ্লানেল — Flannel [ফ্লানেল]
ফিতা — Tape [টেপ]
বোতাম — Button [বটন]
ওভারকোট, বড় কোট — Chester, Overcoat [চেষ্টার, ওভারকোট]
মখমল — Velvet [ভেলভেট্]
গজ, মানদণ্ড — Gauze [গজ]
মোজা — Stocking [ষ্টকিং]
মোমজামা, অয়েলক্লথ — Oilcloth [অয়েলক্লথ]
লেপ — Quilt [কুইল্ট]
রুমাল — Handkerchief [হ্যাণ্ডকারচিফ্]
রেশম — Silk [সিল্ক]
গাউন — Gown [গাউন]
লংক্লথ, লট্টা — Longcloth [লংক্লথ]
পেটিকোট — Petticoat [পেটিকোট]
ইউনিফর্ম, বিশিষ্ট পোষাক — Uniform [ইউনিফর্ম]
ওয়েষ্টকোট — Waistcoat [ওয়েষ্টকোট]
সার্জ — Surge [সার্জ]
সাটিন কাপড় — Satin [সাটিন]
সূতা [বোনার জন্য] — Yarn [ইয়ার্ন]

আত্মীয় স্বজন
[RELATIONS]

অতিথি — Guest [গেস্ট]
শিক্ষক, অধ্যাপক — Teacher [টিচার]
উপপত্নী — Mistress [মিষ্ট্রেস]
গুরু — Precepter [প্রিসেপ্টার]
গ্রাহক — Customer [কাস্টোমার]
কাকা, মামা, মেশোমশাই — Uncle [আঙ্কল্]
কাকিমা, মাসীমা, মামী — Aunt [আণ্ট]
চেলা, শিষ্য — Disciple [ডিসাইপল্]
জমিদার — Landlord [ল্যাণ্ডলর্ড]
শ্যালিকা, ননদ, ননাস ইত্যাদি — Sister-in-law [সিসটার-ইন-ল]
দত্তক কন্যা — Adopted daughter [এডপটেড ডটার]
দত্তক পুত্র — Adopted son [এডপটেড সন]
দাদা, বড় ভাই — Elder brother [এলডার ব্রাদার]
দাদু — Grand father [গ্র্যাণ্ড ফাদার]
ঠাকুর্দা — Grand father [গ্র্যাণ্ড ফাদার]
দিদিমা, ঠাকুমা — Grand mother [গ্র্যাণ্ড মাদার]
জামাতা — Son-in-law [সন-ইন-ল]
পতি — Husband [হাজব্যাণ্ড]
পত্নী — Wife [ওয়াইফ]
পুত্র — Son [সন]
প্রজা — Tenant [টেনাণ্ট]
কন্যা — Daughter [ডটার]
প্রেম — Love [লভ্]

প্রেমিক — Lover [male] [লাভার]
প্রেমিকা — Lover [female] [লাভার]
বোন, ভগ্নী — Sister [সিষ্টার]
ভাইপো, ভাগিনেয়, ভাগনে — Nephew [নেফিউ]
ভাগনি, ভাইজি, ভায়ের মেয়ে, মামার ও কাকার মেয়ে
— Niece [নিস]
মাতা, মা — Mother [মাদার]
মামা — Maternal uncle [মেটারনাল আঙ্কল]
মামী — Maternal aunt [মেটারনাল আণ্ট]
মক্কেল — Client [ক্লায়েন্ট]
যজমান — Priest's client [প্রিষ্টস্ ক্লায়েন্ট]
উকিল — Pleader [প্লিডার]
বন্ধু — Friend [ফ্রেণ্ড]
রোগী — Patient [পেশেণ্ট]
উত্তরাধিকারী — Heir [এয়র]
শিষ্য — Pupil [পিপুল]
শ্বশুর — Father-in-law [ফাদার-ইন-ল]
শ্বাশুড়ী — Mother-in-law [মাদার-ইন-ল]
সম্বন্ধী — Wife's elder brother [ওয়াইফ্স্ এলডার ব্রাদার]
সৎ-মেয়ে — Step daughter [স্টেপ ডটার]
সৎ-পুত্র — Step-son [স্টেপ-সন]
সৎ-পিতা — Step-father [স্টেপ্ ফাদার]
সৎ-বোন — Step-sister [স্টেপ সিসটার]
সৎ-ভাই — Step-brother [স্টেপ ব্রাদার]

ঘরের বা বাড়ির জিনিষপত্র [HOUSEHOLD ARTICLES]

অঙ্গুষ্ঠতান [আঙ্গুলের আবরণ] — Thimble [থিম্বল]
অঙ্গার — Cinder [সিণ্ডার]
আলমারি — Almirah [আলমিরা]
আলমারি [দেওয়ালে] — Cup board [কাপ বোর্ড]
ইস্ত্রি — Iron [আয়রণ]
ইন্ধন — Fuel [ফুয়েল]
কড়াই [বৃহদাকার] — Cauldron [কলড্রন]
কম্বল — Blanket [ব্ল্যাঙ্কেট]
কেনেস্তারা — Canister [ক্যানিষ্টার]
কেদারা, চেয়ার — Chair [চেয়ার]
কাঁটা — Fork [ফর্ক]
চোঙ্গা — Funnel [ফানেল]
ঘটি, মগ — Jar [জার]
চুন ও বালি জল সহ মিশ্রিত দ্রব্য, সুরকি — Mortar [মর্টার]
চিরুণী — Comb [কোম্ব]
চাটাই — Mat [ম্যাট]
চামচা — Spoon [স্পুন]
চলনী — Sieve [সিভ]
চাদর — Bedsheet [বেডসিট]
চাবি — Key [কি]
চারপাই, খাট — Bed-stead [বেড স্টেড]
চিমটা — Tong [টঙ্গ]
চিমনি — Chimney [চিম্‌নি]
ইলেকট্রিক ষ্টোভ — Electric stove [ইলেকট্রিক ষ্টোভ]
ছড়ি — Stick [স্টিক]
ছাতা — Umbrella [আম্‌ব্রেলা]
ছোট বাক্স, হাতবাক্স — Attache case [এটাচি কেস]
জগ — Jug [জাগ]
জাল [মাকড়সার] — Cobweb [কবওয়েব]
উনুনের ঝাঁঝরি — Grate [গ্রেট]
আংটি — Ring [রিং]
উনুনের স্থান বা হেঁসেল — Hearth [হার্থ]
ঝাড়ু — Broom [ব্রুম]
ঝুলা — Swing [সুইং]
টুকরি — Basket [বাসকেট]
ডেস্ক, দেরাজ — Desk [ডেস্ক]
ডিবা — Box [বক্স]
ঢাকন — Lid [লিড্]
তৌলযন্ত্র, দাঁড়িপাল্লা — Balance [ব্যালান্স]
তার — Wire [ওয়ার]
তালা — Lock [লক]
তোষক, লেপ — Quilt [কুইল্ট]
উনূন — Oven [ওভেন]
থালা — Plate [প্লেট]
দর্পন, আয়না — Mirror [মিরর]
দেশলাই — Match-box [ম্যাচবক্স]
রেকাবী — Sauce-pan [সস্প্যান]
দাঁতকাঠি — Toothpick [টুথপিক]
দন্তমঞ্জন — Tooth powder/Toothpaste [টুথ পাওডার/টুথপেষ্ট]
ধূপদানী — Censer [সেন্সার]
নল — Tap [ট্যাপ]
পালঙ্ক — Bedstead [বেডষ্টেড]
প্লেট — Plate [প্লেট]
পালকি — Palanquin [পালঙ্কিন]
পাদানি — Door-mat [ডোরম্যাট]
পিকদানি — Spitoon [স্পিটুন]
পেয়ালা — Cup [কাপ]
ফানুস, ঝাড় লণ্ঠন — Chandlier [চ্যাণ্ডিলয়র]
ফুলদানি — Flower-Vase [ফ্লাওয়ার ভেস]
বাটি — Pot [পট]
বোতাম — Button [বট্‌ন]
বরফের বাক্স — Ice Box [আইস্ বক্স]

বাল্‌তি — Bucket [বাকেট]
বুরুস — Brush [ব্রাস্‌]
বেলনা — Pastry roller [পেস্ট্রী রোলার]
বোতল — Bottle [বটল]
বস্তা, ছালা — Sack [স্যাক্‌]
মন্থনী — Churner [চারনার]
তাকিয়া বা কোলবালিস — Bolster [বলস্টার]
মাটির তেল বা কেরোসিন তেল — Kerosene oil [কেরোসিন অয়েল]
মেজ, টেবল — Table [টেবল]
মোমবাতি — Candle [ক্যাণ্ডল্‌]
রেকাবি — Dish [ডিস]
রসি, দড়ি — Rope, String [রোপ, ষ্ট্রীং]
ছাই — Ash [এ্যাস]
লম্প — Lamp [ল্যাম্প]
লোটা — Bowl [বাউল]
বস্ত্রাদি রাখার আলমারি — Cabinet [ক্যাবিনেট]
শিশি — Phial [ফায়াল]
সিন্ধুক — Chest [চেষ্ট]
বাক্স — Box [বক্স]
সাবান — Soap [সোপ]
সূতা — Thread [থ্রেড]
সুতার রিল — Reel, Bobbin [রিল, বব্বিন]
মূষল — Pestle [পেষ্টল]
বাদাম ভাঙ্গার যন্ত্র বা জাঁতি — Nutcracker [নাটক্র্যাকার]
সলতে — Wick [উইক]
সলাকা [ডাক্তারি ক্ষত পরীক্ষার জন্য] — Probe [প্রোব]
সাবানদানি — Soapcase [প্লেট]
শিকল — Chain [চেন]
ক্ষুদ্র বাক্স বা কৌটা — Casket [কাসকেট]
সূঁচ — Needle [নিড্‌ল]
সন্না — Pincers [পিনসারস্‌]
হুকা — Hubble-bubble [প্লেট]

গহনা বা জড়োয়া
[ORNAMENTS AND JEWELS]

আংটি — Ring [রিং]
বালা — Bracelet [ব্রেসলেট]
গলার মালা — Chain [চেন]
কানের ফুল — Ear-ring [ইয়াররিং]
কামিজের হাতের বোতাম — Stud [ষ্টাড]
কাঁটা [চুলের] — Hair-pin [হেয়র-পিন]
কাঁটা [সাড়ির] — Broach [ব্রোচ]
গোমেদমণি — Zircon [জ্যারকান]
ক্লিপ — Clip [ক্লিপ]
চুড়ি — Bangle [ব্যাংগল্‌]
জড়োয়া গহনা — Jewellery [জুয়েলারি]
চিক্‌লি — Head-locket [হেড্‌লকেট]
কানপাশা — Ear-stud [ইয়ার ষ্টাড]
তোড়া [হাতের] — Wristlet [রিষ্টলেট]
নথ — Nose-ring [নোজরিং]
নিলা — Sapphire [স্যাফায়ার]
পান্না — Emerald [এাঁরেল্ড]
বেল্ট — Belt [বেল্ট]
মল, নুপুর — Anklet [এ্যাঙ্কলেট]
পোখরাজ — Topaz [টোপাজ]
উপল সাদা মনি — Opal [ওপাল]
নীলকান্তমনি — Turquoise [টরক্যাইজ]
বাজুবালা বা অনন্ত — Armlet [আর্মলেট]
পিলাস্ফটিক — Pebble [পেবল]
মানিক — Ruby [রুবী]
মালা — Wreath [রেথ্‌]
মুকুট — Tiara [টায়রা]
পদক — Medal [মেডাল]
প্রবাল — Coral [কোরাল]
মতি, মুক্তা — Pearl [পার্ল]
মুক্তা উৎস — Mother of Pearl [মাদার অফ পার্ল]
রূপা — Silver [সিল্‌ভার]
লকেট — Locket [লকেট]
বৈদুর্যমনি — Cat's eye [ক্যাটস আই]
হার — Necklace [নেকলেশ]
হিরা — Diamond [ডায়মণ্ড]

বাদ্যযন্ত্র
[MUSICAL INSTRUMENTS]

ঘণ্টা — Bell [বেল]
বীণা — Harp [হার্প]
করতাল — Cymbal [সিম্বাল]
খঞ্জনী — Tambourine [ট্যামবরিণ]
ডুগডুগি — Drumet [ড্রামেট]
ঢোল — Drum [ড্রাম]
তবলা — Tabor [ট্যাবর]

তুর্য — Clarion [ক্ল্যারিয়ন]
ঢাক — Drum [ড্রাম]
বেহালা — Violin [ভায়োলিন]
বাঁশি — Flute [ফ্লুট]
ব্যাঞ্জো — Banjo [ব্যাঞ্জো]
ব্যাগপাইপ — Bagpipe [ব্যাগপাইপ]
শানাই — Sahnai [শেহ্নাই]
ক্লারিওনেট — Clarionet [ক্ল্যারিওনেট]
সরোদ — Sarod [সরোড্]
সেতার — Sitar [সিটার]
গিটার — Guitar [গিটার]
শিঙ্গা — Bugle [বিগ্‌ল্]
বাঁশি [হুইস্‌ল] — Whistle [হুইসিল]
হারমোনিয়ম — Harmonium [হারমোনিয়াম]

খাদ্যদ্রব্য
[CEREALS AND EATABLES]

আচার — Pickle [পিক্‌ল]
আনাজ, ধান, গম প্রভৃতি — Grain [গ্রেন]
অরহর — Pigeon pea [পিজীয়ন পী]
এরারুট — Arowroot [এ্যারোরুট]
আটা — Flour [ফ্লোর]
এলাচিদানা — Comfit [কমফিট্]
কলাই — Phaseolies mungo [ফেসিয়লিজ মুঙ্গো]
ঝোল — Curry [কারি]
কফি — Coffee [কফি]
কিমা — Minced Meat [মিন্‌সড মিট]
কুলফি — Ice cream [আইসক্রিম]
গম — Wheat [হুইট]
সিম — Cluster bin [ক্লাস্টার বীন]
ঘি, ঘৃত — Clarified butter [ক্ল্যারিফায়েড বাটার]
গোলমটর বা কড়াইসুঁটী — Field pea [ফিল্ড পী]
চাটনি, সস্ — Sauce [সশ]
ছোলা — Gram [গ্রাম]
কেক — Cake [কেক]
রুটি — Roti [রোটী]
চাউল, চাল — Rice [রাইস্]
চা — Tea [টী]
চিঁড়া — Beaten paddy [বিট্‌ন পাডি]
চিনি — Sugar [সুগার]
ছিলকা, ভুসি — Bran [ব্রান]
ছানা — Cheese [চিজ]
জোয়ার, বাজরা প্রভৃতি — Millet [মিলিট]
জলপান, জলযোগ — Breakfast [ব্রেকফাস্ট]
জই — Oat [ওট্]
জই থেকে আটা — Oatmeal [ওটমীল]
জব — Barley [বার্লি]
জওয়ার — Great millet [গ্রেট মিলেট]
জুস — Broth [ব্রথ]
গুড় — Treacle [ট্রিকল]
তরকারি — Vegetables [ভেজিটেবল্‌স]
তিল — Seasamum [সীসেমাম্]
তেল — Oil [অয়েল]
দই, দধি — Curd [কার্ড]
ডাল — Pulse [পাল্‌স]
দিনের ভোজন — Mid-day meal, lunch [মিড্-ডে মিল, লাঞ্চ]
দুধ, দুগ্ধ — Milk [মিল্ক]
ধান — Paddy, Oryaza sativa [প্যাডি, ওরিজা স্যাটাইভা]
টমাটোর চাটনি — Tamato ketchup [টমাটো কেটচপ]
পনির — Cheese [চিজ]
পাওরুটি — Loaf [লোফ]
পোস্ত — Poppy [পপ্পি]
বরফ — Ice [আইস]
বাজরা — Pearl millet [পার্ল মিলেট]
বিস্কুট — Biscuit [বিস্কিট]
ভুট্টা — Corn ear [কর্ণইয়ার]
ভোজ — Feast [ফিষ্ট]
ভোজন, ভোজ্য — Food [ফুড]
মক্কা — Maize [মেইজ্]
মাখন — Butter [বাটার]
মটর — Pea [পি]
ঘোল — Whey [হোয়ে]
সর, মালাই — Cream [ক্রিম]
মসূর — Lentil [লেন্টিল]
মাংস — Meat [মিট]
মাংস [গরুর] — Beef [বিফ]
মাংস [শুকরের] — Pork [পর্ক]
মিষ্টি — Sweet-meat [সুইট-মিট]
মিশ্রি — Sugar-candy [সুগার-ক্যাণ্ডি]
মোরব্বা — Jam [জ্যাম]

মুড়ি — Puffed-rice [পাফড্-রাইস]
মুগ — Kidney-bean [কিড্‌নি-বিন]
ময়দা — Fine-flour [ফাইন-ফ্লোর]
মেথি — Buck-wheat [বাক-হুইট]
রাই, সরিষা — Mustard [মাষ্টার্ড]
রাত্রের খাওয়া — Supper [সাপার]
রেড়ি — Castor-seed [ক্যাষ্টর সিড]
চিনি — Loaf-sugar [লোফ-সুগার]
শরবত — Syrup [সিরাপ]
মদ — Wine [ওয়াইন]
মধু — Honey [হনি]
সরিষা — Mustard [মাষ্টার্ড]
ভিনেগার — Vinegar [ভিনেগার]
সাদা সরিষা, শ্বেত সরিষা — White Mustard [হোয়াইট মাষ্টার্ড]

মশলা
[SPICES]

মুসব্বর — Aloes [এলো]
অজমোদা [তরকারি সুগন্ধ করার লতা] —
Parsley [পার্সলে]
গুল্ম [সুগন্ধিত লতা] —
Thymal [থাইমল]
আদা — Ginger [জিঞ্জার]
আফিম — Opium [ওপিয়ম্]
পীত তৈলস্ফটিক — Amber [এ্যাম্বার]
অম্ল — Acid [এ্যাসিড]
তিসি — Linseed [লিনসিড]
আমলা — Phyllenthus emblica [ফিলেন্থাস্ এম্লিকা]
এলাচি — Catechu [ক্যাচু]
কর্পূর — Camphor [কেম্ফর]
শোরা — Nitre [নাইটার]
কস্তুরী — Musk [মাস্ক]
গন্ধক — Vitriol [ভিট্রিয়ল]
গোলমরিচ, কাল্‌মরিচ — Black Pepper [ব্ল্যাক পেপ্পার]
কুচিলা — Nux vomica [নক্স ভমিকা]
ফিট্‌কারি — Pseudo alum [সুডোএলাম]
জাফরাণ — Saffron [সাফরণ]
কোকেন — Cocain [কোকেন]
খড়ি — Chalk [চক]

খাত — Yeast [ইষ্ট]
খসখস, পোস্তদানা — Poppy seed [পপিসিড্]
গোখরু — Land caltrop [ল্যাণ্ড কালট্রপ]
গেরুয়া — Ruddle [রুডল]
গন্ধক — Sulphur [সালফার]
চন্দন — Sandal [স্যান্ডাল]
চিরতা — Chirata [চিরতা]
জায়ফল — Nutmeg [নাট্‌মেগ]
জৈত্রী — Mace [মেস্]
জিরা — Cumin seed [কিউমিন সিড্]
রামতিল — Niger [নিগর]
তুলসী — Sacred Basil [সেকরেড্ বেসিল]
তুঁতে — Copper sulphate [কপার সালফেট্]
তেজপাতা — Cassia [ক্যাসিয়া]
দারুচিনি, দালচিনি — Cinnamon [সিনামন]
ধনিয়া — Coriander seed [করিয়াণ্ডার সিড]
লবণ, নূন — Salt [সল্ট]
পিপারমেন্ট, তৈলজাত কর্পূরবৎ পদার্থ—
Menthol [মেন্থল]
ফিটকরি — Alum [এলাম]
বচ — Orisroot [অরিসরুট]
জতু, লাক্ষা — Resin [রেসিন]
ভাং — Hemp [হেম্প]
মঞ্জিঠ — Indian Madder [ইণ্ডিয়ান ম্যাডার]
মাজুফল — Gall-nut [গলনাট]
লঙ্কা — Red pepper, Chilli [রেড পেপার, চিল্লী]
যষ্টিমধু — Liquorice [লিক্যারিস]
বিটুমেন — Bitumen [বিটুমেন]
রিঠা — Soap-nut [সোপনাট]
লাল ফিটকারি — Chrome-alum [ক্রোম এলাম]
লবঙ্গ — Clove [ক্লোভ]
শরৎ জাফরান — Madow Saffron [ম্যাডো স্যাফরন]
শিক্কাকাই — Origanum [অরিগেনাম]
শোরা — Saltpetre [সল্টপিটার]
ক্ষার — Alkali [এ্যালকলি]
সফেদা — Litharge [লিথার্জ]
স্ত্রী জাফরন — Pistil [পিষ্টিল]
হিঙ্গুল — Cinnabar [সিন্নাব্যার]
সুপারি — Betel-nut [বিটল-নাট]

সোনামুখি — Senna [সেন্না]
সেঁকোবিষ — Arsenic [আর্সেনিক]
সোহাগা — Borax [বোরাক্স]
সোঁঠ — Dry ginger [ড্রাই জিঞ্জার]
সৌঁফ — Aniseed [এনিসিড]
সাবুদানা — Sago [সাগো]
হলুদ — Turmeric [টারমারিক]
হিং — Asafoetida [এ্যাসাফোটিডা]
হরিতকি — Myrobalan [মাইরব্যালান]

খনিজ পদার্থ
[MINERALS]

অভ্র — Mica [মাইকা]
অর্কমনি, লাল আভাযুক্ত রত্ন — Cornelian [করনেলিয়ান]
কষ্টিপাথর — Touchstone [টাচস্টোন]
কাঁসা — Bell-metal [বেল্‌মেটাল]
কয়লা [পাথুরে] — Coal [কোল]
কয়লা [কাঠের] — Charcoal [চারকোল]
খড়ি — Chalk [চক]
খনি — Mine [মাইন]
গন্ধক — Sulphur [সালফার]
গেরুয়া — Red ochre [রেড অকর]
খনিজ লোহা — Iron [আয়রন]
চকমকি পাথর — Flint [ফ্লিন্ট]
রূপা — Silver [সিলভার]
দস্তা — Zinc [জিঙ্ক]
তামা — Copper [কপার]
তুতে — Blue Vitriol [ব্লু ভিট্রিয়ল]
[ধূসর] টিন — Grey-tin [গ্রে-টিন]
ইস্পাত — Steel [স্টিল]
পারদ — Mercury [মার্কিউরি]
ধূসর তামা — Grey Copper [গ্রে কপার]
কেরোসিন তেল — Kerosene Oil [কেরোসিন অয়েল]
রাং, টিন — Tin [টিন]
রামরজ — Yellow Ochre [ইওলো অকার]
বিটুমেন — Bitumen [বিটুমেন]
শৈলতেল, পেট্রোলিয়াম — Rock Oil [রক অয়েল]
সুরমা — Antimony [এ্যান্টিমনি]
সেঁকোবিষ — Arsenic [আরসেনিক]
সাজিমাটি — Fuller's earth [ফুলার্স আর্থ]
শ্বেত অভ্র — Muscovite [মস্কোবাইট]
শ্লেট পাথর — Slate [স্লেট]
হিঙ্গুল, সিন্দুর — Cinnabar [সিন্নাবার]
সিসা — Lead [লেড্]
প্লাষ্টিক কাদা [রাসায়নিক ক্রিয়া দ্বারা প্রাপ্ত মূর্ত্তি গড়বার সাদা কাদা] — Plastic clay [প্লাষ্টিক ক্লে]
সফেদা — White lead [হোয়াইট লেড]
সিন্দুর — Vermilion [ভারমিলিয়ন]
সেলখড়ি — Steatite [স্টিটাইট]
শ্বেতপাথর, মর্মর — Marble [মার্বল]
লোহা — Iron [আয়রণ]
হরিতাল — Orpiment [আরপিমেণ্ট]

বৃক্ষ এবং বৃক্ষাংশ
[TREES AND THEIR PARTS]

অঙ্কুর — Germ [জার্ম]
আমরুদ, পেয়ারা — Guava [গুয়াভা]
অশোক — Polyalthia [পলিয়ালথিয়া]
আম — Mango [ম্যাঙ্গো]
কলি, মুকুল — Bud [বাড]
কাঠ — Wood [উড্]
কাঁটা — Thorn [থর্ণ]
গাঁট — Stone [ষ্টোন]
গঁদ — Gum [গাম]
চিরহরিৎ বৃক্ষ — Pine [পাইন]
ছাল — Bark [বার্ক]
খোসা — Skin [স্কিন]
ছোবড়া [নারিকেলের] — Choir [কয়র]
শেকর — Root [রূট্]
গর্ভকেশর [ফুলের] — Pistil [পিস্টিল]
রেণু — Pollen [পলেন]
ঝাউ — Conifer [কনিফার]
খেজুর গাছ — Palm [পাম]
ডাল — Branch [ব্রাঞ্চ]
কাণ্ড [বৃক্ষাদির] — Stem [ষ্টেম]
তন্তু [বৃক্ষাদির] — Fibre [ফাইবার]
পরাগ [ফুলের] — Pollen-grain [পলেন-গ্রেন]
পরাগ নালি — Pollen tube [পলেন টিউব]
পাতা — Leaf [লিফ]
পত্রগুচ্ছ — Bubil [বুবিল]
পুংকেশর — Stamen [ষ্টামেন]
গুড়ি — Rootstalk [রূটষ্টক]

ফুল — Flower [ফ্লাওয়ার]
বটগাছ বা অশ্বথ গাছ — Banyan [বেনিয়ান]
বকুল — Acacia arabica [একেসিয়া এরেবিকা]
বীজ — Seed [সীড়]
মূলকাণ্ড — Root-stock [রুটষ্টক]
রস — Juice [জুস]
শাখা — Branch [ব্র্যাঞ্চ]
দেবাদারু — Cypress [সাইপ্রেস]
সেগুন — Teak [টিক]
শিরিষ — Abbizzia labek [এবিজিয়া লাবেক]
নাগফনি, কন্টকবৃক্ষ — Cactus [ক্যাকটাস]

ফুল, ফল ও সব্জী
[FLOWERS, FRUITS & VEGETABLES]

আখরোট — Chestnut [চেষ্টনাট]
আদা — Ginger [জিঞ্জার]
আনারস — Pine apple [পাইন এপল্]
ডালিম — Pomegranate [পোমেগ্রেনেট]
পেয়ারা — Guava [গুয়াভা]
আঙ্গুর — Grape [গ্রেপ]
ডুমুর — Fig [ফিগ্]
আম — Mango [ম্যাঙ্গো]
আলু — Potato [পটাটো]
আতা — Custar apple [কাষ্টর এপল্]
আপেল — Apple [এপ্‌ল]
আলুবখরা — Bokhara plum [বোখারা প্লাম]
কুল — Plum [প্লাম]
তেঁতুল — Tamarind [ট্যামারিণ্ড]
আখ — Sugarcane [সুগারকেন]
শশা — Cucumber [কিউকামবার]
কাঁঠাল — Jack-fruit [জ্যাকফ্রুট]
লাউ — Pumpkin [পাম্পকিন]
কামরাঙ্গা — Carambola [ক্যারামবোলা]
করবী — Oleander [ওলিয়েণ্ডার]
কমল, পদ্ম — Lotus [লোটাস্]
পদ্ম — Lily [লিলি]
করলা — Bitter gourd [বিটার গোর্ড]
কাজু — Cashewnut [ক্যাসুনাট]
কুমড়া — Red pumpkin gourd [রেড পাম্পকিন গোর্ড]
কিসমিস — Currant [করেন্ট]
ছত্রাক, ভুঁইফোড় — Mushrum [মাসরুম]
কেতকী — Pandanus [প্যাণ্ডানাস]
কলা — Banana [বেনানা]
খেজুর — Date [ডেট]
লেবু — Lime [লাইম]
চেরি [টক] — Sour cherry [সাওয়ার চেরি]
খরবুজা — Musk Melon [মোস্ক মেলন]
খোবানি — Apricot [এ্যাপরিকট]
গাজর — Carrot [ক্যারট]
জামির লেবু — Citron [সাইট্রন]
ওলকপি — Knolkhol [নলখল]
চন্দ্রমল্লিকা — Chrysenthemum [ক্রিসেন্থিমাম]
লজ্জাবতী লতা — Touch-me-not [টাচ্-মি-নট্]
গুলবাহার, ডেইজি [ইউরোপের ফুল] — Daisy [টেইজি]
গোলাপ — Rose [রোজ]
গোলাপজাম — Rose berry [রোজবেরী]
গাঁদাফুল — Merigold [মেরিগোল্ড]
ঘাস — Grass [গ্রাস]
ঝিঙ্গে — Luffa [লুফফা]
জুঁই — Jasmine [জেসমিন]
চাঁপা — Mangnolia [ম্যাগনলিয়া]
বাতাবি লেবু — Citron [সাইট্রন]
সফেদা, সাপাটি — Sapodilla [সাপেডিলা]
ধুঁধুল — Luffa gourd [লুফফা গোর্ড]
তিলের মিষ্টি — Pinus gerardiana [পাইনাস গেরারডিয়ানা]
বিট — Sugar beet [সুগার বিট্]
চির অম্লান রক্তবর্ণ পুষ্প — Amaranthus [এমারেন্থাস]
বুনো আপেল — Crab apple [ক্র্যাব এ্যাপল]
জাম — Black berry [ব্ল্যাকবেরি]
জলপাই — Olive [অলিভ]
তামাক — Tobacco [টোবাকো]
তরমুজ — Water-melon [ওয়াটার-মেলন]
ধুতুরা — Belladona [বেলেডোনা]
ধনিয়া — Coriander [করিয়াণ্ডার]
নার্সিসাসের ফুল — Narcissus [নার্সিসাস্]
নাগফণী, কাঁটাফল — Prickly pear [প্রিকলী পিয়ার]
নারিকেল — Coconut [কোকনাট]
কমলালেবু — Orange [ওরেঞ্জ]
লেবু — Lemon [লেমন]
নীল — Indigo [ইণ্ডিগো]
গাঁজা — Hemp [হেম্ফ]
পেঁপে — Papaya [পাপয়া]

বাঁধাকপি — Brassica Campestrice, Cabbage [ব্যাসিকা ক্যাম্পেশষ্টাইস, ক্যাবেজ]

পটল — Trichosanthes dioica [ট্রিকোস্যান্থিস ডিওইকা]

পান — Betel [বিটেল]

পালংশাক — Spinach [স্পিনাচ্]

পিস্তার — Randia duentorum [রণ্ডিয়া ডুএন্টেডারাম]

পেস্তা — Pistachio [পিষ্টাচিও]

পুদিনা — Mint [মিণ্ট]

পোস্ত — Poppy [পপি]

পেঁয়াজ — Onion [ওনিয়ন]

ফুলকপি — Cauliflower [কলিফ্লাওয়ার]

ফলসা — Grawia asiatica [গ্রেবিয়া এসিয়াটিকা]

লাইল্যাক — Lilac [লাইল্যাক]

বাদাম — Almond [এলমণ্ড]

বনফসা — Sweet violet [সুইট ভাওলেট্]

গঁদের গাছ — Acacia [এ্যাকেসিয়া]

কুল — Plum [প্লাম]

বেরি — Berry [বেরি]

বেত — Cane [কেন]

বেগুন — Brinjal [ব্রিঞ্জাল]

ঢেঁড়স — Lady's finger [লেডিজ ফিঙ্গার]

ভুট্টা — Corn-ear [কর্ণইয়ার]

ভুসেরা — Bussenda [ভুসেণ্টা]

মটর — Pea [পি]

মক্কা — Night-shade [নাই সেড]

মখ্না — Euryle forex [ইউরাইল ফোরেক্স]

মরিচ — Chilli [চিল্লি]

মিষ্টি চেরি — Sweet cherry [সুইট চেরি]

মনক্কা — Raisin [রেসিন]

চিনাবাদাম — Groundnut [গ্রাউণ্ডনাট]

মূলা — Radish [র্যাডিস]

মৌসম্বী — Mosambi [মোসম্বি]

রাঙ্গাআলু — Yam [য়্যাম্]

তুলা — Cotton [কটন]

রসূন — Garlic [গার্লিক]

লিচু — Lichi [লিচি]

মিষ্টি আলু — Sweet potato [সুইট পটাটো]

শালগম — Turnip [টারনিপ]

তুঁতফল — Mulberry [মালবেরী]

সন — Flax [ফ্লাক্স]

সালাড — Lettuce [লেটুস]

সাবুদানা — Sago [সাগু]

পানিফল — Water nut [ওয়াটার নাট্]

সিম — Bean [বিন]

কমলা — Orange [অরেঞ্জ]

সিমুল তুলা — Silk cotton [সিল্ক কটন]

গৃহ; বাড়ি এবং তাহার অংশ [BUILDING AND THEIR PARTS]

অফিস, দপ্তর — Office [অফিস]

অনাথালয় — Orphanage [অরফেনেজ]

আঙ্গন, আঙ্গিনা — Courtyard [কোর্টইয়ার্ড]

উনুন যে স্থানে থাকে, হেঁসেল — Hearth [হার্থ]

ইমারত — Building [বিল্ডিং]

কুলুঙ্গি — Niche [নিচ্]

কামরা, ঘর — Room [রুম]

কসাইখানা — Slaughter house [স্লটার হাউস]

কারখানা — Factory [ফ্যাক্টরি]

খাপড়া — Tile [টাইল]

খিড়কি, জানালা — Window [ইউনডো]

খুঁটি — Peg [পেগ]

গ্যালারি — Gallery [গ্যালারী]

গিরজাঘর — Church [চার্চ]

গম্বুজ — Dome [ডোম]

ঠেস — Corbel [করবেল]

উচ্চস্থান, বেদী — Platform [প্ল্যাটফর্ম]

চিড়িয়াখানা — Zoo [জু]

চিলেকোঠা — Attic [এটিক]

চুঙ্গিঘর — Octroi Post [অক্টরয় পোষ্ট]

চুন — Lime [লাইম]

চৌকাঠ — Door-frame [ডোরফ্রেম]

ছাদ [বাইরে] — Terrace [টেরাস]

ছাদ [ভিতরে] — Roof [রুফ্]

গরাদ — Bar [বার]

ছাউনি, চালা — Shed [সেড্]

জালি — Lattic [ল্যাটিক]

উঁকি দেওয়ার জন্য ছিদ্র — Peep-hole [পিপহোল]

কুটির — Cottage [কটেজ]

দরজা — Door [ডোর]

দেওয়ালগিরি — Bracket [ব্র্যাকেট]

দুর্গ — Fort [ফোর্ট]

তলা — Storey [ষ্টোরি]

গোলা [শস্য রাখার] — Granary [গ্রানারী]
চৌকাঠ — Threshhold [থ্রেসহোল্ড]
সংলগ্ন ঘর — Ante chamber [এ্যান্টিচেম্বার]
কড়িকাঠ — Beam [বিম]
চিম্‌নি — Chimney [চিম্‌নি]
নালি — Drain [ড্রেন]
ভিত, ভিত্তি — Foundation [ফাউণ্ডেশান]
ড্রইং রুম [বসবার ঘর] — Drawing Room [ড্রয়িং রুম]
মাটির নীচে ঘর, ভূগর্ভ ঘর — Under ground cell [আণ্ডারগ্রাউণ্ড সেল]
পায়খানা — Latrine [ল্যাট্রিন]
টিকিট ঘর — Booking Office [বুকিং অফিস]
পাথর — Stone [ষ্টোন]
পড়ার ঘর — Reading Room [রিডিং রুম]
পয়নালি, নর্দমা — Gutter [গাটার]
প্লাষ্টার — Plaster [প্লাস্টার]
পাগলাগারদ — Lunatic asylum [লিউনাটিক এসাইলাম]
পুস্তকালয় — Library [লাইব্রেরি]
প্রস্রাবখানা — Urinal [ইউরিনাল]
মেঝে — Floor [ফ্লোর]
ফোয়ারা — Fountain [ফাউন্টেন]
রক — Plinth [প্লিন্থ]
বরফখানা — Ice factory [আইস ফ্যাক্টরি]
গাড়িবারান্দা — Portico [পোরটিকো]
বারান্দা — Verandah [ভেরাণ্ডা]
বৈঠকখানা — Sitting room [সিটিং রুম]
বাংলো — Bungalow [বাংলো]
ভাণ্ডার ঘর — Store room [ষ্টোর রুম]
বাড়ি — House [হাউস]
বেদী — Dais [ডায়াস]
মঠ — Cloister [ক্লয়েষ্টার]
মন্দির — Temple [টেম্পল]
মসজিদ — Mosque [মস্ক]
বৃহৎ অট্টালিকা, প্রাসাদ — Palace [প্যালেস]
মহাবিদ্যালয় — College [কলেজ]
মিনার — Monument [মনুমেন্ট]
বুরুজ [গীর্জা বা মন্দিরের] — Steeple [স্টিপল]
ধনুকাকৃতি খিলান — Arch [আর্চ]
রসায়ন ঘর — Laboratory [ল্যাবরেটরি]
রান্নাঘর — Kitchen [কিচেন]
ঘুলঘুলি — Ventilator [ভেন্টিলেটর]
বিদ্যালয় — School [স্কুল]
ব্যায়ামশালা — Gymnasium [জিমনাসিয়াম]
বিশ্ববিদ্যালয় — University [ইউনিভারসিটি]
ছাদের ঢালু বরগা — Rafter [র‍্যাফ্‌টার]
সরাই — Inn [ইন্‌]
স্নানঘর — Bath room [বাথরুম]
সিমেন্ট — Cement [সিমেন্ট]
সিঁড়ি — Stairs [ষ্টেয়র্স]
সেনা নিবাস — Barrack [ব্যারাক]

কারিগরি হাতিয়ার [TOOLS]

করাত — Saw [স]
তাঁত — Loom [লুম্‌]
ক্ষুর — Razor [রেজর]
দিক্‌ নির্ণয় যন্ত্র, মাপিবার যন্ত্র — Compass [কম্পাস্‌]
কোদাল — Spade [স্পেড্‌]
কুড়ুল — Axe [এ্যাক্স]
কাঁচি — Scissors [সিজর্স]
গজ [মাপার ফিতা] — Gauge [গজ]
বিডপ্লেন — Bead plane [বিডপ্লেন]
উকো — Rasp [রাস্প]
ছেনি — Cold chisel [কোল্ডচিজেল]
Stone chisel [ষ্টোনচিজেল]
সূঁচ [মুচিদের] — Awl [অল]
দাঁড় — Oar [ওর]
নাট [আংঠা] — Nut [নাট]
দাঁড়িপাল্লা — Balance [ব্যালান্স]
হুক — Bagging hook [ব্যাগিং হুক]
ছাঁটার কাঁচি — Prunning shear [প্রুনিং সিয়ার]
রাঁদা — Tooling plane [টুলিং প্লেন]
চক্র — Axis [এ্যাক্সিস]
কাস্তে — Sickle [সিক্‌ল]
অস্তর লাগাবার ছুরি — Lancet [ল্যান্সেট]
কামারের নেহাই — Anvil [এ্যানভিল]
হাল [নৌকার] — Rudder [রাডার]
বিভাজক যন্ত্র — Divider [ডিভাইডার]
সাঁড়াশি — Clamp [ক্ল্যাম্প]
স্পিরিট লেভেল — Spirit Level [স্পিরিট লেভেল]
পিচকারি — Syringe [সিরিঞ্জ]
স্ক্রু-ডাইভার — Screw driver [স্ক্রু ড্রাইভার]

স্ক্রু — Screw [স্ক্রু]
কিলক — Cleat [ক্লিট]
ফালি — Bar Share [বারসেয়ার]
কোদাল — Spade [স্পেড]
ফর্মা [মুচির] — Last [লাষ্ট]
কার — Colter [কল্টার]
হাপড় — Blow pipe [ব্লো পাইপ]
ছিপ — Fishing rod [ফিশিং রড্]
বড়শি — Hook [হুক্]
ছেনি — Smoothing plane [স্মুদিং প্লেন]
বিরঞ্চি — Needle point [নিডল পয়েন্ট]
বাঁক — Vice [ভাইস]
পাতন যন্ত্র — Still [ষ্টিল্]
হাপর — Bellows [বেলোজ]
ভারোত্তলন দণ্ড — Lever [লেভার]
ছোট হাতুরি — Mallet [ম্যালেট]
র‍্যাঁদা [ছোট] — Trying plane [ট্রাইং প্লেন]
র‍্যাঁদা [বড়] — Jack plane [জ্যাক প্লেন]
রেতি — File [ফাইল]
খুরপা — Dibble [ডিব্‌ল]
লঙ্গর — Anchor [এ্যাঙ্কর]
শঙ্কু — Cone [কোন]
শাণপাথর — Hone [হোন্]
ওলন দড়ি — Plumbine [প্লামাইন]
প্রসারক যন্ত্র — Spanner [স্প্যানার]
হাতুড়ি — Hammer [হ্যামার]
হাল — Plough [প্লাও]
হালের ফলা — Plough share [প্লাও সেয়ার]
হাত বাঁক — Hand vice [হ্যাণ্ড ভাইস]

যুদ্ধ সামগ্রী
[WARFARE]

পরমাণু বোমা — Atom Bomb [এটম বম্ব]
অনিবার্য বা বাধ্যতামূলক ভর্তি — Conscription [কন্সক্রিপসন্]
আক্রমণ, সীমা অতিক্রম — Aggression [য়্যাগ্রেসন্]
আক্রমণ [হামলা] — Attack [এ্যাটাক্]
কার্তুজ — Cartridge [কারট্রিজ]
খাদ — Trench [ট্রেঞ্চ]
গেরিলা যুদ্ধ — Guerilla war [গেরিলা ওয়ার]
গোলা, বারুদ প্রভৃতি — Ammunition [এ্যাম্যুনিশন]
গুলি — Bullet [বুলেট]
গ্যাস মুখোস — Gas mask [গ্যাস মাস্ক]
ঘরোয়া যুদ্ধ — Civil war [সিভিল ওয়ার]
অশ্বারোহী সৈন্য — Cavalry [ক্যাভালরি]
অবরোধ, ঘেরাও — Seize [সিজ]
নৌসেনা — Navy [নেভি]
যুদ্ধ জাহাজ — Battleship [ব্যাট্‌লশিপ্]
কামান — Cannon [ক্যানন্]
কামানের গোলা — Cannon ball [ক্যানন বল]
বর্ম — Armour [আরমার]
দুর্গ রক্ষা কার্য্য — Fortification [ফর্টিফিকেশন]
বিস্ফোটক বোমা — Explosive bomb [এক্সপ্লোসিভ বম্ব]
ডুবোজাহাজ, ডুবুরি জাহাজ — Submarine [সাবমেরিন]
পরমাণু যুদ্ধ — Atomic warfare [এটমিক ওয়ারফেয়র]
পাশবিক শক্তি — Brute force [ব্রুট্ ফোর্স]
টরপেডো অস্ত্রসজ্জিত নৌকা — Torpedo boat [টরপেডো বোট]
স্থল সেনা — Land force [ল্যাণ্ড ফোর্স]
যুদ্ধযাত্রা — Expedition [এক্সপিডিশন]
বোমা — Bomb [বম্ব]
বোমা দ্বারা আক্রমণ — Bombardment [বম্বার্ডমেন্ট]
বারুদ — Gunpowder [গানপাউডার]
বারুদখানা — Magazine [ম্যাগাজিন]
ভোজ্যসামগ্রী — Provisions [প্রভিসন্স]
মনোবল — Morale [মোরেল]
যুদ্ধ — War, Battle [ওয়ার, ব্যাটল]
যুদ্ধোপকরণ — Armaments [আরমামেন্টস্]
যুদ্ধ কৌশল — Strategy [ষ্ট্র্যাটেজি]
যুদ্ধ বিরাম — Ceasefire [সিজ ফায়ার]
যুদ্ধ বন্দী — Prisoners of war [প্রিজনার্স অব ওয়ার]
যুদ্ধ মন্ত্রী — War Minister [ওয়ার মিনিস্টার]
যুদ্ধ অভিযান — Campaign [ক্যাম্পেন]
রক্তপাত — Bloodshed [ব্লাডশেড]
সৈন্যদলে ভর্তি — Recruitment [রিক্রুটমেন্ট]
রক্ষা — Defence [ডিফেন্স]
রক্ষা তহবিল — Defence fund [ডিফেন্স ফাণ্ড]
রক্ষাবিভাগ — Defence service [ডিফেন্স সার্ভিস]
যুদ্ধরত যোদ্ধা — Combatants [কমব্যাটান্টস্]
যুদ্ধরত দেশ — Belligerent nation [বেলীজরেন্ট নেশন]
মেশিনগান, বিরামহীন গুলিবর্ষণের কামান — Machine gun [মেশিন গান]

যুদ্ধবিমান, যুদ্ধরত এরোপ্লেন — Fighter Plane [ফাইটার প্লেন]
বিদ্রোহ — Mutiny [মিউটিনি]
বিমানভেদী কামান, এরোপ্লেন ভেদী কামান — Anti-aircraft gun [এ্যান্টি-এয়ারক্রাফ্‌ট গান]
ডেস্ট্রয়ার, বিধ্বংসী যুদ্ধ জাহাজ — Destroyer [ডেস্ট্রয়ার]
সন্ধি — Treaty [ট্রিটি]
সহায়ক সেনা — Auxiliary force [অক্সিলিয়রি ফোর্স]
সৈন্য — Army, Troops [আর্মি, ট্রুপ্‌স]
সেনা পরিচালনা — Operation [অপারেশন]
সেনাভঙ্গ — Demobilization [ডিমবিলিজেশন]
সেনাপতি — Commander-in-chief [কমাণ্ডার-ইন-চিফ্‌]
শত্রু — Enemy [এনিমি]

পেশা এবং ব্যবসা
[PROFESSIONS AND OCCUPATIONS]

অধ্যাপক — Teacher [টিচার]
অভিযন্তা— Engineer [ইঞ্জিনীয়ার]
কম্পাউণ্ডার, ঔষধ তৈরী যে করে — Compounder [কম্পাউণ্ডার]
ঔপন্যাসিক — Novelist [নভেলিস্ট]
কবি — Poet [পোয়েট]
কসাই — Butcher [বুচার]
শিল্পী — Artist [আর্টিস্ট]
কারিগর — Artisan [আর্টিজান]
গাড়িচালক — Chauffer [সোফার]
কৃষক — Farmer [ফারমার]
কুমোর — Potter [পটার]
কুলি — Coolie [কুলি]
কোচম্যান — Coachman [কোচম্যান]
খাজাঞ্চি — Cashier [কেশিয়ার]
খুচরা বিক্রেতা — Retailer [রিটেলার]
গদ্য লেখক — Prose writer [প্রোজ রাইটার]
গন্ধদ্রব্য বিক্রেতা — Perfumer [পারফিউমার]
গাড়োয়ান — Coachman [কোচম্যান]
চাপরাসি — Peon [পিওন]
লেখক, প্রন্থকার — Author [অথার]
দুগ্ধ বিক্রেতা — Milkman [মিল্কম্যান]
দুধওয়ালি — Milkmaid [মিল্কমেড্‌]
গোয়ালা — Milkman [মিল্কম্যান]
গোয়ালিনী — Milkmaid [মিল্কমেড্‌]
চিত্রকার — Artist, Painter [আর্টিষ্ট, পেণ্টার]
টিকাদার — Vaccinator [ভ্যাক্সিনেটর]
চৌকিদার — Watchman [ওয়াচ্‌ম্যান]
সার্জন, অস্ত্রোপচারের ডাক্তার — Surgeon [সার্জন]
বুক্‌বাইণ্ডার [যে বই বাঁধে] — Book-binder [বুক-বাইণ্ডার]
তাঁতি — Weaver [উইভার]
মুচি — Cobbler [কব্‌লার]
জুতো যে তৈরী করে — Shoemaker [সুমেকার]
জহুরী — Jeweller [জুয়েলার]
বক্ষবন্ধনী — Brassier [ব্রেসিয়ার]
ঠিকাদার — Contractor [কনট্রাকটার]
চিকিৎসক, ডাক্তার — Doctor [ডক্টর]
ডাক পিওন — Postman [পোষ্টম্যান]
তবলাবাদক — Drummer [ড্রামার]
পান বিক্রেতা — Betel-seller [বিটেল-সেলার]
তৈলবিক্রেতা — Oilman [অয়েলম্যান]
দর্জি — Tailor [টেলার]
দালাল — Broker [ব্রোকার]
ঔষধ বিক্রেতা — Druggist [ড্রাগিস্ট]
দাই — Midwife [মিডওয়াইফ]
দন্ত চিকিৎসক — Dentist [ডেন্টিস্ট]
দোকানদার — Shop-keeper [শপ্‌কিপার]
দূত — Messenger [মেসেনজার]
নার্স — Nurse [নার্স]
ধুনিয়া [তূলা] — Carder [কার্ডার]
নর্তক — Dancer [ড্যান্সার]
নাট্যকার — Dramatist [ড্রামাটিস্ট]
পাউরুটি প্রভৃতি প্রস্তুতকারক — Baker [বেকার]
নিরীক্ষক — Inspector [ইনস্পেক্টর]
নীলামকারী — Auctioneer [অক্সনেয়ার]
পরীক্ষক — Examiner [এক্সামিনার]
পুরোহিত — Priest [প্রিস্ট]
পুলিস সিপাহি — Constable [কনষ্টেবল]
প্রকাশক — Publisher [পাবলিশার]
ম্যানেজার — Manager [মিউটিনি]
ফেরিওয়ালা — Hawker [হকার]
ফটোগ্রাফার — Photograher [ফটোগ্রাফার]
ছুতোর মিস্ত্রী — Carpenter [কারপেণ্টার]
বস্ত্র ব্যবসায়ী — Draper [ড্রেপর]
নক্সানবিস — Draftsman [ড্রাফট্‌ম্যান]
ধোপা — Washerman [ওয়াসারম্যান]

ধোবিনী [স্ত্রী] — Washerwoman [ওয়াসারউওম্যান]
কণ্ডাক্টার — Conductor [কনডাক্টার]
বীজবিক্রেতা — Seedsman [সিডসম্যান]
ভিক্ষুক — Begger [বেগার]
বাবুর্চি, খাদ্য প্রস্তুতকারক — Butler [বাট্‌লার]
মৎস্যজীবী — Fisherman [ফিশারম্যান]
মেশিন চালক — Machineman [মেসিনম্যান]
মেশিন পরিষ্কার যে করে — Cleaner [ক্লিনার]
মাঝি — Boatman [বোটম্যান]
মালবাহক — Carrier [কেরিয়ার]
মালিক — Proprietor [সিডসম্যান]
মালি — Gardener [গার্ডনার]
মিস্ত্রী — Mechanic [মেকানিক্]
দালাল, প্রতিনিধি — Agent [এজেন্ট]
জমিদার — Landlord [ল্যাণ্ডলর্ড]
জাদুকর — Magician [ম্যাজিসিয়ান]
মুদ্রক — Printer [প্রিন্টার]
ক্লার্ক, মুন্সি — [Clerk [ক্লার্ক]
মেথর — Sweeper [সুইপার]
মুহুরি — Clerk [ক্লার্ক]
কেমিষ্ট, রাসায়নিক — Chemist [কেমিষ্ট]
রন্ধনকারী, পাচক — Cook [কুক]
রাজনীতিবিদ — Politician [পলিটিসিয়ান]
রেলগাড়ি টিকিট পরীক্ষক — Train Ticket Examiner, T.T.E. [ট্রেন টিকেট এক্সামিনার, টি টি ই]
কালি বিক্রেতা — Inkman [ইনকম্যান]
চিত্রকার — Painter [পেন্টার]
কাপড় রং মিস্ত্রি, যে বস্ত্র রং করে — Dyer [ডায়ার]
লেখক — Writer [রাইটার]
লোহার মিস্ত্রি — Blacksmith [ব্যাকস্মিথ্]
উকিল — Advocate [এ্যাডভোকেট]
চিকিৎসক — Physician [ফিজিসিয়ান]
অস্ত্রোপচারক — Surgeen [সার্জন]
শিক্ষক — Teacher [টিচার]
কাঁচ লাগাবার মিস্ত্রি — Glazier [গ্লেজিয়ার]
সঙ্গীতকার — Musician [মিউজিসিয়ান]
সহিস — Groom [গ্রুম]
স্বাস্থ্য পরিদর্শক — Sanitary Inspector [স্যানিটারী ইন্সপেক্টার]
স্বর্ণকার, স্বর্ণালঙ্কার নির্ম্মাতা — Goldsmith [গোল্ডস্মিথ]
সওদাগর — Merchant [মার্চেন্ট]
ভাস্কর — Sculptor [স্কালপটার]
সম্পাদক — Editor [এডিটর]
নাপিত — Barber [বারবার]
হালুই, মিস্টান্ন কারিগর — Confectioner [কন্‌ফেকসনার]
খাদ্য পরিবেশক — Waiter [ওয়েটার]

ব্যবসা-বাণিজ্য সংক্রান্ত শব্দাবলী [BUSINESS]

মূদ্রাস্ফীতি — Inflation [ইনফ্লেশন]
অগ্রতারিখ দাবীপত্র — After date bill [আফ্‌টার ডেট বিল]
অগ্রপেশক পত্র, পরিচয় পত্র — Forwarding [ফরওয়ার্ডিং]
অগ্রিম দাবী — Call-in-advance [কল-ইন-এ্যাডভান্স]
অগ্রিমরাশি হিসাব — Advances accounts [এ্যাডভানসেস্ একাউন্টস]
স্থায়ীপুঁজী, স্থায়ী আমানত — Fixed deposit [ফিক্সড্ ডিপজিট]
অদত্ত চেক — Open cheque [ওপেন চেক]
অর্থ দেবার ক্ষমতা — Paying capacity [পেয়িং ক্যাপাসিটি]
অধিকার পত্র — Letter of authorised capital [অর্থ রাইজড ক্যাপিটাল]
কার্যকরী লগ্নীধন — Occupation money [অকুপেশন মনি]
অনিবার্য্য সংরক্ষিত ধন — Compulsory reserve [কম্পালসরি রিসার্ভ]
অনার্জিত — Unearned [আনআর্ণ্ড]
অনুমোদন — Endorsement [এনডরস্‌মেন্ট]
অনুমোদিত মুদ্রা — Approved Currency [এ্যাপ্রুভড কারেন্সি]
দুষ্প্রাপ্য ঋণ — Bad debt [ব্যাড্ ডেট]
দুষ্প্রাপ্য ঋণের হিসাব — Bad debt Account [ব্যাড ডেট একাউন্ট]
আর্থিক পরিচালনা, অর্থ ব্যবস্থা — Economy [ইকনমি]
সাময়িক ঋণ — Short credit [সর্ট ক্রেডিট]
উপস্থিত দর — Call rate [কলরেট]
নেট আয় — Net income [নেট ইনকাম]
অস্থায়ী ঋণ — Flating debt [ফ্লোটিং ডেট]
আদেশার্থক চেক — Order cheque [অর্ডার চেক]
অনিবার্য্য প্রয়োজনে ধার — Emergency credit [ইমার্জেন্সি ক্রেডিট]
আয় — Income [ইনকাম]
প্রাথমিক একাউন্ট [হিসাব] — Initial Account [ইনিসিয়াল একাউন্ট]

পুণঃপুণঃ জমা — Recurring deposit [রেকারিং ডিপজিট]
ঔদ্যোগিক ব্যাঙ্ক — Industrial Bank [ইনডাষ্ট্রিয়াল ব্যাঙ্ক]
গড়পরতা — Average [এ্যাভারেজ]
গড়পরতা দর — Average rate [এ্যাভারেজ রেট]
গড়পরতার দূরত্ব — Average distance [এ্যাভারেজ ডিষ্টান্স]
আদায়ী বিল — Bill of collection [বিল অফ্ কলেকসান]
পরবর্তী তারিখ দেওয়া চেক — Post dated cheque [পোষ্ট ডেটেড্ চেক]
ঋণ জমা — Credit deposit [ক্রেডিট ডিপজিট]
ঋণ পত্র, সাক্ষীর পত্র — Letter of credit [লেটার অফ্ ক্রেডিট]
ধারে বিক্রি — Sale on credit [সেল অন্ ক্রেডিট]
ঋণের হিসাব — Credit Account [ক্রেডিট একাউন্ট]
ঋণ — Credit [ক্রেডিট]
উপভোক্তা, ক্রেতা — Consumer [কনজুমার]
ক্রেতার প্রয়োজনীয় মাল — Consumer's goods [কনসিউমারস্ গুড়স]
কাঁচা খাতা — Rough day-book [রাফ্ ডে-বুক]
নিম্নতম দাম — Bottom price [বটম প্রাইস]
উপার্জন — Earning [আরনিং]
ঋণ নেওয়ার ঘোষণা — Floatation [ফ্লোটেশন]
ঋণের ভারসাম্য — Loan balance [লোন ব্যালান্স]
দেনাদার — Debtors for loan [ডেটরস ফর লোন]
লেনদার — Creditors for loans [ক্রেডিটার্স ফর লোন]
কর্মচারী — Employee [এমপ্লয়ি]
কাগজের মুদ্রা — Paper Currency [পেপার কারেন্সি]
কারখানা — Factory [ফ্যাক্টরি]
কর্ম্ম — Job [জব]
কারবারে লগ্নী — Working capital [ওয়ারকিং ক্যাপিটাল]
সময়সাপেক্ষ ঋণ — Time money [টাইম মনি]
মূল্য — Price [প্রাইস]
মূল্যসূচী — Price list [প্রাইস লিষ্ট]
মোট উপার্জন — Gross income [গ্রস্ ইনকাম]
ব্যাঙ্ক দ্বারা অনুমোদন — Bank endorsement [ব্যাঙ্ক এনডোর্সমেন্ট]
খাজাঞ্চি — Cashier [ক্যাশি]
বর্তমান জমা — Standing credit [ষ্ট্যাণ্ডিং ক্রেডিট]
পুরাতন পাওনা [হুণ্ডি] — Overdue bill [ওভারডিউ বিল]
খরচের বিল — Bill of costs [বিল্ অফ কষ্টস্]
খরচপত্রের লেনদার — Creditors for expenses [ক্রেডিটারস্ ফর এক্সপেনসেস্]
ঋণের বহি [খাতা] — Credit Book [ক্রেডিট বুক]
জমা খাতা — Book deposit [বুক ডিপজিট]
নিরঙ্কুশ আয় — Net income [নেট ইনকাম]
খুচরা রোকর বহি [বই] — Petty cash book [পেটি ক্যাশ বুক]
খালি চেক — Blank cheque [ব্ল্যাঙ্ক চেক]
ওপেন ডেলিভারি — Open delivery of goods [ওপেন ডেলিভারি অফ গুড্স]
আলগা পাতার খাতা — Loose leaf ledger [লূজ লিফ লেজার]
হারান হুণ্ডি — Lost bill of exchange [লষ্ট বিল অফ এক্সচেঞ্জ]
গ্রাহক — Customer [কাষ্টমার]
বিক্রয় খাতা — Sales Ledger [সেল্স লেজার]
গ্রাহকের হিসাব — Customer's account [কাষ্টমারস্ একাউন্ট]
দরের অস্থিরতা [কখনও কম এবং কখনও বেশী] — Fluctuation [ফ্লাকচুয়েশন]
চলমান অর্থ — Revolving credit [রিভলভিং ক্রেডিট]
লগ্নীকৃত ধন — Running credit [রানিং ক্রেডিট]
বর্তমান ঋণ — Current loan [কারেন্ট লোন]
বর্তমান জমা — Current deposit [কারেন্ট ডিপসিট]
চালু খাতা [হিসাব] — Current account [কারেন্ট একাউন্ট]
চারটারড্ একাউনট্যান্ট, চারটারড্ হিসাবরক্ষক — Chartered accountant [চারটারড একাউন্টান্ট]
শোধকরা হুণ্ডি — Discharged bill [ডিস্চার্জড্ বিল]
শোধকরা দেনা — Discharged loan [ডিস্চার্জড লোন]
চেকে জমা দেওয়া — Cheque deposit [চেক ডিপজিট]
জমা করা — Crediting [ক্রেডিটিং]
জমা বই — Paying-in-book [পেয়িং ইন বুক]
জামানতি হুণ্ডি — Bill as security [বিল এ্যাজ সিকিউরিটি]
জমার রসিদ — Pay in slip [পে ইন স্লিপ]
জমা খাতা — Deposit ledger [ডিপজিট লেজার]
জমার পত্র — Credit note [ক্রেডিট নোট]
জমার ব্যাঙ্ক — Bank of deposit [ব্যাঙ্ক অফ ডিপজিট]
জমা মুদ্রা — Deposit currency [ডিপজিট কারেন্সি]
জমার পরিমাণ — Deposit ammount [ডিপজিট এমাউন্ট]
জমার রেজিষ্টার — Deposit register [ডিপজিট রেজিষ্টার]
জমার হিসাব — Deposit account [ডিপজিট একাউন্ট]
জাল নোট — Forged note [ফোর্জড নোট]
দায়িত্বগ্রহণ পত্র — Risk note [রিস্ক নোট]
ট্যাঁকসাল দর — Mint par [মিন্ট পার]
খাতায় জমা খরচের রূপান্তর — Book transfer [বুক ট্রান্সফার]
স্বাভাবিক হানি — Wear and tear [ওয়ার এ্যাণ্ড টিয়ার]
ডুবে যাওয়া ঋণ — Bad debt [ব্যাড্ ডেট]

দাবি মাত্র দেওয়ার নগদ পাওনা — Demand cash credit [ডিমাণ্ড ক্যাশ ক্রেডিট]
পাইকারি বাজার — Wholesale market [হোলসেল মার্কেট]
দর্শনি হণ্ডি — Bill payable at sight [বিল পেয়েবল এ্যাট সাইট]
দাবী করা অর্থ — Claimed amount [ক্লেম্‌ড এমুন্ট]
দেওলিয়া — Bankrupt [ব্যাঙ্করাপ্ট]
দেওলিয়া অবস্থা — Bankruptcy [ব্যাঙ্করাপ্টসী]
দোকান, কমর্মস্থল — Shop [সপ্]
আন্তর্জাতিক বাজারের ছায়ী [পাউণ্ড, ডলার] মুদ্রা — Hard currency [হার্ড কারেন্সি]
সঙ্কুচিত ধন — Tight money [টাইট মণি]
দাবী — Charges [চার্জেস]
দেয় বিল — Bill payable [বিল্ পেয়েবল]
দেয় ব্যাঙ্ক আদেশ — Payable bank draft [পেয়েবল ব্যাঙ্ক ড্রাফ্‌ট]
দেশী ব্যাঙ্ক — Indigenous bank [ইণ্ডিজেনাস ব্যাঙ্ক]
অর্থ দেবার আদেশ — Draft [ড্রাফট]
নগদ — Cash [ক্যাশ]
নগদ ঋণ — Cash credit [ক্যাশ ক্রেডিট]
নগদ দেওয়া — Cash payment [ক্যাশ পেমেন্ট]
নগদ রসিদ — Cash memo [ক্যাশ মেমো]
নগদ কমিশন — Cash discount [ক্যাশ ডিসকাউন্ট]
নগদ মূল্য — Cash Value [ক্যাশ ভ্যালু]
নগদী আদেশ — Cash order [ক্যাশ অর্ডার]
নগদী অগ্রিম — Cash imprest [ক্যাশ ইমপ্রেষ্ট]
নাম খাতা [হিসাব] — Debit account [ডেবিট একাউন্ট]
নাম বাকি [উদ্বৃত্ত] — Debit balance [ডেবিট ব্যালান্স]
তুলে নেওয়া অর্থ — Withdrawn amount [উইথড্রন এমাউন্ট]
উৎপাদন — Out-turn [আউট টার্ণ]
বিনিময়ের এজেন্ট — Clearing agent [ক্লিয়ারিং এজেন্ট]
ধনভাণ্ডার — Fund [ফাণ্ড]
ধনভাণ্ডার ঋণ — Funding loan [ফাণ্ডিং লোন]
স্থায়ী দাবী — Fixed charges [ফিক্সড চার্জেস]
মালিকানা চিহ্ন — Maker's brand [মেকার্স ব্রাণ্ড]
রপ্তানি — Export [এক্সপোর্ট]
রপ্তানির জন্য ঋণ — Export credit [এক্সপোর্ট ক্রেডিট]
রপ্তানি কর — Export duty [এক্সপোর্ট ডিউটি]
নির্ব্বিরোধ বিল [হুণ্ডি] — Clean bill [ক্লীন বিল]
বিলম্বিত হিসাব — Suspense account [সাস্পেন্স একাউন্ট]

নিট আয়-ব্যয় হিসাব — Net revenue account [নেট রেভিনিউ একাউন্ট]
মোট উৎপাদন — Net production [নেট প্রডাক্সন]
মোট আয় — Net earning [নেট আরনিং]
মোট বিক্রয় — Net sale [নেট সেল]
পরীক্ষার জন্য রেজিষ্টার — Check register [চেক্ রেজিষ্টার]
পূর্ণকাল তিথি — Date of maturity [ডেট অফ্ ম্যাচিউরিটি]
সীমাবদ্ধ অংশীদার — Limited partner [লিমিটেড্ পার্টনার]
কার্ড পত্র — Letter card [লেটার কার্ড]
প্রতিবন্ধী কর — Restrictive duty [রেষ্ট্রিকটিভ্ ডিউটি]
জামানত পত্র — Letter of guarantee [লেটার অফ্ গ্যারান্টি]
ব্যয়ভার — Charge [চার্জ]
প্রমাণপত্র বদলে অর্থ — Cash against documents [ক্যাশ এগেনস্ট ডকুমেন্টস্]
দলিলের সহ হুণ্ডি — Documentary bill [ডকুমেন্টারী বিল]
প্রাপ্তি এবং প্রদানের হিসাব — Receipts and Payments account [রিসিপ্টস এণ্ড পেমেন্ট একাউন্ট]
প্রাপ্তি, আয় — Receipts [রিসিপ্টস]
প্রার্থনা পত্র — Application [এ্যাপলিকেশন]
পুরাতন হিসাব — Accounts rendered [একাউন্টস রেনডার্ড]
পুরাতন চেক — Stale cheque [ষ্টেল চেক্]
পুঁজি, মূলধন — Capital [ক্যাপিটাল]
মূলধন আরক্ষিত ফাণ্ড — Capital reserve fund [ক্যাপিটাল রিসার্ভ ফাণ্ড]
পুঁজিকৃত মূল্য — Capitalised value [ক্যাপিটালাইজড্ ভ্যালু]
পুঁজিকৃত লাভ — Capitalised profit [ক্যাপিটালাইজড্ প্রফিট]
পুঁজির নির্গম — Capital outflow [ক্যাপিটাল আউটফ্লো]
পুঁজিগত এবং রাজস্ব হিসাব — Capital and revenue account [ক্যাপিটাল এণ্ড রেভিনিউ একাউন্ট]
পুঁজিগত রাশি — Capital sums [ক্যাপিটাল সাম্‌স]
পুঁজিগত লাভ — Capital profit [ক্যাপিটাল প্রফিট]
পুঁজিপতি, পুঁজিবাদী — Capitalist [ক্যাপিটালিষ্ট]
পুঁজির ফেরৎ আয় — Return on Capital [রিটার্ণ অন ক্যাপিটাল]
পুঁজিকৃত সম্পত্তি — Capital asset [ক্যাপিটাল এ্যাসেট]
পুঁজি বাজার — Capital market [ক্যাপিটাল মার্কেট]
মূলধনের হিসাব — Capital account [ক্যাপিটাল একাউন্ট]
অতিরিক্ত অর্থ — Floating money [ফ্লোটিং মনী]
খুচরা দর — Retail price [রিটেল প্রাইস]
বাকী পাওনা — Arrears [এরিয়রস্]
বাকী পাওনা দাবী — Call in arrears [কল ইন্ এরিয়ারস্]

হিসাবনিকাশ — Balancing [ব্যালানসিং]
বাট্টা, কমিসন — Discount [ডিসকাউন্ট]
রক্ষার্থ জমা — Saving deposit [সেভিং ডিপসিট]
কমিসনের হিসাব — Discount account [ডিসকাউণ্ট একাউন্ট]
কমিসনের রদবদল — Exchange at discount [এক্সচেঞ্জ এ্যাট ডিসকাউন্ট]
হিসাবের খাতা, বহি — Account Book [একাউন্ট বুক]
বাকী, শেষ অঙ্ক — Balance [ব্যালান্স]
বাকী হিসাবনিকাশ — Balancing [ব্যালানসিং]
বাজার পণ্য — market Commodity [মার্কেট কোমোডিটী]
বাজার দর — Market Price [মার্কেট প্রাইস]
বহিরাগত চেক — Outstation Cheque [আউটস্টেসন চেক]
বিক্রির মাল — Stock in trade [স্টক ইন ট্রেড]
বিক্রয়ের খাতা বা হিসাব — Sale account [সেল একাউন্ট]
বিক্রয়ার্থ বিল — Bill of sale [বিল অফ সেল]
বিনামূল্যে — Free of charge [ফ্রী অফ চার্জ]
সময়-অতিক্রান্ত — Expired loan [এক্সপায়ার্ড লোন]
বীমা — Insurance [ইনসিওরেন্স]
অনুমোদক — Endorser [এনডোরসার]
অনুমোদিত চেক — Ensorsed cheque [এনডোরসড় চেক]
বেজামানতি ঋণ — Clean loan [ক্লিন লোন]
মেয়াদহীন ঋণ — Morning loan [মর্নিং লোন]
ব্যাঙ্ককে দেয় — Bankker's payment [ব্যাঙ্কার্স পেমেন্ট]
ব্যাঙ্কের আদেশ — Banker's order [ব্যাঙ্কার্স অর্ডার]
ব্যাঙ্ক দ্বারা অগ্রিম অর্থ — Banker's advance [ব্যাঙ্কার্স এ্যাডভান্স]
ব্যাঙ্কে জমা — Bank credit [ব্যাঙ্ক ক্রেডিট]
ব্যাঙ্ক দর — Bank rate [ব্যাঙ্ক রেট]
ব্যাঙ্কের পাওনা — Bank charge [ব্যাঙ্ক চার্জ]
ব্যাঙ্ক-বন্ধক — Banker's mortgage [ব্যাঙ্কার্স মর্টগেজ]
ব্যাঙ্ক দরের কমবেশী — Manipulation of bank rate [ম্যানিপুলেশন অফ ব্যাঙ্ক রেট]
ব্যাঙ্কের চার্জ — Bank charge [ব্যাঙ্ক চার্জ]
ব্যাঙ্ক নগদ — Bank cash [ব্যাঙ্ক ক্যাশ]
ব্যাঙ্ক এ্যাকাউন্ট — Bank account [ব্যাঙ্ক একাউন্ট]
ব্যাঙ্ক কর্তৃক হিসাব দাবী — Bank call [ব্যাঙ্ক কল]
ব্যাঙ্ক গঠন প্রণালী — Banking structure [ব্যাঙ্কিং স্ট্রাকচার]
ব্যাঙ্ক ঋণ — Banking debt [ব্যাঙ্কিং ডেট]
ব্যাঙ্কের দ্বারা জামানত — Banker's security [ব্যাঙ্কার্স সিকিউরিটী]
ভাগীদার, অংশীদার — Partner [পার্টনার]

স্থায়ী বাজার দর — Firm market [ফার্ম মার্কেট]
মন্দা [বাজারের প্রবণতা] — Bearish tendency [বিয়ারিস টেনডেন্সি]
মধ্যস্থ — Arbitrator [আর্বিট্রেটর]
বাজার, মণ্ডি — Market [মার্কেট]
দাবি — Demand [ডিমাণ্ড]
ঋণ দাবি — Demand loan [ডিমাণ্ড লোন]
ধনদাবির ড্রাফ্ট — Demand draft [ডিমাণ্ড ড্রাফ্ট]
দাবি পত্র — Demand note, Indent [ডিমাণ্ড নোট, ইণ্ডেন্ট]
দাবির সূচনা, নোটিশ — Call notice [কল নোটিশ]
সম্মানরক্ষার্থ দেয় — Payment for honour [পেমেন্ট ফর অনার]
মাল, সামগ্রী — Goods [গুড়স]
মালভাড়া — Freight [ফ্রেট]
মজুত মালের সীমা — Stock limit [ষ্টক লিমিট]
মালরোকড় বহি — Goods cash book [গুড়স ক্যাশ বুক]
মজুত মালের হিসাব — Stock account [ষ্টক একাউন্ট]
মালিক, নিয়োজক — Employer [এমপ্লয়ার]
মিয়াদী ঋণ — Terminable loan [টারমিনেবল লোন]
মিয়াদী জমা — Fixed deposit [ফিক্সড় ডিপজিট]
যৌথ ব্যাঙ্ক — Joint stock bank [জয়েন্ট ষ্টক ব্যাঙ্ক]
ক্ষতিপূরণ — Compensation [কমপেনসেশন]
সময়াতীত দেয় বিল — Bill payable after date [বিল পেয়েবল আফ্টার ডেট]
মুদ্রা, টাকা, ধন — Currency, money [কারেন্সি, মনি]
মুদ্রাস্ফীতি হ্রাস — Deflation of currency [ডিফ্লেশন অফ্ কারেন্সি]
মুদ্রাঙ্ক শুল্ক — Stamp duty [ষ্টাম্প ডিউটি]
মুদ্রাপসারণ — Currency transfer [কারেন্সি ট্রান্সফার]
মুদ্রার ব্যবস্থা, প্রণালী — Monetary system [মনিটারি সিষ্টেম]
মুদ্রার মূল্য হ্রাস — Depreciation of Currency [ডেপ্রিসিয়েশন অফ কারেন্সি]
মূদ্রা বিনিময় — Currency exchange [কারেন্সি এক্সচেঞ্জ]
মুদ্রাস্ফীতি — Inflation of Currency [ইনফ্লেশন অফ কারেন্সি]
মূল্য হ্রাস — Depreciation [ডেপ্রিসিয়েশন]
মূল্য হ্রাস হিসাব — Depreciation account [ডেপ্রিসিয়েশন একাউন্ট]
যাত্রীর আমানত পত্র — Traveller's letter of credit [ট্রাভেলার্স লেটার অফ ক্রেডিট]

সরকারী বা রাজবিত্ত — Public finance [পাবলিক ফিনান্স]
রাশি — Amount [এমাউন্ট]
আমানত পত্র — Credit paper [ক্রেডিট পেপার]
বিত্ত বাজার — Money market [মনি মার্কেট]
ক্রস্‌ড চেক — Crossed cheque [ক্রস্‌ড চেক]
প্রারম্ভিক জমা — Opening balance [ওপেনিং ব্যালান্স]
রেলে নিঃশুল্ক — Free on rail, F.O.R
ফ্রি অন রেল, এফ ও আর
রোকড় বহি — Cash book [ক্যাশ বুক]
রোকড় বাকি — Cash balance [ক্যাশ ব্যালান্স]
রোকড় হিসাব — Cash account [ক্যাশ একাউন্ট]
রোকড় সূচী — Cash scrol [ক্যাশ স্ক্রোল]
রোধসংক্রান্ত সূচনা বা বিজ্ঞপ্তি — Notice of stoppage
[নোটিশ অফপ ষ্টপেজ]
বোনাস, লাভাংশ — Bonus [বোনাস]
হিসাব, খাতা — Account [একাউন্ট]
হিসাব এবং বাকি — Account and balance
[একাউন্ট এণ্ড ব্যালান্স]
হিসাবরক্ষক — Accountant [একাউন্ট্যান্ট]
হিসাব রক্ষা — Maintenance of account
[মেইন্টেনান্স অফ্ একাউন্ট]
হিসাবের বৎসর — Accounting year [একাউন্টিং ইয়ার]
হিসাববিদ্যা, হিসাব বিধি — Accountancy [একাউন্টেন্সি]
ঋণদার — Creditor [ক্রেডিটর]
ফেরৎ চেক — Returned cheque [রিটার্ণ্ড চেক]
ব্যক্তিগত হিসাব — Individual account
[ইনডিভিজুয়াল একাউন্ট]
দলিলাদির বর্ণনাসহ আবরণ পত্র — Covering letter
[কভারিং লেটার]
ব্যবসার মাল — Merchandise [মারকেনডাইজ]
বণিক, ব্যাপারি — Merchant [মারচেন্ট]
ব্যাপারী লেনদার — Trade creditor [ট্রেড ক্রেডিটর]
ব্যবসার মূলধন — Trade Capital [ট্রেড ক্যাপিটাল]
বাণিজ্য ব্যাঙ্ক — Commercial bank [কমার্সিয়াল ব্যাঙ্ক]
বাণিজ্যিক হিসাব — Commercial account
[কমার্সিয়াল একাউন্ট]
খোলা বাজার — Free market [ফ্রি মার্কেট]
বার্ষিক কোষ — Annuity fund [এ্যানুইটি ফাণ্ড]
বার্ষিক লাভ — Annual profit [এ্যানুয়াল প্রফিট]
বার্ষিক হিসাব — Annual account [এ্যানুয়াল এ্যাকাউন্ট]
বার্ষিক বিবরণী — Annual return [এ্যানুয়াল রিটার্ন]

উন্নয়ণ বা বিকাশের ব্যয় — Development expenses
[ডেভেলপমেন্ট এক্সপেনসেস]
বিক্রেতা — Salesman [সেল্‌সম্যান]
বিত্ত — Finance [ফিনান্স]
বিত্তের বা আর্থিক বাধ্যবাধকতা — Finanacial obligation
[ফিনান্সিয়াল অবলিগেশন]
আর্থিক দণ্ড — Financial penalty [ফিনান্সিয়াল পেনালটি]
বিত্ত ব্যাঙ্ক — Financial bank [ফিনান্সিয়াল ব্যাঙ্ক]
বিত্তদায়ী অংশীদার — Financial partner
[ফিনান্সিয়াল পার্টনার]
আর্থিক দায়িত্ব — Financial liability
[ফিনান্সিয়াল লায়েবিলিটি]
আর্থিক নিয়ন্ত্রণ — Financial control [ফিনান্সিয়াল কন্ট্রোল]
আর্থিক ব্যবস্থা — Financial management
[ফিনান্সিয়াল ম্যানেজমেন্ট]
বিত্ত সম্বন্ধীয় রিপোর্ট — Financial reporting
[ফিনান্সিয়াল রিপোর্টিং]
বাণিজ্যিক লেনদেন — Financial transaction
[ফিনান্সিয়াল ট্রানজ্যাকশন]
বিত্ত বৎসর — Financial year [ফিনান্সিয়াল ইয়ার]
বিত্ত সম্বন্ধে বিবরণ — Financial statement
[ফিনান্সিয়াল ষ্টেটমেন্ট]
বিত্ত সম্বন্ধে উপদেশ — Financial advice
[ফিনান্সিয়াল এ্যাড্‌ভাইস]
বিত্ত সম্বন্ধে স্মারক লিপি — Financial memorandum
[ফিনান্সিয়াল মেমোরাণ্ডাম]
বিদেশী মুদ্রা — Foreign exchange [ফরেন এক্সচেঞ্জ]
বিনিময় ব্যাঙ্ক — Exchange bank [এক্সচেঞ্জ ব্যাঙ্ক]
বিনিময় — Exchange [এক্সচেঞ্জ]
বিনিময় দর — Exchange rate [এক্সচেঞ্জ রেট]
বিনিময় মুদ্রা নিয়ন্ত্রণ — Exchange control [এক্সচেঞ্জ কন্ট্রোল
বিনিময় পত্র — Letter of exchange [লেটার অফ্ এক্সচেঞ
যান্ত্রিক উৎপাদন প্রণালী — Manufacturing process
[ম্যানুফ্যাকচারিং প্রশেস্]
বিশেষভাবে নির্দিষ্ট কর — Specific duty [স্পেসিফিক ডিউটি
বেতন — Salary, Pay [স্যালারি, পে]
বৈধতার নির্দিষ্ট সময় — Validity period [ভ্যালিডিটি পিরিয়
শুল্কদত্ত দাম — Duty paid price [ডিউটি পেড প্রাইস]
শুল্কদেয় মাল — Dutiable goods [ডিউটিয়েবল গুড্‌স]
শেয়ার বাজার — Stock Exchange [স্টক এক্সচেঞ্জ]
সঞ্চিত ধনরাশি — Consolidated fund [কনসলিডেটেড্ ফা

সক্রিয় বা চলন্ত মূলধন — Active Capital [এ্যাকটিভ্ ক্যাপিটাল]
নগদ অর্থ বিনিময় অনুমোদন — Cash transfer clearing [ক্যাশ ট্রান্সফার ক্লিয়ারিং]
সংযুক্ত একাউন্ট বা খাতা — Joint account [জয়েন্ট একাউন্ট]
স্বয়ং নিজেকে দেয় — Payable to self [পেয়েবল টু সেল্‌ফ]
সরকারি হিসাব — Public account [পাব্লিক একাউন্ট]
সরকারি গ্যারান্টি সহ ঋণ — Public Credit [পাব্লিক ক্রেডিট]
সোনা রূপার বাজার — Bullion exchange [বুলিয়ন এক্সচেঞ্জ]
বিবৃত হিসাব — Accounts stated [একাউন্টস্ ষ্টেটেড্]
সহকারী ব্যাঙ্ক — Co-operative bank [কো-অপারেটিভ ব্যাঙ্ক]
সহমতি পত্র — Letter of consent [লেটার অফ কন্‌সেন্ট]
শতধীন ঋণ — Tied loan [টায়েড লোন]
সহায়ক হিসাবরক্ষক — Assistant Accountant [এসিষ্টান্ট একাউন্টান্ট]
আস্থা পত্র — Bill of credit [বিল অফ ক্রেডিট]
কুসীদজীবি, ঋণদাতা — Money-lender [মনিলেণ্ডার]
সুনামসহ হিসাব — Goodwill account [গুড্উইল একাউন্ট]
লোকসান, ক্ষতি — Loss [লস্]
হিসাব বন্ধ করা — Closing of Account [ক্লোসিং অফ একাউন্ট]
হুণ্ডি — Bill [বিল]
হুণ্ডি তুলে নেওয়া — Retirement of bill [রিটায়ারমেন্ট অফ বিল]
হুণ্ডি পরিশোধ — Clearing of bill [ক্লিয়ারিং অফ বিল]
হুণ্ডি দালাল — Bill broker [বিল ব্রোকার]
হুণ্ডিখাতা — Bill journal [বিল জারনাল]
ক্ষতিপূরণের দাবী — Claim for compensation [ক্লেম ফর কম্‌পেনসেশন]
ঋণ — Loan [লোন]
ঋণের হিসাব — Loan account [লোন একাউন্ট]

ষ্টেশনারি
[STATIONERY]

নক্সা অঙ্কনে ব্যবহৃত স্বচ্ছ কাগজ — Tracing paper [ট্রেসিং পেপার]
উচ্চাসন — Parch [পার্চ]
খবরের কাগজ, সমাচার পত্র — Newspaper [নিউজপেপার]
আলমারি — Almirah [আলমিরা]
আরাম কেদারা — Easy chair [ইজি চেয়ার]
আলপিন — Pin [পিন]
আলপিন রাখার নরম স্থান — Pin cushion [পিন কুসন]
কলম — Pen [পেন]
কাগজ — Paper [পেপার]
কাগজ কাটার ধারাল ব্লেড — Paper cutter [পেপার কাটার]
কাগজ চাপা দেওয়ার ভার — Paper weight [পেপার ওয়েট]
কর্ক [ছিপি] — Cork [কর্ক]
কার্ড — Card [কার্ড]
কালি — Black ink [ব্ল্যাক ইঙ্ক]
অভিধান — Dictionary [ডিক্সনারি]
অঙ্কন কার্য্যে রঙ্গিন পেনসিল — Crayon [ক্রেয়ন]
ফাইল — File [ফাইল]
গঁদ — Gum [গাম]
ক্লিপ — Clip [ক্লিপ]
বেঞ্চ — Bench [বেঞ্চ]
গুনসূঁচ — Bodkin [বডকিন]
নিব — Nib [নিব]
পকেট বুক — Pocket book [পকেট বুক]
ডাকটিকিট — Postage stamp [পোষ্টেজ ষ্ট্যাম্প]
টেবিল — Table [টেবল]
ফিতা [ধাতুপাতে মোড়া প্রান্ত] — Tag [ট্যাগ]
ড্রইং পিন — Drawing pin [ড্রইং পিন]
তার — Wire [ওয়ার]
টুল, টিপয় — Stool [ষ্টুল]
দোয়াত — Inkpot [ইঙ্কপট]
দৈনিক সংবাদপত্র — Daily news paper [ডেইলি নিউজ পেপার]
কারবন পেপার [অনুলিপির কাগজ] — Carbon paper [কারবন পেপার]
রঙ্গিন পেনসিল [ছাপ নেওয়ার কাজের জন্য] Copying pencil [কপিং পেনসিল]
নক্সা — Map [ম্যাপ]
নিমন্ত্রণ পত্র — Invitation card [ইনভিটেশন কার্ড]
নীলাভ কালি — Blue black ink [ব্লু ব্ল্যাক ইঙ্ক]
বিভাজক যন্ত্র — Divider [ডিভাইডার]
পালকের কলম — Quill pen [কুইল পেন]
ডাকার ঘণ্টা, কলবেল — Call bell [কল বেল]
পেনসিল — Pencil [পেনসিল]
পোষ্টকার্ড — Postcard [পোষ্টকার্ড]
ফাইল — File [ফাইল]
ফিতা — Tape [টেপ]
দর্শনার্থী ব্যক্তির নাম সহ কার্ড – Visiting card [ভিজিটিং কার্ড]

মাসিক পত্রিকা — Monthly magazine [মান্থলি ম্যাগাজিন]
মোহর — Seal [সিল]
নক্সা অঙ্কনে ব্যবহারের মোমযুক্ত কাপড় — Tracing cloth [ট্রেসিং ক্লথ]
রবার — Eraser [ইরেজার]
রবারের মোহর — Rubber stamp [রবার ষ্ট্যাম্প]
নিষ্প্রয়োজনীয় কাগজ ফেলার ঝুড়ি — Waste paper basket [ওয়েস্ট পেপার বাস্কেট]
রসিদ বহি — Receipt book [রিসিট বুক]
রুলার — Ruler [রুলার]
কালি — Ink [ইঙ্ক]
কালির প্যাড, ইঙ্ক প্যাড — Ink pad [ইঙ্ক প্যাড]
প্যাক্ করার কাগজ — Packing paper [প্যাকিং পেপার]
গালা মোহর — Sealing wax [সিলিং ওয়াক্স]
লেখার প্যাড — Writing pad [রাইটিং প্যাড]
খাম — Envelope [এনভেলপ]
খতিয়ান বহি [জমা খরচের প্রধান খাতা] — Ledger [লেজার]
সিরিশের আঠা — Glue [গ্লু]
সাদা কাগজ — Blank paper [ব্ল্যাঙ্ক পেপার]
সাপ্তাহিক পত্র — Weekly paper [উইকলি পেপার]
ব্লটিং পেপার — Blotting paper [ব্লটিং পেপার]
ছিদ্র করার যন্ত্র — Punch [পাঞ্চ]
হোল্ডার — Holder [হোল্ডার]

জন্তু জানোয়ার
[ANIMALS]

উট — Camel [ক্যামেল]
কস্তুরীমৃগ — Musc deer [মাস্ক ডিয়ার]
ক্যাঙ্গারু — Kangaroo [কাঙ্গারু]
কুকুর — Dog [ডগ]
কুক্কুরী — Bitch [বিচ]
খচ্চর — Mule [মিউল]
শশক — Rabbit [র‍্যাবিট]
খরগোশ — Hare [হেয়ার]
ক্ষুর — Hoof [হুফ]
গাধা — Ass [এ্যাস]
গাই, গরু — Cow [কাউ]
কাঠবিড়ালি — Squirrel [স্কুইর‍্ল]
গণ্ডার — Rhinoceros [রাইনোসেরাস]
জেব্রা — Zebra [জেবরা]
ঘোড়া — Horse [হর্স]
মাদী ঘোড়া — Mare [মেয়ার]
বড় চিতা বাঘ — Panther [প্যান্থার]
নেংটি ইঁদুর — Mouse [মাউস]
ছুঁচো — Mole [মোল]
বনশুয়োর — Boar [বোর]
জিরাফ — Giraffe [জিরাফ]
লম্বকর্ণ দীর্ঘ লোম যুক্ত কুকুর — Spaniel [স্প্যানিয়েল]
টাট্টু — Pony [পনি]
চিতাবাঘ — Leopard [লেপার্ড]
বেজি — Mongoose [মুংগুজ]
লেজ — Tail [টেইল]
পশু — Beast [বিস্ট]
থাবা — Claw [ক্ল]
প্রজননের জন্য ব্যবহৃত ষাঁড় — Sire [সায়ার]
কুকুরছানা — Puppy [পপি]
পাঁঠা — He-goat [হি-গোট]
ছাগল — She-goat [শি-গোট]
বাচ্চা — Kid [কিড]
গরু জাতীয় পশুর বাচ্চা [পুং] — Calf [কাফ]
গরু জাতীয় পশুর বাচ্চা [স্ত্রী] — She-Calf [শি-কাফ]
বিড়াল — Cat [ক্যাট]
বিড়াল বাচ্চা — Kitten [কিটেন]
বাঁদর — Monkey [মঙ্কি]
বনমানুষ — Chimpanzee [সিম্পাঞ্জি]
বাঘ — Tiger [টাইগার]
হরিণ [পুরুষ] — Stag [ষ্ট্যাগ]
ষাঁড় — Ox [অক্স]
ভালুক — Bear [বিয়ার]
নেকড়ে — Wolf [উল্‌ফ]
মেষ — Sheep [শিপ]
মেষ [স্ত্রী] — Ewe [ইউ]
মেষশাবক — Lamb [ল্যাম্ব]
মহিষ — Buffalo [বাফেলো]
ভেড়া — Ram [র‍্যাম্]
মেষশিশু — Kid [কিড়]
ইঁদুর, মূষিক — Rat [র‍্যাট]
পাতিশেয়াল — Fox [ফক্স]
হায়েনা — Hyena [হায়েনা]
উল্লুক — Ape [এপ]
শিকারী কুকুর — Hound [হাউণ্ড]
বলদ, ষাঁড় — Bull [বুল]

শজারু — Porcupine [পরকুপাইন]
শেয়াল, শৃগাল — Jackal [জ্যাকল]
কেট্‌লা হরিণ — Porcupine [পরকুপাইন]
শিং — Horn [হর্ণ]
শূকর বা শূকর ছানা — Pig [পিগ]
শূকর বা শূকরী — Swine [সোয়াইন]
হরিণ — Deer [ডিয়ার]
হরিণবাচ্চা — Fawn [ফন]
হাতি — Elephant [এলিফ্যান্ট]

কীট পতঙ্গ
[WORMS AND INSECTS]

অজগর আদি বৃহৎকায় সর্প — Boa [বোয়া]
কচ্ছপ — Turtle [টার্টল]
গোখরো সাপ — Cobra [কোবরা]
কেঁচো — Earthworm [আর্থওয়র্‌ম]
ক্যাঁকড়া — Crab [ক্র্যাব]
ছারপোকা — Bug [বাগ]
শামুক — Snail [স্নল]
টিকটিকি, গিরিটি প্রভৃতি — Lizard [লিজার্ড]
জহর, বিষ — Poison [পয়জন]
উকুন — Lice [লাইস]
জোঁক — Leech [লিচ]
জোনাকি — Firefly [ফায়ারফ্লাই]
ঝিল্লি, ঝিঁ ঝিঁ পোকা — Cricket [ক্রিকেট]
ফড়িং — Grasshopper [গ্র্যাসহপার]
পঙ্গপাল — Locust [লোকাষ্ট]
বোলতা — Wasp [ওয়াস্প]
প্রজাপতি — Butterfly [বাটারফ্লাই]
জলহস্তী — Hippopotamus [হিপ্পোপটেমাস]
ঘুন, কীট, উইপোকা — Termite [টারমাইট]
নীলমাছি — Flea [ফ্লি]
হিংস্র প্রাণীর দাঁত, সাপের দাঁত — Fangs [ফ্যাংস্‌]
সাপের ফণা — Hood [হুড]
বৃশ্চিক, বিছা — Scorpion [স্করপিয়ন]
চাম উকুন — Body-lice [বডি-লাইস]
মাছি — Fly [ফ্লাই]
মাকড়সা — Spider [স্পাইডার]
মাকড়সার জাল — Spider's web [স্পাইডার্স ওয়েব]
কুমীর — Crocodile [ক্রোকোডাইল]
মশা — Mosquito [মসকুইটো]
মাছ — Fish [ফিস]
চারামাছ, মৎস্যজাতীয় ছোট জীব — Spawn [স্পন]
মৌমাছি — Honey-bee [হনি বি]
মৌমাছি — Bee [বি]
ব্যাং — Frog [ফ্রগ]
ব্যাঙাচি — Tadpole [ট্যাডপোল]
রেশমের পোকা — Silk worm [সিল্ক ওয়ার্ম]
রেশমগুটি — Cocoon [ককুন]
উকুনজাতীয় কীটের ডিম — Nit [নিট্‌]
বানমাছ — Eel [ঈল্‌]
শঙ্খ — Conch [কঞ্চ]
হাঙ্গর — Shark [শার্ক]
সাপ — Snake [স্নেক]
ঝিনুক, শুক্তি — Oister [অয়েষ্টার]

পক্ষী
[BIRDS]

সোয়ালো হাঁস, যাযাবর পক্ষী বিশেষ
[বসন্তকালে আসে] — Swallow [সোয়ালো]
ডিম — Egg [এগ্‌]
পেঁচা — Owl [আউল]
কাঠ্‌ঠোকরা — Woodpecker [উড্‌পেকার]
কবুতর — Pigeon [পিজিয়ন]
দাঁড়কাক — Raven [র‍্যাভেন]
কোকিল — Cuckoo [কুক্কু]
চড়াই পাখি — Sparrow [স্প্যারো]
পাখির বাসা — Nest [নেষ্ট]
কাক — Crow [ক্রো]
ঈগল — Eagle [ঈগল]
বাদুড় — Bat [ব্যাট]
চিল — Kite [কাইট]
শকুনি — Vulture [ভালচার]
হাঁস কিম্বা মুরগির ছানা — Chicken [চিকেন]
পাখির ঠোঁট বা চঞ্চু — Beak [বীক]
তিতির — Patidge [পেটিজ]
তোতা — Parrot [প্যারট]
নীলকণ্ঠ পাখি — Magpie [ম্যাগপাই]
ডানা, পাখা — Wing [উইং]
পালক — Feather [ফেদার]
ঘুঘুপাখি — Dove [ডোভ্‌]
হাঁস — Darke [ড্রেক্‌]

হাঁস [স্ত্রী] — Duck [ডাক্]

হাঁসের বাচ্চা — Duckling [ডাক্‌লিং]

বুলবুল — Nightingale [নাইটিঙ্গেল]

বাবুই পাখি — Weaver bird [উইভার বার্ড]

বটের — Quail [কোয়েল্]

বাজ — Hawk [হক্]

মোরগ — Cock [কক্]

মুর্গি — Hen [হেন]

মুর্গির বাচ্চা — Chicken [চিকেন]

ময়ূর — Peacock [পিকক্]

ময়ূরী — Peahen [পিহেন]

চাতক পাখি — Lurk [লার্ক]

সারস — Crane [ক্রেন]

রাজহংস — Swan [সোয়ান]

A

aback – [অ্যাব্যাক] *adv.* backwards পেছনদিকে; Taken aback, surprised. আশ্চর্যান্বিত

abandon – [অ্যাবানডন] *v. t.* to forsake, to give up to another. পরিত্যাগ করা, কারোর ওপর ছেড়ে দেওয়া

abandonment – [অ্যাবানডনমেন্ট] *n.* giving up completely, surrender. পুরোপুরি পরিত্যাগ করা, আত্মসমর্পন করা

abate – [এ্যাবেট] *v. t.* to diminish or weaken. কম করা, দুর্বল করা

abatement – [অ্যাবেটমেন্ট] *n.* deduction, decrease. কম করা, কমানো

abbreviate – [অ্যাব্রিভিয়েট] *v. t.* to make brief or short. সংক্ষিপ্ত করা, ছোট করা

abbreviation – [অ্যাব্রিভিয়েশন] *n.* making short specially a word or phrase. কোনও শব্দ বা বাক্যাংশের সংক্ষিপ্ত রূপ

abide – [অ্যাবাইড] *v. t.* stand firm, continue, put up with. অটল থাকা, চালিয়ে যাওয়া, সহ্য করা, টেঁকা

abiding – [অ্যাবাইডিং] *adj.* permanent. স্থায়ী

ability – [অ্যাবিলিটি] *n.* capacity, skill, mental or physical power. যোগ্যতা, ক্ষমতা, কৌশল

abject – [অ্যাবজেক্ট] *adj.* mean, worthless. তুচ্ছ, অকাজের

ably – [এ্যাবলি] *adv.* in a competent manner. যোগ্যতার সঙ্গে

abnegate – [অ্যাবনিগেট] *v. t.* to deny oneself, to give up. নিজেকে বঞ্চিত করা, ত্যাগ করা

abnegation – [অ্যাবনিগেশন] *n.* denial, self sacrifice. আত্মত্যাগ করা

abnormal – [অ্যাবনর্মাল] *adj.* irregular, not usual. অস্বাভাবিক

aboard – [অ্যাবোর্ড] *prep. adv.* on a ship, aircraft or train. জাহাজ, বিমান বা রেলগাড়ির উপর

abode – [অ্যাবোড] *n.* dwelling. নিবাসস্থল

abolish – [অ্যাবলিশ] *v. t.* to put an end to. সমাপ্ত করা, শেষ করা [কোনও আইন বা ব্যবস্থা]

abomination – [অ্যাবোমিনেশন] *n.* an object of disgust, a hateful thing or habit. ঘৃণিত কাজ বা অভ্যাস

abortion – [অ্যাবর্শন] *n.* miscarriage before birth. গর্ভপাত

above – [অ্যাবভ] *adv.* in a higher place. উপরে; *prep.* on the top of, more than. উপরে, অধিক

abridgement – [অ্যাব্রিজমেন্ট] *n.* shortening. ছোটো করা, সংক্ষিপ্ত করা

abrupt – [অ্যাব্রাপ্ট] *adj.* hasty, unexpected, sudden, unconnected. তাড়াতাড়ি, হঠাৎ, আকস্মিক, সম্বন্ধহীন

absence – [অ্যাবসেন্স] *n.* being away from a place, nonexistence. অনুপস্থিতি, অভাব

absent – [অ্যাবসেন্ট] *adj.* not present. অনুপস্থিত; absent-minded, abstracted. অন্যমনস্ক

absentee – [অ্যাবসেন্টি] *n.* one away from a place or post of duty. কোন স্থান অথবা কাজে অনুপস্থিত ব্যক্তি

absolutely – [অ্যাবসল্যুটলি] *adv.* in an absolute way. সম্পূর্ণরূপে

absorb – [অ্যাবজর্ব] *v. t.* to take in, to incorporate, to engage. শোষণ করা, অধিকার জমানো

absorption – [অ্যাবজর্পশন] *n.* sucking in engrossment. তল্লীনতা

abstract – [অ্যাবস্ট্র্যাক্ট] *n.* summary. সারাংশ

abstract – [অ্যাবস্ট্র্যাক্ট] *v. t.* to abridge, to remove. সংক্ষেপ করা, আলাদা করা

absurd – [অ্যাবসার্ড] *adj.* illogical, ridiculous. অসম্ভব, অসঙ্গত, হাস্যাস্পদ

abuse – [অ্যাবিউজ] *v. t.* to ill-treat, to insult. দুর্ব্যবহার করা, গালি দেওয়া

accede – [অ্যাকসিড] *v. i.* to agree, to consent, to comply with. স্বীকার করা, মেনে নেওয়া

acceleration – [অ্যাকসিলারেশন] *n.* increase in speed. গতিবৃদ্ধি, ত্বরণ

accept – [অ্যাকসেপ্ট] *v. t. & i.* to agree, to have, agree to a statement or proposal. স্বীকার করা, কার্যভার নেওয়া

acceptable – [অ্যাকসেপ্টেবল] *adj.* fit to be accepted, welcome. স্বীকারযোগ্য

acceptance – [অ্যাকসেপটেন্স] *n.* approval of offer. স্বীকৃতি

access – [অ্যাকসেস] *n.* approach, passage. পরিচয়, রাস্তা

accessible – [অ্যাকসেসিবল] *adj.* easily approachable, easily influenced. সহজেই প্রাপ্তিযোগ্য

accidental – [অ্যাকসিডেন্টাল] *adj.* happening by chance. আকস্মিক

acclaim – [অ্যাক্লেম] *v. t.* to applaud, to cheer. প্রশংসক, জয়ঘোষ দ্বারা স্বীকার করা

acclamation – [অ্যাক্লেমেশন] *n.* shoutings of applause. জয়ধ্বনি

accomplish – [অ্যাকমপ্লিশ] *v. t.* fulfil, achieve, bring to completion. কাজ পুরো করা

accomplished – [অ্যাকমপ্লিশড] *adj.* perfect, graceful. কুশল, কর্মদক্ষ

accomplishment – [অ্যাকমপ্লিশমেন্ট] *n.* fulfilment, attainment. প্রাপ্তি, সিদ্ধি

according – [অ্যাকর্ডিং] *adv.* consistent with. অনুকূল

accordingly – [অ্যাকর্ডিংলি] *adv.* as demanded by the circumstances. তদনুকূল

account – [অ্যাকাউন্ট] *v. t.* reckon, to judge. কারণ দেওয়া

accumulation – [অ্যাকুমুলেশন] *n.* collection, amassing. সঞ্চয়, আকলন

accurate – [অ্যাকুরেট] *adj.* exact. সত্য, যথার্থ

accuracy – [অ্যাকুরেসি] *n.* exactness. শুদ্ধতা, যথার্থতা

accuse – [অ্যাকিউজ] *v. t.* blame, to charge. অভিযোগ করা, দোষ দেওয়া

accused – [অ্যাকিউজড] *adj. or n.* charged with crime defendant. দোষী, অভিযুক্ত

achieve – [অ্যাচিভ] *v. t.* accomplish, to secure an end. কার্যসম্পূর্ণ করা

achievement – [অ্যাচিভমেন্ট] *n* deed, accomplishment. কার্য, প্রাপ্তি, মহানকার্য

acknowledgement – [অ্যাকনলেজমেন্ট] *n.* recognition, a receipt স্বীকৃতি, রসিদ

acuaintance – [অ্যাকোয়েন্টেন্স] *n.* familiarity, knowledge. পরিচয়, জ্ঞান

acquainted – [অ্যাকোয়েন্টেড] *adj.* familiar. পরিচিত

aquiesce – [অ্যাকোয়েস] *v. i.* to agree, to assent. মানসিক মতৈক্য

acquire – [অ্যাকোয়ার] *v. t.* to get, to obtain, to come in possession of. অধিকার করা, প্রাপ্ত করা

acqusition – [অ্যাকুইজিশন] *n.* the act of acquiring, gain. অধিকার, লাভ

acquit – [অ্যাকুইট] *v. t.* to set free, to declare innocent, to release. দোষমুক্ত করা, ছেড়ে দেওয়া

action – [অ্যাকশন] *n.* deed, a law suit, battle, activity. কাজ, মোকদ্দমা, লড়াই, ক্রিয়া

activity – [অ্যাকটিভিটি] *n.* the state of being active, action. ক্রিয়াশীলতা, কার্যব্যস্ততা

actor – [অ্যাক্টর] *n.* dramatic performer, a doer. অভিনেতা, কর্তা

actress – [অ্যাকট্রেস] *n. fem.* female actor. অভিনেত্রী

actually – [অ্যাকচুয়ালি] *adv.* in fact. বস্তুতঃ

acute – [অ্যাকিউট] *adj.* sharp, keen. তীক্ষ্ণ, তীব্র

adapt – [অ্যাডেপ্ট] *v. t.* to make suitable, to fit. উপযুক্ত করা

add – [অ্যাড] *v. t.* to join, to sum up, to unite. যুক্ত করা, জোড়া

addition – [অ্যাডিশন] *n.* act of adding, something added. যোগ, জমা

additional – [অ্যাডিশনাল] *adj.* extra, supplementary. অতিরিক্ত, অধিক, পূরক

addiction – [অ্যাডিকশন] *n.* the state of being addicted. আসক্তি, ব্যসন

addressee – [অ্যাড্রেসি] *n.* a person to whom a letter etc. is addressed. যার উদ্দেশ্যে পত্র লেখা হয়েছে

adequate – [অ্যাডিকোয়েট] *adj.* fully sifficient, equal to a requirement. পর্যাপ্ত, যোগ্য, উপযুক্ত

adhere – [অ্যাধেয়ার] *v. t.* to stick. লেগে থাকা

adherence – [অ্যাধেয়ারেন্স] *n.* attachment. অনুরক্তি

adjoin – [অ্যাডজয়েন] *v. i.* & *v. t.* to join to, to be in contact with. সংযুক্ত করা, সমীপ বর্তী হওয়া

adjourn – [অ্যাডজর্ন] *v. t.* to put off till another day. স্থগিত করা, মুলতুবি করা

adjournment – [অ্যাডজর্নমেন্ট] *n.* putting off till another day, postponement. স্থগিতকরণ, স্থগিতকরণকাল

adjure – [অ্যাডজ্যুর] *v. t.* to charge under oath. শপথগ্রহণের দ্বারা বাধ্য করা

adjustment – [অ্যাডজাস্টমেন্ট] *n.* putting in order, modify to suit purpose. সমাযোজন, ব্যবস্থা

administer – [অ্যাডমিনিস্টর] *v. t.* to manage, to furnish, to act as administrator. ব্যবস্থা করা, শাসন করা

administration – [অ্যাডমিনিস্ট্রেশন] *n.* management of an office, agency or organization, Government department which manages public affairs. ব্যবস্থা, প্রশাসন, বন্দোবস্ত সরকারি বিভাগ সমূহ

administrator – [অ্যাডমিনিস্ট্রেটর] *n.* a governor. শাসক

admirable – [অ্যাডমিরেবল] *adj.* worthy of admiration. প্রশংসনীয়

admire – [অ্যাডমায়ার] *v. t.* to prize highly, to wonder at. প্রশংসা করা, স্তুতি করা

admissible – [অ্যাডমিসিবল] *adj.* fit to be allowed. গ্রাহ্য, অঙ্গীকার যোগ্য

admission – [অ্যাডমিশন] *n.* access, introduction. প্রবেশ

adult – [অ্যাডাল্ট] *n.* & *adj.* a grown up pwerson. বয়স্ক, প্রাপ্তবয়স্ক

adulterate – [অ্যাডাল্টারেট] *v. t.* to make impure, to corrupt. মেশানো, ভেজাল দেওয়া

adulteration – [অ্যাডাল্টারেশন] *n.* act of adulterating. মিশেল, ভেজাল

advancement – [অ্যাডভান্সমেন্ট] *n.* promotion, improvement. বৃদ্ধি, উন্নতি

advantageous – [অ্যাডভান্টেজিয়াস] *adj.* beneficial. লাভপ্রদ

adventure – [অ্যাডভেঞ্চার] *n.* an enterprise, a risk or hazard. সাহসিক কার্য; v. t. to risk, to dare. সাহস করা

adventurer – [অ্যাডভেঞ্চারর] *n.* one who seeks adventure, speculator. সাহসিক কার্যকারী, রোমাঞ্চকর অভিযাত্রী

adventurous – [অ্যাডভেঞ্চারাস] *adj.* enterprising. সাহসী, প্রগতিশীল

adverb – [অ্যাডভার্ব] *n.* a word that modifies an adjective, a verb or another adverb. ক্রিয়া বিশেষণ

adversary – [অ্যাডভার্সারি] *n.* an enemy, an opponent. শত্রু, বিরোধী

adverse – [অ্যাডভার্স] *adj.* opposing, contrary. বিপরীত, বিরুদ্ধ

adversity – [অ্যাডভার্সিটি] *n.* misfortune. দুর্ভাগ্য

advert – [অ্যাডভার্ট] *v. t.* to turn attention to, to allude. মনোযোগ দেওয়া, প্ররোচিত করা

advertise [ze] – [অ্যাডভারটাইজ] *v. t.* to make public. প্রকাশিত করা, বিজ্ঞাপন দেওয়া

advertisement – [অ্যাডভারটাইজ-মেন্ট] *n.* a public notice. বিজ্ঞাপন

advice – [অ্যাডভাইস] *n.* counsel, instruction. পরামর্শ, উপদেশ

advise – [অ্যাডভাইস] *v. t.* & *i.* to give advice, to inform, to notify. উপদেশ দেওয়া, পরামর্শ দেওয়া

aerogram – [এ্যারোগ্রাম] *n.* wireless message. বিনা তাঁর দ্বারা পাঠানো খবর

aesthetic – [এ্যাস্থেটিক] *adj.* concerning appreciation of beauty. সৌন্দর্য সম্বন্ধীয়, রুচিশীল

affect – [অ্যাফেক্ট] *v. t.* to act upon, to move the feelings of, to pretend, to assume. প্রভাবিত করা

affectation – [অ্যাফেকটেশন] *n.* false pretence. আড়ম্বর, দেখানো ভাব

affected – [অ্যাফেকটেড] *adj.* not natural. কৃত্রিম, নকল

affective – [অ্যাফেক্টিভ] *adj.* emotional. আবেগপূর্ণ

affection – [অ্যাফেকশন] *n.* love, tender attachment. ভাল বাসা, অনুরাগ

affiliate – [অ্যাফিলিয়েট] *v. t.* to bring into close association or connection. সমন্বিত করা, সামিল করা

afford – [অ্যাফোর্ড] *v. t.* to give forth, to have means. ব্যয় বহন করার ক্ষমতা রাখা

aforesaid – [অ্যাফোরসেড] *adj.* before mentioned. পূর্বকথিত

afraid – [অ্যাফ্রেড] *adj.* frightened. ভীত, সন্ত্রস্ত

afternoon – [আফটারনুন] the time from noon until evening. দুপুর, বিকেল

afterwards – [আফটারওয়ার্ডস] *adv.* subsequently. পরে

again – [এগেইন] *adv.* once more. আবার

against – [এগেইনস্ট] *prep.* in opposition to, in contact with. প্রতিকূল, বিরুদ্ধ, বিরূপ

age – [এজ] *n.* period of life, maturity of years, generation. বয়স, যুগ

aged – [এজেড] *adj.* advanced in years. বয়স্ক

agitate – [এ্যাজিটেট] *v. t.* to move, shake, discuss, excite feelings. বিক্ষুব্ধ করা, আন্দোলন করা

agitation – [অ্যাজিটেশন] *n.* moving, disturbance, public excitement. আন্দোলন, জনবিরোধ

agnostic – [অ্যাগনস্টিক] *n.* & *adj.* one who believes that nothing can be known about God except material things. প্রত্যক্ষবাদী, অজ্ঞেয়বাদী

ago – [এগো] *adj.* & *adv.* past. পূর্ব

agree – [এ্যাগ্রি] *v. t.* & *i.* consent. রাজি হওয়া, একমত হওয়া

agreeable – [এ্যাগ্রিএবল] *adj.* pleasing, ready to agree. অনুসারী, একমত

agreement – [এ্যাগ্রিমেন্ট] *n.* understanding, contract, treaty. চুক্তিপত্র, সমঝোতা

agriculture – [এগ্রিকালচার] *n.* cultivation of land. কৃষি, চাষবাস

aid – [এইড] *n.* help, grant. সহায়তা, আর্থিক সাহায্য

ailment – [এইলমেন্ট] *n.* pain, disease. অসুখ, ব্যথা

aim – [এইম] *n.* & *v. t.* purpose, destination, to direct a blow, point. আদর্শ, লক্ষ্য, নিশানা

air – [এয়ার] *n.* the atmosphere, outward manner, a tune or melody. বায়ু, বাতাস, ভাবভঙ্গি, সুর

airmail – [এয়ারমেল] *n.* mail carried by aeroplane. হাওয়াই ডাক

airport – [এয়ারপোর্ট] *n.* aerodrome. বিমানবন্দর

alcohol – [অ্যালকোহল] *n.* intoxicating liquor. সুরাসার, সুরা

alignment – [অ্যালাইনমেন্ট] *n.* a row, plan of a road or railway. পংক্তি, নকশা বিশেষ

alike – [এ্যালাইক] *adj.* & *adv.* like, in the same manner. সদৃশ, সমান

alien – [এ্যালিয়েন] *n.* foreigner, stranger. বিদেশি, অপরিচিত

alive – [এ্যালাইভ] *adj.* living, acting, full of. জীবিত, সচেতন

allegation – [অ্যালিগেশন] *n.* assertion. অভিযোগ

allegoric [al] – [অ্যালিগরিক] *adj.* figurative. রূপকাশ্রয়ী

alley – [অ্যালি] *n.* a narrow passage, a street. সংকীর্ণ পথ, গলি

alliance – [অ্যালায়েন্স] *n.* relationship, union. সম্বন্ধ, জোট

alligate – [অ্যালিগেট] *v. t.* to conjoin, to combine. জোড়া, সংযুক্ত করা

alliteration – [অ্যালিটারেশন] *n.* coming of several words in a sentence with the same letter. অনুপ্রাস

allocate – [অ্যালোকেট] *v. t.* to assign, to allot. আবন্টন, বিতরণ

allopathy – [অ্যালোপ্যাথি] *n.* a system of treatment of disease. অ্যালোপ্যাথিক চিকিৎসা

allotment – [অ্যালটমেন্ট] *n.* share distributed. অংশ বিভাজন

allow – [অ্যালাও] *v. t.* to permit. অনুমতি দেওয়া

allowable – [অ্যালাওএবল] *adj.* suitable to be allowed. অনুমতিযোগ্য

allowance – [অ্যালাওয়েন্স] *n.* permission, a grant, discount. আজ্ঞা, ভাতা, ছাড়

allure – [অ্যালুর] *v. t.* to tempt, to entice. লুব্ধ করা, আকর্ষিত করা

allusion – [অ্যালিউশন] *n.* implied or indirect reference. পরোক্ষ উল্লেখ

almighty – [অলমাইটি] *adj.* having infinite power, omnipotent. ঈশ্বর, সর্বশক্তিমান

almost – [অলমোস্ট] *adj., adv. & n.* nearly, all but. প্রায়, সব

alone – [অ্যালোন] *adj.* single, solitary. একাকী, একলা

alphabet – [অ্যালফাবেট] *n.* the letters of a language arranged in order. বর্ণমালা

already – [অলরেডি] *adv.* previously, by this time. আগে থেকেই

alter – [অল্টার] *v. t. & i.* to change, to make different. বদলানো, পালটানো

alteration – [অলটারেশন] *n.* change. অদল-বদল, পরিবর্তন

alternate – [অলটারনেট] *adj.* by turns. বিকল্প; *v. t.* to follow in turns. ক্রমান্বয়ে

alternative – [অলটারনেটিভ] *n.* a choice between two. বিকল্প

although – [অলদো] *conj.* though, supposing that. যদিও, যদ্যপি

altitude – [অলটিচুড] *n.* vertical height, elevation. উচ্চতা

altogether – [অলটুগেদার] *adv.* entirely quite. সবমিলিয়ে, মোট

always – [অলওয়েজ] *adv.* at all times. সর্বদা, নিরন্তর

amateur – [অ্যামেচার] *n.* one who cultivates an art, game etc. for pleasure sake. শৌখিন, অপেশাদার

amazement – [অ্যামেজমেন্ট] *n.* astonishment. বিস্ময়, আশ্চর্য

ambiguous – [অ্যাম্বিগুয়াস] *adj.* doubtful, indistinct, of more than one meaning. অস্পষ্ট, সন্দিগ্ধ, দ্ব্যর্থক

ambition – [অ্যাম্বিশন] *n.* an ardent or eager desire to rise in position or power. উচ্চাশা, মহাকাঙ্ক্ষা

ambitious – [অ্যাম্বিশাস] *adj.* strongly desirous. মহাত্বকাঙ্খী, উচ্চাশী

ambulance – [এ্যামবুলেন্স] *n.* conveyance used for the wounded or sick persons. রোগীবাহন, অ্যামবুল্যান্স

ameliorate – [অ্যামিলিয়ারেট] *v. t.* to improve, to make better. শোধরানো

amenable – [অ্যামেনেবল] *adj.* responsible, submissive, liable to. আজ্ঞাবহ, দায়িত্ববহ

amendment – [অ্যামেণ্ডমেন্ড] *n.* improvement. সংশোধন, উন্নতি

amiable – [অ্যামিএবল] *adj.* of pleasing disposition, lovable. অমায়িক, মনোহর

amicable – [অ্যামিকেবল] *adj.* friendly, peaceable. অমায়িক

amount – [অ্যামাউন্ট] *n.* full value. পূর্ণ মূল্য, একুনে; *v. t.* to be equivalent to. বরাবর হওয়া, পরিণামে

ample – [অ্যাম্পল] *adj.* sufficient, spacious, abundant. পর্যাপ্ত, বিস্তৃত

amplification – [অ্যাম্পলিফিকেশন] *n.* development. বিস্তার

amplifier – [অ্যাম্পলিফায়ার] *n.* an appliance for increasing force. [শব্দ বা শক্তি] বিস্তারক

amplify – [অ্যাম্পলিফাই] *v. t.* to make bigger, to enlarge. বিবর্ধন

amputate – [অ্যাম্পুটেট] *v. t.* to cut off the limb of a creature. অঙ্গচ্ছেদ

amusement – [অ্যামিউজমেন্ট] *n.* a pastime. মনোরঞ্জন

anaemia – [অ্যানিমিয়া] *n.* poverty of blood রক্তাল্পতা

analysis – [অ্যানালিসিস] *n.* [pl. ses] the act of analysing, resolving into simple elements. বিশ্লেষণ

ancient – [অ্যানসিয়েন্ট] *adj.* of time long past, old, belonging to former age. প্রাচীন, পুরাতন

angel – [অ্যাঞ্জেল] *n.* a messenger from heaven. দেবদূত

anger – [অ্যাঙ্গার] *n.* rage, wrath. ক্রোধ, রাগ; *v. t.* to make angry. ক্রুদ্ধ করা

angler – [অ্যাংগ্লার] *n.* one who angles. জেলে

anglo – [অ্যাংগ্লো] *pref.* meaning English. ইংরেজ সম্বন্ধীয়

angry – [অ্যাংগ্রি] *adj.* wrathful. ক্রুদ্ধ, ক্রোধপ্রকাশক

anguish – [অ্যাংগুইশ] *n.* extreme pain [of mind]. মনবেদন, মানসিক কষ্ট

animal – [অ্যানিম্যাল] *n.* a living and feeling creature. জন্তু, জীব; *adj.* relating to life. প্রাণসম্বন্ধীয়

annex – [অ্যানেক্স] *v. t.* to append, to take possession. সংযোগ করা, সম্মিলিত করা

annihilation – [অ্যানিহিলেশন] *n.* total destruction. বিনাশ, ধংসসাধন

anniversary – [অ্যানিভার্সারি] *n.* [ries pl.] an yearly celebration of an event. বার্ষিকী

announcement – [অ্যানাউন্সমেন্ট] *n.* proclamation. ঘোষণা, বিজ্ঞাপন

annoy – [অ্যানয়] *v. t.* to worry, to trouble. বিরক্ত করা, কষ্ট দেওয়া

annoyance – [অ্যানয়েন্স] *n.* worry. কষ্ট, পীড়া, বিরক্তি

annual – [অ্যানুয়াল] *adj.* yearly, happening every year. বার্ষিক, বাৎসরিক; *n.* a plant that lives for one year only. একবর্ষ জীবি উদ্ভিদ

another – [অ্যানাদার] *adj. & pron.* different, not the same, one more. অন্য, দ্বিতীয়

anonymously – [অ্যাননিমাসলি] *adv.* in a way where no name is mentioned. বেনামে, অজ্ঞাতভাবে

answerable – [অ্যানসারেবল] *adj.* that may be replied to. উত্তরদেয়

ante – [অ্যান্টি] *perf.* before. পূর্বে

antecedent – [অ্যান্টিসিডেন্ট] *n.* previous, preceding. পূর্ববর্তিতা, অগ্রবর্তী

antelope – [অ্যান্টিলোপ] *n.* a kind of deer. হরিণবিশেষ

ante meridiem – [অ্যান্টি মেরিডিয়েম] [abbr. A.M.] before noon. মধ্যাহ্নপূর্ববর্তী

anterior – [অ্যান্টিরিয়র] *adj.* former, previous পূর্ববর্তী, সম্মুখস্থ

anti – [অ্যান্টি] *pref.* opposite to, against. বিরুদ্ধ, বিপরীত

anticipate – [অ্যান্টিসিপেট] *v. t. & i* to do in advance, to foresee. পূর্বানুমান করা

anticipation – [অ্যান্টিসিপেশন] *n.* expectation. আশা, পূর্বানুমান

antique – [অ্যান্টিক] *adj.* old fashioned, unusual. প্রাচীন, উদ্ভট

antiquity – [অ্যান্টিকুয়িটি] *n.* relics of old times. প্রাচীনকালের ধ্বংসাবশেষ

antiseptic – [অ্যান্টিসেপ্টিক] *adj. & n.* preventing decay. পচন নিবারক

antonym – [অ্যান্টনিম] *adj.* a word of contrary meaning. বিপরীতার্থক শব্দ

anxiety – [অ্যাংজাইটি] *n.* uneasiness of mind, eager desire. চিন্তা, উদ্বেগ, উৎকণ্ঠা

anxious – [অ্যাংশাস] *adj.* uneasy, troubled. চিন্তিত, উৎকণ্ঠিত

any – [এনি] *pron. & adj.* one, some. কোনও, কেউ, কিছু

apathy – [অ্যাপ্যাথি] *n.* insensibility, indifference. উদাসীনতা, অনুভূতিশূন্যতা

apology – [অ্যাপলজি] *n.* [pl. gies] an excuse, vindication. ক্ষমা প্রার্থনা, ওজর

apostrophe – [অ্যাপস্ট্রফি] *n.* sign of ommission of a letter [’], an exclamatory address. সম্বন্ধকারক চিহ্ন, সম্বোধন

apparent – [অ্যাপারেন্ট] *adj.* visible, clear, evident. প্রত্যক্ষ, দৃশ্যমান

appear – [অ্যাপিয়ার] *v. t.* to become visible, to show oneself, to seem. দৃষ্টিগোচর হওয়া, দেখতে পাওয়া

appearance – [অ্যাপিয়ারেন্স] *n.* a thing seen, outward aspect. আকৃতি, রূপ, আবির্ভাব

appendix – [অ্যাপেণ্ডিক্স] *n.* something added in the end in document or human intestine. পরিশিষ্ট, বৃহদান্ত্র সম্বন্ধীয় [রোগ]

appetite – [অ্যাপিটাইট] *n.* hunger. ক্ষুধা

appetize – [অ্যাপিটাইজ] *v. t.* to have hunger. ক্ষুধার্ত হওয়া
appetizer – [অ্যাপিটাইজার] *n.* a thing that gives appetite. ক্ষুধা বর্ধক
applause – [অ্যাপ্লজ] *n.* approval, praise. উচ্চ প্রশংসা
applicable – [অ্যাপ্লিকেবল] *adj.* suitable. প্রযোজ্য, উপযুক্ত
applicant – [অ্যাপ্লিক্যান্ট] *n.* one who applies. আবেদনকারী
apply – [অ্যাপ্লাই] *v. t. & i.* [p.t. Applied] to put close to, to employ, to fix mind upon. প্রয়োগ করা, সংযুক্ত করা, আবেদন করা
appointment – [অ্যাপয়েন্টমেন্ট] *n.* engagement. নিয়োগ, নিযুক্তি
apposite – [অ্যাপজিট] *adj.* suitable, proper. সুনির্বাচিত
appraise – [অ্যাপ্রেজ] *v. t.* to estimate the worth of, to set price on. মূল্য নিরূপন করা
appreciable – [অ্যাপ্রিসিয়েবল] *adj.* noticeable. জ্ঞানযোগ্য, যা জানা উচিৎ
appreciate – [অ্যাপ্রিসিয়েট] *v. t. & i.* to estimate, to value highly, to rise or raise in value. গুণের কদর করা, সম্মান করা
apprehension – [অ্যাপ্রিহেন্সন] *n.* understanding, fear. অনুমান, ভয়
approach – [অ্যাপ্রোচ] *v. t. & i.* to come near, to ask, to make proposal, to advance. নিকটে আসা, প্রস্তাব করা, এগোন
appropriate – [অ্যাপ্রপ্রিয়েট] *v. t.* to take possession of, to set apart as fund for a certain person or purpose. অধিকার করা, বিশেষ উদ্দেশ্যে আলাদা করে রাখা
approval – [অ্যাপ্রুভাল] *n.* sanction. অনুমোদন
approve – [অ্যাপ্রুভ] *v. t.* to sanction, to like, to commend. অনুমোদন করা, ভাল লাগা
approximately – [অ্যাপ্রক্সিমেটলি] *adv.* in an approximate manner, nearly. প্রায়, কাছাকাছি
apt – [অ্যাপ্ট] *adj.* ready, quick to learn, suitable. তৎপর, উপযুক্ত
arbitrate – [আরবিট্রেট] *v. t.* to act as a judge. মধ্যস্থতা করা
arbitration – [আরবিট্রেশন] *n.* decision of an arbitrator. সালিশী, মধ্যস্থতা
arbitrator – [আরবিট্রেটর] *n.* one who arbitrates. মধ্যস্থ
architect – [আর্কিটেক্ট] *n.* one skilled in planning and erecting buildings. বাস্তুকলাবিদ
architecture – [আরকিটেকচার] *n.* art of building. বাস্তুকলা
ardent – [আর্ডেন্ট] *adj.* burning, eager. উৎসুক, উৎসাহপূর্ণ
ardour – [আরডার] *n.* warmth of feeling, heat, zeal. উৎকণ্ঠা, উৎসুকতা
argue – [আর্গ্যু] *v. t. & i.* to discuss, to try, to prove. তর্ক করা, বিবাদ করা
argument – [আর্গ্যুমেন্ট] *n.* reasoning, debate, subject. তর্ক, যুক্তি
aristocrat – [অ্যারিস্টক্র্যাট] *n.* one of good birth. অভিজাত ব্যক্তি
arithmetician – [অ্যারিথমিটিশিয়ান] *n.* one skilled in Arithmetic. গণিতজ্ঞ
armament – [আর্মামেন্ট] *n.* equipment for fighting. অস্ত্রশস্ত্র
army – [আর্মি] *n.* a large body of men armed for war, a host. সেনা, ফৌজ
around – [অ্যারাউণ্ড] *adv.* in every direction, about, along. চতুর্দিকে
arrange – [অ্যারেঞ্জ] *v. t.* to put in proper place, to settle, to adjust. বিন্যস্ত করা, তৈরি করা
arrear – [এরিয়ার] *n.* state of being behind. পিছিয়ে থাকার অবস্থা
arrest – [অ্যারেস্ট] *v. t.* to step, to seize by legal authority, to check motion. গতিরোধ করা, রুদ্ধ করা; *n.* stoppage, imprisonment. গ্রেফতার করা
arrival – [অ্যারাইভাল] *n.* act of reaching. আগমন
arrive – [অ্যারাইভ] *v. t.* to reach a place, to attain. পৌঁছানো, প্রাপ্ত হওয়া
arrogant – [অ্যারোগ্যান্ট] *adj.* haughty. অভিমানী
art – [আর্ট] *n.* human skill or knowledge, cunning. শিল্প, কলা
article – [আর্টিকল] *n.* a thing a literary composition in grammar, the words a, an & the. বস্তু, রচনা, অব্যয়
artisan – [আর্টিজ্যান] *n.* mechanic. শিল্পী
artist – [আর্টিস্ট] *n.* one skilled in fine art. চিত্রকার, শিল্পী
ascend – [অ্যাসেণ্ড] *v. t. & i.* to go up, to rise, to mount. আরোহন করা, চড়া
ascension – [অ্যাসেনশন] *n.* act of ascending. আরোহন
ascertain – [অ্যাসার্টেন] *v. t.* to make certain, to find out. নিরূপণ করা
ash – [অ্যাশ] *n.* dust or remains of anything burnt. ছাই, ভস্ম
ashamed – [অ্যাশেমড্] *adj.* abashed. লজ্জিত
aside – [অ্যাসাইড] *adv.* on one side, away. অন্য দিক, আলাদা
asleep – [অ্যাস্লিপ] *adj.* in a state of sleep. নিদ্রামগ্ন
aspiration – [অ্যাসপিরেশন] *n.* intense desire. উচ্চাকাঙ্খা
assail – [অ্যাসেল] *v. t.* to attack, to assault. আক্রমণ করা
assassination – [অ্যাসাসিনেশন] *n.* murder.রাজনৈতিক হত্যা
assay – [অ্যাসে] *v. t.* to try, to analyse. পরীক্ষা করা; *n.* trial, test of purity. পরীক্ষা, নিরূপন
assembly – [অ্যাসেম্বলি] *n.* a meeting, a council. সম্মেলন, সভা
assert – [অ্যাসার্ট] *v. t.* to state positively, to affirm. স্বীকার করা, স্পষ্টরূপে ব্যক্ত করা
assertion – [অ্যাসারশন] *n.* affirmation. নিশ্চিত উক্তি, দৃঢ়কথন
assessment – [অ্যাসেসমেন্ট] *n.* valuation, কর নিরূপন, নির্ধারণ
assessor – [অ্যাসেসর] *n.* one who estimates taxes. কর নির্ধারক
assets – [অ্যাসেটস] *n.* pl. property of person sufficient to pay his legal debts. সম্পত্তি, পুঁজি
assign – [অ্যাসাইন] *v. t.* to ascribe, to allot, to refer. নির্দিষ্ট করা, নিযুক্ত করা
assignation – [অ্যাসিগনেশন] *n.* allotment. বন্টন, হস্তান্তরকরণ
assistance – [অ্যাসিসট্যান্স] *n.* act of assisting, help. সহায়তা, সাহায্য
assistant – [অ্যাসিসট্যান্ট] *n.* one who assists another. সহায়ক, সাহায্যকারী
assume – [অ্যাসিউম] *v. t.* to take for granted, to adopt. অনুমান করা, ধরে নেওয়া
assumption – [অ্যাসাম্পশন] *n.* act of assuming, supposition. অনুমান, কল্পনা
astonish – [অ্যাস্টনিশ] *v. t.* to surprise greatly, to amaze. বিস্মিত করা, আশ্চর্যচকিত করা
astrology – [অ্যাস্ট্রলজি] *n.* the science of the influence of stars on human affairs. জ্যোতিষবিদ্যা
astrologer – [অ্যাস্ট্রলজার] *n.* a student of astrology. জ্যোতিষী
astronomy – [অ্যাস্ট্রনমি] *n.* the science of the heavenly bodies. জ্যোতির্বিদ্যা
atheism – [এ্যাথিজম] *n.* disbelief in God. নাস্তিকতা
ahtlete – [অ্যাথলিট] *n.* a person trained in physical exercises. খেলোয়াড়, ব্যায়ামবিদ
atomic – [অ্যাটমিক] *adj.* pertaining to atoms. পারমাণবিক
attachment – [অ্যাটাচমেন্ট] *n.* a fastening, great affection. বন্ধন, অনুরাগ, অনুরক্তি
attack – [অ্যাটাক] *v. t.* to fall upon, to assault. আক্রমণ করা; *n.* offensive operation. আক্রমণ, অভিযোগ
attain – [অ্যাটেন] *v. t. & i.* to reach, to gain, to achieve. অর্জন করা, পৌঁছোন
attendance – [অ্যাটেণ্ডেন্স] *n.* presence. উপস্থিতি, হাজিরি
attendant – [অ্যাটেণ্ডান্ট] *n.* a person attending. অনুগামী, সঙ্গী

attention – [অ্যাটেনশন] *n.* act of applying one's mind. মনোযোগ, আকর্ষণ

attest – [অ্যাটেস্ট] *v. t. & i.* to bear witness, to affirm solemnly. প্রমাণিত করা, সাক্ষ্য দেওয়া

attestation – [অ্যাটেস্টেশন] *n.* testimony. সাক্ষ্যপ্রমাণ

attitude – [অ্যাটিচুড] *n.* behaviour, posture of body. ব্যবহার, অঙ্গভঙ্গী

attract – [অ্যাট্রাক্ট] *v. t.* to draw, to entice. আকর্ষণ করা

auction – [অক্‌শন] *n.* a public sale of property to the highest bidder. নীলাম

auctioneer – [অকশনার] *n.* a holder of auction. নীলামদার

audacity – [অডাসিটি] *n.* daring spirit. ঔদ্ধত্য, স্পর্ধা

audible – [অডিবল] *adj.* able to be heard. শ্রবণযোগ্য

audience – [অডিয়্যান্স] *n.* a body of hearers, interview. শ্রোতাবর্গ, সাক্ষাৎকার

auditor – [অডিটর] *n.* one who audits accounts. হিসাবনিরীক্ষক

aught – [অট] *n. & adv.* anything, in any respect. কোনও বস্তু, কোনও প্রকারে

authentic – [অথেন্টিক] *adj.* reliable, true. প্রমাণিত

authenticity – [অথেন্টিক] *n.* genuineness. প্রামাণিকতা

authority – [অথরিটি] *n.* power, right; [pl.] the person in power. প্রভাব, আধিপত্য, দখল

authorize – [অথরাইজ] *v. t.* to give authority to. ক্ষমতাদান করা

auto – [অটো] *pref.* in the sense of one's own. স্বয়ং-, স্ব-

autobiography – [অটোবায়োগ্রাফি] *n.* life of a person written by himself. আত্মচরিত

autocracy – [অটোক্রেসি] *n.* absolute government. স্বৈরতন্ত্র

autograph – [অটোগ্রাফ] *n.* signature. স্বাক্ষর

automatic – [অটোম্যাটিক] *adj.* self acting. স্বয়ংক্রিয়

autumn – [অটাম] *n.* the third season of the year. শরৎকাল

auxiliary – [অক্‌জিলারি] *adj. n.* [pl. ries] helping, a helper. সহায়ক

available – [অ্যাভেইলেবল] *adj.* accessive. উপযোগী; of avail, of use. প্রাপ্য, লভ্য

avarice – [অ্যাভারিস] *n.* greediness. লোভ, লালসা

avenue – [এভিনিউ] *n.* road or street with trees. বীথি, বৃক্ষশোভিত পথ

average – [অ্যাভারেজ] *n.* an ordinary standard, prevailing rate or account. সাধারণ মানের, প্রচলিত ধরণের; *adj.* of the ordinary standard. সামান্য ধরণের

avoid – [অ্যাভয়েড] *v. t.* to evade, to shun. পরিহার করা

avoidance – [অ্যাভয়েডেন্স] *n.* the act of avoiding. পরিহার, পরিত্যাগ

await – [অ্যাওয়েট] *v. t.* to wait for. প্রতীক্ষা করা, অপেক্ষা করা

awake – [অ্যাওয়েক] *v. t. & i.* to get up, to become active, to rouse from sleep. জাগ্রত করা, জাগানো; *adj.* not asleep, vigilant. সচেতন, জাগ্রত

award – [অ্যাওয়ার্ড] *n.* judgement, thing awarded. আদালতের রায়, পুরস্কার

aware – [অ্যাওয়ের] *adj.* knowing, conscious, informed, attentive. সচেতন, সাবধান; সতর্ক

away – [অ্যাওয়ে] *adj. & adv.* at distance, constantly. দূরে, নিরন্তর; to go away. চলে যাওয়া

awful – [অফুল] *adj.* terrible, dreadful. ভয়ংকর, ভীতিজনক

awhile – [অ্যাহোয়াইল] *adv.* for a short time. সামান্য সময়ের জন্য

awkward – [অকওয়ার্ড] *adj.* clumsy, difficult to deal with. উদ্ভট, বিচিত্র

axe – [অ্যাক্স] *n.* a chopping tool. কুঠার, কুড়ালি; an axe to grind an ulterior object. স্বার্থ

axiom – [অ্যাক্সিওম] *n.* self-evident truth. স্বতঃসিদ্ধ প্রমাণ

aye – [আই] *interj. & n.* an affirmative answer. হ্যাঁ

B

baa – [বা] *n.* bleat of a sheep. মেষধ্বনি, ভেড়ার ডাক

bachelor – [ব্যাচেলর] *n.* an unmarried man. অবিবাহিত [পুরুষ]

backbite – [ব্যাকবাইট] *v. t.* to speak evil of in the absence of a person. চুক্‌লি করা, পেছনে নিন্দা করা

backbone – [ব্যাকবোন] *n.* the spine, support, power to resist. মেরুদণ্ড, সাহস

backdoor – [ব্যাকডোর] *n.* door at the back of a house. খিড়কি দরজা, গুপ্তদ্বার

background – [ব্যাকগ্রাউণ্ড] *n.* the ground or base specially of a scene. পৃষ্ঠভূমি, আধার

backward – [ব্যাকওয়ার্ড] *adj.* behind in time, slow in learning. পশ্চাদগামী, পশ্চাৎপদ

bacteria – [ব্যাকটিরিয়া] *n.* minute germs or organisms in air and water. বীজাণু

badge – [ব্যাজ] *n.* special mark. তক্‌মা, চাপরাশ

badly – [ব্যাডলি] *adv.* in a bad way. খারাপভাবে

bagman – [ব্যাগম্যান] *n.* a commercial traveller. ব্যবসায়ী যাত্রী

balcony – [ব্যাল্‌কনি] *n.* portion of house jutting out. ঝুল-বারান্দা

bale – [বেল্‌] *n.* bundle. গাঁটি

baleful – [বেলফুল] *adj.* regrettable, causing sorrow or pain. শোচনীয়, দুঃখদায়ক

ball – [বল] *n.* a round object used in games, bullet. বল, গুলি; a dance-party. বিদেশি নাচের আসর

ballad – [ব্যালাড] *n.* a short story in verse. গাথা

ballet – [ব্যালে] *n.* entertainment with music and dance. সঙ্গীতময় নৃত্যানুষ্ঠান

balm – [বাম] *n.* an oinment. মলম

ban – [ব্যান] *n.* an order prohibiting some action, curse, sentence of outlawry. নিষেধাজ্ঞা

banana – [ব্যানানা] *n.* plant or its fruit. কলা, কদলী

bandage – [ব্যাণ্ডেজ] *n.* band for binding wounds. [ঘায়ে] বাঁধবার বস্ত্রখণ্ড, পট্টি

bangle – [ব্যাঙ্গেল] *n.* an ornament, bracelet. বালা, চুড়ি

bank – [ব্যাঙ্ক] *n.* margin of river, an establishment for keeping money. নদীতট, ব্যাঙ্ক, অধিকোষ

bankrupt – [ব্যাঙ্করাপ্ট] *n.* an insolvent person. দেউলিয়া, কপর্দকহীন

banner – [ব্যানার] *n.* a flag. পতাকা, ব্যানার

bar – [বার] *n.* a rod, a barrier, a check, place for prisoners at trial, a tribunal. অর্গল, নিষেধ, আদালতের বিশেষ স্থান, ন্যায়ালয়; to be called to the bar. ওকালতিতে সামিল হওয়া

barbarism – [বারবেরিজ্‌ম] *n.* absence of culture; savage life. অসভ্য অবস্থা, বর্বরোচিত কাজ

barbarity – [বারবেরিটি] *n.* cruelty, savage behaviour. বর্বরতা, ক্রূরতা, নির্দয়তা

barbarous – [বারবেরাস] *adj.* uncultured, uncivilised. অসভ্য, জংলি, ক্রূর

barber – [বার্‌বার] *n.* one who shaves and cuts hair. নাপিত

bare – [বেয়ার] *adj.* naked, undisguised, baled, unfurnished. উলঙ্গ, অনাবৃত, খালি, নিরাভরন

barely – [বেয়ারলি] *adv.* hardly. সামান্য, প্রায় নয়

bargain – [বারগেন] *n.* agreement, contract. দরাদরি, চুক্তি, সমঝোতা

bark – [বার্ক] *n.* shealth of tree, a ship, cry of a dog. গাছের ছাল, কুকুরের ডাক

barrack – [ব্যারাক্‌] *n.* soldiers' quarters. সেনানিবাস, সৈনিকাবাস

baseless – [বেসলেস] *adj.* groundless. ভিত্তিহীন, অমূলক

basement – [বেসমেন্ট] *n.* storey below ground level. অট্টালিকার নিম্ন অংশ, তলকুঠুরি

baseness – [বেসনেস] *n.* meanness. নীচতা, তুচ্ছতা

basic – [বেসিক] *adj.* fundamental ভিত্তিমূলক, আধারভূত

bastard – [বাস্টার্ড] *n.* an illegitimate child. জারজ সন্তান, গালিবিশেষ

batsman – [ব্যাট্‌সম্যান] *n.* one who plays with the bat. ক্রিকেট খেলায় ব্যাটধারী

batch – [ব্যাচ] *n.* a quantity produced at a time. দল, একপ্রস্থ জিনিষ

bath – [বাথ] *n.* bathing, a place for bathing or washing. স্নান, স্নানাগার, স্নানের জল

bathe – [বেদ] *v. t. & i.* to immerse in a liquid, to put in a bath, to wash the body all over. স্নান করা, অবগাহন

bathing – [বেদিং] *n.* act of bathing. স্নান

batter – [ব্যাটার] *v. t.* to beat together. মন্থন করা, ফেটানো

beach – [বিচ] *n.* the shore of a sea or lake. নদীতট বা সমুদ্রতট; *v. t.* to put a vessel on shore. জাহাজকে কিনারায় লাগানো

beak – [বীক] *n.* the bill of a bird. পাখীর খাঁচা

beam – [বিম] *n.* ray of light. আলোকরশ্মি; *v. t.* to shine. চমকানো

bear – [বেয়ার] *n.* a thick-furred animal, an unmannerly person. ভালুক, অশিষ্ট পুরুষ

bear – [বিয়ার] *v. t. & i.* [p.t. Bore, p.p. Born] to carry, to support, to endure, to conduct oneself, to produce. নেওয়া, সাহায্য করা, সহ্য করা, উৎপন্ন করা

beard – [বিয়র্ড] *n.* hair that grow on cheek and chin, awn of plants. দাড়ি

bearable – [বিয়ারেবল] *adj.* tolerable. সহনযোগ্য

bearer – [বিয়ারার] *n.* domestic servant. ভৃত্য

beargarden – [বিয়ারগার্ডন] *n.* scene of uproar. কোলাহল, গোলমাল

beast – [বিস্ট] *n.* a quadruped, a rude brutal person. পশু, নির্দয়, অশিষ্ট

beauteous – [বিউটিয়াস] *adj.* beautiful, endowed with beauty. সুন্দর, রমণীয়

bedding – [বেডিং] *n.* mattress and bed clothes. বিছানা, শয্যা

bedizen – [বিডিজেন] *v. t.* to dress guadily. জমকালো পোশাক আশাক পরা

bee – [বি] *n.* an insect which produced honey and wax. মৌমাছি

beer – [বিয়ার] *n.* liquor prepared from barely. মদ্যবিশেষ

befool – [বিফুল] *v. t.* to make a fool of. বোকা বানানো

beforehand – [বিফোরহ্যাণ্ড] *adv.* before the time. সময়ের আগে

beggar – [বেগার] *n.* one who begs. ভিখারি

beginner – [বিগিনার] *n.* one who begins, a learner. সূত্রপাত কারী, নবীশ

behave – [বিহেভ] *v. t.* to conduct oneself, to act. আচরণ করা

behaviour – [বিহেভিয়ার] *n.* conduct, manners, way of behaving. ব্যবহার, আচরণ

behind – [বিহাইণ্ড] *adv. prep. & n.* in the rear, at one's back, further back. পেছনে, পশ্চাদ্দেশে

behold – [বিহোল্ড] *v. t.* to see দেখা

belief – [বিলিফ] *n.* faith, confidence, trust, assurance. বিশ্বাস, শ্রদ্ধা

believable – [বিলিভেবল] *adj.* that may be believed. বিশ্বাস যোগ্য

bell – [বেল] *n.* a hollow metallic vessel with a sounding tongue. ঘন্টা

belongings – [বিলংগিংস] *n.* pl. one's goods. সম্পত্তি, জিনিসপত্র

beloved – [বিলাভেড] *n.* very dear. প্রিয় ব্যক্তি, প্রিয়

beneath – [বিনিথ] *adv. & prep.* under, below. নীচে, নীচের দিকে

beneficial – [বেনিফিসিয়াল] *adj.* useful, advantageous, serviceable. লাভদায়ক, গুণকারী

benefit – [বেনিফিট] *n.* advantage, act of favour. সুবিধা, উপকার, কৃপা; *v. t. & i* [p.t. benefited] to do good to. উপকার করা, লাভ দেওয়া

benevolence – [বেনিভলেন্স] *n.* goodwill, kind disposition. কৃপা, দয়া, পরোপকার

benighted – [বিনাইটেড] *adj.* overtaken by darkness, ignorant. রাত ও অন্ধকারের মধ্যে পতিত

benign – [বিনাইন] *adj.* kind, mild, gentle. দয়ালু, নম্র, সুশীল

benignly – [বিনাইনলি] *adv.* mildly, in a gentle way. নম্রতা পূর্বক

bereavement – [বিরিভমেন্ট] *n.* loss by death. বিচ্ছেদ

beside – [বিসাইড] *prep.* near, by the side of. পাশে, নিকটে

besides – [বিসাইডস] *adv. prep.* in addition to, otherwise. এছাড়া, অধিকন্তু

best – [বেস্ট] *adj. & adv.* [sup. of good or well] of the most excellent kind. শ্রেষ্ঠ, উত্তম; to make the best of. উত্তমরূপে উপযোগ করা; to do for the best. উত্তম অভিপ্রায়ে করা

bethink – [বিথিংক] *v. t.* [p.t. bethought] to call to mind. বিচার করা, ভাবা

betimes – [বিটাইমস] *adv.* early, soon. শীঘ্র, যথাসময়ে

betray – [বিট্রে] *v. t.* to disclose, to deliver by treachery. বিশ্বাসঘাতকতা করা

betrayal – [বিট্রেয়াল] *n.* breach of faith. বিশ্বাসঘাতকতা

better – [বেটার] *adj. adv. & n.* [comp. of good or well] superior value, in a higher degree, improved. শ্রেষ্ঠতর, উন্নততর; *v. t.* to improve. সংশোধন করা; better half [one's wife] স্ত্রী

between – [বিটুউইন] *prep. & adv.* in the middle of, along, across. মধ্যে, ভেতরে

bewail – [বিওয়েল] *v. t.* to lament. বিলাপ করা, শোকপ্রকাশ করা

beware – [বিওয়্যার] *v. t.* to take heed, to be on one's guard. সতর্ক হওয়া

bias – [বায়াস] *n.* prejudice, partinlity. পক্ষাপাত, তরফদারি

big – [বিগ] *adj.* haughty. গর্বিত, অভিমানী

bigamist – [বাইগ্যামিস্ট] *n.* having two husbands or wives at a time. দ্বিচারী, যার দুজন স্ত্রী অথবা স্বামী বর্তমান

billion – [বিলিয়ন] *n.* a million millions. নিযুত নিযুত

binding – [বাইণ্ডিং] *n. & adj.* the cover of a book, a bandage, obligatory. বইয়ের বাঁধাই

biograph – [বায়োগ্রাফ] *n.* a moving picture machine, bioscope. বায়োস্কোপ, চলচ্ছবি

biographical – [বায়োগ্রাফিকাল] *adj.* pertaining to biography. জীবনী সম্বন্ধীয়

biology – [বায়োলজি] *n.* science of life. জীববিজ্ঞান; biologist [-জিস্ট] *n.* জীববিজ্ঞানী

birth – [বার্থ] *n.* origin, beginning. জন্ম, উৎপত্তি

birthright – [বার্থরাইট] *n.* a right acquired by birth. জন্মসিদ্ধ অধিকার

biscuit – [বিস্কিট] *n.* a hard dry bread in small cakes. বিস্কুট

bisect – [বাইসেক্ট] *v. t.* to divide into two parts. দ্বিধা বিভক্ত করা

bishop – [বিশপ] *n.* a consecrated clergyman. ধর্মযাজক

bit – [বিট] *n.* a small piece, a small coin, horse's curb. ছোট টুকরো, ঘোড়ার নাল; a bit rather. অল্প

bitch – [বিচ্] *n.* female of a dog or wolf. কুকুরী

bitter – [বিটার] *adj.* tasting hot and acrid, causing grief, painful, severe. তেতো, তিক্ত, কষ্টদায়ক; to weep bitterly. হাপুস নয়নে কাঁদা

blackmail – [ব্ল্যাকমেল] *n.* to extort money by threats. ভয় দেখিয়ে অর্থ আদায় করা

blamable – [ব্লেমেবল] *adj.* fit to be blamed. নিন্দনীয়

blame – [ব্লেম] *v. t.* to find fault with. দোষারোপ করা; *n.* cencure. দোষ, অপরাধ

blank – [ব্ল্যাংক] *adj.* not written, empty, without rhymes. খালি, শূন্য, ছন্দহীন; *n.* an empty space. রিক্তস্থান

blanket – [ব্ল্যাঙ্কেট] *n.* a soft woolen covering. কম্বল

blaze – [ব্লেজ] *n.* a bright flame, fire of active display. উজ্জ্বল শিখা, চমক্, দেখানো; *v. t.* to throw out flame. শিখা প্রজ্জ্বলিত করা

bleed – [ব্লিড] *v. t. & i.* to emit blood, to draw blood. রক্তপাত হওয়া

blemish – [ব্লেমিশ] *n.* a stain, a defect. কলংক, দোষ; *v. t.* to spoil the beauty of. কলংকিত করা

blessing – [ব্লেসিং] *n.* an invocation of happiness or success. আশীর্বাদ

blockade – [ব্লকেড্] *n. & v. t.* a blocking up. অবরোধ, ঘেরা

bloodshed – [ব্লাডশেড] *n.* slaughter. খুনোখুনি

blood-thirsty – [ব্লাড-থার্স্টি] *adj.* eager for slaghter. খুনি, হত্যাকারী

bloom – [ব্লুম] *n.* a blossom, freshness, perfection. ফুল-ফোটা, পুষ্পায়িত হওয়া, পূর্ণতা পাওয়া

blotting paper – [ব্লটিং পেপার] *n.* a paper used for drying ink. শোষ কাগজ

blouse – [ব্লাউজ] *n.* an woman's upper garment. ব্লাউজ, চোলি

blunder – [ব্লাণ্ডার] *n.* a gross mistake. বড় রকমের ভুল

bluntly – [ব্লান্টলি] *adv.* roughly. অভদ্রভাবে

boast – [বোস্ট] *v. i.* to talk proudly. গর্ব করা, শ্লাঘান্বিত হওয়া

boat – [বোট] *n.* a small open vessel for transport by water. নৌকা

boating – [বোটিং] *n.* act of making a boat sail. নৌকাচালনা

bodice – [বডিস্] *n.* a close fitting jacket worn by a woman. কাঁচুলি

bold – [বোল্ড] *adj.* courageous, brave, daring, steep. সাহসী, বীর

bombastic – [বম্বাস্টিক] *adj.* extravagant. অন্তঃসারহীন, বড় বড় শব্দপূর্ণ

bone – [বোন] *n.* a white hard substance which constitutes the skeleton of a body. হাড়

bonus – [বোনাস] *n.* an extra payment. বোনাস, বিশেষ ভাতা

bookworm – [বুকওয়র্ম] *n.* one who is much devoted to books. গ্রন্থকীট, সদাধ্যায়ী

boot – [বুট] *n.* a covering for human foot, profit, advantage. জুতা, লাভ

borne – [বোর্ন] [p.p. of bear] *v. t.* to carry. বহন করা

borrow – [বরো] *v. t.* to get loan. ধার নেওয়া, ঋণ নেওয়া

borrower – [বরোয়ার] *n.* one who takes loan. ঋণগ্রহীতা, ঋণী

bosom – [বুজম] *adj.* dear, intimate. প্রিয়, অন্তরঙ্গ; *n.* the heart. হৃদয়, বক্ষ

botany – [বোটানি] *n.* the science of plant life. উদ্ভিজ্জ বিজ্ঞান

both – [বোথ] *pron. & adv.* the two, equally. উভয়, দুটিই

bother – [বদার] *v. t. & i.* to worry, to tease. বিরক্ত করা

bottom – [বটম] *n.* the lowest part, the base, keel of a ship, foundation. নিম্নতল, নীচের অংশ

bough – [বাউ] *n.* branch of a tree. গাছের বড় ডাল

bounce – [বাউন্স] *v. t.* to jump, to boast. লাফানো, উচ্ছল হওয়া

bow – [বাও] *v. t.* to bend, to curve. ঝোঁকা, ঝুঁকে অভিবাদন করা

boy – [বয়] *n.* a male child a lad. বালক, ছেলে

boycott – [বয়কট] *v. t.* to refuse to have dealing with. একঘরে করা, পরিত্যাগ করা

boyhood – [বয়হুড] *adj.* state of being a boy. বাল্যকাল

brain – [ব্রেন] *n.* nervous matter enlosed in the skull. মস্তিষ্ক

brake – [ব্রেক্] *n.* apparatus for checking motion. ব্রেক, গতিরোধক

branch – [ব্রাঞ্চ] *n.* bough of tree, divisions of subjects, section, line of descent. শাখা, অংশ, অঙ্গ

brand – [ব্র্যাণ্ড] *n.* mark made by a hot iron, a trade mark. ছাপ, ব্যবসায়িক চিহ্ন

bravery – [ব্রেভারি] *n.* brave conduct. বীরত্ব, সাহস

bravo – [ব্রেভো] [p. bravoes] *n.* a bandit. খুনে; *interj.* well done. শাবাশ্

bread – [ব্রেড] *n.* baked food, livelihood. রুটি, জীবিকা

breadth – [ব্রেডথ্] *n.* broadness, width. বিস্তার, চওড়া

breakable – [ব্রেকেবল] *adj.* able to be broken. ভঙ্গুর

breakage – [ব্রেকেজ] *n.* act of breaking. ভাঙ্গন, বিভাজন

breakfast – [ব্রেকফাস্ট] *v. t.* to take breakfast. সকালের জলখাবার, প্রাতঃরাশ

breast – [ব্রেস্ট] *n.* front part of the chest. বক্ষ, স্তন

breath – [ব্রেথ] *n.* air inhaled and exhaled. শ্বাস

breathe – [ব্রাদ] *v. i.* to take breath. শ্বাস নেওয়া

breezy – [ব্রিজি] *adj.* full of breeze. বায়ুপূর্ণ, খোলামেলা

brevity – [ব্রেভিটি] *n.* shortness. স্বল্পতা, সংক্ষিপ্ততা

bribe – [ব্রাইব] *n.* an illegal reward given to someone. ঘুষ, উৎকোচ; *v. t.* to give bribe to. ঘুষ দেওয়া

bribery – [ব্রাইবারি] *n.* act of giving or receiving bribes. ঘুষ দেওয়া নেওয়ার কাজ

brick – [ব্রিক] *n.* moulded burnt clay used for building. ইঁট

bride – [ব্রাইড] *n.* an woman just married or going to be married. নববিবাহিত বধূ

bridegroom – [ব্রাইডগ্রুম] *n.* husband of a bride. বর, পাত্র

brilliant – [ব্রিলিয়ান্ট] *adj.* bright, splendid, clever. উজ্জ্বল, দেদীপ্যমান, বুদ্ধিমান; *n.* a gem of finest quality. উজ্জ্বল রত্ন

bring – [ব্রিং] *v. t.* [p.t. & p.p. brought] to carry, to produce. আনা, তৈরি করা

brink – [ব্রিংক] *n.* edge, bank margin. কিনারা, তট

Britain – [ব্রিটেন] *n.* England, Wales and Scotland. ইংল্যাণ্ড

British – [ব্রিটিশ] *adj.* pertaining to Britain. ব্রিটেন সম্বন্ধীয়

bronchitis – [ব্রঙ্কাইটিস] *n.* inflammation of the branches of the windpipe. শ্বাসনালীর অসুখ

bronze – [ব্রোঞ্জ] *n.* alloy of copper and zinc. কাঁসা

brother – [ব্রাদার] *n.* sons of the same parents. ভাই, সহোদর

brotherhood – [ব্রাদারহুড] *n.* companionship. বন্ধুত্ব

brush – [ব্রাশ/ব্রুশ] *n.* tool of hair used in painting. ব্রাশ, তুলি

brush – [ব্রুশ] *v. t.* to move slowly. ধীরে ধীরে আন্দোলিত হওয়া

brutality – [ব্রুটালিটি]. *n.* cruelty, rudeness. নির্দয়তা, নির্মমতা

brute – [ব্রুট] *n.* a beast, an unfeeling person. পশু, কঠোর প্রকৃতির মানুষ

build – [বিল্ড] *v. t.* to construct, to form. তৈরি করা, নির্মান করা

bulk – [বাল্ক] *n.* size, magnitude, the main body. বৃহৎ, বিস্তৃত, বড় আকারের

bull – [বুল] *n.* a male ox. ষাঁড়, ষণ্ড

bullet – [বুলেট] *n.* a metal ball for gun or pistol. বন্দুকের গুলি, ছররা

bulletin – [বুলেটিন] *n.* a short official statements. সমাচারপত্র, ইস্তাহার সরকারি ঘোষণাপত্র

bum – [বাম] *n.* good for nothing. নিরর্থক, কোনও কাজের নয়

bump – [বাম্প] *n.* a heavy blow, a swelling. ধাক্কা, ফোলা

bureau – [ব্যুরো] *n.* a writing-desk with drawers, office for public business. শাখা কার্যালয়, কেন্দ্র

burly – [বার্লি] *adj.* sturdy, bulky. মোটাসোটা, স্থুল

burn – [বার্ন] *v. t. & i.* [p.t. burnt, burned] to consume by fire, to be on fire. পোড়ানো, জ্বালিয়ে দেওয়া; *n.* injury by fire. আগুনে পুড়ে যাওয়া

bushy – [বুশি] *adj.* full of bushes. ঝোপে ভরা, নিবিড়, ঘন ও বিস্তৃত

busy – [বিজি] *adj.* fully occupied, deligent. ব্যস্ত, কর্মব্যস্ত

butter – [বাটার] *n.* fatty substance made from cream. মাখন

buttermilk – [বাটারমিল্ক] *n.* liquid left after making butter. ঘোল, মাঠা

by – [বাই] *prep.* near, in the company, through, of. নিকটে, পাশে, সঙ্গে by the bye [incidentally]. ঘটনাচক্রে

bygone – [বাইগন] *adj.* past. অতীত, অতীতের ঘটনা

byproduct – [বাইপ্রোডাক্ট] *n.* anything of less value produced during the manufacture of another. উপজাত

byword – [বাইওয়ার্ড] *n.* a familiar saying, proverb. লোকোক্তি, প্রবাদ

C

cablegram – [কেবলগ্রাম] *n.* a telegram sent by underwater cable সমুদ্রপথে পাঠানো টেলিগ্রাম

cadet – [ক্যাডেট] *n.* student of military school. শিক্ষানবীশ সৈন্য

cafe – [ক্যাফে] *n.* restaurant. রেস্তোরা

cage – [কেজ] *n.* an enclosure for birds. খাঁচা, কাঠগড়া; *v. t.* to shut in a cage. খাঁচায় বন্ধ করা

cake – [কেক] *v. t.* to make a cake. কেক, কেক বানানো

calamity – [ক্যালামিটি] *n.* misfortune, disaster. বিপত্তি, প্রাকৃতিক দুর্যোগ

calibre – [ক্যালিবার] *n.* diameter, capacity. ব্যাস, যোগ্যতা

calligraphy – [ক্যালিগ্রাফি] *n.* good handwriting. হস্তলিপি

callous – [ক্যালাস] *adj.* hard-hearted. কঠোর, শক্ত

calmly – [কামলি] *adv.* in a peaceful way. শান্তিপূর্বক

calmness – [কামনেস] *n.* the state of being calm. শান্তি, স্থিরতা

calorie – [ক্যালরি] *n.* unit of bodily heat. তাপমান, ক্যালরি

calumination – [ক্যালুমিনেশন] *n.* false charge. কলংক, দোষারোপ

calumny – [ক্যালুমনি] *n.* false accusation, slander. নিন্দা, কলংক

campaign – [ক্যাম্পেন] *n.* series of military operations, organized course of action. সৈনিক কার্যকলাপ, নিয়মিত কার্যক্রম

cancel – [ক্যান্সেল] *v. t.* to cut out, to abolish, to annul. কেটে দেওয়া, বাতিল করা

cancellation – [ক্যান্সেলেশন] *n.* act of cancelling. বাতিলকরণ

candidature – [ক্যান্ডিডেচার] *n.* one standing for election. নির্বাচনপ্রার্থী

cannon – [ক্যানন] *n.* a big gun. কামান; *v. t.* to fire with gun. কামান দাগা

canon – [ক্যানন] *n.* a law or church decree. ধার্মিক নিয়ম, ধর্মাদেশ

can't – [কান্ট] *v. t.* short form of 'can not'. ক্যান নট্-এর সংক্ষিপ্ত রূপ

canto – [ক্যান্টো] *n.* division of a poem. সর্গ, অধ্যায়

cantonment – [ক্যান্টনমেন্ট] *n.* quarters for troops. সৈন্যদের বাসস্থান

capability – [ক্যাপাবিলিটি] *n.* capacity. যোগ্যতা, শক্তি

capacity – [ক্যাপাসিটি] *n.* power of grasping, ability. ধারণ ক্ষমতা, যোগ্যতা

capitalist – [ক্যাপিট্যালিস্ট] *n.* one who has money. পুঁজিপতি, মহাজন

caprice – [ক্যাপ্রিস] *n.* a change without reason, whim, fancy. অস্থিরতা, যথেচ্ছতা

capture – [ক্যাপচার] *n.* arrest. আটকানো, ধরা; *v. t.* to take prisoner. গ্রেফতার করা

caretaker – [কেয়ারটেকার] *n.* a person left in charge. তত্বাবধায়ক

cartage – [কার্টেজ] *n.* charges. গাড়িভাড়া

carve – [কার্ভ] *v. t.* to cut, to engrave, to sculpture. খোদাই করা

carving – [কার্ভিং] *n.* act or art of sculpture. প্রস্তর খোদাই

cash – [ক্যাশ] *n.* money, currency. নগদ

caste – [কাস্ট] *n.* a class of society, social position. বর্ণ, জাত, কুল

casualty – [ক্যাজুয়ালটি] *n.* an accident. দুর্ঘটনা; *pl.* list of men killed or wounded. যুদ্ধে হতাহতের সংখ্যা

catalogue – [ক্যাটালগ] *n.* a list of books. পুস্তকতালিকা

catch – [ক্যাচ] *v. t. & i.* to seize, to grasp, to understand, to take captive, to reach in time. ধরা, আটকানো, বন্দী করা, সময়ে পৌঁছান

categorical – [ক্যাটাগরিকাল] *adj.* unconditional, of category. বর্গবিষয়ক

category – [ক্যাটাগরি] *n.* class or rank. জাতি, শ্রেণী, বর্গ

cater – [ক্যাটার] *v. t.* to provide food or entertainment. খাওয়ানর বন্দোবস্ত করা

causeway – [কজওয়ে] *n.* raised footpath. উঁচু পায়ে চলা রাস্তা

caution – [কশন] *n.* foresight, warning. সতর্কতা, দুরদর্শীতা

ceaseless – [সিজ্‌লেস] *adj.* continual. নিরন্তর

ceiling – [সিলিং] *n.* the top surface of a room. ঘরের ছাত

celebration – [সেলিব্রেশন] *n.* act of celebrating. অনুষ্ঠান, উৎসব

celebrity – [সেলিব্রিটি] *n.* fame. যশ, প্রসিদ্ধি

celestial – [সিলেসশিয়াল] *adj.* heavenly. দৈবী, স্বর্গীয়

cellar – [সেলার] *n.* an underground cell or room. ভুগর্ভস্থ কুঠুরি

cement – [সিমেন্ট] *n.* a substance for sticking bond of union. জোড়ার জন্য পদার্থ, সিমেন্ট

censure – [সেন্সার] *n.* blame, reproof. নিন্দা, ভর্ৎসনা; *v. t.* to blame. দোষ দেওয়া, বাধা দেওয়া

census – [সেন্সাস] *n.* an official numbering of people. জনগননা

centigrade – [সেন্টিগ্রেড] *adj.* having a hundred degrees. তাপমাত্রা, সেন্টিগ্রেড, শতবিভক্ত

central – [সেন্ট্রাল] *adj.* relating to the centre, principal. কেন্দ্রিয়, মুখ্য

centralize – [সেন্ট্রালাইজ] *v. t.* to concentrate. কেন্দ্রীভূত

centre – [সেন্টার] *n.* the middle point of anything, pivot, source. কেন্দ্র, মধ্যভাগ

century – [সেঞ্চুরি] *n.* of hundred years, a hundred of something. শত, শতবর্ষ

cereal – [সিরিয়াল] *adj.* relating to corn. শষ্য, তন্ডুল; *n.* corn used as food. অন্ন

ceremonial – [সেরিমনিয়াল] *adj. & n.* with ceremony, a formality. আনুষ্ঠানিক, শিষ্টাচার-সম্মত

ceremony – [সেরিমনি] *n.* religious rite. উৎসব, ধার্মিক অনুষ্ঠান

certain – [সার্টেন] *adj.* settled, fixed, one or some. নিশ্চিত, আবশ্যক, কেউ

certainly – [সার্টেনলি] *adv.* no doubt. অবশ্যই, নিঃসন্দেহে

certainty – [সার্টেনটি] *n.* settled fact. নিশ্চয়, নির্ণীত

certificate – [সার্টিফিকেট] *n.* a written declaration. প্রমাণপত্র, সার্টিফিকেট

certify – [সার্টিফাই] *v. t.* to attest formally, to inform. প্রমাণিত করা

challenge – [চ্যালেঞ্জ] *v. t.* to call to contest, to object to. প্রতিস্পর্ধা দেখানো, দ্বন্দ্বে বা প্রতিযোগীতায় আহ্বান করা

chancellor – [চ্যান্সেলর] *n.* state or law official, head of a university. রাষ্ট্রপ্রধান, বিশ্ববিদ্যালয়ের উপাচার্য

change – [চেঞ্জ] *v. t.* to alter to exchange. পরিবর্তন, বদল

changeable – [চেঞ্জেবল] *adj.* given to change. পরিবর্তণীয়

chaos – [ক্যাওয়াস] *n.* confused state, disorder. বিপত্তি, উপদ্রব

character – [ক্যারেকটার] *n.* actor's part, person in novel and drama. চরিত্র, উপন্যাস বা নাটকের পাত্র

chargeable – [চার্জেবল] *adj.* liable to be charged. আরোপ যোগ্য, উসুল করার যোগ্য

charitable – [চ্যারিটেবল] *adj.* of charity, generous. দাতব্য, দানশীল, দয়া

charity – [চ্যারিটি] *n.* act of kindness, leniency, alms. দানশীলতা, কৃপা, উদারতা, ভিক্ষা

chaste – [চেস্ট] *adj.* pure, virtuous, refined, simple. শুদ্ধ, পবিত্র

chasten – [চেসেন] *v. t.* to refine. শুদ্ধকৃত, পবিত্র করা হয়েছে এমন

chastity – [চ্যাস্টিটি] *n.* chasteness, purity of conduct. সতীত্ব, শুদ্ধতা

chatter – [চ্যাটার] *v. t.* to talk idly, to make a noise. বকবক্ করা; *n.* বাতুলতা

cheap – [চিপ] *adj.* low in price, worthless. সস্তা, সুলভ, নিকৃষ্ট

cheat – [চিট] *v. t.* to deceive. ধোঁকা দেওয়া, ছলনা করা; *n.* deceiver. ধূর্ত, যে ব্যক্তি ঠকায়

check – [চেক্] *v. t.* to stop, to restrain, to chide. আটকানো, রোধ করা; *n.* a sudden arrest, cross-lined pattern. সংযম, অবরোধ, রোধ

cheer – [চিয়ার] *v. t.* to make joyfull applaud, to comfort. খুশি করা, স্বান্ত্বনা দেওয়া

cheerful – [চিয়ারফুল] *adj.* in good spirits. প্রফুল্ল, প্রসন্ন

cheerfulness – [চিয়ারফুলনেস] *n.* happiness. প্রসন্নতা

cheese – [চিজ] *n.* curd of milk pressed and dried. পনীর

chemistry – [কেমিস্ট্রি] *n.* the science of elements and their laws. রসায়নবিদ্যা

cheque – [চেক্] *n.* an order for money. চেক্, হুণ্ডি

chew – [চিউ] *v. t. & i.* to grind with teeth. দাঁত দিয়ে চিবোনো

chicken – [চিকেন] *n.* the young of a domestic fowl. মুরগির ছানা

chiefly – [চিফলি] *adj.* principally. প্রধান রূপে

childhood – [চাইল্ডহুড] *n.* the period of being a child. বাল্যাবস্থা

childish – [চাইল্ডিশ] *adj.* like a child. শিশুসুলভ

childlike – [চাইল্ডলাইক] *adj.* simple, good. শিশুতুল্য, সরল

chill – [চিল] *n.* coldness. ঠাণ্ডা

chilly – [চিলি] *adj.* cold. অত্যন্ত ঠাণ্ডা

chin – [চিন] *n.* front part of lower jaw. চিবুক, থুতনি

chirp – [চার্প] *v. t.* to make sharp notes like a bird. পাখির কুজন

chit-chat – [চিট-চ্যাট] *n.* gossip. কথাবার্তা, গল্পশল্প

chloroform – [ক্লোরোফর্ম] *n.* a medicine for producing insensibility. চেতনানাশক ওষুধ

chorus – [কোরাস] *n.* band of singers. গায়কবৃন্দ

chorus – [কোরাস] *v. t.* to sing together. সম্মিলিত সঙ্গীত

Christ – [ক্রাইস্ট] *n.* the Messiah. যীশু খ্রীষ্ট

Christainity – [ক্রিশ্চানিটি] *n.* Christain religion. খ্রীষ্টধর্ম

chronic – [ক্রনিক] *adj.* lasting for a long time, lingering, deep-seated. দীর্ঘকালীন, পুরাতন

chronicle – [ক্রোনিকল] *n.* a narrative, an account. ঘটনা-পঞ্জী, বৃত্তান্ত

circle – [সার্কল] *n.* a round figure, a ring, persons of a certain class. বৃত্ত, মণ্ডলী

circular – [সার্কুলার] *n.* a business letter a communication sent to many people. ঘোষণাপত্র, অনুজ্ঞাপন

circumstance – [সারকামস্ট্যান্স] *n.* event. ঘটনা

circumstances – [সারকামস্ট্যান্সেজ] *n. plural.* condition in lif. ঘটনাক্রম, অবস্থা

civilisation – [সিভিলাইজেশন] *n.* state of being civilized. সভ্যতা, সংস্কৃতি

clap – [ক্ল্যাপ] *n.* pat. থপ থপ শব্দ; *v. t.* to applaud by striking the palm of hands together. হাততালি, তালি বাজানো

clarify – [ক্ল্যারিফাই] *v. t. & i.* to make clear, purify. স্পষ্টী-করণ, স্বচ্ছ করা

clarification – [ক্ল্যারিফিকেশন] *n.* act of making clear. স্পষ্টীকরণ

clash – [ক্ল্যাশ] *v. t.* to make a clash, to disagree, to interfere. সংঘর্ষ, বিরোধ

class – [ক্লাস] *n.* division, rank, order, set of students taught together. শ্রেণী, বর্গ

classic – [ক্ল্যাসিক] *n.* study of ancient languages. চিরায়ত, প্রাচীন ভাষাবিদ্যা

classical – [ক্ল্যাসিকাল] *adj.* pertaining to ancient literature or theretical music. প্রাচীন সাহিত্য বা শাস্ত্রীয় সঙ্গীত

classification – [ক্লাসিফিকেশন] *n.* arrangement. বর্গীকরণ

cleanliness – [ক্লিনলিনেস] *n.* purity. স্বচ্ছতা

cleanse – [ক্লিন্স] *v. t.* to make clean. পরিষ্কার বা পবিত্র করা

clearance – [ক্লিয়ারেন্স] *n.* removal of obstacles. বাধা অপসারণ

clerical – [ক্ল্যারিকাল] *adj.* pertaining to clergy or a clerk. ক্লার্ক বা কেরানী সম্বন্ধিত

clerk – [ক্লার্ক] *n.* a writer in an office. কেরানী

clever – [ক্লেভার] *adj.* skilful, ingenious. চতুর, বুদ্ধিমান

client – [ক্লায়েন্ট] *n.* one who employes a lawyer, customer. মক্কেল, গ্রাহক

climax – [ক্লাইম্যাক্স] *n.* the highest point, the greatest degree. শিখর, চরমোৎকর্ষ

climb – [ক্লাইম্ব] *v. t.* to ascend. চড়া, আরোহন করা

clinical – [ক্লিনিককাল] *adj.* pertaining to the sick-bed. রোগশাস্ত্র সম্বন্ধীয়

cloak – [ক্লোক] *n.* a loose upper garment, that which conceals, a pretext. আলখাল্লা, ওজর

clock – [ক্লক] *n.* a time-indicating instrument. [বড়] ঘড়ি

closure – [ক্লোজার] *n.* closing, closing of debate. বন্ধ, সমাপ্তি

cloth – [ক্লথ] *n.* [pl. clothes] fabric made from wearing. কাপড়

clothe – [ক্লোদ] *v. t., p. t.* or [*p.p.* clothed or clad] to dress, to cover. কাপড় পড়ানো

clothing – [ক্লোদিং] *n.* clothes. বস্ত্র

coalition – [কোয়ালিশন] *n.* temporary combination between parties. সম্মেলন, মোর্চা

coarse – [কোর্স] *adj.* rough, rude, vulger রুক্ষ, অভদ্র

cobbler – [কবলার] *n.* mender of shoes. মুচি

cock – [কক] *n.* male bird, male fowl, part of the lock of a rifle, a tap. মোরগ, বন্দুকের ঘোড়া

cocktail – [ককটেল] *n.* a mixed drink. বিভিন্ন মদ্য মিশ্রিত পানীয়

coconut – [কোকোনাট] *n.* the coco palm. নারিকেল [গাছ]

code – [কোড] *n.* a system of laws, rules or signals. নিয়ম, আচারসংহিতা

co-education – [কো-এডুকেশন] *n.* system of education where girls and boys read together. সহশিক্ষা

coerce – [কোয়ার্স] *v. t.* to compel, to restrain. বলপুর্বক আটকানো, বাধ্য করা

coin – [কয়েন] *n.* piece of money. মুদ্রা; *v. t.* to make metal into coin, to invent. মুদ্রা প্রস্তুত করা, নতুন জিনিস আবিষ্কার করে নথিভুক্ত করা

cold – [কোল্ড] *adj.* wanting in heat, spiritless, reserved. ঠাণ্ডা, নিস্তেজ, গম্ভীর, সর্দিকাশি

collaborate – [কোলাবরেট] *v. t.* to work together. সহযোগিতায় কাজ করা

collaboration – [কোলাবরেশন] *n.* state of working together. সহযোগ, মিলেমিশে কাজ করা

collapsible – [কোলাপসিবল] *adj.* fit for collapsing. ভাঁজ করা যায় এমন

collapsable – [কোলাপসেবল] *adj.* same as collabpsible. —ঐ

collision – [কলিস্‌ন] *n.* state of being collided. সংঘর্ষ, ধাক্কা

colloquial – [কলকিউয়াল] *adj.* conversational. কথোপকথন-মূলক, চলতি [ভাষা]

colon – [কোলন] *n.* the punctuation mark, part of large intestine. [:] কোলনচিহ্ন, অন্ত্রের বিশিষ্ট ভাগ

colour – [কালার] *n.* hue, tint, appearance, pretence. রং, বর্ণ, আকৃতি, ওজর; *[pl.]* colours, a flag. রং সমূহ, পতাকা; *v. t.* to give colour to. রঙ্গীন করা

comb – [কম্ব] *n.* an instrument with teeth for dressing hair, wool etc., crest of a cock. চিরুনি, মোরগের ঝুঁটি; *v. t.* to dress, to separate. চুল আঁচড়ানো, আলাদা করা

comfortable – [কম্ফর্টেবল] *adj.* promoting comfort. স্বান্ত্বনা-দায়ক, স্বস্তিকর

comic – [কমিক] *adj.* humorous, funny. হাস্যাস্পদ, হাস্যোদ্রেককারি

comma – [কমা] *n.* punctuation mark [,]. কমা [বিরামচিহ্ন]; inverted commas [" "]. উদ্ধৃতি চিহ্ন

commanding – [কমাণ্ডিং] *adj.* impressive. প্রভাবশালী

commandment – [কমাণ্ডমেন্ট] *adj.* impressive. নির্দেশ, আজ্ঞা

commense – [কমেন্স] *v. t.* to begin, to originate. আরম্ভ করা

commencement – [কমেন্সমেন্ট] *n.* a beginning. আরম্ভ

comment – [কমেন্ট] *v. t.* to write explanatory notes on. টীকা করা, ব্যাখ্যা করা, মন্তব্য করা

commentator – [কমেন্টেটর] *n.* the writer of a commentary. ধারাবর্ণনাকারী, বর্ণনাকারী

commercial – [কমার্শিয়াল] *adj.* pertaining to a trade. ব্যবসায়িক

commit – [কমিট] *v. t.* to entrust, to send, to be guilty. সঁপে দেওয়া, দায়িত্ব আরোপ করা, অপরাধী হওয়া

commitment – [কমিটমেন্ট] *n.* pledge. অঙ্গীকার

commodity – [কমোডিটি] *n.* articles of trade, useful things. সামগ্রী, বস্তু

commoner – [কমোনার] *n.* one of the people. সাধারণ মানুষ

communicate – [কমিউনিকেট] *v. t.* to give information, to join. প্রকাশ করা, যোগাযোগ করা

communication – [কমিউনিকেশন] *n.* act of giving information, information, message, correspondence. খবর, সংবাদ, সূচনা, পত্র ব্যবহার

communism – [কমিউনিজম] *n.* vesting of property in common. সাম্যবাদ

companion – [কম্প্যানিয়ন] *n.* an associate, a mate. সহযোগী, সঙ্গী

comparable – [কম্পেয়ারেবল] *adj.* able to be compared. তুলনীয়

compare – [কম্পেয়ার] *v. t.* to find out points of likeness. তুলনা করা

comparison – [কম্প্যারিসন] *n.* act of comparing. তুলনা

compassion – [কম্প্যাশন] *n.* pity, sympathy. সহানুভূতি

compensation – [কম্পেন্সেসন] *n.* recompense. ক্ষতিপূরণ

compete – [কম্পিট] *v. t.* to strive with others, to contend. স্পর্ধা দেখানো, প্রতিযোগিতা করা

competent – [কম্পিটেন্ট] *adj.* of sufficient ability, suitable. যোগ্য, নির্ভরযোগ্য

competition – [কম্পিটিশন] *n.* rivalry. প্রতিযোগিতা, স্পর্ধা

compile – [কম্পাইল] *v. t.* to collect matter from various authors. সংকলন করা, সংগ্রহ করা

complain – [কমপ্লেন] *v. t.* to express displeasure, to find fault with. অভিযোগ করা, ত্রুটি নির্দেশ করা

complainant – [কমপ্লেন্যান্ট] *n.* one who makes a charge against another. অভিযোগকারী

complaint – [কমপ্লেন্ট] *n.* accusation, ailment. অভিযোগ, অসুবিধা

complement – [কমপ্লিমেন্ট] *n.* anything that completes. পরিপূরক

complementary – [কমপ্লিমেন্টারি] *adj.* supplying a deficiency. পূরক, নিঃশুল্ক

complete – [কমপ্লিট] *v. t.* to finish, to perfect. পুরো করা

completion – [কমপ্লিশন] *n.* accomplishment. সমাপ্তকরণ

complex – [কমপ্লেক্স] *adj.* not simple, intricate. জটিল, মিশ্র

complicacy – [কমপ্লিক্যাসি] *n.* state of being complicated. জটিলতা

complication – [কমপ্লিকেশন] *n.* complicated situation. জটিল অবস্থা

compliment – [কমপ্লিমেন্ট] *n.* a polite praise or respect. অভিনন্দন; *v. t.* to praise. প্রশংসা

complimentary – [কমপ্লিমেন্টারি] *adj.* expressive of praise. প্রশংসাসূচক

composition – [কম্পজিশন] *n.* a construction, literary production. রচনা, সাহিত্যকৃতি

comprehension – [কম্প্রিহেনশন] *v. t.* understanding, হৃদয়ঙ্গম হওয়া, বোধগম্য হওয়া

comprise – [কমপ্রাইজ] *v. t.* to contain, to include. অন্তর্ভুত করা, গঠিত করা

compromise – [কমপ্রোমাইজ] *v. t.* to settle by mutual consent. আপোস করা; *n.* settlement. আপস, সমঝোতা

compulsion – [কম্পালসন] *n.* force, obligation. বাধ্যতা, বাধকতা

compulsory – [কম্পালসারি] *adj.* having no option. অনিবার্য

compute – [কম্পিউট] *v. t.* to reckon, to value. গণনা করা, হিসেব করা

comrade – [কমরেড] *n.* a companion. সঙ্গী, সাথী

conceal – [কনসিল] *v. t.* to hide, to shelter. লুকোনো, লুকিয়ে রাখা

conceivable – [কনসিভেবল] *adj.* able to be conceived. বোধগম্য, কল্পনাযোগ্য

conception – [কনসেপশন] *n.* thought, notion. বিচার, ধারণা, ধারণশক্তি

concentration – [কনসেনট্রেশন] *n.* act of concentrating. একাগ্রতা, কেন্দ্রীভূত হওয়া

conception – [কনসেপশন] *n.* concept, idea. বিচার, ধারণা

concern – [কনসার্ন] *v. t.* to relate to, to belong to, to have to do with. সম্বন্ধ থাকা, উদ্দেশ্য হওয়া; *n.* business or affair, anxiety. ব্যবসায়, ব্যাকুলতা

concise – [কনসাইজ] *adj.* short. সংক্ষিপ্ত

conclude – [কনক্লুড] *v. t.* to finish, to infer. শেষ করা

concord – [কনকর্ড] *n.* harmony, agreement. মিল, একতা

condemn – [কণ্ডেম] *v. t.* to pronounce guilty, to censure. দোষীঘোষিত করা, দণ্ড দেওয়া

condemnation – [কণ্ডেমনেশন] *n.* the act of condemning. দোষারোপ, নিন্দা

condense – [কণ্ডেন্স] *v. t.* to reduce in volume, to compress, to abbreaviate. ঘনীভূত করা

condensation – [কণ্ডেন্সেসন] *n.* act of making dense. ঘনীভূত করণ

condition – [কণ্ডিশন] *n.* state, circumstance. দশা, অবস্থা

conditional – [কণ্ডিশনাল] *adj.* depending on conditions. শর্তসাপেক্ষ

condole – [কণ্ডোল] *v. t.* to grieve, to sympathise. সান্ত্বনা দেওয়া, শোক প্রকাশ করা

condolence – [কণ্ডোলেন্স] *n.* grief expressed on other's loss. শোকপ্রকাশক

conduce – [কণ্ডিউস] *v. t.* to lead, to contribute. প্রবৃত্ত করা, উদ্দেশ্যসাধনে সহায়তা করা, প্রেরণা দেওয়া

conducive – [কণ্ডিউসিভ] *adj.* tending. প্রেরণাদায়ক

conduct – [কণ্ডাক্ট] *v. t.* to lead or guide, to direct, to manage, to behave, to carry. পরিচালনা করা, ব্যবহার করা

confectioner – [কনফেকশনার] *n.* a maker or seller of sweetmeats. মিষ্টান্ন বিক্রেতা

confess – [কনফেস] *v. t. & i.* to acknowledge, to disclose. স্বীকার করা, অপরাধ স্বীকার করা

confession – [কনফেসন] *n.* the acknowledgement of a fault or crime. স্বীকারোক্তি

confide – [কনফাইড] *v. t.* to trust. বিশ্বাস করা

confidence – [কনফিডেন্স] *n.* trust. বিশ্বাস, আস্থা

confident – [কনফিডেন্ট] confidential. *adj.* trusted, private. আস্থাশীল, বিশ্বাসী, গুপ্ত

confirm – [কনফার্ম] *v. t.* to strengthen, to make sure, to ratify. পুষ্ট করা, স্থায়ী করা, প্রমাণিত করা

confirmation – [কনফার্মেশন] *n.* corroborating statement. প্রমাণীকরণ

conflict – [কনফ্লিক্ট] *v. t.* to fight. যুদ্ধ, বিবাদ, কলহ

conform – [কনফর্ম] *v. t.* to adopt, to make like, to comply with. অনুরূপ করা, সমান করা

conformation – [কনফর্মেশন] *n.* shape, structure. আকৃতি, গঠন, আকার

confront – [কনফ্রন্ট] *v. t.* to face. মোকাবেলা করা, মুখোমুখি হওয়া

confuse – [কনফিউজ] *v. t.* to mix together, to perplex. গুলিয়ে ফেলা

confusion – [কনফিউজন] *n.* disorder. গোলমাল

congratulate – [কনগ্রাচুলেট] *v. t.* to wish joy. অভিনন্দন জানানো

congratulation – [কনগ্রাচুলেশন] *n.* expression of joy at the success. অভিনন্দন

connect – [কানেক্ট] *v. t.* to join together, to associate. জোড়া, সংযুক্ত করা

conquer – [কংকার] *v. t.* to gain by force, to subdue. জেতা, অধীনে আনা

conqueror – [কংকারার] *n.* one who conquers. বিজয়ী, বিজেতা

conscience – [কনসেইন্স] *n.* the sense of right and wrong. বিবেক, অন্তঃকরণ

conscious – [কন্সাস] *adj.* knowing, aware. সচেতন

consciousness – [কন্সাসনেস] *n.* person's thoughts and feelings. চেতনা

consequence – [কনসিকোয়েন্স] *n.* result, importance. পরিণাম, অন্ত

consider – [কনসিডার] *v. t. & i.* to think. বিচার করা, ভাবা

consider – [কনসিডার] *v. t.* to contemplate, to reflect upon. বিবেচনা করা

considerable – [কনসিডারেবল] *adj.* great, important. উল্লেখ যোগ্য, অধিক

consist – [কনসিস্ট] *v. t.* to be composed of. নির্মিত, গর্বিত

consolation – [কনসোলেশন] *n.* alleviation of grief. সান্ত্বনা

consolidate – [কনসলিডেট] *v. t.* to solidify together into a mass, to unite. মোট, সবমিলিয়ে, জমাট করা

conspire – [কনস্পায়ার] *v. t.* to plot together. ষড়যন্ত্র করা

conspiracy – [কনস্পিরেসি] *n.* a plot. ষড়যন্ত্র

constancy – [কনস্ট্যান্সি] *n.* firmness. স্থিরতা, নিত্যতা

constant – [কনস্ট্যান্ট] *adj.* fixed, unchanging. স্থির, অটল

constipation – [কনস্টিপেশন] *n.* difficulty in evacuating the bowels. কোষ্ঠবদ্ধতা

constituency – [কনস্টিটিউএন্সি] *n.* body of electros in a place. নির্বাচন ক্ষেত্র

constitution – [কনস্টিটিউশন] *n.* natural state of mind or body, formation, established form of government. প্রকৃতি, শারীরিক অবস্থা, সংবিধান

construction – [কনস্ট্রাকশন] *n.* act of forming, what is formed. রচনা, গঠন

consult – [কনসাল্ট] *v. t.* to seek advice. শলাপরামর্শ করা

consultation – [কনসালটেশন] *n.* conference. পরামর্শ, আলাপ আলোচনা

consume – [কনজিউম] *v. t.* to eat up, to destroy. ব্যয় করা, খরচ করা, ধ্বংস করা

consumption – [কনজাম্পশন] *n.* act of consuming, a wasting disease. খরচ, ক্ষয়রোগ

contain – [কন্টেন] *v. t.* to hold, to include. অন্তর্ভুক্ত করা

contempt – [কন্টেম্পট] *n.* scorn. ঘৃণা, অবজ্ঞা

contending – [কন্টেণ্ডিং] *n.* opposing. বিরোধী

content – [কন্টেন্ট] *adj.* satisfied. সন্তুষ্ট

contentment – [কন্টেন্টমেন্ট] *n.* satisfaction. সন্তোষ

contest – [কন্টেস্ট] *v. t.* to debate, to fight. বিবাদ, প্রতিযোগিতা; *n.* debate, strife. বিবাদ, কলহ

continental – [কন্টিনেন্টাল] *adj.* pertaining to a continent. মহাদেশ সম্বন্ধীয়

continual – [কন্টিনিউয়াল] *adj.* occurring on every occasion. নিরন্তর

continuation – [কন্টিনিউএশন] *n.* going on in a series or line. নিরন্তরতা, ধারা বাহিকতা

continue – [কান্টিনিউ] *v. t. & i.* to remain, to maintain, to extend, to prolong. জারি রাখা

continuous – [কন্টিনিউয়াস] *adj.* uninterrupted. নিরন্তর, অনবরত

contra – [কন্ট্রা] *pref.* in sense of "against". বিপরীত বাচক উপসর্গ

contradict – [কন্ট্রাডিক্ট] *v. t.* to oppose. বিরোধ করা

contrary – [কন্ট্রারি] *adj.* opposite, oppossing. বিপরীত, বিরুদ্ধ

contrast – [কন্ট্রাস্ট] *v. i.* to set in opposition. বিরোধাভাষ, পার্থক্য

contribution – [কন্ট্রিবিউশন] *n.* act of contributing, a literary article. চাঁদা, সাহিত্যমূলক রচনা

controversy – [কন্ট্রোভার্সি] *n.* a discussion, a dispute. বিবাদ, ঝগড়া

convenience – [কনভেনিয়েন্স] *n.* suitableness, comfort. উপযোগীতা, সুবিধা

convenient – [কনভেনিয়েন্ট] *adj.* suitable, handy. অনুকূল, উপযোগী

conventional – [কনভেনশনাল] *adj.* customory. ঐতিহ্যনুসারী, প্রচলিত

conversant – [কনভারসেন্ট] *adj.* well acquainted with. নিপুণ, কুশলী

conversation – [কনভারসেশন] *n.* talking. কথোপকথন, কথাবার্তা

conveyance – [কনভেয়েন্স] *n.* act of carrying, a carriage. বহন, বাহন

cooperate – [কো-অপারেট] *v. t.* to work together. সহযোগীতা করা

cooperation – [কো-অপারেশন] *n.* the act of cooperating. সহযোগীতা

cooperative – [কো-অপারেটিভ] *adj.* on the basis of cooperation. সহযোগী

coordinate – [কো-অর্ডিনেট] *adj.* of the same order or rank. স্বস্থানিক; *v. t.* bring together. সম্মিলিত করা

coordination – [কো-অর্ডিনেশন] *n.* act of coordinating. একীকরণ, সম্মিলিতকরণ

copyright – [কপিরাইট] *n.* legal right to print and publish books and articles. গ্রন্থস্বত্ব

cordially – [করডিয়ালি] *adj.* warmly. হার্দিকভাবে

cordiality – [কর্ডিয়ালিটি] *n.* state of being cordial. সহৃদতা, মিত্রভাব

corn – [কর্ন] *n.* a grain seed, horny growth on toes. শষ্য, অন্ন, কড়া

corporal – [করপোরাল] *n.* an officer in an army next to a sergeant. কনিষ্ঠ সেনাধিকারী; *a.* pertaining to body. শরীর সম্বন্ধীয়

corporation – [কর্পোরেশন] *n.* united body of persons. সংঘ, পুরসভা

corps – [কোর] *n.* a division of an army. সেনার বিভাগ, দল

correction – [কারেকশন] *n.* amendment. শুদ্ধিকরণ

correctness – [কারেক্টনেস] *n.* state of being correct. শুদ্ধতা

correlation – [কো-রিলেশন] *n.* mutual relation. আপস-সম্বন্ধ

correspondence – [করেসপণ্ডেন্স] *n.* communication by letters. পত্রবিনিময়

correspondent – [করেসপণ্ডেন্ট] *n.* one who communicates by letter. সংবাদদাতা, প্রতিনিধি [সংবাদপত্রের]

corruption – [করাপ্শান] *n.* depravity. দুর্নীতি, অপমিশ্রণ

cosmetic – [কস্‌মেটিক] *n., adj.* relating to personal adornment. শৃঙ্গার তথা প্রসাধনসামগ্রী

cost – [কস্ট] *n.* money, expense paid for things. মূল্য, ব্যয়, দাম

costly – [কস্টলি] *adj.* expensive. মূল্যবান

cottage – [কটেজ] *n.* a small house. কুটির

councillor – [কাউন্সিলার] *n.* member of council. মন্ত্রণা সভার সদস্য

counteract – [কাউন্টারঅ্যাক্ট] *v. t.* to oppose, to defeat. বিরোধ করা, প্রতিরোধ করা

counterattack – [কাউন্টার-এ্যাটাক] *n.* attack done after enemy's action. [শত্রুকে] পাল্টা আক্রমণ

countercharge – [কাউন্টারচার্জ] *n.* charge in answer to another. প্রত্যাভিযোগ

counterfoil – [কাউন্টারফয়েল] *n.* a corresponding part of a cheque etc. retained by the sender. প্রতিরূপ, চেক প্রভৃতির রক্ষণীয় অংশ

courage – [কারেজ] *n.* bravery. বীরত্ব, সাহসিকতা

courageous – [কারেজিয়াস] *adj.* brave, bold. বীর, সাহসী

courtesy – [কার্টসি] *n.* politeness. শিষ্ট, বিনীত

cousin – [কাজিন] *n.* a child of one's uncle or aunt. খুড়তুতো, মাসতুতো, জ্যাঠতুতো ভাই বা বোন

coward – [কাওয়ার্ড] *n.* a faint hearted person. ভীরু, কাপুরুষ

cowardice – [কাওয়ার্ডিস] *n.* timidity. ভীরুতা, কাপুরুষতা

craftsman – [ক্রাফট্‌সম্যান] *n.* an artisan. শিল্পকার, কারুশিল্পী

credible – [ক্রেডিবল] *adj.* believable. বিশ্বাসযোগ্য

creditable – [ক্রেডিটেবল] *adj.* praiseworthy. প্রশংসাযোগ্য

credulous – [ক্রেডুলাস] *adj.* ready to believe. সহজেই বিশ্বাস করে এমন

crimson – [ক্রিমসন্] *adj.* of a deep red colour. ঘন লাল রং

cripple – [ক্রিপল্] *n.* a lame person. খোড়া, খোড়া করা, নির্বল করা

crisis – [ক্রাইসিস] *n.* [pl. crises] a turning point, a decisive moment. সংকট, নির্ণায়ক ক্ষণ

critic – [ক্রিটিক] *n.* one skilled in judging the quality of a thing. সমালোচক, গুণ-দোষ নিরূপক

criticism – [ক্রিটিসিজম] *n.* a critical judgement. সমালোচনা

critique – [ক্রিটিক] *n.* a critical estimate. সমীক্ষা, আলোচনাত্মক রচনা

crooked – [ক্রুকেড] *adj.* bent, deformed, dishonourable. জটিল, বাঁকা, কুরূপ, ক্রুর

crossing – [ক্রসিং] *n.* an intersection of roads. চৌরাস্তা, মোড়

cystal – [ক্রিস্টাল] *adj.* clear as glass. স্ফটিক, উৎকৃষ্ট কাঁচ

culmination – [কালমিনেশন] *n.* state of having risen to the highest point. চরম স্থিতিপ্রাপ্তি, সর্বোচ্চ সীমা

culprit – [কালপ্রিট] *n.* an accused person. দোষী, অপরাধী

cultivator – [কাল্টিভেটর] *n.* one who cultivates চাষী, কৃষক

curiosity – [কিউরিওসিটি] *n.* state of being curious. কৌতুহল, আকষৰ্ধ

curriculum – [কারিকুলাম] [pl. curricula] *n.* course of study. পাঠ্যক্রম

curse – [কার্স] *v. t.* to call down evil on. অভিশাপ দেওয়া

cursory – [কার্সরি] *adj.* hasty, without much care. দ্রুত, ভাসা ভাসা

curtail – [কার্টেল] *v. t.* to cut short. সংক্ষিপ্ত করা, কমান

curtain – [কার্টেন] *n.* a hanging screen. পর্দা, চিক; *v. t.* to screen. পর্দা টাঙ্গানো

curved – [কার্ভড] *adj.* bent. বক্র, বাঁকা

custard – [কাস্টার্ড] *n.* a mixture of milk, eggs etc. দুধ, চিনি ও ডিমের সুস্বাদু মিশ্রণ

cyclone – [সাইক্লোন] *n.* circular storm, whirlwind. ঝঞ্ঝা, ঘূর্ণিবাতাস

cyclopaedia – [সাইক্লোপেডিয়া] *n.* a guide to knowledge arranged alphabetically. বিশ্বকোষ

cyclostyle – [সাইক্লোস্টাইল] *n.* an apparatus for printing copies from stencil-plate. যন্ত্রযোগে প্রতিলিপি

cylinder – [সিলিণ্ডার] *n.* a roller-shaped hollow or solid vessel. নলাকার বা বেলনাকার বস্তু

cymbal – [সিম্বাল] *n.* one of a pair of brass plates clashed together for sound. করতাল

cypher [cipher] – [সাইফার] *n.* nothing. শূন্য, সংকেত লিখন

D

dacoit – [ড্যাকয়ট] *n.* one of a gang of robbers. ডাকাত

dacoity – [ড্যাকয়টি] *n.* a dacoit's work. ডাকাতি

dainty – [ডেন্টি] *adj.* neat, delicious. সুস্বাদু, মশলাদার

dais – [ডায়াস] *n.* raised platform. মঞ্চ

damage – [ড্যামেজ] *n.* injury, loss. ক্ষতি; *v. t.* to injure, to defame. ক্ষতি করা, নাশ করা

dame – [ডেম] *n.* the lady keeper of a boarding-house, wife of a baronet or knight. হোস্টেল পরিচালিকা, অভিজাত ব্যক্তির পত্নী

damnable – [ড্যামনেবল] *adj.* hateful. নিন্দার্হ

dangerous – [ডেঞ্জারাস] *adj.* perilous. বিপজ্জনক

daring – [ডেয়ারিং] *n.* boldness. সাহস; *a.* bold, fearless. সাহসী, নির্ভীক

daughter – [ডটার] *n.* a female child. কন্যা, মেয়ে; *n.* daughter-in-law [son's wife] পুত্রবধূ

dauntless – [ডন্টলেস] *adj.* fearless. নির্ভীক

daybook – [ডেবুক] *n.* an accountbook of daily transactions. দিনলিপি, প্রতিদিনের হিসেব নিকেশের খাতা

dazzle – [ড্যাজল] *v. t.* to overpower with, to confound with brilliance. চকিত করা, চমকানো

de – [ডি] *pref.* in sense of "down, away". 'নীচে' শব্দের উপসর্গ

dealing – [ডিলিং] *n. pl.* a person's conduct or transactions. ব্যবহার, লেনদেন

dear – [ডিয়ার] *adj.* beloved, costly. মহার্ঘ, দামী

dearth – [ডার্থ] *n.* state of scar-city, famine. অভাব, দুষ্প্রাপ্যতা

debatable – [ডিবেটেবল] *adj.* liable to be disputed. তর্কযোগ্য

debate – [ডিবেট] *v. t.* to argue, to discuss. তর্ক করা, ঝগড়া করা

debt – [ডেট] *n.* sum owed to a person. ঋণ, ধার

debtor – [ডেটর] *n.* person owing something to another. ঋণদাতা

decency – [ডিসেন্সি] *n.* goodness, beauty. শিষ্টতা, শালীনতা

decent – [ডিসেন্ট] *adj.* proper respectable. শিষ্ট, ভদ্র, শালীন

decision – [ডিসিজন] *n.* act of deciding, judgement. সিদ্ধান্ত

declare – [ডিক্লেয়ার] *v. t.* to assert, to decide in favour of. ঘোষণা করা

decorate – [ডেকোরেট] *v. t.* to beautify, to adorn. সাজানো, সুন্দর করা

decoration – [ডেকোরেশন] *n.* ornamentation. সাজ, ভূষণ, পদক প্রভৃতি

dedicate – [ডেডিকেট] *v. t.* to set apart for a holy purpose, to give wholly up to, to inscribe. উৎসর্গ করা, সমর্পণ করা

deer – [ডিয়ার] *n.* animal with branched horns. হরিণ

deface – [ডিফেস] *v. t.* to disfigure. বিকৃত করা

defacement – [ডিফেসমেন্ট] *n.* act of defacing. বিকৃতকরণ

defamation – [ডিফেমেশন] *n.* act of defaming. মান হানি

defame – [ডিফেম] *v. t.* to take away the good name of, to accuse falsely. নিন্দা করা, মানহানি করা

default – [ডিফল্ট] *n.* neglect of duty. ভুল, অপরাধ, কর্তব্য সম্পাদনে অক্ষমতা

defaulter – [ডিফল্টার] *n.* one who fails in payment. ধার শোধে অক্ষম ব্যক্তি

defeat – [ডিফিট] *v. t.* to subdue, to overcome. পরাজিত করা

defect – [ডিফেক্ট] *n.* want, imperfection. ত্রুটি, অপূর্ণতা

defence – [ডিফেন্স] *n.* protection, justification, defendant's plea. প্রতিরোধ, রক্ষা-ব্যবস্থা

defend – [ডিফেণ্ড] *v. t.* to protect, to resist. প্রতিরোধ করা, রক্ষা করা

defensive – [ডিফেন্সিভ] *adj.* serving to defend. রক্ষণাত্মক

defer – [ডিফার] *v. t.* to put off, to lay, to submit, to yield. দেরি করা, মেনে নেওয়া

deference – [ডিফারেন্স] *n.* respectful conduct. বশীভূত আচরণ

deficiency – [ডেফিসিয়েন্সি] *n.* lack, want. ন্যূনতা, অপর্যাপ্ততা

definable – [ডিফাইনেবল] *adj.* able to be defined. যার বর্ণনা করা যায়

definition – [ডেফিনিশন] *n.* an exact statement of meaning. বর্ণনা, ব্যাখ্যা

deformity – [ডিফর্মিটি] *n.* ugliness. বিকৃতি, কুরূপতা

degradation – [ডিগ্রেডেশন] *n.* disgrace. অপদস্থ, পদচ্যুতি

degrade – [ডিগ্রেড] *v. t.* to lower in rank, to disgrace. পদচ্যুত করা, মানহানি করা

degree – [ডিগ্রি] *n.* rank, proportion, academic proficiency, 360 part of a circle, part of right angle. ধাপ, পরিমাণ, বিশ্ববিদ্যালয়ের উপাধি

deity – [ডেইটি] *n.* a god or goddess. দেবতা

dejected – [ডিজেকটেড] *adj.* sad. বিতৃষ্ণ, হতাশ

delay – [ডিলে] *v. t. & i* to postpone, to hinder. স্থগিত রাখা, দেরি করানো

delegate – [ডেলিগেট] *n.* representative, deputy. প্রতিনিধি

delegation – [ডেলিগেশন] *n.* body of delegates. প্রতিনিধি মণ্ডল

delete – [ডিলিট] *v. t.* to blot out, to erase. অপসৃত করা, মুছে দেওয়া

deliberation – [ডেলিবারেশন] *n.* careful. consideration. বিচক্ষণতা

deliberate – [ডেলিবারেট] *v. t.* to reflect, to consider. বুঝে-সুঝে, বিবেচনা করে

delicacy – [ডেলিকেসি] *n.* tenderness. state of being delicate. কোমলতা, কমনীয়তা

deliver – [ডেলিভার] *v. t.* to set free, to make an address. মুক্ত করা, ত্যাগ করা, ব্যাখ্যা করা

deliverence – [ডেলিভারেন্স] *n.* release. মুক্তি, পরিত্রাণ

delusion – [ডিল্যুজন] *n.* deception. ভ্রম, ভ্রান্তি

demarcation – [ডিমার্কেশন] *n.* boundary, separation সীমা, বিভক্তকরণ

democracy – [ডেমোক্রাসি] *n.* government by the people. গণতন্ত্র

demonstration – [ডেমেন্সট্রেশন] *n.* proof. প্রদর্শন, প্রমাণ

demoralize – [ডিমরালাইজ] *v. t.* to ruin the morals of, to cause fear. নীতিভ্রষ্ট করা, ভীত করা

denial – [ডিনায়েল] *n.* act of refusing or denying. অস্বীকৃতি

dense – [ডেন্স] *adj.* thick, compact, dull. ঘন, নিবিড়, মূর্খ

density – [ডেনসিটি] *n.* closeness of a substance, denseness. ঘনত্ব, সান্দ্রতা

dentist – [ডেন্টিস্ট] *n.* a dental surgeon. দন্তচিকিৎসক

deny – [ডিনাই] *v. t.* to refuse, to contradict. অস্বীকার করা, নিষেধ করা

depart – [ডিপার্ট] *v. t.* to go away, to leave. চলে যাওয়া

departure – [ডিপারচার] *n.* act of departing. প্রস্থান

dependable – [ডিপেণ্ডেবল] *adj.* reliable. বিশ্বসনীয়

dependant – [ডিপেণ্ডেন্ট] *n.* a follower. আশ্রিত

deponent – [ডিপোনেন্ট] *n.* one who gives sworn testimony. সাক্ষী, সাক্ষ্যদাতা

deposit – [ডিপোজিট] *v. t.* to lay down, to entrust. জমা করা, সঞ্চিত করা

depression – [ডিপ্রেশন] *n.* dejection, a hollow. ভগ্নোদ্যম, হতাশা

deprive – [ডিপ্রাইভ] *v. t.* to take away from, to rob of বঞ্চিত করা, ছিনিয়ে নেওয়া

depth – [ডেপথ] *n.* deep place, depress. গভীরতা

deputation – [ডেপুটেশন] *n.* person or persons appointed to act or speak fo others. প্রতিনিধি মণ্ডল

derangement – [ডিরেঞ্জমেন্ট] *n.* disturbance, disorder: অব্যবস্থা

descend – [ডিসেণ্ড] *v. t.* to come down, to be derived from, to invade. অবতীর্ণ হওয়া, বংশধর

description – [ডেসক্রিপশন] *n.* account in detail, verbal portraiture. বর্ণনা

deserving – [ডিজার্ভিং] *adj.* meritorious. উপযুক্ত, মেধাবী

desirable – [ডিজায়রেবল] *adj.* agreeable. বাঞ্ছিত

desirous – [ডিজায়রাস] *adj.* wishful. ইচ্ছুক, রাজী

desperation – [ডেসপারেশন] *n.* hopelessness. নিরাশা

destination – [ডেস্টিনেশন] *n.* place to be reached. ঠিকানা, গন্তব্য

destroy – [ডেসট্রয়] *v. t.* to lay waste to ruin. ধ্বংস করা, নাশ করা

destructible – [ডেসট্রাকটিবল] *adj.* destroyable. ধ্বংসযোগ্য

detective – [ডিটেকটিভ] *n.* one employed in detecting criminals. গোয়েন্দা, গুপ্তচর

deteriorate – [ডিটিরিয়েট] *v. t.* to become worse in quality. অবনতি, অবনয়ন

determination – [ডিটারমিনেশন] *n.* resolution. নিশ্চয়করণ

determine – [ডিটারমাইন] *v. t. & i.* to resolve, to fix, to influence. নির্ণয় করা, স্থির করা

develop – [ডেভলপ] *v. t.* to unfold, to promote the growth of. উন্নত করা, পুষ্ট করা

development – [ডেভেলপমেন্ট] *n.* gradual growth. উন্নতি

devil – [ডেভিল] *n.* evil spirit. শয়তান

devoted – [ডিভোটেড] *adj.* ardent, zealous. শ্রদ্ধাবান, অনুগত

devotee – [ডিভোটি] *n.* a devoted person. ভক্ত, ধর্মপ্রাণ

dew – [ডিউ] *n.* moisture deposited on cool surface. শিশির

diagnosis – [ডায়াগনিসিস] *n.* recognition of a disease by its symptoms. নিদান, লক্ষণ দেখে রোগনির্ণয়

dialogue – [ডায়ালগ] *n.* conversation. কথাবার্তা

diary – [ডায়েরি] *n.* a daily record of events. দিনপঞ্জী, রোজনামচা

dictate – [ডিকটেট] *v. t.* to ask another to write. অন্যকে দিয়ে লেখানো

dictation – [ডিকটেশন] *n.* act of dictating. শ্রুতিলেখন

dictator – [ডিকটেটর] *n.* an absolute ruler. স্বৈরাচারী

diet – [ডায়েট] *n.* a way of feeding, food. আহার, ভোজন

difference – [ডিফারেন্স] *n.* unlikeness, disagreement. পার্থক্য

different – [ডিফারেন্ট] *adj.* unlike ভিন্ন, পৃথক

differentiate – [ডিফারেনশিয়েট] *v. t.* to discriminatem পৃথক করা, আলাদা করা

difficulty – [ডিফিকালটি] *n.* difficult situation, obstacle. কঠিনতা, অসুবিধা

diffusion – [ডিফিউশন] *n.* a spreading abroad, distribution. পরিব্যাপ্তি, প্রসারণ

digest – [ডাইজেস্ট] *v. t.* to make absorbable, to arrange, to think over. পরিপাক করা, সংগ্রহ করা; *n.* collection of laws, summary. আইনসংগ্রহ, সংকলন

dignity – [ডিগনিটি] *n.* honour, impressiveness মান, প্রতিষ্ঠা

dilemma – [ডিলেমা] *n.* a difficult position. দ্বিধা

diligence – [ডিলিজেন্স] *n.* earnest effort. উদ্যোগ, অধ্যবসায়

dilute – [ডায়লুট] *v. t.* to make thin by mixing with water. তরলীকরণ, পাতলা করা

dimension – [ডাইমেনশন] *n.* size, extent. আকৃতি, পরিমাণ, মাত্রা

dine – [ডাইন] *v. t.* to take food. ভোজন করা

dining-room – [ডাইনিং-রুম] *n.* a room used for meals. ভোজনালয়, খাবার ঘর

dinner – [ডিনার] *n.* the chief meal of the day, a public feast. দিনের প্রধান আহার

diplomat – [ডিপ্লোম্যাট] *n.* tactful, an ambassador. চতুর, কূটনীতিক

direction – [ডাইরেকশন] *n.* course, address. লক্ষ্য, পথ, দিক্

directive – [ডাইরেকটিভ] *adj.* giving instruction. নির্দেশ, আদেশপত্র

disability – [ডিজএ্যাবিলিটি] *n.* incapability. অযোগ্যতা

disagreeable – [ডিজএ্যাগ্রিএবল] *adj.* unpleasant. অপ্রিয়

disappear – [ডিজএ্যাপিয়ার] *t.* to vanish. অদৃশ্য হওয়া

disappointment – [ডিজএ্যাপয়েন্টমেন্ট] *n.* failure of expectation. নিরাশা, হতাশা

disapproval – [ডিজঅ্যাপ্রুভাল] *n.* state of rejecting. অস্বীকৃতি, অননুমোদন

disarmament – [ডিজআর্মামেন্ট] *n.* abandonment of warlike establishment. নিরস্ত্রীকরণ

disbelief – [ডিজবিলিফ] *n.* refusing to believe, no confidence. অবিশ্বাস

discharge – [ডিশ্চার্জ] *v. t.* to un load, to acquit, to dismiss, to fire, to perform. মুক্ত করে দেওয়া, ভারহীন করা, কাজ সম্পন্ন করা

disclose – [ডিজক্লোজ] *v. t.* to uncover, to expose to view. উন্মুক্ত করা, স্পষ্ট করা

discomfit – [ডিসকম্পফিট] *v. t.* to defeat, to frustrate. হারিয়ে দেওয়া, হতোদ্যম করা

disconnect – [ডিস্‌কানেক্ট] *v. t.* to disunite, to separate. বিযুক্ত করা, পৃথক করা

discouragement – [ডিস্‌কারেজমেন্ট] *n.* act of discouraging. নিরুৎসাহ, হতোদ্যম অবস্থা

discovery – [ডিসকভারি] *n.* thing discovered. আবিষ্কার

discussion – [ডিসকাশন] *n.* debate. আলাপ আলোচনা

disease – [ডিজিজ] *n.* illness. অসুখ, রোগ

disengage – [ডিসএনগেজ] *v. t.* to set free, to separate. মুক্ত করা, পৃথক করা

disfavour – [ডিসফেভার] *n.* dislike. অসন্তোষ, আনুকূল্য, হানি

disgrace – [ডিসগ্রেস] *v. t.* to dishonour. অপমান করা

disguise – [ডিসগাইস] *v. t.* to conceal, to misrepresent. গোপন করা, ছদ্মবেশ নেওয়া

disgust – [ডিসগাস্ট] *n.* dislike, loathing. ঘৃণা, অরুচি; *v. t.* to excite aversion. অরুচি উৎপাদক

dishonest – [ডিজঅনেস্ট] *adj.* insincere. অসৎ, কপট

dishonour – [ডিজঅনার] *v. t.* to disgrace. অসম্মান

disinterested – [ডিজইন্টারেস্টেড] *adj.* without personal interest. নিঃস্বার্থ, উৎসাহহীন

dislike – [ডিজলাইক] *v. t.* to disapprove. অপছন্দ করা

dislocate – [ডিজলোকেট] *v. t.* to displace. স্থানচ্যুত করা

dislodge – [ডিসলজ] *v. t.* to remove from a position. স্থানচ্যুত করা

dismiss – [ডিসমিস] *v. t.* to remove from office, to send away. পদচ্যুত করা, বাতিল করে দেওয়া

dismissal – [ডিসমিসাল] *n.* act of dismissing. বরখাস্ত হওয়া

disobedient – [ডিসওবিডিয়েন্ট] *adj.* one who does not obey. অবাধ্য

disobey – [ডিজওবে] *v. t.* to refuse to obey. আজ্ঞা পালন না করা

disorder – [ডিজঅর্ডার] *n.* consufsion. অব্যবস্থা, অগোছালো ভাব

dispatch – [ডিস্প্যাচ] *v. t.* to send out, to dispose of. বন্টন করা, রওনা করা

dispensary – [ডিস্পেন্সারি] *n.* a druggist's room. ঔষধালয়

disperse – [ডিসপার্স] *v. t.* to dismiss, to scatter about. ছত্রভঙ্গ করা

displace – [ডিসপ্লেস] *v. t.* to put out of place. স্থানচ্যুত করা

display – [ডিসপ্লে] *v. t.* to exhibit, to make a show of. প্রদর্শন করা

displease – [ডিসপ্লিজ] *v. t.* to annoy. অসন্তুষ্ট করা

disposal – [ডিসপোজাল] *n.* arrangement, settlement. বন্দোবস্ত

dispute – [ডিসপুট] *v. t.* to argue. বিবাদ করা, না মানা

disreputable – [ডিসরেপুটেবল] *adj.* of ill fame. বদনাম, কুখ্যাত

disrepute – [ডিসরেপুট] *n.* ill fame. বদনাম, অখ্যাতি

distance – [ডিস্ট্যান্স] *n.* **remoteness. দূরত্ব**

distant – **[ডিসট্যান্ট]** *adj.* far **off. দূর**

distaste – **[ডিসটেস্ট]** *n.* dislike, **aversion. অরুচি**

distemper – [ডিসটেম্পার] *n.* **derangement of body, paint for wall. ব্যারাম, দেয়ালের রং**

distillation – **[ডিসটিলেশন]** *n.* **act of distilling. পাতনক্রিয়া, চোলাই**

distort – [ডিসটর্ট] *v. t.* twisted to give false or twisted account. বিকৃত রূপ

distribution – [ডিসট্রিবিউশন] *n.* division. বিতরণ

disturb – [ডিস্টার্ব] *v. t.* to unsettle, to cause agitation বিরক্ত করা, গোলমাল করা

disunite – [ডিজইউনাইট] *v. t.* to separate, to cause dissension. বিভেদ করা, আলাদা করা

ditto – [ডিটো] *n. adj. & adv.* the same as above [in account or lists etc.] পূর্বোক্ত অনুসার

diversity – [ডাইভার্সিটি] *n.* being unlike, variety. বিভিন্নতা, বৈচিত্র্য

diversion – [ডাইভারশন] *n.* diverting of attention, amusement, a military manoeuvre. মন বিচলিত করা, এক প্রকারের সৈনিক অভ্যাস

divert – [ডাইভার্ট] *v. t.* to turn aside, deflect, to change. পথচ্যুত করা, রাস্তা বদলানো

dividend – [ডিভিডেণ্ড] *n.* number to be divided, sum payable as interest on loan, or profit. বিভাজ্য, লভ্যাংশ

division – [ডিভিশন] *n.* distribution, disagreement, class fication, a unit in the army. বিভাগ, মতভেদ, শ্রেণীবিভাজন, সৈন্যদল

divorce – [ডিভোর্স] *n.* dissolution of marriage. *v. t.* to dissolve, marriage, sever. বিবাহ বিচ্ছেদ, তালাক

docile – [ডোসাইল] *adj.* submissive. অনুগত

doctrine – [ডকট্রিন] *n.* belief, religious or scientific teaching. সিদ্ধান্ত, নীতি

document – **[ডকুমেন্ট]** *n.* **দস্তাবেজ, নথিপত্র**

dogma – [ডগমা] *n.* principle, rigid opinion. সিদ্ধান্ত, মতবাদ

dogmatic – [ডগম্যাটিক] *adj.* doctrinal, authoritative. সিদ্ধান্তবাদী, কট্টর

domain – [ডোমেন] *n.* estate, territory. এলাকা

domestic – [ডোমেস্টিক] *adj.* concerning the home. ঘরোয়া

domaination – [ডোমিনেশন] *n.* rule. রাজ্য, শাসন

donation – [ডোনেশন] *n.* gift of money. দান, চাঁদা

donee – [ডোনি] *n.* one who receives a gift. দানগ্রহীতা

donor – [ডোনর] *n.* giver. দাতা

doom – [ডুম] *n.* condemn to hard fate, decree. দুর্বিপাক, দুর্ভাগ্য

doubt – [ডাউট] *v. t.* to distrust, to hesitate. সন্দেহ, দ্বিধা

dowry – [ডাওরি] *n.* money or goods given to a daughter as marriage gift. পন, স্ত্রীধন

dozen – [ডজন] *n.* twelve. ডজন, বারোটা

drainage – [ড্রেইনেজ] *n.* a system of drains. নিকাশী ব্যবস্থা

dramatist – [ড্রামাটিস্ট] *n.* writer of dramatic work. নাট্যকার

drastic – [ড্রাস্টিক] *adj.* powerful, violent. কড়া, প্রচণ্ড

drawback – [ড্রব্যাক] *n.* a disadvantage. ত্রুটি, অসুবিধা

drawing – [ড্রয়িং] *n.* a sketch, a picture. রেখাচিত্র, চিত্র

dread – [ড্রেড] *n.* fear. ভয়; *adj.* fearful. ভয়ানক; *v. t.* to be afraid. ভয় পাওয়া

dreamy – [ড্রিমি] *adj.* given to dream, full of vision. স্বপ্নালু, অধস্তব

dressing – [ড্রেসিং] *n.* bandage. ব্যাণ্ডেজ, পট্টি

drive – [ড্রাইভ] *n.* ride, a road. চালনা, রাস্তা; *v. t. & i.* to push forward. তাড়ানো, ঠেলে দেওয়া

drizzle – [ড্রিজল] *v. t.* light rain. গুড়িগুড়ি বৃষ্টি

drone – [ড্রোন] *n.* male bee. পুরুষ-মৌমাছি

drowsy – [ড্রাউজি] *adj.* halt asleep. নিদ্রালু

dual – [ডুয়েল] *adj.* of two, double. দ্বি, দুই

duchess – [ডাচেস] *n.* wife of a duke. ডিউকপত্নী

due – [ডিউ] *adj.* proper, owing, adequate. উচিৎ, প্রাপ্য, পর্যাপ্ত; *n.* that which owed. ঋণ

duel – [ডুয়েল] *n.* fight between two persons. দ্বন্দ্বযুদ্ধ

duke – [ডিউক] *n.* a noble of England. ডিউক

duly – [ডিউলি] *adv.* in due course of time. উপযুক্তভাবে, উপযুক্ত সময়ে

dumb – [ডাম্ব] *n.* speechless. বোবা, মূক

dunce – [ড্যান্স] *n.* backward student, dullard. মন্দবুদ্ধি, বুদ্ধিহীন

duplicate – [ডুপলিকেট] *n.* second copy; *adj.* double; *v. t.* to make twice. প্রতিলিপি, অনুরূপ, নকল

duplicity – [ডুপ্লিসিটি] *n.* double dealing. কপটতা

durability – [ডিউরেবিলিটি] *n.* the quality of being lasting. টেঁকসই থাকার ক্ষমতা, মজবুত

durable – [ডিউরেবল] *adj.* lasting. টেঁকসই, শক্তি

duration – [ডিউরেশন] *n.* time by which anything lasts. মেয়াদ, অবধি

during – [ডিউরিং] *prep.* in the time of. ইতিমধ্যে, মাঝে

dusty – [ডাস্টি] *adj.* full of dust. ধূলি ধূসরিত

dutch – [ডাচ] *n.* a man of Holland. হল্যাণ্ড নিবাসী

duty – [ডিউটি] *n.* what one ought to do, deference due to superior, a tax on goods. কর্তব্য, দেয় কর

dwarf – [ডোয়ার্ফ] *n.* a very small man. বামন

dwelling – [ডোয়েলিং] *n.* place to live in, house. বাড়ি

dynamite – [ডায়নামাইট] *n.* an explosive substance. ডিনামাইট, বিস্ফোরক

dynamo – [ডায়নামো] *n.* machine for creating electric energy. বিদ্যুৎ উৎপাদনকারী যন্ত্র

dysentery – [ডিসেন্ট্রি] *n.* an upset of the bowels. অতিসার, আমাশয়

E

each – [ইচ] *adj.* every one. প্রত্যেক

eager – [ইগর] *adj.* earnest, keen. উৎসুক

eagle – [ঈগল] *n.* a big bird of prey. ঈগলপাখি

earmark – [ইয়ারমার্ক] *n.* a mark of identification. অভিজ্ঞান, সন্ধানের সুবিধা

earnest – [আর্নেস্ট] *n.* part payment, as guarantee. অগ্রিম অর্থ, দাদন; *adj.* serious, determined, eager. উৎসুক, আন্তরিক, আগ্রহ

earnings – [আর্নিংস] *n.* wages earned. আয়

earth – [আর্থ] *n.* soil, land. পৃথিবী, মাটি

earthen – [আর্থেন] *adj.* made of soil. মাটির তৈরি

earthly – [আর্থলি] *adv.* worldly. সাংসারিক

earthquake – [আর্থকোয়েক্] *n.* a sudden, violent shaking of the earth. ভূমিকম্প

ease – [ইজ] *n.* freedom from pain or difficulty. আরাম, স্বস্তি, সুবিধা

easel – [ইজেল] *n.* frame for supporting pictures during painting. চিত্রপট

easygoing – [ইজি গোয়িং] *adj.* one who takes things easy. নিশ্চিন্ত প্রকৃতির

eatable – [ইটেবল] *adj.* fit for eating. খাদ্য, খাদ্যসামগ্রী

echo – [ইকো] *v. t.* to resound. প্রতিধ্বনিত হওয়া

ecstacy – [এক্সটাসি] *n.* condition of extreme joy. অত্যধিক আনন্দ, উল্লাস, হর্ষোন্মাদ

eczema – [একজিমা] *n.* a skin disease, inflammation of the skin. চর্মরোগবিশেষ

edge – [এজ] *n.* border, sharp side of an instrument. কিনারা, ধার

edible – [এডিবল] *adj.* fit for eating. খাদ্যদ্রব্য

edition – [এডিশন] *n.* the number of copies of a book pub lished at a time. সংস্করণ

editor – [এডিটর] *n.* one who edits. সম্পাদক

educative – [এডুকেটিভ] *adj.* likely to prove intructive. শিক্ষাপূর্ণ, জ্ঞানবর্দ্ধক

effect – [ইফেক্ট] *n.* result, influence. প্রভাব, ফল

effective – [ইফেকটিভ] *n. adj.* powerful, having effect. প্রভাবশীল, ফলদায়ী

efficiency – [এফিসিয়েন্সি] *n.* power, strength, competence. নিপুনতা, কৌশল

efficient – [এফিসিয়েন্ট] *adj.* competent, capable. কুশল, নিপুন

effigy – [এফিজি] *n.* image, representation in dummy form. কুশপুত্তলিকা

effort – [এফর্ট] *n.* exertion, endeavour. চেষ্টা, প্রয়াস

egoism – [ইগোইজম] *n.* too much interest in oneself. অহংভাব

egotism – [ইগোটিজম] *n.* self-absorption, speaking too much of oneself. আত্মচর্চা

eighty – [এইট্টি] *n.* eight times ten. আশি

elastic – [ইলাস্টিক] *adj.* springing back, able to recover former state quickly. স্থিতিস্থাপক

elasticity – [ইলাস্টিসিটি] *n.* the quality of tension. স্থিতিস্থাপকতা

elder – [এল্ডার] *adj.* older in age. জ্যেষ্ঠ

elderly – [এল্ডারলি] *adj.* grown old. বয়স্ক

elect – [ইলেক্ট] *v. t.* to choose or select. নিবচিন করা; *adj.* chosen. নির্বাচিত হওয়া

electorate – [ইলেকটরেট] *n.* the body of electors. নির্বাচক-মণ্ডলী

electropathy – [ইলেকট্রোপ্যাথি] *n.* medical treatment by means of electric current. বিদ্যুৎ চিকিৎসা

element – [এলিমেন্ট] *n.* component, part, substance incapable of analysing. উপাদান, বস্তুর অংশ [elements *n.* plural.]

elementary – [এলিমেন্টারি] *adj.* simple, rudimentary. প্রাথমিক, মৌলিক সরল

elephant – [এলিফ্যান্ট] *n.* a huge quadruped with tusks. হাতি

elevation – [এলিভেশন] *n.* raising, height above sea level. **উচ্চতা, উন্নতি**

eligible – [এলিজিবল] *adj.* fit to be chosen, desirable. যোগ্য

elopement – [ইলোপমেন্ট] *n.* secret running away of a woman from her guardian with a lover. প্রেমিকের সঙ্গে পালিয়ে যাওয়া

elucidate – [এলুসিডেট] *v. t.* to explain. স্পষ্ট করা, বোঝানো

elusion – [এলুশন] *n.* escape by deception. ছলনা, **ধোঁকা**

em – [এম] *n.* unit of measurement [in types] ছাপার লাইনের মাপবিশেষ

embrace – [এমব্র্যাস] *v. t.* to hold in arms, to receive eagerly. আলিঙ্গন করা, স্বীকার করা; *n.* folding in arms, clasp. আলিঙ্গন

embroidery – [এমব্রয়ডারি] *n.* designs worked in a fabric with needles. চিকনের কাজ

emergency – [এমারর্জেন্সি] *n.* anything calling for prompt action. জরুরী অবস্থা

emigrant – [এমিগ্র্যান্ট] *n.* one who emigrates. প্রবাসী, প্রোষিত

emotion – [ইমোশন] *n.* agitation of mind, feeling. আবেগ

employ – [এমপ্লয়] *v. t.* to engage in service, to give work to, to use. কাজে লাগানো, ব্যবহার করা

employee – [এমপ্লয়ি] *n.* one who is employed. কর্মচারী

employer – [এমপ্লয়ার] *n.* one who engages others for service. নিয়োগকর্তা

emporium – [এম্পোরিয়াম] *n.* [*pl.* -s, -ria] a large stone-house, centre of trade. বানিজ্য কেন্দ্র, পণ্যবিপনী

empower – [এম্পাওয়ার] *v. t.* to give authority to. অধিকার দেওয়া

empress – [এম্প্রেস] *n.* wife of an emperor. সম্রাজ্ঞী

emptiness – [এম্পটিনেস] *n.* state of being empty. শূন্যতা

emulation – [এম্যুলেশন] *n.* state of being empty. স্পর্ধা, সাহস

enclose – [এনক্লোজ] *v. t.* to surround, to shut up. ঘেরা, বন্ধ করা

encounter – [এনকাউন্টার] *v. t.* to meet, to oppose, to fight against. মুখোমুখি হওয়া, সম্মুখ সংঘর্ষে অবতীর্ণ হওয়া

encourage – [এনকারেজ] *v. t.* to put courage into, to stimulate. উৎসাহিত করা, সাহস দেওয়া

encyclopaedia – [এনসাইক্লোপিডিয়া] *n.* a dictionary of general knowledge. বিশ্বকোষ

endeavour – [এনডেভার] *v. t.* to attempt. চেষ্টা, চেষ্টা করা

endeavourment – [এনডেভার মেন্ট] *n.* attempt. প্রযত্ন, চেষ্টা

endorsement – [এনডর্সমেন্ট] *n.* writing comments or signature on the back. হস্তাক্ষর দ্বারা প্রমাণিতকরণ

endurance – [এনডিওরেন্স] *n.* power of enduring. সহ্যশক্তি

endure – [এনডিওর] *v. t. & i.* to bear. সহ্য করা, বরদাস্ত করা

enema – [এনিমা] *n.* injection of liquid into the rectum. এনিমা, পিচকারী দ্বারা ওষুধ প্রয়োগ

energetic – [এনার্জেটিক] *adj.* full of energy. উদ্যমশীল

enforce – [এনফোর্স] *v. t.* to compel obedience, to impose action on. বলবৎ করা, কার্যকরী করা

engagement – [এনগেজমেন্ট] *n.* appointment, employment betrothal, fight. কাজ, সময়ে উপস্থিত হওয়ার অঙ্গীকার

enmity – [এনিমিটি] *n.* hostility. শত্রুতা, বিরোধ

enormous – [এনার্মাস] *adj.* huge. অত্যন্ত বড়, বিশাল

enough – [এনাফ] *adj. & adv.* sufficient. যথেষ্ট, পর্যাপ্ত

enquire – [এনকোয়ার] *v. t.* to inquire. অনুসন্ধান করা, খোঁজ নেওয়া

entry – [এন্ট্রি] *n.* act of entering, entrance, item entered. প্রবেশ, প্রবেশদ্বার
[entries plural]

envelope – [এনভেলপ] *n.* cover of a letter. খাম

enviable – [এনভিএবল] *adj.* worthy of envy. ঈর্ষাযোগ্য

envious – [এনভিয়াস] *adj.* full of envy. ঈর্ষালু

envoy – [এনভয়] *n.* messenger. দূত, বার্তাবাহক

envy – [এনভি] *v. t.* to have ill will. ঈর্ষা করা

epic – [এপিক] *n.* & *adj.* a poem in lofty style narrating a series of great events. মহাকাব্য

epidemic – [এপিডেমিক] *n.* an infectious disease prevalent in a community at the same time. মহামারী, মড়ক

episitle – [ইপিস্‌ল] *n.* a letter. চিঠি, পত্র

epitaph – [এপিটাফ] *n.* an inscription on a tomb. সমাধিলেখ

equal – [ইকোয়াল] *adj.* of the same size, identical. সমান, তুল্য; *v. t.* & *i.* to make or be equal to. বরাবর হওয়া

equation – [ইকোয়েশন] *n.* reduction to equality. সমীকরণ

equi – [ইকুই-] in combination meaning "equal". 'সমান'-এর উপসর্গ

equilibrium – [ইকুইলিব্রিয়াম] *n.* state of even balance. সামঞ্জস্য

equitable – [ইকুইটেবল] *adj.* impartial, just. পক্ষপাতরহিত, ন্যায়পূর্ণ

equity – [ইক্যুয়িটি] *n.* justice, fair dealing. পক্ষপাতহীনতা, সমানভাবে

equivalent – [ইক্যুইভ্যালেন্ট] *adj.* of equal value, corresponding to. সমতুল্য

era – [এরা] *n.* a period of time. যুগ, কাল

eradicate – [এরাডিকেট] *v. t.* to uproot, to destroy utterly. উন্মুলন করা

erection – [ইরেকশন] *n.* act of erecting. নির্মান, উত্থান

err – [এর] *v. t.* to wander from the right path, to make mistakes. ভুল করা, ভ্রমে পতিত হওয়া, বিপথে যাওয়া

error – [এরর] *n.* mistake, wrong opinion. ত্রুটি, ভুল

erst – [এর্স্ট], **erstwhile** – [এর্স্ট হোয়াইল] *adv.* of old, formerly. পুরোনো, আগের

escape – [এসকেপ] *v. t.* & *i.* to get away from danger, to avoid, to hasten away. মুক্ত হওয়া, পালিয়ে যাওয়া

essence – [এসেন্স] *n.* intrinsic nature, a perfume. সুগন্ধি দ্রব্য, নির্যাস

essential – [এসেন্সিয়াল] *adj.* necessary. সারতর, আবশ্যক

establishment – [এস্টাবলিশমেন্ট] *n.* an organisation, house of business. সংস্থা, প্রতিষ্ঠান

estate – [এস্টেট] *n.* state, property. এস্টেট, জমিদারী, ভূ সম্পত্তি

esteem – [এসটিম] *v. t.* to think highly of, to regard. সম্মান করা

estimable – [এসটিমেবল] *adj.* deserving good opinion. মাননীয়

etching – [এচিং] *n.* art of engraving. অ্যাসিড ইত্যাদির কাঁচ বা ধাতুর ওপর নকশা

eternal – [এটার্নল] *adj.* without beginning or end. অনন্ত, অনাদি

ethics – [এথিক্‌স] *n.* the science of conduct. নীতিশাস্ত্র

eulogy – [ইুলজি] *n.* praise. প্রশংসা, স্তুতি

evacuate – [ইভাকুয়েট] *v. t.* to make empty, to leave. শূণ্য করা, খালি করা

evade – [ইভেড] *v. t.* to excape from, to avoid cunningly. পালানো, এড়ানো

eve – [ইভ] *n.* prior time. প্রাক্কাল

even – [ইভেন] *n.* [in poetry] evening. [কবিতায়] সন্ধ্যা; *adj.* level, not odd. সমতল, বরাবর

event – [ইভেন্ট] *n.* something that happens, an incident. ঘটনা, বৃত্তান্ত

everlasting – [এভারলাস্টিং] *adj.* perpetual. চিরস্থায়ী

evidence – [এভিডেন্স] *n.* testimoney, a sign or token. প্রমাণ, স্বাক্ষী

evident – [এভিডেন্ট] *adj.* obvious, clear. স্পষ্ট, প্রকট

evolution – [এভলিউশন] *n.* evolving, development. বিকাশ, ক্রমবিকাশ, অভিব্যক্তি

exaggerate – [একজাগারেট] *v. t.* to overstate. বাড়িয়ে বলা

exaggeration – [একজাগারেশন] *n.* a statement in excess of the truth. অতিশয়োক্তি, অত্যুক্তি

examinee – [একজামিনি] *n.* one who is examined. পরীক্ষার্থী

examiner – [একজামিনার] *n.* one who tries or inpects. পরীক্ষক

exceed – [একসিড] *v. t.* to go beyond, to surpass. অধিক হওয়া, বাড়া

excellent – [একসিলেন্ট] *adj.* not according to rule, objection. ব্যতিক্রম, অসাধারণ

exchange – [এক্সচেঞ্জ] *v. t.* to change. বিনিময়, বদল

exchangeable – [এক্সচেঞ্জেবল] *adj.* able to be exchanged. বিনিময়যোগ্য

excise – [এক্সাইজ] *n.* a tax on home products, money paid for a license. চুঙ্গীকর, কর

excitement – [একসাইটমেন্ট] *n.* stimulation. উত্তেজনা

exclaim – [এক্সক্লেইম] *v. t.* to cry out, to speak aloud. চিৎকার করা, বিস্ময়ে উল্লাস প্রকাশ করা

exclamation – [এক্সক্লামেশন] *n.* outery, expression of surprise and the like. বিস্ময় প্রকাশ

exclude – [এক্সক্লুড] *v. t.* to shut out, to debar from. আলাদা করা, বাদ দেওয়া

exclusion – [এক্সক্লুশন] *n.* act of rejecting. বহিষ্করণ, বিতাড়ন

exclusive – [এক্সক্লুসিভ] *adj.* having power to exclude. আলাদা, বিশেষ

excusable – [এক্সকিউজেবল] *adj.* admitting of excuse. ক্ষমাযোগ্য

excuse – [এক্সকিউজ] *v. t.* to let off from punishment, to overlook a fault. আপত্তি করা, ওজর দেখানো, ওজর

exempt – [এগজেম্পট] *v. t.* to make free, to free. মুক্ত করে দেওয়া; *adj.* free from duty etc. কর ছাড় দেওয়া

exhaustion – [এক্সহাসাশন] *n.* the state of being exhausted. ক্লান্তি

exhibit – [এক্সিবিট] *v. t.* to show. দেখানো প্রদর্শন করা

exhibitor – [এক্সিবিটর] *n.* one who exhibits. প্রদর্শনকারী

exist – [এক্সিস্ট] *v. t.* to be to live. থাকা, জীবিত থাকা

existence – [এক্সিসটেন্স] *n.* continued, being. অস্তিত্ব, উপস্থিতি

expand – [এক্সপ্যাণ্ড] *v. t.* to spread out, to enlarge. বিস্তৃত করা, বাড়ানো

expansion – [এক্সপ্যানশন] *n.* act of expanding. বিস্তার, বৃদ্ধি

expect – [এক্সপেক্ট] *v. t.* to suppose, to anticipate, to hope. আশা করা

expectation – [এক্সপেকটেশন] *n.* anticipation, hope. আশা

expensive – [এক্সপেনসিভ] *adj.* costly, causing expense. দামী, মূল্যবান

expedite – [এক্সপিডাইট] *v. t.* to hasten. শীঘ্র করা

expedition – [এক্সপিডিশন] *n.* an undertaking, an enterprise. অভিযান, সাহসিক যাত্রা

expel – [এক্সপেল] *v. t.* to drive out, to banish. বহিষ্কার করা

experiment – [এক্সপেরিমেন্ট] *n.* a trial to discover something. প্রয়োগ; *v.t.* পরীক্ষা করা

experimental – [এক্সপেরিমেন্টাল] *adj.* based on experiment. পরীক্ষামূলক

expire – [এক্সপায়ার] *v. t.* to die, to come to an end. মরে যাওয়া, শেষ হয়ে যাওয়া

expiry – [এক্সপায়ারি] *n.* end. শেষ

explanation – [এক্সপ্লানেশন] *n.* the statement that explains. ব্যাখ্যা, টীকা, জবাব

explode – [এক্সপ্লোড] *v. t.* to burst with a loud report. বিস্ফোরিত হওয়া

exploit – [এক্সপ্লয়েট] *n.* a heroic act. বীরত্বপূর্ণ কাজ

explore – [এক্সপ্লোর] *v. t.* & *i.* to search carefully, to travel through new regions. অনুসন্ধান করা, নতুন দেশের সন্ধানে যাওয়া

export – [এক্সপোর্ট] *v. t.* to send goods to another country. রপ্তানি করা; *n.* an exported article. রপ্তানি

expose – [এক্সপোজ] *v. t.* to lay open, to subject to danger. প্রকাশিত করা, বিপদের মুখে ফেলা

express – [এক্সপ্রেস] *adj.* precise, going at a high speed. প্রকাশ করা, স্পষ্ট, দ্রুতগামী

expressible – [এক্সপ্রেসিবল] *adj.* fit to be expressed. বর্ণনযোগ্য

expression – [এক্সপ্রেশন] *n.* utterance, a phrase, look. অভিব্যক্তি

expulsion – [এক্সপালসন] *n.* banishment. নিষ্কাশন, বহিষ্কার

extempore – [এক্সটেম্পোর] *adv. & adj.* expressed without previous preparation. চটজলদি, তৎক্ষণাৎ

extend – [ক্সেটেণ্ড] *v. t.* to stretch out, to enlarge. বৃদ্ধি করা, প্রসারিত করা

extension – [এক্সটেনশন] *n.* extent, stretch. বিস্তার, প্রসার

extra – [এক্সট্রা] *adv.* unusu অতিরিক্ত, অধিক

extract – [এক্সট্রাক্ট] *n.* passage from a book, essence. নির্গাস, সারতত্ত্ব

extraordinary – [এক্সট্রা-অর্ডিনারি] *adj.* uncommon, remarkable. অসাধারণ

extravagance – [এক্সট্রাভ্যাগেন্স] *n.* expenditure. অতিরিক্ত ব্যয়

extreme – [এক্সট্রিম] *adj.* outermost, remote. চরম, অন্তিম

eyebrow – [আইব্রো] *n.* fringe of hairs over the eye. ভুরু

eyelid – [আইলিড] *n.* cover of the eye. চোখের পাতা

eye-witness – [আই-উইটনেস] *n.* one who can testify from his own obervation. প্রত্যক্ষদর্শী

F

facial – [ফেসিয়াল] *adj.* of the face. মুখমণ্ডল সম্বন্ধীয়

facile – [ফ্যাসিল] *adj.* easily done, ready with words, yielding. সহজসাধ্য, সাবলীল

facilitate – [ফেসিলিটেট] *v. t.* to make easy, to help. সুবিধাজনক করা

facility – [ফেসিলিটি] *n.* easiness. সুযোগ, সুবিধা

facilities – [ফেসিলিটিজ] *n. pl.* opportunities, good conditions. সুবিধাবলী

fade – [ফেড] *v. t. & i.* to wither. শুকিয়ে যাওয়া, আবছায় হয়ে আসা

faint – [ফেন্ট] *adj.* feeble, weak, inclined to swoon. দুর্বল, ক্ষীণ

faintness – [ফেন্টনেস] *n.* state of being senseless. মূর্ছা

faithful – [ফেথফুল] *adj.* loyal, true. বিশ্বস্ত, বিশ্বাসী

fallacy – [ফ্যালাসি] *n.* a false argument, a wrong belief. ভ্রমাত্মক যুক্ত, হেত্বাভাস

famous – [ফেমাস] *adj.* well-known. বিখ্যাত

fantasy – [ফ্যান্টাসি] *n.* imagination, fanciful invention, mental image. কল্পনা, অনুমান

farewell – [ফেয়ারওয়েল] *n.* words said at parting, leave-taking. বিদায় সম্ভাষণ

fascinate – [ফেসিনেট] *v. t.* to charm, to attract, to enchant. মুগ্ধ করা, বশীভূত করা

fatal – [ফ্যাটাল] *adj.* deadly, destructive. মারাত্মক

fault – [ফল্ট] *n.* an error, a wrong action, an imperfection. ভুল অপরাধ

favourable – [ফেভারেবল] *adj.* suitable, helpful অনুকূল, সুবিধা জনক

feasible – [ফিজিবল] *adj.* pracieable, convenient. ব্যবহারিক, সুবিধাজনক

feasibility – [ফিজিবিলিটি] *n.* practicability. ব্যবহারিকতা

feature – [ফিচার] *n.* marked pecularity. আকৃতি; *pl.* countenance. মুখাবয়ব; *v. t.* to portray. দেখানো

feeble – [ফিবল] *adj.* weak. দুর্বল

female – [ফিমেল] *n. & adj.* a woman or a girl. স্ত্রী, মহিলা, মেয়ে

feminine – [ফেমিনিন] *adj.* relating to woman. স্ত্রীসুলভ

festival – [ফেস্টিভাল] *n.* a grand feast, time marked out for pleasure making. উৎসব, অনুষ্ঠান

festive – [ফেস্টিভ] *adj.* of festival. উৎসব সম্বন্ধীয়

fever – [ফিভার] *n.* high temperature. জ্বর

fiction – [ফিকশন] *n.* something invented, false story, literature of stories. উপন্যাস, কল্পনামূলক সাহিত্য

fictitious – [ফিকটিশাস] *adj.* imaginary, not genuine. কাল্পনিক, নকল

fidget – [ফিজেট] *v. t.* to move uneasily. অস্থির, অ-শান্ত

fiend – [ফিণ্ড] *n.* the devil, a cruel person. শয়তান, পিশাচ

fierce – [ফিয়ার্স] *adj.* violent, angry. ক্রুদ্ধ, ভয়ানক

fiery – [ফায়ারি] *adj.* containing fire, ardent, irritable. অগ্নি বর্ষক, উত্তেজনাপ্রসুত

figurative – [ফিগারেটিভ] *adj* words used to denote thing other than that pointed out by the straight forward meaning. অলংকারিক

filthy – [ফিলথি] *adj.* unclean, dirty. নোংরা

finance – [ফাইন্যান্স] *n. [pl.]* matters relating to money, revenue, science of controlling public money. অর্থ, ব্যবসায় সম্বন্ধীয়

finely – [ফাইনলি] *adv.* decently. সুচারুভাবে উত্তম স্মৃতিতে

finish – [ফিনিশ] *n. [no pl.]* end. শেষ, অন্ত

firebrigade – [ফায়ারব্রিগেড] *n.* body of firemen. দমকল

fireproof– [ফায়ারপ্রুফ] *adj.* that cannot be burnt in fire. অগ্নিনিবারক

fishery – [ফিশারি] *n.* business of catching fish. মৎস্য সম্বন্ধীয়

fist – [ফিস্ট] *n.* the cleched hand. মুঠি, ঘুষি

fitness – [ফিটনেস] *n.* state of being fit. সুস্থতা, যোগ্যতা

fixity – [ফিক্সিটি] *n.* the state of being fixed, permanence. স্থিরতা

flagrant – [ফ্ল্যাগরেন্ট] *adj.* prominent, notorious. বিখ্যাত, কুখ্যাত

flame – [ফ্রেম] *n.* a blaze. শিখা

flatter – [ফ্ল্যাটার] *v. t.* to please with false praise. তোষামোদি করা

flavour – [ফ্লেভার] *n.* a distinguishing taste or smell. স্বাদ, সুগন্ধ

flawless – [ফ্ললেস] *adj.* perfect, without any defect. দোষরহিত, ত্রুটিহীন

flexible – [ফ্লেক্সিবল] *adj.* pliable, yielding, easily bent. স্থিতিস্থাপক

flexibility – [ফ্লেক্সিবিলিটি] *n.* state of being flexible. স্থিতিস্থাপকতা

flight – [ফ্লাইট] *n.* the act of flying, flock of birds, series of steps. বিমান, পাখির দল, সিঁড়ির ক্রম

flirt – [ফ্লার্ট] *v. t.* to jerk, to show affection for amusement without serious intentions. দেখানো প্রেম করা, ছিনালি করা

flirtation – [ফ্লার্টেশন] *n.* a playing at a courtship. দেখানো প্রেম, ছিনালি

flock – [ফ্লক] *n.* a company of birds or animals. পশুপক্ষীর দল

fluctuation – [ফ্লাকচুয়েশন] *n.* unsteadiness. উঠতি-পড়তি, অস্থিরতা

fluent – [ফ্লুয়েন্ট] *adj.* flowing ready in speech. স্বচ্ছন্দ গতিশীল

fluidity – [ফ্লুইডিটি] *n.* the quality of being fluid. তারল্য, দ্রবতা

foamy – [ফোমি] *adj.* covered with foam. ফেনাদার

foggy – [ফগি] *adj.* covered with fog, dim. কুয়াশায় ঢাকা

folio – [ফোলিও] *n.* a sheet of paper once folded, page number of a printed book, a volume having pages of the largest size. একবার ভাল করা কাগজ, পৃষ্ঠাংশ

folk-lore – [ফোক্-লোর] *n.* legendary tradition. লোককথা

follower – [ফলোয়ার] *n.* one who follows. অনুসরণকারী

following – [ফলোয়িং] *adj.* succeeding. পরবর্তী, নিম্নলিখিত

foolish – [ফুলিশ] *adj.* weak in intellect. মূর্খ, বুদ্ধিহীন

forbade – [ফরবেড] *past tense* of forbid. নিষেধীকৃত, বারণ করা

forbear – [ফরবিয়ার] *v. i. & t.* to refrain, to be patient. ধৈর্য্য ধরা, সহ্য করা; *n.* ancestor. পূর্বপুরুষ

forbearance – [ফরবিয়ারেন্স] *n.* exercise of patience. সহিষ্ণুতা, ধৈর্য্য

forbid – [ফরবিড] *v. t.* to tell not to do, to prohibit. নিষেধ করা, নিবারণ করা

forcible – [ফোর্সিবল] *adj.* powerful. শক্তিশালী

forebode – [ফোরবোড] *v. t.* to predict ভবিষ্যৎবাণী করা, অনুমান করা

forecast – [ফোরকাস্ট] *v. t.* to foresee, to predict, to conjecture, beforehand. ভবিষ্যৎবাণী করা, আগাম জানানো

forefather – [ফোরফাদার] *n.* an ancestor. পূর্বপুরুষ

forego – [ফোরগো] *v. t.* to precede, to give up. অগ্রসর হওয়া, ত্যাগ করা

foregoing – [ফোরগোয়িং] *adj.* preceeding. পূর্ববর্তী

foreigner – [ফরেইনার] *n.* a stranger, an alien. বিদেশী

forejudge – [ফোরজাজ] *v. t.* to judge beforehand. প্রথম থেকেই নির্ণয় নেওয়া

forerun – [ফোররান] *v. t.* to precede. অগ্রসর হওয়া

foresight – [ফোরসাইট] *n.* foreknowledge. পরিণামদর্শীতা

forever – [ফরএভার] *adv.* always. সর্বদা, চিরকাল

foreword – [ফোরওয়ার্ড] *n.* introductory remarks to a book. ভূমিকা, মুখবন্ধ

forfiet – [ফরফিট] *v. t.* to lose right to, to pay as penalty for. তামাদি হওয়া, অধিকার ত্যাগ করা

forgiveness – [ফরগিভনেস] *n.* pardon. ক্ষমা

forge – [ফোর্জ] *n.* furnace, smithy. অগ্নিকুণ্ড, কামারের চুল্লি

forgettable – [ফরগেটেবল] *adj.* apt to forget, not remembering. ভুলে যাওয়ার যোগ্য, বিস্মরণ যোগ্য

formality – [ফর্মালিটি] *n.* formal conduct. আচার আচরণ, বাহ্যানুষ্ঠান

formally – [ফর্মালি] *adv.* in a formal way. নিয়মমাফিক

formulate – ফর্মুলেট] *v. t.* to express in clear and definite form. সূত্রবদ্ধ করা

forsake – [ফরসেক] *v. t.* to abandon, to renounce. পরিত্যাগ করা

fort – [ফোর্ট] *n.* a fortified place. দুর্গ, কেল্লা

fortify – [ফর্টিফাই] *v. t.* to encourage. দৃঢ় করা, শক্তিশালী করা

forthwith – [ফোর্থউইথ] *adv.* immediately. শীঘ্র, তৎক্ষণাৎ

fortitude – [ফর্টিচুড] *n.* patient, firmness, strength of mind, endurance. সাহস, ক্ষমতা, মনঃশক্তি

forty – [ফর্টি] *adj.* four times ten. চল্লিশ

forum – [ফোরাম] *n.* a market place, public place for meeting. সার্বজনীন সভাস্থল, গোষ্ঠী

forwards – [ফরওয়ার্ডস] *adv.* onwards. ভবিষ্যতে, আগে

foundation – [ফাউণ্ডেশন] *n.* basis, the act of establishing. ভিত্তি, আধার

founder – [ফাউণ্ডার] *n.* one who establishes. প্রতিষ্ঠাতা

foundry – [ফাউণ্ড্রি] *n.* a place for casting metals. ঢালাই কারখানা

fourfold – [ফোরফোল্ড] *adj.* four times of much. চতুর্গুণ

frankly – [ফ্র্যাঙ্কলি] *adv.* without any hesitation. স্পষ্ট ভাবে, অকপটে

frankness – [ফ্র্যাঙ্কনেস] *n.* state of being outspoken. অকপটতা

fraud – [ফ্রড] *n.* cheating, deception. ছল, কপট

freehold – [ফ্রিহোল্ড] *n.* land hold free of rates. নিষ্কর ভূমি

freewill – [ফ্রিউইল] *n.* power of doing work voluntarily, liberty of choice. স্বেচ্ছা, মর্জিমাফিক

freeze – [ফ্রিজ] *v. t. & i.* to chill, to become ice. ঠাণ্ডা হওয়া, হিমায়িত হওয়া

freight – [ফ্রেট] *n.* hire of ship. জাহাজভাড়া, মালের ভাড়া

frequency – [ফ্রিকোয়েন্সি] *n.* frequent occurrence. পুনঃ-পৌনিকতা

fretful – [ফ্রেটফুল] *adj.* peevish irritable. বিরক্ত, খিটখিটে

friendly – [ফ্রেণ্ডলি] *adj.* acting as a friend on amicable terms. বন্ধুত্বপূর্ণ

frigidity – [ফ্রিজিডিটি] *n.* coolness. শৈত্য, ঠাণ্ডা

front – [ফ্রন্ট] *n.* forehead, fore part, face. সম্মুখভাগ, মুখমণ্ডল

frosty – [ফ্রস্টি] *adj.* full of frost. বরফপূর্ণ

fruitful – [ফ্রুটফুল] *adj.* productive. ফলপ্রসু

fruition – [ফ্রুইশন] *n.* fulfilment. ফলপ্রসু হওয়া, সার্থকতা, সম্ভোগ

fruity – [ফ্রুটি] *adj.* of fruit. ফলসদৃশ

fulfil – [ফুলফিল] *v. t.* to carry-out, to complete, to bring, to pass. পূর্ণ করা, সফল করা

fulfilment – [ফুলফিলমেন্ট] *n.* accomplishment. সফলতা, পূর্ণতা, সন্তুষ্টি

fullstop – [ফুলস্টপ] *n.* a punctuation mark used at the end of a sentence. দাড়ি, পূর্ণ-বিরাম চিহ্ন

fun – [ফান] *n.* sport, amusement. মজা, ক্রীড়া

function – [ফাংশন] *n.* a ceremony, special work. বিশেষ কাজ, বৃত্তি, ধর্ম

fundamental – [ফাণ্ডামেন্টাল] *adj.* important, belonging to foundation, essential. মৌলিক, প্রধান

funny – [ফানি] *adj.* full of fun, amusing, odd. মজাদার, বিচিত্র

furious – [ফ্যুরিয়াস] *adj.* very angry. ক্রুদ্ধ, অতি ক্রুদ্ধ

furnishings – [ফার্নিসিংস] *n. plural.* furniture. আসবাবপত্র

further – [ফার্দার] *adv.* moreover, to a great distance or degree. ভবিষ্যতে, আগে

furthermore – [ফারদারমোর] *adj.* moreover. অধিকন্তু

furthest – [ফার্দেস্ট] *adj. & adv.* farthest. সর্বাধিক দূরবর্তী, সুদূরতম

fury – [ফিউরি] *n.* rage, great anger, excitement. ক্রোধ, উত্তেজনা

fusibility – [ফিউজিবিলিটি] *n.* the act of being melted or amalgamated. দ্রবশীলতা, গলন যোগ্যতা

fusible – [ফ্যুজিবল] *adj.* capable of melting. গলণীয়, দ্রবণীয়

fusion – [ফিউশন] *n.* fused mass, act of fusing. জমাট বাঁধা

fuss – [ফাস] *n.* tumult, bustle. গোলমাল, কোলাহল

fussy – [ফাসি] *adj.* making a fuss. তুচ্ছ বিষয়ে অনর্থক কোলাহলকারী

future – [ফিউচার] *n.* going to be, about to heppen. ভবিষ্যৎ, আগামী

futurity – [ফিউচারিটি] *n.* time to come. ভবিষ্যতের, আগামীর ফসল

futile – [ফিউটাইল] *adj.* useless, trifling. ব্যর্থ, নিরর্থক

fy – [ফাই] *int.* same as fie. ছিঃ ! ধিক !

G

gaby – [গ্যাবি] *n.* foolish fellow, simpleton. মূর্খ

gaiety – [গেইটি] *n.* cheerfulness. হর্ষ, আনন্দ

gait – [গেট] *n.* manner of walking, bearing. চালচলন

gamble – [গ্যাম্বল] *v. i.* to play for money. জুয়ো খেলা

gambol – [গ্যাম্বল] *n. & v. i.* a frolic, a skip. হৈ-হুল্লোড়

gaol – [জেল] *n.* jail, prison. বন্দিশালা, জেল

garland – [গারল্যাণ্ড] *n.* a wreath of flowers. মালা

garment – [গারমেন্ট] *n.* dress. পোষাক আশাক, বস্ত্র

gathering – [গ্যাদারিং] *n.* corwd, assembly. ভিড়, জটলা

gaze – [গেজ] *v. i.* to look steadily at, a fixed look. অবলোকন করা

gem – [জেম] *n.* jewel, an object of great worth. রত্ন, মণি

generally – [জেনারেলি] *adv.* usually. সাধারণতঃ

generate – [জেনারেট] *v. t.* to produce, to give birth, to originate. সৃষ্টি করা, উৎপন্ন করা

generation – [জেনারেশন] *n.* race, people of the same time. বংশ, পুরুষ

generosity – [জেনরিসিটি] *n.* nobleness, kindness. উদারতা

generous – [জেনারাস] *adj.* kind, of liberal nature. উদার, বদান্য

genius – [জিনিয়াস] *n.* a person having extraordinary mental power. প্রতিভাবান, অত্যন্ত গুণী

gentle – [জেন্টাল] *adj.* noble, kind. ভদ্র, শালীন

gentleness – [জেন্টলনেস] *n.* mildness, goodness. নম্রতা, শালীনতা

genuine – [জেনুয়িন] *adj.* pure, real. অকৃত্রিম, শুদ্ধ

germ – [জার্ম] *n.* that from which anything develops, productive element বীজ, অংকুর

giant – [জায়ান্ট] *n.* a very tall man. দানব

gifted – [গিফ্টেড] *adj.* talented. গুণী, প্রতিভাবান

ginger – [জিঞ্জার] *n.* a hot spice. আদা

girdle – [গার্ডল] *v. t.* to surround with girdle, মেখলা, কোমরে বাঁধা

girlhood – [গার্লহুড] *n.* the state of being a girl. বালিকাবস্থা

girlish – [গার্লিশ] *adj.* like a girl. বালিকা সুলভ

gladly – [গ্লাডলি] *adv.* cheerfully. আনন্দের সঙ্গে

glamour – [গ্লামার] *n.* fascination, magic spell. চটক, আকর্ষণ, জাদু

glare – [গ্লেয়ার] *n.* a dazzling light. চোখ ঝলসানো আলো

glimps – [গ্লিম্পস] *n.* a brief passing view. ঝলক, ক্ষণিক দৃষ্টি পাত

globe – [গ্লোব] *n.* a round body, a sphere, the earth. গোলক, পৃথিবী, ভূ-গোলক

glorious – [গ্লোরিয়াস] *n.* magnificent, illustrious গৌরব পূর্ণ

glossary – [গ্লোসারি] *n.* a list of words with their meanings. অভিধান, শব্দকোষ

God – [গড] *n.* the creator/ maker and ruler of all things. ঈশ্বর, ভগবান

godless – [গডলেস] *adj.* living without God. নাস্তিক, নিরীশ্বর

godly – [গডলি] *adj.* pious. ধার্মিক

gold – [গোল্ড] *n.* a precious yeloow metal, money riches. সোনা, ধনসম্পত্তি

goldsmith – [গোল্ডস্মিথ] *n.* one who works in gold. স্বর্ণকার

goodbye – [গুডবাই] *int.* farewell. বিদায়

goodness – [গুডনেস] *n.* kindness, excelience. দয়া, কৃপা

goodwill – [গুডউইল] *n.* a friendly feeling, popularity in trade. মিত্রতা, সদভাবনা

gossip – [গসিপ] *n.* idle talk. গল্পসল্প, আড্ডা

governable – [গভার্নেবল] *adj.* capable of ruling. শাসনযোগ্য

grace – [গ্রেস] *n.* mercy, favour, pardon, politeness. দয়া, কৃপা

gradually – [গ্র্যাজুয়ালি] *adv.* in a gradual manner. ক্রমশঃ, ধীরে ধীরে

grand – [গ্র্যাণ্ড] *adj.* supreme, magnificent. উত্তম, মহান, সুন্দর

grammarian – [গ্র্যামারিয়ান] *n.* one versed in grammar. ব্যাকরণবিদ

grape – [গ্রেপ] *n.* a fruit. আঙ্গুর

grasp – [গ্র্যাস্প] *v. t.* to catch, to hold, to seize. অনুধাবন করা, শক্ত করে ধরা

gratification – [গ্র্যাটিফিকেশন] *n.* delight, pleasure, satisfaction. আনন্দ, সন্তোষ

gratitude – [গ্র্যাটিচুড] *n.* thankfulness. কৃতজ্ঞতা, ধন্যবাদ

gratuity – [গ্র্যাচুয়িটি] *n.* a gift, a payment on discharge. কর্মজীবনের শেষে প্রাপ্য অর্থ

greatness – [গ্রেটনেস] *n.* state of being great. মহানতা, বড়ত্ব

greediness – [গ্রিডিনেস] *n.* the quality of being greedy. লোভ, লালসা

greedy – [গ্রিডি] *adj.* intensely desirous. লোভী

greed – [গ্রিড] *n.* eager, desire. লোভ, লিপ্সা

greeting – [গ্রিটিং] *n.* salutation. নমস্কার

grey – [গ্রে] *adj.* & *n.* of mixed black and white colour. ফ্যাকাশে, পাঁশুটে

grievance – [গ্রিভেন্স] *n.* distress, injustice, hardship. দুঃখ, অন্যায়

gripe – [গ্রাইপ] *v. t.* to seize. ধরা, শক্ত করে ধরা

groaning – [গ্রোনিং] *n.* deep sigh. বিলাপ, আর্তনাদ

groundnut – [গ্রাউণ্ডনাট] *n.* peanut. বাদাম

growth – [গ্রোথ] *n.* development. উন্নতি, বৃদ্ধি

grumble – [গ্রাম্বল] *v. i.* to murmur to complain. বিড়বিড় করা, অসন্তোষ প্রকাশ করা

guarantee – [গ্যারান্টি] *n.* a pledge, surety. নিশ্চয়তা, বন্ধক, জামানত

guardian – [গার্জিয়ান] *n.* person having custody of minor. অভিভাবক

guidance – [গাইডেন্স] *n.* direction, act of guiding. পথপ্রদর্শন

gun – [গান] *n.* cannon, rifle, revolver, etc. বন্দুক, কামান ইত্যাদি

gunsmith – [গানস্মিথ] *n.* one who makes gun. বন্দুক নির্মান কারী

gust – [গাস্ট] *n.* a sudden blast of wind. বাতাসের ঝাপটা

gutter – [গাটার] *n.* a passage made for running water. নর্দমা, নালী

guy – [গাই] *n.* a rope to hold tents. তাঁবুর দড়িদড়া

gymkhana – [জিমখানা] *n.* place for display of athletics. ক্রীড়াঙ্গন, মল্লক্ষেত্র

gymnastics – [জিমনাস্টিক্স] *n.* muscular, exercises, ব্যায়াম, কসরৎ

H

habitual – [হ্যাবিচুয়াল] *adj.* customary, acquired by habit. অভ্যস্ত, রীতিগত

hale – [হেল] *adj.* healthy, stout. বলবান, শক্তিমান

half-hearted – [হাফ-হার্টেড] *adj.* indifferent, wanting in real. উদাস, উৎসাহহীন

halt – [হল্ট] *v. t.* to stop. থামা; *n.* stopping. বিশ্রাম, রোক্

handful – [হ্যাণ্ডফুল] *n.* quantity that fills the hand. মুঠিভর, একমুঠো

handicap – [হ্যাণ্ডিক্যাপ] *v. t.* to place at a disadvantage. অসুবিধা

handicraft – [হ্যাণ্ডিক্রাফ্ট] *n.* a manual occupation. হস্তশিল্প, কারুশিল্প

handkerchief – [হ্যাঙ্কারচিফ] *n.* a square cloth for wiping hands and face. রুমাল

haphazard – [হ্যাপাজার্ড] *n.* mere chance. বিপদ, বিশৃঙ্খলা, অনিয়মিততা

happiness – [হ্যাপিনেস] *n.* the state of being happy, goodluck. আনন্দ, সুখ, সৌভাগ্য

harmful – [হার্মফুল] *adj.* injurous. হানিকারক, ক্ষতিকর

haste – [হেস্ট] *n.* hurry, rash, speed. দ্রুত, তাড়াতাড়ি, শীঘ্র

hasten – [হেসন] *v. t.* to cause, to make haste. তাড়াতাড়ি করা

hateable – [হেটেবল] *adj.* detestable. ঘৃণ্য, ঘৃণাযোগ্য

hatred – [হ্যাট্রেড] *n.* dislike. ঘৃণা

haughty – [হটি] *adj.* proud, arrogant. অহংকারী, গর্বিত

havoc – [হ্যাভক] *n.* destruction. বিনাশ, প্রচণ্ড ক্ষতি

headache – [হেডেক] *n.* pain in the head. মাথাবাথা

heading – [হেডিং] *n.* title. শীর্ষক

healthy – [হেলদি] *adj.* in state of good health. স্বাস্থ্যবান

hearsay – [হিয়ারসে] *n.* rumour. গুজব, অপবাদ

heartache – [হার্টএক] *n.* mental anguish. মানসিক দুঃখ, হৃদয়বেদনা

hearty – [হার্টি] *adj.* genial, sincere স্নেহপূর্ণ

hectogram – [হেক্টোগ্রাম] *n.* a weight of 100 grammes. ১০০ গ্রামের ভার

heir – [এয়ার] *n.* one who inherits other's property. উত্তরাধিকারী

helpless – [হেল্পলেস] *adj.* wanting help. অভাগা, অসহায়

hence – [হেন্স] *adv.* therefore, from here. অতএব

herd – [হার্ড] *n.* number of beasts assembled together. পাল, জন্তুজানোয়ারের দল

herdsman – [হার্ডসম্যান] *n.* one who tends a herd. পশুপালক, চারণ

hereabout – [হিয়ারঅ্যাবাউট] *adv.* in this neighbourhood. আশেপাশে

hereafter – [হিয়ারআফটার] *adv.* in the future. ভবিষ্যতে

heredity – [হেরিডিটি] *n.* handing of qualities to off-spring. উত্তরাধিকার

heretofore – [হিয়ারটুফোর] *adv.* formerly. ইতিপূর্বে

hereunder – [হিয়ারআণ্ডার] *adv.* underneath this. এর নীচে

hereupon – [হিয়ারআপন] *adv.* on this. এর উপরে

herewith – [হিয়ারউইথ] *adv.* with this. এর সঙ্গে

heritage – [হেরিটেজ] *n.* inheritance. উত্তরাধিকার সূত্রে প্রাপ্ত

hero – [হিরো] *n.* the chief person in a play, brave. নায়ক, বীর

heroine – [হিরোয়িন] *n.* a female hero, supremely courageous. নায়িকা, বীরাঙ্গনা

hesitation – [হেজিটেশন] *n.* act of hesitating. দ্বিধা

hiatus – [হাইয়েটাস] *n.* a break between two vowels. ফাঁক, দুই স্বরবর্ণের মধ্যেকার

highway – [হাইওয়ে] *n.* a road. রাজপথ, মুখ্য সড়ক

himself – [হিমসেল্ফ] *pron.* reflexive form of him. সে নিজেই

hinder – [হিণ্ডার] *v. t.* to check, to prevent, to retard. আটকানো

hinderance – [হিণ্ডারেন্স] *n.* obstruction. বাধা, প্রতিবন্ধ

historian – [হিস্টোরিয়ান] *n.* writer of history. ইতিহাসকার

historical – [হিস্টোরিকাল] *adj.* belonging to past, pertaining to history. ঐতিহাসিক

hitherto – [হিদারটো] *adv.* till now. এখন পর্যন্ত

hoarse – [হোয়ার্স] *adj.* harsh. কঠোর, কঠিন

hobby – [হবি] *n.* an interest, a favourite pursuit. শখ

hoist – [হয়েস্ট] *v. t.* to lift, to raise. ওঠানো, উত্তোলন করা [Flag hoisting ceremony – পতাকা উত্তোলন

holiday – [হলিডে] *n.* a festival, a day of recreation. ছুটির দিন

hollow – [হলো] *adj.* false, empty, insincere. শূন্য

homoeopath – [হোমিওপ্যাথ] *n.* a system of curing disease by minute drugs, one who use this system. হোমিওপাথি চিকিৎসক

homoeopathy – [হোমিওপ্যাথি] *n.* Hahneman's system of curing disease by minute doses of drugs. হোমিওপ্যাথিক চিকিৎসা

honesty – [অনেস্টি] *n.* uprightness, sincerity. সততা

honeymoon – [হানিমুন] *n.* the wedding holiday. মধুচন্দ্রিমা

honorarium – [অনরেরিয়াম] *n.* a fee paid for professional services. সাম্মানিক

honorary – [অনারারি] *adj.* holding office without pay. অবৈতনিক

honour – [অনার] *n.* dignity, pride. সম্মান, শ্রদ্ধা

honourable – [অনারেবল] *adj.* worthy of honour. মাননীয়, সম্মানীয়

horizon – [হরাইজন] *n.* limit, a line where sky and earth seem to touch. দিগন্ত

horrible – [হরিবল] *adj.* fearful. ভয়ানক

horror – [হরার] *n.* fear, dislike. ভয়, ভীতি

horticulture – [হর্টিকালচার] *n.* gardening. উদ্যানবিদ্যা

hosier – [হোসিয়ার] *n.* one who deals in hosiery. মোজা ইত্যাদির ব্যবসায়ী

hospitality – [হসপিটালিটি] *n.* kindness to guest. আতিথেয়তা

host – [হোস্ট] *n.* a person who entertains a guest, an innkeeper. অতিথিসেবক

hostel – [হস্টেল] *n.* a residence for students. ছাত্রাবাস

hostile – [হোস্টাইল] *adj.* warlike, rude. শত্রুভাবাপন্ন

hostility – [হোস্টিলিটি] *n.* enmity. শত্রুতা

hour – [আওয়ার] *n.* a period of sixty minutes. ঘন্টা

household – [হাউসহোল্ড] *n.* family, of family. পারিবারিক

housemaid – [হাউসমেইড] *n.* a femal servant. চাকরানী

housewife – [হাউসওয়াইফ] *n.* mistress. গৃহকর্ত্রী

however – [হাউএভার] *adv.* in whatever manner. যদিও

howsoever – [হাউসওভার] *adv.* although. যদিও

human – [হিউম্যান] *adj.* pertaining to mankind. মানুষ

humane – [হিউমেন] *adj.* kind. দয়ালু

humanity – [হিউম্যানিটি] *n.* human nature. মনুষ্যত্ব

humiliate – [হিউমিলিয়েট] *v. t.* to humble. অনাদর করা, অপমান করা

humility – [হিউমিলিটি] *n.* humbleness. বিনয়

humour – [হিউমার] *n.* wit, state of mind, inclination. রসিকতা

humorist – [হিউমারিস্ট] *n.* a man of playful fancy. মজাদার লোক, রসিকলোক

hungry – [হাংগ্রি] *adj.* suffering from hunger. ক্ষুধার্ত

hunter – [হান্টার] *n.* one who hunts. শিকারী

hurriedl – [হারিডলি] *adv.* in haste. তাড়াতাড়িতে

hygiene – [হাইজিন] *n.* the science of health. স্বাস্থ্যবিজ্ঞান

hygienic – [হাইজিনিক] *adj.* pertaining to health. স্বাস্থ্যসম্বন্ধীয়

hygrometer – [হাইগ্রোমিটার] *n.* an instrument for measuring moisture. আর্দ্রতা পরিমাপক যন্ত্র

hymn – [হিম্] *n.* a song in praise of God. স্তোত্র, প্রার্থনা-সঙ্গীত

hymnal – [হিমনাল] *n.* a hymn book. প্রার্থনা পুস্তক

hypercritic – **[al]** – [হাইপারক্রিটিক] *adj.* over cirtical. ছিদ্রান্বেষী, অতিসমালোচক

hypnotism – [হিপ্নোটিজম] *n.* artificially induced sleep. সম্মোহন

hysteria – [সিস্টিরিয়া] *n.* a nervous affection accompanied with a convulsive fit. মূর্ছা

hysterical – [হিস্টেরিকাল] *adj.* pertaining to hysteria. মূর্ছারোগ সম্বন্ধীয়, অতিশয় প্রতিক্রিয়াকাল

I

ibid – [ইবিড] *adv.* in the same place. উক্ত স্থানে

icon – [আইকন] *n.* statue image of a saint. প্রতিমা, মূর্তি

ideal – [আইডিয়াল] *n.* standard of perfection. আদর্শ; *adj.* perfect, faultless. পূর্ণ, দোষরহিত

idealist – [আইডিয়ালিস্ট] *n.* an upholder of idealism. আদর্শবাদী

identity – [আইডেনটিটি] *n.* sameness. অনন্যতা, অভিন্নতা

idiom – [ইডিয়ম] *n.* peculiar but customary way of expression. প্রবাদ

idle – [আইডিল] *adj.* indolent, useless. অলস, কর্মহীন

idler – [আইডলার] *n.* one who observes idleness. অলস

idol – [আইডল] *n.* an image statue. মূর্তি, প্রতিমা

idolator – [আইডোলেটর] *n.* one who worships idols. মূর্তিপূজক

if – [ইফ্] *conj.* whether. যদি

igneous – [ইগনিয়াস] *adj.* pertaining to fire, produce by fire. অগ্নিসম্বন্ধিত

ignitable – [ইগনাইটেবল] *adj.* able to be ignited. জ্বলনশীল, দাহ্য

ignite – [ইগনাইট] *v. t. & i.* to set on fire. অগ্নিপ্রজ্জ্বলন করা

ignoble – [ইগনোবল] *adj.* mean, of low birth, dishonourable. নীচ, তুচ্ছ

ignorance – [ইগনোরেন্স] *n.* want of knowledge, darkness. অজ্ঞানতা

ill – [ইল] *adj.* evil, bad, sick. অসুস্থ

illegal – [ইল্লিগ্যাল] *adj.* contrary to law. অন্যায়, অবৈধ

illegible – [ইল্লেজিবল] *adj.* indistinct. অস্পষ্ট

illustrative – [ইলাস্ট্রেটিভ] *adj.* serving as illustration. উদাহরণ

imagination – [ইম্যাজিনেশন] *n.* idea, dream. কল্পনা

imbibe – [ইমবাইব] *v. t.* to absorb, to drink in. পান করা, শুকানো

imitable – [ইমিটেবল] *adj.* which can be imitated. অনুকরণযোগ্য

imitate – [ইমিটেট] *v. t.* to copy, to mimic. নকল করা, অনুকরণ করা

imitator – [ইমিটেটর] *n.* one who imitates. অনুকরণকারী

illusion – [ইল্যুজন] *n.* deception. মায়া, ভ্রম

illiteracy – [ইল্লিটারেসি] *n.* want of knowledge, want of education. নিরক্ষরতা

illiterate – [ইল্লিটারেট] *adj.* unable to read and write. নিরক্ষর

illness – [ইলনেস] *n.* bad health, disease. অসুস্থতা

illogical – [ইল্লজিকাল] *adj.* without reason. যুক্তিহীন, তর্কহীন

immobile – [ইমমোবাই] *adj.* unremovable. অচল

immature – [ইমম্যাচিওর] *adj.* imperfect, not mature. অপূর্ণ, অপরিপক্ক

immeasurable – [ইমমেজারেবল] *adj.* great, boundless. অপরিমিত, অথৈ

immorality – [ইমমরালিটি] *n.* viciousness. পাপ, অধর্ম

immovable – [ইমমোভেবল] *adj.* which cannot move, fixed. অচল

immune – [ইমিউন] *adj.* free from obligation, free. মুক্ত, রহিত

impassable – [ইম্পাসেবল] *adj.* that cannot be penetrated into. অগম্য

impatience – [ইমপেশেন্স] *n.* intolerance. অধীরতা

impeach – [ইম্পিচ] *v. t.* to accuse, to charge with crime. দোষী সাব্যস্ত করা

imperfect – [ইমপারফেক্ট] *adj.* defective, incomplete. অপূর্ণ

imperil – [ইমপেরিল] *v. t.* to bring into danger. বিপন্ন করা

imperishable – [ইমপেরিশেবল] *adj.* indestructible. অবিনাশী, অনশ্বর

impiety – [ইম্পাইটি] *n.* ungodliness, sin. অধর্ম, পাপ

impolite – [ইমপোলাইট] *adj.* not civil, rude. অশিষ্ট

import – [ইম্পোর্ট] *v. t.* to bring into country. আমদানী

impose – [ইম্পোজ] *v. t.* to influence, to deceive. প্রভাবান্বিত করা, ধোঁকা দেওয়া

imposture – [ইম্পশ্চার] *n.* deceit, fraud. ছল, কপট

impostor – [ইম্পস্টার] *n.* a false character, a swindler. প্রতারক, ছল

impotence – [ইম্পোটেন্স] *n.* weakness. পুরুষত্বহীনতা

impracticable – [ইমপ্র্যাকটিকেবল] *adj.* not able to be done. অব্যবহারিক, অসাধ্য

impression – [ইমপ্রেশন] *n.* an effect produced. ছাপ, প্রভাব

improper – [ইমপ্রপার] *adj.* incorrect. অশুদ্ধ, অনুচিত

improvable – [ইমপ্রোভেবল] *adj.* that can be improved. উন্নতিযোগ্য

improvement – [ইমপ্রুভমেন্ট] *n.* progress. উন্নতিযোগ্য

impure – [ইমপিওর] *adj.* unchaste. অপবিত্র

in – [ইন] *prep.* into. মধ্যে, ভিতরে

inability – [ইনএ্যাবিলিটি] *n.* incapacity. অযোগ্যতা

inaccurate – [ইনএ্যাকুরেট] *adj.* erroneous. অশুদ্ধ

inactive – [ইনএ্যাক্টিভ] *adj.* not active. অলস, নিষ্কর্মা

inapplicable – [ইনএ্যাপ্লিকেবল] *adj.* irrelevant. অনুপযুক্ত, অনুচিত, অপ্রয়োগ

inattentive – [ইনএ্যাটেনটিভ] *adj.* paying no heed. অমনোযোগী

inaudible – [ইনঅডিবল] *adj.* that cannot be heard. অশ্রাব্য, শ্রবণাতীত

inauguration – [ইনঅগুরেশন] *n.* formal ceremony, beginning. উদ্বোধন, উদঘাটন

inauspicious – [ইনঅসপিসিয়াস] *adj.* unlucky, unfortunate. অশুভ

incalculable – [ইনক্যালকুলেবল] *adj.* uncertain. অনিশ্চিত

incapable – [ইনক্যাপেবল] *adj.* not capable. অযোগ্য

incapacity – [ইনক্যাপাসিটি] *n.* inability. অযোগ্যতা

incarnation – [ইনকার্নেশন] *n.* embodiment in human form. অবতার

inch – [ইঞ্চ] *n.* a unit of measure, 1/12 foot, an island. ইঞ্চি

incident – [ইনসিডেন্ট] *n.* an occurrence. ঘটনা

include – [ইনক্লুড] *v. t.* to contain, to regain. অন্তর্ভূক্ত করা

incoherent – [ইনকোহেরেন্ট] *adj.* disconnected. অসংলগ্ন, অস্পষ্ট

incoming – [ইনকামিং] *adj.* coming in. আগত

incommode – [ইনকমোড] *v. t.* to annoy, to molest. বিরক্ত করা

incomparable – [ইনকম্পেয়ারেবল] *adj.* matchless. অতুলনীয়, অনুপম

incompetent – [ইনকম্পিটেন্ট] *adj.* not competent. অপূর্ণ, অযোগ্য

incomplete – [ইনকমপ্লিট] *adj.* imperfect. অসম্পূর্ণ

incontestable – [ইনকন্টেস্টেবল] *adj.* indisputable. নির্বিবাদ

inconvenient – [ইনকনভেনিয়েন্ট] *adj.* unsuitable. অসুবিধাজনক

incorrect – [ইনকারেক্ট] *adj.* wrong. অশুদ্ধ, ভুল

incorrigible – [ইনকরিজিবল] *adj.* depraved, impossible to rectify. অসংশোধনীয়

incorruptible – [ইনকরাপ্টিবল] *adj.* that cannot decay. অক্ষয়

incredible – [ইনক্রেডিবল] *adj.* had to believe. অবিশ্বাস্য

increment – [ইনক্রিমেন্ট] *n.* profit, increase. বৃদ্ধি, উন্নতি

incurable – [ইনকিওরেবল] *adj.* that cannot be cured. অসাধ্য

indecency – [ইনডিসেন্সি] *n.* immodesty. ধৃষ্টতা, নির্লজ্জতা

indeed – [ইনডিড] *adv.* really. প্রকৃতপক্ষে

index – [ইনডেক্স] *n. & v. i.* alphabetical list of names, places etc. নির্ঘন্ট

indication – [ইণ্ডিকেশন] *n.* hint. সংকেত, ইশারা

indicator – [ইণ্ডিকেটর] *n.* a guide. নির্দেশক

indifference – [ইনডিফারেন্স] *n.* absence of interest. উপেক্ষা, উদাসীনতা

indifferent – [ইনডিফারেন্ট] *adj.* neutral. উদাসীন, অপক্ষপাতী

indigestion – [ইনডাইজেশন] *n.* want of proper digestion. বদহজম, অরুচি

indirectly – [ইনডাইরেক্টলি] *adv.* অপ্রত্যক্ষভাবে

individual – [ইনডিভিজুয়াল] *n.* special, person, peculiar, separate. ব্যক্তিগত

induct – [ইনডাক্ট] *v. t.* to introduce. শুরু করা

indulgence – [ইনডালজেন্স] *n.* gratification, tolerance. ভোগ, সহনশীলতা

industrial – [ইণ্ডাস্ট্রিয়াল] *adj.* pertaining to industry. উদ্যোগ সম্বন্ধীয়

industrious – [ইণ্ডাস্ট্রিয়াস] *adj.* active, smart, diligent. পরিশ্রমী

inequity – [ইনইক্যুয়িটি] *n.* injustice. অন্যায়

inertia – [ইনার্শিয়া] *n.* inactivity. নিশ্চলতা

inevitable – [ইনএভিটেবল] *adj.* unavoidable. অনিবার্য

inferiority – [ইনফিরিয়রিটি] *n.* the state of being interior. হীনতা, নীচতা, হীনমন্যতা

infinite – [ইনফিনিট] *adj.* endless. অনন্ত

infirmity – [ইনফার্মিটি] *n.* weakness. শক্তিহীনতা

inflammation – [ইনফ্ল্যামেশন] *n.* a swelling on a part of body. ফোলা, প্রদাহ, উত্তেজনা

inflate – [ইনফ্লেট] *v. t.* to increase, to b low up with air or gas. বর্দ্ধিত হওয়া, বায়ু দ্বারা স্ফীত করা, গর্বে স্ফীত হওয়া

infringement – [ইনফ্রিঞ্জমেন্ট] *n.* violation. উল্লঙ্ঘণ

influence – [ইনফ্লুয়েন্স] *n.* the power of producing influence. প্রভাব

influenza – [ইনফ্লুয়েঞ্জা] *n.* a fever with severe cold. সর্দিজ্বর

informal – [ইনফর্মাল] *adj.* not in due form. অনিয়মিত

inhabitant – [ইনহ্যাবিট্যান্ট] *n.* a dweller. অধিবাসী, নিবাসী

inhale – [ইনহেল] *v. t.* to breathe. শ্বাস নেওয়া

inheritance – [ইনহেরিটান্স] *n.* which is inherited. উত্তরাধিকার

inhuman – [ইনহিউমান] *adj.* brutal, barbarous. অমানুষি, হৃদয়হীন

initial – [ইনিশিয়াল] *adj. & n.* primary, of the beginning. আদিম, প্রারম্ভিক

initiate – [ইনিশিয়েট] *v. t.* to introduce, to begin. আরম্ভ করা

initiative – [ইনিশিয়েটিভ] *n.* self reliance, taking the first step. প্রারম্ভিক কাজ, শুরু করার ক্ষমতা, প্রথম পদক্ষেপ

injection – [ইঞ্জেকশন] *n.* act of injecting. ওষুধযোগে সূচিপ্রয়োগ, ইঞ্জেকশন

injury – [ইঞ্জুরি] *n.* harm, damage. ক্ষতি, আঘাত

inland – [ইনল্যাণ্ড] *adj. & adv.* of the country. দেশের সীমার ভিতর

inmost – [ইনমোস্ট] *adj.* most inward. সবচেয়ে ভেতরে

inn – [ইন] *n.* a shelter, a lodging for travellers. সরাই খানা

innocence – [ইনোসেন্স] *n.* simplicity, harmlessness. সরলতা, অনাবিলতা

innumerable – [ইনিউমারেবল] *adj.* numberless. অসংখ্য

inodorous – [ইনঅডোরাস]· *adj.* odourless. সুগন্ধহীন

inquire – [ইনকোয়্যার] *v. t. & i.* to ask, to make an investigation. খোঁজখবর করা, অনুসন্ধান করা

inquiry – [ইনকোয়্যারি] *n.* investigation. অনুসন্ধান

inquisition – [ইনক্যুইজিশন] *n.* a search, investigation. তদন্ত, তল্লাশী

inquisitive – [ইনক্যুইজিটিভ] *adj.* inquiring. জিজ্ঞাসু

insanity – [ইনস্যানিটি] *n.* madness. উন্মাদ অবস্থা

inscription – [ইনস্ক্রিপ্‌শন] *n.* engraving. খোদাই, নকশা

inseparable – [ইনসেপারেবল] *adj.* that cannot be separated. অভেদ্য, অবিচ্ছেদ্য

insert – [ইনসার্ট] *v. t.* to place in, to introduce. প্রবেশ করানো, লিপিবদ্ধ করা

insertion – [ইনসার্শন] *n.* act of inserting. প্রবেশ

inside – [ইনসাইড] *n., adj. & adv.* within. অভ্যন্তরে

insight – [ইনসাইট] *n.* power of understanding through knowledge. অন্তর্দৃষ্টি

insistence – [ইনসিস্টেন্স] *n.* the act of insisting on. আগ্রহ, জেদ

insoluble – [ইনসলিউবল] *adj.* that cannot be dissolved in fluid. অদ্রবণীয়

insolvent – [ইনসলভেন্ট] *adj.* bankrupt. দেউলে

insomnia – [ইনসমনিয়া] *n.* sleeplessness. অনিদ্রারোগ

inspector – [ইনস্পেক্টর] *n.* one who inspects. নিরীক্ষক

inspiration – [ইনস্পিরেশন] *n.* inhalling of air, divine inflence. অনুপ্রেরণা, প্রোৎসাহন

instability – [ইনস্ট্যাবিলিটি] *n.* fickleness. অস্থিরতা

instance – [ইনস্ট্যান্স] *n.* an example, suggestion. উদাহরণ, নিদর্শণ

instant – [ইনস্ট্যান্ট] *adj.* urgent, immediate. তৎক্ষণাৎ

instigate – [ইনস্টিগেট] *v. t.* to urge on, to stimulate. প্ররোচনা দেওয়া

institute – [ইনস্টিটিউট] *v. t.* to set up, to establish, an establishment. প্রতিষ্ঠা করা, প্রতিষ্ঠান

instructor – [ইনস্ট্রাকটর] *n.* a teacher. নির্দেশক

insufficient – [ইনসাফিসিয়েন্ট] *adj.* inadequate. অপর্যাপ্ত

insult – [ইনসাল্ট] *n.* dishonour. অপমান

insuperable – [ইনসুপারেবল] *adj.* not able to be overcome. অজেয়

insurance – [ইনশিওরেন্স] *a.* contract, to indemnify insured things against loss. বীমা

insure – [ইনসিওর] *v. t.* to guarantee. নিশ্চিত করা, বীমা করা

integrity – [ইনটিগ্রিটি] *n.* honesty. সততা

intelligent – [ইনটেলিজেন্ট] *adj.* quick to learn. বুদ্ধিমান

intelligible – [ইনটেলিজেবল] *adj.* comprehensible. বোধগম্য, সুবোধ্য

intend – [ইনটেণ্ড] *v. t.* to mean, to purpose. ইচ্ছা করা

intense – [ইন্টেন্স] *adj.* extreme, eager. তীব্র, অত্যধিক

interchange – [ইন্টারচেঞ্জ] *v. t.* to change with another. আপসে বদলা-বদলি

interesting – [ইনটারেস্টিং] *adj.* exciting, interest. আকর্ষক

interfere – [ইন্টারফেয়ার] *v. i.* to obstruct. হস্তক্ষেপ করা

interference – [ইন্টারফারেন্স] *n.* obstruction. বাধা, প্রতিরুদ্ধ

interim – [ইন্টারিম] *n.* of the time, in between. মধ্যবর্তী; *adj.* temporary. অস্থায়ী

interlink – [ইন্টারলিংক] *v. t.* to connect together. একসঙ্গে যুক্ত করা

interlock – [ইন্টারলক] *v. t.* to lock together. আপসে মেলানো

intermediary – [ইন্টারমেডিয়ারি] *n. & adj.* mediator. মধ্যস্থ

intermingle – [ইন্টারিংগল] *v. t. & i.* to mix together. মিশ্রিত করা

intermission – [ইন্টারমিশন] *n.* an interval. অবকাশ

intern – [ইন্টার্ন] *v. t.* to confine within the limits of a place. নজরবন্ধ করা, সীমায়িত করা,

internal – [ইন্টারনাল] *adj* inward. আভ্যন্তরীণ; *ant.*

interpolation – [ইন্টারপোলেশন] *n.* insertion of something new, not genuine. প্রক্ষিপ্ত

interpreter – [ইন্টারপ্রিটর] *n.* one who interprets. দোভাষী, অনুবাদক

interrupt – [ইন্টারাপ্ট] *v. t.* to obstruct. বাধা দেওয়া

interval – [ইন্টারভাল] *n.* a halt, stop. বিরতি

intervention – [ইন্টারভেনশন] *n.* interference. হস্তক্ষেপ

interview – [ইন্টারভিউ] *n.* conference, a formal meeting for talk. সাক্ষাৎকার

intestine – [ইন্টেস্টাইন] *n.* the lower part of the digestive system. অন্ত্র

intimacy – [ইন্টিমেসি] *n.* a close familiarity. অন্তরঙ্গতা

intimate – [ইন্টিমেট] *adj.* familiar. ঘনিষ্ঠ

intimation – [ইন্টিমেশন] *n.* hint. সংবাদ, ইঙ্গিত

intimidate – [ইন্টিমিডেট] *v. t.* to terrify. ভীত করা

into – [ইনটু] *prep.* entrance within a thing. ভেতরে

intolerable – [ইনটলারেবল] *adj.* not to be endured. অসহ্য

intonation – [ইনটোনেশন] *n.* the production of a musical tone. স্বরযুক্ত পাঠ

intoxication – [ইনটক্সিকেশন] *n.* state of being intoxicated. নেশা

intricacy – [ইন্ট্রিকেসি] *n.* complication. জটিলতা

intrigue – [ইন্ট্রিগ] *v. t.* to plot secretly. ষড়যন্ত্র করা

introduction – [ইন্ট্রোডাকশন] *n.* a formal presentation. পরিচয়

intrude – [ইন্ট্রুড] *v. t.* to enter uninvited. অনধিকার প্রবেশ করা

intution – [ইনট্যুইশন] *n.* insight, instructive knowledge. স্বতঃস্ফূর্ত জ্ঞান, স্বজ্ঞা

invalid – [ইনভ্যালিড] *n.* ill, weak. অসমর্থ

invariable – [ইনভ্যারিএবল] *adj.* constant, without change. অপরিবর্তনীয়

invasion – [ইনভ্যাশন] *n.* an attack, encroachment. আক্রমণ

invention – [ইনভেনশন] *n.* discovery. আবিষ্কার

investigat – [ইনভেস্টিগেট] *v. t.* to search out carefully. অনুসন্ধান করা

invigorate – [ইনভিগোরেট] *v. t.* to put life. শক্তিপ্রদান করা

invincible – [ইনভিন্সিবল] *adj.* unconquerable. অজেয়

invisible – [ইনভিজিবল] *adj.* that cannot be seen. অদৃশ্য

invitation – [ইনভিটেশন] *n.* solicitation. আমন্ত্রণ

invite – [ইনভাইট] *v. t.* to request to come and participate. আমন্ত্রণ করা, নিমন্ত্রণ করা

invocation – [ইনভোকেশন] *n.* the act of calling in prayer. আবাহন

invoke – [ইনভোক] *v. t.* to beg for protection. আবাহন করা

inwardly – [ইনওয়ার্ডলি] *adj.* in the mind. মনে মনে

irk – [ইর্ক] *v. t.* to trouble, to annoy. বিরক্ত করা

iron – [আয়রন] *n.* name of a metal. লোহা

irony – [আয়রনি] *n.* satire, state of affairs which is the opposite of what was desired. পরিহাস

irrecoverable – [ইররিকভারেবল] *adj.* that cannot be recovered. অপ্রাপ্য

irreducible – [ইরিডিউসিবল] *adj.* not able to be lessened. অহ্রাসযোগ্য

irregular – [ইরেগুলার] *adj.* uneven. অনিয়মিত, বাঁকাচোরা

irregularity – [ইরেগুলারিটি] *n.* the quality of being irregular. অনিয়মিততা, বৈষম্য, অনিয়ম

irrelevant – [ইরিলিভ্যান্ট] *adj.* not to the point. অসঙ্গত

irreparable – [ইররিপেরেবল] *adj.* not able to be rectified. অসংশোধনীয়

irritable – [ইরিটেবল] *adj.* easily angered. কোপনস্বভাব

irritate – [ইরিটেট] *v. t.* to annoy, to make angry. ক্রুদ্ধ করা, বিরক্ত করা

irritation – [ইরিটেশন] *n.* vexation. বিরক্তি, জ্বালা

island – [আইল্যাণ্ড] *n.* land surrounded by water on all sides. দ্বীপ

isle – [আইল] *n.* island. দ্বীপ

islet – [আইলেট] *n.* a small island. ক্ষুদ্র দ্বীপ

J

jabber – [জ্যাবার] *v. t.* to chatter rapidly. বকবক করা

jack – [জ্যাক] *n.* knave at card, flag, machine for lifting weights. তাসের গেলাম, পতাকা, ভারতেতোলক যন্ত্র

jackal – [জ্যাকল] *n.* a animal. শিয়াল

jailer – [জেলার] *n.* the keeper of a prison. জেলরক্ষক

jam – [জ্যাম] *n.* fruit preserved by boiling with sugar, a crowded mass. মোরব্বা, ভিড়ের চাপ

jaundice – [জণ্ডিস] *n.* a kind of disease with yellowness of eyes and skin. পাণ্ডু রোগ, কামলা

jealously – [জেলাসি] *n.* suspiciousness. ঈর্ষা, হিংসে

jester – [জেস্টার] *n.* one who jests. বিদূষক

jet black – [জেট ব্ল্যাক] *n.* ivory black. ঘন কৃষ্ণবর্ণ

jew – [জিউ] *n.* a person of the Hebrew race. ইহুদী

jewel – [জুয়েল] *n.* a precious stone. রত্ন, মণি

jewellery – [জুয়েলারি] *n.* jewels in general, ornaments. গহনা, অলংকার

journal – [জার্নাল] *n.* a diary, a newspaper, a register. সংবাদ পত্র, রোজনামচা, ভ্রমনপঞ্জী

journalist – [জার্নালিস্ট] *n.* one who writes for or conducts a newspaper or magazine. সাংবাদিক

journey – [জার্নি] *n. & v. t.* a travel. যাত্রা

joyously – [জয়াসলি] *adv.* merrily. আনন্দের সঙ্গে

judicial – [জুডিসিয়াল] *adj.* pertaining to justice, impartial. আইন সম্বন্ধিত, ন্যায়িক

juice – [জুস] *n.* the fluid part of the fruit. রস, ফলের রস

juncture – [জাংচার] *n.* a critical time. উপযুক্ত সময়

juniority – [জুনিয়রিটি] *n.* the state of being junior. কনিষ্ঠতা

juryman – [জুরিম্যান] *n.* a member of jury. জুরিদের একজন

justice – [জাস্টিস] *n.* equity, judge. ন্যায়, আইন

justify – [জাস্টিফাই] *v. t.* to prove to be just or right. উচিৎ প্রতিপন্ন করা

juvenile – [জুভেনাইল] *adj.* youthful, childish. তারুণ্যসুলভ

juvenility – [জুভেনিলিটি] *n.* youthfulness. তারুণ্য

juxtaposition – [জাক্সটাপজিশন] *n.* nearness, placing side by side. নৈকট্য, সমীপতা

K

kerchief – [কার্চিফ] *n.* a square piece of cloth. রুমাল

kernel – [কের্নেল] *n.* inner part of nut, essential part. শাঁস, মুখ্য অংশ

kerosene – [কেরোসিন] *n.* refined petroleum. কেরোসিন তেল

kindergarten – [কিণ্ডারগার্টেন] *n.* an infant school. শিশু বিদ্যালয়

kindle – [কিণ্ডল] *v. t.* to inflame, to set on fire. জ্বালাতন করা, উত্তেজিত করা

kindly – [কাইণ্ডলি] *adj. & adv.* with kindness. দয়া করে

kinship – [কিনশিপ] *n.* relationship. সম্পর্ক, আত্মীয়তা

kiss – [কিস] *v. t.* to touch with lips. চুম্বন, চুমু

kitchen – [কিচেন] *n.* a place where cooking is done. রান্না ঘর, পাকশালা

knit – [নিট] *v. t.* to weave into a net, to unite. বোনা

knock – [নক] *v. t. & i.* to push, to clash, to strike. ধাক্কা দেওয়া, আঘাত করা

knot – [নট] *n.* a tie, a cluster. গাঁট

knowingly – [নোয়িংলি] *adv.* consciously. জেনেশুনে

knowledge – [নলেজ] *n.* learning. জ্ঞান, বিদ্যাবুদ্ধি

kodak – [কোডাক] *n.* a small camera. ছোট ক্যামেরাবিশেষ

kopeck – [কোপেক] *n.* a Russian coin. রুশী মুদ্রা

kraal – [ক্রাল] *n.* an enclosure for cattle. খোঁয়াড়

L

laboratory – [ল্যাবরেটরি] *n.* place for experiments. প্রয়োগ শালা, পরীক্ষাগার

laborious – [লেবরিয়াস] *adj.* industrious. পরিশ্রমী

labour – [লেবার] *n.* to work hard, to toil, to strive, work পরিশ্রম, কাজ, খাটনি

laboured – [লেবারড] *adj.* unnatural. অস্বাভাবিক

lack – [ল্যাক] *v. i. & t.* to be in need of want. ন্যূনতা

lamb – [ল্যাম্ব] *n.* young of sheep. ভেড়া

lame – [লেম] *adj.* imperfect. *v. t.* disabled in one or two limbs. খোঁড়া, ল্যাংড়া

lament – [ল্যামেন্ট] *v. i.* to feel sorry. বিলাপ করা

lamentation – [ল্যামেন্টেশন] *n.* lamenting. বিলাপ

landlord – [ল্যাণ্ডলর্ড] *n.* owner of land. জমিদার

landscape – [ল্যাণ্ডস্কেপ] *n.* a part of land seen from a point. প্রাকৃতিক দৃশ্যচিত্র

lane – [লেন] *n.* a street. গলি, সরু রাস্তা

language – [ল্যাংগুয়েজ] *n.* faculty of human speech or of a nation. ভাষা

lantern – [ল্যান্টার্ন] *n.* case for holding or carrying light. লণ্ঠন, হ্যারিকেন

largely – [লার্জলি] *adv.* to a great extent. বিস্তৃতভাবে

lastly – [লাস্টলি] *adv.* in the end. শেষে

latrine – [ল্যাট্রিন] *n.* toilet, lavatory. পায়খানা, শৌচালয়

laudable – [লডেবল] *adj.* worthy of praise. প্রশংসাযোগ্য

laughable – [লাফেবল] *adj.* funny, ridiculous. হাস্যকর

lavatory – [ল্যাভেটরি] *n.* a place for washing hand and face. প্রসাধন কক্ষ, স্নানাগার

lavish – [ল্যাভিশ] *adj.* extravagant, abundant. *v. t.* প্রচুর, [মুক্তহস্তে] দান

lawful – [লফুল] *adj.* just, rightful. ন্যায়সঙ্গত

lawless – [ললেস] *adj.* against law, disobedient. অন্যায়

lawyer – [লইয়ার] *n.* pleader, a man of legal profession. উকিল

leap – [লিপ] *n.* spring, jump, bound. *v. i.* উচ্ছলতা, দৌড়ঝাঁপ

leavings – [লিভিংস] *n. plural.* remaining portion. অবশিষ্টাংশ

lecture – [লেক্চার] *n.* a formal reproof. *v. t.* a discourse. বক্তৃতা, ব্যাখ্যান

ledger – [লেজার] *n.* a book of accounts. হিসেবের খাতা, খতিয়ান

legacy – [লিগ্যাসি] *n.* the money which is left by will. উইল বা ইচ্ছাপত্র

legal – [লিগাল] *adj.* just, lawful. ন্যায়সঙ্গত, আইনী

legible – [লেজিবল] *adj.* clear, readable. স্পষ্ট

leisure – [লে'জার] *n.* a spare time. অবকাশ

length – [লেন্থ] *n.* the distance between two points. দৈর্ঘ্য

lengthy – [লেংথি] *adj.* long. লম্বা, দীর্ঘ

leniency – [লিনিয়েন্সি] *n.* mildness. কোমলতা

lenient – [লিনিয়েন্ট] *adj.* mild, gentle. নম্র, মৃদুস্বভাবের

lessen – [লেসেন] *v. t. & i.* to diminish, to decrease. কম করা, হ্রাস করা

lesson – [লেসন] *n.* instruction, something to be learnt. *v. t.* an example, punishment. পাঠ, শিক্ষা

let – [লেট] *v. t. aux. [verb]* to allow, to permit, to give leave. আজ্ঞা দেওয়া, অনুমতি দেওয়া

liability – [লায়াবিলিটি] *n.* responsibility. দায়িত্ব, দায়

liable – [লায়াবল] *adj.* accountable, responsible, probable. দায়ী

liberal – [লিবারাল] *adj.* kind, unselfish. উদার

liberate – [লিবারেট] *v. t.* to set free. মুক্ত করা

liberty – [লিবার্টি] *n.* freedom, right to do as one likes. স্বাধীনতা

librarian – [লাইব্রেরিয়ান] *n.* one who keeps a library. গ্রন্থাগারিক

licence – [লাইসেন্স] *v. t.* to authorize, to grant permission. অনুমতি দেওয়া, আজ্ঞা দেওয়া; *n.* permission. অনুমতি

licensee – [লাইসেন্সি] *n.* holder of licence. অধিকারপ্রাপ্ত

lie – [লাই] *v. i.* to utter falsehood. মিথ্যা বলা

lifelong – [লাইফলং] *adv.* during the life time. জীবনভর

limited – [লিমিটেড] *adj.* bounded. সীমিত

linguist – [লিংগুইস্ট] *n.* one skilled in many languages. ভাষাবিদ, বহুভাষাবিদ

liquid – [লিকুইড] *n.* flowing. তরল, প্রবহমান বস্তু

liquidate – [লিকুইডেট] *v. t.* to settle, to clear up debts, to put an end. ঋণ শোধ করা, শেষ করা

liquidity – [লিকুইডিটি] *n.* state of being liquid. তারল্য

liquor – [লিকার] *n.* a fermented drink. সুরা, মদ্য

listener – [লিসেনার] *n.* one who listens, শ্রোতা

literacy – [লিটারেসি] *n.* ability to read and write. সাক্ষরতা

livlihood – [লিভলিহুড] *n.* means of living. জীবিকা

liver – [লিভার] *n.* the gland by which the bile is secreted. কলিজা, যকৃৎ

locality – [লোকালিটি] *n.* position, situation. স্থান, এলাকা

lockup – [লকআপ] *n.* a place where prisoners are kept. হাজত, বন্দীশালা

loftiness – [লোফটিনেস] *n.* pride, height. গর্ব, উচ্চতা

logic – [লজিক] *n.* art of reasoning. তর্কবিদ্যা

longevity – [লঞ্জিভিটি] *n.* long life. দীর্ঘ আয়ু

longitude – [লংগিচুড] *n.* distance east or west from meridian. দ্রাঘিমা

loom – [লুম] *n.* a machine for weaving. তাঁত; *v. t.* to appear indistinct. অস্পষ্ট দেখানো

lot – [লট] *n.* luck, choice. ভাগ্য, পছন্দ

lotus – [লোটাস] *n.* water lily. পদ্ম, কমল

lovable – [লাভেবল] *adj.* charming, worthy of love. ভালবাসার যোগ্য

love – [লাভ] *n.* affection. ভালবাসা; *v. t.* to like very much. প্রেম করা

loving – [লাভিং] *adj.* affectionate. প্রেমময়, স্নেহময়

low – [লো] *adj.* humble, not high. নীচ, ইতর

loyalty – [লয়ালটি] *n.* faithfulness. আনুগত্য, নিষ্ঠা

lubricant – [ল্যুব্রিক্যান্ট] *n.* a substance used for lubricating. পিচ্ছিলকারক পদার্থ

lucidity – [লুসিডিটি] *n.* brightness. প্রাঞ্জলতা

luminous – [লুমিনাস] *adj.* bright, clear. উজ্জ্বল, আলোকময়

lunatic – [লুনাটিক] *n.* a mad man. পাগল

lust – [লাস্ট] *n.* eager desire. লালসা

lustre – [লাস্টার] *n.* brightness. আভা, ঔজ্জ্বল্য

luxurious – [লাক্সারিয়াস] *adj.* indulging in luxury. বিলাসী

luxury – [লাক্সারি] *n.* expensive living, easy going life. ভোগবিলাস

M

machinery – [মেশিনারি] *n.* machines in general. যন্ত্রপাতি

machinist – [মেশিনিস্ট] *n.* a machine maker. যন্ত্রবিদ, প্রযুক্তিবিদ

mad – [ম্যাড] *adj.* insane. পাগল, ক্ষিপ্ত

madam – [ম্যাডাম] *n.* a courteous form of address to a lady. শ্রীমতী

magic – [ম্যাজিক] *n.* witch craft conjuring. যাদু, মন্ত্রশক্তি

magician – [ম্যাজিশিয়ান] *n.* one who knows magic. যাদুকর

mail – [মেল] *n.* bag of letters, post. ডাক, ডাকের থলি

maintain – [মেইনটেইন] *v. t.* to affirm, to assert, to support. রক্ষণাবেক্ষণ করা

maintenance – [মেইনটেন্যান্স] *n.* support, subsistance. রক্ষণাবেক্ষণ

majority – [মেজরিটি] *n.* full of age, the greater number. বয়স্কতা, অধিকাংশ

maladministration – [ম্যাল-অ্যাডমিনিস্ট্রেশন] *n.* faulty administration. অপশাসন

malice – [ম্যালিস] *n.* spite, ill feeling. অপকারেচ্ছা, ঈর্ষা, দ্বেষ

malpractice – [ম্যালপ্র্যাকটিস] *n.* improper conduct. কু অভ্যাস, কুকর্ম

mammoth – [ম্যামথ] *adj.* huge, big, very large. বিশালাকায়

manage – [ম্যানেজ] *v. t. & i.* to handle, to control, to contrive. ব্যবস্থা করা, যোগাড় করা

manageable – [ম্যানেজেবল] *adj.* fit for managing. ব্যবস্থা যোগ্য

management – [ম্যানেজমেন্ট] *n.* administration. পরিচালক মণ্ডলী, ব্যবস্থাপক

manager – [ম্যানেজার] *n.* a controller. ব্যবস্থাপক, পরিচালক

manhood – [ম্যানহুড] *n.* the state of being a man. মনুষত্ব

manifold – [মেনিফোল্ড] *adj.* numerous and varied, complicated. অনেকসংখ্যক

mankind – [ম্যানকাইণ্ড] *n.* the human species. মানবজাতি

manoeuvre – [ম্যানোভার] *n.* skillful movement, stratagem. কুশল পরিচলনা; *v. t.* to manage artfully. কুশলতার সঙ্গে পরিচালনা করা

manual – [ম্যানুয়াল] *n.* a hand book. সহায়ক পুস্তক; *adj.* pertaining to or done with hand. হস্তকৃত

manufacture – [ম্যানুফ্যাকচার] *v. t.* the making on a large scale. নির্মান করা, প্রস্তুত করা

marble – [মার্বেল] *n.* a very hard stone with polish. মর্মর, শ্বেতপাথর; *v. t.* to paint like marble. মর্মরের মত রং করা

mariner – [মেরিনার] *n.* a sailor. নাবিক

mark – [মার্ক] *n.* a sign of note, target. দাগ, চিহ্ন; *v. t.* to make a mark. দেখা, খ্যাত হওয়া

marking – [মার্কিংস] *n.* impression with a mark. চিহ্ন, ছাপ

maroon – [মেরুন] *n.* a brownish crimson colour. মেরুন রং, বেগুনী লাল

marriageable – [ম্যারেজেবল] *adj.* able to be married. বিবাহ যোগ্য

martyrdom – [মার্টারডম] *n.* suffering of a martyr. আত্মত্যাগ, বলিদান

marvellous – [মারভেলাস] *adj.* wonderful, astonishing. অদ্ভুত, চমৎকার

masculine – [ম্যাসকুলিন] *adj.* manly, of the male sex. পুরুষ সুলভ

masque – [মাস্ক] *n.* an entertainment, consisting of pageantry, a masked person. গীত ও নৃত্যবহুল মুখোশনাট্য

massage – [ম্যাসাজ] *n.* a form of cure by rubbing and kneading the body. মালিশ

massive – [ম্যাসিভ] *adj.* large, bulky, heavy. বড়, বিশাল

masterpiece – [মাস্টারপিস] *n.* greatest work in quality. শিল্পী বা কবির শ্রেষ্ঠ কীর্তি

match – [ম্যাচ] *v. t. & i.* to be of proper value, to correspond. সমকক্ষ হওয়া, প্রতিযোগিতা করা

mathematics – [ম্যাথামেটিক্স] *n.* the science of magnitude and number. গণিত, অংকবিদ্যা

matinee – [ম্যাটিনি] *n.* a show held in the day time. চলচ্চিত্রাদির দ্বিপ্রাহরিক অনুষ্ঠান

matrimony – [ম্যাট্রিমনি] *n.* marriage. বিবাহ

matron – [ম্যাট্রন] *n.* married woman, female superintendent in a hospital, schooletc. বিবাহিতা স্ত্রী, হাসপাতাল বা স্কুলের অধ্যক্ষা

matter – [ম্যাটার] *n.* substance, cause of trouble, subject. পদার্থ, বিষয়, সার

mature – [ম্যাচিওর] *adj.* ripe, fully developed. পরিপক্ক

maturity – [ম্যাচিওরিটি] *n.* fully developed state. পরিপক্কতা

mauve – [মভ] *n.* a bright purple dye. বিশেষ লাল রং

maxim – [ম্যাক্সিম] *n.* a proverb, maxim gun, a small gun. প্রবাদ, একপ্রকারের বন্দুক

maximum – [ম্যাক্সিমাম] *n.* the greatest side or number. সর্বাধিক

meantime – [মিনটাইম] *n.* the interval between two given times. মধ্যবর্তী কাল

meanwhile – [মিহোয়াইল] *n.* in the interval. ইতিমধ্যে

measure – [মেজার] *n.* that by which something is estimated. মাপ, পরিমাণ

mechanic – [মেকানিক] *n.* a skilled workman, an artisan. কারিগর; *adj.* relating to machines. যন্ত্র সম্বন্ধীয়

mechanical – [মেকানিকাল] *adj.* relating to machines, unintelligent. যান্ত্রিক

medal – [মেডেল] *n.* metal worked in the form of a coin. পদক

meddle – [মেড্‌ল] *v. i.* to interfere. অযথা হস্তক্ষেপ করা

medium – [মিডিয়াম] *adj.* large, bulky, heavy. বড়, বিশাল

melancholy – [মেলাংকলি] *n.* & *adj.* sad feeling of fullness, gloomy. বিষাদ, দুঃখ

memorable – [মেমোরেবল] *adj.* able to be remembered. স্মরণীয়

memory – [মেমরি] *n.* remembrance. স্মরণশক্তি

menses – [মেন্সেস] *n.* the monthly discharge from the uterus. মাসিকধর্ম, আর্তব রজঃস্রাব

mentality – [মেন্টালিটি] *n.* intellectual power. মানসিকতা

mentionable – [মেনশনেবল] *adj.* that may be mentioned. উল্লেখযোগ্য

menu – [মেনু] *n.* a list of dishes available. ব্যঞ্জন সূচী

mercury – [মার্কারি] *n.* a planet, quick silver. পারদ, বুধগ্রহ

merely – [মেয়ারলি] *adv.* simply. কেবলমাত্র

merriment – [মেরিমেন্ট] *n.* enjoyment, mirth. আনন্দ

mesmerize – [মেসমেরাইজ] *v. t.* bring to a hypnotic state. সম্মোহিত করা

message – [মেসেজ] *n.* communication. খবর, সংবাদ

messenger – [মেসেঞ্জার] *n.* one who brings message. সংবাদ বাহক

metaphor – [মেটাফর] *n.* figurative use of words. রূপক, লক্ষণ

mew – [মিউ] *n.* cry of cat, sound like cat. বিড়ালের স্বর; *v. i.* to cry like cat. বিড়ালের মত কাঁদা

midnight – [মিডনাইট] *n.* the middle of night. মধ্যরাত্রি

midst – [মিডস্ট] *n.* the middle. মধ্য; *adv.* in the middle. মধ্যে [amidst – মধ্যে]

midwife – [মিডওয়াইফ] *n.* a woman who assists another in child birth. ধাত্রী, ধাই

might – [মাইট] *n.* power, strength. শক্তি, ক্ষমতা

milky – [মিলকি] *adj.* of milk. দুধে, দুগ্ধধবল

miller – [মিলার] *n.* a worker of amill মিলেব কর্মী

million – [মিলিয়ন] *n.* one thousand thousands. দশলক্ষ

millionaire – [মিলিয়নেয়ার] *n.* a very rich person. লাখপতি, ধনী

minimize – [মিনিমাইজ] *v. t.* to reduce to the smallest amount. ক্ষুদ্রায়িত করা

minimum – [মিনিমাম] *n.* the least amount. ন্যূনতম

minor – [মাইনর] *adj.* smaller, less, unimportant. ছোট, তুচ্ছ

miniority – [মাইনরিটি] *n.* state of being a minor. স্বল্পসংখ্যা নাবালকত্ব

minute – [মিনিট] *n.* very small, trifling, of little consequence, exact. মিনিট, পল

miracle – [মিরাকল] *n.* a marvel, natural event. অলৌকিক ঘটনা

miraculous – [মিরাকুলাস] *adj.* wonderful, surprising. অলৌকিক

mirror – [মিরর] *n.* a looking glass. দর্পন, আয়না

mirth – [মার্থ] *n.* joy, glee. আনন্দ, খুশী

misguide – [মিসগাইড] *v. t.* to lead into error. পথভ্রষ্ট

mislead – [মিসলিড] *v. t.* to lead, wrongly. পথভ্রষ্ট করা

mismanage – [মিসম্যানেজ] *v. t.* to manage wrongly. অব্যবস্থা করা

misplace – [মিসপ্লেস] *v. t.* to place in a wrong place. স্থানচ্যুত করা

misprint – [মিসপ্রিন্ট] *n.* mistake in printing. ছাপার ভুল; *v. t.* to print incorrectly. ভুল ছাপা

mistake – [মিসটেক] *v. t.* to understand wrongly. ভুল করা, ভ্রান্ত হওয়া

misunderstanding – [মিসআণ্ডারস্ট্যানডিং] *n.* misconception. ভ্রান্তি, ভুল বোঝাবুঝি

mockery – [মকারি] *n.* ridicule. ছল, হাস্যকর, নকল

modernity – [মডানিরিটি] *n.* the state of being modern. আধুনিকতা

moist – [ময়েস্ট] *adj.* damp, slightly wet. ভেজা

momentary – [মোমেন্টারি] *adj.* lasting for a moment. ক্ষণিক

morality – [মরালিটি] *n.* virtue. সততা, ন্যায়পরায়ণতা

moreover – [মোরওভার] *adv.* besides, in addition. এছাড়া, অধিকন্তু

morn – [মর্ন] *n.* poetical form of morning. সকাল

mortality – [মর্টালিটি] *n.* death, destruction. মরণশীলতা

mount – [মাউন্ট] *n.* a hill. পাহাড়; *v. t.* to rise, ascend. আরোহন করা

mourn – [মোর্ন] *v. t.* to lament. বিলাপ করা, শোকপ্রকাশ করা

movables – [মুভেবল] *n.* personal property. চলনশীল

movement – [মুভমেন্ট] *n.* change of position. গতি, চলন, চাল

muddy – [মাডি] *adj.* full of mud, dirty. কর্দমক্ত

multimillionaire – [মাল্টিমিলিয়নেয়র] *n.* a person with millions of money. ক্রোড়পতি, বিশাল ধনী

multitude – [মাল্টিচুড] *n.* a large number, a crowd. ভিড়, বিরাট সংখ্যায় জমায়েত

momentous – [মোমেন্টাস] *adj.* important. গুরুত্বপূর্ণ

Monday – [মণ্ডে] *n.* the second day of the week. সোমবার

mono – [মনো] *n.* in the sense of single, alone. একক

monogram – [মনোগ্রাম] *n.* two or more letters interwoven in a figure. স্বাক্ষরমুদ্রা

monologue – [মনোলগ] *n.* a speech spoken by one person alone. এককভাষণ

monopolize – [মনোপলাইজ] *v. t.* to obtain monopoly of. একাধিপত্য করা

monopoly – [মনোপলি] *n.* the sole right of dealing in any thing. একাধিপত্য

monotony – [মনোটনি] *n.* uniformity of tone, want of variety. স্বরসাম্য, একঘেয়েমি

monthly – [মান্থলি] *adj., adv.* & *n.* recurring every month. মাসিক

moody – [মুডি] *adj.* in ill humour. খেয়ালি

mum – [মাম] *adj.* silent. নিস্তব্ধ, মূক

murmur – [মারমার] *n.* a low indistinct sound, a complaint; *v. t.* to make a low continuous sound. বিড়বিড় করা

museum – [মিউজিয়াম] *n.* building where object of art and science are kept for show. যাদুঘর, সংগ্রহালয়

mushroom – [মাশরুম] *n.* a kind of plant fungus. উঁইফোড়, ছত্রাক

music – [মিউজিক] *n.* melody, pleasant sound. সঙ্গীত

musician – [মিউজিশিয়ান] *n.* one who is skilled in the practice of music. সেনা আন্দোলন

myself – [মাইসেলফ] *pron.* reflexive form of. আমি নিজে

mythology – [মাইথলজি] *n.* the science of myth. পুরাণ, শাস্ত্র

N

nab – [ন্যাব] *v. t.* to catch, to arrest. ধরা, আটকানো

nail – [নেল] *n.* a claw, a horny growth. নখ; *v. t.* to fasten with nail. পেরেক ঠোকা

naive – [নেইভ] *adj.* unaffected, simplicity. প্রাকৃতিক, সরল
naked – [ন্যাকেড] *adj.* bare. নগ্ন
namesake – [নেমসেক] *n.* one having the same name. অনুরূপ নামের, সমনাম
napkin – [ন্যাপকিন] *n.* a small cloth for wiping hand. তোয়ালে বিশেষ
narration – [ন্যারেশন] *n.* act of relating. বর্ণনা, কথন
narrow – [ন্যারো] *adj.* limited in size, of little width. সরু, সংকুচিত; *v. t. & i.* to make narrower. সংকুচিত করা
nationality – [ন্যাশনালিটি] *n.* patriotic sentiment. রাষ্ট্রীয়তা, জাতীয়তা
nationalise – [ন্যাশনালাইজ] *v. t.* to make national. রাষ্ট্রীয়করণ
naturally – [ন্যাচারালি] *adv.* accroding to nature. প্রাকৃতিক রূপে
nature – [ন্যাচার] *n.* innate character, the universe, essential qualities, natural disposition, kind. প্রকৃতি, বিশ্বচরাচর, প্রবৃত্তি, ধরণ
navigation – [নেভিগেশন] *n.* the act of navigating. নৌ পরিচালনা, জাহাজ চালনা
necessary – [নেসেস্যরি] *adj.* indispensable. আবশ্যক
necessity – [নেসিসিটি] *n.* imperative need, poverty. আবশ্যকতা, অভাব
needle – [নিডল] *n.* a sharp pointed piece of steel for sewing. সুঁই
negation – [নিগেশন] *n.* a denial, refusal. নিষেধ
neglect – [নেগলেক্ট] *v. t.* to have no care, to disregard, to leave undone. অবহেলা করা, অসাবধান হওয়া
negligence – [নেগলিজেন্স] *n.* carelessness. অবহেলা, অসাবধানী
negotiate – [নেগোশিয়েট] *v. t.* to manage, to exchange for value. নির্ধারিত করা, ব্যাবসা করা
negotiation – [নেগোশিয়েশন] *n.* transacting of business. দরাদরি, ব্যবসায়িক চুক্তি
neither – [নাইদার] *adv., conj. & pron.* not either. দুটোর মধ্যে কোনটাই নয়
nerveless – [নার্ভলেস] *adj.* useless, weak. দুর্বল, শক্তিহীন
net – [নেট] *adj.* free from all deductions. মোট, ছাড় ব্যতিরেকে
netting – [নেটিং] *n.* the act of forming a network. জাল তৈরির কাজ
neuter – [নিউটার] *adj.* neither masculine nor feminine. ক্লীব, নপুংসক [neuter gender – ক্লীবলিঙ্গ]
new – [নিউ] *n. adj.* fresh. নতুন নিউজ
news – [নিউজ] *n.* tidings. খবর, সংবাদ
nicely – [নাইসলি] *adv.* finely. অত্যন্ত সুন্দর ভাবে
nickname – [নিকনেম] *n.* an added name, a by name. উপনাম, ডাকনাম
niece – [নিস] *n.* a daughter of one's brother or sister. ভাগ্নী, ভাইঝি
nightingale – [নাইটিংগেল] *n.* a small singing bird. বুলবুল
nominee – [নমিনি] *n.* a designated person. মনোনীত ব্যক্তি
nonetheless – [ননদিলেস] *adv.* never the less. তথাপি
noon – [নুন] *n.* midday. দুপুর; *adj.* pertaining to noon দুপুর-সম্বন্ধীয়
normality – [নরমালিটি] *n.* regularity. নিয়মিততা
norhtward – [নর্থওয়ার্ড] *adj.* towards the north. উত্তর দিকে, উত্তরাভিমুখে
notable – [নোটেবল] *n.* a famous person or thing. উল্লেখযোগ্য
noteworthy – [নোটওয়ার্দি] *adj.* remarkable. উল্লেখনীয়
numerous – [নিউমারাস] *adj.* many in numbers. অনেক
nun – [নান] *n.* a woman who leads a religious secluded life. পুজারিণী, সন্ন্যাসিনী
novelty – [নভেলটি] *n.* some thing unusual. নতুনত্ব
nowhere – [নোহোয়্যার] *adv.* not anywhere. কোথাও নয়
numberless – [নাম্বারলেস] *adj.* countless. অসংখ্য
nursery – [নার্সারি] *n.* a room for infants, a place where trees and plants are reared. শিশুপালন কেন্দ্র, চারাবাগিচা
nurture – [নারচার] *n.* training. not anywhere. পালন, পোষণ; *v.t.* train, to nourish. পালন করা, পোষণ করা
nutrition – [নিউট্রিশন] *n.* act or process of nourishing, food. পুষ্টি, পোষণ
nut – [নাট] *n.* the fruit of a tree, a wooden or iron piece with screw. সুপারি, বাদাম, নাট-বল্টু; *v. t.* to gather. একত্র করা

O

oath – [ওথ] *n.* a solemn affirmation to God. শপথ
obedience – [ওবিডিয়েন্স] *n.* submission to another's rule. বিনয়, আজ্ঞাপালন
object – [অবজেক্ট] *n.* end purpose, a thing which one causes or feels. উদ্দেশ্য, প্রয়োজন, কর্ম
objectionable – [অবজেকশনেবল] *adj.* disagreeable, unpleasant. আপত্তিজনক
oblique – [অবলিক] *adj.* slanting. বাঁকা, তেরছা
obscene – [অবসিন] *adj.* indecent, lewd. অশ্লীল, নোংরা
observer – [অবজাভারি] *n.* one who observes. নিরীক্ষক
obstacle – [অবস্টাকল] *n.* an impediment, a hinderance. বাধা, প্রতিবন্ধ
obstruction – [অবস্ট্রাকশন] *n.* persistent opposition. প্রতিবন্ধক, বাধা
obtain – [অবটেন] *v. t. & i.* to get, to gain, to prevail. প্রাপ্ত হওয়া, পাওয়া
obviously – [অবভিয়াসলি] *adv.* clearly, evidently. স্পষ্টতঃ
occasional – [অকেশনাল] *adj.* occurring at times. কখনও কখনও ঘটে এমন
occupation – [অকুপেশন] *n.* employment, business, possession. পেশা, ব্যবসায়
occurrence – [অকারেন্স] *n.* an incident. ঘটনা
ocean – [ওশন] *n.* the main body of water on the earth. সমুদ্র, সাগর
ochre – [ওকর] *n.* a kind of pale yellow clay and its colour. গেরুয়া রং
odd – [অড] *adj.* not even, strange, peculiar. আশ্চর্য, বিষম; at odds, in disagreement. বিরোধ; odds and ends. খুচরো
odorous – [অডরাস] *adj.* fragrant. সুগন্ধিত
odour – [অডর] *n.* smell, perfume. সুগন্ধ
of – [অফ] *prep.* -র
off – [অফ] *adj. & adv.* away farther. দূরের
[off hand – বিনা প্রস্তুতিতে]
[well off – ধনী
offensive – [অফেনসিভ] *adj.* hateful, disgusting. অপ্রীতিকর, বিরক্তিকর
offering – [অফারিং] *n.* a gift, a sacrifice. উপহার, বলি
official – [অফিসিয়াল] *n. & adj.* relating to an office. অফিস সম্বন্ধীয়
oil-painting – [অয়েল পেইন্টিং] *n.* a painting in oil colours. তৈলচিত্র
ointment – [অয়েন্টমেন্ট] *n.* a greasy substance used for applying on wounds. মলম, প্রলেপ
omission – [অমিশন] *n.* failure, neglect. ভুল, ছুট
omnipotent – [অমনিপোটেন্ট] *adj.* almighty. সর্বশক্তিমান
omniscient – [অমনিসেন্ট] *adj.* all knowing. ত্রিকালদর্শী, সর্বজ্ঞ
omnipresence – [ওমনিপ্রেজেন্স] *n.* presence everywhere. সর্বব্যাপকতা
onwards – [অনওয়ার্ডস] *adv.* towards the front. অভিমুখে, দিকে
opaque – [ওপেক] *adj.* not transparent, not able to be seen through. অস্বচ্ছ
operator – [অপারেটর] *n.* one who operates. পরিচালক, চালক
opinion – [ওপিনিয়ন] *n.* belief, notion, idea. রায়, বিচার
opportunity – [অপরচুনিটি] *n.* chance, favourable time or occasion. সুযোগ
oppose – [অপোস] *v. t.* to speak or act against, to resist. বিরোধ করা
opposite – [অপোজিট] *adj.* adverse, contrary. প্রতিকূল
optimism – [অপটিমিজম] *n.* hopefulness. আশাবাদ
optional – [অপশনাল] *adj.* according to one's choice. বৈকল্পিক
oral – [ওরাল] *adj.* spoken, verbal. মৌখিক

orator – [ওরেটর] *n.* a good public speaker. বক্তা

ordinarily – [অর্ডিনারিলি] *adv.* usually. সাধারণভাবে

organization – [অর্গ্যানাইজেশন] *n.* act of organizing, structure. প্রতিষ্ঠান

oriental – [ওরিয়েন্টাল] *n.* eastern, eastern country. *adj.* প্রাচ্য, পূর্বদেশ

ornament – [অর্নামেন্ট] *n.* a thing that adorns. গহনা

orphan – [অরফ্যান] *n.* a parentless child. অনাথ

otherwise – [আদারওয়াইজ] *adv.* in another manner. অন্যথা

ought – [অট] *v. aus.* to be bound in duty, to need to be done. বাধ্য হওয়া

our – [আওয়ার] *pron.* belonging to us. আমাদের

ours – [আওয়ারস] *pron.* belong to us. আমাদের

outcome – [আউটকাম] *n.* result. ফল, পরিণাম

outdoor – [আউটডোর] *adj.* outside the house. বাইরের

outing – [আউটিং] *n.* excursion. বহির্ভ্রমণ

outline – [আউটলাইন] *n.* boundary line, a description. রূপরেখা

output – [আউটপুট] *n.* product, the quantity prepared at a time. উৎপাদন

outrage – [আউটরেজ] *v. t.* to insult, to ravish. অপমান করা, প্রকাশ্যে করা

outright – [আউটরাইট] *adv.* completely. পুরোপুরি ভাবে

outrun – [আউটরান] *v. i.* to pass the line. সীমা অতিক্রম করা

outsider – [আউটসাইডার] *n.* a person outside a special class. বহিরাগত

outstanding – [আউটস্ট্যাণ্ডিং] *adj.* prominent, unpaid. প্রমুখ, বিশেষ

outward – [আউটওয়ার্ড] *adj.* exterior. বহির্মুখী

outwit – [আউটউইট] *v. t.* to defeat by superior wisdom. বুদ্ধিতে পরাজিত করা

overact – [ওভারএ্যাক্ট] *v. t.* to act too much. অধিক কাজ করা

overbid – [ওভারবিড] *v. t.* to offer more than value. অধিক দাম দেওয়া, [নীলামে] দাম বেশী লাগানো

overhear – [ওভারহিয়ার] *v. t.* to hear stealthily. লুকিয়ে শোনা

overlook – [ওভারলুক] *v. t.* to see carelessly, to neglect, to look over অসাবধান ভাবে দেখা, অবহেলা করা,

overnight – [অভারনাইট] *adv.* on the preceding night. রাতা রাতি

oversight – [ওভারসাইট] *n.* a mistake. ভুল, ভ্রান্তি

overstate – [ওভারস্টেট] *v. t.* to exaggerate. বাড়িয়ে বলা

overtake – [ওভারটেক] *v. t.* to follow and catch. ধাওয়া করে ধরা

overtop – [ওভারটপ] *v. t.* to rise above the top of. শিখরা রোহণ করা

overwieght – [ওভারওয়েট] *n.* excessive weight. অধিক ভার

overwhelm – [ওভারহোয়েল্ম] *v. t.* to win, to conquer, to overpower. অধিকার করা

ownership – [ওনারশিপ] *n.* possession. অধিকার

ox – [অক্স] *n.* bull. বলদ

oxygen – [অক্সিজেন] *n.* gas in atmosphere essential to life. অক্সিজেন, অম্লজান

P

pabulum – [পেবুল্যম] *n.* food. খাদ্য

pace – [পেস] *n.* single step. গতি; *v. t. & i.* to walk, to regulate speed. গতিনিয়ন্ত্রণ করা

pacify – [প্যাসিফাই] *v. t.* to calm. শান্ত করা

package – [প্যাকেজ] *n.* a small bundle. ছোট গাঁট

painting – [পেইনটিং] *n.* a painted picture. চিত্র, চিত্রাঙ্কন

palace – [প্যালেস] *n.* royal residence, stately mansion. প্রাসাদ, রাজমহল

palm – [পাম] *n.* the inner surface of the hand. হাতের তালু

palm – [পাম] *n.* a tree. তালগাছ

palmist – [পামিস্ট] *n.* one versed in palmistry. হস্তরেখা-বিজ্ঞানী

palpitation – [প্যালপিটেশন] *n.* throbbing. কম্পন, স্পন্দন

panacea – [প্যানাসিয়া] *n.* cure for all ills, universal remedy. সর্বরোগহর ঔষধি

panner – [প্যানার] *n.* a general fault finder. ছিদ্রান্বেষী

pantaloon – [প্যান্টালুন] *n.* trousers. প্যান্ট, পায়জামা

paper – [পেপার] *n.* material used for writing. কাগজ

parable – [প্যারাবল] *n.* a proverb. রূপক

paraffin oil – [প্যারাফিন অয়েল] *n.* refined petroleum. শুদ্ধ পেট্রোলিয়াম

paragon – [প্যারাগন] *n.* a perfect pattern. আদর্শ, নিখুঁত

parallel – [প্যারালাল] *adj.* similar. সমান্তরাল; *v. t.* to equal. সমান্তরাল করা

paralysis – [প্যারালাইসিস] *n.* a total or partial loss of motion. পক্ষাঘাত

paramount – [প্যারামাউন্ট] *adj.* supreme, chief. সর্বোচ্চ, প্রধান

parasite – [প্যারাসাইট] *n.* at flatter. পরজীবী

parliamentarian – [পারলিয়ামেন্টারিয়ান] *n.* member of Parliament, an orater. সংসদ, বক্তা

parody – [প্যারডি] *n.* a comical imitation. লালিকা গানের নকল; *v. t.* to imitate rediculously. হাস্যকরভাবে নকল করা

parity – [প্যারিটি] *n.* equality. সমানতা, অনুকপতা

paronym – [প্যারনিম] *n.* words alike in sound but different in spelling. সমোচ্চারিত শব্দ

partiality – [পারশিয়ালিটি] *n.* a tendency to favour. পক্ষপাত

participate – [পারটিসিপেট] *v. i.* to have a part in. অংশগ্রহণ করা

participation – [পার্টিসিপেশন] *n.* the sharing in common with other. অংশগ্রহণ

particle – [পারটিক্যাল] *n.* a very small part. কণা, ক্ষুদ্র অংশ

particular – [পারটিকুলার] *adj.* special, careful. বিশেষ, মুখ্য

particularity – [পারটিকুলারিটি] *n.* exactness. বিবরণ

particularly – [পারটিকুলারলি] *adv.* in detail. বিশদভাবে

partner – [পার্টনার] *n.* a sharer. অংশীদার

partnership – [পার্টনারশিপ] *n.* joint ownership. অংশীদারী

pass-book – [পাস-বুক] *n.* a bankers book. ব্যাঙ্কে টাকা পয়সার হিসাব রাখার খাতা

passenger – [প্যাসেঞ্জার] *n.* a traveller in a public vehicle. যাত্রী

passion – [প্যাশন] *n.* deep feeling. ভাবাবেগ, যৌনাবেগ

passionate – [প্যাশনেট] *n.* easily moved to nager, moved by strong emotions. আবেগী, ক্রোধী, প্রবল উচ্ছ্বাসী

pastime – [পাসটাইম] *n.* recreation. আমোদপ্রমোদ, খেলা-ধুলা

patent – [পেটেন্ট] *n.* permit given by Government. পেটেন্ট, সরকারি আজ্ঞাবিশেষ

paternal – [প্যাটারনাল] *adj.* fatherly. পৈত্রিক

path – [পাথ] *n.* a foot-way. পথ, রাস্তা

patience – [পেশেন্স] *n.* calmness, endurance. ধৈর্য্য; *adj.* perserving. ধৈর্য্যশীল

patient – [পেশেন্ট] *n.* a person under medical treatment. রোগী

patricide – [প্যাট্রিসাইড] *n.* murder of father. পিতৃহত্যা

patriotism – [প্যাট্রিটিজম] *n.* love of one's own country. স্বদেশপ্রেম

patron – [প্যাট্রন] *n.* protector. পৃষ্ঠপোষক

pattern – [প্যাটার্ন] *n.* model. ধরণ, বিশেষ রূপ

payable – [পেয়েবল] *adj.* due. দেয়, দায়.

payee – [পেয়ি] *n.* one to whom money is paid. প্রাপক, পাওনাদার

payer – [পেয়ার] *n.* one who pays. দাতা

payment – [পেমেন্ট] *n.* act of paying. পরিশোধ, বেতন, দেয় মুদ্রা

peacemaker – [পিসমেকার] *n.* one who makes peace. শান্তি স্থাপক

peacock – [পিকক] *n.* a kind of bird. ময়ূর

pearl – [পার্ল] *n.* a substance formed within the shell of an oyster. মুক্তা

pearly – [পার্লি] *adj.* resembling pearls. মুক্তাসদৃশ

peasant – [পিজেন্ট] *n.* a rustic, farmer. কৃষক,চাষী

peasantry – [পিজেন্ট্রি] *n.* peasants. কৃষিকার্য

peculiar – [পিক্যুলিয়র] *adj.* strange বিচিত্র, উদ্ভট

pedant – [পেডেন্ট] *n.* who makes, show of learning. পাণ্ডিত্য প্রকাশক

penal – [পেনাল] *adj.* pertaining to the punishment. শাস্তি সম্বন্ধীয়

penalize – [পেনালাইজ] *v. t.* to lay under a penalty. শাস্তি দেওয়া

penance – [পিন্যান্স] *n.* art of self mortification. তপস্যা

penetrate – [পেনিট্রেট] *v. t. & i.* to pierce into. প্রবেশ করা

penetration – [পেনিট্রেশন] *n.* act of piercing, insight. প্রবেশ করুন

penguin – [পেঙ্গুইন] *n.* a kind of polar fowl. মেরুপ্রদেশের পক্ষীবিশেষ

pension – [পেন্সন] *n.* a payment after retirement. অবসর ভাতা

pensionable – [পেন্সনেবল] *adj.* able to obtain pension. পেনশন পাওয়ার যোগ্য

peonage – [পিয়নেজ] *n.* service. চাকরি

permbulator – [পেরাম্বুলেটর] *n.* a child's carriage. শিশুদের গাড়ি

percept – [পারসেপ্ট] *n.* mental product. কল্পনা

percentage – [পারসেন্টেজ] *n. a child's carriage.* শতকরা, হার

perfect – [পারফেক্ট] *adj.* complete, exact. সম্পূর্ণ, নিখুঁত

perfection – [পারফেকশন] *n.* faultless. সম্পূর্ণতা, নিখুঁত ভাব

perfumery – [পারফিউমারি] *n.* perfumes in general. সুগন্ধদ্রব্য

perhaps – [পারহ্যাপস] *adv.* possibly. সম্ভবতঃ

period – [পিরিয়ড] *n.* age, a portion of time. সময়, কালসীমা

periodic [al] – [পিরিয়ডিক] *n.* happening at regular interval of time. যকলিষ, নির্দিষ্ট সময়ান্তরে সংঘটিত

perish – [পেরিশ] *v. i.* to die, to decay. ধ্বংস হওয়া, মারা যাওয়া

perishable – [পেরিশেবল] *adj.* liable to perish. ধ্বংস হওয়ার যোগ্য, মারা যাওয়ার যোগ্য,

permanent – [পারমানেন্ট] *adj.* lasting. স্থায়ী

permissible – [পারমিসিবল] *adj.* allowable. অনুমতিযোগ্য

permission – [পারমিশন] *n.* leave, consent. আজ্ঞা, অনুমতি

permissive – [পারমিসিভ] *adj.* allowing. অনুমতি দানকারী

permit – [পারমিট] *n.* a written permission. আজ্ঞাপত্র, আজ্ঞা দেওয়া

permittance – [পারমিটেন্স] *n.* allowance. আজ্ঞা, প্রবেশ

perpetual – [পারপেচুয়াল] *adj.* everlasting. চিরায়ত

perpetuation – [পারপেচুয়েশন] *n.* continuity. স্থিরতা

perplex – [পারপ্লেক্স] *v. t.* to puzzle. হতবুদ্ধি করা, বিচলিত করা

perplexity – [পারপ্লেক্সিটি] *n.* puzzled state. হতপ্রভ ভাব, বিচলন

persevere – [পারসার্ভেয়র] *v. t.* to persist, to try again & again. বার বার চেষ্টা করা

personnel – [পার্সনেল] *n.* the persons employed in public service. কর্মচারীবৃন্দ

perturbed – [পারচার্বড] *adj.* agitated. ব্যাকুল

perusal – [পার্সুয়াল] *n.* careful reading. অধ্যয়ন

pervert – [পারভার্ট] *v. t.* to turn from right course. বিকৃত, বিচ্যুত

pessimism – [পেসিমিজম] *n.* looking at the worst of things. নেতিবাদ

petticoat – [পেটিকোট] *n.* garment worn by lady. সায়া, পেটিকোট

phantasm – [ফ্যান্টাজম] *n.* an illusion. দৃষ্টিভ্রম

pharmacy – [ফার্মেসি] *n.* art of preparing medicine. ভেষজ-বিদ্যা

phenomenon – [ফেনোমেনন] *n.* anything remarkable. কোনও উল্লেখ্য ঘটনা

philology – [ফিললজি] *n.* the study of languages. ভাষাবিজ্ঞান

philosopher – [ফিলসফার] *n.* expert in philosophy. দার্শনিক

phone – [ফোন] *n.* telephone. টেলিফোন

photography – [ফোটোগ্রাফি] *n.* the art of producing pictures by photographic camera. আলোচিত্র বিদ্যা

physical – [ফিজিকাল] *adj.* pertaining to physics, bodily. ভৌতিক, শারীরিক

physician – [ফিজিসিয়ান] *n.* a doctor of medicines. চিকিৎসক

pickle – [পিকল] *n.* vegetable preserved. আচার, মোরব্বা

pickpocket – [পিকপকেট] *n.* one who steals from another's pocket. পকেটমার

pictorial – [পিকটরিয়াল] *adj.* of pictures. সচিত্র

picture – [পিকচার] *n.* a beautiful object, a visible image. চিত্র

picturesque – [পিকচেরেস্ক] *adj.* vivid, effective like picture. চিত্রময়

pierce – [পিয়ার্স] *v. t. & i.* to thrust into. ছিদ্র করা

pilgrim – [পিলগ্রিম] *n.* one who goes to holy places. তীর্থযাত্রী

pilgrimage – [পিলগ্রিমেজ] *n.* journey to holy places. তীর্থযাত্রা

pillow – [পিলো] *n.* a soft cushion for the head. বালিশ; *v. t.* to lay on pillow. বালিশে ভর করা

pinch – [পিঞ্চ] *v. t. & i.* to nip, to urge, to distress. কষ্ট দেওয়া

Pisces – [পিসিজ] *n.* fish, the twelfth sign of zodiac. মীনরাশি

pitcher – [পিচার] *n.* a vessel for carrying liquids. কলসি

pitiful – [পিটিফুল] *adj.* full of pity. দয়ালু, দয়াবান

pity – [পিটি] *adj.* compassion. দয়া; *v. t.* to have pity. দয়া করা

plaintiff – [প্লেনটিফ] *n.* one who commences action at law. বাদী, ফরিয়াদী

plan – [প্লান] *n.* scheme, map, drawing, project, design. যোজনা, নকশা, যুক্তি

plane – [প্লেন] *n.* a flat level surface. সমতল

playfellow – [প্লেফেলো] *n.* play mate. সহ খেলাড়ি, সাথী

pleasant – [প্লেজেন্ট] *adj.* agreeable. মনোরম

pleasure – [প্লেজার] *n.* satisfaction, delight. সুখ, আনন্দ

pledge – [প্লেজ] *n.* promise. প্রতিজ্ঞা; *v. t.* to pawn. বাঁধা রাখা

plenty – [প্লেন্টি] *n.* quite enough. যথেষ্ট, অনেক

plot – [প্লট] *n.* a plan, a piece of ground. যোজনা, ভুখণ্ড; *v. t.* to conspire. ষড়যন্ত্র করা

plural – [প্লুরাল] *adj.* consisting more than one. অনেক, বহুবচন

pocketful – [পকেটফুল] *n.* as much as a pocket can hold. পকেটভর্তি

poetry – [পোয়েট্রি] *n.* poems. কবিতা

policy – [পলিসি] *n.* statecraft. নীতি, নির্দেশ

poisonous – [পয়জনাস] *adj.* full of poison. বিষাক্ত

politeness – [পোলাইটনেস] *n.* courtesy. বিনয়

politics – [পলিটিক্স] *n.* science of government, strife of parties. রাজনীতি

politician – [পলিটিশিয়ান] *n.* one versed in politics. রাজনীতিবিদ

pollute – [পলিউট] *v. t.* to defile. নষ্ট করা, কলুষিত করা

pollution – [পলিউশন] *n.* defilement. প্রদূষণ

polygon – [পলিগন] *n.* a five sided figure. পঞ্চভূজ

pomade – [পমেড] *n.* a perfumed ointment for hair. সুগন্ধিত, কেশপ্রসাধন

pompous – [পম্পাস] *adj.* splendid, showy. জমকালো, দেখানো

ponder – [পণ্ডার] *v. t.* to think, meditate. চিন্তা করা, অনুধ্যান করা

poorness – [পুওরনেস] *n.* poverty, lack of good quality. দারিদ্র, গুণের অভাব

popularity – [পপুলারিটি] *n.* state of being liked or admired. জনপ্রিয়তা

population – [পপুলেশন] *n.* the people of a country. জনসংখ্যা

portable – [পোর্টেবল] *adj.* movable, light. বহনযোগ্য, হাল্কা

portfolio – [পোর্টফোলিও] *n.* a portable case for keeping loose papers, office of a minister of state. ব্যাগ, কার্যভার, মন্ত্রীত্ব

portrait – [পোর্ট্রেট] *n.* a photograph. চিত্র, আলোকচিত্র

positively – [পজিটিভলি] *adv.* in a positive manner. নিশ্চিত ভাবে

possession – [পজেশন] *n.* state of owning. অধিকার

possibly – [পসিবলি] *adv.* perhaps. সম্ভবতঃ

postal – [পোস্টাল] *adj.* connected with post. ডাকসম্বন্ধীয়

poster – [পোস্টার] *n.* a placard. বিজ্ঞাপন, ইস্তাহার

post-date – [পোস্ট-ডেট] *v. t.* to put on date after the actual time of writing. লেখার তারিখের পরবর্তী তারিখ দেওয়া

post-mortem – [পোস্ট মর্টেম] *adj.* examination after death. ময়নাতদন্ত

postpone – [পোস্টপন] *v. t.* to adjourn, to delay. মুলতুবী করা

potency – [পোটেন্সি] *n.* power. শক্তি

poverty – [পোভার্টি] *n.* the state of being poor. দারিদ্র্য

practicable – [প্র্যাকটিকেবল] *adj.* that may be carried out. ব্যবহারিক, সাধ্য

practical – [প্র্যাকটিকাল] *adj.* relating to practice. ব্যবহারিক, অভ্যাসসাধ্য

practise – [প্র্যাকটিস] *v. i. & t.* to put in practice. অভ্যাস করা

praying – [প্রেয়িং] *n.* the act of praying. প্রার্থনা

preach – [প্রিচ] *v. t. & i.* to advocate, to deliver sermon. উপদেশ বিতরণ করা

precede – [প্রিসিড] *v. i.* to go before in time or rank. পূর্বে হওয়া

precious – [প্রিসিয়াস] *adj.* costly, dear. বহুমূল্য

precis – [প্রেসি] *n.* brief summary. সারাংশ

precise – [প্রিসাইজ] *adj.* exact. সংক্ষেপ, ঠিকঠিক

predicate – [প্রেডিকেট] *n.* that is affirmed. বিধেয়

pre-existence – [প্রি-এক্সিসটেন্স] *n.* existing beforehand. পূর্ব-জীবন

preface – [প্রিফেস] *n.* an introduction to a book. ভূমিকা; *v. t.* to make introductory remarks. ভূমিকা লেখা

prefix – [প্রিফিক্স] *n.* a particle placed before a word. উপসর্গ

pregnancy – [প্রেগন্যান্সি] *n.* state of being pregnant. গর্ভাবস্থা

prejudice – [প্রেজুডিস] *n.* an unreasonable bias. পক্ষপাত, অবধারণা

premature – [প্রিম্যাচিওর] *adj.* done or happening too soon. অপরিপক্ক

prematurity – [প্রিম্যাচুরিটি] *n.* happening, untimely. অপরিপক্কতা

premier – [প্রিমিয়ার] *n.* chief. মুখ্য, প্রধান

preparation – [প্রিপারেশন] *n.* previous arrangement. প্রস্তুতি

prescription – [প্রেসক্রিপশন] *n.* medicine prescribed. ব্যবস্থাপত্র

preservation – [প্রিজার্ভেশন] *n.* act of keeping safe. সংরক্ষণ

preside – [প্রিসাইড] *v. t.* to have control over. অধ্যক্ষতা করা

presidency – [প্রেসিডেন্সি] *n.* the office of a president. অধ্যক্ষপদ, রাষ্ট্রপতিত্ব

pressure – [প্রেশার] *n.* force, compulsion. চাপ

prestige – [প্রেসটিজ] *n.* high reputation, influence on account of past success. গৌরব, প্রতিষ্ঠা

prevention – [প্রিভেন্সন] *n.* obstruction. বাধা, প্রতিবন্ধক

priceless – [প্রাইসলেস] *adj.* invaluable. অমূল্য

pride – [প্রাইড] *n.* sell esteem. পর্ব; *v. t.* to take pride in. গর্ব করা

primitive – [প্রিমিটিভ] *adj.* ancient. আদিম

principal – [প্রিন্সিপাল] *adj.* main, chief. মুখ্য;*n.* head of a college. কলেজ প্রধান

principle – [প্রিন্সিপল] *n.* a fundamental rule or truth. মূল সিদ্ধান্ত

priority – [প্রায়রিটি] *n.* precedence. প্রাথমিকতা

prioner – [প্রিজনার] *n.* criminal, one confined in a prison. বন্দী, কয়েদি

privacy – [প্রাইভেসি] *n.* aseclusion. গোপনীয়তা

privilege – [প্রিভিলেজ] *n.* monopoly. বিশেষাধিকার; *v. t.* to bestow special right. বিশেষ অধিকার দেওয়া

probability – [প্রোবাবলিটি] *n.* likelihood. সম্ভাবনা

probation – [প্রোবেশন] *n.* a test. শিক্ষানবীশী

probe – [প্রোব] *v. i.* to search into. অনুসন্ধান করা

procedure – [প্রোসিডিওর] *n.* manner of legal action. নিয়ম, বিধি

proceeding – [প্রোসিডিং] *n.* course of action. কার্যবাহিতা

process – [প্রসেস] *n.* summons, writ, method, course, state of going on. রীতি, নীতি প্রণালি

procession – [প্রসেসন] *n.* a number of persons proceeding in orderly succession. শোভাযাত্রা

proclamation – [প্রোক্লামেশন] *n.* notice to the public. ঘোষণা

producer – [প্রোডিউসার] *n.* generator. প্রযোজক

product – [প্রোডাক্ট] *n.* a result, yield. ফল, উৎপাদন

production – [প্রোডাকশন] *n.* the act of producing. উৎপাদন, প্রস্তুতি

professional – [প্রফেশনাল] *adj.* pertaining to a profession. পেশাদারি

profitable – [প্রফিটেবল] *adj.* useful. লাভজনক

profound – [প্রোফাউণ্ড] *adj.* very deep, mysterious. গভীর, প্রগাঢ়

progress – [প্রগ্রেস] *n.* improvement, increase. অগ্রগতি, উন্নতি; *v. t.* to advance, to improve. অগ্রসর হওয়া, উন্নতি করা

progressive – [প্রগ্রেসিভ] *adj.* advancing. প্রগতিশীল

prohibition – [প্রহিবিশন] *n.* the act of forbidding. নিষেধ

project – [প্রোজেক্ট] *n.* a plan of purpose. যোজনা; *v. t. & i.* to plan. পরিকল্পনা করা

prologue – [প্রোলগ] *n.* a preface. প্রস্তাবনা

prominent – [প্রমিনেন্ট] *adj.* famous. বিশিষ্ট, প্রসিদ্ধ

pronoun – [প্রোনাউন] *n.* a word used in place of a noun. সর্বনাম

pronounce – [প্রোনাউন্স] *v. t. & i.* to utter. উচ্চারণ করা

proof – [প্রুফ] *n.* test, evidence, demonstration, impression taken for correction. প্রমাণ, পরীক্ষা, ছাপার প্রুফ

propagate – [প্রোপাগেট] *v. t.* to increase, to spread. প্রচারিত করা, প্রসারিত করা

property – [প্রোপার্টি] *n.* wealth, attribute. সম্পত্তি, গুণ

prophet – [প্রফেট] *n.* a foreteller. ভবিষ্যৎবক্তা

proposal – [প্রোপোজাল] *n.* a shceme. প্রস্তাব

propose – [প্রোপোজ] *v. t. & i.* to offer, to plan. প্রস্তাব করা

proposition – [প্রোপোজিশন] *n.* a formal statement. প্রস্তাব

proprietor – [প্রপ্রাইটর] *n.* owner. মালিক, সত্ত্বধারী

propriety – [প্রোপ্রাইটি] *n.* fitness, rightness, good character. যোগ্যতা, শুদ্ধচরিত্র, ঔচিত্য

prose – [প্রোজ] *n.* nonmetrical form of speech. গদ্য; *v. i.* to talk in prose. গদ্যভাষায় বার্তালাপ করা

prosper – [প্রোস্পার] *v. i.* to thrive. সফল হওয়া

prosperity – [প্রোস্পারিটি] *n.* flourishing state. সমৃদ্ধি

prostitute – [প্রস্‌টিটিউট] *n.* a harlot. বেশ্যা, নগরবধূ

protein – [প্রোটিন] *n.* an albuminoid. প্রোটিন, পুষ্টিকারক রাসায়নিক পদার্থ

prototype – [প্রোটোটাইপ] *n.* a model. নমুনা, আদর্শ

protrude – [প্রোট্রুড] *v. i. & t.* to project, to thrust out. বহিরোদ্গম

provocation – [প্রোভোকেশন] *n.* act of provoking. উত্তেজনা

provoke – [প্রোভোক] *v. t.* to excite. উত্তেজিত করা

prudence – [প্রুডেন্স] *n.* foresight, wisdom. দূরদর্শিতা, বুদ্ধিমত্তা

prudent – [প্রুডেন্ট] *adj.* wise, oresighted. দূরদর্শী, বুদ্ধিমান

pseudo – [সিউডো] *prefix.* false, deceptive. মিথ্যা, কৃত্রিম

pseudonym – [সিউডোনিম] *n.* a fictitious name. উপনাম

publication – [পাব্লিকেশন] *n.* the act of making known publicly. প্রকাশন

publicity – [পাব্লিসিটি] *n.* the state of being public. প্রচার, জনপ্রসিদ্ধি

pun – [পান] *n.* a play of words. বহুঅর্থবোধক শব্দ, শ্লেষ, বাক্যালংকার; *v. t.* to make use of puns. শ্লেষ প্রয়োগ করা

punctual – [পাঙ্কুয়াল] *adj.* exact as to time. সময়ানুগ

punctuality – [পাঙ্কুয়ালিটি] *n.* extreme exactness of time. সময়ানুবর্তিতা

punctuation – [পাঙ্কুয়েশন] *n.* the act of dividing sentence by marking. বিরামচিহ্ন

punish – [পানিশ] *v. t.* to chastise. শাস্তি দেওয়া

punishment – [পানিশমেন্ট] *n.* penalty imposed for an offence. শাস্তি

purchase – [পারচেস] *v. t.* to buy. কেনা, কেনাকাটা করা

purgatory – [পার্গেটরি] a place of spiritual purification. পাপ স্খালনস্থান

purification – [পিউরিফিকেশন] *n.* the act of purifying. শুদ্ধিকরণ

puritan – [পিউরিটান] *n.* a person professing strict purity. সাত্ত্বিক

purpose – [পারপাস] *n.* idea or aim. অভিপ্রায়

purposely – [পার্পাসলি] *adv.* idea or aim. জেনেশুনে

pursuance – [পারসুয়েন্স] *n.* following after. অনুসরণ

pursue – [পারস্যু] *v. t.* to aim at, to follow. অনুসরণ করা

puzzle – [পাজল] *n.* a riddle, a difficult problem. কূটপ্রশ্ন, হেঁয়ালি; *v. t.* to bewilder. বিভ্রান্ত করা

pyorrhoea – [পায়রিয়া] *n.* discharge of pus from the gums. দাঁতের রোগ

pygmy – [পিগমি] *n.* dwarf. বামন, পিগমি

Q

Q-boat – [কিউ বোট] *n.* a warship disguised as a merchant ship. একপ্রকারের যুদ্ধজাহাজ

quadrate – [কোয়াড্রেট] *v. t.* to make square. চতুষ্কোণ তৈরী করা

quail – [কোয়েল] *n.* a small bird. তিতির; *v. t.* to fear, to lose heart. ভয়ে কাঁপা

qualification – [কোয়ালিফিকেশন] *n.* thing that qualifies. যোগ্যতা

qualified – [কোয়ালিফাইড] *adj.* modified. যোগ্য

qualify – [কোয়ালিফাই] *v. t.* to modify. যোগ্য করা

quality – [কোয়ালিটি] *n.* rank, virtue. গুণ

qualmish – [কোয়ামিশ] *adj.* affected with nausea. বমন উদ্রেককারী

quarrel – [কোয়ারেল] *n.* angry dispute, ঝগড়া; *v. i.* to dispute, to find fault with. ঝগড়া করা [quarrelled – p.t. & p.p.] [quarrelling – present participle.]

quarrelsome – [কোয়ারেলসাম] *adj.* irritable. ঝগড়াটে

quarry – [কোয়ারি] *n.* a place where stones are dug out. পাথর খাদ; *v. i.* to dig stones from quarry. খনি থেকে পাথর ওঠানো

quarterly – [কোয়ার্টালি] *adj., adv. & n.* once a quarter. ত্রৈমাসিক

quarto – [কোয়ার্টো] *n.* a book consisting of sheets folded in four parts. আটপেজি

quasi – [কোয়াসি] *adv.* as if, almost. প্রায়

queenly – [কুইনলি] *adj.* like a queen. রানীসুলভ

quell – [কোয়েল] *v. i.* to suppress, to quiet. দমন করা

quench – [কোয়েঞ্চ] *v. t.* to slake, to satisfy thirst, to put out fire. তৃষ্ণা মেটানো

querry – [কোয়ারি] *n.* a question. অনুসন্ধান, খোঁজখবর; *v. t.* to doubt. প্রশ্ন করা, সন্দেহ করা

quest – [কোয়েস্ট] *n.* a search. জিজ্ঞাসা; *v. i. & t.* to make a search for. খোঁজা

questionable – [কোয়েশ্চেনেবল] *adj.* doubtful. সন্দেহযোগ্য

questioner – [কোয়েশ্চেনর] *n.* one who asks questions. প্রশ্নকর্তা

questionnaire – [কোয়েশ্চেনেয়ার] *n.* list of questions drawn for gathering information. প্রশ্নাবলী

queue – [কিউ] *n.* a line of persons. পংক্তি

quinine – [কুইনিন] *n.* a drug obtained from the cinchona tree. কুইনাইন

quit – [কুইট] *v. t.* to leave, to repay. ত্যাগ করা

quite – [কোয়েট] *adv.* altogether. সম্পূর্ণরূপে

quiver – [কুইভার] *v. t.* to shake. কাঁপা

quiz – [কুইজ] *n.* a general knowledge test, one given to quizzing. প্রশ্নোত্তর

quorum – [কোরাম] *n.* number required for a valid meeting. সভাচালনার জন্য প্রয়োজনীয় সভ্য সংখ্যা

quota – [কোটা] *n.* part, share. ভাগ, অংশ

quotation – [কোটেশন] *n.* that which is qquoted, current price. উদ্ধৃতি, প্রচলিত মূল্য

quote – [কোট] *v. t.* to repeat words, to refer, to state price. গ্রন্থ থেকে উদ্ধৃত করা, মূল্য ব্যক্ত করা

R

rabbi – [র‍্যাবি] *n.* a jewish doctor of law. ইহুদি ধর্মবিত্তা

racial – [রেসিয়াল] *adj.* pertaining to race. জাতিবাচক

rack – [র‍্যাক] *n.* a frame for holding fodder. তাক, থাক

qradian – [রেডিয়ান] *n.* the angle at the centre of a circle. বৃত্তের কেন্দ্রস্থ কোণ

radiance – [রেডিয়্যান্স] *n.* brilliant lustre. আভা, ঔজ্জ্বল্য

radiant – [রেডিয়্যান্ট] *adj.* shining. উজ্জ্বল

radium – [রেডিয়াম] *n.* a costly metal which emits rays. রেডিয়াম, তেজস্ক্রিয় ধাতুবিশেষ

radiate – [রেডিয়েট] *v. t. & i.* to send forth rays. কিরণ বিকীরণ করা

radiator – [রেডিয়েটর] *n.* a kind of heating apparatus. গরম করার যন্ত্রবিশেষ

rain – [রেইন] *n.* water falling in drops from cloud. বৃষ্টি

rainbow – [রেইনবো] *n.* a bow of seven colours. রামধনু

rainfall – [রেইনফল] *n.* shower of rain. বৃষ্টিপাত

rap – [র‍্যাপ] *n.* a smart blow. ধাক্কা; *v. t.* to strike with blow. ঘুঁষি মারা

rape – [রেপ] *n.* sexual intercourse with a woman without her consent. বলাৎকার; *v. t.* to ravish, to take away by force. ধর্ষণ করা, লুটে নেওয়া

rapid – [র‍্যাপিড] *adj.* swift. দ্রুত

rare – [রেয়ার] *adj.* uncommon. দুর্লভ, অসাধারণ

rational – [র‍্যাশনাল] *adj.* sensible. যুক্তিযুক্ত

raze – [রেজ] *v. t.* to erase. ভূমিস্যাৎ করা, ধ্বংস করা

razor – [রেজর] *n.* an instrument used in shaving hair. ক্ষুর

reach – [রিচ] *v. t. & i.* to arrive at. পৌঁছোনো

reaction – [রিঅ্যাক্শন] *n.* action in response to something. প্রতিক্রিয়া

readable – [রিডেবল] *adj.* able to be read. পাঠযোগ্য

readily – [রেডিলি] *adv.* quickly, easily. তড়িঘড়ি

readjust – [রিঅ্যাডজাস্ট] *v. t.* to adjust again. পুন-ব্যবস্থিত করা

readmit – [রিঅ্যাডমিট] *v. t.* to admit again. পুনর্দাখিল করা

readmission – [রিঅ্যাডমিশন] *n.* state of being admitted again. পুনঃপ্রবেশ, পুণরায় দাখিল

realistic – [রিয়্যালিস্টিক] *adj.* true to fact. সত্যানুসারী, বাস্তব

reality – [রিয়্যালিটি] *n.* actual existence. সত্যতা

reap – [রিপ] *v. t. & i.* to cut down crop. ফসল কাটা

reappear – [রিঅ্যাপিয়ার] *v. i.* to appear again. পুণরায় আবির্ভূত হওয়া

reappoint – [রিঅ্যাপয়েন্ট] *v. t.* appoint again. পুনর্নিযুক্ত করা

reason – [রিজন] *n.* power of reasoning, cause, rational faculty, argument. যুক্তি, তর্ক, কারণ; *v. t.* to discuss, to urgue, to infer. তর্ক করা, পরিণাম প্রাপ্ত করা

reassure – [রিঅ্যাসিওর] *v. t.* to give confidence to. পুণরায় বিশ্বাস করানো

rebellion – [রেবেলিয়ন] *n.* a revolt. বিদ্রোহ

reception – [রিসেপশন] *n.* the act of receiving. আপ্যায়ণ

recital – [রিসাইটাল] *n.* narration. আবৃত্তি, পাঠ

recognize – [রিকগনাইজ] *v.* to identify. চিনতে পারা

recognition – [রিকগনিশন] *n.* taking notice, a formal. পরিচিতি

recognizable – [রিকগনাইজেবল] *adj.* able to be recognized. পরিচিতিযোগ্য

recognizance – [রিকগনাই-জেন্স] *n.* a legal bond. অঙ্গী-কারপত্র

recommendation – [রিকম্যাণ্ডেশন] *n.* statement meant to recommend. সুপারিশ

recovery – [রিকভারি] *n.* state of having recovered. উপলব্ধি, প্রাপ্তি, পুনঃপ্রাপ্তি

recreation – [রিক্রিয়েশন] *n.* enjoyment. মনোরঞ্জন

recruit – [রিক্রুট] *v. t.* to enlist soldiers. নবনিযুক্ত সৈনিক

rectangle – [রেক্ট্যাঙ্গল] *n.* a four-sided right-angled figurre. আয়তক্ষেত্র

rectify – [রেক্টিফাই] *v. t.* to refine. সংশোধন করা

rectitude – [রেক্টিচুড] *n.* honesty. সততা, পবিত্রতা

recur – [রিকার] *v. t.* to occur again, to be repeated. পুনঘটিত হওয়া

reccurring – [রেকারিং] *v. t.* to bring down, to lower, to degrade. কম করা, হ্রাস করা

reduction – [রিডাকশন] *n.* the act of reducing. ছাড়

reference – [রেফারেন্স] *n.* act of referring. প্রসঙ্গসন্দর্ভ, সংকেত

referendum – [রেফারেণ্ডাম] *n.* the submitting of a proposed law to the electorate for decision. জনমত

refinement – [রিফাইনমেন্ট] *n.* the act of refinement. শুদ্ধতা, পরিশীলতা

reform – [রিফর্ম] *n.* the act of improving. সংশোধন

reformer – [রিফর্মার] *n.* one who reforms. সংশোধনকারী

refrain – [রিফ্রেন] *n.* chorus of song. সম্মিলিত সঙ্গীত; *v. t. & i.* to restrain. বাধা দেওয়া, সংযত করা

refreshing – [রিফ্রেশিং] *adj.* invigorating. আনন্দদায়ক

refreshment – [রিফ্রেশমেন্ট] *n.* light food or drink. জলপান

refuge – [রিফিউজ] *n.* a shelter or safe place. সুরক্ষিত স্থান

refugee – [রিফিউজি] *n.* one who takes refuge. শরণার্থী

refusal – [রিফিউজাল] *n.* a rejection. অস্বীকৃতি

refuse – [রিফিউজ] *n.* waste matter, dross. পরিত্যক্ত, অদর কারী, জঞ্জাল

refutable – [রিফিউটেবল] *adj.* able to be refuted, disprovable. খণ্ডনযোগ্য

regain – [রিগেইন] *v. t.* to recover possession of, to gain back. পুনরাধিকার করা

regard – [রিগার্ড] *v. t. & i.* to esteem. সম্মান করা

regarding – [রিগার্ডিং] *prep.* concerning. বিষয়ে

regime – [রেজিম] *n.* time of government. শাসনকাল

regiment – [রেজিমেন্ট] *n.* a body of troops commanded by a colonel, rule, control. সৈন্যদল, রেজিমেন্ট

regional – [রিজিওনাল] *adj.* pertaining to regions প্রাদেশিক

registered – [রেজিস্টার্ড] *adj.* recorded in a register. তালিকা ভুক্ত

regret – [রিগ্রেট] *v. t.* to be sorry. দুঃখপ্রকাশ করা

regulate – [রেগুলেট] *v. t.* to control, to adjust. নিয়ন্ত্রিত করা

rehearse – [রিহার্স] *v. t.* to repeat. পুনরাবৃত্তি করা

reign – [রেন] *n.* a rule, kingdom. রাজত্ব, শাসন; *v. i.* to rule as a king. শাসন করা

rein – [রেন] *n.* the strap of a bridle. লাগাম; *v. t.* to check, to control সংযত করা

reinforce – [রিইনফোর্স] *v. t.* to add strength to. শক্তিশালী করা

reinstate – [রিইনস্টেট] *v. t.* to put back in the former state. পুনস্থাপিত করা

reiterate – [রিইটারেট] *v. t.* to repeat again and again. পুনঃ-পুনঃ বলা

rejection – [রিজেকশন] *n.* refusal. অস্বীকৃতি

rejoice – [রিজয়েস] *v. t.* to feel great joy. আনন্দ করা

rejoin – [রিজয়েন] *v. t. & i.* to join again. পুনঃসম্মিলিত হওয়া

rejoinder – [রিজয়েণ্ডার] *n.* an answer to a reply. প্রত্যুত্তর

relate – [রিলেট] *v. t. & i.* to tell, to report. বর্ণনা করা, বলা

relaxation – [রিল্যাক্সেশন] *n.* act of relaxing, partial remission. শিথিলতা, ছুট

relevance – [রেলেভ্যান্স] *n.* pertinence. প্রাসঙ্গিকতা

relevant – [রেলেভ্যান্ট] *adj.* applicable. প্রাসঙ্গিক

reliable – [রিলায়েবল] *adj.* able to be trusted. বিশ্বস্ত

reliance – [রিলায়েন্স] *n.* confidence. ভরসা

reluctant – [রিলাকট্যান্ট] *adj.* unwilling. অরাজি

remain – [রিমেন] *v. t.* to continue, to stay behind. থাকা, বাকি থাকা

remark – [রিমার্ক] *n.* observation. নিরীক্ষণ; *v. t. & i.* to notice, to say something. মন্তব্য

remember – [রিমেম্বার] *v. t.* to keep in mind. স্মরণ করা, মনে রাখা

rememberance – [রিমেম্বারেন্স] *n.* memory. স্মৃতি

remit – [রেমিট] *v. t.* to forgo, to send money. ছেড়ে দেওয়া, টাকা পাঠানো

remittance – [রেমিটেন্স] *n.* money sent. পাঠানো অর্থ

remorse – [রিমর্স] *n.* regret. পশ্চাত্তাপ

removable – [রিমুভেবল] *adj.* able to be removed. প্রতিস্থাপন যোগ্য

remove – [রিমুভ] *v. t. & i.* to move from a place, to dismiss. সরানো

renaissance – [রেনেশাঁস] *n.* the revival of arts and literature. নবজাগরণ

rencounter – [রিনকাউন্টার] *n.* encounter, sudden conflict. দ্বন্দ্ব, আকস্মিক সংঘর্ষ

render – [রেণ্ডার] *v. t.* to give in return, to submit. দেওয়া, সমর্পণ করা

renew – [রিনিউ] *v. t. & i.* to repeat, to make again. নতুন করা

renewal – [রিনিউয়াল] *n.* revival. পুণনবীকরণ

renounce – [রিনাউন্স] *v. t. & i.* to reject, to give up. পরিত্যাগ করা

renowned – [রিনাওণ্ড] *adj.* famous. প্রসিদ্ধ

renunciation – [রিনানসিয়েশন] *n.* self denial. পরিত্যাগ

repair – [রিপেয়ার] *v. t.* to mend. মেরামত

reparable – [রিপেয়ারেবল] *adj.* able to be mended. মেরামত যোগ্য

repeatedly – [রিপিটেডলি] *adj.* over and over again. পুণঃপুণঃ

repent – [রিপেন্ট] *v. t.* to regret about. অনুশোচনা করা

repentance – [রিপেন্টেন্স] *n.* sorrow, regret. অনুশোচনা

repetition – [রিপিটেশন] *n.* act of repeating. পুণরাবৃত্তি

reporter – [রিপোর্টার] *n.* one who makes a report. সংবাদ দাতা

represent – [রিপ্রেজেন্ট] *v. t.* to show, to describe, to act for. প্রতিনিধিত্ব করা, প্রকট করা

reproduce – [রিপ্রোডিউস] *v. t.* to produce again, to produce copy of. পুণরায় উৎপন্ন করা, জন্ম দেওয়া, প্রতিলিপি তৈরী করা

republic – [রিপাবলিক] *n.* a commonwealth government without monarch where power is with people and their elected representatives. গণতন্ত্র, প্রজাতন্ত্র, গণপ্রজাতন্ত্র

require – [রিকোয়ার] *v. t.* to demand, to want. চাওয়া, আবশ্যক

requirement – [রিকোয়ারমেন্ট] *n.* demand. আবশ্যকতা

rescuer – [রেসক্যুয়র] *n.* one who rescues. পরিত্রাতা, ত্রাণকর্তা

research – [রিসার্চ] *n.* a careful investigation. গবেষণা

resemblance – [রিসেম্বল্যান্স] *n.* similarity. সমরূপতা, সাদৃশ্য

resemble – [রিসেম্বল] *v. t.* to be like or similar to. অনুরূপ হওয়া

resembling – [রিসেম্বলিং] *adj.* similar. সমতুল্য

resent – [রিসেন্ট] *v. t.* to take ill, to be angry at. রাগ বা বিরক্তি প্রকাশ করা

resentful – [রিসেন্টফুল] *adj.* irritable. রাগান্বিত

resentment – [রিসেন্টমেন্ট] *n.* anger. রাগ, বিরক্তি

reservation – [রিজার্ভেশন] *n.* the act of reserving. সংরক্ষণ, আরক্ষণ

residence – [রেসিডেন্স] *n.* a place where one lives. নিবাসস্থল

resident – [রেসিডেন্ট] *n.* one who resides in a place. আবাসিক, নিবাসী

residential – [রেসিডেন্সিয়াল] *adj.* relating to residence. আবাসীয়, নিবাস সম্বন্ধীয়

residue – [রেসিডিউ] *n.* remainder. অবশেষ

residuum – [রেসিডিউম] *n.* that which is left. অবশিষ্ট অংশ

resign – [রিজাইন] *v. t.* to give up office, to surrender. পদত্যাগ করা

resignation – [রেজিগনেশন] *n.* the act of resigning. পদত্যাগ, ত্যাগপত্র

resist – [রেজিস্ট] *v. t.* to oppose. প্রতিরোধ করা

resistance – [রেজিস্ট্যান্ট] *n.* opposition. প্রতিরোধ

respect – [রেসপেক্ট] *n.* & *v. t.* to honour, to esteem. সম্মান করা

respectable – [রেসপেক্টেবল] *adn.* deserving respect. সম্মানীয়

respectively – [রেসপেক্টিভলি] *adv.* relatively. যথাক্রমে

respond – [রেসপণ্ড] *v. t.* to answer. উত্তর দেওয়া [responded – p. t. & p.p.]

respondent – [রেসপণ্ডেন্ট] *n.* & *adj.* answering. উত্তরদাতা

response – [রেসপন্স] *n.* an answer. উত্তর

responsibility – [রেসপন্সিবিলিটি] *n.* the charge for which one is responsible. দায়িত্ব

responsible – [রেসপন্সিবল] *adj.* answerable. দায়িত্বশীল

restoration – [রেস্টোরেশন] *n.* restoring. উদ্ধার

resotre – [রেস্টোর] *v. t.* to give back, to build up again, to renew. প্রত্যাপণ করা, সংশোধন করা, পুনরুদ্ধার করা

restrain – [রেস্ট্রেইন] *v. t.* to check, to hinder. আটকানো, থামানো

restraint – [রেস্ট্রেন্ট] *n.* check. অবরোধ, বাধা

restriction – [রেস্ট্রিকশন] *n.* act of restricting. প্রতিবন্ধ, নিয়ন্ত্রণ

retail – [রিটেইল] *v. t.* & *i.* to sell in small quantities. খুচরো বিক্রি

retailer – [রিটেইলার] *n.* one who retails. খুচরো বিক্রেতা

retain – [রিটেইন] *v. t.* to hold back, to engage. ধারণ করা

retaliation – [রিটালিয়েশন] *n.* revenge, return. প্রতিশোধ, বদলা

retard – [রিটার্ড] *v. t.* to hinder. কম করা

retention – [রিটেনশন] *n.* act of retaining. ধারণশক্তি

retina – [রেটিনা] *n.* sensitive layer of the eyes. অক্ষিপটল

retire – [রিটায়ার] *v. t.* to draw back, to go to bed. অবসর নেওয়া, শুতে যাওয়া

retirement – [রিটায়ারমেন্ট] *n.* withdrawing from service, privacy. অবসরগ্রহণ, নির্জন স্থান

retouch – [রিটাচ] *v. t.* to improve by fine touches. সরু রেখাঙ্কনের দ্বারা চিত্রের মান উন্নত করা

retraceable – [রিট্রেসেবল] *adj.* able to be retraced. অনুসন্ধান যোগ্য

retract – [রিট্র্যাক্ট] *v. t.* & *i.* to revoke, to draw back. বিমুখ হওয়া, প্রত্যাহার করা

retrench – [রিট্রেঞ্চ] *v. i.* to lessen, to curtail. কম করা, ছোট করা

retrievable – [রিট্রিভেবল] *adj.* recoverable. পুনরুদ্ধারযোগ্য

retrieve – [রিট্রিভ] *v. t.* to recover, to save, to rescue. পুনরুদ্ধার করা

retrim – [রিট্রিম] *v. t.* to trim again. কাটাছাঁট করা

return – [রিটার্ন] *v. t.* & *i.* to come back, to give back. ফেরৎ, ফেরা, ফিরে আসা; *n.* act of returning. আয়ব্যায়ের হিসেব

reveal – [রিভিল] *v. t.* to disclose. উন্মুক্ত করা

revenge – [রিভেঞ্জ] *n.* a retaliation. প্রতিশোধ; *v. t.* to return injury for injury. প্রতিশোধ নেওয়া

revere – [রেভার] *v. t.* to venerate. শ্রদ্ধা করা

reverend – [রেভারেণ্ড] *n. adj.* deserving reverence. শ্রদ্ধাস্পদ

reverse – [রিভার্স] *n.* defeat, contrary condition. বিপরীত অবস্থা; *adj.* opposite. উল্টো; *v. t.* to invert. উলটানো

revertible – [রিভার্টিবল] *adj.* able to be reverted. উলটানো যায় এমন

reviewer – [রিভিউয়ার] *n.* a writer of reviews. সমালোচক

revise – [রিভাইজ] *v. t.* to rexamine, to amend faults. পুণরায় পরীক্ষা করা, সংশোধন করা

revivable – [রিভাইভেবল] *adj.* what may be revived. পুনর্চেতনযোগ্য

revival – [রিভাইভাল] *n.* a recovery to life. পুনর্জাগরণ, পুনরুজ্জীবন

revive – [রিভাইভ] *v. t.* & *i.* to bring back to life, to vigour. জীবিত করা

revocation – [রিভোকেশন] *n.* cancellation. খণ্ডন

revoke – [রিভোক] *v. t.* to cancel. খণ্ডন করা

revolt – [রিভোল্ট] *v. t.* & *i.* to rebel, to feel disgust for. বিদ্রোহ করা, বিরূপতা ব্যক্ত করা

revolve – [রিভলভ] *v. t.* to move about a centre, to rotate. আবর্তিত হওয়া

rewardless – [রিওয়ার্ডলেস] *adj.* having no reward. পুরস্কার হীন

rheum – [রিউম] *n.* discharge from the nose. শ্লেষ্মা

rheumatism – [রিউম্যাটিজম] *n.* a painful disorder of joints. গেঁটেবাত

rich – [রিচ] *adj.* costly, wealthy, fertile. ধনী, সম্পন্ন

richs – [রিচেজ] *n.* wealth. ধন

richness – [রিচনেস] *n.* wealth. সম্পদ, ঐশ্বর্য্য

rider – [রাইডার] *n.* one who rides. সওয়ার

ridiculous – [রিডিক্যুলাস] *adj.* causing laughter. হাস্যকর

rifle corps – [রাইফেল কোর] *n.* volunteers armed with rifles. বন্দুকসজ্জিত সৈনিকদল

rift – [রিফট] *n.* a cleft, an opening. ফাটল, ছিদ্র; *v. t.* to burst open. ভেদ কর

reftless – [রিফটলেস] *adj.* without a rift. ফাটলহীন

rifty – [রিফটি] *adj.* having cracks. ফাটলপূর্ণ

right – [রাইট] *adj.* correct, lawful, according to rule, opposed to left, straight. ঠিক, উচিৎ, সবল, ডানদিক

righteous – [রাইটিয়াস] *adj.* up-right, honest, just, lawful. ন্যায়পূর্ণ, সৎ, সরলমতি

rigid – [রিজিড] *adj.* stiff. কড়া

rigidity – [রিজিডিটি] *n.* stiffness. কঠোরতা, দৃঢ়তা

ring – [রিং] *n.* an ornament worn on the finger. আংটি

rinse – [রিন্স] *v. t.* to clean in water. জলে ধুয়ে সাফ করা

rinsing – [রিন্সিং] *n.* washing. ধোলাই

risky – [রিস্কি] *adj.* hazardous. বিপজ্জনক

rival – [রাইভাল] *n.* a competitor. প্রতিস্পর্ধা; *adj.* competing. প্রতিস্পর্ধী; *v. t.* to emulate. প্রতিস্পর্ধা করা

roam – [রোম] *v. i.* to wander. ঘুরে বেড়ান

roast – [রোস্ট] *v. t.* to bake, to cook on open fire. ভাজা, সেঁকা

robe – [রোব] *n.* a gown. আলখাল্লা; *v. t. & i.* to dress with a robe. আলখাল্লা ধারণ করা

rock – [রক্] *n.* a large mass of stone. শিলা, প্রস্তর

rogue – [রোগ] *n.* a knave. বদমাশ, শঠ; *v. t. & i.* to cheat. শঠতা করা

roguish – [রোগিশ] *adj.* knavish, misvhievous, villanous. ধূর্ত

romance – [রোমান্স] *n.* a love story. রোমন্স, প্রেমমূলক কাহিনী

romantic – [রোমান্টিক] *adj.* sentimental. আবেগপ্রবণ, ভাব প্রবণ

room – [রুম] *n.* a space, a separative diision of a house. স্থান, কক্ষ

rot – [রট] *n.* decay. ধ্বংস; *v. t. & i.* to decay. পচে যাওয়া

rotary – [রোটারি] *adj.* revolving. ঘূর্ণায়মান

rotate – [রোটেট] *v. t. & i.* to revolve, to cause to revolve. ঘোরা

rotation – [রোটেশন] *n.* the act of turning. ঘূর্ণন

rotten – [রটেন] *adj.* decayed. পচা

rough – [রাফ] *adj.* not smooth, uncivil. অসমতল, রুক্ষ, অশালীন

roughen – [রাফেন] *v. t. & i.* to make rough. অমসৃণ করা

roundish – [রাউণ্ডিশ] *adj.* somewhat round. গোলাকৃতি

roundly – [রাউণ্ডলি] *adv.* completely, boldly. পুরোপুরি ভাবে, স্পষ্টভাবে

route – [রুট] *n.* road, way. পথ, মার্গ

rowdy – [রাউডি] *n.* disorderly person. উপদ্রবী, কোলাহলপূর্ণ

rubbish – [রাবিশ] *n.* waste matter, trash. জঞ্জাল, তুচ্ছ পদার্থ

rumour – [রিউমার] *n.* hearsay. গুজব, লোকোক্তি

rupee – [রুপি] *n.* a coin of India, Indian currency. টাকা, অর্থ

rustic – [রাস্টিক] *adj.* of the country. গ্রাম্য, দেহাতি

rusticity – [রাস্টিসিটি] *n.* rustic manner. গ্রাম্যতা

rusticate – [রাস্টিকেট] *v. t.* to banish from the institution. সংস্থা থেকে বিতাড়িত করা

ruthless – [রুথলেস] *adj.* pitiless. নির্দয়, ক্রূর

S

sabbath – [সাব্যাথ] *n.* the divinely appointed day of rest. অবকাশের পবিত্র দিন

sabotage – [সাবোটেজ] *n.* international damage. অন্তর্ঘাত

sacred – [স্যাক্রেড] *adj* holy. divine. পবিত্র

sacrifice – [স্যাক্রিফাইস] *n.* an offering to God, a loss. আত্ম ত্যাগ; *v. t. & i.* to give up, to resign, to offer to God. অর্পন করা, বলি দেওয়া

sad – [স্যাড] *adj.* sorrowful. দুঃখী

safeguard – [সেফগার্ড] *n.* protection. রক্ষা; *v. t.* to guard. রক্ষা করা

safety – [সেফটি] *n.* freedom from danger, security. সুরক্ষা

saint – [সেইন্ট] *n.* a sage, a holy man. মুনি, সন্ত

saleable – [সেলেবল] *adj.* fit for sale. বিক্রয়যোগ্য

salary – [স্যালারি] *n.* pay. বেতন; *v. t.* to pay a regular salary. নিয়মিতভাবে বেতন দেওয়া

sale – [সেল] *n.* selling. বিক্রী

salt – [সল্ট] *n.* a substance formed by action of acid and base or metal. লবণ; *adj.* লবণাক্ত; *v. t.* to season with salt. লবণাক্ত করা

salvation – [স্যালভেশন] *n.* freedom from sin. মুক্তি

salve – [সেলভ] *n.* a healing ointment. মলম; *v. t.* to rescue. পরিত্রাণ করা

sample – [স্যাম্পল] *n.* specimen, model. নমুনা

sandwich – [স্যাণ্ডউইচ] *n.* two slices of bread with any sort of food in between them. স্যাণ্ডউইচ

sane – [সেন] *adj.* of sound mind. সুস্থমনস্ক

sanitary – [স্যানিটারি] *adj.* pertaining to health. স্বাস্থ্য-সম্বন্ধীয়

sap – [স্যাপ] *n.* the vital juice circulating in plants. সারাংশ

satellite – [স্যাটেলাইট] *n.* a planet revolving round another, a hanger on. উপগ্রহ, অনুচর

satire – [স্যাটায়ার] *n.* irony, sarcasm. ব্যাঙ্গ

Saturday – [স্যাটারডে] *n.* the seventh day of the week. শনি বার

Saturn – [স্যাটার্ন] *n.* the name of a planet. শনিগ্রহ

sauce – [সস] *n.* liquid or dressing to food for taste. চাটনি

saucer – [সসার] *n.* a small plate. পিরিচ, প্লেট

saving – [সেভিং] *adj.* protecting, preserving. রক্ষা করা

savings – [সেভিংস] *n.* something kept from being expended. সঞ্চয়. জমা

saying – [সেইং] *n.* a proverb. লোকোক্তি

scale – [স্কেল] *n.* a thin layer. আঁশ; *v. i.* to come off in scales. ছাল ওঠা

scandal – [স্ক্যাণ্ডাল] *n.* reproach, shame, calumny. কলংক, নিন্দা

scant – [স্ক্যান্ট] *n.* scarcity. ন্যূনতা; *adj.* scarce. কম; *adv.* scarely. কম পরিমাণে

scarce – [স্কেয়ার্স] *adj.* scanty, in small quantity. অপর্যাপ্ত, কম

scarcity – [স্কারসিটি] *n.* rarity, famine. অপর্যাপ্ততা, আকাল

scarf – [স্কার্ফ] *n.* a piece of cloth worn round the neck. ওড়না, উত্তরীয়

schedule – [শিডিউল] *n.* list. সূচী; *v. t.* to place in list or catalogue. সূচী তৈরী করা

scheme – [স্কিম] *n.* a system, plan. যোজনা, বিন্যাস; *v. t.* to plan. পরিকল্পনা করা

scholar – [স্কলার] *n.* one who learns, one who is learned. বিদ্বান

scholarship – [স্কলারশিপ] *n.* learning, a money allowance made to a student. বিদ্বাবত্তা, ছাত্রবৃত্তি

scientist – [সাইন্টিস্ট] *n.* one who knows or practises science. বৈজ্ঞানিক

scissors – [সিজর্স] *n.* a cutting instrument of two blades moving on a pin. কাঁচি

scope – [স্কোপ] *n.* range, that at which one aims. ক্ষেত্র, সুযোগ, উদ্দেশ্য

scorn – [স্কর্ন] *n.* extreme disdain. নিন্দা; *v. t.* to hate. ঘৃণা করা

sea – [সি] *n.* the ocean. সমুদ্র

search – [সার্চ] *n.* an examination. খোঁজ; *v. t. & i.* to seek out, to investigate. খোঁজা

sculpture – [স্কাল্পচার] *n.* work of an sculptor. মূর্তিশিল্প, মূর্তি

secrecy – [সিক্রেসি] *n.* privacy. গোপনীয়তা

secret – [সিক্রেট] *n.* a mystery. ভেদ, রহস্য; *adj.* hidden, private, concealed. গুপ্ত, গোপন

secretariate – [সেক্রেটারিয়েট] *n.* the office of a secretary. মন্ত্রণালয়, সচিবালয়

secretary – [সেক্রেটারি] *n.* one who writes letters, a government official. সচিব

secular – [সেকুলার] *adj.* worldly. ধর্মনিরপেক্ষ

securable – [সিক্যুরেবল] *adj.* able to be secured. নিশ্চয়যোগ্য, দৃঢ়স্থাপনাযোগ্য

security – [সিক্যুরিটি] *n.* safety. রক্ষা

seesaw – [সিস] *n.* game in which two children sit and swing. শিশুদের খেলার ঢেঁকি

seize – [সিজ] *v. t.* to catch. বাজেয়াপ্ত করা

seizure – [সিজর] *n.* a sudden attack. হঠাৎ হামলা করা

seldom – [সেল্ডম] *adv.* rarely, not often. কদাচিৎ

self – [সেল্ফ] *n.* a person's identity or private interest. নিজস্ব

selfish – [সেলফিশ] *adj.* concerning only oneself. স্বার্থপর

semi – [সেমি] *prefix.* in sense of half. অর্ধবাচক উপসর্গ

semicolon – [সেমিকোলন] *n.* a mark of punctuation. [;] সেমি কোলন, যতিচিহ্ন

sinsibility – [সেন্সিবিলিটি] *n.* capacity to feel. বোধগম্যতা, অনুভূতি

sensible – [সেন্সিবল] *adj.* appreciable. সমঝদার

sensitive – [সেন্সিটিভ] *adj.* easily moved. অনুভূতিপ্রবণ

sensuality – [সেন্সুয়ালিটি] *n.* gratification of appetites. ইন্দ্রিয় পরায়ণতা

sensuous – [সেন্সুয়স] *adj.* derived from the senses. ইন্দ্রিয় পরায়ণ

separable – [সেপারেবল] *n. & adj.* that can be separated পৃথকযোগ্য

separate – [সেপারেট] *adj.* divided. আলাদা; *v. t. & i.* to divide. আলাদা করা

separation – [সেপারেশন] *n.* disjoining. পৃথকীকরণ

serene – [সিরিন] *adj.* clear, calm. শান্ত, নির্মল

sergeant – [সার্জেন্ট] *n.* a non-commissioned officer in the army. নিম্নপদস্থ সেনা-অধিকারী

serviceable – [সার্ভিসেবল] *adj.* useful. উপযোগী, কাজচালানো গোছের

settlement – [সেটেলমেন্ট] *n.* the act of settling. নির্ণয়

sever – [সেভার] *v. t. & i.* to separate. আলাদা করা

several – [সেভারেল] *adj.* separate. বিভিন্ন

severe – [সিভিয়ার] *adj.* harsh, strict. কঠোর

sex – [সেক্স] *n.* the characteristics which distinguish a male from female. লিঙ্গ

sexual – [সেক্সুয়াল] *adj.* pertaining to sex. যৌন

shade – [শেড] *n.* a place sheltered from the sun. ছায়া; *v. t.* to screen, to shelter. ছায়া দান করা

shady – [শেডি] *adj.* dark, gloomy. ছায়াবহুল

shake – [শেক] *v. t. & i.* to move, to vibrate. কাঁপা

shallow – [শ্যালো] *adj.* not deep, trivial. সংকীর্ণ

shampoo – [শ্যাম্পু] *v. t.* to wash and rub the head with lather. শ্যাম্পু, মাথা ধোওয়া

share – [শেয়ার] *n.* a portion, an allotment. অংশ; *v. t.* to divide. বিভাজিত করা

sheep – [শিপ] *n.* a woolly animal. ভেড়া

sheepish – [শিপিশ] *adj.* timid. ভীতু

sheer – [শিয়ার] *adj.* utter, mere, absolute. একদম, সিধে, বিলক্ষণ

sheet – [শিট] *n.* a broad piece of paper, a sail. কাগজের পরত

shiftiness – [শিফটিনেস] *n.* the state of being shifty. কপটতা

shield – [শিল্ড] *n.* armour for defence. ঢাল প্রতিরোধক

shining – [শাইনিং] *adj.* brilliant. উজ্জ্বল

shipping – [শিপিং] *adj.* relating to ships. জাহাজ সম্বন্ধীয়

shock – [শক্] *n.* a collision, a sudden jerk. আঘাত, ধাক্কা

shocking – [শকিং] *ad.* offensive. ক্ষুব্ধ বা স্তম্ভিত করে এমন

short – [শর্ট] *adj.* having little height, hasty. ছোট; *adv.* suddenly. হঠাৎ

shortcoming – [শর্টকামিং] *n.* a fault. ন্যূনতা

shortage – [সর্টেজ] *n.* an insufficient supply. অপ্রতুলতা

shorten – [সর্টেন] *v. t.* to make short. সংক্ষিপ্ত করা

shout – [সাউট] *v. t.* to cry loudly. চিৎকার করা; *v. t.* loud cry. চিৎকার

shrewd – [শ্রুড] *adj.* keen witted, cunning. চতুর, চালাক

shrinkable – [শ্রিঙ্কেবল] *adj.* able to contract. সংকোচনযোগ্য

shun – [শান] *v. t.* to avoid. ঘৃণা করা, পরিহার করা

shut – [শাট] *v. t. & i.* to confine, to close, to separate. বন্ধ করা

sigh – [সাই] *n.* long breath. দীর্ঘশ্বাস; *v. t.* to mourn, to grieve. দীর্ঘশ্বাস ফেলা

sign – [সাইন] *n.* a symptom, a gesture, a distinctive work. চিহ্ন, সংকেত, লক্ষণ; *v. t.* to mark with a sign. হস্তাক্ষর দেওয়া

signature – [সিগ্নেচার] *n.* person's name written by himself. হস্তাক্ষর

significance – [সিগনিফিকেন্স] *n.* meaning, importance. তাৎপর্য, মহত্ব

silence – [সাইলেন্স] *n.* stillness. নীরবতা; *v. t.* to make silent. নীরব করা

silent – [সাইলেন্ট] *adj.* calm, quiet, still. নীরব, শান্ত, মৌন

silliness – [সিলিনেস] *n.* the quality of being silly. বোকামি

simile – [সিমিলি] *n.* a figure of speech. উপমা

simplicity – [সিমপ্লিসিটি] *n.* innocence. সারল্য

sin – [সিন] *n.* wickedness. পাপ; *v. t.* to commit sin. পাপ করা

since – [সিন্স] *adv. prep. & conj.* ago, in the past time, after, through the period between past and present. তখন থেকে

sincere – [সিন্সিয়ার] *adj.* honest, true. সৎ, সাচ্চা

singular – [সিঙ্গুলার] *adj.* single, rare, remarkable. একলা, অনন্য

sir – [স্যর] *n.* a word used in addressing a master or elder. মহাশয়

sire – [সায়র] *n.* a senior, a master, father, ancestor, a title. হুজুর, পূর্বজ

situate – [সিচুয়েট] *adj.* place. রাখা, স্থাপিত হওয়া

sketch – [স্কেচ] *n.* an outline. রূপরেখা; *v. t.* to draw an outline. রূপরেখা তৈরী করা

skin – [স্কিন] *n.* hide, rind. চামড়া; *v. t.* to strip off the skin. চামড়া ছাড়ানো

skip – [স্কিপ] *v. i.* to leap. লাফানো

slaughter – [স্লটার] *n.* a killing. হত্যা; *v. t.* to murder. হত্যা করা

slave – [স্লেভ] *n.* one who is held in bondage, a helpless victim. দাস; *v. i.* to work like a slave. দাসবৃত্তি করা

slay – [স্লে] *v. t.* to kill. হত্যা করা

sleep – [স্লিপ] *n.* slumber. ঘুম *v. i.* to slumber. ঘুমোনো

slip – [স্লিপ] *n.* a mistake. ভুল; *v. t. & i.* to glide, to make a false step, to err. চ্যুতি, ভুল করা

slum – [স্লাম] *n.* a dirty area. বস্তি

small – [স্মল] *n.* a slender part. ছোট, স্বল্প; *adj.* of little size and strength. অপ্রধান, ছোট মাপের

smile – [স্মাইল] *n.* look of pleasure. হাসি, প্রসন্নতা; *v. i.* to laugh slightly. হাসা

smoke – [স্মোক] *n.* fog, gases, vapour. ধোঁয়া; *v. t. & i.* to give forth smoke. ধোঁয়া বেরোন

smuggle – [স্মাগল] *v. t.* to import or export goods without paying custom duties. চোরাকারবার করা

snake – [স্নেক] *n.* a serpent, a slow lazy person. সাপ, ধূর্ত মানুষ

sneeze – [স্নিজ] *v. t.* to eject air through the nose violently with an audible sound. হাঁচা

snow – [স্নো] *n.* frozen vapour falling in white flakes. হিম, বরফ; *v. i.* to fall in snow. হিম পাত হওয়া

soap – [সোপ] *n.* a compound of fats and alkalies, a washing substance. সাবান; *v. t.* to wash with soap. সাবান দিয়ে সাফ করা

sociable – [সোসেবল] *adj.* friendly, fit for company. মিশুকে

solemn – [সোলেম] *adj.* serious, grave. গম্ভীর

solicit – [সলিসিট] *v. t. & i.* to try to obtain. প্রার্থণা করা

solid – [সলিড] *adj.* hard, whole, compact. শক্ত, সম্পূর্ণ

solidarity – [সলিডারিটি] *n.* joint liability. ঐক্যবদ্ধ দায়

solitude – [সলিচুড] *n.* loneliness. নির্জনতা

soluble – [সলিবিল] *adj.* capable of being dissolved. দ্রবনশীল, দ্রাব্য

solvable – [সলভেবল] *adj.* that may be solved. সমধানযোগ্য

something – [সামথিং] *n.* an unknown event. কিছু

soon – [সুন] *adv.* in a short time, promptly. শীঘ্র

sorrow – [সরো] *n.* grief, regret. দুঃখ; *v. t.* to regret. দুঃখ প্রকট করা

sound – [সাউণ্ড] *adj.* healthy, unhurt. সুস্থ; *v. t. & i.* to fathom the depth of water. শব্দের সাহায্যে জলের গভীরতা মাপা

sound – [সাউণ্ড] *n.* that can be heard. শব্দ; *v. t.* to utter aloud. কথা বলা

soup – [সুপ] *n.* liquid food. ঝোল

sow – [সো] *n.* a female pig. শুকরী; *v. t.* to spread seeds. ফসল বোনা

sparable – [স্পেয়ারেবল] *n.* a headless nail used by shoemakers. জুতোয় ঠোকার পিন

spare – [স্পেয়ার] *v. t.* to save. বাচানো; *adj.* frugal, thin. অল্প, কম, দুর্বল

sparkle – [স্পার্কল] *n.* a little spark. *v. i.* to glitter. ঝকঝক করা

specific – [স্পেসিফিক] *n.* & *adj.* definite, precise, distinct, a sure remedy. বিশেষ, প্রধান, অব্যর্থ ওষুধ

specification – [স্পেসিফিকেশন] *n.* a particular mention of anything. বিশেষ, বিশেষ উল্লেখ

spectacle – [স্পেকটাকল] *n.* show, sight. বিষয়

[spectacles – *n.* চশমা]

speech – [স্পিচ] *n.* the faculty of speaking. বাক্য, ভাষা

spendthrift – [স্পেণ্ডথ্রিফট] *adj.* person who wastes his money. ব্যয়শীল, খরুচে, অপব্যয়ী

spin – [স্পিন] *v. t.* & *i.* to make thread by drawing out and twisting threads. চরকা কাটা, তাঁত বোনা

spine – [স্পাইন] *n.* the back bone. মেরুদণ্ড

spirit – [স্পিরিট] *n.* the soul, courage, disposition, energy. আত্মা, শক্তি, সার

spiritual – [স্পিরিচুয়াল] *adj.* holy. আধ্যাত্মিক

sport – [স্পোর্ট] *n.* a game, jest. খেলা, ক্রীড়া; *v. t.* & *i.* to trifle. ঠাট্টা করা

sprinkling – [স্প্রিংকলিং] *n.* the act of scattering in drops. ছেটানো

sprout – [স্প্রাউট] plant. অঙ্কুর; *v. t.* to grow. অঙ্কুরিত হওয়া

spurn – [স্পার্ন] *v. t.* to treat contemptuously. তিরস্কার করা

spy – [স্পাই] *n.* secret agent, one who watches secretly. গুপ্তচর

squash – [স্কোয়াশ] *n.* a crush. থেঁতলানো; *v. t.* to crush, to reduce to pulp. পেঁষা, রস বের করা

squeezable – [স্কুইজেবল] *adj.* able to be squeezed. নিংড়ানোর যোগ্য

squeeze – [স্কুইজ] *v. t.* & *i.* to press, to extort money. পীড়ন করা, নিংড়ানো, পয়সা আদায় করা

stable – [স্টেবল] *adj.* firmly fixed. স্থায়ী

stable – [স্টেবল] *n.* a building for lodging horses. আস্তাবল; *v. t.* to keep in stable. আস্তাবলে রাখা

stadium – [স্টেডিয়াম] *n.* an ahtletic ground. ক্রীড়াঙ্গণ

stage – [স্টেজ] *n.* a raised platform, scene, the dramatic art. রঙ্গমঞ্চ, মঞ্চ; *v. t.* & *i.* to play on the stage. নাটক মঞ্চায়িত করা

stagnant – [স্টযাগন্যান্ট] *n.* dull. স্থবির, স্থির

stamina – [স্ট্যামিনা] *n.* strength. সহ্যশক্তি

stammer – [স্ট্যামার] *v. t.* to speak with hesitation. তোতলানো

standardize – [স্ট্যাণ্ডার্ডাইজ] *v. t.* to conform to standard. নির্ধারিত মান অনুযায়ী করা

stark – [স্টার্ক] *adj.* stiff. কঠিন; *adj.* quite. একদম

starting – [স্টার্টিং] *n.* beginning. প্রারম্ভ

starvation – [স্টার্ভেশন] *n.* the act of starving. অনাহার, খাদ্যাভাব

starve – [স্টার্ভ] *v. t.* & *i.* to cause to starve, to die or die for want of food. অনাহারে মরা

stationary – [স্টেশনারি] *adj.* fixed. স্থির

stationery – [স্টেশনারি] *n.* writing materials. মনিহারী দ্রব্য, লেখন সামগ্রী

statue – [স্ট্যাচু] *n.* a cast image. মূর্তি

stature – [স্টেচর] *n.* the natural height of the body. আকার, দৈর্ঘ্য

status – [স্ট্যাটাস] *n.* rank, social position. পদ

stay – [স্টে] *n.* stop. থামা; *v. t.* & *i.* to remain, to stop. স্থগিত হওয়া

steadfast – [স্টিডফাস্ট] *adj.* firm. অটল

steadily – [স্টেডিলি] *adv.* firmly. ধীরস্থির ভাবে

steely – [স্টিলি] *adj.* made of steel. কঠোর, স্টিলে তৈরি

steep – [স্টিপ] *n.* a precipitous place. খাড়া স্থান, ঢালু; *adj.* slopping. খাড়াই

stenography – [স্টেনোগ্রাফি] *n.* short hand. সংকেত লিপি

sterile – [স্টেরাইল] *adj.* barren, unfruitful. অনুর্বর, উষর

sterling – [স্টার্লিং] *adj.* genuine, of solid worth. নির্মল, আসল; *n.* English coin. ব্রিটিশ মুদ্রা

sterility – [স্টেরিলিটি] *n.* barrenness. উষরতা

sterilization – [স্টেরিলাইজেশন] *n.* the act of sterilizing. বীজানু নাশ

stimulate – [স্টিমুলেট] *v. i.* to incite. উত্তেজিত করা

stimulation – [স্টিমুলেশন] *n.* the act of exciting. উত্তেজনা

stirring – [স্টিরিং] *adj.* exciting. উত্তেজক

stitch – [স্টিচ] *n.* a single pass of needle in sewing. ফোঁড়; *v. t.* to sew. সেলাই করা

stomach – [স্টমাক] *n.* an organ in which food ds digested. উদর, পেট; *v. t.* to suffer patiently. সহ্য করা

stone – [স্টোন] *n.* piece of rock, a gem, a monumental tablet. পাথর, শিলা, রত্ন

stop – [স্টপ] *n.* halt, a pause. বিশ্রাম; *v. t.* to halt, to pause. থামা

stoppage – [স্টপেজ] *n.* obstruction. বাধা, প্রতিবন্ধক

storey – [স্টোরি] *n.* the horizontal division of a building. তলা

story – [স্টোরি] *n.* legend, tale, short narrative. গল্প

stout – [স্টাউট] *adj.* strong. মজবুত

straight – [স্ট্রেট] *adj.* honest, not bent. সিধা

straighten – [স্ট্রেটেন] *v. t.* to make straight. সিধে করা

straightforward – [স্ট্রেট-ফরোয়ার্ড] *adj.* frank, honest. স্পষ্টবাদী

straightway – [স্ট্রেটওয়ে] *adv.* at once. দ্রুত, তৎক্ষণাৎ

strained – [স্ট্রেইণ্ড] *adj.* unnatural. অস্বাভাবিক

strand – [স্ট্র্যাণ্ড] *n.* shore, beach. তট, কিনারা; *v. t.* to drive ashore. কিনারায় আনা

stranger – [স্ট্রেঞ্জার] *n.* a foreigner. অপরিচিত

strap – [স্ট্র্যাপ] *n.* a long narrow strip usually of leather. পেটি, ফিতে, চামড়ার ফালি

strategy – [স্ট্র্যাটেজি] *n.* military tactics. রণকৌশল

straw – [স্ট্র] *n.* dry corn, stock. খড়, পোয়াল

stream – [স্ট্রিম] *n.* a body of running water. স্রোত, ধারা; *v. t.* & *i.* to flow in a stream. ধারাবাহিত হওয়া

streamlet – [স্ট্রিমলেট] *n.* a little stream. ক্ষীণ স্রোত

strength – [স্ট্রেঙ্থ] *n.* power, force, vigour, intensity. শক্তি, প্রভাব

strengthen – [স্ট্রেন্দেন] *v. t.* & *i.* to make strong. শক্তিশালী করা

stress – [স্ট্রেস] *n.* pressure, strain, force, effort. ভার,বোঝা, জোর

stretch – [স্ট্রেচ] *n.* extent. বিস্তার; *v. t.* to lengthen, to extend. বিস্তৃত করা

stretcher – [স্ট্রেচার] *n.* an appliance for carrying a sick and disabled person. পীড়িত ব্যক্তিকে বহন করার বাহন বিশেষ

strike – [স্ট্রাইক] *n.* refusal of workman to work, till the grievance is removed. ধর্মঘট, হরতাল

striking – [স্ট্রাইকিং] *adj.* impressive. ক্ষমতাশালী

string – [স্ট্রিং] *n.* a fine cord. দড়ি, ডোর

strive – [স্ট্রাইভ] *v. i.* to try hard, to struggle. প্রযত্ন করা, চেষ্টা করা

structure – [স্ট্রাক্চার] *n.* construction, form. কাঠামো, গঠন

stubborn – [স্টাবর্ন] *adj.* obstinate. একগুয়েমি দৃঢ়প্রতিজ্ঞ

studious – [স্টুডিয়াস] *adj.* thoughtful, devoted to study. অধ্যয়নশীল, পড়ুয়া

study – [স্টাডি] *n.* meditation, careful reading. অধ্যয়ণ; *v. t.* & *i.* to contemplate. অধ্যয়ণ করা

stupid – [স্টুপিড] *adj.* dull. মুর্খ

stupidity – [স্টুপিডিটি] *n.* foolishness. মূর্খতা
sturdiness – [স্টার্ডিনেস] *n.* the state of being sturdy. দৃঢ়তা
sturdy – [স্টার্ডি] *adj.* strong. বলবান
stutterer – [স্টাটারার] *n.* a stammerer. তোতলা
style – [স্টাইল] *n.* manner. ধরণ, রূপ; manner of writing or speaking. লেখার বা বলার ধরণ
subdivision – [সাবডিভিসন] *n.* a subordinate department, a par of district. উপ-বিভাগ, মহকুমা
subdue – [সাবডিউ] *v. t.* to conquer. বিজয়লাভ করা
subjugate – [সাবজুগেট] *v. t.* to bring under control. অধিকারে আনা
sublet – [সাবলেট] *v. t.* to underlet or lease to another person. দরপত্তনি, ভাড়া নিয়ে পুণরায় ভাড়া দেওয়া
sublime – [সাবলাইম] *n.* majestic style. মহণীয়, উচ্চতর; *adj.* noble, exalted. মহান
submission – [সাবমিশন] *n.* obedience to authority. আজ্ঞা পালন
submit – [সাবমিট] *v. t. & i.* to yield. হার মানা
subscribe – [সাবস্ক্রাইব] *v. t. & i.* to sign, to assent. নাম লেখানো, গ্রাহক বানানো
subsequent – [সাবসিকোয়েন্ট] *adj.* following after. পরের, উত্তরকালীন
subsidiary – [সাবসিডারি] *adj.* helping. সহায়ক
sibsidy – [সাবসিডি] *n.* assistance, aid in money. আর্থিক সহায়তা
substance – [সাবস্‌টেন্স] *n.* the essential part. সারতত্ত্ব, নির্যাস
substantial – [সাবস্‌টেন্সিয়াল] *adj.* essential, real, material. মহত্ত্বপূর্ণ, বাস্তবিক
substitute – [সাবস্‌টিটিউট] *v. t.* to put in other's place. পরিবর্তে; *n.* person or thing doing the work of another. প্রতিনিধি
subvention – [সাবভেনশন] *n.* support. সহায়
subversion – [সাবভার্সন] *n.* ruin. বিনাশ
succeed – [সাক্‌সিড] *v. t. & i.* to be successful, to follow after. সফল হওয়া; পরে ঘটা
success – [সাকসেস] *n.* a favourable result. সফলতা
succession – [সাক্‌সেসন] *n.* relation, line. অনুক্রম, পারম্পর্য
successor – [সাক্‌সেসর] *n.* one who succeeds. উত্তরাধিকারী
such – [সাচ] *adj.* of the same kind, similar. অনুরূপ
sudden – [সাডেন] *adj.* happening unexpectedly. আকস্মিক
suffer – [সাফার] *v. t. & i.* to endure. সহ্য করা
suffering – [সাফারিং] *n.* distress. কষ্ট
suffice – [সাফিস] *v. t. & i.* to be enough. যথেষ্ট হওয়া
sufficiency – [সাফিসিয়েন্সি] *n.* ability, capacity. সামর্থ, যথেষ্টতা
sufficient – [সাফিসিয়েন্ট] *adj.* adequate. পর্যাপ্ত
suffix – [সাফিক্স] *n.* a letter or syllable appended to a word. প্রত্যয়, উপসর্গ
suicide – [সুইসাইড] *n.* death by one's own hand. আত্মহত্যা
suit – [সুইট] *n.* a petition. আবেদনপত্র
suitability – [সুইটেবিলিটি] *n.* suitableness. যোগ্যতা
sum – [সাম] *n.* total, a question. যোগ, প্রশ্ন; *v. t.* to total. যোগ করা
summarize – [সামারাইজ] *v. t.* to present briefly. সংক্ষেপ করা
summary – [সামারি] *n.* a short, concise statement. সার সংক্ষেপ; *adj.* brief. সংক্ষেপ
sunny – [সানি] *adj.* bright, cheerful. ঝলমলে
superhuman – [সুপারহিউম্যান] beyond human power. অতিমানবিক
superintendence – [সুপারইন্টেণ্ডেন্স] *n.* management. ব্যবস্থাপনা
superintendent – [সুপারিন্টেণ্ডেন্ট] *n.* an overseer. পরিদর্শক
superior – [সুপিরিয়র] *adj.* higher in place. শ্রেষ্ঠ
ssuperiority – [সুপিরিয়র] *adj.* higher in place. শ্রেষ্ঠতা
superlative – [সুপারলেটিভ] *adj.* supreme. সর্বোত্তম
supersede – [সুপারসিড] *v. t.* to override. অতিক্রমণ
superstition – [সুপারস্টিশন] *n.* false religion. কুসংস্কার, অন্ধ-বিশ্বাস
supervise – [সুপারভাইজ] *v. t.* to watch and direct the work. দেখাশোনা করা
supplement – [সাপ্লিমেন্ট] *n.* addition. পরিশিষ্ট; *v. t.* to add. সংযোজন করা
supplementary – [সাপ্লিমেন্টারি] *adj.* additional. পরিপূরক
suppose – [সাপোজ] *v. t. & i.* to think, to imagine. ধরে নেওয়া
supremacy – [সুপ্রিমেসি] *n.* highest authority. শ্রেষ্ঠ
supreme – [সুপ্রিম] *adj.* highest in authority. শ্রেষ্ঠ
sur – [সার] *over.* অধিক
surcharge – [সারচার্জ] *n.* over charge. অতিরিক্তভাব; *v. t.* to over charge. অতিরিক্ত করারোপ
surely – [সিওরলি] *adv.* certainly. নিশ্চিত
surgeon – [সার্জন] *n.* expert in surgery. শল্যচিকিৎসক
surmount – [সারমাউন্ট] *v. t.* to conquer. জেতা, পরাস্ত করা
surname – [সারনেম] *n.* one's family name. উপনাম, পদবী
surplus – [সারপ্লাস] *n.* a quantity which exceeds beyond what is wanted. অতিরিক্ত, সঞ্চয়
surprising – [সারপ্রাইজিং] *adj.* exciting wonder. আশ্চর্যজনক
surroundings – [সাররাউণ্ডিঙস] *n.* circumstances. পরিপার্শ্ব
surveilance – [সারভেলেন্স] *n.* inspection. পাহারা
survive – [সারভাইভ] *v. t.* to continue to live. জীবিত থাকা
suspicion – [সাসপিশন] *n.* mistrust, doubt. সন্দেহ
suspicious – [সাসপিশাস] *adj.* doubtful. সন্দেহপ্রবণ
sustain – [সাসটেন] *v. t.* to support, to hold up. ধরে রাখা, বহন করা
sweat – [সোয়েট] *n.* toil, labour, perspiration. ঘাম, পরিশ্রম; *v. i.* to labour, to perspire. পরিশ্রম করা, ঘাম ঝরানো
sweep – [সুইপ] *n.* act of sweeping. ঝাড়ু দেওয়া; *v. t. & i.* to clear with a brush. ঝাঁটানো
swell – [সোয়েল] *n.* increase. ফোলা, বর্ধিত; *v. t. & i.* to become larger, to increase, to expand. ফুলে ওঠা, বৃদ্ধি পাওয়া
swift – [সুইফট] *adj.* active, quick. দ্রুতগামী
swim – [সুইম] *v. t. & i.* to move on water by the movements of limbs. সাঁতার কাটা
sword – [সোর্ড] *n.* a keen edged cutting weapon. তলোয়ার
symbol – [সিম্বল] *n.* a sign. চিহ্ন, প্রতীক
symbolize – [সিম্বলাইজ] *v. t.* to represent by symbol. প্রতীকায়িত করা
symmetry – [সিমেট্রি] *n.* right proportion of parts. সদৃশতা
sympathetic – [সিমপ্যাথটিক] *adj.* having common feeling with another. সহানুভূতিশীল
sympathy – [সিমপ্যাথি] *n.* compassion. সহানুভূতি
symptom – [সিম্পটম] *n.* indication. লক্ষণ
synonym – [সিনোনিম] *n.* a word having the same meaning and signification as another. সমার্থ
synopsis – [সিনপ্সিস] *n.* a summary. সংক্ষিপ্তসার
syrup – [সিরাপ] *n.* a saturated solution of sugar, the juice of fruits boiled with sugar. সরবৎ, মিষ্টি ওষুধ
systematic – [সিস্টেম্যাটিক] *adj.* methodical. ক্রমিক, নিয়মানুবর্তিত
syntax – [সিনট্যাক্স] *n.* the grammatical and due arrangement of words in a sentence. বাক্যগঠন
synthesis – [সিন্থেসিস] *n.* a building up. সংশ্লেষণ
syringe – [সিরিঞ্জ] *n.* a pipe furnished with a piston. পিচকারি, সিরিঞ্জ; *v. t.* to spray with a syringe. সিরিঞ্জ দিয়ে অনুপ্রবিষ্ট করানো

T

tab – [ট্যাব] *n.* a tag. ফিতে
tabby – [ট্যাবি] *adj.* of different colours. বিচিত্রবর্ণ
table – [টেবল] *n.* a flat smooth surface, a flat surface supported on legs. টেবিল, মেজ; *v. t.* to form into a list. সূচীবদ্ধ করা

tablet – [ট্যাবলেট] *n.* a small table, pills of medicine. ছোট টেবিল, বড়ি

taboo – [ট্যাবু] *n.* something prohibited. নিষেধ; *v. t.* to prohibit by authority. নিষেধ করা

tackle – [ট্যাকল] *n.* an appliance for lifting or lowering heavy weights. ভারোত্তোলক যন্ত্রবিশেষ; *v. t.* to seize. ধরে ফেলা

tact – [ট্যাক্ট] *n.* adroitness, cleverness. কুশলতা

tactics – [ট্যাকটিকস] *n.* manner of proceeding. যুক্তি

tale – [টেল] *n.* a story. গল্প

talent – ট্যালেন্ট *n.* high mental ability. মেধা, অসাধারণ বুদ্ধিবৃত্তি

talkative – [টকেটিভ] *adj.* loquacious. বাচাল

tamper – [ট্যাম্পার] *v. t. & i.* to meddle. অন্যায়ভাবে হস্তক্ষেপ করা, গোপনে অনুচিত কাজ করা

tamperer – [ট্যাম্পারার] *n.* one who tampers. গোপনে অনুচিত কাজ করে যে

tangle – [ট্যাঙ্গল] *n.* complication. গাঁট, জটিল গ্রন্থি; *v. t.* to knit together confusedly. জটিল কাজ

tape – [টেপ] *n.* a narrow band. ফিতা; *v. t.* to bind with tape. ফিতা দিয়ে বাঁধা

tardiness – [টার্ডিনেস] *n.* sluggishness. শিথিলতা

tax – [ট্যাক্স] *n.* a charge made by government on property. কর; *v. t.* to impose a tax. করা রোপ করা

taxation – [ট্যাক্সেশন] *n.* the act of taxing. কর নির্ধারণ

taxi – [ট্যাক্সি] *n.* a motor-car plying on hire. ট্যাক্সি, ভাড়ার গাড়ি

teaching – [টিচিং] *n.* instruction. শিক্ষা

tearless – [টিয়ারলেস] *adj.* without tears, easy. অশ্রুহীন, সরল

technique – [টেক্নিক] *n.* mechanical art or skill. যন্ত্রবিদ্যা, কৌশল

technology – [টেকনলজি] *n.* the science of industrial art. যন্ত্রবিজ্ঞান

tedious – [টেডিয়াস] *adj.* wearisome, irksome. কষ্টদায়ক, পরিশ্রান্তিকর

temper – [টেম্পার] *n.* temperament, passion. স্বভাব, প্রকৃতি

temperance – [টেম্পারেন্স] *n.* self restraint. সংযম

tempest – [টেম্পেস্ট] *n.* tumult, a violent storm. ঝড়, তুফান

temporary – [টেম্পোরারি] *adj.* lasting for a short time only. অস্থায়ী

tempt – [টেম্পট] *v. t.* to try, to allure. চেষ্টা করা, লোভ দেখানো

tenacity – [টেনাসিটি] *n.* obstinacy. দৃঢ়তা, নাছোড়বান্দা ভাব

tenant – [টেনান্ট] *n.* one who occupies a house on rent. ভাড়াটে

tendency – [টেণ্ডেন্সি] *n.* direction. প্রবণতা

tenor – [টেনর] *n.* state of being stretched. ক্রম, তাৎপর্য

tension – [টেনশন] *n.* state of being stretched. উৎকণ্ঠা

tentative – [টেনটেটিভ] *adj.* made or done as an experiment. পরীক্ষামূলক

terminate – [টারমিনেট] *v. t. & i.* to put to end. শেষ করা

terrible – [টেরিবল] *adj.* frightful. ভয়ানক

terrify – [টেরিফাই] *v. t.* to alarm to frighten. ভয় দেখানো

territory – [টেরিটরি] *n.* a region. ক্ষেত্র, ভূমি

testament – [টেস্টামেন্ট] *n.* a will. ইচ্ছাপত্র, উইল

textual – [টেক্সচুয়াল] *adj.* pertaining to text. কেতাবি

texture – [টেক্সচার] *n.* tissue, web. বুনট, বুনুনি

thankless – [থ্যাঙ্কলেস] *adj.* ungrateful. অকৃতজ্ঞ

thanks – [থ্যাঙ্কস] *n.* an expression of gratitude. ধন্য বাদ

theft – [থেফট] *n.* stealing a thing. চুরি

thiest – [থেইস্ট] *n.* a believer in existence of God. আস্তিক

theme – [থিম] *n.* topic, subject. প্রসঙ্গ, বিষয়

therefore – [দেয়ারফোর] *adv.* সেজন্য

thermometer – [থার্মোমিটার] *n.* an instrument for measuring temperature. থার্মোমিটার, তাপমান যন্ত্র

thesis – [থিসিস] *n.* an essay. প্রবন্ধ, গবেষণাপত্র

thief – [থিফ] *n.* one who steals. চোর

thirst – [থার্স্ট] *n.* desire for drink. তৃষ্ণা, পিপাসা; *v. i.* to have desire for drink. তৃষ্ণার্ত হওয়া

thither – [দিদার] *adv.* to that place. সেখানে

thoroughfare – [থরোফেয়ার] *n.* a public road. রাস্তা, পথ

though – [দো] *adv. & conj.* notwithstanding. যদিও

thousand – [থাউজেণ্ড] *n.* the number of ten hundred. হাজার

threat – [থ্রেট] *n.* declaration of an intention to punish. ধমকি

threaten – [থ্রেটন] *v. t.* to meanace. ধমকানো

thrice – [থ্রাইস] *adv.* three times. তিনবার

thrift – [থ্রিফট] *n.* frugality. মিতব্যয়ীতা

throat – [থ্রোট] *n.* the gullet. গলা, কণ্ঠ

through – [থ্রু] *prep.* from one end to the other. সম্পূর্ণ, এপার ওপার

throughout – [থ্রুআউট] *adv. & prep.* in every part. প্রত্যেক

tighten – [টাইটেন] *v. t.* to draw tight. কসা, কসে বাঁধা

timely – [টাইমলি] *adj. & adv.* early. সময়ে

timid – [টিমিড] *adj.* fearful. ভীতু, কাপুরুষ

title – [টাইটল] *n.* a name of distinctin. পদবী, অধিকার

toady – [টোডি] *n.* a mean, flatterer. ইতর, তোষামুদে; *v. t.* to flatter meanly. তোষামোদ করা

tobacco – [টোব্যাকো] *n.* a plant whose leaves are used in eating and chewing. তামাক

toe – [টো] *n.* a digit of the foot. পায়ের আঙুল

tolerance – [টলারেন্স] *n.* patience. ধৈর্য্য

toil – [টয়েল] *n.* hard labour. পরিশ্রম; *v. i.* to labour. পরিশ্রম, করা

tolerable – [ট endurable. সহ

tomorrow – [টু

tonsil – [টনসিল] *n.* one of the two glands at the root of the tongue. টনসিল

tooth – [টুথ] *n.* the hard substance in the jaws used for chewing. দাঁত; *v. t.* to indent. দাঁতালো করা

topaz – [টোপাজ] *n.* a gem. পোখরাজ

torpedo – [টরপেডো] *n.* a submarine weapon. জলভেদী গোলা

tortoise – [টরটয়েজ] *n.* a kind of turtle. কচ্ছপ

torture – [টর্চার] *n.* extreme pain of mind or body. যন্ত্রণা, কষ্ট; *v. t.* to vex, to inflict, pain. যন্ত্রণা দেওয়া

totality – [টোটালিটি] *n.* the whole sum. সম্পূর্ণতা

touching – [টাচিং] *adj.* moving. করুণ

tough – [টাফ] *adj.* strong, hard, difficult to break. কঠোর, শক্ত

tourist – [টুরিস্ট] *n.* one who travels for sight-seeing. ভ্রমণার্থী

towel – [টাওয়েল] *n.* a cloth used for drying the body. তোয়ালে

traceable – [ট্রেসেবল] *adj.* that may be traced. সন্ধানযোগ্য

tradition – [ট্র্যাডিশন] *n.* unwritten body of beliefs. ঐতিহ্য, পরম্পরা

traditional – [ট্র্যাডিশনাল] *adj.* according to old custom or practice. ঐতিহ্যগত

training – [ট্রেনিং] *n.* act of educating. প্রশিক্ষণ

traitorous – [ট্রেটারাস] *adj.* guilty of treason. কপট

transferable – [ট্রান্সফারেবল] *adj.* negotiable, that which can be transferred. বদলিযোগ্য

transform – [ট্র্যান্সফর্ম] *v. t.* to change the form. পরিবর্তিত হওয়া

transformation – [ট্র্যান্সফর্মেশন] *n.* change from one form the form. রূপান্তর

transition – [ট্র্যাঞ্জিশন] *n.* a change from one place to another. পরিবর্তন

travel – [ট্র্যাভেল] *v. t.* to go from one place to anotehr. ভ্রমণ করা

travelling – [ট্র্যাভেলিং] *n.* a journey. যাত্রা
treacherous – [ট্রেচারাস] *adj.* violating, not to be trusted. বিশ্বাসঘাতক
treachery – [ট্রেচারি] *n.* breach of trust. বিশ্বাসঘাতকতা
treasure – [ট্রেজার] *n.* great wealth. ধন, কোষ, সম্পদ; *v. t.* to store up. একত্র করা
treasury – [ট্রেজারি] *n.* place where treasure is kept. মুদ্রা কোষ, ধনাগার
treaty – [ট্রিটি] *n.* signed contract, agreement. সন্ধি, চুক্তি
tremble – [ট্রেম্বল] *v. i.* to shake. কাঁপা
tribute – [ট্রিবিউট] *n.* praise, acknowledgement, gift. প্রশংসা, ভেট, উপহার, অংশদান
trifle – [ট্রিফল] *n.* a thing of small value. তুচ্ছ; *v. t.* to waste time. সময় নষ্ট করা
trifling – [ট্রিফলিং] *adj.* of little value. তুচ্ছ
trim – [ট্রিম] *adj.* neat. সাজানো; *v. t. & i.* to decorate. সাজানো
triplicate – [ট্রিপলিকেট] *adj.* made three at a time. তিনগুণ; *v. i.* to make three copies. তিনটি প্রতিলিপি করা
triumph – [ট্রিয়াম্ফ] *n.* a great victory. বিজয়; *v. t.* to gain a victory. বিজয়ী হওয়া
trivial – [ট্রিভিয়াল] *adj.* of little worth. অধম
troublesome – [ট্রাবলসাম] *adj.* annoying. দুঃখদায়ক
trustworthy – [ট্রাস্টওয়ার্থি] *adj.* reliable. বিশ্বাসযোগ্য
tuberculosis – [টিউবারকুলোসিস] *n.* consumption. যক্ষা
Tuesday – [টিউজডে] *n.* the third day of the week. মঙ্গলবার
tuitional – [টিউশনাল] *adj.* pertaining to tuition. শিক্ষা সম্বন্ধীয়, অধ্যাপনা সম্বন্ধীয়
tumidity – [টিউমিডিটি] *n.* the state of being swollen. ফোলা
tumour – [টিউমার] *n.* morbid growth or swelling. টিউমার, ব্রণ, আব
tumour – [টিউমার] *n.* morbid growth or swelling. টিউমার, ব্রণ, আব
turbine – [টারবাইন] *n.* a water wheel. জলচালিত চক্র
tutor – [টুটর] *n.* private teacher. শিক্ষক, অধ্যাপক
tutorial – [টিউটোরিয়াল] *adj.* pertaining to teaching. শিক্ষা সম্বন্ধীয়
twin – [টুইন] *n.* two, a pair. জোড়া, যুগ্ম, যমজ; *adv.* twice. দুগুণ, দুবার
twelve – [টুয়েলভ] *n. & adj.* two and ten. বারো
twelfth – [টুয়েলফথ্] *adj.* next in order of eleventh. দ্বাদশ
twenty – [টুয়েন্টি] *n. & adj.* twice ten. কুড়ি
twice – [টোয়াইস] *adv.* two times. দুবার
twin – [টুইন] *n.* one of two born at the same time. যমজ
twinkle – [টুইঙ্কল] *v. t.* to shine with spark light. ঝিকমিক করা
twofold – [টুফোল্ড] *adj.* double. দুগুণ
tying – [টাইং] *n.* knot, string, ribbon. গাঁট, রশি, ফিতা
type – [টাইপ] *n.* symbol, specimen, letter used in printing. চিহ্ন, নমুনা, ছাপার অক্ষর
typhoid – [টাইফয়েড] *n. & adj.* a type of fever. টাইফয়েড
typical – [টিপিকাল] *adj.* symbolical. বিশিষ্ট
tyranny – [টাইরানি] *n.* severity. স্বৈরাচার, নির্দয়তা
tyrant – [টাইর‍্যান্ট] *n.* an oppressive ruler. নিষ্ঠুর, সৈরাচারী
tyre-[tire] – [টায়ার] *n.* a band of iron or rubber which encircles a wheel. টায়ার
tyro – [টাইরো] *n.* beginner. শিক্ষানবীশ

U

udal – [য়ুডেল] *n.* a free hold state. নিষ্কর ভূমি
udder – [আডার] *n.* one of the mammary gland of animals. পশুর স্তন
ugly – [আগলি] *adj.* not good looking, hateful. কুৎসিৎ
ulcer – [আলসার] *n.* a painful sore from which matter flows. ক্ষত, নালীঘা
ultimate – [আলটিমেট] *adj.* farthest, last. চরম
ultra – [আলট্রা] in the sense of beyond. অতি-উপসর্গ
un – [আন] *pfx.* used before nouns, pronouns, adjectives signifying a negative meaning. 'রহিত' বা 'হীন'-এর উপসর্গ
unanimous – [ইউন্যানিমাস] *adj.* agreeing. একমত
unaware – [আনওয়্যার] *adj.* ignorant. অজ্ঞ
unclose – [আনক্লোজ] *v. t.* to open. খোলা
unclothe – [আনক্লোদ] *v. t.* to make naked. নগ্ন করা
undergo – [আণ্ডারগো] *v. t.* to hear, to endure. সহ্য করা, বরদাস্ত করা
underrate – [আণ্ডাররেট] *v. t.* to value below the true worth. কম মূল্য নির্ধারণ করা
understand – [আণ্ডারস্ট্যাণ্ড] *v. t. & i.* to know the meaning of. বোঝা
undertake – [আণ্ডারটেক] *v. t. & i.* to attempt, to take upon oneself, to be bound. কাজের দায়িত্ব নেওয়া, কথা দেওয়া
undo – [আনডু] *v. t.* to ruin, to repeat. নষ্ট করা
undoing – [আনডুয়িং] *n.* ruin. নাশ
uneven – [আনইভেন] *adj.* odd, not smooth. অসমতল
unfair – [আনফেয়ার] *adj.* unjust. অন্যায়পূর্ণ
unfold – [আনফোল্ড] *v. t.* to disclose. খোলা, রহস্যোদ্ঘাটন করা
uniform – [ইউনিফর্ম] *adj.* distinctive dress, regular. উর্দী, সমরূপ
uniformity – [ইউনিফর্মিটি] *n.* similiarity. সমরূপতা
unimportant – [আনইম্পর্টেন্ট] *adj.* not important, unessential. অনাবশ্যক
unique – [ইউনিক] *adj.* without an equal. একক, অনন্য
unite – [ইউনাইট] *v. t. & i.* to join together. মেলানো
unity – [ইউনিটি] *n.* the state of being one. একতা
universality – [ইউনিভাসালিটি] *n.* the state of being universal. সার্বজনীনতা
unmoved – [আনমুভড্] *adj.* calm, firm. শান্ত অটল
unrest – [আনরেস্ট] *n.* uneasiness. অশান্তি
until – [আনটিল] *prep. & conj.* till such time. যখন পর্যন্ত
unto – [আনটু] *prep.* to. -কে
unwell – [আনওয়েল] *adj.* indisposed. অসুস্থ
up – [আপ] *adv.* aloft, on high. উঁচু
uphold – [আপহোল্ড] *v. t.* to devote, to support, to approve or confirm. সমর্থন করা, একমত দেওয়া
uplift – [আপলিফট্] *v. t.* to raise, to exalt. ওঠানো, উদ্ধার করা
upon – [আপন] *prep.* on the surface of. উপরে
upset – [আপসেট] *v. t.* to disturb, to overthrow. উল্টে দেওয়া, বিব্রস্ত করা
urgent – [আরজেন্ট] *adj.* important. জরুরী
use – [ইউজ] *n.* profit, custom, utility, employment, using. ব্যবহার, রীতি, প্রয়োজন; *v. t. & i.* to employ for a purpose, to be accustomed, to consume. খরচ করা, অভ্যস্ত হওয়া
usual – [ইউজুয়াল] *adj.* common. সাধারণতঃ
usually – [ইউজুয়ালি] *adj.* ordinarily. সাধারণভাবে
utter – [আটার] *adj.* complete, total. পূর্ণ; *v. t.* to speak, to pronounce. উচ্চারণ করা
utterance – [আটারেন্স] *n.* the act of uttering. উচ্চারণ, কথন

V

vacancy – [ভ্যাকান্সি] *n.* the state of being vacant. খালি
vacant – [ভ্যাকান্ট] *adj.* empty. শূন্য, খালি
vacation – [ভ্যাকেশন] *n.* the period of rest. ছুটি
vacationist – [ভ্যাকেশনিস্ট] *n.* one who enjoys holiday. ছুটি উপভোগকারী
vaccination – [ভ্যাকসিনেশসন] *n.* injection. টিকা
vaccinator – [ভ্যাক্সিনেটর] *n.* one who vaccinates. টিকা দেয় যে, টিকাদার
vacuum – [ভ্যাকুয়াম] *n.* empty space. শূন্যস্থান, রিক্ততা

vagabond – [ভ্যাগাবণ্ড] *n.* one who wanders. স্বেচ্ছাচারী; *adj.* wandering. ভবঘুরে

vague – [ভেগ] *adj.* uncertain. অস্পষ্ট

vain – [ভেন] *adj.* empty, showy. বৃথা

valid – [ভ্যালিড] *adj.* legal, strong. বৈধ, কানুনী

validity – [ভ্যালিডিটি] *n.* justness. প্রাবল্য, বৈধতা

valuable – [ভ্যালুয়েবল] *adj.* costly. মূল্যবান

valuation – [ভ্যালুয়েশন] *n.* the act of valuing. মূল্যায়ন

value – [ভ্যালু] *n.* worth, importance. উপযোগীতা; *v. t.* to estimate. মূল্যাঙ্কন করা

vanish – [ভ্যানিশ] *v. i.* to pass away, to disappear. গায়েব হওয়া

vanishing – [ভ্যানিশিং] *adj.* passing from sight. অদৃশ্যমান

vanity – [ভ্যানিটি] *n.* empty pride. অহংকার

vapour – [ভেপার] *n.* gas, steam. বাষ্প, ভাপ

variable – [ভারিয়েবল] *adj.* fickle, changeable. চঞ্চল, পরি বর্তনশীল

variety – [ভ্যারায়টি] *n.* change, difference. বৈচিত্র্য, পরিবর্তন

various – [ভেরিয়াস] *adj.* different. ভিন্ন ভিন্ন

vary – [ভ্যারি] *v. t. & i.* to make different, to diversify, to express variously, to alter. আলাদা করা, পৃথক করা

vegetable – [ভেজিটেবল] *n.* a plant used for food. শাকসব্জী

vegetarian – [ভেজিটেরিয়ান] *n.* one who eats only vegetable. নিরামিষাসী

valiantly – [ভ্যালিয়েন্টলি] *adv.* bravely. বীরত্বের সঙ্গে

vehicle – [ভেহিকল] *n.* a carriage, medium. যান

veil – [ভেল] *n.* a curtain. ঘোমটা; *v. t.* to hide. লুকোনো, আড়াল করা

vender, vendor – [ভেণ্ডার] *n.* one who sells. বিক্রেতা

venerable – [ভেনারেবল] *adj.* worthy of reverence. পূজণীয়, সম্মানীয়

venerate – [ভেনারেট] *v.* to pay great respect, to revere. সম্মান করা

ventilator – [ভেন্টিলেটর] *n.* a contrivance to let in fresh air. ঘুলঘুলি

venture – [ভেঞ্চার] *n.* chance, risk. সাহস; *v. t. & i.* to dare to a risk. সাহস করা

venturous – [ভেঞ্চারাস] *adj.* bold. সাহসী

verbose – [ভারবাস] *adj.* containing too many words. শব্দবহুল

verbosity – [ভার্বসিটি] *n.* the quality of being verbose. শব্দবহুলতা

verse – [ভার্স] *n.* a line of poetry. কবিতা

version – [ভার্সন] *n.* translation, account. তর্জমা, বর্ণনা

via – [ভায়া] *n.* a way, by way of. পথে

vertical – [ভার্টিকাল] *adj.* upright, perpendicular. লম্বা লম্বি

veteran – [ভেটারান] *n.* old and of long experience. *adj.* বৃদ্ধ, অভিজ্ঞ

veto – [ভেটো] *n.* an authoritative prohobition, the power of prohibiting. স্থগিতাদেশ; *v. t.* to forbid. স্থগিত করা, বারণ করা

vex – [ভেক্স] *v. t.* to annoy, to tease, to harass, to distress. বিরক্ত করা, পীড়া দেওয়া

vibration – [ভাইব্রেশন] *n.* oscillation, quivering. কম্পন

vice – [ভাইস] *n.* fault, evil practice. দোষ; *prefix.* in place of. উপ, প্রতিনিধি

vicious – [ভিসিয়াস] *adj.* corrupt, wicked. দুর্নীতি পরায়ণ

viciousness – [ভিসিয়সনেস] *n.* wickedness. দুরাচারীতা

victim – [ভিকটিম] *n.* a sufferer. শিকার

victor – [ভিকটর] *n.* a conqueror, one who wins in a contest. বিজয়ী, যুদ্ধজয়ী

victory – [ভিকটরি] *n.* triumph, conquest. বিজয়

vigour – [ভিগর] *n.* strength, force. শক্তি

vigorous – [ভিগরাস] *adj.* strong, energetic. শক্তিশালী, প্রবল

villain – [ভিলেন] *n.* a very wicked person. খল

vim – [ভিম] *n.* energy. শক্তি, উদ্যম

vindicate – [ভিনডিকেট] *v. t.* to defend, to support, to justify. প্রমাণিত করা, সমর্থন করা

vindication – [ভিণ্ডিকেশন] *n.* defence, justification. রক্ষা, যথার্থীকরণ

vine – [ভাইন] *n.* the creeper which bears grapes. আঙ্গুর লতা

vineyard – [ভিনিয়ার্ড] *n.* plantation of vine. আঙ্গুরক্ষেত

violate – [ভায়োলেট] *v. t.* to use violence, to break. ভঙ্গ করা

violation – [ভায়োলেশন] *n.* act of violating. উল্লঙ্ঘন

violence – [ভায়োলেন্স] *n.* injury, outrage. হিংসা, বলপ্রয়োগ

violet – [ভায়লেট] *n.* a plant with purple flowers. বেগুনী রং; *adj.* dark blue. গাড়ো নীল রং

vergin – [ভারজিন] *n.* a maiden. কুমারী; *adj.* maidenly, pure, chaste. পবিত্র

virtue – [ভারচ্যু] *n.* moral, worth, excellence, chastity. গুণ

virtuous – [ভার্চ্যুয়াস] *adj.* morally good. সচ্চরিত্র, ধার্মিক

vision – [ভিশন] *n.* sight, dream, imagination. দৃশ্য, কল্পনা

visitor – [ভিজিটর] *n.* one who visits. আগন্তুক

vital – [ভাইটাল] *adj.* essential, affecting life, animated. প্রাণ দায়ী, প্রাণবন্ত

vitality – [ভাইটালিটি] *n.* principle of life. প্রাণবন্ততা

vitalize – [ভাইটালাইজ] *v. t.* to put life into. জীবনদান করা

vitamin – [ভিটামিন] *n.* any of mumerous organic substances, accessory food factors, present in nutritive foods and essential for the health of animal organism. ভিটামিন, খাদ্যপ্রাণ

viva-voce – [ভাইভা ভোসি] *adv.* orally, by word of mouth. মৌখিক

vivid – [ভিভিড] *adj.* full of life lively, active, clear. সজীব, তীব্র

viz – [ভিজ] *n.* [contraction of videlicet] that is, namely. অর্থাৎ

vocabulary – [ভোকাব্যুলরি] *n.* a collection of words arranged in alphabetical order and explained, dictionary. শব্দকোষ

vocal – [ভোকাল] *adj.* relating to voice. কণ্ঠস্বর সম্বন্ধীয়

vocation – [ভোকেশন] *n.* calling in life, profession. জীবন যাপন, পেশা

volume – [ভল্যুম] *n.* a book, space occupied, size, bulk. গ্রন্থ, বিস্তার, পরিমাণ, ঘণফল

voluminous – [ভল্যুমনাস] *adj.* consisting of many volumes, lengthy, bulky. বড় গ্রন্থ, ভারী

voluntary – [ভলান্টরি] *adj.* of one's own free will, spontaneous. স্বেচ্ছাপূর্বক

volunteer – [ভলান্টিয়ার] *n.* one who joins to serve with one's free will. স্বেচ্ছাসেবক; *v. t.* to offer oneself. স্বেচ্ছাসেবক হওয়া

vomit – [ভমিট] *n.* to throw up from the stomach. বমি; *v. t. & i.* বমি করা

votary – [ভোটরি] *n.* one devoted to any cause or vow. সমর্থক, ভক্ত

vowel – [ভাওয়েল] *n.* a letter which can be sounded by itself. স্বরবর্ণ

voyage – [ভয়েজ] *n.* a long journey by water. সমুদ্রযাত্রা

volgar – [ভালগার] *n.* mean, low. নীচ, অশ্লীল

vulgarity – [ভালগারিটি] *n.* vulgar manner. অশ্লীলতা

vulnerable – [ভালনারেবল] *adj.* able to be damaged. নষ্টসাধ্য

vulture – [ভালচার] *n.* a large bird of prey. শকুন

W

wabble – [ওয়াবল] *v. t.* to wobble, to move to and fro. ইতস্তত, ঘুরে বেড়ানো

wafer – [ওয়েফার] *n.* a small thin sweet cake. পাতলা বিস্কুট

wages – [ওয়েজেস] *n.* sum paid for work done. বেতন

wagon – [ওয়াগন] *n.* a railway truck. রেলের মালগাড়ি
wail – [ওয়েল] *v. i.* lament. বিলাপ করা; *n.* lament. বিলাপ, শোক
waist – [ওয়েস্ট] *n.* part of the human body between ribs and hips. কোমর
waistcoat – [ওয়েস্টকোট] *n.* a short tight sleeveless coat. ছোটমাপের কোট
wait – [ওয়েট] *v. t. & i.* to stay. অপেক্ষা করা
waiter – [ওয়েটার] *n.* a servant. বেয়ারা, চাকর
wake – [ওয়েক] *v. t. & i.* to arouse. জাগা
walk – [ওয়াক] *n.* manner of walking. হাঁটা; *v. i.* to go on foot. হাঁটার চাল
wander – [ওয়াণ্ডার] *v. i.* to roam. ঘুরে বেড়ানো
wanderer – [ওয়াণ্ডারার] *n.* a walker. যাযাবর
want – [ওয়ান্ট] *n.* need, poverty. অভাব; *v. t. & i.* to need. প্রয়োজন হওয়া
wantage – [ওয়ান্টেজ] *n.* deficiency. অভাব
wanton – [ওয়ান্টন] *adj.* playful, irresponsible, wild. চঞ্চল, মতি, বন্য
warden – [ওয়ার্ডেন] *n.* a guardian. রক্ষক
wardrobe – [ওয়ার্ডরোব] *n.* a cupboard where clothes are kept. আলমারি
warfare – [ওয়ারফেয়ার] *n.* engaging in war, armed contest. যুদ্ধ, লড়াই
warm – [ওয়ার্ম] *adj.* ardent, zealous, earnest. গরম
warmth – [ওয়ার্মথ] *adj.* zeal. উৎসাহ, উত্তেজনা
warning – [ওয়ার্নিং] *n.* caution. সাবধানতা
warrior – [ওয়ারিয়র] *n.* a champion, a fighter. যোদ্ধা
washable – [ওয়াশেবল] *adj.* able to be washed. প্রক্ষালন যোগ্য
washerman – [ওয়াশারম্যান] *n.* one who washes clothes. ধোপা
wasp – [ওয়াস্প] *n.* a stinging winged insect. বোলতা
wastage – [ওয়েস্টেজ] *n.* loss by waste. নষ্ট, ক্ষয়
waste – [ওয়াস্ট] *n.* spoil, refuse. তলানি, বাতিল; *adj.* useless, wild. বেকার; *v. t. & i.* to damage, to spoil. নষ্ট করা
waterman – [ওয়াটারম্যান] *n.* a boat man. মাঝি
waterproof – [ওয়াটারপ্রুফ] *n. & adj.* impervious to water. জলনিরোধক
watt – [ওয়াট] *n.* an electrical unit of power. বিদ্যুতের মাত্রা
wave – [ওয়েভ] *n.* a vibration of water. স্রোত, তরঙ্গ; *v. t. & i.* to make wave. তরঙ্গিত হওয়া
wavy – [ওয়েভি] *adj.* full of waves. স্রোতপূর্ণ
wax – [ওয়াক্স] *n.* sealing wax, honey. মোম, মধু; *v. t. & i.* to rub with wax. মোম লাগানো
we – [উই] *pron.* আমরা
weakly – [উইকলি] *adj.* infirm. দুর্বল
weakness – [উইকনেস] *n.* feebleness. দুর্বলতা
wealthy – [ওয়েলদি] *adj.* rich. ধনী
weapon – [ওয়েপন] *n.* an instrument of offence or defence. অস্ত্র
weather – [ওয়েদার] *n.* the state of atmosphere. আবহাওয়া; *v. t.* to expose to the air. বায়ুর মুখোমুখি হওয়া
web – [ওয়েব] *n.* that which is woven. [মাকড়সার] জাল
wedding – [ওয়েডিং] *n.* marriage. বিবাহ
wedlock – [ওয়েডলক] *n.* marriage. বিবাহ বন্ধন
week – [উইক] *a period of seven days.* সপ্তাহ
weekly – [উইকলি] *n., adj. & adv.* happening once a week. সাপ্তাহিক
weep – [উইপ] *v. i.* to lament. কাঁদা, চোখের জল ফেলা
weeping – [উইপিং] *n.* lamentation. বিলাপ, ক্রন্দন
weigh – [ওয়ে] *v. t. & i.* to measure. ওজন করা
weight – [ওয়েট] *n.* heaviness, burden. ওজন, ভার
welcome – [ওয়েলকাম] *adj.* received with gladness. স্বাগত; *v. t.* to receive with gladness. স্বাগত করা
welfare – [ওয়েলফেয়ার] *n.* well being. মঙ্গল, কুশল, কল্যাণ
westward – [ওয়েস্টওয়ার্ড] *adv.* towards the west. পশ্চিমাভিমুখী
wheat – [হুইট] *n.* a plant with edible seeds. গম
wheel – [হুইল] *n.* circular frame. চাকা; *v. t.* to revolve. ঘোরানো
whence – [হোয়েন্স] *adv.* from what place. কোথায়
whenever – [হোয়েনএভার] *adv.* at whatever time. যে কোনও সময়ে
whensoever – [হোয়েনসোএভার] *adv.* at whatever time. যখন খুশি, কখনই
whipping – [হুইপিং] *n.* the act of beating with whip. চাবুক মারা
whispering – [হুইসপারিং] *n.* speaking secretly. কানাকানি
white – [হোয়াইট] *n.* anything white. শ্বেত, সাদা; *adj.* pure, spotless, of the colour of snow. ঝকঝকে পরিষ্কার; *v. t.* to make white. সাদা করা
whitewash – [হোয়াইটওয়াশ] *n. & v. t.* to put whitewash on. চুনকাম
whither – [হুইদার] *adv.* to what or which place. যেদিকে, যথা
whole – [হোল] *adj.* complete, entire. পুরো, পূর্ণ; *n.* complete thing. সম্পূর্ণতা
wholesale – [হোলসেল] *n.* sale of goods in large quantitities. থোক বিক্রী; *adj.* in large quantities. থোক
wholly – [হোললি] *adv.* entirely. পুরোপুরি ভাবে
width – [উইড্থ] *n.* extent from one side to the other. বিস্তার, চওড়া
widow – [উইডো] *n.* a woman whose husband is dead. বিধবা
widower – [উইডোয়ার] *n.* a man whose wife is dead. বিপত্নীক
wild – [ওয়াইল্ড] *adj.* savage, untamed. বন্য, জংলি
wilful – [উইলফুল] *adj.* obstinate. জেদি
will – [উইল] *n.* wish, the faculty of deciding. রুচি; *v. t.* to order, to resolve. সঙ্কল্প করা
window – [উইণ্ডো] *n.* an opening in a wall to admit air and light. জানালা
wireless – [ওয়ারলেস] *n.* communication through electromagnetic waves without wire. বেতার
wisdom – [উইসডম] *n.* prudence. বুদ্ধিমত্তা
wishful – [উইশফুল] *adj.* desirous. ইচ্ছুক
witch – [উইচ] *n.* a woman having magical power. ডাইনি; *v. t.* to enchant. জাদু করা
withdraw – [উইথড্র] *v. t. & i.* to retire. প্রত্যাহার করা
withdrawal – [উইথড্রয়াল] *n.* act of withdrawing. প্রত্যাহার
withhold – [উইথহোল্ড] *v. t. & i.* to hold back, to stay back. থামানো
witness – [উইটনেস] *n.* testimony. সাক্ষী; *v. t. & i.* to attest. সাক্ষ্য দেওয়া
woeful – [ওফুল] *adj.* sorrowful. দুঃখজনক
wolf – [উলফ] *n.* a wild animal. নেকড়ে
womanhood – [উম্যানহুড] *n.* the state of being a woman. নারীত্ব
wonder – [ওয়াণ্ডার] *n.* a miracle. আশ্চর্য, বিস্ময়; *v. t.* to marvel. বিস্মিত হওয়া
wonderful – [ওয়াণ্ডারফুল] *adj.* strange. চমৎকার
work – [ওয়ার্ক] *n.* labour, effort, employment. কাজ, পরিশ্রম
workmanship – [ওগাকরম্যান শিপ] *n.* skill, quality. কারিগরি
worry – [ওয়রি] *n.* anxiety. উৎকণ্ঠা, চিন্তা; *v. t.* to trouble, to harass. বিব্রত করা, দুঃখ দেওয়া
worship – [ওয়ারশিপ] *n.* devotion, reverence. পূজা; *v. t.* to adore. পূজা করা
worshipper – [ওয়ারশিপার] *n.* a devotee. পূজক
worth – [ওয়র্থ] *n.* value, merit. যোগ্য, মূল্য
worhtwhile – [ওয়র্থহোয়াইল] *adj.* suitable. যোগ্য, উচিৎ
worthless – [ওয়র্থলেস] *adj.* of no value. অযোগ্য
wound – [উণ্ড] *n.* injury, hurt by cut. ঘা, আঘাত; *v. t.* to injure, to inflict wound on. আহত করা
wounded – [উণ্ডেড] *adj.* injured. আহত

wrap – [র‍্যাপ] *v. t.* to cover, to fold together. ভাঁজ, পুল্টিশ

wreath – [র‍্যাথ] *n.* garland. মালা

wrestle – [রেসল] *v. t. & i.* to struggle. কুস্তি করা

wrestling – [রেসলিং] *n.* a struggle. কুস্তি, মল্লযুদ্ধ

wrinkle – [রিংকল] *n.* slight ridge on surface. বলিরেখা; *v. i.* to become wrinkled. কুঁচকোনো

writ – [রিট] *n.* a writing, legal documents. পরোয়ানা, আজ্ঞালেখ

wrong – [রং] *n.* harm, an injury. অন্যায়; *adj.* not right. ভুল; *v. t.* to treat unjustly. অপরাধ করা

X

X-rays – [এক্স-রেজ] *n.* the invisible rays emitted by an electric current by means of which the interior of solids are photographed. রঞ্জনরশ্মি

xylography – [জাইলোগ্রাফি] *n.* art of engraving on wood. কাঠখোদাই

Y

yean – [ঈন] *v. t.* to bring forth young. সন্তানের জন্ম দেওয়া

year – [ইয়ার] *n.* time of twelve months. বছর

yearn – [ইয়ার্ন] *v. t.* to have an eager desire of. উৎসুক হওয়া

yeast – [ইস্ট] *n.* the froth consisting fungi used in making beer. খামির

yellowish – [ইয়েলিশ] *adj.* somewhat yellow. হলুদাভ

yester – [ইয়েস্টার] *adj.* last. গত

yesterday – [ইয়েস্টারডে] *n.* the day before today. গতকাল

yet – [ইয়েট] *adv.* still besides afterall. তবুও

yielding – [ইয়েল্ডিং] *adj.* giving way, inclined to submit. নম্র, সরল

yoke – [ইয়োক] *n.* frame of wood placed on oxen, subject, bond. হাল, জোয়াল, দাসত্ব

young – [ইয়ং] *adj.* not yet old, not far advanced, inexperienced. তরুণ, নবযুবক

youngster – [ইয়ংস্টার] *n.* a lad, a young boy. কিশোর

youthful – [ইয়ুথফুল] *adj.* young. তরুণ

Z

zealous – [জেলাস] *adj.* fervent. উৎসুক, উৎসাহী

zest – [জেস্ট] *n.* a relish, flavour. স্বাদ; *v. t.* to give relish to. স্বাদযুক্ত করা

zigzag – [জিগজ্যাগ] *n.* something that has a sharp turn. আঁকাবাঁকা; *v. i.* to turn smartly. এঁকেবেঁকে এগোন

zink – [জিঙ্ক] *n.* a white metal. দস্তা

zoo – [জু] *n.* a zoological garden. চিড়িয়াখানা

zoology – [জুলজি] *n.* the science of animal life. জীববিজ্ঞান, প্রাণীবিজ্ঞান

Some Difficult Words Commonly Misspelt

Correct	Incorrect	Correct	Incorrect
Absorption	absorpshun, absorpsion	descendant	discendant
abundant	abundent, aboundant	desperate	desparate, disperate
abyss	abiss, abis	detector	detecter
access	acces	develop	develope, devalop
accident	accidant	diamond	daimond
acquaintance	acquintance	director	directer
advertisement	advertismant, advartisement	discipline	descipline
aerial	airial, aireal		
aggregate	aggregat, agregrate	Element	eliment, elemant
alcohol	alchohol, alkohal	elementary	elimentary, elementory
altar	altre.	embarrassed	embarassed
aluminium	alluminium, alumminium	endeavour	endevour, endeavur
amateur	amature, ameture	entrance	enterance
analysis	analisis, analises		
appropriate	appropriat. apropriate	Fascinate	facinate, fashinat
aquatic	acquatic.	fibre	fiber
ascertain	assertain, asertain	fiery	firy, firey
ascetic	asetic, aestik	forfeit	forfit
autumn	autamn, autum	fusion	fushion
		furniture	farniture, furnetur
Balloon	baloon, ballon		
banana	bannana.	Gaiety	gayty, gaity
banquet	bankuet, banquette	galloping	gallopping, galopping
barrier	berrier, barriar.	gorgeous	gorgeus, gorgias
beneficent	beneficient, benificent		
bequeath	bequethe, bequith	Hammer	hammar, hamer
besiege	besige, beseege	handicraft	handecraft
bouquet	bokuet, bequett	hindrance	hinderance, hindrence
buoyant	boyant, bouyant	humour	humor (American), humar
		hygiene	hygeine, higiene
Calendar	calender, calandar		
calumny	calumni, calamny	Illiterate	illitrate, illetrate.
candour	candoar, cander	indigenous	indigenus, indeginous
canvas	canvass	influential	influensial, influntial
canvass	canvas	ingenious	ingeneaus, inginious
career	carrier	ingenuous	inginuous
carcass	carcas, carcese	irresistible	irrestable
catalogue	catalog, catalaug		
certain	sertain, certen	Jealous	jelous, zelus
chew	choo, cheu	jester	jestor
coffee	cofee, coffe	jugglery	juglery, jugglary
coincide	concide, conecide		
commission	comission, commison	Kerosene	kerosin, kerosine
committee	comittee	knack	nack.
Decease (death)	disease, dicease	Laboratory	labrartory, laboratery
disease (ill-health)	decease, dicease	language	languege,
deceive	decieve, deceeve	leopard	lepard, leppard
defendant	defendent	library	liberary, librery
depth	deapth	licence (noun)	license

414

Correct	Incorrect	Correct	Incorrect
license (verb)	licence	realm	relm, rilm
lieutenant	leftenant, leiutenant	receipt	receit, reciept.
lily	lilly.	recur	recurr.
limited	limitid	recurred	recured
literary	litrary	recurrence	recurrence, recurrance
livelihood	livlihood, livelyhood	referred	refered
lustre	luster, lustar	reference	referrence
		regrettable	regretable, regretteble
Maintenance	maintainance	relieve	releieve, relive.
manageable	managable, managible,	removable	removeable.
manoeuvre	manover, manour	repetition	repeatition, repitition
marvellous	marvelous, marvellus		
millionaire	millioner.	Salutary	salutory
miscellaneous	misellaneous, miscellenous	saviour	savior, saviur
mischief	meschief	scholar	scholer, skolare
modelled	modled, moddled	scissors	sissors, scisors
moustache	moustashe, mustance	separate	separat, saparate
mystery	mystry, mistery	several	severel, sevarel
		shield	sheild, shild
Nasal	nazal.	shyly	shily, shiely
necessity	nescity, necesity	smoky	smokey
neighbour	naghbour, neighber	sombre	somber
noticeable	noticable, notiseable	sovereignty	sovereinty
		spectre	spector, specter
Obedient	obidient, obdiant	sufficient	sufficent.
occasion	occesion, ocasion	summary	summury, sumary
occurred	occured	superintendent	superintandant
occurrence	occurance	susceptible	suseptible, susesptible
odour	odor, oder		
offence	offense	Technique	technic
offensive	offensev	tolerance	tolerence.
offered	offerrd	tranquillity	tranquilitey, tranquilty
offering	offerring	transferred	transfered
omelette	omlette, oumiet	tributary	tributory, tributery
omitted	ometted, ommitted	tuition	tution
opportunity	oppurtunity, oportunity		
orator	orater, oratar	Unintelligible	uninteligeble
		unmistakable	unmistakeable
Parallel	paralel	utterance	utterence
parlour	parler	vaccinate	vaxinate, veccinate
persuade	pursuade, parsuade	vacillate	vascilate, vacillate
philosophy	phylosophy	valley	valey, velley
physique	physic	veil	vail.
persuasion	persuation	ventilator	vantilatar, ventilater
pleasant	plesant, plesant	verandah	varanda, varandah
professor	proffessor, professer	victuals	victuels.
profession	proffession, profesior	vigorous	vigorus, vigorus
proprietor	propritor, propriter	visitor	visiter, visitar
prominent	prominant		
		wield	weild, wilde
Quinine	quinin.	wilful	willful, wilfull
quotation	quotetion, quottation	woollen	wollen, wollen
Rabbit	rabit, rabitt	Yawn	yan, yaun
railing	raillings, relling	yearn	yern

Correct	Incorrect	Correct	Incorrect	Correct	Incorrect

■ Technical Terms

Correct	Incorrect	Correct	Incorrect	Correct	Incorrect
algebra	algabra	dynamo	dinomo	oxygen	oxigen
arithmetic	arithmatic	eclipse	eclypse	peninsula	pennisula
adjacent	adjcent	electricity	elektricity	parliament	parleament
ambiguous	ambigous	equilibrium	equilibriam	plateau	plato
apparatus	aparatus	executive	exeketive	positive	posetive
artillery	artillary	expedition	expidition	percentage	percentege
barley	barly	formulae	formuli	phenomenon	phenomenun
barometer	barometre	governor	governer	phosphorus	phosforus
circumference	circumferance	government	governmant	quotient	quoshent
carnivorous	carnivorus	hypothesis	hipothisis	route	rute
corollary	corolary	insect	insact	revenue	ravenue
chocolate	chokolate	lens	lensce, or lense	season	seeson
compass	compas	liquid	lequid	sepoy	sepoi
conqueror	conqerer	league	leegue	science	sience
column	colum	mammal	mamal	secretary	secretery
concave	conkave	mathematics	mathametics	subtraction	subtrection
convex	conveks	machinery	machinary	sulphur	sulpher
cocoa	coco	metre	mitter	temperate	tamperate
cyclone	syklone	mercury	mercary	theoretical	theoreticle
cylinder	cylindar	mineral	minarel	triangle	trangle
diagonal	digonal	microscope	microskope	tobacco	tobaco
diagram	digram	neutral	netural	veins	vains
decimal	decimale	negative	negetive	vacuum	vaccum

■ Proper nouns

Correct	Incorrect	Correct	Incorrect	Correct	Incorrect
Alexander	Alexendar	Buddhism	Budhism	Guinea	Gunea
Andes	Andis	Buenos Aires	Bonus Aeres	John	Jhon
Antarctic	Antratic	Caesar	Ceaser	Mediterranean	Maditeranion
Arctic	Arktic	Calcutta	Calcatta	Muhammad	Mohammad
Atlantic	Atlantik	Delhi	Dehli	Napoleon	Napolian
Bombay	Bombai	Egypt	Egipt	Philip	Phillip
Buddha	Budha	Europe	Erope	Switzerland	Swizerland
Buddhist	Budhist	European	Europian	Scotch	Scoch

■ Words which are erroneously combined

Correct	Incorrect	Correct	Incorrect	Correct	Incorrect
all right	alright	at least	atleast	some one	someone
all round	alround	in spite of	inspite of	some time	sometime
at once	atonce	per cent	percent	up till	uptil

■ Words which are erroneously divided

Correct	Incorrect	Correct	Incorrect	Correct	Incorrect
anyhow	any how	into	in to	sometimes	some times
anything	any thing	instead of	in stead of	somebody	some body
almost	all most	madman	mad man	schoolboy	school boy
already	all ready	moreover	more over	somehow	some how
anybody	any body	nobody	no body	together	to gether
afterwards	after wards	newspaper	news paper	today	to day
cannot	can not	nowadays	now-a-days	tomorrow	to morrow
everybody	every body	ourselves	our selves	utmost	ut most
everywhere	every where	otherwise	other wise	welfare	well fare
elsewhere	else where	outside	out side	welcome	wellcome

পত্র-লিখন
(LETTER WRITING)

প্রভাবশালী কয়েকটি পত্রের বিধি নির্দ্দেশ

আপনি যাহাকেই পত্র লিখুন না কেন, বা বিষয়বস্তু যাই হোক না কেন যদি আপনি নিম্নলিখিত কথাগুলি মনে রাখেন তাহলে পত্র লেখার সময় আপনার অনেক সুবিধে হবে।

১। যদি আপনি আত্মীয়, বন্ধু অথবা পরিচিত কাউকে পত্র লিখেন তাহলে সর্বদাই চেষ্টা করবেন নিজের হাতে পত্র লিখবার। যদি আপনার হাতের লেখা পরিস্কার না হয়, তাহলে টাইপ করেও পত্র পাঠাতে পারেন।

২। পত্রের ডানদিকে উপরে আপনার ঠিকানা লিখুন।

411/5- Mohalla Maharam,
Shahdara, Delhi-110 032

৩। ঠিকানার ঠিক নীচে তারিখ লিখুন। তারিখ লিখিবার সময় নিম্নলিখিত নিয়মের যে কোন একটি আপনি গ্রহণ করতে পারেন।

4th October, 1986   Friday, 4th October, 1986
October 4, 1986.   4.10.1986

৪। **পত্রের আরম্ভ কিভাবে করবেন ? (How to start a letter?)**

চিঠির আরম্ভ খুব মহত্বপূর্ণ। পত্রের শুরু যে ব্যক্তিকে পত্র লিখছেন তাহাকে সম্বোধন করিয়া লিখিবেন। সম্বোধন নির্ভয় করে আপনি কাহাকে পত্র লিখিতেছেন। ভিন্ন ভিন্ন ব্যক্তির ভিন্ন ভিন্ন সম্বোধন হয়। সচরাচর ব্যবহৃত সম্বোধনগুলি নিম্নে প্রদত্ত হইল।

★ মাতা-পিতা ও বয়োজেষ্ঠদের প্রতি সম্বোধন—

My dear father/papa/uncle,   Dear aunt/mother/mummy.

★ পিতা-মাতার তাঁহাদের সন্তানের প্রতি সম্বোধন—

My dear Umesh,   Dear Renu,
My dear son,   My dear daughter Sapna,

★ ভাই-বোন ও বন্ধুদের প্রতি সম্বোধন —

My dear brother/sister,   My dear sister Pushpa,
My dear Anand,   My dear friend Anand,

★ আপনার চাইতে বয়সে বড় ব্যক্তি অথবা কোন ফার্মের মালিক বা কর্ত্রী প্রতি সম্বোধন—

Sir,   Dear Sirs,   Dear Mr. Ramesh,

৫। **পত্রের মুখ্যভাগ (Body of the letter)**

ইহাকে মোটামুটি তিনভাগে ভাগ করা হয়। প্রথমে আভাষ, অর্থাৎ আপনি কেন এই পত্র লিখিতেছেন। ইহার পর আপনি কি বিষয়ে পত্র লিখিতেছেন অর্থাৎ আপনি কিসের জবাব আশা করিতেছেন। শেষভাগে ছোট অথবা বড় যথাযোগ্য সম্মান/অভিবাদন করিয়া শেষ করুন।

★ আভাষ (Reference):
I have just received your letter.

★ বক্তব্য (Message):
Meet Mr. Gajraj and give him the money.

★ শেষ (End).
Please give my best regards/love/wishes to.....

৬। **পত্র কিভাবে শেষ করবেন ?**

পত্র শেষ করিবার একটি নিয়ম আছে। আপনি কাহাকে পত্র লিখিতেছেন। ইহাকে হস্তাক্ষরকরণ বলে। পত্র কাহাকে লেখা হইতেছে সেই অনুসারে ভিন্ন ভিন্ন হয়। ইহাতে পত্র লেখকের হস্তাক্ষর সম্মিলিত হয়।

★ পিতা-মাতা এবং সম্বন্ধে বড়র প্রতি—

Affectionately yours, Yours affectionately, Your affectionate son/daughter/nephew/niece,

★ মাতা-পিতার তাঁহার সন্তানের প্রতি—

Affectionately yours, Yours affectionately, Your affectionate father/uncle/mother/auntie,

★ বন্ধুদের প্রতি—

Sincerely yours, Yours sincerely, Yours very sincerely,

★ নিজের থেকে বড় অথবা ব্যবসায়িক প্রতিষ্ঠানের মালিকের প্রতি —

Yours faithfully,

★ ভাই-বোনদের মধ্যে পত্র ব্যবহার কেমন হইবে—

Your loving brother, Your loving sister,

৭। যদি পত্র লিখিবার পর কিছু বাদ পড়িয়া যায় তাহা হইলে পত্রের নীচে (Post-Script) লিখিয়া পত্র পুরা করিতে হইবে।

৮। সব মিলিয়ে আপনার ব্যক্তব্য স্পষ্ট এবং সংক্ষিপ্ত হইতে হইবে। যাহাকে পত্র লিখিয়াছেন তিনি যেন বুঝিতে পারেন এমনভাবে লিখিতে হইবে। যথাসময়ে পত্রের উত্তর দেওয়া একটি বিশেষ গুণ। সর্ব্বদা চেষ্টা করিবেন পত্রের উত্তর সময়মত দেবার এবং কথাগুলি যেন স্পষ্ট হয়।

১। শুভ-কামনা জ্ঞাপক পত্র (Letters of Greetings)

শুভ-সংবাদ জ্ঞাপক পত্রের মুখ্য উদ্দেশ্য অন্যের সঙ্গে খুশীর ভাগ গ্রহণ করা আপনার আনন্দের ভাগ অন্যকে দেওয়া। আপনার সুখবর পত্রের মাধ্যমে ব্যবসায়িক/সামাজিক বন্ধনকে উত্তরোত্তর মধুরতর করা। এই পত্র কেতাবী ভাষায় না হইয়া কথা ভাষায় হইলেই ভাল হয়। পত্র পাঠকের এমন মনে হইবে যেন পত্র প্রেরক সামনে বসিয়া তাহার প্রসন্নতা ব্যক্ত করিতেছে। এই পত্র নববর্ষ, হোলী, বিজয়া-দশমী, দশেরা, দীবালি, ঈদ, ক্রীসমাস, জন্মদিন ইত্যাদিতে পাঠান হয়।

পত্রের শুরু প্রসন্নতা ব্যক্ত করিয়া করিতে হইবেঃ

1. I was pleasantly surprised to know..............
2. Please accept my heartiest greetings on the eve of.............
3. Please accept my best wishes on this happy occasion.
4. My wife and kids join me in expressing our warmest greetings on the occasion of.............

ধন্যবাদ অথবা শুভেচ্ছা জানিয়ে উজ্জ্বল ভবিষ্যতের কামনা জানানঃ

5. May this occasion bring you all happiness and prosperity!
6. May every day of your future be as pleasant and auspicious as this day!
7. May god grant you every success in the coming years!
8. I wish this day to be as happy and gay as lily in May!

ব্যক্তিগত অনুপস্থিতির অসুবিধা ও কারণ জানাও ঃ

9. I would have joined you so happily in the celebrations but for my visit on urgent official business.
10. I regret my absence on this happy day owing to my illness.
11. How eager I am to be with you but my family occupation prevents me from doing so.

যদি কোন উপহার বা ভেট দিতে চান তা জানান ঃ

12. But you will soon receive a gift as a token of my affection for you on this happy occasion.
13. I hope you like the small gift/bouquet I sent to you today to convey my warm feelings.

পুনঃ শুভ কামনা জানিয়ে পত্র শেষ করুন ঃ

14. Once again I convey my sincerest greetings on this auspicious occasion.
15. Wishing you all the best in life.
16. Looking forward to hearing more from you.

Sample Letter

My dear......,

Please accept my heartiest greetings on the eve of New Year. (2) May God grant you every success in the coming years! (7) I regret my absence on this happy day owing to my illness. (10) But you will soon receive a gift as a token of my affection for you on this happy occasion. (12)

Yours sincerely,

২। *অভিনন্দন পত্র* (Letters of Congratulations)

পত্রে ব্যক্তিগত উপলব্ধির কথা প্রকাশ করে উল্লাসের সহিত আপনার খুশী ব্যক্ত করা হয় এবং পত্র প্রেরকের ভবিষ্যতের শুভ-কামনা ব্যক্ত করা হয়। এই পত্র শুভ-কামনা পত্রের চাইতে কিছু লম্বা হয়। ইহা পরীক্ষায় সফলতা, ব্যবসায় উন্নতি পুস্তক প্রকাশন এই সকল খুশীর সময়ে প্রেরণ করা হয়।

পত্রের শুরু প্রসন্নতা ব্যক্ত করিয়া করুন ঃ

1. I am so happy to know..............
2. We are thrilled to hear from our mutual friend.
3. My heart is filled with joy to learn about.............
4. My happiness knew no bound the other day when I came to know about..............
5. I was beside myself with joy the other day when I came to know about.......

মধুর শব্দে অভিনন্দন জানান ঃ

6. Please accept my heartiest congratulations on..............
7. My wife joins me in congratulating you/your son.........on your/your son's grand success.
8. It is really a splendid achievement and we are all proud of you.
9. I am delighted to learn at your realizing your cherished ambition.

উজ্জ্বল ভবিষ্যতের প্রতি আপনার শুভ কামনা প্রকাশ করুন ঃ

10. Your grand success will make you bask in the glory of the fortune's smile all through your life.
11. May God continue to grant you similar successes all through your life.
12. I am sure you would bring great laurels to your profession.
13. Having attained the firm footing in your life, I am sure you would go very far on the path of achievements.

ইহার পর কি করিবার ইচ্ছা এই সম্বন্ধে প্রশ্ন করিয়া আত্মীয়তা প্রকাশ করুন ঃ

14. Do you plan to celebrate the occasion?
15. When are you intending to join........?
16. Do you plan to go abroad for higher studies?

পত্রের সমাপ্তি পুনরায় আপনার শুভকামনা/অভিনন্দন করুন ঃ

17. Once again I congratulate you on your well deserved success.
18. Your success is a fitting reward of your merit/painstaking labour.
19. God has duly rewarded your sincere prayer.
20. Accept once again my felicitations on this grand occasion.

Sample Letter

My dear.........,

I was beside myself with joy the other day when I came to know about your topping the list of the successful candidates in the Civil Services Examination. (5) It is really a splendid achievement and we are all proud of you. (8) May God continue to grant you similar successes all through your life. (11) Do you plan to celebrate the occasion? (14) Your success is a fitting reward of your merit/painstaking labour. (18)

Yours sincerely,

৩। সহানুভূতি পত্র (Letters of Sympathy)

দুঃখের সময়ে লিখিত পত্র মোটামুটি চারভাগে ভাগ করা যায় ঃ যেমন —আর্থিকহানি, দুর্ঘটনা, অসুখ, পরীক্ষা অথবা চাকুরিতে বিফলতা। সহানুভূতি পত্রে সমবেদনা পত্রের চাইতে ভাবুকতা কমিয়া যায়, কারণ সম্পত্তি হানি, প্রাণ হানি, এইসবের তুলনায় ইহা অনেক কম কষ্টদায়ক।

পত্রে দুঃসংবাদ প্রাপ্তির পর দুঃখ জানাইয়া পত্র শুরু কর ঃ

1. I am extremely sorry to hear of the fire that ravaged your factory on 10th Sept.
2. I was much distressed to learn about the theft committed in your house last Monday.
3. I was extremely worried to know about your illness the other day by our mutual friend.
4. It was with profound shock that I learnt about your car accident from the newspaper.
5. I was quite disturbed to know about your supercession in service.
6. It was with great sadness that I learnt from the newspaper about your failure in the examination.

ক্ষতি অল্পের উপর দিয়া গিয়াছে হইাতে সন্তোষ ব্যক্ত করুন ঃ

7. However, it is a matter of great relief that the damage caused was not major.
8. At the same time I am quite relieved to know that the loss is not much.
9. But I am sure the regular treatment will make you get rid of it in no time.
10. But I feel greatly relieved to know that you are physically safe.
11. Do not worry, if you could not get your promotion this time you may get it next year.
12. Success and failure are a part of life and should be taken in stride.

পত্র পাঠককে আপনার দৃঢ়-বিশ্বাস জানান, এই ঘটনায় তাহার কোন দোষ নেই ঃ

13. Do not get upset about it as I am told it was insured.
14. I am glad that the police is hotly pursuing the case with some useful clues.
15. Take full rest and follow the doctor's instruction. You will get well soon.
16. Success or failure are a matter of luck. Do not lose your heart and work hard with redoubled vigour. Success shall be yours.

আপনার তরফ হইতে কোন সহায়তা সম্ভব হইলে তাহা জানান ঃ

17. I know some important personnel in the Insurance company. I will speak to them.
18. Please do not hesitate in asking any financial help from me in case you need.
19. Why do not you come to my place for the convalescence. We'll have good time.
20. Henceforth be careful in driving and, also get your car brakes thoroughly checked.
21. Sincere efforts always bring reward, so continue trying.

পুনরায় সমবেদনা ব্যক্ত করুন ঃ

22. You have all my sympathies on this unfortunate incident.
23. I feel greatly concerned about your loss.
24. Please convey my heart-felt sympathies to your entire family.
25. May you recover speedily.
26. May god grant you your well-deserved success next time.

_____ **Sample Letter**

My dear.......

   I was extremely sorry to hear of the fire that ravaged your factory on 10th Sept.(1) However, it is a matter of great relief that the damage caused was not major.(7) Do not get upset about it as I am told it was insured.(13) I know some important personnel in the Insurance company. I will speak to them.(17) You have all my sympathies on this unfortunate incident.(22)

Yours sincerely,

৪। খেদ প্রকাশ করার পত্র (Letters of Regret)

কোন কারণে নিমন্ত্রণ রক্ষা করিতে না পারিবার জন্য বা সময়মত উপস্থিত না হইতে পারিবার পত্র এই শ্রেণীভুক্ত, অনুপস্থিত হওয়ার পত্রগুলি একটু বড় হয় কারণ ইহাতে অনুপস্থিতির কারণ দিতে হয়।

শুরুতে নিমন্ত্রণের জন্য ধন্যবাদ ঃ

1. Thanks a lot for your kind invitation to attend.............
2. I was extremely happy to receive your letter of invitation to attend.............
3. It was so kind of you to have remembered me on the occasion of.............
4. It was an honour to have received your courteous invitation letter.

ইহার পর নিমন্ত্রণের উপস্থিত না হইতে পারার জন্য খেদ প্রকাশ ঃ

5. I would have been so much delighted to be with you but.............
6. I was thrilled to receive your invitation and was looking forward to meeting you all but owing to.............
7. I regret to inform you that in spite of my ardent wish I would not be able to make it for reasons beyond my control.
8. We were all very keen to participate in.............but..........
9. I have much pleasure in accepting your invitation but deeply regret having to refuse owing to a previous engagement.

নিম্নাঙ্কিত বাক্যাংশের উচিত অংশ উপযুক্ত বাক্য যোগ করিয়া বাক্য সম্পূর্ণ করুন ঃ

10. Unfortunately I am not well.
11. Owing to my urgent business trip abroad. I would not be able to attend it.
12. ....but I am preoccupied with the arrival of guests on the same dates.
13. ....but I am going out on the same dates to attend my sister's wedding.

422

শুভ অবসরে আপনার শুভ-কামনা প্রকাশ করুন ঃ

14. Nevertheless I convey my heartiest good wishes for the happy occasion.
15. All the same, let me congratulate you most heartily on this happy event of your life.
16. My family joins me in wishing you all the best.
17. Best wishes for this grand event of your life.

অবশেষে অনুপস্থিত থাকার জন্য পুনঃ ক্ষমা প্রার্থনা করুন ঃ

18. How I wish I would have reached there. I hope you would appreciate my position.
19. I do hope you would accept my sincere apologies for my absence.
20. You can't imagine how perturbed I am at not being able to make it.
21. I sincerely regret the disappointment I am causing to you.

_____**Sample Letter**

My dear.......,

It was an honour to have recieved your courteous invitation letter. (4) I would have been so much delighted to be with you. (5) but unfortunately I am not well. (10) I sincerely regret the disappointment I am causing to you. (21) Nevertheless I convey my heartiest good wishes for the happy occasion. (14)

Sincerely yours.

৫ ।   অবকাশ আবেদন পত্র (Leave Applications)

এই প্রকার পত্র ছোট কিন্তু মন্তব্য সম্পূর্ণ স্পষ্ট হওয়া উচিত ।   স্কুল হইতে ছুটি চাওয়া বা অফিসে অনুপস্থিত থাকার জন্য এইরূপ পত্র লেখা হয় ।   এইরূপ পত্রে উপযুক্ত অধিকারকে উপযুক্ত সম্মান দেখাইয়া ছুটির প্রার্থনা করিতে হয় ।

প্রথমে কারণ স্পষ্ট করুন ঃ

1. Respectfully I beg to state that I have been suffering from fever since........
2. With due respect I wish to bring to your kind notice that my niece is getting married on...........
3. I submit that I have to attend an interview at........on.......
4. I have to state that I am having a very important work to do on.............

পরে ছুটির আর্জি পেশ করুন ঃ

5. Therefore. I request you to grant me leave for........days.
6. Hence you are requested to grant me leave of absence for........
7. I, therefore, request you to grant me leave for...........to enable me to attend to this work.

শেষে ধন্যবাদ দিয়া পত্র শেষ করুন ঃ

8. I shall be highly grateful.
9. I shall be much obliged to you.

_____**Sample Letter**

Sir.

Respectfully I beg to state that I have been suffering from fever since last night.(1) Therefore. I request you to grant me leave for three days.(5) I shall be much obliged to you. (9)

Thanking you.

Yours faithfully

423

৬। ধন্যবাদ জ্ঞাপক পত্র (Letters of Thanks)

ধন্যবাদ পত্রের মূলভাব কৃতজ্ঞতা জ্ঞাপক হয়। কোন বিশেষ সময়ে কাহারও কাহাকেও মনে পড়ায় অথবা কোন উপহার পাওয়ার প্রত্যুত্তরে এইরূপ পত্র লেখা হয়। ইহাতে কৃতজ্ঞতা বেশী এবং সৌজন্য কম প্রকাশ পায়। এই পত্র ছোট হইলেও ইহা খুব প্রয়োজনীয় কারণ এই পত্রে আগামী অনেক আবশ্যকতা নির্ভর করে।

পত্রের আরম্ভ কৃতজ্ঞতা জানিয়ে করুন ঃ
1. I thank you from the core of my heart for your letter/sending me the gift etc.
2. I express my profound gratitude for your having cared to remember me/send me the beautiful gift etc.
3. It was very kind of you to have.............
4. Thanks a lot for.............(your letter/beautiful gift etc). Indeed I am grateful.

যদি উপহার পাওয়ার পত্র হয় তবে উপহারের প্রশংসা করুন ঃ
5. Your letter/gift is the most precious possession that I have.
6. Your sentiments expressed through the letter/gift has really boosted my morale.
7. Your letter/gift has really strengthened our bonds of affection.
8. The exquisite gift/warm feelingful letter was most befitting the occasion.

পুনঃ ধন্যবাদ দিয়া পত্র শেষ করুন ঃ
9. Thank you once again for your kind letter/gift.
10. Very many thanks for caring to remember me.
11. Thanks a lot for the letter/gift, although your personal presence would have made quite a difference.
12. Thanks again. We are looking forward to meeting you soon.

_____**Sample Letter**

My dear.......,

    I thank you from the core of my heart for your letter/sending me the gift.(1) Your letter/gift is the most precious possession that I have.(5) Very many thanks for caring to remember me.(10)

Yours sincere

৭। সমবেদনা পত্র (Letters of Condolence)

সমবেদনার পত্র সাধারণতঃ কোন পরিচিত ব্যক্তির বাড়ীতে কোনরূপ দুর্ঘটনা ঘটিলে লেখা হয়। এই পত্রের মূল ভাব সমবেদনা। এই পত্র ছোট হওয়া এবং দুঃসংবাদ শুনিবার সঙ্গে সঙ্গে লেখা উচিত। এই পত্রে সৌজন্যের নয় যথার্থ হওয়া উচিত। এই পত্রে মৃতের সদ্গুণাবলীর উল্লেখ করিয়া যথাযোগ্য শ্রদ্ধা অথবা স্নেহর সঙ্গে করিবেন।

শোক সংবাদ পাইবার পর শোক প্রকাশ করুন ঃ
1. It was with deep regret that we learnt the heart-rending news of the passing away of.............
2. I was greatly saddened to know about.............from the newspaper/telephone call/letter.
3. I was rudely shocked to know about the sudden demise.............from.............
4. I was profoundly distressed to learn about the sudden demise of.............

মৃতের সদ্‌গুণাবলীর উল্লেখ করুন ঃ

5. He was such a lovable person.
6. In his death in the prime of life god has snatched a bright jewel from our midst.
7. His sociable nature and cultural refinement would keep him alive in the hearts of his admirers.
8. His death has caused a grievous loss not only to your family but to all of us.
9. He was a source of strength and inspiration to many of his fellowbeings.
10. His remarkable achievements would transcend his memory beyond his physical death.
11. Some of his pioneering work will go a long way to benefit many future generations.

পুনঃ সমবেদনা ব্যক্ত করুন ঃ

12. Please accept my sincerest condolences on this sad demise of your.............
13. May God grant you enough courage and forbearance to withstand this shock.
14. May his soul rest in peace in heaven and guide you for years to come.
15. We express our most sincere sympathy to you in your great bereavement.
16. We hope that the tree he has planted thrives well to provide protection to his family.

Sample Letter

My dear......,

It was with deep regret that we leamt the heart-rending news of the passing away of your father. (1) His death has caused a grievous loss not only to your family but to all of us. (8) We express our most sincere sympathy to you in your great bereavement. (15) May God grant you enough courage and forbearance to withstand this shock. (13)

Yours sincerely,

৮। প্রেম পত্র (Love Letters)

প্রেমপত্র সাধারণত দুই প্রকার হয়। পতি-পত্নীর মধ্যে ও প্রেমিক প্রেমিকার মধ্যে। প্রথম শ্রেণীর প্রেমপত্রে প্রেমের সহিত পারাবারিক সমস্যার কথাও থাকে। দ্বিতীয় শ্রেণীর প্রেমপত্রে ভাবনা ও কল্পনা মাত্রা বেশী। এই পত্রের কোন সীমা নাই সেইজন্য ইহার কোন নিয়মও নাই।

পত্রের শুরু ভালবাসার কথা দিয়া ঃ

1. Your loving letter this morning has come like a ray of sun-shine.
2. Your sweet letter has sunken me in the sweet fragrance of our love.
3. Your letter has flooded me with sheer happiness.
4. Your affectionate letter has scattered the depression I was enveloped in.

প্রাসঙ্গিক কথাবার্তা ঃ

5. Everything is fine nere except that I miss you so badly.
6. Has our little daughter (write her name) recovered from flu.
7. Nights really stretch to no end in your absence.
8. Is all well at home.

পুনঃ ভালবাসার কথাবার্তা ঃ

9. I am dying to meet you.
10. Once again I must tell you how deeply do I love you.
11. Write back soon as your letters provide me a great emotional support.
12. I am counting the days when I will meet you.

পুনরায় প্রশংসার কথা দিয়া পত্রের সমাপ্তি ঃ

13. You are the sweetest dream of my life.
14. Your memory keeps me radiant.
15. I am desperately waiting to meet you my sweetheart!
16. You are the greatest thing that happened to my life.

Sample Letter

Dearest.....,

Your sweet letter has sunken me in the sweet fragrance of our love.(2) Everything is fine here except that I miss you so badly.(5) Write back soon as your letters provide me a great emotional support.(11) You are the greatest thing that happened to my life.(16)

Love.

Yours ever,

৯। আমন্ত্রণ পত্র (Letters of Invitation)

এই পত্রে মূলতঃ উৎসাহ, খুশী ও সম্মানের ভাব নিহিত থাকে। এই পত্রে প্রাপক এমন অনুভূতি হইবে যে তাহাকে সম্মান ও হৃদ্যতার সঙ্গে ডাকা হইতেছে। এই পত্রে স্থান তারিখ ও সময়ের পূর্ণ বিবরণ দিতে হয়। এই পত্র বিবাহ, জন্মদিন ও গৃহপ্রবেশ ইত্যাদিতে লেখা হয়।

প্রথম আমন্ত্রণের স্থান, তারিখ ও সময়ের বিবরণ ঃ

1. It is with great pleasure that I inform you that (I am/my son is, getting engaged on 16th February, 1986 at Taj Palace's Crystal Room at 6 p.m.)
2. This is to bring to your kind notice that ....
3. Most respectfully I inform you that ....
4. I am pleased to inform you that.............

ব্যক্তিগতভাবে আমন্ত্রণ করুন ঃ

5. I request you to kindly come with your family to grace the occasion.
6. I would be delighted if you could spare some time from your busy schedule to attend the above mentioned function/celebration.
7. It would be a great pleasure to have you among the guests.
8. Please do come with your family at the appointed place and time.

আবার একবার অবশ্য উপস্থিতির আগ্রহ প্রকাশ করুন ঃ

9. You know how important is your presence on this occasion for us. So please do come.
10. I am sure you would not disappoint us.
11. I would be greatly honoured if you could come on this occasion.
12. My whole family is very eagerly awaiting your arrival.

Sample Letter

My dear.......,

It is with great pleasure that I inform you that my son is getting engaged on 16th Feb. 1986 at Taj Palace's Crystal Room at 6 p.m.(1) I request you to kindly come with your family to grace the occasion.(5) My whole family is very eagerly awaiting your arrival. (12)

Yours sincerely,

১০। শিক্ষা সম্বন্ধীয় পত্র ও প্রার্থনা
(Letters and Applications on Educational Matters)

মাতাপিতা এবং অধ্যাপককে মাঝে মাঝেই পত্র লিখতে হয়। এই পত্র বেশীর ভাগ শিক্ষা সম্বন্ধীয় হয়। যাহাতে প্রমাণপত্র পাওয়ার জন্য আবেদনপত্র ছাত্রছাত্রীদের শিক্ষা সংযুক্ত প্রশ্ন ইত্যাদি। এই পত্রের ভাষা সৌজন্যপূর্ণ সোজাসুজি আসল বক্তব্য লেখা হয়।

পত্রের আরম্ভে পত্র লিখিবার হেতুঃ

1. This is to bring to your kind notice that I am leaving the town and I want to have my son's transfer certificate from your reputed school/college etc.
2. I have been watching my son's studies and find him to be still quite weak in mathematics.
3. I am deeply pained to learn from my son the callous attitude of some of the teachers towards students.
4. Since my daughter..........a student of your school, class........wishes to compete for the science talent competition, I should be grateful if you could issue the relevant certificates.

শেষে ধন্যবাদ জানাইয়া পত্র শেষ করুনঃ

5. Kindly arrange to issue the certificate at your earliest. Thank you.
6. I would be grateful if some special attention is given to my son........
7. You are requested to send the relevant certificates by.......(give date)
8. I again request to get the needful done at your end.

Sample Letter

Dear Sir (or Madam),

Since my daughter Neeta, a student of Class XI in your school, wishes to compete for the science talent competition, I should be grateful if you could issue relevant certificates.(4) I again request you to get the needful done at your end. (8)

Yours sincerely,

১১। বৈবাহিক বিজ্ঞাপনের উত্তর
(Replies to Matrimonial Advertisements)

আজকাল বিশেষ করিয়া বড় সহরে বৈবাহিক সম্বন্ধ খবরের কাগজে বিজ্ঞাপনের মাধ্যমেও হয়। এই বিজ্ঞাপন মনোযোগের সহিত পড়িতে হয়। অনেক বিবাহ সম্বন্ধ এই প্রকারে হয়। বিজ্ঞাপনের উত্তর এইভাবে লেখা হয় যাহা হইতে বিজ্ঞাপনের পাইয়াছেন তাহা জানাইয়া পাত্র/পাত্রীর পূর্ণ বিবরণ, আর্থিক স্থিতি পরিস্কারভাবে লেখা হয়। ফটো চাহিয়া পাঠান

প্রথমে বিজ্ঞাপন পড়িয়া লিখুনঃ

1. In response to your matrimonial advertisement published in the (newspaper's name and date) I furnish hereunder the relevant particulars about my daughter/son.
2. This is in reference to your matrimonial advertisement published in (name of the newspaper) on.........(date) that I give below the details of my daughter/son and my family.
3. I have seen your recent advertisement for a suitable bridegroom/bride for your daughter/son and would like to furnish the following particulars about myself/my son.

ইহার পর পাত্র/পাত্রীর গুণাগুণ লিখুন ঃ

4. Name, age, education, appearance and earnings.
5. Brothers, sisters and their description.
6. Parents and their description.
7. Caste/sub-caste or community details.

পত্র এইভাবে শেষ করুন ঃ

8. In case you are interested, please send to me more details about the boy/girl along with his/her one recent photograph.
9. If you require more information, I would feel great pleasure to furnish it.
10. If you have belief in astrology we will send the horoscope also.
11. Since we want marriage at the earliest, a prompt reply shall be highly appreciated.

Sample Letter

Dear Sir......

In response to your matrimonial advertisement published in The Hindustan Times on 20th Sept. 1986, I furnish hereunder the relevant particulars of my daughter. (give the relevant details). (1) If you have belief in astrology, we will send the horoscope also.(10) Since we want marriage at the earliest, a prompt reply shall be highly appreciated.(11)

Yours sincerely,

১২। বৈবাহিক বিজ্ঞানের প্রাপ্ত উত্তর
(Letters to the responses received from Matrimonial Ads)

ই পত্রের উত্তর খুব সংযত ভাষায় হওয়া উচিত কারণ এই পত্র আপনার ইচ্ছা পূরণের প্রথম ধাপ। যে বিষয়ে আপনি জানিতে ইচ্ছুক সেটা স্পষ্টভাবে ব্যক্ত করুন। এই পত্র এক প্রকার বৈষয়িক পত্রের মতই হয়। ইহা তথ্যপূর্ণ ও ছোট হয়।

প্রথমে পত্র প্রাপ্তির কথা জানাইয়া প্রসন্নতা প্রকাশ করুন ঃ

1. I was delighted to receive your letter in reply to our ad in the newspaper.
2. Received your letter soliciting further enquiry into our likely matrimonial alliance.

ইহার পর যাহা জানিতে চাওয়া হইয়াছে তাহা জানান ঃ

3. My sister's post graduate degree is in Economics from Allahabad University.
4. At present my daughter is teaching in Cannosa convent school.
5. Enclosed photograph is a recent shot of.....(name) my sister.

বিস্তারিত জানাইবার ইচ্ছা প্রকাশ করিয়া আপনার জিজ্ঞাস্যগুলির কথা লিখুন ঃ

6. Should you have any further query, I would be most willing to satisfy it. When is Amit coming in holidays?
7. I hope this satisfies your query. Kindly care to send a recently shot photograph of Amit too.
8. If you need ask anything still, we can meet at Lodhi Hotel between 14th to 16th instt. Where I shall be staying during my next visit to Delhi.

আগামী সম্বন্ধ মধুরতর হইবে এই আশা ব্যক্ত করিয়া পত্র শেষ করুন ঃ

9. Hope to see our proposal to fruition soon.
10. May we ever be tied in this delicate bond of relationship.
11. Looking forward to our coming meeting.

Dear Mr:.........,

I was delighted to receive your letter in reply to our ad in the newspaper. (1) At present my daughter is teaching in Cannosa convent school. (2) I hope this satisfies your query. Kindly care to send a recently shot photograph of Amit too. (7) Looking forward to our coming meeting.(11)

Yours truly,

১৩। পারিবারিক পত্র : এক সমানের মধ্যে
(Family Letters : Between Equals)

পারিবারিক পত্রের কোন শ্রেণীভেদ নাই, ইহার কোন সীমা নাই। এই পত্রে অনন্ত হইতে পারে। পারিবারিক সমস্যা হইতে সাধারণ কথা-বার্ত্তা পর্য্যন্ত লেখা হয়। তথাপি এই পত্রের একটি গুণ ইহা সরল ও স্নেহপূর্ণ। সাধারণতঃ এই পত্র বড় হয় এবং চলতি ভাষায় লেখা হয়। সমবয়সাকে লেখা পত্রে কিছুটা বন্ধুত্ব ও চপলতা চলে তাহাতে স্নেহভাব দৃঢ়তর হয়।

প্রসন্নতা ব্যক্ত করিয়া পত্র লিখিবার কারণ লিখুন :

1. It was indeed a great pleasure to have received your letter.
2. I received your letter and was delighted to go through its contents.
3. Received your letter after ages.
4. So at long last you cared to remember me!

এরপর পারিবারিক/ব্যক্তিগত খবরা-খবর :

5. Of late I have not been keeping in good health.
6. Father is now better but his movements are somewhat restricted.
7. After the cataract operation, mother's eyesight has improved considerably.
8. Pappoo secured 86% marks and IVth rank in his annual exams.
9. The other day my wife met your cousin at Sheela's marriage.

হর্ষ ও আত্মীয়তা প্রকাশ করুন :

10. What about your tea-addiction, still going 20 cups strong a day?
11. How are you getting along in your new affair. Any help needed?
12. Are you really so busy as not to be able to correspond frequently?
13. When are you going to marry—in old age?

পুনর্মিলনের ইচ্ছা প্রকাশ করিয়া পত্র শেষ করুন :

14. Hoping to meet you in the Dussera vacation.
15. I hope you would be coming over to this side at Rahul's marriage. Then we will meet.

Sample Letter

Dear Ramesh,

So, at long last you cared to remember me! (4) Of late I have not been keeping in good health. (5) What about your tea-addiction, still going 20 cups strong a day?(10)I hope you would be coming over to this side at Rahul's marriage. Then we will meet.(15)

With loving regards,

Yours affectionately,

১৪। পারিবারিক পত্র বয়োজেষ্ঠ্য ও কনিষ্ঠের পত্র
(Family letters : From Elder to Younger)

যখন জেষ্ঠ্য কনিষ্ঠকে পত্র লেখেন তাহাতে স্নেহ ও অনুশাসনের এবং ভবিষ্যতের প্রতি ঔৎসুক্য। এই জাতীয় পত্রের কোন সীমা থাকে না। ইহা ব্যক্তিগত প্রয়োজনের উপর নির্ভর করে।

প্রসন্নতা ব্যক্ত করিয়া পত্রে আপনার উদ্দেশ্য প্রকাশ করুন ঃ

1. I was happy to receive your letter the other day.
2. It is surprising that since last one month you haven't cared to drop even a single letter to us.
3. The photographs sent by you are really marvellous. We were delighted to see them.
4. Mr. Saxena met me yesterday and told me about his meeting you on 10th instant.

এরপর ব্যক্তিগত/পারিবারিক সূচনা ঃ

5. Ramesh's competitive exams would start from 21st Oct.
6. Your Sushma auntie expired on September 9 last. She was unwell for some time.
7. Since Reeta's marriage has been fixed on 9th January, I expect you to be here at least a week earlier to help me in the arrangements.
8. Your nephew Bittoo is unhappy as you did'nt send him the promised watch.

ইহার পর পত্র পাঠকের দিনকাল কেমন চলিতেছে জানুন ঃ

9. How are you doing in your new assignment. Is it really taxing?
10. I hope you are taking proper care of your health.
11. Tell Asha that I miss delicious dosa prepared by her.
12. How is Pintoo in his studies?

পুনরায় মিলনের আশা/আকাঙ্ক্ষা প্রকাশ করিয়া পত্র শেষ করুন ঃ

13. I hope you would be punctual in your letter-writing to us and would come on Dussera.
14. Be careful about your health in this rainy season and continue writing letters.
15. Apply for your leave well in advance so that you are in time for Reeta's marriage.
16. More when we meet.

Sample Letter

My dear Ram,

It is surprising that since last one month you haven't cared to drop even a single letter to us. (2) Since Reeta's marriage has been fixed on 9th January, I expect you to be here at least a week earlier to help me in the arrangements. (7) I hope you are taking proper care of your health. (10) More when we meet. (16)

With love,

Yours affectionately,

১৫। পারিবারিক পত্র কনিষ্ঠের পত্র জেষ্ঠর প্রতি
(Family Letters : From Younger to Elder)

যখন কনিষ্ঠ জেষ্ঠ্যকে পত্র লেখে তাহাতে স্নে র সঙ্গে সম্মানের ভাব বেশী থাকে। এই পত্রের কোন সামা নির্ধারণ থাকে না। এই পত্রে ভাবুকতা অধিক থাকে।

প্রসন্নতা প্রকাশ করিয়া পত্র লেখার উদ্দেশ্য ব্যক্ত করুন ঃ

1. I was very happy to receive your letter after a long while.
2. I was thrilled to receive the sweets sent by Mummy with Mrs. Jindal.
3. Have you people completely forgotten me? No letters!
4. I am writing this letter to ask you to send Rs. 250/- for my fees at your earliest.

তারপর ব্যক্তিগত/পারিবারিক খবরা-খবর ঃ

5. You will be glad to know that I have been selected in the debating group going to U.S.A. for one month.
6. This year owing to extra-classes in Dussera holidays I won't be able to come.
7. Tell Mohan Dada that I need a tennis racket as I have been selected in the college Tennis team.
8. Asha wants to go to her parents place at Diwali. She will go only if you permit.

অতঃপর পত্র পাঠকের কুশল প্রশ্ন করুন ঃ

9. Is Mummy O.K. How is her arthritis?
10. I hope your blood-pressure must now be under control.
11. Has Sarla auntie returned from Hardwar?
12. Would Munna be going to watch the cricket test match at Kotla ground?

পুনঃ দেখা হইবার আকাঙ্ক্ষা/ইচ্ছা প্রকাশ করিয়া পত্র শেষ করুন ঃ

13. I hope to come for 10 days in Christmas vacation.
14. I might be there by this month and for a day.
15. Hope to talk to you over phone when I go to chacha ji's place.
16. More when we meet.

Sample Letter

Respected Brother,

I was very happy to receive your letter after a long while. (1) You will be glad to know that I have been selected in the debating group going to U.S.A. for one month. (5) Is Mummy O.K.? How is her arthritis? (9) More when we meet. (16)

With regards to elders and love to youngsters.

Yours affectionately,

১৬। নিযুক্ত/ইণ্টারভিউ ইত্যাদি প্রাপ্তি পত্রের পুরক পত্র
(Letters supplementing the queries arising out of your receiving of the Appointment/Interview Letters)

এই পত্র সাধারণতঃ ছোট হয় কেননা ইহা পুরক পত্র। পূর্ব্বের পত্র অপেক্ষা কম বিষয়ের উপর সম্বন্ধ যুক্ত। এই পত্রও তথ্যপূর্ণ ও ছোট হয়। এই পত্রের উত্তর তাড়াতাড়ির মধ্যে দেওয়া উচিত নয়। ভাষাও খুব সংযত হওয়া উচিত শেষে একটু ভাবুকতা প্রকাশ করা উচিত।

পত্রের আরম্ভ আপনার প্রার্থনা পত্রের উত্তর প্রাপ্তির জন্য প্রসন্নতা ব্যক্ত করুন ঃ

1. I was glad to receive your query in response to my application.
2. Delighted to receive the questionnaire sent by your office.
3. Extremely pleased to get a favourable response from your side.

এখন মুখ্য উদ্দেশ্য ব্যক্ত করিয়া আপনার সমস্যা ও চিন্তার কথা লিখুনঃ

4. But your letter does not mention anything about the T.A. I am entitled to receive for travelling to attend the interview.
5. There appears to be some discrepancy between the grade given in the ad and the one given in your letter.
6. Owing to my illness I won't be able to attend the interview on the scheduled date. Could I get a date fifteen days later than the scheduled one.

পরে সম্মান দেখাইয়া ঐ কোম্পানীর কাজে উৎসুকতা ব্যক্ত করুনঃ

7. Avidly awaiting the interview date/answer to my query.
8. Looking forward to a bright future in your esteemed organisation.
9. I hope you would kindly care to send the required clarifications on the mentioned points to enable me to attend the interview/or, join the concern.

Sample Letter

Sir,

I was glad to receive your query in response to my application. (1) But your letter does not mention anything about the travelling allowance I am entitled to receive for travelling to attend the interview. (4) Avidly awaiting the interview date. (7)

Yours faithfully,

১৭। চাকুররি জন্য দরখাস্ত পত্র (Job Applications)

চাকুরি ইত্যাদির জন্য লিখিত আবেদন পত্রে ভাষার সংযততা এবং মুল উদ্দেশ্য স্পষ্টীকরণ বিশেষ মহত্ব রাখে কারণ এইসব পত্রের পাঠক প্রায়ই এক অপরিচিত ব্যক্তি হন। আপনার সফলতা এবং আরও অনেক কিছুই ব্যক্তির কৃপাও সহানুভূতির উপর নির্ভরশীল।

এই পত্র যাহার মারফং আপনি বিষয়টি জ্ঞাত হইয়াছেন তাহা জানাইয়া শুরু করুনঃ

1. I have come to know through some reliable sources that you have a vacancy for the post of..........in your renowned organisation.
2. I come to know from your advertisement published in the Hindustan Times on........that you have vacancy for the post of.........in your esteemed organisation.
3. Being given to understand by your advertisement as appeared in........

এখন আপনার আবেদন পেশ করুনঃ

4. Since I meet all the required qualifications and experience conditions, I wish to offer my candidature for the same and supply hereunder my details relevant to the job.
5. In response to the afore-mentioned advertisement I wish to offer my candidature for the same and supply hereunder my details relevant to the job.
6. As I possess the requisite qualification so I beg to offer my services for the same.

এরপর আপনার যোগ্যতা প্রকাশ করে চাকুরি বিশেষের নির্ব্বাচনের জন্য জানানঃ

7. I assure you, sir, that if selected I shall do my work most conscientiously.
8. In case you select me I assure you that I will do my work very sincerely.
9. If given appointment I am sure I will prove an asset for your organisation.
10. If you favour me with an appointment I shall do my best to work to the entire satisfaction of my superiors.

ইহার পর আপনার পূর্ণ বিবরণ দিন ঃ

Name, Address, Date of Birth, Educational qualification, Experience, Extra-curricular activities etc.

Sample Application

Sir,

I came to know from your advertisement published in the Hindustan Times of 8th August, 1986 that you have a vacancy for the post of Administrative Officer in your esteemed organisation. (2) Since I meet all the required qualifications and experience conditions, I wish to offer my candidature for the same and supply hereunder my details relevant to the job. (4) I assure you, sir, that if selected I shall do my work most conscientiously. (7)

Name : Date of Birth :

Address : Qualification :

Experience : Extra-curricular Activities :

Yours faithfully,

১৮। নালিশ পত্র (Letters of Complaints)

এই পত্র বিশুদ্ধভাবে সৌজন্যপূর্ণ হয়। বেশী ক্ষেত্রে সরকারী বিভাগ/অফিসার প্রভৃতিকে দেওয়া হয়। ইহাতে আপনার সর্ব্বপ্রকার কষ্ট ও অসুবিধা উল্লেখ করিয়া যুক্তিপূর্ণ নালিশ করিতে হইবে। আপনার নালিশ করার পর ঐ বিভাগের যোগ্যতার প্রশংসা করিতে হইবে।

এই পত্রে আপনার কষ্টের উল্লেখ করিয়া পত্র পাঠকের প্রতি সম্মান প্রদান করুন ঃ

1. It is with great agony that I wish to bring to your kind notice the callousness shown by some employee of your Deptt.
2. I am pained to rivet your attention to the following lapse committed by your men.

এরপর বিস্তারিতভাবে আপনার কষ্টের কথা লিখুন ঃ

3. For the last fifteen days.........(mention the cause) and in spite of my several reminders no action has been taken by your men.
4. In spite of my repeated oral complaints and your department's oral assurances no concrete action has been taken yet to solve this problem.
5. It is indeed regretting that your department has turned a deaf ear to our written complaint followed by several reminders.

সম্বন্ধিত বিভাগের প্রংশসা করিয়া আপনার প্রতি দৃষ্টি রাখিবার অনুরোধ করুন ঃ

6. It is really surprising that such an efficient department as that of yours is not heeding to our complaints. Please get the needful done without any further loss of time.
7. It is difficult to believe that such thing should have happened under your efficient control. Please get the needful done at the earliest.
8. I can hardly believe that a department like yours which is reputed for its efficiency should be taking so much time in doing the needful.

আপনার নালিশের বিচার ত্বর করিবার অনুরোধ জানাইয়া পত্র শেষ করুন ঃ

9. I have every hope that you will take a prompt action and oblige.
10. I feel confident of receiving a favourable and helpful reply.

Dear Sir,

It is with great agony that I wish to bring to your kind notice the callousness shown by your Deptt.'s personnel. (1) For the last fifteen days my phone is lying dead and in spite of several reminders no action has been taken yet by your men. (3) It is really surprising that such an efficient Deptt. as that of yours is not heeding to our complaints. Please get the needful done without any further loss of time. (6)

I have every hope that you will take a prompt action and oblige. (9)

Yours faithfully.

১৯। হোটেলে স্থান লাভের পত্র
(Letters of Enquiry regarding Hotel Accommodation)

এই পত্র ব্যবসায়িক হয় আপনি পত্র পাঠকের পরিচিত নহেন। এই পত্র তথ্যপূর্ণ ও ছোট হওয়া উচিত। কিন্তু এই পত্রে আপনার থাকিবার মেয়াদ, কোন সময় পৌঁছাবেন ইত্যাদি বিষয়ে স্পষ্টভাবে লিখিতে হইবে।

প্রথমে আপনার কর্মসূচীর বিবরণ দিবেন ঃ

1. I shall be coming by the Delhi Express and arrive at your hotel around 5.30 A.M.
2. I want you to book an A.C. room for me from 17th Oct to 20th, both inclusive.
3. Book a single bedded and sea facing room in your hotel betweem 17th Oct. to 20th Oct. from your time of check in and check out.

আপনার পূর্ব্বে মালপত্র পৌছিলে উহা যেন হোটেলে সুরক্ষিত হয় ঃ

4. Please collect all my mail reaching your hotel before my arrival on 17th Oct. morning.
5. Please make sure I get an air conditioned room.
6. Please arrange a taxi to take me out around 10.30 A.M. the same day i.e. 17th October.

ঐ হোটেলের প্রশংসা করিয়া পত্র শেষ করুন ঃ

7. I am sure this visit shall also be as comfortable as it was the last time.
8. You are an added attraction for me to visit your city.
9. Looking forward to a comfortable stay in your hotel.

Maurya Sheraton,
New Delhi.

Dear Sirs,

I want to book an A.C. room for me from 17th to 20th Oct, both inclusive. (2) Please collect all my mail reaching your hotel before my arrival on 17th Oct. morning. (4) Please arrange a taxi to take me out around 10.30 A.M. the same day i.e. 17th October. (6)

Looking forward to a comfortable stay in your hotel. (9)

Yours truly,

২০। ব্যাঙ্কের সহিত পত্র ব্যবহার (Letters to Banks)

বর্ত্তমানে ব্যাঙ্ক আমাদের জীবনের অভিন্ন অংশ বলা চলে। বাঙ্কে পত্র লেখার মুখ্য কারণ নতুন খাতা খোলার অনুরোধ ওভার ড্রাফটের সুবিধার জন্য প্রার্থনা করা, চেক হারাইয়া গেলে তাহার সূচনা দেওয়া ইত্যাদি। এই পত্র ত্রুটিহীণ, সার্থক ও শিষ্ট হওয়া বাচ্ছনীয়। এই পত্র লিখিবার সময় অতি সতর্কতার সহিত লেখা উচিত।

পত্রের শুরু ঐ উদ্দেশ্যে করুন যে উদ্দেশ্যে পত্র লিখা হইতেছে ঃ

1. I have recently moved into this town and opened a general stores at the address given above. On the recommendation of my friend Vijay I wish to open a current account with your bank.
2. I have been recently posted to (.........) from (.........). I am interested in opening a savings account in your bank.
3. With the approach of Diwali we expect a big increase in the sales of our shop/company. As we have just entered this field the wholesale dealers are unwilling to give us the credit facility. Therefore we have to request for overdraft for Rs........
4. I wish to inform you that I have been transferred to (.........). This being the case it will not be possible for me to continue my account with your bank in future. Hence I request you to close my account.
5. This is with reference to my personal discussion with you regarding overdraft. I, therefore, now request for allowing me to overdraw on my account (No.......) up to Rs. 3000/ between Ist January, 1987 to Ist July 1987.
6. I am writing to ask you to stop payment of cheque (No.......amount) drawn payable to M/s Karan & Karan, Delhi as this cheque has been lost in the post.

যদি কোন রেফারী বা জামানতকারীর প্রয়োজন আছে কিনা জানিতে চাহেন তাহা হইলে ঐ বিষয়ে লিখুন ঃ

7. Please send me the necessary form and also let me know if any referee is required for opening a new account.
8. I will provide references should you require them.
9. We have debentures worth Rs.........which we are prepared to deposit as security.
10. As I have no investments to offer as security, I should be grateful if you could make an advance against my personal security.
11. As our past commitments regarding overdrafts have always been honoured hence we find nothing for you to turn down our proposal.

এখন আশানুরূপ উত্তরের আশা করুন ঃ

12. I shall be grateful for an early reply.
13. Hoping for a favourable reply.
14. We shall highly appreciate a sympathetic response to our above request.
15. We shall be grateful if you could grant the overdraft asked for.
16. We should be highly thankful, if you could accede to our request.

Sample Letter

Dear Sir,

I have recently moved into this town and opened a general stores at the address given above. On the recommendation of my friend Vijay I wish to open a current account with your bank. (1) Please send me the necessary form and also let me know if any referee is required for opening a new account. (7) I shall be grateful for an early reply. (12)

Yours faithfully

২১। বীমা কোম্পানীকে লিখিত পত্র
(Letters to an Insurance Company)

এই পত্র ব্যবসায়িক পত্রের শ্রেণীগত, ইহার ভাষা বিশুদ্ধ ও সৌজন্যপূর্ণ হয়। কারণ আজকাল বীমা কোম্পানীর আধিক্যের হেতু পারস্পরিক সংঘর্ষ প্রচুর বাড়িয়া গিয়াছে, ফলে প্রত্যেক কোম্পানীই তাহাদের প্রদত্ত সুবিধা বিজ্ঞাপনে বাড়াইয়া-চড়াইয়া লিখে।

প্রথমেই বীমার বিষয় স্পষ্ট করিয়া লিখুন অর্থাৎ কাহার জন্য বীমা করিতে চান ঃ

1. I want to have my life insurance policy for the sum of Rs.....
2. I want to get my car insured by your company for Rs. 1 lakh.
3. I wish to have the house-holder's insurance policy covering both building and contents in the sums of (give the cost of the building) and (the cost of the contents) respectively.

এরপর কোম্পানী প্রদত্ত সুবিধাগুলির বিষয়ে ভাবুন ঃ

4. We wish to take out insurance cover against loss of cash on our factory/shop premises by fire, theft or burglary.
5. What rebate or concession you offer on an insurance policy for Rs. 2 lakhs?
6. Is there any loan-facility after a fixed period in the policy you offer?
7. What modes of premium payments you offer?

ক্লেমের বিষয় লিখুন ঃ

8. I am sorry to report an accident to (mention the property insured). We estimate replacement cost of the damaged property at (give the amount).
9. I regret to report that a fire broke out in our factory stores last night. We estimate the damage to the stores at about (give the amount).
10. We regret to report that our employee (give name of the employee) has sustained serious injuries while doing his work. Doctors estimate that it will take him about a month to be fit to work again.

ইহার পর কি করা প্রয়োজন তাহা জানাইবার জন্য লিখুন ঃ

11. Please arrange for your representative to call at our factory premises and let me know your instructions regarding the claim.
12. Should your representative visit to inspect the damaged property, please let me know the day of his visit.
13. We, therefore, wish to make a claim under the policy (give the name of the policy) and shall be glad if you send us the necessary claim form.

শীঘ্র পত্রের উত্তর আশা করিয়া সমাপ্ত করুন ঃ

14. I hope you would care to send to me an early reply.
15. Please answer this letter as soon as possible.
16. An early reply to my query shall be greatly appreciated.
17. Please send me particulars of your terms and conditions for the policy along with a proposal form, if required.
18. Please quote your terms and conditions for providing the required cover.

_____ **Sample Letter**

Dear Sir,

I want to get my car insured by your company, for Rs. 1 lakh. (2) What modes of premium payments you offer? (7) Please send me particulars of your terms and conditions for the policy along with a proposal form, if required.(17) An early reply to my query shall be greatly appreciated. (16)

Yours faithfully,

২২। নালিশ পত্র ব্যবসায়িক (Letters of Complaints : Business)

এইসব পত্র সাধারণতঃ কোন সংস্থা অথবা কোম্পানীকে লেখা হয়, যাহার তৈয়ার বস্তু আপনি কিনিয়াছেন অথচ উহা ঠিকমত কাজ করিতেছে না। এই পত্রে জিনিসটি কিনিবার তারিখ, স্থান ও দোকান ইত্যাদির নাম বিস্তারিত লিখিবার পরে আপনার নালিশ জানাইতে হইবে। এই পত্র সৌজন্যপূর্ণ হয় কিন্তু নালিশের পূর্ণ বিবরণের জন্য ইহা সাধারণতঃ লম্বা হইয়া যায়।

পত্রের শুরু পত্র পাঠকের নিমিত বস্তুর কিনিবার পূর্ণ বিবরণ দিবেন ঃ

1. On .... (day) I bought from.......... (place) an instant geyser manufactured by your renowned concern.
2. Your salesmen delivered the (name the product) on .... (date) one instant geyser we had ordered.
3. I was shocked to find the instant geyser purchased..... on (date) at (place) by us did not function well.

এই কোম্পানীর প্রতি সন্দেহ প্রকাশ করিয়া আপনার নালিস করুন ঃ

4. It is a matter of shame for your esteemed organisation to have brought out such products in the market without proper quality control.
5. It is shocking to find the appliance having faulty wiring system.
6. I am sorry to point out the defect in the geyser......(write your complaint)

আপনার নালিশের ব্যাপার শীঘ্র দূর করা হইবে এই আশা ব্যক্ত করিয়া পত্র শেষ করুন ঃ

7. I am confident that a reputed concern like that of yours can ill afford to lose your reputation and shall get the needful done at the earliest.
8. I hope you would send your salesmen/women to replace the mentioned product of yours.
9. Need I remind you that such product should be lifted/replaced without much fuss.

Sample Letter

(Name of the concern and its
concerned officer)

Dear Sir,

On 10.9.86 I bought from the Diplomatic store an instant geyser manufactured by your reputed concern. (1) It is shocking to find the appliance having faulty wiring system. (5) I am confident that a reputed concern like that of yours can ill afford to lose your reputation and shall get the needful done at the earliest. (7)

Yours faithfully,

২৩। ক্ষমা-প্রার্থনা পত্র (Letters of Apology)

আমরা সকলেই কোন না কোন সময় কোন না ভুল করিয়া থাকি। সভ্য নাগরিকের প্রমাণ নিজের ভুল স্বীকার করা। ক্ষমা প্রার্থনা দ্বারা আমরা করিতে পারি। যদিও ভুল জানিয়ে বুঝিয়া করা হয় না তবুও ইহা কাহারও কষ্টের কারণ হইলে তাহা দূর করা উচিত। এই পত্র অকপট ও যত শীঘ্র সম্ভব পাঠান উচিত। সময়ে না পাঠাইলে ইহার আসল উদ্দেশ্যই ব্যর্থ হইয়া যায়।

ক্ষমা প্রার্থনার কারণ লিখুন ঃ

1. My son informed me that my cat had eaten away your chickens.
2. My wife told me about our driver's ramming my car into your boundary wall.

আবার ক্ষমা প্রার্থনা করুন ঃ

3. I am extremely sorry to know about it and render my sincere apologies.
4. I apologise deeply for the inconvenience caused to you.
5. My sincere apologies.

অতঃপর অকপটে নিজের ভুল স্বীকার করিয়া তাহা শুধরাইবার প্রয়াস ঃ

6. Although it happened inadvertently yet I am prepared to compensate for your this loss.
7. I wish I were there to prevent it. Any way you can penalize me as you want.
8. Kindly care to inform me the loss you have incurred owing to (name the culprit)...... this negligence.

ভবিষ্যতে এরূপ ভুল হইবে না এই আশ্বাস দিন ঃ

9. I promise that in future I shall be extra-vigilant to see it does not happen again.
10. I have admonished my.......and he will be careful in future.
11. I assure you that such things will never happen in future.

পুনঃ ক্ষমা প্রার্থনা করিয়া পত্র শেষ করুন ঃ

12. In the end I again ask for your forgiveness.
13. Once again with profound apologies.
14. Repeatedly I express my profuse apologies.

Sample Letter

Dear Sir,

My wife told me about our driver's ramming my car into your boundary wall. (2) My sincere apologies. (5) Although it happened inadvertently yet I am prepared to compensate for your this loss. (6) I assure you that such things will never happen in future. (11) Once again with profound apologies. (13)

Yours sincerely,

২৪। *কার্য্যালয়ে লিখিত পত্র* (Letters on Official Matters)

কখনও আপনার অফিসে/কার্য্যালয়ে কাজ করিবার সময় কার্য্যালয়ে পত্র লিখিবার প্রয়োজন হয়, বিষয় পদোন্নতি হইতে ব্যক্তিগত অসুবিধা পর্য্যন্ত। এই পত্র ছোট, স্পষ্ট ও কিছু ভাবপূর্ণও হইতে পারে।

পত্রের আরম্ভ আপনার পদ পরিচয় ও স্থিতির উল্লেখ করিয়া করুন ঃ

1. As your honoured self know I am working in.....Deptt. in the capacity of a Junior clerk.
2. For the last twenty years I am the......(position) in the factory.
3. I am officiating in the capacity of .... for last two years.

অতঃপর পত্র লিখিবার কারণ উল্লেখ করুন ঃ

4. Now I have been transferred to.........
5. Owing to my domestic problems I request you to change.........
6. On account of my health problems I would not be able to.........
7. Owing to my...........(reason) I can not function in the same position any more.
8. On health grounds I have been advised to leave this city.
9. My family duties have constrained me to seek my transfer.

পরে আপনার ব্যক্তিগত বিষয় জানাইয়া মুখ্য বিষয়ে অসুন ঃ

10. Looking at such a changed situation I won't be able to work in the present position.
11. As such, I request you to change my working/shift hours.
12. In the light of above I request you to transfer me to......(section) or place.

অন্তে আপনার কষ্ট/অসুবিধার প্রতি সহানুভূতিপূর্ব্বক বিচার করিবার প্রার্থনা করুন ঃ

13. Hence I request you to expedite/order my desired transfer to..........
14. You are, therefore, requested to release me at the earliest.
15. I pray you to consider my case sympathetically.
16. In view of my loyalty and past performance I am sure you would condescend to grant me the desired wish.
17. I am sure to get a sympathetic response from your side to my this genuine problem.
18. With earnest hope I crave your special sympathy in my case.

Sample Letter

Sir,

As your honoured self know I am working in sales Deptt. in the capacity of Junior Clerk. (1) Owing to my domestic problems I request you to change my place of working. (5) In the light of above I pray you to transfer me to Purchase Deptt.(12) In view of my loyalty and past performance I am sure you would condescend to grant me the desired wish. (16)

Yours faithfully,

২৫। বাড়ীর মালিকের পত্র ভাড়াটিয়ার প্রতি
(Letters from the Landlord to the Tenant)

আজকাল সহরে জীবনে বাড়ীর মালিক ও ভাড়াটিয়ার মধ্যে প্রায়ই এমন অবস্থা হয় যখন পত্রের আদান-প্রদান ব্যতীত উপায় থাকে না। এই পত্রে দুই তরফেরই কিছু না কিছু সমস্যার উল্লেখ থাকে। ইহার ভাষা সংযত হওয়া উচিত যাহাতে কোন পক্ষকেই মোকদ্দমা পর্য্যন্ত না যাইতে হয়।

আপনি নালিস করিবার পত্র এবং ভাড়াটিয়ার কাছ হইতে প্রাপ্ত পত্র পরিচয় দিন ঃ

1. I feel constrained to inform you that due to recent increase in the house-tax, I have been left with no alternative but to increase the house rent by Rs. 50/- per month w.e.f. first of next month.
2. It has come to my notice that your children make so much noise when they play causing disturbance to other tenants.
3. I am in receipt of your letter regarding the leaking of the roof of your house.
4. I have noted your complaint about the rent payment receipts.

নালিশ নিবারণের জন্য লিখুন অথবা ভাড়াটিয়ার পত্রের উত্তর দিন ঃ

5. I hope you will not mind this increase in rent as I have retired from service recently and my only source of income is the house rent received from you.
6. I am sure you will give the necessary instructions to your children in this connection.
7. I like to assure you that we are arranging for the necessary repairs at the earliest.
8. The receipts in question will be issued on coming Monday.

পত্রের সমাপ্তি ভাড়াটিয়ার সহিত সহযোগের ইচ্ছা প্রকাশ করিয়া করুন ঃ

9. I hope you won't find this increase burdensome.
10. I hope you will be able to understand and appreciate my point of view.
11. I expect you to bear with me for a few days only.
12 I am sure you will extend your co-operation as always.

Dear Sir,

I am in receipt of your letter regarding the leaking of the roof of your house. (3) I like to assure you that we are arranging for the necessary repairs at the earliest. (7) I expect you to bear with me for a few days only. (11)

Yours sincerely,

২৬। ভাড়াটিয়ার পক্ষ হইতে বাড়ীর মালিকের পত্র
(Letters from the Tenant to the Landlord)

আপনার নালিশ বা বাড়ীর মালিকের কাছ হইতে কোন পত্র আসিলে সেই সদর্ভে লিখুন ঃ

1. I have to inform you that the roof of the house we are occupying leaks during rains causing great inconvenience to our family.
2. I am sorry to point out that despite several reminders you haven't issued the rent payment receipts for the last three months.
3. Please refer to your letter regarding increase in the rent of the house we are occupying.
4. We have noted your complaint regarding our carelessness in switching off the light at the main gate.

এরপর আপনার নালিশের নিবারণ অথবা বাড়ীর মালিকের পত্রের জবাব দিন ঃ

5. Hence you are requested to get the necessary repairs done at the earliest.
6. I, therefore, request you to issue the above mentioned receipts without any further delay.
7. I regret to write that whatever cogent reason you may have for increasing the house rent but my financial means don't permit me to pay a higher rent.
8. Rest assured that we will be careful in future regarding switching off the light at the main gate.

বাড়ীর মালিকের সহিত মধুর সম্পর্ক বজায় রাখিবার উপর জোর দিয়া শেষ করুন ঃ

9. I hope you will understand our problem and cooperate.
10. Hoping for a favourable reply.
11. I am sure you will appreciate my financial problem and withdraw your rent increase proposal.
12. We are sure that this assurance is enough to set to rest all your doubts in this regard.

—————————————————————————— **Sample Letter**

Dear Sir,

I am sorry to point out that despite several reminders you haven't issued the rent payment receipts for the last three months. (2) I, therefore, request you to issue the above mentioned receipts without any further delay. (6) Hoping for a favourable reply. (10).

Yours sincerely,

রেপিডেক্স এডুকেশনল সিডি স্ক্রীপ্ট

ভূমিকা

বন্ধুগণ র‍্যাপিডেক্স ইংলিশ স্পীকিং কোর্স এর সাথে এই সিডি আর এর স্ক্রীপ্ট আপনাকে আমাদের পক্ষ থেকে এক বিশেষ উপহার। এই সিডি যেখানে আপনাকে ইংরাজি শব্দ আর বাক্যের সঠিক প্রনন্সিয়েশন (উচ্চারণ) শেখাবে সেখানেই নিজেদের মধ্যে ইংরাজী বলার আপনাকে এক পরিবেশও প্রদান করবে। আপনি এই ভাবে পড়ার সাথেই শুনে আর সেই শোনার সাথে পুনরায় বলে ইংরাজিতে কথা বলার জন্যে নিজেকে সম্পূর্ণ ভাবে প্রস্তুত করে নেবেন। এই ভাবে আপনি নিজের ব্যক্তিত্বের বিকাশের মধ্যে এক নতুন আয়তন যোগ করবেন।

লেখা আর বলার মধ্যে অনেক ব্যবধান হয়। লেখা শব্দগুলি আমরা যখন বলি, তখন আমরা আলাদা-আলাদা শব্দের উচ্চারণ আলাদা-আলাদা ভাবে করিনা, বরং অনর্গল ভাবে বলার সময় আমরা আইডিয়া গ্রুপস্ (Idea Group) অথবা ছোট-ছোট শব্দ সমূহে বলি। উদাহরণ স্বরূপ -

I am working Hard কে আমরা যদি ধীরে - ধীরে বলি তাহলে বলব আই অ্যাম - ওয়াকিং -হার্ড।
কিন্তু অনর্গল বা যদি Fluently বলতে হয় তাহলে বলবো -
আঅ্যাম ওয়রার্কিংহার্ড।

এখানে আই আর অ্যাম যোগ হয়ে আঅ্যাম হয়ে যায় আর ওয়ার্কিং হার্ড এর মধ্যের ব্যবধান ও শেষ হয়ে যায়।

এই ভাবে
Are You Going To The Market?
আর ইয়ু গোইং টু দা মার্কেট?

এই ভাবে
I shall Speak English
আই শ্যাল স্পীক ইংলিশ
আইল স্পীক ইংলিশ

তাহলে বন্ধুগণ, অনর্গল বলতে হলে তাহলে আইডিয়া গ্রুপ (Idea Group) অথবা ছোট -ছোট বাক্যে বলা আরম্ভ করে দিন। যদি আপনি এই আইডিয়া গ্রপ এ পড়া আর শোনা ও আরম্ভ করে দেন তাহলে ইংরাজি বোঝাও অনেক সহজ হয়ে যাবে।

তাহলে আসুন নিজের অভ্যাসের আরম্ভ করি।

বন্ধুগণ, এক্সরসাইজ নম্বর ১ থেকে ৬ পর্যন্ত কয়েকটি উপযোগী বাক্য দেওয়া হচ্ছে এগুলি ব্যবহার করে আর এরকম করে বইতে দেওয়া আরও অন্য বাক্যের প্রয়োগের দ্বারা আপনারা অনলি (Only) ইংলিশ কথা বলতে অবশ্যই সফল হয়ে উঠবেন। তাহলে আসুন শুরু করা যাক।

Exercise-1

উৎসাহবর্ধন করা এক অতুলনীয় টনিক। এর ফলে সকরত্মাক চিন্তাভাবনা আর ব্যক্তিত্ব বিকাশের বৃদ্ধি হয়। এই সবের ফলে খুশির পরিবেশ সৃষ্টি হয় আর ভালবাসা বেড়ে যায়, তার সাথেই আমরা সবার প্রিয় হয়ে উঠি। তাহলে বন্ধুগণ, নিজেদের পরিজন আর পরিচিত ব্যক্তিদের আলাদা আলাদা অনুষ্ঠানের জন্য শুভকামনা, অভিনন্দন আর ধন্যবাদ এইরকম ভাবে দিতে থাকুন –

ভাগ্য যেন আপনার সাথে থাকে!	Wish you best of luck! উইশ ইউ বেস্ট অফ লাক!
আপনার যাত্রা শুভ হোক্!	Wish you a happy journey! উইশ ইউ এ হ্যাপী জার্নি!
নববর্ষ শুভ হোক্!	Wish you a happy new year! উইশ ইউ এ হ্যাপী নিউ ইয়ার!
শুভ দিপাবলী !	Happy diwali! হ্যাপী দিওয়ালী
জন্ম দিন শুভ হোক্!	Happy birthday! হ্যাপী বার্থডে!
বিবাহ বার্ষিকী শুভ হোক্!	Happy wedding anniversery! হ্যাপী ওয়েডিং অ্যানিভার্সারী!
সফলতা অথবা যে কোনো অনুষ্ঠানের জন্য অভিনন্দন	Congratulation! কনগ্র্যাচুলেশনস্!
কোনো বন্ধু অথবা ছোট কাউকে ধন্যবাদ জানিয়ে বলুন	Well done! Keep it up. ওয়েল ডন ! কীপ ইট আপ !
অনুগ্রহ করে মনে রাখবেন : নববর্ষ অথবা অনুষ্ঠানের অভিনন্দনের উত্তরে বলুন	Thank you, Same to you. থ্যাঙ্ক ইউ, সেম টু ইউ।
কিন্তু বাকী সমস্ত শুভ কামনার উত্তরে শুধুমাত্র বলুন	Thank you. থ্যাঙ্ক ইউ।

বন্ধুগণ জীভের সাথে সাথে অন্য অনেক অঙ্গ আর বুদ্ধি যখন একসাথে কাজ করে তখন আওয়াজ বের হয়..... তখন আমরা কিছু বলতে পারি। একে আমরা "অর্গ্যান্স অফ স্পীচ" (Organs of Speech) বলি। এই সমস্ত অঙ্গগুলির অভ্যস্ত হওয়া ইংলিশ স্পীকিং-এর জন্যে অত্যন্ত আবশ্যক। এটাই কারণ যে শুধুমাত্র মনে মনে পড়লে অথবা লিখলেই আপনি বলা শিখতে পারবেন না। (Organs of Speech) কে খুব ভালভাবে অভ্যস্ত করার জন্যে ইংলিশ জোরে জোরে পড়া বলা জরুরী।

সমস্ত বাক্যগুলিকে মনোযোগ দিয়ে শুনুন। সিডিকে করে উচ্চারণ করার সময় আর বাক্য কে সঠিক ভঙ্গীতে বলার অভ্যাস করুন। সঠিক বাক্যের প্রয়োগ করুন। এর পরে পরবর্তী এক্সরসাইজে দেওয়া বাক্যগুলিকে আবার করে মনোযোগ দিয়ে শুনুন।

Exercise-2

আজকের এই মেশিনের যুগে আমরা রোবোটের মত তো ব্যবহার করতে পারি না, যতই হোক্ আমরা সবাই যে সেন্‌সেটিভ আর ভাবপ্রধান। তাছাড়া দুনিয়াতে সব সময় আমাদের চিন্তাভাবনা অনুযায়ী তো সব কিছু হয় না। এমনিই হয়ে যায়, যার ফলে আমাদের আশ্চর্য লাগে দুঃখ হয়। তাহলে বন্ধুগণ কোনো অজানা কিছু দেখে অথবা শুনে হয়রানি প্রকাশ করে আপনি এই রকম ভাবে বলতে পারেন :

আরে বাবা রে ! — Oh my god! ওহ্ মাই গড !

কি দুঃখের কথা ! — How sad! হাও স্যাড্ !

How Terrible! হাও টেরিবেল !

কি লজ্জার কথা ! — What a Shame! হোয়াট এ শেম !

শুনে দুঃখ লাগল ! — I'm sorry to hear that! আই অ্যাম সরি টু হিয়ার দ্যাট !

অনেক দিন পরে কোনো বন্ধুর সাথে হঠাৎ দেখা হলে — Hello Deepak, what a surprise!
হ্যালো দীপক, হোয়াট এ সারপ্রাইজ !

প্রথমে তো এই র‍্যাপিডেক্স ইংলিশ স্পীকিং কোর্সের অভ্যাস করুন আর জোরে জোরে বলুন এবং নিজে নিজেই তা করতে থাকুন। তারপর ধীরে ধীরে কোনো বন্ধুর সাথে বলা শুরু করুন। একটি স্তরে এসে গেলে অন্যদের সাথে কেনো ইংরাজী সুযোগ না ছেড়ে বাংলার মধ্য মধ্যেই ইংলিশের শব্দ, বাক্যাংশ আর বাক্যের প্রয়োগ বিনা দ্বিধায় শুরু করে দিন। এই ভাবে স্টেপ-বাই স্টেপ ইংলিশ স্পীকিংএ আপনি অভ্যস্ত আর পারদর্শী হয়ে উঠবেন।

সমস্ত বাক্যগলিকে মনোযোগের সাথে শুনুন আর পুনঃ অভ্যাস করনু।

Exercise-3

বন্ধুগণ সম্পর্ক তখনই তৈরী হয়, মনের সাথে মনের মিলন তখনই হয়, যখন আমরা সবার সাথে বিনম্র থাকি, শিষ্টতাপূর্ণ ব্যবহার করি, মিস্টি কথা বলি। এর জন্য জরুরী হল এই যে, আমরা যেন বিভিন্ন সময়ে নিজেদের কথা শালীনতাপূর্বক এই ভাবে বলি :

কাউকে নিজেদের কথা শোনানোর জন্যে বলুন — Listen Please. লিসন্ প্লীজ।

আর ডাকার জন্যে বলনু — Please Come Here. প্লীজ কাম হিয়ার

কাজ তাড়াতাড়ি করে করার জন্যে আপনাকে বলতে হবে — Hurry up Please. হারী আপ প্লীজ।

আপনি যদি কারুর থেকে সাহায্য চাইছেন তাহলে বলুন — Please Help me. প্লীজ হেল্প মী।

অথবা বলুন — Please do me a favour. প্লীজ ডু মী এ ফেবার।

কেনোরকম ভুল হয়ে গেলে সামনের ব্যক্তিকে বলুন — Please forgive me. প্লীজ ফরগিভ মী।

অতিথিকে স্বাগত করে তাকে নিজের ঘরে এই ভাবে ডাকুন। — Welcome please come in. ওয়েলকাম প্লীজ কাম ইন।

চেয়ারের দিকে ইশারা করে তাকে বসার জন্যে এই বাবে বলুন — Please have a seat প্লীজ হ্যাম এ সীট।

কাউকে বিদায় জানানোর সময় আপনি বলতে পারে। — Please keep in touch প্লীজ কীপ ইন টাচ্।

কারুর কথা বুঝতে না পারলে আপনি তাকে বলবেন — Beg your pardon বেগ ইয়োর পার্ডন।

জলের মধ্যে সাঁতার কাটা ততক্ষণ পর্যন্ত শিখতে পারবেন না যতক্ষণ আপনি জলের মধ্যে না নামছেন, নিজের হাত - পা না চালাচ্ছেন। যতক্ষণ পর্যন্ত পড়ে যাবার ভয় যাকে ততক্ষণ পর্যন্ত তো আপনি সাইকেল - গাড়ীও চলাতে পারবেন না।

নিচের দেওয়া বাক্যগুলির অভ্যাস করার জন্যে আবার একবার শুনুন আর পুনরাবৃত্তি করুন।

Exercise-4

বন্ধুগণ, প্রাণ থাকলে সব কিছু আছে। সুস্থ শরীর আর সুস্থ বুদ্ধি এক সফল ব্যক্তিত্বের পরিচায়ক। তবুও হাজার চেষ্টা করেও আমরা ছোট খাটো শারীরিক সমস্যার মোকাবিলা করতেই থাকি। এইরকম পরিস্থিতির আমরা কি ভাবে ব্যাখ্যা করব? আসুন জানা যাক্ এই এক্সারসাইজে :

মাথা ব্যাথা করলে বলুন — I have a headache. আই হ্যাভ এ হেড-এক।

পেট ব্যাথা করলে বলুন — I have a stomachache. আই হ্যাভ এ স্টম্যাক-এক।

ক্লান্তির পরিস্থিতিতে বলুন — I am very tired. আই অ্যাম ভেরী টায়র্ড।

অসুস্থ লাগলে বলুন — I am feeling sick. আই অ্যাম ফীলিং সিক।

একটু ঠিক হলে বলুন — I am feeling better. আই অ্যাম ফীলি বেটার।

আর সম্পূর্ণ ভাবে সুস্থ হলে বলুন — I am perfectly all right. আই অ্যাম পারফেক্টলী অল রাইট।

নিজের বন্ধুর অসুস্থ মায়ের হালচাল আপনি এই ভাবে জিজ্ঞেস করুন — How is your mother now? হাউ ইজ ইওর মাদার নাও?

আর এর উত্তর হতে পারে — She is fine Thank you শী ইজ ফাইন, থ্যাঙ্ক ইউ।

কিন্তু যদি এখনও খারাপ থাকে তাহলে — She is still not well শী ইজ স্টিল নট ওয়েল।

জীবনে অভ্যাসের খুব গুরুত্ব আছে। ইংলিশ স্পীকিং আপনি না বলে কি করে শিখতে পারবেন? একজন ভাল ক্রিকেটার, ক্রিকেট না খেলে কি করে হতে পারে? না দৌড়ে একজন ভাল (রানার) ধাবক হওয়া কি সম্ভব?

আসুন আর এক বার অভ্যাস করে নিই।

Exercise-5

বন্ধুগণ, বিবিধতা আর বিভিন্নতা আমাদের জীবনের অভিন্ন অঙ্গ। যতই হোক্ আমরা প্রত্যেক সময় একই চরিত্র নিয়ে কাজ করিনা। আলাদা আলাদা সময়ে এবং পরিস্থিতিতে নিজেরেদ নিজস্বতা দিয়ে নিজেদের অভিব্যক্তি প্রকাশ করি। তাহলে আসুন উপযুক্ত বাক্যগুলি শিখে প্রতিদিনের জীবন যাত্রায় পুরো আত্মবিশ্বাসের সাথে তার প্রয়োগ করি :

কারুর মনোযোগ আরর্ষণ করার জন্যে :
হাঁচি এলে অথবা লোকেদের মধ্যে থেকে উঠে যবার সময় বলতে ভুলবেন না — Excuse me. এক্সকিউজ মী।

রেস্টোরেন্ট, হোটেল অথবা পার্টিতে ওয়েটারকে টিপ দেবার সময় বলুণ — Keep the change. কীপ দ্য চেঞ্জ।

এই ভাবে চুপ করান — Please keep quiet প্লীজ কীপ কোয়ায়েট।

কাউকে বিশেষ পরিস্থিতিতে ধন্যবাদ জানানোর জন্যে বলুন — Thank you! That's very kind of you?
থ্যাঙ্ক ইউ ! দ্যাটস্ ভেরী কাইন্ড অফ ইউ ?

আর ধন্যবাদের উত্তরে সর্বদা বলবেন — You are welcome. ইউ আর ওয়েলকাম।

যদি আপনার জল তেষ্টা পায় তাহলে আপনি জল এই ভাবে চাইবেন — Get me a glass of water please.
গেট মী এ গ্লাস অফ ওয়াটর প্লীজ।

সাধারণতঃ কেনো কথার ওপর দুঃখ প্রকাশ করার জন্য আপনি বলুন — Oh, I am really sorry. ওহ, আই অ্যাম রীয়েলী সরী !

কিন্তু যদি কোনো অসুখের জন্যে দুঃখ প্রকাশ করতে হয় তাহলে আপনি বলুন — I'm really sorry to hear about the illness.
আই অ্যাম রীয়েলী সরি টু হিয়ার অ্যাবাউট দ্য ইল্‌নেস।

যদি আপনি সময় দিয়ে লেট করে পৌছোঁন তাহলে এই ভাবে দুঃখ প্রকাশ করুন — I'm sorry for being late.
আই অ্যাম সরি ফর বিইং লেট।

অথবা বলুন — I'm sorry to have kept you waiting.
আই অ্যাম সরি টু কেপ্ট ইউ ওয়েটিং।

আর যদি আপনাকে কেউ এইরকম বলে, তাহলে আপনি বলতে পারেন — That's all right. দ্যাটস অল রাইট।

বন্ধুগণ, একজন ভাল গায়ক, গান না গেয়ে কি হওয়া যায় ?

নির্দেশের সাথে বাক্যগুলিকে মনোযোগের সাথে শুনুন। বাক্যগুলিতে মনোযোগের সাথে শুনে, উচ্চারণ এবং বলার ভঙ্গীকে মনে রেখে পুনরাবৃত্তি করুন। সিডি'র আবশ্যক তা অনুযায়ী দ্বিতীয়বার করে পুনরায় শুনুন আর পুনরাবৃত্তি করুন।

Exercise-6

বন্ধুগণ, আমরা সবাই তো সর্বজ্ঞানী নই। সময়ে সময়ে আমাদের জানা অজানা লোকেদের থেকে অনেক কিছু জিজ্ঞেস করতে হয় অত্তর তা অন্যদের দ্বারা স্বয়ও জিজ্ঞেস করলে তার জবাবও দিতে হয়। এই এক্সরসাইজে নেওয়া গুরুত্বপূর্ণ বাক্য তারই উদাহরণ :

কারুর সাথে দেখা হতে তার খবরা-খবর এই রকম ভাবে জিজ্ঞেস করুন	Hello, How are you? হ্যালো, হাউ আর ইউ ?
যখন আপনাকে কেউ এরকম জিজ্ঞেস করে, তখন জবাব দিন	Fine, thank you, and you? ফাইন, থ্যাঙ্ক ইউ, অ্যান্ড ইউ ?
কাউকে আপনি যদি আপনার চিঠি পোষ্ট করার জন্য দিয়ে থাকেন তাহলে এই বিষয়ে জানতে হলে তাকে জিজ্ঞাসা করুন	Did you post my letter? ডিড ইউ পোস্ট মাই লেটার ?
কেনো বস্তু, যেমন বই না পেলে আপনি জিজ্ঞেস করবেন	Did you see my book anywhere. ডিড ইউ সী মাই বুক এনিহোয়ের ?
যদি তা তার কাছে থাকে তাহলে সে জবাব দেবে	Yes, here it is. ইয়েস, হিয়ার ইট ইজ।
কিন্তু যদি তা তার কাছে না থাকে তাহলে তার জবাব হবে	No, I didn't. নো আই ডিড্‌ন্ট।
কেনো (নীনা) ব্যক্তিকে অনেক সময় থেকে না দেখার ফলে যখন আপনি নিজের বন্ধুকে জিজ্ঞেস করবেন ?	Have, you seen Neena today? হ্যাভ ইউ সীন নীনা টুডে।
তখন তার জবাব হতে পারে অথবা	Yes she is in the library ইয়েস, সী ইজ ইন দ্যা লাইব্রেরী। No, I didn't see her. নো আই ডিডন সী হার।
অজানা ব্যক্তির সম্বন্ধে জানার জন্যে যখন আপনি এই প্রশ্ন করবেন	Uncle who is he? অঙ্কল হু ইজ হী ?
তখন তার জবাব হবে অথবা হয়ত অন্য কিছু।	He is our new tenant. হী ইজ আওয়ার নিউ টেনেন্ট।
দোকানদারকে কেনো বস্তুর দিকে ইশারা করে জিজ্ঞেস করুন	What is this? হোয়াট ইজ দিস ?
তখন তার জবাব হতে পারে	This is video game. দিস্ ইজ ভিডিও গেম।
কারুর বয়স জানার জন্যে আপনাকে তাকে এই ভাবে জিজ্ঞেস করতে হবে	How old are you? হাউ ওল্ড আর ইউ ?

আর যদি আপনাকে কেউ এই প্রশ্ন করে তাহলে আপনি তার উত্তর দেবেন (অথবা আপনার যত বয়স)

I am twenty five. আই অ্যাম টোয়েন্টি ফাইভ।

কোনো স্থানের দুরত্বের সম্বন্ধে জিজ্ঞেস করুন।

How far is it? হাউ ফার ইজ ইট?

কেউ যখন আপনাকে জিজ্ঞেস করবে তখন জবাব দিন (অথবা যতটা দূর হবে)

About five kilometers. অ্যাবউট ফাইভ কিলোমিটার।

সময় জানার জন্যে আপনাকে জিজ্ঞেস করতে হবে

What is the time please? হোয়াট ইজ দ্য টাইম প্লীজ?

আর এরকম জিজ্ঞেস করলে তার জবাব হবে (অথবা তখন যা সময়)

Ten past four. টেন পাস্ট ফোনর।

লেট হবার জন্যে আপনি এইভাবে জিজ্ঞেস করবেন

Why are you late? হোয়াই আর ইউ লেট?

আর যখন এই প্রশ্ন আপনাকে জিজ্ঞেস করা হবে তখন আপনি বলতে পারেন

I Missed my bus. আই মিসড্ মাই বাস।

কোনো ব্যক্তির থেকে পেন এই ভাবে চান

May I borrow your pen please? মে আই বরো ইওর পেন প্লীজ ?

আর যদি কেউ আপনার থেকে পেন চায় তখন বলুন

Yes, Why not. ইয়েস হোয়াট নট।

যদি আপনি কারুর থেকে কোন অনুমতি নিতে চান তাহলে তার থেকে এই ভাবে চান।

যদি আপনি সিগারেট খেতে চান তাহলে জিজ্ঞেস করুন

May I smoke here? মে আই স্মোক হিয়ার?

কারুর টেলিফোন থেকে ফোন করতে চাইলে জিজ্ঞেস করুন?

May I use your phone please?. মে আই ইউজ ইউব ফোন প্লীজ

যদি আপনি কারুর ঘরে প্রবেশ করতে চান চাহলে জিজ্ঞেস করুন

May I come in please? মে আই কাম ইন প্লীজ?

আর যদি আপনি বাইরে যেতে চান তাহলে বলুন

May I go now? মে আই গো নাও?

যদি আপনার থেকে কেউ অনুমতি নিতে চায় তখন আপনি অনুমতি দেবার স্থিতিতে বলতে পারেন

Yes of Course ইয়েস অফ কোর্স।

আর যদি দিতে না চান তাহলে

Sorry you can't সরি ইউ কান্ট।

এখন সিডিকে রিউয়াইন্ড করে সমস্ত বাক্য গুলিকে পুনরায় শুনুন এবং তার দ্বিতীয়বার অভ্যাস করুন। দৃঢ় প্রতিজ্ঞ হয়ে উঠুন আর সঙ্কল্প নিন যে আপনি ততক্ষণ পর্যন্ত এই *practice* জারী রাখবেন যতক্ষণ পর্যন্ত না আপনি সঙ্গীতের স্বর-তরঙ্গের মতো ইংলিশ বলতে শুরু করবেন।

ইংলিশে কথাবার্তা অথবা কন্‌ভারসেশন, এই প্রক্রিয়ার পরবর্তী পর্য্যায়, এতে দুজন অথবা দুজনের অধিক লোক, বাক্যগুলির প্রয়োগ একের পর এক করতে থাকে। সফল ইংলিশ স্পীকার হওয়া, এর থেকে বেশী অর কিছুই তো নয়, তাই না?

আসন, এবার শোনা যাক বিভিন্ন সময়ে করা আলোচনা।

Conversation-1: Page No. 177 of the book

বন্ধুগণ, আমরা প্রতিদিন কোনো না কোনো অপরিচিত ব্যক্তির সাথে মিলিত হই। মিলিত হবার ফলে নিজেদের আর তাদের পরিচয়ও তো হয় .... তাহলে আসুন দেখা যাক নিজেদের আর অন্যদের ইংলিশ ইন্ট্রোডাকশান ......

Raja : Excuse me, May I sit here please?	এক্সিউজ মী, মে আই সিট হিয়া প্লীজ?
Sudhin : Yes please.	ইয়েস প্লীজ।
Raja : Thank You. I am Raja Roy.	থ্যাঙ্ক ইউ। আই অ্যাম রাজা রায়।
Sudhin : Hello, I am Sudhin Sen.	হ্যালো, আই অ্যাম সুধীন সেন।
Raja : What do you do Mr. Sen?	হোয়াট ডু ইউ ডু মি : সেন?
Sudhin : I am a sales representative in Mega Electricals. what about you?	আই অ্যাম এ সেলস রিপ্রেজেন্টেটিভ ইন মেগা ইলেক্‌ট্রিকালস্ হোয়াট অ্যাবাউট ইউ?
Raja : I am an accountant in the Bank of India.	আই অ্যাম অ্যান অ্যাকাউন্টেন্ট ইন দ্য ব্যাঙ্ক অফ ইন্ডিয়া।
Sudhin : Where are you from	হোয়ের আর ইউ ফ্রম?
Raja : I am from Mumbai. But now I am settled in Kolkata. And you?	আই অ্যাম ফ্রম মুম্বাই। বাট নাই আই অ্যাম সেটল্ড ইন কোলকাতা। অ্যান্ড ইউ?
Sudhin : I am from Kolkata itself.	আই অ্যাম ফ্রম কোলকাতা ইটসেল্ফ।
Raja : Oh, I see! My stop. O.K. Bye Sudhir	ওহ আই সী ! মাই স্টপ ও. কে বাই সুধীর।
Sudhin : Bye.	বাই

(আর যখন তারা দ্বিতীয় বার মিলিত হয় তখন কথাবার্তা এই রকম হয়)

Sudhin : Hello Raja Nice to See you again. How are you?	হ্যালো রাজা ! নাইস টু সী ইউ এগেন। হাউ আর ইউ?
Raja : Hello Sudhin, I am fine, thank you, and you?	হ্যালো সুধীন, আই অ্যাম ফাইন, থ্যাঙ্ক ইউ, এন্ড ইউ?
Sudhin : Fine, Here, meet my wife Meeta, my son Molay and my daughter Neha.	ফাইন, হিয়ার, মীট মাই ওয়াইফ মীতা, মাই সন্ মলয অ্যান্ড মাই ডটার নেহা।
Raja : Hello Mrs, Sen! Helllo children! My wife Shefali and daughter Sumana.	হ্যালো মিসেস সেন ! হ্যালো চিলড্রন ! মাই ওয়াই শেখালী অ্যান্ড মাই ডটার সুমনা।

Sudhin : Hello.	হ্যালো।
Meeta : (to Shefali) Hello Shefali.	(টু শেফালী) হ্যালো শেফালী
Shefali : Hello Meeta	হ্যালো মীতা
Meeta : Do you work, Shefali?	ডু ইউ ওয়ার্ক, শেফালী?
Shefali : No, I am a house wife. What about you?	নো, আই অ্যাম এ হাউস ওয়াফ, হোয়াট অ্যাবাউট ইউ?
Meeta : I teach in a school?	আই টীচ্‌ ইন এ স্কুল।
Shefali : Which School?	হুইচ স্কুল?
Meeta : Modern School.	মডার্ণ স্কুল
Shefali : Oh, I see, where do you live Meeta?	ওহ, আই সী। হোয়েন ডু ইউ লিভ মীতা?
Meeta : In Gol Park, and you?	ইন গোল পার্ক, অন্ড ইউ?
Shefali : We are in Jadavpur. Please drop in some time.	উই আর ইন যাদবপুর. প্লীজ ড্রপ ইন সাম টাইম।
Meeta : Sure you too.	শিওর ইউ টু।

Conversation-2: Page No. 183 of the book

বন্ধুগণ অজানা সড়ক আর রাস্তা দিয়ে যাওয়া - আসার সময় কতবার আমাদের অন্যদের থেকে কত কিছু জিজ্ঞেস করতে হয় ... আসুন দেখি রাতুল কি জিজ্ঞেসাবাদ করছে ...... কি জিজ্ঞেসাবাদ করছে .....

Ratul : Excuse me. Could you tell me the way to the express building please?	এক্সকিউজ মী। কুড ইউ টেল মী দ্য এক্সপ্রেস বিল্ডিং প্লীজ?
The Man : Yes, go straight, take the first left turn, and keep walking. You will reach Netaji Subhash Marg. The express building is on that Marg.	ইয়েস, গো স্ট্রেট, টক দ্য ফাস্ট লেফ্ট টার্ন, অ্যান্ড কীপ ওয়াকিং। ইউ উইল রীচ নেতাজী সুভাষ মার্গ। দ্য এক্সপ্রেস বিল্ডিং ইজ অন দ্য মার্গ।
Ratul : Thank You.	থ্যাঙ্ক ইউ।
Rahul : (to a lady) Excuse me, madam. From where can I get a bus to Chawrangi?	(টু এ লেডি) এক্সকিউজ মী, ম্যাডাম। ফ্রম হোয়েন ক্যান আই গেট এ বাস টু চৌরঙ্গি?
Lady : From that bus stop near the bridge.	ফ্রম দ্যাট বাস স্টপ নিয়র দ্য ব্রিজ।
Ratul : Thank You.	থ্যাঙ্ক ইউ
Ratul : Is it going to BBD Bagh?	ইজ ইট গোইং টু বিবিডি বাগ?
Conductor : Yes. Get in fast	ইয়েস। গেট ইন ফাস্ট
Ratul : (to a passenger) Would you please tell me when we reach BBD Bagh?	উড ইউ প্লীজ টেল মী হোয়েন উই রীচ বিবিডি বাগ?

449

Passenger : Yes I will — ইয়েস, আই, উইল।

Ratul : Can I get a bus to Behala from there? — ক্যান আই গেট এ বাস টু বেহালা ফ্রম দেয়ার?

Passenger : Yes, easily — ইয়েস ইজিলি

Ratul : Oh, thank you. — ওহ, থ্যাঙ্ক ইউ।

Conversation-3: Page No. 206 of the book

কলেজে চেনা - জানা ছেলে মেয়েদের মিলে মিশে ইংলিশে কথাবার্তা বলা এখন ফ্যাশন হয়ে গেছে। আসুন, মনোযোগ দিই এরকমই এক বার্তালাপের ওপর।

Sumit : Hi Reena!	হাই রীনা !
Reena : Hi how are you?	হাই হাউ আর ইউ ?
Sumit : Fine and you?	ফাইন এন্ড ইউ?
Reena : Fine , thanks	ফাইন, থ্যাঙ্কস্।
Sumit : Where are you going?	হোয়ার আর ইউ গোয়িং ?
Reena : Actually I am free in this period. I was just wondering what to do.	অ্যাকচুয়ালী আই অ্যাম ফ্রি ইন দিস্ পিরিয়েড। আই ওয়াজ জাস্ট ওয়ান্ডারিং হোয়াট টু ডু।
Sumit : I am going to the Canteen. Can you join!	আই অ্যাম গোয়িং টু দ্য ক্যান্টিন। ক্যান ইউ জয়েন!
Reena : O.K.	ও.কে.
Sumit : What do you like, cock Or something else?	হোয়াট ডু ইউ লাইক, কোক আর সামথিং এলস্?.
Reena : Coke is Fine.	কোক ইজ ফাইন।
Sumit : Here you are.	হিয়ার ইউ আর।
Reena : Thanks.	থ্যাঙ্কস্
Sumit : Where do you live, Reena?	হোয়ের ডু ইউ লিভ, রীণা?
Reena : In Lake town And you?	ইন লেক টাউন, অ্যান্ড ইউ?
Sumit : In Tollygunj. Are you mostly free in the fifth period.	ইন টালিগঞ্জ। আর ইউ মোস্টলি ফ্রি ইন দ্য ফিফ্‌ট পিরিয়ড।
Reena : Yes mostly, except on Fridays when we have tutorials. I have to go now. thanks for the coke, Sumit.	ইয়েস মোস্টলি, এক্সসেপ্ট অন ফ্রাইডেস্ হোয়েন উই হ্যাভ টিউটোরিয়ালস আই হ্যাভ টু গো নাও। থ্যাঙ্কস ফর দ্য কোক, সুমিত।
Sumit : Bye, See you.	বাই, সী ইউ।

(আর যখন তারা দ্বিতীয়বার মিলিত হয় তখন কথাবার্তা এই রকম হয়)

Sumit : Hi Reena, Coming from the library?	হাই রীনা, কামিং ফ্রম দ্য লাইব্রেরী?
Reena : Yes. How are you?	ইয়েস। হাও আর ইউ?
Sumit : Fine,Reena, What are you doing this Sunday?	ফাইন, রীনা হোয়াট আর্ ইউ ডুইং দিস্ সান্ডে ?
Reena : Nothing Special, why?	নাথিং স্পেশাল, হোয়াই?
Sumit : We are planning to see a movie. What to join us?	উই আর প্ল্যানিং টু সী এ মুভী। ওয়ান্ট টু জয়েন আস্?
Reena : Which movie?	হুইচ্ মুভী
Sumit : We have not decided yet may be the new English movie on Chanakya	উই হ্যাভ নট ডিসাহিডেড ইয়েট মে বি দি নিউ মুভী অন চানক্য।
Reena : How many person are going there?	হাউ মেনি পারসন আর গোয়িং দেয়ার?
Sumit : Five, two boys and three girls. Mona is always Coming.	ফাইভ, টু বয়জ অ্যান্ড থ্রি গার্লস, মোনা ইজ অলওয়েজ কামিং।
Reena : O.k. Can I bring a Friend along?	ও.কে ক্যান আই ব্রিং এ ফ্রেন্ড অ্যালং?
Sumit : Yes, of course	ইয়েস, অফ কোর্স।
Reena : How much for the ticket?	হাও মাচ ফর দ্য টিকট?
Sumit : I' ll take the money after we buy the tickets.	আই উইল টেক দ্য মানি আফ্টার উ বাই দ্য টিকিটস্
Reena : Fine, see you soon. Bye Sumit.	ফাইন, সী ইউ সুন। বাই সুমিত
Sumit : Bye, Reena.	

Conversation-4: Page No. 213 of the book

বিজ্ঞানের উন্নতির সাথে সাথেই ঘরে ঘরে বিভিন্ন প্রকারের মেশিন, গ্যাজেটস্ ইত্যাদি প্রয়োগ হওয়া শুরু হয়েছে ... আর যখন এই উপকরণ চলে তখন সময়ের সাথে এতে ত্রুটিও দেখা যেতে থাকে। নীচে দেওয়া এই এক্সরসাইজে এই মহিলা খারাপ মেশিনের অভিযোগ করছে....

Salesman : Good morning , madam. Can I help you?	গুড মর্ণিং, ম্যাডাম, ক্যান আই হেল্প ইউ?
Customer : Yes , I have a complaint.	ইয়েস, আই হ্যাভ এ কমপ্লেন।
Salesman : Yes , Please.	ইয়েস, প্লীজ।

Customer : I bought this mixer grinder from your shop. It doesn't work properly. — আই বট দিস মিক্সার গ্রাইন্ডার ফ্রম ইওর শপ, ডাজেন্ট ওয়ার্ক প্রপার্লি।

Salesman : Let me See. What is the problem , — লেট মী সী। হোয়াট ইজ দ্য প্রবলেম, ম্যাডাম?

Customer : The grinder makes too much noise and doesn't grind anything fine. And the blender doesn't mix anything Properly. — দ্য গ্রাইন্ডার মেকস্ টু মাচ নয়েজ অ্যান্ড ডাজেন্ট গ্রাইন্ড এনিথিং ফাইন। অ্যান্ড দ্য ব্লেন্ডার ডাজেন্ট মিক্স এনিথিং প্রপারলী।

Salesman : I see. Does it have a guarantee? — আই সী, ডাজ ইট হ্যাভ এ গ্যারান্ট?

Customer : Yes , one year. — ইয়েস, ওয়ান ইয়র।

Salesman : Do you have the receipt please? — ডু ইউ হ্যাব রিসীপ্ট প্লীজ?

Customer : Yes, here it is. — ইয়েস, হিয়র ইট ইজ।

Salesman : All right madam. Leave the machine with us. I will send it to the Company's workshop for repair. — অলরাইট ম্যাডাম। লীভ দ্য মেশিন উইথ আস। আই উইল সেন্ড ইট টু দ্য কম্প্যানী'স ওয়ার্কশপ ফর রিপেয়র।

Customer : Can't you change the Piece or refund the money? — কান্ট ইউ চেঞ্জ দ্য পিস্ আর রিফান্ড দ্য মানী?

Salesman : We will change the piece if the fult Can't be repaired. But we Can't refund the money? — উই উইল চেঞ্জ দ্য পিস্ ইফ দ্য ফল্ট কান্ট বী রিপেয়র্ড। বাট উই কান্ট রিফান্ড দ্য মানী।

Customer : When should I come back? — হোয়েন শুড আই কাম ব্যাক?

Salesman : Next Wednesday. — নেক্সট ওয়েনাসডে

Customer : All right. thank you. — অল রাইট থ্যাঙ্ক ইউ।

Conversation-5: Page No. 230 of the book

ভাল চাকরীর খোঁজে থাকলে আজকের যুগে অনর্গল ইংলিশ বলতে পারা শুধুমাত্র এক াবশ্যকতাই নয় এমন কি বাধ্যতামূলক তাহলে আসুন অভ্যাস করা যাক এমনই এক ইন্টারভিউ এর......

Candidate : May I come in Sir? — মে আই কাম ইন সার?

Interviewer : Yes , Please — ইয়েস প্লীজ।

Candidate : Good morning ,Sir! — গুড মর্ণিং, সর।

Interviewer : Good morning! Please Sit down. — গুড মর্ণিং ! প্লীজ সীট ডাউন।

Candidate : Thank You. — থ্যাঙ্ক ইউ।

Interviewer : What is your name? — হোয়াট ইজ ইওর নেম?

Candidate : Seema Vishwas. — সীমা বিশ্বাস।

Interviewer : Married or unmarried?	ম্যারেড অর আন্‌ম্যারেড?
Candidate : Married	শ্রীল্লক্ষাব্দ
Interviewer : You have applied for the post of a personal assistant. Right?	ইউ হ্যাভ অ্যাপ্লায়েড ফর দ্য পোস্ট অফ এ পারসোনেল অ্যাসিস্‌টেন্ট রাইট?
Candidate : Yes , Sir.	ইয়েস, সার।
Interviewer : What are your Qualifications?	হোয়াট আর ইওর কোয়ালিফিকশন?
Candidate : I am B. Sc. I have also done a diploma in typing and shorthand, and a secretarial course from the Govt. Polytechnic, Kolkata.	অ্যাই অ্যাম বি এস সি অ্যাই হ্যাভ অল্‌সো ডান এ ডিপ্লোমা ইন টাইপিং অ্যান্ড শর্টহ্যান্ড, অ্যান্ড এ সেক্রেটারিয়ল কোর্স ফ্রম দ্য গর্ভমেণ্ট পলিটেকনিক , কলকাত
Interviewer : What is your speed in typing and short hand?	হোয়াট ইজ ইওর স্পীড ইত টাইপিং অ্যান্ড শর্টহ্যান্ড?
Candidate : Typing is fifty and short hand is hundred words per minute.	টাইপিং ইজ ফিপ্টি অ্যান্ড শর্টহ্যান্ড ইজ হান্ড্রেড ওয়ার্ডস পার মিনিট।
Interviewer : Are you Computer Friendly?	আর ইউ কম্পিউটার ফ্রেন্ডলী?ক
Candidate : Yes , I can do the word Processing on it.	ইয়েস, আই ক্যান ডু দ্য ওয়ার্কড প্রসেসিং অন ইট।
Interviewer : Have you worked in an Office before?	হ্যাভ ইউ ওয়ার্কড ইন অ্যান অফিস বিফোর?
Candidate : Yes , I have worked as a P.A. to the manager in D. K. Industries.	ইয়েস, আই হ্যাভ ওয়ার্কড অ্যাজ এ পি এ টু দ্য ম্যানেজার ইন ডি কে ইন্ডাস্ট্রিজ
Interviewer : Have you left them?	হ্যাভ ইউ লেফ্‌ট দেম?
Candidate : No. But I am looking for a change now.	নো। বাট আই অ্যাম লুকিং ফর এ চেঞ্জ নাও।
Interviewer : Why?	হোয়াই?
Candidate : The Place is very far. Besides the Salary is not enough.	দ্য প্লেস ইজ ভেরি ফার। বিসাইডস্ দ্য স্যালারী ইজ নট এনাফ।
Interviewer : What is your Present Salary?	হোয়াট ইজ ইওর প্রেজেন্ট স্যালারী?
Candidate : Twenty one hundred rupees per month.	টোয়েন্টী ওয়ান হান্ড্রেড রুপীজ পার মান্থ।
Interviewer : What Salary Do you Expect?	হোয়াট স্যালারী ডু ইউ এক্সপেক্ট?
Candidate : Around Three Thousand rupies.	অ্যারাউন্ড থ্রী থাউজেন্ড রুপীস্।

Interviewer : Can you communicate in English fluently? | ক্যান ইউ কমিউনিকেট ইন ইংলিশ ফ্লুয়েন্টলী?

Candidate : Of course, I can. | অফ্ কোস্, আই ক্যান।

Interviewer : One last but very important Questent. A personal assistant may have to stay back in office sometimes. Can you do that? | ওয়ান লাস্ট বাট ভেরী ইম্পটেন্ট কোয়েশ্চেন। এ পার্সোনা অ্যাসিস্টেন্ট মে হ্যাভ টু স্টে ব্যাক ইন অফিস সামটাইম্স। ক্যান ইউ ডু দ্যাট?

Candidate : Only once in a while sir, not always, I have a small baby. | ওন্লী ওয়ান্স ইন এ হোয়াইল স্যার, নট অলওয়েজ, আই হ্যাভ এ স্মল বেবি।

Interviewer : All right Mrs. Vishwas that will do. We will let you know soon. | অল রাইট, মিসেস বিশ্বাস। দ্যাট ইউল ডু। উই উইল লেট ইউ নো সুন।

Candidate : Thank you , Sir. | থ্যাঙ্ক ইউ স্যার।

Conversation-6: Page No. 239 of the book

মডার্ণ অফিসে বস অঅর সেক্রেটারী ইংলিশেই কথাবার্তা বলে ... আসুন তাহলে দেকা যাক্ একই সময়ে অনেকরকম কাজ, যাকে মাল্টিটাস্কিং বলা হয়, কেমন করে এই কম্পানীতে হচ্ছে......

Secretary : Good Moring, Sir. | গুড মর্ণিং, স্যার।

Boss: Good Morning, Jaya. Please take this latter and fax it immediately. | গুড মর্ণিং জয়া প্লীজ টেক দিস লেটার অ্যান্ড ফ্যাক্স ইট ইমিডিয়েট্লী।

Secretary : O.K. Sir you have an appointment with Mr. Mahapatra of N.K. Industries at 11.30 today. | ও. কে. স্যার ইউ হ্যাভ অ্যান অ্যাপয়েন্টমেন্ট উইথ মিঃ মহাপাত্র অফ এন. কে. ইন্ডাস্ট্রিজ অ্যাট ১১.৩০ টুডে।

Boss: All right, remind me about it at 11 o'clock. | অল রাইট, রিমাইন্ড মী অ্যাবাউট ইট অ্যাট ১১ ও'ক্লক।

Secretary : Yes Sir. this is the letter from their company and a copy of the reply sent by us. | ইয়েস স্যার। দিস ইজ দ্য লেটার ফ্রম দেয়ার কম্পানী অ্যান্ড এ কপি অফ দ্য রিপ্লাই সেন্ট বাই আস।

Boss : All right, send me the Concerned File. | অল রাইট, সেন্ড মী দ্য কন্সারর্ন্ড ফাইল।

Secretary : These are two applications. Mr. Sahil has reported sick and Mrs. Choudhary has applied for an extension of her leave. | দিজ আর টু অ্যাপ্লিকেশনস। মি: সাহিল হ্যাজ রিপোর্টেড সিক অ্যান্ড মিসেস চৌধুরী হ্যাজ অ্যাপ্লায়েড ফর অ্যান এক্সটেনশন অফ হারলীভ।

Boss : How many day? | হাও মেনী ডেজ?

Secretary : Three days, 25th to 27th of April. | থ্রী ডেজ, টোয়েন্টী ফিফ্থ টু টোয়েন্টী সেভেন্থ অফ এপ্রিল।

Boss : Anything eles? — এনিথিং এলস্?

Secretary : This is the electrician's bill and I've called the plumber also. The toilet flush is not working again. — দিস ইজ দ্য ইলেকট্রিশিয়ন্স বিল। অ্যান্ড আই হ্যাভ কল্ড দ্য প্লাম্বার অল্সো। দ্য টয়লেট ফ্লাশ ইজ নট ওয়ার্কিং একেন।

Boss : Have you sent the reminder to Meghraj and Sons? — হ্যাভ ইউ সেন্ড দ্য রিমাইন্ডার টু মেঘ রাজ অ্যান্ড সন্স।

Secretary : Hello, Mrs. D'Sovza. Please hold on (to the boss) Sir, this is Mrs. D'Sovza from Pustak Mahal Publishers. She wants an appointment, this afternoon. — হ্যালো, মিসেস ডিসুজা, প্লীজ হোল্ড অন। (টু দ্য বস) স্যার, দিস ইজ মিসেস ডিসুজা ফ্রম পুস্তক মহল পাব্লিশার্স। শী ওয়ান্টস্ অ্যান অ্যান অ্যাপয়েন্টমেন্ট, দিস অ্যাফ্টারনুন।

Boss : Is there any other Appointment? — ইজ দেয়ার এনী আদার অ্যাপয়েন্টমেন্ট?

Secretary : No Sir. — নো স্যর।

Boss : All right. Call her at 4 O'Clock. — অল রাইট। কল হার অ্যাট ফোর ও'ক্লক।

Secretary : O.K. Mrs. D'Sovza, you can come at 4 o'clock . — ও.কে. মিসেস ডিসুজা, ইউ ক্যান কাম অ্যাট ফোর ও'ক্লক।

Boss : Have our new brochures arrived? — হ্যাভ আওয়র নিউ ব্রেসারস্ অ্যারাইভড্।

Secretary : Yes Sir. This is the list of the companies, we are sending them to. — ইয়েস স্যর। দিস ইজ দ্য লিস্ট অফ দ্য কম্পানীস, উই আর সেন্ডিং দেম টু।

Boss : O.K. Send all the brochuers today without fail. Also send this packet by courier. — ও. কে. সেন্ড অল দ্য ব্রোশারস্ টুডে উইথআউট ফেল। অল্সো সেন্ড দিস্ প্যাকেট বাই কুরিয়র।

Secretary : Yes Sir. — ইয়েস স্যর।

Conversation-7: Page No. 222 of the book

বন্ধুগণ, আজকাল স্বামী স্ত্রী দুজনেই চাকরী করে আর বাচ্চাদের লেখা - পড়াও ইংলিশ মিডিয়ম স্কুলেই হয় — এর জন্যে জরুরী হল এই যে আপনারা দুজনেই যেন ইং লিশ বলতে জানেন.. এই উদ্দেশ্যে রাহুল নিজের ভাবী স্ত্রী রেনুর সাথে এখানে শুধুমাত্র ইংলিশ কথা বলে... এটাও জানার প্রচেষ্টা করছে যে তার ইংলিশ জানা আছে কিনা ....

Rahul : Which college did you attend? — হুইচ কলেজ ডিড ইউ অ্যাটেন্ড?

Renu : Lady Brabourn College. — লেডী ব্রেবর্ণ কলেজ।

Rahul : What were your subjects? — হোয়াট ওয়্যের ইওর সাবজেক্টস্?

Renu : History, Economics and English. — হিস্ট্রী, ইকনমিক্স অ্যান্ড ইংলিশ।

Rahul : What are your hobbies? — হোয়াট আর ইও র হবীজ।

Renu : Cooking and designing clothes. In my spare time, I also read novels and listen to music. — কুকীং অ্যান্ড ডিজাইনিং ক্লোদস্। ইন মাই স্পেয়র টাইম, আই অল্সো রীড নভেল্স অ্যান্ড লিসন টু মিউজিক।

Rahul : What type of music? হোয়াট টাইপ অফ মিউজিক?

Renu : Light film songs and ghazals. লাইট ফিল্ম সংস্ অ্যান্ড গজলস্।

Rahul : What are your expectations from a husband? হোয়াট আর ইওর এক্সপেক্টেশনস্ ফ্রম এ হাজবেন্ড?

Renu : He should be Loving,caring and understanding. হী শুড বি লাভিং, কেয়ারিং অ্যান্ড আন্ডারস্ট্যান্ডিং।

Rahul : Do you want to work after marriage? ডু ইউ ওয়ান্ট টু ওয়ার্ক আফটার ম্যারেজ?

Renu : That depends on my in laws and the circumstances after marriage. দ্যাট ডিপেন্ডস্ অন মাই ইন-লজ অ্যান্ড দ্য সারকামস্ট্যানসেস্ আফ্টার ম্যারেজ।

Rahul : One last but very important question being the only son, I'll always stay with my parents can you adjust in the joint family? ওয়ান লাস্ট বাট ভেরী ইন্পরটেন্ট কোয়েশ্চেন। বীইং দ্য ওন্‌লী সন, আই উইল অলওয়েজ স্টে উইথ মাই পেরেন্টস্। ক্যান ইউ অ্যাডজাস্ট ইন দ্য জয়েন্ট ফ্যামিলী?

Renu : Yes Sure. ইয়েস সিওর।

Rahul : Now You too can ask me what ever you want. নাও ইউ টু ক্যান আস্ক মী হোয়াটএভার ইউ ওয়ান্ট।

Renu : I Would also like to know about your expectations from your wife. আই উড অল্‌সো লাইক টু নো অ্যাউট ইওর এক্সপেক্টেশনস্ ফ্রম ইওর ওয়াইফ।

Rahul : I want her to be my true friend and life partner. আই ওয়ান্ট হার টু বী মাই ট্রু ফ্রেন্ড অ্যান্ড লাইফ পার্টনার।

এই কন্‌ভারসেশন্সের বাংলা ***meaning*** আপনার বইয়ের ***Conversation Section***
(Page No. 177 থেকে ***242)*** এ দেখতে পারবেন।

বন্ধুগণ, একশো শতাংশ সঠিক শব্দ নির্বাচন আর পারফেক্ট উচ্চারণের জালে আবদ্ধ করে আপনার অনর্গল ইংলিশ বলার পথে কোনো বাধা সৃষ্টি করতে চাইনা..... একবার আপনি অনর্গল ইংরাজী বলা শুরু করে দিলে, তারপর সময়, প্রয়োজন আর পরিস্থিতির সাথে আরোও ভাল শব্দের নির্বাচন আর প্রোনান্‌সিয়েশন উন্নত করার পরবর্তী উদ্দেশ্য হওয়া উচিত।

অভ্যাস আর রোল - প্লে'র জন্যে আপনার নিজেদের বন্ধুদের সাহায্য নিন আর যতক্ষণ পর্যন্ত না আপনারা সন্তুষ্ট হচ্ছেন, ততক্ষণ পর্যন্ত তা প্র্যাক্‌টিস করতে থাকনু ... কিছু সময় পরে আপনার নিজের নিজের রোল পরিবর্তন করে নিন আর একবার রোল - প্লে করুন।

Please revise and repeat.

Refer to Page No 177 to 242 for Bengali meaning of these conversation.

CATALOGUE

Fiction
Cookery
Parenting
Jokes & Satire
Diet & Nutrition
Self Improvement
Yoga & Meditation
Body & Beauty Care
English Improvement
Student Development
Religion & Spirituality
Personality Development
Job/Career/Management
Palmistry/Astrology & Vastu
Fun/Facts/Mysteries & Magic
Health & Alternative Therapies
Sayings & Quotations/Proverbs

V&S PUBLISHERS

Campus to Corporate

Greatest

GOPU BOOKS

COMPANY PROFILE

V&S Publishers absolutely stands worthy of its name as it emphasizes Value & Substance. The company has a mission to forge a strong identity in the world moving towards success, taking steps in leaps and bounds. The logo of the company being Eagle signifies Perception, Vision and Strength.

Having been in publishing trade for over 4 decades already, the directors recently decided join hands and start their own venture to focus more on youth oriented subjects and thus w born **V&S Publishers.**

We aim to contribute towards to the upliftment of Indian readers by providing them wi books on diverse subjects written specially for the common man that are not only rich content, but are affordably priced, informative and inspiring.

Our pan India distribution network and backlist of over 200 bestselling titles in English a Hindi helps us cater to people from different strata of life be it housewives, executive professionals, or students. It further symbolizes the innovative, customer-focused a forward-looking spirit of the company.

V&S Publishers realizes the importance of keeping pace with time by producing books newly emerging subjects arising from the fast-changing developments taking place arou the world. With the advent of digital books and IT advancement we, at **V&S Publishers,** a amongst the very few Indian publishers who have ventured into EBooks and have our boo selling on various platforms varying from Amazon to Apple, Barnes & Noble, Andro iBookstore etc.

With each of our title written by an expert author who has a unique perspective and compelli authority, our works explain our culture; that illuminate, inspire, provoke, and entertain. Y seek to establish communities of conversation surrounding our books.

We take immense pleasure and delight in showcasing our latest and most astoundi collection through our revised catalogue! It envelops a whole range of books in virtually eve segment of general trade books extending from self help and health to career, manageme children books, cookery, religion etc. We strive to fulfill the aspirations and expectations our readers.

V&S PUBLISHERS
DELHI ● HYDERABAD

"To sell books is only the beginning of our mission, to buil an avid audience of readers who are enriched by these wor – that is our ultimate purpose"

Head Office:
F-2/16 Ansari Road, Darya Ganj
New Delhi - 110002
Ph: 011-23240026-27 Fax: 011-23240028
Email: info@vspublishers.com

Regional Office:
5-1-707/1, Brij Bhawan(Beside Central Bank of India Lane) Bank Street, Koti, Hyderabad - 500 C
Ph: 040-24737290
Email: vspublishershyd@gmail.com

Check out our website: www.vspublishers.com ● Follow us on

New Releases

Look Stunning At Any Size

An Everyday Women's Guide to Looking Stylish

Price: ₹ 495 • Pages: 172
Code: 01804 P • Type: Paperback
ISBN: 9789381588482 • Size: 7x9.5 in (Big size)

Fully Colour • Big Size

...e book has been written, keeping in mind the contemporary Indian ...oman, her needs, her lifestyle and demands of her personal and ...ofessional life. Not only does the book cover various ways to look good, ...t also lists body types, face shapes, different body built and the style ...sasters one should avoid at all cost. It also lists in detail various ...ccessories, shoes, colour charts, undergarment essentials, dress styles as ...r body type that one could refer while shopping. This is a style guide to ...lp you in your shopping list and tell you where to invest.

00703 P • ₹ 120

00702 P • ₹ 120

00604 P • ₹ 200

02402 P • ₹ 100

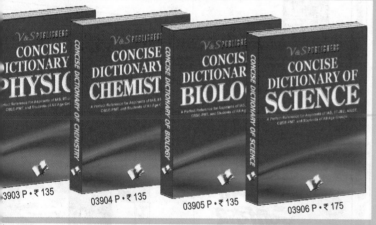

...3903 P • ₹ 135

03904 P • ₹ 135

03905 P • ₹ 135

03906 P • ₹ 175

13103 P • ₹ 100

10216 P • ₹ 96

...1 P • ₹ 299 • 40 pp (HB)

09902 P • ₹ 299 • 40 pp (HB)

09903 P • ₹ 299 • 40 pp (HB)

...4 P • ₹ 295 • 40 pp (HB)

09905 P • ₹ 299 • 40 pp (HB)

09906 P • ₹ 299 • 40 pp (HB)

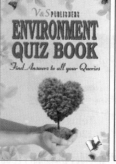

02307 P • ₹ 110/-

02139 P • ₹ 110
Also available in Hindi ₹ 110

CAREER & BUSINESS MANAGEMENT
(कैरियर एण्ड बिजनेस मैनेजमेंट)

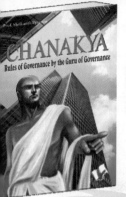

5636 A • ₹ 150

00201 P • ₹ 195

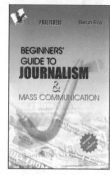
5621 D • ₹ 150

PREPARING for a Winning INTERVIEW
00603 P • ₹ 150

01 P • ₹ 175

ming oon in indi

➤ Qualities of a king maker
➤ Civil administration
➤ Dealing with Business Problems
➤ Kautilya Arthashastra
➤ Management principles through stories
➤ Niti Shastra

NEW

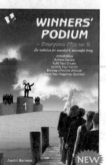
00703 P • ₹ 120

00702 P • ₹ 120

Out Of SYLLABUS
V. Rajesh
00602 P • ₹ 120

BESTSELLER

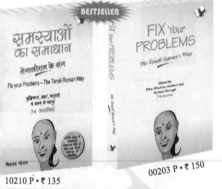
10210 P • ₹ 135

00203 P • ₹ 150

00604 P • ₹ 200

Official Notings & Draftings
90702 P • ₹ 175

The Complete Guide To Group Discussion
Practical Tips
Mock Discussions
Do's & Don'ts
00601 P • ₹ 135

contemporary compilation of anecdotes of Tenali aman in an engaging blend of wit and wisdom gether with its present-day managerial gnificance; coupled with mind-blowing snippets to ep readers thoroughly submerged in good humour. Ideal book for MBA students in their case studies!

STRESS MANAGEMENT (तनाव मुक्ति)

COLLECTOR'S EDITION

00401 P • ₹ 135

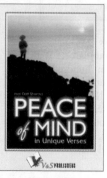
PEACE of MIND
in Unique Verses
4021 D • ₹ 96

मानसिक शांति के रहस्य
10402 P • ₹ 80

KEY to STRESS FREE LIVING
Stress Management for Wellness
00403 P • ₹ 150

FIX Your PROBLEMS
The Tenali Raman Way
00203 H • ₹ 395 (HB)

PERSONALITY DEVELOPMENT
(व्यक्तित्व विकास)

Correct
Manners & Etiquette
Developing a pleasing personality/behaviour

00306 P • ₹ 96

BESTSELLER

Vinay Mohan Sharma

The art of reading Gestures & Postures
BODY Language
101 ways to develop patience

00302 P • ₹ 108

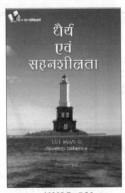

धैर्य एवं सहनशीलता
101 ways to develop patience

10208 P • ₹ 96

Prem P Bhalla

The Portrait of a
COMPLETE MAN

Practical tips to
Project a positive image
Cultivate poise, manners and etiquette
Develop self-confidence and personal magnetism
Cope with stress through natural means
Lead and succeed at the workplace
Enjoy love, marriage and fatherhood
Discover peace, happiness and contentment
A Self-grooming Guide

8995 D • ₹ 110

व्यवहार कुशलता

8911 D • ₹ 60

NEW

आत्म-सम्मान
क्यों और कैसे बढ़ाएँ?

10302 P • ₹ 96

हाँ, तुम एक विजेता हो!

10214 P • ₹ 96

अपना व्यक्तित्व प्रभावशाली कैसे बनाएँ

10304 P • ₹ 88

साहस और आत्मविश्वास

8926 D • ₹ 60

Seema

The Portrait of a
Perfect WOMAN
A Self-grooming Guide

9062 B • ₹ 96

BESTSELLER

Build SELF-CONFIDENCE
Practical guidelines for personal and professional success

• Strategies for success
• Acting upon great ideas
• Cultivating self-confidence
• Developing a magnetic aura
• Overcoming inertia and complacency
• The art of communication and oratory
• Inspiring examples of great people and great nations
• Overcoming hurdles and the art of comebacks

00301 P • ₹ 96

Quick-bite to shake off sloth and lethargy and get cracking on your tasks and goals in life right away for self confidence, success and satisfaction. Liberally sprinkled with stories, anecdotes and events of ordinary people who achieved greatness.

BESTSELLER

S.P. Sharma

A Youngsters' Guide to
PERSONALITY DEVELOPMENT
A Book for Young Men & Women, especially Students, with Indian Precepts & Culture

00303 P • ₹ 110

The book provides high-value succinct guidelines on all matters of interest to students and job seeking professionals such as, personality development, etiquette and personal presentation for success in career and life.

BESTSELLER

O.P. Sharma

BE A WINNER

How to come out a winner in the face of heavy odds
• Morale-boosting & confidence-building tips with hundreds of real-life examples
• Turning challenges into opportunities
• Learning & capitalising from mistakes

00606 P • ₹ 110

Excel in your career! With inputs from hundreds of real-life examples, learn to turn challenges into opportunities, each day, and come out a winner in your social, personal and professional life.

Over 600 Psychological Quizzes

What's Your Emotional
IQ

00305 P • ₹ 120

Precise, accurate and the-point compilation 600 psychological qu reveal your emotional an authoritative result w you can use to modify attitude towards things need betterment.

Contact us at sales@vspublishers.com

SELF-HELP/SELF IMPROVEMENT
(आत्म-सुधार/आत्म-विकास)

खुशहाल जीवन जीने के व्यावहारिक उपाय

10205 P • ₹ 96

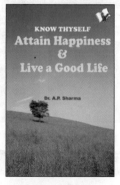

KNOW THYSELF
Attain Happiness & Live a Good Life
Dr. A.P. Sharma

00206 P • ₹ 120

भयमुक्त कैसे हों
(How to Overcome Fears & Phobias)

10209 P • ₹ 72

मन की उलझनें कैसे सुलझाएँ

10213 P • ₹ 80

SUCCESS THROUGH POSITIVE THINKING

It is half empty or half full ... is the way you look at it

00202 P • ₹ 135
(Available in Tamil also)

EXPLORE YOUR POTENTIAL
A Journey through Eastern Mysticism
Manish Vohra

02801 P • ₹ 150

BESTSELLER

सफल वक्ता एवं वाक्-प्रवीण कैसे बनें
How to be a Successful Orator and Presenter

10207 P • ₹ 96

How To Become a Successful Speaker & Presenter
सफल वक्ता एवं वाक्-प्रवीण कैसे बनें

00211 P • ₹ 108

EXPLORE YOUR HIDDEN TALENTS
Over 40 self-analysis modules to help you bring out your hidden potential and excel in career

8956 M • ₹ 120

NEW
Changing Perspective Changing Life

00212 P • ₹ 120

A common-sense approach to lasting happiness
The Art of Happy Living

00219 P • ₹ 120

इम्प्रूव योर मेमोरी पाॅवर
IMPROVE YOUR MEMORY POWER

NEW

10215 P • ₹ 100

इस प्रतियोगी दुनिया में केवल कड़ी मेहनत से कामयाबी नहीं मिलती। कामयाबी पाने के लिए आपको तरह-तरह की तकनीकों का प्रयोग करना पड़ता है।

प्रस्तुत पुस्तक में इस दिशा में सराहनीय प्रयास किये गये हैं। इसकी मदद से आप न केवल अपनी स्मरण-शक्ति बढ़ा सकते, बल्कि परीक्षा में अच्छे अंक भी प्राप्त कर सकते हैं।

निराशा छोड़ो सुख से जिओ

8918 D • ₹ 60

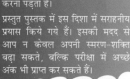

10 FUNDAMENTAL RULES OF SUCCESS

9966 B • ₹ 96

स्वेट मार्डेन
जीवन में सफल होने के उपाय

8881 E • ₹ 96

WIN The battle of CONFLICTS WITHIN
Ways of surviving the Tsunami of Mind
A book that can change your attitude towards life

9429 A • ₹ 175

NEW
जीत निश्चित है!

10216 P • ₹ 96

सार्थक जीवन जीने की कला
Art of leading a meaningful life

9061 A • ₹ 96

खुशी के 7 कदम

10212 P • ₹ 88

All books available at www.vspublishers.com

Quiz Books
(प्रश्नोत्तरी की पुस्तकें)

02307 P • ₹ 110

02304 P • ₹ 200

02308 P • ₹ 120
Also available in Hindi ₹ 120

02310 P • ₹ 110

02309 P • ₹ 96

02303 P • ₹ 96

02302 F • ₹ 1

STUDENT DEVELOPMENT (छात्र विकास)

00503 P • ₹ 110

10501 P • ₹ 96

5645 D • ₹ 150

03702 P • ₹ 80/-

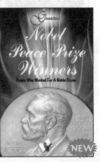

02402 P • ₹ 100

9076 D • ₹ 80
Also available in Hindi ₹ 96

03705 P • ₹ 120

12401 P • ₹ 120

QUOTES/SAY
(उद्धरण/सूक्ति

00801 P • ₹ 9

10803 P • ₹ 9

00804 P • ₹ 1

ENGLISH IMPROVEMENT (अंग्रेजी सुधार)

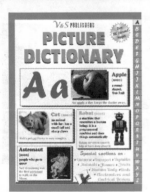

03902 P • ₹ 120

10802 P • ₹ 96

03901 P • ₹ 88

9437 A • ₹ 120

Learn sophistic style of correct En writing! Polish communication and skill by effective and attra words modern re and writers pr Suitable example easy applica provided.

Children's Science Library
(चिल्ड्रंस साइंस लाइब्रेरी)

Set Code: 02122 S

Save ₹ 95/-
Pay ₹ 500/-instead of
₹ 595/- for complete
set of 17 book price
₹ 35/- each

Set Code: 12138 S

Save ₹ 95/-
Pay ₹ 500/-instead of
₹ 595/- for complete
set of 17 book price
₹ 35/- each

POPULAR SCIENCE (लोकप्रिय विज्ञान)

A how-to-do guide illustrating 81 innovative and contemporary science projects from physics, chemistry, biology and electronics, backed by an audio-visual CD. Indispensable for project presentations & science exhibitions.

02201 P • ₹ 80/-

02103 P • ₹ 96/-   12103 P • ₹ 96/-

02101 P • ₹ 140/-

BESTSELLER

12101 S • ₹ 140/-

22121 P • ₹ 110/- Tamil

02102 P • Rs. 495/- (HB)

9436 D • ₹ 110/- Bangla

Fully illustrated complete science homework compendium for children aged 8 to 16. Short paragraphs, great pictures from physical science, earth science, space and life science.

NEW

02139 P • ₹ 110/-   12140 P • ₹ 110/-

The remarkable success of the English edition encouraged us to bring out a Hindi version as well for Hindi-speaking belt. In fact, the rising graph of demand has necessitated bring out 2nd edition of the English volume. This book tries to co-relate knowledge of science with the help of experiments for young school going students.

BIOGRAPHIES
(आत्म कथाएँ)

03704 P • ₹ 150

13703 P • ₹ 96

03701 P • ₹ 135

All books available at www.vspublishers.com

BEAUTY CARE
(सौंदर्य की देखभाल)

NEW

ISBN: 9789381588482
Author: Parimita Chakravorty
Pages: 172
Code: 01804 P
Price: ₹ 495
Type: Paperback
Size: 7x9.5 in (Big size)

FULLY COLOUR

The book has been written, keeping in mind the contemporary Indian woman, her needs, her lifestyle and demands of her personal and professional life.

Not only does the book cover various ways to look good, but also lists body types, face shapes, different body built and the style disasters one should avoid at all cost. It also lists in detail various accessories, shoes, colour charts, undergarment essentials, dress styles as per body type that one could refer while shopping.

This is a style guide to help you in your shopping list and tell you where to invest.

11805 P • ₹ 96

11801 P • ₹ 125

01802 P • ₹ 150

Fully Revised

ALTERNATIVE THERAPY (वैकल्पिक चिकित्सा)

BESTSELLER

'Water A Miracle Therapy' tells us how adequate consumption of water enables our body digest the goodness of food, fruits, minerals and vitamins to maintain proper health.

00902 P • ₹ 80

00901 • ₹ 96

8982 D • ₹ 108

Use Reiki prayers to gain health and vitality, improve concentration and achieve relaxation with the help of suggested meditations and affirmative actions even where your doctor couldn't provide suitable remedy. Astonishing results guaranteed!

00903 P • ₹ 96

10906 P • ₹ 96

8992 A • ₹ 108

YOGA & FITNESS
(योग और फिटनेस)

NEW

01101 P • ₹ 95

11103 P • ₹ 150

01204 P • ₹ 120

8274 F • ₹ 120

11201 P • ₹ 96

9963 D • ₹ 80

BESTSELLER

01502 p • ₹ 96

11501 P • ₹ 96

8959 C • ₹ 125

8951 D • ₹ 108

Contact us at sales@vspublishers.com

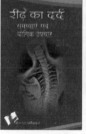

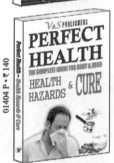

02902 P • ₹ 120

Planetary positions in birth chart influence our lives extensively! This book pinpoints the strong and weak positions to help reset our mindsets to fortify family relationships.

2102 E • ₹ 120

12902 P • ₹ 108

02906 P • ₹ 135

व्यावहारिक मनोविज्ञान आधारित यह पुस्तक सम्मोहन शक्ति, सम्मोहन के भारतीय एवं पाश्चात्य सिद्धान्त सम्मोहन साधनाएँ सिद्धियों पर व्यावहारिक रूप से ज्ञान देती है।

3112 A • ₹ 96

12703 P • ₹ 96

12901 P • ₹ 80

12905 P • ₹ 96

मंत्र रहस्य

12903 P • ₹ 120

12904 H • ₹ 320 (HB)

फलित ज्योतिष के इस ग्रन्थ में लग्नों की कुंडलियां, ग्रहों की उच्च, नीच, मूल, त्रिकोण तथा ग्रहों की महादशा से संबंधित फलादेश को वर्णित करती एवं बहुपयोगी जानकारी है।

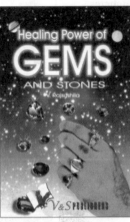

2126 D • ₹ 88

Everything you need to know to select a gem, when to wear, what rituals to offer etc., fully explained based on your zodiac sign, stars, planets, birth place, dates for maximum benefit & protection.

8273 E • ₹ 80

RELIGION & SPIRITUALITY
(धर्म एवं आध्यात्मिकता)

BESTSELLER

हिन्दुओं के व्रत, पर्व और तीज-त्योहार

12704 P • ₹ 225

रंगीन चित्रों से सुसज्जित, यह पुस्तक व्रत, पर्व एवं त्योहारों के आध्यात्मिक पक्ष को वैज्ञानिक तथ्यों द्वारा पुष्ट कर उनके महत्ता आदि का सचित्र वर्णन करती है।

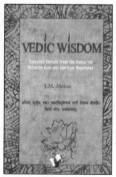

VEDIC WISDOM
Selected Verses from the Vedas for Material Gain and Spiritual Happiness

J.M. Mehta

02802 P • ₹ 135

श्री मद्भगवदगीता के श्लोकों की हिन्दी में व्याख्या और उसके कथा संदर्भों को रेखांकित करती सरल व सुबोध भाषा में एक उत्कृष्ट पुस्तक।

गीता ज्ञान

12701 P • ₹ 165

RAMANUJ PRASAD

KNOW THE UPANISHADS
Plus verses from the Vedas and the Bhagavad Gita

4121 C • ₹ 80

BESTSELLER

HINDU pilgrimage

... The Teerthas

4154 A • Rs. 499/- Colour (H.B.)

The Wisdom of the Gita
A Manual for Life

4131 C • ₹ 50

Essence of Srimad
Bhagavad Gita

4136 D • ₹ 60

Exotic colour photographs! The book brings alive the holy places and spiritual shrines such as, Chaar Dhaam, Himalayan Chaar Dhaam, Sapt Puri, Dwadash Jyotirlingam, Panch Sarovar, Sapt Sarita, Divya Desam, Shakti Peetha and famous temples in India that inspires one to make a pilgrimage to these holy shrines, most of which are located in calm and higher riches sourrounded by pristine beauty of nature; for mental peace and tranquility.

धार्मिक सूक्तियां

12702 P • ₹ 96

BESTSELLER

Eternal Hindu Religion
HINDUISM
Clarified & Simplified

9506 B • ₹ 249 (HB)

Most authentic yet simple. Tells you through short stories and incidences, nearly every important aspect of spiritual, emotional and

Translated by Alo Shome

Krishna CHARITRA

4184 B • ₹ 195 (HB)

This book presents the history of Indian scriptures, language, literature and humanities since the earliest time till today; distilled

Dictionary of INDOLOGY
Detailed Description of Indian Scriptures, Sanskrit Books, Authors and Trends

9516 D • ₹ 175

PARENTING
(माता-पिता विषयक/बाल-विकास)

8895 D • ₹ 72

01904 P • ₹ 96

11903 P • ₹ 48 (colour)

11901 P • ₹ 96

8989 B • ₹ 120

11902 P • ₹ 80

The first complete reference book in the market, covering all stages from planning pregnancy to getting back into healthy shape post-pregnancy with the help of unique combination of gradually modifying yogic exercises and special menu plans as per body needs.

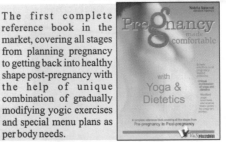

9996 B • ₹ 150

FAMILY & RELATION
(परिवार एवं कुटुम्ब)

11603 P • ₹ 96

11602 P • ₹ 96

8264 D • ₹ 80

01601 P • ₹ 9

COOKING (पाक-कला/खान पान)

12004 P • ₹ 96

02002 P • ₹ 96

9961 B • ₹ 80

9939 D • ₹ 80

12001 P • ₹ 72

02006 P • ₹ 150
Also available in Hindi ₹

HOUSEKEEPING (घर की देखभाल)

Homely guide to 1000 + domestic tips to keep skin shining, utensils clean, jewellery sparkling, rectifying small plumbing & electrical defects, keeping clothes moth-free, banish nasty smells and dressed-up interiors neatly.

3109 D • ₹ 150

01702 P • ₹ 200

8912 D • ₹ 96

11701 P • ₹ 96

8950 C • ₹ 150

Contact us at sales@vspublishers.com

FUN/FACT/MYSTERIES/MAGIC/HOBBIES
(मनोरंजन/तथ्य/जादू/शौक/रहस्य)

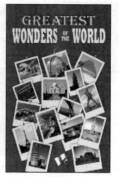

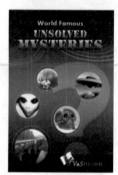

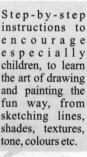

FICTION
(उपन्यास)

Dream's Sake
03201 P • ₹ 195

mumbai DREAMS
NEW
03204 P • ₹ 175

No Stones Upturned
A Collection of Short Stories
NEW

03205 P • ₹ 135

PRINCESS of FALCONS
A Journey for Love & Redemption

03202 P • ₹ 195

LOVE @ 13,500 ft
NEW

Coming Soon

Nuggets of Nostalgia
NEW

03203 P • ₹ 195

JOKES / HUMOR & SATIRE (हास्य परिहास एवं व्यंग्य)

Academic Jokes
...Lighter side of Academics
2329 A • ₹ 60

QUICK BITES
for spare moments
Musings by R. K. Murthi
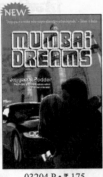
2332 D • ₹ 120

MEDICAL JOKES & HUMOUR

02607 P • ₹ 80

Rib-Tickling JOKES
LAUGH YOUR WAY TO LONG LIFE

02604 P • ₹ 80

कबीर-चौरा

12601 P • ₹ 60

सिंहासन बत्तीसी

12606 P • ₹ 48

सुपर-हिट जोक्स
12602 P • ₹ 48

क्या जब चुटकुले
12603 P • ₹ 48

आओ हँस लें!
12608 P • ₹ 48

रंगारंग हास्य कवि सम्मेलन
12605 P • ₹ 48

प्रेरक प्रसंग
10204 P • ₹ 48

दिलकश ग़ज़लें
13801 P • ₹ 48

TALES & STORIES (कथा एवं कहानियाँ)

Moral Stories
शिक्षाप्रद कहानियाँ
NEW
03003 P • ₹ 120 (color)   13004 P • ₹ 120 (color)

Wisdom Tales
NEW
03005 P • ₹ 120

Interesting Stories to Learn PROVERBS
2120 A • ₹ 96 (color)

कहावतों की कहानियां
13002 • ₹ 96

पंचतंत्र की कथाएं
13001 P • ₹ 48

2324 C • ₹ 80